Präventivmaßnahmen börsennotierter Gesellschaften zur Abwehr feindlicher Übernahmeversuche in Deutschland und Großbritannien

Studien zum vergleichenden und internationalen Recht -
Comparative and International Law Studies

Herausgeber: Bernd von Hoffmann, Erik Jayme
und Heinz-Peter Mansel

Band 125

PETER LANG
Frankfurt am Main · Berlin · Bern · Bruxelles · New York · Oxford · Wien

Christian Bank

Präventivmaßnahmen börsennotierter Gesellschaften zur Abwehr feindlicher Übernahmeversuche in Deutschland und Großbritannien

Eine rechtsvergleichende Untersuchung
des deutschen und britischen Rechts
unter Berücksichtigung der
Europäischen Übernahmerichtlinie

PETER LANG
Europäischer Verlag der Wissenschaften

Bibliografische Information Der Deutschen Bibliothek
Die Deutsche Bibliothek verzeichnet diese Publikation in der Deutschen Nationalbibliografie; detaillierte bibliografische Daten sind im Internet über <http://dnb.ddb.de> abrufbar.

Zugl.: Köln, Univ., Diss., 2005

D 38
ISSN 0930-4746
ISBN 3-631-55297-1

www.peterlang.de

Meinen Eltern

Barbara und Wilfried

und meinen Brüdern

Stephan und Sebastian

Vorwort

Spätestens seit der Übernahmeschlacht Mannesmann/Vodafone und dem gescheiterten Übernahmeversuch der Deutschen Börse an der London Stock Exchange ist allgemein bekannt, dass grenzüberschreitende feindliche Übernahmeversuche auch die deutsche Unternehmenslandschaft erfasst haben. Vor dem Hintergrund zusammenwachsender Kapitalmärkte stellen sich börsennotierte deutsche Aktiengesellschaften daher vermehrt die Frage, wie der Möglichkeit zu begegnen ist, dass sie Ziel eines Übernahmeversuchs durch einen ausländischen Investor werden. Nicht selten herrscht dabei ein subtiles Gefühl der Schutzlosigkeit vor. So wird in Wissenschaft und Praxis die Auffassung vertreten, deutsche Gesellschaften unterlägen gegenüber britischen Gesellschaften einem Wettbewerbsnachteil, weil sie keine vergleichbaren präventiven Abwehrmöglichkeiten gegen feindliche Übernahmeversuche hätten wie ihre britischen Konkurrenten. Nicht zuletzt die Politik hat sich dieser Argumentation bedient, um die Europäische Übernahmerichtlinie im Jahre 2001 zwischenzeitlich zu Fall zu bringen und mit dem WpÜG einen deutschen Sonderweg zu gehen. Diese Abhandlung hat das Ziel, einen Beitrag zur Versachlichung der in Deutschland und Europa nicht selten emotional geführten Diskussion um präventive Abwehrmaßnahmen gegen feindliche Übernahmeversuche zu leisten. Hierzu wird die Aussage über die Schutzlosigkeit deutscher Gesellschaften in einer detaillierten rechtsvergleichenden Untersuchung mit dem britischen Recht auf ihren Wahrheitsgehalt überprüft. Ferner werden die Auswirkungen der Europäischen Übernahmerichtlinie auf die in den beiden Rechtsordnungen möglichen Präventivmaßnahmen beleuchtet.

Die Abhandlung wurde im Sommersemester 2005 durch die Rechtswissenschaftliche Fakultät der Universität zu Köln als Dissertation angenommen. Die Untersuchungen zum britischen Recht basieren auf Forschungsarbeiten, die während eines LL.M.-Studiengangs am University College London im Jahre 2002/2003 durchgeführt wurden. Literatur und Rechtsprechung wurden bis zum Dezember 2005 berücksichtigt. Auch der Referentenentwurf des Bundesfinanzministeriums eines Übernahmerichtlinie-Umsetzungsgesetzes vom 19. Dezember 2005 konnte noch eingearbeitet werden.

Mein besonderer Dank gilt Frau Prof. Dr. Barbara Dauner-Lieb für Ihre fürsorgliche Betreuung und Unterstützung beim Verfassen dieser Arbeit. Die wertvollen Anregungen und der mir während meiner Tätigkeit als Mitarbeiter am Lehrstuhl gewährte Freiraum haben maßgeblich zum Gelingen der Untersuchung beigetragen. Danken möchte ich auch Herrn Prof. Dr. Heinz-Peter Mansel für die zügige Erstellung des Zweitgutachtens und die Unterstützung bei der Aufnahme der Arbeit in die Schriftenreihe „Studien zum vergleichenden und internationalen Recht". Darüber hinaus bin ich dem verstorbenen Prof. Ben Pettet für die Betreuung meiner Magisterarbeit und meiner Forschungen am University College zu Dank verpflichtet.

Dank gebührt auch dem Deutschen Akademischen Austauschdienst, ohne dessen Förderung mein LL.M.-Studium in London nicht möglich gewesen wäre. Ebenfalls danken möchte ich der Johanna und Fritz Buch-Gedächtnisstiftung sowie der Deutsch-Britischen Juristenvereinigung für die großzügigen Zuschüsse zur Drucklegung.

Nicht zuletzt gilt mein Dank meinem Bruder Stephan und meinem Vater Wilfried, die mich auch in den schwierigen Zeiten der Dissertation immer wieder motiviert haben und stets ein offenes Ohr für meine nicht nur juristischen Fragen hatten. Ohne ihre Unterstützung wäre diese Arbeit nie erschienen.

Köln, im Dezember 2005 *Christian Bank*

Inhaltsverzeichnis

Abkürzungsverzeichnis

A 2d	Atlantic Reporter, Second Series
a.A.	andere Ansicht
ABI	Association of British Insurers
ABl. EG	Amtsblatt der Europäischen Gemeinschaften
Abs.	Absatz
AC	Appeal Cases
ACLR	Australian Company Law Reports
AcP	Archiv für die civilistische Praxis
AG	Aktiengesellschaft
AG	Die Aktiengesellschaft (Zeitschrift)
AktG	Aktiengesetz
AktG 1937	Gesetz über Aktiengesellschaften und Kommanditgesellschaften auf Aktien (Aktiengesetz) vom 30. Januar 1937
AktG 1965	Aktiengesetz vom 6. September 1965
ALJR	Australian Law Journal Reports
All ER	All England Law Reports
Am J Comp L	American Journal of Comparative Law
Anm.	Anmerkung
AppCas	Appeal Cases
Art.	Artikel
Aufl.	Auflage
Aus J Corp L	Australian Journal of Corporate Law
BAA	British Airport Authority
BAFin	Bundesanstalt für Finanzdienstleistungsaufsicht
BAWe	Bundesaufsichtsamt für Wertpapierhandel
BayObLG	Bayerisches Oberstes Landesgericht
BB	Betriebsberater
BCC	British Company Cases
BCLC	Butterworth's Company Law Cases
Bd.	Band
BetrVG 1952	Betriebsverfassungsgesetz von 1952
BFH	Bundesfinanzhof
BGB	Bürgerliches Gesetzbuch
BGBl.	Bundesgesetzblatt
BGH	Bundesgerichtshof
BGHZ	Entscheidungen des Bundesgerichtshofs in Zivilsachen
BKR	Zeitschrift für Bank- und Kapitalmarktrecht

BörsG	Börsengesetz
BösrZulVO	Börsenzulassungsverordnung
Brook J Int'l L	Brooklyn Journal of International Law
BT-Drucks.	Bundestags-Drucksache
Bus Law	Business Lawyer
BverfG	Bundesverfassungsgericht
BverfGE	Entscheidungen des Bundesverfassungsgerichts
bzw.	beziehungsweise
CA 1948	Companies Act 1948
CA 1980	Companies Act 1980
CA 1985	Companies Act 1985
Ch	Chancery Division
ChApp	Chancery Appeal Cases
ChD	Chancery Division
CJ	Chief Justice
cl.	clause (-s)
CLR	Commonwealth Law Reports
CMLR	Common Market Law Review
Cmnd.	Command Paper
Co	Company
col.(-s)	column (-s)
Colum L Rev	Columbia Law Review
Comp Law	Company Lawyer
Corp	Corporation
dass.	dasselbe
DAX	Deutscher Aktienindex
DB	Der Betrieb
DE	Deutsch
Del	Delaware Supreme Court
ders.	derselbe
dies.	dieselbe (-n)
DK	Der Konzern
DLR	Dominion Law Reports
DStR	Deutsches Steuerrecht
DTI	Department of Trade and Industry
Duke J Comp & Int'l L	Duke Journal of Comparative and International Law
Duke L J	Duke Law Journal
DZWIR	Deutsche Zeitung für Wirtschafts- und Insolvenzrecht

ECFR	European Company and Financial Law Review
EG	Europäische Gemeinschaft
EGAktG	Einführungsgesetz zum Aktiengesetz
EGV	Vertrag zur Gründung der Europäischen Gemeinschaft
ELR	European Law Review
endg.	endgültig
ER	English Reports
EU	Europäische Union
EuGH	Europäischer Gerichtshof
EuZW	Europäische Zeitschrift für Wirtschaftsrecht
EWG	Europäische Wirtschaftsgemeinschaft
EWiR	Entscheidungen zum Wirtschaftsrecht
f./ff.	folgend (-e/-er)
FG	Freundesgabe
Fn.	Fußnote
FS	Festschrift
FSA	Financial Services Authority
FSMA 2000	Financial Services and Markets Act 2000
FTSE 100	Financial Times Stock Exchange Index
GATS	Allgemeines Übereinkommen über den Handel mit Dienstleistungen
GATT 1994	Allgemeines Zoll- und Handelsabkommen von 1994
GB	Großbritannien
GBP	Britische Pfund
GbR	Gesellschaft bürgerlichen Rechts
GG	Grundgesetz für die Bundesrepublik Deutschland
GmbH	Gesellschaft mit beschränkter Haftung
H & M	Hanny & Miller's Chancery Reports
Hares	Hares's Chancery Reports
Harv L Rev	Harvard Law Review
HGB	Handelsgesetzbuch
HL	House of Lords
HS.	Halbsatz
i.V.m.	in Verbindung mit
ICCLR	International Company and Commercial Law Review

IP	Pressemitteilung der Europäischen Kommission
IPC	Investor Protection Committee
IRLR	Irish Law Reports
ISC	Institutional Shareholders' Committee
IStR	Internationales Steuerrecht
J	Justice / Judge
J Appl Corp Fin	Journal of Applied Corporate Finance
J Fin Econ	Journal of Financial Economics
J Pol Econ	Journal of Political Economy
JA	Juristische Arbeitsblätter
JBL	Journal of Business Law
JCLS	Journal of Corporate Law Studies
JURA	Juristische Ausbildung
JuS	Juristische Schulung
JZ	Juristenzeitung
Kap.	Kapitel
KB	King's Bench
KonTraG	Gesetz zur Kontrolle und Transparenz im Unternehmensbereich
KStG	Körperschaftssteuergesetz
LC	Lord Chancellor
LG	Landgericht
lit.	Buchstabe
LJ	Lord Justice of Appeal
LLC	Limited liability company
Lord	Lord of Appeal
LQR	Law Quarterly Review
LR	Law Reports
LSG	Law Society Gazette
LT	Law Times
Ltd/ltd	Private limited company
M&A Review	Mergers & Acquisitions Review
MDAX	Midcap-Index der Deutschen Börse
MitBestG	Mitbestimmungsgesetz
MLR	Modern Law Review
Mon U L Rev	Monash University Law Review
MontanMitBestG	Montanmitbestimmungsgesetz
MR	Master of the Rolls
Mrd.	Milliarden

N Y U L Rev	New York University Law Review
NEMAX 50	Aktienindex des Frankfurter Neuen Marktes
NAPF	National Association of Pension Funds
NJW	Neue Juristische Wochenschrift
no.	number
Nr.	Nummer
NZG	Neue Zeitschrift für Gesellschaftsrecht
OLG	Oberlandesgericht
para.	paragraph (-s)
Ph	Phillip's Chancery Reports
Plc/plc	Public limited company
Pty	Proprietary
QB	Queen's Bench
QC	Queen's Counsel
R	Rex bzw. Regina
RegE	Regierungsentwurf
rev.	revised
RGZ	Entscheidungen des Reichsgerichts in Zivilsachen
RIW	Recht der Internationalen Wirtschaft
Rn.	Randnummer (-n)
Rs.	Rechtssache
S.	Seite (-n) / Satz
SARs	Rules Governing Substantial Acquisitions of Shares
SC	Session Cases
SDAX	Small Caps-Index der deutschen Börse
sec.	section (-s)
SI	Statutory Instrument
Slg.	Sammlung der Rechtsprechung des Europäischen Gerichthofs
SLT	Scots Law Times
TransPuG	Transparenz und Publizitätsgesetz
TRIPS	Übereinkommen über handelsbezogene Aspekte des geistigen Eigentums
u.a.	und andere
Uabs.	Unterabsatz

UK	United Kingdom of Great Britain and Northern Ireland
UMAG	Gesetz zur Unternehmensintegrität und Modernisierung des Anfechtungsrechts
ÜRL	Europäische Übernahmerichtlinie
ÜRL-UmsG	Übernahmerichtlinie-Umsetzungsgesetz
US-	United States of America (bei Zusammensetzungen)
USA	United States of America
USD	US-Dollar
v	versus
Var.	Variante
VC	Vice Chancellor
verb. Rs.	Verbundene Rechtssachen
vgl.	vergleiche
Vorb.	Vorbemerkung
VorstOG	Vorstandsvergütungs-Offenlegungsgesetz
VW-Gesetz	Gesetz über die Überführung der Anteilsrechte an der Volkswagenwerk Gesellschaft mit beschränkter Haftung in private Hand
WIR	West Indian Reports
WLR	Weekly Law Reports
WM	Wertpapiermitteilungen
WpHG	Wertpapierhandelsgesetz
WpÜG	Wertpapiererwerbs- und Übernahmegesetz
WTO	World Trade Organisation
Y L J	Yale Law Journal
z.B.	zum Beispiel
ZBB	Zeitschrift für Bank- und Börsenrecht
ZGR	Zeitschrift für Unternehmens- und Gesellschaftsrecht
ZHR	Zeitschrift für das gesamte Handelsrecht und Wirtschaftsrecht
Ziff.	Ziffer
ZIP	Zeitschrift für Wirtschaftsrecht
zit.	zitiert
ZPO	Zivilprozessordnung
ZRP	Zeitschrift für Rechtspolitik

ZVglRWiss — Zeitschrift für vergleichende Rechtswissenschaft

Bei ausländischen Abkürzungen wurde die im jeweiligen Land übliche Zitierweise zugrunde gelegt. Für den angloamerikanischen Raum wurde dabei einheitlich die britische Zitierweise verwendet.

§ 1 Einführung

A. Einleitung

Die Möglichkeiten, die börsennotierte Gesellschaften haben, um sich im Voraus gegen feindliche Übernahmeversuche zu schützen, haben erstmals in den siebziger Jahren des letzten Jahrhunderts die Aufmerksamkeit von Rechtslehre und Praxis auf sich gezogen.[1] In den letzten Jahren ist diese Fragestellung wieder verstärkt in den Blickpunkt der übernahmerechtlichen Diskussion geraten.[2] Beruhte das gestiegene Interesse an den Präventivmaßnahmen zur Abwehr feindlicher Übernahmen in den siebziger Jahren auf der bei deutschen Unternehmen verspürten Notwendigkeit, sich gegen die im Zuge der Ölkrise befürchteten Übernahmeversuche aus den ölexportierenden Ländern zu schützen,[3] so ist das wiedererstarkte Interesse in jüngerer Zeit insbesondere auf gemeinschaftsrechtliche Entwicklungen zurückzuführen.

Bei den Bemühungen um die Erarbeitung einer europäischen Übernahmerichtlinie[4], die am 21. April 2004 nach einer über dreißigjährigen Geschichte zu einem Ende gekommen sind, stellten die vorzusehenden Regelungen für präventive Abwehrmaßnahmen insbesondere in der Schlussphase ein wesentliches Hindernis für eine Einigung dar.[5] Kern des Streits war dabei die Frage, inwiefern die im nationalen Gesellschaftsrecht der einzelnen Mitgliedstaaten verankerten Kontroll- und Kapitalstrukturen, die zu unterschiedlich starken Abwehrmechanismen gegen feindliche Übernahmen führen, abgebaut werden müssten, um einheitliche Ausgangsbedingungen für Unternehmensübernahmen in Europa, das sogenannte „level playing field", herzustellen.[6]

---

1 Insbesondere Höchststimmrechte stellten zu dieser Zeit bei börsennotierten Gesellschaften in Deutschland ein beliebtes Abwehrmittel dar. Vgl. hierzu *Werner*, AG 1975, 176 und die ausführliche Darstellung der verschiedenen Abwehrtechniken bei *Lutter/Schneider*, ZGR 1975, 182 ff. Allgemein zur Problematik von Übernahmeangeboten in Deutschland in dieser Zeit *Heinsius*, in: Schmitthoff/Goré/Heinsius, Übernahmeangebote im Aktienrecht, S. 35 ff. Einen späteren Anlass zur wissenschaftlichen Diskussion der präventiven Abwehrmaßnahmen gab der Takeoverboom in den USA am Ende der achtziger Jahre. Vgl. *Assmann/Bozenhardt*, in: Assmann/Basaldua, Übernahmeangebote, S. 1 ff; *Hopt*, WM-Festgabe für Heinsius 1991, S. 22 ff.; *Hauschka/Roth*, AG 1988, 181 ff.; *Otto*, DB-Beilage 12/1988, 1 ff. In dieser Zeit wurde auch die erste Studie zu präventiven Abwehrmaßnahmen in Europa veröffentlicht, vgl. *DTI*, Barriers to Takeovers in the European Community, Band I bis III.

2 Vgl. *Winter-Bericht*, S. 20 f., 26 ff., Anhang 4; *Dauner-Lieb/Lamandini*, Gutachten zum Kommissionsentwurf einer EU-Übernahmerichtlinie, S. 8 f., 14 f.; *Lehne*, in: Hirte, WpÜG, S. 33, 41 f.; *Richter*, in: Semler/Volhard, Arbeitshandbuch für Unternehmensübernahmen, § 52 Rn. 60 ff.; *Krause*, AG 2002, 133 ff.; *Bayer*, ZGR 2002, 588 ff.; *Schanz*, NZG 2000, 337 ff.

3 Vgl. *Michalski*, AG 1997, 152, 154; *Otto*, DB-Beilage 12/1988, 1, 6; *Klein*, NJW 1997, 2085, 2087; *Bayer*, ZGR 2002, 588, 589.

4 Richtlinie 2004/25/EG des Europäischen Parlaments und des Rates vom 21.4.2004 betreffend Übernahmeangebote, ABl. EG Nr. L 142 vom 30.4.2004, S. 12 ff.

5 Vgl. *Baums/Fischer*, in: Baums/Thoma, WpÜG, Einleitung Rn. 1.15; *Maul/Muffat-Jeandet*, AG 2004, 221, 223; *Mülbert*, NZG 2004, 633; *Wiesner*, ZIP 2004, 343, 344 f.

6 Vgl. *Lehne*, in: Hirte, WpÜG, S. 33, 41 f.; *Maul/Muffat-Jeandet*, AG 2004, 221, 223; *Edwards*, (2004) ECFR 1, 416, 437; *Johnston*, (2004) Comp Law 25, 270, 274.

Bis zuletzt konnte in dieser Frage unter den Mitgliedstaaten keine Einigkeit erzielt werden. Man war sich jedoch bewusst, dass eine generelle Abschaffung der für die unterschiedlichen nationalen Gesellschaftsrechte zum Teil grundlegenden Strukturen wegen der weitreichenden Folgen eines solchen Schrittes nicht in Betracht kam.[7] Als Lösung sollte daher eine sogenannte „Durchbruchsregelung"[8] dienen, welche den Einzelstaaten ihre gewachsenen Strukturen beließ, im Übernahmefall jedoch die Wirksamkeit der übernahmebehindernden Mechanismen aussetzte.[9] Auch über die Ausgestaltung dieser Regelung bestand jedoch Streit. So waren einige Mitgliedstaaten nicht bereit, ihre inzwischen liebgewonnenen protektionistischen Abwehrstrukturen aufzugeben, und forderten deswegen Ausnahmeregelungen für die in ihrem nationalen Recht vorgesehenen Abwehrhürden.[10] Andere Mitgliedstaaten, unter anderem Deutschland, traten dagegen unter Hinweis auf die Chancengleichheit zwischen den Mitgliedstaaten für eine Unwirksamkeit aller präventiven Abwehrmittel im Übernahmefall ein.[11] Nach einem weiteren politischen Tauziehen wurde in der endgültigen Fassung der Übernahmerichtlinie schließlich ein Kompromiss festgeschrieben, der die Umsetzung der Durchbruchsregel nicht zwingend vorschreibt, sondern ihre Geltung in das Ermessen der Mitgliedstaaten und der betroffenen Gesellschaften stellt.[12]

Auch nach dem Inkrafttreten der Übernahmerichtlinie am 20. Mai 2004 ist die Diskussion um Präventivmaßnahmen zur Abwehr feindlicher Übernahmeversuche somit aktuell geblieben, da die in den einzelnen Mitgliedstaaten bestehenden Kapital- und Kontrollstrukturen ohne Einschränkung aufrecht erhalten werden können, sofern die Mitgliedstaaten dies bei der Umsetzung der Richtlinie so vorsehen, wie es etwa in Deutschland nach dem Referentenentwurf des Bundesfinanzministeriums vom 19. Dezember 2005 für ein Übernahmerichtlinie-Umsetzungsgesetz (ÜRL-UmsG) geplant ist.[13] Es wurde daher die Befürchtung ausgesprochen, dass auch nach der Umsetzung der Richtlinie in das nationale Recht der Mitgliedstaaten, die spätestens im Mai 2006 erfolgen muss, ein „Flickenteppich nationaler Abwehrhürden" bestehen bleiben werde.[14]

---

7 Vgl. *Johnston*, (2004) Comp Law 25, 270, 276, der zudem darauf hinweist, dass eine solche generelle Abschaffung der nationalen Strukturen negative Auswirkungen auf den gesetzgeberischen Wettbewerb zwischen den einzelnen Mitgliedstaaten gehabt hätte.

8 Diese wurde in der endgültigen Fassung der Übernahmerichtlinie in Art. 11 umgesetzt.

9 Vgl. *Winter-Bericht*, Empfehlung I.4 und S. 33 ff.; *Glade/Haak/Hellich*, DK 2004, 515, 521 ff.; *Kindler/Horstmann*, DStR 2004, 866, 869; ausführlich zur in Art. 11 ÜRL umgesetzten Durchbruchsregelung Teil 4 § 11 D.

10 *Wiesner*, ZIP 2004, 343, 345; *Maul/Muffat-Jeandet*, AG 2004, 221, 223.

11 *Baums/Fischer*, in: Baums/Thoma, WpÜG, Einleitung Rn. 1.31; *Dauner-Lieb*, DStR 2003, 555, 556; *Krause*, BB 2002, 2341; *Wiesner*, ZIP 2002, 1967; *ders.*, ZIP 2004, 343, 345; *ders.*, ZRP 2003, 78 f.; *Kindler/Horstmann*, DStR 2004, 866, 869.

12 Ausführlich zu diesem sogenannten „Optionsmodell", das in Art. 12 ÜRL umgesetzt wurde, Teil 4 § 11 E.

13 Vgl. Begründung RefE-ÜRL-UmsG, S. 5; *Krause/Pötzsch*, in: Assmann/Pötzsch/Schneider, WpÜG, § 33 Rn. 39; *Pötzsch*, in: Assmann/Pötzsch/Schneider, Einleitung Rn. 113.

14 So *Krause*, BB 2004, 113, 119 unter Hinweis auf ein Zitat in der *Börsenzeitung* vom 28.11.2003, S. 8; auch der EU-Binnenmarktkommissar Frits Bolkestein kritisierte den gefun-

In dieser Arbeit soll rechtsvergleichend untersucht werden, welche Präventivmaßnahmen in Deutschland und Großbritannien von börsennotierten Publikumsgesellschaften zur Abwehr von feindlichen Übernahmeversuchen ergriffen werden können. Dabei sollen die einzelnen Abwehrmaßnahmen nicht nur daraufhin überprüft werden, inwiefern ihr Einsatz zur Übernahmeabwehr rechtlich zulässig ist, sondern auch daraufhin, ob sie unter Berücksichtigung etwaiger wirtschaftlicher Nebenwirkungen oder Folgen für die Gesellschaften zweckmäßig erscheinen, und ob sie auf dem jeweiligen Kapitalmarkt akzeptiert werden.

Aufgrund der Vorreiterrolle, die das britische Recht für die Entwicklung eines einheitlichen europäischen Übernahmerechts hatte, bietet sich ein Rechtsvergleich zwischen den in Deutschland und Großbritannien möglichen Präventivmaßnahmen gegen feindliche Übernahmeangebote an. So wurde auch im Rahmen der Diskussion um das level playing field von deutscher Seite vielfach auf die Rechtslage in Großbritannien hingewiesen und behauptet, dort könnten verschiedene präventive Abwehrmaßnahmen ergriffen werden, die in Deutschland unzulässig seien, was für deutsche Unternehmen zu einem Wettbewerbsnachteil führe.[15] Dieser von deutschen Interessengruppen vertretenen Auffassung steht die in Großbritannien vorherrschende Einschätzung entgegen, nach der in Deutschland tatsächliche und rechtliche Bedingungen vorherrschen, die deutsche Unternehmen gleichsam übernahmefest machen, während britische Gesellschaften den freien Kräften des Marktes ausgesetzt sind.[16] Der Rechtsvergleich soll sich deshalb unter anderem mit der Frage befassen, ob deutsche Unternehmen wirklich dem behaupteten Wettbewerbsnachteil in Bezug auf präventive Abwehrmaßnahmen gegenüber Unternehmen aus Großbritannien unterliegen.

B. Gang der Untersuchung

Nach einer einleitenden Erläuterung der wesentlichen Begrifflichkeiten werden im ersten Teil der Untersuchung Abwehrmaßnahmen erörtert, die eine börsennotierte Aktiengesellschaft[17] in Deutschland zur Prävention gegen feindliche Übernahmeversuche

---

denen Kompromiss äußerst heftig, der nach seiner Ansicht gerade nicht zu einem level playing field führt und „das Papier nicht wert ist, auf dem er geschrieben ist". Vgl. dazu *Fischer*, AG 2004, R 8.

15 *Lehne*, in: Hirte, WpÜG, S. 33, 41; *Krause/Pötzsch*, in: Assmann/Pötzsch/Schneider, WpÜG, § 33 Rn. 54; *Schneider/Burgard*, DB 2001, 963, 966; *Bayer*, ZGR 2002, 588, 621; *Zinser*, RIW 2001, 481, 486; in diesem Sinne schon vor der Diskussion um das europäische level playing field *Knoll*, Die Übernahme von Kapitalgesellschaften, S. 286.

16 *Davies*, in: Hopt/Wymeersch, European Takeovers, S. 195, 207; *Carney*, (1997) J Appl Corp Fin 9, 74, 78; *Allen/Gale*, German Financial System, S. 9; *Grundfest*, (1990) J Fin Econ 27, 89, 105.

17 Börsennotiert sind nach der Legaldefinition des § 3 Abs. 2 AktG Aktiengesellschaften, deren Aktien zu einem Markt zugelassen sind, der von staatlich anerkannten Stellen geregelt und überwacht wird, regelmäßig stattfindet und für das Publikum mittelbar oder unmittelbar zugänglich ist. Das sind Aktiengesellschaften, die am amtlichen Markt (§§ 30 ff. BörsG), am geregelten Markt (§§ 49 ff. BörsG) und am inzwischen geschlossenen Neuen Markt einer deutschen Börse oder an einer vergleichbaren Börse im Ausland gehandelt werden bzw. wurden. Der Handel im Freiverkehr (§ 57 BörsG) begründet demgegenüber keine Börsennotierung im

ergreifen kann. Dabei werden zunächst die rechtlichen Rahmenbedingungen für präventive Abwehrmaßnahmen dargestellt und danach die einzelnen Abwehrstrategien detailliert behandelt.

Der zweite Teil befasst sich mit Präventivmaßnahmen, die in Großbritannien von börsennotierten Gesellschaften vorgenommen werden können. Auch hier wird zunächst auf die rechtlichen Rahmenbedingungen eingegangen, bevor einzelne präventive Abwehrmaßnahmen untersucht werden. Gegenstand der Untersuchung im britischen Recht sind public companies limited by shares (public companies; plcs), deren Aktien am offiziellen Markt (Listed Market; Main Market) der London Stock Exchange gehandelt werden und die funktional den börsennotierten Aktiengesellschaften des deutschen Rechts entsprechen.[18]

Im dritten Teil wird rechtsvergleichend betrachtet, inwieweit nach den beiden Rechtsordnungen eine Waffengleichheit für börsennotierte Gesellschaften besteht.

Anschließend wird die europarechtliche Rechtslage beleuchtet. Gegenstand der Untersuchung sind diejenigen Regelungen der unlängst in Kraft getretenen Europäischen Übernahmerichtlinie, die für die besprochenen Präventivmaßnahmen von Bedeutung sind. Darüber hinaus wird auf die jüngste Rechtsprechung des Europäischen Gerichtshofs zu staatlichen Sonderrechten an ehemals staatseigenen Unternehmen, die sogenannten „goldenen Aktien“ oder „golden shares“, eingegangen.

C. Begriffbestimmung

Zunächst sollen einige in dieser Arbeit verwendete Begriffe erläutert und der wirtschaftliche Hintergrund von Übernahmeangeboten aufgezeigt werden.

I. Freundliche und feindliche Übernahmeangebote

Ein Übernahmeangebot ist die von einem Bieter ausgehende öffentliche Offerte an die Aktionäre der Zielgesellschaft, deren Aktien innerhalb eines bestimmten Zeitraums zu festgesetzten Bedingungen durch Kauf oder Tausch zu erwerben, um die Kontrolle

---

Sinne von § 3 Abs. 2 AktG. Die Legaldefinition des § 3 Abs. 2 AktG entspricht dem Begriff der börsennotierten Gesellschaft in § 21 Abs. 2 WpHG. Vgl. *Heider*, MüKo-AktG, § 3 Rn. 40; *Hüffer*, AktG, § 3 Rn. 6.

18 Börsennotierte Gesellschaften (listed companies) im Sinne des britischen Kapitalmarktrechts sind nur solche Gesellschaften, die die UK Listing Authority als zuständige Aufsichtsbehörde zu ihrer Official List zugelassen hat, und die danach auf dem offiziellen Markt der London Stock Exchange gehandelt werden. Unternehmen, die auf dem weniger regulierten Zweitmarkt der London Stock Exchange (Alternative Investment Market) – einem dem Freiverkehr vergleichbaren Handelssegment – gehandelt werden und damit nicht zur Official List zugelassen sind, gehören dagegen nach britischem Kapitalmarktrecht nicht zu den börsennotierten Gesellschaften. Vgl. dazu sec. 74 ff. FSMA 2000; Listing Rules, Definitions; *Pettet*, Company Law, S. 258 f., 365, 370 f.; *Gower/Davies*, Company Law, S. 14 f.; *Kasolowsky*, in: Hirte/Bücker, Grenzüberschreitende Gesellschaften, S. 153, 154.

über die Zielgesellschaft zu erlangen.[19] Unter Kontrolle ist dabei sowohl nach den Regelungen des deutschen als auch des britischen Übernahmerechts das Halten von mindestens 30 Prozent der Stimmrechte an der Zielgesellschaft zu verstehen.[20]

In der juristischen Literatur wird gemeinhin zwischen freundlichen und feindlichen Übernahmeangeboten unterschieden, ohne dass es sich dabei jedoch um gesetzliche Kategorien handelt. Ein freundliches Übernahmeangebot liegt vor, wenn die Verwaltung der Zielgesellschaft mit dem Übernahmeangebot, das den Aktionären unterbreitet wird, einverstanden ist. Erfolgt das Angebot dagegen ohne oder gegen den Willen der Verwaltung der Zielgesellschaft, so spricht man von einem feindlichen Übernahmeangebot.[21] Ob ein Übernahmeangebot feindlich ist, bestimmt sich somit alleine aus der Sicht der Verwaltung der Zielgesellschaft. Eine Aussage über die Nützlichkeit des Angebots für die Aktionäre der Zielgesellschaft, die Arbeitnehmer der Zielgesellschaft, die Zielgesellschaft als Unternehmen oder die Gesamtwirtschaft wird damit jedoch nicht getroffen.[22]

Ihren Ursprung hat die Bezeichnung der feindlichen Übernahme im englischsprachigen Begriff des „hostile takeover". Obwohl der Begriff nicht ohne Kritik geblieben ist,[23] hat er sich längst auch im deutschen Schrifttum durchgesetzt und wird daher für die vorliegende Untersuchung durchgängig verwendet.

---

19 Vgl. §§ 2, 29 Abs. 1 WpÜG; *Mühle*, Das Wertpapiererwerbs- und Übernahmegesetz, S. 23; *Assmann/Bozenhardt*, in: Assmann/Basaldua, Übernahmeangebote, S. 1, 8; *Röhrich*, Feindliche Übernahmeangebote, S. 15 f.; *Schmitthoff*, in: Schmitthoff/Goré/Heinsius, Übernahmeangebote im Aktienrecht, S. 7, 9; *Herrmann*, Zivilrechtliche Abwehrmaßnahmen, S. 20; *Behrens*, ZGR 1975, 433, 437; *Hauschka/Roth*, AG 1988, 181, 182; *Otto*, DB-Beilage 12/1988, 1, 4; *Schaaf*, RIW 1985, 273.

20 Vgl. für Deutschland § 29 Abs. 2 WpÜG; für Großbritannien City Code, Definition „Control".

21 *Rümker*, FS Heinsius, S. 683, 685 f.; *Richter*, in: Semler/Volhard, Arbeitshandbuch für Unternehmensübernahmen, § 52 Rn. 11; *Schanz*, Börseneinführung, § 18 Rn. 3; *Mühle*, Das Wertpapiererwerbs- und Übernahmegesetz, S. 25 f.; *Assmann/Bozenhardt*, in: Assmann/Basaldua, Übernahmeangebote, S. 1, 8; *Röhrich*, Feindliche Übernahmen, S. 16; *Klein*, NJW 1997, 2085; *Michalski*, AG 1997, 152; *Peltzer*, ZIP 1989, 69; *Weimar/Breuer*, BB 1991, 2309.

22 Darauf weist *Mühle*, Das Wertpapiererwerbs- und Übernahmegesetz, S. 26 zu Recht hin; so auch *Jäger*, Aktiengesellschaft, § 37 Rn. 2; *Rümker*, FS Heinsius, S. 683, 686; *Schanz*, Börseneinführung, § 18 Rn. 4.

23 Gegen den Begriff der feindlichen Übernahme wird vor allem eingewandt, er sei irreführend und schüre unberechtigte Vorurteile gegen die Übernahme, da es sich bei einem Übernahmeangebot aus der Sicht der Aktionäre als Angebotsadressaten um einen prima facie wertneutralen Vorgang handele. Eine ausführliche Diskussion des Begriffs der feindlichen Übernahme findet sich bei *Richter*, in: Semler/Volhard, Arbeitshandbuch für Unternehmensübernahmen, § 52 Rn. 10 ff.; kritisch auch *Rümker*, FS Heinsius, S. 683, 686; *Lange*, WM 2002, 1737 mit Fn. 5; *Peltzer*, ZIP 1989, 69; siehe auch *Ebenroth/Daum*, DB 1991, 1105, die den neutralen Begriff der „unkoordiniereten Übernahme" vorschlagen, da sich die Transaktion ohne Koordination zwischen dem Management der Zielgesellschaft und dem Übernehmer vollzieht.

II. Wirtschaftliche Bedeutung feindlicher Übernahmeangebote

Feindliche Übernahmeangebote haben in Großbritannien seit langem eine ungleich größere wirtschaftliche Bedeutung als in Deutschland.[24] Sie sind ein gefestigter Bestandteil der britischen Unternehmenskultur, dem sowohl in der juristischen Literatur als auch in der Tagespresse außerordentlich viel Beachtung geschenkt wird.[25]

Zu den ersten großen Übernahmewellen kam es in Großbritannien bereits in den fünfziger und sechziger Jahren des letzten Jahrhunderts.[26] Sie wurden maßgeblich durch die Entstehung der großen börsennotierten Publikumsgesellschaften mit breit gestreutem Aktienbesitz begünstigt, welche die Familiengesellschaft nach dem Zweiten Weltkrieg als typische britische Unternehmensform ablösten.[27] Mit der breiten Aktienstreuung ging die Trennung von Eigentum und Kontrolle über die Gesellschaft einher, die es Kaufinteressenten ermöglichte, Unternehmen auch gegen den Willen der Verwaltung im Wege eines Übernahmeangebots unmittelbar von den Aktionären zu erwerben. Nachdem sich schnell herausgestellt hatte, dass diese neuartige Transaktionsart zum Erfolg führte, haben sich Übernahmeangebote als bedeutendste Art des Unternehmenserwerbs in Großbritannien etabliert.[28]

Bis zum Jahre 2004 sind mehr als 7000 Übernahmeangebote nach den Bestimmungen des im Jahre 1968 in Kraft getretenen City Code on Takeovers and Mergers (City Code) durchgeführt worden, der die primäre Rechtsquelle des britischen Übernahmerechts darstellt. Davon wurden etwa 15 Prozent von der Verwaltung der Zielgesellschaft abgelehnt und waren somit feindlich.[29] Trotz der schwierigen wirtschaftli-

---

24 Ein historischer Abriss der Entstehung und Entwicklung feindlicher Übernahmeangebote in Großbritannien findet sich bei *Cranston*, in: Hopt/Wymeersch, European Takeovers, S. 77 ff. Eine Darstellung einzelner aufsehenerregender Übernahmen, die seinerzeit jeweils Anlass zu erneuten regulatorischen Aktivitäten gegeben haben, findet sich bei *Johnston*, Take-over Code, S. 19 ff.

25 Vgl. *Parkinson*, Corporate Power and Responsibility, S. 123; *Michalski*, AG 1997, 152; *Hauschka/Roth*, AG 1988, 181; *Baum* RIW 2003, 421, 424. Siehe aus der britischen Literatur zum Übernahmerecht die umfassende Darstellung im zweibändigen Standardkommentar *Weinberg/Blank*, Takeovers and Mergers. Eine Gesamtdarstellung der Thematik findet sich bei *Stedman*, Takeovers. Einen konzentrierten Kurzüberblick bietet *Gower/Davies*, Company Law, S. 704 ff.

26 *Gower/Davies*, Company Law, S. 706; *Cranston*, in: Hopt/Wymeersch, European Takeovers, S. 77, 79 f.; *Krause*, Das obligatorische Übernahmeangebot, S. 51; *Roßkopf*, Selbstregulierung von Übernahmeangeboten, S. 93.

27 Zu dieser und weiteren Ursachen des Übernahmebooms der fünfziger und sechziger Jahre *Cranston*, in: Hopt/Wymeersch, European Takeovers, S. 77, 80 ff.; dazu auch *Baum*, RIW 2003, 421, 424. Die Entstehung der großen Publikumsgesellschaften begann in Großbritannien bereits im 19. Jahrhundert mit der Gründung der großen Eisenbahn- und Reedereigesellschaften, vgl. *Rickford*, (2004) ECFR 1, 391, 412.

28 Vgl. *Pettet*, Company Law, S. 389 f.; *Herrmann*, Zivilrechtliche Abwehrmaßnahmen, S. 22; *Schmitthoff*, in: Schmitthoff/Goré/Heinsius, Übernahmeangebote im Aktienrecht, S. 7, 9; *Baum*, RIW 2003, 421, 424.

29 *Lee*, in: Hopt/Wymeersch, European Takeovers, S. 133, 141; *Pettet*, Company Law, S. 389 Fn. 1; *Prentice*, in: Kreuzer, Öffentliche Übernahmeangebote, S. 133 Fn. 2 schätzt den durch-

chen Lage ist der Anteil an feindlichen Übernahmeangeboten auch im neuesten Jahresbericht des Takeover Panel konstant geblieben. So wurden von April 2004 bis März 2005 gegenüber dem Panel 114 Übernahmeangebote veröffentlicht, von denen 11 im Zeitpunkt ihrer Veröffentlichung nicht die Zustimmung der Verwaltung der Zielgesellschaft hatten. Während es bei drei dieser Angebote zu einer späteren Einigung zwischen den Verwaltungen der betroffenen Gesellschaften kam, blieben acht dieser Angebote bis zum endgültigen Ablauf der Angebotsfrist feindlich. Drei der feindlichen Angebote wurden abgewehrt.[30]

In Deutschland spielten feindliche Übernahmen lange Zeit nur eine untergeordnete wirtschaftliche Rolle.[31] Zwar gab es bis zum Ende der neunziger Jahre des letzten Jahrhunderts auch in Deutschland vereinzelt feindliche Übernahmeauseinandersetzungen. Diese erreichten aber nicht annähernd den Stellenwert, den feindliche Übernahmeangebote in Großbritannien haben. Die Gründe für die geringe Relevanz von Übernahmeangeboten allgemein und damit auch von feindlichen Übernahmen[32] waren vor allem in der geringen Zahl börsennotierter Gesellschaften[33] sowie in der dominierenden Rolle der deutschen Universalbanken zu sehen, die feindlichen Übernahmen traditionell ablehnend gegenüberstehen.[34] So hat sich in Deutschland im Gegensatz zu Großbritannien eine Unternehmenslandschaft entwickelt, bei der die Banken nicht nur als maßgebliche Finanzierungsinstitutionen, sondern auch über ihre kapitalmäßige und personelle Beteiligung an den einzelnen Gesellschaften einen wesentlichen Einfluss auf unternehmerische Entscheidungen haben und dadurch feindliche Übernahmen behindern.[35] Der erste Versuch einer feindlichen Übernahme wurde in Deutschland im

---

schnittlichen Anteil feindlicher Übernahmen sogar auf ein Drittel und damit erheblich höher ein.

30 Siehe *Takeover Panel*, 2005 Report, S. 15, der den Zeitraum vom 1. April 2004 bis zum 31. März 2005 abdeckt.

31 *Underhill/Austmann*, in: Payne, Takeovers, S. 87; *Hauschka/Roth*, AG 1988, 181, 186; *Michalski*, AG 1997, 152; *Schanz*, NZG 2000, 337; *Hopt*, ZGR 161 (1997), 369; *Bungert*, NJW 1998, 488, 492; *Ebenroth/Daum*, DB 1991, 1105.

32 Nach der Aufstellung bei *Peltzer*, ZIP 1989, 69, 72 wurden in Deutschland vom 1. Januar 1981 bis zum 30. September 1988 29 Übernahmeangebote abgegeben, von denen kein einziges feindlich war.

33 Im Jahre 1999 waren in Deutschland 1.043 Unternehmen mit einer Marktkapitalisierung von 1.437,7 Mrd. USD an der Börse notiert. Dem standen 2.292 in Großbritannien börsennotierte Gesellschaften mit einer Marktkapitalisierung von 2.966 Mrd. USD gegenüber. Vgl. *van der Elst*, in: Hopt/Wymeersch, Capital Marktes and Company Law, S. 3, 7 f.

34 Vgl. zu diesen und anderen Gründen für die geringe praktische Relevanz von Unternehmensübernahmen in Deutschland *Maier-Reimer*, in: Hopt/Wymeersch, European Takeovers, S. 242; *Hopt*, in: Hopt/Wymeersch, European Takeovers, S. 165, 168 ff.; *Buxbaum*, FS Steindorff, S. 7, 8 f.; *Mühle*, das Wertpapiererwerbs- und Übernahmegesetz, S. 118 ff.; *Schanz*, Börseneinführung, § 18 Rn. 1; *ders.*, NZG 2000, 337; *Heinsius*, in: Schmitthoff/Goré/Heinsius, Übernahmeangebote im Aktienrecht, S. 35, 51; *Michalski*, AG 1997, 152; *Ebenroth/Daum*, DB 1991, 1105, 1106; *Peltzer*, ZIP 1989, 69, 72; *Hauschka/Roth*, AG 1988, 181, 186.

35 Dieses System wird in der angloamerikanischen Literatur als „bank-based system“ oder „insider system“ bezeichnet, welches dem „market-based system“ oder „outsider system“ in Großbritannien und den USA gegenübersteht. Letzteres zeichnet sich dadurch aus, dass die

Jahre 1989 von den Gebrüdern Flick unternommen, die über Strohmänner unbemerkt eine Aktienbeteiligung von 46 Prozent an der Feldmühle Nobel AG aufkauften.[36] Das Angebot wurde jedoch vorzeitig bekannt und daraufhin abgesagt.[37] Ein weiteres Beispiel war die Continental AG, die sich im Jahre 1990 durch einen Mehrheitsbeschluss der Hauptversammlung erfolgreich gegen das feindliche Übernahmeangebot der italienischen Pirelli SpA zur Wehr setzte.[38] Große Beachtung in der Öffentlichkeit fand 1997 der Übernahmeversuch der Krupp-Hoesch AG an der größeren Thyssen AG, der noch vor der offiziellen Abgabe eines Übernahmeangebots an den massiven Protesten der Arbeitnehmerschaft und des Managements von Thyssen sowie an der Einflussnahme von Gewerkschaften und Politik scheiterte und schließlich in eine freundliche Fusion übergeleitet wurde.[39] Einen Quantensprung im Hinblick auf die Bedeutung von Unternehmensübernahmen stellte schließlich die Übernahmeschlacht zwischen der Mannesmann AG und der britischen Vodafone Airtouch plc dar, die im Winter 1999/2000 in einer bis dahin in Deutschland unbekannten Heftigkeit in den Medien geführt wurde.[40] Mit ihrem Transaktionsvolumen von knapp 400 Millionen DM stellte sie die weltweit größte Übernahme der Wirtschaftsgeschichte dar.[41]

Auch wenn die Mannesmann-Übernahme letztlich nicht als feindlich bezeichnet werden kann, da sich die Vorstände kurz vor dem Ablauf der Angebotsfrist doch noch einigten, ist diese Auseinandersetzung ein sicheres Zeichen für die gestiegene Relevanz von Unternehmensübernahmen in Deutschland. Nach der Meinung zahlreicher Beobachter lässt sie zugleich auch ein künftiges Ansteigen von feindlichen Angeboten auf börsennotierte deutsche Gesellschaften erwarten.[42] Die Prognosen stützen sich da-

---

Unternehmen nicht vom Einfluss der Banken, sondern von den Kräften des Marktes abhängig sind. Feindliche Übernahmen spielen dabei eine große Rolle. Zu den maßgeblichen Unterschieden der beiden Systeme *van der Elst*, in: Hopt/Wymeersch, Capital Marktes and Company Law, S. 3, 4 ff.; *Parkinson*, Corporate Power and Responsibility, S. 170 f.; *Hopt*, FS Wiedemann, S. 1013, 1015 f.; ausführlich zum Einfluss der Banken in Deutschland *Maier-Reimer*, in: Hopt/Wymeersch, European Takeovers, S. 242 ff.; *Gerke/Bank/Steiger*, in: Hopt/Wymeersch, Capital Markets and Company Law, S. 357, 383.

36 Vgl. *Krause*, ZGR 2002, 500, 503; *Koch*, NJW 1990, 158, 166; *Salje*, JA 1990, 321; *Steding*, JURA 1999, 181, 182.

37 *Krause*, ZGR 2002, 500, 503; vgl. auch *Süddeutsche Zeitung* vom 14. Juni 1988, S. 25.

38 Vgl. *Underhill/Austmann*, in: Payne, Takeovers, S. 87, 88; *Krause*, ZGR 2002, 500, 503; *Ebenroth/Daum*, DB 1992, 1157, 1157 f.; *Bungert*, NJW 1998, 488, 492; *Weimar/Breuer*, BB 1991, 2309.

39 *Hopt*, ZHR (161) 1997, 369; *Steding*, JURA 1999, 181, 182; *Schilling*, BB 1997, 1909 ff. Weitere Beispiele aus den achtziger und neunziger Jahren sind die erfolgreichen feindlichen Angebote Krupp/Hoesch und Metro/Asko sowie die erfolglosen feindlichen Angebote Hochtief/Holzmann und T&N/Kolbenschmidt. Vgl. *Schanz*, NZG 2000, 337 mit Fn. 7; *Miles/Zagelmeyer*, (2004) ICCLR 15, 221, 223 f.

40 Vgl. *Hopt*, in: Hopt/Wymeersch, Capital Markets and Company Law, S. 289, 295; *Gerke/Bank/Steiger*, in: Hopt/Wymeersch, Capital Markets and Company Law, S. 357, 383; *Strenger*, WM 2000, 952; *Schanz*, NZG 2000, 337; *Riehmer/Schröder*, NZG 2000, 820 ff.

41 Vgl. *Frankfurter Allgemeine Zeitung* vom 5. Februar 2000, S. 18; *Die Welt* vom 15.11.1999, S. 13; *Handelsblatt* vom 18. November 1999, S. 26.

42 Vgl. *Underhill/Austmann*, in: Payne, Takeovers, S. 87, 88 f.; *Blättchen/Wegen*, in: Blättchen/Wegen, Übernahme börsennotierter Unternehmen, S. 1, 4; *Pötzsch*, in: Payne, Takeo-

bei unter anderem auf den sich ständig mehrenden Aktienstreubesitz in Deutschland,[43] auf die steigende Zahl börsennotierter Gesellschaften,[44] auf die Auflösung von Unternehmensverflechtungen im industriellen und Banken- sowie Versicherungsbereich,[45] auf die fortschreitende Deregulierung und Globalisierung der Kapitalmärkte und auf die zunehmende Realisierung des europäischen Binnenmarkts.[46] Darüber hinaus dürfte nicht zuletzt die Tatsache, dass seit dem Inkrafttreten des WpÜG am 1. Januar 2002 erstmals ein verlässlicher Rechtsrahmen für Unternehmensübernahmen in Deutschland existiert, einen wesentlichen Beitrag zur Vergrößerung der Übernahmeaktivitäten in Deutschland leisten.[47]

III. Gründe für die Abgabe von Übernahmeangeboten

Mit einer feindlichen Übernahme verfolgt ein Bieter den Zweck, über die erworbene Kontrollmacht auf die Geschäftspolitik der Zielgesellschaft Einfluss zu nehmen, um eigene Ziele durchzusetzen. Die möglichen Gründe für eine Unternehmensübernahme sind dabei vielschichtig und breit gefächert.[48] In der ökonomischen Analyse des Übernahmerechts sind zu der Frage der Motivation von Übernahmeangeboten verschiedene Erklärungsansätze entwickelt worden. Ursprungsland dieser Überlegungen waren die USA, in denen die ökonomische Analyse des Übernahmerechts spätestens seit den

---

vers, S. 75, 76; *Mühle*, Das Wertpapiererwerbs- und Übernahmegesetz, S. 130; *Meitner/Sofka*, M&A Review 2003, 360, 362; *Schanz*, NZG 2000, 337; *Krause*, AG 2002, 133, 134; *Winter/Harbarth*, ZIP 2002, 1; *Pluskat*, DStR 2001, 897, 898. Als Beispiele für erfolgreiche feindliche Übernahmeangebote, die nach der Auseinandersetzung Mannesmann/Vodafone durchgeführt worden sind, können die Angebote WCM/Klöckner-Werke, INA/FAG Kugelfischer und Barilla/Kamps genannt werden. Vgl. dazu und zu weiteren aktuellen Übernahmeaktivitäten auf dem deutschen Kapitalmarkt *Miles/Zagelmeyer*, (2004) ICCLR 15, 221, 225.

43 *Schanz*, NZG 2000, 337; *Michalski*, AG 1997, 152, 153; *Ebenroth/Daum*, DB 1991, 1105, 1106; *Ulmer*, AcP 202 (2002), 143, 144.

44 Im Zeitraum von 1990 bis 1999 hat sich die Zahl der börsennotierten Gesellschaften in Deutschland von 548 auf 1043 erhöht. Dies entspricht einem Anstieg von über 90 Prozent. Siehe dazu *van der Elst*, in: Hopt/Wymeersch, Capital Markets and Company Law, S. 3, 7.

45 Vgl. *Miles/Zagelmeyer*, (2004) ICCLR 15, 221, 225 f.; siehe dazu auch *Gerke/Bank/Steiger*, in: Hopt/Wymeersch, Capital Markets and Company Law, S. 357, 383; *Krause*, AG 2002, 133, 140; *Bayer*, ZGR 2002, 588, 597.

46 Zusammenfassend zu den verschiedenen Gründen RegE-WpÜG, BT-Drucks. 14/7034, S. 27; *Hirte*, KK-WpÜG, Einleitung Rn. 1; *Ulmer*, AcP 202 (2002) 143, 144 ff.; *Miles/Zagelmeyer*, (2004) ICCLR 15, 221, 225 f.; ausführlich *Mühle*, Das Wertpapiererwerbs- und Übernahmegesetz, S. 126 ff.

47 So auch *Underhill/Austmann*, in: Payne, Takeovers, S. 87, 89 f.; *Meitner/Sofka*, M&A Review 2003, 360, 362.

48 Vgl. etwa *Romano*, in: Hopt/Wymeersch, European Takeovers, S. 3, 4 ff.; *Bebchuk*, (1982) Harv L Rev 95, 1028, 1030 ff.; *Miles/Zagelmeyer*, (2004) ICCLR 15, 221; *Semler*, in: Semler/Volhard, Arbeitshandbuch für Unternehmensübernahmen, § 1 Rn. 42 ff.; *Schanz*, Börseneinführung, § 18 Rn. 6; *Heinsius*, in: Schmitthoff/Goré/Heinsius, Übernahmeangebote im Aktienrecht, S. 35, 52 f., *Assmann/Bozenhardt*, in: Assmann/Basaldua, Übernahmeangebote, S. 1, 10; *Otto*, DB-Beilage 12/1988, 1, 3; *Peltzer*, ZIP 1989, 69, 71; *Behrens*, ZGR 1975, 433, 437 ff.

achtziger Jahren des letzten Jahrhunderts eine feste Größe darstellt.[49] Inzwischen werden die Erklärungsansätze jedoch auch in Deutschland wissenschaftlich diskutiert.[50] Die verschiedenen Theorien können als Richtschnur dienen, um im Einzelfall festzustellen, welches Motiv bzw. Motivbündel den Ausschlag für die Übernahme gegeben hat. Auch für die Übernahmeabwehr spielen die Erklärungsansätze eine große Rolle. Sie liefern mögliche Gründe dafür, warum eine Zielgesellschaft ein Übernahmeangebot abwehren will, und stellen zudem den Anknüpfungspunkt für die Durchführung von Abwehrmaßnahmen dar, weil eine wirksame Verteidigungsstrategie notwendigerweise an den spezifischen Zielsetzungen des Übernehmers ansetzen muss.

1. Synergiegewinne

Häufig werden Unternehmensübernahmen mit der Gewinnung von Synergien begründet.[51] Synergiegewinne werden erzielt, wenn das neue Unternehmensgebilde für den Bieter als Ganzes mehr Nutzen abwirft als die Summe der zuvor eigenständigen Teileinheiten, weil sich mit den zusammengelegten Produktionsfaktoren effizienter arbeiten lässt. Zur Erklärung der Synergieeffekte wird sinnbildlich auch die Gleichung 2 + 2 = 5 herangezogen.[52]

Als synergetische Effekte können alle Arten von Effizienzsteigerungen und Kostensenkungen durch die Verbindung von Übernehmer- und Zielgesellschaft verstanden werden.[53] Dabei unterscheidet man operative und finanzielle Synergieeffek-

---

49 Vgl. *Romano*, in: Hopt/Wymeersch, European Takeovers, S. 3 ff.; *Herman*, Corporate Control, Corporate Power, S. 97 ff.; *Mandelbaum*, in: Farrar, Takeovers, S. 192 ff.; *Coffee*, (1984) Colum L Rev 84, 1145, 1162 ff.; *Manne*, (1965) J Pol Econ 73, 110 ff.; *ders.*, (1976) Duke L J, 231, 237 ff.; *Easterbrook/Fischel*, (1982) Y L J 91, 698 ff.; *dies.*, (1981) Harv L Rev 94, 1161 ff.; *Bebchuk*, (1982) Harv L Rev 95, 1028 ff.; *Lowenstein*, (1983) Colum L Rev 83, 249 ff.; *Bradley*, (1990) MLR 53, 170 ff.

50 Vgl. *Hirte*, KK-WpÜG, Einleitung Rn. 11 ff.; *Schäfer/Ott*, Ökonomische Analyse des Zivilrechts, S. 601 ff.; *Semler*, in: Semler/Volhard, Arbeitshandbuch für Unternehmensübernahmen, § 1 Rn. 42 ff.; *Reul*, Pflicht zur Gleichbehandlung, S. 111 ff.; *Mühle*, Das Wertpapiererwerbs- und Übernahmegesetz, S. 61 ff.; *Krause*, Das obligatorische Übernahmeangebot, S. 94 ff.; *Röhrich*, Feindliche Übernahmeangebote, S. 42 ff.; *dies.*, RIW 1993, 93 ff.; *Mülbert/Birke*, WM 2001, 705, 706 ff.; *Schneider/Burgard*, DB 2001, 963, 964.

51 *Romano*, in: Hopt/Wymeersch, European Takeovers, S. 3, 7 ff.; *Mandelbaum*, in: Farrar, Takeovers, S. 192, 206 f.; *Coffee*, (1984) Colum L Rev 84, 1145, 1162 f.; *Bebchuk*, (1982) Harv L Rev 95, 1028, 1031 f.; *Farrer*, (1997) Aus J Corp L 8, 1, 3; *Bradley*, (1990) MLR 53, 170, 172; *Mühle*, Das Wertpapiererwerbs- und Übernahmegesetz, S. 70; *Mülbert/Birke*, WM 2001, 705, 706; *Peltzer*, ZIP 1989, 69, 71; *Michalski*, AG 1997, 152, 153. Auch die von der Europäischen Kommission zur Untersuchung des europäischen Übernahmerechts eingesetzte Expertengruppe sieht in der Gewinnung von Synergien einen Grund für die Abgabe von Übernahmeangeboten, vgl. *Winter-Bericht*, S. 21.

52 *Mühle*, Das Wertpapiererwerbs- und Übernahmegesetz, S. 70; ähnlich *Peltzer*, ZIP 1989, 69, 71.

53 *Bebchuk*, (1982) Harv L Rev 95, 1028, 1031.

te.[54] Operative Synergieeffekte entstehen bei horizontalen Zusammenschlüssen durch die Verteilung der Fixkosten auf ein größeres Produktionsvolumen (economies of scale) und bei vertikalen Zusammenschlüssen durch die gemeinsame Nutzung gleichartiger Produktionsfaktoren (economies of scope).[55] Finanzielle Synergieeffekte ergeben sich vor allem aus der Verringerung der Kapitalbeschaffungskosten. So eröffnet sich für den Bieter nach einer Übernahme die Möglichkeit, aufgrund der gestiegenen Unternehmensgröße und Verhandlungsmacht auf den Finanzmärkten günstigere Konditionen durchzusetzen.[56]

2. Disziplinierung des Managements

Daneben wird die Ablösung einer unwirtschaftlich handelnden Unternehmensleitung als Ziel von Übernahmeangeboten genannt.[57]

Dieser Erklärungsansatz beruht auf der durch den amerikanischen Wirtschaftswissenschaftler *Henry Manne*[58] begründeten Theorie des „Marktes für Unternehmenskontrolle" (market for corporate control).[59] Nach dieser Theorie konkurrieren verschiedene Managementteams um die optimale Bewirtschaftung der in einem Unternehmen gebundenen Ressourcen. Eine verlässliche Auskunft darüber, wie effizient die

---

54 *Romano*, in: Hopt/Wymeersch, European Takeovers, S. 3, 7 ff; *Coffee*, (1984) Colum L Rev 84, 1145, 1166 f.; *Hirte*, KK-WpÜG, Einleitung Rn. 12; *Mühle*, Das Wertpapiererwerbs- und Übernahmegesetz, S. 70; *Krause*, Das obligatorische Übernahmeangebot, S. 99; *Mülbert/Birke*, WM 2001, 705, 706.

55 *Romano*, in: Hopt/Wymeersch, European Takeovers, S. 3, 7; *Coffee*, (1984) Colum L Rev 84, 1145, 1166; *Hirte*, KK-WpÜG, Einleitung Rn. 12; ähnlich *Semler*, in: Semler/Volhard, Arbeitshandbuch für Unternehmensübernahmen, § 1 Rn. 69, 75; *Krause*, Das obligatorische Übernahmeangebot, S. 100.

56 *Romano*, in: Hopt/Wymeersch, European Takeovers, S. 3, 8 f.; hierzu und zu weiteren möglichen finanziellen Synergieeffekten *Semler*, in: Semler/Volhard, Arbeitshandbuch für Unternehmensübernahmen, § 1 Rn. 106 ff.; *Röhrich*, Feindliche Übernahmeangebote, S. 55; *Krause*, Das obligatorische Übernahmeangebot, S. 101 f.

57 *Romano*, in: Hopt/Wymeersch, European Takeovers, S. 3, 9; *Mandelbaum*, in: Farrar, Takeovers, S. 192, 206; *Easterbrook/Fischel*, (1982) Y L J 91, 698, 705; *dies.*, (1981) Harv L Rev 94, 1161, 1173; *Bebchuk*, (1982) Harv L Rev 95, 1028, 1030 f.; *Bradley*, (1990) MLR 53, 170; *Röhrich*, Feindliche Übernahmeangebote, S. 56. Auch die von der Europäischen Kommission zur Untersuchung des europäischen Übernahmerechts eingesetzte Expertengruppe sieht in der Disziplinierung des Managements einen wesentlichen Grund für die Abgabe eines Übernahmeangebots, vgl. *Winter-Bericht*, S. 21.

58 *Manne*, (1965) J Pol Econ 73, 110, 112 ff.; *ders.*, (1976) Duke L J, 231, 237 ff.

59 Vgl. dazu aus dem angloamerikanischen Schrifttum: *Romano*, in: Hopt/Wymeersch, European Takeovers, S. 3, 9 ff.; *Parkinson*, Corporate Power and Responsibility, S. 119 f.; *Easterbrook/Fischel*, (1981) Harv L Rev 94, 1161, 1165 ff.; *dies.*, (1982) Y L J 91, 698, 705; *Coffee*, (1984) Colum L Rev 84, 1145, 1163 ff.; *Bradley*, (1990) MLR 53, 170, 171 ff. Aus dem deutschen Schrifttum: *Hirte*, KK-WpÜG, Einleitung Rn. 15; *Schäfer/Ott*, Ökonomische Analyse des Zivilrechts, S. 602 f.; *Reul*, Pflicht zur Gleichbehandlung, S. 128 ff.; *Mühle*, Das Wertpapiererwerbs- und Übernahmegesetz, S. 61 ff.; *Krause*, Das obligatorische Übernahmeangebot, S. 94 ff.; *Mülbert/Birke*, WM 2001, 705, 706; *Schneider/Burgard*, DB 2001, 963; *Adams*, AG 1990, 63 ff.; *Hopt*, ZGR 1993, 534, 542 ff.

Ressourcen durch das Management genutzt werden, soll der Aktienkurs des jeweiligen Unternehmens geben.[60] Wenn also ein Unternehmen nicht so gewinnbringend geführt wird, wie es eigentlich möglich wäre, schlägt sich dies nach der Theorie des Marktes für Unternehmenskontrolle unmittelbar in einem niedrigen Aktienkurs nieder. Ein Bieter, welcher der Auffassung ist, die Zielgesellschaft besser führen zu können als das amtierende Management, wird daher, so wird argumentiert, ein Übernahmeangebot für die unterbewerteten Aktien einer Zielgesellschaft abgeben, wenn der Börsenkurs der Aktien unter den Wert absinkt, den sie bei einer besseren Unternehmensführung hätten. Sofern die Aktionäre mit der Führung des Unternehmens unzufrieden sind, verkaufen sie ihre Aktien an den Bieter, der damit die Kontrolle über die Zielgesellschaft erlangt. Dieser wechselt dann die Geschäftsführung aus, verwirklicht eine effizientere Managementstrategie und profitiert so mit den übernommenen Aktien an den Kursgewinnen, die das alte Management nicht herbeizuführen im Stande war. Auch die veräußernden Aktionäre profitieren von der Übernahme, da sie ihre Aktien nur gegen Zahlung einer Kontrollprämie an den Bieter abgeben.[61] Die ständige Gefahr, durch ein feindliches Angebot abgelöst zu werden, sobald die Aktienkurse fallen, soll gleichzeitig das amtierende Management dazu anhalten, die Aktienkurse im Interesse der Aktionäre durch optimale Führung des Unternehmens zu steigern.[62]

3. Empire building

Ein weiterer Grund für Unternehmensübernahmen wird in dem Streben der Geschäftsleitung, ein möglichst großes Unternehmensimperium aufzubauen, gesehen (empire building Theorie).[63]

---

60 Grundlage für diese Prämisse ist die Hypothese des effizienten Kapitalmarktes (efficient capital market hypothesis), wonach die Börsenkurse jederzeit vollständig und unverzüglich die zum jeweiligen Zeitpunkt frei zugänglichen Informationen über das Unternehmen reflektieren und die Akteure auf dem Kapitalmarkt rational auf der Grundlage dieser Informationen handeln. Da jedoch auch die nicht ohne Weiteres zugänglichen Informationen für den Wert des Unternehmens maßgeblich sein können, wird die Hypothese des effizienten Kapitalmarkts zu Recht bestritten. Vgl. dazu *Parkinson*, Corporate Power and Responsibilty, S. 118 f.; *Manne*, (1965) J Pol Econ 73, 110, 112; *Easterbrook/Fischel*, (1981) Harv L Rev 94, 1161, 1165 ff.; *Bradley*, (1990) MLR 53, 170, 171; *Krause*, Das obligatorische Übernahmeangebot, S. 94; *Mühle*, Das Wertpapiererwerbs- und Übernahmegesetz, S. 61; *Böhmer*, Der Schutz der Minderheitsaktionäre bei Übernahmen börsennotierter Gesellschaften in Europa, S. 15 ff.; *Meier-Schatz*, ZHR 149 (1985), 76, 95 ff.

61 *Parkinson*, Corporate Power and Responsibility, S. 119; *Easterbrook/Fischel*, (1982) Y L J 91, 698, 705; *dies.*, (1981) Harv L Rev 94, 1161, 1173; *Eidenmüller*, JZ 2001, 1041, 1047.

62 *Parkinson*, Corporate Power and Responsibility, S. 120; *Mandelbaum*, in: Farrar, Takeovers, S. 192, 206; *Easterbrook/Fischel*, (1981) Harv L Rev 94, 1161, 1174; *Bebchuk*, (1982) Harv L Rev 95, 1028, 1034; *Miles/Zagelmeyer*, (2004) ICCLR 15, 221; *Schäfer/Ott*, Ökonomische Analyse des Zivilrechts, S. 602; *Mai*, Aktionärsschutz und Minderheitenschutz, S. 161; *Eidenmüller*, JZ 2001, 1041, 1047.

63 *Herman*, Corporate Control, Corporate Power, S. 97 f.; *Romano*, in: Hopt/Wymeersch, European Takeovers, S. 3, 24; *Bebchuk*, (1982) Harv L Rev 95, 1028, 1033; *Semler*, in: Semler/Volhard, Arbeitshandbuch für Unternehmensübernahmen, § 1 Rn. 115 f.; siehe auch die

Ausgangspunkt dieses Erklärungsansatzes ist die These, dass die Aktionäre von Publikumsgesellschaften mit breiter Aktienstreuung die Kontrolle über das Management aus Kostengründen nur in geringem Maße ausüben (sogenannte rationale Apathie der Investoren),[64] so dass der Geschäftsleitung ein erheblicher Handlungsspielraum zukommt, den sie zur Maximierung ihres persönlichen Nutzens einsetzen kann.[65] Da dem Management aus der Größe des Unternehmens eine Reihe von Vorteilen erwächst, wird dieser Handlungsspielraum nach der empire building Theorie bei Unternehmensakquisitionen regelmäßig zur Vergrößerung der Gesellschaft ausgenutzt.

Als Anreizpunkte für das eigennützige Streben nach Größe werden verschiedene Aspekte genannt.[66] Zum einen orientieren sich die Gehälter der Geschäftsleitung in der Regel am Umsatz und damit an der Größe des Unternehmens, was zur Folge hat, dass Unternehmensakquisitionen das Einkommen des Managements erhöhen. Darüber hinaus sinkt mit wachsender Unternehmensgröße die Wahrscheinlichkeit einer Übernahme und damit das Risiko eines Arbeitsplatzverlustes für die Geschäftsleitung. Zudem haben Akquisitionen häufig eine größere Aktienstreuung zur Folge, wodurch das Einflusspotential von Großaktionären auf die Geschäftsleitung verringert und der Handlungsspielraum des Managements weiter vergrößert wird. Schließlich schafft das Größenwachstum des Unternehmens neue Aufstiegsmöglichkeiten für das Management und vergrößert dessen Reputation.

Das Zusammenspiel dieser Anreize führt nach der empire building Theorie dazu, dass das Management durch Unternehmensübernahmen die Vergrößerung der Gesellschaft anstrebt, und zwar unabhängig davon, ob dies den Aktionären Nutzen bringt oder Schaden zufügt.

Nachweise bei *Mandelbaum*, in: Farrar, Takeovers, S. 192, 214 f.; *Bradley*, (1990) MLR 53, 170, 174 f.; *Coffee*, (1984) Colum L Rev 84, 1145, 1167 f.; *Easterbrook/Fischel*, (1982) Y L J 91, 698, 707; *Krause*, Das obligatorische Übernahmeangebot, S. 103 ff.; *Mühle*, Das Wertpapiererwerbs- und Übernahmegesetz, S. 66 ff.; *Mülbert/Birke*, WM 2001, 705, 707; *Schneider/Burgard*, DB 2001, 963, 964.

64 Zum Begriff der rationalen Apathie *Wackerbarth*, ZGR 2005, 686, 687 mit Fn. 2.

65 Dieser Erklärungsansatz steht in der Tradition der managerialistischen Theorie (managerialist theory), wonach es in großen Publikumsgesellschaften für den einzelnen Aktionär rational sein kann, seine Mitwirkungsrechte im Unternehmen in Form der Kontrollausübung nicht wahrzunehmen, wenn die Kosten der Information und der Entscheidungsvorbereitung sowie deren Durchsetzung in der Hauptversammlung den Aktienertrag ganz oder teilweise aufzehren würden. Vgl. *Berle/Means*, The Modern Corporation and Private Property, S. 66, 109, 129, 247; *Baumol*, Business Behavior, S. 96; *Marris*, Managerial Capitalism. S. 101 ff.; *Penrose*, The Growth of The Firm, S. 155 ff.; *Herman*, Corporate Control, Corporate Power, S. 97 f.; *Jensen/Meckling*, (1976) J Fin Econ 3, 305, 330; *Schäfer/Ott*, Ökonomische Analyse des Zivilrechts, S. 602; siehe auch *Parkinson*, Corporate Power and Responsibility, S. 63 ff.

66 Vgl. zu den einzelnen Anreizpunkten *Parkinson*, Corporate Power and Responsibility, S. 63 f.; *Marris*, Managerial Capitalism, S. 64; *Mandelbaum*, in: Farrar, Takeovers, S. 192, 214; *Romano*, in: Hopt/Wymeersch, European Takeovers, S. 3, 24; *Coffee*, (1984) Colum L Rev 84, 1145, 1167 f.; *Röhrich*, Feindliche Übernahmen, S. 60; *Krause*, Das obligatorische Übernahmeangebot, S. 103.

4. Ausbeutung

Andere sehen die Motivation für die Abgabe von Übernahmeangeboten in der Ausbeutung der Aktionäre der Zielgesellschaft (Ausbeutungstheorie).[67]

Nach dieser Theorie stellen die Möglichkeiten, die sich einem Bieter nach der Kontrollerlangung über die Zielgesellschaft bieten, um sich durch die Ausübung seiner Leitungsmacht auf Kosten der verbleibenden Minderheitsaktionäre zu bereichern, den maßgeblichen Anreiz für Unternehmensübernahmen dar. Bieter, die mit einer solchen Ausbeutungsmotivation handeln, werden im angloamerikanischen Übernahmejargon als „raider" – zu deutsch Raubritter – bezeichnet.[68] Bei der Vorgehensweise eines raiders wird zwischen harter und weicher Ausbeutung unterschieden.

Als weiche Ausbeutung werden Sachverhalte bezeichnet, in denen die Zielgesellschaft als solche mit ihren Vermögensgegenständen erhalten bleibt, durch die Einbindung in den Bieterkonzern jedoch Vermögenstransfers zu ihren Lasten stattfinden.[69] Als Ausbeutungsmaßnahmen kommt dabei eine Vielzahl von Konzernleitungsmaßnahmen in Betracht. Maßnahmen zur Bereicherung des herrschenden Bieterunternehmens sind etwa die Vereinbarung von Konzernumlagen, Konzerverrechnungspreise oder Beratungs- und Managementverträgen ohne ausreichende Gegenleistung sowie die Vergabe von konzerninternen Darlehen zu nicht marktgerechten Bedingungen.[70] Darüber hinaus stellt die kostenlose Ausnutzung von Patenten, Marken, Warenzeichen, Forschungsergebnissen und technischem Fachwissen eine Möglichkeit des Vermögenstransfers zu Lasten der Aktionäre der abhängigen Zielgesellschaft dar.[71] Auch die Umverteilung von Gewinnchancen und Risiken ist ein Mittel der weichen Ausbeutung. So können Aufträge oder Entwicklungsprojekte im Konzern so verteilt werden, dass die Gewinne allein vom herrschenden Bieterunternehmen bezogen werden, die Risiken

---

67 Vgl. *Lowenstein*, (1983) Colum L Rev 83, 249, 274 f.; *Schäfer/Ott*, Ökonomische Analyse des Zivilrechts, S. 602 f.; *Reul*, Pflicht zur Gleichbehandlung, S. 197 ff.; *Krause*, Das obligatorische Übernahmeangebot, S. 105 ff.; siehe auch die Nachweise bei *Easterbrook/Fischel*, (1981) Harv L Rev 94, 1161, 1184 f.; *dies.*, (1982) Y L J 91, 698, 707; *Mühle*, Das Wertpapiererwerbs- und Übernahmegesetz, S. 73 ff.

68 Vgl. zu diesem Begriff, zur gesamtwirtschaftlichen Wirkung des corporate raiding und zur tatsächlichen Bedeutung von raidern in Deutschland die Untersuchung von *Meitner/Sofka*, M&A Review 2003, 360 ff.; zur Begriffsbildung auch *Jäger*, Aktiengesellschaft, § 37 Rn. 3.

69 *Ekkenga/Scholz*, in: Ehricke /Ekkenga/Oechsler, WpÜG, Einleitung Rn. 34; *Reul*, Pflicht zur Gleichbehandlung, S. 197 ff.; *Mühle*, Das Wertpapiererwerbs- und Übernahmegesetz, S. 74; *Krause*, Das obligatorische Übernahmeangebot, S. 105; *Munscheck*, RIW 1995, 388, 389; vgl. auch *Röhrich*, Feindliche Übernahmeangebote, S. 63, die diesen Erklärungsansatz als Umverteilungshypothese bezeichnet.

70 *Schäfer/Ott*, Ökonomische Analyse des Zivilrechts, S. 602 f.; *Budde/Lawall*, FS Müller, S. 27, 42; *Reul*, Pflicht zur Gleichbehandlung, S. 199; *Mühle*, Das Wertpapiererwerbs- und Übernahmegesetz, S. 74; *Krause*, Das obligatorische Übernahmeangebot, S. 105; *Röhrich*, Feindliche Übernahmeangebote, S. 63; *Munscheck*, RIW 1995, 388, 389.

71 *Reul*, Pflicht zur Gleichbehandlung, S. 199; *Mühle*, Das Wertpapiererwerbs- und Übernahmegesetz, S. 74; *Krause*, Das obligatorische Übernahmeangebot, S. 105; *Schneider/Burgard*, DB 2001, 963, 964.

jedoch mit den Aktionären der Zielgesellschaft geteilt bzw. von diesen alleine getragen werden.[72]

Unter harter Ausbeutung versteht man demgegenüber Übernahmen, bei denen der Bieter die Kontrolle über eine Zielgesellschaft anstrebt, um diese umzustrukturieren, die stillen Reserven aufzulösen, die Gesellschaft zu zerschlagen und ihre Einzelteile umgehend gewinnbringend zu veräußern.[73] Dieses Vorgehen wird im angloamerikanischen Sprachgebrauch auch als „looting“ oder „asset stripping“ bezeichnet.[74] Eine solche Zerschlagungsstrategie ist für den Bieter attraktiv, wenn der Wert der einzelnen Vermögensgegenstände wegen der Unterbewertung der Aktien höher ist als der Börsenwert der Zielgesellschaft im Ganzen.[75] Harte Ausbeutungen kommen insbesondere bei Übernahmen vor, die in hohem Maße fremdfinanziert werden (leveraged buy out).[76] Bei diesen erfordert die Zinslast externer Finanzierung rasch eingreifende Maßnahmen, die eine schnelle Tilgung der aufgenommenen Darlehen ermöglichen. Der Bieter ist daher regelmäßig gezwungen, wesentliche Vermögensgegenstände der Gesellschaft nach der erfolgreichen Übernahme zur Bedienung der Kredite zu veräußern.[77]

5. Ausnutzung des Gefangenendilemmas

Ein weiterer Anreiz zur Abgabe eines Übernahmeangebots kann die Möglichkeit zur Erpressung der Aktionäre der Zielgesellschaft sein, die sich aus der für das Übernahmeangebot typischen Zwangslage, dem sogenannten Gefangenendilemma (prisoner's dilemma),[78] ergibt.[79]

---

72 *Reul*, Pflicht zur Gleichbehandlung, S. 199; *Mühle*, Das Wertpapiererwerbs- und Übernahmegesetz, S. 74; *Krause*, Das obligatorische Übernahmeangebot, S. 105.

73 Vgl. *Lowenstein*, (1983) Colum L Rev 83, 249, 274 f.; *Ekkenga/Scholz*, in: Ehricke/Ekkenga/Oechsler, WpÜG, Einleitung Rn. 34; *Reul*, Pflicht zur Gleichbehandlung, S. 198; *Mühle*, Das Wertpapiererwerbs- und Übernahmegesetz, S. 75; *Krause*, Das obligatorische Übernahmeangebot, S. 105; dazu auch *Lutter*, FS Steindorff, S. 125 ff.; *Schneider/Burgard*, DB 2001, 963, 964; *Michalski*, AG 1997, 152, 153.

74 Vgl. zu diesen Begriffen *Easterbrook/Fischel*, (1981) Harv L Rev 94, 1161, 1184 f.; *dies.*, (1982) Y L J 91, 698, 707; für Deutschland *Lutter*, FS Steindorff, S. 125, 127; *Jäger*, Aktiengesellschaft, § 37 Rn. 3; *Assmann/Bozenhardt*, in: Assmann/Basaldua, Übernahmeangebote, S. 1, 10 mit Fn. 46; *Ebenroth/Daum*, DB 1991, 1105; *Michalski*, AG 1997, 152, 153.

75 *Mai*, Aktionärsschutz und Minderheitenschutz, S. 117; *Michalski*, AG 1997, 152, 153; *Schneider/Burgard*, DB 2001, 963, 964.

76 Ausführlich zum Konzept des leveraged buy out *Mühle*, Das Wertpapiererwerbs- und Übernahmegesetz, S. 76 ff; *Lutter/Wahlers*, AG 1989, 1 ff.

77 Vgl. *Budde/Lawall*, FS Müller, S. 27, 42; *Mühle*, Wertpapiererwerbs- und Übernahmegesetz, S. 75; *Reul*, Pflicht zur Gleichbehandlung, S. 148; *Schneider/Burgard*, DB 2001, 963, 964; *Schanz*, NZG 2000, 337 Fn. 4.

78 Der Begriff des Gefangenendilemmas entstammt der mathematischen Spieltheorie. Er beschreibt die Situation zweier an einem Vergehen beteiligten Untersuchungsgefangener, die getrennt über die begangene Tat verhört werden. Wenn sie gestehen, können sie auf Strafmilderung hoffen. Gleichzeitig muss jeder Gefangene mit dem Geständnis des jeweils anderen und damit mit seiner eigenen Überführung rechnen. Könnten die Gefangenen ihr Entscheidungs-

Durch die Abgabe eines Übernahmeangebots gerät jeder angesprochene Aktionär in einen Entscheidungskonflikt was seine Desinvestitionsentscheidung angeht. Er muss sich innerhalb der Angebotsfrist entscheiden, ob er seine Aktien zu dem vom Bieter vorgegebenen Angebotspreis veräußern oder das Angebot ablehnen will. Dabei bestehen für den einzelnen Aktionär zwei wesentliche Probleme, die seine Entscheidungsfreiheit beeinträchtigen: Zum einen unterliegt er gegenüber dem Bieter einem Informationsdefizit hinsichtlich der Angemessenheit des angebotenen Preises.[80] Er kann daher nicht abschätzen, ob er seine Aktien bei einer Annahme des Angebots zu billig abgibt. Zum anderen hat der einzelne Aktionär keine Möglichkeit, sein Verhalten mit den anderen ihm unbekannten Aktionären der Zielgesellschaft abzustimmen.[81] Er kann daher nicht gegenüber dem Bieter als Teil einer homogenen Interessengemeinschaft auftreten, die durch eine kollektive Ablehnung des Angebots die Übernahme zum Scheitern bringen kann. Vielmehr muss er aufgrund der Streuung der Aktien davon ausgehen, dass seine Entscheidung für den Erfolg oder Misserfolg der Übernahme unerheblich ist, und dass diese auch dann stattfindet, wenn er das Angebot ablehnt.[82] Der Aktionär steht somit vor der Entscheidung, ob er seine Aktien veräußert und damit das Risiko eines unangemessenen niedrigen Preises eingeht, oder ob er das Angebot ablehnt und damit riskiert, bei einem Erfolg der Übernahme Minderheitsaktionär in der den Vermögensinteressen des Bieters untergeordneten Zielgesellschaft zu werden, die von diesem ausgebeutet wird, was zwangsläufig zu einem Wertverlust der Anteile führt.[83]

---

verhalten koordinieren, so könnten sie die Tat erfolgreich leugnen und so jedweden Nachteil abwenden. Da dies nicht möglich ist, entscheiden sich beide Gefangenen für das Geständnis, welches zwar eine Bestrafung zur Folge hat, gegenüber der Verurteilung wegen des Geständnisses des anderen Verdächtigen aber das geringere Übel darstellt, da es zumindest eine Strafmilderung nach sich zieht. Vgl. dazu *Bebchuk*, (1982) Harv L Rev 95, 1028, 1039 ff.; *Coffee*, (1984) Colum L Rev 84, 1145, 1169; *Schäfer/Ott*, Ökonomische Analyse des Zivilrechts, S. 468 ff.; *Assmann/Bozenhardt*, in: Assmann/Basaldua, Übernahmeangebote, S. 1, 11 f. mit Fn. 53; *Krause*, Das obligatorische Übernahmeangebot, S. 107 ff.; *Lüttmann*, Kontrollwechsel in Kapitalgesellschaften, S. 38 ff., 73 ff.; *Mühle*, Das Wertpapiererwerbs- und Übernahmegesetz, S. 85 ff.; *Mai*, Aktionärsschutz und Minderheitenschutz, S. 117 ff.; *Mülbert/Birke*, WM 2001, 705, 713.

79 Vgl. *Lowenstein*, (1983) Colum L Rev 83, 249, 307 ff.; *Coffee*, (1984) Colum L Rev 84, 1145, 1169; *Ekkenga/Scholz*, in: Ehricke/Ekkenga/Oechsler, WpÜG, Einleitung Rn. 35; *Krause*, Das obligatorische Übernahmeangebot, S. 107 ff.; *Mühle*, Das Wertpapiererwerbs- und Übernahmegesetz, S. 85 ff.

80 *Möllers*, KK-WpÜG, § 23 Rn. 3; *Herrmann*, Zivilrechtliche Abwehrmaßnahmen, S. 20; *Assmann/Bozenhardt*, in: Assmann/Basaldua, Übernahmeangebote, S. 1, 15.

81 *Krause*, Das obligatorische Übernahmeangebot, S. 108; *Mühle*, Das Wertpapiererwerbs- und Übernahmegesetz, S. 85; *Assmann/Bozenhardt*, in: Assmann/Basaldua, Übernahmeangebote, S. 1, 11 f.

82 *Möllers*, KK-WpÜG, § 23 Rn. 7; *Mühle*, Das Wertpapiererwerbs- und Übernahmegesetz, S. 85; *Witt*, NZG 2000, 809, 812; *Mülbert/Birke*, WM 2001, 707, 713 mit Fn. 72.

83 *Röhrich*, Feindliche Übernahmeangebote, S. 34 f.; *Herrmann*, Zivilrechtliche Abwehrmaßnahmen, S. 20; *Assmann/Bozenhardt*, in: Assmann/Basaldua, Übernahmeangebote, S. 1, 15 f., 47.

In dieser Situation wählt der einzelne Aktionär regelmäßig den Weg des geringsten Risikos. Er wird seine Aktien mutmaßlich stets dann veräußern, wenn die Möglichkeit besteht, dass der Aktienkurs nach der Übernahme unter den angebotenen Verkaufspreis sinkt. Da das Preisrisiko somit gegenüber dem Risiko der Minderung des Beteiligungswertes das geringere Übel darstellt, gerät der einzelne Aktionär in einen mittelbaren Zwang zur Annahme des Angebots.[84] Dieser Zwang wird durch die Befürchtung verstärkt, durch ein Zuvorkommen der anderen Aktionäre oder durch das Ende der Angebotsfrist die Verkaufschance verpassen zu können.[85]

Sofern die Rechtsordnung keine Mechanismen zum Schutz der Aktionäre vorsieht,[86] kann der Bieter diese Zwangslage ausnutzen, um die Gesellschaft auf Kosten der scheidenden Aktionäre durch die Bestimmung eines niedrigen Angebotspreises unter ihrem wirklichen Wert zu erwerben.

6. Fazit

Zur Erklärung der Motivation von feindlichen Übernahmen sind in der ökonomischen Analyse verschiedene theoretische Ansätze entwickelt worden. Diese sehen entweder strategische und langfristige Zielsetzungen des Bieters oder das Interesse des Bieters an einer möglichst schnellen Gewinnrealisierung bzw. an einem Vermögenstransfer zu seinen Gunsten als maßgeblichen Grund für die Abgabe eines feindlichen Übernahmeangebots an.[87] In die erste Kategorie gehören die Theorien, die sich auf die Gewinnung von Synergien und die Disziplinierung des Managements im Sinne des Marktes für Unternehmenskontrolle berufen. Die zweite Kategorie bilden die empire building und

---

84 *Möllers*, KK-WpÜG, § 23 Rn. 3, 7; *Mühle*, Das Wertpapiererwerbs- und Übernahmegesetz, S. 86; *Assmann/Bozenhardt*, in: Assmann/Basaldua, Übernahmeangebote, S. 1, 12; *Herrmann*, Zivilrechtliche Abwehrmaßnahmen, S. 20; *Otto*, DB-Beilage 12/1988, 1, 4; *Witt*, NZG 2000, 809, 812.

85 Diesen Effekt kann der Bieter durch eine enge zeitliche Befristung oder eine Kontingentierung des Angebots weiter verstärken, vgl. *Oechsler*, in: Ehricke/Ekkenga/Oechsler, WpÜG, § 23 Rn. 14; *Krause*, Das obligatorische Übernahmeangebot, S. 108.

86 In Deutschland schützt das WpÜG die Aktionäre der Zielgesellschaft vor der Zwangswirkung des Gefangenendilemmas durch Mindestannahmefristen (§ 16 WpÜG), Rücktrittsrechte (§§ 21 Abs. 4, 22 Abs. 3 WpÜG), Repartierungspflichten (§ 19 WpÜG), Veröffentlichungspflichten (§ 23 WpÜG) und das Verbot von Teilangeboten (§ 32 WpÜG). Vgl. dazu *Oechsler*, in: Ehricke/Ekkenga/Oechsler, WpÜG, § 3 Rn. 14; *Mai*, Aktionärsschutz und Minderheitenschutz, S. 122 ff.; *Mülbert/Birke*, WM 2001, 705, 714; *Krause*, NJW 2002, 705, 708. In Großbritannien werden die Aktionäre der Zielgesellschaft in erster Linie durch Rule 31 City Code vor der Zwangswirkung des Gefangenendilemmas geschützt, welche ihnen unter anderem die Möglichkeit gibt, während einer Mindestfrist über die Annahme des Angebots zu entscheiden, nachdem sie sich mit den anderen Aktionären abgestimmt haben. Vgl. hierzu und zu weiteren Schutzmechanismen *Clarke*, (2004) JCLS 4, 51, 55.

87 Mit einer derartigen Kategorisierung *Jäger*, Aktiengesellschaft, § 37 Rn. 3; *Krause*, Das Obligatorische Übernahmeangebot, S. 118; *Mai*, Aktionärsschutz und Minderheitenschutz, S. 160; *Schneider*, AG 2002, 125, 126; *Clarke*, (2004) JCLS 4, 51, 53; eine ähnlich Einteilung findet sich bei *Hirte*, KK-WpÜG, Einleitung Rn. 12 ff.; *Romano*, in: Hopt/Wymeersch, European Takeovers, S. 3 ff.; *Mandelbaum*, in: Farrar, Takeovers, S. 203, 204 ff.

die Ausbeutungstheorie sowie der Ansatz, der in der Ausnutzung des Gefangenendilemmas die maßgebliche Zielsetzung von feindlichen Übernahmeangeboten sieht. Anhand von empirischen Untersuchungen konnte jedoch keines der dargestellten Konzepte als ausschließliche Erklärung für feindliche Übernahmen bestätigt werden.[88] Auch an der Überzeugungskraft der heute wohl herrschenden Theorie des Marktes für Unternehmenskontrolle bestehen aus empirischer Sicht Zweifel.[89]

Da feindliche Übernahmen sowohl von volkswirtschaftlich positiven als auch von volkswirtschaftlich negativen Motiven geleitet sein können, besteht über den gesamtwirtschaftlichen Nutzen von feindlichen Übernahmen Uneinigkeit.[90] Diese Uneinigkeit folgt nicht zuletzt daraus, dass bei einer Unternehmensübernahme vielfältige Einflüsse zusammenwirken. Zwar ist es grundsätzlich denkbar, dass ein Bieter mit einer Übernahme lediglich eines der genannten Ziele verfolgt. In der Praxis wird jedoch regelmäßig ein Bündel aus verschiedenen Motiven für die Abgabe des Übernahmeangebots ausschlaggebend sein, das sich aus einer Kombination der Erklärungsansätze zusammensetzt. Bei der Durchführung der Übernahme können sich die verschiedenen mit der Übernahme verfolgten Effekte daher gegenseitig aufheben oder verstärken.

In welchem Maße die verfolgten Absichten einen Grund zur Abwehr des Übernahmeangebots darstellen, lässt sich somit nicht allgemein, sondern nur für jeden Einzelfall beurteilen.

IV. Betroffene Interessengruppen der Zielgesellschaft bei feindlichen Übernahmeangeboten

Von einer feindlichen Übernahme sind regelmäßig verschiedene Interessengruppen betroffen. Zu denken ist etwa an die Aktionäre, die Verwaltung, die Arbeitnehmer und

88 Vgl. *Bebchuk*, (1982) Harv L Rev 95, 1028, 1031 ff.; *Mandelbaum*, in: Farrar, Takeovers, S. 203 ff.; *Romano*, in: Hopt/Wymeersch, European Takeovers, S. 3 ff.; *Clarke*, (2004) JCLS 4, 51, 53; *Hahn*, Die feindliche Übernahme von Aktiengesellschaften, S. 75 ff.; *Mühle*, Das Wertpapiererwerbs und Übernahmegesetz, S. 88 ff.; *Meitner/Sofka*, M&A Review 2003, 360, 363 ff.; *Mülbert/Birke*, WM 2001, 705, 707; eine eingehende Auseinandersetzung mit den empirischen Untersuchungen zu den einzelnen Theorien findet sich bei *Krause*, Das obligatorische Übernahmeangebot, S. 96 ff.

89 Siehe etwa *Coffee*, (1984) Colum L Rev 84, 1145, 1207; *Böhmer*, Der Schutz der Minderheitsaktionäre bei Übernahmen börsennotierter Gesellschaften in Europa, S. 17; *Meier-Schatz*, ZHR 149 (1985), 76, 95 ff., 97.

90 Vgl. *Romano*, in: Hopt/Wymeersch, European Takeovers, S. 3, 26 f., der die positiven gesamtwirtschaftlichen Effekte von feindlichen Übernahmen für dominierend hält; ebenso *Eidenmüller*, JZ 2001, 1041, 1048. Dagegen vertritt *Krause*, Das obligatorische Übernahmeangebot, S. 118 f. die Auffassung, die negativ zu bewertende kurzfristige individuelle Nutzenmaximierung auf Kosten Dritter habe bei feindlichen Übernahmeangeboten die größere Bedeutung. Vgl. zur ambivalenten gesamtwirtschaftlichen Bedeutung von feindlichen Übernahmen *Schwartze*, in: Ott/Schäfer, Ökonomische Analyse des Unternehmensrechts, S. 264, 269; *Röhrich*, Feindliche Übernahmen, S. 87 f.; *Mai*, Aktionärsschutz und Minderheitenschutz, S. 160, 289; *Miles/Zagelmeyer*, (2004) ICCLR 15, 221 f.; *Dauner-Lieb/Lamandini*, BB 2003, 265, 266; *Meitner/Sofka*, M&A Review 2003, 360, 363 ff.; *Ebenroth/Daum*, DB 1991, 1105, 1106.

die Gläubiger der Zielgesellschaft. Die Beurteilung eines Übernahmeangebots hängt daher maßgeblich davon ab, aus wessen Sichtweise es bewertet wird.

1. Aktionäre

Die Aktionäre der Zielgesellschaft entscheiden als Adressaten des Übernahmeangebots durch den Entschluss, ihre Aktien zu verkaufen oder zu behalten, letztendlich darüber, ob eine feindliche Übernahme gelingt oder nicht. Daher spielen ihre Interessen bei feindlichen Übernahmen eine zentrale Rolle. Wie bereits festgestellt,[91] haben die Aktionäre bei feindlichen Übernahmen zwischen zwei Alternativen die Wahl: Zum einen können sie durch die Annahme des Angebots aus der Zielgesellschaft unter sofortiger Gewinnrealisierung aussteigen. Zum anderen können sie in der Zielgesellschaft verbleiben und so an der zukünftigen Kurs- und Dividendenpolitik teilnehmen. Bei dieser Entscheidungslage müssen die Interessen der einzelnen Aktionäre nicht notwendig identisch sein.[92] Denn die Aktionäre stellen in der Übernahmesituation – wie auch sonst – keine homogene Gruppe dar. Vielmehr kommen bei der Entscheidung über den Ausstieg oder den Verbleib in der Zielgesellschaft die verschiedenen mit der Beteiligung verfolgten Ziele zum Ausdruck.

So ist das Interesse eines als Kapitalanleger agierenden und damit renditeorientierten Aktionärs bei einem feindlichen Übernahmeangebot primär darauf gerichtet, durch einen Verkauf seiner Aktien einen über dem Börsenkurs liegenden Preis zu erzielen.[93] Ein langfristiges Interesse an der künftigen Ertrags- und Kurssteigerung seiner Aktien tritt demgegenüber in den Hintergrund. Dagegen sind andere Aktionäre, die mit ihren Anteilen langfristige oder unternehmerische Absichten verfolgen, eher daran interessiert, ihre Aktien zu behalten, als diese zu Gunsten einer kurzfristigen Gewinnrealisierung abzugeben.[94] Wieder andere Aktionäre sind vor allem an einer möglichst hohen Dividende interessiert.[95]

---

91 Siehe hierzu § 1 C III 5.

92 Vgl. etwa *Raiser/Veil*, Recht der Kapitalgesellschaften, § 13 Rn. 1; *Richter*, in: Semler/Volhard, Arbeitshandbuch für Unternehmensübernahmen, § 52 Rn. 19; *Mai*, Aktionärsschutz und Minderheitenschutz, S. 163 f.; *Wolf*, AG 1998, 212, 216; allgemein zu den unterschiedlichen Interessen der Aktionäre, *Kort*, GK-AktG, § 76 Rn. 53; *Müller*, FS Semler, S. 195, 208; *Martens*, FS Beusch, S. 529, 544 f.; *Koch*, Unternehmensinteresse, S. 32; *Mertens*, ZGR 1977, 270, 276.

93 *Weinberg/Blank*, Takeovers and Mergers, Rn. 1-2008; *Richter*, in: Semler/Volhard, Arbeitshandbuch für Unternehmensübernahmen, § 52 Rn. 19; *Dimke/Heiser*, NZG 2001, 241, 244; *Merkt*, ZHR 165 (2001), 224, 236.

94 Das wird insbesondere für solche Aktionäre gelten, die außerhalb reiner Rentabilitätserwartungen liegende Interessen verfolgen, wie etwa die öffentliche Hand, Mitarbeiter oder Aktionäre in Familiengesellschaften. Aber auch bei Kleinaktionären in börsennotierten Gesellschaften kann die pauschale Einschätzung, dass diese typischerweise ein Interesse an der kurzfristigen Realisierung von Gewinnen haben und weniger an der Verwirklichung langfristiger Zielsetzungen der Gesellschaft interessiert sind, im Einzelfall fehlgehen. Vgl. *Martens*, FS Beusch, S. 529, 544 f.; *Werner*, Probleme feindlicher Übernahmeangebote, S. 15; *Richter*, in: Semler/Volhard, Arbeitshandbuch für Unternehmensübernahmen, § 52 Rn. 19; *Raiser/Veil*, Recht der Kapitalgesellschaften, § 13 Rn. 1; *Mai*, Aktionärsschutz und Minderheitenschutz, S.

Welches dieser verschiedenen Interessen letztlich das größere Gewicht hat, hängt unter anderem von den konkreten Umständen des jeweiligen Übernahmeangebots ab. Aktionäre mit langfristigen Investitionsinteressen werden sich trotz einer im Angebotspreis enthaltenen Übernahmeprämie für einen Verbleib in der Gesellschaft entscheiden, wenn sie davon überzeugt sind, dass die geschäftliche Entwicklung der Gesellschaft unter dem amtierenden Management besser verlaufen wird als unter dem Bieter.[96] Aber auch ein renditeorientierter Aktionär wird den Verbleib in der Gesellschaft bevorzugen, wenn der Angebotspreis des Bieters unangemessen niedrig ist, weil er zwar über dem aktuellen Börsenkurs liegt, aber dennoch hinter dem tatsächlichen Wert der unterbewerteten Aktien zurück bleibt. Liegt der vom Bieter angebotene Preis dagegen erheblich über dem Börsenkurs, so werden sich auch langfristig orientierte Aktionäre für einen Verkauf ihrer Aktien entscheiden, wenn die hohen kurzfristigen Gewinne attraktiver sind als eine eher ungewisse langfristige Entwicklung der Gesellschaft. Das gilt umso mehr, als die Zahlung eines hohen Angebotspreises zugleich die zukünftige Geschäftstätigkeit der Gesellschaft belastet. Keinesfalls kann jedoch pauschal von einem vorrangigen Veräußerungsinteresse der Aktionäre ausgegangen werden.[97]

2. Verwaltung

Die Verwaltung der Zielgesellschaft ist im Rahmen einer feindlichen Übernahme in erheblichem Maße persönlich betroffen, da sie nach einem erfolgreichen Übernahmeangebot gewöhnlich befürchten muss, ausgetauscht zu werden.[98] Der Bieter verfolgt in aller Regel andere unternehmenspolitische Ziele als das amtierende Management und wird daher die Unternehmensleitung so neu zusammensetzen, wie ihm dies zur Verwirklichung seiner Ziele für notwendig erscheint. Aufgrund des mit dem Amtsverlust einhergehenden Verlustes von Arbeitsplatz, Reputation und Macht lehnt das amtierende Management der Zielgesellschaft feindliche Übernahmen in der Regel ab und versucht diese nach Möglichkeit abzuwehren. Dies ist vor allem dann der Fall, wenn es

---

163; *Koch*, Unternehmensinteresse, S. 32 f.; *Wolf*, AG 1998, 212, 216; a.A. *Merkt*, ZHR 165 (2002), 224, 236.

95 Vgl. *Müller*, FS Semler, S. 195, 208; *Schilling*, BB 1997, 373, 379; *Steding*, JURA 1999, 181, 182.

96 Vgl. *Wolf*, AG 2002, 212, 216.

97 *Wolf*, AG 1998, 212, 216; ähnlich *Martens*, FS Beusch, S. 529, 544 f.; *Müller*, FS Semler, S. 195, 208; *Werner*, Probleme feindlicher Übernahmeangebote, S. 15; *Mai*, Aktionärsschutz und Minderheitenschutz, S. 164; a.A. wohl *Merkt*, ZHR 165 (2002), 224, 236, der die Aktionäre zumindest bei börsennotierten Publikumsgesellschaften als reine Kapitalanleger sieht. Gegen eine solche Sichtweise zu Recht *Bayer*, ZHR 168 (2004), 132, 140; *ders.*, ZHR 163 (1999), 505, 531; *Zöllner*, AG 2002, 585, 590.

98 *Pettet*, Company Law, S. 389; *McGee/Williams*, Business of Company Law, S. 260; *Bradley*, (1990) MLR 53, 170, 178; *Richter*, in: Semler/Volhard, Arbeitshandbuch für Unternehmensübernahmen, § 52 Rn. 25; *Schanz*, Börseneinführung, § 18 Rn. 3; *Röhrich*, Feindliche Übernahmen, S. 36; *Herrmann*, Zivilrechtliche Abwehrmaßnahmen, S. 21; *Hauschka/Roth*, AG 1988, 181, 186; *Drygala*, ZIP 2001, 1861, 1865; *Ulmer*, ZHR 163 (1999) 290, 298.

dem Bieter gerade darum geht, durch die Übernahme eine nach seiner Meinung unwirtschaftlich handelnde Unternehmensleitung abzulösen.

3. Arbeitnehmer

Die Arbeitnehmer der Zielgesellschaft haben ein Interesse am Erhalt ihrer Arbeitsplätze und an steigenden Löhnen.[99]

Auch diese Interessen sind durch eine feindliche Übernahme regelmäßig betroffen. So hat die im Zuge einer Übernahme stattfindende Umsetzung der neuen Geschäftspolitik des Bieters zumeist den Wegfall von Arbeitsplätzen zur Folge.[100] Entlassungen sind insbesondere dann in erheblichem Umfang zu erwarten, wenn der Bieter die Zerschlagung der Zielgesellschaft plant, oder wenn er zur Erreichung von Synergieeffekten umfangreiche Rationalisierungsmaßnahmen beabsichtigt. Überdies kann es aufgrund von Kostensenkungsmaßnahmen des Übernehmers zu Gehaltseinbußen oder einer Beschneidung der freiwilligen Sozialleistungen kommen.

Allerdings läuft eine Übernahme nicht immer den Interessen der Arbeitnehmer zuwider. So kann eine Übernahme durch einen wachstumsorientierten Bieter auch zu einer Ausweitung des Geschäfts der Zielgesellschaft und damit zur Sicherung von Arbeitplätzen führen, die ohne die Übernahme in Gefahr wären. Zudem können die Interessen der Arbeitnehmer in der Übernahmesituation durchaus verschieden sein.[101] Während hochqualifizierte Mitarbeiter an einer Übernahme interessiert sein können, da sich für sie in einem großen Unternehmen neue Karrierechancen ergeben, müssen andere Arbeitnehmer in der Folge einer Übernahme mit ihrer Entlassung rechnen. Zu berücksichtigen ist darüber hinaus, dass sich auch das Scheitern einer Übernahme negativ auf die Arbeitsplätze auswirken kann. Das ist z.B. der Fall, wenn die Kosten einer Verteidigung gegen die Übernahme so hoch sind, dass die Gesellschaft infolge der fehlenden Finanzmittel bei den Personalkosten Einsparungen vornehmen muss.

4. Gläubiger

Die Interessengruppe der Gläubiger der Zielgesellschaft umfasst Inhaber von Schuldverschreibungen, Geschäftspartner, die Forderungen gegenüber der Gesellschaft haben, sowie sonstige Gläubiger, die der Gesellschaft Fremdkapital zur Verfügung gestellt haben. Ihre Interessen sind auf die ordnungsgemäße Erfüllung der Verbindlichkeiten der Gesellschaft gerichtet.[102]

---

99 *Raiser*, FS Schmidt, S. 101, 109; *Junge*, FS Caemmerer, S. 547, 550; *Koch*, Unternehmensinteresse, S. 35.

100 Vgl. *Assmann/Bozenhardt*, in: Assmann/Basaldua, Übernahmeangebote, S. 1, 16; *Meitner/Sofka*, M&A Review 2003, 360, 364; *Dauner-Lieb*, DStR 2003, 555; *Hopt*, ZHR 161 (1997), 368, 412; *Steding*, JURA 1999, 181, 185.

101 Vgl. zu den unterschiedlichen Interessen der Arbeitnehmer *Raiser/Veil*, Recht der Kapitalgesellschaften, § 13 Rn. 2.

102 *Bradley*, (1990) MLR 53, 170, 176; *Budde/Lawall*, FS Müller, S. 27, 42; *Koch*, Unternehmensinteresse, S. 43; siehe auch *Junge*, FS Caemmerer, S. 547, 550.

Auch diese Interessen können bei einer feindlichen Übernahme betroffen sein. So kann sich eine Übernahme negativ auf die Finanzausstattung und damit auf die Rückzahlungsfähigkeit der Zielgesellschaft auswirken.[103] Als Beispiel kann etwa der Fall eines leveraged buy out genannt werden, bei dem die Finanzmittel der übernommenen Gesellschaft im nachhinein zur Finanzierung der Transaktion genutzt werden. Ähnlich stellt sich die Sachlage dar, wenn das Vermögen der Zielgesellschaft im Rahmen einer weichen Ausbeutung zur Sanierung eines angeschlagenen Bieterkonzerns genutzt wird. Eine Übernahme kann sich aber auch positiv auf die Gläubigerinteressen auswirken, etwa wenn die Kreditfähigkeit der Zielgesellschaft infolge der Eingliederung in einen finanzstarken Bieterkonzern steigt.

5. Fazit

Bei einer feindlichen Übernahmen sind innerhalb der Zielgesellschaft verschiedene Interessen betroffen. Dabei können sowohl innerhalb der einzelnen Interessengruppen als auch zwischen den verschiedenen Interessengruppen erhebliche Divergenzen auftreten, so dass die Beantwortung der Frage, ob ein feindliches Übernahmeangebot abgewehrt werden soll, je nach Standpunkt durchaus unterschiedlich beurteilt werden kann. An späterer Stelle wird darauf einzugehen sein, inwiefern die verschiedenen Interessen bei der Vornahme von Abwehrmaßnahmen nach deutschem und britischem Recht zu berücksichtigen und gegebenenfalls zu einem Ausgleich zu bringen sind.[104]

V. Präventive und Repressive Abwehrmaßnahmen

In zeitlicher Hinsicht wird bei Abwehrmaßnahmen gegen feindliche Übernahmeversuche zwischen präventiven und repressiven Abwehrmaßnahmen unterschieden.[105]

Präventive Abwehrmaßnahmen sind solche, die vor der Angebotsphase zur Verhinderung von Übernahmevorhaben vorgenommen werden. Repressive Abwehrmaßnahmen werden dagegen erst in der Angebotsphase zur Abwehr eines Übernahmeangebots ergriffen.

Der Beginn der Angebotsphase wird dabei als Schnittstelle zwischen den präventiven und repressiven Maßnahmen im deutschen und britischen Übernahmerecht unterschiedlich definiert. Nach deutschem Recht beginnt die Angebotsphase mit der

---

103 Vgl. *Bradley*, (1990) MLR 53, 170, 176; *Budde/Lawall*, FS Müller, S. 27, 40 f.

104 Siehe Teil 1 § 2 B zum deutschen Recht und Teil 2 § 4 C II 2 zum britischen Recht.

105 Vgl. *Weinberg/Blank*, Takeovers and Mergers, Rn. 4-740; *Davies*, in: Hopt/Wymeersch, European Takeovers, S. 195, 197, *Yoran*, (1973) Am J Comp L 21, 531, 532; *Schwennicke*, in: Geibel/Süßmann, WpÜG, § 33 Rn. 61; *Röh*, in: Haarmann/Riehmer/Schüppen, WpÜG, § 33 Rn. 53 f.; *Richter*, in: Semler/Volhard, Arbeitshandbuch für Unternehmensübernahmen, § 52 Rn. 59; *Schanz*, Börseneinführung, § 18 Rn. 19; *Jäger*, Aktiengesellschaft, § 37 Rn. 47; *Assmann/Bozenhardt*, in: Assmann/Basaldua, Übernahmeangebote, S. 1, 113; *Herrmann*, Zivilrechtliche Abwehrmaßnahmen, S. 23; *Krause*, AG 2002, 133 f.; *Brühl*, M&A Review 2003, 108, 113; *Bayer*, ZGR 2002, 588; die Aussagekraft dieser Unterscheidung bezweifelnd *Ekkenga*, in: Ehricke/Ekkenga/Oechsler, WpÜG, § 33 Rn. 92.

Veröffentlichung der Entscheidung des Bieters zur Abgabe eines Übernahmeangebots.[106] Nach britischem Recht beginnt die Angebotsphase bereits, wenn die Verwaltung der Zielgesellschaft Grund zu der Annahme hat, dass die Abgabe eines ernsthaften Übernahmeangebots bevorsteht.[107] Damit kann die Angebotsphase nach britischem Recht im Einzelfall bedeutend früher eintreten als nach deutschem Recht. Auf die Auswirkungen dieses Unterschieds wird später zurückzukommen sein.[108]

Die vorliegende Untersuchung beschränkt sich auf präventive Abwehrmaßnahmen. Präventive Abwehrmaßnahmen sind zur Abwehr feindlicher Übernahmen aus praktischer Sicht zumeist erfolgversprechender als repressive Abwehrmittel, da eine potentielle Zielgesellschaft in der Vorangebotsphase noch nicht unter dem durch ein aktuelles Übernahmeangebot verursachten Zeitdruck steht.[109] Sie kann ihre Abwehrstrategie daher umfassend vorbereiten, um im Übernahmefall gerüstet zu sein. Der Zeitraum, der einer Zielgesellschaft nach der Abgabe eines Übernahmeangebots bleibt, ist dagegen regelmäßig zu kurz, um wirksame Abwehrmaßnahmen gegen das feindliche Angebot zu treffen, sofern nicht in der Vorangebotsphase ausreichend Vorsorge getroffen wurde. Die erfolgreiche Umsetzung von Abwehrmaßnahmen bedarf nämlich regelmäßig einer grundlegenden Strategieplanung und Strukturanalyse der zu schützenden Gesellschaft sowie einer Auseinandersetzung mit den zur Verfügung stehenden Handlungsalternativen.[110] Dabei ist unter anderem die erwartete Reaktion des Kapitalmarktes auf die jeweilige Abwehrmaßnahme in Betracht zu ziehen, der bei einer Abschottung der Gesellschaft deren Aktien unter Umständen als weniger attraktiv einstufen kann, worunter der Aktienkurs und die Kapitalbeschaffung leiden können.[111] Schließlich ist die technische Umsetzung zahlreicher Abwehrmaßnahmen regelmäßig so zeitintensiv, dass sie in der kurz bemessenen eigentlichen Übernahmephase kaum ergriffen werden können.[112] Der Erfolg einer Übernahmeabwehr ist daher ganz erheblich von der Existenz und Qualität der in dieser Arbeit untersuchten, vorsorglich getroffenen Präventivmaßnahmen abhängig.[113]

---

106 Vgl. § 10 Abs. 1 S. 1, Abs. 3 WpÜG.

107 Vgl. City Code, General Principle 7.

108 Siehe hierzu Teil 3 § 9 C und D.

109 Vgl. *Weisner*, Verteidigungsmaßnahmen gegen unfreundliche Übernahmeversuche, S. 7; *Krause*, AG 2002, 133, 134.

110 Vgl. *Brandi*, in: Thaeter/Brandi, Öffentliche Übernahmen, Teil 3 Rn. 420 ff.; *Weisner*, Verteidigungsmaßnahmen gegen unfreundliche Übernahmeversuche, S. 7; *Krause*, AG 2002, 133, 134 f.; *Brühl*, M&A Review2003, 108 ff.

111 *Richter*, in: Semler/Volhard, Arbeitshandbuch für Unternehmensübernahmen, § 52 Rn. 60; *Krause*, AG 2002, 133, 135; *Becker*, ZHR (165), 280, 282; *Kirchner*, AG1999, 481, 488.

112 Vgl. *Krieger*, in: Henze/Hoffmann-Becking, Gesellschaftsrecht 2001, S. 289, 314 f.; *Herrmann*, Zivilrechtliche Abwehrmaßnahmen, S. 23; *Underhill/Austmann*, in: Payne, Takeovers, S. 87, 98; *Richter*, in: Semler/Volhard, Arbeitshandbuch für Unternehmensübernahmen, § 52 Rn. 59.

113 *Brandi*, in: Thaeter/Brandi, Öffentliche Übernahmen, Teil 3 Rn. 313; *Krause*, AG 2002, 133, 134.

Teil 1: Präventivmaßnahmen in Deutschland

§ 2 Rechtliche Rahmenbedingungen

Der Erfolg eines Übernahmeangebots kann mit verschiedenen vorbeugenden Mitteln verhindert oder zumindest erschwert werden. Als präventive Abwehrmaßnahmen gegen feindliche Übernahmen kommen für eine börsennotierte Aktiengesellschaft sämtliche Struktur- und Geschäftsführungsmaßnahmen nach dem allgemeinen Aktienrecht in Betracht, die die Gesellschaft abschotten, ihre Attraktivität als Übernahmeziel verringern oder ihre Position in einem nachfolgenden Übernahmekampf verbessern.[114]

A. Kategorisierung präventiver Abwehrmaßnahmen

Im Hinblick auf die rechtlichen Anforderungen, denen Präventivmaßnahmen zur Abwehr feindlicher Übernahmeversuche unterliegen, lassen sich drei Kategorien unterscheiden: Maßnahmen der Aktionäre, Maßnahmen der Verwaltung und Hauptversammlungsermächtigungen.[115]

I. Maßnahmen der Aktionäre

Bei den Maßnahmen der Aktionäre handelt es sich in erster Linie um Vorkehrungen, die im Vorfeld einer Übernahme durch einen entsprechenden Beschluss der Hauptversammlung in der Satzung einer übernahmebedrohten Gesellschaft verankert werden, um die Übernahme durch einen feindlichen Bieter zu verhindern. Diese Satzungsregelungen entfalten ihre Wirkung unmittelbar selbst, ohne dass es dazu noch zusätzlicher Handlungen der Verwaltung der Zielgesellschaft bedarf.[116] Zu derartigen Hindernissen zählt die satzungsmäßige Einführung von Mehrstimmrechten, Höchststimmrechten, stimmrechtslosen Vorzugsaktien und die satzungsmäßige Erschwerung der Auswechslung der Verwaltung. Eine weitere Präventivmaßnahme der Aktionäre, die allerdings außerhalb der Satzung vorgenommen wird, ist der Abschluss von Stimmbindungsverträgen.

Die rechtlichen Anforderungen an diese Abwehrmaßnahmen ergeben sich ausschließlich aus allgemeinen aktienrechtlichen Vorschriften. Die einschlägigen Regelungen sind dabei ebenso vielfältig und unterschiedlich wie die einzelnen Vorkehrungen, die von den Aktionären zur Übernahmeabwehr getroffen werden können.

---

114 Vgl. *Richter*, in: Semler/Volhard, Arbeitshandbuch für Unternehmensübernahmen, § 52 Rn. 54 ff.; *Krause*, AG 2002, 133, 134.

115 Mit einer ähnlichen Einteilung *Schanz*, Börseneinführung, § 18 Rn. 16 ff.

116 *Stohlmeier*, in: Semler/Volhard, Arbeitshandbuch Hauptversammlung, § 40 Rn. 5 bezeichnet diese Maßnahmen zutreffend als „autodynamische Abwehrmaßnahmen“.

II. Maßnahmen der Verwaltung

Unter den Maßnahmen der Verwaltung sind Abwehrhandlungen zu verstehen, die in die originäre Kompetenz der Verwaltungsorgane fallen und von diesen im Vorfeld einer Übernahme zur Übernahmeprävention ergriffen werden können. Zumeist geht es dabei um Maßnahmen der Geschäftsführung, die in die Leitungsbefugnis des Vorstands fallen. Dazu gehören die Eingehung gegenseitiger oder ringförmiger Beteiligungen, die Beteiligung an einer Sicherungs-GmbH und die Vereinbarung von sogenannten „change of control" Klauseln in den Verträgen der Gesellschaft. Daneben kommen aber auch Abwehrhandlungen in Betracht, die in die Kompetenz des Aufsichtsrats fallen, wie z.B. die Vereinbarung hoher Abfindungszahlungen für Vorstandsmitglieder.

Für die Rechtmäßigkeit derartiger Maßnahmen ist insbesondere die aktienrechtliche Pflichtenbindung der Verwaltungsorgane nach den §§ 76 f., 93, 116 AktG und die sich daraus ergebende Verpflichtung auf das Gesellschafts- bzw. Unternehmensinteresse von Bedeutung. Weitere Beschränkungen für Präventivmaßnahmen der Verwaltung werden unter dem Stichwort der aktienrechtlichen Neutralitätspflicht diskutiert. Das übernahmerechtliche Verhinderungsverbot des § 33 WpÜG, das die Zulässigkeit von Abwehrmaßnahmen der Verwaltung im Anwendungsbereich des WpÜG regelt, hat für derartige Präventivmaßnahmen der Verwaltung, die ausschließlich in der Vorangebotsphase vorgenommen werden, dagegen keine Bedeutung, da es erst in der Angebotsphase, also ab der Veröffentlichung der Entscheidung zur Abgabe eines Übernahmeangebots, gilt.

III. Hauptversammlungsermächtigungen

Die dritte Kategorie von Präventivmaßnahmen bilden schließlich Hauptversammlungsermächtigungen. Durch diese wird der Vorstand in der Vorangebotsphase von der Hauptversammlung durch einen entsprechenden Beschluss oder eine Satzungsregelung dazu ermächtigt, Schritte gegen feindliche Übernahmeangebote vorzunehmen. Zu den möglichen Ermächtigungen zählen die Schaffung genehmigten Kapitals mit Bezugsrechtsausschluss,[117] die Ermächtigung zum Rückkauf eigener Aktien[118] und die Vinkulierung von Namensaktien[119].

Hauptversammlungsermächtigungen sind präventive Abwehrmaßnahmen, da sie in der Vorangebotsphase beschlossen werden. Sie unterscheiden sich jedoch insofern von den anderen vorbeugenden Abwehrmaßnahmen, als sie vom Vorstand nicht nur in der Vorangebotsphase zur Verhinderung einer erst drohenden Übernahme, sondern auch nach der Abgabe eines Angebots zu dessen Abwehr eingesetzt werden können.

Die Rechtmäßigkeit von Hauptversammlungsermächtigungen richtet sich zunächst nach den aktienrechtlichen Vorschriften über die Erteilung der jeweiligen Er-

---

117 §§ 202, 203 AktG.

118 § 71 Abs. 1 Nr. 8 AktG.

119 § 68 Abs. 2 AktG.

mächtigung. Darüber hinaus sind die rechtlichen Anforderungen an die Ausübung der Ermächtigung zu beachten. Hier bestehen verschiedene Maßstäbe, je nachdem, ob von der Ermächtigung in der Vorangebotsphase oder nach der Abgabe eines Übernahmeangebots Gebrauch gemacht wird. Bei einer Ausnutzung in der Vorangebotsphase sind die aktienrechtlichen Vorschriften über die Geschäftsführungsbefugnisse des Vorstands der §§ 76 f., 93 AktG und die aktienrechtliche Neutralitätspflicht von Bedeutung. Sofern Hauptversammlungsermächtigungen nach der Abgabe eines Übernahmeangebots ausgeübt werden, müssen überdies das übernahmerechtliche Verhinderungsverbot des § 33 WpÜG und insbesondere die Regelung des § 33 Abs. 2 WpÜG beachtet werden. Da sich bei einer Ausnutzung vor und nach der Abgabe eines Übernahmeangebots verschiedene Rechtmäßigkeitsmaßstäbe ergeben, ist bei der Untersuchung von Hauptversammlungsermächtigungen zwischen diesen beiden Zeitpunkten der Ausnutzung zu unterscheiden.

Bevor die einzelnen Präventivmaßnahmen auf ihre rechtliche Zulässigkeit untersucht werden, soll im Folgenden auf die aktienrechtliche Pflichtenbindung des Vorstands, auf die aktienrechtliche Neutralitätspflicht und auf das übernahmerechtliche Verhinderungsverbot eingegangen werden, da diese für eine Vielzahl von präventiven Abwehrmaßnahmen, die durch den Vorstand aufgrund seiner Leitungsbefugnis oder aufgrund einer Hauptversammlungsermächtigung vorgenommen werden, einen generellen Rechtmäßigkeitsmaßstab bilden. Sie werden daher zunächst gesondert behandelt.

B. Aktienrechtliche Pflichtenbindung des Vorstands

Nach den §§ 76 f., 93 AktG hat der Vorstand die Aktiengesellschaft unter eigener Verantwortung ordnungsgemäß, das heißt mit der Sorgfalt eines ordentlichen und gewissenhaften Geschäftsleiters, zu leiten. In Ausübung dieser Leitungsbefugnis handelt er selbstständig und nach eigenem Ermessen, innerhalb dessen ihm ein weiter Handlungsspielraum zusteht.[120] Seine Grenzen findet das Vorstandsermessen in der Pflicht, die Gesetze, die Satzungsbestimmungen der Gesellschaft sowie die rechtmäßigen Entscheidungen der Hauptversammlung und des Aufsichtsrats zu beachten.[121] Der Inhalt der Leitungsmacht wird durch das Gesetz jedoch nicht näher konkretisiert. Daher stellt sich die Frage, nach welchem Maßstab der Vorstand seine Leitungsmacht auszurichten hat.

---

120 BGHZ 125, 239, 246; *Kort*, GK-AktG, § 76 Rn. 51; *Hüffer*, AktG, § 76 Rn. 12; *Nirk*, in: Nirk/Reuter/Bächle, Handbuch der Aktiengesellschaft, Rn. 712; *Wiesner*, in: Hoffmann-Becking, Handbuch des Gesellschaftsrechts Bd. IV, § 19 Rn. 16; *Raiser*, Recht der Kapitalgesellschaften, § 19 Rn. 16.

121 *Mertens*, KK-AktG, § 76 Rn. 10; *Hefermehl/Spindler*, MüKo-AktG, § 93 Rn. 19; *Paefgen*, Unternehmerische Entscheidungen und Rechtsbindung der Organe in der AG, S. 17 f.; *Fleischer*, ZIP 2005, 141, 142.

I. Pflicht zur Wahrung des Gesellschafts- bzw. Unternehmensinteresses

Nach der Rechtsprechung des Bundesverfassungsgerichts[122] und des Bundesgerichtshofs[123] sowie der ganz überwiegenden Ansicht in der Literatur[124] ist Anknüpfungspunkt der Leitungsmacht des Vorstands das sogenannte „Gesellschaftsinteresse" oder „Unternehmensinteresse".

Diese auf den ersten Blick weitgehende Einigkeit findet allerdings schnell ihr Ende, wenn es um die Definition des Begriffs des Gesellschafts- bzw. Unternehmensinteresses geht. Bemerkenswert ist schon, dass Uneinigkeit darüber besteht, ob die beiden Begriffe den selben Inhalt haben,[125] oder ob sie dem Vorstand verschiedene Orientierungsmaßstäbe vorgeben.[126] Die maßgeblichen Entscheidungen des Bundesgerichtshofs und des Bundesverfassungsgerichts verzichten auf eine Inhaltsbestimmung des Gesellschafts- oder Unternehmensinteresses. Ebenso verfahren einige Autoren, indem sie zwar immer wieder auf den Begriff des Unternehmensinteresses verweisen, ohne aber eine Definition dafür zu liefern.[127]

1. Meinungsstand

Die seit Jahrzehnten geführte wissenschaftliche Diskussion um das Gesellschafts- bzw. Unternehmensinteresse hat eine schwer überschaubare Gemengelage an verschiedenen und uneinheitlichen Meinungen hervorgebracht, die hier nicht in ihren Einzelheiten

---

122 BVerfGE 34, 103, 112; BVerfGE 50, 290, 374.

123 Gesellschaftsinteresse: BGHZ 36, 296, 306; BGHZ 71, 40, 44; Unternehmensinteresse: BGHZ 64, 325, 330 f.; BGHZ 136, 133, 139; Unternehmenswohl bzw. Interessen und Belange der Gesellschaft: BGHZ 135, 244, 255.

124 Unternehmensinteresse: *Mertens*, KK-AktG, § 76 Rn. 16; *Hüffer*, AktG, § 76 Rn. 15; *Ringleb*, in: Ringleb/Kremer/Lutter/von Werder, Deutscher Corporate Governance Kodex, Rn. 605; *Hoffmann-Becking*, in: Hoffmann-Becking, Handbuch des Gesellschaftsrechts Bd. IV, § 29 Rn. 27; *Raisch*, FS Hefermehl, S. 347, 362; *Raiser*, FS Schmidt, S. 101, 108; *Semler*, Leitung und Überwachung der Aktiengesellschaft, S. 104; *Drygala*, ZIP 2001, 1861, 1865; Gesellschaftsinteresse: *Mülbert*, ZGR 1997, 129, 141; *Wiedemann*, Gesellschaftsrecht I, S. 627 f.; *Kuhner*, ZGR 2004, 244, 246.

125 Die Rechtsprechung verwendet beide Begriffe zum Teil gleichzeitig, vgl. BGHZ 125, 329, 241, 243 f.; BGHZ 136, 133, 139; *Henze*, BB 2000, 209, 212. Auch in der Literatur werden die Begriffe teilweise synonym verwendet, vgl. *Mertens*, KK-AktG, § 76 Rn. 6; *Geßler*, in: Geßler/Hefermehl, AktG, § 96 Rn. 61; *Schüppen*, in: Haarmann/Riehmer/Schüppen, WpÜG, § 3 Rn. 15; *Richter*, in: Semler/Volhard, Arbeitshandbuch für Unternehmensübernahmen. § 52 Rn. 28; *Schilling*, ZHR 144 (1980), 136, 143; *Kirchner*, WM 2000, 1821, 1822, 1824; *Dimke/Heiser*, NZG 2001, 241, 244.

126 Für eine scharfe Abgrenzung zwischen dem Gesellschafts- und dem Unternehmensinteresse *Zöllner*, Schranken mitgliedschaftlicher Stimmrechtsmacht, S. 20 Fn. 9, S. 73; *Paefgen*, Unternehmerische Entscheidungen und Rechtsbindung der Organe in der AG, S. 42; *Mülbert*, ZGR 1997, 129, 141.

127 Vgl. etwa *Baumbach/Hueck*, AktG, Anhang nach § 96 Rn. 35; *Werner*, ZGR 1977, 236 ff.; *Laske*, ZGR 1979, 173, 180.

referiert werden können.[128] Vielmehr beschränkt sich die Darstellung auf die für die vorliegende Thematik maßgebliche Frage, wessen Interessen der Vorstand bei seiner Leitungstätigkeit zu berücksichtigen hat, und wie diese zu gewichten sind.

a. Lehre vom „Unternehmen an sich"

Nach der sogenannten Lehre vom „Unternehmen an sich" hat der Vorstand der Aktiengesellschaft seine Leitungstätigkeit an den eigenständigen Interessen der wirtschaftlichen und sozialen Institution Unternehmen auszurichten.[129] Die Vertreter dieser Ansicht gehen davon aus, das Unternehmen sei eine von ihren Mitgliedern verselbstständigte Organisation, die ein eigenständiges Interesse an ihrem Fortbestand habe. Demzufolge soll das Interesse des Unternehmens an seinem Fortbestand von den Interessen der an dem Unternehmen beteiligten Personen unabhängig sein und nicht aus deren Interessen abgeleitet werden können.

b. Verbandsrechtlicher Ansatz (shareholder value)

Nach einem verbandsrechtlichen Grundansatz ist für die Bindung des Vorstands allein das Gesellschaftsinteresse maßgeblich, das scharf von dem soeben angesprochenen Verständnis des Unternehmensinteresses abzugrenzen ist.[130]

Das Gesellschaftsinteresse wird als uneingeschränkte Bindung der Verwaltung an den von den Aktionären mit der Gesellschaft verfolgten Verbandszweck verstanden. Im Gesellschaftsinteresse soll daher alles liegen, was den Verbandszweck der Aktiengesellschaft begünstigt oder gewährleistet. Bei dem Verbandszweck handelt es sich nach dieser Auffassung um eine überindividuelle, von den konkreten Interessen der einzelnen Aktionäre losgelöste und für alle Gesellschaftsorgane gleichermaßen verbindliche Leitmaxime.[131] Das Kernelement des Verbandszwecks soll bei der normtypi-

---

128 Vgl. zum Streitstand über das Unternehmensinteresse *Zöllner*, KK-AktG, Einleitung, Rn. 129 ff.; *ders.* Schranken mitgliedschaftlicher Stimmrechtsmacht, S. 67 ff.; *Paefgen*, Unternehmerische Entscheidungen und Rechtsbindung der Organe in der AG, S. 42 ff.; *Schmidt-Leithoff*, Verantwortung der Unternehmensführung, S. 83 ff.; *Großmann*, Unternehmensziele im Aktienrecht, S. 98 ff.; *Raisch*, FS Hefermehl, S. 347, 348 ff.; *Rittner*, FS Geßler, S. 139 ff.; *Raiser*, FS Schmidt, S. 101 ff.; *Semler*, Leitung und Überwachung der Aktiengesellschaft, S. 34 f.; *Junge*, FS Caemmerer, S. 547 ff.; *Mülbert*, ZGR 1997, 129, 142 f.; *Kuhner*, ZGR 2004, 245, 246 ff.; *Ulmer*, AcP 202 (2002), 143, 152 ff.

129 Vgl. dazu *Rathenau*, Aktienwesen, S. 38 f.; eine ausführliche historische Auseinandersetzung mit der Lehre vom Unternehmen an sich findet sich bei *Riechers*, Das Unternehmen an sich, S. 7 ff.; vgl. dazu auch *Schmidt-Leithoff*, Verantwortung der Unternehmensleitung, S. 132 ff.

130 *Wiedemann*, Gesellschaftsrecht I, S. 328 f., 626 f.; *Paefgen*, Unternehmerische Entscheidungen und Rechtsbindung der Organe in der AG, S. 39 ff.; *von Nussbaum*, Aktiengesellschaft als Zielgesellschaft eines Übernahmeangebots, S. 61; *Mülbert*, ZGR 1997, 129, 141; *ders.* IStR 1999, 83, 84; *Dimke/Heiser*, NZG 2001, 241, 244; für eine strenge Abgrenzung der beiden Begriffe *Zöllner*, Schranken mitgliedschaftlicher Stimmrechtsmacht, S. 73.

131 Vgl. *Wiedemann*, Gesellschaftsrecht I, S. 627 f.; *Mülbert*, ZGR 1997, 129, 141; *Groh*, DB 2000, 2153, 2158; *Hopt*, ZGR 1993, 534, 535.

schen Aktiengesellschaft mit erwerbswirtschaftlicher Zielsetzung darin bestehen, die langfristig erzielten Gewinne der Gesellschaft im Interesse der Aktionäre zu maximieren.[132] Folgerichtig postuliert das Gesellschaftsinteresse nach dieser Auffassung für den Vorstand die Handlungsvorgabe, im überindividuell aggregierten Interesse der Aktionäre für die langfristige Gewinnmaximierung der Gesellschaft zu sorgen.[133] Diese Leitmaxime wird auch als „shareholder value" bezeichnet.[134]

c. Pluralistischer Ansatz

Eine dritte Ansicht versteht unter dem Unternehmensinteresse mit Unterschieden im Detail die Pluralität der in der Gesellschaft zusammentreffenden Interessen von Aktionären, Arbeitnehmern und Allgemeinheit.[135] Diese Interessengruppen werden gemeinhin als „stakeholder" bezeichnet.[136] Die unter Umständen divergierenden Interessen der stakeholder muss der Vorstand nach dieser Auffassung im Rahmen seines unternehmerischen Ermessens gegeneinander abwägen und im Wege einer praktischen

---

132 Die Gewinnmaximierung wird als Formalziel bezeichnet, das jede Aktiengesellschaft unabhängig von ihrem sachlichen Tätigkeitsbereich verfolgt, sofern die Gewinnerzielungsabsicht nicht ausdrücklich durch die Satzung ausgeschlossen ist. Vgl. *Semler*, Leitung und Überwachung der Aktiengesellschaft, S. 25; *Zöllner*, Schranken mitgliedschaftlicher Stimmrechtsmacht, S. 28; *Paefgen*, Unternehmerische Entscheidungen und Rechtsbindung der Organe in der AG, S. 39; *von Nussbaum*, Aktiengesellschaft als Zielgesellschaft eines Übernahmeangebots, S. 62 f.; *Mülbert*, ZGR 1997, 129, 141; *Schön*, ZGR 1996, 429, 440; *Dimke/Heiser*, NZG 2001, 241, 244.

133 Vgl. *Wiedemann*, Gesellschaftsrecht I, S. 627 f.; *Paefgen*, Unternehmerische Entscheidungen und Rechtsbindung der Organe in der AG, S. 39 f.; *von Nussbaum*, Aktiengesellschaft als Zielgesellschaft eines Übernahmeangebots, S. 65; *Mülbert*, ZGR 1997, 129, 141; *ders.* IStR 1999, 83, 84; *Groh*, DB 2000, 2153, 2158; *Eidenmüller*, JZ 2001, 1041, 1043 f.

134 Vgl. hierzu *Kübler*, FS Zöllner, S. 321 ff., 322; *Schmidt/Spindler*, FG Kübler, S. 515 ff.; *Mülbert*, ZGR 1997, 129 ff., 131 f.; *von Werder*, ZGR 1998, 69, 74 ff.; *Kuhner*, ZGR 2004, 244, 258 ff.; *Schilling*, BB 1997, 1909 ff.; *Ulmer*, AcP 202 (2002), 143, 155 ff.; zum shareholder value Ansatz aus betriebswirtschaftlicher Sicht *Busse von Colbe*, ZGR 1997, 270, 272 ff.

135 BGHZ 64, 325, 330 f.; *Mertens*, KK-AktG, § 76 Rn. 16; *Hüffer*, AktG, § 76 Rn. 12; *Kort*, GK-AktG, § 76 Rn. 52 ff.; *Hefermehl*, in: Geßler/Hefermehl, AktG, § 93 Rn. 10; *Nirk*, in: Nirk/Reuter/Bächle, Handbuch der Aktiengesellschaft, Rn. 712; *Schüppen*, in: Haarmann/Riehmer/Schüppen, WpÜG, § 3 Rn. 15; *Ringleb*, in: Ringleb/Kremer/Lutter/von Werder, Deutscher Corporate Governance Kodex, Rn. 605; *Richter*, in: Semler/Volhard, Arbeitshandbuch für Unternehmensübernahmen, § 52 Rn. 28; *Wiesner*, in: Hoffmann-Becking, Handbuch des Gesellschaftsrechts Bd. IV, § 19 Rn. 18; *Raiser/Veil*, Recht der Kapitalgesellschaften, § 13 Rn. 4, § 14 Rn. 13; *Müller*, FS Semler, S. 195, 207 f.; *Raisch*, FS Hefermehl, S. 347, 353; *Schilling*, FS Geßler, S. 159, 165, 169; *ders.*, ZHR 144 (1980), 136, 144; *Kunze*, ZHR (144) 1980, 100, 120; *Hopt*, ZGR 1993, 534, 535 f.; *ders.* ZHR 166 (2002) 383, 400; *Dreher*, ZHR 155 (1991), 349, 365 ff.; *Henze*, BB 2000, 209, 212; *Kessler*, AG 1993, 252, 253; *Schneider/Burgard*, DB 2001, 963, 967; *Schäfer/Missling*, NZG 1998, 441,445.

136 Vgl. *Ringleb*, in: Ringleb/Kremer/Lutter/von Werder, Deutscher Corporate Governance Kodex, Rn. 605; *von Werder*, ZGR 1998, 69, 74; *Mülbert*, ZGR 1997, 129, 130; *Busse von Colbe*, ZGR 1997, 271, 272; *Drygala*, ZIP 2001, 1861, 1865; *Horn*, ZIP 2000, 473, 481; *Kuhner*, ZGR 2004, 244, 250.

Konkordanz in Einklang bringen.[137] Das Unternehmensinteresse stellt dann das Ergebnis der vom Vorstand vorgenommenen Abwägungsentscheidung dar.[138] Von den Vertretern dieser Auffassung werden die Begriffe Gesellschafts- und Unternehmensinteresse gemeinhin synonym verwendet.[139]

2. Stellungnahme

a. Ablehnung der Lehre vom „Unternehmensinteresse an sich"

Gegen die Lehre vom Unternehmen an sich ist einzuwenden, dass die Aktiengesellschaft nur ein Vertragsgeflecht zwischen den an ihr beteiligten Personen darstellt, dem kein Eigeninteresse im Sinne eines psychologischen Sachverhalts zuerkannt werden kann.[140] Zur Interessenbildung sind nämlich nur natürliche Personen fähig. Ein Unternehmensinteresse kann daher nur insofern bestehen, als es von den am Unternehmen beteiligten natürlichen Personen abgeleitet oder gesetzt wird.[141] Hat der Fortbestand eines Unternehmens jedoch keinen Nutzen mehr für die betroffenen Interessengruppen, so besteht auch kein anerkennenswertes, selbstständiges Interesse an dessen Aufrechterhaltung.[142] Ein solches absolutes Interesse am Fortbestand des Unternehmens ist zudem mit der gesetzlichen Befugnis der Aktionäre, die Gesellschaft nach § 262 Abs. 1 Nr. 2 AktG jederzeit und ohne Grund aufzulösen, nicht zu vereinbaren.[143]

---

137 *Mertens*, KK-AktG, § 76 Rn. 19; *Hüffer*, AktG, § 76 Rn. 14; *Kort*, GK-AktG, § 76 Rn. 64; *Raiser/Veil*, Recht der Kapitalgesellschaften, § 14 Rn. 85; *Hopt*, ZGR 1993, 534, 536; vgl. auch *Kuhner*, ZGR 2004, 244, 250.

138 *Mertens*, KK-AktG, § 76 Rn. 16; *Hüffer*, AktG, § 76 Rn. 12; *Hefermehl*, in: Geßler/Hefermehl, AktG, § 93 Rn. 10; *Wiesner*, in: Hoffmann-Becking, Handbuch des Gesellschaftsrechts Bd. IV, § 19 Rn. 18; *Raiser/Veil*, Recht der Kapitalgesellschaften, § 14 Rn. 13; *Hopt*, ZGR 1993, 534, 536; *Kunze*, ZHR 144 (1980) 100, 120; *Schilling*, ZHR 144 (1980), 136, 144.

139 Vgl. *Mertens*, KK-AktG, § 76 Rn. 6; *Geßler*, in: Geßler/Hefermehl, AktG, § 96 Rn. 61; *Schüppen*, in: Haarmann/Riehmer/Schüppen, WpÜG, § 3 Rn. 15; *Richter*, in: Semler/Volhard, Arbeitshandbuch für Unternehmensübernahmen, § 52 Rn. 28; *Henze*, BB 2000, 209, 212; *Kirchner*, WM 2000, 1821, 1824.

140 *Adams*, AG 1990, 243, 247; *Budde/Lawall*, FS Müller, S. 27, 28; ähnlich *Zöllner*, KK-AktG, Einleitung Rn. 106; *Raiser*, FS Schmidt, S. 101, 118; in diesem Sinne auch *Kort*, GK-AktG, § 76 Rn. 53, nach dessen Meinung das Gesellschaftsinteresse keine von den gebündelten Interessen der Gesellschafter losgelöste, eigenständige Größe ist.

141 Vgl. *Zöllner*, Schranken mitgliedschaftlicher Stimmrechtsmacht, S. 72; *Semler*, Leitung und Überwachung der Aktiengesellschaft, S. 35; ähnlich *Mertens*, ZGR 1977, 270, 275.

142 Als Beispiel wird gemeinhin der Fall eines veralteten, unproduktiv gewordenen Unternehmens genannt, dessen Erhaltung niemandem nutzt und dessen Fortbestand daher nicht per se schutzwürdig sein kann. Vgl. *Zöllner*, KK-AktG, Einleitung Rn. 130; *Kort*, GK-AktG, § 76 Rn. 52; *Budde/Lawall*, FS Müller, S. 27, 28

143 Vgl. *Schmidt/Spindler*, FG Kübler, S. 515, 546.

Nach alledem kann ein von den Interessen der Unternehmensbeteiligten unabhängiges Eigeninteresse der Aktiengesellschaft an ihrem Fortbestand nicht existieren.[144]

b. Verbandsrechtlicher Ansatz versus pluralistischer Ansatz

Schwieriger zu beantworten ist jedoch die Frage, ob der Vorstand ein pluralistisches Unternehmensinteresse beachten muss, das aus den in der Gesellschaft zusammentreffenden Interessen der Aktionäre, Arbeitnehmer und Allgemeinheit besteht, oder ob er ausschließlich auf das im Verbandszweck niedergelegte Interesse der Aktionäre an der Gewinnmaximierung der Gesellschaft, den shareholder value, verpflichtet ist. Da der Wortlaut des § 76 Abs. 1 AktG auf diese Frage keine Antwort gibt, wird von den Vertretern beider Ansichten auf die Entstehungsgeschichte der Norm verwiesen.

aa. Entstehungsgeschichte des § 76 Abs. 1 AktG

Die Vorschrift des § 70 Abs. 1 AktG 1937 enthielt als Vorgänger zu § 76 Abs. 1 AktG die sogenannte „Gemeinwohlklausel“, wonach der Vorstand die Gesellschaft so zu leiten hatte, „wie das Wohl des Betriebs und seiner Gefolgschaft und der gemeine Nutzen von Volk und Reich es erfordern“. Diese Regelung wurde im Zuge der Aktienrechtsreform 1965 gestrichen.

Die Vertreter des verbandsrechtlichen Ansatzes gehen davon aus, mit der Streichung der Gemeinwohlklausel sei die interessenpluralistische Ausrichtung der Leitungspflichten des Vorstands weggefallen.[145] Sie sind der Meinung, der Gesetzgeber habe seinen Willen zur Änderung der Rechtslage kaum deutlicher manifestieren können als durch die ersatzlose Streichung der Gemeinwohlklausel, so dass seit der Aktienrechtsreform 1965 eine Verpflichtung des Vorstands auf ein aus den Interessen der Aktionäre, Arbeitnehmer und Allgemeinheit bestehendes Unternehmensinteresse nicht

---

144 Obwohl die Lehre vom Unternehmen an sich von Anfang an heftig umstritten war, hat sie doch einen nicht zu unterschätzenden Einfluss auf den Begriff des Unternehmensinteresses gehabt. So wird auch von einzelnen Vertretern des pluralistischen Unternehmensinteresses die Auffassung vertreten, der Vorstand habe bei seiner Leitungstätigkeit neben den in der Gesellschaft zusammentreffenden Gruppeninteressen von Aktionären, Arbeitnehmer und Allgemeinheit auch ein eigenständiges Interesse des Unternehmens zu beachten und mit den anderen Interessen Einklang zu bringen. So z.B. *Nirk*, in: Nirk/Reuter/Bächle, Handbuch der Aktiengesellschaft, Rn. 712; ähnlich *Raisch*, FS Hefermehl, S. 347, 361, 363; *Junge*, FS Caemmerer, S. 547, 551, 554. Auch diese Auffassung kann aus den gleichen Gründen wie die Lehre vom Unternehmen an sich nicht überzeugen. Vgl. *Semler*, Leitung und Überwachung der Aktiengesellschaft, S.35 f.; *Budde/Lawall*, FS Müller, S. 27, 30 f.

145 So *Hefermehl*, in: Geßler/Hefermehl, AktG, § 76 Rn. 20; *Rittner*, FS Geßler, S. 139, 142 ff.; *Paefgen*, Unternehmerische Entscheidungen und Rechtsbindung der Organe in der AG, S. 46 ff.; *von Nussbaum*, Aktiengesellschaft als Zielgesellschaft eines Übernahmeangebots, S. 40 ff.; *Dreher*, ZHR 155 (1991), 349, 355; *Mülbert*, ZGR 1997, 129, 147 f.

mehr existiere.[146] Diese Ansicht stützt sich unter anderem auf die Tatsache, dass in den maßgeblichen Beratungen im Rechtsausschuss und im Wirtschaftsausschuss der Antrag abgelehnt worden war, vor § 76 AktG einen § 75 a einzufügen, und darin zu bestimmen, dass die Gesellschaft das Unternehmen unter Berücksichtigung des Wohls seiner Arbeitnehmer, der Aktionäre und der Allgemeinheit zu betreiben habe.[147] Diese Ablehnung zeige, dass der Vorstand bei der Ausübung seiner Leitungstätigkeit nur das im Verbandszweck niedergelegte überindividuelle Interesse der Aktionäre an der Gewinnmaximierung der Gesellschaft zu berücksichtigen habe.

Entgegen dieser Auffassung lassen die Gesetzgebungsmaterialien zu § 76 Abs. 1 AktG jedoch darauf schließen, dass die Streichung der Gemeinwohlklausel zu keiner inhaltlichen Änderung der Pflichtenbindung des Vorstands geführt hat.[148] Vielmehr belegen die Gesetzgebungsdokumente, dass der Gesetzgeber von einer unveränderten Weitergeltung des § 70 Abs. 1 AktG 1937 ausgegangen ist. So besagt die Regierungsbegründung zur Regelung des § 76 Abs. 1 AktG eindeutig, dass die neue Norm inhaltlich dem bisherigen Recht (§ 70 Abs. 1 AktG 1937) entspricht.[149] Von der ausdrücklichen Normierung einer Pflicht zur Berücksichtigung der Belange der Aktionäre, der Arbeitnehmer und der Allgemeinheit wurde in § 76 AktG lediglich deswegen Abstand genommen, weil diese Pflichtenbindung nach der Auffassung des Gesetzgebers selbstverständlich war und daher nicht ausdrücklich im Gesetz bestimmt zu werden brauchte.[150] Auch die beantragte Einführung einer neuen Gemeinwohlklausel in § 75 a wurde im Bericht des Rechtsausschusses und des Wirtschaftsausschusses in erster Linie mit der Begründung abgelehnt, die Beachtung des Wohls der Arbeitnehmer sei in einem sozialen Rechtsstaat selbstverständlich und ergebe sich im Übrigen aus einer Vielzahl von Rechtsvorschriften, die die Ausgestaltung dieses Grundsatzes im Einzelnen näher regelten.[151]

Zwar wird gegen dieses Verständnis der Gesetzgebungsmaterialien eingewandt, aus der Regierungsbegründung gehe hervor, dass der Vorstand die Interessen der Arbeitnehmer und der Allgemeinheit nur insofern berücksichtigen müsse, als dies in anderen einfachgesetzlichen Vorschriften angeordnet sei. Nur dann sei deren Berücksich-

---

146 *Paefgen*, Unternehmerische Entscheidungen und Rechtsbindung der Organe in der AG, S. 50; *Rittner*, FS Geßler, S. 139, 142.

147 Vgl. *Von Nussbaum*, Aktiengesellschaft als Zielgesellschaft eines Übernahmeangebots, S. 86; *Mülbert*, ZGR 1997, 129, 148.

148 *Mertens*, KK-AktG, § 76 Rn. 1, 16; *Kort*, GK-AktG, § 76 Rn. 60; *Baumbach/Hueck*, AktG, § 76 Rn. 1; *von Godin/Wilhelmi*, AktG, § 76 Anm. 5; *Raisch*, FS Hefermehl, S. 347, 352 f.; *Schilling*, FS Geßler, S. 159, 168; *Ulmer*, AcP 202 (2002), 143, 153; *Hüffer*, ZHR 161 (1997), 214, 217 mit Fn. 11; *Raiser*, ZHR 144 (1980), 206, 211; *Kunze*, ZHR 144 (1980) 100, 120 f.; *Immenga*, ZGR 1977, 249, 252; *Hopt*, ZGR 1993, 534, 536; *von Werder*, ZGR 1998, 69, 78.

149 Vgl. Begründung RegE-AktG 1965, abgedruckt bei *Kropff*, AktG, S. 97.

150 Vgl. Begründung RegE-AktG 1965, abgedruckt bei *Kropff*, AktG, S. 97; *Baumbach/Hueck*, AktG, § 76 Rn. 1; *von Godin/Wilhelmi*, AktG, § 76 Anm. 5; *Schilling*, FS Geßler, S. 159, 168 f.; *Raiser*, ZHR 144 (1980), 206, 211.

151 Vgl. Bericht des Rechtsausschusses und des Wirtschaftsausschusses, abgedruckt bei *Kropff*, AktG, S. 98.

tigung im Sinne der Regierungsbegründung selbstverständlich.[152] Aus diesem Grund habe der Gesetzgeber auch die Einführung eines § 75 a abgelehnt, da bei der Einführung einer solchen Norm ohne selbstständige rechtliche Bedeutung unweigerlich die Gefahr bestanden hätte, dass ihr eine weitergehende Bedeutung beigemessen werde.[153]

Letzthin können jedoch auch diese Einwände gegen die pluralistische Pflichtenbindung nicht überzeugen. In den Ausschussberichten wird nämlich lediglich darauf hingewiesen, dass die Berücksichtigung der Arbeitnehmerbelange *im Übrigen* in einer Vielzahl von Rechtsvorschriften *im Einzelnen näher* geregelt ist.[154] Aus dieser Formulierung kann jedoch nicht zugleich geschlossen werden, dass die angesprochenen Vorschriften die Berücksichtigung der Arbeitnehmerbelange *abschließend* regeln. Vielmehr lässt die Bezugnahme auf den sozialen Rechtsstaat erkennen, dass der Vorstand einer Aktiengesellschaft nach der Auffassung des Gesetzgebers bereits durch die in Art. 14 Abs. 2 GG verankerte Sozialbindung des Eigentums und das in Art. 20 Abs. 3 und 28 Abs. 2 GG festgelegte Sozialstaatsprinzip zur Beachtung der Arbeitnehmerbelange verpflichtet ist, ohne dass es einer weiteren einfachgesetzlichen Regelung bedarf.[155]

Auch die Ablehnung der Einführung einer Gemeinwohlklausel in § 75 a steht dem nicht entgegen. Denn die Gefahr, dass eine solche Regelung eine weitergehende Bedeutung erfahren würde, sahen die Ausschüsse insbesondere darin begründet, dass aufgrund der Reihenfolge der aufgezählten Interessen unzutreffende Rückschlüsse auf deren Rangfolge gezogen werden könnten.[156]

Als Ergebnis bleibt also festzuhalten, dass der Vorstand einer Aktiengesellschaft sich bei der Erfüllung seiner Leitungsaufgabe nicht ausschließlich am Gewinnmaximierungsinteresse der Aktionäre ausrichten darf, sondern zugleich die in der Gesellschaft zusammentreffenden Interessen der Arbeitnehmer und der Allgemeinheit zu berücksichtigen hat.[157] Obgleich sich diese Verpflichtung nicht aus dem unmittelbaren Wortlaut des § 76 Abs. 1 AktG ergibt, folgt die pluralistische Pflichtenbindung aus der

---

152 *Von Nussbaum*, Aktiengesellschaft als Zielgesellschaft eines Übernahmeangebots, S. 41; *Mülbert*, ZGR 1997, 129, 148.

153 Vgl. Bericht des Rechtsausschusses und des Wirtschaftsausschusses, abgedruckt bei *Kropff*, AktG, S. 98; *von Nussbaum*, Aktiengesellschaft als Zielgesellschaft eines Übernahmeangebots, S. 41; *Mülbert*, ZGR 1997, 129, 148.

154 Vgl. Bericht des Rechtsausschusses und des Wirtschaftsausschusses, abgedruckt bei *Kropff*, AktG, S. 98.

155 So auch *Großmann*, Unternehmensziele im Aktienrecht, S. 161; ähnlich *Budde/Lawall*, FS Müller, S. 27, 32; *Ulmer*, AcP 202 (2002), 143, 153 mit Fn. 56; zur Verpflichtung auf das Unternehmensinteresse aufgrund der verfassungsrechtlichen Sozialbindung des Eigentums *Hefermehl*, in: Geßler/Hefermehl, AktG, § 76 Rn. 21; *Schmidt-Leithoff*, Verantwortung der Unternehmensleitung, S. 222 ff.; *Semler*, FS Raisch, S. 291, 295; *Raisch*, FS Hefermehl, S. 347, 352 f.; *Raiser/Veil*, Recht der Kapitalgesellschaften, § 14 Rn. 14, 85 f.

156 Vgl. Bericht des Rechtsausschusses und des Wirtschaftsausschusses, abgedruckt bei *Kropff*, AktG, S. 98; *Hefermehl/Spindler*, MüKo-AktG, § 76 Rn. 53; *Baumbach/Hueck*, AktG, § 76 Rn. 1; vgl. auch *Hüffer*, AktG, § 76 Rn. 12 AktG.

157 *Hüffer*, AktG, § 76 Rn. 12; *Hefermehl*, in: Geßler/Hefermehl, AktG, § 76 Rn. 21; *Mertens*, KK-AktG, § 76 Rn. 16; *Semler*, FS Raisch, S. 291, 295; *Hopt*, ZGR 1993, 534, 536; *Raiser*, ZHR 144 (1980), 206, 211.

Entstehungsgeschichte der Norm. Im Folgenden wird diese Verpflichtung synonym mit den Begriffen Gesellschaftsinteresse oder Unternehmensinteresse bezeichnet.

bb. Nachfolgende Bestätigung des pluralistischen Ansatzes durch den Gesetzgeber

Die Bindung der Verwaltungsorgane an das pluralistische Unternehmensinteresse ist durch den Gesetzgeber unlängst bestätigt worden.

Nach § 3 Abs. 3 WpÜG sind Vorstand und Aufsichtsrat der Zielgesellschaft eines öffentlichen Angebots verpflichtet, im Interesse der Zielgesellschaft zu handeln. Obwohl diese spezielle übernahmerechtliche Regelung auf den ersten Blick keine Aussage über die aktienrechtliche Pflichtenbindung der Verwaltungsorgane zu treffen scheint,[158] wird ihre allgemeine Bedeutung in der Begründung des Regierungsentwurfs deutlich. In dieser heißt es, dass Vorstand und Aufsichtsrat der Zielgesellschaft auch während eines Angebotsverfahrens im Interesse des Unternehmens handeln müssen und ihre allgemeinen gesellschaftsrechtlichen Pflichten durch das WpÜG nicht suspendiert werden. Zu berücksichtigen seien daher die Interessen der Aktionäre, der Arbeitnehmer und die Interessen der Gesellschaft insgesamt.[159]

Auch wenn die aufgeführten Gruppeninteressen nicht vollkommen mit denen des § 70 Abs. 1 AktG 1937 übereinstimmen, so hat der Gesetzgeber durch die Einführung des § 3 Abs. 3 WpÜG doch eindeutig bestätigt, dass der Vorstand einer Aktiengesellschaft nach allgemeinen aktienrechtlichen Grundsätzen auf das pluralistische Unternehmensinteresse verpflichtet ist. Die Unterschiede bezüglich der zu berücksichtigenden Interessen werden dadurch abgemildert, dass die Regierungsbegründung das Unternehmensinteresse an anderer Stelle zutreffend als Pluralität der Interessen der Aktionäre, der Arbeitnehmer und des Gemeinwohls bezeichnet.[160] Insofern kann davon ausgegangen werden, dass es sich bei der Formulierung in der Regierungsbegründung zu § 3 Abs. 3 WpÜG lediglich um eine rein begriffliche Ungenauigkeit handelt, die an dem sachlichen Gehalt des Unternehmensinteresses nichts ändert.[161]

Unterhalb der Ebene zwingenden Rechts ist die Verpflichtung der Verwaltungsorgane auf das Unternehmensinteresse durch das Transparenz- und Publizitätsgesetz[162] und die damit verbundene Schaffung des Deutschen Corporate Governance

---

158 So *von Nussbaum*, Aktiengesellschaft als Zielgesellschaft eines Übernahmeangebots, S. 54 mit dem Hinweis, § 3 Abs. 3 WpÜG sei eine übernahmerechtliche Spezialregelung, die nur im Anwendungsbereich des WpÜG gelte.

159 Begründung RegE-WpÜG, BT-Drucks. 14/7034, S. 35.

160 Vgl. Begründung RegE-WpÜG, BT-Drucks. 14/7034, S. 52 und 58.

161 *Krause/Pötzsch*, in: Assmann/Pötzsch/Schneider, WpÜG, § 3 Rn. 31; *Schüppen*, in: Haarmann/Riehmer/Schüppen, WpÜG, § 3 Rn. 15; *Steinmeyer/Häger*, WpÜG, § 3 Rn. 12 f.; *Schwennicke*, in: Geibel/Süßmann, WpÜG, § 3 Rn. 21; *Brandi*, in: Thaeter/Brandi, Öffentliche Übernahmen, Teil 3 Rn. 73; *Hopt*, ZHR 166 (2002), 383, 400; a.A. *von Nussbaum*, Aktiengesellschaft als Zielgesellschaft eines Übernahmeangebots, S. 191 f.

162 Gesetz zur weiteren Reform des Aktien- und Bilanzrechts, zu Transparenz und Publizität (Transparenz- und Publizitätsgesetz), BGBl. I 2002, S. 2681.

Kodex bekräftigt worden.[163] Der Kodex verwendet das Unternehmensinteresse an verschiedenen Stellen zur Beschreibung der Pflichtenbindung von Vorstand und Aufsichtsrat.[164] Zwar haben diese Regelungen selbst keine Gesetzeskraft,[165] jedoch geben sie geltendes Aktienrecht wieder. Auch nach der Auffassung der von der Bundesregierung zur Schaffung des Corporate Governance Kodex eingesetzten Expertenkommission sind die Verwaltungsorgane einer Aktiengesellschaft also durch die gegenwärtigen aktienrechtlichen Grundsätze an das Unternehmensinteresse gebunden.[166]

c. Fazit

Die vorstehenden Ausführungen haben gezeigt, dass der Vorstand einer Aktiengesellschaft bei seiner Leitungstätigkeit verpflichtet ist, die in der Gesellschaft zusammentreffenden Interessen der Aktionäre, der Arbeitnehmer und der Allgemeinheit zu berücksichtigen. Er hat diese gegeneinander abzuwägen und miteinander in Einklang zu bringen. Eine Verpflichtung des Vorstands auf ein eigenständiges Interesse der Gesellschaft an ihrem Bestand ist dagegen ebenso abzulehnen wie eine Verpflichtung ausschließlich auf die Aktionärsinteressen.

3. Interessenabwägung

Nachdem festgestellt worden ist, dass der Vorstand bei der Wahrnehmung der Leitungsaufgaben in der Aktiengesellschaft im Rahmen des Unternehmensinteresses die verschiedenen genannten Interessen zu berücksichtigen hat, stellt sich die Frage, wie diese Interessen zu gewichten sind, und ob zwischen ihnen eine Rangfolge besteht.

a. Meinungsstand

Zum Teil wird die Auffassung vertreten, die verschiedenen Gruppeninteressen stünden prinzipiell gleichberechtigt nebeneinander.[167] Im Konfliktfall soll daher ein Interessenausgleich auf Kosten jeder Gruppe – auch auf Kosten der kapitalgebenden

---

163 *Von Werder*, in: Ringleb/Kremer/Lutter/von Werder, Deutscher Corporate Governance Kodex, Rn. 352 ff.; *Kuhner*, ZGR 2004, 244, 251; a.A. *von Nussbaum*, Aktiengesellschaft als Zielgesellschaft eines Übernahmeangebots, S. 55 ff.

164 Das Unternehmensinteresse findet sich in der Präambel (Abschnitt 1) des Deutschen Corporate Governance Kodex, in den Bestimmungen über die Pflichtenbindung des Vorstands (Abschnitt 4.1.1) und der einzelnen Vorstandsmitglieder (Abschnitt 4.3.3) sowie in der Bestimmung über die Pflichtenbindung der Aufsichtsratsmitglieder (Abschnitt 5.5.1); vgl. dazu *Kuhner*, ZGR 2004, 244, 251.

165 Vgl. Begründung RegE-TransPuG, BT-Drucks. 14/8769, S. 50 ff.

166 *Kuhner*, ZGR 2004, 244, 252 weist zu Recht darauf hin, dass die pluralistische Wahrnehmung der Stakeholderbelange aufgrund der Entsprechenserkärung des § 161 AktG zumindest im Sinne der best practice die herrschende Leitmaxime deutscher Unternehmen darstellt.

167 *Von Godin/Wilhelmi*, AktG, § 76 Anm. 5 f.; *Hüffer*, AktG, § 76 Rn. 12; *Hefermehl/Spindler*, MüKo-AktG, § 76 Rn. 77; *Schüppen*, in: Haarmann/Riehmer/Schüppen, WpÜG, § 3 Rn. 16;

ausgleich auf Kosten jeder Gruppe – auch auf Kosten der kapitalgebenden Aktionäre – stattfinden können.[168]

Nach anderer Auffassung sind die Aktionärsinteressen dagegen im Konfliktfall gegenüber den anderen Gruppeninteressen immer vorrangig.[169] Eine Verfolgung der übrigen Interessen soll daher nur insoweit in Betracht kommen, als dies gleichzeitig dem Interesse der Aktionäre dient. Dieser Auffassung zufolge ist der Vorstand unter der Nebenbedingung der bestmöglichen Wahrung der Belange der stakeholder dazu verpflichtet, sich bei der Führung der Gesellschaft an den Interessen der Anteilseigner als oberste Handlungsmaxime zu orientieren.[170]

Eine vermittelnde Position geht davon aus, die Ermessensausübung des Vorstands finde bei der Feststellung des Unternehmensinteresses ihre Grenze in der Verpflichtung, für die dauerhafte Rentabilität des Unternehmens zu sorgen, welche in der Regel den kleinsten gemeinsamen Nenner der verschiedenen Gruppeninteressen darstelle.[171] Innerhalb dieser Grenze seien widerstreitenden Interessen in einen sachgerechten und angemessenen Ausgleich zu bringen, wobei den Interessen der risikokapitalgebenden Anteilseigner gegenüber den anderen Gruppeninteressen eine besondere Bedeutung eingeräumt werden müsse.[172] Ein Interessenausgleich zu Lasten der Aktionärsinteressen sei aber dennoch möglich, sofern die Interessen der anderen stakeholder im Einzelfall ein besonderes Gewicht hätten.[173]

b. Stellungnahme

Bei der Abwägung der verschiedenen in Betracht kommenden Gruppeninteressen ist zwischen denjenigen Interessenträgern, die tatsächlich am Unternehmen beteiligt sind, und anderen Interessenträgern, die außerhalb des Unternehmens stehen, aber mit der

---

Drygala, ZIP 2001, 1861, 1865; *Hopt*, ZGR 1993, 534, 536; *Raisch*, FS Hefermehl, S. 347, 354.

168 Vgl. *Hefermehl/Spindler*, MüKo-AktG, § 76 Rn. 69.

169 *Maier-Reimer*, ZHR 156 (2001), 258, 261; *Kirchner*, WM 2000, 1821, 1822, 1824; *Dimke/Heiser*, NZG 2000, 241, 245; von einem Vorrang des Aktionärsinteresses geht auch die Meinung aus, die das pluralistische Konzept des Unternehmensinteresses generell in Frage stellt, vgl. *Mülbert*, IStR, 1999, 83, 84; *Wiedemann*, Gesellschaftsrecht I, S. 338 f.

170 *Ballwieser*, FS Moxter, 1378, 1390; *Kirchner*, WM 2000, 1821, 1825; *Mülbert*, ZGR 1997, 129, 139; vgl. auch *Kuhner*, ZGR 2004, 244, 254.

171 Vgl. OLG Hamm, AG 1995, 512, 514; *Kort*, GK-AktG, § 76 Rn. 52; *Mertens*, KK-AktG, § 76 Rn. 17; *von Werder*, in: Ringleb/Kremer/Lutter/von Werder, Deutscher Corporate Governance Kodex, Rn. 354; *Schäfer/Missling*, NZG 1998, 441, 445.

172 *Kort*, GK-AktG, § 76 Rn. 64; *ders.*, FS Lutter, S. 1421, 1435; *von Werder*, in: Ringleb/Kremer/Lutter/von Werder, Deutscher Corporate Governance Kodex, Rn. 354; *ders.*, ZGR 1998, 69, 79; *Semler*, Leitung und Überwachung der Aktiengesellschaft, S. 40; *Henze* BB 2000, 209, 212; *Wiese/Diemisch*, DB 2001, 849, 851; *Schilling*, BB 1997, 1909, 1912.

173 *Von Werder*, ZGR 1998, 69, 79; ähnlich *Semler*, FS Raisch, S. 291, 297, mit dem Hinweis, der Vorstand dürfe nicht unter Voranstellung des Aktionärsinteresses Arbeitsplätze von Mitarbeitern des Unternehmens gefährden.

Unternehmenstätigkeit in Berührung kommen, zu differenzieren.[174] Innerhalb des Unternehmens bestehen die Interessen der Aktionäre als risikotragende Kapitalgeber und die Interessen der Arbeitnehmer als Leistungsträger. Außerhalb des Unternehmens bestehen dagegen die Interessen der Allgemeinheit.

aa. Unternehmensinterne Interessen: Aktionärs- und Arbeitnehmerinteressen

Aktionäre und Arbeitnehmer bringen die notwendigen Faktoren Arbeit und Kapital zusammen und sorgen so für die Wertschöpfung des Unternehmens.[175] Ihre Interessen müssen daher bei der Feststellung des Unternehmensinteresses stets berücksichtigt und in Einklang gebracht werden.

Bei der Abwägung der Aktionärs- und Arbeitnehmerinteressen ist zu beachten, dass die Interessen der Arbeitnehmer in vielfältiger Weise im individuellen und kollektiven Arbeitsrecht geschützt sind.[176] Schon die Ausschussberichte zu § 76 Abs. 1 AktG verweisen insofern auf die Vorschriften des Kündigungsschutzgesetzes, des Schwerbehindertengesetzes, des Betriebsverfassungsgesetzes und auf die Unfallverhütungsvorschriften.[177] Die Gruppeninteressen der Aktionäre sind dagegen nicht durch andere Rechtsvorschriften geschützt, sondern ausschließlich durch die Regelungen des Unternehmens- und Gesellschaftsrechts abgesichert.[178] Bei der Abwägung fallen die Interessen der Aktionäre gegenüber den Interessen der Arbeitnehmer deswegen stärker ins Gewicht.

Dies bedeutet jedoch nicht, dass den Aktionärsinteressen in einer Konfliktsituation immer der Vorrang vor den Arbeitnehmerinteressen einzuräumen wäre.[179] Vielmehr kommt es auf eine Abwägung im konkreten Einzelfall an. Dabei müssen die Belange der Arbeitnehmer eine angemessene Berücksichtigung erfahren, die nicht selten über das durch die arbeitsrechtlichen Vorschriften bestimmte, unabdingbare Maß hinausgehen dürfte.[180] Ihre Grenze findet die Berücksichtigung der Arbeitnehmerinteres-

---

174 *Kort*, GK-AktG, § 76 Rn. 64; *Steinbeck*, Überwachungspflichten, S. 47; ähnlich *Semler*, Leitung und Überwachung der Aktiengesellschaft, S. 36, der sich allerdings zusätzlich für eine Berücksichtigung der Interessen der Führungsorgane ausspricht.

175 *Semler*, Leitung und Überwachung der Aktiengesellschaft, S. 36.

176 *Kort*, GK-AktG, § 76 Rn. 56 ff.; *Wiedemann*, Gesellschaftsrecht I, S. 627; *Steinbeck*, Überwachungspflichten, S. 48; *Horn*, ZIP 2000, 473, 481.

177 Bericht des Rechtsausschusses und des Wirtschaftsausschusses, abgedruckt bei *Kropff*, AktG, S. 98.

178 *Wiedemann*, Gesellschaftsrecht I, S. 627; *Semler*, Leitung und Überwachung der Aktiengesellschaft, S. 40; *Wiese/Diemisch*, DB 2001, 849, 851; *Horn*, ZIP 2000, 473, 481.

179 *Von Werder*, in: Ringleb/Kremer/Lutter/von Werder, Deutscher Corporate Governance Kodex, Rn. 354; *Müller*, FS Semler, S. 195, 208; *Henze*, BB 2000, 209, 212.

180 *Von Werder*, in: Ringleb/Kremer/Lutter/von Werder, Deutscher Corporate Governance Kodex, Rn. 354; ähnlich *Kuhner*, ZGR 2004, 244, 251; einschränkend *Kort*, GK-AktG, § 76 Rn. 58; speziell für Übernahmeauseinandersetzungen *ders.*, FS Lutter, S. 1421, 1426, 1433, 1435.

sen in der allgemeinen Verpflichtung des Vorstands, für die dauerhafte Rentabilität des Unternehmens zu sorgen.[181]

bb. Unternehmensexterne Interessen: Interessen der Allgemeinheit

Unter dem diffusen Begriff des Allgemeininteresses wird eine Vielzahl zum Teil widerstreitender Interessen zusammengefasst.[182] Unter anderem werden etwa die Interessen von Gläubigern,[183] Kunden[184] und Umwelt[185] sowie die Belange politischer, gesellschaftlicher oder staatlicher Interessenträger[186] genannt.

Gegen eine Pflicht zur umfassenden Einbeziehung des Allgemeininteresses in die Abwägungsentscheidung spricht, dass die genannten Interessengruppen allenfalls eine entfernte Beziehung zur Gesellschaft haben und nicht im gleichen Maße zur Wertschöpfung des Unternehmens beitragen wie die Aktionäre und Arbeitnehmer.[187] Zudem würde die Berücksichtigung einer solch unbestimmten Vielzahl von im einzelnen unüberschaubaren Belangen zu einer erheblichen Verwässerung der Verpflichtung auf das Unternehmensinteresse führen.[188] Der Vorstand hätte nämlich die Möglichkeit, seine Leitungsentscheidungen auf weltanschauliche oder politische Gesichtspunkte zu stützen, die ihm einen zu großen Spielraum für seine subjektiven Vorstellungen eröffnen und mit der Führung des Unternehmens nichts zu tun haben.

Eine derartige Politisierung der Unternehmensziele durch eine Verpflichtung des Vorstands zur Abwägung der Allgemeininteressen ist abzulehnen.[189] Den Interes-

---

181 Vgl. *Kort*, GK-AktG, § 76 Rn. 58; *Hüffer*, AktG, § 76 Rn. 13; *Müller*, FS Semler, S. 195, 212; *Kuhner*, ZGR 2004, 244, 250.

182 Vgl. *Kort*, GK-AktG, § 76 Rn. 60; *Zöllner*, Grenzen mitgliedschaftlicher Stimmrechtsmacht, S. 53; *Raisch*, FS Hefermehl, S. 347, 353; siehe für ein Zusammenstellung verschiedener in Betracht kommender Allgemeininteressen *Wiedemann*, ZGR 1980, 147, 163; *ders.*, ZGR 1975, 385, 396; *Lange*, WM 2002, 1737, 1742 Fn. 65.

183 *Hefermehl*, in: Geßler/Hefermehl, AktG, § 76 Rn. 27; *Steinmeyer/Häger*, WpÜG, § 3 Rn. 13; *Müller*, FS Semler, S. 195, 208; *Wiese/Diemisch*, DB 2001, 849, 850; *Kirchner*, WM 2000, 1821, 1822; *Horn*, ZIP 2000, 473, 481; *Lange*, WM 2002, 1737, 1741; *Wiedemann*, ZGR 1980, 147, 161.

184 *Hefermehl*, in: Geßler/Hefermehl, AktG, § 76 Rn. 27; *Dimke/Heiser*, NZG 2001, 241, 244; *Drygala*, ZIP 2001, 1861, 1865.

185 Vgl. *Kort*, GK-AktG, § 76 Rn. 60; *Koch*, Unternehmensinteresse, S. 41; *Wiedemann*, ZGR 1980, 147, 161; *ders.*, ZGR 1975, 385, 395.

186 *Lange*, WM 2002, 1737, 1742; *Zöllner*, Grenzen mitgliedschaftlicher Stimmrechtsmacht, S. 53 f.; *Ebenroth/Daum*, DB 1991, 1157; vgl. auch *Hopt*, ZGR 1993, 534, 552; *Michalski*, AG 1997, 152, 154.

187 Vgl. *Raiser/Veil*, Recht der Kapitalgesellschaften, § 14 Rn. 88; *Steinbeck*, Überwachungspflichten, S. 47; *Semler*, Leitung und Überwachung der Aktiengesellschaft, S. 38; *ders.* FS Raisch, S. 291, 299; *Schmidt*, Gesellschaftsrecht, S. 805; *Kunze*, ZHR 144 (1980) 100, 122.

188 Vgl. *Wiedemann*, ZGR 1980, 147, 163; *Lange*, WM 2002, 1737, 1742; *Merkt*, ZHR 165 (2001), 224, 240; ähnlich Mertens, KK-AktG, § 76 Rn. 34.

189 Vgl. *Mertens*, KK-AktG, § 76 Rn. 34; *Schmidt*, Gesellschaftsrecht, S. 805; *von Nussbaum*, Aktiengesellschaft als Zielgesellschaft eines Übernahmeangebots, S. 202 f.; *Wiedemann*, ZGR 1980, 147, 163.

sen der Allgemeinheit wird vielmehr dadurch ausreichend Rechnung getragen, dass der Vorstand bei der Leitung der Gesellschaft die Bestimmungen des geltenden Rechts einhalten muss, wodurch im Einzelfall auch die Interessen von Kunden, Gläubigern und Umwelt geschützt werden.[190] Auch der historische Gesetzgeber des § 76 Abs. 1 AktG ging von einem ausreichenden Schutz der Allgemeinheit durch die gesetzlichen Vorschriften aus.[191] So verweist die Regierungsbegründung bezüglich der Berücksichtigung von Allgemeininteressen auf § 396 AktG, der eine Auflösung einer Aktiengesellschaft eben nur dann ermöglicht, wenn das Gemeinwohl durch ein *gesetzwidriges* Verhalten gefährdet wird.[192] Eine über die Einhaltung der gesetzlichen Vorschriften hinausgehende rechtliche Verpflichtung zur Berücksichtigung von Interessen, die außerhalb des Unternehmens stehen, besteht daher nicht.[193]

Das bedeutet jedoch nicht, dass der Vorstand Allgemeininteressen nicht berücksichtigen *darf.* Pflichtgemäß sind Handlungen zu Gunsten von Allgemeininteressen, die der Leistungsfähigkeit des Unternehmens sowie seiner sozialen und gesamtwirtschaftlichen Rolle entsprechen oder bei langfristiger Betrachtung unter dem Aspekt der Gewinnerzielung sinnvoll sind.[194] Sofern die Interessen der Allgemeinheit allerdings mit den im Unternehmen bestehenden Interessen von Aktionären und Arbeitnehmern in Konflikt geraten, haben die Interessen der am Unternehmen beteiligten Gruppen Vorrang, so dass sich die Abwägungsentscheidung ausschließlich an diesen orientiert.[195]

4. Ermessensspielraum des Vorstands

Das so festgestellte Unternehmensinteresse bildet die Handlungsmaxime für die Leitungstätigkeit des Vorstands. Es stellt jedoch aufgrund der vorzunehmenden Abwägungsentscheidung kein absolut definierbares Ziel dar, welches stets zu eindeutigen Entscheidungen führt, sondern steckt vielmehr den Rahmen ab, innerhalb dessen sich der Vorstand bei seiner Leitungstätigkeit bewegen kann.[196]

---

190 *Semler*, Leitung und Überwachung der Aktiengesellschaft, S. 38; *ders.* FS Raisch, S. 291, 299; *Schmidt*, Gesellschaftsrecht, S. 805; *Budde/Lawall*, FS Müller, S. 27, 33; *Wiedemann*, ZGR, 1980, 147, 164; *ders.*, ZGR 1975, 385, 397.

191 *Schmidt*, Gesellschaftsrecht, S. 805.

192 Begründung RegE-AktG 1965, abgedruckt bei *Kropff*, AktG, S. 79.

193 *Raiser/Veil*, Recht der Kapitalgesellschaften, § 14 Rn. 88; *Steinbeck*, Überwachungspflichten, S. 47; *Semler*, Leitung und Überwachung der Aktiengesellschaft, S. 38; *ders.* FS Raisch, S. 291, 299; *Schmidt*, Gesellschaftsrecht, S. 805; *Kunze*, ZHR 144 (1980) 100, 122.

194 *Hüffer*, AktG, § 76 Rn. 14; *Mertens*, KK-AktG, § 76 Rn. 32 ff.; *Kort*, GK-AktG, § 76 Rn. 65 ff.; *Semler*, Leitung und Überwachung der Aktiengesellschaft, S. 39 f.; dazu gehören vor allem Maßnahmen, die dem Auftreten der Gesellschaft als „good corporate citizen" dienen, wie z.B. die Gründung einer Stiftung oder das Sponsoring kultureller Veranstaltungen.

195 *Kort*, GK-AktG, § 76 Rn. 64; *ders.*, FS Lutter, S. 1421, 1435.

196 Vgl. *Semler*, FS Ulmer, S. 627, 633; *Roth*, Unternehmerisches Ermessen und Haftung des Vorstands, S. 88 f.; *Immenga*, ZGR 1977, 249, 252; *Kuhner*, ZGR 2004, 244, 250.

Bei der Ausübung der Leitungsmacht steht dem Vorstand nach den in der *ARAG/Garmenbeck*-Entscheidung[197] vom Bundesgerichtshof aufgestellten und durch das Gesetz zur Unternehmensintegrität und Modernisierung des Anfechtungsrechts (UMAG)[198] in das geschriebene Recht übernommenen Grundsätzen ein weiter Handlungsspielraum zu, ohne den eine unternehmerische Tätigkeit schlechterdings nicht denkbar ist.[199] Hiernach sind Handlungen der Unternehmensführung, sofern nicht ein Mangel an Entscheidungsvorbereitung oder ein akuter Interessenkonflikt im Hinblick auf die Entscheidung festzustellen ist, nur dahingehend überprüfbar, ob die Grenzen verantwortlicher Unternehmensführung deutlich überschritten sind, die Bereitschaft, unternehmerische Risiken einzugehen, in unverantwortlicher Weise überspannt worden ist, oder das Verhalten des Vorstands aus anderen Gründen als pflichtwidrig gelten muss.[200] Die Grenzen verantwortungsvoller Unternehmensführung sind eingehalten, wenn die getroffene Entscheidung sich nachvollziehbar mit der für das Unternehmensinteresse maßgeblichen Abwägung der Gruppeninteressen begründen lässt.[201] Etwas anderes gilt nur, wenn die Maßnahme schlechthin unvertretbar und mit wirtschaftlichen Argumenten nicht zu rechtfertigen ist.[202]

5. Zusammenfassung

Es bleibt somit festzuhalten, dass der Vorstand einer Aktiengesellschaft bei der Ausübung seiner Leitungsfunktion das Unternehmensinteresse zu beachten hat.

Dieses setzt sich aus den in der Gesellschaft zusammentreffenden Interessen der Aktionäre, der Arbeitnehmer und der Allgemeinheit zusammen, die der Vorstand bei seiner Tätigkeit im Einzelfall gegeneinander abzuwägen und im Wege einer praktischen Konkordanz zu einem angemessenen Ausgleich zu bringen hat. Dabei besteht unter den abzuwägenden Gruppeninteressen durchaus eine Rangfolge.[203] Den unternehmensexternen Interessen der Allgemeinheit wird durch die Einhaltung der gesetzlichen Vorschriften, die diese Interessen schützen, ausreichend Rechnung getragen.[204] Im Übrigen haben die Interessen der am Unternehmen beteiligten Gruppen der Aktionäre und Arbeitnehmer den Vorrang vor den Allgemeininteressen; im Konfliktfall sind

197 BGHZ 135, 244.

198 BGBl. I 2005, S. 2082.

199 BGHZ 135, 244, 253; mit dem Inkrafttreten des UMAG am 1. November 2005 wurden die Rechtsprechungsgrundsätze in § 93 Abs. 1 S. 2 AktG niedergelegt.

200 BGHZ 135, 244, 253 f.

201 Vgl. *Hefermehl/Spindler*, MüKo-AktG, § 76 Rn. 77; *Hüffer*, AktG, § 76 Rn. 12; *Steinmeyer/Häger*, WpÜG, § 33 Rn. 16; *Raiser/Veil*, Recht der Kapitalgesellschaften, § 14 Rn. 85; *Drygala*, ZIP 2001, 1861, 1865; in diesem Sinne auch *Kuhner*, ZGR 2004, 244, 250.

202 Vgl. *Hüffer*, AktG, § 93 Rn. 13 a; *Ulmer*, ZHR 163 (1999), 290, 298; *Kindler*, ZHR 162 (1998), 101, 105 f.; *Drygala*, ZIP 2001, 1861, 1865.

203 *Kort*, GK-AktG, § 76 Rn. 64; *Semler*, Leitung und Überwachung der Aktiengesellschaft, S. 40; *Henze*, BB 2000, 209, 212; *Wiese/Diemisch*, DB 2001, 849, 851.

204 So ausdrücklich für den Fall von Übernahmeauseinandersetzungen *Budde/Lawall*, FS Müller, S. 27, 34 f.

nur sie für die Abwägungsentscheidung maßgeblich. Kommt es zwischen den unternehmensinternen Interessen der Aktionäre und der Arbeitnehmer zu einem Konflikt, so ist den Interessen der Aktionäre ein höheres Gewicht einzuräumen. Gleichwohl können die Interessen der Aktionäre im Einzelfall hinter den Arbeitnehmerinteressen zurückstehen, wenn diese in besonderem Maße betroffen sind. Bei der Beurteilung des Unternehmensinteresses steht dem Vorstand ein weiter Spielraum zu, innerhalb dessen seine Entscheidung gerichtlich nicht überprüfbar ist. Seine Grenze findet der Ermessensspielraum in der Verpflichtung, für die dauerhafte Rentabilität des Unternehmens zu sorgen.

II. Aktienrechtliche Neutralitätspflicht

Die Frage, wie die in der Gesellschaft zusammentreffenden Gruppeninteressen in Ausgleich zu bringen sind, stellt sich insbesondere im Zusammenhang mit Abwehrmaßnahmen, die der Vorstand gegenüber feindlichen Übernahmeangeboten zu ergreifen plant. Hier kann das Interesse der Aktionäre an der Veräußerung ihrer Aktien zu günstigen Kursen mit dem Interesse der Arbeitnehmer am Erhalt ihrer Arbeitsplätze in Konflikt geraten.[205] Darüber hinaus können die Eigeninteressen der Verwaltung am Ausgang der Übernahmetransaktion die Abwägungsentscheidung beeinträchtigen.[206] Wie dieser Konflikt sinnvoll aufgelöst werden kann, ist Gegenstand der Diskussion um die aktienrechtliche Neutralitätspflicht.

Mit Unterschieden im Detail wurde in der Literatur bereits vor dem Inkrafttreten des WpÜG überwiegend die Auffassung vertreten, der Vorstand einer Aktiengesellschaft sei aus aktienrechtlichen Gesichtspunkten verpflichtet, sich gegenüber einem feindlichen Übernahmeangebot neutral zu verhalten, und dürfe ohne die Zustimmung der Aktionäre keine Abwehrmaßnahmen gegen ein solches Angebot vornehmen.[207] Nur in extremen Ausnahmefällen, wenn etwa konkrete Anhaltspunkte für eine gesetzwidrige Ausbeutung oder eine dauerhaft rechtswidrige Tätigkeit des Unternehmens nach der Übernahme vorliegen, sollte von diesem Verbot eine Ausnahme gemacht werden.[208]

---

205 Siehe hierzu bereits § 1 C IV 1 und § 1 C IV 3.

206 Siehe hierzu bereits § 1 C IV 2.

207 Vgl. *Mertens*, KK-AktG, § 76 Rn. 26; *Hopt*, GK-AktG, § 93 Rn. 122; *ders.*, FS Lutter, S. 1361, 1375 ff.; *Kort*, FS Lutter, S. 1421, 1432 ff.; *Rümker*, FS Heinsius, S. 683, 688; *Krieger*, in: Hoffmann-Becking, Handbuch des Gesellschaftsrechts Bd. IV, § 69 Rn. 15; *Schmidt*, Gesellschaftsrecht, S. 804 f.; *Assmann/Bozenhardt*, in: Assmann/Basaldua, Übernahmeangebote, S. 1, 113; *Michalski*, AG 1997, 152, 159; *Ebenroth/Daum*, DB 1991, 1157, 1160; *Grunewald*, AG 2001, 288, 289; *Merkt*, ZHR 165 (2001), 225, 249; *Maier-Reimer*, ZHR 165 (2001), 258, 260; *Horn*, ZIP 2000, 473, 482; *Krause*, AG 2002, 133, 136; *ders.* AG 2000, 217; *ders.*, AG 1996, 209, 214; *Dimke/Heiser*, NZG 2001, 241 ff.; *Mülbert*, IStR 1999, 83, 87 ff.; *Schanz*, NZG 2000, 337, 340; *Altmeppen*, ZIP 1073, 1075 ff.; *Michalski*, AG 1997, 152, 159; *Wolf*, AG 1998, 212, 218.

208 Vgl. *Hefermehl/Spindler*, MüKo-AktG, § 76 Rn. 28; *Mertens*, KK-AktG, § 76 Rn. 26; *Brandi*, in: Thaeter/Brandi, Öffentliche Übernahmen, Teil 3 Rn. 274; *Hopt*, ZGR 1993, 534, 558; *Maier-Reimer*, ZHR 165 (2001), 258, 271 f.; *Winter/Harbarth*, ZIP 2002, 1, 2. Dabei werden so-

1. Begründungsansätze

Jenseits dieses Meinungsstands ist vieles unscharf oder umstritten. Die wissenschaftliche Diskussion um die aktienrechtliche Neutralitätspflicht hat eine Vielzahl von Begründungsansätzen hervorgebracht, die sich in ihrer dogmatischen Herleitung, ihrem Regelungsgehalt und in den Ausnahmen vom Neutralitätsgebot unterscheiden. Sogar über den Begriff der Neutralitätspflicht selbst ist in der Literatur keine Einigkeit erzielt worden.[209] Manche sprechen von einer Neutralitätspflicht,[210] andere von einem Stillhaltegebot[211] und wieder andere von einem Vereitelungs-[212] oder Behinderungsverbot.[213] Da alleine durch die Begriffsbestimmung für den Inhalt und die Auslegung der Pflichtenbindung nicht viel gewonnen wird,[214] werden diese Begriffe nachfolgend synonym verwendet.

Eine umfassende Auseinandersetzung mit der aktienrechtlichen Neutralitätspflicht soll hier nicht vorgenommen werden.[215] Vielmehr wird im Folgenden der Frage nachgegangen, ob eine Neutralitätspflicht des Vorstands nach geltendem Aktienrecht wirklich angenommen werden kann. Dazu sind die verschiedenen Begründungsansätze

---

wohl an die Wahrscheinlichkeit des Gesetzesverstoßes als auch an dessen Ausmaß hohe Anforderungen gestellt. Die bloße Befürchtung, es könne zu Unregelmäßigkeiten oder Gesetzesverstößen kommen, soll nicht ausreichen, um Abwehrmaßnahmen des Vorstands zu rechtfertigen. Vielmehr muss es sich um einen erheblichen Gesetzesverstoß handeln, mit dem ernsthaft zu rechnen ist, und der mit der Übernahme selbst zusammenhängt. Ferner soll der Vorstand zur Vornahme von Abwehrmaßnahmen berechtigt sein, wenn die Übernahme wegen der Identität des Bieters unmittelbar eine Gefahr für die Existenz oder das Wohlergehen des Unternehmens am Markt bewirkt. Dagegen soll die Absicht des feindlichen Bieters, die Gesellschaft nach der Übernahme zu liquidieren, nicht zu Abwehrmaßnahmen des Vorstands berechtigen, da die Auflösung der Gesellschaft alleine in die Zuständigkeit der Hauptversammlung fällt. Andere lehnen derartige Ausnahmen von der Neutralitätspflicht generell mit der Begründung ab, diese eröffneten der Verwaltung die Möglichkeit, ihre Machtposition unter dem Vorwand vermeintlicher Ausnahmesituationen zu erhalten. So *Rümker*, FS Heinsius, S. 683, 690; *Assmann/Bozenhardt*, in: Assmann/Basaldua, Übernahmeangebote, S. 1, 114; *Ebenroth/Daum*, DB 1991, 1157, 1160; *Dimke/Heiser*, NZG 2001, 241, 248.

209 Die Neutralitätspflicht verlangt nicht, dass die Verwaltung der Zielgesellschaft gegenüber einem Übernahmeangebot untätig bleiben muss. Vielmehr hat die Verwaltung der Zielgesellschaft nach einhelliger Auffassung das Recht und die Pflicht, gegenüber den Aktionären zu dem Übernahmeangebot Stellung zu nehmen. Der Begriff „Neutralitätspflicht" ist insofern missverständlich; er hat sich jedoch eingebürgert. Kritisch zum Begriff der Neutralitätspflicht *Grunewald*, AG 2001, 288; *Drygala*, ZIP 2001, 1861, 1863.

210 *Pötzsch*, Übernahmerecht, S. 39; *Winter/Harbarth*, ZIP 2002, 1 Fn. 5; *Krause*, AG 2002, 133, 136 Fn. 42, alle allerdings mit dem Hinweis auf die berechtigte Kritik an diesem Begriff.

211 *Merkt*, ZHR (165) 2001, 224, 234 Fn. 48.

212 *Maier-Reimer*, ZHR 165 (2001), 258, 260; *Grunewald*, AG 2001, 288, 289.

213 *Mülbert/Birke*, WM 2001, 705 ff.

214 In diesem Sinne auch *Winter/Harbarth*, ZIP 2002, 1 Fn. 5.

215 Eine ausführliche Auseinandersetzung mit den verschiedenen Facetten der aktienrechtlichen Neutralitätspflicht findet sich bei *Röh*, in: Haarmann/Riehmer/Schüppen, WpÜG, § 33 Rn. 5 ff.; *von Nussbaum*, Aktiengesellschaft als Zielgesellschaft eines Übernahmeangebots, S. 69 ff.; *Mülbert*, IStR 1999, 83, 88 ff.; *Dimke/Heiser*, NZG 2001, 241 ff.

daraufhin zu untersuchen, ob sie mit allgemeinen aktienrechtlichen Grundsätzen zu vereinbaren sind.

a. Verbot der Einflussnahme auf den Aktionärskreis

Zum Teil wird die aktienrechtliche Neutralitätspflicht damit begründet, es sei dem Vorstand einer Aktiengesellschaft verboten, auf den Kreis der Aktionäre Einfluss zu nehmen.[216] Dieses Verbot der Einflussnahme auf den Aktionärskreis wird aus der Funktion des Vorstands als Leitungsorgan der Gesellschaft und der damit verbundenen Pflicht zur Fremdinteressenwahrung abgeleitet.[217]

Aus dem Gebot der Fremdinteressenwahrung folge, dass sich der Vorstand seine Aktionäre nicht aussuchen dürfe. Die Aktionäre seien vielmehr über die Wahl des Aufsichtsrats zur Kontrolle des Vorstands berufen, und jeglicher Einfluss auf die Aktionärsstruktur sei deshalb nichts anderes als die Verfestigung des eigenen Besitzstandes.[218] Räume man dem Vorstand die Kompetenz ein, die Zusammensetzung des Aktionärskreises zu bestimmen, so könne dieser seine Verwaltungsführung nach freiem Willen perpetuieren und seine eigene Stellung vom Willen der Aktionäre unabhängig machen.[219] Ein solches Recht widerspreche der Kompetenzverteilung nach geltendem Aktienrecht.

Gegen die Ableitung der aktienrechtlichen Neutralitätspflicht aus einem Verbot der Einflussnahme auf den Aktionärskreis spricht jedoch, dass ein allgemeiner aktienrechtlicher Grundsatz, wonach der Vorstand auf den Aktionärskreis keinen Einfluss nehmen darf, nicht existiert.[220] Der Vorstand bestimmt im Rahmen seiner Leitungsbefugnis nach § 76 Abs. 1 AktG eigenverantwortlich die Unternehmenspolitik der Gesellschaft.[221] Er fällt die grundlegenden Entscheidungen in Bezug auf Zielkonzeption,

---

216 So erstmals *Mestmäcker*, Verwaltung, Konzerngewalt und Rechte der Aktionäre, S. 139 ff., 144 ff. allerdings im Zusammenhang mit dem Ausschluss des Bezugsrechts bei Kapitalerhöhungen. Für Übernahmesituationen *Mertens*, KK-AktG, § 76 Rn. 26; *Hopt*, GK-AktG, § 93 Rn. 122; *ders.*, FS Lutter, S. 1361, 1376; *Rümker*, FS Heinsius, S. 683, 688; *Krieger*, in: Hoffmann-Becking, Handbuch des Gesellschaftsrechts Bd. IV, § 69 Rn. 15; *Assmann/Bozenhardt*, in: Assmann/Basaldua, Übernahmeangebote, S. 1, 113; *Michalski*, AG 1997, 152, 159; *Ebenroth/Daum*, DB 1991, 1157, 1158; *Krause*, AG 1996, 209, 214.

217 *Mestmäcker*, Verwaltung, Konzerngewalt und Rechte der Aktionäre, S. 146 f.; *Hopt*, GK-AktG, § 93, Rn. 122; *ders.*, FS Lutter, S. 1361, 1376.

218 Vgl. *Mertens*, KK-AktG, § 76 Rn. 26; *Hopt*, GK-AktG, § 93 Rn. 122; *ders.*, FS Lutter, S. 1361, 1376; *Rümker*, FS Heinsius, S. 683, 688, *Ebenroth/Daum*, DB 1992, 1157, 1158.

219 *Mestmäcker*, Verwaltung, Konzerngewalt und Rechte der Aktionäre, S. 145 f.

220 *Schwennicke*, in: Geibel/Süßmann, WpÜG, § 33 Rn. 13; *Röh*, in: Haarmann/Riehmer/Schüppen, WpÜG, § 33 Rn. 7; *Brandi*, in: Thaeter/Brandi, Öffentliche Übernahmen, Teil 3 Rn. 272; *Müller*, FS Semler, S. 195, 209 ff.; *Martens*, FS Beusch, S. 529, 542 ff.; *Maier-Reimer*, ZHR 165 (2001), 258, 259 f.; *Bayer*, ZGR 2002, 588, 598 f.; *Grunewald*, AG 2002, 288, 289; *Bungert*, NJW 1998, 488, 492.

221 *Hüffer*, AktG, § 76 Rn. 7; *Raiser/Veil*, Recht der Kapitalgesellschaften, § 14 Rn. 1; *Semler*, Leitung und Überwachung der Aktiengesellschaft, S. 13; *Henze*, BB 2001, 53, 57.

Organisation, Führungsgrundsätze und Geschäftspolitik des Unternehmens.[222] Solange der Vorstand im Amt ist, hat er nicht nur das Recht, sondern auch die Pflicht, eine einmal für richtig befundene Unternehmensstrategie und Geschäftspolitik durchzusetzen.[223] Die Zusammensetzung des Aktionärskreises kann dabei durchaus eine entscheidende Bedeutung für die vom Vorstand festzulegende Organisation und Geschäftspolitik der Gesellschaft haben.[224] So lassen sich bestimmte, insbesondere langfristige Unternehmenskonzeptionen, nur mit einer bestimmten Aktionärsstruktur verwirklichen.[225] Um seine Unternehmenspolitik durchzusetzen, kann und muss der Vorstand sich daher um die Beziehung der Gesellschaft zu den bestehenden und potentiellen Aktionären kümmern. Insbesondere gehört es zu seiner Aufgabe, Investoren allgemein oder gezielt dazu zu ermutigen, Aktien der Gesellschaft zu erwerben.[226] Hängt der Erwerb eines Aktienpakets z.B. von dem Wunsch des Erwerbers nach einer Überprüfung des Unternehmens ab, so entscheidet der Vorstand über die Zulassung einer solchen Prüfung und damit über den Erfolg der Veräußerung und über die Zusammensetzung des Aktionärskreises.

Auch im Falle eines Übernahmeangebots ist der Vorstand nach den Regelungen des Aktienrechts nicht zur Untätigkeit verpflichtet. Vielmehr ist er berechtigt, die Aktionäre von dem Angebot zu informieren und gegenüber dem Übernahmeangebot Stellung zu nehmen.[227] Ebenso ist es ihm erlaubt, zur Abwehr des Angebots nach einem konkurrierenden Bieter zu suchen.[228] Tatsache ist aber, dass auch durch diese Maßnahmen auf die Zusammensetzung des Aktionärskreises eingewirkt wird. Denn dadurch, dass der Vorstand eine negative Stellungnahme zu einem Übernahmeangebot abgibt oder ein attraktiveres konkurrierendes Angebot einwirbt, wird die Übernahme durch den Bieter und der damit von ihm angestrebte Wechsel in der Aktionärsstruktur unwahrscheinlicher.[229]

Zudem belegt die gesetzlich vorgesehene Möglichkeit der Vinkulierung von Namensaktien nach § 68 Abs. 2 AktG, dass der Vorstand unter bestimmten Vorausset-

---

222 *Mertens*, KK-AktG, § 76 Rn. 4; *Hüffer*, AktG, § 76 Rn. 7; *Raiser/Veil*, Recht der Kapitalgesellschaften, § 14 Rn. 1; *Nirk*, in: Nirk/Reuter/Bächle, Handbuch der Aktiengesellschaft, Rn. 713; *Martens*, FS Beusch, S. 529, 544; *Henze*, BB 2001, 53, 57.

223 *Paefgen*, Unternehmerische Entscheidungen und Rechtsbindung der Organe in der AG, S. 343.

224 *Paefgen*, Unternehmerische Entscheidungen und Rechtsbindung der Organe in der AG, S. 342 f.; *Martens*, FS Beusch, S. 529, 544.

225 *Müller*, FS Semler, S. 195, 211.

226 So auch das LG Düsseldorf im *Mannesmann/Vodafone*-Beschluss, LG Düsseldorf, AG 2000, 233, 234; *Maier-Reimer*, ZHR 165 (2001), 258, 259; ähnlich *Martens*, FS Beusch, S. 529, 544 f.; *Müller*, FS Semler, S. 195, 211 f.

227 Eine solche Pflicht zur Information und Stellungnahme wird aus § 76 AktG abgeleitet, vgl. *Hopt*, GK-AktG, § 93 Rn. 126; *ders.*, FS Lutter, S. 1361, 1379 ff.; *Rümker*, FS Heinsius, S. 683, 687; *Grunewald*, AG 2001, 288, 289; *Maier-Reimer*, ZHR 165 (2001), 258, 262; *Ebenroth/Daum*, DB 1991, 1157, 1158 f.; *Becker*, ZHR 165 (2001), 280, 284.

228 *Hopt*, FS Lutter, S. 1361, 1383; *ders.*, ZGR 1993, 534, 557; *Grunewald*, AG 2001, 288, 289; *Becker*, ZHR 165 (2001), 280, 285.

229 *Dimke/Heiser*, NZG 2001, 241, 243; *Merkt*, ZHR 165 (2001), 224, 248 f.; *Grunewald*, AG 2001, 288, 289.

zungen zur Einflussnahme auf den Aktionärskreis berechtigt ist. Nach dem gesetzlichen Regelfall des § 68 Abs. 2 S. 2 AktG entscheidet nämlich allein der Vorstand in den Grenzen seines pflichtgemäßen Ermessens über die Übertragung von vinkulierten Namensaktien und damit über die Zusammensetzung des Aktionärskreises.[230] Die gezielte Einwirkung des Vorstands auf die Zusammensetzung des Aktionärskreises ist somit kein Fremdkörper im Aktienrecht.[231] Ein generelles Verbot der Einflussnahme auf den Aktionärskreis, auf das die Neutralitätspflicht gestützt werden könnte, lässt sich dem Aktienrecht nicht entnehmen.

b. Aktienrechtlicher Gleichbehandlungsgrundsatz

Teilweise wird der aktienrechtliche Gleichbehandlungsrundsatz des § 53 a AktG als dogmatische Grundlage für die aktienrechtliche Neutralitätspflicht herangezogen.[232] Der aktienrechtliche Gleichbehandlungsgrundsatz verbietet es dem Vorstand, Konflikte zwischen den Aktionären der Gesellschaft in parteiischer Weise zu beeinflussen. Daher soll es dem Vorstand auch untersagt sein, in einer Übernahmeauseinandersetzung die Beteiligungsverhältnisse zu Lasten eines übernahmewilligen Aktionärs zu verändern.[233]

Gegen diese Herleitung der aktienrechtlichen Neutralitätspflicht spricht, dass der aktienrechtliche Gleichbehandlungsgrundsatz nur gegenüber den gegenwärtigen Aktionären der Gesellschaft gilt. Bei einem Übernahmeangebot eines Bieters, der noch keine Aktien der Zielgesellschaft besitzt, würde das Neutralitätsgebot demgemäß nicht greifen.[234] Die Pflichtenbindung des Vorstands und der Schutz der Aktionäre kann aber nicht davon abhängen, ob das feindliche Angebot von einem Dritten oder einem Aktionär der Zielgesellschaft abgegeben wird.[235]

Darüber hinaus kann die Hauptversammlung den Vorstand nach allgemeiner Auffassung von der Neutralitätspflicht entbinden. Eine Befreiung vom Gleichbehandlungsgrundsatz ist aber nur mit der Zustimmung des betroffenen Aktionärs möglich, so dass der Gleichbehandlungsgrundsatz auch insofern nicht passt.[236]

Schließlich verbietet der aktienrechtliche Gleichbehandlungsgrundsatz eine Ungleichbehandlung nur, wenn der Vorstand sein Verhalten auf keinen rechtfertigenden

---

230 *Schwennicke*, in: Geibel/Süßmann, WpÜG, § 33 Rn. 13; *Weisner*, Verteidigungsmaßnahmen gegen unfreundliche Übernahmeversuche, S. 145; *Bayer*, ZGR 2002, 588, 599; *Dimke/Heiser*, NZG 2001, 241, 244; *Grunewald*, AG 2001, 288, 290.

231 *Müller*, FS Semler, S. 195, 210; *Bayer*, ZGR 2002, 588, 598.

232 *Mertens*, KK-AktG, § 76 Rn. 26; *Hopt*, FS Lutter, S. 1361, 1376; *ders.*, ZGR 1993, 534, 554 f.; *Schanz*, NZG 2000, 337, 340; *Merkt*, ZHR 165 (2001), 224, 234; *Michalski*, AG 1997, 152, 159.

233 *Mertens*, KK-AktG, § 76 Rn. 26, 18; *Hopt*, ZGR 1993, 534, 545 f.; *Ebenroth/Daum*, DB 1991, 1157, 1158; *Michalski*, AG 1997, 1361, 1376.

234 Das gesteht auch *Hopt*, ZGR 1993, 534, 546 ein.

235 Vgl. *Schwennicke*, in: Geibel/Süßmann, WpÜG, § 33 Rn. 13; *Merkt*, ZHR 165 (2001), 224, 247; *Maier-Reimer*, ZHR 165 (2001), 258, 260.

236 *Schwennicke*, in: Geibel/Süßmann, WpÜG, § 33 Rn. 13; *Maier-Reimer*, ZHR 165 (2001), 258, 260.

Grund stützen kann. Eine Rechtfertigung liegt vor, wenn die Ungleichbehandlung zur Wahrung des Interesses der Gesellschaft geboten ist.[237] Der Gleichbehandlungsgrundsatz gibt jedoch keine Auskunft darüber, ob und wann die Abwehr feindlicher Übernahmen im Gesellschaftsinteresse liegt und somit einen solchen sachlichen Grund für die Ungleichbehandlung darstellen kann.[238] Im Ergebnis führt der Verweis auf das Gleichbehandlungsgebot zu der ursprünglichen Frage zurück, ob der auf das Gesellschaftsinteresse verpflichtete Vorstand feindliche Übernahmeangebote abwehren darf.[239] Dem Gleichbehandlungsgebot lassen sich somit keine Anhaltspunkte über Existenz und Inhalt einer aktienrechtlichen Neutralitätspflicht entnehmen.

c. Gebot der Fremdinteressenwahrung

Ein weiterer Ansatz verweist zur Begründung der aktienrechtlichen Neutralitätspflicht auf das Gebot der Fremdinteressenwahrung und den Interessenkonflikt, in dem sich die Verwaltungsorgane der Zielgesellschaft typischerweise in einer Übernahmesituation befinden.[240]

Als Verwalter fremden Vermögens darf der Vorstand bei der Ausübung seiner Leitungsmacht grundsätzlich keine Eigeninteressen verfolgen und muss dem zu wahrenden Unternehmensinteresse die klare Priorität einräumen. Nach der Abgabe eines feindlichen Übernahmeangebots befindet sich der Vorstand der Zielgesellschaft aber typischerweise in einem Interessenkonflikt.[241] Ist die Übernahme erfolgreich, so müssen die Mitglieder des Vorstands befürchten, dass sie entlassen und durch Vertrauenspersonen des Bieters ersetzt werden. Der Vorstand hat somit ein nicht unerhebliches Eigeninteresse an dem Ausgang der Übernahme. Daher besteht die erhöhte Gefahr, dass er bei der Abwehr eines Übernahmeangebots eigennützig handelt und diejenigen Interessen schädigt, die er zu wahren hat.

Die Literaturstimmen, welche die Neutralitätspflicht aus dem Gebot der Fremdinteressenwahrung ableiten, sind der Auffassung, der Vorstand sei wegen der gesteigerten Gefahr eigennützigen Handelns zur zentralisierten Wahrnehmung der in der

---

237 *Hüffer*, AktG, § 53 a Rn. 10; *Paefgen*, Unternehmerische Entscheidungen und Rechtsbindung der Ogane in der AG, S. 340.

238 Vgl. *Paefgen*, Unternehmerische Entscheidungen und Rechtsbindung der Organe in der AG, S. 340; *von Nussbaum*, Aktiengesellschaft als Zielgesellschaft eines Übernahmeangebots, S. 76.

239 *Paefgen*, Unternehmerische Entscheidungen und Rechtsbindung der Organe in der AG, S. 340; *von Nussbaum*, Aktiengesellschaft als Zielgesellschaft eines Übernahmeangebots, S. 76.

240 Grundlegend *Hopt*, ZGR 1993, 534, 540 ff., 546 ff.; *ders.* GK-AktG, § 93 Rn. 123; *ders.*, FS Lutter, S. 1361, 1376 f.; *Mülbert/Birke*, WM 2001, 705, 706; *Merkt*, ZHR 165 (2001), 224, 236 ff.; *Drygala*, ZIP 2001, 1861, 1866.

241 Vgl. dazu *Hopt*, ZGR 1993, 534, 546 ff.; *Kirchner*, WM 2000, 1821, 1822; *Thümmel*, DB 2000, 461, 462; *Mülbert/Birke*, WM 2001, 705, 706; *Drygala*, ZIP 2001, 1861, 1865; *Grunewald*, AG 2001, 288.

Gesellschaft zusammentreffenden Interessen nicht geeignet.[242] Um dem Interessenkonflikt des Vorstands Rechnung zu tragen und gleichzeitig zu gewährleisten, dass die Fremdinteressen auch in der Übernahmesituation gewahrt bleiben, müsse der Vorstand sich neutral verhalten und den Aktionären die Entscheidung in der Sache überlassen. Das Übernahmeangebot richte sich ausschließlich an die Aktionäre als Eigentümer der Gesellschaft, so dass diese darüber zu befinden hätten, ob es angenommen oder abgelehnt werden solle.[243] Dem Vorstand sei es dagegen als Verwalter fremden Vermögens untersagt, die Mittel der Gesellschaft gegen den Willen der veräußerungswilligen Vermögensträger einzusetzen.[244] Die Pflicht des Vorstands, sich im Übernahmefall neutral zu verhalten und die Aktionäre über die Ergreifung von Abwehrmaßnahmen entscheiden zu lassen, folge somit direkt aus dem Gebot der Fremdinteressenwahrung.

Diese Herleitung der aktienrechtlichen Neutralitätspflicht stößt auf Bedenken. Sie übersieht, dass sich die Pflicht zur Wahrung fremder Interessen nicht auf die Interessen der Aktionäre, sondern auf das Unternehmensinteresse bezieht.[245] Das Unternehmensinteresse umfasst aber nicht nur die Interessen der Anteilsinhaber, sondern auch die Interessen der stakeholder, insbesondere der Arbeitnehmer.[246] Die unter Umständen widerstreitenden Gruppeninteressen hat der Vorstand auch bei seinem Verhalten gegenüber einem feindlichen Übernahmeangebot zu berücksichtigen und in einen angemessenen Ausgleich zu bringen. Die Neutralitätspflicht könnte daher nur dann aus der Pflicht zur Fremdinteressenwahrung abgeleitet werden, wenn sie in einer Übernahmesituation immer zu einem sachgerechten Ausgleich der verschiedenen Gruppeninteressen führen würde. Dies ist indes nicht der Fall:

Das Neutralitätsgebot stellt die Entscheidung über den Erfolg des Übernahmeangebots nämlich in die alleinige Befugnis der Aktionäre. Diese werden ihre Entscheidung naturgemäß nur an ihren eigenen Interessen ausrichten und sich insbesondere an der Höhe der gewährten Gegenleistung orientieren. Die Interessen der stakeholder dürften bei ihrer Entscheidungsfindung dagegen keine Berücksichtigung finden.[247] Ebenso wenig profitieren die stakeholder notwendigerweise davon, dass ein Übernahmeangebot erfolgreich ist und die Aktionäre durch die Veräußerung ihrer Aktien eine erhöhte Rendite erzielen.[248] Vielmehr müssen vor allem die Arbeitnehmer nach dem

---

242 *Röh*, in: Haarmann/Riehmer/Schüppen, WpÜG, § 33 Rn. 5; *Assmann/Bozenhardt*, in: Assmann/Basaldua, Übernahmeangebote, S. 1, 112; *Hopt*, ZGR 1993, 534, 546 ff.; *ders.*, GK-AktG, § 93 Rn. 123 ff.

243 *Hopt*, GK-AktG, § 93 Rn. 122; *Maier-Reimer*, ZHR 165 (2001), 258, 260; *Winter/Harbarth*, ZIP 2002, 1, 2.

244 *Maier-Reimer*, ZHR 165 (2001), 258, 260; *Winter/Harbarth*, ZIP 2002, 1, 2.

245 *Hüffer*, AktG, § 76 Rn. 15 d; *von Nussbaum*, Aktiengesellschaft als Zielgesellschaft eines Übernahmeangebots, S. 78 f.; *Müller*, FS Semler, S. 195, 215; *Wiese/Diemisch*, DB 2001, 849, 851; *Kirchner*, WM 2000, 1821, 1825; *ders.*, AG 1998, 481, 484; ähnlich *Thümmel*, DB 2000, 461, 462 f.; *Schneider/Burgard*, DB 2001, 963, 967.

246 Hierzu mit ausführlicher Begründung Teil 1 § 2 B I.

247 *Von Nussbaum*, Aktiengesellschaft als Zielgesellschaft eines Übernahmeangebots, S. 79; *Davies*, in: Hopt/Wymeersch, Capital Markets and Company Law, S. 261, 282; *Wiese/Diemisch*, DB 2001, 849, 851.

248 *Wiese/Diemisch*, DB 2001, 849, 851; *Kirchner*, AG 1999, 481, 484.

Erfolg eines Übernahmeangebots aufgrund nachfolgender Rationalisierungen und Umstrukturierungen regelmäßig mit dem Verlust ihrer Arbeitsplätze rechnen.[249] Verhält sich der Vorstand in einer solchen Situation neutral, so bleiben die Interessen der Arbeitnehmer an der Verhinderung der Übernahme unberücksichtigt.

Zwar rechtfertigt die Tatsache, dass die Aktionäre im Gegensatz zu den Arbeitnehmern nur durch das Gesellschaftsrecht geschützt sind, eine stärkere Gewichtung ihrer Interessen bei der Abwägungsentscheidung.[250] Eine alleinige Orientierung am Aktionärsinteresse, wie sie durch die Neutralitätspflicht hergestellt wird, ist mit dem pluralistischen Unternehmensinteresse jedoch nicht zu vereinbaren.[251]

Folglich kann eine aktienrechtliche Neutralitätspflicht nicht aus dem Gebot der Fremdinteressenwahrung gefolgert werden, da sie zu keinem angemessenen Ausgleich der zu wahrenden Interessen führt.

d. Zuständigkeit der Hauptversammlung nach *Holzmüller*-Grundsätzen

Zum Teil wird die aktienrechtliche Neutralitätspflicht nicht als Organpflicht des Vorstands, sondern als Zuständigkeitszuweisung an die Hauptversammlung verstanden.[252]

Nach dieser Auffassung ist die Vornahme von Abwehrmaßnahmen der Geschäftsführungsbefugnis des Vorstands generell entzogen und der Zuständigkeit der Hauptversammlung zugewiesen. Zwar enthält das Aktiengesetz keine entsprechende Kompetenzzuweisung an die Hauptversammlung. Jedoch soll sich eine ungeschriebene Hauptversammlungskompetenz für die Vornahme von Abwehrmaßnahmen aus den vom Bundesgerichtshof in der *Holzmüller*-Entscheidung[253] aufgestellten Grundsätzen ergeben.

Nach den sogenannten „*Holzmüller*-Grundsätzen" bedürfen Maßnahmen des Vorstands, die formal noch von seiner Geschäftsführungsbefugnis gedeckt sind, aber so tief in die Mitgliedsrechte der Aktionäre und deren im Anteilseigentum verkörpertes Vermögensinteresse eingreifen, dass der Vorstand vernünftigerweise nicht annehmen kann, er dürfe sie in ausschließlich eigener Verantwortung treffen, der Zustim-

---

249 *Brandi*, in: Thaeter/Brandi, Öffentliche Übernahmen, Teil 3 Rn. 75; *von Nussbaum*, Aktiengesellschaft als Zielgesellschaft eines Übernahmeangebots, S. 79; *Assmann/Bozenhardt*, in: Assmann/Basaldua, Übernahmeangebote, S. 1, 16 f.; *Dauner-Lieb*, DStR 2003, 555; *Hopt*, ZHR 161 (1997), 368, 412.

250 Siehe hierzu Teil 1 § 2 B I 3 b.

251 *Hüffer*, AktG, § 76 Rn. 15 d; *Wiese/Diemisch*, DB 2001, 849, 851; *Kirchner*, WM 2000, 1821, 1825, 1829; *ders.*, AG 1999, 481, 484; den Zielkonflikt zwischen dem Unernehmensinteresse und der Neutralitätspflicht hat auch der Gesetzgeber bei der Schaffung des WpÜG gesehen, vgl. Begründung RegE-WpÜG, BT-Drucks. 14/7034, S. 58.

252 *Mülbert*, IStR 1999, 83, 88; *Dimke/Heiser*, NZG 2001, 241, 249 f.; *Ekkenga*, AG 2001, 615, 618; *Liebscher*, ZGR 2005, 1, 29.

253 BGHZ, 83, 122; vgl. zu den unzähligen Stellungnahmen aus der Literatur die Nachweise bei *Mülbert*, GK-AktG, § 119 Rn. 17 ff.; *Hüffer*, AktG, § 119 Rn. 16 ff.; *Semler*, in: Hoffmann-Becking, Handbuch des Gesellschaftsrechts Bd. IV, § 34 Rn. 35 ff.

mung der Hauptversammlung.[254] Der Bundesgerichtshof hat diese Anforderungen im *Holzmüller*-Urteil für den Fall einer Ausgliederung bejaht, die sich im Kernbereich der Gesellschaft abspielte, den wertvollsten Betriebsteil betraf und die Unternehmensstruktur grundlegend änderte.

Bei der Vornahme von Abwehrmaßnahmen gegen Übernahmeangebote soll es sich nach einer Literaturansicht generell um grundlegende Entscheidungen handeln, die in vergleichbarer Weise wie die Ausgliederung im *Holzmüller*-Fall tief in die Vermögens- und Mitgliedsrechte der Aktionäre eingreifen, und zwar unabhängig davon, wie die einzelne Maßnahme im konkreten Fall wirkt.[255] Begründet wird diese Auffassung damit, dass die Entscheidung über die Vornahme von Abwehrmaßnahmen letztlich eine Entscheidung über den Verbandszweck der Gesellschaft sei, die in die Kompetenz der Hauptversammlung falle. Erfolgreiche Übernahmen führten dazu, dass die Zielgesellschaft in eine faktische Abhängigkeit nach § 17 AktG gerate, was die Anwendung des § 311 AktG zur Folge habe. Die Regelung des § 311 AktG beinhalte eine gesetzliche Änderung des Verbandszwecks der vormals unabhängigen Gesellschaft.[256] Der Verbandszweck einer normtypischen, unabhängigen Aktiengesellschaft bestehe in der Verfolgung des Unternehmensgegenstandes durch freie, unabhängige Tätigkeit für Rechnung der Aktionäre.[257] Durch § 311 AktG werde der Verbandszweck geändert, da das herrschende Unternehmen nach dieser Norm dazu berechtigt sei, die faktisch abhängige Gesellschaft vorbehaltlich eines angemessenen Ausgleichs durch seinen Einfluss zu nachteiligen Maßnahmen und Rechtsgeschäften anzuweisen.[258] Da die Änderung des Verbandszwecks nach der Konzeption des Aktiengesetzes in die Kompetenz der Hauptversammlung falle, müsse die Hauptversammlung auch über Abwehrmaßnahmen gegen Übernahmeangebote entscheiden, durch die der Verbandszweck positiv bestätigt werde.[259]

Diese Auffassung vermag nicht zu überzeugen, da sie von einem unzutreffenden Verständnis des § 311 AktG ausgeht. Der Zweck des § 311 AktG besteht nämlich nicht darin, nachteilige Eingriffe des herrschenden Unternehmens zu legitimieren und damit den Verbandszweck der abhängigen Gesellschaft zu ändern. Vielmehr ist § 311 AktG eine Vorschrift, welche die faktisch abhängige Gesellschaft vor nachteili-

---

254 BGHZ 83, 122, 131; siehe auch die beiden *Gelatine*-Urteile BGH, WM 2004, 1085 und BGH, WM 2004, 1090, welche nach einem Zeitraum von 22 Jahren eine Reihe von Zweifelsfragen im Hinblick auf die *Holzmüller*-Grundsätze ausgeräumt haben. Dazu unten Teil 1 § 3 B I 2 bb.

255 Zur Zustimmungspflichtigkeit einzelner Geschäftsführungsmaßnahmen nach den *Holzmüller*-Grundsätzen und zur Probelmatik der Abgrenzung zustimmungspflichtiger Strukturmaßnahmen von einfachen Leitungsmaßnahmen siehe Teil 1 § 3 B I 2 c, Teil 1 § 3 B II 2 b und Teil 1 § 3 B III 2.

256 *Mülbert*, IStR 1999, 83, 88.

257 Vgl. zu diesem Verständnis des Verbandszwecks *Wiedemann*, Gesellschaftsrecht I, S. 154; *Schmidt*, Gesellschaftsrecht, S. 704.

258 *Mülbert*, IStR 1999, 83, 88.

259 *Mülbert*, IStR 1999, 83, 88.

gen Eingriffen des herrschenden Unternehmens schützen soll.[260] Zwar kann das herrschende Unternehmen eine faktisch abhängige Gesellschaft zu nachteiligen Maßnahmen veranlassen. Die in §§ 311 und 317 AktG vorgesehenen Schadensersatzansprüche dienen aber gerade dazu, diese nachteiligen Maßnahmen zu kompensieren und die Gesellschaft so zu stellen, als hätte die nachteilige Beeinflussung nicht stattgefunden.[261] Demgemäß wird der Verbandszweck der vormals unabhängigen Gesellschaft durch die Vorschriften der §§ 311 und 317 AktG nicht kraft Gesetzes beseitigt, sondern im Gegenteil gesetzlich davor geschützt, dass er durch nachteilige Maßnahmen im Rahmen eines faktischen Abhängigkeitsverhältnisses unterlaufen wird.[262] Die Begründung einer faktischen Abhängigkeit durch eine Übernahme führt daher nicht zu einer Änderung des Verbandszwecks. Eine Begründung der Zuständigkeit der Hauptversammlung für die Ergreifung von Abwehrmaßnahmen gegen feindliche Übernahmen nach den *Holzmüller*-Grundsätzen scheidet folglich aus.[263]

2. Fazit

Festzuhalten bleibt somit, dass eine Neutralitätspflicht des Vorstands entgegen der herrschenden Auffassung in der Literatur nicht besteht, da sie sich aus dem geltenden Aktienrecht nicht ableiten lässt.[264] Der Vorstand bleibt auch bei der Vornahme von Abwehrmaßnahmen gegen Übernahmeversuche im Rahmen seiner Geschäftsführungsbefugnis nach §§ 76 f., 93 AktG alleine auf das Unternehmensinteresse der Gesellschaft verpflichtet. Sofern eine Abwehrmaßnahme gegen ein feindliches Übernahmeangebot im Unternehmensinteresse liegt, kann sie daher vom Vorstand ergriffen werden. Unzulässig sind Abwehrmaßnahmen dagegen, wenn sie nicht im Interesse des Unternehmens liegen, sondern vielmehr sachfremden Zielen dienen. Das ist der Fall, wenn es dem Vorstand in Wahrheit nicht um die Wahrung der in der Gesellschaft zusammentreffenden Gruppeninteressen, sondern um die Sicherung der eigenen Position geht, oder wenn die Abwehrmaßnahme dem Unternehmen mehr schadet als nutzt.[265]

Den Vertretern der aktienrechtlichen Neutralitätspflicht ist zuzugeben, dass die erhöhte Gefahr eigennützigen Handelns der Verwaltung in Übernahmesituationen durch die Bindung an das Unternehmensinteresse nicht beseitigt wird. Wie bei allen

---

260 *Hüffer*, AktG, § 311 Rn. 1; mit ausführlicher Begründung *Koppensteiner*, KK-AktG, Vorb. § 311 Rn. 8 ff., 19; *Krieger*, in: Hoffmann-Becking, Handbuch des Gesellschaftsrechts Bd. IV, § 69 Rn. 24.

261 *Krause*, AG 2000, 217, 221.

262 *Von Nussbaum*, Aktiengesellschaft als Zielgesellschaft eines Übernahmeangebots, S. 85; *Krause*, AG 2000, 217, 221.

263 So auch das LG Düsseldorf im *Mannesmann/Vodafone*-Beschluss, LG Düsseldorf, AG 2000, 233, 234.

264 So auch *Hüffer*, AktG, § 76 Rn. 15 d; *Krieger*, in: Henze/Hoffmann-Becking, Gesellschaftsrecht 2001, S. 289, 303 f.; *Martens*, FS Beusch, S. 529, 542 ff.; *Müller*, FS Semler, S. 195, 209 ff.; *Kirchner*, WM 2000, 1821, 2819; *ders.*, AG 1999, 481, 484; *Wiese/Diemisch*, DB 2001, 849, 852.

265 *Krieger*, in: Henze/Hoffmann-Becking, Gesellschaftsrecht 2001, S. 289, 304; *Kort*, FS Lutter, S. 1421, 1426.

anderen unternehmerischen Entscheidungen ist es den Verwaltungsorganen zwar aufgrund ihrer Pflicht zur Fremdinteressenwahrung untersagt, eigennützig zu handeln. Dennoch bleibt der Verdacht, dass bei der Übernahmeabwehr Eigeninteressen den entscheidenden Ausschlag geben könnten.[266] Das einzige aktienrechtliche Instrument zur Prävention gegen eigennütziges Verhalten stellt insofern die mögliche Inanspruchnahme auf Schadensersatz nach §§ 93, 116 AktG dar, der sich die Verwaltungsorgane bei einer schuldhaften Verletzung ihrer Pflicht zur Fremdinteressenwahrung aussetzen.[267]

Die Tatsache, dass die Geltendmachung derartiger Schadensersatzforderungen strengen Voraussetzungen unterliegt, kann jedoch nicht dazu führen, dass die aktienrechtlich vorgeschriebene Pflichtenbindung des Vorstands ohne gesetzliche Grundlage im Sinne einer Neutralitätspflicht zu Lasten der stakeholder verändert wird. Vielmehr bedarf es hierzu einer Regelung durch den Gesetzgeber. Diese ist mit dem Inkrafttreten des WpÜG am 1. Januar 2002 getroffen worden. Im WpÜG hat der Gesetzgeber die Pflichtenbindung des Vorstands für den Übernahmefall festgelegt. Zu untersuchen ist, inwieweit die vorbeschriebenen aktienrechtlichen Maßstäbe dadurch modifiziert werden, und inwieweit durch das WpÜG eine Pflicht des Vorstands zur Neutralität angeordnet wird.

C. Übernahmerechtliche Pflichtenbindung des Vorstands

Die zentrale Norm zur Regelung der Verhaltenspflichten des Vorstands im Zusammenhang mit Abwehrmaßnahmen gegen feindliche Übernahmeangebote ist § 33 WpÜG. Er stellt in Abs. 1 S. 1 als Grundregel ein Verhinderungsverbot auf und formuliert in Abs. 1 S. 2 Ausnahmen von diesem Verhinderungsverbot. In Abs. 2 werden zusätzliche Regelungen für solche Verteidigungsmaßnahmen getroffen, die nach den Bestimmungen des Aktienrechts der Zustimmung der Hauptversammlung bedürfen.[268] Bevor im Einzelnen auf den Inhalt von § 33 WpÜG eingegangen wird, sollen einleitend Zielsetzung, Anwendungsbereich und wesentlicher Inhalt des WpÜG dargestellt werden.

---

266 Vgl. *Kirchner*, WM 2000, 1821, 1822.

267 *Wiese/Diemisch*, DB 2001, 849, 851 beschreiben die Bedeutung der Schadensersatzverpflichtung zutreffend mit der Bezeichnung „Haftungsrecht als Instrument der Schadensprävention" und halten sie für ausreichend, um den Vorstand zur Fremdinteressenwahrung in Übernahmesituationen anzuhalten.

268 Nach dem Referentenentwurf zur Umsetzung der Übernahmerichtlinie in deutsches Recht vom 19. Dezember 2005 bleiben die Regelungen des § 33 Abs. 1 und Abs. 2 WpÜG auch nach der Implementierung der Übernahmerichtlinie erhalten, da der deutsche Gesetzgeber sich dazu entschieden hat, die Geltung des europäischen Vereitelungsverbots (Art. 9 ÜRL) nicht zwingend anzuordnen. Vgl. Begründung RefE-ÜRL-UmsG, S. 5; siehe auch *Pötzsch*, in: Assmann/Pötzsch/Schneider, WpÜG, Einleitung Rn. 113; *Krause/Pötzsch*, in: Assmann/Pötzsch/Schneider, WpÜG, § 33 Rn. 39; ausführlich zum europäischen Vereitelungsverbot in Teil 4 § 11 B.

I. Regelungsziele des WpÜG

Das WpÜG wurde ausweislich der Begründung des Regierungsentwurfs erlassen, um in Deutschland Rahmenbedingungen für Unternehmensübernahmen zu schaffen, die den Anforderungen der Globalisierung und der Finanzmärkte angemessen Rechnung tragen. Dadurch sollte der Finanzplatz Deutschland im internationalen Wettbewerb weiter gestärkt werden.[269]

Um diese übergeordnete Zwecksetzung zu erreichen, verfolgt das WpÜG vier wesentliche Regelungsziele. Diese bestehen darin, ein faires und geordnetes Angebotsverfahren zu schaffen, ohne Unternehmensübernahmen zu fördern oder zu verhindern, Information und Transparenz für die betroffenen Wertpapierinhaber und Arbeitnehmer zu verbessern, die rechtliche Stellung von Minderheitsaktionären bei Unternehmensübernahmen zu stärken, und sich an international üblichen Standards zu orientieren.[270]

II. Anwendungsbereich des WpÜG

Das WpÜG ist nach seinen §§ 1 und 2 auf alle öffentlichen Angebote zum Erwerb von Aktien oder vergleichbaren Wertpapieren[271] einer Aktiengesellschaft oder Kommanditgesellschaft auf Aktien mit Sitz in Deutschland anwendbar, die zum Handel am amtlichen Markt oder geregelten Markt einer inländischen Börse oder einem vergleichbaren Markt innerhalb des europäischen Wirtschaftsraums zugelassen sind.[272] Da § 1 WpÜG ausdrücklich auf die Zulassung zu einem organisierten Markt abstellt, werden auch Angebote für Aktien von Gesellschaften anderer Börsensegmente – wie

---

269 Begündung RegE-WpÜG, BT-Drucks. 14/7034, S. 28; *Pötzsch*, Übernahmerecht, S. 16; *Zinser*, WM 2002, 15, 16; *Pluskat*, DStR 2001, 897, 899.

270 Begründung RegE-WpÜG, BT-Drucks. 14/7034, S. 28.

271 Zu den mit Aktien vergleichbaren Wertpapieren nach § 2 Abs. 2 WpÜG zählen z.B. Zwischenscheine oder sogenannte „american depositary receipts", dem US-amerikanischen Rechtskreis entstammende Zertifikate, die Aktien vertreten. Darüber hinaus sind Wandelschuldverschreibungen, Optionsanleihen oder Optionsscheine, die zum Erwerb von Aktien berechtigen, erfasst. Siehe Begründung RegE-WpÜG, BT-Drucks. 14/7034, S. 34.

272 Nach den notwendigen Änderungen des Anwendungsbereichs im Zuge der Umsetzung der Übernahmerichtlinie wird das WpÜG künftig für Zielgesellschaften mit Sitz im Inland, deren Wertpapiere ausschließlich im Ausland zum Handel an einem organisierten Markt im Europäischen Wirtschaftsraum zugelassen sind, nur noch hinsichtlich der gesellschaftsrechtlichen Fragen anwendbar sein. Über den bisherigen Geltungsbereich hinaus gelten die Vorschriften über das Angebotsverfahren künftig auch für Zielgesellschaften mit Sitz im europäischen Ausland, deren Wertpapiere nicht dort, sondern im Inland zugelassen sind. Sind die Wertpapiere der Zielgesellschaft in mehreren Staaten des Europäischen Wirtschaftsraums zum Handel an einem organisierten Markt zugelassen, so werden zur Bestimmung des anwendbaren Rechts verschiedene Kriterien – Erstzulassung, Entscheidung der Zielgesellschaft oder Einigung zwischen den Aufsichtsstellen der betroffenen Mitgliedstaaten – herangezogen. Siehe hierzu RefE-ÜRL-UmsG, Art. 1, § 1 WpÜG-RefE; vgl. auch *Pötzsch*, in: Assmann/Pötzsch/Schneider, WpÜG, Einleitung Rn. 110 und § 1 Rn. 9 ff.

etwa des inzwischen geschlossenen Neuen Markts[273] – erfasst, deren Aktien nach den jeweiligen Regelwerken ebenfalls zum geregelten Markt zugelassen sind,[274] aber im Freiverkehr gehandelt werden.[275] Ebenso unterfallen die Aktien einer deutschen Gesellschaft, die ausschließlich an einem vergleichbaren Markt im europäischen Ausland – z.B. an der London Stock Exchange – zugelassen ist, dem Gesetz.[276]

Auf eine Definition des Begriffs „öffentlich" hat der Gesetzgeber bewusst verzichtet, um der Vielgestaltigkeit der möglichen Sachverhalte Rechnung zu tragen, und um nicht Gefahr zu laufen, durch eine zu eng gefasste Definition Umgehungsmöglichkeiten zu eröffnen.[277] Für die Beurteilung, ob ein Angebot öffentlich ist, soll es auf eine wertende Berücksichtigung einer Vielzahl von Indizien im Einzelfall ankommen. Als Abgrenzungskriterien können nach der Begründung des Regierungsentwurfs unter anderem herangezogen werden, ob sich das Angebot an einen begrenzten Personenkreis richtet oder an eine Vielzahl von Wertpapierinhabern, oder ob es individuell ausgehandelt oder einseitig formuliert wurde.[278] Angebote, die sich an alle Aktionäre einer Zielgesellschaft richten sind zweifellos öffentlich.

III. Wesentlicher Inhalt des WpÜG

Das WpÜG unterscheidet materiell-rechtlich zwischen drei verschiedenen Arten von öffentlichen Angeboten. Es enthält die Rahmenbedingungen für Übernahmeangebote,[279] Pflichtangebote[280] und einfache öffentliche Erwerbsangebote[281].

Übernahmeangebote sind Angebote, die auf den Erwerb der Kontrolle – legaldefiniert in § 29 Abs. 2 WpÜG als das Halten von 30 Prozent der Stimmrechte – gerichtet sind. Pflichtangebote sind Angebote, die nach § 35 WpÜG von demjenigen abzugeben sind, der 30 Prozent der Stimmrechte erworben hat. Einfache öffentliche An-

---

273 Der Handel am Neuen Markt wurde am 21. März 2003 eingestellt. Die Schließung des Neuen Markts erfolgte am 5. Juni 2003. Die vormals am Neuen Markt notierenden Unternehmen wurden in die neu geschaffenen die Börsensegmente Prime Standard und General Standard überführt.

274 Siehe etwa Regelwerk Neuer Markt, Ziff. 2.3 Abs. 1.

275 Begründung RegE-WpÜG, BT-Drucks. 14/7034, S. 35, siehe auch *Steinmeyer/Häger*, WpÜG, § 1 Rn. 30; *Versteegen*, KK-WpÜG, § 1 Rn. 34; *Zech*, Abwehrmaßnahmen nach dem WpÜG, S. 3; *Krause*, NJW 2002, 705, 706; *Ekkenga/Hofschroer*, DStR 2002, 724, 726; a.A. *Angerer*, in: Geibel/Süßmann, WpÜG, § 1 Rn. 56; *Geibel/Süßmann*, BKR 2002, 52, 53.

276 Nach *Ekkenga/Hofschroer*, DStR 2002, 724, 726 und *Geibel/Süßmann*, BKR 2002, 52 sind bisher jedoch keine Fälle bekannt, bei denen eine deutsche Gesellschaft zuerst oder ausschließlich an einer ausländischen Börse zugelassen wurde.

277 Begründung RegE-WpÜG, BT-Drucks. 14/7034, S. 33; *Jäger*, Aktiengesellschaft, § 37 Rn. 12; damit folgt der Gesetzgeber ausländischen Vorbildern, insbesondere der Rechtspraxis in Österreichs und den USA. Zu weiteren Abgrenzungskriterien und Fallgruppen aus der Praxis *Baums/Hecker*, in: Baums/Thoma, WpÜG, § 2 Rn. 19 ff.; *Fleischer*, ZIP 2001, 1653, 1658 ff.

278 Begründung RegE-WpÜG, BT-Drucks. 14/7034, S. 33.

279 Vierter Abschnitt, §§ 29 – 34 WpÜG.

280 Fünfter Abschnitt, §§ 35 – 39 WpÜG.

281 Dritter Abschnitt, §§ 10 – 28 WpÜG.

gebote sind öffentliche Angebote, die weder Übernahmeangebote noch Pflichtangebote sind. Sie dienen entweder dem Erwerb einer Beteiligung unterhalb der 30-Prozent-Schwelle oder der Aufstockung einer bereits bestehenden Kontrollbeteiligung.

Das WpÜG bestimmt für die verschiedenen Angebotsarten das einzuhaltende Verfahren und die materiell-rechtlichen Anforderungen. Es regelt den zeitlichen Ablauf des Angebotsverfahrens, stellt besondere Anforderungen für die vom Bieter zu veröffentlichende Angebotsunterlage auf und setzt der materiell-rechtlichen Ausgestaltung des Angebots Grenzen.[282] Im Zusammenhang mit der Abwehr feindlicher Übernahmeangebote sind insbesondere die Verhaltenspflichten für die Organe der Zielgesellschaft von Bedeutung, die in § 33 WpÜG geregelt sind.

Den Einzelvorschriften sind in § 3 WpÜG fünf allgemeine Grundsätze vorangestellt, welche die grundlegenden Wertungen des Gesetzgebers wiedergeben und bei der Auslegung und Anwendung der einzelnen Rechtsvorschriften des WpÜG zu beachten sind.[283] Nach diesen Grundsätzen sind die Aktionäre der Zielgesellschaft, die Aktien gleicher Gattung halten, gleich zu behandeln.[284] Darüber hinaus müssen den Aktionären der Zielgesellschaft ausreichend Zeit und Informationen zur Verfügung gestellt werden, damit sie auf informierter Grundlage über die Annahme des Angebots entscheiden können.[285] Zugleich sind Vorstand und Aufsichtsrat der Zielgesellschaft verpflichtet, im Interesse der Zielgesellschaft zu handeln.[286] Im Ganzen muss das Übernahmeverfahren möglichst rasch durchgeführt werden, damit die Zielgesellschaft nicht unangemessen lange in ihrer Geschäftstätigkeit beeinträchtigt wird.[287] Schließlich sollen beim Handel mit Wertpapieren der von dem Angebot betroffenen Gesellschaften keine Marktverzerrungen geschaffen werden.[288] In ihrer Summe umschreiben diese Grundsätze die internatonal anerkannten Anforderungen an ein faires Übernahmeverfahren.[289] Für die Zulässigkeit von Abwehrmaßnahmen steht die Verpflichtung der Organe der Zielgesellschaft auf das Interesse der Zielgesellschaft im Mittelpunkt der Betrachtung.

---

282 Ein Überblick über den wesentlichen Regelungsgehalt des WpÜG findet sich bei *Jäger*, Aktiengesellschaft, § 37 Rn. 11 ff.; *Hopt*, ZHR (166) 2002, 383 ff.; *Zinser*, WM 2002, 15 ff.; *Krause*, NJW 2002, 705 ff.

283 Begründung RegE-WpÜG, BT-Drucks. 14/7034, S. 35; *Versteegen*, KK-WpÜG, § 3 Rn. 3; die in § 3 WpÜG niedergelegten Programmsätze sind darüber hinaus zur Beantwortung der im WpÜG nicht unmittelbar geregelten Fragen zu öffentlichen Angeboten von Bedeutung. Sie lehnen sich an ausländische Regelwerke – insbesondere die General Principles des City Code – an, vgl. dazu *Jäger*, Aktiengesellschaft, § 37 Rn. 15; *Zech*, Abwehrmaßnahmen nach dem WPÜG, S. 37; *Zinser*, NZG 2001, 391, 393; *Land/Hasselbach*, DB 2000, 1747, 1748.

284 § 3 Abs. 1 WpÜG.

285 § 3 Abs. 2 WpÜG.

286 § 3 Abs. 3 WpÜG.

287 § 3 Abs. 4 WpÜG.

288 § 3 Abs. 5 WpÜG.

289 Vgl. *Versteegen*, KK-WpÜG, § 3 Rn. 1; *Krause*, NJW 2002, 705, 707; *Zinser*, NZG 2001, 391, 393.

IV. Verhinderungsverbot des § 33 WpÜG

Nachdem allgemeine Zielsetzung, Anwendungsbereich und wesentlicher Inhalt des WpÜG aufgezeigt wurden, soll nun auf das in § 33 Abs. 1 S. 1 WpÜG verankerte Verhinderungsverbot und auf die Ausnahmen von diesem Verhinderungsverbot eingegangen werden. Im Mittelpunkt der Betrachtung steht dabei die Frage, inwiefern die vom WpÜG angeordnete Pflichtenbindung die allgemeinen aktienrechtlichen Vorgaben modifiziert.

1. Regelungsgehalt des § 33 Abs. 1 S. 1 WpÜG

Gemäß § 33 Abs. 1 S. 1 WpÜG darf der Vorstand der Zielgesellschaft nach Veröffentlichung der Entscheidung zur Abgabe eines Angebots[290] bis zur Veröffentlichung des Ergebnisses[291] keine Handlungen vornehmen, durch die der Erfolg des Angebots verhindert werden könnte. Dieses grundsätzliche Verhinderungsverbot reicht sehr weit, da es für alle Handlungen gilt, die objektiv geeignet sind, den Erfolg eines Übernahmeangebots zu verhindern.[292] Ob es auch die Absicht des Vorstands ist, durch eine Maßnahme das Angebot zu verhindern, ist für das Verbot ebenso unbeachtlich, wie die Frage, ob die Maßnahme im konkreten Fall das Angebot wirklich verhindert hat.[293] Insofern stellt § 33 Abs. 1 S. 1 WpÜG eine Verschärfung gegenüber der in der Literatur vertretenen aktienrechtlichen Neutralitätspflicht dar, die auf das Verbot gezielter Abwehrhandlungen beschränkt ist.[294]

Das Regelungsziel des Verhinderungsverbots ist es, den Aktionären als Adressaten des Übernahmeangebots die Möglichkeit zu geben, in Kenntnis der Sachlage selbst über dessen Annahme oder Ablehnung zu entscheiden.[295] Diese Entscheidungsfreiheit würde eingeschränkt, wenn der Vorstand ohne Weiteres durch eigenständige Entscheidungen den Erfolg des Übernahmeangebots verhindern könnte.[296]

Zur Begründung des Verhinderungsverbots bezieht sich der Gesetzgeber ausdrücklich auf die in der Literatur vertretene aktienrechtliche Neutralitätspflicht, welche durch § 33 Abs. 1 S. 1 WpÜG ihre gesetzliche Ausformung erhalten haben soll. Eben-

290 Vgl. § 10 Abs. 1 S. 1, Abs. 3 WpÜG.

291 Vgl. § 23 Abs. 1 S. 1 Nr. 2 WpÜG.

292 Vgl. Begründung RegE-WpÜG, BT-Drucks. 14/7034, S. 57; *Schwennicke*, in: Geibel/Süßmann, WpÜG, § 33 Rn. 19; *Hirte*, KK-WpÜG, § 33 Rn. 55; *Krause*, NJW 2002, 705, 711.

293 Vgl. Begründung RegE-WpÜG, BT-Drucks. 14/7034, S. 57; *Grunewald*, in: Baums/Thoma, WpÜG, § 33 Rn. 17; *Röh*, in: Haarmann/Riehmer/Schüppen, WpÜG, § 33 Rn. 76; *Schwennicke*, in: Geibel/Süßmann, WpÜG, § 33 Rn. 19; *Zech*, Abwehrmaßnahmen nach dem WpÜG, S. 131; *Krause*, NJW 2002, 705, 711 f.; *Geibel/Süßmann*, BKR 2002, 52, 65.

294 *Schwennicke*, in: Geibel/Süßmann, WpÜG, § 33 Rn. 19; *Röh*, in: Haarmann/Riehmer/Schüppen, WpÜG, § 33 Rn. 76; *Krieger*, in: Henze/Hoffmann-Becking, Gesellschaftsrecht 2001, S. 289, 305; *Mülbert*, IStR 1999, 83, 87; *Drygala*, ZIP 2001, 1861, 1866.

295 Begründung RegE-WpÜG, BT-Drucks. 14/7034, S. 57.

296 Begründung RegE-WpÜG, BT-Drucks. 14/7034, S. 57.

so wie die überwiegende Auffassung in der Literatur leitet er das Verhinderungsverbot gesellschaftsrechtlich aus der Funktion des Vorstands als Wahrer fremder Interessen ab.[297] Darüber hinaus soll durch das Verhinderungsverbot der Interessenkonflikt, in dem der Vorstand sich aufgrund der mit der Übernahme verbundenen Gefahr des Verlusts seiner Position befindet, vermieden werden.[298]

Die auf die Pflicht zur Fremdinteressenwahrung gestützte Argumentation verkennt jedoch, dass der Vorstand als Wahrer fremder Interessen aktienrechtlich nicht ausschließlich auf die Interessen der Aktionäre, sondern auf das Unternehmensinteresse verpflichtet ist, welches eben auch die Interessen der stakeholder umfasst.[299] Das strenge Verhinderungsverbot des § 33 Abs. 1 S. 1 WpÜG steht somit im Konflikt zur Verpflichtung auf das Unternehmensinteresse, die nach § 3 Abs. 3 WpÜG auch während des Übernahmeverfahrens fortbesteht,[300] da es die Entscheidung über das Angebot in die alleinige Entscheidung der Aktionäre stellt und andere Interessen nicht berücksichtigt werden.[301]

2. Ausnahmen von § 33 Abs. 1 S. 1 WpÜG

Das grundsätzliche Verhinderungsverbot gilt jedoch nicht uneingeschränkt. Hierzu existieren fünf verschiedene Ausnahmetatbestände, von denen vier in § 33 Abs. 1 S. 2 und 33 Abs. 2 WpÜG normiert sind und einer vom Gesetz vorausgesetzt wird.

a. § 33 Abs. 1 S. 2 Var. 1 WpÜG

Nach § 33 Abs. 1 S. 2 Var. 1 WpÜG dürfen vom Vorstand der Zielgesellschaft solche Handlungen vorgenommen werden, die auch ein ordentlicher und gewissenhafter Geschäftsleiter einer Gesellschaft, die nicht Ziel eines Übernahmeangebots ist, vorgenommen hätte.

Die Begründung des Regierungsentwurfs sieht in der Ausnahmeregelung des § 33 Abs. 1 S. 2 Var. 1 WpÜG eine Art Kollisionsregel für den bereits angesprochenen Konflikt zwischen dem Verhinderungsverbot und der Verpflichtung auf das Unternehmensinteresse, der – wie eben festgestellt[302] – im Rahmen der Grundregel des § 33 Abs. 1 S. 1 WpÜG selbst noch keine Berücksichtigung gefunden hat.[303] Der Inte-

---

297 Begründung RegE-WpÜG, BT-Drucks. 14/7034, S. 57; vgl. *Pötzsch*, Übernahmerecht, S. 38.

298 Begründung RegE-WpÜG, BT-Drucks. 14/7034, S. 57; vgl. *Pötzsch*, Übernahmerecht, S. 39.

299 Vgl. hierzu Teil 1 § 2 B II 2.

300 Begründung RegE-WpÜG, BT-Drucks. 14/7034, S. 58; vgl. *Röh*, in: Haarmann/Riehmer/Schüppen, WpÜG, § 33 Rn. 114; *Schwennicke*, in: Geibel/Süßmann, WpÜG, § 33 Rn. 41.

301 So auch *Kirchner*, WM 2000, 1821, 1829; *Thaeter/Barth*, NZG 2001, 545, 549 zum Referentenentwurf des § 33 WpÜG. Dem Zielkonflikt zwischen Unternehmensinteresse und Verhinderungsverbot wird jedoch im Zusammenhang mit den Ausnahmeregelungen des § 33 Abs. 1 S. 2 WpÜG Rechnung getragen.

302 Vgl. hierzu Teil 1 § 2 C IV 1.

303 Vgl. Begründung RegE-WpÜG, BT-Drucks. 14/7034, S. 58; *Hüffer*, AktG, § 76 Rn. 15 h.

ressenkonflikt wird durch § 33 Abs. 1 S. 2 Var. 1 WpÜG dahingehend aufgelöst, dass der Vorstand Maßnahmen, die dem Unternehmensinteresse dienen und nicht durch das Übernahmeangebot des Bieters veranlasst sind, durchführen kann. Dadurch soll sichergestellt werden, dass die Zielgesellschaft während eines Angebots in ihrer Geschäftstätigkeit nicht unangemessen behindert wird.[304]

Zu den Maßnahmen, die nach § 33 Abs. 1 S. 2 WpÜG zulässig sind, zählen nach der Begründung des Regierungsentwurfs nicht nur die Weiterführung des Tagesgeschäfts sondern auch die Vornahme von Maßnahmen außergewöhnlichen Charakters, sofern durch diese eine bereits vor der Übernahmesituation eingeschlagene Unternehmensstrategie umgesetzt wird.[305] Allerdings umfasst § 33 Abs. 1 S. 2 Var. 1 WpÜG nur solche Maßnahmen, die schon nach den allgemeinen aktienrechtlichen Grundsätzen in die Geschäftsführungskompetenz des Vorstands fallen; keinesfalls kann der Vorstand in Anwendung dieser Ausnahmeregelung Maßnahmen ergreifen, die auch außerhalb eines Übernahmeverfahrens die Beteiligung der Hauptversammlung erforderlich machen.[306]

In der Literatur hat der Ausnahmetatbestand des § 33 Abs. 1 S. 2 Var. 1 WpÜG, soweit er sich auf die Weiterverfolgung des Tagesgeschäfts bezieht, weitgehend Zustimmung gefunden. Die Zustimmung beruht auf der Überlegung, dass eine Gesellschaft während der Angebotsphase nicht daran gehindert werden darf, ihr normales Geschäft weiterzubetreiben.[307] Zudem sind Maßnahmen des Tagesgeschäfts im Hinblick auf das grundsätzliche Verhinderungsverbot als unproblematisch anzusehen, da von ihnen regelmäßig keine den Erfolg des Übernahmeangebots erschwerende Wirkung ausgeht.[308]

Etwas anderes gilt jedoch, sofern es sich um außergewöhnliche Maßnahmen in Verfolgung einer eingeschlagenen Unternehmensstrategie handelt. Diese können den Erfolg eines Übernahmeangebots durchaus behindern oder erschweren.[309] Die Erweiterung des § 33 Abs. 1 S. 2 Var. 1 WpÜG auf außergewöhnliche Maßnahmen wird daher

---

304 Begründung RegE-WpÜG, BT-Drucks. 14/7034, S. 58; *Hirte*, KK-WpÜG, § 33 Rn. 66; *Pötzsch*, Übernahmerecht, S. 40.

305 Begründung RegE-WpÜG, BT-Drucks. 14/7034, S. 58; *Ekkenga*, in: Ehricke/Ekkenga/Oechsler, WpÜG, § 33 Rn. 44; *Röh*, in: Haarmann/Riehmer/Schüppen, WpÜG, § 33 Rn. 114; *Fleischer/Kalss*, WpÜG, S. 126; *Zech*, Abwehrmaßnahmen nach dem WpÜG, S. 142; *Winter/Harbarth*, ZIP 2002, 1, 7; *Hopt*, ZHR 166 (2002), 383, 426; a.A. *Hirte*, KK-WpÜG, § 33 Rn. 70; *Brandi*, in: Thaeter/Brandi, Öffentliche Übernahmen, Teil 3 Rn. 371 f., die auch ein Abweichen von der bestehenden Unternehmensstrategie zulassen wollen, gleichzeitig aber einräumen, dass in einem solchen Fall der Beweis, dass die Maßnahme nicht durch das Übernahmeangebot veranlasst ist, in der Praxis kaum zu erbringen sein wird.

306 Vgl. *Pötzsch*, Übernahmerecht, S. 41; *Brandi*, in: Thaeter/Brandi, Öffentliche Übernahmen, Teil 3 Rn. 372.

307 Vgl. *Hirte*, KK-WpÜG, § 33 Rn. 66; *Steinmeyer/Häger*, WpÜG, § 33 Rn. 14; *Brandi*, in: Thaeter/Brandi, Öffentliche Übernahmen, Teil 3 Rn. 364; in diesem Sinne auch *Maier-Reimer*, ZHR 165 (2001), 258, 274.

308 So *Brandi*, in: Thaeter/Brandi, Öffentliche Übernahmen, Teil 3 Rn. 364; *Zech*, Abwehrmaßnahmen nach dem WpÜG, S. 141.

309 *Röh*, in: Haarmann/Riehmer/Schüppen, WpÜG, § 33 Rn. 115; *Steinmeyer/Häger*, WpÜG, § 33 Rn. 15 f.; *Winter/Harbarth*, ZIP 2002, 1, 6; *Drygala*, ZIP 2001, 1861, 1866.

vielfach als unangemessene Ausweitung der Vorstandskompetenzen angesehen.[310] Um die Kompetenz des Vorstands im Sinne des grundsätzlichen Verhinderungsverbots einzuschränken, werden strenge Anforderungen an die Konkretisierung der Unternehmensstrategie gestellt. Sie soll bereits vor der Abgabe des Angebots hinreichend verfestigt und in Geschäftsberichten oder sonstigen Unterlagen ausreichend dokumentiert sein.[311]

Der Kritik an der Einbeziehung von außergewöhnlichen Geschäften in die Ausnahmeregelung des § 33 Abs. 1 S. 2 Var. 1 WpÜG kann jedoch entgegengehalten werden, dass die Ausnahme gewissenhafter Geschäftsführung in Wirklichkeit keine Ausweitung der Vorstandskompetenzen darstellt. Da eine aktienrechtliche Neutralitätspflicht nach richtiger Auffassung nicht existiert,[312] war der Vorstand auch vor dem Inkrafttreten des WpÜG berechtigt, in einer Übernahmesituation Geschäfte mit außergewöhnlichem Charakter durchzuführen, wenn dies dem Unternehmensinteresse entsprach und die Maßnahme nach allgemeinen Regeln in die Kompetenz des Vorstands fiel. Diese aktienrechtliche Handlungsbefugnis wird durch die Regelung des § 33 Abs. 1 S. 2 Var. 1 WpÜG lediglich übernahmerechtlich bestätigt und nicht erweitert.[313]

Daher ist die Aufstellung strenger Anforderungen an die Dokumentation der eingeschlagenen Unternehmensstrategie nicht gerechtfertigt. Sie findet zudem weder im Wortlaut des Gesetzes noch in der Begründung des Regierungsentwurfs[314] eine Stütze.[315] In der Praxis ist es für den Vorstand allenfalls aus beweisrechtlichen Erwägungen ratsam, die Unternehmensstrategie ausreichend zu dokumentieren, da er im Falle eines Streits über die Rechtmäßigkeit seines Vorgehens darlegen muss, dass die in Rede stehende Maßnahme auf Planungen vor Beginn der Übernahmesituation zurückgeht, wenn er sich auf § 33 Abs. 1 S. 2 Var. 2 WpÜG berufen will.[316]

---

310 So *Steinmeyer/Häger*, WpÜG, § 33 Rn. 15; *Zech*, Abwehrmaßnahmen nach dem WpÜG, S. 148 f.; *Winter/Harbarth*, ZIP 2002, 1, 7.

311 Vgl. *Steinmeyer/Häger*, WpÜG, § 33 Rn. 15; *Zech*, Abwehrmaßnahmen nach dem WpÜG, S. 142 f.; *Winter/Harbarth*, ZIP 2002, 1, 7.

312 Siehe hierzu mit ausführlicher Begründung Teil 1 § 2 B II.

313 In diesem Sinne auch *Krieger*, in: Henze/Hoffmann-Becking, Gesellschaftsrecht 2001, S. 289, 307; ähnlich *Ekkenga*, in: Ehricke/Ekkenga/Oechsler, WpÜG, § 33 Rn. 44, der die unter § 33 Abs. 1 S. 1 Var. 1 WpÜG möglichen Maßnahmen sogar nach der von ihm vertretenen aktienrechtlichen Neutralitätspflicht für zulässig hält.

314 Siehe Begründung RegE-WpÜG, BT-Drucks. 14/7034, S. 58: „eingeschlagene Unternehmensstrategien".

315 Vgl. *Grunewald*, in: Baums/Thoma, WpÜG, § 33 Rn. 44; *Hirte*, KK-WpÜG, § 33 Rn. 70; *Hüffer*, AktG, § 76 Rn. 15 f.; *Brandi*, in: Thaeter/Brandi, Öffentliche Übernahmen, Teil 3 Rn. 367; *Hopt*, ZHR 166 (2002), 383, 426.

316 *Grunewald*, in: Baums/Thoma, WpÜG, § 33 Rn. 44, 57; *Ekkenga*, in: Ehricke/Ekkenga/Oechsler, WpÜG, § 33 Rn. 46; *Brandi*, in: Thaeter/Brandi, Öffentliche Übernahmen, Teil 3 Rn. 367; *Hirte*, ZGR 2002, 623, 636.

b. § 33 Abs. 1 S. 2 Var. 2 WpÜG

§ 33 Abs. 1 S. 2 Var. 2 WpÜG gestattet dem Vorstand die Suche nach einem konkurrierenden Bieter, einem sogenannten „white knight".[317]

Dies mag auf den ersten Blick überraschen, da auch die Annahme eines konkurrierenden Angebots den Erfolg des ursprünglichen Angebots zweifellos verhindert.[318] Jedoch muss eine solche Maßnahme trotz ihrer objektiven Verhinderungswirkung zulässig sein, da sie mit dem Schutzzweck des § 33 Abs. 1 S. 1 WpÜG übereinstimmt.[319] Denn dadurch, dass infolge der Bemühungen des Vorstands zusätzlich zu dem ursprünglichen Angebot ein weiteres Konkurrenzangebot eingeholt wird, wird die Entscheidungsfreiheit der Aktionäre weder faktisch noch rechtlich beeinträchtigt.[320] Vielmehr wird ihre Position verbessert, da nun eine Wahlmöglichkeit zwischen zwei verschiedenen Angeboten besteht und die Aktionäre sich für das Angebot entscheiden können, welches sie für attraktiver halten.[321] Bereits vor Inkrafttreten des WpÜG wurde die Suche nach einem konkurrierenden Angebot daher auch von den Vertretern der aktienrechtlichen Neutralitätspflicht als zulässige Abwehrmaßnahme des Vorstands angesehen.[322] Mit den Worten der Begründung des Regierungsentwurfs ermöglicht es § 33 Abs. 1 S. 2 Var. 2 WpÜG dem Vorstand, durch Hinzuholen eines weiteren Bewerbers im Interesse aller Aktionäre für möglichst günstige Angebotskonditionen zu sorgen.[323]. Auch bei dieser Tätigkeit ist der Vorstand nach § 3 Abs. 3 WpÜG verpflichtet, das Unternehmensinteresse zu wahren; er muss somit auch bei der Suche nach einem konkurrierenden Bieter die Interessen der stakeholder berücksichtigen.[324]

c. § 33 Abs. 1 S. 2 Var. 3 WpÜG

Die Ausnahmebestimmung des § 33 Abs. 1 S. 2 Var. 3 WpÜG erlaubt es dem Vorstand, innerhalb seiner Geschäftsführungskompetenz Maßnahmen vorzunehmen, denen der Aufsichtsrat vorher zugestimmt hat. Dieser Ausnahmetatbestand wurde im Gesetzgebungsverfahren erst sehr spät durch den Finanzausschuss des Bundestages

---

317 Vgl. zu diesem aus dem angloamerikanischen Übernahmejargon stammenden Begriff *Bebchuk*, (1982) Harv L Rev 95, 1028, 1029; *Easterbrook/Fischel*, (1981) Harv L Rev 94, 1161, 1201.

318 Vgl. *Hirte*, KK-WpÜG, § 33 Rn. 75; *Röh*, in: Haarmann/Riehmer/Schüppen, WpÜG, § 33 Rn. 117.

319 Vgl. *Hirte*, KK-WpÜG, § 33 Rn. 75; *Röh*, in: Haarmann/Riehmer/Schüppen, WpÜG, § 33 Rn. 117; *Steinmeyer/Häger*, WpÜG, § 33 Rn. 18.

320 *Hirte*, KK-WpÜG, § 33 Rn. 75; *Becker*, ZHR 165 (2001), 280, 283; *Drygala*, ZIP 2001, 1861, 1864; *Hopt*, ZGR 1993, 534, 557; *Merkt*, ZHR 165 (2001), 224, 248 f.

321 *Röh*, in: Haarmann/Riehmer/Schüppen, WpÜG, § 33 Rn. 117; *Hopt*, ZGR 1993, 534, 557; *Winter/Harbarth*, ZIP 2002, 1, 4; *Ekkenga/Hofschroer*, DStR 2002, 724, 733.

322 *Hopt*, GK-AktG, § 93 Rn. 126; *ders.*, ZGR 1993, 534, 557; *Becker*, ZHR 165 (2001), 280, 285; *Maier-Reimer*, ZHR 165 (2001), 258, 262; *Hauschka/Roth*, AG 1988, 181, 193 f.

323 Begründung RegE-WpÜG, BT-Drucks. 14/7034, S. 58; *Schwennicke*, in: Geibel/Süßmann, WpÜG, § 33 Rn. 48.

324 Vgl. *Habersack*, in: Emmerich/Habersack, Konzernrecht, Vorb. § 311 Rn. 18.

eingeführt und offenbart den Willen des Gesetzgebers, dem Vorstand wirksame Abwehrmittel an die Hand zu geben.[325] Er wird in der Literatur als unsachgemäße Ausweitung der Kompetenz des Vorstands zum Ergreifen von Abwehrmaßnahmen kritisiert, die mit dem grundsätzlichen Verhinderungsverbot nicht in Einklang zu bringen ist.[326]

Durch die Zustimmung des Aufsichtsrats wird der Vorstand weit über den durch § 33 Abs. 1 S. 2 Var. 1 WpÜG eröffneten Handlungsspielraum in die Lage versetzt, Abwehrmaßnahmen ohne Billigung der Aktionäre vorzunehmen. Nach § 33 Abs. 1 S. 2 Var. 1 WpÜG ist es dem Vorstand lediglich erlaubt, neben dem in der Regel unproblematischen Tagesgeschäft auch außergewöhnliche und somit potentiell erfolgsverhindernde Maßnahmen vorzunehmen, wenn diese bereits vor der Angebotsphase und damit unabhängig von der feindlichen Übernahme geplant waren.[327] Dagegen kann der Vorstand nach § 33 Abs. 1 S. 2 Var. 3 WpÜG mit der Zustimmung des Aufsichtsrats auch solche Maßnahmen vornehmen, die weder Teil des Tagesgeschäfts noch die Umsetzung einer bereits bestehenden Unternehmensstrategie sind, sondern die erst in der Übernahmephase geplant werden und somit ausschließlich der Abwehr der Übernahme dienen.[328]

Nach Ansicht der kritischen Literaturstimmen zu § 33 Abs. 1 S. 2 Var. 3 WpÜG fallen derartige Maßnahmen zur Übernahmeabwehr nach der Grundkonzeption des § 33 Abs. 1 S. 1 WpÜG eigentlich in die Kompetenz der Aktionäre und werden dieser ohne plausible Rechtfertigung entzogen.[329] Die erforderliche Zustimmung des Aufsichtsrats, so wird argumentiert, biete für die Aktionäre keinen ausreichenden Schutz,

---

325 Vgl. *Richter*, in: Semler/Volhard, Arbeitshandbuch für Unternehmensübernahmen, § 52 Rn. 49; *Krause*, BB 2002, 1053, 1054. Die Ausnahmeregelung des § 33 Abs. 1 S. 2 Var. 3 WpÜG hat den Ruf, als Gefälligkeitsklausel zu Gunsten von übernahmebedrohten Unternehmen der deutschen Automobilindustrie eingeführt worden zu sein. Daher wird sie mitunter auch als „VW-Klausel" bezeichnet, vgl. *Ekkenga/Hofschroer*, DStR 2002, 724, 733 mit Fn. 101.

326 So *Röh*, in: Haarmann/Riehmer/Schüppen, WpÜG, § 33 Rn. 38, 120; *Steinmeyer/Häger*, WpÜG, § 33 Rn. 5 f.; *Hirte*, KK-WpÜG, § 33 Rn. 78 f.; *Brandi*, in: Thaeter/Brandi, Öffentliche Übernahmen, Teil 3 Rn. 376; *Winter/Harbarth*, ZIP 2002, 1, 8; zu verfassungsrechtlichen Bedenken an diesem Ausnahmetatbestand *Röh*, in: Haarmann/Riehmer/Schüppen, WpÜG, § 33 Rn. 39; *Zech*, Abwehrmaßnahmen nach dem WpÜG, S. 164 ff.

327 Diese Maßnahmen werden in der Literatur zutreffend als „abwehrgeeignete Maßnahmen ohne Verteidigungsintention" bezeichnet, vgl. *Ekkenga*, in: Ehricke/Ekkenga/Oechsler, WpÜG, § 33 Rn. 46.

328 Vgl. Begründung RegE-WpÜG, BT-Drucks. 14/7034, S. 58; *Schwennicke*, in: Geibel/Süßmann, WpÜG, § 33 Rn. 50; *Pötzsch*, Übernahmerecht, S. 41 Fn. 127; *Brandi*, in: Thaeter/Brandi, Öffentliche Übernahmen, Teil 3 Rn. 375; *Winter/Harbarth*, ZIP 2002, 1, 8. In Abgrenzung zu den unter § 33 Abs. 1 S. 2 Var. 1 WpÜG zulässigen Maßnahmen werden diejenigen Handlungen, die nach § 33 Abs. 1 S. 2 Var. 3 WpÜG mit Zustimmung des Aufsichtrats getroffen werden können, in der Literatur als „abwehrgerichtete Maßnahmen" bezeichnet, vgl. *Ekkenga*, in: Ehricke/Ekkenga/Oechsler, WpÜG, § 33 Rn. 46.

329 Anders als bei § 33 Abs. 1 S. 2 Var. 1 WpÜG lassen sich Maßnahmen, die ausschließlich unter § 33 Abs. 1 S. 2 Var. 3 WpÜG fallen nicht damit rechtfertigen, dass sie eine „Lähmung" der Gesellschaft in der Übernahmephase verhindern, da diese Maßnahmen ausschließlich der Abwehr des feindlichen Angebots und nicht der sonstigen Geschäftstätigkeit der Gesellschaft dienen, vgl. *Winter/Harbarth*, ZIP 2002, 1, 8.

da die Mitglieder der beiden Verwaltungsorgane wegen der mit der Übernahme verbundenen Gefahr des Verlusts ihrer Position typischerweise „in einem Boot" säßen[330] und sie unabhängig von den Interessen der Aktionäre regelmäßig an der Abwehr einer feindlichen Übernahme interessiert seien.[331]

Die Kritik an der Regelung des § 33 Abs. 1 S. 2 Var. 2 WpÜG ist jedoch insofern nicht berechtigt, als sie wiederum von der unzutreffenden Auffassung[332] ausgeht, die Verwaltungsorgane unterlägen nach der aktienrechtlichen Rechtslage bereits einer Neutralitätspflicht, welche in § 33 Abs. 1 S. 1 WpÜG ihre gesetzliche Regelung gefunden habe und nun durch den Zustimmungsvorbehalt des Aufsichtsrats unangemessen eingeschränkt werde. Dem ist jedoch entgegenzuhalten, dass eine aktienrechtliche Neutralitätspflicht gerade nicht besteht. Daher war der Vorstand auch vor dem Inkrafttreten des WpÜG berechtigt, im Falle eines feindlichen Übernahmeangebots Geschäftsführungsmaßnahmen zu dessen Abwehr zu ergreifen, sofern dies dem Unternehmensinteresse entsprach. Diese aktienrechtliche Handlungsmöglichkeit des Vorstands ist durch das Erfordernis der vorherigen Zustimmung des Aufsichtsrats übernahmerechtlich eingeschränkt und nicht erweitert worden.[333]

Die Bendenken gegen ein Zusammenwirken von Vorstand und Aufsichtsrat sind zudem insofern unbegründet, als beide Organe nach § 3 Abs. 3 WpÜG dem Unternehmensinteresse verpflichtet sind und insbesondere dem Schädigungsverbot unterliegen.[334] Richtigerweise ist § 33 Abs. 1 S. 2 Var. 3 WpÜG ein weiterer Beleg dafür, dass der Gesetzgeber sich über den grundlegenden Zielkonflikt zwischen dem Unternehmensinteresse und dem Vereitelungsverbot, der noch in der Begründung des Regierungsentwurfs zu § 33 Abs. 1 S. 1 WpÜG nicht erkannt worden war, bewusst geworden ist. Die Ausnahmeregelung bewahrt den Verwaltungsorganen auch nach der Einführung des WpÜG die nach aktienrechtlichen Grundsätzen bestehende Befugnis, Übernahmeangebote abzuwehren, die nach einer Abwägung der in der Gesellschaft zusammentreffenden Partikularinteressen nicht im Unternehmensinteresse liegen.[335]

d. § 33 Abs. 2 WpÜG

Nach § 33 Abs. 2 WpÜG kann die Hauptversammlung den Vorstand in der Vorangebotsphase zur Vornahme von in die Zuständigkeit der Hauptversammlung fallenden Handlungen ermächtigen, um den Erfolg von Übernahmeangeboten zu verhindern.

Derartige Vorratsermächtigungen beinhalten nach der Begründung des Regierungsentwurfs die Gefahr, dass die Aktionäre sich selbst die Möglichkeit einer infor-

---

330 So *Hopt*, FS Lutter, S. 1361, 1382; *Fleischer/Kalss*, WpÜG, S. 128.

331 Vgl. *Zech*, Abwehrmaßnahmen nach dem WpÜG, S. 178 f.; *Ekkenga/Hofschroer*, DStR 2002, 724, 731; *Winter/Harbarth*, ZIP 2002, 1, 8.

332 Siehe hierzu mit ausführlicher Begründung Teil 1 § 2 B II.

333 In diesem Sinne auch *Paefgen*, Unternehmerische Entscheidungen und Rechtsbindung der Organe in der AG, S. 364 f.

334 *Schneider*, AG 2002, 125, 129; *Bürgers/Holzborn*, ZIP 2003, 2273, 276; in diesem Sinne auch *Hopt*, ZHR 166 (2002), 383, 427 f.

335 In diesem Sinne auch *Mai*, Aktionärsschutz und Minderheitenschutz, S. 195.

mierten und sachgerechten Entscheidung über die Annahme oder Ablehnung eines künftigen Angebots nehmen, da ihnen zum Zeitpunkt der Beschlussfassung weder Bieter noch Inhalt des Angebots bekannt sind.[336] In der Literatur sind Vorratsbeschlüsse daher schon während des Gesetzgebungsverfahrens überwiegend ablehnend beurteilt worden.[337] Der Gesetzgeber hat diese Bedenken aufgenommen und ihnen dadurch Rechnung getragen, dass er erhöhte Anforderungen an die Erteilung und Ausnutzung der Ermächtigung stellt.[338]

Die Ermächtigung darf gemäß § 33 Abs. 2 S. 2 WpÜG nur für höchstens 18 Monate erteilt werden. Dabei muss die Zeitbegrenzung entsprechend den Regelungen in §§ 71 Abs. 1 Nr. 8, 202 Abs. 2 und § 221 Abs. 1 AktG in den zu Grunde liegenden Beschluss ausdrücklich aufgenommen werden.[339] Darüber hinaus müssen die Abwehrmaßnahmen im Vorratsbeschluss ihrer Art nach bestimmt sein. Nach der Beschlussempfehlung des Finanzausschusses ist dieser Anforderung genüge getan, wenn die möglichen Abwehrmaßnahmen allgemein umschrieben sind, etwa als „Durchführung einer Kapitalerhöhung" oder „Veräußerung von Beteiligungen".[340] Reine Blankettermächtigungen zum Ergreifen aller in Betracht kommenden Abwehrmaßnahmen sind jedoch unzulässig.[341]

Nach § 33 Abs. 2 S. 3 WpÜG bedarf der Vorratsbeschluss einer Dreiviertelmehrheit des bei der Beschlussfassung vertretenen Grundkapitals. Darüber hinaus ist für die Ausnutzung der Ermächtigung eine gesonderte Zustimmung des Aufsichtrats erforderlich.[342] Weitere Einschränkungen und Anforderungen stellt das WpÜG für die Fassung von Vorratbeschlüssen nicht auf. Da die allgemeinen aktienrechtlichen Grundsätze durch die Anforderungen des § 33 Abs. 2 WpÜG jedoch nicht verdrängt werden, können sich weitere Erfordernisse aus dem Aktienrecht ergeben.[343]

---

336 Begründung RegE-WpÜG, BT-Drucks. 14/7034, S. 58.

337 Vgl. *Ekkenga/Hofschroer*, DStR 2002, 768; *Pluskat*, WM 2001, 1937, 1939 f.; *Winter/Harbarth*, ZIP 2002, 1, 12; *Drygala*, ZIP 2001, 1861, 1865; *Zschocke*, DB 2002, 79, 83.

338 Begründung RegE-WpÜG, BT-Drucks. 14/7034, S. 58; vgl. *Schwennicke*, in: Geibel/Süßmann, WpÜG, § 33 Rn. 75; *Schlitt*, MüKo-AktG, § 33 WpÜG Rn. 199; *Winter/Harbarth*, ZIP 2002, 1, 12.

339 *Hirte*, KK-WpÜG, § 33 Rn. 121; *Röh*, in: Haarmann/Riehmer/Schüppen, WpÜG, § 33 Rn. 107; *Schwennicke*, in: Geibel/Süßmann, WpÜG, § 33 Rn. 78; *Steinmeyer/Häger*, WpÜG, § 33 Rn. 34.

340 Vgl. Beschlussempfehlung und Bericht des Finanzausschusses, BT-Drucks. 14/7477, S. 53; *Hüffer*, AktG, § 76 Rn. 15 h; *Grunewald*, EWiR 2005, 139, 140.

341 *Schwennicke*, in: Geibel/Süßmann, WpÜG, § 33 Rn. 77; *Hirte*, KK-WpÜG, § 33 Rn. 118; *Zech*, Abwehrmaßnahmen nach dem WpÜG, S. 183.

342 § 33 Abs. 2 S. 4 WpÜG.

343 *Röh*, in: Haarmann/Riehmer/Schüppen, WpÜG, § 33 Rn. 111; *Brandi*, in: Thaeter/Brandi, Öffentliche Übernahmen, Teil 3 Rn. 325; *Bayer*, ZGR 2002, 588, 611.

e. Abwehrhauptversammlung

Neben diesen gesetzlich normierten Ausnahmen ist der Vorstand zu Abwehrmaßnahmen berechtigt, zu denen die Hauptversammlung ihn im laufenden Übernahmeverfahren ermächtigt hat.[344]

Die Möglichkeit einer solchen Hauptversammlungsermächtigung im laufenden Übernahmeverfahren war noch in § 33 Abs. 1 S. 1 WpÜG des Regierungsentwurfs vorgesehen, wurde aber in der Endfassung des § 33 WpÜG gestrichen, nachdem § 33 Abs. 1 S. 2 WpÜG entsprechend den Beschlussempfehlungen des Finanzausschusses neu gefasst wurde. Trotzdem bestehen an ihrer Zulässigkeit keine Zweifel. Das Ziel der Änderung des Regierungsentwurfs im parlamentarischen Verfahren bestand nämlich nicht darin, die vorgesehenen Abwehrmöglichkeiten der Verwaltung einzuschränken, sondern diese zu erweitern.[345] Darüber hinaus lässt sich die uneingeschränkte Zulässigkeit einer Abwehrhauptversammlung a majore ad minus aus § 33 Abs. 2 WpÜG ableiten. Denn wenn es der Hauptversammlung erlaubt ist, den Vorstand im Voraus zur Vornahme von Abwehrmaßnahmen zu ermächtigen, dann muss es ihr erst recht möglich sein, ihre Zustimmung ad hoc in einem laufenden Übernahmeverfahren zu erteilen.[346] Zudem lässt sich zur Begründung anführen, dass im Falle einer Abwehrhauptversammlung der Schutzzweck des Verhinderungsverbots des § 33 Abs. 1 S. 1 WpÜG nicht betroffen ist, da die Aktionäre selbst die Entscheidung über die erfolgsverhindernde Handlung und die Ablehnung des Angebots treffen.[347] Schließlich spricht die auf den Übernahmekampf zugeschnittene verkürzte Einberufungsfrist des § 16 Abs. 4 S. 1 WpÜG dafür, dass die Hauptversammlung den Vorstand auch ad hoc zur Abwehr einer Übernahme ermächtigen kann.[348]

3. Fazit

Infolge der weitgehenden Ausnahmen, die im Laufe des Gesetzgebungsverfahrens eingeführt worden sind, ist von dem grundsätzlichen Verhinderungsverbot des § 33 Abs. 1 S. 1 WpÜG und dem ursprünglichen Grundanliegen des Gesetzgebers, die Entscheidung über die Annahme oder Ablehnung eines Übernahmeangebots in die Hände der Aktionäre zu legen, in der Endfassung des § 33 WpÜG so gut wie nichts übrig geblieben.[349] Insbesondere durch die in letzter Minute eingeführte Möglichkeit

---

344 Vgl. *Schlitt*, MüKo-AktG, § 33 WpÜG Rn. 190; *Steinmeyer/Häger*, WpÜG, § 33 Rn. 9; *Röh*, in: Haarmann/Riehmer/Schüppen, WpÜG, § 33 Rn. 101; *Hirte*, KK-WpÜG, § 33 Rn. 46; *Schwennicke*, in: Geibel/Süßmann, WpÜG, § 33 Rn. 58; *Pötzsch*, Übernahmerecht, S. 42; *Brandi*, in: Thaeter/Brandi, Öffentliche Übernahmen, Teil 3 Rn. 77; *Krause*, NJW 2002, 705, 713.

345 *Pötzsch*, Übernahmerecht, S. 42 Fn. 130.

346 *Pötzsch*, Übernahmerecht, S. 42; *Bayer*, ZGR 2002, 588, 606.

347 *Schwennicke*, in: Geibel/Süßmann, WpÜG, § 33 Rn. 58; *Pötzsch*, Übernahmerecht, S. 42.

348 *Schlitt*, MüKo-AktG, § 33 WpÜG Rn. 21; *Pötzsch*, Übernahmerecht, S. 42; *Bayer*, ZGR 2002, 588, 606; *Krause*, NJW 2002, 705, 713 Fn. 90.

349 Zwar ist der Deutsche Corporate Governance Kodex auf den ersten Blick strenger als § 33 WpÜG, da er in Ziffer 3.7 Abs. 3 bestimmt, dass der Vorstand bei einem Übernahmean-

zur Vornahme erfolgsverhindernder Maßnahmen durch Vorstand und Aufsichtsrat ist für die Verwaltung eine Handlungsbefugnis geschaffen worden, die in der Begründung zum Regierungsentwurf noch als Einschränkung der Entscheidungsfreiheit der Aktionäre beschrieben und deswegen abgelehnt wurde. In ihrer Gesamtheit bewirken die Ausnahmen des § 33 Abs. 1 S. 2 und Abs. 2 WpÜG eine Umkehrung des Regel-Ausnahme-Verhältnisses, die das grundsätzliche Verhinderungsverbot des § 33 Abs. 1 S. 1 WpÜG faktisch außer Kraft setzt.[350] Der Gesetzgeber hat sich somit im Ergebnis gegen die in der Begründung zum ursprünglichen Regierungsentwurf angekündigte Kodifizierung der in der Literatur vertretenen aktienrechtlichen Neutralitätspflicht entschieden.[351]

Auch nach den Regelungen des WpÜG bestimmt sich die Zulässigkeit von Abwehrmaßnahmen des Vorstands gegen feindliche Übernahmen daher maßgeblich nach dem Unternehmensinteresse.[352] Die nach den allgemeinen Regeln des Aktienrechts bestehenden Handlungsspielräume der Verwaltung werden nach der Abgabe eines Übernahmeangebots übernahmerechtlich nur insoweit eingeschränkt, als der Vorstand zur Durchführung von Abwehrmaßnahmen der vorherigen Zustimmung des Aufsichtsrats bedarf,[353] sofern es nicht um die Suche nach einem konkurrierenden Bieter[354] geht und der Vorstand sich nicht auf die Ausnahme gewissenhafter Geschäftsführung berufen kann.[355]

---

gebot in angezeigten Fällen eine außerordentliche Hauptversammlung einberufen sollte, in der die Aktionäre gegebenenfalls über gesellschaftsrechtliche Abwehrmaßnahmen beschließen. Bei dieser Bestimmung handelt es sich jedoch lediglich um eine Anregung, von der ohne Offenlegung gegenüber den Aktionären nach § 161 AktG abgewichen werden kann. Zudem ist unklar, was unter einem „angezeigten Fall" zu verstehen ist. Vgl. *Grunewald*, in: Baums/Thoma, WpÜG, § 33 Rn. 58; *Schlitt*, MüKo-AktG, § 33 WpÜG Rn. 188; *Hopt*, ZHR 166 (2002) 383, 428.

350 *Schlitt*, MüKo-AktG, § 33 WpÜG Rn. 41; *Steinmeyer/Häger*, WpÜG, § 33 Rn. 39; *Röh*, in: Haarmann/Riehmer/Schüppen, WpÜG, § 33 Rn. 36; *Ekkenga*, FS Kümpel, S. 95, 101; *Ekkenga/Hofschroer*, DStR 2002, 724, 731; *Richter*, in: Semler/Volhard, Arbeitshandbuch für Unternehmensübernahmen, § 52 Rn. 49; *Fleischer/Kalss*, WpÜG, S. 125; *Winter/Harbarth*, ZIP 2002, 1, 9; *Geibel/Süßmann*, BKR 2002, 53, 65.

351 *Hüffer*, AktG, § 76 Rn. 15 d, 15 g; *Röh*, in: Haarmann/Riehmer/Schüppen, WpÜG, § 33 Rn. 38; *Richter*, in: Semler/Volhard, Arbeitshandbuch für Unternehmensübernahmen, § 52 Rn. 49; *Mai*, Aktionärsschutz und Minderheitenschutz, S. 190, 195 f.; ähnlich *Ekkenga/Hofschroer*, DStR 2002, 724, 731.

352 In diesem Sinne auch *Hüffer*, AktG, § 76 Rn. 15 d; *Fleischer/Kalss*, WpÜG, S. 129; *Mai*, Aktionärsschutz und Minderheitenschutz, S. 196; wie bereits festgestellt, stellt § 3 Abs. 3 WpÜG klar, dass die Verwaltung der Zielgesellschaft auch im Geltungsbereich des WpÜG an das Unternehmensinteresse gebunden ist.

353 Siehe § 33 Abs. 1 S. 2 Var. 3 WpÜG und § 33 Abs. 2 S. 4 WpÜG für die Ausnutzung von Vorratsermächtigungen.

354 § 33 Abs. 1 S. 2 Var. 2 WpÜG.

355 § 33 Abs. 1 S. 2 Var. 1 WpÜG; in diesem Sinne auch *Hüffer*, AktG, § 76 Rn. 15 g; *Paefgen*, Unternehmerische Entscheidungen und Rechtsbindung der Organe in der AG, S. 365; *Ekkenga*, FS Kümpel, S. 95, 101 mit dem Hinweis, dass den Ausnahmetatbestände des § 33 Abs. 1 S. 2 Var. 1 und 2 WpÜG in der Praxis wegen der in der Regel ohne Weiteres zu erlangenden Zustimmung des Aufsichtsrats keine wesentliche Bedeutung zukommen dürfte

D. Unternehmensinteresse und Übernahmeabwehr

Festzuhalten bleibt, dass die Verwaltungsorgane bei der Abwehr feindlicher Übernahmeversuche sowohl aktienrechtlich als auch übernahmerechtlich lediglich zur Wahrung des Unternehmensinteresses verpflichtet sind. Ob und unter welchen Bedingungen die Abwehr eines Übernahmeversuchs im Unternehmensinteresse liegen kann, ist umstritten.

I. Aktienrechtlicher Meinungsstand

Bei diesem Streit geht es im Kern um die Frage, ob eine Aktiengesellschaft ein rechtlich relevantes Interesse an der Zusammensetzung ihres Aktionärskreises und damit auch an der Fernhaltung unerwünschter Aktionäre haben kann.[356] Die Frage wird in der aktienrechtlichen Literatur in erster Linie im Zusammenhang mit dem Ausschluss des Bezugsrechts nach § 186 Abs. 3 AktG diskutiert, welcher durch das Interesse der Gesellschaft sachlich gerechtfertigt sein muss. Weil auch hier unter dem Interesse der Gesellschaft das pluralistische Unternehmensinteresse zu verstehen ist,[357] hat der Streit allgemeine Bedeutung.

Im Folgenden soll zunächst auf den aktienrechtlichen Meinungsstand eingegangen werden, um im Anschluss zu untersuchen, ob die Einführung des WpÜG die geltenden Grundsätze geändert hat.

1. Kein rechtlich relevantes Interesse an der Übernahmeabwehr

Zum Teil wird die Auffassung vertreten, die auf einen wechselnden Mitgliederbestand ausgerichtete Aktiengesellschaft könne kein rechtlich relevantes Interesse an der Zusammensetzung ihres Aktionärskreises haben.[358]

Der Wechsel der Anteilseigner einer Aktiengesellschaft vollziehe sich außerhalb der Körperschaft auf dem freien Markt und habe für die rechtliche Identität der Gesellschaft keine Auswirkungen.[359] Nach der Konzeption des Aktiengesetzes sei die Identität der einzelnen Anteilseigner daher für die Gesellschaft grundsätzlich unerheblich. Die Entscheidung, in wessen Händen sich die Aktien der Gesellschaft befinden,

---

und sich der Inhalt des § 33 Abs. 1 WpÜG daher auf die Aussage reduziere, dass der Vorstand zur Vornahme von Abwehrmaßnahmen die Zustimmung des Aufsichtsrats einholen muss.

356 *Schlitt*, MüKo-AktG, § 33 WpÜG Rn. 143; *Tettinger*, Materielle Anforderungen an den Bezugsrechtsausschluss, S. 81; *Krause*, BB 2002, 1053, 1056.

357 So ausdrücklich *Liebert*, Bezugsrechtsausschluss, S. 89; in diesem Sinne auch *Lutter*, KK-AktG, § 186 Rn. 61; wohl auch *Wiedemann*, GK-AktG, § 186 Rn. 139 mit Fn. 232; ähnlich *Henze*, BB 2000, 209, 212, der zum Beleg des pluralistisch verstandenen Unternehmensinteresses auf Entscheidungen des Bundesgerichtshofs zum Bezugsrechtsausschluss hinweist.

358 *Mestmäcker*, Verwaltung, Konzerngewalt und Rechte der Aktionäre, S. 139 ff.; *Hirte*, Bezugsrechtsausschluss, S. 43 ff., 50 ff.; *ders.*, ZIP 1989, 1233, 1237; *Schilling*, FG Hengeler, S. 216, 237 ff.; *Assmann/Bozenhardt*, in: Assmann/Basaldua, Übernahmeangebote, S. 1, 17; *Otto*, DB-Beilage 12/1988, 1, 9; *Klette*, BB 1968, 977, 980; *Stoll*, BB 1989, 301, 302.

359 *Hirte*, Bezugsrechtsausschluss, S. 53 f.; *Stoll*, BB 1989, 301, 302.

sei nicht Angelegenheit der Gesellschaft sondern der Gesellschafter.[360] Daher könne die Abwehr feindlicher Übernahmen durch den Vorstand nie unter Berufung auf das Gesellschaftsinteresse gerechtfertigt werden.[361]

2. Interesse an der Erhaltung der wirtschaftlichen Selbstständigkeit

Nach anderer Auffassung hat die Gesellschaft ein generelles Interesse an der Erhaltung ihrer wirtschaftlichen Selbstständigkeit.[362]

Die Unabhängigkeit der Gesellschaft, so wird argumentiert, sei ein in den §§ 311 ff. AktG gesetzlich anerkannter Rechtswert und die Begründung der Abhängigkeit eine wesentliche Qualitätsänderung für das zuvor unabhängige Unternehmen, die dessen Gesellschaftsinteresse betreffe.[363] Bei einer Einbindung in einen Konzern laufe die Gesellschaft Gefahr, ihre Geschäftsführung nicht mehr an ihrem Eigeninteresse ausrichten zu können, sondern durch die Konzernmutter fremdbestimmt, benachteiligt und unter Umständen sogar ausgezehrt zu werden.[364] Das auf einen Einzelausgleich ausgerichtete Schutzsystem der §§ 311 ff. AktG biete gegen diese Gefahren keinen umfassenden Schutz.[365] Daher liege die Abwehr eines Übernahmeversuchs, der den Zweck der Konzernierung verfolgt, generell im Interesse der Gesellschaft.

3. Interesse an der Bestandserhaltung

Eine weitere Auffassung nimmt an, die Gesellschaft habe ein rechtlich relevantes Interesse an ihrer Bestandserhaltung.[366]

---

360 *Hirte*, ZIP 1989, 1233, 1237.

361 *Hirte*, ZIP 1989, 1233, 1238; im Ergebnis führt diese Ansicht zu einer strengen Neutralitätspflicht, die dem Vorstand die Ergreifung von Abwehrmaßnahmen ausnahmslos untersagt. So *Rümker*, FS Heinsius, S. 683, 690; *Assmann/Bozenhardt*, in: Assmann/Basaldua, Übernahmeangebote, S. 1, 114.

362 *Hüffer*, AktG, § 186 Rn. 32; *Lutter*, KK-AktG, § 186 Rn. 71; *Wiedemann*, GK-AktG, § 186 Rn. 161; *Schwennicke*, in: Geibel/Süßmann, WpÜG, § 33 Rn. 59; *Krieger*, in: Hoffmann-Becking, Handbuch des Gesellschaftsrechts Bd. IV, § 56 Rn. 73; *Schanz*, Börseneinführung, § 18 Rn. 37; *Wolf*, AG 1998, 212, 215; *Mülbert*, IStR 1999, 83, 90; *Hauschka/Roth*, AG 1988, 181, 191.

363 *Lutter*, KK-AktG, § 186 Rn. 71 bezeichnet die Einbindung in einen Konzern als „Gang unter das Joch der Abhängigkeit"; *Martens*, FS Fischer, S. 437, 452 ff.; *Wolf*, AG 1998, 212, 215.

364 Vgl. *Henze*, BB 1996, 489, 497; *Schanz*, NZG 2000, 337, 344; *Wolf*, AG 1998, 212, 215.

365 *Lutter*, KK-AktG, § 186 Rn. 71; *Wiedemann*, GK-AktG, § 186 Rn. 161; *Wolf*, AG 1998, 212, 215.

366 *Hüffer*, AktG, § 186 Rn. 32; *Wiedemann*, GK-AktG, § 186 Rn. 161; *Schwennicke*, in: Geibel/Süßmann, WpÜG, § 33 Rn. 59; *Hefermehl/Bungeroth*, in: Geßler/Hefermehl, AktG, § 186 Rn. 136; *Martens*, FS Fischer, S. 437, 452; *Liebert*, Bezugsrechtsausschluss, S. 122; *Hauschka/Roth*, AG 1988, 181, 191; *Dimke/Heiser*, NZG 2001, 241, 246 f.; auch der Bundesgerichtshof neigte dieser Auffassung in seinem *Minimax II*-Urteil, BGHZ 33, 175, 186, zu. Diese Rechtsprechung ist vom Bundesgerichtshof allerdings durch die spätere *Linotype*-Entscheidung, BGHZ 103, 184, relativiert worden.

Nach dieser Ansicht ist der Fortbestand der Gesellschaft und die Fortführung ihres Unternehmens das ureigene Ziel der Gesellschaft und der an ihr Beteiligten. Dieses Ziel zu verfolgen soll daher stets im Gesellschaftsinteresse liegen. Mit der Auflösung der Gesellschaft gehe eine Wertvernichtung einher, die dem Gesellschaftsinteresse zuwiderlaufe.[367] Gegen diese Wertvernichtung müssten der Gesellschaft adäquate Präventionsmittel zur Verfügung stehen, da sie ansonsten etwaigen mit Schädigungsabsicht verfolgten Strategien schutzlos ausgeliefert sei.[368] Daher liege die Abwehr eines Bieters, der mit der Übernahme die Auflösung der Gesellschaft verfolgt, stets im Gesellschaftsinteresse.

4. Stellungnahme

Der erstgenannten Auffassung ist einzuräumen, dass die Gesellschaft grundsätzlich kein generelles Interesse an der Aufrechterhaltung ihrer Aktionärsstruktur hat.[369] Vielmehr hat der Wechsel des Mitgliederbestandes für das Gesellschaftsinteresse regelmäßig keine Bedeutung. So ist es etwa für die abzuwägenden Partikularinteressen ohne Belang, welche Nationalität einzelne Aktionäre haben. Dementsprechend lässt auch das Aktiengesetz die Gründung einer Aktiengesellschaft ausschließlich durch ausländische Rechtssubjekte zu und misst der Herkunft eines Investors als solcher keine aktienrechtlich relevante Bedeutung bei.[370] Ein bloßer „Überfremdungsschutz" liegt daher nicht im Gesellschaftsinteresse und kann Abwehrmaßnahmen gegen ein Übernahmeangebot nicht rechtfertigen.[371]

Allerdings existieren auf der anderen Seite durchaus bestimmte Fallgestaltungen, in denen der Verlust oder die Gewinnung eines bestimmten Aktionärs eine maßgebliche Bedeutung für das Gesellschaftsinteresse haben kann.[372] So ist nach der *Deutsche Bank*-Entscheidung[373] des Bundesgerichtshofs anerkannt, dass die Aufnahme bestimmter privater und institutioneller Investoren zur Stärkung der Präsenz der Gesellschaft an ausländischen Börsen im Interesse der Gesellschaft gerechtfertigt sein kann.[374] Ebenso kann die Eingehung von strategischen Allianzen mit bestimmten Unternehmen ein wesentlicher Faktor für die Umsetzung der Geschäftspolitik einer Ge-

---

367 Vgl. *Hefermehl/Bungeroth*, in: Geßler/Hefermehl, AktG, § 186 Rn. 136.

368 *Martens*, FS Fischer, S. 437, 452; *Liebert*, Bezugsrechtsausschluss, S. 122 f.

369 *Müller*, FS Semler, S. 195, 212; *Assmann/Bozenhardt*, in: Assmann/Basaldua, Übernahmeangebote, S. 1, 102; *Hopt*, ZGR 1993, 534, 562; *Wolf*, AG 1998, 212, 215; *Lange*, WM 2002, 1737, 1740,1742; *Thümmel*, DB 2000, 461, 463.

370 *Brändel*, GK-AktG, § 2 Rn. 18; *Hüffer*, AktG, § 2 Rn. 7; *Kraft*, KK-AktG, § 2 Rn. 18; *Tettinger*, Materielle Anforderungen an den Bezugsrechtsausschluss, S. 82.

371 *Lutter*, KK-AktG, § 186 Rn. 64; *Hüffer*, AktG, § 186 Rn. 32; *Hopt*, ZGR 1993, 534, 563; *Michalski*, AG 1997, 152, 155, 161.

372 *Hüffer*, AktG, § 76 Rn. 15 d; *Martens*, FS Beusch, S. 529, 542 ff.; *Krieger*, in: Henze/Hoffmann-Becking, Gesellschaftsrecht 2001, S. 289, 304; *Paefgen*, Unternehmerische Entscheidungen und Rechtsbindung der Organe in der AG, S. 342 f.; *Maier-Reimer*, ZHR 165 (2001), 258, 259.

373 BGHZ 125, 139.

374 BGHZ 125, 139, 242 f.

sellschaft sein und damit in ihrem Interesse liegen.[375] Folglich kann der Aktiengesellschaft ein rechtlich relevantes Interesse an der Zusammensetzung ihrer Aktionärsstruktur nicht generell abgesprochen werden.

Die zweite Auffassung geht dagegen zu Unrecht davon aus, die Gesellschaft habe generell ein eigenständiges Interesse an ihrer wirtschaftlichen Selbstständigkeit. Dieses Verständnis kommt der bereits angesprochenen Lehre vom „Unternehmen an sich"[376] sehr nahe. Da die Gesellschaft als reines Vertragsgeflecht kein eigenständiger Interessenträger sein kann, sondern ihre Interessen von den an der Gesellschaft beteiligten natürlichen Personen abzuleiten sind, erweist sich diese Auffassung nicht als tragfähig.[377] Die Wahrung der wirtschaftlichen Selbstständigkeit der Gesellschaft ist kein Selbstzweck.[378] Sie ist nur gerechtfertigt, soweit sie für die an der Gesellschaft beteiligten Interessengruppen vorteilhafter ist als ihre Aufgabe, etwa weil sie sich mit wirtschaftlichen Überlegungen zur langfristigen Rentabilität und Wachstumsaussichten begründen lässt.[379] Eine Kooperation mit einem anderen Unternehmen kann in bestimmten Situationen aber durchaus vorzugswürdig sein, auch wenn hierdurch die wirtschaftliche Selbstständigkeit der Gesellschaft verloren geht. Das ist z.B. der Fall, wenn die Gesellschaft durch die Einbindung in einen potenten Bieterkonzern Synergiegewinne, Entwicklungspotentiale oder sonstige wichtige wirtschaftliche Vorteile erhält.[380] Daher liegt die Abwehr einer konzernierenden Übernahme nicht generell im Gesellschaftsinteresse, sondern nur dann, wenn die Erhaltung der Selbstständigkeit nach der Abwägung der in der Gesellschaft zusammentreffenden Partikularinteressen im Einzelfall geboten ist.[381]

Die letztgenannte Auffassung geht schließlich zu Unrecht davon aus, die Erhaltung des Bestands der Gesellschaft liege als kleinster gemeinsamer Nenner der an der Gesellschaft beteiligten Gruppeninteressen immer im Gesellschaftsinteresse.[382] Insbesondere am Beispiel eines verlustbringenden, nicht sanierungsfähigen Unternehmens, dessen Erhaltung niemandem nutzt, zeigt sich jedoch, dass der Bestand eines Unter-

---

375 *Paefgen*, Unternehmerische Entscheidungen und Rechtsbindung der Organe in der AG, S. 343; *von Nussbaum*, Aktiengesellschaft als Zielgesellschaft eines Übernahmeangebots, S. 73 f.; *Maier-Reimer*, ZHR 165 (2001), 258, 259; *Dimke/Heiser*, NZG 2001, 241, 244; vgl. auch *Müller*, FS Semler, S. 195, 210 f.; *Martens*, FS Beusch, S. 529, 547.

376 Vgl. hierzu Teil 1 § 2 B I 1 a.

377 *Budde/Lawall*, FS Müller, S. 27, 28; *Adams*, AG 1990, 243, 247; ähnlich *Zöllner*, KK-AktG, Einleitung Rn. 106.

378 *Müller*, FS Semler, S. 195, 213; *Thümmel*, DB 2000, 461, 463; *Lange*, WM 2002, 1737, 1740; *Horn*, ZIP 2000, 473, 481.

379 Ähnlich *Müller*, FS Semler, S. 195, 212; *Horn*, ZIP 2000, 473, 481.

380 *Schanz*, Börseneinführung, § 18 Rn. 37; *Müller*, FS Semler, S. 195, 213; *Liebert*, Bezugsrechtsausschluss, S. 124; *Hopt*, ZGR 1993, 534, 551; *Lange*, WM 2002, 1737, 1742; *Ebenroth/Daum*, DB 1991, 1105.

381 *Müller*, FS Semler, S. 195, 212.

382 Vgl. zu dieser Ansicht *Hüffer*, AktG, 76 Rn. 13; *Mertens*, KK-AktG, § 82 Rn. 12; *Raisch*, FS Hefermehl, S. 347 ff., 361 ff.; *Liebert*, Bezugsrechtsausschluss, S. 89, 122.

nehmens niemals per se schutzwürdig sein kann.[383] Zudem sind durchaus Fälle denkbar, in denen ein Unternehmen von konglomerater Beschaffenheit weniger produktiv und weniger Wert ist, als wenn es in einzelne selbstständige Unternehmen zerlegt wird.[384] Daher kann eine der Übernahme nachfolgende Aufteilung eines Unternehmens in verschiedene Geschäftsbereiche durchaus wirtschaftlich sinnvoll sein und damit im Interesse der Gesellschaft liegen.[385] Gegen die Existenz eines generellen Interesses der Gesellschaft an ihrem Bestand spricht zudem, dass § 262 Abs. 1 Nr. 2 AktG nach der *Linotype*-Entscheidung des Bundesgerichtshofs[386] die Auflösung der Gesellschaft durch einen Hauptversammlungsbeschluss ermöglicht, ohne dass es dazu einer besonderen Rechtfertigung bedarf.[387] Der Auflösungsbeschluss unterliegt keiner Inhaltskontrolle, sondern trägt seinen Rechtsgrund in sich. Kann die Auflösung einer Gesellschaft durch einen solchen Beschluss aber ohne materielle Anforderungen rechtmäßig durchgeführt werden, so kann die Abwehr entsprechender Bestrebungen nicht per se im Interesse der Gesellschaft liegen.[388]

Ob die Gesellschaft ein Interesse an der Zusammensetzung ihres Aktionärskreises und damit an der Fernhaltung bestimmter Investoren hat, kann somit nicht pauschal beantwortet werden. Weder die generelle Ablehnung noch die generelle Annahme eines solchen Interesses führen zu einer sachgerechten Lösung. Die Beantwortung anhand der oben beschriebenen Fallgruppen verstellt den Blick auf die notwendige Betrachtung des Einzelfalls. Ob die Übernahmeabwehr im Gesellschafts- bzw. Unternehmensinteresse liegt, hängt vielmehr davon ab, welche Auswirkungen die Übernahme im Einzelfall auf die im Rahmen des Gesellschaftsinteresses abzuwägenden Partikularinteressen hat.[389]

II. Bedeutung des WpÜG für den aktienrechtlichen Meinungsstand

Der Gesetzgeber des WpÜG hat zu der aktienrechtlichen Streitfrage, ob und wann die Abwehr feindlicher Übernahmen im Gesellschaftsinteresse liegt, weder im WpÜG selbst, noch in den Gesetzgebungsmaterialien ausdrücklich Stellung bezogen.[390]

---

383 *Zöllner*, KK-AktG, Einleitung Rn. 130; *Kort*, GK-AktG, § 76 Rn. 52; *Budde/Lawall*, FS Müller, S. 27, 28.

384 *Mühle*, Das Wertpapiererwerbs- und Übernahmegesetz, S. 72, 83 ff.; *Lange*, WM 2002, 1737, 1742; *Schanz*, NZG 2000, 337, 338; *Adams*, AG 1990, 243, 244; *Ebenroth/Daum*, DB 1991, 1105; zu möglichen positiven Effekten einer Zerschlagungsübernahme *Peltzer*, ZIP 1989, 69, 70.

385 *Lange*, WM 2002, 1737, 1742; ähnlich *Horn*, ZIP 2000, 473, 481.

386 BGHZ 103, 184, 190.

387 BGHZ 103, 184, 190 ff.; *Hüffer*, AktG, § 262 Rn. 11.

388 *Hopt*, WM-Festgabe für Heinsius 1991, S. 22, 27, *ders.*, ZGR 1993, 534, 562; *Schanz*, NZG 2000, 337, 341; *Klein*, NJW 1997, 2085, 2088; *Otto*, DB-Beilage 12/1988, 1, 9.

389 Vgl. *Müller*, FS Semler, S. 195, 212 f.

390 Vgl. *Schlitt*, MüKo-AktG, § 33 WpÜG Rn. 144; *Brandi*, in: Thaeter/Brandi, Öffentliche Übernahmen, Teil 3 Rn. 486; *Krause*, BB 2002, 1053, 1056.

Allerdings könnten den Ausnahmebestimmungen zum Verhinderungsverbot des § 33 Abs. 1 S. 1 WpÜG Wertungen zu Grunde liegen, die auf die Frage, ob und wann eine Gesellschaft ein anerkennenswertes Interesse an der Zusammensetzung ihres Aktionärskreises hat, eine Antwort geben. Zwar gelten die Ausnahmeregelungen vom übernahmerechtlichen Verhinderungsverbot – ebenso wie das Verbot selbst – nur in der Angebotsphase. Wenn diesen Bestimmungen jedoch eine generelle Aussage über ein eventuelles Interesse der Gesellschaft an der Zusammensetzung ihres Mitgliederbestandes zu entnehmen ist, die von dem aktienrechtlichen Befund abweicht, so könnte diese auch in der Vorangebotsphase gelten.

Die Tatsache, dass der Vorstand einer Zielgesellschaft aufgrund der Ausnahmebestimmungen der § 33 Abs. 1 S. 2 Var. 3 und Abs. 2 WpÜG die Möglichkeit hat, die Gesellschaft mit der Zustimmung des Aufsichtsrats bzw. aufgrund einer Vorratsermächtigung der Hauptversammlung gegen feindliche Übernahmen zu verteidigen, lässt den Schluss zu, dass es Fälle geben muss, in denen die Gesellschaft ein anerkennenswertes Interesse an der Abwehr feindlicher Übernahmen hat.[391] Andernfalls liefen diese Ausnahmeregelungen vom Verhinderungsverbot leer. Der Vorstand ist nämlich nach § 3 Abs. 3 WpÜG auch bei einem Vorgehen nach § 33 Abs. 1 S. 2 Var. 3 und Abs. 2 WpÜG dazu verpflichtet, das Unternehmensinteresse zu wahren. Daher muss die Abwehr eines Übernahmeversuchs in bestimmten Fällen im Unternehmensinteresse liegen. Ansonsten könnte der Vorstand die Ausnahmen vom Verhinderungsverbot nie nutzen, da er durch die Abwehr eines Übernahmeversuchs immer gegen das Unternehmensinteresse verstoßen und somit generell pflichtwidrig handeln würde.

Eine inhaltliche Aussage darüber, in welchen Fallgestaltungen ein solches Interesse der Gesellschaft an der Übernahmeabwehr angenommen werden kann, lässt sich den Ausnahmen vom Verhinderungsverbot jedoch nicht entnehmen.[392] Insbesondere lassen die Regelungen des § 33 Abs. 1 S. 2 Var. 3 und Abs. 2 WpÜG nicht darauf schließen, dass ein generelles Gesellschaftsinteresse an der Zusammensetzung des Aktionärskreises besteht, welches auch dann zur Ergreifung von Abwehrmaßnahmen berechtigt, wenn es bei der Übernahmeabwehr ausschließlich um die Aufrechterhaltung der bestehenden Beteiligungsverhältnisse geht.[393] Der Vorstand wird nämlich durch § 33 Abs. 1 S. 2 Var. 3 und § 33 Abs. 2 WpÜG nicht generell zur Vornahme von Abwehrmaßnahmen berechtigt, zu denen Aufsichtsrat oder Hauptversammlung ihre Zustimmung erteilt haben, sondern nur unter der weiteren Voraussetzung, dass die Übernahmeabwehr im Einzelfall im Unternehmensinteresse liegt.[394] Diese Verpflichtung wäre aber sinnlos, wenn die Abwehr eines Übernahmeversuchs wegen der mit der Übernahme einhergehenden Veränderung der Beteiligungsverhältnisse immer dem Unternehmensinteresse entsprechen würde.

---

391 In diesem Sinne auch *Schlitt*, MüKo-AktG, § 33 WpÜG Rn. 144; *Krause*, BB 2002, 1053, 1056; ähnlich *Röh*, in: Haarmann/Riehmer/Schüppen, WpÜG, § 33 Rn. 98; *Bayer*, ZGR 2002, 588, 601, 610.

392 So auch *Ekkenga*, AG 2001, 567, 574.

393 Mit ausführlicher Begründung *Tettinger*, Materielle Anforderungen an den Bezugsrechtsausschluss, S. 125 ff., 130; ähnlich *Winter/Harbarth*, ZIP 2002, 1, 4.

394 *Grunewald*, in: Baums/Thoma, WpÜG, § 33 Rn. 43.

Festzuhalten bleibt somit, dass das WpÜG an dem aktienrechtlichen Befund, nach dem ein Gesellschaftsinteresse an der Abwehr feindlicher Übernahmen weder generell angenommen noch abgelehnt werden kann, nichts ändert.[395] Dieses Ergebnis steht im Einklang mit der generellen Zielsetzung des WpÜG, Leitlinien für ein faires und geordnetes Übernahmeverfahren zu schaffen, ohne Unternehmensübernahmen zu fördern oder zu verhindern.[396] Auch nach dem Inkrafttreten des WpÜG kommt es somit für die Frage, ob die Abwehr eines Übernahmeversuchs im Gesellschaftsinteresse liegt, im Einzelfall darauf an, wie sich die Übernahme und deren Abwehr auf die Abwägung der in der Gesellschaft zusammentreffenden Gruppeninteressen auswirken. Das gilt sowohl nach den in der Vorangebotsphase geltenden aktienrechtlichen Grundsätzen als auch nach den in der Angebotsphase maßgeblichen Grundsätzen des WpÜG.

III. Kriterien zur Bestimmung des Unternehmensinteresses im Rahmen von Unternehmensübernahmen

Da im Falle einer feindlichen Übernahme sowohl zwischen den verschiedenen in der Zielgesellschaft bestehenden Interessengruppen als auch innerhalb der einzelnen Interessengruppen regelmäßig Konflikte auftreten,[397] stellt sich zwangsläufig die Frage, anhand welcher Kriterien in diesem Konfliktfall eine Interessenabwägung zur Bestimmung des Unternehmensinteresses zu erfolgen hat. Dazu lassen sich dem WpÜG Anhaltspunkte entnehmen.[398] Diese aus den Vorschriften des WpÜG gewonnenen Kriterien zur Ermittlung des Unternehmensinteresses können bei Abwehrmaßnahmen in der Vorangebotsphase entsprechend herangezogen werden, da es auch hier um eine Interessenabwägung im Hinblick auf eine – wenn auch nur potentielle – Übernahme geht.[399]

---

395 In diesem Sinne auch *Tettinger*, Materielle Anforderungen an den Bezugsrechtsausschluss, S. 130.

396 Vgl. Begründung RegE-WpÜG, BT-Drucks. 14/7034, S. 28; *Tettinger*, Materielle Anforderungen an den Bezugsrechtsausschluss, S. 129.

397 Siehe hierzu § 1 C IV.

398 Vgl. hierzu *von Nussbaum*, Aktiengesellschaft als Zielgesellschaft eines Übernahmeangebots, S. 196 ff.; *Lange*, WM 2002, 1737, 1741 ff.; *Ekkenga*, in: Ehricke/Ekkenga/Oechsler, WpÜG, § 33 Rn. 60; vor dem Inkrafttreten des WpÜG hat sich insbesondere *Hopt*, ZGR 1993, 534, 551 ff. mit der Bestimmung des Unternehmensinteresses in Übernahmesituationen auseinandergesetzt.

399 Zu den Problemen, die sich daraus ergeben, dass dem Vorstand der Zielgesellschaft die für die Bestimmung des Unternehmensinteresses maßgeblichen Informationen über die Übernahme vor der Veröffentlichung des Angebots zumeist nicht bekannt sind, siehe unten Teil 1 § 2 D III 4.

1. Anhaltspunkte im WpÜG

Zweifellos bestimmt sich das Unternehmensinteresse im Rahmen von Unternehmensübernahmen danach, welche Folgen ein erfolgreiches Übernahmeangebot bzw. die Abwehr eines Übernahmeangebots für die betroffenen Interessengruppen nach sich zieht.[400] Mit den Folgen der Übernahme beschäftigen sich die Vorschriften über die Angebotsunterlage in § 11 Abs. 2 S. 3 Nr. 2 WpÜG und die Vorschriften über die Stellungnahme der Verwaltung der Zielgesellschaft in § 27 Abs. 1 WpÜG. Beide haben den Zweck, die von der Übernahme betroffenen Interessengruppen über die Einzelheiten der Übernahmetransaktion zu informieren und ihnen die Beurteilung des Angebots zu ermöglichen.[401] Nach der Vorstellung des Gesetzgebers enthalten die nach §§ 11 Abs. 2 S. 3 Nr. 2 WpÜG und § 27 Abs. 1 WpÜG notwendigen Angaben also die wesentlichen Gesichtspunkte zur Bestimmung der verschiedenen Interessen an dem Erfolg oder Scheitern der Übernahme. Sie müssen daher auch bei Abwägung der Gruppeninteressen im Rahmen des Unternehmensinteresses berücksichtigt werden.[402]

Gemäß § 11 Abs. 2 S. 3 Nr. 2 WpÜG muss der Bieter in der Angebotsunterlage Angaben über seine Absichten im Hinblick auf die künftige Geschäftstätigkeit der Gesellschaft machen. Darzulegen ist insbesondere, welche Absichten er hinsichtlich des künftigen Standorts wesentlicher Unternehmensteile und der Verwendung des Vermögens der Gesellschaft hat, und wie sich seine Absichten auf die Arbeitnehmer, deren Vertretungen und die Beschäftigungsbedingungen auswirken.

Bei ihrer Stellungnahme zu dem Übernahmeangebot müssen Vorstand und Aufsichtsrat der Zielgesellschaft gemäß § 27 Abs. 1 WpÜG insbesondere auf die Art und Höhe der angebotenen Gegenleistung eingehen. Darüber hinaus haben sie zu den voraussichtlichen Folgen eines erfolgreichen Angebots für die Arbeitnehmer, ihre Vertretungen, die Beschäftigungsbedingungen und die Standorte der Zielgesellschaft Stellung zu nehmen und auf die vom Bieter mit dem Angebot verfolgten Ziele einzugehen.

2. Zu berücksichtigende Gesichtspunkte

Daraus ergibt sich für die Bestimmung der im Rahmen des Unternehmensinteresses abzuwägenden Gruppeninteressen Folgendes:

---

400 *Assmann/Bozenhardt*, in: Assmann/Basaldua, Übernahmeangebote, S. 1, 14; *von Nussbaum*, Aktiengesellschaft als Zielgesellschaft eines Übernahmeangebots, S. 196 f.; ähnlich *Lange*, WM 2002, 1737, 1742 in Bezug auf die wirtschaftlichen Folgen des Übernahmeangebots, nicht aber für die Belange der Aktionäre und Arbeitnehmer.

401 Begründung RegE-WpÜG, BT-Drucks. 14/7034, S. 41, 52; *Ekkenga*, in: Ehricke/Ekkenga/Oechsler, WpÜG, § 11 Rn. 1, § 27 Rn. 2; *Lange*, WM 2002, 1737, 1742.

402 *Von Nussbaum*, Aktiengesellschaft als Zielgesellschaft eines Übernahmeangebots, S. 197 ff.; ähnlich *Ekkenga*, in: Ehricke/Ekkenga/Oechsler, WpÜG, § 33 Rn. 60; ähnlich *Lange*, WM 2002, 1737, 1742 ff.

a. Aktionärsinteressen

Die nach §§ 11 und 27 WpÜG erforderlichen Angaben lassen darauf schließen, dass nach der Auffassung des Gesetzgebers für die Interessen der Aktionäre der Zielgesellschaft zum einen die Art und Höhe der Gegenleitung und zum anderen die weitere geschäftliche Entwicklung der Zielgesellschaft ausschlaggebend sind.[403] Zu diesen Aspekten müssen sich nämlich sowohl der Bieter als auch die Verwaltung der Zielgesellschaft äußern. Die Maßgeblichkeit von Gegenleistung und zukünftiger Geschäftstätigkeit für die Aktionärsinteressen folgt nicht zuletzt aus der Tatsache, dass die Aktionäre abwägen müssen, ob sie ihre Aktien durch die Annahme des Übernahmeangebots zu einem eventuell günstigen Kurs veräußern, oder ob sie durch einen Verbleib in der Gesellschaft von der zukünftigen geschäftlichen Entwicklung der Gesellschaft durch Kurssteigerungen und Dividendenausschüttungen profitieren wollen.[404]

Bei der Abwägung der Aktionärsinteressen muss der Vorstand daher die Angemessenheit des Angebotspreises und bei einem Tauschangebot die Qualität der angebotenen Aktien beurteilen. Obwohl der Angebotspreis stets über dem Börsenkurs der Aktien der Zielgesellschaft liegt, ist das Angebot unangemessen, wenn die Aktien am Markt unterbewertet und ihr tatsächlicher Wert den Angebotspreis als zu niedrig erscheinen lässt. Im Hinblick auf die geschäftliche Entwicklung der Zielgesellschaft ist abzuwägen, ob diese bei einer Verhinderung des Angebotserfolgs besser ausfallen wird als bei einem Erfolg.[405] In die Beurteilung fließen auch die Absichten des Bieters im Hinblick auf die zukünftige Geschäftspolitik der Zielgesellschaft ein, die für das Interesse der Aktionäre am Erhalt ihres Unternehmens maßgeblich sind.[406] Darüber hinaus sind die Kosten und Nebenwirkungen etwaiger Abwehrmaßnahmen zu berücksichtigen, welche den zukünftigen wirtschaftlichen Erfolg der Gesellschaft belasten können.[407]

Der Vorstand ist im Übernahmefall also keinesfalls auf die Berücksichtigung eines kurzfristigen Profitinteresses der veräußerungswilligen Aktionäre beschränkt. Vielmehr lassen die nach §§ 11 und 27 WpÜG erforderlichen Angaben zur zukünftigen geschäftlichen Entwicklung der Gesellschaft und zu den Absichten des Bieters erkennen, dass der Vorstand auch die Interessen der langfristig orientierten Aktionäre am Erhalt der Gesellschaft berücksichtigen und abwägen muss.[408]

---

403 Vgl. *Ekkenga*, in: Ehricke/Ekkenga/Oechsler, WpÜG, § 33 Rn. 61 f.; *von Nussbaum*, Aktiengesellschaft als Zielgesellschaft eines Übernahmeangebots, S. 201; *Thümmel*, DB 2000, 461, 463.

404 *Röh*, in: Haarmann/Riehmer/Schüppen, WpÜG, § 33 Rn. 2; *von Nussbaum*, Aktiengesellschaft als Zielgesellschaft eines Übernahmeangebots, S. 201; *Kirchner*, AG 1999, 481, 489.

405 *Von Nussbaum*, Aktiengesellschaft als Zielgesellschaft eines Übernahmeangebots, S. 198.

406 Vgl. hierzu *Oechsler*, in: Ehricke/Ekkenga/Oechsler, WpÜG, § 11 Rn. 19.

407 *Krieger*, in: Henze/Hoffmann-Becking, Gesellschaftsrecht 2001, S. 289, 304; *Thümmel*, DB 2000, 461, 463.

408 Siehe hierzu bereits § 1 C IV 1.

b. Arbeitnehmerinteressen

Für die Arbeitnehmer sind nach der den §§ 11 und 27 WpÜG zu Grunde liegenden Wertung insbesondere die Auswirkungen der Übernahme auf die Arbeitsplätze, die Beschäftigungsbedingungen und die Standorte der Zielgesellschaft von Bedeutung.[409] Daher wird der Bieter verpflichtet, seine Absichten hierzu zu erklären, und die Verwaltung der Zielgesellschaft muss hierzu Stellung nehmen.

Bei der Bestimmung der Arbeitnehmerinteressen muss der Vorstand berücksichtigen, dass sowohl der Erfolg der Übernahme als auch ihr Scheitern aufgrund einer erfolgreichen Verteidigung zu einem Abbau von Arbeitsplätzen führen können. Bei einer erfolgreichen Übernahme kann die Verlegung von Produktionsstandorten, die Erzielung von Synergieeffekten durch Rationalisierungen oder die notwendige Umstrukturierung des Unternehmens zum Abbau von Arbeitsplätzen führen.[410] Aber auch das Scheitern der Übernahme kann sich negativ auf die Arbeitsplätze auswirken, wenn die Verteidigungskosten so hoch sind, dass die Gesellschaft wegen der hohen finanziellen Belastung an anderer Stelle – z.B. beim Personal – Einsparungen vornehmen muss. Auch diesen Aspekt muss der Vorstand beachten.

c. Interessen der Allgemeinheit

Die sich hinter den Interessen der Allgemeinheit verbergende unüberschaubare Vielzahl von Belangen verschiedener Interessenträger lässt sich in einer Übernahmesituation ebenso wenig hinreichend konkretisieren wie sonst.[411] Eine Berücksichtigung dieser Interessen in der Abwägung würde daher zu einer abzulehnenden Politisierung von Übernahmeauseinandersetzungen führen.[412] Auch in den §§ 11 und § 27 WpÜG werden die unter dem Allgemeininteresse zusammengefassten Gruppeninteressen nicht berücksichtigt.[413] Nur reflexartig profitiert die Allgemeinheit von den durch die §§ 11 und 27 WpÜG vorgeschriebenen Angaben, da sie z.B. Einblicke in die sozialpolitischen Folgen der Übernahme erlangt, die sich aus den für die Arbeitnehmer wichtigen Informationen über die zukünftigen Arbeits- und Beschäftigungsbedingungen ergeben.[414] Hieraus kann der Schluss gezogen werden, dass die Interessen der Allgemeinheit für die Abwägung des Unternehmensinteresses in Übernahmeauseinandersetzun-

---

409 *Von Nussbaum*, Aktiengesellschaft als Zielgesellschaft eines Übernahmeangebots, S. 202; *Junge*, FS Caemmerer, S. 547, 550.

410 Vgl. *Dauner-Lieb*, DStR 2003, 555; *Hopt*, ZHR 161 (1997), 368, 412; *Steding*, JURA 1999, 181, 185.

411 *Budde/Lawall*, FS Müller, S. 27, 33; *von Nussbaum*, Aktiengesellschaft als Zielgesellschaft eines Übernahmeangebots, S. 202 f.; *Lange*, WM 2002, 1737, 1741 f.

412 *Von Nussbaum*, Aktiengesellschaft als Zielgesellschaft eines Übernahmeangebots, S. 202 f.; *Hopt*, ZGR 1993, 534, 552 f.

413 *Lange*, WM 2002, 1737, 1741; ähnlich *von Nussbaum*, Aktiengesellschaft als Zielgesellschaft eines Übernahmeangebots, S. 202 f.

414 Vgl. hierzu *Oechsler*, in: Ehricke/Ekkenga/Oechsler, WpÜG, § 11 Rn. 19.

gen ebenso wie in anderen Situationen keine rechtliche Bedeutung haben.[415] Auch hier werden die Allgemeininteressen durch die generelle Verpflichtung der Verwaltungsorgane zur Einhaltung der gesetzlichen Vorschriften ausreichend geschützt und treten gegenüber den unternehmensinternen Aktionärs- und Arbeitnehmerinteressen zurück.[416]

3. Interessenabwägung

Ob die Abwehr eines Angebots im Unternehmensinteresse liegt, wird festgestellt, indem die Auswirkungen, die ein erfolgreiches Übernahmeangebot auf die Interessen der Aktionäre und der Arbeitnehmer hätte, mit den Auswirkungen der geplanten Verteidigungshandlung verglichen werden. Dabei hat der Vorstand festzustellen, wie sich in beiden Situationen die geschäftliche Entwicklung der Zielgesellschaft und die Arbeitsplatzlage verhalten, und in welchem Verhältnis diese beiden Komponenten zu Art und Höhe der Gegenleistung stehen.[417]

Nach Feststellung der Interessen der Aktionäre und Arbeitnehmer an der Abwehr bzw. am Erfolg des Übernahmeangebots nach den soeben aufgezeigten Kriterien hat der Vorstand diese gegeneinander abzuwägen und zu einem angemessenen Ausgleich zu bringen, wobei den Aktionärsinteressen ein stärkeres Gewicht eingeräumt wird, da diese im Gegensatz zu den Arbeitnehmern nicht durch Schutzvorschriften aus anderen Rechtsgebieten geschützt werden. Dabei steht ihm grundsätzlich ein weiter Ermessensspielraum zu. Durch die Abwägung der betroffenen Interessen stellt der Vorstand fest, ob die Verteidigung gegen ein Übernahmeangebot im Unternehmensinteresse liegt, und welche Maßnahme gegen das Angebot gegebenenfalls ergriffen werden soll.

Fallgestaltungen, in denen eine Übernahmeabwehr im Gesellschaftsinteresse gerechtfertigt sein kann, liegen z.B. vor, wenn der Bieter nicht in der Lage ist, der Gesellschaft die notwendigen Eigenmittel zur Verfügung zu stellen, oder wenn die Pläne des Bieters eine Verschlechterung der Vermögens- oder Ertragslage der Gesellschaft erwarten lassen und daher die zukünftige Geschäftstätigkeit der Gesellschaft bedroht ist.[418] Zu denken ist dabei an Übernahmeversuche, bei denen die Liquidität der Zielgesellschaft der Sanierung des Bieters dienen soll, oder bei denen das Vermögen der Zielgesellschaft dazu missbraucht werden soll, eine im hohen Maße fremdfinanzierte Übernahme zu refinanzieren.[419] Auch die drohende Vernichtung von Arbeitsplätzen kann ein Unternehmensinteresse an der Abwehr des Angebots

---

415 *Budde/Lawall*, FS Müller, S. 27, 33; *Lange*, WM 2002, 1737, 1741; *von Nussbaum*, Aktiengesellschaft als Zielgesellschaft eines Übernahmeangebots, S. 202 f.; in diesem Sinne auch *Hopt*, ZGR 1993, 534, 552 f.

416 Siehe hierzu bereits Teil 1 § 2 B I 3 b bb.

417 *Von Nussbaum*, Aktiengesellschaft als Zielgesellschaft eines Übernahmeangebots, S. 200.

418 *Ekkenga*, in: Ehricke/Ekkenga/Oechsler, WpÜG, § 33 Rn. 60; *Müller*, FS Semler, S. 195, 213; *Krieger*, in: Henze/Hoffmann-Becking, Gesellschaftsrecht 2001, S. 289, 303 f; ähnlich *Maier-Reimer*, ZHR 165 (2001) 258, 267.

419 *Lange*, WM 2002, 1737, 1743.

kann ein Unternehmensinteresse an der Abwehr des Angebots begründen.[420] Dies allerdings nur, wenn auch die Interessen der Aktionäre für die Ablehnung des Angebots sprechen, oder wenn der Arbeitsplatzabbau ein solches Gewicht hat, dass er die grundsätzlich vorrangigen Aktionärsinteressen überwiegt.[421]

Dagegen kann sich der Vorstand zur Abwehr einer Übernahme nicht auf das Unternehmensinteresse berufen, wenn sich für die Zielgesellschaft durch die Übernahme und die Einbindung in den Bieterkonzern deutliche Synergiegewinne, Entwicklungspotentiale und sonstige wichtige Vorteile ergeben.[422] Ebenso wenig darf der Vorstand Abwehrmaßnahmen ergreifen, die das Vermögen der Gesellschaft schädigen. Auf keinen Fall kann der zur Fremdinteressenwahrung verpflichtete Vorstand Abwehrmaßnahmen zur Sicherung seiner eigenen Position ergreifen.[423]

4. Unternehmensinteresse in der Vorangebotsphase

Obwohl die gesetzlichen Regelungen, welche Anhaltspunkte für die Bestimmung des Unternehmensinteresses in Übernahmesituationen liefern, ausschließlich übernahmerechtlicher Natur sind, also nur für die Angebotsphase gelten, sind die soeben angestellten Erwägungen auch in der Vorangebotsphase von Bedeutung. Auch hier beurteilt sich die Frage, ob die Abwehr eines Übernahmeversuchs im Unternehmensinteresse liegt, maßgeblich danach, welche Auswirkungen die potentielle Übernahme bzw. die dagegen geplanten Präventivmaßnahmen auf die im Rahmen des Unternehmensinteresses abzuwägenden Interessen der Aktionäre und Arbeitnehmer der Gesellschaft haben. Die Allgemeininteressen sind auch hier durch die Beachtung der gesetzlichen Vorschriften ausreichend geschützt.

Allerdings stellt sich für den Vorstand in der Vorangebotsphase das Problem, dass vor der Abgabe eines Übernahmeangebots regelmäßig keine Erkenntnisse, jedenfalls keine gesicherten Erkenntnisse, über die Identität und die Absichten eines feindlichen Bieters bestehen.[424] Insbesondere werden die Pläne, die ein potentieller Bieter im Hinblick auf die Geschäftstätigkeit und die Arbeitnehmerschaft der Gesellschaft verfolgt, regelmäßig erst mit der Veröffentlichung des Angebots erkennbar. Daher dürfte dem Vorstand der Nachweis, dass die Abwehr eines zukünftigen Übernahmeangebots im Unternehmensinteresse geboten ist, in der Vorangebotsphase nur in Ausnahmefällen möglich sein, wenn der Vorstand schon in dieser Phase, also vor der Abgabe eines

---

420 Vgl. *Thümmel*, DB 2000, 461, 463; *Kort*, FS Lutter, S. 1421, 1435.

421 In diesem Sinne auch *Ekkenga*, in: Ehricke/Ekkenga/Oechsler, WpÜG, § 33 Rn. 60; *Kort*, FS Lutter, S. 1421, 1435.

422 Vgl. *Schanz*, Börseneinführung, § 18 Rn. 37; *Brandi*, in: Thaeter/Brandi, Öffentliche Übernahmen, Teil 3 Rn. 487.

423 Vgl. *Hefermehl/Spindler*, MüKo-AktG, § 93 Rn. 26; *Richter*, in: Semler/Volhard, Arbeitshandbuch für Unternehmensübernahmen, § 52 Rn. 53; *Liebert*, Bezugsrechtsausschluss, S. 211; *Hopt*, ZGR 1993, 534, 547.

424 In diesem Sinne auch *Altmeppen*, ZIP 2001, 1073, 1076, der darauf hinweist, dass auch ein feindlicher Bieter niemals ankündigen werde, er bezwecke die rechtswidrige Schädigung der Gesellschaft.

konkreten Angebots, Kenntnis von dem Übernahmevorhaben eines bestimmten Bieters hat.[425]

Eine solch frühe Kenntnis kann vorliegen, wenn eine einvernehmliche Fusion gescheitert ist und Grund zu der Annahme besteht, dass eine der beiden Gesellschaften die andere nunmehr gegen den Willen der Verwaltung übernehmen will.[426] Darüber hinaus spielen die Mitteilungs- und Veröffentlichungspflichten der §§ 21 ff. WpHG für die Früherkennung feindlicher Bieter eine besondere Rolle. Hiernach muss bereits ein Aktienerwerb, der zu einer Beteiligung von fünf Prozent der Stimmrechte an einer börsennotierten Gesellschaft führt, unverzüglich, spätestens jedoch innerhalb von sieben Kalendertagen, gegenüber der jeweiligen Gesellschaft angezeigt werden.[427] Da ein feindlicher Bieter ein Übernahmeangebot in der Regel nur abgibt, wenn er zuvor mindestens fünf Prozent der Stimmrechte erworben hat,[428] wird die potentielle Zielgesellschaft durch eine solche Mitteilung frühzeitig über den schrittweisen Aufbau einer Beteiligung aufmerksam gemacht und kann dann präventiv auf das Übernahmevorhaben reagieren.

In der Regel werden präventive Abwehrmaßnahmen jedoch als allgemeine Übernahmehindernisse geschaffen, ohne dass ein Bezug zu einem konkreten Übernahmevorhaben besteht. Auch wenn keine Anzeichen für einen Übernahmeversuch vorliegen, bedeutet das jedoch nicht, dass der Vorstand sich vorbeugender Abwehrmaßnahmen enthalten muss. Vielmehr lassen sich Abwehrmaßnahmen, die zwar der Übernahmeprävention dienen, ohne jedoch ausdrücklich zu diesem Zweck bestimmt zu sein, regelmäßig auf wirtschaftliche Erwägungen stützen, die ihre Durchführung auch völlig unabhängig vom Gesichtspunkt der präventiven Übernahmeabwehr im Unternehmensinteresse rechtfertigen. Das gilt insbesondere für solche Maßnahmen, die losgelöst von ihrer abschreckenden Wirkung gegen feindliche Bieter wirtschaftlich sinnvoll sind, weil sie die Rentabilität und Ertragskraft einer Gesellschaft fördern oder ihre Position am Markt stärken. Als Beispiel kann in diesem Zusammenhang etwa der Aufbau gegenseitiger Beteiligungen zur Festigung von strategischen Allianzen genannt werden.[429] Derartige Maßnahme können vom Vorstand im Rahmen seines Lei-

---

425 Im Übernahmefall Krupp/Thyssen hatte der Vorstand der Thyssen AG bereits vor der förmlichen Abgabe des Übernahmeangebots durch die Krupp-Hoesch AG Kenntnis von deren Übernahmeabsichten und konnte so in der Vorangebotsphase erfolgreich Abwehrmaßnahmen einleiten. Vgl. dazu *Baums*, in: von Rosen/Seifert, Übernahme börsennotierter Unternehmen, S. 165, 176; *Merkt*, ZHR 165 (2001) 224, 250.

426 Eine derartige Situation lag beispielsweise bei der Übernahme der Mannesmann AG durch die Vodafone Airtouch plc vor. Nach dem Scheitern der Bemühungen des Vodafone-Vorstands um einen einvernehmlichen Zusammenschluss wusste der Vorstand der Mannesmann AG, dass es zu einem feindlichen Übernahmeversuch kommen würde.

427 § 21 Abs. 1 S. 1 WpHG. Die anderen Schwellenwerte liegen bei 10 Prozent, 50 Prozent und 75 Prozent, so dass auch der weitere Aufbau einer Beteiligung von den Marktteilnehmern verfolgt werden kann.

428 *Geibel/Süßmann*, BKR 2002, 52, 54.

429 Siehe hierzu Teil 1 § 3 B I. Weitere Beispiele für solche ambivalenten Maßnahmen finden sich bei *Hopt*, FS Lutter, S. 1361, 1399 f.

tungsermessens als im Unternehmensinteresse liegend ohne Weiteres vorgenommen werden, auch wenn sie eine abschreckende Wirkung gegen feindliche Bieter haben.[430]

E. Fazit

Zum Zwecke der Beurteilung ihrer rechtlichen Zulässigkeit lassen sich Präventivmaßnahmen zur Abwehr feindlicher Übernahmeversuche in Maßnahmen der Aktionäre, Maßnahmen der Verwaltung und Hauptversammlungsermächtigungen unterteilen. Für die letzten beiden Kategorien spielt die Pflichtenbindung des Vorstands eine maßgebliche Rolle, da die in Rede stehenden Maßnahmen entweder vom Vorstand selbstständig implementiert werden (Maßnahmen der Verwaltung) oder nach der Vorbereitung durch die Hauptversammlung vom Vorstand in einer Übernahmesituation umgesetzt werden (Hauptversammlungsermächtigungen).

Der Vorstand einer Aktiengesellschaft unterliegt bei der Vornahme von Abwehrmaßnahmen gegen feindliche Übernahmeversuche keiner aus aktienrechtlichen Grundsätzen abgeleiteten Neutralitätspflicht. Eine Neutralitätspflicht lässt sich nicht aus einem Verbot der Einflussnahme der Verwaltung auf die Aktionärsstruktur der Gesellschaft ableiten, da ein solches Verbot im Aktienrecht nicht besteht. Ebenso wenig bildet der aktienrechtliche Gleichbehandlungsgrundsatz des § 53 a AktG eine tragfähige Grundlage für die Neutralitätspflicht. Einer Herleitung der Neutralitätspflicht aus dem Gebot der Fremdinteressenwahrung steht entgegen, dass die aktienrechtliche Verpflichtung der Verwaltung sich nicht auf das Aktionärsinteresse, sondern auf das Unternehmensinteresse bezieht. Schließlich führen auch die Grundsätze des *Holzmüller*-Urteils nicht dazu, dass Abwehrmaßnahmen in die ausschließliche Kompetenz der Hauptversammlung fallen.

Bei der Vornahme von Abwehrmaßnahmen gegen feindliche Übernahmeversuche ist der Vorstand durch die Pflichtenbindung der §§ 76 f., 93 AktG lediglich dazu verpflichtet, die Gesellschaft mit der Sorgfalt eines ordentlichen und gewissenhaften Geschäftsleiters im Unternehmensinteresse zu leiten. Das Unternehmensinteresse setzt sich aus den Interessen von Aktionären, Arbeitnehmern und Allgemeinheit zusammen. Diese Interessen hat der Vorstand bei der Ausübung seiner Leitungstätigkeit zu berücksichtigen und in einen angemessenen Ausgleich zu bringen. Dabei wird den außerhalb des Unternehmens stehenden Allgemeininteressen durch die Einhaltung der allgemeinen gesetzlichen Bestimmungen ausreichend Rechnung getragen. In die Interessenabwägung sind daher lediglich die Interessen der Aktionäre und Arbeitnehmer einzustellen und zu einem angemessenen Ausgleich zu bringen, wobei den Interessen der Aktionäre regelmäßig ein höheres Gewicht beizumessen ist, da sie im Gegensatz zu den Arbeitnehmern nur durch die Vorschriften des Gesellschaftsrechts geschützt werden. Die Interessen der Aktionäre und Arbeitnehmer bestimmen sich bei der Vornahme von Abwehrmaßnahmen gegen feindliche Übernahmeversuche nach den Folgen, welche die Übernahme bzw. deren Abwehr nach sich zieht. Abzuwägen sind die

---

430 Vgl. *Hopt*, GK-AktG, § 93 Rn. 126; *ders.*, FS Lutter, S. 1361, 1399; *ders.*, ZGR 1993, 534, 560; *Kort*, GK-AktG, § 76 Rn. 102; *Martens*, FS Beusch, S. 529, 547 f.; *Maier-Reimer*, ZHR 165 (2001), 258, 259; a.A. *Mülbert*, IStR 1999, 83, 88.

erwarteten Auswirkungen auf geschäftliche Entwicklung der Gesellschaft, Arbeitsplatzlage und Beschäftigungsbedingungen sowie die Art und Höhe der Gegenleistung.

Bei der Vornahme von präventiven Abwehrmaßnahmen lassen sich die Folgen, die eine potentielle Übernahme bzw. deren Abwehr auf die maßgeblichen Gesichtspunkte haben, freilich nur in Ausnahmefällen feststellen. Übernahmebehindernde Maßnahmen, die der Vorstand in dieser Phase trifft, können jedoch zumeist auch auf allgemeine wirtschaftliche Erwägungen gestützt werden, die generell im Unternehmensinteresse liegen und die Maßnahmen daher völlig unabhängig vom Gesichtspunkt der Übernahmeprävention rechtfertigen.

Bei der Vornahme von repressiven Abwehrmaßnahmen, also nach der Abgabe eines Übernahmeangebots, muss der Vorstand die übernahmerechtliche Pflichtenbindung des § 33 WpÜG beachten. Auch § 33 WpÜG begründet jedoch kein Verbot von Abwehrmaßnahmen durch die Verwaltung im Sinne einer Neutralitätspflicht. Vielmehr gewähren die weitreichenden Ausnahmen vom grundsätzlichen Verhinderungsverbot des § 33 Abs. 1 S. 1 WpÜG der Verwaltung einen erheblichen Spielraum, um auch in der Angebotsphase zur Übernahmeabwehr tätig zu werden. Sofern die Voraussetzungen der Ausnahmeregelungen des § 33 Abs. 1 S. 2 und Abs. 2 WpÜG eingehalten sind, stellt auch hier das nach § 3 Abs. 3 WpÜG zu wahrende Unternehmensinteresse den maßgeblichen Rechtmäßigkeitsmaßstab für Abwehrmaßnahmen der Verwaltung dar.

Festzuhalten bleibt, dass sowohl für die in dieser Arbeit zu untersuchenden Präventivmaßnahmen der Verwaltung, die ausschließlich in der Vorangebotsphase umgesetzt werden, als auch für die Hauptversammlungsermächtigungen, die vom Vorstand sowohl vor als auch nach der Abgabe eines Übernahmeangebots ausgeübt werden können, die Vereinbarkeit mit dem Unternehmensinteresse ein ganz entscheidendes Rechtmäßigkeitskriterium darstellt.

Für die präventiven Abwehrmaßnahmen der Aktionäre spielt die Diskussion um die Neutralitätspflicht und die Verpflichtung auf das Unternehmensinteresse dagegen keine Rolle, da diese Maßnahmen ohne Mitwirkung der Verwaltung vorgenommen werden.

§ 3 Abwehrmaßnahmen

Nachfolgend soll untersucht werden, inwieweit Maßnahmen der Aktionäre, Maßnahmen der Verwaltung und Hauptversammlungsermächtigungen in Deutschland zur Prävention gegen feindliche Übernahmeversuche rechtlich zulässig sind. Darüber hinaus soll darauf eingegangen werden, ob derartige Maßnahmen am Kapitalmarkt akzeptiert sind, und ob sie im Hinblick auf etwaige Nebenwirkungen für die jeweilige Gesellschaft praktikabel sind, um einen effektiven Schutz gegen feindliche Übernahmen zu gewähren.

A. Maßnahmen der Aktionäre

Zu den präventiven Abwehrmaßnahmen der Aktionäre zählen die satzungsmäßige Einführung von Mehrstimmrechtsaktien, von Höchststimmrechten, von stimmrechtslosen Vorzugsaktien sowie von Vorkehrungen, durch welche die Abberufung und Neubestellung der Mitglieder des Vorstands oder Aufsichtsrats erschwert werden. Neben diesen satzungsmäßigen Übernahmehindernissen stellt der Abschluss von Stimmbindungsverträgen eine Maßnahme der Aktionäre dar, die zur Übernahmeprävention vorgenommen werden kann.

I. Mehrstimmrechtsaktien

Durch die Ausgabe von Mehrstimmrechtsaktien kann verwaltungstreuen Aktionären ein überproportionales Stimmgewicht in der Hauptversammlung einer übernahmebedrohten Aktiengesellschaft eingeräumt werden, ohne dass diese eine entsprechend hohe Kapitalbeteiligung an der Gesellschaft erwerben müssen.[431] Dadurch wird die Stimmrechtsmacht eines bereits am Grundkapital beteiligten feindlichen Bieters verwässert und eine Übernahme erschwert. Im deutschen Aktienrecht haben Mehrstimmrechtsaktien allerdings nur noch historische Bedeutung.

Während Aktien mit Mehrfachstimmrechten in den zwanziger Jahren des letzten Jahrhunderts von deutschen Aktiengesellschaften unter dem Eindruck der Inflation und des Versailler Vertrags noch verbreitet zur Abwehr äußerer Überfremdung genutzt wurden,[432] ordnete bereits das Aktiengesetz von 1937 die grundsätzliche Unzulässigkeit von Mehrstimmrechtsaktien an.[433] Jedoch wurden die bestehenden Mehrstimmrechtsaktien durch dieses grundsätzliche Verbot, das auch in der Aktienrechtsreform von 1965 beibehalten wurde, nicht angetastet. Bereits bestehende Mehrstimmrechtsaktien konnten daher sowohl nach der Einführung des Aktiengesetzes von 1937 als auch nach der Aktienrechtsreform von 1965 ohne Weiteres aufrecht erhalten werden. Zudem war es nach § 12 Abs. 2 S. 2 AktG bis zum Jahre 1998 ausnahmsweise gestattet,

---

431 *Richter*, in: Semler/Volhard, Arbeitshandbuch für Unternehmensübernahmen, § 52 Rn. 72; *Lutter/Schneider*, ZGR 1975, 182, 189.

432 Vgl. *Brändel*, FS Quack, S. 175; *Zöllner*, KK-AktG, § 12 Rn. 8; *Assmann/Bozenhardt*, in: Assmann/Basaldua, Übernahmeangebote, S. 1, 124.

433 Vgl. § 12 Abs. 2 S. 1 AktG 1937.

Mehrstimmrechtsaktien einzuführen, sofern der Wirtschaftsminister des Landes, in dem die Gesellschaft ihren Sitz hatte, die Einführung des Mehrstimmrechts zur Wahrung „überwiegender gesamtwirtschaftlicher Belange" genehmigte.[434] Auf der Grundlage dieser Ausnahmereglung wurden zwischen 1965 und 1987 für 19 Gesellschaften Mehrstimmrechte eingeführt.[435] Dabei handelte es sich meist um Unternehmen aus dem Bereich der Energiewirtschaft, bei denen die Mehrstimmrechte zur Sicherung des Kontrolleinflusses von Kommunen oder anderen öffentlich-rechtlichen Körperschaften genutzt wurden.[436] Abgesehen von dieser speziellen Unternehmenssparte hatten Mehrstimmrechtsaktien wegen der strengen Anforderungen der ministeriellen Genehmigung in der deutschen Unternehmenslandschaft insgesamt gesehen jedoch keine große Bedeutung.[437]

Am 1. Mai 1998 wurde die Ausnahmebestimmung des früheren § 12 Abs. 2 S. 2 AktG durch das Gesetz zur Kontrolle und Transparenz im Unternehmensbereich (KonTraG)[438] aufgehoben,[439] so dass die Einführung von Mehrstimmrechten in der Aktiengesellschaft nunmehr ausnahmslos unzulässig ist. Bestehende Mehrstimmrechte sind gemäß § 5 EGAktG am 1. Juni 2003 erloschen, wenn nicht die Hauptversammlung zuvor ihre Fortgeltung mit qualifizierter Mehrheit unter Ausschluss des Stimmrechts der Mehrstimmrechtsaktionäre beschlossen hat. Es liegen allerdings keine Erkenntnisse darüber vor, dass von dieser Möglichkeit in nennenswertem Umfang Gebrauch gemacht worden wäre.[440]

Daher stellen Mehrstimmrechtsaktien in Deutschland spätestens seit Inkrafttreten des KonTraG kein Mittel zum Schutz gegen feindliche Übernahmen mehr dar.[441]

II. Höchststimmrechte

Durch die Einführung eines Höchststimmrechts wird in der Satzung festgelegt, dass die Stimmrechtsmacht eines einzelnen Aktionärs in der Hauptversammlung ungeachtet einer etwa höheren Kapitalbeteiligung auf eine bestimmte Anzahl von Stimmrechten

---

434 Vgl. § 12 Abs. 2 S. 2 AktG 1965.

435 *Hüffer*, AktG, § 12 Rn. 8; *Brändel*, FS Quack, S. 175, 176.

436 *Brändel*, FS Quack, S. 175, 176; *Bayer*, ZGR 2002, 588, 590; *Lutter/Schneider*, ZGR 1975, 182, 191.

437 Nach *Peltzer*, AG-Sonderheft 1997, 90, 93 verfügten im Jahre 1997 mit der RWE AG und der Siemens AG lediglich zwei der zum Deutschen Aktienindex gehörenden Unternehmen über Mehrstimmrechtsaktien. Vgl. zur geringen praktischen Bedeutung von Mehrstimmrechtsaktien *Schanz*, Börseneinführung, § 18 Rn. 25; *Richter*, in: Semler/Volhard, Arbeitshandbuch für Unternehmensübernahmen, § 52 Rn. 72; *Hopt*, WM-Festgabe für Heinsius 1991, S. 22, 25; *Michalski*, AG 1997, 152, 158.

438 BGBl. I 1998, S. 786.

439 Art. 1 Nr. 3 KonTraG.

440 Vgl. *Underhill/Austmann*, in: Payne, Takeovers, S. 87, 102.

441 Vgl. *Richter*, in: Semler/Volhard, Arbeitshandbuch für Unternehmensübernahmen, § 52 Rn. 72; *Krause*, AG 2002, 133, 140; mit dieser Einschätzung schon unter der früheren Rechtslage *Hopt*, WM-Festgabe für Heinsius 1991, S. 22, 25; *Assmann/Bozenhardt*, in: Assmann/Basaldua, Übernahmeangebote, S. 1, 124; *Michalski*, AG 1997, 152, 158.

begrenzt ist. Höchststimmrechte sind zur präventiven Abwehr feindlicher Übernahmeversuche geeignet, da durch sie verhindert werden kann, dass ein feindlicher Bieter, selbst wenn er die Aktienmehrheit an der Gesellschaft erworben hat, einen kontrollierenden Einfluss auf die Gesellschaft ausübt.

In der Ölkrise Mitte der siebziger Jahre des letzten Jahrhunderts führte die befürchtete Einflussnahme auf deutsche Aktiengesellschaften durch Aufkäufer aus den ölexportierenden Staaten dazu, dass Höchststimmrechte zur meist verbreiteten Verteidigungsstrategie großer deutscher Publikumsgesellschaften wurden.[442] Auch in den nachfolgenden Jahren konnte die Implementierung von Höchststimmrechten insbesondere bei deutschen Großbanken als Abwehrinstrument gegen feindliche Übernahmeversuche beobachtet werden.[443]

Jedoch wurde ihre Effektivität zur Übernahmeabwehr wegen der zahlreichen Umgehungsmöglichkeiten seit je her bezweifelt.[444] Darüber hinaus sind Höchststimmrechte rechtspolitisch in die Kritik geraten, da sie geeignet sind, eine ineffiziente Verwaltung gegenüber den Aktionären abzuschirmen, und die Kurschancen zu beeinträchtigen, die aus Auskäufen resultieren können.[445]

Aufgrund der zunehmenden Kritik an Höchststimmrechten wurde mit dem Inkrafttreten des KonTraG am 1. Mai 1998 die Möglichkeit der Einführung von Höchststimmrechten für börsennotierte Aktiengesellschaften[446] durch § 134 Abs. 1 S. 2 AktG abgeschafft. Bereits existierende Höchststimmrechte sind gemäß § 5 Abs. 7 EGAktG nach einem Übergangszeitraum von zwei Jahren am 1. Juni 2000 erloschen. Daher kommt auch dieses Instrument nach deutschem Recht für börsennotierte Aktiengesellschaften nicht mehr zur Übernahmeprävention in Betracht.[447]

Eine Ausnahme bildet lediglich die Volkswagen AG, bei der die Stimmrechtsausübung allerdings nicht durch eine Regelung in der Satzung, sondern durch die Rege-

---

442 Vgl. *Assmann/Bozenhardt*, in: Assmann/Basaldua, Übernahmeangebote, S. 1, 120; *Otto*, DB-Beilage 12/1988, 1, 7; *Klein*, NJW 1997, 2085, 2087; *Bayer*, ZGR 2002, 588, 589; zu den Abwehrbemühungen in dieser Zeit *Lutter/Schneider*, ZGR 1975, 182.

443 Bekannte deutsche Unternehmen mit entsprechenden Satzungsregelungen waren beispielsweise die Deutsche Bank AG und die Mannesmann AG; vgl. *Maier-Reimer*, in: Hopt/Wymeersch, European Takeovers, S. 242, 244; *Michalski*, AG 1997, 152, 158; *Baums*, AG 1990, 221, 222; *Hauschka/Roth*, AG 1988, 181, 190 Fn. 108.

444 Vgl. *Maier-Reimer*, in: Hopt/Wymeersch, European Takeovers, S. 242, 247; *Assmann/Bozenhardt*, in: Assmann/Basaldua, Übernahmeangebote, S. 1, 123; *Hopt*, WM-Festgabe für Heinsius 1991, S. 22, 25; *Otto*, DB-Beilage 12/1988, 1, 7; *Lutter/Schneider*, ZGR 1975, 182, 193 ff.; *Michalski*, AG 1997, 152, 158; *Baums*, AG 1990, 221, 225 f.; *Bayer*, ZGR 2002, 588, 590.

445 Vgl. Begründung RegE-KonTraG, BT-Drucks. 13/9712, S. 20; *Schneider*, AG 1990, 56, 57 f.; *Baums*, AG 1990, 221, 226; *Adams*, AG 1990, 63, 70 f.; von der Kritik nicht überzeugt *Hüffer*, AktG, § 134 Rn. 5 und *Schneider/Burgard*, DB 2001, 963, 967, die auf statistische Erhebungen hinweisen, nach denen sich die Börsenkurse von Aktien mit Stimmrechtsbeschränkungen im allgemeinen Trend entwickeln.

446 Vgl. § 3 Abs. 2 AktG.

447 Vgl. *Steinmeyer/Häger*, WpÜG, § 33 Rn. 57; *Brandi*, in: Thaeter/Brandi, Öffentliche Übernahmen, Teil 3 Rn. 445.

lungen des sogenannten „VW-Gesetzes"[448] begrenzt ist. Das VW-Gesetz wurde im Jahre 1960 im Zuge der Privatisierung der ehemals bundeseigenen Volkswagenwerk GmbH erlassen. Es begrenzt das Stimmrecht jedes Aktionärs auch dann auf 20 Prozent des Grundkapitals, wenn dieser Aktien im Gesamtnennbetrag von mehr als 20 Prozent des Grundkapitals besitzt.[449] Die Begrenzung gilt auch bei einer Ausübung des Stimmrechts durch Vertreter.[450] Zudem ist eine geschäftsmäßige Stimmrechtsvertretung, wie sie in der Praxis durch die depotführenden Banken erfolgt, nur dann zulässig, wenn der Aktionär dem Vertreter gleichzeitig mit der Vollmacht schriftlich Weisungen zu den einzelnen Gegenständen der Tagesordnung erteilt hat.[451] Das ursprüngliche Ziel dieser Regelung war die Sicherung einer breiten Aktienstreuung im Publikum, um eine unerwünschte Konzentration des Aktienbesitzes zu verhindern. Es sollte ausgeschlossen werden, dass einzelne Machtgruppen beherrschenden Einfluss auf die Volkswagen AG gewinnen.[452] In der Praxis sichert das VW-Gesetz den beherrschenden Einfluss des Landes Niedersachsen in der Hauptversammlung der Volkswagen AG und macht diese somit gegen feindliche Übernahmeversuche resistent.[453]

Der Fortbestand des VW-Gesetzes steht jedoch in Frage, da die Europäische Kommission am 13. Oktober 2004 beim Europäischen Gerichtshof eine Vertragsverletzungsklage eingereicht hat, und vieles, wenn nicht alles, dafür spricht, dass die Stimmrechtsbeschränkung dieses Gesetzes vor dem Hintergrund der Rechtsprechung des Europäischen Gerichtshofs zu staatlichen Sonderrechten, den sogenannten „goldenen Aktien", als unzulässige Beschränkung der Kapitalverkehrsfreiheit des Art. 56 EGV und damit als europarechtswidrig anzusehen ist.[454]

III. Stimmrechtslose Vorzugsaktien

Nach der Abschaffung von Mehrstimmrechtsaktien und Höchststimmrechten stellt die Einführung von stimmrechtslosen Vorzugsaktien für börsennotierte Aktiengesellschaften die einzige zulässige Maßnahme dar, durch die zur Prävention feindlicher Übernahmeversuche vom Grundsatz des proportionalen Stimmgewichts der Aktien (one share one vote) abgewichen werden kann. Durch die Ausgabe stimmrechtsloser Vorzugsaktien kann sich eine potentielle Zielgesellschaft Eigenkapital am Kapitalmarkt

---

448 Gesetz über die Überführung der Anteilsrechte an der Volkswagenwerk Gesellschaft mit beschränkter Haftung in private Hand vom 21.07.1960, BGBl. I 1960, S. 585, zuletzt geändert durch das zweite Änderungsgesetz vom 31.07.1970, BGBl. I 1970, S. 1149. Vgl. dazu *Krause*, NJW 2002, 2747 ff.; *Endell*, NZG 2000, 1160 ff.; *Wellige*, EuZW 2003, 427 ff.

449 § 2 Abs. 1 VW-Gesetz.

450 § 3 Abs. 5 VW-Gesetz.

451 § 3 Abs. 3 VW-Gesetz.

452 Bericht des Wirtschaftsausschusses, BT-Drucks. III/1680, S. 2.

453 Zu Umgehungsmöglichkeiten der Stimmrechtsbeschränkung im VW-Gesetz *Endell*, NZG 2000, 1160, 1161 f.

454 Vgl. Pressemitteilung der Europäischen Kommission IP/04/1209, vom 13. Oktober 2004; *Krause*, NJW 2002, 2747, 2748 ff.; *Bayer*, BB 2002, 2289, 2291; *Wellige*, EuZW 2003, 427 ff. Ausführlich zur Rechtsprechung des Europäischen Gerichtshofs zu den goldenen Aktien Teil 4 § 11 D V 2.

beschaffen, ohne neue Stimmrechte auszugeben. Dadurch werden die bestehenden Stimmenverhältnisse in der Hauptversammlung auch nach der Kapitalerhöhung aufrechterhalten und das Risiko einer Kontrollerlangung durch einen feindlichen Bieter erschwert, sofern sich die stimmberechtigten Aktien in sicheren Händen befinden.[455]

1. Zulässigkeit stimmrechtsloser Vorzugsaktien

Stimmrechtslose Vorzugsaktien können gemäß §§ 12 Abs. 1 S. 2, 139 Abs. 2 AktG bis zur Hälfte des Grundkapitals ausgegeben werden. Wie sich aus einem Umkehrschluss aus § 140 Abs. 2 S. 2 AktG ergibt, werden sie weder bei der Berechnung der Stimmenmehrheit noch bei der Berechnung der Kapitalmehrheit mitgezählt.[456]

Voraussetzung für den Stimmrechtsausschluss ist nach § 139 Abs. 1 AktG, dass die Aktien als Gegenleistung für den Ausschluss des Stimmrechts mit einem Vorzug bei der Gewinnverteilung – der sogenannten Vorabdividende – ausgestattet sind. Die Gewährung eines anderen Vorzugs, wie z.B. die Einräumung eines vorrangigen Rechts bei der Verteilung des Liquidationserlöses, reicht für den Stimmrechtsausschluss dagegen nicht aus.

Abgesehen vom Stimmrecht sind stimmrechtslose Vorzugsaktien mit den gleichen Mitgliedschaftsrechten wie Stammaktien ausgestattet; sie gewähren die gleichen sonstigen Verwaltungsrechte und modifizieren durch den Gewinnvorzug die Vermögensrechte des Aktionärs.[457] Ebenso nehmen stimmrechtslose Vorzugsaktien durch ihre Beteiligung am Grundkapital im gleichen Verhältnis wie Stammaktien am unternehmerischen Risiko der Gesellschaft teil.[458]

Wird die Vorzugsdividende in einem Jahr nicht oder nicht vollständig gezahlt, so ist sie nach § 140 Abs. 2 AktG im folgenden Geschäftsjahr nachzuzahlen. Wird der rückständige Betrag auch im folgenden Jahr neben dem dann anfallenden vollen Vorzugsbetrag nicht vollständig nachgezahlt, lebt das Stimmrecht der Vorzugsaktien auf, bis die Rückstände nachgezahlt sind. Außerdem bedürfen Beschlüsse, die die Rechte der Vorzugsaktien beschränken oder beeinträchtigen, nach § 141 AktG der Zustimmung der Vorzugsaktionäre.

2. Einführung stimmrechtsloser Vorzugsaktien

Sind stimmrechtslose Vorzugsaktien nicht bereits in der Gründungssatzung einer Aktiengesellschaft vorgesehen, so können sie durch eine nachträgliche Satzungsänderung

---

455 Vgl. *Schwennicke*, in: Geibel/Süßmann, WPÜG, § 33 Rn. 64; *Feddersen*, FS Ulmer, S. 105, 107; *Assmann/Bozenhardt*, in: Assmann/Basaldua, Übernahmeangebote, S. 1, 125; *Hauschka/Roth*, AG 1988, 181, 190; *Krause*, AG 2002, 133, 140.

456 *Hüffer*, AktG, § 139 Rn. 13; *T. Bezzenberger*, Vorzugsaktien ohne Stimmrecht, S. 89; *Lüttmann*, Kontrollwechsel in Kapitalgesellschaften, S. 164.

457 Vgl. § 140 Abs. 1 AktG; *Hüffer*, AktG, § 139 Rn. 4; *Roth*, in: AnwK-AktienR, Kap. 1 § 139 AktG Rn. 3; *Bezzenberger*, GK-AktG, § 139 Rn. 4; *Semler*, in: Hoffmann-Becking, Handbuch des Gesellschaftsrechts Bd. IV, § 38 Rn. 24; *Hopt*, WM-Festgabe für Heinsius 1991, S. 22, 26.

458 *Zöllner*, KK-AktG, § 12 Rn. 5.

mit einer drei viertel Kapitalmehrheit in der Hauptversammlung eingeführt werden.[459] Die nachträgliche Einführung kann entweder durch eine Umwandlung bestehender Stammaktien oder im Zuge einer Kapitalerhöhung erfolgen.

a. Umwandlung bestehender Stammaktien

Für die Umwandlung bestehender Stammaktien in stimmrechtslose Vorzugsaktien ist neben dem satzungsändernden Hauptversammlungsbeschluss die Zustimmung jedes von der Umwandlung betroffenen Aktionärs erforderlich, dem durch die Umwandlung sein Stimmrecht entzogen wird.[460] Umstritten ist allerdings, ob daneben auch eine Zustimmung aller übrigen Aktionäre notwendig ist.

Es wird die Auffassung vertreten, eine solche Zustimmung sei nicht erforderlich, da die Gewährung des Vorzugs nur ein Ausgleich für den Nachteil des Stimmrechtsverlusts sei, so dass die Interessen der übrigen Aktionäre, deren Aktien nicht umgewandelt werden, durch die Umwandlung nicht beeinträchtigt würden.[461]

Dagegen spricht jedoch, dass es mit dem Gleichbehandlungsgrundsatz des § 53 a AktG unvereinbar wäre, die Möglichkeit der wirtschaftlichen Entscheidung zwischen Beibehaltung der Stimmrechtsmacht und vorrangiger Dividende nur bestimmten Aktionären zu eröffnen.[462] Selbst wenn die Vorzugsdividende nur einen Ausgleich für den Verzicht des Stimmrechts darstellt, so muss jeder Aktionär selbst darüber entscheiden können, ob er sein Stimmrecht behalten will, oder ob er gegen Gewährung des Dividendenvorzugs lieber auf sein Stimmrecht verzichtet. Wird diese Wahlmöglichkeit nur bestimmten Aktionären eröffnet, so werden die übrigen Aktionäre ungleich behandelt.[463] Ohne die Zustimmung der übrigen Aktionäre ist ein Beschluss über die Umwandlung von Stammaktien in stimmrechtslose Vorzugsaktien daher wegen Verstoßes gegen § 53 a AktG anfechtbar.[464] Folglich müssen alle Aktionäre einer solchen Umwandlung zustimmen.

Da die notwendige Zustimmung aller Aktionäre in der Praxis nicht zu erlangen sein dürfte, kommt der Umwandlung vorhandener Stammaktien in stimmrechtslose Vorzugsaktien als Präventivmaßnahme gegen feindliche Übernahmeversuche praktisch keine Bedeutung zu.[465]

---

459 Vgl. § 179 Abs. 2 AktG.

460 Vgl. BGHZ 70, 117, 122; *Hüffer*, AktG, § 139 Rn. 12; *Zöllner*, KK-AktG, § 139 Rn. 22; *Bezzenberger*, GK-AktG, § 139 Rn. 41; *T. Bezzenberger*, Vorzugsaktien ohne Stimmrecht, S. 130.

461 *Hefermehl*, in: Geßler/Hefermehl, AktG, § 140 Rn. 14.

462 *Hüffer*, AktG, § 139 Rn. 12; *Roth*, in: AnwK-AktienR, Kap. 1 § 139 AktG Rn. 19; *T. Bezzenberger*, Vorzugsaktien ohne Stimmrecht, S. 130.

463 *Hüffer*, AktG, § 139 Rn. 12; *Kraft*, KK-AktG, § 11 Rn. 20, 37; *Zöllner*, KK-AktG, § 139 Rn. 23; *Bezzenberger*, GK-AktG, § 139 Rn. 41.

464 *Zöllner*, KK-AktG, § 139 Rn. 23; *T. Bezzenberger*, Vorzugsaktien ohne Stimmrecht, S. 130; *Lutter/Schneider*, ZGR 1975, 182, 192 f.

465 *Schlitt*, MüKo-AktG, § 33 WpÜG Rn. 260; *Schwennicke*, in: Geibel/Süßmann, WpÜG, § 33 Rn. 65; *Hirte*, KK-WpÜG, § 33 Rn. 176; *Assmann/Bozenhardt*, in: Assmann/Basaldua, Übernahmeangebote, S. 1, 125; *Hopt*, WM-Festgabe für Heinsius 1991, S. 22, 26; *Bayer*, ZGR 2002, 588, 592; *Krause*, AG 2002, 133, 140.

b. Einführung im Rahmen einer Kapitalerhöhung

Werden stimmrechtslose Vorzugsaktien dagegen im Rahmen einer Kapitalerhöhung eingeführt, bei der die Bezugsrechte der Altaktionäre gewahrt werden, so bestehen neben dem satzungsändernden Hauptversammlungsbeschluss keine weiteren Zustimmungserfordernisse, da alle Aktionäre gleich behandelt werden.[466] Eine der Umwandlung widersprechende Minderheit kann nicht die Ausgabe neuer Aktien der bisherigen Gattung – also von Stammaktien – beanspruchen. Sie kann entweder neue Vorzugsaktien beziehen oder an der Kapitalerhöhung nicht teilnehmen.[467]

Im Rahmen einer Kapitalerhöhung kann die Einführung von stimmrechtslosen Vorzugsaktien daher durchaus zur Übernahmeprophylaxe eingesetzt werden.

3. Eignung zur Übernahmeabwehr

Allerdings hat die Ausgabe stimmrechtsloser Vorzugsaktien aus verschiedenen Gründen nur begrenzte Effektivität zur Abwehr feindlicher Übernahmen.

Sie kann nicht verhindern, dass ein potentieller Bieter größere Aktienpakete der Gesellschaft am Kapitalmarkt erwirbt. Ebenso wenig können durch die Ausgabe stimmrechtsloser Vorzugsaktien die bestehenden Stimmenverhältnisse zu Gunsten der Verwaltung geändert werden. Die Ausgabe stimmrechtsloser Vorzugsaktien eignet sich daher nur für solche Unternehmen zur Übernahmeabwehr, bei denen eine verwaltungstreue Aktionärsgruppe bereits einen dominierenden Einfluss in der Hauptversammlung hat und diese Herrschaftsmacht durch die Aktienausgabe konserviert wird.[468]

Bei Publikumsgesellschaften mit breiter Aktienstreuung kann die Ausgabe von stimmrechtslosen Vorzugsaktien dagegen eine feindliche Übernahme unter Umständen sogar erleichtern. Da ein potentieller Bieter zur Erlangung der Kontrolle über die Gesellschaft nicht die Mehrheit des gesamten Aktienkapitals, sondern nur die Mehrheit der stimmberechtigten Anteile erwerben muss, kann er bei einer Gesellschaft mit stimmrechtslosen Vorzugsaktien die Kontrolle durch einen geringeren Kapitaleinsatz erlangen als bei einer Gesellschaft, die nur Stammaktien ausgegeben hat.[469] Zudem könnte ein feindlicher Bieter bei einem Unternehmen, das sich in einer Krise befindet,

---

466 *Roth*, in: AnwK-AktienR, Kap. 1 § 139 AktG Rn. 19; *Zöllner*, KK-AktG, § 139 Rn. 24; *Bezzenberger*, GK-AktG, § 139 Rn. 35 ff.; *T. Bezzenberger*, Vorzugsaktien ohne Stimmrecht, S. 158; *Hopt*, WM-Festgabe für Heinsius 1991, S. 22, 26.

467 *Hüffer*, AktG, § 186 Rn. 4; *Bayer*, ZGR 2002, 588, 592.

468 Vgl. *Schlitt*, MüKo-AktG, § 33 WpÜG Rn. 259; *Richter*, in: Semler/Volhard, Arbeitshandbuch für Unternehmensübernahmen, § 52 Rn. 78; *Assmann/Bozenhardt*, in: Assmann/Basaldua, Übernahmeangebote, S. 1, 125; *Pellens/Hillebrandt*, AG 2001, 57, 58; *Bayer*, ZGR 2002, 588, 592; *Lutter/Schneider*, ZGR 1975, 182, 193.

469 *Richter*, in: Semler/Volhard, Arbeitshandbuch für Unternehmensübernahmen, § 52 Rn. 76; *Lüttmann*, Kontrollwechsel in Kapitalgesellschaften, S. 164. Bei der Abgabe eines Übernahmeangebots ist der Bieter allerdings durch § 32 WpÜG verpflichtet, auch die Vorzugsaktien in sein Angebot mit einzubeziehen, sofern diese börsennotiert sind. Vgl. *Hirte*, KK-WpÜG, § 32 Rn. 4, 7; *Ekkenga*, in: Ehricke/Ekkenga/Oechsler, WpÜG, § 32 Rn. 15.

darauf spekulieren, dass die Gesellschaft nicht in der Lage sein wird, die Vorzüge zu bedienen, und dass die Stimmrechte der Vorzugsaktien daher in naher Zukunft wieder aufleben.[470] Insbesondere bei Gesellschaften, die das Emissionsvolumen des § 139 Abs. 2 AktG nahezu ausgeschöpft haben, dürfte eine solche Situation gut vorhersehbar sein. Durch den Erwerb von stimmrechtslosen Vorzugsaktien, die in der Regel gegenüber den Stammaktien mit Kursabschlägen notieren, könnte der feindliche Bieter in einem solchen Fall mit einem geringeren Kapitaleinsatz seine Beteiligung an der Gesellschaft ausbauen.[471]

Stimmrechtslose Vorzugsaktien sind daher nur eingeschränkt zur Prävention gegen feindliche Übernahmen geeignet.

4. Widerstände gegen die Ausgabe stimmrechtsloser Vorzugsaktien

In der Praxis dürfte die Ausgabe stimmrechtsloser Vorzugsaktien für börsennotierte Aktiengesellschaften nicht nur wegen der eingeschränkten Abwehrwirkung, sondern auch wegen der ablehnenden Haltung der Kapitalmärkte nur in seltenen Fällen in Betracht kommen.[472]

Stimmrechtslose Vorzugsaktien sind im Zuge der aktuellen Corporate Governance Diskussion verstärkt in die Kritik der rechtswissenschaftlichen Literatur sowie der Analysten geraten. Diese Kritik beruht darauf, dass stimmrechtslose Vorzugsaktien mit den grundlegenden Forderungen nach einer Gleichbehandlung der Aktionäre und nach Offenheit und Transparenz des Unternehmens nicht zu vereinbaren sind.[473] Überdies wird die Tatsache beanstandet, dass es den Stammaktionären durch die ungleiche Verteilung von Kapitalbeteiligung und Stimmrechten ermöglicht wird, die Unternehmensleitung auf Kosten der stimmrechtslosen Vorzugsaktionäre zu beeinflussen.[474] Zudem kritisieren institutionelle Anleger, dass das Nebeneinander mehrerer Aktiengattungen zu einer reduzierten Liquidität führt, die sich negativ auf die Kurse auswirkt.[475] Auch die Deutsche Schutzvereinigung für Wertpapierbesitz hat sich daher mehrfach gegen die Ausgabe von Vorzugsaktien ohne Stimmrecht ausgesprochen.[476]

Neben dieser Kritik haben auch die jüngsten Veränderungen an der Frankfurter Börse dazu beigetragen, dass die Ausgabe von Vorzugsaktien für börsennotierte Un-

---

470 Vgl. *Assmann/Bozenhardt*, in: Assmann/Basaldua, Übernahmeangebote, S. 1, 126; *Brandi*, in: Thaeter/Brandi, Öffentliche Übernahmen, Teil 3 Rn. 451.

471 *Assmann/Bozenhardt*, in: Assmann/Basaldua, Übernahmeangebote, S. 1, 126; *Rümker*, FS Heinsius, S. 683, 701; *Weisner*, Verteidigungsmaßnahmen gegen unfreundliche Übernahmeversuche, S. 174.

472 Vgl. *Schlitt*, MüKo-AktG, § 33 WpÜG Rn. 260; *Brandi*, in: Thaeter/Brandi, Öffentliche Übernahmen, Teil 3 Rn. 453; zur ablehnenden Haltung der Kapitalmärkte *Pellens/Hillebrandt*, AG 2001, 57 ff.; *Loges/Distler*, ZIP 2002, 467.

473 *Feddersen*, FS Ulmer, S. 105. 111.

474 *Feddersen*, FS Ulmer, S. 105, 111 f.; *Pellens/Hillebrandt*, AG 2001, 57, 61.

475 Vgl. *Schlitt*, MüKo-AktG, § 33 WpÜG Rn. 260; *Schwennicke*, in: Geibel/Süßmann, WpÜG, § 33 Rn. 65; *Hirte*, KK-WpÜG, § 33 Rn. 176.

476 *Assmann/Bozenhardt*, in: Assmann/Basaldua, Übernahmeangebote, S. 1, 125 Fn. 649.

ternehmen nicht mehr praktikabel ist. Die Frankfurter Börse berücksichtigt seit Mitte des Jahres 2002 bei der Ermittlung ihrer Börsenindizes DAX, MDAX, SDAX und NEMAX 50 nur noch eine Aktiengattung pro Unternehmen, und zwar die mit der größeren Marktkapitalisierung.[477] Gesellschaften mit mehr als einer Aktiengattung im Börsenhandel haben daher geringere Chancen, in einen Index aufgenommen zu werden. Für Unternehmen, die am inzwischen geschlossenen Neuen Markt notierten, war die Ausgabe von stimmrechtslosen Vorzugsaktien nach dessen Regelwerk sogar generell ausgeschlossen.[478]

Dies hat dazu geführt, dass zahlreiche renommierte deutsche Aktiengesellschaften in den letzten Jahren ihre Vorzugsaktien abgeschafft haben.[479]

5. Fazit

Die Umwandlung bestehender Stammaktien in stimmrechtslose Vorzugsaktien scheidet in der Praxis als Mittel zur Prophylaxe gegen feindliche Übernahmen schon deswegen aus, weil sie die Zustimmung aller Aktionäre erfordert.

Aber auch die Ausgabe stimmrechtsloser Vorzugsaktien im Rahmen einer Kapitalerhöhung kann allenfalls bei Gesellschaften mit stabilen Beteiligungsverhältnissen zur Erschwerung feindlicher Übernahmen genutzt werden, sofern sichergestellt ist, dass die stimmberechtigten Aktionäre ihre Anteile nicht an einen feindlichen Bieter veräußern. Selbst bei diesen Gesellschaften haben stimmrechtslose Vorzugsaktien allerdings wegen der Gefahr, dass das Stimmrecht in einer Krise der Gesellschaft auflebt, nur eine eingeschränkte Wirkung.

Für börsennotierte Aktiengesellschaften mit breiter Aktienstreuung bietet die Ausgabe stimmrechtsloser Vorzugsaktien dagegen regelmäßig keinen Schutz vor feindlichen Übernahmen. Vielmehr kann sie den Kontrollerwerb für einen feindlichen Bieter unter Umständen sogar erleichtern. Darüber hinaus ist die Ausgabe stimmrechtsloser Vorzugsaktien wegen der ablehnenden Haltung der Kapitalmärkte für alle Unternehmen ungeeignet, die an der Aufnahme in einen der deutschen Aktienindizes interessiert sind oder auf die Unterstützung institutioneller Anleger angewiesen sind.

IV. Stimmbindungsverträge

Eine weitere Maßnahme, die als Präventivmaßnahme gegen feindliche Übernahmeversuche in Betracht kommt, ist der Abschluss von Stimmbindungsverträgen.

---

477 Siehe Leitfaden zu den Aktienindizes der Deutschen Börse, Version 5.1 (Stand März 2003), Ziffer 1.6; *Schlitt*, MüKo-AktG, § 33 WpÜG Rn. 260; *Feddersen*, FS Ulmer, S. 105, 110; *Senger/Vogelmann*, AG 2002, 193; *Krause*, AG 2002, 134, 140.

478 Ziffer 3.4 des Regelwerks Neuer Markt; *Schwennicke*, in: Geibel/Süßmann, WPÜG, § 33 Rn. 64; *Brandi*, in: Thaeter/Brandi, Öffentliche Übernahmen, Teil 3 Rn. 453; *Pellens/Hillebrandt*, AG 2001, 57.

479 Siehe dazu *Feddersen*, FS Ulmer, S. 105, 107 f.; *Pellens/Hillebrandt*, AG 2001, 57; *Senger/Vogelmann*, AG 2002, 193; *Krause*, AG 2002, 134, 140.

Durch einen Stimmbindungsvertrag können mehrere Aktionäre, die die bestehenden Herrschaftsverhältnisse an einer Gesellschaft aufrechterhalten wollen, ihre Stimmkraft zur Prävention gegen feindliche Übernahmen bündeln, indem sie sich gegenseitig verpflichten, die Stimmrechte in der Hauptversammlung nur in vertraglich festgelegter Weise auszuüben, und die Aktien nicht an einen feindlichen Bieter zu veräußern.[480] Sofern sich an einer derartigen Vereinbarung eine ausreichende Anzahl von Aktionären beteiligt, kann auf diese Weise ein kontrollierender Stimmrechtsblock oder zumindest eine Sperrminorität geschaffen werden.

Dadurch verliert die Übernahme für einen feindlichen Bieter maßgeblich an Attraktivität, da dieser entweder die Kontrolle über die Hauptversammlung der Gesellschaft gar nicht mehr erreichen kann, oder weil die von ihm vorgeschlagenen Satzungsänderungen und Umstrukturierungsmaßnahmen gegen den Widerstand der Aktionärskoalition nicht durchgeführt werden können.[481] Aber auch wenn durch den Stimmbindungsvertrag nur ein Stimmrechtsanteil von fünf Prozent gebündelt wird, kann das auf einen feindlichen Bieter schon abschreckende Wirkung haben. Durch einen solchen Block kann die Durchführung eines nach der Übernahme geplanten Ausschlusses der Minderheitsaktionäre nach § 327 a AktG (squeeze out) verhindert werden. Stimmbindungsvereinbarungen sind daher grundsätzlich zur Prophylaxe gegen feindliche Übernahmen geeignet.

1. Zulässigkeit von Stimmbindungsverträgen

Stimmbindungsverträge sind in der Praxis seit langem üblich und in Rechtsprechung und Lehre grundsätzlich als zulässig anerkannt.[482] Sie sind Ausdruck der prinzipiellen Abstimmungsfreiheit der Aktionäre.[483] Auch das Aktiengesetz gibt durch seinen § 136 Abs. 2 zu erkennen, dass es von der Zulässigkeit derartiger Verträge ausgeht.[484]

Allerdings unterliegen Stimmbindungsverträge allgemeinen und besonderen rechtlichen Schranken.

---

480 Vgl. *Schanz*, Börseneinführung, § 18 Rn. 26; *Semler*, in: Hoffmann-Becking, Handbuch des Gesellschaftsrechts Bd. IV, § 38 Rn. 41; *Habersack*, ZHR 164 (2000), 1, 2; *Hoffmann-Becking*, ZGR 1994, 442, 443.

481 *Ekkenga*, in: Ehricke/Ekkenga/Oechsler, WpÜG, § 33 Rn. 111; *Schanz*, Börseneinführung, § 18 Rn. 26; *Brandi*, in: Thaeter/Brandi, Öffentliche Übernahmen, Teil 3 Rn. 457.

482 Vgl. BGHZ 48, 163, 166 ff.; BGH, ZIP 1983, 432, 433; BGH, NJW 1987, 890; *Zöllner*, KK-AktG, § 136 Rn. 84; *Hüffer*, AktG, § 133 Rn. 27; *Baumbach/Hueck*, AktG, § 118 Rn. 8; *Schröer*, MüKo-AktG, § 136 Rn. 61; *Eckhardt*, in: Geßler/Hefermehl, AktG, § 136 Rn. 52; *Schmidt*, Gesellschaftsrecht, S. 852; *Lutter/Grunewald*, AG 1989, 109, 111; *Habersack*, ZHR 164 (2000), 1, 8.

483 *Schröer*, MüKo-AktG, § 136 Rn. 61.

484 Vgl. *Zöllner*, KK-AktG, § 136 Rn. 85; *Hüffer*, AktG, § 133 Rn. 27; *Habersack*, ZHR 164 (2000), 1, 8.

a. Allgemeine Schranken

Rechtliche Schranken ergeben sich für Abstimmungsvereinbarungen aus den allgemeinen zivilrechtlichen Regeln. Stimmbindungsverträge sind nichtig, wenn sie gegen ein gesetzliches Verbot,[485] die guten Sitten[486] oder Treu und Glauben verstoßen.[487] In diese Kategorie fallen z.B. Stimmbindungsverträge, die in Ausnutzung einer Zwangslage geschlossen werden.

Daneben stellen insbesondere die mitgliedschaftlichen Treuepflichten der Aktionäre eine allgemeine gesellschaftsrechtliche Zulässigkeitsschranke für Stimmbindungsverträge dar.[488] Insofern gelten für die Abstimmung auf der Grundlage eines Stimmbindungsvertrags die gleichen Grenzen wie bei der Stimmrechtsausübung durch einen einzelnen Aktionär.[489] Ein Aktionär kann durch einen Stimmbindungsvertrag nicht zu einer gegen die Satzung oder das Gesellschaftsinteresse verstoßenden Stimmrechtsausübung verpflichtet werden.[490] Ebenso wenig kann er zum Beschluss einer Maßnahme verpflichtet werden, die die Gesellschaft schädigen würde. [491] Eine solche Vereinbarung in einem Stimmbindungsvertrag ist wegen Verstoßes gegen die mitgliedschaftlichen Treuepflichten unwirksam.[492]

b. § 136 Abs. 2 AktG

Neben den allgemeinen Regeln setzt das Verbot des § 136 Abs. 2 AktG der Zulässigkeit von Stimmbindungsverträgen Grenzen.

Gemäß § 136 Abs. 2 AktG sind Stimmbindungsverträge nichtig, durch die sich ein Aktionär verpflichtet, sein Stimmrecht nach Weisung des Vorstands oder des Aufsichtsrats der Gesellschaft auszuüben bzw. für deren Beschlussvorschläge zu stimmen. Dadurch soll verhindert werden, dass die Verwaltung der Gesellschaft auf das Ab-

---

485 § 134 BGB.

486 § 138 BGB.

487 *Schröer*, MüKo-AktG, § 136 Rn. 62; *Hüffer*, AktG, § 133 Rn. 28; *Zöllner*, KK-AktG, § 136 Rn. 90.

488 *Zöllner*, KK-AktG, § 136 Rn. 90 f.; *Hüffer*, AktG, § 133 Rn. 28; *Habersack*, ZHR 164 (2000), 1, 8.

489 Vgl. *Zöllner*, KK-AktG, § 136 Rn. 90; *Herrmann*, Zivilrechtliche Abwehrmaßnahmen, S. 50.

490 *Schröer*, MüKo-AktG, § 136 Rn. 62; *Eckardt*, in: Geßler/Hefermehl, AktG, § 136 Rn. 53; *Zöllner*, KK-AktG, § 136 Rn. 91; *Hüffer*, AktG, § 133 Rn. 27; *Semler*, in: Hoffmann-Becking, Handbuch des Gesellschaftsrechts Bd. IV, § 38 Rn. 44; *Lübbert*, Abstimmungsvereinbarungen, S. 121 f., 166 f.

491 *Zöllner*, KK-AktG, § 136 Rn. 91; *Semler*, in: Hoffmann-Becking, Handbuch des Gesellschaftsrechts Bd. IV, § 38 Rn. 44.

492 *Schröer*, MüKo-AktG, § 136 Rn. 62; *Hüffer*, AktG, § 133 Rn. 29; *Zöllner*, KK-AktG, § 136 Rn. 91; *Habersack*, ZHR 164 (2000), 1, 8 f.; ähnlich *Semler*, in: Hoffmann-Becking, Handbuch des Gesellschaftsrechts Bd. IV, § 38 Rn. 44; *Lübbert*, Abstimmungsvereinbarungen, S. 121.

stimmungsergebnis in der Hauptversammlung Einfluss erlangt und so für ihr genehme Abstimmungsergebnisse sorgen kann.[493]

Trotz dieser Regelung ist es jedoch nicht ausgeschlossen, dass sich einzelne Vorstandsmitglieder, die gleichzeitig auch Inhaber von Aktien der von ihnen geleiteten Gesellschaft sind, an einem Stimmbindungsvertrag beteiligen, und dass die gebundenen Stimmrechte im Ergebnis in ihrem Sinne zur Prävention eines feindlichen Übernahmeangebots ausgeübt werden. Denn das Verbot des § 136 Abs. 2 AktG knüpft ausschließlich an die *organschaftliche Stellung* der Verwaltungsmitglieder an; es beschränkt aber nicht die Möglichkeit der Verwaltungsmitglieder, in ihrer Eigenschaft *als Aktionäre* der Gesellschaft ihr Stimmrecht auszuüben. Daher bleibt es einzelnen Vorstandsmitgliedern, die selber Aktionäre der Gesellschaft sind, grundsätzlich unbenommen, sich an einem Stimmbindungsvertrag zu beteiligen.[494] Das gilt jedoch nur, wenn sich der Einfluss der Verwaltungsmitglieder im vertraglich gebundenen Stimmenpool proportional zu ihrem Aktienbesitz verhält und es sich nur um einen Teil der Mitglieder des jeweiligen Organs handelt.[495] Sofern den Verwaltungsmitgliedern durch den Stimmbindungsvertrag ein größeres Entscheidungsgewicht in Bezug auf die Ausübung der Stimmrechte eingeräumt wird oder sie nach der jeweiligen Geschäftsordnung die Bildung des Willens von Vorstand oder Aufsichtsrat bestimmen, greift § 136 Abs. 2 AktG ein.[496]

c. § 405 AktG

Weiterhin ist bei der Vereinbarung von Stimmbindungsverträgen das Verbot des Stimmenkaufs des § 405 Abs. 3 Nr. 7 AktG zu beachten.

Danach ist es verboten, einem Aktionär für ein bestimmtes Abstimmungsverhalten besondere Vorteile zu versprechen oder zu gewähren. Stimmbindungsverträge, die gegen das Verbot des Stimmenkaufs verstoßen, sind nach § 134 BGB nichtig.[497] Folglich können Aktionäre zur Teilnahme an einer übernahmebehindernden Stimmbindungsabrede nicht durch die Gewährung einer Gegenleistung motiviert werden.

---

[493] Begründung RegE-AktG 1965, abgedruckt bei *Kropff*, AktG, S. 201; *Hüffer*, AktG, § 136 Rn. 25; *Eckhardt*, in: Geßler/Hefermehl, AktG, § 136 Rn. 59; *Zöllner*, ZHR 155 (1991), 168, 183.

[494] Vgl. OLG Stuttgart, JZ 1987, 570; *Zöllner*, KK-AktG, § 136 Rn. 100; *Schröer*, MüKo-AktG, § 136 Rn. 74; *Hüffer*, AktG, § 136 Rn. 26; *Semler*, in: Hoffmann-Becking, Handbuch des Gesellschaftsrechts Bd. IV, § 38 Rn. 45 Fn. 82; *Lübbert*, Abstimmungsvereinbarungen, S. 146.

[495] So *Zöllner*, KK-AktG, § 136 Rn. 100; *Hüffer*, AktG, § 136 Rn. 26; in diesem Sinne auch OLG Stuttgart, JZ 1987, 570; a.A. *Schröer*, MüKo-AktG, § 136 Rn. 80 und *Lübbert*, Abstimmungsvereinbarungen, S. 159 f., die einen Verstoß gegen § 136 Abs. 2 AktG schon annehmen, wenn die Verwaltungsmitglieder an dem Konsortium mehrheitlich beteiligt sind.

[496] *Zöllner*, KK-AktG, § 136 Rn. 102; *Hüffer*, AktG, § 136 Rn. 26.

[497] *Hüffer*, AktG, § 133 Rn. 28; *Zöllner*, KK-AktG, § 136 Rn. 94; *Schröer*, MüKo-AktG, § 136 Rn. 63; *Eckhardt*, in: Geßler/Hefermehl, AktG, § 136 Rn. 63.

d. Auslösung eines Pflichtangebots

In der Praxis ist der Umfang von Stimmbindungsvereinbarungen zudem durch die Angebotspflicht des § 35 Abs. 2 WpÜG beschränkt.

Diese Pflicht wird nach § 29 Abs. 2 WpÜG ausgelöst, sobald ein Aktionär alleine oder unter Zurechnung aller Personen, die mit ihm den Tatbestand des abgestimmten Verhaltens nach § 30 Abs. 2 WpÜG erfüllen, mindestens 30 Prozent der Stimmrechte an der Gesellschaft hält. Ein abgestimmtes Verhalten nach § 30 Abs. 2 WpÜG liegt vor, wenn mehrere Personen aufgrund einer Vereinbarung oder in sonstiger Weise bewusst zusammenarbeiten, um die Mitgliedschaftsrechte an der Gesellschaft auszuüben. Eine vertragliche Grundlage ist dafür nicht erforderlich, vielmehr reicht ein koordiniertes Vorgehen auf der Grundlage eines „gentlemen's agreement" oder ein lediglich informelles Verständnis zwischen den Beteiligten aus.[498] Zwar werden Vereinbarungen, durch die die Stimmrechtsausübung nur punktuell, nicht aber kontinuierlich festgelegt wird, von § 30 Abs. 2 S. 1 2. HS WpÜG ausdrücklich ausgenommen. Demgegenüber stellen aber der Abschluss und die Durchführung von langfristigen und generellen Stimmbindungsvereinbarungen, durch welche die Mitgliedschaftsrechte der beteiligten Personen koordiniert und kontinuierlich ausgeübt werden, fraglos den Hauptanwendungsfall des abgestimmten Verhaltens dar.[499] Aufgrund eines solches Stimmbindungsvertrags werden die von den Beteiligten gehaltenen Stimmrechte daher in voller Höhe wechselseitig zugerechnet.[500]

Sind durch eine Stimmbindungsvereinbarung mindestens 30 Prozent der Stimmrechte einer Gesellschaft gebündelt, so löst der bloße Abschluss des Vertrages bereits die Angebotspflicht aus. Liegen die im Stimmenpool gebündelten Stimmrechte in der Nähe der 30-Prozent-Schwelle, so kann zudem jeder weitere Aktienerwerb, durch den die Kontrollschwelle überschritten wird, ein Pflichtangebot für alle kooperierenden Personen auslösen, und das unter Umständen sogar unabhängig davon, ob diese Kenntnis von dem Erwerb hatten oder nicht.[501] Um die Auslösung der kostenintensiven Angebotspflicht zu vermeiden, müssen die durch einen Stimmbindungsvertrag koordinierten Stimmrechte daher wesentlich unter der 30-Prozent-Schwelle liegen.

---

498 *Von Bülow*, KK-WpÜG, § 30 Rn. 112; *Angerer*, in: Geibel/Süßmann, WpÜG, § 2 Rn. 28; *Riehmer*, in: Haarmann/Riehmer/Schüppen, WpÜG, § 30 Rn. 63; *Liebscher*, ZIP 2002, 1005, 1007; *Casper*, ZIP 2003, 1469, 1471; siehe auch Begründung RegE-WpÜG, BT-Drucks. 14/7034, S. 34.

499 Vgl. OLG Frankfurt, NJW 2004, 1638, 1642; *Diekmann*, in: Baums/Thoma, WpÜG, § 30 Rn. 72; *von Bülow*, KK-WpÜG, § 30 Rn. 117; *Angerer*, in: Geibel/Süßmann, WpÜG, § 2 Rn. 22; *Riehmer*, in: Haarmann/Riehmer/Schüppen, WpÜG, § 30 Rn. 62; *Noack*, in: Schwark, Kapitalmarkrecht, § 30 WpÜG Rn. 11 und 19; *Liebscher*, ZIP 2002, 1005, 1007; *Pentz*, ZIP 2003, 1478, 1482.

500 Vgl. hierzu OLG Frankfurt, NJW 2004, 1638, 1641; *von Bülow*, KK-WpÜG, § 30 Rn. 141; *Pentz*, ZIP 2003, 1478, 1480.

501 *Von Bülow*, KK-WpÜG, § 30 Rn. 30; einschränkend *Casper*, ZIP 2003, 1469, 1474; ausführlich zu den verschiedenen im Rahmen eines Stimmenpools möglichen Konstellationen des abgestimmten Verhaltens und zur Bestimmung der Angebotspflichtigen *Pentz*, ZIP 2003, 1478, 1481 ff.

2. Wirkung und Durchsetzung von Stimmbindungsverträgen

Da Stimmbindungsverträge nur schuldrechtlichen Charakter haben und keine Außenwirkung entfalten, bleibt eine Stimmrechtsausübung, die gegen die Abrede verstößt, dennoch wirksam.[502] Eine abredewidrige Stimmabgabe berechtigt auch grundsätzlich nicht zur Anfechtung des durch sie zustande gekommenen Hauptversammlungsbeschlusses.[503] Ebenso bleibt eine Veräußerung von Aktien, die gegen das in Stimmbindungsvereinbarungen regelmäßig enthaltene schuldrechtliche Verfügungsverbot verstößt, nach § 137 BGB wirksam.[504]

Ein durch die Abrede gebundener Aktionär kann daher entgegen der eingegangenen Bindung wirksam im Sinne eines feindlichen Bieters abstimmen oder seine Aktien an den Bieter übertragen. Dies führt allenfalls zu Schadensersatzansprüchen der übrigen Aktionäre, wobei der Nachweis eines Schadens regelmäßig nur sehr schwierig zu erbringen sein dürfte.

a. Gerichtliche Durchsetzung

Stimmbindungsverträge begründen nach der Rechtsprechung des Bundesgerichtshofs einen klagbaren Erfüllungsanspruch,[505] so dass die Beteiligten eines Stimmbindungsvertrags versuchen können, die Einhaltung der Vereinbarung im Klagewege oder im Wege einer einstweiligen Verfügung durchzusetzen. Sowohl die Zulässigkeit einer Klage auf zukünftige Erfüllung der Stimmbindungsverpflichtung gemäß § 259 ZPO als auch die Möglichkeit der Durchsetzung des Anspruchs auf vereinbarungsgemäße Abstimmung im einstweiligen Rechtsschutz sind in der Literatur allerdings nicht unumstritten und begegnen in der Praxis erheblichen Schwierigkeiten.[506]

So besteht für die Mitglieder des Stimmbindungsvertrags nur dann die Möglichkeit, Klage auf die vereinbarte Abstimmung in der Hauptversammlung zu erheben bzw. diese im einstweiligen Rechtsschutz durchzusetzen, wenn schon vor der Haupt-

---

502 RGZ 107, 67, 70; RGZ 119, 386, 390; *Hüffer*, AktG, § 133 Rn. 26; *Zöllner*, KK-AktG, § 136 Rn. 111; *Lübbert*, Abstimmungsvereinbarungen, S. 168.

503 Etwas anderes soll nach der in der Literatur umstrittenen Rechtsprechung des Bundesgerichtshofs nur gelten, wenn gegen eine Abrede verstoßen wird, die für alle Gesellschafter verbindlich ist, vgl. BGH, NJW 1983, 1910, 1911; BGH, NJW 1987, 1890, 1892; dazu *Hüffer*, AktG, § 243 Rn. 9 f.

504 *Bayer*, MüKo-AktG, § 68 Rn. 42; *Lutter*, KK-AktG, § 68 Rn. 23; *Hefermehl/Bungeroth*, in: Geßler/Hefermehl, AktG, § 68 Rn. 71; *Wiesner*, in: Hoffmann-Becking, Handbuch des Gesellschaftsrechts Bd. IV, § 14 Rn. 18.

505 BGHZ 48, 163, 169 ff.; *Hüffer*, AktG, § 133 Rn. 29; *Zöllner*, ZHR 155 (1991), 168, 185 f.; *Zutt*, ZHR 155 (1991), 190, 191.

506 Ablehnend gegenüber einer Leistungsklage auf Stimmabgabe *Schröer*, MüKo-AktG, § 136 Rn. 85; *Eckhardt*, in: Geßler/Hefermehl, AktG, § 136 Rn. 56; zweifelnd auch *Zöllner*, KK-AktG, § 136 Rn. 112 ff.; *Zutt*, ZHR 155 (1991), 190, 192, unter Verweis auf eine Äußerung von *Karsten Schmidt*, wonach kein vernünftiger Mensch eine Leistungsklage zur Durchsetzung einer Stimmbindung erheben werde. Ablehnend gegenüber der Durchsetzung der Verpflichtung zur Stimmabgabe im Wege der einstweiligen Verfügung *Zöllner*, KK-AktG, § 136 Rn. 117; vorsichtiger *ders.*, ZHR 155 (1991), 168, 188 f.

versammlung hinreichend konkrete Anhaltspunkte für eine abredwidrige Abstimmung eines Konsortialmitglieds bestehen. Falls sich die abredewidrige Abstimmung erst auf der Hauptversammlung herausstellt, kommt gerichtliche Hilfe zu deren Verhinderung in jedem Fall zu spät.[507]

Zudem lässt sich ex ante schwer bestimmen, ob die eingegangene Verpflichtung, auf einer Hauptversammlung in einer bestimmten Weise abzustimmen, zum Zeitpunkt der Abstimmung auch tatsächlich noch wirksam besteht.[508] Bei einer Änderung der Sachlage kann sie wegen Verstoßes gegen das Unternehmensinteresse ihre Wirksamkeit verlieren. Das ist z.B. der Fall, wenn die vereinbarte Abstimmung zu einer Schädigung der Gesellschaft führen würde.

Die Durchsetzung der Ansprüche aus Stimmbindungsverträgen mit gerichtlicher Hilfe scheidet daher regelmäßig aus und ist in der Praxis bisher so gut wie bedeutungslos geblieben.[509]

b. Anderweitige Absicherung

Wegen der Schwierigkeiten, die mit dem Schadensnachweis bei einem vereinbarungswidrigen Abstimmungsverhalten verbunden sind, und den Problemen, die bei der gerichtlichen Durchsetzung des Anspruchs auf eine bestimmte Ausübung des Stimmrechts bestehen, wird in der Literatur empfohlen, die Einhaltung von Stimmbindungsverträgen anderweitig abzusichern.

Dafür kommt zum einen die Vereinbarung einer nicht unerheblichen Vertragsstrafe für den Fall der abredewidrigen Stimmrechtsausübung oder Veräußerung der Aktien in Betracht.[510] Zum anderen kann die Bindungswirkung des Stimmbindungsvertrags dadurch verstärkt werden, dass alle Aktionäre ihre Aktien in das nach § 718 BGB gesamthänderisch gebundene Gesellschaftsvermögen einer von ihnen gegründeten Gesellschaft bürgerlichen Rechts (GbR) einbringen.[511] Bei der Begründung einer solchen gesamthänderischen Bindung können dann alle Aktionäre auch mit dinglicher Wirkung nur gemeinsam über die Aktien verfügen. Das Stimmrecht wird in einem solchen Fall gemäß § 69 Abs. 1 AktG durch einen gemeinschaftlichen Vertreter im Sinne der Vereinbarung ausgeübt.[512]

Allerdings haben auch diese Sicherungen nur eine eingeschränkte Wirkung. Denn auch eine solche vermögenstragende GbR kann zumindest bei Vorliegen eines

---

507 Vgl. *Schröer*, MüKo-AktG, § 136 Rn. 88; *Weisner*, Verteidigungsmaßnahmen gegen unfreundliche Übernahmeversuche, S. 171; *Zutt*, ZHR 155 (1991), 190, 192.

508 *Zöllner*, KK-AktG, § 136 Rn. 112.

509 *Schröer*, MüKo-AktG, § 136 Rn. 88; *Zutt*, ZHR 155 (1991), 191, 192 mit Fn. 6.

510 *Eckhardt*, in: Geßler/Hefermehl, AktG, § 68 Rn. 56; *Zöllner*, KK-AktG, § 136 Rn. 111; *Semler*, in: Hoffmann-Becking, Handbuch des Gesellschaftsrechts Bd. IV, § 38 Rn. 49.

511 Vgl. *Bayer*, MüKo-AktG, § 68 Rn. 85; *Hefermehl/Bungeroth*, in: Geßler/Hefermehl, AktG, § 68 Rn. 69; *Wiesner*, in: Hoffmann-Becking, Handbuch des Gesellschaftsrechts Bd. IV, § 14 Rn. 18; *Uhlenbruck*, DB 1967, 1927, 1930.

512 *Schanz*, Börseneinführung, § 18 Rn. 26; *Semler*, in: Hoffmann-Becking, Handbuch des Gesellschaftsrechts Bd. IV, § 38 Rn. 49; *Uhlenbruck*, DB 1967, 1927, 1930.

wichtigen Grundes durch ihre Gesellschafter – also die einzelnen Aktionäre – jederzeit gekündigt werden.[513] Ist der Verstoß gegen die Stimmrechtsvereinbarung durch eine Vertragsstrafe strafbewehrt, kann ein feindlicher Bieter die Sicherungswirkung der Vertragsstrafe dadurch aushebeln, dass er die Aktionäre, welche die Stimmrechte entgegen der Vereinbarung ausüben, von der Vertragsstrafenverpflichtung freistellt und die daraus entstehenden Kosten von vornherein in seine Kalkulation einbezieht.[514]

Der Effizienz von Stimmbindungsvereinbarungen steht im Übrigen entgegen, dass derartige Absprachen immer nur die an der Vereinbarung beteiligten Personen binden. Treten neue Aktionäre in die Gesellschaft ein, so gehen die Verpflichtungen nur auf sie über, wenn sie durch eine vertragliche Regelung ausdrücklich übernommen werden. Bei börsennotierten Aktiengesellschaften mit hohem Streubesitz und wechselndem Aktionärsbestand erscheint es daher kaum möglich, Stimmbindungsvereinbarungen mit einer ausreichenden Zahl von Aktionäre abzuschließen, um eine Übernahme gänzlich zu verhindern. Als Vertragspartner kommen daher wohl nur Großaktionäre in Betracht. Folglich bieten Stimmbindungsverträge nur einen eingeschränkten Schutz gegen feindliche Übernahmen.

3. Fazit

Die Eingehung von Stimmbindungsverträgen stellt grundsätzlich ein geeignetes Mittel zur Bildung harter Aktionärskerne und damit zur präventiven Abwehr feindlicher Übernahmen dar.

Allerdings wird die Abwehrwirkung dieser Maßnahme durch die lediglich schuldrechtliche Bindungswirkung und die Probleme, die bei ihrer Durchsetzung und der Sanktionierung von Verstößen entstehen, erheblich eingeschränkt. Zudem sind Stimmrechtskonsortien durch die Angebotspflicht des § 35 Abs. 2 WpÜG in ihrem Umfang beschränkt.

Alles in allem können Stimmbindungsverträge keinen sicheren Schutz vor feindlichen Übernahmen gewähren, da sie im Ergebnis nicht wirksam verhindern können, dass ein durch die Vereinbarung gebundener Aktionär entgegen der getroffenen Absprache im Sinne eines feindlichen Bieters abstimmt oder seine Aktien an diesen veräußert.

V. Erschwerung der Auswechslung der Verwaltungsorgane

Ein feindlicher Bieter ist regelmäßig daran interessiert, den Vorstand der Zielgesellschaft möglichst rasch mit Personen seines Vertrauens zu besetzen, da er zur Umsetzung seiner unternehmerischen Ziele in der Gesellschaft die Geschäftsführungsmacht des § 77 AktG benötigt. Daher können Maßnahmen in Bezug auf die Organisations-

---

513 Vgl. *Eckhardt*, in: Geßler/Hefermehl, AktG, § 136 Rn. 58; *Lübbert*, Abstimmungsvereinbarungen, S. 143; für ein jederzeitiges Kündigungsrecht nach § 723 Abs. 1 S. 1 BGB auch ohne wichtigen Grund *Zöllner*, KK-AktG, § 136 Rn. 86.

514 *Schanz*, Börseneinführung, § 18 Rn. 23; *Assmann/Bozenhardt*, in: Assmann/Basaldua, Übernahmeangebote, S. 1, 120.

struktur der Verwaltung, die die Neubesetzung des Vorstands verzögern, zur Prophylaxe gegen feindliche Übernahmeversuche eingesetzt werden.

1. Die zweistufige Verwaltungsstruktur der Aktiengesellschaft

Insbesondere für ausländische Bieter stellt bereits die im deutschen Recht zwingend vorgeschriebene Zweiteilung der Verwaltung einer Aktiengesellschaft in Vorstand und Aufsichtsrat einen Mechanismus dar, der die schnelle Auswechslung des Managements nach einem erfolgten Kontrollwechsel über die Gesellschaft erheblich erschwert.[515] Das liegt zum einen daran, dass die Besetzung von zwei Organen naturgemäß doppelt so aufwendig ist wie die Besetzung eines Organs. Darüber hinaus bestehen in Deutschland starke gesetzliche Kautelen, die die Neubesetzung der beiden Organe weiter erschweren. So liegt die Kompetenz zur Abberufung und Neubestellung des Vorstands gemäß § 84 Abs. 1 AktG ausschließlich beim Aufsichtsrat. Daher kann ein feindlicher Bieter, auch wenn er durch eine erfolgreiche Übernahme eine Stimmenmehrheit in der Hauptversammlung erreicht hat, den Vorstand nicht direkt auswechseln, sondern muss zunächst Einfluss auf die Zusammensetzung des Aufsichtsrats nehmen. Dieser Umweg macht es für ihn praktisch unmöglich, unmittelbar nach einer erfolgreichen Übernahme die effektive Kontrolle über die Geschäftstätigkeit der Gesellschaft zu erlangen.[516]

2. Mitbestimmung der Arbeitnehmer

Bei der für eine Änderung der Besetzung des Vorstands notwendigen Einflussnahme auf den Aufsichtsrat ergeben sich für einen feindlichen Bieter zusätzliche Schwierigkeiten, wenn die Gesellschaft einer Mitbestimmungsregelung unterliegt.[517]

So besteht der Aufsichtsrat bei kleinen Aktiengesellschaften nach § 76 Abs. 1 BetrVG 1952 zu einem Drittel aus Vertretern der Arbeitnehmerschaft.[518] Bei großen Aktiengesellschaften[519] und Aktiengesellschaften, die der Montanmitbe-

---

515 *Maier-Reimer*, in: Hopt/Wymeersch, European Takeovers, S. 242; *Michalski*, AG 1997, 152, 156; *Peltzer*, ZIP 1989, 69, 74; *Hauschka/Roth*, AG 1988, 181, 188; *Schanz*, NZG 2000, 337, 342; *Gee*, (1998), ICCLR 9, 15, 17.

516 Vgl. *Maier-Reimer*, in: Hopt/Wymeersch, European Takeovers, S. 242; *Brandi*, in: Thaeter/Brandi, Öffentliche Übernahmen, Teil 3 Rn. 571; *Hauschka/Roth*, AG 1988, 181, 188; *Michalski*, AG 1997, 152, 156; *Peltzer*, ZIP 1989, 69, 74.

517 *Assmann/Bozenhardt*, in: Assmann/Basaldua, Übernahmeangebote, S. 1, 13; *Adams*, AG 1990, 243, 250.

518 Ausgenommen sind gemäß § 76 Abs. 6 BetrVG 1952 im Wesentlichen nur Aktiengesellschaften, die in der Regel weniger als 500 Arbeitnemer beschäftigen. Ausführlich *Hüffer*, Gesellschaftsrecht, S. 292; *Hoffmann-Becking*, in: Hoffmann-Becking, Handbuch des Gesellschaftsrechts Bd. IV, § 28 Rn. 9 ff.

519 § 7 Abs. 1 MitbestG; das MitgestG gilt gemäß § 1 Abs. 1 MitbestG für Unternehmen, die in der Regel mehr als 2.000 Arbeitnehmer beschäftigen.

stimmung unterliegen,[520] besteht sogar das Erfordernis einer paritätischen Besetzung des Aufsichtsrats.[521] Bestellung und Abwahl der Arbeitnehmervertreter im Aufsichtsrat sind dem Einfluss des feindlichen Bieters gänzlich entzogen.[522] Daher sieht er sich auch nach einer erfolgreichen Übernahme unter Umständen mit einem substantiellen Anteil von Aufsichtsratsmitgliedern konfrontiert, die der Übernahme ablehnend gegenüberstehen und eine Auswechslung des Vorstands nicht unterstützen.[523] Gerade in der stimmungsgeladenen Atmosphäre eines Übernahmekampfes ist davon auszugehen, dass sich die Arbeitnehmervertreter mit dem amtierenden Management solidarisieren, da sie um den Verlust der Arbeitsplätze der von ihnen repräsentierten Arbeitnehmerschaft bangen.[524]

Wenngleich die Übernahme der Mannesmann AG durch die Vodafone Airtouch plc gezeigt hat, dass ein entsprechend den Vorschriften des Mitbestimmungsrechts paritätisch besetzter Aufsichtsrat nicht zwingend ein ausschlaggebendes Argument gegen eine erfolgreiche feindliche Übernahme sein muss,[525] kann doch davon ausgegangen werden, dass die gesetzlich verankerte Mitbestimmung der Arbeitnehmer in Verbindung mit der Zweiteilung der Verwaltung eine nicht zu unterschätzende abschreckende Wirkung gegen feindliche Bieter haben, da sie den Austausch der amtierenden Verwaltung schwierig und kostspielig machen.[526] Sie sind nach allgemeiner Auffassung einer der wichtigsten Gründe für die niedrige Zahl an feindlichen Übernahmen in Deutschland.[527]

3. Vorkehrungen durch die Satzung

Dieser gesetzlich vorgesehene „Behinderungsmechanismus“ kann durch weitere Vorkehrungen in der Satzung der Gesellschaft zusätzlich verstärkt werden. Sind derartige

---

520 § 4 MontanmitbestG; das MontanmitbestG gilt für Unternehmen der Montanindustrie, die in der Regel mehr als 1.000 Arbeitnehmer beschäftigen.

521 Ausführlich *Hüffer*, Gesellschaftsrecht, S. 291 f.; *Hoffmann-Becking*, in: Hoffmann-Becking, Handbuch des Gesellschaftsrechts Bd. IV, § 28 Rn. 17 ff., 26 ff.

522 Vgl. § 76 BetrVG 1952; § 23 MitbestG; § 11 Abs. 2 MontanMitbestG; dazu *Schanz*, Börseneinführung, § 18 Rn. 28; *Michalski*, AG 1997, 152, 156; *Hauschka/Roth*, AG 1988, 181, 188.

523 Gemäß § 31 Abs. 2 i.V.m. Abs. 5 MitbestG ist bei mitbestimmten Gesellschaften zur Wahl und Abberufung des Vorstands eine Mehrheit von zwei Dritteln der Aufsichtsratsmitglieder erforderlich, so dass zwingend Stimmen der Arbeitnehmerseite erforderlich sind, um ein Vorstandsmitglied zu bestellen oder abzuberufen. Der Übernehmer kann daher personelle Veränderungen in Vorstand und Aufsichtsrat regelmäßig nur mit Zugeständnissen an die Arbeitnehmer erreichen.

524 Ähnlich *Schanz*, Börseneinführung, § 18 Rn. 28 Fn. 43; *Gee*, (1998), ICCLR 9, 15, 17.

525 Darauf weist *Hirte*, KK-WpÜG, § 33 Rn. 177 zu Recht hin.

526 *Hopt*, WM-Festgabe für Heinsius 1991, S. 22, 24; *Underhill/Austmann*, in: Payne, Takeovers, S. 87, 89; *Peltzer*, ZIP 1989, 69, 74; *Bayer*, ZGR 2002, 588 621 bezeichnet die Mitbestimmung sogar als effektivste Abwehrwaffe gegen feindliche Übernahmen aus dem Ausland.

527 Vgl. *Schanz*, Börseneinführung, § 18 Rn. 28; *Michalski*, AG 1997, 152, 156; *Hauschka/Roth*, AG 1988, 181, 188; *Hopt*, WM-Festgabe für Heinsius 1991, S. 22, 24; *Peltzer*, ZIP 1989, 69, 76.

Maßnahmen nicht bereits in der Ursprungssatzung enthalten, so ist für ihre nachträgliche Einführung ein satzungsändernder Hauptversammlungsbeschluss, der gemäß § 179 Abs. 2 AktG einer drei viertel Kapitalmehrheit bedarf, erforderlich.

a. Aufsichtsrat

Wie oben bereits angesprochen,[528] kann die Auswechslung des Vorstands nur über den Umweg des Aufsichtsrats erfolgen. Zur vorzeitigen Abberufung des Vorstands ist gemäß §§ 84 Abs. 3 AktG ein einfacher Mehrheitsbeschluss des Aufsichtsrats erforderlich.[529] Daher muss ein feindlicher Bieter, der den Vorstand als Leitungsorgan der Gesellschaft vorzeitig mit Personen seines Vertrauens besetzen will, zunächst eine Mehrheit im Aufsichtsrat erlangen. Der Gesellschaft stehen verschiedene Maßnahmen zur Verfügung, um die Auswechslung der amtierenden Aufsichtsratsmitglieder zu erschweren.

aa. Staffelung der Amtszeiten

Um zu verhindern, dass am Ende eines Geschäftsjahres nach einer erfolgreichen Übernahme die Ämter aller Aufsichtsratsmitglieder turnusmäßig zur Wiederwahl stehen und der feindliche Bieter diesen Termin abwarten kann, um auf einen Schlag einen Aufsichtsrat mit Vertretern seines Vertrauens zu bestellen, können die Amtszeiten der Aufsichtsratsmitglieder gestaffelt werden.[530] Diese Maßnahme bietet sich insbesondere in paritätisch mitbestimmten Gesellschaften, bei denen ein feindlicher Bieter sämtliche Aktionärsvertreter – soweit sie der Übernahme ablehnend gegenüberstehen – auswechseln muss, um den Vorstand abberufen zu können, als Barriere gegen die Managementauswechselung an.[531]

Eine Staffelung der Amtszeiten lässt sich dadurch erreichen, dass in der Satzung für einzelne Aufsichtsratsmitglieder anfänglich kürzere Amtszeiten vorgesehen werden, so dass die nachfolgenden Bestellungen zu zeitlich versetzten Zeitpunkten stattfinden.[532] Die Regelung des § 102 Abs. 1 AktG steht einer solchen Staffelung der Amtszeiten nicht entgegen, da sie lediglich die zulässige Höchstdauer der Bestellung

---

528 Vgl. Teil 1 § 3 A V 1.

529 Die einfache Mehrheit ist außerhalb des § 31 Abs. 2 bis 5 MitbestG zwingend. Eine satzungsmäßige Vereinbarung höherer Mehrheiten wird als unzulässig erachtet. Vgl. *Hüffer*, AktG, § 108 Rn. 8; *Mertens*, KK-AktG, § 84 Rn. 9; *Hefermehl*, in: Geßler/Hefermehl, AktG, § 84 Rn. 12.

530 Die Staffelung der Amtszeiten wird im angloamerikanischen Übernahmejargon als „staggered board“ bezeichnet, vgl. *Gower/Davies*, Company Law, S. 310 Fn. 5; *Hauschka/Roth*, AG 1988, 181, 188; *Weimar/Breuer*, BB 1991, 2309, 2312.

531 *Krause*, AG 2002, 133, 142.

532 *Brandi*, in: Thaeter/Brandi, Öffentliche Übernahmen, Teil 3 Rn. 579; *Assmann/Bozenhardt*, in: Assmann/Basaldua, Übernahmeangebote, S. 1, 137; *Michalski*, AG 1997, 152, 156.

festlegt.[533] Sowohl kürzere Amtszeiten als auch voneinander abweichende Amtszeiten können ohne Weiteres in der Satzung vorgesehen werden.[534]

Allerdings könnte ein feindlicher Bieter versuchen, den behindernden Effekt gestaffelter Amtszeiten dadurch zu umgehen, dass er zusätzliche Aufsichtsratsmitglieder bestellt und durch diese die zur Abberufung des Vorstands notwendige Mehrheit im Aufsichtsrat erreicht. Eine solche Umgehung kann jedoch verhindert werden, indem in der Satzung neben der Staffelung der Amtszeiten zugleich die zulässige Höchstzahl von Aufsichtsratsmitgliedern festgelegt wird.[535]

bb. Vorzeitige Abberufung

Die behindernde Wirkung gestaffelter Amtszeiten entfällt allerdings, wenn die Stimmrechtsmacht des feindlichen Bieters ausreicht, um die Aufsichtsratsmitglieder vor dem Ende ihre Amtszeit abzuberufen.

Die vorzeitige Abberufung von Aufsichtsratsmitgliedern ist nach § 103 Abs. 1 S. 2 AktG jederzeit ohne wichtigen Grund durch einen mit einer Dreiviertelmehrheit der abgegebenen Stimmen gefassten Hauptversammlungsbeschluss möglich. Dieses Mehrheitserfordernis ist gemäß § 103 Abs. 1 S. 3 AktG dispositiv.[536] Bei denjenigen Publikumsgesellschaften, deren Satzung eine Klausel enthält, nach der die Hauptversammlung immer durch einfache Stimmenmehrheit entscheidet, sofern das Gesetz nicht zwingend eine höhere Mehrheit festlegt, ist daher eine einfache Stimmenmehrheit in der Hauptversammlung zur vorzeitigen Abberufung des Aufsichtsrats ausreichend. Das dürfte bei vielen börsennotierten Aktiengesellschaften der Fall sein, da eine solche Mehrheitsklausel heutzutage Standardbestandteil in den Satzungen von Publikumsgesellschaften ist.[537]

Will sich eine Gesellschaft gegen feindliche Übernahmen schützen, so kann sie die gesetzlich vorgesehene Dreiviertelmehrheit durch eine spezielle Regelung in der Satzung wiederherstellen,[538] oder ein höheres Mehrheitserfordernis und weitergehende Anforderungen bestimmen.[539] Zu berücksichtigen ist allerdings, dass derartige Rege-

---

533 Vgl. *Hüffer*, AktG, § 102 Rn. 1; *Hefermehl/Spindler*, MüKo-AktG, § 84 Rn. 30; *Geßler*, in: Geßler/Hefermehl, AktG, § 102 Rn. 12; *Mertens*, KK-AktG, § 102 Rn. 4.

534 Vgl. BGHZ 99, 211, 215; *Geßler*, in: Geßler/Hefermehl, § 102 Rn. 12; *Mertens*, KK-AktG, § 102 Rn. 6; *Hüffer*, AktG, § 102 Rn 4.

535 *Richter*, in: Semler/Volhard, Arbeitshandbuch für Unternehmensübernahmen, § 52 Rn. 140; *Assmann/Bozenhardt*, in: Assmann/Basaldua, Übernahmeangebote, S. 1, 138; *Krause*, AG 2002, 133, 142.

536 *Mertens*, KK-AktG, § 103 Rn. 7; *Hüffer*, AktG, § 103 Rn. 4; ausführlich *Herrmann*, Zivilrechtliche Abwehrmaßnahmen, S. 80.

537 Vgl. *Röh*, in: Haarmann/Riehmer/Schüppen, WpÜG, § 33 Rn. 63; *Sünner*, FS Quack, S. 457, 461 mit Fn. 21; *Hopt*, WM-Festgabe für Heinsius 1991, S. 22, 28; *Bayer*, ZGR 2002, 588, 591; *Krause*, AG 2002, 133, 141; *Peltzer*, ZIP 1989, 69, 75.

538 Als Beispielsfall aus der Praxis für ein solches Vorgehen nennt *Bayer*, ZGR 2002, 588, 591 die Metallgesellschaft AG.

539 *Hirte*, KK-WPÜG, § 33 Rn. 177; *Richter*, in: Semler/Volhard, Arbeitshandbuch für Unternehmensübernahmen, § 52 Rn. 141; *Krause*, AG 2002, 133, 141 f.

lungen eine doppelte Wirkung haben; zwar erschweren sie auf der einen Seite den von einem feindlichen Bieter beabsichtigten Austausch des Managements, auf der anderen Seite beeinträchtigen sie aber auch die Flexibilität der Gesellschaft.

cc. Entsendungsrechte

Eine weitere Maßnahme, durch die einem feindlichen Bieter die Auswechslung der Aufsichtsratsmitglieder und damit die Abberufung des Vorstands erschwert werden kann, stellt die satzungsmäßige Einräumung von Entsendungsrechten dar. Ein Aufsichtsratsmitglied, das aufgrund eines Entsendungsrechts berufen worden ist, kann gemäß § 103 Abs. 2 S. 1 AktG nur vom Entsendungsberechtigten wieder abberufen werden. Folglich ist die Auswechslung entsandter Aufsichtsratsmitglieder dem Einfluss eines feindlichen Bieters vollkommen entzogen.

Die Satzung kann das Recht zur Entsendung von Aktionärsvertretern in den Aufsichtsrat gemäß § 101 Abs. 2 S. 1 AktG entweder bestimmten Aktionären oder den Inhabern bestimmter Aktien einräumen. Die Knüpfung des Entsendungsrechts an bestimmte Aktien kommt allerdings nur für vinkulierte Namensaktien in Betracht.[540] In beiden Fällen werden Entsendungsrechte durch eine einfache Satzungsänderung eingeführt. Da Aktien, die ein Entsendungsrecht gewähren, gemäß § 101 Abs. 2 S. 3 AktG keine eigene Aktiengattung im Sinne des § 11 AktG darstellen, ist eine weitere Zustimmung der anderen Aktionäre nach § 179 Abs. 3 AktG bei der Einräumung des Entsendungsrechts nicht erforderlich.[541]

Der Entzug des Entsendungsrechts bedarf neben einer Satzungsänderung der Zustimmung des Entsendungsberechtigten, da es ein Sonderrecht im Sinne des § 35 BGB darstellt.[542] Die Höchstzahl der Aufsichtsratsmitglieder, die aufgrund von Entsendungsrechten bestellt werden können, ist durch § 101 Abs. 2 S. 4 AktG auf ein Drittel der gesetzlich oder satzungsmäßig vorgesehenen Aktionärsvertreter begrenzt. Daher kann allein durch die Einräumung von Entsendungsrechten zwar nicht verhindert werden, dass ein feindlicher Bieter nach einer erfolgreichen Übernahme Aufsichtsrat und Vorstand vorzeitig auswechselt, jedoch kann die Durchführung der Managementauswechslung zumindest erschwert werden.[543]

Eine ungleich größere Abwehrwirkung kommt dieser Maßnahme wiederum bei Gesellschaften zu, die der paritätischen Mitbestimmung nach dem MitbestG unterliegen. Hier kann die Einräumung von Entsendungsrechten an verwaltungstreue Aktionäre dazu führen, dass der Bieter, auch nachdem er eine qualifizierte Mehrheit in der Hauptversammlung erlangt hat, gegen den gemeinsamen Willen der Arbeitnehmervertreter und der entsandten Aufsichtsratsmitglieder eine Neubesetzung des Vorstands nicht durchsetzen kann, da er sich unter Umständen mit einer opponierenden Mehrheit

---

540 § 101 Abs. 2 S. 2 AktG.

541 *Hüffer*, AktG, § 101 Rn. 8.

542 *Hüffer*, AktG, § 101 Rn. 8; *Mertens*, KK-AktG, § 101 Rn. 40; *Semler*, MüKo-AktG, § 101 Rn. 63; *Geßler*, in: Geßler/Hefermehl, AktG, § 101 Rn. 61.

543 Vgl. *Hoffmann-Becking*, in: Hoffmann-Becking, Handbuch des Gesellschaftsrechts Bd. IV, § 30 Rn. 21.

von fünf Sechsteln im Aufsichtsrat konfrontiert sieht.[544] Sofern es ihm nicht gelingt, sich mit den Arbeitnehmern zu arrangieren, kann sein Einfluss auf Maßnahmen der Geschäftsleitung auf absehbare Zeit vollkommen verhindert werden.[545]

dd. Besondere Wahlbestimmungen

Aufsichtsratsmitglieder, die weder von Entsendungsberechtigten noch von Arbeitnehmervertretern bestellt werden, werden gemäß §§ 101 Abs. 1 S. 1, 133 Abs. 1 AktG grundsätzlich durch einfachen Mehrheitsbeschluss von der Hauptversammlung gewählt. Durch die Satzung können jedoch nach § 133 Abs. 2 AktG abweichende Wahlbestimmungen getroffen werden. Um den Einfluss eines feindlichen Bieters auf die Besetzung des Aufsichtsrats zu vermindern, kann das gesetzliche Erfordernis der einfachen Stimmenmehrheit sowohl erleichtert als auch erschwert werden.[546]

(1) Erleichterte Wahlbestimmungen

Wird in der Satzung vorgesehen, dass bei der Wahl zum Aufsichtsrat nur die relative Mehrheit der abgegebenen Stimmen erforderlich ist, oder dass sich die Zusammensetzung des Aufsichtsrats nach der Verhältniswahl bestimmt,[547] so haben verwaltungstreue Aktionäre auch nach einer erfolgreichen Übernahme die Möglichkeit, bei entsprechender Koordinierung ihrer Stimmen Mitglieder in den Aufsichtsrat zu entsenden und so den Einfluss des feindlichen Bieters auf die Verwaltung zumindest zu beschränken.[548] Bei Gesellschaften, die der paritätischen Mitbestimmung unterliegen, hat die Bestellung eines zusätzlichen verwaltungstreuen Aufsichtsratsmitglieds wiederum ungleich größere Abwehrwirkung, da es einem feindlichen Bieter unmöglich ist, Personalentscheidungen in Bezug auf den Vorstand zu treffen, sofern die Arbeitnehmervertreter mit dem verwaltungstreuen Mitglied kooperieren.[549]

---

544 Vgl. *Röh*, in: Haarmann/Riehmer/Schüppen, WpÜG, § 33 Rn. 60.

545 *Assmann/Bozenhardt*, in: Assmann/Basaldua, Übernahmeangebote, S. 1, 139; *Brandi*, in: Thaeter/Brandi, Öffentliche Übernahmen, Teil 3 Rn. 581; *Herrmann*, Zivilrechtliche Abwehrmaßnahmen, S. 81.

546 *Richter*, in: Semler/Volhard, Arbeitshandbuch für Unternehmensübernahmen, § 52 Rn. 145 f.; *Krause*, AG 2002, 133, 142.

547 Die Zulässigkeit der Verhältniswahl ist umstritten. Ablehnend dazu *Mertens*, KK-AktG, § 101 Rn. 14; *Semler*, MüKo-AktG, § 101 Rn. 55; *Geßler*, in: Geßler/Hefermehl, AktG, § 101 Rn. 29; *Hoffmann-Becking*, in: Hoffmann-Becking, Handbuch des Gesellschaftsrechts Bd. IV, § 30 Rn. 15; für eine Zulässigkeit der Verhältniswahl *Hüffer*, AktG, § 133 Rn. 33; *Zöllner*, KK-AktG, § 133 Rn. 94; *Semler*, in: Hoffmann-Becking, Handbuch des Gesellschaftsrechts Bd. IV, § 39 Rn. 86; *Krause*, AG 2002, 133, 142.

548 *Hirte*, KK-AktG, § 33 Rn. 177; *Assmann/Bozenhardt*, in: Assmann/Basaldua, Übernahmeangebote, S. 1, 139; *Richter*, in: Semler/Volhard, Arbeitshandbuch für Unternehmensübernahmen, § 52 Rn. 145.

549 *Brandi*, in: Thaeter/Brandi, Öffentliche Übernahmen, Teil 3 Rn. 582; *Krause*, AG 2002, 133, 142.

(2) Erhöhte Wahlbestimmungen

Wird das Stimmenerfordernis durch die Satzung dagegen erhöht, z.B. auf eine qualifizierte Stimmen- oder Kapitalmehrheit, so kann der Bieter auch nach dem Erwerb einer Mehrheitsbeteiligung den Aufsichtsrat nicht einseitig mit Personen seines Vertrauens besetzen. Vielmehr muss er sich bei der Besetzung mit der verbliebenen verwaltungstreuen Aktionärsminderheit arrangieren.[550] Eine schnelle Auswechslung der Verwaltung kann dadurch erheblich erschwert werden.

Allerdings behindern derartige Wahlbestimmungen die Auswechslung der Verwaltung auch außerhalb einer Übernahmesituation und beeinträchtigen damit die Flexibilität der Gesellschaft.[551]

ee. Besondere persönliche Voraussetzungen

Daneben besteht nach § 100 Abs. 4 AktG die Möglichkeit, in der Satzung besondere persönliche Voraussetzungen für die von der Hauptversammlung zu wählenden Aufsichtsratsmitglieder festzulegen.[552] Eine solche Bestimmung von besonderen Qualifikationsmerkmalen könnte grundsätzlich dazu geeignet sein, die Neubesetzung des Aufsichtsrats für einen feindlichen Bieter zu erschweren, wenn die Auswahlkriterien, die erfüllt werden müssen, so eng gezogen werden können, dass der feindliche Bieter sie durch seine Vertrauensleute nicht ohne Weiteres erfüllen kann.

In welchem Umfang die Satzung den Kreis der wählbaren Personen einschränken kann, ist nicht abschließend geklärt. Unproblematisch ist nach allgemeiner Auffassung die Beschränkung auf deutsche Staatsangehörige oder auf Aktionäre der Gesellschaft.[553] Ob auch die Zugehörigkeit zu einer Familie ein zulässiges Qualifikationsmerkmal sein kann, ist dagegen umstritten.[554] Die Grenze der Zulässigkeit ist jedenfalls überschritten, wenn die satzungsmäßigen Voraussetzungen derart eng sind, dass sie auf ein verkapptes Entsendungsrecht hinauslaufen und von einer freien Auswahl der Hauptversammlung nicht mehr die Rede sein kann.[555]

Eigenschaften, die sich innerhalb dieser Zulässigkeitsschranken halten, dürften aber auch vom Bieter ohne Schwierigkeiten zu erfüllen sein. Die Aufstellung besondere persönlicher Voraussetzungen ist daher allenfalls in sehr eingeschränktem Umfang

---

550 *Assmann/Bozenhardt*, in: Assmann/Basaldua, Übernahmeangebote, S. 1, 139; *Richter*, in: Semler/Volhard, Arbeitshandbuch für Unternehmensübernahmen, § 52 Rn. 146.

551 Vgl. *Underhill/Austmann*, in: Payne, Takeovers, S. 87, 101.

552 Ausgenommen sind lediglich Aufsichtsratsmitglieder, die an Wahlvorschläge nach dem MontanMitbestG gebunden sind, vgl. *Semler*, MüKo-AktG, § 100 Rn. 59; *Hoffmann-Becking*, in: Hoffmann-Becking, Handbuch des Gesellschaftsrechts Bd. IV, § 30 Rn. 12.

553 *Hüffer*, AktG, § 100 Rn. 9; *Mertens*, KK-AktG, § 100 Rn. 28; *Semler*, MüKo-AktG, § 100 Rn. 64; *Geßler*, in: Geßler/Hefermehl, AktG, § 100 Rn. 45; *Hoffmann-Becking*, in: Hoffmann-Becking, Handbuch des Gesellschaftsrechts Bd. IV, § 30 Rn. 12.

554 Dafür: *Geßler*, in: Geßler/Hefermehl, AktG, § 100 Rn. 46; dagegen: *Mertens*, KK-AktG, § 100 Rn. 28; *Hüffer*, AktG, § 100 Rn. 9; *Semler*, MüKo-AktG, § 100 Rn. 63.

555 Vgl. RGZ 133, 90, 94; *Mertens*, KK-AktG, § 100 Rn. 28; *Hüffer*, AktG, § 100 Rn. 9; *Geßler*, in: Geßler/Hefermehl, AktG, § 100 Rn. 44.

geeignet, die Neubesetzung des Aufsichtsrats durch einen feindlichen Bieter zu erschweren.[556]

b. Vorstand

Neben satzungsmäßigen Vorkehrungen, durch die die Auswechslung des Aufsichtsrats erschwert wird, kommen zur Übernahmeprävention auch Maßnahmen in Betracht, die unmittelbar die Auswechslung des Vorstands behindern.

aa. Staffelung der Amtszeiten

Zur Prophylaxe gegen feindliche Übernahmen könnte auch beim Vorstand versucht werden, die Amtszeiten zu staffeln, damit nicht alle Vorstandsposten zum gleichen Termin zur Wiederwahl anstehen und der feindliche Bieter nicht die Möglichkeit hat, auf einen Schlag die Kontrolle über den Vorstand zu gewinnen.

Eine solche Staffelung kann jedoch durch die Satzung nicht verbindlich vorgeschrieben werden.[557] Nach der Kompetenzverteilung des § 84 Abs. 1 AktG fällt die Bestellung des Vorstands in die alleinige Zuständigkeit des Aufsichtsrats. Dieser kann nach freiem Ermessen die Amtsdauer der Vorstandsmitglieder festlegen. Sein Entscheidungsermessen kann durch eine von der Hauptversammlung beschlossene Satzungsregelung nicht eingeschränkt werden. Daher kann die Satzung dem Aufsichtsrat nicht verbindlich vorschreiben, für welchen Zeitraum die Vorstandsmitglieder bestellt werden sollen.[558]

Eine Staffelung kann in der Praxis allenfalls dadurch erreicht werden, dass ein mit dem Vorstand kooperierender Aufsichtsrat bei der Bestellung jedes einzelnen Vorstandsmitglieds eine bestimmte Amtszeit festlegt, die im Ergebnis zu unterschiedlichen Wiederbestellungszyklen führt.[559] Sobald ein feindlicher Bieter aber über die Mehrheit im Aufsichtsrat verfügt, kann er von dieser Praxis abweichen und die Amtszeit der neuen Vorstandsmitglieder nach eigenem Ermessen bestimmen.

Als verbindliche Regelung kann die Satzung nur die Höchstzahl der Vorstandsmitglieder festlegen, um zumindest eine verlässliche Vorsorge dafür zu treffen, dass ein vom feindlichen Bieter bestellter Aufsichtsrat nicht zusätzlich zu den amtierenden Vorstandsmitgliedern neue Vorstandsmitglieder bestellt, um so vorzeitig eine Vorstandsmehrheit zu erreichen.[560]

---

556 *Brandi*, in: Thaeter/Brandi, Öffentliche Übernahmen, Teil 3 Rn. 583; *Assmann/Bozenhardt*, in: Assmann/Basaldua, Übernahmeangebote, S. 1, 139; *Krause*, AG 2002, 133, 142.

557 *Hirte*, KK-WPÜG, § 33 Rn. 177; *Assmann/Bozenhardt*, in: Assmann/Basaldua, Übernahmeangebote, S. 1, 138; *Krause*, AG 2002, 133, 142.

558 *Mertens*, KK-AktG, § 84 Rn. 9, 17; *Hefermehl*, in: Geßler/Hefermehl, AktG, § 84 Rn. 24; *Assmann/Bozenhardt*, in: Assmann/Basaldua, Übernahmeangebote, S. 1, 138.

559 *Assmann/Bozenhardt*, in: Assmann/Basaldua, Übernahmeangebote, S. 1, 138.

560 *Hirte*, KK-WpÜG, § 33 Rn. 177; *Krause*, AG 2002, 133, 142.

bb. Vorzeitige Abberufung

Sofern der feindliche Bieter die erforderliche einfache Stimmenmehrheit im Aufsichtsrat erlangt hat, kann der Vorstand nach § 84 Abs. 3 AktG jederzeit abberufen werden. Die satzungsmäßige Statuierung einer qualifizierten Mehrheit ist nicht möglich.[561] Allerdings setzt eine vorzeitige Abberufung durch den Aufsichtsrat nach § 84 Abs. 3 S. 1 AktG einen wichtigen Grund voraus.

(1) Wichtiger Grund

Ein solcher liegt vor, wenn der Gesellschaft aufgrund bestimmter Umstände die Fortsetzung des Organverhältnisses bis zum Ablauf der Amtszeit nicht zugemutet werden kann.[562] Der Wechsel der Zusammensetzung der Aktionäre oder des Aufsichtsrats begründet für sich genommen keinen solchen wichtigen Grund.[563] Ebenso wenig stellt die Forderung eines neuen Mehrheitsaktionärs, den Vorstand mit Personen seines Vertrauens zu besetzen, einen wichtigen Grund dar.[564] Allerdings wird die Auffassung vertreten, ein wichtiger Grund für die Abberufung eines Vorstandsmitglieds liege vor, wenn aufgrund der Umstände des Einzelfalls berechtigte Zweifel daran bestehen, dass das Vorstandsmitglied sein Leitungsermessen unter loyaler Berücksichtigung unternehmenskonformer Interessen der neuen Mehrheit ausüben wird, etwa weil es den neuen Mehrheitsaktionär ablehnt.[565] Ein solcher Sachverhalt ist auch nach einer erfolgreichen feindlichen Übernahme denkbar.

(2) Vertrauensentzug

Nach § 84 Abs. 3 S. 2AktG stellt insbesondere der Vertrauensentzug durch die Hauptversammlung einen wichtigen Grund für die Vorstandsabberufung dar, es sei denn, dass das Vertrauen aus offenbar unsachlichen Gründen entzogen wurde.

In formeller Hinsicht setzt der Vertrauensentzug einen mit einfacher Stimmenmehrheit gefassten Hauptversammlungsbeschluss voraus. Ein Vertrauensentzug durch den neuen Mehrheitsgesellschafter außerhalb der Hauptversammlung ist indessen nicht

---

561 Vgl. *Hüffer*, AktG, § 108 Rn. 8; *Mertens*, KK-AktG, § 84 Rn. 9; *Hefermehl/Spindler*, MüKo-AktG, § 84 Rn. 95; *Hefermehl*, in: Geßler/Hefermehl, AktG, § 84 Rn. 12.

562 *Hüffer*, AktG, § 84 Rn. 26; *Mertens*, KK-AktG, § 84 Rn. 103; *Hefermehl*, in: Geßler/Hefermehl, AktG, § 84 Rn. 69.

563 *Mertens*, KK-AktG, § 84 Rn. 109; *Wiesner*, in: Hoffmann-Becking, Handbuch des Gesellschaftsrechts Bd. IV, § 20 Rn. 45.

564 *Mertens*, KK-AktG, § 84 Rn. 109; *Hefermehl/Spindler*, MüKo-AktG, § 84 Rn. 102.

565 *Mertens*, KK-AktG, § 84 Rn. 109; *Hefermehl/Spindler*, MüKo-AktG, § 84 Rn. 102; *Oltmanns/Unger*, in: AnwK-AktienR, Kap. 1 § 84 AktG Rn. 25; ähnlich *Peltzer*, ZIP 1989, 69, 76.

ausreichend.[566] In materieller Hinsicht ist lediglich erforderlich, dass der Vertrauensentzug nicht willkürlich oder rechtsmissbräuchlich ist.[567] Diesen Anforderungen genügt der Vertrauensentzug auch dann, wenn er seiner sachlichen Berechtigung nach zweifelhaft ist, oder wenn das Vorstandsmitglied bei einer Meinungsverschiedenheit über wesentliche Unternehmensentscheidungen objektiv im Recht ist.[568]

Daher dürfte es für einen feindlichen Bieter in der Regel ohne Weiteres möglich sein, Vorstandsmitgliedern, die sich der neuen Geschäftspolitik widersetzen, das Vertrauen durch die Hauptversammlung entziehen und diese dann durch den von ihm beherrschten Aufsichtsrat abberufen zu lassen.[569]

(3) Verschärfung der Mehrheitserfordernisse für Vertrauensentzug

Um den ansonsten nahezu problemlosen Entzug des Vertrauens durch einen vom Übernehmer veranlassten Beschluss der Hauptversammlung zu erschweren, können die Mehrheitserfordernisse für eine solche Beschlussfassung der Hauptversammlung verschärft werden.[570]

Durch eine Satzungsbestimmung, die für den Vertrauensentzug statt der einfachen eine qualifizierte Stimmenmehrheit vorsieht, kann ein Vorgehen nach § 84 Abs. 3 S. 2 AktG selbst für einen Bieter, der eine Mehrheitsbeteiligung an der Gesellschaft erworben hat, unmöglich gemacht werden.

Allerdings ist der feindliche Bieter auch in diesem Fall nicht daran gehindert, die Abberufung durch den von ihm kontrollierten Aufsichtsrat aus einem anderen wichtigen Grund und somit ohne Hauptversammlungsbeschluss vornehmen zu lassen.

Ebenso kann er die Abberufung eines missliebigen Vorstandsmitglieds vornehmen lassen, ohne dass ein Sachverhalt vorliegt, der die Anforderungen an einen wichtigen Grund erfüllt. Auch durch ein solches Vorgehen wird ein feindlicher Bieter sein Ziel, eine möglichst rasche Trennung vom amtierenden Vorstand herbeizuführen, in der Praxis erreichen können. Denn gemäß § 84 Abs. 3 S.4 AktG ist eine Abberufung aus wichtigem Grund wirksam bis ihre Unwirksamkeit rechtskräftig festgestellt wird. Wird der für die vorzeitige Abberufung des Vorstands geltend gemachte wichtige Grund in Frage gestellt, so zieht sich der Rechtsstreit über die Wirksamkeit der Abberufung regelmäßig über mehrere Jahre hin und überdauert somit die reguläre Amtszeit des abberufenen Vorstandsmitglieds. In Ansehung dieses Umstands ist die faktische

---

566 Vgl. BGH, WM 1962, 811; *Hüffer*, AktG, § 84 Rn. 30; *Hefermehl/Spindler*, MüKo-AktG, § 84 Rn. 104; *Hefermehl*, in: Geßler/Hefermehl, AktG, § 84 Rn. 72; *Wiesner*, in: Hoffmann-Becking, Handbuch des Gesellschaftsrechts Bd. IV, § 20 Rn. 49.

567 Vgl. BGHZ 13, 188, 193; *Mertens*, KK-AktG, § 84 Rn. 105; *Hüffer*, AktG, § 84 Rn. 29; *Hefermehl/Spindler*, MüKo-AktG, § 84 Rn. 106.

568 Vgl. BGH, AG 1975, 242, 244; *Hüffer*, AktG, § 84 Rn. 30; *Mertens*, KK-AktG, § 84 Rn. 105; *Wiesner*, in: Hoffmann-Becking, Handbuch des Gesellschaftsrechts Bd. IV, § 20 Rn. 48.

569 Vgl. *Schanz*, Börseneinführung, § 18 Rn. 30; ahnlich *Peltzer*, ZIP 1989, 69, 76.

570 *Brandi*, in: Thaeter/Brandi, Öffentliche Übernahmen, Teil 3 Rn. 577.

Trennung von Vorstandsmitgliedern in der Praxis auch ohne einen wichtigen Grund möglich.[571]

Folglich hat die Verschärfung des Mehrheitserfordernisses für den Entzug des Vertrauens in der Praxis allenfalls eine eingeschränkte präventive Wirkung gegen feindliche Übernahmeversuche.

cc. Qualifizierte Wahlbestimmungen

Eine satzungsmäßige Festlegung qualifizierter Wahlbestimmungen ist für die Bestellung des Vorstands nicht möglich. Da es sich bei der Vorstandswahl gemäß § 84 Abs. 1 S. 1 AktG um eine Entscheidung handelt, die der Aufsichtsrat kraft Gesetz zu treffen hat, ist § 108 Abs. 1 AktG in dem Sinne abschließend, dass die einfache Stimmenmehrheit für den Aufsichtsratsbeschluss genügen muss.[572]

dd. Besondere persönliche Voraussetzungen

Ebenso wie für den Aufsichtsrat können auch für die Vorstandsmitglieder in der Satzung besondere persönliche Auswahlkriterien festgelegt werden.[573] Jedoch müssen die satzungsmäßigen Qualifikationsmerkmale so gewählt werden, dass das Auswahlermessen des Aufsichtsrats erhalten bleibt.[574] Damit sind die möglichen Auswahlkriterien aber wiederum derart eingeschränkt, dass es einem feindlichen Bieter in der Praxis ohne Weiteres möglich sein sollte, eine Person seines Vertrauens mit derartigen Qualifikationen zu benennen.[575]

Wie bei der Bestellung des Aufsichtsrats kommt der Bestimmung besonderer persönlicher Voraussetzungen daher allenfalls eine eingeschränkte Erschwerungswirkung für die Auswechselung des Vorstands zu.

4. Fazit

Die im deutschen Aktienrecht zwingend vorgeschriebene Zweiteilung der Verwaltung, die für die Neubesetzung von Vorstand und Aufsichtsrats einzuhaltenden aktienrechtlichen Regeln sowie die für die Zusammensetzung des Aufsichtsrats maßgebliche Mitbestimmung der Arbeitnehmer behindern den raschen Austausch des Managements

---

571 Vgl. *Herrmann*, Zivilrechtliche Abwehrmaßnahmen, S. 85.

572 *Hüffer*, AktG, § 108 Rn. 8; *Mertens*, KK-AktG, § 84 Rn. 9; *Hefermehl*, in: Geßler/Hefermehl, AktG, § 84 Rn. 12.

573 *Hüffer*, AktG, § 76 Rn. 26; *Hefermehl*, in: Geßler/Hefermehl, AktG, § 84 Rn. 19; *Wiesner*, in: Hoffmann-Becking, Handbuch des Gesellschaftsrechts Bd. IV, § 20 Rn. 5; kritisch *Mertens*, KK-AktG, § 76 Rn. 116 f.

574 *Hüffer*, AktG, § 76 Rn. 26; *Hefermehl*, in: Geßler/Hefermehl, AktG, § 84 Rn. 19; *Wiesner*, in: Hoffmann-Becking, Handbuch des Gesellschaftsrechts Bd. IV, § 20 Rn. 5.

575 *Brandi*, in: Thaeter/Brandi, Öffentliche Übernahmen, Teil 3 Rn. 584; *Krause*, AG 2002, 133, 142.

einer Zielgesellschaft durch einen feindlichen Bieter nachhaltig und sind faktisch – zumindest für ausländische feindliche Bieter – wesentliche Mechanismen zur Verhinderung feindlicher Übernahmen.

Zum Teil wird wegen dieser gesetzlichen Vorgaben eine satzungsmäßige Verankerung zusätzlicher Vorkehrungen zur Erschwerung der Managementauswechslung gar nicht mehr für notwendig gehalten.[576] Sollte sich eine Gesellschaft jedoch zur Aufnahme weiterer Barrieren in ihrer Satzung entscheiden, so darf die Abwehrwirkung dieser zusätzlichen Maßnahmen nicht überschätzt werden. In der Praxis wird ein unerwünschtes Verwaltungsmitglied nach einer erfolgreichen Übernahme regelmäßig nicht lange im Amt bleiben. Wie schnell sich ein Übernehmer gegen den Widerstand des amtierenden Managements durchsetzen kann, hängt vor allem von der Affinität der betroffenen Verwaltungsmitglieder zur Gesellschaft und vom Vorgehen des Übernehmers ab. So wird sich ein Verwaltungsmitglied, das nur ein geringes Interesse an der Gesellschaft hat, nicht auf einen längeren Zermürbungskampf mit dem ungleich mächtigeren Übernehmer einlassen. Vielmehr wird es sich im Regelfall, insbesondere bei hinreichender Berücksichtigung seiner finanziellen Interessen, für die verbleibende Zeit der Organschaft entschädigen lassen und freiwillig aus dem Unternehmen ausscheiden.[577]

Zudem haben alle Maßnahmen, die die Auswechslung des Vorstands oder des Aufsichtsrats erschweren, eine doppelte Wirkung. Zwar können sie zur Abwehr eines feindlichen Bieters in einer Übernahmesituation dienen; jedoch beschränken sie auf der anderen Seite auch die Handlungsfähigkeit und Flexibilität der Gesellschaft außerhalb von Übernahmesituationen. Darüber hinaus bergen sie die Gefahr, dass die Verwaltung sich vom Einfluss der Aktionäre so weit abkoppelt, dass die Aktionäre ihren Einfluss auf die Geschäftstätigkeit verlieren.[578] Daher ist es ratsam, derartige Maßnahmen nur moderat einzusetzen.

B. Maßnahmen der Verwaltung

Die zweite Kategorie von Präventivmaßnahmen gegen feindliche Übernahmeangebote bilden Maßnahmen, die in die originäre Kompetenz der Verwaltung fallen und somit grundsätzlich ohne die Mitwirkung der Aktionäre vorgenommen werden können. Hierzu gehören die Eingehung gegenseitiger oder ringförmiger Beteiligungen, die Beteiligung an einer Sicherungs-GmbH, die Vereinbarung von change of control Klauseln in den Verträgen der Gesellschaft und die Vereinbarung hoher Abfindungszahlungen für die Mitglieder des Vorstands.

---

576 *Steinmeyer/Häger*, WpÜG, § 33 Rn. 54; *Michalski*, AG 1997, 152, 156; *Hauschka/Roth*, AG 1988, 181, 188.

577 *Steinmeyer/Häger*, WpÜG, § 33 Rn. 54; *Schanz*, Börseneinführung, § 18 Rn. 32; *Brandi*, in: Thaeter/Brandi, Öffentliche Übernahmen, Teil 3 Rn. 572; *Michalski*, AG 1997, 152, 156 f.

578 *Brandi*, in: Thaeter/Brandi, Öffentliche Übernahmen, Teil 3 Rn. 572; *Michalski*, AG 1997, 152, 156 f.

I. Gegenseitige und ringförmige Unternehmensbeteiligungen

Eine Gesellschaft kann sich dadurch vorbeugend gegen feindliche Übernahmeangebote schützen, dass sie mit anderen Unternehmen gegenseitige Beteiligungen oder ringförmige Beteiligungen eingeht. Gegenseitige Beteiligungen liegen vor, wenn Unternehmen unmittelbar aneinander Anteile halten. Von ringförmigen Beteiligungen spricht man dagegen, wenn in das Beteiligungsverhältnis weitere Unternehmen zwischengeschaltet sind, so dass nur eine mittelbare kapitalmäßige Verflechtung zwischen den kooperierenden Unternehmen vorliegt.[579] In beiden Fällen begründen die kooperierenden Gesellschaften wirtschaftlich eine Beteiligung an sich selbst.

Durch derartige Beteiligungsverhältnisse wird die Zahl der am Markt verfügbaren Aktien verringert und gleichzeitig der Aktienbestand, der sich in befreundeten Händen befindet, erhöht.[580] Infolgedessen wird der Erwerb einer Beteiligung, die einen kontrollierenden Einfluss auf die Gesellschaft verschafft, für einen feindlichen Bieter erheblich erschwert.[581] Denn dieser sieht sich nicht mehr mit einer Vielzahl unkoordinierter und unter Umständen veräußerungswilliger Kleinaktionäre, sondern vielmehr mit einem das Management der Zielgesellschaft unterstützenden Großaktionär konfrontiert. Darüber hinaus wirken gegenseitige und ringförmige Beteiligungen auf feindliche Bieter abschreckend, da sie regelmäßig die Loyalität zwischen den Verwaltungen der beteiligten Gesellschaften in einem nachfolgenden Übernahmekampf erhöhen. So muss der Bieter selbst nach einem Mehrheitserwerb an der Zielgesellschaft mit dem Widerstand des kooperierenden Unternehmens rechnen. Durch eine aktive Ausübung seiner Minderheitsrechte könnte das kooperierende Unternehmen z.B. die Durchführung eines squeeze-outs oder anderer notwendiger Umstrukturierungsmaßnahmen verhindern.[582] Der Anreiz für die Übernahme einer Gesellschaft, die über gegenseitige oder ringförmige Beteiligungen mit anderen Unternehmen verfügt, wird daher erheblich verringert.

Zu bedenken ist allerdings, dass ein befreundetes Unternehmen, welches einen nennenswerten Aktienbestand an einer übernahmebedrohten Gesellschaft hält, unter Umständen selbst zum feindlichen Bieter werden kann.[583] Zwar dürfte diese Gefahr

579 Zum Aufbau einer Ringbeteiligung sind mindestens drei Gesellschaften notwendig. Dabei hält die potentielle Zielgesellschaft A Anteile an der Gesellschaft B und die Gesellschaft B Anteile an der Gesellschaft C, die wiederum an Gesellschaft A beteiligt ist. Vgl. dazu *Windblicher*, GK-AktG, § 19 Rn. 36; ausführlich zum Begriff der Ringbeteiligung *Korch*, Ringbeteiligungen von Aktiengesellschaften, S. 1 ff.

580 *Hirte*, KK-WpÜG, § 33 Rn. 181; *Röh*, in: Haarmann/Riehmer/Schüppen, WpüG, § 33 Rn. 87; *Schanz*, Börseneinführung, § 18 Rn. 48; *Brandi*, in: Thaeter/Brandi, Öffentliche Übernahmen, Teil 3 Rn. 522; *Herrmann*, Zivilrechtliche Abwehrmaßnahmen, S. 53; *Assmann/Bozenhardt*, in: Assmann/Basaldua, Übernahmeangebote, S. 1, 134; *Otto*, DB-Beilage 12/1988, 1, 10.

581 *Richter*, in: Semler/Volhard, Arbeitshandbuch für Unternehmensübernahmen, § 52 Rn. 85; *Lüttmann*, Kontrollwechsel in Kapitalgesellschaften, S. 172; *Krause*, AG 2002, 133, 140.

582 *Brandi*, in: Thaeter/Brandi, Öffentliche Übernahmen, Teil 3 Rn. 522; *Lüttmann*, Kontrollwechsel in Kapitalgesellschaften, S. 172; *Krause*, AG 2002, 133, 140

583 Zum Teil wird daher eine zusätzliche vertragliche Regelung zwischen den Gesellschaften für notwendig gehalten, um die gegenseitige Loyalität zu sichern, vgl. dazu *Hopt*, WM-Festgabe für Heinsius 1991, S. 22, 29; *Weimar/Breuer*, BB 1991, 2309, 2319.

aufgrund der Gegenseitigkeit der Kooperation und der Tatsache, dass die Unternehmen durch das Beteiligungsgeflecht wirtschaftlich eine Beteiligung an sich selbst halten, eher als gering einzuschätzen sein, solange sich die Herrschaftsverhältnisse bei den kooperierenden Unternehmen nicht ändern.[584] Die Situation kann sich jedoch schlagartig ändern, wenn das befreundete Unternehmen durch eine Übernahme seinerseits in feindliche Hände fällt. Um einen effektiven Schutz vor feindlichen Übernahmen zu gewähren, sollte das kooperierende Unternehmen daher auf Dauer willens und wirtschaftlich in der Lage sein, die Aktien der Zielgesellschaft zu halten.[585]

1. Bedeutung von gegenseitigen und ringförmigen Beteiligungen in der Praxis

In Deutschland haben gegenseitige und ringförmige Unternehmensverflechtungen seit langer Zeit eine herausragende Bedeutung für die Prävention feindlicher Übernahmen.[586] So besitzen 75 bis 80 Prozent der deutschen Aktiengesellschaften einen Aktionär, der mehr als 25 Prozent ihrer Stimmrechte hält.[587] Bei der Hälfte dieser Großaktionäre handelt es sich um Unternehmen.[588] Aufgrund der komplizierten und weit verästelten Beteiligungen zwischen bedeutenden deutschen Aktiengesellschaften wurde für die deutsche Unternehmenslandschaft der Begriff „Deutschland AG" geprägt.[589]

Allerdings führen gegenseitige und ringförmigen Beteiligungen zu nicht unwesentlichen Nebenwirkungen, die ihre Attraktivität für einen Einsatz als Präventivmaßnahme zur Abwehr feindlicher Übernahmeversuche beeinträchtigen. So binden sie Kapital, das der Gesellschaft zur Verfolgung ihrer Geschäftstätigkeit nicht mehr zur Verfügung steht, vermehren die Autonomie des Managements und beeinträchtigen die Flexibilität der beteiligten Unternehmen am Markt.[590] Wegen dieser Nebenwirkungen

---

[584] Vgl. *Lüttmann*, Kontrollwechsel in Kapitalgesellschaften, S. 173; *Brandi*, in: Thaeter/Brandi, Öffentliche Übernahmen, Teil 3 Rn. 523.

[585] *Schwennicke*, in: Geibel/Süßmann, WpÜG, § 33 Rn. 67; *Richter*, in: Semler/Volhard, Arbeitshandbuch für Unternehmensübernahmen, § 52 Rn. 93.

[586] Vgl. *Schanz*, Börseneinführung, § 18 Rn. 48; *Assmann/Bozenhardt*, in: Assmann/Basaldua, Übernahmeangebote, S. 1, 134; *Weisner*, Verteidigungsmaßnahmen gegen unfreundliche Übernahmeversuche, S. 235; *Weimar/Breuer*, BB 1991, 2309, 2319; *Bayer*, ZGR 2002, 588, 596; *Adams*, AG 1994, 148, 153.

[587] *Van der Elst*, in: Hopt/Wymeersch, Capital Markets and Company Law, S. 3, 40 f.; *Wackerbarth*, ZGR 2005, 686, 691.

[588] *Van der Elst*, in: Hopt/Wymeersch, Capital Markets and Company Law, S. 3, 40 f.; *Wackerbarth*, ZGR 2005, 686, 710;

[589] Vgl. dazu *Wastl/Wagner*, Wechselseitige Beteiligungen, S. 18 f.; *Gerke/Bank/Steiger*, in: Hopt/Wymeersch, Capital Markets and Company Law, S. 357, 382; *Meitner/Sofka*, M&A Review 2003, 360, 362; *Emmerich*, NZG 1998, 622, 623; *Adams*, AG 1994, 148; *Mülbert/Birke*, WM 2001, 705, 716 f.; *Ulmer*, AcP 202 (2002), 143, 155; *Wackerbarth*, ZGR 2005, 686, 710; im angloamerikanischen Raum wird dieser Zustand auch mit der drastischen Bezeichnung „german disease" beschrieben.

[590] Ausführlich zu den negativen Auswirkungen von Ringbeteiligungen *Korch*, Ringbeteiligungen von Aktiengesellschaften, S. 16 ff.; *Wastl/Wagner*, Wechselseitige Beteiligungen, S. 20 ff.; dazu auch *Schanz*, Börseneinführung, § 18 Rn. 48; *Rümker*, FS Heinsius, S. 683, 703; *Richter*, in: Semler/Volhard, Arbeitshandbuch für Unternehmensübernahmen, § 52 Rn. 96; *Ass-*

und der seit 1. Januar 2002 geltenden Steuerfreiheit für Gewinne aus der Veräußerung von Unternehmensbeteiligungen[591] werden gegenseitige und ringförmige Beteiligungen gegenwärtig eher ab- als aufgebaut.[592] Darüber hinaus hat die ablehnende Haltung internationaler Investoren den Aufbau solcher Beteiligungsstrukturen eingeschränkt.[593]

Gleichwohl existieren gegenseitige und ringförmige Beteiligungen derzeit noch in größerem Maße als vielfach angenommen wird.[594] Auch das wohl bekannteste Beteiligungsgeflecht zwischen der Allianz AG, der Deutsche Bank AG, der Dresdner Bank AG und der Münchener Rück AG besteht weiterhin fort.[595] Der Fortbestand der Deutschland AG lässt sich damit erklären, dass die Nebenwirkungen von gegenseitigen und ringförmigen Beteiligungen durch die wirtschaftlichen Vorteile aufgewogen werden können, die sich für die Unternehmen aus der Kooperation in einer durch das Beteiligungsgeflecht untermauerten strategischen Allianz ergeben.[596]

2. Aufbau von gegenseitigen und ringförmigen Beteiligungen

Gegenseitige und ringförmige Beteiligungen können zum einen durch eine Aktienausgabe zwischen den kooperierenden Unternehmen aufgebaut werden. Dafür bietet sich die Schaffung von genehmigtem Kapital unter Bezugsrechtsausschluss nach den §§ 202, 203 AktG an.[597]

Ein genehmigtes Kapital, das zum Zwecke des Erwerbs von Unternehmensbeteiligungen gegen Sacheinlagen geschaffen worden ist, kann der Vorstand innerhalb

---

mann/Bozenhardt, in: Assmann/Basaldua, Übernahmeangebote, S. 1, 135; *Bayer*, ZGR 2002, 588, 597.

591 Vgl. § 8 b Abs. 2 KStG.

592 *Gerke/Bank/Steiger*, in: Hopt/Wymeersch, Capital Markets and Company Law, S. 357, 383; *Krause*, AG 2002, 133, 140; *Bayer*, ZGR 2002, 588, 597.

593 *Wastl*, NZG 2000, 505, 510; zur allgemeinen Ablehnung undurchschaubarer Unternehmensverbindungen durch internationale Anleger und deren gestiegenem Einfluss in Deutschland *Ulmer*, AcP 202 (2002), 143, 144 ff. und *Adams*, AG 1994, 148.

594 Vgl. *Emmerich*, in: Emmerich/Habersack, Konzernrecht, § 19 Rn. 4, der davon ausgeht, dass ein Großteil dieser Beteiligungen trotz des ständigen Ausbaus der Mitteilungspflichten nach den §§ 20 f. AktG und §§ 21 ff. WpHG noch gar nicht bekannt geworden ist. So auch *Wastl/Wagner*, AG 1997, 241, 243; ähnlich *Hopt*, in: Hopt/Wymeersch, Capital Markets and Company Law, S. 289, 299. Eine Übersicht über die Beteiligungsverhältnisse börsennotierter Gesellschaften in Deutschland, welche die weiterhin bestehende Bedeutung von gegenseitigen Beteiligungen belegt, findet sich bei *van der Elst*, in: Hopt/Wymeersch, Capital Markets and Company Law, S. 3, 40. Auch die Volkswagen AG soll schon Gespräche mit anderen Gesellschaften über die Eingehung wechselseitiger Beteiligungen zur Übernahmeabwehr geführt haben, nachdem bekannt geworden ist, dass die Europäische Kommission das im VW-Gesetz vorgesehene Höchststimmrecht für europarechtswidrig hält. Vgl. dazu *Süddeutsche Zeitung* vom 10. September 2001, S. 1; *Krause*, AG 2002, 133, 135 Fn. 37.

595 *Van der Elst*, in: Hopt/Wymeersch, Capital Markets and Company Law, S. 3, 44 f.; *Becht/Böhmer*, in: Barca/Becht, The Control of Cororate Europe, S. 128, 134.

596 Vgl. *Rümker*, FS Heinsius, S. 683, 703 f.; *Korch*, Ringbeteiligungen von Aktiengesellschaften, S. 81 f. mit zahlreichen Beispielen für wirtschaftlich vorteilhafte strategische Allianzen.

597 Siehe hierzu ausführlich Teil 1 § 3 C I 2.

des Ermächtigungszeitraums flexibel ausnutzen, um bei günstiger Gelegenheit ein Aktienpaket bei einem anderen Unternehmen gegen eine Beteiligung an diesem Unternehmen zu platzieren. Allerdings ist diese Vorgehensweise mit einem nicht unerheblichen Verfahrensaufwand verbunden und macht in jedem Falle die Zustimmung der Hauptversammlung notwendig.[598]

Um dieses Verfahren zu vermeiden, können die kooperierenden Unternehmen alternativ gegenseitige oder ringförmige Aktienbeteiligungen über den Kapitalmarkt aufbauen.[599] Auch bei einem solchen Beteiligungserwerb stellt sich jedoch die Frage, ob der Vorstand rechtlichen Beschränkungen unterliegt, oder ob er Beteiligungen an anderen Unternehmen ohne Weiteres erwerben kann.

a. Bindung an den Unternehmensgegenstand

Der Vorstand einer Aktiengesellschaft ist beim Erwerb von Unternehmensbeteiligungen an den nach § 23 Abs. 3 Nr. 2 AktG in der Satzung festgelegten Unternehmensgegenstand gebunden.[600] Er darf eine unternehmerische Beteiligung an einem anderen Unternehmen nur erwerben, wenn sich der Unternehmensgegenstand der erwerbenden Gesellschaft und der Unternehmensgegenstand der erworbenen Gesellschaft im Kernbereich decken.[601] Demgemäß kann eine Gesellschaft mangels anderweitiger Satzungsbestimmung nur mit solchen Unternehmen gegenseitige oder ringförmige Beteiligungen aufbauen, die den Schwerpunkt ihrer Geschäftstätigkeit in der gleichen Branche haben. Beabsichtigt der Vorstand, beim Erwerb einer Unternehmensbeteiligung die Beschränkung des § 23 Abs. 3 Nr. 2 AktG zu überschreiten, so bedarf die Maßnahme einer Satzungsänderung durch die Hauptversammlung.[602]

Angesichts der weiten Umschreibung moderner Unternehmensgegenstände und der Verwendung von Hilfszweck- und Dienlichkeitsklauseln dürfte sich diese materielle Schranke in der Praxis allerdings kaum nachhaltig auswirken.[603]

---

598 Ähnlich *Assmann/Bozenhardt*, in: Assmann/Basaldua, Übernahmeangebote, S. 1, 134.

599 *Wastl*, NZG 2000, 505, 509.

600 Vgl. *Wiedemann*, GK-AktG, § 179, Rn. 58; *Geßler*, FS Stimpel, S. 771, 782; *Wollburg/Gehling*, FS Lieberknecht, S. 133, 138 ff.; *Krieger*, in: Hoffmann-Becking, Handbuch des Gesellschaftsrechts Bd. IV, § 69 Rn. 3; *Fleischer*, ZIP 2005, 141, 143.

601 Vgl. OLG Hamburg, ZIP 1980, 1000, 1006; *Kubis*, MüKo-AktG, § 119 Rn. 66; *Koppensteiner*, KK-AktG, Vorb. § 291 Rn. 60; *Krieger*, in: Hoffmann-Becking, Handbuch des Gesellschaftsrechts Bd. IV, § 69 Rn. 3; *Lutter*, FS Stimpel, S. 825, 846 f.; *Timm*, Die Aktiengesellschaft als Konzernspitze, S. 100 ff.; *Wiedemann*, Gesellschaftsrecht I, S. 329; *Groß*, AG 1994, 266, 268. Das gilt allerdings nur für den Erwerb einer unternehmerischen Beteiligung, nicht dagegen für reine Finanzanlagen, die zu reinen Anlagezwecken erworben werden. Für diese fordert die herrschende Literaturmeinung eine ausdrückliche Satzungsermächtigung. Vgl. dazu *Koppensteiner*, KK-AktG, Vorb. 291 Rn. 61; *Timm*, Die Aktiengesellschaft als Konzerspitze, S. 96 f.; *Groß*, AG 1994, 266, 268.

602 *Kraft*, KK-AktG, § 23 Rn. 53; *Koppensteiner*, KK-AktG, Vorb. § 291 Rn. 60; *Hüffer*, AktG, § 179 Rn. 9; *Lutter/Leinekugel*, ZIP 1998, 225, 226 ff.

603 Vgl. *Kubis*, MüKo-AktG, § 119 Rn. 31; *Geßler*, FS Stimpel, S. 771, 782 f.; *Lutter*, FS Stimpel, S. 825, 846 f.; *Bungert*, NJW 1998, 488, 491; *Liebscher*, ZGR 2005, 1, 4.

b. Ermächtigung in der Satzung

Auch wenn die Unternehmensgegenstände zweier Gesellschaften im Kernbereich übereinstimmen, ist nach überwiegender Auffassung eine Satzungsermächtigung zum gegenseitigen Beteiligungserwerb erforderlich.[604]

Begründet wird diese Ansicht damit, dass die mittelbare Unternehmensführung durch Beteiligungsgesellschaften sachlich und rechtlich etwas anderes sei als die unmittelbare Unternehmensführung in der Einheitsgesellschaft.[605] Daher müsse der Beteiligungserwerb nicht nur in sachlicher Hinsicht, sondern auch in organisatorischer Hinsicht als solcher in der Satzung zugelassen sein. Die Satzung müsse also bestimmen, ob die unternehmerische Betätigung der Gesellschaft durch Tochter- oder Beteiligungsgesellschaften durchgeführt werden dürfe.

Da die Ermächtigung zum Beteiligungserwerb in Gestalt der sogenannten „Konzernklausel" heute jedoch Routinebestandteil der meisten Satzungen von börsennotierten Aktiengesellschaften ist, ist auch diese Einschränkung des Vorstandshandelns regelmäßig ohne praktische Bedeutung.[606]

c. Zustimmung der Hauptversammlung

Sind die satzungsmäßigen Voraussetzungen für einen Beteiligungserwerb erfüllt, stellt sich weiterhin die Frage, ob zusätzlich eine Zustimmung der Hauptversammlung erforderlich ist.

Der Erwerb von Unternehmensbeteiligungen stellt grundsätzlich eine Geschäftsführungsmaßnahme dar, die der Vorstand im Rahmen seiner Leitungsbefugnis nach § 76 Abs. 1 AktG in eigener Verantwortung treffen kann.[607] Zwar kann für derartige Geschäftsführungsmaßnahmen im Einzelfall eine Zuständigkeit der Hauptversammlung begründet werden, indem der Vorstand die Hauptversammlung nach § 119 Abs. 2 AktG über die zu treffende Maßnahme entscheiden lässt. Ob der Vorstand die Hauptversammlung einbezieht, steht jedoch grundsätzlich in seinem freien

---

604 So *Kubis*, MüKo-AktG, § 119 Rn. 66; *Koppensteiner*, KK-AktG, Vorb. § 291 Rn. 62 f.; *Wiedemann*, GK-AktG, § 179 Rn. 64; *Timm*, Die Aktiengesellschaft als Konzernspitze, S. 88 ff., 117 ff., 128 ff.; *Lutter*, FS Stimpel, S. 825, 847 f.; *Krieger*, in: Hoffmann-Becking, Handbuch des Gesellschaftsrechts Bd. IV, § 69 Rn. 4; *Groß*, AG 1994, 266, 270; *Liebscher*, ZGR 2005, 1, 4; a.A. OLG Hamburg, ZIP 1980, 1000, 1006; *Henze*, FS Ulmer, S. 211, 217; *Westermann*, ZGR 1984, 352, 362; *Götz*, AG 1984, 85, 89.

605 *Wiedemann*, GK-AktG, § 179 Rn. 64; *Koppensteiner*, KK-AktG, Vorb. § 291 Rn. 62; *Krieger*, in: Hoffmann-Becking, Handbuch des Gesellschaftsrechts Bd. IV, § 69 Rn. 4; *Lutter*, FS Stimpel, S. 825, 847.

606 *Krieger*, in: Hoffmann-Becking, Handbuch des Gesellschaftsrechts Bd. IV, § 69 Rn. 4; *Lutter*, FS Stimpel, S. 825, 847 Fn. 91; *Groß*, AG 1994, 266, 269; *Liebscher*, ZGR 2005, 1, 4 f.; Beispiele für gängige Konzernklauseln finden sich bei *Koppensteiner*, KK-AktG, Vorb. § 291 Rn. 64.

607 Vgl. BGHZ 83, 122, 132; *Kort*, GK-AktG, § 76 Rn. 88; *Mertens*, KK-AktG, § 76 Rn. 51; *Krieger*, in: Hoffmann-Becking, Handbuch des Gesellschaftsrechts Bd. IV, § 69 Rn. 7; *Lüttmann*, Kontrollwechsel in Kapitalgesellschaften, S. 173; *Renner*, NZG 2002, 1091, 1094; *Wagner*, DStR 2004, 141.

Ermessen. Eine zwingende Zuständigkeit der Hauptversammlung besteht nur, wenn nach den vom Bundesgerichtshof in der *Holzmüller*-Entscheidung[608] aufgestellten Grundsätzen eine Ermessensreduzierung auf Null mit dem Ergebnis stattfindet, dass der Vorstand verpflichtet ist, die Zustimmung der Hauptversammlung nach § 119 Abs. 2 AktG einzuholen.

aa. Grundsätze der *Holzmüller*-Entscheidung

Nach den *Holzmüller*-Grundsätzen bedürfen Maßnahmen des Vorstands, die formal noch von seiner Geschäftsführungsbefugnis gedeckt sind, aber so tief in die Mitgliedsrechte der Aktionäre und deren im Anteilseigentum verkörpertes Vermögensinteresse eingreifen, dass der Vorstand vernünftigerweise nicht annehmen kann, er dürfe sie in ausschließlich eigener Verantwortung treffen, der Zustimmung der Hauptversammlung.[609] Der Bundesgerichtshof hat diese Anforderungen im *Holzmüller*-Urteil für den Fall einer Ausgliederung, die sich im Kernbereich der Gesellschaft abspielte, den wertvollsten Betriebsteil ausmachte und die Unternehmensstruktur grundlegend änderte, bejaht.

Nach anfänglichem massivem Widerspruch vor allem durch die Praxis werden das Urteil und die darin aufgestellten Grundsätze inzwischen sowohl durch die nachfolgende instanzgerichtliche Rechtsprechung und die Wissenschaft als auch in der Praxis durchgehend anerkannt.[610]

bb. Bestätigung und Klarstellung durch die *Gelatine*-Entscheidungen

Der Bundesgerichtshof hat seine Rechtsprechung kürzlich in den beiden *Gelatine*-Entscheidungen[611] bestätigt und bis dato bestehende Unklarheiten der *Holzmüller*-Grundsätze ausgeräumt.

(1) Dogmatische Grundlage

So war insbesondere umstritten, ob – wie es der Bundesgerichtshof gesehen hat – die Zustimmungsbedürftigkeit von Geschäftsführungsmaßnahmen des Vorstands ihre

608 BGHZ 83, 122; siehe auch die nachfolgenden *Gelatine*-Urteile des Bundesgerichtshofs, BGH, WM 2004, 1085 und BGH, WM 2004, 1090.

609 BGHZ 83, 122, 131.

610 *Nirk*, in: Nirk/Reuter/Bächle, Handbuch der Aktiengesellschaft, Rn. 1086; vgl. auch die ausführlichen Nachweise zu Rechtsprechung und Literatur bei *Mülbert*, GK-AktG, § 119 Rn. 19; *Habersack*, in: Emmerich/Habersack, Konzernrecht, Vorb. § 311 Rn. 33; *Hüffer*, AktG, § 119 Rn. 16 ff.

611 Siehe das *Gelatine I*-Urteil, BGH, WM 2004, 1085 und das *Gelatine II*-Urteil, BGH, WM 2004, 1090; vgl. auch die Besprechungen von *Habersack*, in: Emmerich/Habersack, Konzernrecht, Vorb. 311 Rn. 40 ff.; *Koppensteiner*, DK 2004, 381 ff.; *Fleischer*, NJW 2004, 2335 ff.; *Götze*, NZG 2004, 585 ff.; *Bungert*, BB 2004, 1345 ff.; *Fuhrmann*, AG 2004, 339 ff.; *Liebscher*, ZGR 2005, 1 ff.

dogmatische Grundlage in der Vorschrift des § 119 Abs. 2 AktG hat,[612] oder ob die Hauptversammlungskompetenz im Wege der Einzel- bzw. Gesamtanalogie aus den aktien- und umwandlungsrechtlichen Vorschriften herzuleiten ist, die die Wirksamkeit wesentlicher gesellschaftsrechtlicher Strukturentscheidungen an die Zustimmung der Hauptversammlung knüpfen.[613] In seinen beiden *Gelatine*-Entscheidungen hat der Bundesgerichtshof nunmehr klargestellt, dass der ungeschriebene Zustimmungsvorbehalt der Hauptversammlung als Ergebnis einer „offenen richterlichen Rechtsfortbildung" anzusehen ist, die die zutreffenden Elemente der beiden Erklärungsansätze verbindet.[614] Die Ableitung der Zustimmungsbedürftigkeit von Geschäftsführungsmaßnahmen aus § 119 Abs. 2 AktG rechtfertigt es auf der einen Seite, dass das Zustimmungserfordernis allein das Innenverhältnis zwischen den Organen betrifft und die uneingeschränkte Außenvertretungsmacht des Vorstands hiervon nicht berührt wird. Auf der anderen Seite geben die gesetzlich festgelegten Mitwirkungsbefugnisse der Hauptversammlung für grundlegende Strukturentscheidungen eine Orientierungshilfe dafür vor, in welchen Fallgestaltungen eine ungeschriebene Entscheidungskompetenz der Hauptversammlung nach den Grundsätzen der *Holzmüller*-Rechtsprechung in Betracht kommen kann.

(2) Mehrheitserfordernis

Zudem hat der Bundesgerichtshof die bisher offene Frage beantwortet, ob die Zustimmung der Hauptversammlung mit einer Dreiviertelmehrheit des beschlussfassenden Kapitals erteilt werden muss,[615] oder ob hierfür ein einfacher Mehrheitsbeschluss ausreicht.[616] In Anlehnung an die gesetzlich geregelten Fälle zustimmungspflichtiger Strukturmaßnahmen, hat sich das Gericht der bisher herrschenden Auffassung im Schrifttum angeschlossen und verlangt einen qualifizierten Mehrheitsbeschluss des vertretenen Grundkapitals.[617] Dieses Mehrheitserfordernis gilt auch dann, wenn die

---

612 So *Hüffer*, AktG, § 119 Rn. 18; *ders.*, FS Ulmer, S. 279, 284 ff.; *Groß*, AG 1996, 111, 112 f.

613 Insbesondere werden dabei mit Unterschieden im Detail die §§ 179, 179 a, 293 Abs. 2, 319 Abs. 2 AktG sowie §§ 125, 65 UmwG genannt. Vgl. *Habersack*, in: Emmerich/Habersack, Konzernrecht, Vorb. § 311 Rn. 39; *Mülbert*, GK-AktG, § 119 Rn. 23; *Henze*, FS Ulmer, S. 211, 218 ff.; *Krieger*, in: Hoffmann-Becking, Handbuch des Gesellschaftsrechts Bd. IV, § 69 Rn. 6.

614 BGH, WM 2004, 1085, 1088; BGH, WM 2004, 1090, 1093 f.; der Bundesgerichtshof bezieht sich dabei auf *Geßler*, FS Stimpel, S. 771, 780; kritisch gegenüber diesem Ansatz *Koppensteiner*, KK-AktG, Vorb. § 291 Rn. 44 ff.; *ders.*, DK 2004, 381, 385 f.; *Liebscher*, ZGR 2005, 1, 20 ff.

615 So *Kubis*, MüKo-AktG, § 119 Rn. 55; *Habersack*, in: Emmerich/Habersack, Konzernrecht, Vorb. § 311 Rn. 50; *Geßler*, FS Stimpel, S. 771, 786; *Henze*, FS Ulmer, S. 211, 220 ff.; *Raiser/Veil*, Recht der Kapitalgesellschaften, § 16 Rn. 18; *Krieger*, in: Hoffmann-Becking, Handbuch des Gesellschaftsrechts Bd. IV, § 69 Rn. 11; *Lutter/Leinekugel*, ZIP 1998, 225, 231; *Lüders/Wulff*, BB 2001, 1209, 1210.

616 So *Hüffer*, AktG, §119 Rn. 20; *ders.*, FS Ulmer, S. 279, 297 ff.; *Wollburg/Gehling*, FS Lieberknecht, S. 133, 137; *Semler*, in: Hoffmann-Becking, Handbuch des Gesellschaftsrechts Bd. IV, § 34 Rn. 42.

617 BGH, WM 2004, 1085, 1089; BGH, WM 2004, 1090, 1095.

Satzung der betroffenen Gesellschaft eine Konzernklausel enthält.[618] Es ist zwingend und kann durch die Satzung nicht abgeändert werden.[619]

(3) Enger Anwendungsbereich der *Holzmüller*-Grundsätze

Des Weiteren hat der Bundesgerichtshof nochmals betont, dass eine Anwendung der *Holzmüller*-Grundsätze nur ausnahmsweise und in engen Grenzen in Betracht kommt.[620] Ein den Zustimmungsvorbehalt auslösender tiefer Eingriff in die Mitgliedsrechte der Aktionäre und in deren im Anteileigentum verkörpertes Vermögensinteresse soll nur vorliegen, wenn die Maßnahmen des Vorstands in ihren Auswirkungen an die Notwendigkeit einer Satzungsänderung heranreichen,[621] mit anderen Worten, wenn die Geschäftsführungsmaßnahmen an der Kernkompetenz der Hauptversammlung, über die Verfassung der Gesellschaft zu bestimmen, rühren und in ihren Auswirkungen einem Zustand nahezu entsprechen, der allein durch eine Satzungsänderung herbeigeführt werden kann.[622]

Diese Anforderungen an die Schwere des Eingriffs waren weder in der *Gelatine I*-Entscheidung, in der ein Unternehmensteil, der ein Viertel des Konzernergebnisses vor Steuern ausmachte, von der Konzernmutter auf eine Tochter übertragen wurde, erfüllt, noch in der *Gelatine II*-Entscheidung, die eine Konzernumstrukturierung zum Gegenstand hatte, durch die eine Tochtergesellschaft, die 30 Prozent zum Konzernergebnis vor Steuern beitrug, zur Enkelgesellschaft wurde.

(4) Keine Bestimmung anhand von Schwellenwerten

Schließlich ist der Bundesgerichtshof ausdrücklich der in der Literatur und von einigen Instanzgerichten vertretenen Auffassung entgegengetreten, wonach sich die Beurteilung der Wesentlichkeit einer Maßnahme, die geeignet ist, einen Zustimmungsvorbehalt zu begründen, anhand von festen Schwellenwerten bestimmen lassen soll, die sich – mit Unterschieden im Detail – auf verschiedene Bezugsgrößen wie Bilanzsumme, Grundkapital oder Aktivvermögen der Gesellschaft beziehen und in einer Bandbreite von 10 bis 50 Prozent schwanken.[623] Die Voraussetzungen für eine Durchbrechung der vom Gesetz vorgesehenen Kompetenzordnung sollen nach den beiden klarstellenden Urteilen des Bundesgerichtshofs vielmehr erst dann erfüllt sein, wenn der Unterneh-

---

618 Kritisch hierzu *Koppensteiner*, DK 2004, 381, 382 f.

619 BGH, WM 2004, 1085, 1089; BGH, WM 2004, 1090, 1095.

620 So auch *Fuhrmann*, AG 2004, 339, 340; *Götze*, NZG 2004, 585, 586; *Liebscher*, ZGR 2005, 1, 13.

621 BGH, WM 2004, 1085, 1087; BGH, WM 2004, 1090, 1093.

622 BGH, WM 2004, 1085, 1089; BGH, WM 2004, 1090, 1094.

623 Vgl. dazu die ausführlichen Nachweise bei *Kubis*, MüKo-AktG, § 119 Rn. 46 ff.; *Wollburg/Gehling*, FS Lieberknecht, S. 133, 157 ff.; *Krieger*, in: Hoffmann-Becking, Handbuch des Gesellschaftsrechts Bd. IV, § 69 Rn. 8; *Busch/Groß*, AG 2000, 503, 507; *Bohnet*, DB 1999, 2617, 2620; *Bungert*, BB 2004, 1345, 1346; mit dem Versuch einer Einteilung in Meinungsgruppen *Liebscher*, ZGR 2005, 1, 9.

mensteil, auf den sich die Maßnahme erstreckt, in seiner qualitativen und quantitativen Bedeutung für die Gesellschaft das Ausmaß der Ausgliederung im *Holzmüller*-Fall erreicht.[624] Dort handelte es sich um einen Vorgang, der sich im Kernbereich der Unternehmenstätigkeit abspielte, das Unternehmen von Grund auf änderte und einen Unternehmensteil betraf, der 80 Prozent des Vermögens der Gesellschaft ausmachte.

Solange Geschäftsleitungsmaßnahmen keine ähnlich tiefgreifende Veränderung des Unternehmens nach sich ziehen, können die *Holzmüller*-Grundsätze im Lichte der beiden *Gelatine*-Enscheidungen keine Zustimmungsbedürftigkeit für Geschäftsführungsmaßnahmen durch die Hauptversammlung begründen.[625]

cc. Anwendbarkeit auf den Erwerb von Unternehmensbeteiligungen

Schon aus den amtlichen Leitsätzen der *Holzmüller*-Entscheidung und der *Gelatine*-Entscheidungen wird deutlich, dass der Anwendungsbereich dieser Rechtsprechung nicht auf die dort behandelten Ausgliederungs- und Umstrukturierungsmaßnahmen beschränkt ist.[626] Welche anderen Geschäftsführungsmaßnahmen einen den Zustimmungsvorbehalt auslösenden wesentlichen Eingriff in die Mitgliedsrechte und Vermögensinteressen der Aktionäre begründen können, hat der Bundesgerichtshof jedoch ausdrücklich offengelassen.[627] Es stellt sich somit die Frage, ob auch der Erwerb einer Unternehmensbeteiligung nach den in der *Holzmüller*-Entscheidung niedergelegten Grundsätzen die Zustimmungspflicht der Hauptversammlung auslösen kann.

Es wird die Auffassung vertreten, ein Beteiligungserwerb könne durchaus zustimmungspflichtig sein, da beim Erwerb einer Unternehmensbeteiligung – in gleicher Weise wie bei einer Ausgliederung von Unternehmensteilen – eine Mediatisierung der Mitgliedschafts- und Vermögensrechte der Aktionäre stattfinde.[628] Die Verwaltungs-

---

624 BGH, WM 2004, 1085, 1089; BGH, WM 2004, 1090, 1095; *Fuhrmann*, AG 2004, 339, 341; *Bungert*, BB 2004, 1345, 1351.

625 *Bungert*, BB 2004, 1345, 1347; so auch schon vor den *Gelatine*-Entscheidungen *Krieger*, in: Hoffmann-Becking, Handbuch des Gesellschaftsrechts Bd. IV, § 69 Rn. 8; *Trapp/Schick*, AG 2001, 381, 387.

626 Im amtlichen Leitsatz der *Holzmüller*-Entscheidung wird der Ausgliederungsfall nur beispielhaft erwähnt. In den amtlichen Leitsätzen der *Gelatine*-Entscheidungen wird ausgeführt, dass jedenfalls *auch* die gegenständlichen Umstrukturierungsmaßnahmen ein Zustimmungserfordernis begründen können. Für eine generelle Anwendung der *Holzmüller*-Grundsätze auch *Mülbert*, GK-AktG, § 119 Rn. 20; *Kubis*, MüKo-AktG, § 119 Rn. 32; *Hüffer*, AktG, § 119 Rn. 18 a; *ders.*, FS Ulmer, S. 279, 293; *Semler*, in: Hoffmann-Becking, Handbuch des Gesellschaftsrechts Bd. IV, § 34 Rn. 39; *Lutter/Leinekugel*, ZIP 1998, 225, 230; *Henze*, BB 2000, 209, 212; *Dimke/Heiser*, NZG 2002, 241, 250.

627 BGH, WM 2004, 1085, 1087; BGH, WM 2004, 1090, 1093; *Bungert*, BB 2004, 1345, 1348.

628 *Habersack*, in: Emmerich/Habersack, Konzernrecht, Vorb. § 311 Rn. 42; *Henze*, FS Ulmer, S. 211, 229 f.; *Geßler*, FS Stimpel, S. 771, 786 f.; *Lutter*, FS Stimpel, S. 825, 850 f.; *Hirte*, Bezugsrechtsausschluss und Konzernbildung, S. 162 ff.; *Liebscher*, ZGR 2005, 1, 23 ff.; so auch *Bayer*, ZGR 2002, 588, 603 ausdrücklich für den Beteiligungserwerb zum Aufbau von Ringverflechtungen. In Form von obiter dicta haben auch einzelne Instanzgerichte die mögliche Zustimmungspflichtigkeit eines Beteiligungserwerbs bestätigt: LG Stuttgart, AG 1992, 236, 237; LG Duisburg, AG 2003, 390.

rechte würden verkürzt, da die Aktionäre nach dem Erwerb der Unternehmensbeteiligung in der Hauptversammlung keinen unmittelbaren Einfluss auf die unternehmerische Tätigkeit der Gesellschaft in der erworbenen Beteiligung ausüben könnten.[629] Die vermögensrechtliche Stellung der Aktionäre sei dadurch betroffen, dass die Untergesellschaft ihre Gewinne thesaurieren und dadurch den Gewinnanspruch der Aktionäre in der Obergesellschaft mindern könne.[630]

Diese Auffassung übersieht jedoch die deutlichen Unterschiede zwischen der Ausgliederung eines Unternehmensteils, wie sie Gegenstand der *Holzmüller*-Entscheidung war, und dem Erwerb einer Unternehmensbeteiligung.[631] Durch die Ausgliederung eines Betriebsteils wird die bestehende Machtposition der Aktionäre in der Hauptversammlung geschwächt. Während Kapitalmaßnahmen in dem ausgegliederten Betrieb vor der Ausgliederung der Zustimmung der Hauptversammlung bedürfen, kann der Vorstand nach der Einbringung des Betriebs in eine Tochtergesellschaft alleine über derartige Maßnahmen entscheiden, da er die Rechte der Muttergesellschaft in der Hauptversammlung der Tochter ausübt. Durch die vorgenommene Vermögensverschiebung wird der bestehende Einfluss der Aktionäre auf die unternehmerische Tätigkeit der Gesellschaft somit verkürzt.

Beim Erwerb einer Unternehmensbeteiligung ist solch eine Verkürzug bestehender Aktionärsrechte aber nicht gegeben. Die Verwendung von Gesellschaftsmitteln ist eine Geschäftsführungsmaßnahme, die in die alleinige Kompetenz des Vorstands fällt. Daher hat die Hauptversammlung auch vor dem Beteiligungserwerb kein Mitspracherecht über die Verwendung der in den Beteiligungserwerb investierten Mittel. Durch den Beteiligungserwerb wird den Aktionären also keine bereits bestehende Einflussmöglichkeit auf die unternehmerische Betätigung der Gesellschaft abgeschnitten.[632] Der Erwerb einer Unternehmensbeteiligung ist letztlich eine Form der Mittelverwendung, die sich von anderen Investitionsentscheidungen, bei denen die Aktionäre ebenfalls kein Mitspracherecht haben, nicht unterscheidet.[633] Anders als bei der Ausgliederung eines Unternehmensteils fehlt es also beim Erwerb einer Unternehmensbeteiligung an einem Eingriff in eine vorhandene Rechtsposition der Aktionäre.

---

629 *Habersack*, in: Emmerich/Habersack, Konzernrecht, Vorb. § 311 Rn. 42.

630 *Henze*, FS Ulmer, S. 211, 229; insoweit auch *Kubis*, MüKo-AktG, § 119 Rn. 67, der aber davon ausgeht dass ein Zustimmungserfordernis ausscheidet, da es sich beim Beteiligungserwerb um eine reine Mittelverwendung handelt.

631 *Kubis*, MüKo-AktG, § 119 Rn. 67; *Semler*, in: Hoffmann-Becking, Handbuch des Gesellschaftsrechts Bd. IV, § 34 Rn. 40; *Krieger*, in: Hoffmann-Becking, Handbuch des Gesellschaftsrechts Bd. IV, § 69 Rn. 7; *Groß*, AG 1994, 266, 273 ff.; *Renner*, NZG 2002, 1091, 1093 f.; *Wagner*, DStR 2004, 141, 143 f.

632 *Semler*, in: Hoffmann-Becking, Handbuch des Gesellschaftsrechts Bd. IV, § 34 Rn. 40; *Krieger*, in: Hoffmann-Becking, Handbuch des Gesellschaftsrechts Bd. IV, § 69 Rn. 7; *Groß*, AG 1994, 266, 273; *Wagner*, DStR 2004, 141, 143; *Bungert*, BB 2004, 1345, 1350.

633 *Kubis*, MüKo-AktG, § 119 Rn. 67; *Krieger*, in: Hoffmann-Becking, Handbuch des Gesellschaftsrechts Bd. IV, § 69 Rn. 7; *Lüttmann*, Kontrollwechsel in Kapitalgesellschaften, S. 173; *Wagner*, DStR 2004, 141, 143; *Renner*, NZG 2002, 1091, 1093; *Groß*, AG 1994, 266, 273; *Ebenroth/Daum*, DB 1992, 1105, 1109.

Ebenso bestehen im letzteren Fall die vermögensrechtlichen Ansprüche der Aktionäre nach wie vor ohne Beeinträchtigung fort.[634] So ist die Existenz einer Unternehmensbeteiligung für die Aktionäre im Liquidationsfall in der Regel günstiger, da die Beteiligung an einem selbstständigen Unternehmen im Gegensatz zu anderen Vermögenswerten einer insolventen Gesellschaft nicht nur zu Zerschlagungswerten, sondern zum Marktpreis verwertet werden kann.[635] Mangels Beeinträchtigung der Rechtsstellung der Aktionäre ist ein Beteiligungserwerb daher generell nicht zustimmungspflichtig.

Selbst wenn man die Möglichkeit eines Eingriffs in die Aktionärsrechte nicht generell ausschließen wollte, bliebe für die Heranziehung der *Holzmüller*-Grundsätze beim Aufbau gegenseitiger und ringförmiger Beteiligungen in der Praxis kaum ein Anwendungsbereich. Denn infolge der *Gelatine*-Entscheidungen ist nunmehr klar, dass eine Zustimmungspflichtigkeit nach den *Holzmüller*-Grundsätzen nicht schon bei Überschreitung einer in Prozentangaben zu bestimmenden Bagatellegrenze, sondern erst dann in Betracht kommen kann, wenn eine Maßnahme ausnahmsweise die qualitative Bedeutung und das quantitative Ausmaß der Ausgliederung eines Unternehmensteils erreicht, wie sie Gegenstand der *Holzmüller*-Entscheidung war.[636] Derartige Fallgestaltungen sind aber im Zusammenhang mit einem Beteiligungserwerb nahezu ausgeschlossen, da ein Beteiligungserwerb das Unternehmen in den seltensten Fällen von Grund auf ändert und auch Vermögen, Ertrag und Umsatz der Gesellschaft durch den Aktivtausch nur geringe Änderungen erfahren, die nicht mit der Ausgliederung eines Teilbetriebs, welcher 80 Prozent der gesamten Aktiva der Gesellschaft ausmacht, zu vergleichen sind.[637]

Es bleibt somit festzuhalten, dass ein Beteiligungserwerb zum Aufbau gegenseitiger und ringförmiger Beteiligungen nicht der Zustimmung der Hauptversammlung bedarf.

d. Pflichtenbindung des Vorstands

Entscheidet sich der Vorstand einer übernahmebedrohten Gesellschaft zur präventiven Abwehr einer feindlichen Übernahme dazu, mit anderen Unternehmen gegenseitige oder ringförmige Beteiligungen aufzubauen, so muss er seine Pflichtenbindung gegenüber der Gesellschaft beachten. Da ein aktienrechtliches Neutralitätsgebot nach der hier vertretenen Auffassung nicht existiert und das übernahmerechtliche Verhinderungsverbot erst nach der Abgabe eines Übernahmeangebots gilt, ist der Vorstand in der Vorangebotsphase nur durch die allgemeinen aktienrechtlichen Regeln der

---

634 *Timm*, Die Aktiengesellschaft als Konzernspitze. S. 142; *Renner*, NZG 2002, 1091, 1093; *Groß*, AG 1994, 266, 274 f.

635 *Wagner*, DStR 2004, 141, 144; *Renner*, NZG 2002, 1091, 1093; *Groß*, AG 1994, 266, 274.

636 BGH, WM 2004, 1085, 1089; BGH, WM 2004, 1090, 1095.

637 *Götze*, NZG 2004, 585, 588; *Liebscher*, ZGR 2005, 1, 24; in diesem Sinne schon vor den *Gelatine*-Entscheidungen *Henze*, FS Ulmer, S. 211, 230.

§§ 76 f., 93 AktG gebunden.[638] Den maßgeblichen Rechtmäßigkeitsmaßstab für das Vorstandshandeln stellt dabei die Verpflichtung auf das Unternehmensinteresse dar.[639]

Der Vorstand darf nur dann Abwehrmaßnahmen gegen ein Übernahmeangebot vornehmen, wenn er nach einer Abwägung der im Unternehmen zusammentreffenden maßgeblichen Interessen von Aktionären und Arbeitnehmern zu dem Ergebnis gelangt, dass das Unternehmensinteresse dem Übernahmeversuch entgegensteht.[640] Dagegen stellen die Aufrechterhaltung der wirtschaftlichen Selbstständigkeit der Gesellschaft als Selbstzweck oder die Beibehaltung des bestehenden Wirtschaftskonzepts keinen Rechtfertigungsgrund für Abwehrmaßnahmen dar.[641] Unzulässig ist der Beteiligungsaufbau auch, wenn es dem Vorstand in Wahrheit nicht um den Schutz des Unternehmensinteresses, sondern um die Sicherung der eigenen Position geht.[642] Darüber hinaus sind hier Fälle zu nennen, in denen der Beteiligungsaufbau wegen der bereits angesprochenen Nebenwirkungen[643] ein unverhältnismäßiges unternehmerisches Risiko darstellt, das dem Unternehmen mehr schadet als nutzt.[644] Ob eine derartige Konstellation vorliegt, ist eine Frage der Abwägung der Vor- und Nachteile im Einzelfall, die der Vorstand mit der Sorgfalt eines ordentlichen und gewissenhaften Geschäftsleiters zu treffen hat, und bei der ihm ein weites aber kein grenzenloses unternehmerisches Ermessen zuzubilligen ist.[645]

In der Vorangebotsphase stellt sich für den Vorstand das praktische Problem, dass er meist keine Kenntnis über die Identität und Absichten eines potentiellen feindlichen Bieters hat.[646] Daher dürfte der Nachweis, dass die Abwehr eines zukünftigen Übernahmeangebots im Unternehmensinteresse geboten ist, in der Vorangebotsphase nur in Ausnahmefällen möglich sein. Beim Aufbau gegenseitiger und ringförmiger Beteiligungen kann sich der Vorstand in der Vorangebotsphase daher regelmäßig nicht darauf berufen, dass diese Maßnahme als reine Abwehrmaßnahme im Unternehmensinteresse liegt.

Allerdings kommen neben der Abwehr eines Übernahmeversuchs verschiedene andere Gründe in Betracht, aufgrund derer der Aufbau gegenseitiger und ringförmiger

---

638 Siehe hierzu Teil 1 § 2 B.

639 Siehe hierzu Teil 1 § 2 B I.

640 Siehe hierzu Teil 1 § 2 D.

641 Siehe hierzu Teil 1 § 2 D I; vgl. auch *Kort*, FS Lutter, S. 1421, 1434; *Müller*, FS Semler, S. 195, 213.

642 Vgl. *Kübler*, FS Zöllner, S. 321, 333; *Krieger*, in: Henze/Hoffmann-Becking, Gesellschaftsrecht 2001, S. 289, 304; *Kort*, FS Lutter, S. 1421, 1433 f.; *Hopt*, ZGR 1993, 534, 560.

643 Siehe hierzu Teil 1 § 3 B I 1.

644 Vgl. BGHZ 69, 207, 213 ff.; *Mertens*, KK-AktG, § 93 Rn. 48; ähnlich *Sünner*, FS Quack, S. 457, 461 Fn. 18; *Martens*, FS Beusch, S. 529, 548.

645 Vgl. *Krieger*, in: Henze/Hoffmann-Becking, Gesellschaftsrecht 2001, S. 289, 304; *Martens*, FS Beusch, S. 529, 548; ähnlich *Müller*, FS Semler, S. 195, 213; *Thümmel*, DB 2000, 461, 463.

646 Siehe hierzu Teil 1 § 2 D III 4. In diesem Sinne auch *Altmeppen*, ZIP 2001, 1073, 1076, der darauf hinweist, dass auch ein feindlicher Bieter niemals ankündigen werde, er bezwecke die rechtswidrige Schädigung der Gesellschaft.

Beteiligungen im Unternehmensinteresse liegen kann.[647] So können derartige Beteiligungsverhältnisse als Grundlage für sinnvolle Kooperationsverbindungen dienen, die neben der Präventivwirkung gegen feindliche Übernahmen Synergieeffekte für die Gesellschaft erzeugen und damit die Rentabilität der Gesellschaft fördern.[648] Solange der Aufbau von gegenseitigen und ringförmigen Beteiligungen sich als betriebswirtschaftlich sinnvoll und unternehmerisch vernünftig erweist, handelt der Vorstand ohne Weiteres im Rahmens seines unternehmerischen Ermessens, auch wenn er den Beteiligungsaufbau gleichzeitig zur Übernahmeabwehr einsetzt.[649] In der Literatur wird der Aufbau gegenseitiger und ringförmiger Beteiligungen daher allgemein als rechtlich unbedenkliches Abwehrmittel angesehen.[650]

3. Wechselseitige Beteiligungen

Gegenseitige Beteiligungen zwischen mehreren Gesellschaften unterliegen grundsätzlich keiner aktienrechtlichen Beschränkung.

a. Einfache wechselseitige Beteiligungen

Etwas anderes gilt jedoch, sobald derartige Beteiligungen den Tatbestand der einfachen wechselseitigen Beteiligung des § 19 Abs. 1 AktG erfüllen. Das ist der Fall, wenn inländische Kapitalgesellschaften untereinander mit mehr als 25 Prozent am Grundkapital der jeweils anderen Gesellschaft beteiligt sind, ohne dass gleichzeitig eine Mehrheitsbeteiligung oder ein Abhängigkeitsverhältnis im Sinne des § 17 AktG vorliegt.[651]

aa. Rechtliche Beschränkungen

Das Vorliegen einer einfachen wechselseitigen Beteiligung führt zu den Beschränkungen des § 328 AktG.

Nach dieser Vorschrift kann eine Gesellschaft, sobald ihr das Bestehen einer einfachen wechselseitigen Beteiligung bekannt geworden ist, die Rechte aus ihren Anteilen an der anderen Gesellschaft nur noch in Höhe von 25 Prozent aller Anteile der anderen Gesellschaft ausüben.[652] Darüber hinaus ist sie, nachdem sie von der wechsel-

---

647 *Martens*, FS Beusch, S. 529, 548; *Adolff*, Public Company Takeovers in Germany, S. 209.

648 Ähnlich *Martens*, FS Beusch, S. 529, 547; *Rümker*, FS Heinsius, S. 683, 703 f.; *Brandi*, in: Thaeter/Brandi, Öffentliche Übernahmen, Teil 3 Rn. 523; *Dimke/Heiser*, NZG 2002, 241, 244.

649 *Adolff*, Public Company Takeovers in Germany, S. 209.

650 Vgl. *Baums/Hecker*, in: Baums/Thoma, WpÜG, § 3 Rn. 36; *Hopt*, GK-AktG, § 93 Rn. 126; *ders.*, FS Lutter, S. 1361, 1399; *ders.*, ZGR 1993, 534, 560; *Kort*, GK-AktG, § 76 Rn. 102; *Martens*, FS Beusch, S. 529, 547 f.; *Maier-Reimer*, ZHR 165 (2001), 258, 259; a.A. *Mülbert*, IStR 1999, 83, 88.

651 Vgl. *Schanz*, Börseneinführung, § 18 Rn. 49; *Bayer*, ZGR 2002, 588, 596.

652 § 328 Abs. 1 und 2 AktG.

seitigen Beteiligung Kenntnis erlangt hat, bei Wahlen zum Aufsichtsrat der anderen Gesellschaft, sofern diese börsennotiert ist, in der Hauptversammlung nicht mehr stimmberechtigt.[653]

Die vorgenannten Beschränkungen gelten nach der Privilegierung des § 328 Abs. 2 AktG jedoch nicht für die Gesellschaft, welche der anderen das Vorliegen ihrer Beteiligung von 25 Prozent zuerst bekannt gegeben hat,[654] bevor sie selber erfahren hat, dass das andere Unternehmen mit einem Anteil von mehr als 25 Prozent an ihr beteiligt ist. Eine solche Gesellschaft kann grundsätzlich eine Beteiligung von über 25 Prozent an einem anderen Unternehmen aufbauen, ohne in der Ausübung ihrer Mitgliedschaftsrechte beschränkt zu werden.

Mit dieser Privilegierung sollen gutgläubige Gesellschaften geschützt werden, die die Entstehung einer wechselseitigen Beteiligung mangels Kenntnis oder Information nicht verhindern konnten.[655] Der Aufbau von wechselseitigen Beteiligungen zum Zweck der Übernahmeabwehr geschieht jedoch typischerweise infolge einer beidseitigen Absprache zwischen den Gesellschaften. Beide Gesellschaften wissen um die Entstehung der wechselseitigen Beteiligungen und wollen diese bewusst aufbauen, um dadurch feindlichen Übernahmen vorzubeugen. Da somit regelmäßig keine der beiden Gesellschaften gutgläubig ist, finden in einem solchen Fall die Beschränkungen der Mitgliedschaftsrechte ausnahmsweise auf beide Unternehmen Anwendung.[656]

bb. Bedeutung für die Übernahmeabwehr

Ungeachtet dieses planbaren Rechtsverlusts für die kooperierenden Gesellschaften bleibt der Aufbau von einfachen wechselseitigen Beteiligungen ein taugliches Abwehrmittel gegen feindliche Übernahmen. Denn die mit einer wechselseitigen Beteiligung verbundene Möglichkeit, die Anzahl der für einen Dritten über den Aktienmarkt verfügbaren Aktien zu reduzieren, bleibt trotz der gesetzlichen Beschränkungen des § 328 AktG beachtlich.[657] Darüber hinaus reicht auch die aktienrechtlich unangetastete Stimmkraft in Höhe einer beidseitigen Sperrminorität aus, um für einen feindlichen Bieter die Durchsetzung von wesentlichen Strukturmaßnahmen, die in der Hauptversammlung einer Dreiviertelmehrheit des vertretenen Kapitals bedürfen, unmöglich zu machen.

---

653 § 328 Abs. 3 AktG.

654 Siehe §§ 20 Abs. 3 und 21 Abs. 1 AktG.

655 *Koppensteiner*, KK-AktG, § 328 Rn. 7; *Emmerich*, in: Emmerich/Habersack, Konzernrecht, § 328 Rn. 6.

656 *Grunewald*, in: MüKo-AktG, § 328 Rn. 8; *Brandi*, in: Thaeter/Brandi, Öffentliche Übernahmen, Teil 3 Rn. 525; *Koppensteiner*, KK-AktG, § 328 Rn. 11; vgl. zu ähnlich gelagerten Fällen *Emmerich*, in: Emmerich/Habersack, Konzernrecht, § 328 Rn. 15 ff.

657 *Röh*, in: Haarmann/Riehmer/Schüppen, WpÜG, § 33 Rn. 75; *Schanz*, Börseneinführung, § 18 Rn. 49; *Assmann/Bozenhardt*, in: Assmann/Basaldua, Übernahmeangebote, S. 1, 136 f.; *Otto*, DB-Beilage 12/1988, 1, 11.

b. Qualifizierte wechselseitige Beteiligungen

Besteht zwischen den wechselseitig beteiligten Unternehmen zusätzlich ein Abhängigkeitsverhältnis, oder hält ein Unternehmen mehr als 50 Prozent am Grundkapital des anderen Unternehmens, so liegen qualifizierte wechselseitige Beteiligungen gemäß § 19 Abs. 2 und 3 AktG vor, für die besondere Einschränkungen gelten.[658]

aa. Rechtliche Beschränkungen

Bei qualifizierten wechselseitigen Beteiligungen stehen der abhängigen Gesellschaft aus ihren Aktien an dem herrschenden Unternehmen gemäß §§ 71 b, 71 d S. 2 und 4 AktG keinerlei Rechte zu.

Erwirbt also eine von einer potentiellen Zielgesellschaft abhängige Gesellschaft Aktien der herrschenden Gesellschaft, so gewähren diese Aktien keine verwaltungstreuen Stimmrechte.[659] Vielmehr besteht die Gefahr, dass die Stimmkraft eines bereits an der übernahmebedrohten Gesellschaft beteiligten feindlichen Bieters aufgrund der Nichtberücksichtigung der von der abhängigen Gesellschaft gehaltenen Aktien erhöht wird und die Übernahme dadurch im Endeffekt erleichtert wird.[660]

Außerdem darf die abhängige Gesellschaft die Anteile des herrschenden Unternehmens gemäß § 71 d S. 2 AktG nur erwerben und halten, soweit dies nach § 71 Abs. 1 Nr. 1 bis 5, 7 und 8 Abs. 2 AktG auch dem herrschenden Unternehmen selbst gestattet wäre, maximal also in einem Umfang von 10 Prozent des Grundkapitals.[661] Der Erwerb von 10 Prozent des Grundkapitals des herrschenden Unternehmens reicht aber jedenfalls nicht aus, um einen hinreichenden Schutz vor feindlichen Übernahmen zu vermitteln.[662] Eine etwaige überschießende Beteiligung der abhängigen Gesellschaft muss gemäß §§ 71 d S. 4, 71 c AktG binnen eines Jahres abgebaut werden, wodurch die wechselseitige Beteiligung wieder beseitigt wird.[663] Selbst aus dem zulässigen Beteiligungsbesitz von 10 Prozent können darüber hinaus gemäß § 71 b i.V.m. § 71 d S. 4 AktG keine Rechte ausgeübt werden.

---

658 Das Gesetz differenziert zwischen einseitig qualifizierten wechselseitigen Beteiligungen im Sinne des § 19 Abs. 2 AktG, bei denen nur eine einseitige Mehrheitsbeteiligung oder Abhängigkeit besteht, und zweiseitig qualifizierten wechselseitigen Beteiligungen nach § 19 Abs. 3 AktG, bei denen das Abhängigkeits- oder Mehrheitsbeteiligungsverhältnis zweiseitig ist. Während die Beschränkungen bei einer einseitig qualifizierten Beteiligung nur für das abhängige Unternehmen gelten, gelten sie bei einer zweiseitig qualifizierten Beteiligung für beide.

659 Vgl. *Emmerich*, in: Emmerich/Habersack, Konzernrecht, § 19 Rn. 16; *Lutter*, KK-AktG, § 71 d Rn. 47.

660 So auch *Schwennicke*, in: Geibel/Süßmann WPÜG, § 33 Rn. 67.

661 *Hefermehl/Bungeroth*, in: Geßler/Hefermehl, AktG, § 71 d Rn. 46; *Krieger*, in: Hoffmann-Becking, Handbuch des Gesellschaftsrechts Bd. IV, § 68 Rn. 109; *Otto*, DB-Beilage 12/1988, 1, 10.

662 *Klein*, NJW 1998, 2085, 2089.

663 Vgl. *Hüffer*, AktG, § 19 Rn. 6; *Emmerich*, in: Emmerich/Habersack, Konzernrecht, § 19 Rn. 16; *Bayer*, MüKo-AktG, § 19 Rn. 50; *Krieger*, in: Hoffmann-Becking, Handbuch des Gesellschaftsrechts Bd. IV, § 68 Rn. 109.

bb. Bedeutung für die Übernahmeabwehr

Im Hinblick auf die bei qualifizierten wechselseitigen Beteiligungen bestehenden Erwerbsverbote und Veräußerungspflichten ist fraglich, ob dieses Instrument zur Abwehr feindlicher Übernahmen geeignet ist.

Soweit diese Frage in der Literatur bejaht wird,[664] wird argumentiert, eine über der 10-Prozent-Grenze liegende Beteiligung könne im Ergebnis trotz Verstoßes gegen die Erwerbs- und Veräußerungspflicht ohne Sanktion aufrecht erhalten werden, da die dingliche Wirksamkeit der Transaktion durch den Verstoß nicht berührt werde.[665] Zwar sei das dem Erwerb zu Grunde liegende schuldrechtliche Verpflichtungsgeschäft unwirksam, so dass der Veräußerer einen bereicherungsrechtlichen Rückübertragungsanspruch gegen den Erwerber habe. Jedoch sei die Geltendmachung dieses Rückgewähranspruches in der Praxis wenig wahrscheinlich. Bei einem anonymen Aktienerwerb über die Börse scheide die Geltendmachung des Anspruchs schon faktisch aus.[666] Aber auch wenn der Veräußerer der Aktien ausnahmsweise bekannt sei, habe der Erwerber regelmäßig kein Interesse an der Rückabwicklung des Geschäfts.[667] Dies gelte vor allem, wenn der Aktienerwerb ein wirtschaftlich attraktives Geschäft darstelle, oder wenn der Erwerber sich durch eine informelle Absprache verpflichtet habe, seinen Rückgewähranspruch nicht geltend zu machen. Daher könnten qualifizierte wechselseitige Beteiligungen in der Praxis aufrecht erhalten und zur Verteidigung gegen feindliche Übernahmen genutzt werden.

Mit diesen Erwägungen wird jedoch übersehen, dass die gesamten Stimmrechte aus den gegenseitig gehaltenen Aktien gemäß §§ 71 b, 71 d S. 4 AktG nicht ausgeübt werden können. Die Aufrechterhaltung einer qualifizierten wechselseitigen Beteiligung führt daher dazu, dass die relative Stimmkraft eines bereits an der übernahmebedrohten Gesellschaft beteiligten feindlichen Bieters erhöht wird. Hält der feindliche Bieter bereits eine maßgebliche Beteiligung an der Gesellschaft, so wird ihm eine feindliche Übernahme durch die Beibehaltung einer qualifizierten wechselseitigen Beteiligung sogar wesentlich erleichtert. Auch wenn qualifizierte wechselseitige Beteiligungen also im Ergebnis aufrecht erhalten werden können, scheiden sie aufgrund der aktienrechtlichen Beschränkungen, wie sie sich aus §§ 71 b, 71 d S 4 AktG ergeben, zur präventiven Übernahmeabwehr aus.[668]

---

664 *Richter*, in: Semler/Volhard, Arbeitshandbuch für Unternehmensübernahmen, § 52 Rn. 88 ff.; ähnlich *Schanz*, Börseneinführung, § 18 Rn. 50.

665 § 71 d S. 4 i.V.m. § 71 Abs. 4 AktG.

666 Vgl. *Richter*, in: Semler/Volhard, Arbeitshandbuch für Unternehmensübernahmen, § 52 Rn. 88; *Lüttman*, Kontrollwechsel in Kapitalgesellschaften, S. 172; *Assmann/Bozenhardt*, in: Assmann/Basaldua, Übernahmeangebote, S. 1, 135 f.; *Otto*, DB-Beilage 12/1988, 1, 10.

667 Vgl. *Röh*, in: Haarmann/Riehmer/Schüppen, WpÜG, § 33 Rn. 74; *Lüttman*, Kontrollwechsel bei Kapitalgesellschaften, S. 172; *Assmann/Bozenhardt*, in: Assmann/Basaldua, Übernahmeangebote, S. 1, 135 f.; *Otto*, DB-Beilage 12/1988, 1, 10.

668 Ähnlich *Brandi*, in: Thaeter/Brandi, Öffentliche Übernahmen, Teil 3 Rn. 529.

4. Ringförmige Beteiligungen

Da die Vorschrift des § 19 AktG gegenseitige Beteiligungen zwischen zwei Gesellschaften voraussetzt, werden ringförmige Beteiligungen, bei denen dritte Gesellschaften in das Beteiligungsgeflecht zweier Gesellschaften zwischengeschaltet sind, von den Beschränkungen für wechselseitige Beteiligungen grundsätzlich nicht erfasst.[669] Obwohl auch ringförmige Beteiligungen zur Schaffung eines festen Bestandes von verwaltungstreuen Stimmrechten und damit zur präventiven Übernahmeabwehr genutzt werden können, sind diese grundsätzlich ohne aktienrechtliche Beschränkungen zulässig.[670]

Etwas anderes gilt jedoch, wenn einzelne Gesellschaften im Beteiligungsring voneinander abhängig sind und daher die von einer abhängigen Gesellschaft an einer dritten Gesellschaft gehaltenen Aktienbestände dem herrschenden Unternehmen nach § 16 Abs. 4 AktG zugerechnet werden.[671] In einem solchen Fall liegen einfache wechselseitige Beteiligungen zwischen der herrschenden und der dritten Gesellschaft vor, wenn die herrschende und die abhängige Gesellschaft mehr als 25 Prozent der Aktien der dritten Gesellschaft halten. Ist zusätzlich ein Mehrheits- oder Abhängigkeitsverhältnis zu der dritten Gesellschaft gegeben, so liegen sogar qualifizierte wechselseitige Beteiligungen vor. Als Folge greifen dann die erläuterten aktienrechtlichen Beschränkungen ein, die die Tauglichkeit ringförmiger Beteiligungen als Instrument der Prävention feindlicher Übernahmen einschränken oder sogar faktisch ausschließen können.[672]

Allerdings besteht eine Vielzahl von Möglichkeiten, die Unternehmensverflechtungen gerade so zu konstruieren, dass die aktienrechtlichen Schwellenwerte nicht erreicht werden. Werden diese Möglichkeiten konsequent genutzt, so stellt der Aufbau ringförmiger Beteiligungen ein taugliches Mittel zur präventiven Übernahmeabwehr dar.[673]

5. Auslösung eines Pflichtangebots

Neben den aktienrechtlichen Beschränkungen für wechselseitige Beteiligungen dürfte in der Praxis insbesondere die kostspielige Angebotspflicht des § 35 Abs. 2 WpÜG, die gemäß § 29 Abs. 2 WpÜG bei einem Erwerb von mindestens 30 Prozent der Stimmrechte an einer Gesellschaft ausgelöst wird, den Aufbau gegenseitiger und ringförmiger Beteiligungen einschränken.

---

669 *Koppensteiner*, KK-AktG, § 19 Rn. 22; *Emmerich*, in: Emmerich/Habersack, Konzernrecht, § 19 Rn. 3; *Krieger*, in: Hoffmann-Becking, Handbuch des Gesellschaftsrechts Bd. IV, § 68 Rn. 96; *Brandi*, in: Thaeter/Brandi, Öffentliche Übernahmen, Teil 3 Rn. 527; *Krause*, AG 2002, 134, 140.

670 *Wastl/Wagner*, AG 1997, 241, 248.

671 *Bayer*, MüKo-AktG, § 19 Rn. 36 ff.; *Krieger*, in: Hoffmann-Becking, Handbuch des Gesellschaftsrechts Bd. IV, § 68 Rn. 96, beide mit einzelnen Beispielen.

672 Vgl. hierzu Teil 1 § 3 B I 3 a und b.

673 Vgl. dazu mit Beispielen aus der Praxis, *Adams*, AG 1994, 148, 149 f., 153.

Bei der Berechnung der 30-Prozent-Schwelle werden nicht nur die von einem Erwerber selbst gehaltenen Stimmrechte, sondern auch die Stimmrechte aller anderen Personen berücksichtigt, die den Tatbestand des abgestimmten Verhaltens im Sinne des § 30 Abs. 2 WpÜG erfüllen.[674] Da die in einem Beteiligungsring kooperierenden Unternehmen typischerweise ihre Stimmrechte auf der Grundlage einer zumindest informellen Absprache koordiniert ausüben, um auf die übernahmebedrohte Gesellschaft Einfluss zu nehmen, dürfte der Tatbestand des § 30 Abs. 2 WpÜG regelmäßig von allen beteiligten Unternehmen erfüllt sein.[675] Bei verschachtelten Beteiligungsverhältnissen ist zudem eine Kettenzurechnung möglich.[676]

Folglich können gegenseitige und ringförmige Beteiligungen in der Regel nur insofern aufgebaut werden, als die im gesamten Beteiligungsgeflecht vorhandenen Anteile an der übernahmebedrohten Gesellschaft unter der 30-Prozent-Schwelle liegen. Da bei der Berechnung dieser Schwelle im Gegensatz zu § 19 AktG auf die gesamte Beteiligungskonstruktion abgestellt wird, greift die Angebotspflicht des § 35 Abs. 2 WpÜG regelmäßig vor den aktienrechtlichen Beschränkungen für wechselseitige Beteiligungen ein. Allein dieser Umstand reduziert in der Praxis die Effektivität der gegenseitigen und ringförmigen Beteiligungen als zulässiges Instrument zur präventiven Abwehr feindlicher Übernahmen.

6. Fazit

Gegenseitige und ringförmige Beteiligungen sind in Deutschland ein klassisches Mittel zur Prophylaxe gegen feindliche Übernahmen.

Sie unterliegen keinen gesellschaftsrechtlichen Beschränkungen, solange die Beteiligungen zwischen den Unternehmen weniger als 25 Prozent des Grundkapitals der anderen Gesellschaft ausmachen und sie daher nicht den Tatbestand der wechselseitigen Beteiligung erfüllen. Aber auch einfache wechselseitige Beteiligungen haben trotz der aktienrechtlichen Beschränkungen durchaus noch eine beachtliche abschreckende Wirkung für feindliche Bieter, da sie zumindest den Aufbau einer verwaltungstreuen Sperrminorität ermöglichen.

Die betragsmäßige Obergrenze für gegenseitige und ringförmige Beteiligungen stellt faktisch die Kontrollschwelle des § 29 Abs. 2 WpÜG dar. Sobald durch solche Beteiligungen 30 Prozent der Stimmrechte an der übernahmebedrohten Gesellschaft gebunden werden, ist die Beteiligungskonstruktion wegen der kostspieligen Angebotspflicht des § 35 Abs. 2 WpÜG uninteressant. Ebenso sind Beteiligungen, die aufgrund von Abhängigkeitsverhältnissen den Tatbestand der qualifizierten wechselseitigen Beteiligungen erfüllen, wegen der aktienrechtlichen Beschränkungen, die sich aus

---

674 Siehe hierzu Teil 1 § 3 A IV 1 d.

675 Die Zusammenarbeit muss jedoch über ein bloßes „standstill-agreement" hinausgehen, vgl. dazu *von Bülow*, KK-WpÜG, § 30 Rn. 124. Ausführlich zu verschiedenen möglichen Kooperationformen, die den Tatbestand des abgestimmten Verhaltens erfüllen *Pentz*, ZIP 2003, 1478, 1481 ff.

676 Vgl. dazu *von Bülow*, KK-WpÜG, § 30 Rn. 26 f.; *Pentz*, ZIP 2003, 1478, 1485.

§§ 71 b, 71 d S. 2 und 4 AktG ergeben, nicht zur präventiven Übernahmeabwehr geeignet.

Beim Aufbau von gegenseitigen und ringförmigen Beteiligungen muss der Vorstand die satzungsmäßigen Grenzen seiner Geschäftsführungsbefugnis einhalten. Jedoch dürften diese Grenzen keinen wesentlichen Hinderungsgrund für den Erwerb von Unternehmensbeteiligungen darstellen, sofern die Satzung die in der Praxis üblichen Konzernierungs- und Förderungsklauseln enthält. Eine Zustimmung der Hauptversammlung ist für den Beteiligungserwerb nicht erforderlich, da ein Beteiligungserwerb nach richtiger Auffassung die Grundsätze der *Holzmüller*-Entscheidung nicht erfüllt.

Der Vorstand ist beim Aufbau von strategischen Allianzen im Rahmen seines Leitungsermessens an das Unternehmensinteresse gebunden. In der Vorangebotsphase dürfte der Nachweis, dass ein Beteiligungsaufbau, der ausschließlich der Übernahmeabwehr dient, im Unternehmensinteresse liegt, nur in Ausnahmefällen zu erbringen sein. Sofern die Beteiligungen jedoch unabhängig von der Übernahmeabwehr wirtschaftlich sinnvoll sind, ist der Aufbau ohne Weiteres vom Leitungsermessen des Vorstands gedeckt, auch wenn er darüber hinaus der Übernahmeabwehr dient.

Zu berücksichtigen ist, dass gegenseitige und ringförmige Beteiligungen zu erheblichen Nebenwirkungen führen können, die ihre Attraktivität als Mittel der Übernahmeprävention einschränken. Zudem stehen insbesondere ausländische institutionelle Investoren dem Beteiligungsgeflecht der „Deutschland AG“ kritisch gegenüber, so dass in Zukunft wohl eher ein Abbau der bestehenden Beteiligungsverhältnisse zu erwarten ist.[677] Nur wenn sich die Beteiligungsverhältnisse durch wirtschaftliche Argumente rechtfertigen lassen, werden sie auch in Zukunft gegen den Widerstand des Kapitalmarkts auch als Abwehrinstrument gegen feindliche Übernahmen aufrecht erhalten werden können.[678]

II. Sicherungs-GmbH

Eine von der Literatur entwickelte Abwehrmaßnahme, die in ähnlicher Weise wie die Eingehung gegenseitiger und ringförmiger Beteiligungen die Anzahl der im Streubesitz befindlichen Aktien einer Gesellschaft reduziert, ist die Gründung einer sogenannten „Sicherungs-GmbH“.[679]

Bei dieser Abwehrstrategie beteiligen sich mehrere Aktiengesellschaften, die sich gegen feindliche Übernahmen schützen wollen, als Gesellschafter zu etwa gleichen Teilen an einer GmbH, deren vorrangiger satzungsmäßiger Zweck es ist, mit allen verfügbaren Gesellschaftsmitteln feindliche Übernahmeversuche auf ihre Gesellschafter abzuwehren. Um Abhängigkeiten und Mehrheitsbeteiligungen im Sinne des Aktiengesetzes zu vermeiden und hinsichtlich der Gewinnausschüttungen der Sicherungs-GmbH das gewerbesteuerliche Schachtelprivileg des § 9 Nr. 2 a GewStG zu

---

677 Vgl. *Wastl*, NZG 2000, 505, 509.

678 Mit dieser Einschätzung auch *Mühle*, Das Wertpapiererwerbs- und Übernahmegesetz, S. 129.

679 Dieses präventive Abwehrmittel wurde in Deutschland von *Sünner*, FS Quack, S. 457, 469 ff. entwickelt. Es orientiert sich an den in den Niederlanden zur Übernahmeabwehr verwendeten Stiftungskonstruktionen.

nutzen, wird in der Literatur vorgeschlagen, die an der GmbH beteiligten Unternehmen auf acht bis zehn zu begrenzen.[680] Die Aufgabe der Sicherungs-GmbH besteht darin, im Falle eines (befürchteten) Übernahmeangriffs auf einen ihrer Gesellschafter in großem Stil Aktien der Zielgesellschaft zu erwerben. Dadurch wird der Kurs der Aktien in die Höhe getrieben und die Übernahme für einen feindlichen Bieter zumindest verteuert, wenn nicht gänzlich verhindert.[681]

Die Gründung einer bzw. Beteiligung an einer Sicherungs-GmbH ist somit grundsätzlich ein taugliches Abwehrmittel.

1. Wirtschaftliche Nachteile

Allerdings ist die Anwendung dieser Strategie mit einer Reihe von wirtschaftlichen Nachteilen verbunden.

So bedarf die Sicherungs-GmbH einer immensen Kapitalausstattung, damit sie im Übernahmefall wirtschaftlich in der Lage ist, ausreichend Aktien zu erwerben, um die Übernahme für den Bieter wesentlich zu verteuern. Da dieses Kapital der GmbH jederzeit zur Verfügung stehen muss, kommt in der Praxis für die Finanzierung der „Kriegskasse" nur eine entsprechend hohe Eigenkapitalausstattung in Betracht.[682] Um diese unwirtschaftliche Kapitalbindung abzumildern, ist vorgeschlagen worden, dass die GmbH ihren Gesellschaftern das Kapital in Form von kurzfristig kündbaren Darlehen zurückgewährt.[683] Jedoch bleibt auch bei einer solchen Kreditgewährung das Problem bestehen, dass die an der GmbH beteiligten Aktiengesellschaften die Darlehen wegen der kurzen Kündigungsfristen nicht für langfristige Investitionen und somit nur mit eingeschränkter Effizienz einsetzen können.[684] Die Sicherungs-GmbH bindet somit in erheblichem Umfang Kapital, das den an ihr beteiligten Aktiengesellschaften für andere Investitionen nicht mehr zur Verfügung steht.

Darüber hinaus unterliegt der Verkauf der im Übernahmekampf erworbenen Aktien faktischen Einschränkungen.[685] Dieser muss so erfolgen, dass zum einen keine neue Übernahmegefahr entsteht und zum anderen die gezahlten Einstandskurse erzielt werden. Da der abgewehrte feindliche Bieter bei einer Veräußerung über die Börse die Möglichkeit hätte, seine Beteiligung an der Zielgesellschaft sofort wieder aufzustocken, kommt in der Praxis nur eine Veräußerung der zur Übernahmeabwehr erworbe-

---

680 *Sünner*, FS Quack, S. 457, 469; *Richter*, in: Semler/Volhard, Arbeitshandbuch für Unternehmensübernahmen, § 52 Rn. 97; *Krause*, AG 2002, 133, 139.

681 *Sünner*, FS Quack, S. 457, 469; *Brandi*, in: Thaeter/Brandi, Öffentliche Übernahmen, Teil 3 Rn. 530; *Richter*, in: Semler/Volhard, Arbeitshandbuch für Unternehmensübernahmen, § 52 Rn. 98; *Weisner*, Verteidigungsmaßnahmen gegen unfreundliche Übernahmeversuche, S. 266.

682 *Brandi*, in: Thaeter/Brandi, Öffentliche Übernahmen, Teil 3 Rn. 531; *Krause*, AG 2002, 133 139.

683 *Sünner*, FS Quack, S. 457, 470.

684 Vgl. *Brandi*, in: Thaeter/Brandi, Öffentliche Übernahmen, Teil 3 Rn. 531; *Weisner*, Verteidigungsmaßnahmen gegen unfreundliche Übernahmeversuche, S. 268; *Krause*, AG 2002, 133, 139 weist zudem zu Recht darauf hin, dass eine solche Darlehensgewährung an die beteiligten Aktiengesellschaften die Gefahr verdeckter Sacheinlagen in sich trägt.

685 Vgl. *Sünner*, FS Quack, S. 457, 470 f.

nen Aktien an befreundete Investoren in Betracht.[686] Nach erfolgreicher Abwehr eines Übernahmeversuchs muss der Sicherungs-GmbH daran gelegen sein, die erworbenen Aktien möglichst kurzfristig zu veräußern, um wieder die Kapitalbasis dafür zu schaffen, eventuelle Übernahmeversuche betreffend anderer Gesellschafter abwehren zu können. Im Hinblick auf die sich daraus ergebende Notwendigkeit einer möglichst kurzfristigen Veräußerung der erworbenen Aktien, dürfte es regelmäßig schwierig sein, eine ausreichende Anzahl befreundeter Investoren zu finden, um alle Aktien in sichere Hände geben zu können. Ferner dürfte es nahezu unmöglich sein, die Aktien nach der Abwehr eines Übernahmeangebots zu Kursen zu veräußern, die auf dem Niveau der inflationären Preise während des Übernahmekampfes liegen. Vielmehr wird ein zeitnaher Verkauf regelmäßig nur unter Realisierung von nicht unwesentlichen Kursabschlägen möglich sein.

Die Kosten, die den an der Sicherungs-GmbH beteiligten Gesellschaften durch die Liquiditätsbindung und die Aktientransaktionen entstehen, beeinträchtigen die Attraktivität dieser Abwehrstrategie maßgeblich.

2. Rechtliche Beschränkungen der Beteiligung an einer Sicherungs-GmbH

Neben den wirtschaftlichen Nachteilen bestehen gegenüber der präventiven Beteiligung einer an einer Sicherungs-GmbH rechtliche Bedenken.

a. Bindung an den Unternehmensgegenstand

Damit sich eine Aktiengesellschaft als Gesellschafterin an einer Sicherungs-GmbH beteiligen kann, muss die Beteiligung vom satzungsmäßigen Unternehmensgegenstand der sich beteiligenden Gesellschaft gedeckt sein.[687] Eine ausdrückliche Satzungsermächtigung zur Beteiligung an einer Sicherungs-GmbH dürfte in aller Regel fehlen. Auch die in den Satzungen der meisten Aktiengesellschaften vorhandene allgemeine Konzernklausel kann einen Beteiligungserwerb an einer Sicherungs-GmbH im Regelfall nicht decken, da die Abwehr feindlicher Übernahmen, welche den Unternehmensgegenstand der Sicherungs-GmbH bildet, nicht mit dem sachlichen Unternehmensgegenstand der kooperierenden Gesellschaften übereinstimmt.[688]

Zwar wird die Ansicht vertreten, die in den Satzungen von Publikumsgesellschaften verbreiteten Förderungsklauseln, die zur Vornahme aller zur Förderung des Unternehmens geeigneten Geschäfte berechtigen, umfassten auch die Beteiligung an

---

686 Vgl. *Sünner*, FS Quack, S. 457, 470 f.; *Brandi*, in: Thaeter/Brandi, Öffentliche Übernahmen, Teil 3 Rn. 531; *Weisner*, Verteidigungsmaßnahmen gegen unfreundliche Übernahmeversuche, S. 268.

687 Vgl. hierzu *Koppensteiner*, KK-AktG, Vorb. § 291 Rn. 60; *Krieger*, in: Hoffmann-Becking, Handbuch des Gesellschaftsrechts Bd. IV, § 69 Rn. 3; *Lutter*, FS Stimpel, S. 825, 846 f.; *Wiedemann*, Gesellschaftsrecht I, S. 329.

688 *Brandi*, in: Thaeter/Brandi, Öffentliche Übernahmen, Teil 3 Rn. Rn. 532; *Krause*, AG 2002, 133, 139.

einer Sicherungs-GmbH.[689] Gegen eine derartig weite Auslegung der Förderungsklauseln spricht jedoch, dass der Zweck einer Sicherungs-GmbH über die Wahrung der Selbstständigkeit der eigenen Gesellschaft hinaus auch in der Wahrung der Selbstständigkeit der anderen an der GmbH beteiligten Gesellschaften besteht. Die Wahrung der Selbstständigkeit von anderen Unternehmen kann aber zweifellos nicht als Förderung des Unternehmens einer Aktiengesellschaft angesehen werden.[690]

Die Gründung einer Sicherungs-GmbH ist daher nicht von einer allgemeinen Förderungsklausel gedeckt; sie bedarf einer ausdrücklichen Ermächtigung in der Satzung, die durch einen Hauptversammlungsbeschluss mit einer drei viertel Kapitalmehrheit eingeführt werden muss.[691]

b. Zustimmung der Hauptversammlung

Liegt jedoch eine entsprechende Satzungsermächtigung vor, so ist für die Gründung einer oder die Beteiligung an einer Sicherungs-GmbH keine zusätzliche Zustimmung der Hauptversammlung erforderlich.[692] Der Erwerb einer Unternehmensbeteiligung – sei es durch den Erwerb bestehender Anteile oder durch Neugründung – stellt nämlich eine Geschäftsführungsmaßnahme dar, die in die Leitungsbefugnis des Vorstands fällt.[693] Da ein Beteiligungserwerb nicht zu einem schweren Eingriff in die Mitgliedsrechte und Vermögensinteressen der Aktionäre führt, bedarf der Vorstand hierfür nach den *Holzmüller*-Grundsätzen keiner Zustimmung der Hauptversammlung.[694] Auch die Beteiligung einer übernahmebedrohten Aktiengesellschaft an einer Sicherungs-GmbH kann daher bei entsprechender Satzungsbestimmung vom Vorstand in eigener Kompetenz durchgeführt werden.

c. Pflichtenbindung des Vorstands

Allerdings wird der Vorstand bei der Beteiligung an einer Sicherungs-GmbH wiederum durch die Pflichtenbindung der §§ 76 f., 93 AktG dazu angehalten, das Unternehmensinteresses zu wahren.[695] Er darf eine Beteiligung an einer Sicherungs-GmbH im Rahmen seines Leitungsermessens daher nur dann zur Abwehr eines potentiellen Übernahmeversuchs erwerben, wenn diese Maßnahme sich in vertretbarer Weise durch

---

689 *Sünner*, FS Quack, S. 457, 473.

690 *Brandi*, in: Thaeter/Brandi, Öffentliche Übernahmen, Teil 3 Rn. Rn. 532; *Krause*, AG 2002, 133, 139.

691 § 179 Abs. 2 AktG.

692 *Sünner*, FS Quack, S. 457, 474.

693 Siehe hierzu Teil 1 § 3 B I 2 cc.

694 *Kubis*, MüKo-AktG, § 119 Rn. 67; *Kort*, GK-AktG, § 76 Rn. 88; *Mertens*, KK-AktG, § 76 Rn. 51; *Krieger*, in: Hoffmann-Becking, Handbuch des Gesellschaftsrechts Bd. IV, § 69 Rn. 7; *Lüttmann*, Kontrollwechsel in Kapitalgesellschaften, S. 173; *Renner*, NZG 2002, 1091, 1093 f.; *Ebenroth/Daum*, DB 1991, 1105, 1109; *Groß*, AG 1994, 266, 273 f.; *Wagner*, DStR 2004, 141, 143 f.

695 Siehe hierzu Teil 1 § 2 B I.

die Abwägung der in der Gesellschaft gebündelten Interessen begründen lässt.[696] Unzulässig ist eine solche Beteiligung dagegen, wenn es dem Vorstand in erster Linie um die Sicherung seiner eigenen Position geht.[697]

In der Vorangebotsphase stellt sich für den Vorstand wiederum das praktische Problem, dass er in der Regel keine Kenntnis über Identität und Absichten potentieller Bieter hat.[698] Die Beteiligung an einer Sicherungs-GmbH kann daher in der Vorangebotsphase nur schwerlich damit gerechtfertigt werden, dass sie zur Abwehr eines bestimmten Übernahmeversuchs geboten ist, der dem Unternehmensinteresse zuwiderläuft. Ebenso wenig rechtfertigt die generelle abschreckende Wirkung einer Sicherungs-GmbH die Implementierung dieses Abwehrmittels, da ein generelles Unternehmensinteresse am Erhalt der Selbstständigkeit einer Aktiengesellschaft nicht besteht.[699]

Anders als die Eingehung strategischer Allianzen ist die Beteiligung an einer Sicherungs-GmbH zudem eine reine „Abwehrinvestition",[700] die ausschließlich dem Zweck der Übernahmeabwehr dient. Sie kann somit auch nicht durch anderweitige wirtschaftliche, strategische oder unternehmenspolitische Erwägungen gerechtfertigt werden. Vielmehr löst die Beteiligung an einer Sicherungs-GmbH regelmäßig beträchtliche wirtschaftliche Nachteile aus, da sie in erheblichem Umfang Finanzmittel der Gesellschaft bindet und vernichtet.[701] Selbst wenn dem Vorstand in der Vorangebotsphase daher ausnahmsweise der Nachweis gelingen sollte, dass eine konkrete, bevorstehende Übernahme dem Unternehmensinteresse zuwiderläuft, dürfte die Beteiligung an einer Sicherungs-GmbH daher nicht im Gesellschaftsinteresse gerechtfertigt sein, da das Vermögen und die weitere Geschäftstätigkeit der Gesellschaft durch eine derartige Abwehrkonstruktion über Gebühr beeinträchtigt werden.

3. Aktienerwerb durch die Sicherungs-GmbH als Erwerb eigener Aktien

Erwirbt eine Sicherungs-GmbH im Übernahmekampf Aktien der Zielgesellschaft, so stellt sich darüber hinaus die Frage, inwieweit ein solcher Erwerb mit den Regeln über den Rückerwerb eigener Aktien der §§ 71 ff. AktG zu vereinbaren ist.

a. § 71 d S. 1 AktG

Die Regelung des § 71 d S. 1 AktG steht einem solchen Erwerb entgegen, wenn die im eigenen Namen auftretende Sicherungs-GmbH als für Rechnung der Zielgesellschaft

---

696 *Hefermehl/Spindler*, MüKo-AktG, § 76 Rn. 77; *Steinmeyer/Häger*, WpÜG, § 33 Rn. 16; *Drygala*, ZIP 2001, 1861, 1865.

697 *Hefermehl/Spindler*, MüKo-AktG, § 93 Rn. 26; *Richter*, in: Semler/Volhard, Arbeitshandbuch für Unternehmensübernahmen, § 52 Rn. 53; *Kort*, FS Lutter, S. 1421, 1433 f.; *Hopt*, ZGR 1993, 534, 547.

698 Siehe hierzu Teil 1 § 2 D III 4.

699 Siehe hierzu Teil 1 § 2 D I.

700 Zu diesem Begriff *Hopt*, WM-Festgabe für Heinsius 1991, S. 22, 29.

701 Siehe hierzu Teil 1 § 3 B II 1.

handelnd anzusehen ist. Das wäre der Fall, wenn die Zielgesellschaft zumindest teilweise das wirtschaftliche Risiko des Erwerbs ihrer Aktien durch die Sicherungs-GmbH tragen würde.[702]

Die Finanzierung und Risikotragung aus dem Aktienerwerb liegen jedoch primär bei der Sicherungs-GmbH, die insbesondere das finanzielle Risiko trägt, dass die erworbenen Aktien nicht wieder zu den Einstandspreisen verkauft werden können. Die Zielgesellschaft nimmt dagegen nur wirtschaftlich mittelbar über den Wert ihrer Geschäftsanteile an dem Verlust der Aktientransaktion teil.[703] Darüber hinaus wird es für die Erfüllung des Verbotstatbestandes des § 71 d S. 1 AktG für erforderlich gehalten, dass der Erwerber der Aktiengesellschaft weisungsunterworfen ist.[704] Auch an einer solchen Weisungsunterworfenheit der Sicherungs-GmbH gegenüber der Zielgesellschaft im Sinne eines Auftrags, einer Geschäftsbesorgung oder eines Kommissionsauftrages wird es aber regelmäßig fehlen.[705]

Auf der anderen Seite ist allerdings anerkannt, dass etwa die Beteiligung an einem Stützungskonsortium einen Fall des Aktienerwerbs für Rechnung der Gesellschaft darstellen kann.[706] Da ein solches Konsortium, welches Aktien einer Gesellschaft zur Kurspflege erwirbt und wieder veräußert, in seiner Funktionsweise einer Sicherungs-GmbH sehr ähnlich ist, kann die Möglichkeit eines Verstoßes gegen § 71 d S. 1 AktG durch den Aktienerwerb einer Sicherungs-GmbH nicht mit Sicherheit ausgeschlossen werden.[707]

b. § 71 d S. 2 AktG

Darüber hinaus verstößt der Erwerb von Aktien der Zielgesellschaft durch die Sicherungs-GmbH gegen § 71 d S. 2 AktG, wenn die Sicherungs-GmbH als ein von der Zielgesellschaft abhängiges Unternehmen anzusehen ist.

Eine solche Abhängigkeit im Sinne des § 17 AktG kann jedoch bei der in der Literatur vorgeschlagenen Anzahl von acht bis zehn an der Sicherungs-GmbH beteiligten Aktiengesellschaften nicht ohne Weiteres auftreten. Denn aufgrund der niedrigen Beteiligungsquote kann im Regelfall keine der beteiligten Gesellschaften über die Si-

---

702 Vgl. *Oechsler*, MüKo-AktG, § 71 a Rn. 45; *Lutter*, KK-AktG, § 71 a Rn. 19; *Hefermehl/Bungeroth*, in: Geßler/Hefermehl, AktG, § 71 a AktG Rn. 26; *Krause*, AG 2002, 133, 139.

703 *Sünner*, FS Quack, S. 457, 471 f.

704 Vgl. dazu *Lutter*, KK-AktG, § 71 a Rn. 19; *Hüffer*, AktG, § 71 d Rn. 2, § 71 a Rn. 7.

705 Vgl. *Weisner*, Verteidigungsmaßnahmen gegen unfreundliche Übernahmeversuche, S. 267; *Krause*, AG 2002, 133, 139.

706 *Oechsler*, MüKo-AktG, § 71 d Rn. 5, § 71 a Rn. 46; *Lutter*, KK-AktG, § 71 a Rn. 19; *Baumbach/Hueck*, AktG, § 71 Rn. 22; *Hefermehl/Bungeroth*, in: Geßler/Hefermehl, AktG, § 71 a Rn. 28.

707 Ähnlich *Krause*, AG 2002, 133, 139; einen Verstoß ausschließend *Sünner*, FS Quack, S. 457, 472 und *Weisner*, Verteidigungsmaßnahmen gegen unfreundliche Übernahmeversuche, S. 267.

cherungs-GmbH beherrschenden Einfluss ausüben.[708] Allerdings besteht die Gefahr, dass die Aktiengesellschaften als herrschende Unternehmen in Form der Mehrmütterschaft angesehen werden, sobald sie ihren Einfluss auf die Sicherungs-GmbH in Form von Stimmbindungsverträgen oder ähnlichen Absprachen koordiniert ausüben.[709]

c. § 71 a Abs. 1 S. 1 AktG

Schließlich kann der vorbeschriebene Aktienerwerb durch die Sicherungs-GmbH mit § 71 a Abs. 1 S. 1 AktG kollidieren.

Diese Vorschrift sanktioniert nach ihrem Wortlaut Umgehungsgeschäfte, bei denen eine Gesellschaft den Erwerb eigener Aktien durch Dritte mittels Vorschuss, Darlehen oder Sicherheiten finanziert. Zwar fällt die Sicherungs-GmbH unmittelbar unter keine dieser Fallgruppen. Jedoch enthält die Regelung des § 71 a AktG wegen ihrer Zielsetzung, Umgehungsgeschäfte zu verhindern, einen offenen Tatbestand, der auch auf nicht im Normtext erwähnte, vergleichbare Rechtsgeschäfte Anwendung findet.[710] Ansonsten könnte er seinerseits allzu leicht umgangen werden.

Demgemäß verbietet § 71 a Abs. 1 S. 1 AktG sämtliche wirtschaftliche Gestaltungen, welche wie der Erwerb eigener Aktien zu einer Einlagenrückgewähr führen und es dem Vorstand ermöglichen, die Zusammensetzung des Aktionärskreises zu beeinflussen.[711] Da in diesem Zusammenhang auch die Erbringung einer Einlage in eine Stille Gesellschaft[712] und die Beteiligung an einem Stützungskonsortium[713] als typische Verstöße gegen § 71 a Abs. 1 S. 1 AktG genannt werden, ist es nicht ausgeschlossen, auch die Einlage in eine Sicherungs-GmbH als Umgehungsgeschäft im Sinne des § 71 a Abs. 1 S. 1 AktG zu beurteilen.[714]

Die rechtlichen Unsicherheiten beim Aktienerwerb der Sicherungs-GmbH zur Anwendbarkeit der Regeln über den Erwerb eigener Aktien machen die Einsatzfähigkeit dieser Verteidigungsstrategie zweifelhaft.

4. Auslösung eines Pflichtangebots

Ferner setzt die Kontrollschwelle des § 29 Abs. 2 WpÜG der Abwehrwirkung der Sicherungs-GmbH Grenzen. Sobald die Sicherungs-GmbH mindestens 30 Prozent der

---

708 *Sünner*, FS Quack, S. 457, 472; *Weisner*, Verteidigungsmaßnahmen gegen unfreundliche Übernahmeversuche, S. 267.

709 *Brandi*, in: Thaeter/Brandi, Öffentliche Übernahmen, Teil 3 Rn. 532; *Krause*, AG 2002, 133, 139; *Sünner*, FS Quack, S. 457, 472 hält dagegen die Gefahr der Mehrmütterschaft für gering. Allgemein zur Mehrmütterschaft *Hüffer*, AktG, § 17 Rn. 13 ff.

710 *Oechsler*, MüKo-AktG, § 71 a Rn. 14; eingehend *Schroeder*, Finanzielle Unterstützung des Aktienerwerbs, S. 174, 178 f.

711 Vgl. *Lutter*, KK-AktG, § 71 a Rn. 4.

712 *Oechsler*, MüKo-AktG, § 71 a Rn. 18; *Lutter*, KK-AktG, § 71 a Rn. 5.

713 *Oechsler*, MüKo-AktG, § 71 a Rn. 46; *Lutter*, KK-AktG, § 71 a Rn. 19; *Baumbach/Hueck*, AktG, § 71 Rn. 22; *Hefermehl/Bungeroth*, in: Geßler/Hefermehl, AktG, § 71 a Rn. 28.

714 Vgl. *Hirte*, KK-WpÜG, § 33 Rn. 181.

stimmberechtigten Aktien der übernahmebedrohten Gesellschaft erwirbt, ist sie nämlich selber nach § 35 Abs. 2 WpÜG zur Abgabe eines Übernahmeangebots an sämtliche Aktionäre der Zielgesellschaft verpflichtet. Die Übernahme der Zielgesellschaft durch die Sicherungs-GmbH ist aber weder von der Zielgesellschaft noch von den anderen an der Sicherungs-GmbH beteiligten Aktiengesellschaften gewollt. Zudem würde sie die finanziellen Möglichkeiten der Sicherungs-GmbH sprengen.

5. Akzeptanz des Kapitalmarkts

In der Vergangenheit haben verschiedene deutsche Unternehmen mit der Sicherungs-GmbH vergleichbare Holdingkonstruktionen zur Übernahmeabwehr eingesetzt.[715] Jedoch waren diese Abwehrstrategien auf Einzelfälle beschränkt und haben sich in der Praxis nicht durchsetzen können. Der Grund dafür liegt in den bereits angesprochenen[716] wirtschaftlichen Nachteilen derartiger Sicherungskonstruktionen, die den Aktienkurs der Unternehmen belasten.[717] Daher wird zu Recht bezweifelt, ob die Beispiele aus der Praxis, die vornehmlich aus den siebziger Jahren des vorigen Jahrhunderts stammen, auch heute noch vom Kapitalmarkt akzeptiert würden. Vielmehr ist davon auszugehen, dass die Beteiligung an einer Sicherungs-GmbH am Kapitalmarkt als „Kapitalvernichtungseinrichtung" abgestraft und von institutionellen Anlegern abgelehnt würde.

6. Fazit

Gegenüber der Beteiligung einer potentiell übernahmebedrohten Gesellschaft an einer Sicherungs-GmbH bestehen erhebliche rechtliche sowie wirtschaftliche Bedenken.

Das gilt sowohl für die Gründung einer solchen GmbH als auch für deren Aktivitäten im Übernahmekampf. So dürfte die Gründung einer Sicherungs-GmbH in der Regel nur bei einer entsprechenden satzungsmäßigen Ermächtigung vom Gesellschaftszweck einer Aktiengesellschaft gedeckt sein. Erwirbt die Sicherungs-GmbH Aktien der übernahmebedrohten Gesellschaft, so ist nicht auszuschließen, dass derartige Transaktionen gegen die Regeln über den Erwerb eigener Aktien verstoßen. Schließlich kommt ein Aktienerwerb nur bis zu einer Höhe von weniger als 30 Prozent des Grundkapitals der Zielgesellschaft in Betracht, da ansonsten für die Sicherungs-GmbH ihrerseits die Pflicht zur Abgabe eines Übernahmeangebots entsteht.

Zudem löst die Gründung einer Sicherungs-GmbH regelmäßig immense wirtschaftlich nachteilige Nebenwirkungen aus. Sie bindet Kapital und verursacht erhebliche Kosten. Diese Nebenwirkungen lassen zum einen daran zweifeln, ob der Vorstand

---

[715] Das bekannteste Beispiel ist die inzwischen aufgelöste Mercedes-Automobil-Holding AG aus den siebziger Jahren des vorigen Jahrhunderts. Dazu *Sünner*, FS Quack, S. 457, 470 f.; *Brandi*, in: Thaeter/Brandi, Öffentliche Übernahmen, Teil 3 Rn. 531 Fn. 796; *Bayer*, ZGR 2002, 588, 597.

[716] Siehe hierzu.Teil 1 § 3 B II 1.

[717] Vgl. *Brandi*, in: Thaeter/Brandi, Öffentliche Übernahmen, Teil 3 Rn. 531 Fn. 796; *Bayer*, ZGR 2002, 588, 597.

bei der Beteiligung an einer Sicherungs-GmbH im Rahmen seiner Verpflichtung auf das Unternehmensinteresse handelt. Zum anderen belasten sie den Aktienkurs der Zielgesellschaft und schrecken institutionelle Investoren ab.

In der Praxis hat sich die Sicherungs-GmbH daher nicht als Präventivmaßnahme zur Abwehr feindlicher Übernahmeversuche durchsetzen können. Die rechtlichen und wirtschaftlichen Bedenken machen diese Abwehrstrategie im Ergebnis unpraktikabel.

III. Change of control Klauseln

Eine weitere Maßnahme, die zur Prävention feindlicher Übernahmen genutzt werden kann, ist die Aufnahme sogenannter „change of control“ Klauseln in die Vertragsverhältnisse des Unternehmens.[718] Derartige Klauseln vermitteln dem Vertragspartner einer übernahmebedrohten Gesellschaft bestimmte Rechte, wenn die Herrschaft über die Gesellschaft in andere Hände übergeht. Sie sind im syndizierten Kreditgeschäft, bei der Akquisitionsfinanzierung und bei anderen Finanztransaktionen Marktstandard.[719] Darüber hinaus kommen sie vor allem in Joint Venture Vereinbarungen vor.[720]

Durch eine change of control Klausel kann dem Vertragpartner das Recht eingeräumt werden, einen langfristigen Kreditvertrag oder eine Schuldverschreibung bei einem Kontrollwechsel über die Gesellschaft vorzeitig zu kündigen.[721] In Joint Venture Verträgen geben derartige Klauseln dem Vertragspartner neben dem Kündigungsrecht zumeist die Option, den Anteil der Zielgesellschaft an der Joint Venture Gesellschaft zu einem bestimmten Preis zu kaufen.[722]

Change of control Klauseln können Übernahmeinteressenten abschrecken, wenn sie zur Beendigung von Verträgen oder Kooperationen führen, an denen der potentielle Bieter ein besonderes Interesse hat, oder wenn sie der Gesellschaft Finanzmittel entziehen, die der Interessent z.B. im Rahmen eines leveraged buy out für die Finanzierung der Übernahme benötigt.[723]

---

718 Vgl. dazu *Hirte*, KK-WpÜG, § 33 Rn. 175; *Schlitt*, MüKo-AktG, § 33 WpÜG Rn. 115; *Richter*, in: Semler/Volhard, Arbeitshandbuch für Unternehmensübernahmen, § 52 Rn. 79; *Adolff*, Public Company Takeovers in Germany, S. 210; *Krause*, AG 2002, 133, 143; *Mielke/Nguyen-Viet*, BB 2004, 2515.

719 *Krause/Pötzsch*, in: Assmann/Pötzsch/Schneider, WpÜG, § 33 Rn. 279; *Krause*, AG 2002, 133, 143; *Mielke/Nguyen-Viet*, DB 2004, 2515, 2516.

720 *Wegen/Matyschok*, in: Blättchen/Wegen, Übernahme börsennotierter Unternehmen, S. 181, 190 f.

721 *Schlitt*, MüKo-AktG, § 33 WpÜG Rn. 115; derartige Kreditverträge werden im angloamerikanischen Übernahmejargon auch als „poison debt“ bezeichnet, vgl. *Krause*, AG 2002, 133, 143; *Hauschka/Roth*, AG 1988, 181, 193.

722 *Hirte*, KK-WpÜG, § 33 Rn. 59 Fn. 98; *Richter*, in: Semler/Volhard, Arbeitshandbuch für Unternehmensübernahmen, § 52 Rn. 79; *Brandi*, in: Thaeter/Brandi, Öffentliche Übernahmen, Teil 3 Rn. 551.

723 *Schlitt*, MüKo-AktG, § 33 WpÜG Rn. 115; *Adolff*, Public Company Takeovers in Germany, S. 210.

1. Pflichtenbindung des Vorstands

Die Vereinbarung einer change of control Klausel ist eine Maßnahme der Geschäftsführung, die gemäß §§ 76 f., 93 AktG in die Leitungsbefugnis und Leitungsverantwortung des Vorstands fällt. Im Rahmen seines Leitungsermessens kann der Vorstand in der Vorangebotsphase change of control Klauseln aushandeln, solange diese durch das Unternehmensinteresse gerechtfertigt sind und nicht seinen eigennützigen Interessen dienen.[724]

Ob die Vereinbarung einer change of control Klausel im Unternehmensinteresse liegt, muss der Vorstand im Einzelfall durch eine Abwägung der in der Gesellschaft zusammentreffenden Gruppeninteressen feststellen.[725] Dabei steht ihm wiederum sein weites unternehmerisches Ermessen zu.[726] Die Grenzen des Leitungsermessens sind eingehalten, wenn sich die Vereinbarung der change of control Klausel vertretbar mit den in der Gesellschaft abzuwägenden Interessen begründen lässt. Unzulässig sind change of control Klauseln, wenn sie das Gesellschaftsvermögen schädigen. Das ist z.B. der Fall, wenn die Klausel nicht zu marktüblichen Konditionen abgeschlossen worden ist, oder wenn die Beendigung eines Vertrags aufgrund einer solchen Klausel dazu führt, dass die Gesellschaft ihren Geschäftsbetrieb nicht mehr fortführen kann.[727] Dient die change of control Klausel ausschließlich der präventiven Übernahmeabwehr, so muss der Vorstand einerseits die Auswirkungen der abzuwehrenden Übernahme und andererseits die Kosten und Auswirkungen der change of control Klausel auf die maßgeblichen Gruppeninteressen abwägen.[728]

In der Vorangebotsphase dürfte dem Vorstand der Nachweis, dass die Abwehr eines bevorstehenden Übernahmeangebots im Unternehmensinteresse gerechtfertigt ist, wiederum nur in Ausnahmefällen möglich sein, wenn aufgrund der besonderen Umstände des Falls sowohl die Identität als auch die Absichten eines potentiellen Bieters vor der Abgabe eines Angebots bekannt sind.[729]

Neben der Abwehr feindlicher Übernahmen können change of control Klauseln jedoch insbesondere durch Belange des Gläubigerschutzes gerechtfertigt sein. Als zulässig sind solche Klauseln anzusehen, die auf Drängen oder zum Schutz der berech-

---

724 Vgl. *Adolff*, Public Company Takeovers, S. 210; *Richter*, in: Semler/Volhard, Arbeitshandbuch für Unternehmensübernahmen, § 52 Rn. 53; *Kort*, FS Lutter, S. 1421, 1433; *Krieger*, in: Henze/Hoffmann-Becking, Gesellschaftsrecht 2001, S. 289, 311.

725 Siehe hierzu Teil 1 § 2 B I.

726 Siehe hierzu Teil 1 § 2 B I 4.

727 Sofern sich eine change of control Klausel unter Berücksichtigung des unternehmerischen Ermessensspieraums nicht durch das Gesellschaftsinteresse rechtfertigen lässt, macht sich der Vorstand durch die Vereinbarung der jeweiligen Klausel nach § 93 Abs. 2 AktG gegenüber der Gesellschaft schadensersatzpflichtig. Zudem kann die Klausel in einem solchen Fall, in dem kein anerkennenswertes Interesse an der Vereinbarung der Klausel besteht, sittenwidrig und daher nach § 138 Abs. 1 BGB nichtig sein, wenn der Vorstand und der Vertragspartner kollusiv zum Nachteil der Gesellschaft zusammenwirken. Vgl. dazu *Mielke/Nguyen-Viet*, DB 2004, 2515.

728 Zu den maßgeblichen Gesichtspunkten siehe Teil 1 § 2 D III.

729 Siehe hierzu Teil 1 § 2 D III 4.

tigten wirtschaftlichen Interessen des Vertragspartners in den Vertrag aufgenommen werden.[730] Diese Klauseln haben nicht den Zweck, feindliche Bieter abzuschrecken, sondern schützen in erster Linie den Vertragspartner der übernahmebedrohten Gesellschaft davor, durch die Übernahme wirtschaftlich einen anderen Schuldner zu erhalten.[731] So beruhen change of control Klauseln in Finanzierungsverträgen auf dem Umstand, dass für die Bonität eines Unternehmens nicht nur deren Vermögensstatus und Management, sondern in aller Regel auch die dahinter stehenden Gesellschafter maßgebend sind.[732] In Joint Venture Vereinbarungen schützen change of control Klauseln die kooperierenden Unternehmen davor, dass ein Konkurrent bei einer Übernahme des Vertragspartners Einfluss auf das Gemeinschaftsunternehmen erlangt oder Zugang zu Betriebsgeheimnissen erhält. Derartige gläubigerschützende Klauseln gelten gewöhnlich nicht nur für feindliche sondern auch für freundliche Übernahmen. Obwohl sie zweifellos auf feindliche Bieter abschreckend wirken, können sie vom Vorstand ohne Weiteres im Rahmen seines Leitungsermessens vereinbart werden, sofern sie in den berechtigten Belangen des Gläubigerschutzes ihre Rechtfertigung finden und damit unternehmerisch sinnvoll sind.[733]

2. Zustimmung der Hauptversammlung

Gewähren change of control Klauseln dem Vertragspartner das Recht, die Beteiligung der Zielgesellschaft an einem Gemeinschaftsunternehmen im Falle des Kontrollwechsels zu erwerben – was in Joint Venture Verträgen regelmäßig vereinbart wird – , so stellt sich die Frage, ob die Vereinbarung einer solchen Klausel von der Zustimmung der Hauptversammlung abhängig ist.

Nach den vom Bundesgerichtshof in der *Holzmüller*-Entscheidung aufgestellten Grundsätzen[734] bedürfen Maßnahmen der Geschäftsführung, die so tief in die Mitgliedsrechte der Aktionäre und ihre im Anteilseigentum verkörperten Vermögensinteressen eingreifen, dass der Vorstand vernünftigerweise nicht annehmen kann, er dürfe sie in ausschließlich eigener Verantwortung treffen, der Zustimmung der Hauptversammlung.[735] Wird im Rahmen eines Joint Venture eine Kaufoption zu Lasten der Zielgesellschaft für den Fall ihrer Übernahme begründet, muss zum einen geklärt werden, ob auf diese Kaufoption über die Beteiligung an dem Gemeinschaftsunternehmen

---

730 Vgl. *Schlitt*, MüKo-AktG, § 33 WpÜG Rn. 115; *Ekkenga*, in: Ehricke/Ekkenga/Oechsler, WpÜG, § 33 Rn. 112; *Hopt*, FS Lutter, S. 1361, 1389; *Krause*, AG 2002, 133, 143; *Mielke/Nguyen-Viet*, DB 2004, 2515, 2516.

731 Vgl. *Adolff*, Public Company Takeovers in Germany, S. 210; *Wegen/Matyschok*, in: Blättchen/Wegen, Übernahme börsennotierter Unternehmen, S. 181, 190 f.; *Krause*, AG 2002, 133, 143; *Mielke/Nguyen-Viet*, DB 2004, 2515, 2516.

732 *Mielke/Nguyen-Viet*, DB 2004, 2515, 2516.

733 Vgl. *Schlitt*, MüKo-AktG, § 33 WpÜG Rn. 115; *Ekkenga*, in: Ehricke/Ekkenga/Oechsler, WpÜG, § 33 Rn. 112; *Hopt*, FS Lutter, S. 1361, 1389; *Krause*, AG 2002, 133, 143; *Mielke/Nguyen-Viet*, DB 2004, 2515, 2516.

734 Siehe hierzu Teil 1 § 3 B I 2 c.

735 BGHZ 83, 122, 131.

die zur Ausgliederung eines Unternehmensteils aufgestellten *Holzmüller*-Grundsätze Anwendung finden. Darüber hinaus ist zu untersuchen, ob bei Anwendbarkeit dieser Grundsätze bereits die schuldrechtliche Einräumung der Kaufoption oder erst das dingliche Übertragungsgeschäft zustimmungspflichtig ist.

a. Anwendbarkeit der *Holzmüller*-Grundsätze auf eine Beteiligungsveräußerung

Zum Teil wird die Auffassung vertreten, eine Beteiligungsveräußerung bedürfe generell nicht der Zustimmung der Hauptversammlung, da sie nicht die gleichen Auswirkungen auf die Aktionärsrechte habe wie die in der *Holzmüller*-Entscheidung gegenständliche Ausgliederung eines Unternehmensteils.[736] Im Gegensatz zur Ausgliederung eines Unternehmensteils führe die Veräußerung einer Unternehmensbeteiligung nicht dazu, dass die Mitgliedsrechte und Vermögensinteressen der Aktionäre verkürzt würden. Vielmehr werde der unmittelbare Einfluss der Aktionäre durch eine Beteiligungsveräußerung vergrößert, da das vormals in der Beteiligung gebundene Vermögen, welches der Verwaltung durch den Vorstand unterlag, in Form des Kaufpreises an die Gesellschaft zurückfließe. Dadurch werde der Beteiligungserlös dem unmittelbaren Verwendungszugriff der Aktionäre unterstellt und die vorher bestehende Mediatisierung beseitigt.[737] Infolgedessen sei die Veräußerung einer Unternehmensbeteiligung nicht zustimmungsbedürftig, so dass auch die Einräumung einer Kaufoption an einer Unternehmensbeteiligung nicht zustimmungsbedürftig sein könne.

Zwar trifft es zu, dass die Veräußerung einer Beteiligung den durch einen Beteiligungserwerb hervorgerufenen Mediatisierungseffekt rückgängig macht.[738] Unter dem Gesichtspunkt der Konzernbildungskontrolle lässt sich daher eine Hauptversammlungszuständigkeit für eine Beteiligungsveräußerung durch den Vorstand nicht begründen.[739] Indes steht nicht der Mediatisierungseffekt, sondern der tiefe Eingriff in die Aktionärsrechte im Mittelpunkt der *Holzmüller*-Grundsätze.[740] Ein solcher kann aber auch bei der Veräußerung einer Beteiligung vorliegen. Zwar fließt das vorher in der Beteiligung gebundene Vermögen durch den Veräußerungserlös in den unmittelbaren Verwendungszugriff der Aktionäre. Die durch die Untergesellschaft betriebene unternehmerische Tätigkeit, auf welche die Aktionäre ihre Mitgliedsrechte vor der Be-

---

736 *Habersack*, in: Emmerich/Habersack, Konzernrecht, Vorb. § 311 Rn. 43; *ders.*, DStR 1998, 533, 535 f.; *Groß*, AG 1994, 266, 275 f.; *Bohnet*, DB 1999, 2617, 2619; *Joost*, ZHR 163 (1999), 164, 185 f.; ein Zustimmungserfordernis ebenfalls ablehnend, jedoch mit anderer Begründung *Werner*, ZHR 147 (1983), 429, 447; *Sünner*, AG 1983, 169, 170.

737 *Habersack*, in: Emmerich/Habersack, Konzernrecht, Vorb. 311 Rn. 43; *ders.*, DStR 1998, 533, 535; *Groß*, AG 1994, 266, 275; *Joost*, ZHR 163 (1999), 164, 185 f.

738 So auch *Kubis*, MüKo-AktG, § 119 Rn. 63; *Hüffer*, FS Ulmer, S. 279, 294; *Wollburg/Gehling*, FS Lieberknecht, S. 133, 152.

739 Folgerichtig lehnt *Seydel*, Konzernbildungskontrolle bei der Aktiengesellschaft, S. 441, der die Hauptversammlungszuständigkeit auf Konzernbildungsvorgänge beschränkt sieht, ein Zustimmungserfordernis ab.

740 *Kubis*, MüKo-AktG, § 119 Rn. 63; *Hüffer*, FS Ulmer, S. 279, 294; *Fleischer*, ZHR 165 (2001), 513, 524; *Götze*, NZG 2004, 585, 588.

teiligungsveräußerung zumindest noch in mediatisierter Form ausüben konnten, wird dem Einflussbereich der Aktionäre durch die Veräußerung jedoch vollständig entzogen.[741] Wenn aber schon die Verkürzung der Mitspracherechte der Aktionäre durch die Ausgliederung eines Betriebsteils nach *Holzmüller*-Grundsätzen einer Zustimmung durch die Hauptversammlung bedarf, dann muss das erst recht für die vollständige Entäußerung des Aktionärseinflusses durch die Veräußerung einer Beteiligung gelten.[742] Denn dieser Eingriff wiegt schwerer als die durch eine Ausgliederung herbeigeführte Mediatisierung, bei der den Aktionären wenigstens noch die mittelbare Ausübung der Mitgliedsrechte verbleibt.

Folglich sind die *Holzmüller*-Grundsätze auf die Veräußerung einer Beteiligung[743] und damit auch auf die Veräußerung einer Beteiligung durch eine entsprechende Kaufoption in einer change of control Klausel anwendbar.

b. Anwendbarkeit der *Holzmüller*-Grundsätze auf eine Kaufoption

Fraglich ist jedoch, ob die *Holzmüller*-Grundsätze bereits für die Einräumung einer solchen Kaufoption oder erst für das dingliche Verfügungsgeschäft gelten.

Die Einräumung der Kaufoption wäre nicht zustimmungspflichtig, wenn erst die dingliche Übertragung der Beteiligung zu einer Beeinträchtigung der Aktionärsrechte führen würde. Da die Gesellschaft sich aber schon durch die Vereinbarung der Kaufoption rechtlich bindend dazu verpflichtet, auf Anfrage des Vertragspartners die Beteiligung zu veräußern, gibt die Gesellschaft bereits durch Einräumung einer solchen Option in einer change of control Klausel die Entscheidung über die Durchführung der Transaktion aus der Hand. Daher unterliegt bereits die Eingehung der schuldrechtlichen Übertragungsverpflichtung den *Holzmüller*-Grundsätzen.[744]

---

741 *Kubis*, MüKo-AktG, § 119 Rn. 63; *Henze*, FS Ulmer, S. 211, 231; *Bungert*, BB 2004, 1345, 1350; *Götze*, NZG 2004, 585, 588; *Lüders/Wulff*, BB 2001, 1209, 1212; ähnlich *Fleischer*, ZHR 165 (2001), 513, 524 f.

742 *Kubis*, MüKo-AktG, § 119 Rn. 63.

743 Vgl. *Pluta*, in: AnwK-AktienR, Kap. 1 § 119 AktG Rn. 37; *Mülbert*, GK-AktG, § 119 Rn. 30; *Hüffer*, AktG, § 119 Rn. 18 a; *ders*., FS Ulmer, S. 279, 294 f.; *Henze*, FS Ulmer, S. 211, 230 f. *Wollburg/Gehling*, FS Lieberknecht, S. 133, 156 f.; *Brandi*, in: Thaeter/Brandi, Öffentliche Übernahmen, Teil 3 Rn. 552; *Krieger*, in: Hoffmann-Becking, Handbuch des Gesellschaftsrechts Bd. IV, § 69 Rn. 7 f.; *Semler*, in: Hoffmann-Becking, Handbuch des Gesellschaftsrechts Bd. IV, § 34 Rn. 40; *Lutter/Leinekugel*, ZIP 1998, 225, 230; *dies*., ZIP 1998, 805, 806; *Fleischer*, ZHR 165 (2001), 513, 524 f.; *Bungert*, BB 2004, 1345, 1350. Auch einige Instanzgerichte haben die *Holzmüller*-Grundsätze auf die Veräußerung einer Beteiligung angewendet: LG Frankfurt, ZIP 1997, 1689, 1700 f.; LG Düsseldorf, AG 1999, 54, 55; LG Heidelberg, AG 1999, 135, 137.

744 *Kubis*, MüKo-AktG, § 119 Rn. 64; *Brandi*, in: Thaeter/Brandi, Öffentliche Übernahmen, Teil 3 Rn. 552.

c. Zwischenergebnis

Die Vereinbarung einer change of control Klausel in Form einer Kaufoption, durch welche sich eine übernahmebedrohte Gesellschaft zur Übertragung ihrer Beteiligung an einem Joint Venture im Falle ihrer Übernahme verpflichtet, bedarf nach den Grundsätzen der *Holzmüller*-Entscheidung der Zustimmung der Hauptversammlung, wenn dadurch wesentlich in die Mitgliedsrechte und Vermögensinteressen der Aktionäre eingegriffen wird.

Im Lichte der neuesten Rechtsprechung des Bundesgerichtshofs ist ein schwerer Eingriff in die Aktionärsrechte allerdings nur ausnahmsweise und in engen Grenzen anzuerkennen, wenn die Maßnahme des Vorstands in ihren Auswirkungen an die Notwendigkeit einer Satzungsänderung heranreicht.[745] Alleine die Tatsache, dass der wirtschaftliche Wert der betroffenen Unternehmensbeteiligung die in der Literatur für eine wesentliche Beteiligung aufgestellten Schwellenwerte erreicht, welche zwischen 10 und 50 Prozent schwanken, genügt nicht für die Feststellung eines schweren Eingriffs. Vielmehr sind die hohen Anforderungen der *Holzmüller*-Grundsätze erst dann erfüllt, wenn die Beteiligung, die Gegenstand der Kaufoption ist, in ihrer qualitativen und quantitativen Bedeutung für die Gesellschaft das Ausmaß des ausgegliederten Unternehmensteils im *Holzmüller*-Fall hat.[746] Das ist der Fall, wenn sich die Veräußerung im Kernbereich der Geschäftstätigkeit abspielt, das Unternehmen durch die Transaktion von Grund auf geändert wird und ein Unternehmensteil in einem Größenbereich von 80 Prozent des Vermögens der Gesellschaft betroffen ist.

Solange die Einräumung einer Kaufoption über ein Joint Venture keine ähnlich tiefgreifende Veränderung des Unternehmens nach sich zieht, können die *Holzmüller*-Grundsätze für eine solche Absprache keine Zustimmungsbedürftigkeit der Hauptversammlung begründen.[747] In der Regel kann der Vorstand daher change of control Klauseln mit Kaufoptionen in Joint Venture Verträgen einer übernahmebedrohten Gesellschaft vereinbaren, ohne dass dazu die Zustimmung der Hauptversammlung einzuholen ist.

3. Fazit

Die Verwendung von change of control Klauseln in strategisch wichtigen Verträgen erscheint als geeignete Maßnahme zur Prävention gegen feindliche Übernahmen. Bei der Vereinbarung derartiger Klauseln muss der Vorstand im Unternehmensinteresse handeln. Zwar wird dem Vorstand der Nachweis, dass eine solche Regelung zur Abwehr eines Übernahmeversuchs im Unternehmensinteresse gerechtfertigt ist, in der Vorangebotsphase nur ausnahmsweise möglich sein. Sofern die change of control

---

[745] BGH, WM 2004, 1085, 1087; BGH, WM 2004, 1090, 1093; sieher hierzu bereits Teil 1 § 3 B I 2 c bb.

[746] BGH, WM 2004, 1085, 1089; BGH, WM 2004, 1090, 1095.

[747] Vgl. *Götze*, NZG 2004, 585, 588; so auch schon vor den *Gelatine*-Entscheidungen *Krieger*, in: Hoffmann-Becking, Handbuch des Gesellschaftsrechts Bd. IV, § 69 Rn. 8; *Trapp/Schick*, AG 2001, 381, 387.

Klausel jedoch zumindest auch die berechtigten Interessen des jeweiligen Vertragspartners schützt und zu Marktkonditionen abgeschlossen wird, ist sie durch das Leitungsermessen des Vorstands gedeckt.

Auch die Vereinbarung einer change of control Klausel, die dem Vertragspartner im Übernahmefall das Recht zum Erwerb einer Beteiligung an einem Gemeinschaftsunternehmen einräumt, fällt regelmäßig in die alleinige Zuständigkeit des Vorstands. Nur in extremen Ausnahmesituationen bedarf die Begründung einer solchen Kaufoption nach den Grundsätzen der *Holzmüller*-Entscheidung der Zustimmung der Hauptversammlung.

In der Praxis sind change of control Klauseln ein effektives präventives Abwehrmittel gegenüber feindlichen Übernahmen, da sie im Gegensatz zu den meisten anderen Abwehrmaßnahmen vielfach Marktstandard sind und somit regelmäßig auf den Kapitalmärkten nicht auf Ablehnung stoßen.

IV. Hohe Abfindungszahlungen für Vorstandsmitglieder

Eine in den USA entwickelte Methode zur präventiven Abwehr feindlicher Übernahmen besteht darin, in den Anstellungsverträgen des Managements besonders hohe Abfindungszahlungen für den Fall des freiwilligen oder unfreiwilligen Ausscheidens aus der Gesellschaft im Zuge einer feindlichen Übernahme zu vereinbaren.[748]

Derartige Abfindungen sind unter dem Namen „golden parachutes“ – goldene Fallschirme – bekannt geworden.[749] Sie zielen darauf ab, die Übernahmekosten für einen feindlichen Bieter so stark in die Höhe zu treiben, dass er das wirtschaftliche Interesse an der Übernahme verliert. Ihre Abwehrwirkung ist allerdings zumindest im Rahmen von großen Transaktionen zweifelhaft, da Abfindungszahlungen jedenfalls in derartigen Fällen in Anbetracht der Höhe der gesamten Akquisitionskosten meist nur eine untergeordnete Bedeutung haben und die Durchführung einer Übernahme auch durch höhere Kompensationszahlungen regelmäßig nicht behindert wird.[750]

1. Aktienrechtliche Vorgaben

Die Festsetzung der Vergütung der Vorstandsmitglieder fällt in die Kompetenz des Aufsichtsrats. Dieser hat gemäß § 87 Abs. 1 S. 1 AktG dafür zu sorgen, dass die Gesamtbezüge der einzelnen Vorstandsmitglieder in einem angemessenen Verhältnis zu

---

748 *Richter*, in: Semler/Volhard, Arbeitshandbuch für Unternehmensübernahmen, § 52 Rn. 163; *Assmann/Bozenhardt*, in: Assmann/Basaldua, Übernahmeangebote, S. 1, 142; *Hauschka/Roth*, AG 1988, 181, 182; *Krause*, AG 2002, 133, 143; *Michalski*, AG 1997, 152, 160.

749 *Krause/Pötzsch*, in: Assmann/Pötzsch/Schneider, WpÜG, § 33 Rn. 116; *Fastrich*, FS Heldrich, S. 143; *Harbarth*, ZvglRWiss 100 (2001), 1361, 1389; *Hauschka/Roth*, AG 1988, 181, 193.

750 *Krause/Pötzsch*, in: Assmann/Pötzsch/Schneider, WpÜG, § 33 Rn. 116; *Schwennicke*, in: Geibel/Süßmann, WpÜG, § 33 Rn. 34; *Brandi*, in: Thaeter/Brandi, Öffentliche Übernahmen, Teil 3 Rn. 585; *Assmann/Bozenhardt*, in: Assmann/Basaldua, Übernahmeangebote, S. 1, 142; *Krause*, AG 2002, 133, 143.

ihren Aufgaben und zur Lage der Gesellschaft stehen. Golden parachutes, die groß genug sein müssen, um die Übernahmekosten für einen feindlichen Bieter wesentlich zu erhöhen, gehen regelmäßig über dieses Angemessenheitserfordernis hinaus und sind somit unzulässig.[751] Selbst wenn die gute finanzielle Lage der Gesellschaft in besonderen Einzelfällen eine außergewöhnlich hohe Abfindungszahlung rechtfertigen sollte, so stünde eine Abfindungszahlung in der für die Übernahmeabwehr erforderlichen Höhe jedenfalls in unangemessenem Verhältnis zum Aufgabenkreis eines Vorstandsmitglieds.[752]

Ein Aufsichtsrat, der seine Pflicht zur Vereinbarung angemessener Vorstandsvergütungen durch die Gewährung von golden parachutes verletzt, macht sich nach §§ 116, 93 Abs. 2 AktG schadensersatzpflichtig.[753] Ebenso kann die Annahme einer derartigen Vergütung durch das betroffene Vorstandsmitglied eine Verletzung seiner Treuepflichten darstellen, die geeignet ist eine Schadensersatzpflicht nach § 93 Abs. 2 AktG auszulösen.[754]

Zudem ergibt sich aus der Regelung des § 84 AktG, dass der Aufsichtsrat bei der Bestellung und Abberufung von Vorstandsmitgliedern ein uneingeschränktes Entscheidungsermessen haben muss.[755] Alle rechtsgeschäftlichen Bindungen, die diese Entschließungsfreiheit des Aufsichtsrats in irgendeiner Form einschränken, sind gemäß § 134 BGB nichtig.[756] Da auch die Auslösung exorbitant hoher, sachlich nicht gerechtfertigter Abfindungsansprüche die Entscheidungsfreiheit des Aufsichtsrats bei der Abberufung eines Vorstandsmitglieds beeinträchtigen kann, ist deren vertragliche Vereinbarung wegen Verstoßes gegen § 134 BGB unwirksam.[757]

Zulässig ist dagegen die vertragliche Zusage von Ausgleichszahlungen an Organmitglieder, die diese für den Verlust ihrer Organeigenschaft oder im Falle eines Kontrollwechsels über die Gesellschaft angemessen entlohnen.[758] Die Vereinbarung derartiger Übergangsgelder entspricht heute bei börsennotierten Publikumsgesellschaften dem Standard. Sie werden gemeinhin als erforderlich angesehen, um hochqualifi-

---

751 *Krause/Pötzsch*, in: Assmann/Pötzsch/Schneider, WpÜG, § 33 Rn. 116; *Schwennicke*, in: Geibel/Süßmann, WpÜG, § 33 Rn. 34; *Fastrich*, FS Heldrich, S. 143, 152, 161; *Bayer*, ZGR 2002, 588, 597; *Hauschka/Roth*, AG 1988, 181, 192; *Michalski*, AG 1997, 152, 160.

752 Vgl. *Herrmann*; Zivilrechtliche Abwehrmaßnahmen, S. 84.

753 Die Abfindungsvereinbarung bleibt trotz des Verstoßes gegen § 87 Abs. 1 S. 1 AktG wirksam, da dieser kein Verbotsgesetz im Sinne des § 134 BGB ist. Vgl. *Hefermehl/Spindler*, MüKo-AktG, § 87 Rn. 25; *Mertens*, KK-AktG, § 87 Rn. 3.

754 *Hefermehl/Spindler*, MüKo-AktG, § 87 Rn. 24; *Hefermehl*, in: Geßler/Hefermehl, AktG, § 87 Rn. 10; *Mertens*, KK-AktG, § 87 Rn, 3; *Hauschka/Roth*, AG 1988, 181, 192; *Michalski*, AG 1997, 152, 160.

755 *Mertens*, KK-AktG, § 84 Rn. 11; *Hefermehl*, in: Geßler/Hefermehl, AktG, § 84 Rn. 9; *Hüffer*, AktG, § 84 Rn. 5.

756 *Mertens*, KK-AktG, § 84 Rn. 9; *Hefermehl*, in: Geßler/Hefermehl, AktG, § 84 Rn. 9; *Hüffer*, AktG, § 84 Rn. 5.

757 Vgl. BGHZ 8, 348, 360; *Schwennicke*, in: Geibel/Süßmann, WpÜG, § 33 Rn. 34; *Hirte*, KK-WpÜG, § 33 Rn. 59 Fn. 100; *Assmann/Bozenhardt*, in: Assmann/Basaldua, Übernahmeangebote, S. 1, 143; *Michalski*, AG 1997, 152, 160; *Peltzer*, ZIP 1989, 69, 74.

758 *Mertens*, KK-AktG, § 84 Rn. 11; *Hopt*, FS Lutter, S. 1361, 1389; ausführlich zu derartigen change of control Klauseln *Dreher*, AG 2002, 214 ff.

zierte Manager für übernahmegefährdete Unternehmen überhaupt gewinnen zu können, oder um das vorhandene Management durch eine Absicherung gegen die Unwägbarkeiten eines Kontrollwechsels langfristig an das Unternehmen zu binden.[759] Da sich derartige Vereinbarungen jedoch im Rahmen des § 87 Abs. 1 AktG halten und allgemein üblich sind, kommt ihnen keine übernahmebehindernde Wirkung zu.[760]

2. Fazit

Die Vereinbarung von exzessiven Abfindungszahlungen, die im Hinblick auf ihre Höhe für eine feindliche Übernahme eine abschreckende Wirkung haben können, ist in Deutschland wegen der strengen aktienrechtlichen Anforderungen des § 87 Abs. 1 AktG nicht möglich. Golden parachutes scheiden daher als Prophylaxemaßnahme gegen feindliche Übernahmen aus. Die Vereinbarung sachlich angemessener und damit aktienrechtlich zulässiger Abfindungen stellt kein geeignetes Abwehrinstrument dar, da derartige Kompensationszusagen bei börsennotierten Gesellschaften üblich sind und wegen ihrer begrenzten Höhe keine abschreckende Wirkung haben.

C. Hauptversammlungsermächtigungen

Die dritte Kategorie präventiver Abwehrmaßnahmen bilden die Hauptversammlungsermächtigungen.

Zu den möglichen Ermächtigungen gehören die Schaffung genehmigten Kapitals unter Bezugsrechtsausschluss,[761] die Ermächtigung zum Rückerwerb und zur Veräußerung eigener Aktien[762] sowie die Vinkulierung von Namensaktien.[763] Derartige Ermächtigungen können dem Vorstand durch die Hauptversammlung entweder als echte Abwehrermächtigung, also ausdrücklich zum Zweck der Übernahmeabwehr, oder als allgemeine aktienrechtliche Ermächtigung, die nicht dem Zweck der Übernahmeabwehr dient, erteilt werden.[764]

Beide Arten von Hauptversammlungsermächtigungen stellen Präventivmaßnahmen dar, da sie dem Vorstand in der Vorangebotsphase erteilt werden. Sie unterscheiden sich jedoch insofern von den bereits dargestellten vorbeugenden Abwehrmaßnahmen, als sie vom Vorstand sowohl in der Vorangebotsphase als auch nach der

---

759 *Dreher*, AG 2002, 214 f.; *Mielke/Nguyen-Viet*, DB 2004, 2515, 2516.

760 Vgl. *Hirte*, KK-WpÜG, § 33 Rn. 175; *Brandi*, in: Thaeter/Brandi, Öffentliche Übernahmen, Teil 3 Rn. 587; *Dreher*, AG 2002, 214, 217.

761 §§ 202, 203 AktG.

762 § 71 Abs. 1 Nr. 8 AktG.

763 § 68 Abs. 2 AktG.

764 Für die beiden verschiedenen Katgeorien von Hauptversammlungsermächtigungen werden unter Rückgriff auf die im Rahmen des § 33 Abs. 2 WpÜG verwendete Diktion auch die Bezeichnungen „echte“ und „unechte“ Vorratsbeschlüsse verwendet, siehe dazu *Röh*, in: Haarmann/Riehmer/Schüppen, WpÜG, § 33 Rn. 100; *Stohlmeier*, in: Arbeitshandbuch Hauptversammlung, § 40 Rn. 8 ff. und 17 ff.

Abgabe eines Übernahmeangebots ausgenutzt werden können.[765] Da bei der Ausnutzung einer solchen Ermächtigung in der Angebotsphase neben den aktienrechtlichen Regelungen die Anforderungen des übernahmerechtlichen Verhinderungsverbots zu beachten sind, ist hinsichtlich der Zulässigkeit von Hauptversammlungsermächtigungen zwischen den verschiedenen Zeitpunkten ihrer Ausnutzung zu differenzieren.[766]

I. Ausgabe neuer Aktien aus genehmigtem Kapital mit Bezugsrechtsausschluss

Durch die Schaffung genehmigten Kapitals mit Bezugsrechtsausschluss nach den §§ 202, 203 AktG kann der Vorstand einer übernahmebedrohten Gesellschaft im Voraus dazu ermächtigt werden, im Falle einer feindlichen Übernahme relativ kurzfristig und flexibel neue Aktien an einen wohlgesonnenen Investor auszugeben, ohne den Altaktionären neue Aktien anbieten zu müssen.[767] Ein derartiger wohlgesonnener Investor, der ein Interesse am Erhalt der bestehenden Beteiligungsstruktur hat, die Geschäftspolitik des Managements unterstützt und selbst keine Übernahmeinteressen an der Gesellschaft verfolgt, wird im angloamerikanischen Übernahmejargon „white squire" – weißer Gutsherr – genannt.[768] Ein white squire ist üblicherweise ein befreundetes Unternehmen, mit dem die Gesellschaft eine langfristige Allianz eingehen will, oder ein befreundeter Investor mit ausreichender Finanzkraft.[769]

Die gezielte Aktienausgabe an einen white squire erzeugt in mehrfacher Hinsicht einen Abwehreffekt. Die bloße Erhöhung des Aktienkapitals führt bereits dazu, dass die Kosten einer Übernahme steigen, da ein feindlicher Bieter nach der Kapitalerhöhung mehr Aktien erwerben muss, um die Kontrolle über die Zielgesellschaft zu

---

765 Siehe hierzu Teil 1 § 2 A III.

766 Bei einer Ausnutzung in der Vorangebotsphase richtet sich die Zulässigkeit von Vorratsbeschlüssen und deren Ausnutzung ausschließlich nach aktienrechtlichen Vorschriften.

767 Vgl. zu diesem Abwehrmittel *Assmann/Bozenhardt*, in: Assmann/Basaldua, Übernahmeangebote, S. 1, 126 ff.; *Brandi*, in: Thaeter/Brandi, Öffentliche Übernahmen, Teil 3 Rn. 470 f.; *Weisner*, Verteidigungsmaßnahmen gegen unfreundliche Übernahmeversuche, S. 190 ff.; *Herrmann*, Zivilrechtliche Abwehrmaßnahmen, S. 111 ff.; *Hopt*, WM-Festgabe für Heinsius 1991, S. 22, 26 f.; *Wolf*, AG 1998, 212 ff.; *Otto*, DB-Beilage 12/1988, 1, 8 f.; *Krause*, BB 2002, 1053, 1055 ff.

768 In der deutschen Literatur wird ein solcher Investor vielfach fälschlich als „white knight" – weißer Ritter – bezeichnet. Bei einem white knight handelt es sich jedoch im Gegensatz zu einem white squire um einen wohlgesonnen Investor, der die Mehrheit der Stimmrechte an der Gesellschaft erwirbt, was bei einem white squire gerade nicht der Fall ist. Mit zutreffender Differenzierung zwischen den beiden Strategien *Schlitt*, MüKo-AktG, § 33 WpÜG Rn. 85 mit Fn. 185; *Röh*, in: Haarmann/Riehmer/Schüppen, WpÜG, § 33 Rn. 69 Fn. 96; *Weimar/Breuer*, BB 1991, 2309, 2318.

769 Als besonders geeignet erweisen sich Unternehmen, zu denen bereits Verbindungen in Form von Joint Ventures oder anderen Kooperationen bestehen, da solche Partner ein vitales Interesse am Fortbestehen der gegenwärtigen Management-, Strategie- und Beteiligungsstruktur haben, vgl. *Weimar/Breuer*, BB 1991, 2309, 2318. Bei anderen Investoren muss die Gefahr berücksichtigt werden, dass der heutige white squire, der morgige feindliche Bieter sein kann.

erlangen.[770] Durch den Bezugsrechtsausschluss wird zudem eine bereits bestehende Beteiligung eines feindlichen Bieters am Grundkapital der Zielgesellschaft verwässert, weil er aus der Kapitalerhöhung keine neuen Aktien erhält. Schließlich wird der Anteil des Streubesitzes am Grundkapital, den ein feindlicher Bieter frei über den Kapitalmarkt erwerben kann, verringert, da der befreundete Investor seine Aktien nicht an einen feindlichen Bieter veräußern wird.[771] Dadurch werden die Chancen eines potentiellen Übernehmers auf den Erwerb einer Mehrheits- oder Kontrollbeteiligung im freien Handel erheblich reduziert.

Möglicherweise kann die Stimmrechtsmacht der im Streubesitz befindlichen Aktien sogar soweit herabgemindert werden, dass ein feindlicher Bieter allein durch deren Erwerb die Kontrollmehrheit in der Hauptversammlung gar nicht mehr erreichen kann.[772] Aber auch unterhalb dieser Schwelle ist eine Aktienausgabe an befreundete Investoren ein taugliches Verteidigungsmittel gegen feindliche Übernahmeversuche, da sie die von einem Bieter beabsichtigten Umstrukturierungsmaßnahmen, wie z.B. den Ausschluss der Minderheitsaktionäre oder die Durchführung umwandlungsrechtlicher Maßnahmen, unmöglich machen kann.[773] Darüber hinaus hat die Existenz eines befreundeten Großaktionärs auf potentielle Bieter wegen der von ihm zu erwartenden Loyalität zum Management der Zielgesellschaft in einem nachfolgenden Übernahmekampf regelmäßig abschreckende Wirkung.[774]

Für den Erfolg dieser Verteidigungsstrategie ist es unerlässlich, dass die Bezugsrechte der Altaktionäre bei der Aktienausgabe ausgeschlossen werden. Ansonsten hätte ein potentieller feindlicher Bieter nämlich die Möglichkeit, von den Altaktionären Bezugsrechte zu kaufen und so eine bereits vorhandene Beteiligung am Grundkapital der Zielgesellschaft im Rahmen der Kapitalerhöhung aufzustocken, was die feindliche Übernahme im Einzelfall sogar erleichtern könnte.[775]

1. Untauglichkeit der regulären Kapitalerhöhung

Eine „reguläre“ Kapitalerhöhung mit Bezugsrechtsausschluss nach den §§ 182 Abs. 1, 186 Abs. 3 AktG eignet sich wegen des zeitaufwendigen Verfahrens in

---

770 *Brandi*, in: Thaeter/Brandi, Öffentliche Übernahmen, Teil 3 Rn. 470; *Schanz*, Börseneinführung, § 18 Rn. 34; *Bayer*, ZGR 2002, 488, 594;*Wolf*, AG 1998, 212, 213; *Michalski*, AG 1997, 155, 160.

771 *Assmann/Bozenhardt*, in: Assmann/Basaldua, Übernahmeangebote, S. 1, 126; *Brandi*, in: Thaeter/Brandi, Öffentliche Übernahmen, Teil 3 Rn. 473; *Bayer*, ZGR 2002, 588, 595; *Otto*, DB-Beilage 12/1988, 1, 8 f.

772 *Assmann/Bozenhardt*, in: Assmann/Basaldua, Übernahmeangebote, S. 1, 127; *Zech*, Abwehrmaßnahmen nach dem WpÜG, S. 206; *Otto*, DB-Beilage 12/1988, 1, 8; *Bayer*, ZGR 2002, 588, 595; *Krause*, AG 2002, 133, 140; *Wolf*, AG 1998, 212, 213.

773 Vgl. *Krause*, BB 2002, 1053, 1055; *ders.*, AG 2002, 133, 140; um einen Ausschluss der Minderheitsaktionäre nach §§ 327 a ff. AktG zu sperren, ist bereits eine fünf-prozentige Kapitalbeteiligung in freundlichen Händen ausreichend.

774 Vgl. *Krause*, AG 2002, 133, 140.

775 *Brandi*, in: Thaeter/Brandi, Öffentliche Übernahmen, Teil 3 Rn. 472; *Jäger*, Aktiengesellschaft, § 37 Rn. 51; *Schanz*, Börseneinführung, § 18 Rn. 43; *Wolf*, AG 1998, 212, 213.

der Regel nicht für eine Aktienausgabe an einen befreundeten Investor zur Übernahmeprävention.[776] Für die „reguläre" Aktienausgabe mit Bezugsrechtsausschluss ist nach §§ 182 Abs. 1 S. 1, 186 Abs. 3 S. 2 AktG ein mit einer drei viertel Kapitalmehrheit zu fassender Hauptversammlungsbeschluss erforderlich. Um diesen herbeizuführen, muss der Vorstand die Monatsfrist des § 123 Abs. 1 AktG zur Einberufung der Hauptversammlung einhalten. Ein feindlicher Bieter, der eine solche Kapitalerhöhung verhindern will, hat daher von der Bekanntgabe der beabsichtigen Kapitalerhöhung bis zur entsprechenden Beschlussfassung durch die Hauptversammlung ausreichend Zeit, um seine Beteiligung am Grundkapital der Gesellschaft auf eine Sperrminorität auszubauen, und dadurch den beabsichtigten Kapitalerhöhungsbeschluss zu verhindern.[777]

2. Genehmigtes Kapital

Dieses zeitliche Problem stellt sich bei der Schaffung genehmigten Kapitals mit Bezugsrechtsausschluss nach den §§ 202, 203 AktG grundsätzlich nicht.[778] Hier wird der Vorstand innerhalb eines bestimmten Zeitraums zur bezugsrechtsfreien Ausgabe neuer Aktien ermächtigt. Bei der Ausnutzung des genehmigten Kapitals entfällt das Erfordernis eines Hauptversammlungsbeschlusses und damit das zeitaufwendige Verfahren der „regulären" Kapitalerhöhung. Die Kombination von Bezugsrechtsausschluss und Ermächtigung zur Kapitalerhöhung ermöglicht der Verwaltung eine rasche Reaktion auf vermutete Übernahmeaktivitäten. Sie wird daher als eine der effektivsten Abwehrmaßnahmen gegen feindliche Übernahmeversuche angesehen.[779]

a. Schaffung von genehmigtem Kapital nach § 202 AktG

Der Vorstand kann durch einen Beschluss der Hauptversammlung, der einer Dreiviertelmehrheit des vertretenen Grundkapitals bedarf, für einen Zeitraum von höchstens fünf Jahren ermächtigt werden, das Grundkapital der Gesellschaft durch Ausgabe junger Aktien gegen Einlagen zu erhöhen.[780] Dabei darf der Nennbetrag des genehmigten

---

776 *Richter*, in: Semler/Volhard, Arbeitshandbuch für Unternehmensübernahmen, § 52 Rn. 106; *Assmann/Bozenhardt*, in: Assmann/Basaldua, Übernahmeangebote, S. 1, 127; *Herrmann*, Zivilrechtliche Abwehrmaßnahmen, S. 112; *Knoll*, Die Übernahme von Kapitalgesellschaften, S. 243.

777 Vgl. *Assmann/Bozenhardt*, in: Assmann/Basaldua, Übernahmeangebote, S. 1, 127; *Lüttmann*, Kontrollwechsel in Kapitalgesellschaften, S. 166; *Rümker*, FS Heinsius, S. 697, 701; *Herrmann*, Zivilrechtliche Abwehrmaßnahmen, S. 112; *Otto*, DB-Beilage 12/1988, 1, 8.

778 *Richter*, in: Semler/Volhard, Arbeitshandbuch für Unternehmensübernahmen, § 52 Rn. 110; *Hauschka/Roth*, AG 1988, 181, 191; *Otto*, DB-Beilage 12/1988, 1, 8.

779 *Steinmeyer/Häger*, WpÜG, § 33 Rn. 69; *Bayer*, ZGR 2002, 588, 594; *Baudisch/Götz*, AG 2001, 251, 253; *Maier-Reimer*, ZHR 165 (2001), 258, 267 Fn. 50; *Wolf*, AG 1998, 212, 213; *Michalski*, AG 1997, 142, 160.

780 § 202 Abs. 2 S. 1 AktG.

Kapitals die Hälfte des zur Zeit der Ermächtigung bestehenden Grundkapitals nicht übersteigen.[781]

b. Ausschluss des Bezugsrechts

Das Bezugsrecht kann im Rahmen des genehmigten Kapitals entweder durch die Hauptversammlung bei der Schaffung des genehmigten Kapitals[782] oder durch den Vorstand bei der Aktienausgabe ausgeschlossen werden.[783] Soll der Vorstand über den Bezugsrechtsausschluss entscheiden, so bedarf es hierfür einer ausdrücklichen Ermächtigung im Hauptversammlungsbeschluss. Andernfalls verbleibt es beim gesetzlichen Bezugsrecht.[784]

aa. Formelle Voraussetzungen

Sowohl für den Ausschluss des Bezugsrechts als auch für die Erteilung der Ermächtigung an den Vorstand hierzu gelten hinsichtlich des dafür notwendigen Hauptversammlungsbeschlusses die gleichen formellen Voraussetzungen.

Beide Beschlussfassungen sind nur zulässig, wenn sie bei der Einberufung der Hauptversammlung als Beschlussgegenstand ausdrücklich und ordnungsgemäß nach § 124 Abs. 1 AktG bekannt gemacht worden sind.[785] Der Beschluss der Hauptversammlung sowohl zum Bezugsrechtsausschluss als auch zur Ermächtigung des Vorstands, einen solchen Ausschluss vorzunehmen, muss im Kapitalerhöhungsbeschluss selber erfolgen und stellt damit einen untrennbaren Bestandteil des Kapitalerhöhungsbeschlusses dar.[786] Für beide Beschlüsse bedarf es einer qualifizierten Mehrheit von drei Vierteln des vertretenen Grundkapitals.[787] Schließlich hat der Vorstand der Hauptversammlung einen schriftlichen Bericht über die Gründe für den vorgeschlagenen Beschluss zum Ausschluss des Bezugsrechts bzw. zur Ermächtigung des Vorstands hierzu vorzulegen.[788] Der Bericht ist mit der Einberufung der Hauptversammlung bekannt zu machen und von der Einberufung der Hauptversammlung an in den Geschäftsräumen der Gesellschaft auszulegen.[789]

---

781 § 202 Abs. 3 S. 1 AktG.

782 §§ 203 Abs. 1, 186 Abs. 3 AktG.

783 § 203 Abs. 2 AktG.

784 *Hüffer*, AktG, § 203 Rn. 21; *Lutter*, KK-AktG, § 203, Rn. 17.

785 § 186 Abs. 4 S. 1 AktG i.V.m. § 203 Abs. 1 S. 1 AktG, bzw. i.V.m. § 203 Abs. 2 S. 2 AktG.

786 § 186 Abs. 3 S. 2 AktG i.V.m. § 203 Abs. 1 S. 1 AktG; vgl. *Krieger*, in: Hoffmann-Becking, Handbuch des Gesellschaftsrechts Bd. IV, § 58 Rn. 16; a.A. *Hirte*, GK-AktG, § 203 Rn. 58, der auch eine nachträgliche Ergänzung des Kapitalerhöhungsbeschlusses um die Ermächtigung zum Bezugsrechtsausschluss für möglich hält.

787 § 186 Abs. 3 S. 2 AktG i.V.m. § 203 Abs. 1 S. 1 AktG, bzw. § 202 Abs. 2 S. 2, S. 3 AktG.

788 § 186 Abs. 4 S. 2 AktG i.V.m. § 203 Abs. 1 S. 1 AktG, bzw. i.V.m. § 203 Abs. 2 S. 2 AktG.

789 *Lutter*, KK-AktG, § 186 Rn. 57; *Hüffer*, AktG, § 186 Rn. 23; *Krieger*, in: Hoffmann-Becking, Handbuch des Gesellschaftsrechts Bd. IV, § 58 Rn. 16.

Sinn und Zweck dieser Berichtspflicht ist es, der Hauptversammlung eine sorgfältige und abgewogene Entscheidung über den Ausschluss der Bezugsrechte auf der Grundlage möglichst aller sachgerechten Gesichtspunkte zu ermöglichen.[790] Da die Berichtspflicht hinsichtlich Zeitpunkt, Ausgestaltung und Umfang mit den materiellen Zulässigkeitsvoraussetzungen des Bezugsrechtsausschlusses unmittelbar zusammenhängt,[791] werden die inhaltlichen Anforderungen an sie im Zusammenhang mit den sachlichen Anforderungen erörtert.[792]

bb. Materielle Voraussetzungen

Obwohl das Aktiengesetz keine materiellen Voraussetzungen für die Zulässigkeit des Bezugsrechtsausschlusses enthält, ist es in Rechtsprechung und Literatur allgemein anerkannt, dass der Ausschluss des Bezugsrechts über die Erfüllung der formellen Beschlusserfordernisse hinaus einer sachlichen Rechtfertigung bedarf.[793]

Das Erfordernis einer sachlichen Rechtfertigung ist notwendig, da der Ausschluss des Bezugsrechts einen schweren Eingriff in die mitgliedschaftsrechtliche und vermögensrechtliche Stellung der Aktionäre darstellt.[794] Durch den Bezugsrechtsausschluss wird den vorhandenen Aktionären die Möglichkeit genommen, im Rahmen der Kapitalerhöhung ihre Beteiligungsquote am Grundkapital durch den Bezug von jungen Aktien aufrecht zu erhalten. Dies hat zur Folge, dass ihr Stimmrechts-, Gewinn- und Liquidationsanteil in dem der Kapitalerhöhung entsprechenden Verhältnis sinkt. Zudem besteht die Gefahr, dass der innere Wert ihrer Beteiligung durch die Aktienausgabe verwässert wird, wenn der Ausgabebetrag der neuen Aktien unter dem Vermögenswert festgesetzt wird, den die Aktien am Gesamtvermögen der Gesellschaft ausmachen.[795]

---

790 Vgl. *Lutter*, KK-AktG, § 186, Rn. 56; *Hüffer*, AktG, § 186 Rn. 23; *Rebmann*, in: AnwK-AktienR, Kap. 1 § 186 AktG Rn. 37.

791 Vgl. *Hirte* , GK-AktG, § 203 Rn. 57; *Lutter*, KK-AktG, § 186 Rn. 56.

792 Siehe hierzu Teil 1 § 3 C I 2 b bb (3).

793 Vgl. *Kali und Salz*-Urteil BGHZ 71, 40, 45; *Holzmann*-Urteil BGHZ 83, 319, 321; *Deutsche Bank*-Urteil BGHZ 125, 239, 241; *Siemens/Nold*-Urteil BGHZ 136, 133, 139 f.; *Hüffer*, AktG, § 186 Rn. 25; *Hirte*, GK-AktG, § 203 Rn. 63; *Lutter*, KK-AktG, § 186, Rn. 60; *Krieger*, in: Hoffmann-Becking, Handbuch des Gesellschaftsrechts Bd. IV, § 58 Rn. 16; *Zöllner*, Schranken mitgliedschaftlicher Stimmrechtsmacht, S. 352 f.; *Füchsel* BB 1972, 1533 ff; *Cahn*, ZHR 163 (1999), 554, 569; *Henze*, BB 2001, 53; mit ausführlicher Darstellung der im Folgenden nachgezeichneten Rechtsprechungsentwicklung *Tettinger*, Materielle Anforderungen an den Bezugsrechtsausschluss, S. 19 ff. und *Bayer*, ZHR 168 (2004), 132, 142 ff.

794 BGHZ 71, 40, 44; *Hüffer*, AktG, § 186 Rn. 25; *Lutter*, KK-AktG, § 186 Rn. 58; *Rebmann*, in: AnwK-AktienR, Kap. 1 § 186 AktG Rn. 41; *Krieger*, FS Wiedemann, S. 1081; *Assmann/Bozenhardt*, in: Assmann/Basaldua, Übernahmeangebote, S. 1, 128.

795 Zu den Nachteilen, die den Aktionären durch den Bezugsrechtsausschluss drohen siehe BGHZ 71, 40, 44 ff.; *Lutter*, KK-AktG, § 186 Rn. 58; *Wolf*, AG 1998, 212, 213; *Henze*, BB 2001, 53.

(1) Hauptversammlungsbeschluss

In seinem grundlegenden *Kali und Salz*-Urteil[796] hat der Bundesgerichtshof entschieden, dass ein Bezugsrechtsausschluss im Rahmen einer „regulären" Kapitalerhöhung nur dann sachlich gerechtfertigt ist, wenn er von einem im Gesellschaftsinteresse liegenden sachlichen Zweck getragen wird und zur Erreichung dieses Zweckes geeignet, erforderlich und verhältnismäßig ist.[797] Dabei sind an die besondere sachliche Rechtfertigung um so strengere Anforderungen zu stellen, je schwerer der Eingriff in die mitgliedschafts- und vermögensrechtliche Stellung der Aktionäre wiegt.[798]

Im Anschluss an das *Holzmann*-Urteil[799] wurde diese Rechtsprechung vom Bundesgerichtshof auf den Bezugsrechtsausschluss im Rahmen des genehmigten Kapitals übertragen. Auch hier verlangte der Bundesgerichtshof als sachliche Rechtfertigung, dass der Bezugsrechtsausschluss das angemessene und am besten geeignete Mittel zur Verfolgung überwiegender Gesellschaftsinteressen darstellte.[800] Weiter sah er es als notwendig an, dass die Hauptversammlung sowohl bei einem direkten Ausschluss des Bezugsrechts[801] als auch bei einer Ermächtigung des Vorstands zum Bezugsrechtsausschluss über die Frage der sachlichen Rechtfertigung bereits im Zeitpunkt der Schaffung des genehmigten Kapitals entschied.[802] Ein Bezugsrechtsausschluss durch die Hauptversammlung nach §§ 203 Abs. 1, 186 Abs. 3 AktG kam daher nach diesem vom Bundesgerichtshof ursprünglich eingenommenen Standpunkt nur in Frage, wenn die Ermächtigung zur Kapitalerhöhung von vornherein auf ganz bestimmte Tatbestände begrenzt wurde, die in ihren Einzelheiten schon zum Zeitpunkt der Beschlussfassung so konkret feststanden, dass die Hauptversammlung abschließend über die sachliche Rechtfertigung, Verhältnismäßigkeit und Angemessenheit des Bezugsrechtsausschlusses befinden konnte.[803] Aber auch eine Ermächtigung des Vorstands zum Bezugsrechtsausschluss nach § 203 Abs. 2 AktG wurde nach dieser Rechtsprechung nur zugelassen, wenn sich im Zeitpunkt des Hauptversammlungsbeschlusses zumindest eine bestimmte Entwicklung abzeichnete, die konkrete Anhaltspunke dafür erkennen ließ, dass bei Ausnutzung des genehmigten Kapitals ein Bezugsrechtsausschluss im Interesse der Gesellschaft erforderlich werden und angemessen sein könnte.[804] Die bloße Möglichkeit, Ziel eines unerwünschten Übernahmeversuchs zu werden, genügte diesen strengen Anforderungen an die Bestimmtheit des Hauptver-

---

796 BGHZ 71, 40.

797 BGHZ 71, 40, 46.

798 BGHZ 71, 40, 45.

799 BGHZ 83, 319.

800 BGHZ 83, 319, 321; siehe auch das bestätigende *Deutsche Bank*-Urteil des Bundesgerichtshofs, BGHZ 125, 239, 241.

801 Vgl. BGHZ 125, 239, 241.

802 Vgl. BGHZ 83, 319, 325.

803 Vgl. BGHZ 125, 239, 241; *Lutter*, KK-AktG, § 203 Rn. 11; *Krieger*, in: Hoffmann-Becking, Handbuch des Gesellschaftsrechts Bd. IV, § 58 Rn. 17; *Wolf*, AG 1998, 212, 214 Fn. 19.

804 Vgl. BGHZ 83, 319, 325; *Lutter*, KK-AktG, § 203 Rn. 18; *Krieger*, in: Hoffmann-Becking, Handbuch des Gesellschaftsrechts Bd. IV, § 58 Rn. 17; *Herrmann*, Zivilrechtliche Abwehrmaßnahmen, S. 114; *Krause*, BB 2002, 1053, 1055; *Hofmeister*, NGZ 2000, 173.

sammlungsbeschlusses nicht.[805] Daher schied die Schaffung von genehmigtem Kapital unter Ausschluss des Bezugsrechts als Mittel zur Prävention gegen feindliche Übernahmeversuche nach dieser Rechtsprechung durchweg aus.[806]

Die generelle Untauglichkeit des genehmigten Kapitals mit Bezugsrechtsausschluss als Mittel der präventiven Übernahmeabwehr ist jedoch infolge der Rechtsprechungsänderung des Bundesgerichtshofs in der *Siemens/Nold*-Entscheidung[807] beseitigt worden.[808] In dieser Entscheidung hat der Bundesgerichtshof die Anforderungen für beide Varianten des Bezugsrechtsausschlusses im Rahmen des genehmigten Kapitals im Interesse der Flexibilität der Unternehmen deutlich herabgesenkt und im Ergebnis die Fassung von Vorratsermächtigungen ermöglicht.[809] Nach dem ersten Leitsatz der Entscheidung kann die Hauptversammlung das Bezugsrecht nach §§ 203 Abs. 1, 186 Abs. 3 AktG ausschließen oder den Vorstand gemäß § 203 Abs. 2 AktG zum Ausschluss des Bezugsrechts ermächtigen, wenn die Maßnahme, zu deren Durchführung der Vorstand ermächtigt werden soll, im wohlverstandenen Interesse der Gesellschaft liegt und der Hauptversammlung allgemein und in abstrakter Form bekannt gegeben wird.[810]

Damit wurden die bisherigen Anforderungen an die Zulässigkeit eines Bezugsrechtsausschlusses beim genehmigten Kapital unter zwei wesentlichen Gesichtspunkten verringert.[811] Zum einen sind die Anforderungen an die inhaltliche Präzisierung des Hauptversammlungsbeschlusses reduziert worden. Es ist nicht mehr erforderlich, dass bereits bei Beschlussfassung der Hauptversammlung konkrete Anhaltspunkte vorliegen, die den Bezugsrechtsausschluss rechtfertigen. Es genügt nunmehr, dass der ermächtigende Hauptversammlungsbeschluss nur eine abstrakt-generelle Beschreibung der Maßnahmen, zu denen der Vorstand das genehmigte Kapital verwenden kann, enthält.[812] Zum anderen ist der bisherige materielle Prüfungsmaßstab an den Ermächtigungsbeschluss abgemildert worden. Das Erfordernis einer strengen Prüfung der Geeignetheit, Erforderlichkeit und Verhältnismäßigkeit wurde aufgegeben. Die

---

805 *Lutter*, KK-AktG, § 203 Rn. 26; *Krause*, AG 1996, 209, 215; *Michalski*, AG 1997, 152, 161; *Hauschka/Roth*, AG 1988, 181, 191; *Wolf*, AG 1998, 212, 214.

806 Vgl. *Assmann/Bozenhardt*, in: Assmann/Basaldua, Übernahmeangebote, S. 1, 128; *Herrmann*, Zivilrechtliche Abwehrmaßnahmen, S. 115; *Otto*, DB-Beilage 12/1988, 1, 9; *Schanz*, NZG 2000, 337, 344.

807 BGHZ 136, 133.

808 Vgl. *Paefgen*, Unternehmerische Entscheidungen und Rechtsbindung der Organe in der AG, S. 417; *Bungert*, NJW 1998, 488, 492; *Wolf*, AG 1998, 212, 214; die Rechtsprechungsänderung wurde vom Bundesgerichtshof in seinem *Adidas*-Urteil, BGHZ 144, 290, 294 f. bestätigt.

809 *Hüffer*, AktG, § 203 Rn. 26; *Nirk*, in: Nirk/Reuter/Bächle, Handbuch der Aktiengesellschaft, Rn. 1451; *Richter*, in: Semler/Volhard, Arbeitshandbuch für Unternehmensübernahmen, § 52 Rn. 111; *Bungert*, BB 2001, 742; *ders.*, NJW 1998, 488, 490; *Bosse*, ZIP 2001, 104, 105.

810 BGHZ 136, 133; *Hüffer*, AktG, § 203 Rn. 27, 29; *Krieger*, in: Hoffmann-Becking, Handbuch des Gesellschaftsrechts Bd. IV, § 58 Rn. 18; *Krause*, BB 2002, 1053, 1055 f.

811 So *Hofmeister*, NZG 2000, 713, 715; *Bungert*, BB 2001, 742.

812 *Hirte*, GK-AktG, § 203 Rn. 77 nennt als plastisches Beispiel den Erwerb von Beteiligungen in geeigneten Einzelfällen; vgl. auch *Krieger*, in: Hoffmann-Becking, Handbuch des Gesellschaftsrechts Bd. IV, § 58 Rn. 18; *Volhard*, AG 1998, 397, 402; *Bungert*, NJW 1998, 488, 491; *Hofmeister*, NZG 2000, 713, 715.

Prüfung der materiellen Rechtfertigung beschränkt sich künftig darauf, ob die abstrakt umschriebenen Maßnahmen, zu denen der Vorstand das genehmigte Kapital verwenden darf, im Interesse der Gesellschaft liegen.[813]

(2) Vorstandsbeschluss

Neben dem Hauptversammlungsbeschluss unterliegt auch der Beschluss des Vorstands zur Ausnutzung des genehmigten Kapitals mit Bezugsrechtsausschluss materiellen Zulässigkeitsschranken.[814] Diese wurden ebenfalls in der *Siemens/Nold*-Entscheidung angesprochen, obwohl ein solcher Vorstandsbeschluss nicht Gegenstand des zu Grunde liegenden Rechtsstreits war.[815] Die materiellen Rechtmäßigkeitsschranken für den Vorstandsbeschluss gelten unabhängig davon, ob die Hauptversammlung das Bezugsrecht bei der Schaffung des genehmigten Kapitals direkt nach §§ 203 Abs. 1, 186 Abs. 3 AktG ausschließt, oder ob der Vorstand nach § 203 Abs. 2 AktG zum Ausschluss des Bezugsrechts ermächtigt wird.[816]

Der Vorstand ist bei der Ausnutzung des genehmigten Kapitals an die im Hauptversammlungsbeschluss festgelegte Zwecksetzung gebunden. Er darf von der Ermächtigung zur Kapitalerhöhung bzw. zum Bezugsrechtsausschluss nur Gebrauch machen, wenn die konkreten Tatsachen der abstrakten Umschreibung im Ermächtigungsbeschluss entsprechen.[817] Zudem darf der Vorstand das geplante Vorhaben nur realisieren, wenn die Durchführung der Kapitalerhöhung samt Bezugsrechtsausschluss im wohlverstandenen Interesse der Gesellschaft liegt und vom satzungsmäßigen Un-

---

813 *Hüffer*, AktG, § 203 Rn. 28; *Krieger*, in: Hoffmann-Becking, Handbuch des Gesellschaftsrechts Bd. IV, § 58 Rn. 18; *Hofmeister*, NZG 2000, 713, 715; obwohl die *Siemens/Nold*-Entscheidung eine Kapitalerhöhung gegen Sacheinlagen zum Gegenstand hatte, lässt die allgemeine Formulierung des ersten Leitsatzes und die Allgemeingültigkeit der Erwägungen in der Urteilsbegründung darauf schließen, dass die in ihr niedergelegten Grundsätze auch für den Fall der Barkapitalerhöhung gelten Dies wurde vom BGH in seinem *Mangusta/Commerzbank I*-Urteil, BGH, DB 2005, 2738 bestätigt; so auch die Vorinstanz OLG Frankfurt, ZIP 2003, 902, 907; vgl. auch *Schröer*, in: Semler/Volhard, Arbeitshandbuch Hauptversammlung, § 24 Rn. 27; *Krieger*, in: Hoffmann-Becking, Handbuch des Gesellschaftsrechts Bd. IV, § 58 Rn. 18; *Röhricht*, in: Hommelhoff/Röhricht, Gesellschaftsrecht 1997, S. 191, 200; *Bungert*, NJW 1998, 488, 490; *Volhard*, AG 1998, 397, 403; *Kindler*, ZGR 1998, 35, 64; *Hofmeister*, NZG 2000, 713, 719; vorsichtig in die gleiche Richtung *Hirte*, GK-AktG, § 203 Rn. 67.

814 Vgl. BGHZ 136, 133, 140; BGHZ 83, 319, 321; *Hüffer*, AktG, § 203 Rn. 35; *Hirte*, GK-AktG, § 203 Rn. 78; *Krieger*, in: Hoffmann-Becking, Handbuch des Gesellschaftsrechts Bd. IV, § 58 Rn. 42; *Krause*, BB 2002, 1053, 1057; *Kindler*, ZGR 1998, 35, 39 f.

815 Verfahrensrechtlich handelt es sich insofern um ein obiter dictum, vgl. *Hirte*, GK-AktG, § 203 Rn. 67.

816 BGHZ 136, 133, 139; *Krieger*, in: Hoffmann-Becking, Handbuch des Gesellschaftsrechts Bd. IV, § 58 Rn. 42; *Zech*, Abwehrmaßnahmen nach dem WpÜG, S. 211; *Wolf*, AG 1998, 212, 214; *Bungert*, NJW 1998, 488, 491; *Kindler*, ZGR 1998, 35, 63.

817 BGHZ 136, 133, 140; *Hüffer*, AktG, § 203 Rn. 35; *Lutter*, KK-AktG, § 203 Rn. 29; *Kindler*, ZGR 1998, 35, 59; *Cahn*, ZHR 163 (1999), 554, 565.

ternehmensgegenstand gedeckt ist.[818] Ob diese Voraussetzungen vorliegen, hat der Vorstand im Rahmen seines unternehmerischen Ermessens sorgfältig zu prüfen.[819]

Umstritten ist, ob der Bundesgerichtshof mit der *Siemens/Nold*-Entscheidung, die materiellen Anforderungen an den Vorstandsbeschluss in gleicher Weise wie die Anforderungen an den Hauptversammlungsbeschluss abmildern wollte.

Zum Teil wird die Auffassung vertreten, die *Siemens/Nold*-Entscheidung habe lediglich die Anforderungen an den Hauptversammlungsbeschluss gelockert, während der Vorstandsbeschluss nach wie vor der hergebrachten Verhältnismäßigkeitsprüfung standhalten müsse.[820] Das Anliegen der neuen Rechtsprechung sei es lediglich, die strenge Kontrolle der sachlichen Rechtfertigung vom Hauptversammlungsbeschluss auf den Vorstandsbeschluss und damit auf den Zeitpunkt zu verlagern, in dem die Interessen der Aktionäre tatsächlich konkret gefährdet werden können.[821] Eine allgemeine Absenkung des Schutzniveaus sei dagegen nicht gewollt. Denn die Absenkung des Standards der Inhaltskontrolle beim Ermächtigungsbeschluss sei eine Antwort auf die regelmäßig gegen solche Beschlüsse erhobenen Anfechtungsklagen gewesen, die die Ausnutzung des genehmigten Kapitals verzögert oder sogar unmöglich gemacht hätten. Da dieser Gesichtspunkt bei der Kontrolle des Vorstandsbeschlusses nicht greife, bestünde dort kein Grund für eine Absenkung.[822]

Dem ist jedoch entgegenzuhalten, dass der Bundesgerichtshof nicht nur in den Leitsätzen sondern auch in den Entscheidungsgründen des Urteils sowohl im Zusammenhang mit dem Beschluss der Hauptversammlung zur Schaffung genehmigten Kapitals mit Bezugsrechtsausschluss als auch in Bezug auf den Vorstandsbeschluss, ein solches genehmigtes Kapital auszunutzen, die identische Formulierung des „wohlverstandenen Interesses der Gesellschaft“ benutzt.[823] Dies lässt darauf schließen, dass der Bundesgerichtshof seine vorangegangene Rechtsprechung im Hinblick auf die materiellen Anforderungen an beide Beschlüsse in gleichem Maße aufgeben wollte. Dafür spricht auch, dass eine umfassende Verhältnismäßigkeitsprüfung des Vorstandsbeschlusses in der Praxis kaum zu handhaben sein dürfte. Denn das genehmigte Kapital

---

818 BGHZ 136, 133, 140; der Bindung an den satzungsmäßigen Unternehmensgegenstand dürfte in der Praxis keine eigenständige Bedeutung zukommen. Angesichts der weiten Umschreibung moderner Unternehmensgegenstände ist eine Überschreitung nämlich nur in Ausnahmfällen denkbar. Zudem kann man einen den Unternehmensgegenstand überschreitenden Ermächtigungsbeschluss als implizite Erweiterung des Unternehmensgegenstandes werten, vgl. dazu *Bungert*, NJW 1998, 488, 491; *Kindler*, ZGR 1998, 35, 58.

819 BGHZ 136, 133, 140; *Bungert*, NJW 1998, 488, 491; *Kindler*, ZGR 1998, 35, 60.

820 *Hirte*, GK-AktG, § 203 Rn. 71; *Groß*, in: AnwK-AktienR, Kap. 1 § 203 AktG Rn. 89; *Hüffer*, AktG, § 203 Rn. 35; *Kort*, FS Lutter, S. 1421, 1431 f.; *Zech*, Abwehrmaßnahmen nach dem WpÜG, S. 211; *Tettinger*, Materielle Anforderungen an den Bezugsrechtsausschluss, S. 47; *Zöllner*, AG 2002, 585, 587 f.; *Bayer*, ZHR 163 (1999), 505, 513 f.; *ders.*; ZHR (168), 2004, 150 ff.; *Wolf*, AG 212, 214, 217.

821 *Hirte*, GK-AktG, § 203 Rn. 74; *Groß*, in: AnwK-AktienR, Kap. 1 § 203 AktG Rn. 89; *Zöllner*, AG 2002, 585, 587.

822 *Hirte*, GK-AktG, § 203 Rn. 79; vgl. auch *Richter*, in: Semler/Vorlhard, Arbeitshandbuch für Unternehmensübernahmen, § 52 Rn. 111.

823 Dies gesteht auch *Bayer*, ZHR (168), 132, 149 zu, der diese Formulierung allerdings nicht für eindeutig hält.

unter Bezugsrechtsausschluss wird in der Regel für die Umsetzung von Leitungsmaßnahmen genutzt, bei denen eine verlässliche Prognose, ob in der konkreten Situation ein milderes Mittel zur Verfügung steht, das weniger stark in die Interessen der Aktionäre eingreift, nur in den seltensten Fällen möglich ist.[824] Regelmäßig kommt bei diesen Maßnahmen der unternehmerischen Entscheidungsfreiheit des Vorstands eine überragende Bedeutung zu, die durch eine umfassende Verhältnismäßigkeitsabwägung weitgehend verdrängt würde.[825] Eine über die Übereinstimmung mit dem Gesellschaftsinteresse hinausgehende umfassende Verhältnismäßigkeitsprüfung wäre – wenn überhaupt – nur unter zusätzlichem Zeitaufwand möglich, der die für den effektiven Einsatz des genehmigten Kapitals notwendige Flexibilität über Gebühr einschränken würde.[826] Die Interessen der Aktionäre werden zudem durch die Verpflichtung des Vorstands auf das Gesellschaftsinteresse und die allgemeine Missbrauchskontrolle ausreichend geschützt.[827]

Somit ist die Annahme gerechtfertigt, dass der Bundesgerichtshof in der *Siemens/Nold*-Entscheidung nicht nur den Schwerpunkt der gerichtlichen Kontrolle vom Hauptversammlungsbeschluss zur Schaffung genehmigten Kapitals mit Bezugsrechtsausschluss auf den Beschluss des Vorstands, ein solches genehmigtes Kapital auszunutzen, verlagert hat, sondern dass er auch die materiellen Rechtmäßigkeitsanforderungen für beide Beschlüsse gelockert hat. Auch die Ausnutzung des genehmigten Kapitals mit Bezugsrechtsausschluss durch den Vorstand muss nur noch im wohlverstandenen Interesse der Gesellschaft liegen.[828]

(3) Berichtspflicht des Vorstands

Die bei der Schaffung genehmigten Kapitals mit Bezugsrechtsausschluss bestehende Berichtspflicht des Vorstands nach § 186 Abs. 4 S. 2 AktG korrespondiert mit der sachlichen Rechtfertigung des Bezugsrechtsausschlusses.[829]

Im Anschluss an das *Holzmann*-Urteil wurden daher vom Bundesgerichtshof an den Inhalt des Vorstandsberichts die gleichen hohen Anforderungen wie an den Inhalt des Hauptversammlungsbeschlusses gestellt. Der Bericht musste so viele und detaillierte Tatsachen enthalten, dass die Hauptversammlung sich eine konkrete Meinung

---

824 In diesem Sinne *Krause*, BB 2002, 1053, 1058.

825 Vgl. *Martens*, ZIP 1992, 1677, 1695; *Kindler*, ZHR 158 (1994), 339, 367.

826 In diesem Sinne *Krause*, BB 2002, 1053, 1058.

827 Vgl. *Kindler*, ZGR 1998, 35, 39; vgl. auch *T. Bezzenberger*, ZIP 2002, 1917, 1924, 1930, der eine Verhältnismäßigkeitsprüfung nur ausnahmsweise für den Fall annimmt, dass ein Großaktionär die Kapitalerhöhung unter Bezugsrechtsausschluss eigennützig nutzen will, um seine eigene Kapitalquote zu erhöhen.

828 Vgl. OLG Stuttgart, ZIP 1998, 1482, 1487; *Schröer*, in: Semler/Volhard, Arbeitshandbuch Hauptversammlung, § 24 Rn. 26 f.; *Krieger*, in: Hoffmann-Becking, Handbuch des Gesellschaftsrechts Bd. IV, § 56 Rn. 71; *Weisner*, Verteidigungsmaßnahmen gegen unfreundliche Übernahmeversuche, S. 207; *Hofmeister*, NZG 2000, 713, 715, 718; *Cahn*, ZHR 163 (1999), 554, 571 ff.; *Kindler*, ZHR 158 (1994), 339, 367; *ders.*, ZGR 1998, 35, 39; *Henze*, ZHR 167 (2003), 1, 3; nach Fallgruppen differenzierend *T. Bezzenberger*, ZIP 2002, 1917, 1924 ff.

829 Siehe hierzu Teil 1 § 3 C I 2 b aa.

über die Verhältnismäßigkeit des Bezugsrechtsausschlusses bilden konnte.[830] Keinesfalls war es ausreichend, die Gründe für den Bezugsrechtsausschluss nur abstrakt zu umschreiben, oder bloß hypothetische Konstellationen, in denen sich die Gesellschaft einmal wiederfinden könnte, aufzuzählen.[831] War die Benennung konkreter rechtfertigender Tatsachen in dem für den Hauptversammlungsbeschluss notwendigen Vorstandsbericht nicht möglich, so war es der Hauptversammlung schon formell-rechtlich nicht möglich, im Rahmen des genehmigten Kapitals einen Bezugsrechtsausschluss zu beschließen oder den Vorstand zu einem Bezugsrechtsausschluss zu ermächtigen.

Durch die *Siemens/Nold*-Entscheidung wurden aber auch diese strengen Anforderungen an den Vorstandsbericht abgesenkt. Nach den neuen Rechtsprechungsgrundsätzen kann sich der Vorstand nunmehr bei der Darlegung der Gründe für den Bezugsrechtsausschluss bzw. für die Ermächtigung zum Bezugsrechtsausschluss auf allgemein gehaltene Angaben dazu beschränken, für welche Maßnahmen der Bezugsrechtsausschluss dienen soll, warum diese Maßnahmen im Interesse der Gesellschaft liegen, und warum hierzu ein Bezugsrechtsausschluss vorgeschlagen wird.[832]

Da die Hauptversammlung ausgehend von der *Siemens/Nold*-Entscheidung somit – im Gegensatz zur früheren Rechtsprechung des Bundesgerichtshofs – nur noch allgemein über die Gründe des Bezugsrechtsausschlusses informiert wird, bevor sie über die Schaffung des genehmigten Kapitals beschließt, wird zum Teil die Auffassung vertreten, der Vorstand sei dazu verpflichtet, im Zeitpunkt der Ausnutzung des genehmigten Kapitals einen zusätzlichen Bericht zu erstellen.[833] Durch einen solchen Bericht vor der Aktienausgabe soll den Aktionären eine Vorabinformation über die konkreten Umstände der Maßnahme gegeben werden, um ihnen damit eine gerichtliche Präventivkontrolle des Vorstandshandelns zu ermöglichen.[834] Eine solche Präventivkontrolle sei zum effektiven Rechtsschutz der Aktionäre erforderlich, da ihnen ansonsten der Verlust ihrer Beteiligungsquote unter Verweis auf nur schwer nachzuweisende Schadensersatzansprüche drohe.[835] Der abstrakte Vorstandsbericht vor der Beschlussfassung der Hauptversammlung über die Schaffung genehmigten Kapitals unter Bezugsrechtsausschluss könne diesen Schutzzweck nicht erfüllen, da erst bei der Akti-

---

830 Vgl. BGHZ 83, 319, 326; *Lutter*, KK-AktG, § 203 Rn. 10, 24 ff.; *Krieger*, in: Hoffmann-Becking, Handbuch des Gesellschaftsrechts Bd. IV, § 58 Rn. 17; *Otto*, DB-Beilage 12/1988, 1, 8 f.

831 *Assmann/Bozenhardt*, in: Assmann/Basaldua, Übernahmeangebote, S. 1, 128; *Otto*, DB-Beilage 12/1988, 1, 9.

832 *Hüffer*, AktG, § 203 Rn. 26; *Krieger*, in: Hoffmann-Becking, Handbuch des Gesellschaftsrechts Bd. IV, § 58 Rn. 18; *Bosse*, ZIP 2001, 104, 105; *Hofmeister*, NZG 2000, 713, 714; *Kindler*, ZGR 1998, 35, 61; *Bayer*, ZHR 168 (2004), 132, 134.

833 *Lutter*, KK-AktG, § 203 Rn. 31; *Groß*, in: AnwK-AktienR, Kap. 1 § 203 AktG Rn. 65; *Hirte*, GK-AktG, § 203 Rn. 73 f.; *Bayer*, MüKo-AktG, § 203 Rn. 159; *ders.*, ZHR 168 (2004), 132, 154 ff.; *Kort*, FS Lutter, S. 1421, 1431; *Meilicke/Heidel*, DB 2000, 2358, 2359; *Ekkenga*, AG 2001, 615, 619 ff.

834 *Hirte*, GK-AktG, § 203 Rn. 86; *Kort*, FS Lutter, S. 1421, 1431; *Lutter*, BB 1981, 861, 862 f.; *Wolf*, AG, 212, 218; *Meilicke/Heidel*, DB 2000, 2358, 2359 f.; *Timm*, DB 1982, 211, 216; *Kiem*, ZIP 2001, 1509, 1514.

835 *Hirte*, GK-AktG, § 203 Rn. 86; *Lutter*, KK-AktG, § 203 Rn. 32; *Meilicke/Heidel*, DB 2000, 2358, 2360; *Bayer*, ZHR 168 (2004), 132, 154.

enausgabe das Ausmaß der konkreten Gefährdung der Aktionärsinteressen feststehe.[836] Daher sei ein zusätzlicher Vorstandsbericht vor der Ausnutzung des genehmigten Kapitals zum Schutz der Aktionäre notwendig.

Gegen die Annahme einer Pflicht des Vorstands zu einer solchen Vorabberichterstattung spricht jedoch, dass diese gesetzlich nicht vorgeschrieben ist. So erklärt § 203 Abs. 2 S. 2 AktG die Regelung des § 186 Abs. 4 AktG zwar sinngemäß auf die Erteilung der Ermächtigung zum Bezugsrechtsausschluss durch die Hauptversammlung, nicht aber auf deren Ausnutzung durch den Vorstand für anwendbar.[837] Zudem würden eine aufwendige Berichtspflicht und die dadurch ausgelöste Gefahr, dass unzufriedene Aktionäre aufgrund des Vorstandsberichts mit Unterlassungsklagen und Anträgen auf Gewährung einstweiligen Rechtsschutzes gegen die Kapitalerhöhung vorgehen, die Effektivität des Finanzierungsinstruments genehmigtes Kapital erheblich beeinträchtigen.[838] Da der Bundesgerichtshof die Lockerung der von ihm vormals aufgestellten Anforderungen in der *Siemens/Nold*-Entscheidung aber gerade mit der Zielsetzung vorgenommen hat, den Aktiengesellschaften im Rahmen des genehmigten Kapitals mit Bezugsrechtsausschluss die notwendige Flexibilität zu geben, damit diese auf Entwicklungen des Kapitalmarkts schnell und erfolgreich reagieren können,[839] kann eine zusätzliche Berichtspflicht nicht gewollt sein.[840] Zudem sind die Aktionäre durch die materiellen und formellen Anforderungen an den Hauptversammlungsbeschluss über die Schaffung des genehmigten Kapitals mit Bezugsrechtsausschluss, durch die materiellen Anforderungen an die Ausnutzung dieses Beschlusses durch den Vorstand und durch die gesetzlich vorgesehene Zustimmung des Aufsichtsrats zu dieser Ausnutzung[841] ausreichend geschützt.[842]

Schließlich besteht eine nachträgliche Kontrolle des Vorstandshandelns durch die nächste ordentliche Hauptversammlung, auf der der Vorstand über die Ausnutzung des genehmigten Kapitals zu berichten hat.[843] Bei einer Verletzung der ihm obliegenden Pflichten kann die Hauptversammlung dem Vorstand die Entlastung verwei-

---

836 *Hirte*, GK-AktG, § 203 Rn. 73 f.; *Groß*, in: AnwK-AktienR, Kap. 1 § 203 AktG Rn. 65; *Bayer*, ZHR 168 (2004), 132, 154.

837 Dies hat der BGH in seiner Entscheidung *Mangusta/Commerzbank I* nunmehr ausdrücklich bestätigt, vgl. BGH, DB 2005, 2738; so auch die Vorinstanz OLG Frankfurt, ZIP 2003, 902, 906; vgl. auch *Bungeroth*, in: Geßler/Hefermehl, AktG, § 203 Rn. 27; *Krieger*, FS Wiedemann, S. 1081, 1087; *Liebert*, Bezugsrechtsausschluss, S. 227; *Bosse*, ZIP 2001, 104, 106; *Sinewe*, ZIP 2001, 403, 404; *Kindler*, ZGR 1998, 35, 60 f.; a.A. *Bayer*, MüKo-AktG, § 203 Rn. 160 f.; *ders.*, ZHR 168 (2004), 132, 155.

838 Vgl. BGH, DB 2005, 2738, 2739; OLG Frankfurt, ZIP 2003, 902, 904; *Bungeroth*, in: Geßler/Hefermehl, AktG, § 203 Rn. 27; *Liebert*, Bezugsrechtsausschluss, S. 228; *Bosse*, ZIP 2001, 104, 106; *Sinewe*, ZIP 2001, 403, 404.

839 Vgl. BGHZ 136, 133, 136 f.

840 Vgl. BGH, DB 2005, 2738, 2739; *Hüffer*, AktG, § 203 Rn. 37; *Krieger*, FS Wiedemann, S. 1081, 1095; *Liebert*, Bezugsrechtsausschluss, S. 228.

841 § 204 Abs. 2 S. 1 AktG.

842 BGH, DB 2005, 2738, 2739; OLG Frankfurt, ZIP 2003, 902, 906; *Krieger*, in: Hoffmann-Becking, Handbuch des Gesellschaftsrechts Bd. IV, § 58 Rn. 44; *ders.* FS Wiedemann, S. 1081, 1094; *Liebert*, Bezugsrechtsausschluss, S. 227.

843 BGHZ 136, 133, 140.

gern.[844] Darüber hinaus setzt sich ein pflichtwidrig handelnder Vorstand Schadensersatzansprüchen nach § 93 Abs. 2 AktG aus und muss damit rechnen, dass die Pflichtwidrigkeit seines Handelns zum Gegenstand einer Feststellungs- oder Unterlassungsklage gegen die Gesellschaft gemacht wird.[845]

Die Aktionäre sind somit mehrfach gesichert, so dass ein zusätzlicher Vorstandsbericht bei Ausnutzung des genehmigten Kapitals mit Bezugsrechtsausschluss nicht erforderlich ist. Der Vorstand kann das genehmigte Kapital unter Ausschluss des Bezugsrechts ausnutzen, ohne zur Erstellung eines weiteren Berichts verpflichtet zu sein.

c. Schaffung genehmigten Kapitals unter Bezugsrechtsausschluss als Abwehrinstrument

Mit der Aufgabe der restriktiven Rechtsprechung des Bundesgerichtshofs durch die *Siemens/Nold*-Entscheidung wurde die mangelnde Flexibilität des genehmigten Kapitals mit Bezugsrechtsausschluss und damit das bisherige Haupthindernis für den Einsatz dieses Instruments zur Abwehr zukünftiger Übernahmeversuche ausgeräumt.[846] Auch nach dieser Änderung der höchstrichterlichen Rechtsprechung stellt sich jedoch weiterhin die Frage, ob die Abwehr feindlicher Übernahmeversuche ein hinreichender Zweck ist, um den Bezugsrechtsausschluss im Rahmen des genehmigten Kapitals sachlich zu rechtfertigen.

Das wäre der Fall, wenn die Abwehr feindlicher Übernahmen im wohlverstandenen Gesellschaftsinteresse liegt. Bei der Frage nach dem Interesse der Gesellschaft an der Übernahmeabwehr geht es im Kern darum, ob eine Gesellschaft ein Interesse an der Zusammensetzung ihres Aktionärskreises und damit auch an dem Fernhalten unerwünschter Investoren haben kann.[847] Eng verbunden mit dieser Problematik ist die Frage, ob der Vorstand das Recht hat, durch die Ausnutzung genehmigten Kapitals mit Bezugsrechtsausschluss zur Abwehr eines Übernahmeversuchs auf die Zusammensetzung des Aktionärskreises Einfluss zu nehmen.

---

844 *Henze*, Aktienrecht, Rn. 1011 hält insbesondere wegen der Möglichkeit der Entlastungsverweigerung einen zusätzlichen Vorstandsbericht bei der Ausnutzung des genehmigten Kapitals unter Bezugsrechtsausschluss nicht für notwendig.

845 Mit den Rechtsschutzmöglichkeiten hat sich der BGH nunmehr ausführlich in seiner Entscheidung *Mangusta/Commerzbank II* auseinander gesetzt, vgl. BGH, DB 2005, 2740 ff.; siehe auch BGHZ 136, 133, 140.

846 So auch *Paefgen*, Unternehmerische Entscheidungen und Rechtsbindung der Organe in der AG, S. 417; *Bungert*, NJW 1998, 488, 492; *Wolf*, AG 1998, 212, 215; die *Siemens/Nold*-Entscheidung selbst befasste sich freilich nicht mit einer Übernahmesituation und wurde auch nicht im Hinblick auf eine solche gefällt.

847 *Tettinger*, Materielle Anforderungen an den Bezugsrechtsausschluss, S. 88; *Krause*, BB 2002, 1053, 1056.

aa. Übernahmeabwehr als sachlicher Grund

Wie bereits dargestellt,[848] kann ein berechtigtes Interesse einer Gesellschaft an der Abwehr feindlicher Übernahmen weder generell bejaht noch generell verneint werden. Ein Bezugsrechtsausschluss zur Übernahmeabwehr kann daher nicht von vornherein als zulässig oder unzulässig betrachtet werden.

Auch die in der Literatur vorgeschlagene Einteilung in Fallgruppen, nach der die Abwehr eines Übernahmeversuchs jedenfalls dann im Gesellschaftsinteresse liegen soll, wenn der Übernehmer die Konzernierung oder Zerschlagung der Gesellschaft beabsichtigt, kann nicht überzeugen.[849] Vielmehr kommt es darauf an, wie sich die beabsichtigte Übernahme und deren Abwehr im Einzelfall auf die Abwägung der in der Gesellschaft zusammentreffenden Gruppeninteressen auswirken.[850] Im Rahmen des genehmigten Kapitals ergibt sich jedoch das Problem, dass diese Frage im Zeitpunkt des Hauptversammlungsbeschlusses über die Schaffung genehmigten Kapitals mit Bezugsrechtsausschluss in der Regel (noch) nicht beantwortet werden kann, da zu dieser Zeit regelmäßig nicht feststeht, ob überhaupt ein feindlicher Übernahmeversuch gestartet wird und welche Identität und Absichten ein potentieller Bieter haben wird.[851]

Es wird daher die Auffassung vertreten, die Abwehr feindlicher Übernahmeversuche sei als Zwecksetzung für den Beschluss zur Schaffung genehmigten Kapitals unter Bezugsrechtsausschluss zu vage, da die Hauptversammlung bei einem solchen Beschlussgegenstand nicht in der Lage sei, die Grundzüge des Vorhabens zu beurteilen.[852] Einem solchen Beschluss fehle aufgrund seiner generalklauselartigen Formulierung der erforderliche im Gesellschaftsinteresse liegende sachliche Grund.[853] Nach dieser Ansicht scheidet auch nach der dargestellten[854] Änderung der Rechtsprechung des Bundesgerichtshofs ein Einsatz des genehmigten Kapitals mit Bezugsrechtsausschluss zur präventiven Übernahmeabwehr in der Regel aus.

Die Vertreter dieser Auffassung übersehen jedoch, dass die Abwehr feindlicher Übernahmeangebote sehr wohl eine konkrete Zielbestimmung – nämlich die Verteidigung der Autonomie der Gesellschaft – beinhaltet. Unbestimmt ist lediglich die Anzahl und die konkrete Ausgestaltung der Fälle, auf die sich die Ermächtigung bezieht.[855] Die Aktionäre sind daher durchaus in der Lage das Vorhaben der Übernahmeabwehr dem Grunde nach ausreichend zu beurteilen.[856]

Zwar ließe sich hiergegen einwenden, dass die Ermächtigung zur Ausnutzung genehmigten Kapitals unter Bezugsrechtsausschluss zum Schutz der Aktionäre zumindest dadurch weiter einzugrenzen sei, dass sie auf solche Sachverhalte beschränkt

---

848 Siehe dazu Teil 1 § 2 D.
849 Siehe hierzu Teil 1 § 2 D I 4.
850 Siehe hierzu Teil 1 § 2 D III 2 und 3.
851 Zutreffend *Grunewald*, EWiR 2005, 139.
852 *Wolf*, AG 1998, 212, 217.
853 *Wolf*, AG 1998, 212, 217.
854 Siehe hierzu Teil 1 § 3 C I 2 b.
855 *Mülbert*, IStR 1999, 83, 90.
856 *Mülbert*, IStR 1999, 83, 90.

wird, in denen eine Übernahme dem Gesellschaftsinteresse zuwiderläuft. Eine derartige Einschränkung ist allerdings nicht erforderlich, da der Vorstand das genehmigte Kapital ohnehin nur ausnutzen darf, wenn die konkrete Maßnahme im Gesellschaftsinteresse liegt. Darüber hinaus kann die Frage, ob die Abwehr eines Übernahmeangebots im Gesellschaftsinteresse liegt, nur im konkreten Einzelfall – also bei der Ausnutzung des genehmigten Kapitals – beurteilt werden, so dass eine weitere Eingrenzung der Ermächtigung der Hauptversammlung auf bestimmte Fallgruppen aus der Natur der Sache gar nicht möglich ist.[857]

Will man das Recht der Hauptversammlung, den Vorstand durch einen abstrakt-generellen Beschluss zu einer Kapitalerhöhung mit Bezugsrechtsausschluss zu ermächtigen, nicht leer laufen lassen, so muss die Zwecksetzung der Übernahmeabwehr aufgrund der Tatsache, dass die Abwehr feindlicher Übernahmen im Einzelfall durchaus im Interesse der Gesellschaft liegen kann, den inhaltlichen Anforderungen an die Schaffung genehmigten Kapitals mit Bezugsrechtsausschluss genügen.[858] Dafür spricht nicht zuletzt die in der *Siemens/Nold*-Entscheidung begründete neue Konzeption des Bundesgerichtshofs, wonach der Schwerpunkt der Prüfung der materiellen Rechtfertigung des Bezugsrechtsausschlusses beim genehmigten Kapital nicht auf der Beschlussfassung der Hauptversammlung, sondern auf der späteren Entscheidung bei Ausnutzung des genehmigten Kapitals liegt.[859] Die Frage, ob im Einzelfall tatsächlich eine den Bezugsrechtsausschluss rechtfertigende Situation gegeben ist, muss daher erst vom Vorstand bei der Ausnutzung des genehmigten Kapitals – also auf der zweiten Stufe der Kapitalerhöhung – beantwortet werden.

bb. Delegation der Entscheidung zum Bezugsrechtsausschluss zur Übernahmeabwehr an den Vorstand

Die Zulässigkeit der Aktienausgabe unter Bezugsrechtsausschluss zur Abwehr feindlicher Übernahmen wird in der Literatur vornehmlich im Rahmen der „regulären" Kapitalerhöhung diskutiert, bei der die Hauptversammlung gemäß § 186 Abs. 3 AktG sowohl über den Zeitpunkt der Kapitalerhöhung als auch über den Bezugsrechtsausschluss direkt entscheidet. Im Rahmen des Bezugsrechtsausschlusses beim genehmigten Kapital nach § 203 Abs. 1 und Abs. 2 AktG werden diese Entscheidungen jedoch

---

857 *Liebert*, Bezugsrechtsausschluss, S. 213; in diesem Sinne auch *Wolf*, AG 212, 217.

858 *Liebert*, Bezugsrechtsausschluss, S. 213; *Bungert*, NJW 1998, 488, 492; *Mülbert*, IStR, 1999, 83, 90; *Schanz*, NZG 2000, 337, 343; in diesem Sinne auch *Grunewald*, EWiR 2005, 139 f. Im zu erstellenden Vorstandsbericht muss die Begründung des Bezugsrechtsausschlusses allerdings genauer ausfallen. Hier muss der Vorstand im Detail darlegen, warum die aktuelle Lage der Gesellschaft oder des Marktes die Schaffung genehmigten Kapitals unter Bezugsrechtsausschluss als Abwehrmittel erfordern. Eine Nennung möglicher feindlicher Bieter oder befreundeter Investoren, an welche die Aktien ausgegeben werden sollen, ist allerdings nicht erforderlich. Vgl. dazu *Paefgen*, Unternehmerische Entscheidungen und Rechtsbindung der Organe in der AG, S. 416 Fn. 20; ähnlich *Wolf*, AG 1998, 212, 217; *Grunewald*, EWiR 2005, 139 f.

859 Vgl. hierzu *Bayer*, ZHR 168 (2004), 132, 134, der dieser Konzeption allerdings kritisch gegenübersteht.

auf den Vorstand übertragen. Daher stellt sich die Frage, ob die Hauptversammlung die Kompetenz zur Entscheidung über die Aktienausgabe unter Bezugsrechtsausschluss auch dann auf den Vorstand übertragen kann, wenn es um die Abwehr unerwünschter Bieter und damit um die Entscheidung über die Zusammensetzung des Aktionärskreises geht.[860] Diese Fragestellung ist eng mit der Diskussion um die aktienrechtliche Neutralitätspflicht des Vorstands verknüpft.[861]

(1) Aktienrechtliche Zulässigkeit

Nach der in der Literatur überwiegend vertretenen aktienrechtlichen Neutralitätspflicht gehört es nicht zu den Aufgaben des Vorstands, in die Zusammensetzung des Aktionärskreises einzugreifen.[862] Daher soll die Hauptversammlung den Vorstand auch nicht dazu ermächtigen können, zur Abwehr eines gegenwärtigen oder zukünftigen Übernahmeversuchs eine Kapitalerhöhung unter Ausschluss des Bezugsrechts vorzunehmen, durch die gezielt auf die Zusammensetzung des Aktionärskreises eingewirkt wird.[863] Vielmehr soll die Entscheidung der Aktienausgabe unter Bezugsrechtsausschluss zur Übernahmeabwehr alleine der Hauptversammlung vorbehalten bleiben.[864]

Diese Ansicht vermag jedoch nicht zu überzeugen, da eine derartige Neutralitätspflicht aus dem geltenden Aktienrecht nicht abgeleitet werden kann.[865] Weder der aktienrechtliche Gleichbehandlungsgrundsatz, noch das Gebot der Fremdinteressenwahrung oder die Grundsätze der *Holzmüller*-Entscheidung bieten für eine aktienrechtliche Neutralitätspflicht eine tragfähige Grundlage. Ebenso wenig lässt sich dem Aktienrecht der allgemeine Grundsatz entnehmen, der Vorstand dürfe auf die Zusammensetzung des Aktionärskreises keinen Einfluss nehmen. Vielmehr ist der Vorstand sehr wohl berechtigt, und unter Umständen sogar verpflichtet, auf die Zusammensetzung des Aktionärskreises einzuwirken, wenn diese Einwirkung im Unternehmensinteresse geboten ist. Daher kann auch die Befugnis, zur Abwehr eines Übernahmeversuchs Aktien unter Ausschluss des Bezugsrechts an befreundete Investoren auszugeben, von der Hauptversammlung auf den Vorstand übertragen werden.[866]

Aus aktienrechtlicher Sicht steht der prophylaktischen Bereitstellung genehmigten Kapitals unter Ausschluss des Bezugsrechts zu dem Zweck, im Falle der Konkreti-

---

860 Vgl. *Bayer*, ZGR 2002, 588, 595; *Krause*, BB 2002, 1053, 1057; *Altmeppen*, ZIP 2001, 1073, 1079 f.

861 Vgl. *Hopt*, ZGR 1993, 534, 562; *Krause*, BB 2002, 1053, 1057; *Ekkenga*, AG 2001, 567, 573; *Liebert*, Bezugsrechtsausschluss, S. 209.

862 Siehe hierzu Teil 1 § 2 B II.

863 Vgl. *Lutter*, KK-AktG, § 186 Rn. 71; *Hopt*, ZGR 1993, 534, 562; *Bayer*, ZGR 2002, 588, 602; *Altmeppen*, ZIP 2001, 1073, 1080; *Ekkenga*, AG 2001, 567, 573.

864 *Lutter*, KK-AktG, § 186 Rn. 71; *Bayer*, ZHR 168 (2004), 132, 152; *Altmeppen*, ZIP 2001, 1073, 1080.

865 Siehe hierzu Teil 1 § 2 B II.

866 Vgl. *Paefgen*, Unternehmerische Entscheidungen und Rechtsbindung der Organe in der AG, S. 416; *Liebert*, Bezugsrechtsausschluss, S. 213; *Mülbert*, IStR 1999, 83, 90; *Wolf*, AG 1998, 212, 214 ff.; *Bungert*, NJW 1998, 488, 492.

sierung eines feindlichen Übernahmeversuchs Aktien an befreundete Investoren auszugeben, somit nichts entgegen.[867]

(2) Vorratsermächtigung nach § 33 Abs. 2 WpÜG

Soll das genehmigte Kapital nicht nur in der Vorangebotsphase zur Abwehr eines erst drohenden Übernahmeangebots, sondern auch während eines laufenden Angebotsverfahrens vom Vorstand zur Übernahmeabwehr ausgenutzt werden können, so müssen neben den aktienrechtlichen Anforderungen die besonderen Anforderungen des § 33 Abs. 2 WpÜG für Vorratsbeschlüsse eingehalten werden.

Diese gehen allerdings nur insoweit über die aktienrechtlichen Anforderungen an das genehmigte Kapital hinaus, als sie die zulässige Dauer einer Vorratsermächtigung auf 18 Monate beschränken.[868] Die zeitliche Beschränkung stellt die periodische Rückbindung der Ermächtigung an den Willen des jeweiligen aktuellen Aktionärskreises sicher und trägt dem Umstand Rechnung, dass die Aktionäre zum Zeitpunkt der Entscheidung über die Ermächtigungserteilung das zukünftige Angebot noch gar nicht kennen und daher auch das Für und Wider nicht abwägen können.[869]

Aus praktischer Sicht ist davon auszugehen, dass ein genehmigtes Kapital mit Bezugsrechtsausschluss, welches zur Übernahmeabwehr geschaffen wird, von der Hauptversammlung generell als Vorratsbeschlusses nach § 33 Abs. 2 WpÜG geschaffen wird, damit es vom Vorstand sowohl in der Vorangebotsphase als auch in der Angebotsphase ausgenutzt werden kann. Andernfalls wäre die Ermächtigung zur Aktienausgabe unter Bezugsrechtsausschluss nur beschränkt einsetzbar, da der Vorstand diese nicht mehr ausnutzen könnte, sobald das Übernahmeangebot, um dessen Abwehr es geht, abgegeben worden ist.

cc. Schranken der Ausnutzung des genehmigten Kapitals zur Übernahmeabwehr

Der Vorstand ist bei der Ausnutzung des Hauptversammlungsbeschlusses dazu verpflichtet, das genehmigte Kapital mit Bezugsrechtsausschluss nur dann zu nutzen, wenn die konkreten Umstände, die seiner Entscheidung zu Grunde liegen, der abstrakten Umschreibung im Hauptversammlungsbeschluss entsprechen, und wenn die Durchführung der konkreten Maßnahme im wohlverstandenen Interesse der Gesell-

---

867 So auch *Paefgen*, Unternehmerische Entscheidungen und Rechtsbindung der Organe in der AG, S. 416 f., 581.

868 § 33 Abs. 2 S. 2 WpÜG; die übrigen Anforderungen stimmen mit den aktienrechtlichen Voraussetzungen für die Schaffung und Ausnutzung des genehmigten Kapitals unter Bezugsrechtsausschluss nach §§ 202, 203 AktG überein. So bedarf es für die Erteilung der Vorratsermächtigung nach § 33 Abs. 2 S. 3 WpÜG eines mit einer drei viertel Kapitalmehrheit zu fassenden Hauptversammlungsbeschlusses und für die Ausnutzung nach § 33 Abs. 2 S. 4 WpÜG der Zustimmung des Aufsichtsrats.

869 So auch RegE-WpÜG, BT-Drucks. 14/7034, S. 58.

schaft liegt.[870] Darüber hinaus muss der Vorstand bei der Bemessung des Ausgabepreises der Aktien die Grenzen des § 255 Abs. 2 AktG beachten und nach § 204 Abs. 1 S. 2 AktG bzw. § 33 Abs. 2 S. 4 WpÜG die Zustimmung des Aufsichtsrats einholen.[871]

(1) Vorgaben der Ermächtigung

Die Einhaltung der Vorgaben der Ermächtigung ist regelmäßig unproblematisch, wenn das genehmigte Kapital mit Bezugsrechtsausschluss gerade zum Zwecke der Abwehr feindlicher Übernahmen geschaffen wurde. Denn in einem solchen Fall hält sich die Aktienausgabe an einen befreundeten Dritten regelmäßig in diesem Rahmen. Lediglich eine Aktienplatzierung bei einem Großaktionär, der seinerseits die Absicht verfolgt, die Gesellschaft zu übernehmen, würde den Rahmen der Ermächtigung überschreiten.[872]

(2) Wohlverstandenes Interesse der Gesellschaft

Neben den Vorgaben der Ermächtigung hat der Vorstand sorgfältig zu prüfen, ob die Abwehr eines Übernahmeangebots durch die Ausnutzung des genehmigten Kapitals mit Bezugsrechtsausschluss im konkreten Fall tatsächlich im wohlverstandenen Gesellschaftsinteresse liegt. Eine weitergehende Verhältnismäßigkeitsprüfung findet dagegen nach den Grundsätzen der *Siemens/Nold*-Entscheidung nicht (mehr) statt. Fraglich ist, welchen Entscheidungsspielraum der Vorstand bei der Prüfung des Gesellschaftsinteresses hat.

(a) Ermessensspielraum des Vorstands

Nach dem zweiten Leitsatz der *Siemens/Nold*-Entscheidung kann der Vorstand die Frage, ob die Maßnahme, zu der das genehmigte Kapital mit Bezugsrechtsausschluss ausgenutzt wird, im wohlverstandenen Unternehmensinteresse liegt, grundsätzlich im Rahmen seines unternehmerischen Ermessensspielraums frei beurteilen.[873] Mit dieser Formulierung bezieht sich der Bundesgerichtshof auf die in der *ARAG/Garmenbeck*-Entscheidung[874] aufgestellten Grundsätze über das unternehmerische Ermessen des Vorstands. Danach sind Handlungen des Vorstands, sofern nicht ein Mangel an Entscheidungsvorbereitung oder ein akuter Interessenkonflikt im Hinblick auf die Entscheidung festzustellen ist, nur darauf überprüfbar, ob die Grenzen verantwortlicher

---

870 Vgl. BGHZ 136 133, 140.

871 Vgl. BGHZ 136, 133, 141; *Schanz*, Börseneinführung, § 18 Rn. 36; *Krause*, AG 2000, 217, 219; *Bayer*, ZGR 2002, 588, 611.

872 Vgl. *Schanz*, Börseneinführung, § 18 Rn. 38; *Brandi*, in: Thaeter/Brandi, Öffentliche Übernahmen, Teil 3 Rn. 487; *Wolf*, AG 212, 217 Fn. 44; *Krause*, BB 2002, 1053, 1058.

873 Vgl. BGHZ 136, 133, 140; *Kindler*, ZGR 1998, 35, 60.

874 BGHZ 135, 244.

Unternehmensführung deutlich überschritten oder unverantwortliche Risiken eingegangen wurden, dass heißt, ob die getroffene Entscheidung schlechthin unvertretbar und mit wirtschaftlichen Argumenten nicht zu rechtfertigen ist.[875]

(aa) Ausnutzung nach der Abgabe eines Übernahmeangebots

Zweifelhaft ist allerdings, ob ein solcher der gerichtlichen Prüfung entzogener Ermessensspielraum auch anzuerkennen ist, wenn das genehmigte Kapital mit Bezugsrechtsausschluss *nach der Abgabe eines Übernahmengebots* zu dessen Abwehr eingesetzt wird.

Gegen die Einräumung eines weiten Handlungsspielraums, wie er in der *ARAG/Garmenbeck*-Entscheidung bejaht worden ist, spricht, dass dieser grundsätzlich ein uneigennütziges Vorstandshandeln voraussetzt, das sich ausschließlich am Unternehmenswohl orientiert.[876] Diese Voraussetzung ist bei einem widerstreitenden Eigeninteresse der Vorstandsmitglieder jedoch nicht erfüllt.[877] Nach der Abgabe eines Übernahmeangebots haben die Verwaltungsmitglieder typischerweise ein Eigeninteresse am Ausgang der Übernahmeauseinandersetzung, da sie bei einem Erfolg des Angebots mit dem Verlust ihrer Ämter rechnen müssen.[878] Somit besteht die Gefahr, dass der Vorstand sich nach der Abgabe eines Übernahmeangebots von eigennützigen Motiven lenken lässt oder seine Entscheidung jedenfalls von persönlichen Interessen motiviert ist. Die Einräumung des weiten unternehmerischen Ermessensspielraums scheidet daher für Maßnahmen, die der Vorstand nach der Abgabe eines Übernahmeangebots vornimmt, grundsätzlich aus.[879]

Allerdings liegt bei der Ausnutzung eines genehmigten Kapitals mit Bezugsrechtsausschluss, welches unter den besonderen Voraussetzungen des § 33 Abs. 2 WpÜG zur Abwehr feindlicher Übernahmen geschaffen wurde, eine besondere Situation vor. Die Hauptversammlung hat dem Vorstand die Ermächtigung nach § 33 Abs. 2 WpÜG nämlich ausdrücklich zum Zweck der Übernahmeabwehr und zur Verwendung in einer Übernahmesituation erteilt.[880] Damit hat sich eine qualifizierte Mehrheit der Aktionäre trotz des typischerweise vorliegenden Interessenkonflikts

---

875 BGHZ 135, 244, 253; *Hopt*, GK-AktG, § 93 Rn. 81; *Kindler*, ZHR 162 (1998), 101, 103 ff.; *Drygala*, ZIP 2001, 1861, 1865; *Schneider*, AG 2002, 125, 129; *Winter/Harbarth*, ZIP 2002, 1, 6.

876 Vgl. BGHZ 135, 244, 253.

877 *Winter/Harbarth*, ZIP 2002, 1, 6 f.; *Drygala*, ZIP 2001, 1861, 1865; *Ulmer*, ZHR 163 (1999) 290, 298; *Henze*, NJW 1998, 3309, 3310 f.

878 Vgl. Begründung RegE-WpÜG, BT-Drucks. 14/7034, S. 57; *Hirte*, KK-WpÜG, § 33 Rn. 83 f.; *Fleischer*, FS Wiedemann, S. 827, 842; *Brandi*, in: Thaeter/Brandi, Öffentliche Übernahmen, Teil 3 Rn. 386.

879 Vgl. *Steinmeyer/Häger*, WpÜG, § 33 Rn. 22; *Zech*, Abwehrmaßnahmen nach dem WpÜG, S. 186, 218; *Krause*, BB 2002, 1053, 1058.

880 Vgl. *Steinmeyer/Häger*, WpÜG, § 33 Rn. 37; *Brandi*, in: Thaeter/Brandi, Öffentliche Übernahmen, Teil 3 Rn. 399; *Mai*, Aktionärsschutz und Minderheitenschutz, S. 232 f.

für die Abwehr von Übernahmeangeboten durch den Vorstand ausgesprochen.[881] Es wäre daher widersprüchlich, wenn man die Ermächtigung ohne eine entsprechende Grundlage im Hauptversammlungsbeschluss dadurch einschränken würde, dass man es dem Vorstand versagen würde, bei der Ausnutzung dieser besonderen Abwehrermächtigung nach seinem unternehmerischen Ermessen zu handeln.[882] Diese Einschätzung wird auch durch die Begründung des Regierungsentwurfs zu § 33 Abs. 2 WpÜG gestützt, wonach der Vorstand die Entscheidung über die Ausnutzung einer Vorratsermächtigung im Rahmen seines pflichtgemäßen Ermessens treffen kann, sofern die Hauptversammlung keine anderen Vorgaben gemacht hat.[883]

(bb) Ausnutzung in der Vorangebotsphase

Soweit der Vorstand bereits *vor der Abgabe eines Übernahmeangebots* von der ihm durch die Bereitstellung genehmigten Kapitals mit Bezugsrechtsausschluss erteilten Ermächtigung Gebrauch macht, Aktien bei einem befreundeten Investor zu platzieren, steht ihm der unternehmerische Ermessensspielraum ohnehin zu, da vor der Abgabe eines Übernahmeangebots ein konkreter Interessenkonflikt für den Vorstand nicht besteht.[884]

Die Gefahr des Amtsverlustes, welche die Vorstandsmitglieder zu einem eigennützigen Handeln bewegen könnte, verdichtet sich erst, wenn ein Bieter ein Übernahmeangebot abgegeben hat und die Entlassung des amtierenden Vorstands somit absehbar ist. In der Vorangebotsphase sind die Mitglieder des Vorstands dagegen keiner erhöhten Gefahr des Amtsverlustes ausgesetzt. Die Möglichkeit, dass sie in der Zukunft von einem potentiellen Übernehmer nach einem erfolgreichen Übernahmeangebot aus ihrem Amt entlassen werden, stellt gegenüber der allgemein bestehenden Möglichkeit, vom amtierenden Aufsichtsrat im Rahmen des § 84 Abs. 3 S. 2 AktG nach einem Vertrauensentzug durch die Hauptversammlung abberufen zu werden, keine erhöhte Gefährdungslage dar, welche die Annahme eines Interessenkonflikts rechtfertigt.

Zwar ließe sich vertreten, dass die Gefahr eigensüchtigen Handelns auch in der Vorangebotsphase zumindest abstrakt immer besteht, wenn der Vorstand auf die Zusammensetzung des Aktionärskreises Einfluss nimmt. Allein die abstrakte Möglichkeit eigensüchtigen Handelns rechtfertigt jedoch nicht die generelle Versagung des unter-

---

881 Ähnlich *Liebert*, Bezugsrechtsausschluss, S. 212; *Mai*, Aktionärsschutz und Minderheitenschutz, S. 232 f.

882 In diesem Sinne *Steinmeyer/Häger*, WpÜG, § 33 Rn. 37; *Brandi*, in: Thaeter/Brandi, Öffentliche Übernahmen, Teil 3 Rn. 399; ebenfalls den unternehmerischen Ermessensspielraum bejahend *Röh*, in: Haarmann/Riehmer/Schüppen, WpÜG, § 33 Rn. 109; *Haouache*, in: AnwK-AktienR, Kap. 15 § 33 WpÜG Rn. 15; *Stohlmeier*, in: Semler/Volhard, Arbeitshandbuch Hauptversammlung, § 40 Rn. 35; gegen die Anwendung der *ARAG/Garmenbeck*-Grundsätze bei der Ausnutzung einer Abwehrermächtigung nach § 33 Abs. 2 WpÜG *Zech*, Abwehrmaßnahmen nach dem WpÜG, S. 186, 218; *Krause*, BB 2002, 1053, 1058.

883 Begründung RegE-WpÜG, BT-Drucks. 14/7034, S. 58.

884 Zum Fehlen eines konkreten Interessenkonflikts in der Vorangebotsphase *Hopt*, ZGR 1993, 534, 546 f.

nehmerischen Ermessensspielraums. Der unternehmerische Ermessensspielraum ist nämlich für die Leitung der Gesellschaft von grundlegender Bedeutung.[885] Die Versagung dieses Handlungsspielraums aufgrund der lediglich abstrakt bestehenden Möglichkeit eigennützigen Handelns würde die Gesellschaft daher in ihrer unternehmerischen Tätigkeit über Gebühr einschränken.

(b) Gesellschaftsinteresse an der konkreten Abwehr

Innerhalb der Grenzen seines unternehmerischen Ermessens hat der Vorstand im Einzelfall zu ermitteln, ob die Aktienausgabe unter Bezugsrechtsausschluss zu der Abwehr des *konkreten* Übernahmeversuchs im Unternehmensinteresse liegt. Die Grenzen verantwortlicher Unternehmensführung sind eingehalten, sofern sich die Aktienausgabe zur Übernahmeabwehr im konkreten Fall nachvollziehbar mit der vorzunehmenden Interessenabwägung begründen lässt.[886] Gesichtspunkte, die bei der Abwägung von Bedeutung sind, umfassen unter anderem die geschäftliche Entwicklung der Gesellschaft nach der Übernahme, die Pläne des Bieters in Bezug auf Arbeitsplätze und Beschäftigungsbedingungen sowie die Art und Höhe der Gegenleistung.[887]

Vom Unternehmensinteresse nicht gedeckt ist die Ausnutzung des zur Übernahmeabwehr geschaffenen genehmigten Kapitals mit Bezugsrechtsausschluss, wenn es ausschließlich um den Schutz vor „Überfremdung“ oder die bloße Aufrechterhaltung des bisherigen Wirtschaftskonzepts geht.[888] Ferner verstößt die Aktienausgabe gegen das aktienrechtliche Schädigungsverbot, wenn sie erhebliche Nachteile für die Vermögens-, Finanz-, oder Ertragslage der Gesellschaft erwarten lässt. Auf keinen Fall kann der Vorstand die Ermächtigung im Eigeninteresse zur Sicherung seiner Stellung nutzen.[889]

(3) Zustimmung des Aufsichtsrats

Auch der Aufsichtsrat, der der Ausnutzung des genehmigten Kapitals unter Bezugsrechtsausschluss gemäß § 204 Abs. 1 S. 2 AktG bzw. gemäß § 33 Abs. 2 S. 4 WpÜG

---

885 So auch BGHZ 135, 244, 253.

886 Vgl. *Steinmeyer/Häger*, WpÜG, § 33 Rn. 16; *Hefermehl/Spindler*, MüKo-AktG, § 76 Rn. 77; *Hüffer*, AktG, § 76 Rn. 12; *Drygala*, ZIP 2001, 1861, 1865, 1866; ähnlich *Schwennicke*, in: Geibel/Süßmann,WpÜG, § 33 Rn. 75.

887 Siehe hierzu Teil 1 § 3 D III.

888 Vgl. *Kort*, FS Lutter, S. 1421, 1434; *Müller*, FS Semler, S. 195, 213; *Paefgen*, Unternehmerische Entscheidungen und Rechtsbindung der Organe in der AG, S. 437; *Zech*, Abwehrmaßnahmen nach dem WpÜG, S. 216.

889 Vgl. *Hefermehl/Spindler*, MüKo-AktG, § 93 Rn. 26; *Krieger*, in: Henze/Hoffmann-Becking, Gesellschaftsrecht 2001, S. 289, 304; *Richter*, in: Semler/Volhard, Arbeitshandbuch für Unternehmensübernahmen, § 52 Rn. 53; *Liebert*, Bezugsrechtsausschluss, S. 211; *Hopt*, ZGR 1993, 534, 547.

zuzustimmen hat, entscheidet über die Zustimmung nach pflichtgemäßem Ermessen. Für ihn gelten dieselben Erwägungen wir für den Vorstand.[890]

(4) Festsetzung des Ausgabepreises

Bei der Festsetzung des Ausgabekurses muss der Vorstand die durch § 255 Abs. 2 AktG gezogenen Grenzen beachten.[891]

Demgemäß darf der Ausgabebetrag der jungen Aktien nicht unangemessen niedrig sein. Sind im Ermächtigungsbeschluss der Hauptversammlung keine Angaben zum Ausgabekurs enthalten, so hat der Vorstand einen möglichst hohen Ausgabepreis zu verlangen, um den Vermögensverlust der übrigen Aktionäre gering zu halten.[892] Der Mindestpreis ist bei börsennotierten Aktiengesellschaften regelmäßig der Börsenkurs. Dieser darf nur in Ausnahmefällen geringfügig unterschritten werden.[893] Macht ein feindlicher Bieter ein Angebot, das über dem Börsenkurs der Aktien liegt, so hat der Vorstand auch von dem befreundeten Investor den erhöhten Preis des Übernahmeangebots zu verlangen.[894] Andernfalls kann er die Aktien nicht an ihn ausgeben. In der Praxis dürfte eine solche Konstellation jedoch nur selten auftreten, da sich der Börsenkurs der Aktien der Zielgesellschaft typischerweise auf dem Preisniveau des Übernahmeangebots einpendelt. Die Möglichkeit, einem befreundeten Investor den Aktienerwerb durch Preisnachlässe schmackhaft zu machen, ist durch § 255 Abs. 2 AktG aber jedenfalls ausgeschlossen.

(5) Auslösung eines Pflichtangebots

Auch die Pflicht zur Abgabe eines Übernahmeangebots nach § 35 Abs. 2 WpÜG setzt dem Vorstand bei der Ausnutzung des genehmigten Kapitals mit Bezugsrechtsausschluss Grenzen. Eine Aktienausgabe an einen befreundeten Dritten kann die Angebotspflicht des § 35 Abs. 2 WpÜG auslösen, wenn dadurch die Stimmrechte eines oder mehrerer kooperierender Investoren, deren Verhalten den Tatbestand des abgestimmten Verhaltens nach § 30 Abs. 2 WpÜG erfüllt, die Kontrollschwelle von 30 Prozent des § 29 Abs. 2 WpÜG erreichen.[895]

Daher muss der Vorstand vor der Ausnutzung des genehmigten Kapitals genau prüfen, ob zwischen den befreundeten Aktionären Verbindungen bestehen, die als ab-

---

890 Vgl. *Brandi*, in: Thaeter/Brandi, Öffentliche Übernahmen, Teil 3 Rn. 399; ähnlich *Krause*, BB 2002, 1053, 1059.

891 BGHZ 136, 133, 141.

892 *Hirte*, GK-AktG, § 203 Rn. 97; *Hüffer*, AktG, § 204 Rn. 5; *Brandi*, in: Thaeter/Brandi, Öffentliche Übernahmen, Teil 3 Rn. 489.

893 *Lutter*, KK-AktG, § 204 Rn. 13; *Hirte*, GK-AktG, § 203 Rn. 100.

894 *Hirte*, GK-AktG, § 204 Rn. 101; *Röh*, in: Haarmann/Riehmer/Schüppen, WpÜG, § 33 Rn. 111; *Schanz*, Börseneinführung, § 18 Rn. 38; *Mülbert*, IStR 1999, 83, 81; *Krause*, BB 2002, 1053, 1059.

895 Siehe hierzu Teil 1 § 3 IV 1 d.

gestimmtes Verhalten beurteilt werden können.[896] Dabei sind auch die Aktienbestände der Vorstandsmitglieder einzubeziehen, wenn sie vorherige Absprachen mit den Investoren über eine bestimmte Verhaltensweise in Bezug auf die Gesellschaft getroffen haben. In der Praxis dürfte die 30-Prozent-Schwelle eine Höchstgrenze für die Ausgabe von Aktien an einen oder mehrere befreundete Investoren darstellen, da eine Erreichung dieser Schwelle unter Umständen für jeden Investor, der den Tatbestand des abgestimmten Verhaltens erfüllt, die sehr kostenintensive Angebotspflicht nach § 35 Abs. 2 WpÜG auslösen kann, selbst wenn er selber an der konkreten Aktienausgabe nicht teilgenommen hat.[897]

dd. Praktische Erwägungen und Akzeptanz des Kapitalmarkts

Neben den rechtlichen Schranken für die Schaffung und Ausnutzung genehmigten Kapitals mit Bezugsrechtsausschluss zur Übernahmeabwehr ist in der Praxis die Akzeptanz dieser Maßnahme am Kapitalmarkt von Bedeutung.

Bisher ist es für börsennotierte deutsche Aktiengesellschaften jedenfalls unüblich, ein genehmigtes Kapital unter Bezugsrechtsausschluss zum Zwecke der Übernahmeabwehr zu schaffen.[898] Ob sich diese Situation in Zukunft ändern wird, ist fraglich.[899] Durch einen solchen Abwehrbeschluss signalisiert das Management gegenüber seinen Aktionären und dem gesamten Markt, dass es sich selber für einen potentiellen Übernahmekandidaten hält.[900] Ein solcher Beschluss dürfte daher in der Regel als Schwäche gewertet werden und könnte den Ruf der Gesellschaft und deren Aktienkurs beeinträchtigen.[901]

---

896 Ein bloßer konzertierter Aktienerwerb begründet für sich noch kein abgestimmtes Verhalten im Sinne des § 30 Abs. 2 WpÜG. Ein solches liegt vielmehr erst vor, wenn die die Erwerber ihr Verhalten nach dem Aktienerwerb im Bezug auf die Zielgesellschaft abstimmen. Ausführlich zu möglichen Sachverhalten des abgestimmten Verhaltens und zur Bestimmung der Angebotspflichtigen *Pentz*, ZIP 2003, 1478, 1481 ff.

897 Sogenannter passiver Kontrollerwerb, vgl. dazu *von Bülow*, KK-WpÜG, § 35 Rn. 58, § 30 Rn. 20 f., 30; *Thaeter*, in: Thaeter/Brandi, Öffentliche Übernahmen, Teil 2 Rn. 599 f.; a.A. wohl *Casper*, ZIP 2003, 1469, 1474.

898 Vgl. *Stohlmeier*, in: Semler/Volhard, Arbeitshandbuch Hauptversammlung, § 40 Rn. 20; *Krause*, BB 2002, 1053, 1058.

899 In der Hauptversammlungssaison 2003 ist lediglich bei einer größeren deutschen Aktiengesellschaft – der IM Internationalmedia AG – ein Vorratsbeschluss nach § 33 Abs. 2 WpÜG gefasst worden, vgl. Elektronischer Bundesanzeiger vom 17.04.2003; *Maul/Muffat-Jeandet*, AG 2004, 306, 314; *Krause*, NJW 2004, 3681, 3684 Fn. 30. Dieser Vorratsbeschluss ist im Jahre 2004 von der Hauptversammlung erneuert worden, siehe dazu das Urteil des LG München I in Sachen IM Internationalmedia AG, Urteil vom 23.12.2004 – 5HK O 15081/04 und die Besprechung von *Grunewald*, EWiR 2005, 139 ff.

900 *Steinmeyer/Häger*, WpÜG, § 33 Rn. 42; *Pötzsch*, in: Payne, Takeovers, S. 75, 84; *Zech*, Abwehrmaßnahmen nach dem WpÜG, S. 188; *Krause*, NJW 2002, 705, 712; *Hopt*, ZHR 166 (2002), 383, 423.

901 Vgl. *Steinmeyer/Häger*, WpÜG, § 33 Rn. 42; *Ekkenga*, DStR 2002, 768; *Krause*, NJW 2002, 705, 712.

Zudem beschwört der Vorschlag eines solchen Abwehrbeschlusses die Gefahr herauf, dass feindliche Bieter erst auf die Gesellschaft aufmerksam werden.[902] Überdies stehen institutionelle Investoren der Fassung von Abwehrbeschlüssen regelmäßig kritisch gegenüber.[903] So haben bereits einige Investmentfonds angekündigt, derartige Vorratsermächtigungen nicht zu unterstützen.[904] Börsennotierte Aktiengesellschaften, die auf die Finanzierung durch institutionelle Anleger angewiesen sind, dürften bei der Schaffung genehmigten Kapitals mit Bezugsrechtsausschluss zur Übernahmeabwehr daher auf maßgeblichen Widerstand stoßen.[905] Zudem wird es für den Vorstand auch deshalb schwierig sein, die notwendige Dreiviertelmehrheit des bei der Beschlussfassung vertretenen Kapitals von der Erteilung einer Abwehrermächtigung zu überzeugen, weil sich die Aktionäre durch diesen Beschluss unter Umständen die Chance abschneiden, ihre Aktien im Rahmen einer feindlichen Übernahme zu einem über dem Börsenkurs liegenden Preis zu verkaufen.

ee. Fazit

Obwohl die *Siemens/Nold*-Entscheidung des Bundesgerichtshofs eine Reihe von Zweifelsfragen aufgeworfen hat, hat sie doch die Einsatzfähigkeit genehmigten Kapitals unter Ausschluss des Bezugsrechts als Präventivmaßnahme zur Abwehr feindlicher Übernahmeversuche erheblich verbessert. Infolge der Rechtsprechungsänderung steht nunmehr aktienrechtlich der Weg für die Abwehr eines Übernahmeangebots durch die Schaffung genehmigten Kapitals mit Bezugsrechtsausschluss offen.

Die Hauptversammlung kann den Vorstand dazu ermächtigen, Aktien unter Ausschluss des Bezugsrechts zur Übernahmeabwehr auszugeben. Sofern die besonderen Anforderungen des § 33 Abs. 2 WpÜG erfüllt sind, kann der Vorstand das genehmigte Kapital nicht nur in der Vorangebotsphase, sondern auch nach der Abgabe eines Übernahmeangebots zur Übernahmeabwehr ausnutzen. Auch in diesem Falle, steht dem Vorstand trotz des in einer Übernahmesituation bestehenden Interessenkonflikts ausnahmsweise ein weiter Ermessensspielraum zu, da er aufgrund einer ausdrücklichen Abwehrermächtigung der Hauptversammlung handelt.

Im Rahmen seines unternehmerischen Ermessens hat der Vorstand im Einzelfall genau zu prüfen, ob die Ausgabe der Aktien unter Bezugsrechtsausschluss zur Übernahmeabwehr im Interesse der Gesellschaft liegt. Dabei sind die in der Gesellschaft zusammentreffenden Interessen an der Übernahmeabwehr gegeneinander abzuwägen.

---

902 *Steinmeyer/Häger*, WpÜG, § 33 Rn. 42; *Zech*, Abwehrmaßnahmen nach dem WpÜG, S. 188; *Krause*, NJW 2002, 705, 712.

903 *Stohlmeier*, in: Semler/Volhard, Arbeitshandbuch Hauptversammlung, § 40 Rn. 20; *Pötzsch*, in: Payne, Takeovers, S. 75, 83 f.; *Zech*, Abwehrmaßnahmen nach dem WpÜG, S. 188; *Hopt*, ZHR 166 (2002), 383, 423; *Schneider*, AG 2002, 125, 131.

904 *Brandi*, in: Thaeter/Brandi, Öffentliche Übernahmen, Teil 3 Rn. 328; *Zschocke*, DB 2002, 79, 84 Fn. 50; insbesondere bei ausländischen institutionellen Anleger dürfte die Akzeptanz für eine Abwehrermächtigung schwer zu erreichen sein, vgl. *Bayer*, ZGR 2002, 588, 620.

905 Zur gestiegen Rolle der institutionellen Anleger *Becker*, ZHR (165) 2001, 280, 282; *Ulmer*, AcP 202 (2002), 143, 144 ff.

Der lediglich pauschale Hinweis auf ein Interesse der Gesellschaft an der Erhaltung ihrer wirtschaftlichen Selbstständigkeit oder am Schutz vor „Überfremdung" kann die Ausnutzung der Ermächtigung nicht rechtfertigen. Ebenso ist eine solche Aktienausgabe unzulässig, wenn sie der Verfolgung eigener Interessen des Vorstands dient oder wenn sie die Gesellschaft schädigt.

In der Praxis ist der Umfang einer solchen Aktienausgabe durch die Angebotspflicht des § 35 Abs. 2 WpÜG betragsmäßig begrenzt. Zudem ist der angekündigte Widerstand mehrerer Investmentfonds ein Indiz dafür, dass die Schaffung eines genehmigten „Abwehrkapitals" mit Bezugsrechtsausschluss für Gesellschaften, die auf die Finanzierung durch institutionelle Anleger angewiesen sind, regelmäßig nicht in Betracht kommen wird.

Gleichwohl stellt ein genehmigtes „Abwehrkapital" mit Bezugsrechtsausschluss für ein Management, das über die notwendige Unterstützung der Aktionäre verfügt, eine rechtlich zulässige und effektive Maßnahme zur Prävention feindlicher Übernahmen dar.

d. Weitere Möglichkeiten für einen Bezugsrechtsausschluss

Neben der Möglichkeit, ein genehmigtes Kapital mit Bezugsrechtsausschluss explizit zum Zwecke der Übernahmeabwehr zu schaffen, steht für die Hauptversammlung einer Aktiengesellschaft, die in nächster Zeit mit der Konkretisierung eines feindlichen Übernahmeversuchs rechnet, der Weg offen, ein genehmigtes Kapital mit Bezugsrechtsausschluss zu einem anderen „unauffälligen" Zweck zu schaffen, das später vom Vorstand zu Abwehrzwecken eingesetzt werden kann. Eine solche Vorgehensweise hat den Vorteil, dass das genehmigte Kapital dem Vorstand unabhängig davon, ob es in der Vorangebotsphase oder in der Angebotsphase selber zum Einsatz kommen soll, für einen Zeitraum von fünf Jahren zur Verfügung gestellt werden kann. Die erhöhten Anforderungen des § 33 Abs. 2 WpÜG müssen bei einem ohne direkten Bezug zur Übernahmeabwehr geschaffenen genehmigten Kapital nämlich nicht erfüllt sein, weil die Regelung des § 33 Abs. 2 WpÜG nur für Vorratsermächtigungen gilt, die ausdrücklich zum Zweck der Übernahmeabwehr erteilt werden. Zudem dürfte die Schaffung eines solchen „unauffälligen" genehmigten Kapitals im Gegensatz zur Schaffung eines „Abwehrkapitals" nicht auf die Ablehnung der institutionellen Anleger stoßen.[906]

aa. Belegschaftsaktien

Als Zwecksetzung für die Schaffung eines derartigen „unauffälligen" genehmigten Kapitals mit Bezugsrechtsausschluss bietet sich die Ausgabe von Belegschaftsaktien an. Die Ausgabe von Belegschaftsaktien stellt nämlich im Rahmen des genehmigten Kapitals gemäß § 202 Abs. 4 AktG einen sachlichen Grund für den Ausschluss des

906 Vgl. *Schlitt*, MüKo-AktG, § 33 WpÜG Rn. 202; *Stohlmeier*, in: Semler/Volhard, Arbeitshandbuch Hauptversammlung, § 40 Rn. 20; kritisch zu einer solchen Vorgehensweise *Bayer*, ZGR 2002, 588, 620.

Bezugsrechts dar.[907] Der Bezugsrechtsausschluss ist daher generell zulässig, ohne dass bei der Beschlussfassung der Hauptversammlung zusätzliche Rechtfertigungsgründe vorliegen müssen.

Durch die Ausgabe von Belegschaftsaktien kann die Zahl der verwaltungstreuen Aktionäre erhöht und eine Übernahme durch einen feindlichen Bieter erschwert werden, weil Arbeitnehmer feindlichen Übernahmen aus Angst vor Rationalisierungsmaßnahmen und Entlassungen im Regelfall ablehnend gegenüber stehen.[908] So kann man davon ausgehen, dass Belegschaftsaktionäre ihre Aktien selbst bei einem lukrativen Angebot nicht an einen feindlichen Bieter veräußern, da die Angst um den Arbeitsplatz regelmäßig schwerer wiegt als die Möglichkeit eines lukrativen Aktienverkaufs. Zudem besteht für Belegschaftsaktionäre aus steuerlichen Gründen ein Anreiz dafür, sich gegenüber der Gesellschaft zu verpflichten, ihre Aktien über einen längeren Zeitraum – und gegebenenfalls auch beim Vorliegen eines Übernahmeangebots – nicht zu verkaufen. Belegschaftsaktien können anders als sonstige Aktien, die unter Ausschluss des Bezugsrechts ausgegeben werden, zu Vorzugskonditionen emittiert werden.[909] Die wirtschaftlichen Vorteile, die sich aus einer solchen Ausgabe zu Vorzugspreisen ergeben, sind nach § 19 a Abs. 1 AktG für den einzelnen Arbeitnehmer bis zu einem jährlichen Freibetrag von € 154,00 steuerfrei, wenn die Aktien aufgrund einer vertraglich festgelegten Sperrfrist nicht vor Ablauf von sechs Jahren veräußert werden dürfen. Aufgrund dieses steuerlichen Anreizes sind Sperrfristvereinbarungen bei Belegschaftsaktien in der Praxis durchaus üblich und werden bei der Aktienausgabe mit Kursabschlägen bis zur Hälfte des Börsenkurses entlohnt.

Allerdings ist zu berücksichtigen, dass sich der Umfang der Ausgabe von Belegschaftsaktien im Rahmen des Angemessenen halten muss.[910] Als Maßstab kann insoweit der bereits erwähnte steuerliche Freibetrag des § 19 a EstG dienen.[911] Wegen dieser Volumengrenze wird die Ausgabe von Belegschaftsaktien wohl kaum ausreichen, um alleine die Beteiligungsverhältnisse der Gesellschaft in einem solchen Umfang zu verändern, der erforderlich wäre, um eine feindliche Übernahme unmöglich zu machen. Jedoch kann die Ausgabe von Belegschaftsaktien als flankierende Maßnahme in einem Gesamtkonzept verschiedener Strategien und zur Stärkung der Loyalität zwi-

---

907 *Hüffer*, AktG, § 202 Rn. 23; *Lutter*, KK-AktG, § 202 Rn. 28; *Hirte*, GK-AktG, § 202 Rn. 182; *Krieger*, in: Hoffmann-Becking, Handbuch des Gesellschaftsrechts Bd. IV, § 58 Rn. 58; *Assmann/Bozenhardt*, in: Assmann/Basaldua, Übernahmeangebote, S. 1, 131; in diesem Sinne auch BGHZ 83, 319, 323 und BGHZ 144, 290, 294 f.

908 *Assmann/Bozenhardt*, in: Assmann/Basaldua, Übernahmeangebote, S. 1, 132; *Otto*, DB-Beilage 12/1988, 1, 10; *Krause*, AG 2002, 13, 138.

909 *Lutter*, KK-AktG, § 202 Rn. 29; *Hüffer*, AktG, § 202 Rn. 27; *Krieger*, in: Hoffmann-Becking, Handbuch des Gesellschaftsrechts Bd. IV, § 58 Rn. 60.

910 *Hirte*, GK-AktG, § 202 Rn. 183; *Lutter*, KK-AktG, § 202 Rn. 28; *Hüffer*, AktG, § 202 Rn. 27; *Assmann/Bozenhardt*, in: Assmann/Basaldua, Übernahmeangebote, S. 1, 132; *Otto*, DB-Beilage 12/1988, 1, 10.

911 So *Hüffer*, AktG, § 202 Rn. 27; anders *Richter*, in: Semler/Volhard, Arbeitshandbuch für Unternehmensübernahmen, § 52 Rn. 124, der entsprechend der gesetzlichen Wertung im Rahmen des Erwerbs eigener Aktien eine Obergrenze von 10 % des Grundkapitals für maßgeblich hält.

schen den Arbeitnehmern und dem amtierenden Management in einem Übernahmekampf durchaus sinnvoll sein.[912]

bb. Erwerb von Unternehmensbeteiligungen

Auch bei der Schaffung genehmigten Kapitals zum Erwerb von Unternehmensbeteiligungen gegen Sacheinlagen ist, sofern der Erwerb für die Gesellschaft wirtschaftlich vorteilhaft ist, im Zweifel von einer sachlichen Rechtfertigung für einen Bezugsrechtsausschluss auszugehen,[913] da der Erwerb von Unternehmensbeteiligungen schnelle und flexible Entscheidungen der Verwaltung erfordert, die nur bei einer privilegierten Rechtfertigung möglich sind.[914]

Schon vor dem *Siemens/Nold*-Urteil wurde insbesondere für den Fall, dass die Gesellschaft eine strategische Allianz mit einem anderen Unternehmen anstrebt und dieses Unternehmen die Kooperation von einer gegenseitigen Beteiligung abhängig macht, ein Bezugsrechtsausschluss für grundsätzlich zulässig erachtet.[915] Zwar sollte ein solcher Zweck den Bezugsrechtsausschluss nicht in jedem Fall rechtfertigen; eine Rechtfertigung wurde aber um so eher angenommen, je dringlicher das Interesse der Gesellschaft an der Zusammenarbeit mit dem anderen Unternehmen war.[916] Entsprechend den Grundsätzen der *Holzmann*-Entscheidung hatte insofern eine Verhältnismäßigkeitsprüfung stattzufinden.[917]

Da infolge des *Siemens/Nold*-Urteils die Anforderungen an einen Hauptversammlungsbeschluss zur Schaffung genehmigten Kapitals mit Bezugsrechtsausschluss entscheidend gelockert worden sind, wird ein Bezugsrechtsausschluss zum Beteiligungserwerb in Zukunft noch einfacher zu rechtfertigen sein. Im Lichte der neuen Rechtsprechung des Bundesgerichtshofs ist die Schaffung genehmigten Kapitals unter Bezugsrechtsausschluss zum Erwerb von Beteiligungen schon zulässig, wenn eine solche Kooperation im wohlverstandenen Gesellschaftsinteresse liegt.[918] Das dürfte der

---

912 *Rümker*, FS Heinsius, S. 697 f.; *Krause*, AG 2002, 133, 138; *Otto*, DB-Beilage 12/1988, 1, 10.

913 Vgl. *Hirte*, GK-AktG, § 203 Rn. 91; *Wiedemann*, GK-AktG, § 186 Rn. 167; *Hefermehl/Bungeroth*, in: Geßler/Hefermehl, AktG, § 186 Rn. 122; *Richter*, in: Semler/Volhard, Arbeitshandbuch für Unternehmensübernahmen, § 52 Rn. 113; *Martens*, ZIP 1992, 1677, 1695; einschränkend *Peifer*, MüKo-AktG, § 186 Rn. 90.

914 *Tettinger*, Materielle Anforderungen an den Bezugsrechtsausschluss, S. 88; *Herrmann*, Zivilrechtliche Abwehrmaßnahmen, S. 120; *Martens*, ZIP 1992, 1677, 1695; in diesem Sinne auch BGHZ 83, 319, 322 und BGHZ 136, 133, 136 f.

915 BGHZ 83, 319, 323; *Lutter*, KK-AktG, § 186 Rn. 69; *Hefermehl/Bungeroth*, in: Geßler/Hefermehl, AktG, § 186 Rn. 134; *Peifer*, MüKo-AktG, § 186 Rn. 97; *Krieger*, in: Hoffmann-Becking, Handbuch des Gesellschaftsrechts Bd. IV, § 56 Rn. 72.

916 *Hefermehl/Bungeroth*, in: Geßler/Hefermehl, AktG, § 186 Rn. 134; *Peifer*, MüKo-AktG, § 186 Rn. 97; *Weimar/Breuer*, BB 1991, 2309, 2318; *Liebert*, Bezugsrechtsausschluss, S. 125.

917 BGHZ 83, 319, 326; *Hefermehl/Bungeroth*, in: Geßler/Hefermehl, AktG, § 186 Rn. 134.

918 Vgl. *Krieger*, in: Hoffmann-Becking, Handbuch des Gesellschaftsrechts Bd. IV, § 56 Rn. 74; *Weisner*, Verteidigungsmaßnahmen gegen unfreundliche Übernahmeversuche, S. 208; ähnlich *Richter*, in: Semler/Volhard, Arbeitshandbuch für Unternehmensübernahmen, § 52 Rn. 113; in

Fall sein, wenn eine Allianz mit einem anderen Unternehmen der Gesellschaft positive Synergieeffekte eröffnet. Besonders geeignet ist daher die Aktienausgabe an Unternehmen, zu denen entweder eine langfristige und hochvolumige Lieferverbindung besteht, oder deren Geschäftstätigkeit eine Ergänzung des Betätigungsfeldes der Gesellschaft darstellt.[919].

Da Unternehmen, die mit der übernahmebedrohten Gesellschaft kooperieren, regelmäßig ein vitales Interesse an der Beibehaltung der bestehenden Managementstruktur haben und ihre Aktien daher nicht ohne Weiteres an einen feindlichen Bieter veräußern, kann die Schaffung von genehmigtem Kapital unter Bezugsrechtsausschluss zum Erwerb von Unternehmensbeteiligungen zur präventiven Übernahmeabwehr eingesetzt werden.[920]

cc. Ausnutzung der Ermächtigung in der Vorangebotsphase

Bei der Ausnutzung einer Ermächtigung zur Aktienausgabe unter Bezugsrechtsausschluss zwecks Schaffung von Belegschaftsaktien oder zwecks Erwerbs von Unternehmensbeteiligungen ist der Vorstand wiederum an das wohlverstandene Interesse der Gesellschaft gebunden. Da der Beschluss der Hauptversammlung zum Ausschluss des Bezugsrechts bei der Ausgabe von Belegschaftsaktien generell sachlich gerechtfertigt ist, liegt auch die Ausnutzung der Ermächtigung zur Aktienausgabe mit Bezugsrechtsausschluss im Gesellschaftsinteresse, sofern nicht ausnahmsweise überwiegende Gründe entgegenstehen. Ebenso dürfte es dem Vorstand bei der Ausnutzung eines genehmigten Kapitals mit Bezugsrechtsausschluss zum Erwerb von Unternehmensbeteiligungen in der Regel möglich sein, ein Gesellschaftsinteresse plausibel nachzuweisen, wenn die Beteiligung aufgrund der zu erwartenden Synergieeffekte wirtschaftlich sinnvoll ist und somit der Geschäftstätigkeit der Gesellschaft nutzt.[921]

dd. Sonderproblem: Ausnutzung einfacher Ermächtigungen in der Angebotsphase

Wird das genehmigte Kapital mit Bezugsrechtsausschluss mit der vorstehenden Zielrichtung *nach der Abgabe eines Übernahmeangebots* ausgenutzt, müssen die zusätzli-

---

diesem Sinne schon vor der Rechtsprechungsänderung des Bundesgerichtshofs *Kindler*, ZHR 158 (1994), 359, 366; *Martens*, ZIP 1992, 1677, 1695.

919 Vgl. *Tettinger*, Materielle Anforderungen an den Bezugsrechtsausschluss, S. 88; *Weimar/Breuer*, BB 1991, 2309, 2318.

920 Diese Möglichkeit hat die Commerzbank AG im Jahre 2000 genutzt, um Aktien bei der befreundeten italienischen Generali S.p.A. zu platzieren. Als Gegenleistung wurde die Beteiligung der Commerzbank AG an der spanischen Banco Santander Central Hispano aufgestockt. Durch diese Aktienausgabe gegen Sacheinlagen wurde der Einfluss der als mögliche feindliche Bieterin für die Commerzbank AG angesehenen Cobra Beteiligungsgesellschaft verringert. Vgl. dazu *Paefgen*, ZIP 2004, 145.

921 In diesem Sinne auch *Tettinger*, Materielle Anforderungen an den Bezugsrechtsausschluss, S. 88.

chen Anforderungen des § 33 WpÜG beachtet werden, da die Aktienausgabe als potentiell erfolgsverhindernde Maßnahme dem Vereitelungsverbot des § 33 Abs. 1 S. 1 WpÜG unterfällt. Die Ausnutzung eines „einfachen" oder „allgemeinen" Ermächtigungsbeschlusses zur Aktienausgabe, der nicht zum Zwecke der Übernahmeabwehr beschlossen wurde und nicht den Anforderungen des § 33 Abs. 2 WpÜG genügt, kommt daher nach der Abgabe eines Übernahmeangebots nur in Betracht, wenn für die Entscheidung des Vorstands, von der Hauptversammlungsermächtigung Gebrauch zu machen, die Ausnahmen vom Vereitelungsverbot herangezogen werden können.

(1) Ausnahmetatbestände des § 33 Abs. 1 S. 2 WpÜG

Gemäß § 33 Abs. 1 S. 2 Var. 1 WpÜG gilt das Vereitelungsverbot nicht für Handlungen des Vorstands, die auch ein ordentlicher und gewissenhafter Geschäftsleiter einer Gesellschaft, die nicht von einem Übernahmeangebot betroffen ist, vorgenommen hätte.

Zu solchen Maßnahmen zählen zum einen die Fortführung des gewöhnlichen Tagesgeschäfts zum anderen aber auch die Vornahme von Maßnahmen außergewöhnlichen Charakters, sofern durch diese eine bereits vor der Übernahmesituation eingeschlagene Unternehmensstrategie umgesetzt wird.[922] Da eine Aktienausgabe zum Beteiligungskauf oder zur Schaffung von Belegschaftsaktien wohl kaum als Tagesgeschäft verstanden werden kann, fällt sie nur dann unter diesen Ausnahmetatbestand, wenn sie der Weiterverfolgung einer bereits eingeschlagenen Strategie dient und demgemäß schon vor einer Übernahmesituation vorbereitet ist.[923]

Nach dem Ausnahmetatbestand des § 33 Abs. 1 S. 2 Var. 3 WpÜG sind zudem solche Maßnahmen des Vorstands zulässig, zu denen der Aufsichtsrat seine Zustimmung erteilt hat. Praktische Bedeutung kommt dieser Norm insbesondere für Geschäftsführungsmaßnahmen des Vorstands zu, die nicht auf eine schon zuvor eingeschlagene Unternehmensstrategie gestützt werden können.[924] Denn mit Zustimmung des Aufsichtsrats kann der Vorstand auch solche Maßnahmen vornehmen, die sich gezielt gegen die Abwehr eines Übernahmeangebots richten.[925] Insoweit könnte auch ein genehmigtes Kapital mit Bezugsrechtsausschluss, welches ohne eine besondere zu Grunde liegende Unternehmensstrategie geschaffen wurde, anlässlich eines Übernahmeangebots zur Übernahmeabwehr genutzt werden. Die von

922 Begründung RegE-WpÜG, BT-Drucks. 14/7034, S. 58; *Brandi*, in: Thaeter/Brandi, Öffentliche Übernahmen, Teil 3 Rn. 365; *Drygala*, ZIP 2001, 1861, 1867; *Winter/Harbarth*, ZIP 2002, 1, 6.

923 Vgl. *Winter/Harbarth*, ZIP 2002, 1, 6; ähnlich *Krause*, BB 2002, 1053, 1059.

924 *Schlitt*, MüKo-AktG, § 33 WpÜG Rn. 164; *Steinmeyer/Häger*, WpÜG, § 33 Rn. 21; *Winter/Harbarth*, ZIP 2002, 1, 8; *Schneider*, AG 2002, 125, 129.

925 Beschlussempfehlung und Bericht des Finanzausschusses, BT-Drucks. 14/7477, S. 53; *Schwennicke*, in: Geibel/Süßmann, WpÜG, § 33 Rn. 50; *Pötzsch*, Übernahmerecht, S. 41 Fn. 127; *Brandi*, in: Thaeter/Brandi, Öffentliche Übernahmen, Teil 3 Rn. 375; *Winter/Harbarth*, ZIP 2002, 1, 8.

§ 33 Abs. 1 S. 2 Var. 3 WpÜG angeordnete Zustimmung des Aufsichtsrats stellt dabei keine Verschärfung der aktienrechtlichen Voraussetzungen für die Ausnutzung genehmigten Kapitals mit Bezugsrechtsausschluss dar, da der Vorstand bereits nach § 204 Abs. 1 S. 2 AktG verpflichtet ist, zu seiner Entscheidung, das genehmigte Kapital mit Bezugsrechtsausschluss auszunutzen, die Zustimmung des Aufsichtsrats einzuholen.

(2) Ausnutzung einfacher Ermächtigungen auf der Grundlage des § 33 Abs. 1 S. 2 WpÜG?

Umstritten ist allerdings, ob die Ausnutzung einer einfachen Ermächtigung zur Aktienausgabe mit Bezugsrechtsausschluss – etwa zur Schaffung von Belegschaftsaktien oder zum Beteiligungskauf – auf die Ausnahmetatbestände des § 33 Abs. 1 S. 2 WpÜG gestützt werden kann.

(a) Generelle Sperrwirkung des § 33 Abs. 2 WpÜG

Nach einer Ansicht können in der Angebotsphase nur solche Hauptversammlungsermächtigungen vom Vorstand ausgenutzt werden, die den besonderen Anforderungen des § 33 Abs. 2 WpÜG entsprechen und somit explizit auf den Übernahmefall bezogen sind.[926] Die Regelung des § 33 Abs. 2 WpÜG soll für alle Hauptversammlungsbeschlüsse, die den Vorstand zu Maßnahmen ermächtigen, welche den Erfolg des Übernahmeangebots vereiteln und in der Angebotsphase ausgeübt werden können, eine abschließende Spezialregelung darstellen.[927]

Nach dieser Auffassung ist die Ausnutzung von einfachen Hauptversammlungsermächtigungen auf der Grundlage des § 33 Abs. 1 S. 2 WpÜG generell ausgeschlossen. Die Ausnahmen des § 33 Abs. 1 S. 2 WpÜG sollen nur für Maßnahmen gelten, die in den originären Kompetenzbereich des Vorstands fallen, nicht dagegen für solche Maßnahmen, zu denen der Vorstand von der Hauptversammlung ermächtigt worden ist.[928] Andernfalls könnten die erhöhten Anforderungen des § 33 Abs. 2 WpÜG an Vorratsermächtigungen durch den Rückgriff auf § 33 Abs. 1 S. 2 WpÜG unsachgemäß umgangen werden.[929]

Die Ausnutzung eines allgemein geschaffenen genehmigten Kapitals mit Bezugsrechtsausschluss auf der Grundlage des § 33 Abs. 1 S. 2 WpÜG ist nach dieser Ansicht ausgeschlossen.

---

926 Die Ermächtigungen müssen gemäß § 33 Abs. 2 WpÜG insbesondere innerhalb der 18-Monats-Frist erteilt worden sein und ausdrücklich ein Vorstandshandeln mit dem Ziel abdecken, ein Übernahmeangebot zu verhindern, vgl. *Hirte*, KK-WpÜG, § 33 Rn. 92, 101; *ders.* ZGR 2002, 622, 647.

927 *Hirte*, KK-WpÜG, § 33 Rn. 92, 101; *ders.* ZGR 2002, 622, 647.

928 Vgl. *Winter/Harbarth*, ZIP 2002, 1, 9.

929 Vgl. *Hirte*, ZGR 2002, 622, 648.

(b) Sperrwirkung des § 33 Abs. 2 WpÜG bei Eingriff in die Aktionärsstruktur

Nach anderer Auffassung ist die Zulässigkeit der Ausnutzung von einfachen Hauptversammlungsermächtigungen auf der Grundlage des § 33 Abs. 1 S. 2 WpÜG differenziert zu beurteilen.[930]

Während Hauptversammlungsermächtigungen, die die Aktionärsstruktur unberührt lassen, nach dieser Ansicht vom Vorstand auf der Grundlage des § 33 Abs. 1 S. 2 WpÜG ausgenutzt werden können, sollen die Ausnahmetatbestände des § 33 Abs. 1 S. 2 WpÜG unanwendbar sein, wenn die Hauptversammlungsermächtigung dem Vorstand eine Maßnahme ermöglicht, durch die direkt in die Aktionärsstruktur der Gesellschaft eingegriffen wird.[931] Für solche Maßnahmen soll nach der zwingenden aktienrechtlichen Kompetenzverteilung eine alleinige Zuständigkeit der Hauptversammlung bestehen.[932] Daher könne, so wird argumentiert, die Entscheidung über die Durchführung dieser Maßnahmen nicht per allgemeiner Ermächtigung auf den Vorstand delegiert werden.[933] Das gelte selbst dann, wenn der Vorstand unter den Voraussetzungen des § 33 Abs. 1 S. 2 WpÜG handele. Nur unter den erhöhten Anforderungen des § 33 Abs. 2 WpÜG habe der Gesetzgeber das aktienrechtliche Kompetenzgefüge modifiziert und eine Delegation dieser Maßnahmen an den Vorstand zugelassen.[934]

Folgt man dieser Auffassung, so kann ein allgemein geschaffenes genehmigtes Kapital mit Bezugsrechtsausschluss in der Angebotsphase ebenfalls nicht durch den Vorstand ausgeübt werden, da es einen Eingriff in die Aktionärsstruktur darstellt.

(c) Keine Sperrwirkung des § 33 Abs. 2 WpÜG

Schließlich wird die Auffassung vertreten, die Ausnutzung von einfachen Hauptversammlungsermächtigungen durch den Vorstand in der Angebotsphase sei auf der Grundlage der Ausnahmetatbestände des § 33 Abs. 1 S. 2 WpÜG generell zulässig.[935]

Diese Ansicht beruft sich maßgeblich auf die Begründung des Finanzausschusses des Bundestages, auf dessen Initiative die geltende Fassung des § 33 Abs. 1 S. 2 WpÜG eingefügt wurde. In der Begründung des Finanzausschusses heißt es:

---

930 *Bayer*, ZGR 2002, 588, 614, 617.

931 *Bayer*, ZGR 2002, 588, 614, 617, 620.

932 *Bayer*, ZGR 2002, 588, 601 f., 620.

933 *Bayer*, ZGR 2002, 588, 601; *Altmeppen*, ZIP 2001, 1071, 1080.

934 *Bayer*, ZGR 2002, 588, 617.

935 *Hüffer*, AktG, § 76 Rn. 15 g; *Grunewald*, in: Baums/Thoma, WpÜG, § 33 Rn. 51; *Schwennicke*, in: Geibel/Süßmann, WpÜG, § 33 Rn. 51, 75; *Röh*, in: Haarmann/Riehmer/Schüppen, WpÜG, § 33 Rn. 112, 124; *Richter*, in: Semler/Volhard, Arbeitshandbuch für Unternehmensübernahmen, § 52 Rn. 41; *Brandi*, in: Thaeter/Brandi, Öffentliche Übernahmen, Teil 3 Rn. 365, 379; *von Nussbaum*, Aktiengesellschaft als Zielgesellschaft eines Übernahmeangebots, S. 123, 180; *Winter/Harbarth*, ZIP 2002, 1, 6, 9; *Krause*, BB 2002, 1053, 1055; *ders.* AG 2002, 133, 137; *Thoma*, NZG 2002, 105, 110; *Bürgers/Holzborn*, ZIP 2003, 2273, 2276.

„Im Übrigen schränkt die Möglichkeit zur Ermächtigung von Abwehrmaßnahmen durch die Hauptversammlung nach §33 Abs. 2 WpÜG das Recht des Vorstands zur Durchführung von Maßnahmen im Rahmen von § 33 Abs. 1 S. 2 WpÜG nicht ein. Maßnahmen des Vorstands, die auf Ermächtigungen nach anderen Rechtsvorschriften beruhen – wie z.B. die Ausnutzung eines genehmigten Kapitals nach § 202 AktG oder der Rückkauf eigener Aktien nach § 71 Abs. 1 Nr. 8 AktG – können daher vom Vorstand auch während eines Angebots durchgeführt werden, sofern die Anforderungen des § 33 Abs. 1 S. 2 WpÜG eingehalten sind.“[936]

Diese Passage soll klarstellen, dass der Vorstand generell berechtigt ist, die Ermächtigungen der Hauptversammlung während eines laufenden Übernahmeverfahrens umzusetzen, wenn er nur im Rahmen der Ausnahmetatbestände des § 33 Abs. 1 S. 2 WpÜG handelt. Daher soll auch die Ausnutzung eines einfachen genehmigten Kapitals mit Bezugsrechtsausschluss, das nicht den erhöhten Anforderungen des § 33 Abs. 2 WpÜG entspricht, in der Angebotsphase nach § 33 Abs. 1 S. 2 WpÜG durch den Vorstand möglich sein.

(d) Stellungnahme

Für eine generelle Sperrwirkung des § 33 Abs. 2 WpÜG im Sinne der ersten Auffassung spricht, dass für die Vorratsermächtigung nach § 33 Abs. 2 WpÜG kein nennenswerter Anwendungsbereich mehr bleibt, wenn der Vorstand direkt nach § 33 Abs. 1 S. 2 Var. 1 WpÜG oder mit der Zustimmung des Aufsichtsrats von jeder allgemeinen Ermächtigung der Hauptversammlung Gebrauch machen kann.

Jedoch lässt sich eine solche allgemeine Sperrwirkung des § 33 Abs. 2 WpÜG nicht mit der Begründung des Finanzausschusses des Bundestages zur Regelung des § 33 Abs. 1 S. 2 WpÜG in Einklang bringen. Diese erklärt die Ausnutzung einfacher Ermächtigungen auf der Grundlage des § 33 Abs. 1 S. 2 WpÜG nämlich ausdrücklich für zulässig. Darüber hinaus finden sich im Wortlaut des § 33 Abs. 2 WpÜG keine Anhaltspunkte, die auf eine generelle Sperrwirkung des § 33 Abs. 2 WpÜG schließen lassen. Vielmehr stellt § 33 Abs. 2 WpÜG nach seiner Formulierung allein für solche Hauptversammlungsermächtigungen, die gerade zum Zweck der Übernahmeabwehr gefasst wurden, eine abschließende Sonderregelung dar.[937] Insofern steht schon die abweichende Zwecksetzung allgemeiner Ermächtigungen einer propagierten generellen Sperrwirkung des § 33 Abs. 2 WpÜG entgegen.[938]

Zu erwägen bleibt, ob zumindest Ermächtigungen, die dem Vorstand einen direkten Eingriff in die Aktionärsstruktur der Gesellschaft ermöglichen, auf der Grund-

---

936 Siehe Beschlussempfehlung und Bericht des Finanzausschusses, BT-Drucks. 14/7477, S. 53; *Brandi*, in: Thaeter/Brandi, Öffentliche Übernahmen, Teil 3 Rn. 379; *Winter/Harbarth*, ZIP 2002, 1, 9; *Krause*, AG 2002, 134, 137.

937 *Schwennicke*, in: Geibel/Süßmann, WpÜG, § 33 Rn. 75; *Röh*, in: Haarmann/Riehmer/Schüppen, WpÜG, § 33 Rn. 112; *von Nussbaum*, Aktiengesellschaft als Zielgesellschaft eines Übernahmeangebots, S. 170.

938 Vgl. *Röh*, in: Haarmann/Riehmer/Schüppen, WpÜG, § 33 Rn. 112; *Bürgers/Holzborn*, ZIP 2003, 2273, 2276; *Holzborn*, BKR 2003, 643, 644.

lage des § 33 Abs. 1 S. 2 WpÜG nicht ausgenutzt werden können. Einer solchen Auslegung des § 33 Abs. 1 S. 2 WpÜG steht die Begründung des Finanzausschusses des Bundestages zum Erlass dieser Vorschrift nicht im Wege, da in dieser Begründung nur Maßnahmen erwähnt werden, die die Aktionärsstruktur unberührt lassen.[939]

Allerdings ist die Aufzählung der Maßnahmen in der Begründung des Finanzausschusses zur Regelung des § 33 Abs. 1 S. 2 WpÜG nach ihrem eindeutigen Wortlaut nur beispielhaft und somit nicht abschließend.[940] Gerade die Änderungen, die an § 33 Abs. 1 S. 2 WpÜG „in letzter Minute" vorgenommen wurden, sprechen dafür, dass auch Ermächtigungen, durch die direkt in die Aktionärsstruktur eingegriffen wird, auf der Grundlage des § 33 Abs. 1 S. 2 WpÜG ausgenutzt werden können. Der Gesetzgeber verfolgte insbesondere bei der Schaffung des § 33 Abs. 1 S. 2 Var. 3 WpÜG das Ziel, dem Vorstand wirksame Abwehrwaffen an die Hand zu geben.[941] Als solche kommen aber gerade Maßnahmen in Betracht, bei denen auf die Struktur des Aktionärskreises eingewirkt wird, wie z.B. die Aktienausgabe unter Ausschluss des Bezugsrechts.[942] Darüber hinaus sollen nach der Begründung des Regierungsentwurfs unter dem Ausnahmetatbestand des § 33 Abs. 1 S. 2 Var. 1 WpÜG auch Maßnahmen außergewöhnlichen Charakters vorgenommen werden können, wenn sie im Rahmen einer eingeschlagenen Unternehmensstrategie liegen.[943] Da in der Praxis gerade das genehmigte Kapital mit Bezugsrechtsausschluss als Standardmaßnahme zum Erwerb von Unternehmensbeteiligungen für die Verwirklichung von Unternehmensstrategien von größter Bedeutung ist, muss auch diese Maßnahme in der Übernahmephase auf der Grundlage des § 33 Abs. 1 S. 2 Var. 1 WpÜG durchgeführt werden können.[944]

Demgemäß können auch solche Ermächtigungen, die dem Vorstand den Eingriff in die Aktionärsstruktur ermöglichen, auf die Ausnahmetatbestände des § 33 Abs. 1 S. 2 WpÜG gestützt werden. Ein genehmigtes Kapital mit Bezugsrechtsausschluss, das zur Ausgabe von Belegschaftsaktien oder zum Erwerb von Unternehmensbeteiligungen beschlossen worden ist, kann somit auch dann in der Angebotsphase vom Vorstand ausgenutzt werden, wenn es zwar nicht den Anforderungen des § 33 Abs. 2 WpÜG entspricht, aber die Voraussetzungen des § 33 Abs. 1 S. 2 WpÜG erfüllt sind.

---

939 *Bayer*, ZGR 2003, 588, 624; so auch *Krause*, BB 2002, 1053, 1054.

940 *Liebert*, Bezugsrechtsausschluss, S. 210 f.; *Krause*, NJW 2002, 701, 712. Wenn der Finanzausschuss die vorgeschlagenen Neuerungen zu § 33 Abs. 1 S. 2 WpÜG auf die Ausnutzung von Ermächtigungsbeschlüssen hätte beschränken wollen, die die Zusammensetzung des Aktionärskreises unberührt lassen, so hätte ein entsprechender Hinweis in den Gesetzgebungsmaterialien zumindest nahe gelegen.

941 *Von Nussbaum*, Aktiengesellschaft als Zielgesellschaft eines Übernahmeangebots, S. 171; *Krause*, BB 2002, 1053, 1054.

942 Vgl. *von Nussbaum*, Aktiengesellschaft als Zielgesellschaft eines Übernahmeangebots, S. 171; *Winter/Harbarth*, ZIP 2002, 1, 9; *Krause*, BB 2002, 1053, 1054; *Bürgers/Holzborn*, ZIP 2003, 2273, 2276.

943 Siehe Begründung RegE-WpÜG, BT-Drucks. 14/7034, S. 58; *Brandi*, in: Thaeter/Brandi, Öffentliche Übernahmen, Teil 3 Rn. 365; *Winter/Harbarth*, ZIP 2002, 1, 6.

944 Vgl. *Schneider*, AG 2002, 125, 129; *Winter/Harbarth*, ZIP 2002, 1, 8; *Bürgers/Holzborn*, ZIP 2003, 2273, 2276.

(3) Ermessensspielraum des Vorstands

Auch bei der Ausnutzung allgemeiner Ermächtigungen in der Angebotsphase besteht – genauso wie bei der Ausnutzung einer Ermächtigung nach § 33 Abs. 2 WpÜG – Uneinigkeit darüber, welchen Ermessensspielraum Vorstand und Aufsichtsrat haben. Dabei wird zwischen dem Ausnahmetatbestand des § 33 Abs. 1 S. 2 Var. 1 WpÜG und dem Ausnahmetatbestand des § 33 Abs. 1 S. 2 Var. 3 WpÜG unterschieden.

(a) Maßnahmen der ordnungsgemäßen Geschäftsführung

Da sich die Vorstandsmitglieder nach der Abgabe eines Übernahmeangebots wegen des möglichen Verlusts ihrer Ämter typischerweise in einem Interessenkonflikt befinden, erscheint es wiederum zweifelhaft, ob der unternehmerische Ermessensspielraum der *ARAG/Garmenbeck*-Entscheidung im Rahmen des Ausnahmetatbestands des § 33 Abs. 1 S. 2 Var. 1 WpÜG Anwendung finden kann. Insofern könnte man sich auf den Standpunkt stellen, eine wesentliche Voraussetzung für die Einräumung des unternehmerischen Ermessens sei nicht gegeben.[945]

Andererseits klammert § 33 Abs. 1 S. 2 Var. 1 WpÜG bei der Bestimmung der Vorstandspflichten die Existenz des Übernahmeangebots gerade aus, indem die Vorschrift die Anwendung von Maßstäben anordnet, die für einen Geschäftsleiter gelten, der keinem Übernahmeangebot ausgesetzt ist.[946] Damit ordnet § 33 Abs. 1 S. 2 Var. 1 WpÜG die Geltung des weiten Ermessensspielraums selbst an. Zudem bezieht sich die Begründung des Regierungsentwurfs zu § 33 Abs. 1 S. 2 Var. 1 WpÜG ausdrücklich auf den aktienrechtlich entwickelten Sorgfaltsmaßstab für einen ordentlichen und gewissenhaften Geschäftsleiter, was trotz des Interessenkonflikts auf die Anwendbarkeit der *ARAG/Garmenbeck*-Grundsätze schließen lässt.[947] Überdies erscheint die Anwendung des weiten Ermessensspielraums auch unter dem Gesichtspunkt gerechtfertigt, dass der Vorstand auf der Grundlage des § 33 Abs. 1 S. 2 Var. 1 WpÜG nur solche Maßnahmen ergreifen kann, die entweder als Tagesgeschäft unabhängig von dem Übernahmeangebot durchgeführt werden, oder die als außergewöhnliche Maßnahmen schon vor dem Übernahmeangebot – und damit vor Entstehung des beschriebenen Interessenkonflikts – Bestandteil der Unternehmensstrategie waren.[948] Maßnahmen, die den Zweck der Übernahmeabwehr haben und einer Verfolgung von Eigeninteressen dienen können, sind auf der Grundlage des § 33 Abs. 1 S. 2 Var. 1 WpÜG nicht möglich. Daher steht dem Vorstand, wenn er aufgrund der Ausnahmeregelung des § 33 Abs. 1 S. 2 Var. 1 WpÜG ein

---

945 So wohl *Bayer*, ZGR 2002, 588, 616.

946 *Hirte*, KK-WpÜG, § 33 Rn. 69; *Drygala*, ZIP 2001, 1861, 1867; *Winter/Harbarth*, ZIP 2002, 1, 6; *Bürgers/Holzborn*, ZIP 2003, 2273, 2275.

947 Begründung RegE-WpÜG, BT-Drucks. 17/7034, S. 58; *Drygala*, ZIP 2001, 1861, 1867; *Hirte*, ZGR 2002, 623, 636 Fn. 59.

948 *Ekkenga*, in: Ehricke/Ekkenga/Oechsler, WpÜG, § 33 Rn. 49; *Hirte*, KK-WpÜG, § 33 Rn. 69; *Steinmeyer/Häger*, WpÜG, § 33 Rn. 16; *Winter/Harbarth*, ZIP 2002, 1, 7; kritisch *Drygala*, ZIP 2001, 1861, 1867.

allgemein geschaffenes genehmigtes Kapital mit Bezugsrechtsausschluss ausnutzt, sein umfassender unternehmerischer Ermessensspielraum zu.

Im Rahmen dieses Ermessens hat er zu prüfen, ob die Ausnutzung des genehmigten Kapitals mit Bezugsrechtsausschluss zum Erwerb einer Unternehmensbeteiligung oder zur Schaffung von Belegschaftsaktien in der Angebotsphase dem Gesellschaftsinteresse entspricht. Durch den weiten Ermessensspielraum wird dem Vorstand jedoch keine umfassende Abwehrkompetenz eingeräumt, die ihm die Vornahme jeder Abwehrmaßnahme erlaubt, die sich nur irgendwie nachvollziehbar mit einem der in der Gesellschaft zusammentreffenden Gruppeninteressen rechtfertigen ließe und wirtschaftlich sinnvoll ist.[949] Denn bei der Ausnahmeregelung des § 33 Abs. 1 S. 2 Var. 1 WpÜG geht es ausschließlich um die Vornahme abwehrgeeigneter Maßnahmen ohne Verteidigungsintention, die auch unabhängig von dem Übernahmeangebot vorgenommen worden wären.[950]

Daher darf die Abwehr der feindlichen Übernahme bei der Abwägung zur Bestimmung des Unternehmensinteresses gerade nicht berücksichtigt werden. Es kommt alleine darauf an, ob die Maßnahme an sich – also die Ausgabe von Belegschaftsaktien oder die Beteiligung an einem anderen Unternehmen – vom Gesellschaftsinteresse gedeckt ist.[951] In die erforderliche Abwägung sind der zu erwartende Vorteil der geplanten Maßnahme für die Gesellschaft, die Wahrscheinlichkeit des Vorteilseintritts sowie die Dringlichkeit der Maßnahme einzubeziehen, also die Frage, ob die Maßnahme bis zum Ablauf der Angebotsfrist aufschiebbar ist.[952] Wenn der Vorstand im Rahmen seines Ermessens Handlungen vornimmt, die er zwar hätte vornehmen können, vorher aber nicht vorgenommen hat, muss er plausibel darlegen, warum er erst während der Angebotsphase tätig wird.[953] Der Ermessensspielraum des Vorstands ist überschritten, falls die Maßnahme Nachteile für die Vermögens-, Finanz-, und Ertragslage der Gesellschaft erwarten lässt,[954] oder wenn die Maßnahme durch das Übernahmeangebot veranlasst ist.[955]

In diesem Zusammenhang spricht es für die Zulässigkeit der Ausnutzung genehmigten Kapitals, wenn die Unternehmensstrategie, auf der die Schaffung von Belegschaftsaktien oder der Beteiligungserwerb beruhen, bereits vor der Übernahmesituation hinreichend konkretisiert und gut dokumentiert war.[956] Um für eine feindliche

---

949 Vgl. *Schwennicke*, in: Geibel/Süßmann, WpÜG, § 33 Rn. 43; *Steinmeyer/Häger*, WpÜG, § 33 Rn. 17; *Brandi*, in: Thaeter/Brandi, Öffentliche Übernahmen, Teil 3 Rn. 370; a.A *Drygala*, ZIP 2002, 1861, 1865.

950 *Ekkenga*, in: Ehricke/Ekkenga/Oechsler, WpÜG, § 33 Rn. 46; *Brandi*, in: Thaeter/Brandi, Öffentliche Übernahmen, Teil 3 Rn. 370.

951 Vgl. *Krause*, BB 2002, 1053, 1059; *Bayer*, ZGR 2002, 588, 618.

952 *Schwennicke*, in: Geibel/Süßmann, WpÜG, § 33 Rn. 45; *Krause*, BB 2002, 1053, 1059.

953 *Hirte*, KK-WpÜG, § 33 Rn. 69; *Ekkenga*, in: Ehricke/Ekkenga/Oechsler, WpÜG, § 33 Rn. 46.

954 *Ekkenga*, in: Ehricke/Ekkenga/Oechsler, WpÜG, § 33 Rn. 48; *Hirte*, KK-WpÜG, § 33 Rn. 73.

955 Vgl. *Schwennicke*, in: Geibel/Süßmann, WpÜG, § 33 Rn. 44; *Röh*, in: Haarmann/Riehmer/Schüppen, WpÜG, § 33 Rn. 115; *Brandi*, in: Thaeter/Brandi, Öffentliche Übernahmen, Teil 3 Rn. 370.

956 Vgl. *Ekkenga*, in: Ehricke/Ekkenga/Oechsler, WpÜG, § 33 Rn. 46 mit Fn. 124; *Krause*, BB 2002, 1053, 1059; ähnlich *Bürgers/Holzborn*, ZIP 2003, 2273, 2275.

Übernahme gewappnet zu sein, könnte das Management einer übernahmebedrohten Gesellschaft daher erwägen, entsprechende Pläne in der Schublade zu haben.

(b) Zustimmung des Aufsichtsrats

Nutzt der Vorstand das genehmigte Kapital mit Bezugsrechtsausschluss zum Erwerb einer Unternehmensbeteiligung oder zur Schaffung von Belegschaftsaktien in der Angebotsphase gemäß § 33 Abs. 1 S. 2 Var. 3 WpÜG mit der Zustimmung des Aufsichtsrats aus, so gilt ein anderer Maßstab als im Rahmen des Ausnahmetatbestandes von § 33 Abs. 1 S. 2 Var. 1 WpÜG.

Zwar wird auch für diese Ausnahme zum Teil die Auffassung vertreten, Vorstand und Aufsichtsrat hätten bei der Beurteilung des Gesellschaftsinteresses ein der gerichtlichen Prüfung entzogenes unternehmerisches Ermessen.[957] Im Hinblick auf den Interessenkonflikt, in dem sich die beiden Organe nach der Abgabe eines Übernahmeangebots typischerweise befinden, vermag diese Auffassung jedoch nicht zu überzeugen.[958] Durch die Ausnahmeregelung des § 33 Abs. 1 S. 2 Var. 3 WpÜG wird der Vorstand nicht nur zur Vornahme von Maßnahmen berechtigt, die das Tagesgeschäft betreffen oder bereits in der Geschäftsplanung angelegt sind. Vielmehr darf er nach dieser Vorschrift der konkreten Übernahmesituation Rechnung tragen und Maßnahmen ergreifen, die gerade dem Zwecke der Übernahmeabwehr dienen. Bei derartigen Maßnahmen kommt der Interessenkonflikt, in dem sich Vorstand und Aufsichtsrat in der Angebotsphase befinden, voll zur Geltung.[959] Anders als im Rahmen des § 33 Abs. 1 S. 2 Var. 1 WpÜG findet sich bei § 33 Abs. 1 S. 2 Var. 3 WpÜG auch weder im Gesetz noch in den Materialien ein Anhaltspunkt, aus dem auf die Einräumung eines weiten unternehmerischen Ermessens geschlossen werden könnte. Demgemäß kann der Interessenkonflikt, in dem sich Vorstand und Aufsichtsrat in einer Übernahmesituation typischerweise befinden, bei § 33 Abs. 1 S. 2 Var. 3 WpÜG nicht ausgeblendet werden. Eine Anwendung der *ARAG/Garmenbeck*-Grundsätze scheidet daher aus.[960]

---

957 *Pötzsch*, Übernahmerecht, S. 41 Fn. 128; *Mai*, Aktionärsschutz und Minderheitenschutz, S. 183 f.; *Schneider*, AG 2002, 125, 129.

958 *Hirte*, KK-WpÜG, § 33 Rn. 83 f.; *Steinmeyer/Häger*, WpÜG, § 33 Rn. 22; *Röh*, in: Haarmann/Riehmer/Schüppen, WpÜG, § 33 Rn. 126, 128; *Brandi*, in: Thaeter/Brandi, Öffentliche Übernahmen, Teil 3 Rn. 387; *Zech*, Abwehrmaßnahmen nach dem WpÜG, S. 173; *Bürgers/Holzborn*, ZIP 2003, 2273, 2275; nur in Bezug auf den Vorstand *Hopt*, ZHR 166 (2002), 383, 428; ähnlich *Winter/Harbarth*, ZIP 2002, 1, 9, 11, die allerdings von einer individuellen Betrachtung des Interessenkonflikts für jedes Vorstandsmitglied ausgehen und einen Gegenbeweis zulassen wollen.

959 *Hirte*, KK-WpÜG, § 33 Rn. 83; *Ekkenga*, in: Ehricke/Ekkenga/Oechsler, WpÜG, § 33 Rn. 58; *Bürgers/Holborn*, ZIP 2003, 2273, 2275.

960 *Ekkenga*, in: Ehricke/Ekkenga/Oechsler, WpÜG, § 33 Rn. 58; *Hirte*, KK-WpÜG, § 33 Rn. 83 f.; *Steinmeyer/Häger*, WpÜG, § 33 Rn. 22; *Röh*, in: Haarmann/Riehmer/Schüppen, WpÜG, § 33 Rn. 126, 128; *Brandi*, in: Thaeter/Brandi, Öffentliche Übernahmen, Teil 3 Rn. 387; *Zech*, Abwehrmaßnahmen nach dem WpÜG, S. 173.

Sowohl die Entscheidung des Vorstands zur Ergreifung einer Maßnahme nach § 33 Abs. 1 S. 2 Var. 3 WpÜG als auch die Zustimmung des Aufsichtsrats sind demgemäß in vollem Umfang richterlich überprüfbar.[961] Der Vorstand muss sorgfältig begründen, warum er in der Angebotsphase das genehmigte Kapital unter Bezugsrechtsausschluss zur Ausgabe von Belegschaftsaktien bzw. zum Erwerb einer Unternehmensbeteiligung eingesetzt hat, und warum die konkrete Maßnahme nach seiner Einschätzung im Unternehmensinteresse liegt.[962] Der gleiche Maßstab gilt auch für die Zustimmungsentscheidung des Aufsichtsrats. Ferner unterliegen die Entscheidungen von Vorstand und Aufsichtsrat einer Verhältnismäßigkeitsprüfung.[963] Beide Organe müssen daher darlegen, warum die Aktienausgabe zur Förderung des Unternehmensinteresses geeignet und erforderlich ist, und warum sie die in der Gesellschaft zusammentreffenden Interessen zu einem angemessenen Ausgleich bringt.[964]

Ein „dringendes Unternehmensinteresse" an der Übernahmeabwehr, wie es in der Literatur zum Teil bei einem Vorgehen nach § 33 Abs. 1 S. 2 Var. 3 WpÜG gefordert wird,[965] ist dagegen nicht erforderlich.[966] Vielmehr sind Vorstand und Aufsichtsrat auch im Rahmen dieses Ausnahmetatbestandes vom Vereitelungsverbot wie stets nach § 3 Abs. 3 WpÜG auf das Unternehmensinteresse verpflichtet, das sich nach den allgemeinen Grundsätzen bestimmt.[967] Durch den Interessenkonflikt in einer Übernahmesituation wird die Handlungsmaxime der Verwaltungsorgane nicht modifiziert; lediglich in Bezug auf die gerichtliche Nachprüfung ihrer Entscheidung unterliegen Vorstand und Aufsichtsrat strengeren Anforderungen.[968]

---

961 *Ekkenga*, in: Ehricke/Ekkenga/Oechsler, WpÜG, § 33 Rn. 58; *Steinmeyer/Häger*, WpÜG, § 33 Rn. 22; *Hopt*, ZHR 166 (2002), 383, 428; *Hirte*, ZGR 2002, 623, 642; *Zech*, Abwehrmaßnahmen nach dem WpÜG, S. 173.

962 Vgl. *Ekkenga*, in: Ehricke/Ekkenga/Oechsler, WpÜG, § 33 Rn. 60; *von Nussbaum*, Aktiengesellschaft als Zielgesellschaft eines Übernahmeangebots, S. 195; *Thümmel*, DB 2000, 461, 463; ähnlich *Winter/Harbarth*, ZIP 2002, 1, 10, die allerdings darüber hinaus die Darlegung eines „dringenden Unternehmensinteresses" fordern.

963 *Ekkenga*, in: Ehricke/Ekkenga/Oechsler, WpÜG, § 33 Rn. 60 ff.

964 *Ekkenga*, in: Ehricke/Ekkenga/Oechsler, WpÜG, § 33 Rn. 60 ff.; ähnlich *Noack*, in: Schwark, Kapitalmarktrecht, § 33 WpÜG Rn. 18; für eine derartige Verhältnismäßigkeitsprüfung schon vor dem Inkrafttreten des WpÜG *Kort*, FS Lutter, S. 1421, 1431; *Weisner*, Verteidigungsmaßnahmen gegen unfreundliche Übernahmeversuche, S. 150, der darauf hinweist, dass ein solcher strenger Prüfungsmaßstab weitgehend dem im US-amerikanischen Übernahmerecht entwickelten Ansatz einer „qualifizierten business judgement rule" im Sinne der *Unocal*-Doktrin entspricht; so auch *Thümmel*, DB 2000, 461, 463; *Kirchner*, AG 1999, 481, 489 f., 491; *Bungert*, ZHR 159 (1995), 261, 267. Vgl. dazu die richtungsweisende Entscheidung des Delaware Supreme Court *Unocal Corp. v Mesa Petroleum Co* 493 A 2d 946 (Del 1985), S. 154 - 156; dazu *Röh*, in: Haarmann/Riehmer/Schüppen, WpÜG, § 33 Rn. 30 ff.

965 *Schlitt*, MüKo-AktG, § 33 WpÜG Rn. 171; *Hirte*, KK-WpÜG, § 33 Rn. 83; *Röh*, in: Haarmann/Riehmer/Schüppen, WpÜG, § 33 Rn. 126; *Steinmeyer/Häger*, WpÜG, § 33 Rn. 22; *Winter/Harbarth*, ZIP 2002, 1, 10.

966 *Grunewald*, in: Baums/Thoma, WpÜG, § 33 Rn. 49; *von Nussbaum*, Aktiengesellschaft als Zielgesellschaft eines Übernahmeangebots, S. 195.

967 Siehe hierzu Teil 1 § 2 B I und D.

968 Mit überzeugender Begründung *von Nussbaum*, Aktiengesellschaft als Zielgesellschaft eines Übernahmeangebots, S. 194 ff.

ee. Akzeptanz des Kapitalmarkts

Die Schaffung von genehmigtem Kapital mit Bezugsrechtsausschluss zur Ausgabe von Belegschaftsaktien oder zum Beteiligungserwerb gehört zum Standardrepertoire der Jahreshauptversammlungen zahlreicher deutscher börsennotierter Aktiengesellschaften.[969] Ein genehmigtes Kapital mit einer derartigen Zwecksetzung wird daher von institutionellen Investoren als übliche Maßnahme akzeptiert.[970] Es kann somit im Gegensatz zum „Abwehrkapital" mit deren Unterstützung und ohne Abstrafung des Kapitalmarkts geschaffen und ausgenutzt werden. Folglich stellt es insbesondere für Gesellschaften, die auf die Finanzierung von Investmentfonds angewiesen sind, ein effektives und interessantes Mittel zur präventiven Übernahmeabwehr dar.[971]

ff. Fazit

Die Schaffung von „unverdächtigem" genehmigtem Kapital mit Bezugsrechtsausschluss zum Erwerb von Unternehmensbeteiligungen eignet sich grundsätzlich zur Abwehr gegen feindliche Übernahmeangebote. Dagegen ist ein genehmigtes Kapital unter Bezugsrechtsausschluss, das zur Ausgabe von Belegschaftsaktien geschaffen wird, wegen der betragsmäßigen Begrenzung nur als flankierende Maßnahme einer Abwehrstrategie verwendbar. In beiden Fällen kann der Vorstand das genehmigte Kapital in der Vorangebotsphase ausnutzen, sofern die Voraussetzungen der Ermächtigung vorliegen, da die Aktienausgabe zu diesen Zwecken regelmäßig im wohlverstandenen Interesse der Gesellschaft liegt.

Soll die Ermächtigung dagegen in der Angebotsphase ausgenutzt werden, müssen zusätzlich die Ausnahmetatbestände des § 33 Abs. 1 S. 2 WpÜG erfüllt sein. Die Aktienausgabe kann jedoch nur dann auf § 33 Abs. 1 S. 2 Var. 1 WpÜG gestützt werden, wenn der Erwerb der Unternehmensbeteiligung bzw. die Schaffung von Belegschaftsaktien auf einer vor der Übernahmesituation vorhandenen Unternehmensstrategie basieren und der Vorstand nachweisen kann, dass die Ausnutzung der Ermächtigung in der Übernahmephase nicht durch das Angebot motiviert ist. Obwohl sich der Vorstand in der Angebotsphase typischerweise in einem Interessenkonflikt befindet, steht ihm dabei ein unternehmerischer Ermessensspielraum zu.

Stimmt der Aufsichtsrat aber der Ausnutzung des genehmigten Kapitals nach § 33 Abs. 1 S. 2 Var. 3 WpÜG zu, so kann der Vorstand die Ermächtigung auch dann in der Angebotsphase ausnutzen, wenn die Schaffung von Belegschaftsaktien oder die Beteiligung an einem anderen Unternehmen durch das feindliche Übernahmeangebot motiviert sind und gerade zu dessen Abwehr dienen. Allerdings steht dem Vorstand in ei-

---

969 Vgl. *Krieger*, in: FS Wiedemann, S. 1081, 1083; *Stohlmeier*, in: Semler/Volhard, Arbeitshandbuch Hauptversammlung, § 40 Rn. 20; *Krause*, AG 2002, 133, 144; eine empirische Untersuchung über die Nutzung genehmigten Kapitals mit Bezugsrechtsausschluss bei börsennotierten Aktiengesellschaften findet sich bei *Bayer*, ZHR 168 (2004), 132, 136 ff.

970 Vgl. *Stohlmeier*, in: Semler/Volhard, Arbeitshandbuch Hauptversammlung, § 40 Rn. 20.

971 Vgl. *Schlitt*, MüKo-AktG, § 33 WpÜG Rn. 202; *Stohlmeier*, in: Semler/Volhard, Arbeitshandbuch Hauptversammlung, § 40 Rn. 20; *Bayer*, ZGR 2002, 588, 620.

nem solchen Fall nicht der unternehmerische Ermessensspielraum zu. Seine Entscheidung unterliegt daher einer vollen gerichtlichen Überprüfung. Ein qualifiziertes Unternehmensinteresse an der Übernahmeabwehr muss der Vorstand allerdings nicht nachweisen.

Im Hinblick auf die Akzeptanz institutioneller Anleger weist ein „unverdächtig" geschaffenes genehmigtes Kapital erhebliche Vorteile gegenüber einem ausdrücklichen „Abwehrkapital" auf, da es als Standardmaßnahme mit deren Unterstützung geschaffen werden kann.

II. Ermächtigung zum Rückerwerb und zur Veräußerung eigener Aktien

Eine weitere Hauptversammlungsermächtigung, die als Präventivmaßnahme zur Abwehr feindlicher Übernahmeversuche eingesetzt werden kann, ist die Ermächtigung des Vorstands zum Rückerwerb eigener Aktien nach § 71 Abs. 1 Nr. 8 AktG.[972] Der Aktienrückerwerb setzt verschiedene Mechanismen in Gang, die eine Übernahme durch einen feindlichen Bieter erschweren können.

Zum einen erhöht die Gesellschaft durch einen Rückkauf die Nachfrage auf ihre Aktien und treibt so den Kurs in die Höhe.[973] Dadurch verteuern sich die Kosten der Übernahme für einen feindlichen Bieter. Da Unternehmen zumeist gerade deshalb für feindliche Bieter interessant sind, weil sie an den Börsen unterbewertet und daher preiswert zu erwerben sind, können feindliche Bieter durch die Steigerung des Börsenkurses wirksam abgeschreckt werden.[974] Regelmäßig reicht dabei bereits die Ankündigung eines Rückkaufprogramms aus, um den kurstreibenden Effekt auszulösen.[975] Zudem mindert der Aktienrückkauf die Liquidität des Unternehmens. Dadurch wird der Anreiz, die Gesellschaft zu übernehmen, gerade für solche Bieter reduziert, die die Übernahme zumindest teilweise mit der Liquidität des Zielunternehmens finanzieren wollen.[976] Darüber hinaus wird durch den Rückerwerb die Anzahl der im Streu-

---

972 Vgl. *Schlitt*, MüKo-AktG, § 33 WpÜG Rn. 91; *Steinmeyer/Häger*, WpÜG, § 33 Rn. 53; *Berrar/Schornbus*, ZGR 2003, 59, 61; *Michalski*, AG 1997, 152, 154; *Wolf*, AG 1998, 212, 218; *Krause*, BB 2002, 1953, 1059; vgl. zur Rechtslage in den USA, wo diese Abwehrstrategie entwickelt wurde und weit verbreitet ist, *Benckendorff*, Erwerb eigener Aktien, S. 132 ff.; *Weisner*, Verteidigungsmaßnahmen gegen unfreundliche Übernahmeversuche, S. 39 ff.; *Harbarth*, ZVglRWiss 100 (2001), 275, 298; *von Rosen/Helm*, AG 1996, 434, 436 ff.; *Helmis*, M&A Review 2001, 7, 12.

973 *Schlitt*, MüKo-AktG, § 33 Rn. 91; *Richter*, in: Semler/Volhard, Arbeitshandbuch für Unternehmensübernahmen, § 52 Rn. 129; *Wolf*, AG 1998, 212, 218; *Schander*, ZIP 2087, 2089; *Helmis*, M&A Review 2001, 7, 12.

974 *Assmann/Bozenhardt*, in: Assmann/Basaldua, Übernahmeangebote, S. 1, 132; *Krause*, BB 2002, 1053, 1059; *Bayer*, ZGR 2002, 588, 593; *Schanz*, NZG 2000, 337, 345; *Helmis*, M&A Review 2001, 7, 12.

975 *Assmann/Bozenhardt*, in: Assmann/Basaldua, Übernahmeangebote, S. 1, 132; *Brandi*, in: Thaeter/Brandi, Öffentliche Übernahmen, Teil 3 Rn. 503.

976 *Oechsler*, MüKo-AktG, § 71 Rn. 10; *Richter*, in: Semler/Volhard, Arbeitshandbuch für Unternehmensübernahmen, § 52 Rn. 129; *Benckendorff*, Erwerb eigener Aktien, S. 62 f.; *Schander*, ZIP 1998, 2087, 2089; *Bosse*, NZG 2000, 16, 19 Fn. 38.

besitz befindlichen Aktien, auf die ein potentieller Übernehmer leicht zugreifen kann, verringert, was den Erwerb einer kontrollierenden Beteiligung erschweren kann.[977]

Allerdings wird der letztgenannte Abwehreffekt des Aktienrückkaufs dadurch beeinträchtigt, dass der Gesellschaft gemäß § 71 b AktG aus den zurückerworbenen Aktien keine Stimmrechte zustehen. Daher wird durch einen Aktienrückkauf die relative Stimmkraft eines feindlichen Bieters, der schon am Grundkapital beteiligt ist, erhöht. Hält der Bieter bereits eine maßgebliche Beteiligung am Grundkapital der Zielgesellschaft, so kann der Rückkauf den Erwerb einer Kontrollmehrheit sogar erleichtern.[978] Der Kontrollerwerb eines feindlichen Bieters wird durch die Verringerung des Streubesitzes daher nur dann wirksam erschwert, wenn die nach dem Rückkauf verbleibenden Aktien überwiegend von befreundeten Aktionären gehalten werden, oder wenn die von der Gesellschaft erworbenen Aktien unter Ausschluss des Bezugsrechts an befreundete Aktionäre ausgegeben werden.[979] Eine entsprechende Ermächtigung kann von der Hauptversammlung zusammen mit der Rückkaufsermächtigung erteilt werden.

1. Erwerb eigener Aktien

Im deutschen Aktienrecht wird der Rückerwerb eigener Aktien als Form der nach § 57 Abs. 1 AktG – grundsätzlich – unzulässigen Einlagenrückgewähr behandelt.[980] Er ist daher nur zulässig, sofern einer der Ausnahmetatbestände des § 71 Abs. 1 AktG erfüllt ist. Soweit der Erwerb eigener Aktien zur Abwehr unerwünschter Übernahmeversuche erfolgen soll, kommen als den Erwerb zulassende Ausnahmetatbestände die Regelung des § 71 Abs. 1 Nr. 1 AktG und/oder die Rückkaufsermächtigung des § 71 Abs. 1 Nr. 8 AktG in Betracht.

Bevor auf die hier interessierende Hauptversammlungsermächtigung zum Rückkauf eigener Aktien eingegangen wird, soll die Frage beantwortet werden, ob auch der Rückerwerb nach § 71 Abs. 1 Nr. 1 AktG ein geeignetes Mittel zur Übernahmeprävention darstellen kann.

a. Exkurs: Rückerwerb eigener Aktien nach § 71 Abs. 1 Nr. 1 AktG

Gemäß § 71 Abs. 1 Nr. 1 AktG kann eine Gesellschaft eigene Aktien erwerben, wenn der Erwerb notwendig ist, um einen schweren, unmittelbar bevorstehenden Schaden

977 *Schlitt*, MüKo-AktG, § 33 WpÜG Rn. 91; *Assmann/Bozenhardt*, in: Assmann/Basaldua, Übernahmeangebote, S. 1, 132; *Schanz*, Börseneinführung, § 18 Rn. 43; *Richter*, in: Semler/Volhard, Arbeitshandbuch für Unternehmensübernahmen, § 52 Rn. 129; *Wolf*, AG 1998, 212, 218; *Helmis*, M&A Review 2001, 7, 12.

978 *Richter*, in: Semler/Volhard, Arbeitshandbuch für Unternehmensübernahmen, § 52 Rn. 129 Fn. 270; *Bayer*, ZGR 2002, 588, 596; *Krause*, BB 2002, 1053, 1059.

979 *Schwennicke*, in: Geibel/Süßmann, WpÜG, § 33 Rn. 27; *Brandi*, in: Thaeter/Brandi, Öffentliche Übernahmen, Teil 3 Rn. 504; *Schander*, ZIP 1998, 2087, 2089; *Krause*, BB 2002, 1053, 1059; *Bayer*, ZGR 2002, 588, 593.

980 *Hüffer*, AktG, § 71 Rn. 1; *Lutter*, KK-AktG, § 71 Rn. 17; *Schander*, ZIP 1998, 2087.

von der Gesellschaft abzuwenden. Dabei muss es sich zwingend um einen der Gesellschaft drohenden Schaden handeln; etwaige Nachteile, die einzelnen Aktionären oder Aktionärsgruppen drohen, sind dagegen als Rechtfertigung für einen Rückerwerb eigener Aktien nach § 71 Abs. 1 Nr. 1 AktG nicht ausreichend.[981]

aa. Meinungsstand

Ob eine drohende feindliche Übernahme einen schweren, unmittelbar bevorstehenden Schaden der Gesellschaft im Sinne des § 71 Abs. 1 Nr. 1 AktG begründen kann, ist umstritten.

Früher wurde zum Teil die Auffassung vertreten, ein solcher Schaden sei bereits bei drohender „Überfremdung" der Gesellschaft gegeben, worunter teilweise die Übernahme durch ein ausländisches Bieterunternehmen, teilweise aber auch der Übernahmeversuch eines inländischen Konkurrenzunternehmens verstanden wurde.[982] Nach anderer Ansicht soll dagegen ein derartiger Schaden nur vorliegen, wenn der Bieter mit der Übernahme den Zweck verfolgt, die Gesellschaft aufzulösen oder zu schädigen.[983] Eine weitere Auffassung schließt den Aktienrückerwerb nach § 71 Abs. 1 Nr. 1 AktG zur Abwehr feindlicher Übernahmen generell aus.[984]

bb. Stellungnahme

Der Streitstand und die Argumentation über die Zulässigkeit des Aktienrückerwerbs nach § 71 Abs. 1 Nr. 1 AktG zur Abwehr feindlicher Übernahmeversuche verlaufen teilweise parallel zu der Frage, ob die Abwehr eines drohenden Übernahmeversuchs im Gesellschaftsinteresse liegt.[985] Da nach der hier vertretenen Auffassung die Abwehr einer feindlichen Übernahme durchaus im Gesellschaftsinteresse liegen kann, wenn die Abwehr des Übernahmeversuchs im Einzelfall nach der Abwägung der maßgeblichen Interessen geboten ist, könnte auch der Rückerwerb eigener Aktien nach § 71 Abs. 1 Nr. 1 AktG in einem solchen Fall zur Abwehr einer feindlichen Übernahme zulässig sein.

---

981 Vgl. BFHE 122, 52, 54; *Oechsler*, MüKo-AktG, § 71 Rn. 94; *Lutter*, KK-AktG, § 71 Rn. 22; *Assmann/Bozenhardt*, in: Assmann/Basaldua, Übernahmeangebote, S. 1, 133; *Schanz*, NZG 2000, 337, 346.

982 Vgl. *Barz*, GK-AktG 3. Aufl., § 71 Rn. 7; *Baumbach/Hueck*, AktG, § 71 Rn. 6; *Kuhn*, NJW 1973, 833, 834.

983 *Hüffer*, AktG, § 71 Rn. 9; *Hefermehl/Bungeroth*, in: Geßler/Hefermehl, AktG, § 71 Rn. 56; *Steinmeyer/Häger*, WpÜG, § 33 Rn. 64; *Hopt*, WM-Festgabe für Heinsius 1991, S. 22, 27; *Weisner*, Verteidigungsmaßnahmen gegen unfreundliche Übernahmeversuche, S. 215; *Schander*, ZIP 1998, 2087, 2088; *von Rosen/Helm*, AG 1996, 434, 438.

984 *Hirte*, KK-WpÜG, § 33 Rn. 170; *Oechsler*, MüKo-AktG, § 71 Rn. 112; *Assmann/Bozenhardt*, in: Assmann/Basaldua, Übernahmeangebote, S. 1, 133; *Hauschka/Roth*, AG 1988, 181, 187; *Michalski*, AG 1997, 152, 155; *Schanz*, NZG 2000, 337, 345; *Wolf*, AG 1998, 212, 218.

985 Siehe hierzu Teil 1 § 2 D.

Dagegen spricht jedoch, dass ein Aktienrückerwerb nach § 71 Abs. 1 Nr. 1 AktG nicht bereits zulässig ist, wenn ein entsprechendes Gesellschaftsinteresse an der Übernahmeabwehr vorliegt, sondern eben erst dann, wenn die abzuwehrende Übernahme einen schweren Schaden für die Gesellschaft auslösen würde. [986] Für ein Vorgehen des Vorstands nach § 71 Abs. 1 Nr. 1 AktG gelten somit höhere Anforderungen als für andere Abwehrmaßnahmen der Verwaltung. Insbesondere rechtfertigt nicht jeder mit einer feindlichen Übernahme verbundene Vermögensnachteil den Aktienrückerwerb, sondern nur ein solcher, der das Vermögen der Gesellschaft schwerwiegend beeinträchtigt.[987] Da die Organisationsform der Aktiengesellschaft aber gerade auf einen wechselnden Mitgliederbestand ausgerichtet ist, kann der Eintritt eines feindlichen Bieters in den Aktionärsbestand nur in extremen Ausnahmefällen einen schweren Schaden der Gesellschaft darstellen, der einen Aktienrückkauf nach § 71 Abs. 1 Nr. 1 AktG ermöglicht.[988] Zu denken ist etwa an Sachverhalte, in denen auch die Vertreter des aktienrechtlichen Neutralitätsgebots die Ergreifung von Abwehrmaßnahmen durch den Vorstand als zulässig erachten.[989] Der Rückerwerb eigener Aktien nach § 71 Abs. 1 Nr. 1 AktG kommt demzufolge als Abwehrmaßnahme gegen eine feindliche Übernahme nur zur Verhinderung von Gesetzesverstößen und bei nicht unerheblicher Gefahr für Existenz und Wohlergehen des Unternehmens am Markt in Betracht.[990] Der Eintritt eines neuen Gesellschafters, der die Gesellschaft in seinen Konzern eingliedern, verschmelzen oder auflösen will, stellt für sich jedenfalls noch keinen zum Rückerwerb berechtigenden schweren Schaden der Gesellschaft dar.[991]

Für die hier interessierenden Fälle der *präventiven* Übernahmeabwehr scheidet ein Vorgehen nach § 71 Abs. 1 Nr. 1 AktG zudem deswegen aus, weil der durch den Rückerwerb abzuwehrende Schaden der Gesellschaft unmittelbar bevorstehen muss.[992] Dieses zeitliche Unmittelbarkeitskriterium ist im Zeitraum vor der Abgabe eines konkreten Übernahmeangebots, in dem lediglich die mehr oder weniger begründete Befürchtung besteht, ein potentieller Übernehmer werde den Vorstand in Zukunft als

---

986 *Richter*, in: Semler/Volhard, Arbeitshandbuch für Unternehmensübernahmen, § 52 Rn. 132.

987 Vgl. *Oechsler*, MüKo-AktG, § 71 Rn. 96; *Lutter*, KK-AktG, § 71 Rn. 28; *Benckendorff*, Erwerb eigener Aktien, S. 218 f.

988 Vgl. *Oechsler*, MüKo-AktG, § 71 Rn. 104; *Lutter*, KK-AktG, § 71 Rn. 24; *Wiesner*, in: Hoffmann-Becking, Handbuch des Gesellschaftsrechts Bd. IV, § 15 Rn. 11; *Zech*, Abwehrmaßnahmen nach dem WpÜG, S. 224 f.; *Otto*, DB-Beilage 12/1988, 1, 8; *Hopt*, WM-Festgabe für Heinsius 1991, S. 22, 27; *Bayer*, ZGR 2002, 588, 593; *Posner*, AG 1994, 312, 320; in diesem Sinne auch BFHE 122, 52, 54.

989 *Hopt*, ZGR 1993, 534, 563.

990 Vgl. *T. Bezzenberger*, Erwerb eigener Aktien durch die AG, Rn. 51; *Brandi*, in: Thaeter/Brandi, Öffentliche Übernahmen, Teil 3 Rn. 508; *Hopt*, FS Lutter, S. 1361, 1393; *Herrmann*, Zivilrechtliche Abwehrmaßnahmen, S. 99 ff.; *Posner*, AG 1994, 312, 320.

991 *Brandi*, in: Thaeter/Brandi, Öffentliche Übernahmen, Teil 3 Rn. 508; *T. Bezzenberger*, Erwerb eigener Aktien durch die AG, Rn. 51; *Benckendorff*, Erwerb eigener Aktien, S. 218; *Hopt*, ZGR 1993, 534, 563; *Michalski*, AG 1997, 152, 155.

992 *Schwennicke*, in: Geibel/Süßmann, WpÜG, § 33 Rn. 69; *Röh*, in: Haarmann/Riehmer/Schüppen, WpÜG, § 33 Rn. 61; *Assmann/Bozenhardt*, in: Assmann/Basaldua, Übernahmeangebote, S. 1, 134; *Weisner*, Verteidigungsmaßnahmen gegen unfreundliche Übernahmeversuche, S. 213; *Lüttmann*, Kontrollwechsel in Kapitalgesellschaften, S. 171.

Mehrheitsaktionär zu schädigenden Maßnahmen veranlassen, regelmäßig nicht erfüllt.[993] Nach alledem scheidet ein Aktienrückerwerb nach § 71 Abs. 1 Nr. 1 AktG zur präventiven Übernahmeabwehr aus.

b. Rückkaufsermächtigung nach § 71 Abs. 1 Nr. 8 AktG

Als präventive Abwehrmaßnahme gegen feindliche Übernahmeversuche kommt somit nur die am 1. Mai 1998 durch das KonTraG eingeführte Möglichkeit des Rückerwerbs eigener Aktien aufgrund einer von der Hauptversammlung erteilten Ermächtigung nach § 71 Abs. 1 Nr. 8 AktG in Betracht.[994]

Derartige Aktienrückkaufprogramme haben in den letzten Jahren bei börsennotierten deutschen Unternehmen erheblich an Beliebtheit gewonnen[995] und werden zum Teil als Standardmaßnahme zur Prophylaxe gegen feindliche Übernahmen bezeichnet.[996] Die Ermächtigung zum Rückerwerb kann dem Vorstand durch einfachen Mehrheitsbeschluss der Hauptversammlung für eine Höchstdauer von 18 Monaten erteilt werden. Sie muss den niedrigsten und höchsten Kaufpreis der Aktien sowie den Anteil der zu erwerbenden Aktien am Grundkapital festlegen, der 10 Prozent nicht übersteigen darf.[997] Von der Erteilung der Ermächtigung zum Rückerwerb muss die Gesellschaft die Bundesanstalt für Finanzdienstleistungsaufsicht (BAFin) unverzüglich informieren.[998] Außerdem muss der Vorstand die nächste Hauptversammlung über die Einzelheiten des durchgeführten Aktienerwerbs unterrichten.[999]

Abgesehen von dem Verbot des Handelns in eigenen Aktien macht die Vorschrift des § 71 Abs. 1 Nr. 8 AktG keine Vorgaben über den Inhalt zulässiger Zwecke des Rückerwerbs, sondern überlässt Zweckbestimmung und weitere Einzelheiten der

---

993 *Richter*, in: Semler/Volhard, Arbeitshandbuch für Unternehmensübernahmen, § 52 Rn. 132; *von Nussbaum*, Aktiengesellschaft als Zielgesellschaft eines Übernahmeangebots, S. 221; *Altmeppen*, ZIP 2001, 1073, 1075.

994 Dieser Vorschrift kommt für den Rückerwerb eigener Aktien die größte praktische Relevanz zu, vgl. *Bosse*, NZG 2000, 16, 17.

995 In der Hauptversammlungs-Saison 2001 haben sich Vorstände von rund zwei Dritteln der im Dax vertretenen Gesellschaften zum Erwerb eigener Aktien ermächtigen lassen, vgl. *Frankfurter Allgemeine Zeitung* vom 30. April 2002, S. 31; *Berrar/Schornbus*, ZGR 2003, 59, 61.

996 So *Krause*, AG 2002, 133, 144; ähnlich *Brandi*, in: Thaeter/Brandi, Öffentliche Übernahmen, Teil 3 Rn. 502; demgegenüber kritisch *Helmis*, M&A Review 2001, 7, 12, mit dem Hinweis auf eine Umfrage unter börsennotierten Gesellschaften, bei der nur 13,5 Prozent der zum Aktienrückerwerb befragten Unternehmen das Motiv der Übernahmeabwehr als wichtigen oder sehr wichtigen Beweggrund für den Aktienrückerwerb angaben.

997 Die 10-Prozent-Grenze des § 71 Abs. 1 Nr. 8 AktG bezieht sich auf die Größe des einzelnen Erwerbsvorgangs. Darüber hinaus darf der Gesamtbestand an eigenen Aktien nach § 71 Abs. 2 S. 1 AktG einen Anteil von 10 Prozent am Grundkapital nicht übersteigen, vgl. dazu *Hüffer*, AktG, § 71 Rn. 91 e.

998 § 71 Abs. 3 S. 3 AktG; überdies stellt der Vorstandsbeschluss, die Ermächtigung auszunutzen, in der Regel eine ad-hoc-meldepflichtige Tatsache dar, die der BAFin ebenfalls nach § 15 WpHG mitgeteilt werden muss, vgl. *Brandi*, in: Thaeter/Brandi, Öffentliche Übernahmen, Teil 3 Rn. 510; *Claussen*, AG 1996, 481, 490; *Schanz*, NZG 2000, 337, 346.

999 § 71 Abs. 3 S. 1 AktG.

Ermächtigung zum Rückerwerb in vollem Umfang der Gesellschaft bzw. der Hauptversammlung.[1000] Die Ermächtigung kann somit entweder zweckfrei oder zu einem besonderen Zweck erfolgen.

aa. Übernahmeabwehr als Zwecksetzung

Soll der Rückerwerb zur Übernahmeabwehr eingesetzt werden, so kann die Hauptversammlung diese Zwecksetzung selber vornehmen und bestimmen, dass der Vorstand zur Abwehr von feindlichen Übernahmen eigene Aktien erwerben kann.[1001] Anders als beim Bezugsrechtsausschluss ist dafür beim Aktienrückerwerb keine besondere materielle Rechtfertigung erforderlich. Durch den Rückerwerb wird nämlich nicht wie durch den Bezugsrechtsausschluss in das Mitgliedschaftsrecht der Aktionäre eingegriffen. Daher ist die Zwecksetzung der Übernahmeabwehr bei der Rückkaufsermächtigung aktienrechtlich ohne Weiteres zulässig.[1002]

(1) Vorratsermächtigung nach § 33 Abs. 2 WpÜG

Soll der Vorstand von der Ermächtigung allerdings nicht nur zur Abwehr eines drohenden Übernahmeversuchs in der Vorangebotsphase, sondern auch *nach der Abgabe eines Übernahmeangebots* Gebrauch machen können, wovon in den meisten Fällen auszugehen ist, so handelt es sich bei dem Hauptversammlungsbeschluss um einen Vorratsbeschluss im Sinne des § 33 Abs. 2 WpÜG.[1003] Daher ist zusätzlich zu den aktienrechtlichen Anforderungen eine Beschlussfassung mit einer Dreiviertelmehrheit des vertretenen Grundkapitals erforderlich.[1004] Darüber hinaus bedarf die Ausnutzung einer solchen Abwehrermächtigung durch den Vorstand in der Angebotsphase der Zustimmung des Aufsichtsrats.[1005]

(2) Ausnutzung der Ermächtigung

Bei der Ausnutzung der Ermächtigung muss der Vorstand im Interesse der Gesellschaft handeln. Dabei steht ihm der volle unternehmerische Ermessensspielraum zu. Da der Vorstand bei einem entsprechenden „Abwehrbeschluss" ausdrücklich ermäch-

---

1000 Begründung RegE-KonTraG, BT-Drucks. 13/9712, S. 13; *Hüffer*, AktG, § 71 Rn. 19 f ; *Wolf*, AG 1998, 212, 218; *Schanz*, NZG 2000, 337, 345.

1001 *Steinmeyer/Häger*, WpÜG, § 33 Rn. 19 g; *Claussen*, AG 1996, 481, 490; *Schanz*, NZG 2000, 337, 345; *Wolf*, AG 1998, 212, 218.

1002 *Zech*, Abwehrmaßnahmen nach dem WpÜG, S. 226; ähnlich *Wolf*, AG 1998, 212, 218; *Mülbert*, IStR 1999, 83, 90.

1003 Vgl. *Richter*, in: Semler/Volhard, Arbeitshandbuch für Unternehmensübernahmen, § 52 Rn. 134; *Brandi*, in: Thaeter/Brandi, Öffentliche Übernahmen, Teil 3 Rn. 509; *Hirte*, ZGR 2002, 623, 648.

1004 § 33 Abs. 2 S. 3 WpÜG.

1005 § 33 Abs. 2 S. 4 WpÜG; die Begrenzung der Ermächtigungsdauer auf 18 Monate in § 33 Abs. 2 S. 2 WpÜG entspricht der Begrenzung in § 71 Abs. 1 Nr. 8 AktG.

tigt wird, zur Abwehr eines Übernahmeversuchs Aktien der Gesellschaft zurückzuerwerben, ist eine Einschränkung seines Ermessens trotz eines eventuell vorliegenden übernahmebedingten Interessenkonflikts nicht geboten.[1006] Das gilt sowohl für die Ausnutzung in der Vorangebotsphase als auch für die Ausnutzung nach der Abgabe eines Übernahmeangebots.

Wann die Abwehr des Übernahmeversuchs im Interesse der Gesellschaft liegt, kann wiederum abstrakt nicht beurteilt werden, sondern bedarf der Prüfung im Einzelfall. Hier gelten die bereits angesprochenen Erwägungen.[1007] Der Vorstand handelt bei der Bestimmung des Gesellschaftsinteresses innerhalb der Grenzen seines unternehmerischen Ermessens, sofern sich der Rückerwerb zur Übernahmeabwehr im konkreten Fall nachvollziehbar durch die in der Gesellschaft zusammentreffenden Gruppeninteressen begründen lässt und wirtschaftlich sinnvoll ist.[1008] Nicht zu rechtfertigen ist der Aktienrückerwerb, wenn er das Gesellschaftsvermögen schädigt, etwa weil die Aktien zu überhöhten Kursen erworben werden und eine Veräußerung zu den Einstandspreisen nicht mehr möglich ist. In diesen Fällen liegt die Ausnutzung der Vorratsermächtigung durch den Vorstand regelmäßig nicht im Interesse der Gesellschaft. Dies gilt erst recht, wenn der Vorstand von der Ermächtigung lediglich eigennützig zur Sicherung seiner eigenen Stellung Gebrauch machen sollte.[1009]

bb. Zweckfreie Ermächtigung

Wird die Ermächtigung zum Aktienrückerwerb dagegen allgemein und ohne besonderen Zweck erteilt, erfolgt die Zweckbestimmung bei ihrer Ausnutzung durch den Vorstand.[1010] Auch dieser kann beschließen, dass eine seitens der Hauptversammlung zweckfrei erteilte Ermächtigung zum Aktienrückerwerb im konkreten Fall zur Abwehr eines feindlichen Übernahmeangebots eingesetzt werden soll.[1011] Der Vorstand muss bei der Ausnutzung der Ermächtigung wiederum im Interesse der Gesellschaft handeln und die soeben angesprochenen Erwägungen in Betracht ziehen. Darüber hinaus darf er die Gesellschaft durch die Ausnutzung der Ermächtigung nicht schädigen und auch nicht zu eigennützigen Zwecken handeln.[1012]

1006 Siehe hierzu Teil 1 § 3 C I 2 c cc (2) (a) (aa).

1007 Siehe hierzu Teil 1 § 2 D.

1008 Vgl. *Steinmeyer/Häger*, WpÜG, § 33 Rn. 16; *Hefermehl/Spindler*, MüKo-AktG, § 76 Rn. 77; *Drygala*, ZIP 2001, 1861, 1865, 1866.

1009 Vgl. *Hefermehl/Spindler*, MüKo-AktG, § 93 Rn. 26; *Richter*, in: Semler/Volhard, Arbeitshandbuch für Unternehmensübernahmen, § 52 Rn. 53; *Kort*, FS Lutter, S. 1421, 1433 f.; *Hopt*, ZGR 1993, 534, 547.

1010 Begründung RegE- KonTraG, BT-Drucks. 13/9712, S. 13; *Hüffer*, AktG, § 71 Rn. 19 f.

1011 Vgl. *Brandi*, in: Thaeter/Brandi, Öffentliche Übernahmen, Teil 3 Rn. 509; *Zech*, Abwehrmaßnahmen nach dem WpÜG, S. 226.

1012 Vgl. *Kort*, FS Lutter, S. 1421, 1433 f.; *Richter*, in: Semler/Volhard, Arbeitshandbuch für Unternehmensübernahmen, § 52 Rn. 53; *Hopt*, ZGR 1993, 534, 547.

(1) Sonderproblem: Ausnutzung einfacher Ermächtigungen in der Angebotsphase

Nach der Abgabe eines Übernahmeangebots steht der Ausnutzung einer allgemeinen Ermächtigung zum Aktienrückerwerb durch den Vorstand allerdings das Vereitelungsverbot des § 33 Abs. 1 S. 1 WpÜG entgegen, da der Aktienrückerwerb eine potentiell erfolgsverhindernde Maßnahme darstellt. Eine zweckfreie Ermächtigung zum Rückerwerb eigener Aktien kann daher nur dann vom Vorstand in der Angebotsphase ausgenutzt werden, wenn einer der Ausnahmetatbestände des § 33 Abs. 1 S. 2 WpÜG erfüllt ist.

(2) Keine Sperrwirkung des § 33 Abs. 2 WpÜG

Da § 33 Abs. 2 WpÜG nach der hier vertretenen Auffassung[1013] für die Ausnutzung allgemeiner Ermächtigungen in der Angebotsphase keine Sperrwirkung zukommt, kann der Vorstand eine zweckfreie Ermächtigung zum Aktienrückerwerb auch in der Angebotsphase zum Zwecke der Übernahmeabwehr ausnutzen, wenn diese Ausübung den Ausnahmetatbestand des ordentlichen und gewissenhaften Geschäftsleiters erfüllt,[1014] oder wenn der Aufsichtsrat seine Zustimmung erteilt hat.[1015]

(3) Maßnahmen der ordnungsgemäßen Geschäftsführung

Der Rückerwerb eigener Aktien stellt als außergewöhnliche Geschäftsführungsmaßnahme keine Handlung des Tagesgeschäfts dar und erfüllt somit nur dann den Ausnahmetatbestand des § 33 Abs. 1 S. 2 Var. 1 WpÜG, wenn er der Umsetzung einer bereits vor der Übernahme eingeschlagenen Unternehmensstrategie dient. Ist das der Fall, so hat der Vorstand bei der Ausübung der Ermächtigung trotz des übernahmebedingten Interessenkonflikts seinen vollen unternehmerischen Ermessensspielraum, da dieser von § 33 Abs. 1 S. 2 Var. 1 WpÜG ausdrücklich angeordnet wird.[1016]

Allerdings muss eine beabsichtigte feindliche Übernahme bei der Abwägung der in der Gesellschaft zusammentreffenden Gruppeninteressen unberücksichtigt bleiben, da es bei § 33 Abs. 1 S. 2 Var. 1 WpÜG ausschließlich um Handlungen ohne Abwehrintention geht. Abzuwägen sind der zu erwartende Vorteil des Aktienrückerwerbs für die Gesellschaft, die Wahrscheinlichkeit des Vorteilseintritts sowie die Frage, ob der Rückerwerb bis zum Ablauf der Angebotsfrist aufschiebbar ist.[1017] Unzulässig ist die Ausnutzung der Ermächtigung, wenn die Gesellschaft durch den Rücker-

---

[1013] Siehe hierzu Teil 1 § 3 C I 2 d dd (2).

[1014] § 33 Abs. 1 S. 2 Var. 1 WpÜG.

[1015] § 33 Abs. 1 S. 2 Var. 3 WpÜG.

[1016] Siehe hierzu Teil 1 § 3 C I 2 d dd (3) (a).

[1017] *Schwennicke*, in: Geibel/Süßmann, WpÜG, § 33 Rn. 45; *Krause*, BB 2002, 1053, 1059.

werb geschädigt wird,[1018] wenn der Rückerwerb durch das Übernahmeangebot veranlasst ist, oder wenn der Vorstand zu eigennützigen Zwecken handelt.[1019]

(4) Zustimmung des Aufsichtsrats

Kann der Rückerwerb nicht auf die Umsetzung einer vor der Übernahmesituation bestehenden Unternehmensstrategie gestützt werden, oder ist er gerade durch das feindliche Übernahmeangebot veranlasst, so kann der Vorstand die Ermächtigung zum Rückerwerb eigener Aktien in der Angebotsphase nur ausnutzen, wenn der Aufsichtsrat zustimmt.[1020]

Jedoch steht Aufsichtsrat und Vorstand im Rahmen des Ausnahmetatbestandes von § 33 Abs. 1 S. 2 Var. 3 WpÜG nicht der übliche unternehmerische Ermessensspielraum zu.[1021] Sowohl die Entscheidung des Vorstands zur Ergreifung einer Maßnahme nach § 33 Abs. 1 S. 2 Var. 3 WpÜG als auch die Zustimmung des Aufsichtsrats dazu sind wegen des Interessenkonflikts, in dem sich die Verwaltungsorgane einer Zielgesellschaft nach der Abgabe eines Übernahmeangebots befinden, in vollem Umfang gerichtlich überprüfbar.[1022] Die Verwaltungsorgane müssen sorgfältig begründen, warum eine entsprechende Maßnahme vorgenommen wurde, und warum sie nach ihrer Einschätzung im Unternehmensinteresse liegt.[1023] Ferner unterliegen die Entscheidungen der beiden Organe einer Verhältnismäßigkeitsprüfung.[1024] Darzulegen ist, ob der Aktienrückerwerb zur Förderung des Unternehmensinteresses geeignet und erforderlich ist, und ob er die in der Gesellschaft zusammentreffenden Interessen zu einem angemessenen Ausgleich bringt.[1025] Der Nachweis eines qualifizierten Unternehmensinteresses am Aktienrückerwerb ist dagegen nicht erforderlich.

1018 *Ekkenga*, in: Ehricke/Ekkenga/Oechsler, WpÜG, § 33 Rn. 48; *Hirte*, KK-WpÜG, § 33 Rn. 73.

1019 Vgl. *Schwennicke*, Geibel/Süßmann, WpÜG, § 33 Rn. 44; *Röh*, in: Haarmann/Riehmer/Schüppen, WpÜG, § 33 Rn. 115; *Brandi*, in: Thaeter/Brandi, Öffentliche Übernahmen, Teil 3 Rn. 370.

1020 § 33 Abs. 1 S. 2 Var. 3 WpÜG.

1021 Siehe hierzu Teil 1 § 3 C I 2 d dd (3) (b).

1022 *Ekkenga*, in: Ehricke/Ekkenga/Oechsler, WpÜG, § 33 Rn. 58; *Steinmeyer/Häger*, WpÜG, § 33 Rn. 22; *Hopt*, ZHR 166 (2002), 383, 428; *Hirte*, ZGR 2002, 623, 642; *Zech*, Abwehrmaßnahmen nach dem WpÜG, S. 173.

1023 *Ekkenga*, in: Ehricke/Ekkenga/Oechsler, WpÜG, § 33 Rn. 60; *von Nussbaum*, Aktiengesellschaft als Zielgesellschaft eines Übernahmeangebots, S. 195; *Thümmel*, DB 2000, 461, 463; ähnlich *Winter/Harbarth*, ZIP 2002, 1, 10, die allerdings darüber hinaus die Darlegung eines „dringenden Unternehmensinteresses" fordern, das nicht erforderlich ist, da die Verwaltungsorgane auch bei einem solchen Vorgehen nach § 3 Abs. 3 WpÜG nur an das nach allgemeinen Grundsätzen zu bestimmende Unternehmensinteresse gebunden sind.

1024 *Ekkenga*, in: Ehricke/Ekkenga/Oechsler, WpÜG, § 33 Rn. 60 ff.

1025 *Ekkenga*, in: Ehricke/Ekkenga/Oechsler, WpÜG, § 33 Rn. 60 ff.; ähnlich *Noack*, in: Schwark: Kapitalmarktrecht, § 33 WpÜG Rn. 18; für eine derartige Überprüfung schon vor dem Inkrafttreten des WpÜG *Kort*, FS Lutter, S. 1421, 1431; *Weisner*, Verteidigungsmaßnahmen gegen unfreundliche Übernahmeversuche, S. 150; *Thümmel*, DB 2000, 461, 463.

c. Weitere Anforderungen des Rückerwerbs eigener Aktien

Der Gesamtbestand der zu erwerbenden und von der Gesellschaft bereits gehaltenen eigenen Aktien darf gemäß § 71 Abs. 2 S. 1 AktG einen Anteil von 10 Prozent des Grundkapitals nicht übersteigen. Aufgrund dieser betragsmäßigen Begrenzung kann der Rückerwerb eigener Aktien nur begrenzt zur Übernahmeabwehr eingesetzt werden.[1026] Für sich alleine hat er wohl nur bei mittelgroßen Transaktionen eine abschreckende Wirkung auf einen feindlichen Bieter, kommt aber jedenfalls als flankierende Maßnahme in einem Gesamtkonzept in Betracht.

Ferner ist der Erwerb eigener Aktien nur zulässig, wenn der Ausgabebetrag auf die zu erwerbenden Aktien voll geleistet ist.[1027] Darüber hinaus muss die Gesellschaft für den Rückerwerb die nach § 272 Abs. 4 HGB vorgeschriebene Rücklage für eigene Anteile aus frei verfügbaren Mitteln bilden können[1028] und den Gleichbehandlungsgrundsatz des § 53 a AktG beachten.[1029] Schließlich stellt der Beschluss des Vorstands, eigene Aktien zurückzukaufen, in der Regel eine kursrelevante Tatsache dar, die nach § 15 WpHG gegenüber der BAFin meldepflichtig ist.[1030]

d. Verfahren des Rückerwerbs eigener Aktien

Für den Rückerwerb eigener Aktien stehen der Gesellschaft verschiedene Verfahrensarten zur Verfügung.[1031]

Zum einen kann die Gesellschaft die Aktien über die Börse zurückerwerben (open market repurchase). Bei diesem Verfahren werden einzelne Rückkauforders über ein zwischengeschaltetes Kreditinstitut am Markt platziert. Der Rückkauf über die Börse ist der in der Praxis am häufigsten gewählte Weg zur Durchführung eines Aktienrückkaufprogramms.[1032]

1026 Vgl. *Rümker*, FS Heinsius, S. 683, 703; *Schanz*, Börseneinführung, § 18 Rn. 45; *Richter*, in: Semler/Volhard, Arbeitshandbuch für Unternehmensübernahmen, § 52 Rn. 137; *Wolf*, AG 1998, 212, 218; *von Rosen/Helm*, AG 1996, 434, 438; *Helmis*, M&A Review 2001, 7, 12.

1027 § 71 Abs. 2 S. 3 AktG.

1028 § 71 Abs. 2 S. 2 AktG.

1029 *Oechsler*, MüKo-AktG, § 71 Rn. 198; für das Verfahren nach § 71 Abs. 1 Nr. 8 AktG stellt dies § 71 Abs. 1 Nr. 8 S. 3 AktG klar.

1030 So das Bundesaufsichtsamt für den Wertpapierhandel (BAWe) im Schreiben an die Vorstände der börsennotierten Aktiengesellschaften vom 28. Juni 1999; vgl. auch *Brandi*, in: Thaeter/Brandi, Öffentliche Übernahmen, Teil 3 Rn. 510; *Claussen*, AG 1996, 481, 490; *von Rosen/Helm*, AG 1996, 434, 440; *Süßmann*, AG 2002, 424, 425; a.A. *Martens*, AG 1996, 337, 340 f.

1031 Zu den einzelnen Rückerwerbsarten, inklusive des hier nicht behandelten Falls des Rückkaufs mittels Ausgabe von übertragbaren Put-Optionen vgl. *Baums/Stöcker*, FS Wiedemann, S. 704; *T. Bezzenberger*, Erwerb eigener Aktien durch die AG, Rn. 137 ff.; *Wastl*, DB 1997, 461, 463 f.; *Posner*, AG 1994, 312, 316 ff.; *Süßmann*, AG 2002, 424, 425; *Bosse*, NZG 2000, 16; *Berrar/Schornbus*, ZGR 2003, 59, 64 ff.

1032 *Koch*, NZG 2003, 61, 62; *Helmis*, M&A Review 2001, 7, 8.

Zum anderen kann der Aktienrückkauf im Wege eines öffentlichen Rückkaufsangebots durchgeführt werden (self tender offer). Hierbei gibt die Gesellschaft gegenüber allen Aktionären ein Angebot ab, die Aktien zu einem bestimmten Preis (fixed price tender offer) oder innerhalb einer bestimmten Preisspanne (dutch auction tender offer) zu erwerben. Sie kann so innerhalb eines kurzen Zeitraums eine größere Zahl von Aktien erwerben. Sowohl beim Erwerb über die Börse als auch beim Erwerb aufgrund öffentlichen Angebots wird das Gleichbehandlungsgebot des § 53 a AktG gewahrt, da jedem Aktionär gleichrangig die Beteiligung am Rückerwerb ermöglicht wird.[1033]

Daneben besteht die Möglichkeit, Rückkaufsvereinbarungen mit einzelnen Aktionären direkt auszuhandeln (negotiated repurchase). Da derartige Rückkaufangebote jedoch nicht gegenüber sämtlichen Aktionären, sondern lediglich mit Blickrichtung auf einen ausgesuchten und abgegrenzten Personenkreis abgegeben werden, sind sie wegen des Gleichbehandlungsgrundsatzes des § 53 a AktG nur in Ausnahmefällen zulässig, in denen diese Ungleichbehandlung durch einen sachlichen Grund gerechtfertigt ist.[1034]

e. Sonderfall: Greenmailing

Durch einen direkten Rückkauf eigener Aktien könnte die Gesellschaft auch versuchen, gezielt Aktionäre, die eine feindliche Übernahme der Gesellschaft beabsichtigen, auszukaufen. Dieses Vorgehen wird im angloamerikanischen Rechtskreis als „greenmailing" bezeichnet.[1035]

Jedoch dürfte ein solcher Auskauf unliebsamer Aktionäre aktienrechtlich unzulässig sein, insbesondere wenn sich die einzelnen Aktionäre ihre Aktienpakete nur zu einem weit über dem Aktienkurs liegenden Preis abkaufen lassen.[1036] Ein derartiges Vorgehen ist mit der Erpressung von Aktiengesellschaften durch missbräuchliche Anfechtungsklagen zu vergleichen.[1037] Aus Sicht der Gesellschaft stellt der Rückkauf eine unzulässige Rückgewähr von Einlagen[1038] und einen Verstoß gegen das allgemeine

---

1033 Vgl. *Wastl*, DB 1997, 461, 464; *von Rosen/Helm*, AG 1996, 434, 439; für den Erwerb über die Börse stellt dies § 71 Abs. 1 Nr. 8 S. 4 AktG klar.

1034 *Hüffer*, AktG, § 71 Rn. 19 k; *Richter*, in: Semler/Volhard, Arbeitshandbuch für Unternehmensübernahmen, § 52 Rn. 134; *Brandi*, in: Thaeter/Brandi, Öffentliche Übernahmen, Teil 3 Rn. 513; *von Rosen/Helm*, AG 1996, 434, 437 f.; *Berrar/Schornbus*, ZGR 2003, 59, 65.

1035 Der Begriff „greenmailing" setzt sich zusammen aus dem Wort „green" (grün), der Farbe der Dollarnoten, und „mail", von „to blackmail", dem englischen Wort für „erpressen". Vgl. dazu *Hirte*, KK-WpÜG, § 33 Rn. 62; *Hopt*, FS Lutter, S. 1361, 1388 f.; *Assmann/Bozenhardt*, in: Assmann/Basaldua, Übernahmeangebote, S. 1, 147 f.; *Hauschka/Roth*, AG 1988, 181, 194.

1036 *Oechsler*, MüKo-AktG, § 71 Rn. 113; *Hirte*, KK-WpÜG, § 33 Rn. 62; *Hopt*, FS Lutter, S. 1361, 1388; *Hauschka/Roth*, AG 1988, 181, 194; *Michalski*, AG 1997, 152, 162.

1037 *Assmann/Bozenhardt*, in: Assmann/Basaldua, Übernahmeangebote, S. 1, 148; *Michalski*, AG 1997, 152, 162.

1038 §§ 57, 62 AktG.

Schädigungsverbot dar.[1039] Der veräußernde Aktionär verletzt durch ein solches gesellschaftsschädliches Vorgehen seine aktienrechtliche Treuepflicht gegenüber der Gesellschaft und verstößt zudem gegen § 826 BGB.[1040]

f. Anwendung des WpÜG auf den Rückerwerb im Wege eines öffentlichen Angebots

Umstritten ist, ob die Vorschriften des WpÜG über einfache Erwerbsangebote in den §§ 10 bis 28 WpÜG auf den Rückkauf eigener Aktien Anwendung finden, sofern ein solcher Rückkauf im Wege eines öffentlichen Angebots erfolgt. Weder der Wortlaut des § 1 Abs. 1 WpÜG, der den Anwendungsbereich des Gesetzes regelt, noch die Gesetzesbegründung zum WpÜG nehmen zu dieser Frage ausdrücklich Stellung.[1041]

aa. Meinungsstand

Es wird die Auffassung vertreten, die Regelungen des WpÜG über einfache Erwerbsangebote hätten für den Rückerwerb eigener Aktien keine Geltung.[1042]

Das Schweigen des Gesetzgebers zu der wichtigen Frage, ob durch das WpÜG das im Aktienrecht etablierte und praktisch sehr bedeutsame Verfahren des Erwerbs eigener Aktien in Grundzügen neu geregelt werden soll, sei als Ablehnung der Anwendbarkeit des WpÜG zu verstehen.[1043] Die Vertreter dieser Auffassung stützen sich vor allem darauf, dass verschiedene Bestimmungen des WpÜG sinn- und gegenstandslos sind, wenn Bieter und Zielgesellschaft identisch sind.[1044] Dazu gehören vor allem die Vorschriften, die den Bieter zur Unterrichtung der Zielgesellschaft verpflichten,[1045] die ihm die unlautere Einwirkung auf die Mitglieder der Organe der Zielgesellschaft verbieten,[1046] sowie die Vorschriften, die für die Organe der Zielgesellschaft besondere Pflichten im Hinblick auf das Angebot aufstellen.[1047] Diese Bestimmungen sollen darauf schließen lassen, dass das Gesetz von einer Personenverschiedenheit zwischen

---

[1039] *Hüffer*, AktG, § 57 Rn. 20; *Schlitt*, MüKo-AktG § 33 WpÜG Rn. 94; *Steinmeyer/Häger*, WpÜG, § 33 Rn. 65; *Assmann/Bozenhardt*, in: Assmann/Basaldua, Übernahmeangebote, S. 1, 148 f.

[1040] *Schlitt*, MüKo-AktG § 33 WpÜG Rn. 94; *Steinmeyer/Häger*, WpÜG, § 33 Rn. 65; *van Aubel*, Vorstandspflichten bei Übernahmeangeboten, S. 20; *Michalski*, AG 1997, 152, 162.

[1041] *Baums/Stöcker*, FS Wiedemann, S. 703, 708.

[1042] *Hüffer*, AktG, § 71 Rn. 19 l; *Versteegen*, KK-WpÜG, § 1 Rn. 22; *Angerer*, in: Geibel/Süßmann, WpÜG, § 1 Rn. 99 ff.; *Koch*, NZG 2003, 61, 65; *Süßmann*, AG 2002, 424; *Berrar/Schornbus*, ZGR 2003, 59, 85.

[1043] *Koch*, NZG 2003, 61, 66.

[1044] *Hüffer*, AktG, § 71 Rn. 19 l; *Versteegen*, KK-WpÜG, § 1 Rn. 22; *Angerer*, in: Geibel/Süßmann, WpÜG, § 1 Rn. 99 ff.; *Koch*, NZG 2003, 61, 65; *Süßmann*, AG 2002, 424.

[1045] § 10 Abs. 5, § 14 Abs. 3 WpÜG.

[1046] § 33 Abs. 3 WpÜG.

[1047] §§ 27, 33 WpÜG.

Bieter und Zielgesellschaft ausgeht, was die Anwendbarkeit des WpÜG auf den Rückerwerb eigener Aktien verbietet.[1048]

Nach anderer Auffassung, der sich das Bundesaufsichtsamt für Wertpapierhandel (BAWe) und nunmehr auch die BAFin als dessen Nachfolgerin angeschlossen haben,[1049] sollen die Vorschriften des WpÜG über einfache Erwerbsangebote dagegen grundsätzlich auf den Rückerwerb eigener Aktien anwendbar sein, wenn dieser im Wege eines öffentlichen Rückkaufsangebots erfolgt.[1050]

bb. Stellungnahme

Aus der Tatsache, dass einzelne Vorschriften des WpÜG bei der Anwendung auf den Erwerb eigener Aktien keinen Sinn machen, können keine Rückschlüsse auf die generelle Anwendbarkeit des WpÜG, sondern nur auf die Anwendbarkeit bzw. Unanwendbarkeit der einzelnen Bestimmungen gezogen werden.[1051] Die zentralen Schutzziele des WpÜG sind nämlich bei einem öffentlichen Angebot zum Rückerwerb eigener Aktien in gleicher Weise betroffen wie bei einem Erwerbsangebot eines Dritten.[1052] Sie müssen daher auch dort gelten. Die Vorschriften des WpÜG sind bei der Anwendung auf öffentliche Rückkaufsangebote lediglich um die unanwendbaren Normen teleologisch zu reduzieren.

Zwar stimmen die Schutzziele des WpÜG zum Teil mit den Schutzzielen des Aktiengesetzes überein, wie z.B. im Gleichbehandlungsgebot des § 3 Abs. 1 WpÜG und des § 53 a AktG. Jedoch bietet das WpÜG darüber hinaus ein Schutzniveau, das durch die Bestimmungen des Aktienrechts nicht erreicht wird.[1053] Hierzu gehören vor allem der Schutz vor Übereilung nach § 3 Abs. 2 WpÜG und die Garantie eines transparenten Verfahrens, das den Aktionären alle für die Verkaufsentscheidung notwendigen Informationen zur Verfügung stellt. Dieses Schutzniveau muss den Aktionären nicht nur zustehen, wenn ihnen ein Dritter ein öffentliches Angebot zum Erwerb ihrer Aktien macht, sondern auch dann, wenn die Zielgesellschaft selbst die Aktien im Wege eines öffentlichen Rückkaufsangebots erwerben will. In beiden Situationen stehen die Aktionäre unter dem gleichen Verkaufsdruck und sind somit in gleichem Maße

---

1048 *Hüffer*, AktG, § 71 Rn. 19 l; *Versteegen*, KK-WpÜG, § 1 Rn. 22; *Angerer*, in: Geibel/Süßmann, WpÜG, § 1 Rn. 99 ff.; *Koch*, NZG 2003, 61, 65; *Süßmann*, AG 2002, 424.

1049 Siehe BAWe, Schreiben vom 28. Juni 1999, abgedruckt in WM 2000, 438; diese Ansicht wurde vom BAFin bestätigt, NZG 2002, Heft 12, S. IX.

1050 *Steinmeyer/Häger*, WpÜG, § 1 Rn. 6; *Brandi*, in: Thaeter/Brandi, Öffentliche Übernahmen, Teil 3 Rn. 516; *Lenz/Linke*, AG 2002, 420, 421; *Oechlser*, NZG 2001, 817, 818; *Fleischer*, NZG 2002, 545, 546; *Fleischer/Körber*, BB 2001, 2589, 2592 f.; *Hopt*, ZHR 166 (2002), 383, 393; für eine analoge Anwendung *Baums/Stöcker*, FS Wiedemann, S. 703, 716 ff., 753.

1051 *Steinmeyer/Häger*, WpÜG, § 1 Rn. 6; *Fleischer/Körber*, BB 2001, 2589, 2593; *Lenz/Linke*, AG 2002, 420, 421.

1052 *Lenz/Linke*, AG 2002, 420, 421 f.; *Fleischer/Körber*, BB 2001, 2589, 2592.

1053 *Brandi*, in: Thaeter/Brandi, Öffentliche Übernahmen, Teil 3 Rn. 518; *Lenz/Linke*, AG 2002, 420, 422; *Fleischer/Körber*, BB 2001, 2589, 2592; a.A. *Angerer*, in: Geibel/Süßmann, WpÜG, § 1 Rn. 101; *Koch*, NZG 2003, 61, 68.

schutzbedürftig.[1054] Schließlich spricht gerade beim Einsatz des Rückkaufs eigener Aktien zur Übernahmeabwehr der Grundsatz der Waffengleichheit für die Geltung des WpÜG.[1055] Andernfalls hätte eine Zielgesellschaft, die im Wege des öffentlichen Angebots ihre eigenen Aktien zur Verteidigung gegen eine feindliche Übernahme erwerben will, einen ungerechtfertigten Vorteil gegenüber dem dritten Bieter, weil sie nicht an die Vorgaben, die das WpÜG für einfache Erwerbsangebote aufstellt, gebunden wäre.

cc. Anwendbare Vorschriften des WpÜG

Welche Vorschriften des WpÜG über einfache Erwerbsangebote wegen der Personenidentität auf den Rückkauf eigener Aktien im Wege eines öffentlichen Angebots nicht anwendbar sind, ist noch nicht abschließend geklärt.[1056] Unanwendbar sind aber jedenfalls die Stellungnahmepflicht des Vorstands gegenüber den Aktionären der Zielgesellschaft nach § 27 Abs. 1 WpÜG und die Pflicht zur Übermittlung der Angebotsunterlage an die Zielgesellschaft nach § 14 Abs. 4 WpÜG.[1057] Dagegen besteht auch beim Rückerwerbsangebot die Pflicht, das Angebot nach § 14 Abs. 1 WpÜG vorab der BAFin zur Prüfung vorzulegen. Gerade durch dieses zusätzliche Prüfungsverfahren wird ein Rückkauf eigener Aktien im Wege des öffentlichen Angebots schwerfällig und verliert somit an Effektivität als Abwehrmittel gegen feindliche Übernahmen.[1058]

2. Veräußerung eigener Aktien

Die für einen potentiellen feindlichen Bieter abschreckende Wirkung des Rückerwerbs eigener Aktien kann dadurch verstärkt werden, dass die rückerworbenen eigenen Aktien vom Vorstand anschließend gezielt an befreundete Investoren ausgegeben werden.

Aktien, die aufgrund einer Hauptversammlungsermächtigung gemäß § 71 Abs. 1 Nr. 8 AktG erworben wurden, können nur dann an bestimmte befreundete Investoren abgegeben werden, wenn das grundsätzlich bestehende Bezugsrecht der

---

1054 *Zech*, Abwehrmaßnahmen nach dem WpÜG, S. 228; *Lenz/Linke*, AG 2002, 420, 422; *Fleischer/Körber*, BB 2001, 2589, 2593.

1055 *Zech*, Abwehrmaßnahmen nach dem WpÜG, S. 227; *Lenz/Linke*, AG 2002, 420, 422; *Fleischer/Körber*, BB 2001, 2589, 2593; a.A. *Süßmann*, AG 2002, 424, 432.

1056 Eine ausführliche Auseinandersetzung mit den einzelnen Regelungen findet sich bei *Baums/Stöcker*, FS Wiedemann, S. 703, 716 ff.; *Oechsler*, NZG 2001, 817, 818; *Lenz/Linke*, AG 2002, 420, 423 f.; *Diekmann/Merkner*, ZIP 2004, 836 ff. Umstritten ist zudem, ob die durch den Rückerwerb erworbenen Aktien bei der Berechnung der Kontrollschwelle nach § 29 Abs. 2 WpÜG mitzuberechnen sind. Nach dem Willen des Gesetzgebers ist dies zu bejahen, obwohl der Gesellschaft aus den Aktien vorübergehend keine Stimmrechte zustehen. Daher kann es durch einen Aktienrückerwerb der Gesellschaft nicht zu einem die Angebotspflicht auslösenden passiven Kontrollerwerb eines Dritten kommen. Vgl. dazu RegE-WpÜG, BT-Drucks. 14/7034, S. 53; so auch *von Bülow*, KK-WpÜG, § 39 Rn. 129.

1057 *Lenz/Linke*, AG 2002, 420, 423; *Diekmann/Merkner*, ZIP 2004, 836, 842.

1058 *Brandi*, in: Thaeter/Brandi, Öffentliche Übernahmen, Teil 3 Rn. 521; *Süßmann*, AG 2002, 424, 425, 428.

Aktionäre in entsprechender Anwendung des § 186 Abs. 3 und 4 AktG ausgeschlossen worden ist.[1059] Andernfalls muss ein Verkaufsangebot über die Börse oder an alle Aktionäre abgegeben werden, so dass auch ein feindlicher Bieter die Möglichkeit hätte, seine Beteiligung durch den Erwerb dieser Aktien zu erhöhen.

Der Bezugsrechtsausschluss kann entweder von der Hauptversammlung selbst mit einer drei viertel Kapitalmehrheit – etwa zusammen mit der Ermächtigung zum Erwerb eigener Aktien – beschlossen werden.[1060] Ebenso gut und näher liegend kann die Hauptversammlung aber auch den Vorstand entsprechend § 203 Abs. 2 AktG dazu ermächtigen, bei der Wiederveräußerung der Aktien über den Bezugsrechtsausschluss zu entscheiden.[1061] In formeller Hinsicht ist für die Beschlussfassung der Hauptversammlung in beiden Fällen eine vorherige Ankündigung des Bezugsrechtsausschlusses und ein Vorstandsbericht erforderlich. Zudem müssen die materiellen Rechtmäßigkeitsvoraussetzungen eines Bezugsrechtsausschlusses vorliegen.[1062]

Es spricht einiges dafür, dass auch in diesem Zusammenhang die Erleichterungen der *Siemens/Nold*-Rechtsprechung gelten.[1063] Denn auch bei der Ermächtigung zum Rückerwerb und bezugsrechtsfreien Weiterverkauf eigener Aktien handelt es sich wie bei der Schaffung genehmigten Kapitals um einen zweistufigen Entscheidungsprozess, bei dem die Hauptversammlung über die Ermächtigung entscheidet, wenn die Einzelheiten der Situation, in der die Ermächtigung genutzt werden soll, noch nicht

---

1059 Vgl. § 71 Abs. 1 Nr. 8 S. 4 AktG; *Hüffer*, AktG, § 71 Rn. 19 m; *Oechsler*, MüKo-AktG, § 71 Rn. 218; *Richter*, in: Semler/Volhard, Arbeitshandbuch für Unternehmensübernahmen, § 52 Rn. 138; *Bayer*, ZGR 2002, 588, 594; *Martens*, AG 1996, 337, 342 f.; *Krause*, BB 2002, 1053, 1060.

1060 *T. Bezzenberger*, Erwerb eigener Aktien durch die AG, Rn. 154; *Brandi*, in: Thaeter/Brandi, Öffentliche Übernahmen, Teil 3 Rn. 515; *Richter*, in: Semler/Volhard, Arbeitshandbuch für Unternehmensübernahmen, § 52 Rn. 138; *Bayer*, ZGR 2002, 588, 593.

1061 *T. Bezzenberger*, Erwerb eigener Aktien durch die AG, Rn. 154; *Huber*, FS Kropff, S. 101, 119.

1062 *Brandi*, in: Thaeter/Brandi, Öffentliche Übernahmen, Teil 3 Rn. 515; *Wolf*, AG 1998, 212, 218; *Mülbert*, IStR 1999, 83, 90 f.; *Bayer*, ZGR 2002, 588, 594. Das Erfordernis der sachlichen Rechtfertigung entfällt nicht etwa deshalb, weil die formellen Erfordernisse des „vereinfachten" Bezugsrechtsauschlusses nach § 186 Abs. 3 S. 4 AktG bei der Weiterveräußerung eigener Aktien regelmäßig erfüllt sind. Zwar ist nach § 186 Abs. 3 S. 4 AktG bei einer Aktienausgabe von bis zu 10 Prozent des Grundkapitals und bei einer Ausgabe der Aktien in der Nähe des Börsenpreises im Grundsatz keine sachliche Rechtfertigung des Bezugsrechtsausschlusses notwendig. Etwas anderes gilt jedoch nach richtiger Auffassung, wenn die Aktien nicht entsprechend dem Willen des Gesetzgebers unter dem Gesichtspunkt der erleichterten Eigenkapitalbeschaffung, sondern als Paket an befreundete Investoren ausgegeben werden, um die bestehenden Beteiligungsverhältnisse zu beeinflussen. Diese bei der Kapitalerhöhung geltende Einschränkung des § 186 Abs. 3 S. 4 AktG gilt in gleicher Weise bei der Weiterveräußerung zurückerworbener Aktien. Vgl. dazu *Hüffer*, AktG, § 186 Rn. 39 g; *Wiedemann*, GK-AktG, § 186 Rn. 150; *Richter*, in: Semler/Volhard, Arbeitshandbuch für Unternehmensübernahmen, § 52 Rn. 116, 138 mit Fn. 299; *Bayer*, ZGR 2002, 588, 594; ähnlich *Henze*, ZHR 167 (2003), 1, 6.

1063 So auch *Zech*, Abwehrmaßnahmen nach dem WpÜG, S. 226; wohl auch *Wolf*, AG 1998, 212, 218; unentschieden *Krause*, BB 2002, 1053, 1060; für die Anwendung der *Siemens/Nold*-Grundsätze zumindest bei einer Ausgabe der Aktien gegen Sacheinlagen *Volhard*, in: Semler/Volhard, Arbeitshandbuch Hauptversammlung, § 35 Rn. 14.

konkret absehbar sind.[1064] Demgemäß kann der Vorstand die Umstände des Bezugsrechtsausschlusses gegenüber der Hauptversammlung nur abstrakt darlegen. Folglich muss auch eine abstrakt-generelle Ermächtigung der Hauptversammlung an den Vorstand zum Bezugsrechtsausschluss ausreichen.

Im Hinblick auf die Anforderungen an den Bezugsrechtsausschluss bei der Weiterveräußerung wird auf die Ausführungen zum Bezugsrechtsausschluss im Rahmen des genehmigten Kapitals verwiesen.[1065] Entsprechend den dortigen Ausführungen kann der Vorstand zwecks Abwehr einer feindlichen Übernahme von der Hauptversammlung zur Veräußerung der eigenen Aktien unter Nichtbeachtung des Bezugsrechts der Aktionäre ermächtigt werden. Soll der Weiterverkauf in der Angebotsphase stattfinden, müssen die erhöhten Anforderungen des § 33 Abs. 2 WpÜG erfüllt sein. Bei der Ausnutzung der Ermächtigung stehen dem Vorstand und dem zustimmenden Aufsichtsrat sowohl in der Vorangebotsphase als auch nach Abgabe des Übernahmeangebots der volle unternehmerische Ermessensspielraum zu, da sie aufgrund einer ausdrücklichen Abwehrermächtigung handeln.[1066]

3. Akzeptanz des Kapitalmarkts

In der bisherigen Praxis börsennotierter deutscher Aktiengesellschaften ist es unüblich, dem Vorstand eine Ermächtigung zum Rückerwerb eigener Aktien und zur Weiterveräußerung unter Bezugsrechtsausschluss zum Zwecke der Übernahmeabwehr zu erteilen.[1067] Da entsprechende Abwehrbeschlüsse den Kurs der betreffenden Aktien belasten können und davon auszugehen ist, dass insbesondere ausländische institutionelle Anleger derartige Beschlüsse nicht unterstützen, dürfte sich daran auch in Zukunft nichts ändern.[1068]

Wegen der negativen Auswirkungen, die Abwehrbeschlüsse am Kapitalmarkt verursachen können, bietet es sich für den Vorstand einer übernahmebedrohten Gesellschaft vielmehr an, eine ihm durch die Hauptversammlung zweckfrei – und damit „normal" – erteilte Ermächtigung zum Aktienrückerwerb, die als solche dem Standardrepertoire vieler Jahreshauptversammlungen entspricht, bei Bedarf zur Abwehr von Übernahmeversuchen auszunutzen.[1069] Eine derartige Ermächtigung muss zum einen nicht den erhöhten Anforderungen des § 33 Abs. 2 WpÜG entsprechen, sondern kann von der Hauptversammlung durch einfachen Mehrheitsbeschluss erteilt und mit der Zustimmung des Aufsichtsrats nach § 33 Abs. 1 S. 2 Var. 3 WpÜG in der Angebotsphase zur Übernahmeabwehr eingesetzt werden. Zum anderen wird sie als markt-

---

1064 *Zech*, Abwehrmaßnahmen nach dem WpÜG, S. 226.

1065 Siehe hierzu Teil 1 § 3 C I 2 c.

1066 Siehe hierzu Teil 1 § 3 C I 2 c cc (2) (a).

1067 Vgl. *Oechsler*, MüKo-AktG, § 71 Rn. 243; *Helmis*, M&A Review 2001, 7.

1068 Ähnlich *Steinmeyer/Häger*, WpÜG, § 33 Rn. 42; *Pötzsch*, in: Payne, Takeovers, S. 75, 83 f.; *Krause*, NJW 2002, 705, 712; *Hopt*, ZHR 166 (2002), 383, 423; *Bayer*, ZGR 2002, 588, 620.

1069 Vgl. *Stohlmeier*, in: Semler/Volhard, Arbeitshandbuch Hauptversammlung, § 40 Rn. 20; *Krause*, AG 2002, 133, 144; *Bayer*, ZGR 2002, 588, 620.

üblicher Vorgang am Kapitalmarkt nicht abgestraft.[1070] Daher dürfte sie zumindest für Aktiengesellschaften, die auf die Unterstützung institutioneller Anleger angewiesen sind, die effektivere Maßnahme darstellen, auch wenn der Vorstand bei einer Ausnutzung in der Angebotsphase einen entsprechend der Konfliktlage eingeschränkten Ermessensspielraum hat.

4. Fazit

Die Ermächtigung zum Erwerb und zur bezugsrechtsfreien Veräußerung eigener Aktien des Vorstands durch die Hauptversammlung stellt grundsätzlich eine Maßnahme dar, die zur Prävention gegen feindliche Übernahmen eingesetzt werden kann. Aufgrund der in § 71 Abs. 2 S. 1 AktG vorgesehenen betragsmäßigen Beschränkung des Bestandes eigener Aktien auf 10 Prozent des Grundkapitals der Gesellschaft hat ein Aktienrückkauf jedoch nur eine eingeschränkte Abwehrwirkung und dürfte abgesehen von kleinen Transaktionen nur als flankierende Maßnahme im Rahmen eines Gesamtkonzepts zur präventiven Übernahmeabwehr in Betracht kommen.

Soll die Rückkaufsermächtigung dem Vorstand ausdrücklich als Abwehrermächtigung erteilt werden, die auch in der Angebotsphase ausgenutzt werden kann, so muss sie gemäß § 33 Abs. 2 S. 1 WpÜG mit einer drei viertel Kapitalmehrheit der Hauptversammlung beschlossen werden. Für die Ausnutzung einer Abwehrermächtigung ist in der Angebotsphase zudem die Zustimmung des Aufsichtsrats erforderlich. Sowohl bei der Ausnutzung in der Vorangebotsphase als auch bei der Nutzung nach der Abgabe eines Übernahmeangebots steht den Verwaltungsorganen ihr unternehmerischer Ermessensspielraum zu, innerhalb dessen sie zu beurteilen haben, ob der Rückerwerb im Unternehmensinteresse liegt. In der Praxis dürfte die Erteilung einer Abwehrermächtigung für börsennotierte Gesellschaften nicht ohne Weiteres in Betracht kommen, da diese vom Kapitalmarkt und den institutionellen Anlegern abgelehnt wird.

Eine zweckfreie Rückerwerbsermächtigung bietet gegenüber der Abwehrermächtigung den Vorteil, dass sie durch einfachen Mehrheitsbeschluss erteilt werden kann und als Standardmaßnahme der ordentlichen Hauptversammlung auf dem Kapitalmarkt akzeptiert ist. Auch sie kann vom Vorstand zur Übernahmeabwehr ausgenutzt werden. In der Übernahmephase kommt eine Ausnutzung allerdings nur in Betracht, wenn die Ausnahmeregelungen des § 33 Abs. 1 S. 2 Var. 1 WpÜG oder des § 33 Abs. 1 S. 2 Var. 3 WpÜG erfüllt sind. Der Ausnahmetatbestand ordnungsgemäßer Geschäftsführung lässt jedoch nur Aktienrückkäufe zu, die nicht durch das Übernahmeangebot motiviert sind. Mit der Zustimmung des Aufsichtsrats kann der Vorstand dagegen auch zur Übernahmeabwehr tätig werden. Allerdings unterliegt die Entscheidung zur Ausnutzung der Ermächtigung in diesem Fall einer vollen gerichtlichen Überprüfung.

Der Rückerwerb eigener Aktien im Wege des öffentlichen Angebots hat aufgrund des aufwendigen Verfahrens, welches das WpÜG für öffentliche Angebote an-

---

[1070] Vgl. *Stohlmeier*, in: Semler/Volhard, Arbeitshandbuch Hauptversammlung, § 40 Rn. 20.

ordnet, seine Attraktivität für die Übernahmeabwehr eingebüßt. Auch ein individuell ausgehandelter Rückerwerb von einzelnen veräußerungswilligen Aktionären ist wegen Verstoßes gegen den aktienrechtlichen Gleichbehandlungsgrundsatz des § 53 a AktG regelmäßig unzulässig, so dass in der Praxis nur der Rückerwerb über die Börse bleibt.

Die gezielte Weiterveräußerung der Aktien an befreundete Investoren kommt nur bedingt als Abwehrmaßnahme gegen Übernahmeversuche in Frage, da für diese die zusätzlichen Rechtmäßigkeitsvoraussetzungen eines Bezugsrechtsausschlusses beim genehmigten Kapital vorliegen müssen.

III. Vinkulierung von Namensaktien

Eine weitere Maßnahme, durch die der Vorstand in gleicher Weise wie durch eine Hauptversammlungsermächtigung im Voraus dazu ermächtigt werden kann, im Falle der Konkretisierung eines feindlichen Übernahmeversuchs oder nach der Abgabe eines Übernahmeangebots zu dessen Abwehr tätig zu werden, ist die Vinkulierung von Namensaktien nach § 68 Abs. 2 AktG.

Durch die Vinkulierung wird die Übertragung von Namensaktien von der Zustimmung der Aktiengesellschaft bzw. des hierzu berufenen Gesellschaftsorgans abhängig gemacht. Die Vinkulierung ermöglicht es der Gesellschaft damit im Grundsatz, die Zusammensetzung des Aktionärskreises zu kontrollieren und die Übertragung von Aktien auf einen feindlichen Bieter zu verhindern. Ebenso wie eine Hauptversammlungsermächtigung entfaltet die Vinkulierung ihre abwehrende Wirkung gegenüber einem feindlichen Bieter nicht bereits mit dem Beschluss der Hauptversammlung, vinkulierte Namensaktien einzuführen, sondern erst mit der Verweigerung der Zustimmung zur Aktienübertragung durch das hierzu berufene Gesellschaftsorgan.[1071]

Wegen des im deutschen Aktienrecht geltenden Grundsatzes der freien Aktienübertragbarkeit ist die Vinkulierung von Namensaktien die einzige Möglichkeit, die Übertragbarkeit der Aktien durch die Satzung zur Abwehr feindlicher Bieter dinglich einzuschränken.[1072] Anderweitige Satzungsregelungen, wie etwa Erwerbsverbote für bestimmte unerwünschte Käufer oder Ankaufs- und Vorkaufsrechte für bestimmte befreundete Personen, sind dagegen nach deutschem Recht nicht zulässig.[1073] In der Praxis werden vinkulierte Namensaktien außer von Familiengesellschaften insbesondere von Versicherungsgesellschaften zum Zwecke der präventiven Übernahmeabwehr ausgegeben.[1074]

1071 Mit dieser Einschätzung auch *Stohlmeier*, in: Semler/Volhard, Arbeitshandbuch Hauptversammlung, § 40 Rn. 8 f.

1072 BGH, WM 1987, 174, 175; BayObLG, ZIP 1989, 638, 640; *Lutter*, KK-AktG, § 68 Rn. 23; *Hefermehl/Bungeroth*, in: Geßler/Hefermehl, AktG, § 68 Rn. 67; *Hüffer*, AktG, § 68 Rn. 10.

1073 BayObIG, ZIP 1989, 638, 641; *Wiesner*, in: Hoffmann-Becking, Handbuch des Gesellschaftsrechts Bd. IV, § 14 Rn. 18; *Assmann/Bozenhardt*, in: Assmann/Basaldua, Übernahmeangebote, S. 1, 119; *Krause*, AG 2002, 133, 137.

1074 Vgl. etwa zur erfolgreichen Verteidigung der Aachener und Münchener Beteiligungs-AG gegen ein feindliches Übernahmeangebot der französichen Assurances Générales de France-Gruppe durch vinkulierte Namensaktien das *Aachener und Münchener*-Urteil des LG Aachen, AG 1992, 410; dazu auch *Wirth*, DB 1992, 617 ff.; *Lutter*, AG 1992, 369 ff. Eine Aufstellung

1. Einführung vinkulierter Namensaktien

Die Vinkulierung ist nur bei Namensaktien zulässig und muss gemäß § 68 Abs. 2 S. 1 AktG in der Satzung der Gesellschaft vorgesehen sein. Ist eine Vinkulierungsklausel nicht bereits in der Gründungssatzung vorhanden, so muss sie durch Satzungsänderung nachträglich eingefügt werden.

Eine solche Satzungsänderung bedarf allerdings nach § 180 Abs. 2 AktG der Zustimmung aller Aktionäre, sofern dadurch bereits bestehende Namensaktien nachträglich vinkuliert werden sollen. Da die Zustimmung aller Aktionäre bei börsennotierten Aktiengesellschaften praktisch nicht zu erreichen ist, scheidet die nachträgliche Vinkulierung bereits bestehender Aktien als Präventivmaßnahme zur Übernahmeabwehr aus.[1075] Gleichermaßen unpraktikabel ist eine Vinkulierung neuer Aktien, die im Zuge einer „regulären" Kapitalerhöhung ausgegeben werden, an der die Altaktionäre über ihre Bezugsrechte teilnehmen. Auch in einem solchen Fall müssen der Satzungsänderung nämlich alle Aktionäre zustimmen, denen aufgrund ihrer nichtvinkulierten Aktien lediglich ein Bezugsrecht für vinkulierte Aktien gewährt wird.[1076] Nur wenn das Bezugsrecht der Altaktionäre bei einer Kapitalerhöhung wirksam ausgeschlossen ist, kann eine Vinkulierung der neuen Aktien durch einen mit qualifizierter Kapitalmehrheit zu fassenden Beschluss der Hauptversammlung vorgenommen werden, durch den die Satzung geändert und zugleich über die Kapitalerhöhung und den Bezugsrechtsausschluss beschlossen wird.[1077].

In der Praxis ist die Ausgabe von vinkulierten Namensaktien folglich nur im Gründungsstadium oder bei einer Aktienausgabe unter Bezugsrechtsausschluss möglich. Eine nachträgliche Vinkulierung bestehender Aktien scheidet dagegen aus.

2. Wirkung vinkulierter Namensaktien

Vinkulierte Namensaktien sind nur mit der Zustimmung des hierzu berufenen Organs übertragbar. Nach der gesetzlichen Regelung entscheidet der Vorstand über die Zustimmung zur Aktienübertragung.[1078] Zwar kann die Befugnis zur Erteilung der Zustimmung durch die Satzung auf den Aufsichtsrat oder die Hauptversammlung übertragen werden.[1079] Jedoch wird es regelmäßig bei der gesetzlichen Kompetenzvertei-

---

weiterer börsennotierter deutscher Großunternehmen mit vinkulierten Namensaktien findet sich bei *Brandi*, in: Thaeter/Brandi, Öffentliche Übernahmen, Teil 3 Rn. 435 Fn. 617.

1075 *Hirte*, KK-WpÜG, § 33 Rn. 172; *Rümker*, FS Heinsius, S. 683, 696; *Assmann/Bozenhardt*, in: Assmann/Basaldua, Übernahmeangebote, S. 1, 117; *Krause*, AG 2002, 133, 138; *Schneider/Burgard*, DB 2001, 963, 967.

1076 *Hüffer*, AktG, § 180 Rn. 7; *Bayer*, MüKo-AktG, § 68 Rn. 48 f.; *Hefermehl/Bungeroth*, in: Geßler/Hefermehl, § 68 Rn. 94.

1077 §§ 179 Abs. 2, 186 Abs. 3 AktG; vgl. *Schwennicke*, in: Geibel/Süßmann, WpÜG, § 33 Rn. 63; *Hüffer*, AktG, § 180 Rn. 7; *van Aubel*, Vorstandspflichten bei Übernahmeangeboten, S. 6; *Lutter/Schneider*, ZGR 1975, 182, 186; *Krause*, AG 2002, 133, 138.

1078 § 68 Abs. 2 S. 2 AktG.

1079 § 68 Abs. 2 S. 3 AktG.

lung bleiben, wenn die Verwaltung die Vinkulierung kurzfristig und flexibel zur Abwehr von befürchteten Übernahmeversuchen einsetzen können soll.

Die dingliche Übertragung vinkulierter Aktien ist ohne Zustimmung der Gesellschaft bzw. des dazu berufenen Organs zunächst schwebend unwirksam[1080] und wird durch Verweigerung der Zustimmung ex tunc endgültig unwirksam.[1081] Die Unwirksamkeit besteht dabei nicht nur gegenüber der Gesellschaft sondern auch zwischen den Parteien des Übertragungsgeschäfts und im Verhältnis zu Dritten.[1082] Allerdings gilt die Vinkulierung nur für rechtsgeschäftliche Übertragungen, nicht jedoch für einen Rechtsübergang kraft Gesamtrechtsnachfolge wie z.B. infolge einer Fusion oder einer Erbschaft. Ebenso wenig hat die Vinkulierung auf schuldrechtliche Vereinbarungen Auswirkungen, durch welche die Rechtsausübung aus den Aktien geregelt wird, die dingliche Rechtslage jedoch unverändert bleibt.[1083]

a. Verweigerungsgründe in der Satzung

In der Satzung können die für eine Verweigerung der Zustimmung zu einer Aktienübertragung maßgebenden Gründe grundsätzlich frei bestimmt werden.[1084] Die Satzung kann daher auch objektiv unwichtige Ablehnungsgründe bestimmen.[1085] Unzulässig sind allerdings rechtsmissbräuchliche Satzungsgestaltungen[1086] und Regelungen, durch welche die Übertragbarkeit der Aktien generell ausgeschlossen wird.[1087]

Die Abwehr feindlicher Übernahmeversuche hält sich im Rahmen dieser Schranken der Satzungsfreiheit, so dass durch die Satzung das Vorliegen eines feindlichen Übernahmeangebots als Grund bestimmt werden kann, die Zustimmung zu einer Aktienübertragung zu verweigern.[1088] Zur präventiven Abwehr von feindlichen Über-

1080 *Lutter*, KK-AktG, § 68 Rn. 38; *Hüffer*, AktG, § 68 Rn. 16; *Wiesner*, in: Hoffmann-Becking, Handbuch des Gesellschaftsrechts Bd. IV, § 14 Rn. 29.

1081 RGZ 132, 149, 157; *Lutter*, KK-AktG, § 68 Rn. 38; *Bayer*, MüKo-AktG, § 68 Rn. 98; *Hefermehl/Bungeroth*, in: Geßler/Hefermehl, AktG, § 68 Rn. 137; *Wiesner*, in: Hoffmann-Becking, Handbuch des Gesellschaftsrechts Bd. IV, § 14 Rn. 29.

1082 *Lutter*, KK-AktG, § 68 Rn. 41; *Hefermehl/Bungeroth*, in: Geßler/Hefermehl, AktG, § 68 Rn. 145; *Wirth*, DB 1992, 617.

1083 Siehe zu schuldrechtlichen Umgehungsgeschäften unten Teil 1 § 3 C III 4.

1084 Vgl. § 68 Abs. 2 S. 4 AktG.

1085 RGZ 132, 149, 155; Begründung RegE-AktG 1965, abgedruckt bei *Kropff*, AktG, S. 88; *Lutter*, KK-AktG, § 68 Rn. 26; *Hefermehl/Bungeroth*, in: Geßler/Hefermehl, AktG, § 68 Rn. 100; die Festlegung von Zustimmungsverboten in der Satzung wird dagegen aufgrund des Wortlautes von § 68 Abs. 2 S. 4 AktG („darf“) von der herrschenden Meinung zutreffend für unzulässig gehalten, vgl. *Bayer*, MüKo-AktG, § 68 Rn. 62; *Hüffer*, AktG, § 68 Rn. 14; *Wiesner*, in: Hoffmann-Becking, Handbuch des Gesellschaftsrechts Bd. IV, § 14 Rn. 23; *Wirth*, DB 1992, 617, 618; a.A. *Lutter*, KK-AktG, § 68 Rn. 27.

1086 *Lutter*, KK-AktG, § 68 Rn. 26.

1087 Begründung RegE-AktG 1965, abgedruckt bei *Kropff*, AktG, S. 88; *Hüffer*, AktG, § 68 Rn. 14; *Lutter*, KK-AktG, § 68 Rn. 27.

1088 *Schlitt*, MüKo-AktG, § 33 WpÜG Rn. 262; *Richter*, in: Semler/Volhard, Arbeitshandbuch für Unternehmensübernahmen, § 52 Rn. 63; *Assmann/Bozenhardt*, in: Assmann/Basaldua, Übernahmeangebote, S. 1, 118.

nahmen ist vor allem eine Bestimmung denkbar, nach der die Zustimmung zu einer Aktienübertragung verweigert werden kann, wenn die Beteiligung eines Erwerbers einen bestimmten Schwellenwert am Grundkapital – z.B. von 10 oder 15 Prozent – erreicht hat oder durch den bevorstehenden Erwerb überschreitet.[1089] Aufgrund einer solchen Satzungsbestimmung ist der Vorstand ohne Weiteres berechtigt, bei Vorliegen der entsprechenden Voraussetzungen die Zustimmung zu einer Aktienübertragung zu verweigern.[1090] In der Praxis dürfte es jedoch regelmäßig an einer solchen Bestimmung fehlen.[1091]

b. Keine Satzungsbestimmung über Verweigerungsgründe

Bestimmt die Satzung keine Gründe, bei deren Vorliegen die Zustimmung zur Aktienübertragung verweigert werden kann, so entscheidet das durch Satzung oder Gesetz berufene Organ über ihre Erteilung oder Versagung nach seinem pflichtgemäßen, durch das Gleichbehandlungsgebot des § 53 a AktG gebundenen Ermessen.[1092]

aa. Entscheidungsmaßstab des Vorstands

Dem Vorstand steht insofern der gleiche Ermessensspielraum zu wie anderen Organen im Falle ihrer satzungsmäßig bestimmten Zuständigkeit.[1093] Die Ermessensausübung hat sich in erster Linie am Wohl der Gesellschaft zu orientieren; sie darf aber auch die berechtigten Interessen des veräußerungswilligen Aktionärs nicht außer Acht lassen.[1094] Die Interessen des Aktionärs sind den Interessen der Gesellschaft allerdings nachgeordnet.[1095] Darüber hinaus muss sich die Entscheidung innerhalb der allgemei-

---

1089 *Steinmeyer/Häger*, WpÜG, § 33 Rn. 58; *Hirte*, KK-WPÜG, § 33 Rn. 172; *Herrmann*, Zivilrechtliche Abwehrmaßnahmen, S. 61; *Seydel*, Konzernbildungskontrolle bei der Aktiengesellschaft, S. 104.

1090 *Assmann/Bozenhardt*, in: Assmann/Basaldua, Übernahmeangebote, S. 1, 118; *Lüttmann*, Kontrollwechsel in Kapitalgesellschaften, S. 160; *Immenga*, AG 1992, 79, 82; durch Auslegung ist zu ermitteln, ob die statutarischen Verweigerungsgründe eine abschließende Regelung darstellen oder nicht. Ist dies der Fall, so darf die Zustimmung aus anderen Gründen nicht verweigert werden, vgl. dazu *Bayer*, MüKo-AktG, § 68 Rn. 61; *Lutter*, AG 1992, 369, 371.

1091 *Richter*, in: Semler/Volhard, Arbeitshandbuch für Unternehmensübernahmen, § 52 Rn. 63.

1092 BGH, WM 1987, 174, 175; *Hüffer*, AktG, § 68 Rn. 15; *Lutter*, KK-AktG, § 68 Rn. 30; *Hefermehl/Bungeroth*, in: Geßler/Hefermehl, AktG, § 68 Rn. 124; *Krause/Pötzsch*, in: Assmann/Pötzsch/Schneider, WpÜG, § 33 Rn. 113; anders die früher herrschende Meinung, die ein freies Ermessen annahm, vgl. RGZ 132, 149 156; *Barz*, GK-AktG 3. Aufl., § 68 Rn. 9; *Baumbach/Hueck*, § 68 Rn. 10.

1093 *Bayer*, MüKo-AktG, § 68 Rn. 74, *ders.*, ZGR 2002, 588, 599.

1094 BGH, WM 1987, 174, 175; *Hüffer*, AktG, § 68 Rn. 15; *Wiesner*, in: Hoffmann-Becking, Handbuch des Gesellschaftsrechts Bd. IV, § 14 Rn. 27; *Wirth*, DB 1992, 617, 618; *Bayer*, ZGR 2002, 588, 598.

1095 *Brandi*, in: Thaeter/Brandi, Öffentliche Übernahmen, Teil 3 Rn. 437; *Wirth*, DB 1992, 617, 619; *Lutter*, AG 1992, 369, 371.

nen Grenzen der Rechtsausübung halten. Sie darf daher nicht schikanös, rechtsmissbräuchlich oder sittenwidrig sein.[1096]

Innerhalb der Grenzen des pflichtgemäßen Ermessens verbleibt dem Vorstand ein beachtliches Maß an Entscheidungsfreiheit. Pflichtwidrig ist eine Entscheidung, wenn der Vorstand mit der Zustimmungsverweigerung ein Eigeninteresse verfolgt oder ersichtlich die Interessen der Gesellschaft verletzt.[1097]

bb. Übernahmeabwehr als Verweigerungsgrund?

Es stellt sich die Frage, ob und wann die Abwehr eines drohenden feindlichen Übernahmeversuchs einen zulässigen Grund für die Verweigerung der Zustimmung zur Übertragung der vinkulierten Aktien darstellen kann, sofern die Satzung keine entsprechende Bestimmung enthält. Diese Frage ist umstritten. Der Meinungsstand entspricht weitgehend dem Streitstand zu der allgemeinen Frage, ob die Abwehr eines Übernahmeversuchs im Gesellschaftsinteresse liegt.[1098]

(1) Verweigerung der Zustimmung zum Zwecke der Übernahmeabwehr generell zulässig

Teilweise wird angenommen, allein schon die Wahrung der wirtschaftlichen Selbstständigkeit der Gesellschaft stelle einen ausreichenden Grund für eine Zustimmungsverweigerung zur Aktienübertragung dar.[1099]

Nach dieser Auffassung geht das deutsche Aktienrecht vom Leitbild der unabhängigen Gesellschaft aus.[1100] Die gesellschaftsrechtliche Unabhängigkeit, so wird argumentiert, sei ein in den §§ 311 ff. AktG gesetzlich anerkannter Rechtswert und die Begründung der Abhängigkeit eine wesentliche Qualitätsänderung für das zuvor unabhängige Unternehmen, die dessen Gesellschaftsinteresse betreffe.[1101] Das Gesetz stelle nur einen unzureichenden Schutz vor den Gefahren der Konzernierung zur Verfügung und regele insbesondere nicht den Weg in die Abhängigkeit. Die Aktienvinkulierung sei eines der wenigen gesetzlich vorgesehenen Instrumente, durch das die Gesellschaft die Zusammensetzung ihres Aktionärskreises kontrollieren könne. Durch sie komme regelmäßig der Wille der Gesellschaft zum Ausdruck, sich vor einem fremdunternehmerischen Einfluss zu schützen. Gerade in der Verhinderung von Abhängigkeiten lie-

---

1096 BGH, WM 1987, 174, 175; *Hefermehl/Bungeroth*, in: Geßler/Hefermehl, AktG, § 68 Rn. 124; *Lutter*, KK-AktG, § 68 Rn. 30; *Baumbach/Hueck*, AktG, § 68 Rn. 8.

1097 Vgl. LG Aachen, AG 1992, 410, 413 f.; *Lutter*, AG 1992, 369, 372; *Immenga*, AG 1992, 79, 81; *Hopt*, ZGR 1993, 534, 565.

1098 Siehe hierzu Teil 1 § 2 D.

1099 Vgl. dazu LG Aachen, AG 1992, 410, 413; *Schwennicke*, in: Geibel/Süßmann, WpÜG, § 33 Rn. 55; *Hefermehl/Bungeroth*, in: Geßler/Hefermehl, AktG, § 68 Rn. 73; *Brandi*, in: Thaeter/Brandi, Öffentliche Übernahmen, Teil 3 Rn. 439; *Lutter*, AG 1992, 369, 374; *Wirth*, DB 1992, 617, 620; *Herrmann*, Zivilrechtliche Abwehrmaßnahmen, S. 63.

1100 LG Aachen, AG 1992, 410, 413; *Lutter*, AG 1992, 369, 374; *Wirth*, DB 1992, 617, 620.

1101 *Lutter*, KK-AktG, § 186 Rn. 71; *Wolf*, AG 1998, 212, 215.

ge daher ein maßgeblicher Zweck, der – auch wenn dies in der Satzung selbst nicht expressis verbis zum Ausdruck komme – mit der Vinkulierung angestrebt werden könne und dürfe.[1102] Diesem gesetzlich anerkannten Zweck der Vinkulierung widerspreche es, wenn eine Zustimmungsverweigerung zur Aktienübertragung nicht auch auf die Wahrung der Selbstständigkeit der Gesellschaft gestützt werden könne.[1103]

Folglich dürfe der Vorstand zur Abwehr feindlicher Übernahmen die Zustimmung zur Aktienübertragung verweigern, auch wenn die Satzung diesen Versagungsgrund nicht enthalte.

(2) Verweigerung der Zustimmung zum Zwecke der Übernahmeabwehr generell unzulässig

Nach anderer Auffassung ist eine Zustimmungsverweigerung zum Zwecke der Übernahmeabwehr generell unzulässig.[1104]

Da Übernahmeangebote nicht per se als gesellschaftsschädlich zu betrachten sind, soll deren Abwehr nicht im Interesse der Gesellschaft liegen können. Der Vorstand sei daher nicht befugt, zum Zwecke der Übernahmeabwehr seine Zustimmung zu einer Aktienübertragung zu verweigern. Bei börsennotierten Gesellschaften sei eine solche Verweigerung zudem rechtsmissbräuchlich. Die Gesellschaft akzeptiere mit der Zulassung zum Börsenhandel das Kapitalmarkterfordernis unbeschränkter Fungibilität der Anteile und verstoße daher mit einer Versagung der Zustimmung zur Aktienübertragung gegen das Verbot des widersprüchlichen Verhaltens.[1105]

(3) Stellungnahme

Beide in der Literatur vertretenen Extrempositionen beantworten die Frage, ob die Zustimmung zur Aktienübertragung zum Zwecke der Abwehr eines Übernahmeversuchs verweigert werden kann, anhand einer generellen Betrachtung, die im Ergebnis nicht überzeugen kann.

Die letztgenannte Auffassung statuiert für den Vorstand bei der Entscheidung über die Zustimmung zur Aktienübertragung im Ergebnis eine aktienrechtliche Neutralitätspflicht. Nach der hier vertretenen Auffassung[1106] besteht eine solche Neutralitätspflicht jedoch nicht, da sie im geltenden Aktienrecht keine tragfähige Grundlage findet und insbesondere mit der Verpflichtung des Vorstands zur Wahrung des pluralistischen Gesellschaftsinteresses nicht in Einklang zu bringen ist. Auch im Rahmen

---

[1102] Vgl. LG Aachen, AG 1992, 410, 413; *Hüffer*, AktG, § 68 Rn. 10; *Bayer*, MüKo-AktG, § 68 Rn. 37; *Hefermehl/Bungeroth*, in: Geßler/Hefermehl, AktG, § 68 Rn. 73; *Lutter*, AG 1992, 369, 374; *Wirth*, DB 1992, 617, 620; *Sieveking/Technau*, AG 1989, 17.

[1103] *Herrmann*, Zivirechtliche Abwehrmaßnahmen, S. 62; *Lutter*, AG 1992, 369, 374; *Wirth*, DB 1992, 617, 620.

[1104] *Assmann/Bozenhardt*, in: Assmann/Basaldua, Übernahmeangebote, S. 1, 118; *Otto*, DB-Beilage 12/1988, 1, 7; *Immenga*, AG 2002, 79, 82 f.

[1105] *Otto*, DB-Beilage 12/1988, 1, 7; *Immenga*, AG 2002, 79, 83.

[1106] Siehe hierzu Teil 1 § 2 A II.

des § 68 Abs. 2 AktG hat sich die Entscheidung des Vorstands maßgeblich am Gesellschaftsinteresse auszurichten.[1107] Nicht anders als bei der sonstigen Leitungstätigkeit des Vorstands ist darunter die Pluralität der in der Gesellschaft zusammentreffenden Gruppeninteressen zu verstehen.[1108] Ergibt eine Abwägung dieser Interessen, dass die Abwehr eines neuen Mehrheitsgesellschafters geboten ist, so ist der Vorstand berechtigt, den Aktienerwerb durch eine Verweigerung der Zustimmung zur Aktienübertragung zu verhindern. Die These, der Vorstand dürfe auf die Zusammensetzung des Aktionärskreises keinen Einfluss nehmen, kann bei vinkulierten Namensaktien deswegen nicht gelten, weil das Instrument der Vinkulierung gerade den Zweck hat, durch eine Entscheidung des Vorstands den Mitgliederbestand der Gesellschaft zu beeinflussen.[1109]

Das gilt selbst dann, wenn die Gesellschaft börsennotiert ist. Zwar wurde früher im Zusammenhang mit der Börsenzulassung von den Aktiengesellschaften eine Erklärung verlangt, in der diese sich verpflichteten, einer Aktienübertragung im Interesse der Verkehrsfähigkeit generell zuzustimmen.[1110] Aus dieser Erklärung gegenüber der Zulassungsstelle der Börse ergibt sich aber keine Verpflichtung gegenüber den Aktionären, entsprechend der Erklärung zu handeln. Daher stellt auch die entgegen der Erklärung vorgenommene Versagung der Zustimmung zur Aktienübertragung kein widersprüchliches Verhalten dar, weil widersprüchliches Verhalten nur gegenüber dem Erklärungsempfänger vorliegen kann.[1111] Zudem schafft die im Zulassungsverfahren abgegebene Erklärung für die Aktionäre keinen Vertrauenstatbestand, der die Verweigerung der Zustimmung zur Aktienübertragung als rechtsmissbräuchlich erscheinen lassen könnte. Denn wer vinkulierte Aktien über die Börse erwirbt, weiß schließlich, dass der Verkauf nicht sicher, sondern mit dem Risiko einer Zustimmungsverweigerung behaftet ist.[1112]

Darüber hinaus ist es gerade bei börsennotierten Unternehmen für einen veräußerungswilligen Aktionär kein Problem, einen Erwerber zu finden, bei dem etwa die Gefahr einer feindlichen Übernahme nicht besteht, so dass regelmäßig alternative Veräußerungsmöglichkeiten vorhanden sind. Da die Interessen verkaufswilliger Aktionäre

---

1107 BGH, WM 1987, 174, 175; *Hüffer*, AktG, § 68 Rn. 15; *Lutter*, KK-AktG, § 68 Rn. 30; *ders.*, AG 1992, 369, 371; *Müller*, FS Semler, S. 195, 210; *Immenga*, AG 1992, 79, 82.

1108 So auch *Wirth*, DB 1992, 617, 619.

1109 LG Aachen, AG 1992, 410, 413; *Baums/Hecker*, in: Baums/Thoma, WpÜG, § 3 Rn. 35; *Wirth*, DB 1992, 617, 620.

1110 Seit Anfang der neunziger Jahre des vorigen Jahrhunderts verzichtet die Zulassungsstelle mangels gesetzlicher Grundlage auf diese Erklärung. Gleichwohl ist es gemäß § 5 Abs. 2 Nr. 2 BörsZulVO Zulassungsvoraussetzung für vinkulierte Namensaktien, dass das Zustimmungserfordernis nicht zu einer „Störung des Börsenhandels" führt. Die Handelbarkeit vinkulierter Namensaktien wird dadurch erleichtert, dass sie in die Girosammelverwahrung einbezogen werden können. Dadurch und über die computergestützten Handelssysteme führt das gesellschaftsrechtliche Zustimmungserfordernis im Regelfall nicht mehr zu einer Störung des Börsenhandels. Vgl. *Heidelbach*, in: Schwark, Kapitalmarktrecht, § 5 BörsZulVO Rn. 3; *Schwark*, BörsG, § 38 Rn. 4.

1111 Vgl. *Herrmann*, Zivilrechtliche Abwehrmaßnahmen, S. 64; *Lutter*, AG 1992, 369, 371; *Wirth*, DB 1992, 617, 619; a.A. *Otto*, DB-Beilage 12/1988, 1, 7; *Immenga*, AG 2002, 79, 83.

1112 Vgl. LG Aachen, AG 1992, 410, 412.

damit auch bei börsennotierten Aktiengesellschaften gewahrt sind, hat der Vorstand auch bei diesen die Befugnis, seine Zustimmung zur Aktienübertragung zum Zwecke der Übernahmeabwehr zu verweigern, wenn dies im Unternehmensinteresse geboten ist.

Daraus folgt jedoch nicht, dass die Zustimmung zur Aktienübertragung generell zur Wahrung der Selbstständigkeit der Gesellschaft und unabhängig von den Umständen des Einzelfalles versagt werden darf, wie es von der erstgenannten Auffassung behauptet wird. Ein diese Annahme rechtfertigendes generelles Interesse der Gesellschaft an ihrer wirtschaftlichen Selbstständigkeit besteht nämlich nicht.[1113] Die Wahrung der wirtschaftlichen Selbstständigkeit der Gesellschaft ist kein Selbstzweck.[1114] Sie ist nur gerechtfertigt, soweit sie für die an der Gesellschaft beteiligten Interessengruppen vorteilhafter ist als ihre Aufgabe.[1115] Hiergegen lässt sich auch nicht einwenden, die Gesellschaft bekunde durch die Aktienvinkulierung ein generelles Interesse am Erhalt ihrer Selbstständigkeit.[1116] Wenn der Satzungsgeber bewusst auf die Aufnahme von Verweigerungsgründen verzichtet, macht er die Verweigerung der Zustimmung zur Aktienübertragung nämlich von der Existenz eines entsprechenden Gesellschaftsinteresses abhängig. Die Zulässigkeit der Verweigerung setzt die Feststellung eines entsprechenden Gesellschaftsinteresses an der wirtschaftlichen Selbstständigkeit voraus, dieses kann aber nicht aus einer generellen Vinkulierungsklausel in der Satzung gefolgert werden. Hat der Satzungsgeber ein generelles Interesse an der Aufrechterhaltung der wirtschaftlichen Selbstständigkeit, so muss er dies durch die Aufnahme eines entsprechenden Verweigerungsgrundes in der Satzung – etwa die Abwehr feindlicher Übernahmeversuche – ausdrücklich bestimmen. Eine allgemeine Vinkulierungsklausel modifiziert die Bindung an das nach den allgemeinen Grundsätzen zu bestimmende pluralistische Unternehmensinteresse nicht.

cc. Fazit

Nicht anders als bei der sonstigen Ausübung seiner Leitungstätigkeit muss der Vorstand bei der Entscheidung über die Zustimmung zur Aktienübertragung im Rahmen seiner pflichtgemäßen Ermessensbetätigung die durch das Unternehmensinteresse aufgestellten Leitmaximen beachten.[1117] Eine Versagung der Zustimmung zur Übertragung vinkulierter Namensaktien zum Zwecke der Übernahmeabwehr hält sich im Rahmen dieser Grenzen, wenn die Abwehr des feindlichen Bieters sich nachvollziehbar mit der vorzunehmenden Interessenabwägung begründen lässt. Wann das der Fall ist, kann nicht pauschal beurteilt werden, sondern bedarf der Prüfung im Einzelfall. Hier gelten die bereits angesprochenen Erwägungen.[1118] Der Vorstand hat insbesonde-

1113 Siehe hierzu Teil 1 § 2 D I.

1114 *Müller*, FS Semler, S. 195, 213; *Thümmel*, DB 2000, 461, 463; *Lange*, WM 2002, 1737, 1740.

1115 Ähnlich *Müller*, FS Semler, S. 195, 212.

1116 So aber *Lutter*, AG 1992, 369, 374; ähnlich *Krause/Pötzsch*, in: Assmann/Pötzsch/Schneider, WpÜG, § 33 Rn. 113.

1117 So auch *Wirth*, DB 1992, 617, 619.

1118 Zu den maßgeblichen Kriterien der Abwägungsentscheidung siehe Teil 1 § 2 D III.

re die Auswirkungen der übernahmebehindernden Zustimmungsverweigerung mit den Auswirkungen eines erfolgreichen Übernahmeangebots auf die maßgeblichen Gruppeninteressen abzuwägen. Durch die Abwägung stellt er fest, ob die Verweigerung der Zustimmung zur Übernahmeabwehr im Interesse der Gesellschaft liegt oder nicht. Eine Verweigerung der Zustimmung zur Aktienübertragung zur Sicherung der eigenen Position scheidet generell aus.

3. Verweigerung in der Angebotsphase

Die Versagung der Zustimmung zur Übertragung vinkulierter Namensaktien stellt eine erfolgsverhindernde Maßnahme im Sinne des § 33 Abs. 1 S. 1 WpÜG dar, da sie objektiv geeignet ist, den Erfolg eines Übernahmeangebots zu verhindern.[1119] Sie kann daher vom Vorstand *nach Abgabe eines Übernahmeangebots* nur vorgenommen werden, wenn einer der Ausnahmetatbestände des § 33 Abs. 1 S. 2 WpÜG erfüllt ist.

a. Maßnahmen der ordnungsgemäßen Geschäftsführung

Zu erwägen ist daher, ob der Vorstand während der Angebotsphase seine Zustimmung zur Aktienübertragung unter Berufung auf § 33 Abs. 1 S. 2 Var. 1 WpÜG versagen kann.

Das wäre der Fall, wenn die Versagung der Zustimmung eine Maßnahme darstellt, die auch ein ordentlicher und gewissenhafter Geschäftsleiter einer Gesellschaft, die nicht von einem Übernahmeangebot betroffen ist, vornehmen würde. Abgesehen von wenigen Ausnahmefällen[1120] stellt die Versagung der Zustimmung zur Aktienübertragung in der Angebotsphase jedoch gerade keine Maßnahme des Tagesgeschäfts dar, die unabhängig von dem Übernahmeangebot durchgeführt wird.[1121] Ebenso wenig beruht sie auf einer vor der Übernahme gefassten und von der feindlichen Übernahme unabhängigen Unternehmensstrategie. Vielmehr dient sie ausschließlich der Abwehr der feindlichen Übernahme und ist somit ohne das Vorliegen des feindlichen Angebots undenkbar.

Daher kann die Versagung der Zustimmung zur Übertagung vinkulierter Namensaktien auf einen feindlichen Bieter in der Angebotsphase nicht auf § 33 Abs. 1 S. 2 Var. 1 WpÜG gestützt werden.

1119 Vgl. *Krause/Pötzsch*, in: Assmann/Pötzsch/Schneider, WpÜG, § 33 Rn. 112; *Hirte*, KK-WpÜG, § 33 Rn. 172; *Schwennicke*, in: Geibel/Süßmann, WpÜG, § 33 Rn. 50; *Brandi*, in: Thaeter/Brandi, Öffentliche Übernahmen, Teil 3 Rn. 436.

1120 Ein solcher Ausnahmefall liegt z.B. vor, wenn die Zustimmung zur Übertragung von nur teilweise eingezahlten Aktien verweigert wird, weil die Zahlungsfähigkeit des Erwerbers zweifelhaft ist. Zu diesem Verweigerungsrund *Hüffer*, AktG, § 68 Rn. 10; *Bayer*, MüKo-AktG, § 68 Rn. 60.

1121 So auch *Richter*, in: Semler/Volhard, Arbeitshandbuch für Unternehmensübernahmen, § 52 Rn. 65; *Brandi*, in: Thaeter/Brandi, Öffentliche Übernahmen, Teil 3 Rn. 436; widersprüchlich *Schwennicke*, in: Geibel/Süßmann, WpÜG, § 33 Rn. 55 (Maßnahme des Tagesgeschäfts) und Rn. 50 (übernahmebedingte Maßnahme).

b. Zustimmung des Aufsichtsrats

Derartige übernahmebedingte Maßnahmen kann der Vorstand aber aufgrund des Ausnahmetatbestandes des § 33 Abs. 1 S. 2 Var. 3 WpÜG durchführen, wenn er die Zustimmung des Aufsichtsrats eingeholt hat.[1122] In der Angebotsphase kann der Vorstand folglich die Zustimmung zur Übertragung vinkulierter Aktien nur mit der Zustimmung es Aufsichtrats versagen.

Wegen des nach der Abgabe eines Übernahmeangebots typischerweise bestehenden Interessenkonfliktes steht den Verwaltungsorganen bei der Vornahme der Maßnahme jedoch kein unternehmerischer Ermessensspielraum zu.[1123] Sowohl die Entscheidung des Vorstands, die Zustimmung zur Aktienübertragung nach § 33 Abs. 1 S. 2 Var. 3 WpÜG zu versagen, als auch die Zustimmung des Aufsichtsrats zu dieser Entscheidung sind in vollem Umfang gerichtlich überprüfbar.[1124] Beide Organe müssen sorgfältig begründen, warum die Maßnahme ergriffen wurde, und warum sie nach ihrer Einschätzung im Unternehmensinteresse liegt.[1125] Zudem unterliegen die Entscheidungen einer Verhältnismäßigkeitsprüfung.

4. Umgehung der Vinkulierung

Da die Vinkulierung grundsätzlich nur den dinglichen Rechtsübergang der Aktien und der hiermit verbundenen Rechte von der Zustimmung der Gesellschaft abhängig macht, kann ein feindlicher Bieter versuchen, den beabsichtigten Einfluss auf die Zielgesellschaft nicht durch einen dinglichen Erwerb, sondern über eine schuldrechtliche Abrede mit einzelnen Aktionären zu erlangen.

a. Umgehungsgeschäfte

Um kontrollierenden Einfluss auf die Willensbildung einer Zielgesellschaft zu erlangen, könnte ein feindlicher Bieter sich z.B. Stimmrechtsvollmachten im Sinne des § 134 Abs. 3 AktG erteilen lassen oder mit einzelnen Aktionären Stimmbindungsvereinbarungen eingehen.[1126] Auf diese Weise könnte er die Abstimmungsergebnisse der

---

1122 *Schwennicke*, in: Geibel/Süßmann, WpÜG, § 33 Rn. 50; *Brandi*, in: Thaeter/Brandi, Öffentliche Übernahmen, Teil 3 Rn. 375; *Winter/Harbarth*, ZIP 2002, 1, 8.

1123 Vgl. hierzu Teil 1 § 3 C I 2 d dd (3) (b).

1124 Vgl. *Ekkenga*, in: Ehricke/Ekkenga/Oechsler, WpÜG, § 33 Rn. 58; *Steinmeyer/Häger*, WpÜG, § 33 Rn. 22; *Hopt*, ZHR 166 (2002), 383, 428; *Hirte*, ZGR 2002, 623, 642; *Zech*, Abwehrmaßnahmen nach dem WpÜG, S. 173.

1125 Vgl. *Ekkenga*, in: Ehricke/Ekkenga/Oechsler, WpÜG, § 33 Rn. 60; *von Nussbaum*, Aktiengesellschaft als Zielgesellschaft eines Übernahmeangebots, S. 195; *Thümmel*, DB 2000, 461, 463; ähnlich *Winter/Harbarth*, ZIP 2002, 1, 10, die allerdings darüber hinaus die Darlegung eines „dringenden Unternehmensinteresses" fordern.

1126 *Richter*, in: Semler/Volhard, Arbeitshandbuch für Unternehmensübernahmen, § 52 Rn. 66; *Krause*, AG 2002, 133, 138; *Lutter/Grunewald*, AG 1989, 109, 110; *Sieveking/Technau*, AG 1989, 18, 19 bezeichnen Stimmrechte, die derartigen Abreden unterliegen, als „disponible Stimmrechte".

Hauptversammlung auch ohne einen aufgrund der Vinkulierungsklausel zustimmungspflichtigen Aktienerwerb beeinflussen und sich genau den Einfluss auf die Entscheidungen der Gesellschaft verschaffen, der ihm aufgrund der Vinkulierung ohne Zustimmung des zuständigen Organs nicht zustehen soll.[1127]

Stimmrechtsvollmachten für und Stimmbindungsverträge mit anderen Aktionären oder gesellschaftsfremden Personen sind grundsätzlich zulässig.[1128] Allerdings werden derartige Konstruktionen als Umgehung des § 68 Abs. 2 AktG qualifiziert, wenn sie die von der Vinkulierung bezweckte Kontrolle über die Zusammensetzung des Aktionärskreises aushebeln.[1129] Das ist bei Stimmrechtsvollmachten der Fall, soweit der Dritte die Vollmacht im eigenen Interesse ausüben und somit nach freiem Belieben auf die innergesellschaftliche Willensbildung einwirken kann.[1130] Bei Stimmbindungsverträgen liegt ein Umgehungsgeschäft vor, wenn dem Dritten ein allgemeiner und ständiger Einfluss auf die Zielgesellschaft gewährt wird.[1131]

b. Rechtsfolge

Uneinigkeit besteht darüber, wie eine Umgehung der Vinkulierung durch einen Stimmbindungsvertrag oder eine Stimmrechtsvollmacht zu behandeln ist.[1132] Nach einer Auffassung sind Rechtsgeschäfte dieser Art nach § 134 BGB bzw. § 138 Abs. 1 BGB von vornherein nichtig, da sie mit dem Zweck der durch § 68 Abs. 2 AktG zugelassenen Vinkulierung kollidieren.[1133] Nach anderer Auffassung werden derartige Umgehungsgeschäfte in analoger Anwendung des § 68 Abs. 2 AktG von der Vinkulierung erfasst und sind daher ohne Zustimmung der Gesellschaft schwebend unwirksam.[1134]

Die erstgenannte Auffassung übersieht, dass es bei der Umgehung der Vinkulierung nicht um die Umgehung eines Verbotsgesetzes, sondern um die Umgehung einer Satzungsklausel geht.[1135] Wie diese Umgehung zu behandeln ist, bestimmt sich daher nicht nach den für Gesetzesumgehungen angeordneten Rechtsfolgen, sondern nach den Rechtsfolgen der umgangenen Satzungsbestimmung selbst. Die Vinkulierungsklausel

---

1127 *Lutter/Grunewald*, AG 1989, 109, 111 f.; *Sieveking/Technau*, AG 1989, 17, 18.

1128 *Bayer*, MüKo-AktG, § 68 Rn. 117; *Lutter/Grunewald*, AG 1989, 109, 111, 113.

1129 *Bayer*, MüKo-AktG, § 68 Rn. 118; *Wiesner*, in: Hoffmann-Becking, Handbuch des Gesellschaftsrechts Bd. IV, § 14 Rn. 34; *Lutter*, KK-AktG, § 68 Rn. 49.

1130 *Sieveking/Technau*, AG 1989, 17, 18; strenger *Lutter/Grunewald*, AG 1989, 109, 113, nach denen eine Vollmacht schon dann ein Umgehungsgeschäft darstellt, wenn sie allgemein gefasst ist. Auch ein Weisungsrecht soll an dieser Betrachtung nichts ändern, da dessen Ausübung nicht gesichert ist.

1131 *Lutter/Grunewald*, AG 1989, 109, 112.

1132 Ausführlich dazu *Herrmann*, Zivilrechtliche Abwehrmaßnahme, S. 65 ff.

1133 RGZ 69, 134, 137; RGZ 132, 149, 159; *Hefermehl/Bungeroth*, in: Geßler/Hefermehl, AktG, § 68 Rn. 157 ff.; *Wiesner*, in: Hoffmann-Becking, Handbuch des Gesellschaftsrechts Bd. IV, § 14 Rn. 34; *Overrath*, Die Stimmrechtsbindung, S. 48; *Boesebeck*, NJW 1960, 7, 8.

1134 Sogenannte „Normanwendungstheorie“, vgl. *Bayer*, MüKo-AktG, § 68 Rn. 120; *Lutter*, KK-AktG, § 68 Rn. 49; *Hüffer*, AktG, § 68 Rn. 12; *Baumbach/Hueck*, AktG, § 68 Rn. 7.

1135 Vgl. *Lutter/Grunewald*, AG 1989, 109, 110.

macht die Übertragung der Aktien von der Genehmigung der Gesellschaft abhängig und ordnet für eine der Vinkulierung zuwiderlaufende Aktienübertragung die schwebende Unwirksamkeit an. Da der Umgehungsschutz nicht weiter gehen kann als der Schutz der umgangenen Satzungsbestimmung selbst, sind auch Umgehungsgeschäfte der Vinkulierung grundsätzlich lediglich schwebend unwirksam.[1136] Eine Nichtigkeit solcher Vereinbarungen kommt nur aufgrund besonderer Umstände in Betracht.[1137] Im Hinblick auf Stimmrechtsvollmachten ist insofern allerdings zu berücksichtigen, dass diese als einseitige Rechtsgeschäfte nach § 180 Abs. 2 BGB nicht schwebend unwirksam sein können und daher immer von Anfang an unwirksam sind.[1138]

Übt nun ein Dritter das Stimmrecht aufgrund einer solchen Vollmacht, die als Umgehung der Vinkulierungsklausel unwirksam ist, in der Hauptversammlung aus, so ist seine Stimmabgabe unwirksam, da keine Willenserklärung für den vertretenen Aktionär abgegeben worden ist. Wird die Stimme dennoch mitgezählt, so ist der zustande gekommene Beschluss allerdings nur dann nach § 243 AktG anfechtbar, wenn das Abstimmungsergebnis aufgrund der Fehlzählung falsch festgestellt wurde.[1139]

Stimmt ein Aktionär aufgrund eines schwebend unwirksamen Stimmbindungsvertrags in der Hauptversammlung ab, so ist er als Inhaber der Mitgliedschaft zwar grundsätzlich stimmberechtigt; seine Stimmabgabe ist aber wegen treuwidrigen Verhaltens unzulässig und daher nicht mitzuzählen.[1140] Der Treuepflichtverstoß folgt daraus, dass der Aktionär durch die Abstimmung gegen die im Statut der Gesellschaft verankerte Vinkulierungsklausel verstößt, die sich auch auf das Umgehungsgeschäft bezieht. Der zustande gekommene Hauptversammlungsbeschluss kann daher ebenfalls nach § 243 AktG angefochten werden, allerdings wiederum nur dann, wenn die Stimme für das Ergebnis ursächlich war.[1141]

c. Praktische Erwägungen

Obwohl somit auch Umgehungsgeschäfte von der Vinkulierungsklausel erfasst werden, bestehen die Umgehungsmöglichkeiten in der Praxis fort und schränken die Effektivität der Vinkulierung ein.

Dies liegt zum einen daran, dass derartige Abreden über die unmittelbaren Vertragsparteien hinaus üblicherweise nicht transparent werden. Die Gesellschaft hat da-

---

1136 *Bayer*, MüKo-AktG, § 68 Rn. 120; *Lutter*, KK-AktG, § 68 Rn. 49; so auch *Sieveking/Technau*, AG 1989, 18, 19.

1137 *Bayer*, MüKo-AktG, § 68 Rn. 120; *Lutter*, KK-AktG, § 68 Rn. 49; a.A. (Nichtigkeit) *Wiesner*, in: Hoffmann-Becking, Handbuch des Gesellschaftsrechts Bd. IV, § 14 Rn. 34; *Sieveking/Technau*, AG 1989, 17, 18 f.

1138 So auch *Lutter/Grunewald*, AG 1989, 109, 113; a.A. wohl *Bayer*, MüKo-AktG, § 68 Rn. 121, der von einer schwebend unwirksamen Stimmrechtsvollmacht spricht.

1139 *Bayer*, MüKo-AktG, § 68 Rn. 121; *Lutter/Grunewald*, AG 1989, 109, 114; *Sieveking/Technau*, AG 1989, 17, 20.

1140 *Bayer*, MüKo-AktG, § 68 Rn. 121; *Lutter/Grunewald*, AG 1989, 109, 114 f.

1141 *Bayer*, MüKo-AktG, § 68 Rn. 121; *Lutter/Grunewald*, AG 1989, 109, 115; *Sieveking/Technau*, AG 1989, 17, 22 ff.

her in der Regel von der Existenz der Umgehungsgeschäfte keine Kenntnis und kann gegen diese bzw. gegen die auf ihnen basierende Stimmabgabe nicht vorgehen.[1142] Selbst wenn es der betroffenen Gesellschaft einmal gelingen sollte, eine konkrete Umgehung der Vinkulierungsklausel offen zu legen, stellen sich für den Vorstand der betroffenen Gesellschaft erhebliche Beweisprobleme, wenn er gegen den zustande gekommenen Hauptversammlungsbeschluss durch eine Anfechtungsklage nach §§ 243, 245 Nr. 4 AktG vorgehen will, da die Darlegungs- und Beweislast im Rahmen einer solchen Anfechtung beim Kläger liegt.[1143] In der Praxis ist eine wirksame Sanktionierung von Umgehungsgeschäften gegen eine Vinkulierungsklausel wegen der Schwierigkeiten des Nachweises einer Umgehung und wegen der Beweisprobleme bei einem gerichtlichen Vorgehen gegen den zustande gekommenen Hauptversammlungsbeschluss so gut wie ausgeschlossen.[1144]

5. Akzeptanz des Kapitalmarkts

Die Vinkulierung schränkt die Fungibilität der betroffenen Aktien und damit deren Liquidität ein. Diese Liquiditätsbeschränkung wirkt sich regelmäßig negativ auf den Aktienkurs aus. Dennoch sind vinkulierte Namensaktien auch bei börsennotierten Großunternehmen durchaus üblich.[1145] Insbesondere in der Versicherungsbranche kommen sie in Deutschland in großem Maße vor. Dieser Umstand lässt darauf schließen, dass vinkulierte Namensaktien trotz ihrer vorerwähnten Nebenwirkungen am Kapitalmarkt zumindest in einem gewissen Umfang akzeptiert sind.

6. Fazit

Vinkulierte Namensaktien können grundsätzlich zur Prävention gegen feindliche Übernahmen eingesetzt werden kann, da ihre Übertragung auf einen feindlichen Bieter von der Zustimmung der Gesellschaft abhängig ist.

Eine nachträgliche Vinkulierung bestehender Aktien ist allerdings praktisch nicht durchzuführen, da sie die Zustimmung aller Aktionäre erfordert. Gleiches gilt, wenn neue vinkulierte Namensaktien unter Beachtung des Bezugsrechts ausgegeben werden sollen. In der Praxis ist die Einführung vinkulierter Namensaktien nur im Rahmen einer Kapitalerhöhung unter Ausschluss des Bezugsrechts möglich, weil die Vinkulierung dann durch schlichte Satzungsänderung vorgenommen werden kann.

1142 *Sieveking/Technau*, AG 1989,17, 18.

1143 *Bayer*, MüKo-AktG, § 68 Rn. 121; *Lutter/Grunewald*, AG 1989, 109, 115; *Sieveking/Technau*, AG 1989, 17, 22 ff.; allgemein zur Beweislast im Rahmen von § 243 Abs. 2 AktG *Hüffer*, AktG, § 243 Rn. 60.

1144 Ähnlich *Bayer*, MüKo-AktG, § 68 Rn. 121, der insofern von kaum lösbaren Beweisproblemen spricht.

1145 *Brandi*, in: Thaeter/Brandi, Öffentliche Übernahmen, Teil 3 Rn. 435 Fn. 617 mit Hinweis auf den Springer Verlag, die Allianz, die Münchener Rück und die Lufthansa. Weitere Nachweise aus der Praxis bei *Wiesner*, in: Hoffmann-Becking, Handbuch des Gesellschaftsrechts Bd. IV, § 14 Rn. 17 Fn. 35.

Sofern die Vinkulierung nicht ausdrücklich zur Abwehr feindlicher Übernahmen eingeführt wurde, muss der Vorstand seine Entscheidung über die Versagung der Zustimmung zur Aktienübertragung am Unternehmensinteresse ausrichten. Dabei steht ihm sein unternehmerischer Ermessensspielraum zu. Erfolgt die Versagung in der Angebotsphase, so ist nach § 33 Abs. 1 S. 2 Var. 3 WpÜG die Zustimmung des Aufsichtsrats einzuholen. In diesem Fall sind sowohl die Verweigerung der Zustimmung zur Aktienübertragung durch Vorstand als auch die Zustimmung des Aufsichtsrats zu dieser Entscheidung wegen des übernahmebedingten Interessenkonflikts hinsichtlich ihrer Rechtmäßigkeit gerichtlich voll überprüfbar.

In der Praxis wird die Effektivität der Vinkulierung dadurch eingeschränkt, dass der mit ihr verfolgte Zweck der Kontrolle über den Aktionärskreis durch zahlreiche Umgehungsabreden unterlaufen werden kann. Selbst wenn ein solches Umgehungsgeschäft einmal aufgedeckt werden sollte, ist eine faktische Umgehung der Vinkulierung wegen der bestehenden Beweisprobleme bei einem gerichtlichen Vorgehen gegen die darauf basierende Stimmabgabe in der Regel möglich.

Vinkulierte Namensaktien sind daher allenfalls eingeschränkt geeignet, ein drohendes feindliches Übernahmeangebot abzuwehren.

Teil 2: Präventivmaßnahmen in Großbritannien

§ 4 Rechtliche Rahmenbedingungen

Nachdem zunächst die Zulässigkeit von Präventivmaßnahmen zur Abwehr feindlicher Übernahmeversuche in Deutschland untersucht worden ist, soll im Weiteren die Situation in Großbritannien dargestellt werden. Gegenstand der Betrachtung sind dabei Maßnahmen, die eine börsennotierte public company[1146] zur Prävention gegen feindliche Übernahmen vornehmen kann.

Börsennotiert (listed) im Sinne des britischen Kapitalmarktrechts sind solche public companies, deren Aktien die Börsenaufsicht (UK Listing Authority) zu ihrer Official List zugelassen hat, und die danach auf dem offiziellen Markt der London Stock Exchange (Listed Market), der auch als Hauptsegment (Main Market) bezeichnet wird, gehandelt werden. Unternehmen, deren Aktien auf dem weniger regulierten Zweitmarkt (Alternative Investment Market) – einem dem Freiverkehr vergleichbaren Handelssegment – gehandelt werden und damit nicht zur Official List zugelassen sind, gehören dagegen nach britischem Kapitalmarktrecht nicht zu den börsennotierten Gesellschaften.[1147] Sie sind daher auch nicht Teil dieser Untersuchung.

A. Kategorisierung präventiver Abwehrmaßnahmen

Auch für das britische Recht wird bei der Darstellung der einzelnen Präventivmaßnahmen zwischen Maßnahmen der Aktionäre, Maßnahmen der Verwaltung (board of directors) und Ermächtigungen der Hauptversammlung (general meeting) an die Verwaltung unterschieden.

1146 Die public limited company oder public company ist funktional der deutschen Aktiengesellschaft vergleichbar. Nach der Legaldefinition in sec. 1 (3) CA 1985 ist eine public company eine Kapitalgesellschaft deren Haftung auf eine Garantie oder eine Kapitaleinlage von mindestens GBP 50.000,- beschränkt ist (sec. 11, 118 CA 1985), die im memorandum of association als public company bezeichnet wird, die mindestens zwei Anteilseigner hat (sec. 1 (1) CA 1985) und die als public company im companies register eingetragen ist. Im Gegensatz zur private company kann sich die public company gemäß sec. 81 CA 1985 zur Kapitalbeschaffung an die Öffentlichkeit wenden und ihre Aktien zum Verkauf über die Börse anbieten. Des weitern unterliegt sie strengeren Vorschriften bezüglich Kapitalaufbringung- und erhaltung, Rechnungslegung, Gewinnverteilung, Aufsicht und Erwerb von Gesellschaftsanteilen. Als zwingenden Namenszusatz muss sie gemäß sec. 25 und 26 CA 1985 die Bezeichnung „public limited company" oder die Abkürzung „plc" führen. Für weitere Einzelheiten siehe *Pettet* Company Law, S. 15 f.; *Gower/Davies*, Company Law, S. 12 ff.; *Bernstorff*, Einführung in das englische Recht, S. 220 f.; *Kasolowsky*, in: Hirte/Bücker, Grenzüberschreitende Gesellschaften, S. 153 ff.

1147 Vgl. dazu sec. 74 ff. FSMA 2000; Listing Rules, Definitions; *Pettet*, Company Law, S. 258 f., 370, 398 ff.; *Gower/Davies*, Company Law, S. 14 f.

I. Maßnahmen der Aktionäre

Als Maßnahmen der Aktionäre werden in erster Linie Vorkehrungen untersucht, die im Vorfeld einer Übernahme durch einen entsprechenden Beschluss des general meeting in der Verfassung einer übernahmebedrohten public company verankert werden können, um die Übernahme durch einen feindlichen Bieter zu verhindern oder zu erschweren. Hierunter fallen z.B. die satzungsmäßige Veränderung der Stimmrechtsmacht durch Mehrstimmrechte, Höchststimmrechte und stimmrechtslose Aktien sowie die satzungsmäßige Erschwerung der Neubesetzung des board of directors. Als weitere Maßnahme der Aktionäre, die allerdings außerhalb der Satzung vorgenommen wird, wird der Abschluss von Stimmbindungsverträgen untersucht.

Die Verfassung einer public company besteht im Unterschied zum deutschen Recht nicht aus einer einheitlichen Satzung, sondern aus zwei selbstständigen Bestandteilen: dem memorandum of association und den articles of association. Das memorandum regelt die Grundlagen und das Außenverhältnis der Gesellschaft wie Firma, Sitz, Gegenstand, Haftungsbeschränkung sowie Höhe und Stückelung des Nominalkapitals.[1148] Die articles befassen sich dagegen mit dem Innenverhältnis und der Organisation der Gesellschaft. Sie sind für die Bestimmung der Aktionärsrechte regelmäßig von größerer Bedeutung als das memorandum und regeln unter anderem Konstituierung und Befugnisse der Gesellschaftsorgane, Gewinnausschüttungen, Aktiengattungen und Stimmrechte.[1149] Satzungsmäßige Vorkehrungen zur Prävention feindlicher Übernahmeversuche finden sich typischerweise in den ausführlichen articles. Da britische Gesellschaften im Hinblick auf die inhaltliche Ausgestaltung der articles und des memorandums eine große Freiheit genießen, bestehen für satzungsmäßige Übernahmehindernisse nur wenige gesetzliche Beschränkungen.

II. Maßnahmen der Verwaltung

Unter den Maßnahmen der Verwaltung sind Abwehrhandlungen zu verstehen, die in die Geschäftsführungsbefugnis des board of directors fallen und von diesem im Vorfeld einer Übernahme zur Übernahmeprävention vorgenommen werden können. Dazu gehören die Eingehung gegenseitiger oder ringförmiger Beteiligungen, die Vereinbarung von change of control Klauseln in den Verträgen der Gesellschaft sowie die Gewährung von hohen Abfindungszahlungen an die directors.

Für die Rechtmäßigkeit dieser Maßnahmen sind insbesondere die Treuepflichten der directors (directors' fiduciary duties) gegenüber der Gesellschaft von Bedeu-

---

1148 Vgl. zum zwingenden Mindestinhalt des memorandum sec. 2 CA 1985; dazu *Pettet*, Company Law, S. 88; *Gower/Davies*, Company Law, S. 57 f.; *Triebel/Hodgson/Kellenter/Müller*, Englisches Handels- und Wirtschaftsrecht, Rn. 602.

1149 Eine Übersicht über die in den articles üblicherweise geregelten Gegenstände findet sich in der Mustersatzung Table A, die in den Durchführungsbestimmungen des Companies Act 1985 enthalten ist, vgl. dazu *Pettet*, Company Law, S. 88 f.; *Triebel/Hodgson/Kellenter/Müller*, Englisches Handels- und Wirtschaftsrecht, Rn. 603; *Pennington*, in: Jura Europae, Gesellschaftsrecht Bd. IV, 90.10.11; *Cadman*, Shareholders' Agreements, S. 41

tung, die sich aus dem common law ergeben.[1150] Darüber hinaus bestimmt sich die Zulässigkeit von Abwehrmaßnahmen der Verwaltung im britischen Recht nach dem Verbot vereitelnder Verteidigungsmaßnahmen (prohibition of frustrating action) des City Code.[1151] Dieses Verbot gilt jedoch erst in der Angebotsphase, wenn ein Übernahmeangebot abgegeben worden ist, bzw. wenn objektive Anzeichen dafür vorliegen, dass die Abgabe eines ernsthaften Übernahmeangebots bevorsteht. Für die hier zu untersuchenden präventiven Maßnahmen der Verwaltung, die ausschließlich in der Vorangebotsphase vorgenommen werden, hat die prohibition of frustrating action dagegen keine Bedeutung.[1152]

III. Ermächtigungen des general meeting an die directors

Die dritte Kategorie präventiver Abwehrmaßnahmen bilden schließlich Ermächtigungen des general meeting. Durch diese werden die directors in der Vorangebotsphase dazu ermächtigt, bestimmte Maßnahmen vorzunehmen, die im Falle eines feindlichen Übernahmeversuchs – möglicherweise auch in der Angebotsphase – zu dessen Abwehr eingesetzt werden können. Zu den möglichen Maßnahmen zählen die Ermächtigung zur Aktienausgabe unter Ausschluss des Bezugsrechts,[1153] die Ermächtigung zum Rückkauf eigener Aktien[1154] und die Ermächtigung zur Verweigerung der Zustimmung zur Übertragung von Aktien.[1155]

Die Erteilung dieser Ermächtigungen richtet sich in erster Linie nach den Regelungen des Companies Act 1985. Für die Ausnutzung der jeweiligen Ermächtigung durch die directors sind wiederum die Treuepflichten aus dem common law von Bedeutung. Ob die Ermächtigungen nur in der Vorangebotsphase oder auch noch in der Angebotsphase ausgenutzt werden dürfen, wenn ein Übernahmeangebot abgegeben worden ist bzw. unmittelbar bevorsteht, richtet sich nach der prohibition of frustrating action des City Code, deren Anwendungsbereich bei einer Ausnutzung in der Angebotsphase eröffnet ist.[1156]

B. Wesentliche Rechtsquellen des britischen Übernahmerechts

Bevor auf die möglichen Präventivmaßnahmen eingegangen wird, sollen einführend in einem zusammenfassenden Überblick die wesentlichen Rechtsquellen des britischen Übernahmerechts vorgestellt werden.

1150 Siehe hierzu Teil 2 § 4 C II.

1151 City Code, General Principle 7 und Rule 21.1; siehe hierzu Teil 2 § 4 C I.

1152 *Davies*, in: Hopt/Wymeersch, European Takeovers, S. 195, 205; *Barboutis*, (1999) Comp Law 20, 14, 21; *Clarke*, (2004) JCLS 4, 51; etwas anderes gilt für Ermächtigungen des general meeting, die den directors in der Vorangebotsphase für ein späteres Handeln und somit auch für ein Handeln in der Angebotsphase erteilt werden. Siehe hierzu sogleich Teil 2 § 4 A III.

1153 Sec. 80, 95 CA 1985.

1154 Sec. 162 ff. CA 1985.

1155 Vgl. sec. 182 (1) (b) CA 1985.

1156 City Code, General Principle 7 und Rule 21.1.

Im Anschluss daran wird die Pflichtenbindung der directors im Zusammenhang mit Unternehmensübernahmen untersucht, weil diese sowohl für die Rechtmäßigkeit von Abwehrmaßnahmen, die in die Geschäftsführungskompetenz der directors fallen (Maßnahmen der Verwaltung), als auch für die Ausnutzung von Ermächtigungen des general meeting durch die directors (Hauptversammlungsermächtigungen) eine entscheidende Rolle spielt.

Die gesetzlichen Grundlagen für Unternehmensübernahmen von börsennotierten public companies in Großbritannien ergeben sich aus einer Zusammenschau verschiedener Rechtsquellen. Dabei sind sowohl gesetzliche Regelungen als auch Normen freiwilliger Selbstregulierung von Bedeutung.

I. City Code on Takeovers and Mergers

Die zentrale Rechtsquelle des britischen Übernahmerechts stellt zweifellos der bereits erwähnte City Code on Takeovers and Mergers dar, der die Einzelheiten des bei Unternehmensübernahmen einzuhaltenden Verfahrens regelt.[1157] Als eine der ersten Regelungen seiner Art hatte dieser Vorbildfunktion für eine Vielzahl nachfolgender Übernahmeregelungen in Europa. Auch der deutsche Gesetzgeber hat für die Ausgestaltung des WpÜG auf die britischen Erfahrungen mit dem City Code zurückgegriffen. Folgerichtig weist das WpÜG in vielen Punkten Übereinstimmungen mit und Parallelen zum City Code auf.

1. Rechtsnatur und Zielsetzung

Der City Code ist ein auf freiwilliger Selbstregulierung beruhendes Regelwerk ohne formelle Gesetzeskraft, das die Auffassung der sogenannten „City of London"[1158] wiedergibt, nach welchen Standards Unternehmensübernahmen durchgeführt werden soll-

1157 Ausführliche Darstellungen zu Inhalt, Bedeutung und Entstehungsgeschichte des City Code finden sich bei *Weinberg/Blank*, Takeovers and Mergers, Rn. 4-1001 ff.; *Johnston*, Take-over Code, S. 3 ff.; *Lee*, in: Hopt/Wymeersch, European Takeovers, S. 133 ff.; *ders.*, in: Farrar, Takeovers, S. 192 ff.; *Gower/Davies*, Company Law, S. 706 ff.; *Pettet*, Company Law, S. 389 ff.; *Farrar/Hannigan*, Company Law, S. 588 ff.; *Shea*, (1990) Brook J Int'l L 16, 89 ff.; *DeMott*, (1983) N Y U L Rev 58, 945 ff.; *Prentice*, in: Kreuzer, Öffentliche Übernahmeangebote, S. 133 ff.; *Pennington*, FS Duden, S. 379 ff.; *Defriez*, in: von Rosen/Seifert, Übernahme börsennotierter Unternehmen, S. 29 ff.; siehe aus dem deutschen Schrifttum *Krause*, Das obligatorische Übernahmeangebot, S. 42 ff.; *Zinser*, Übernahmeangebote, S. 79 ff.; *Roßkopf*, Selbstregulierung von Übernahmeangeboten, S. 86 ff.; *Heinrich*, in: Hirte, WpÜG, S. 45 ff.; *Baum*, RIW 2003, 421, 425 f.

1158 Der Begriff der „City of London" ist zunächst ein geographischer, der die Quadratmeile im östlichen Stadtzentrum Londons bezeichnet, in der sich das finanzielle Zentrum Großbritanniens befindet. Aufgrund der Tatsache, dass in dieser Quadratmeile alle maßgeblichen britischen Finanz- und Börseninstitutionen beheimatet sind, wird unter der City of London zugleich die Gesamtheit des britischen Finanzdienstleistungssektors verstanden. Vgl. dazu *Roßkopf*, Selbstregulierung von Übernahmeangeboten, S. 87 f.

ten.[1159] Er wird seit 1968 vom Takeover Panel herausgegeben, der den City Code als Aufsichtsorgan anwendet, überwacht, weiterentwickelt und durchsetzt.[1160] Seine übergeordnete Zielsetzung ist neben der Wahrung der Integrität des Finanzplatzes London die Schaffung eines fairen und transparenten Übernahmeverfahrens, das die Entscheidung über die Annahme eines Übernahmeangebots in die Hände der Aktionäre legt und alle Aktionäre gleich behandelt.[1161]

2. Anwendungsbereich

Der City Code findet auf öffentliche Angebote für alle börsennotierten sowie nicht börsennotierten public limited companies Anwendung, die im Vereinigten Königreich, auf den Channel Islands und auf der Isle of Man inkorporiert sind oder dort ihren zentralen Verwaltungssitz haben.[1162] Aber auch auf private limited companies[1163] ist der City Code anwendbar, sofern diese in den letzten 10 Jahren als public limited company börsennotiert waren, ihre Anteile zum Verkauf angeboten haben oder eine Prospektunterlage über die Ausgabe von Aktien herausgegeben haben.[1164]

Unter dem Begriff des Angebots werden alle Arten von Übernahme- und Fusionstransaktionen unabhängig von der Art ihrer Durchführung verstanden, soweit durch diese die Kontrolle über eine Gesellschaft – definiert in Rule 9.1 als das Halten von 30 Prozent der Stimmrechte – erlangt oder konsolidiert wird. Eingeschlossen sind unter anderem Teilangebote, Angebote einer Muttergesellschaft zum Erwerb von Aktien ihrer Tochterunternehmen und gerichtlich genehmigte Unternehmenszusammenschlüsse.[1165]

1159 Vgl. City Code, Introduction, para. 1 (a); *Pettet*, Company Law, S. 393 f.; *Barboutis*, (1999) Comp Law 20, 14, 17.

1160 Die Rolle das Takeover Panel ist von den britischen Gerichten im berühmten Fall *R v Panel on Takeovers and Mergers, ex Parte Guiness plc* [1990] 1 QB 146, 157 f. wie folgt zusammengefasst worden: „*...part legislator, part court of interpretation, part consultant, part referee, part disciplinary tribunal, its self imposed task is to regulate and police the conduct of takeovers and mergers in the financial markets of the United Kingdom.*“ Ausführlich zu den verschiedenen Aufgaben des Takeover Panel *Prentice*, in: Kreuzer, Öffentliche Übernahmeangebote, S. 133, 135 ff.; *Morse*, (1998) JBL, S. 58 ff.

1161 Vgl. City Code, Introduction, para. 1 (a); *Pettet*, Company Law, S. 395; *Davies*, in: Hopt/Wymeersch, European Takeovers, S. 195, 196; *ders.*, in: Hopt/Wymeersch, Capital Markets and Company Law, S. 261, 280; *Gower/Davies*, Company Law, S. 706.

1162 City Code, Introduction, para. 4 (a) und (b).

1163 Von ihrer Funktion her ist die private limited company oder private company der GmbH deutschen Rechts vergleichbar, da sie die typische Rechtsform kleiner und mittelständischer Unternehmen ist. Nach der negativ formulierten Legaldefinition in sec. 1 (3) CA 1985 ist eine private company eine Kapitalgesellschaft, die keine public company ist. Sie kann gemäß sec. 3 A CA 1985 auch als Ein-Mann-Gesellschaft geführt werden und hat kein Mindestkapital. Zur besseren Unterscheidung muss der Name einer private company nach sec. 25 und 26 CA 1985 den Zusatz „limited“ oder die Abkürzung „ltd“ führen. Für weitere Einzelheiten siehe *Pettet* Company Law, S. 15 f.; *Gower/Davies*, Company Law, S. 12 ff.

1164 Siehe City Code, Introduction, para. 4 (a).

1165 Siehe City Code, Introduction, para. 4 (b).

Einfache Erwerbsangebote, die nicht darauf gerichtet sind, mindestens 30 Prozent der Stimmrechte der Zielgesellschaft zu erlangen, werden dagegen vom City Code nicht erfasst.

3. Gliederung und Struktur

Die aktuelle Fassung des City Code stammt im Wesentlichen vom 1. Mai 2002.[1166] Sie besteht aus einer informativen Einleitung (Introduction), 10 allgemeinen Prinzipien (General Principles), 38 detaillierten Regeln (Rules) mit erklärenden Anmerkungen (Notes), einem Definitionskatalog (Definitions) und vier erläuternden Anhängen (Appendices).

Die General Principles stellen eine Kodifikation allgemeiner Standards für das Verhalten bei Unternehmensübernahmen auf.[1167] Maßgebliche Regelungsziele sind dabei die Gleichbehandlung der Aktionäre,[1168] die Gewährung von ausreichend Zeit und Information, um eine informierte Entscheidung der Aktionäre über die Annahme eines Übernahmeangebots zu gewährleisten,[1169] das Verbot vereitelnder Verteidigungsmaßnahmen[1170] sowie der unbeeinträchtigte Handel der Aktien des Bieters und der Zielgesellschaft während des Übernahmeverfahrens.[1171] An diesen Standards muss sich jede Transaktion messen lassen, die nach dem City Code durchgeführt wird. In den Rules und Notes werden die abstrakten Standards der General Principles durch detaillierte Einzelbestimmungen konkretisiert und die Einzelheiten des Übernahmeverfahrens geregelt.

Als zentrale Regelung des City Code gilt das erstmals im Jahre 1972 eingeführte und bis heute in Rule 9.1 verankerte Pflichtangebot (mandatory bid), wonach ein Bieter bei Überschreiten der Kontrollschwelle in Höhe von 30 Prozent der Stimmrechte an einer Gesellschaft zur Abgabe eines Erwerbsangebots an die übrigen Aktionäre verpflichtet ist.[1172] Diese Regelung, die durch den deutschen Gesetzgeber in

---

1166 Der City Code wird fortlaufend ergänzt. Für das Jahr 2006 ist eine Neufassung des City Code zur Implementierung der Europäischen Übernahmerichtlinie geplant. Der grundlegende materielle Inhalt des City Code, insbesondere die Pflichtangebotsregel (Rule 9.1 City Code) und die prohibition of frustrating action (General Principle 7 und Rule 21 City Code) werden jedoch weitgehend erhalten bleiben. Vgl. zu den voraussichtlichen Änderungen das Konsultationspapier PCP 2005/5 des Panel vom 18. November 2005, abrufbar im Internet unter: www.thetakeoverpanel.org.uk; siehe zum Inhalt der prohibition of frustrating action Teil 2 § 4 C I.

1167 Der City Code spricht in seiner Introduction, para. 3 (a) von einer „*codification of good standards of commercial behaviour*."

1168 City Code, General Principle 1.

1169 City Code, General Principle 4.

1170 City Code, General Principle 7.

1171 City Code, General Principle 6.

1172 *Pettet*, Company Law, S. 396; *Gower/Davies*, Company Law, S. 727; *Krause*, Das obligatorische Übernahmeangebot, S. 49; zur Entwicklung der Pflichtangebotsregel in Großbritannien *Böhmer*, Der Schutz der Minderheitsaktionäre bei Übernahmen börsennotierter Gesellschaften in Europa, S. 33 ff.

§ 35 WpÜG weitgehend übernommen worden ist, gewährleistet zum einen die Gleichbehandlung aller Aktionäre, indem sie allen Aktionären bei der Entstehung kontrollbegründender Mehrheiten die Möglichkeit einräumt, ihre Anteile zum gleichen (Höchst-) Preis zu veräußern.[1173] Zum anderen stellt sie sicher, dass die Aktionäre nicht gegen ihren Willen als Minderheit in einer einem Kontrollwechsel unterzogenen Gesellschaft verbleiben müssen.[1174]

Im Hinblick auf Abwehrmaßnahmen der Verwaltung gegen feindliche Übernahmeangebote stellt die prohibition of frustrating action, welche in General Principle 7 aufgestellt und durch Rule 21.1 näher konkretisiert wird, die maßgebliche Regelung des City Code dar.[1175]

4. Anwendung und Rechtsdurchsetzung

Anders als die britischen Gerichte bei der Auslegung von Gesetzestexten ist der Takeover Panel bei Auslegung und Anwendung des City Code nicht an den bloßen Wortlaut der jeweiligen Bestimmung gebunden. Vielmehr hat er den Regelungszweck und den Geist des City Code zu berücksichtigen und kann einzelne Regelungen auch analog anwenden.[1176] Darüber hinaus kann der Takeover Panel den Code in Einzelfällen modifizieren oder lockern, Ratschläge (Consultations) zu konkreten Fragen geben und generelle Leitlinien (General Guidance) zur Vereinbarkeit von bestimmten Verhaltensweisen aufstellen.[1177] Es sind gerade diese Flexibilität in der Anwendung und die auf Kooperation ausgerichtete Handhabung durch den Takeover Panel, die die über dreißigjährige Erfolgsgeschichte des City Code begründet haben.[1178]

Da der Takeover Panel ein informelles Gremium ohne gesetzliche Befugnisse ist, fehlt seinen Entscheidungen und Anordnungen die rechtliche Verbindlichkeit.[1179] Gleichwohl werden sie beachtet, so dass es in der Vergangenheit kaum Schwierigkei-

---

1173 Auf diese Weise können alle Aktionäre von dem mit dem Kontrollerwerb verbundenen Paketzuschlag profitieren, vgl. *Gower/Davies*, Company Law, S. 727; *Böhmer*, Der Schutz der Minderheitsaktionäre bei Übernahmen börsennotierter Gesellschaften in Europa, S. 35 f.

1174 *Wymeersch*, in: Hopt/Wymeersch, European Takeovers, S. 351, 356; *Pettet*, Company Law, S. 393; *Gower/Davies*, Company Law, S. 730; *Heinrich*, in: Hirte, WpÜG, S. 45, 47.

1175 Siehe hierzu Teil 2 § 4 C I.

1176 City Code, Introduction, para. 3 (a); die analoge Anwendung des City Code ist eine Besonderheit im britischen Recht, in dem insbesondere die Auslegung von Gesetzestexten strikt an den Wortlaut gebunden ist, vgl. dazu *Zinser*, Übernahmeangebote, S. 102; *Roßkopf*, Selbstregulierung von Übernahmeangeboten, S. 157 f.

1177 City Code, Introduction, para. 3 (a), (b).

1178 *Lee*, in: Hopt/Wymeersch, European Takeovers, S. 133, 134 f.; *Defriez*, in: von Rosen/Seifert, Übernahme börsennotierter Unternehmen, S. 29, 37; *Goulding/Miles/Schall*, (2005) ECFR 2, 20, 23.

1179 Das stellt der City Code, Introduction, 1 (c) selbst klar: „*The Code has not, and does not seek to have, the force of law.*" Vgl. *Pettet*, Company Law, S. 393; *Barboutis*, (1999) Comp Law 20, 14, 17.

ten bei der Durchsetzung der Vorschriften des City Code gegeben hat.[1180] Dies liegt vor allem daran, dass nahezu alle wichtigen Organisationen, die auf dem britischen Kapitalmarkt eine Rolle spielen, im Takeover Panel vertreten sind[1181] und sich an den City Code gebunden fühlen.[1182] Darüber hinaus ist es sowohl Auffassung der britischen Regierung als auch der anderen zuständigen Behörden, dass Investoren, die die Möglichkeiten des Kapitalmarkts im Vereinigten Königreich nutzen wollen, sich in Übernahmeangelegenheiten entsprechend den hohen Standards des City Code Verhalten sollen.[1183]

Trotzdem fehlt es dem Takeover Panel an rechtlich verbindlichen Sanktionsmöglichkeiten. Er ist im Wesentlichen auf das Mittel der „public censure" beschränkt, also darauf, Verhaltensweisen, die dem City Code zuwiderlaufen, öffentlich zu beanstanden.[1184] In den meisten Fällen hat sich dieses Mittel als effektive Sanktion zur Durchsetzung des City Code erwiesen. Denn mit der öffentlichen Kritik des Panel ist ein gravierender Reputationsverlust verbunden, der sich negativ auf die Aktienkurse der Gesellschaft und die Karrierechancen der betroffenen Manager auswirkt.[1185] Allerdings stößt die Abschreckungswirkung der public censure an ihre Grenzen, wenn die betroffenen Personen sich nicht an den City Code gebunden fühlen und ihnen auch der Reputationsverlust gleichgültig ist.[1186]

Um in diesen Extremfällen schärfere Maßnahmen zu ergreifen, ist der Takeover Panel auf die Mitwirkung anderer Behörden, wie z.B. der mächtigen Allfinanzaufsicht Financial Services Authority (FSA), angewiesen.[1187] Diese hat den City Code in das Regelwerk des Financial Service and Markets Act 2000 (FSMA 2000), welcher die primäre Rechtsquelle des Kapitalmarktrechts im Vereinigten Königreich darstellt, auf-

1180 *Lee*, in: Hopt/Wymeersch, European Takeovers, S. 133, 134; *Stedman*, Takeovers, S. 58; *Defriez*, in: von Rosen/Seifert, Übernahme börsennotierter Unternehmen, S. 29, 30; *Barboutis*, (1999) Comp Law 20, 14, 17; *Goulding/Miles/Schall*, (2005) ECFR 2, 20, 23; *Schaaff*, RIW 1985, 273, 274.

1181 Der Takeover Panel besteht aus einem Vorsitzenden (chairman), zwei Stellvertretern (deputy chairman) und drei weiteren unabhängigen Mitgliedern (non representatives), die alle vom Gouverneur der Bank of England ernannt werden. Diese werden durch 10 hochrangige Vertreter der maßgeblich Institutionen des britischen Finanzdienstleistungssektors und der London Stock Exchange ergänzt, vgl. im Einzelnen City Code, Introduction, para. 2 (a).

1182 *Hurst*, (1984) Comp Law 5, 161, 168; *Mayanja*, (1999) Aus J Corp L 10, 162, 184; *Pettet*, Company Law, S. 394 bezeichnet die Natur des City Code insofern treffend als selbstregulatorisch aber seine Befolgung nicht als freiwillig: „*However, it is almost equally well known that, while the City Code has been self-regulatory..., it has nevertheless not been voluntary.*"; ähnlich *Krause*, Das obligatorische Übernahmeangebot, S. 43.

1183 City Code, Introduction, para. 1 (c).

1184 *Gower/Davies*, Company Law, S. 709; *Lee*, in: Hopt/Wymeersch, European Takeovers, S. 133, 134; *Mayanja*, (1999) Aus J Corp L 10, 162, 184.

1185 *Lee*, in: Hopt/Wymeersch, European Takeovers, S. 133, 136; *Baum*, RIW 2003, 421, 427.

1186 *Lee*, in: Hopt/Wymeersch, European Takeovers, S. 133, 136; *Gower/Davies*, Company Law, S. 709; *Schaaff*, RIW 1985, 273, 274.

1187 Vgl. *Weinberg/Blank*, Takeovers and Mergers, Rn. 4-1030; *Gower/Davies*, Company Law, S. 709; siehe auch City Code, Introduction, para. 2 (c).

genommen und ihn als für alle Marktteilnehmer bindende Regelung anerkannt.[1188] Infolgedessen kann die FSA auf Veranlassung des Takeover Panel Sanktionen gegen Personen oder Unternehmen verhängen, die im Vereinigten Königreich zum Betrieb eines Finanzdienstleistungsgewerbes autorisiert sind (authorised persons)[1189], wenn sie gegen den City Code oder eine Entscheidung des Takeover Panel verstoßen, oder wenn sie mit Gesellschaften zusammenarbeiten, die sich ihrerseits nicht an den City Code halten.[1190] Obwohl sich die Sanktionen der FSA gegen Finanzdienstleiter und nicht direkt gegen die an der jeweiligen Übernahme beteiligten Gesellschaften oder deren Management richten, wirken sie indirekt auch gegenüber diesen. Denn einem Unternehmen, das die Regeln des City Code nicht beachtet, wird so die unverzichtbare Unterstützung der Banken und Investmenthäuser der Londoner City entzogen.[1191] Zudem hat die FSA in ihrer Funktion als UK Listing Authority die Möglichkeit, gegen Gesellschaften, die den City Code nicht beachten, direkt vorzugehen, indem sie deren Zulassung zur London Stock Exchange suspendiert.[1192]

Nicht zuletzt aufgrund dieser Einbindung des Takeover Panel und des City Code in die staatliche Regelungs- und Aufsichtsarchitektur ziehen Verstöße gegen den City Code wirksame Sanktionen nach sich.[1193]

II. Rules Governing Substantial Acquisitions of Shares – SARs

Eine weitere Rechtsquelle für Unternehmensübernahmen stellen die weniger bekannten Rules Governing Substantial Acquisitions of Shares (SARs) dar, die ebenfalls vom Takeover Panel herausgegeben und überwacht werden.[1194] Auch sie sind ein auf freiwilliger Selbstregulierung beruhendes Regelwerk, das bei Verstößen den gleichen

---

1188 Das ist durch die in sec. 143 FSMA 2000 vorgesehene Verordnungsermächtigung geschehen, vgl. dazu *Palmer's*, Company Law, Rn. 12.301.2; *Baums/Hecker*, in: Baums/Thoma, WpÜG, § 1 Rn. 86.

1189 Siehe sec. 31 FSMA 2000.

1190 Die Zusammenarbeit mit Gesellschaften, die den City Code missachten, ist Finanzdienstleistern durch die von der FSA erlassenen „could shoulder rules" untersagt, vgl. dazu *Baums/Hecker*, in: Baums/Thoma, WpÜG, § 1 Rn. 86; *Gower/Davies*, Company Law, S. 710 f.; *Lee*, in: Hopt/Wymeersch, European Takeovers, S. 133, 136 f.

1191 *Gower/Davies*, Company Law, S. 709 f.; *Defriez*, in: von Rosen/Seifert, Übernahme börsennotierter Unternehmen, S. 29, 36 f.; *Krause*, Das obligatorische Übernahmeangebot, S. 47; *Baum*, RIW 2003, 421, 427.

1192 Vgl. Listing Rules, Chapter 10; dazu *Weinberg/Blank*, Takeovers and Mergers, Rn. 4-1030; *Pettet*, Company Law, S. 395; *Gower/Davies*, Company Law, S. 709.

1193 Vgl. *Gower/Davies*, Company Law, S. 710 f.; *Defriez*, in: von Rosen/Seifert, Übernahme börsennotierter Unternehmen, S. 29, 37 f.; *Krause*, Das obligatorische Übernahmeangebot, S. 47; *Baum*, RIW 2003, 421, 427; *Rickford*, (2004) ECFR 1, 391, 413.

1194 Ausführlich zu den SARs *Weinberg/Blank*, Takeovers and Mergers, Rn. 4-10001 ff.; *Gower/Davies*, Company Law, S. 712 ff.

Sanktionsmechanismus wie der City Code nach sich zieht. Trotz dieser Gemeinsamkeiten sind die SARs jedoch kein Teil des Code, sondern ergänzen diesen.[1195]

Die SARs stellen Verfahrensregeln und Offenlegungspflichten für einen Beteiligungserwerb an einer börsennotierten public company auf, der unterhalb der für die Anwendung des City Code maßgeblichen Grenze von 30 Prozent der Stimmrechte bleibt.[1196] Sie sollen den raschen, heimlichen Erwerb maßgeblicher Beteiligungen im Vorfeld eines Kontrollwechsels ausschließen, um Marktverzerrungen zu vermeiden und zu verhindern, dass einer Gesellschaft durch einen unerkannten Voraberwerb eines größeren Aktienpakets die Chance zur Abwehr eines Übernahmeversuchs genommen wird.[1197] Zudem sollen sie die Gleichbehandlung der Aktionäre sicherstellen.[1198] Neben den Verfahrensvorschriften, die den Beteiligungserwerb verlangsamen, enthalten die SARs detaillierte Vorschriften für einfache Erwerbsangebote, die auch außerhalb des Anwendungsbereichs des City Code für einen angemessenen Schutz der von dem Angebot betroffenen Aktionäre sorgen.[1199]

Die SARs wurden Ende 1980 erlassen, nachdem verschiedene börsennotierte Gesellschaften zur Vorbereitung von Übernahmeangeboten innerhalb weniger Stunden ihre Beteiligungen an potentiellen Zielgesellschaften in erheblichem Umfang ausgebaut hatten, indem sie Kauforders zu überhöhten Preisen am Markt platziert hatten. Diese sogenannten „dawn raids" wurden als Benachteiligung der Kleinaktionäre und als Manipulation des Marktes empfunden, da die Kaufangebote in der Praxis nur von den institutionellen Anlegern angenommen werden konnten und somit nur diese in den Genuss der Prämie kamen.[1200]

III. Companies Act 1985

Neben den auf freiwilliger Selbstregulierung beruhenden Vorschriften des City Code und der SARs sind auch die gesetzlichen Bestimmungen des Companies Act 1985 im

---

1195 Zur Zeit überlegt der Panel, die SARs abzuschaffen. Siehe dazu das Konsultationspapier PCP 2005/4 des Panel vom 2. November 2005, abrufbar im Internet unter: www.thetakeoverpanel.org.uk.

1196 Rule 1 der SARs untersagt grundsätzlich den Erwerb von 10 Prozent der Stimmrechtspapiere einer börsennotierten Gesellschaft innerhalb eines Zeitraums von 7 Tagen, wenn der Erwerber hierdurch insgesamt einen Anteil von 15 bis 30 Prozent der Stimmrechte erlangt. Nach Rule 3 der SARs ist der Hinzuerwerb von Stimmrechtspapieren offen zu legen, wenn der Erwerber die Schwelle von 15 Prozent erreicht oder überschreitet oder, falls er bereits mehr als 15 Prozent der Stimmrechte hält, seinen Stimmrechtsanteil um 1 Prozent erhöht.

1197 *Weinberg/Blank*, Takeovers and Mergers, Rn. 4-10002; *Defriez*, in: von Rosen/Seifert, Übernahme börsennotierter Unternehmen, S. 29, 39; *Bradley*, (1986) Comp Law 7, 131, 132; *Morse*, (1989) JBL, 148, 149.

1198 *Pettet*, Company Law, S. 397; *Gower/Davies*, Company Law, S. 712 f.; *Schaaff*, RIW 1985, 273, 275.

1199 SARs, Rule 4; vgl. *Weinberg/Blank*, Takeovers and Mergers, Rn. 4-10014 ff.; *Pettet*, Company Law, S. 397.

1200 *Weinberg/Blank*, Takeovers and Mergers, Rn. 4-10001 f.; *Lee*, in: Hopt/Wymeersch, European Takeovers, S. 133, 138; *Gower/Davies*, Company Law, S. 712.

Rahmen von Unternehmensübernahmen zu beachten. Der Companies Act 1985 ist die zentrale Rechtsquelle des britischen Kapitalgesellschaftsrechts,[1201] für die zur Zeit im Rahmen der Company Law Review eine umfassende Reform vorbereitet wird.[1202]

Obwohl der Companies Act 1985 das Übernahmeverfahren nicht in systematischer Weise regelt, enthält er vereinzelt Vorschriften, die sich ausdrücklich auf Unternehmensübernahmen beziehen oder im Rahmen von Unternehmensübernahmen relevant werden können.[1203] Dazu gehören vor allem der Ausschluss der Minderheitsaktionäre nach der erfolgreichen Durchführung eines Übernahmeangebots,[1204] die Publizitätspflichten hinsichtlich des Beteiligungsbesitzes[1205] und das Verbot der finanziellen Unterstützung des Aktienerwerbs.[1206] Im Zusammenhang mit der Abwehr feindlicher Übernahmen sind insbesondere die Regeln über Kompensationszahlungen an Organmitglieder,[1207] die Vorschriften über die Ermächtigung der directors zur Aktienausgabe unter Ausschluss des Bezugsrechts[1208] und die Regelungen über den Rückerwerb eigener Aktien[1209] von Bedeutung.

1201 Der Companies Act 1985 und das zum Kapitalgesellschaftsrecht ergangene case law finden in England, Wales und Schottland gleichermaßen Anwendung. Unterschiede zwischen dem Recht von England und Wales auf der einen und dem Recht von Schottland auf der anderen Seite beschränken sich größtenteils auf die von dieser Bearbeitung nicht berührten Rechtsbereiche des Sachenrechts, Prozessrechts und allgemeinen Zivilrechts.

1202 Nach seinem Inkrafttreten im Jahre 1985 ist der Companies Act 1985 durch nachfolgende Reformen ergänzt und modifiziert worden. Änderungen wurden insbesondere durch den Insolvency Act 1986, den Financial Services Act 1986, den Companies Act 1989 und den Financial Services and Marktes Act 2000 vorgenommen. Zitierungen im Rahmen dieser Arbeit beziehen sich auf den Companies Act 1985 in seiner aktuellen und konsolidierten Fassung. Eine grundlegende Reform des britischen Gesellschaftsrechts wird zur Zeit durch die Company Law Review vorbereitet. Nach umfassenden Konsultationen durch die vom Department of Trade and Indutry (DTI) eingesetzte Company Law Review Steering Group hat die britische Regierung im Juli 2002 und März 2005 ihre Vorschläge für eine Neufassung des Companies Act in zwei White Papers veröffentlicht. Am 1. November 2005 ist der Gesetzesvorschlag als Company Law Reform Bill, H.L. (2005-2006) [Bill 34], im House of Lords vorgestellt worden. Siehe zur Entwicklung des Companies Act 1985 *Pettet*, Company Law, S. 9 f.; *Gower/Davies*, Company Law, S. 47 f.; vgl. zum Reformprozess *Goddard*, (2003) MLR 66, 402 ff.; *Rickford*, (2004) ECFR 1, 391, 392 ff.; *Lembeck*, NZG 2003, 957 ff.

1203 Vgl. *Pettet*, Company Law, S. 397; *Gower/Davies*, Company Law, S. 740; *Charlesworth/Morse*, Company Law, S. 601.

1204 Sec. 428 – 430 F; hierzu *Gower/Davies*, Company Law, S. 740 ff.; *Stedman*, Takeovers, S. 311 ff.

1205 Sec. 198 – 220 CA 1985; ausführlich hierzu *Weinberg/Blank*, Takeovers and Mergers, Rn. 5-3001 ff.; *Pettet*, Company Law, S. 273 f.

1206 Sec. 151 – 158 CA 1985; hierzu *Pettet*, Company Law, S. 287 ff.; *Ferran*, Company Law and Corporate Finance, S. 372 ff.

1207 Sec. 312 – 316 CA 1985; hierzu *Gower/Davies*, Company Law, S. 747 ff.; *Stedman*, Takeovers, S. 175 ff.

1208 Sec. 80 und 89 – 96 CA 1985; hierzu *Pettet*, Company Law, S. 266 f.; *Gower/Davies*, Company Law, S. 630 ff.

1209 Sec. 162 – 181 CA 1985; hierzu *Pettet*, Company Law, S. 296 ff.; *Gower/Davies*, Company Law, S. 245 ff.

Die geschriebenen Regeln des Companies Act 1985 werden durch die Treuepflichten der directors aus dem common law ergänzt, die im Zusammenhang mit Abwehrmaßnahmen gegen feindliche Übernahmeversuche ebenfalls eine wesentliche Bedeutung haben.[1210]

IV. Listing Rules

Für börsennotierte public companies gelten zusätzlich zu den gesellschaftsrechtlichen Vorschriften die detaillierten Anforderungen der Börsenordnung (Listing Rules).

Dieses früher von der Stock Exchange im Wege der Selbstregulierung herausgegebene Regelwerk hat durch die Aufnahme in das unter dem Financial Services and Markets Act 2000 errichtete Regime den Status von staatlich gesetztem Recht erhalten und wird nun von der FSA in ihrer Funktion als UK Listing Authority veröffentlicht und überwacht.[1211] Im Rahmen von Unternehmensübernahmen sind insbesondere die jederzeit zu befolgenden Pflichten (continuing obligations) in Chapter 10 und 11 von Bedeutung.[1212] Hiernach ist für Vermögenstransaktionen einer börsennotierten public company ab einer bestimmten Größe die Zustimmung des general meeting erforderlich.[1213]

V. Sonstiges Kapitalmarktrecht

Auch dem Financial Services and Markets Act 2000 kommt als zentrale Rechtsquelle des britischen Kapitalmarktrechts in Übernahmeverfahren regelmäßig eine wichtige Bedeutung zu. Dieser beinhaltet die Sanktionen, die die FSA auf Veranlassung des Panel bei Verstößen gegen den City Code ergreifen kann. Darüber hinaus hat das generelle Verbot des Marktmissbrauchs (market abuse) in sec. 118 FSMA 2000 bei Unternehmensübernahmen regelmäßig eine große Bedeutung. Es verbietet jegliches Verhalten, durch das Informationen, die nicht allgemein bekannt sind, von Marktteilnehmern zum eigenen Vorteil ausgenutzt werden.[1214] Gerade in Übernahmesituationen hat dieses Verbot einen typischen Anwendungsbereich, da für die beteiligten Personen die Versuchung groß ist, ihren Wissensvorsprung über den Stand der Transaktion zum eigenen Vorteil auszunutzen. Auch das Verbot des Insiderhandels, das inhaltlich einen ähnlichen Tatbestand regelt, ist in diesem Zusammenhang zu beachten.[1215]

[1210] Siehe hierzu Teil 2 § 4 C II; ausführlich zu den verschiedenen Treuepflichten der directors *Pettet*, Company Law, S. 164 ff.; *Gower/Davies*, Company Law, S. 370 ff.

[1211] Vgl. *Gower/Davies*, Company Law, S. 49 f.; *Pettet*, Company Law, S. 318 ff.

[1212] *Underhill/Austmann*, in: Payne, Takeovers, S. 87, 94; ausführlich zu den Einzelheiten *Weinberg/Blank*, Takeovers and Mergers, Rn. 5-1009 ff.; *Pennington*, Company Law, S. 770 ff.

[1213] Vgl. dazu *Gower/Davies*, Company Law, S. 299 f.; *Pennington*, Company Law, S. 770 ff., *Fleischer*, FS Heldrich, S. 597, 602.

[1214] Sec. 118 (2) (a) FSMA 2000; vgl. dazu *Kasolowsky*, in: Hirte/Bücker, Grenzüberschreitende Gesellschaften, S. 153, 176 f.

[1215] Sec. 52 ff. Criminal Justice Act 1993; vgl. hierzu *Pettet*, Company Law, S. 379 ff.

C. Pflichtenbindung der directors im Zusammenhang mit Abwehrmaßnahmen

Ob und unter welchen Voraussetzungen eine börsennotierte public company Präventivmaßnahmen zur Abwehr feindlicher Übernahmeversuche ergreifen kann, richtet sich insbesondere nach der Pflichtenbindung der directors. Die Pflichtenbindung der directors stellt nämlich sowohl für Abwehrmaßnahmen, die das board of directors im Rahmen seiner Geschäftsführungsbefugnisse vornimmt, als auch für die Ausnutzung von Ermächtigungen des general meeting durch die directors einen wesentlichen Rechtmäßigkeitsmaßstab dar. Unabhängig von der Pflichtenbindung der directors beurteilt sich nur die Zulässigkeit von Abwehrmaßnahmen der Aktionäre, die ohne die Beteiligung der Verwaltung durchgeführt werden.

Im Zusammenhang mit der Abwehr von feindlichen Übernahmen ergibt sich die Pflichtenbindung der directors aus der prohibition of frustrating action des City Code[1216] und aus den Treuepflichten des common law.

I. Prohibition of frustrating action

Die prohibition of frustrating action wird durch General Principle 7 des City Code begründet und durch Rule 21.1 und 37.3 weiter ausgeformt.

1. General Principle 7 des City Code

Nach General Principle 7 des City Code ist es den directors einer Zielgesellschaft in der Angebotsphase (offer period) untersagt, ohne die Zustimmung der Anteilseigner Maßnahmen zu ergreifen, die das Angebot in seiner Zielsetzung gefährden oder den Anteilseignern die Möglichkeit nehmen könnten, über die Annahme des Angebots zu entscheiden.

Ziel der prohibition of frustrating action ist es, die Entscheidung über die Annahme oder Abwehr eines Übernahmeangebots in die Hände der Aktionäre und damit in die Hände der Eigentümer der Gesellschaft zu legen.[1217] Dazu knüpft das Verbot an die bloße Eignung einer Maßnahme der directors zur Angebotsvereitelung an, ohne dass es auf den Zweck ankommt, den die Unternehmensleitung im Einzelfall mit der Maßnahme verfolgt.[1218] Objektiv zur Übernahmeabwehr geeignete Maßnahmen der directors müssen damit in der Angebotsphase – ungeachtet der zu Grunde liegenden Motivation – von den Aktionären der Gesellschaft genehmigt werden.

Die für das Verbot maßgebliche Angebotsphase beginnt nicht erst, wenn der Zielgesellschaft ein förmliches Übernahmengebot unterbreitet worden ist, sondern bereits dann, wenn die directors Grund zu der Annahme haben, ein ernsthaftes Übernah-

---

1216 City Code, General Principle 7 und Rule 21.1.

1217 *Paul*, in: Prentice/Holland, Corporate Governance, S. 135, 136; *Davies*, in: Hopt/Wymeersch, European Takeovers, S. 195, 199; *Barboutis*, (1999) Comp Law 20, 14, 20; *Mayanja* (1999) Aus J Corp L 10, 162, 183.

1218 Vgl. *Gower/Davies*, Company Law, S. 717.

meangebot (bona fide offer) stehe bevor.[1219] Damit kann die prohibition of frustrating action bedeutend früher eingreifen als das übernahmerechtliche Verhinderungsverbot des § 33 Abs. 1 S. 1 WpÜG im deutschen Recht.[1220]

2. Rule 21.1 und Rule 37.3 des City Code

Das Verbot des General Principle 7 des City Code wird durch Rule 21.1 und Rule 37.3 weiter konkretisiert, welche einige Maßnahmen aufzählen, für die in der Angebotsphase eine Zustimmung der Anteilseigner generell erforderlich ist.

Dazu gehören unter anderem die Ausgabe von jungen Aktien, die Ausgabe oder Gewährung von Optionen auf nicht ausgegebene Aktien, der Kauf oder Verkauf von Gesellschaftsvermögen in erheblichem Umfang, der Rückkauf eigener Aktien und der Abschluss von Verträgen, die den Umfang des üblichen Geschäftsverkehrs überschreiten.[1221]

Obwohl die aufgeführten Maßnahmen typische Fälle der frustrating action darstellen, hat der Takeover Panel klargestellt, dass die Aufzählungen in Rule 21.1 und 37.3 City Code nur exemplarisch sind.[1222] Die Reichweite des General Principle 7 City Code wird durch sie nicht beschränkt. Demgemäß bedarf auch jede andere Maßnahme des Managements, die den Aktionären in der Angebotsphase die Möglichkeit zur Entscheidung über das Übernahmeangebot entziehen könnte, der Zustimmung der Anteilseigner.[1223] Nicht erfasst von dem Verbot sind lediglich die Suche nach einem konkurrierenden Angebot durch einen white knight,[1224] die Erfüllung eines in der Vorangebotsphase geschlossenen Vertrages,[1225] und der Abschluss von Verträgen in Fortführung des laufenden Tagesgeschäfts.[1226] Die Vornahme von außergewöhnlichen Geschäften ist der Verwaltung in der Angebotsphase dagegen anders als nach § 33 Abs. 1 S. 2 Var. 1 und Var. 3 WpÜG generell untersagt.[1227] Ebenso enthält der

---

1219 Vgl. *Defriez*, in: von Rosen/Seifert, Übernahme börsennotierter Unternehmen, S. 29, 33. Das General Pricipie 7 beschreibt diesen Zeitpunkt wie folgt: „*...after the board of the offeree company has reason to believe that a bona fide offer might be imminent...*";

1220 *Schlitt*, MüKo-AktG, § 33 WpÜG, Rn. 34; *Merkt*, ZHR (2001) 165, 224, 250.

1221 Für weitere Einzelheiten siehe City Code, Rule 21.1und 37.3 inklusive der ausführlichen Notes.

1222 Vgl. Panel Statement vom 24. May 1988 zur John Crowther Group plc.

1223 So hat der Takeover Panel entschieden, dass auch eine Klageerhebung in der Angebotsphase ohne Zustimmung der Anteilsinhaber gegen General Principle 7 City Code verstoßen kann. Anzeichen für den Missbrauch einer Klage als Mittel der Verzögerung des Übernahmeverfahrens verlangt der Takeover Panel insofern nicht. Siehe dazu Panel Statement vom 9. May 1989 zur Consolidated Gold Fields plc und Panel Statement vom 15. September 1989 zur BAT Industries plc; vgl. auch *Weinberg/Blank*, Takeovers and Mergers, Rn. 4-7114 ff.; *Stedman*, Takeovers, S. 403 f.

1224 City Code, Rule 25.1.

1225 City Code, Rule 21.1.

1226 City Code, Rule 21.1 (e).

1227 Vgl. zu diesem Unterschied *Schlitt*, MüKo-AktG, § 33 WpÜG Rn. 135.

City Code keine dem § 33 Abs. 2 WpÜG vergleichbare Ausnahmeregelung für Vorratsbeschlüsse.

Die Wirkung der prohibition of frustrating action für die Zulässigkeit von Abwehrmaßnahmen der directors in der Angebotsphase ist gravierend. Sie beschränkt die Auswahl an Verteidigungsstrategien, die das Management vornehmen kann, auf drei Kategorien: Die Überzeugung der Anteilseigner, dass ihnen mit dem amtierenden Management in Zukunft besser gedient ist als mit dem Bieter (winning the argument), die Anrufung der nationalen oder europäischen Wettbewerbsbehörden oder die Suche nach einem white knight.[1228] In allen drei Situationen liegt die Entscheidung über den Erfolg der Abwehrstrategie letztlich nicht in Händen der directors, sondern in den Händen der Aktionäre, der Wettbewerbsbehörden oder des white knight.[1229]

II. Treuepflichten der directors nach dem common law

Neben der prohibition of frustrating action schränken die im common law entwickelten Treuepflichten der directors die Möglichkeit des Managements ein, Abwehrmaßnahmen gegen feindliche Übernahmeversuche zu ergreifen.

Die Treuepflichten der directors stellen den allgemeinen gesellschaftsrechtlichen Verhaltensmaßstab auf, an dem sich die Geschäftsleitung einer britischen Kapitalgesellschaft bei der Ausübung ihrer Leitungsmacht zu orientieren hat. Sie gelten für alle Geschäftsführungsmaßnahmen der directors. Anders als die kapitalmarktrechtliche prohibition of frustrating action des City Code sind sie im Zusammenhang mit Abwehrmaßnahmen gegen feindliche Übernahmeversuche nicht nur in der Angebots- sondern auch in der Vorangebotsphase von Bedeutung.

1. Herkunft

Das im britischen Gesellschaftsrecht vorherrschende Prinzip der Satzungsautonomie überlässt es maßgeblich den Gesellschaften, in ihren articles festzulegen, wie die Unternehmensleitung zwischen dem board of directors und dem general meeting aufgeteilt werden soll.[1230] Der Companies Act 1985 enthält diesbezüglich nur wenige Regelungen. Zum einen bestimmt er, dass eine public company mindestens zwei directors

---

1228 *Gower/Davies*, Company Law, S. 717; *Davies*, in: Hopt/Wymeersch, European Takeovers, S. 195, 200; *Dean*, (2003) ICCLR 14, 370, 371; detailliert zu den verbleibenden Abwehrmaßnahmen in der Angebotsphase *Weinberg/Blank*, Takeovers and Mergers, Rn. 4-7092 ff.; *Herrmann*, Zivilrechtliche Abwehrmaßnahmen, S. 209 ff.

1229 *Gower/Davies*, Company Law, S. 717; *Dean*, (2003) ICCLR 14, 370, 371.

1230 *Gower/Davies*, Company Law, S. 294; *Davies*, in: Hopt/Wymeersch, European Takeovers, S. 195, 205; *Pettet*, Company Law, S. 151 f.; *Parkinson*, Corporate Power and Responsibility, S. 56; *Herrmann*, Zivilrechtliche Abwehrmaßnahmen, S. 149; *Fleischer*, FS Heldrich, S. 597, 598.

haben muss,[1231] und zum anderen macht er einzelne grundlegende Entscheidungen der Geschäftsführung von der Zustimmung des general meeting abhängig.[1232]

In der Praxis richtet sich die Machtverteilung in public companies üblicherweise nach der zum Companies Act 1985 gehörenden Mustersatzung Table A, welche auf public companies ohne Weiteres Anwendung findet, soweit ihre Anwendbarkeit nicht ausdrücklich ausgeschlossen wird.[1233] Durch Art. 70 Table A CA 1985 wird den directors die Geschäftsführung über die Gesellschaft umfassend übertragen, sofern nicht ein Sonderbeschluss der Gesellschaft, zwingende Vorschriften des Companies Act 1985 oder das memorandum of association etwas anderes bestimmen. Die Regelung des Art. 70 Table A CA 1985 sieht damit die im britischen Kapitalgesellschaftsrecht typische Trennung von Eigentümerschaft und Kontrolle über die Gesellschaft vor.[1234]

Mit der umfassenden Übertragung der Machtbefugnisse auf die directors geht zweifellos die Gefahr einher, dass diese ihre Kompetenzen missbräuchlich ausüben.[1235] Um einem solchen Missbrauch entgegenzuwirken, sind im britischen Kapitalgesellschaftsrecht die Treuepflichten der directors in Analogie zu der Pflichtenbindung von Treuhändern (trustees) und Stellvertretern (agents) entwickelt worden.[1236] Die Analogie beruht auf der Tatsache, dass die directors in ähnlicher Weise wie ein trustee oder ein agent über fremde Vermögensgegenstände verfügen. Sie üben ihre Machtbefugnisse über das Vermögen der Gesellschaft aus, die ihrerseits im Eigentum der Anteilseig-

---

1231 Sec. 282 (1) und (3) CA 1985.

1232 Dazu gehören z.B. die Änderung der Verfassung der Gesellschaft (sec. 9 und 17 CA 1985), die Ausgabe von Aktien (sec. 80 CA 1985) und der Bezugsrechtsausschluss (sec. 95 CA 1985). Siehe dazu die Übersicht bei *Gower/Davies*, Company Law, S. 294 f.; *Ferran*, Company Law and Corporate Finance, S. 250 ff.; *Parkinson*, Corporate Power and Responsibility, S. 163 ff.; *Fleischer*, FS Heldrich, S. 597, 600 ff.

1233 Sec. 8 (1) CA 1985; vgl. *Gower/Davies*, Company Law, S. 370; *Ferran*, Company Law and Corporate Finance S. 250; *Pettet*, Company Law, S. 151 f.; funktional entsprechen die Musterbestimmungen des Table A CA 1985 dispositiven Regelungen im deutschen Gesellschaftsrecht, vgl. *Triebel/Hodgson/Kellenter/Müller*, Englisches Handels- und Wirtschaftsrecht, Rn. 630.

1234 Sogenannte „separation of ownership and control", ausführlich dazu *Parkinson*, Corporate Power and Responsibility, S. 54 ff.

1235 Das Risiko des Missbrauchs der Managementbefugnisse wird in der ökonomischen Analyse des Unternehmensrechts mit dem Schlagwort „shirking" bezeichnet, vgl. *Parkinson*, Corporate Power and Responsibility, S. 63 ff.; vgl. auch *Gower/Davies*, Company Law, S. 370; *Sheikh/Chaterjee*, in: Sheikh/Rees, Corporate Governance, S. 1, 25.

1236 Vgl. *Re Lands Allotment Co* [1884] 1 Ch 616; *Griffin*, Company Law, S. 239; *Pettet*, Company Law, S. 164; *Gower/Davies*, Company Law, S. 380 f.; *Parkinson*, Corporate Power and Responsibility, S. 73; *Rickford*, (2004) ECFR 1, 391, 404. Historisch geht die Betrachtung der directors als trustees auf die Tatsache zurück, dass die meisten britischen Kapitalgesellschaften vor der Gesellschaftsrechtsreform von 1844 nicht inkorporiert waren und infolgedessen darauf angewiesen waren, das Gesellschaftsvermögen auf einen geschäftsleitenden Treuhänder zu übertragen. Im Laufe der Zeit hat diese Einordnung an Überzeugungskraft verloren und ist als Analogie aufrecht erhalten worden. Heute werden die directors wegen ihre treuhänderischen Stellung üblicherweise nicht als trustees oder agents, sondern allgemeiner als „fiduciaries" bezeichnet. Zur historischen Entwicklung der Treuepflichten *Kasolowsky*, Fiduciary Duties in Company Law, S. 36 ff.; *Gower/Davies*, Company Law, S. 380 f.

ner steht. Nicht anders als Treuhänder und Stellvertreter sind daher auch die directors durch besondere fiduziarische Pflichten gebunden.

Die Treuepflichten treffen die einzelnen directors bei der Ausübung ihre Geschäftsleitungsaufgaben persönlich. Sie bestehen nur im Verhältnis zur Gesellschaft, von der die directors ihre Befugnisse ableiten. Eine Bindung gegenüber den einzelnen Aktionären besteht dagegen nicht.[1237] Bei einem Verstoß gegen die Treuepflichten haben die einzelnen Aktionäre deswegen grundsätzlich auch keine Möglichkeit, aus eigenem Recht gegen die directors vorzugehen. Nach der grundlegenden Entscheidung *Foss v Harbottle*[1238] steht das Klagerecht bei einer Verletzung der Treuepflichten alleine der Gesellschaft als eigener Rechtsperson, nicht aber den einzelnen Aktionären zu.[1239] Die Befugnis, im Namen der Gesellschaft zu klagen, liegt primär in den Händen der Unternehmensleitung und sekundär in den Händen des general meeting.[1240] Weil die vom general meeting gewählten directors dort regelmäßig eine Mehrheit haben, kann ein einzelner Aktionär oder eine Aktionärsminderheit in der Regel nicht gerichtlich gegen eine Treuepflichtverletzung vorgehen.[1241]

Da die konsequente Durchführung dieses Prinzips den directors jedoch letztlich einen Freibrief geben würde, ihre Treuepflichten zu verletzen,[1242] haben die britischen Gerichte für bestimmte Konstellationen des Machtmissbrauchs Fallgruppen entwickelt, in denen einzelne Aktionäre ausnahmsweise eine Klagemöglichkeit im Wege der Prozessstandschaft als sogenannte „derivative action" haben.[1243] Überdies gewährt

1237 Vgl. *Percival v Wright* [1902] 2 Ch 421; *Dawson International plc v Coats Paton plc* [1989] BCLC 233; *Pettet*, Company Law, S. 164; *Gower/Davies*, Company Law, S. 375; *Sealy*, Company Law, S. 260; *Pennington*, Company Law, S. 741.

1238 (1843) 2 Hare 461.

1239 In Anlehnung an diesen landmark-case wird das Prinzip der ausschließlichen Klagebefugnis der Gesellschaft als „Regel in *Foss v Harbottle* " („rule in *Foss v Harbottle*") oder als „Regel des richtigen Klägers" („proper claimant rule") bezeichnet. Sie wurde durch nachfolgende Urteile bestätigt und weiterentwickelt. Vgl. etwa *Mozley v Alston* (1847) 1 Ph 790; *Burland v Earle* [1902] AC 83; *Prudential Assurance Co Ltd v Newman Industries (No. 2)* [1981] Ch 204. Vgl. dazu *Pennington*, Company Law, S. 791 ff.; *Pettet*, Company Law, S. 213 ff.; *Mayson/French/Ryan*, Company Law, Rn. 18.3; eine rechtspolitische Auseinandersetzung mit der Regel in *Foss v Harbottle*, die gerichtliche Eingriffe in die interne Entscheidungsfindung einer Kapitalgesellschaft vermeidet und eine damit verbundene Lähmung der Geschäftstätigkeit verhindert, zugleich aber dem Management einen großen Spielraum zu sanktionslosen Pflichtverletzungen bietet, findet sich bei *Gower/Davies*, Company Law, S. 441 ff.; *Parkinson*, Corporate Power and Responsibility, S. 245 ff.; *Hirt*, (2005) JBL, 159 ff.

1240 *Marshall's Valve Gear Co Ltd v Manning, Wardle & Co Ltd* [1909] 1 Ch 267; *Gower/Davies*, Company Law, S. 444; *Hirt*, (2005) JBL, 159, 162 f.

1241 Vgl. *North-West Transportation v Beatty* [1887] 12 AC 589; *Gower/Davies*, Company Law, S. 444; *Hirt*, (2005) JBL, 159, 162 f.

1242 Eine aktuelle Untersuchung über die in der britischen Rechtswissenschaft diskutierten Ansätze zur Lösung des principal-agent-conflict, der bei der Entscheidung der Gesellschaft auftritt, gegen ihre directors wegen der Verletzung einer Treuepflicht gerichtlich vorzugehen, findet sich bei *Hirt*, (2005) JBL, 159 ff.

1243 Zu den Ausnahmefällen der derivative action in Fällen des Machtmissbrauchs *Pennington*, Company Law, S. 795 ff.; *Pettet*, Company Law, S. 215 ff.; *Sealy*, Company Law, S. 484 ff.; *Gower/Davies*, Company Law, S. 449 ff.

der Companies Act 1985 den Aktionären in Einzelfällen ein persönliches Klagerecht, wenn sie durch das Handeln der directors unangemessen benachteiligt werden.[1244]

2. Inhalt

Die Rechtsprechung hat im Laufe der letzten 300 Jahre fiduciary duties mit verschiedenem Inhalt entwickelt, um die Ausübung der Machtbefugnisse durch die directors zu kontrollieren.[1245]

Im Zuge der aktuellen Company Law Review hat sich die britische Regierung nach umfassenden Beratungen seitens der vom Department of Trade and Industry (DTI) eingesetzten Company Law Review Steering Group dafür ausgesprochen, diese ungeschriebenen Treuepflichten als „general duties of directors" in Gesetzesform zu gießen.[1246] Die maßgeblichen Regelungen finden sich nunmehr in cl. 154 – 161 der Company Law Reform Bill vom 1. November 2005.[1247] Durch die gesetzliche Kodifikation soll das für den Laien nur schwer verständliche case law transparenter gemacht und eine einheitliche Anwendung der Treuepflichten gewährleistet werden.[1248] Die vorgesehenen Regelungen geben die bisher aus dem common law folgenden Pflichten in allgemeiner Form wieder, gehen aber nicht auf Detailfragen ein. Dieser „high-level"-Ansatz soll den Gerichten ausreichend Raum für die Weiterentwicklung der verschiedenen Treuepflichten lassen und gewährleisten, dass die in der Rechtsprechung entwickelten Grundsätze weiterhin ihre Gültigkeit behalten.[1249] Im common law sind insbesondere die folgenden vier Treuepflichten für company directors anerkannt:[1250]

Zunächst unterliegen company directors der bona fide duty, welche sie dazu verpflichtet, ihre Amtsführung in gutem Glauben daran auszurichten, was nach ihrem Urteil im Interesse der Gesellschaft liegt.[1251] Ergänzt wird die bona fide duty durch die

---

1244 Sec. 495 CA 1985; siehe hierzu Teil 2 § 5 A I 3; vgl. auch *Rickford*, (2004) ECFR 1, 391, 410.

1245 Zu den einzelnen Treuepflichten *Sheikh/Chaterjee*, in: Sheikh/Rees, Corporate Governance, S. 1, 25 ff.; *Griffin*, Company Law, S. 243 ff.; *Gower/Davies*, Company Law, S. 381 ff.

1246 Zur Entwicklung der geplanten gesetzlichen Regelung siehe die beiden White Papers *DTI*, Modernising Company Law II, Schedule 2 und *DTI*, Company Law Reform, Chapter 7, S. 85 ff.; dazu *Gower/Davies*, Company Law, S. 371.

1247 H.L. (2005 – 2006) [Bill 34].

1248 Vgl. die Explanatory Notes zur Company Law Reform Bill, H.L. (2005-2006) [Bill 34-EN], para. 298 ff.; siehe auch die früheren Gesetzgebungsdokumente *DTI*, Modernising Company Law I, Part II para. 3.2; *DTI*, Final Report, Chapter 3 para. 3.9; vgl. auch *Gower/Davies*, Company Law, S. 371 Fn. 3; *Rickford*, (2005) ECFR 2, 63, 68.

1249 Vgl. die Explanatory Notes zur Company Law Reform Bill, H.L. (2005-2006) [Bill 34-EN], para. 298 ff.; zu diesem Ansatz auch *Gower/Davies*, Company Law, S. 371; *Rickford*, (2005) ECFR 2, 63, 68.

1250 Die general duties of directors sehen demgegenüber sechs verschiedene Treuepflichten vor. Die überzähligen Pflichten sind jedoch lediglich Untergruppen der im common law anerkannten Pflicht zur Vermeidung von Interessenkonflikten, vgl. *Gower/Davies*, Company Law, S. 381.

1251 Vgl. *Re Smith & Fawcett* [1942] Ch 304; *Dorchester Finance v Stebbing* [1942] Ch 304.

proper purpose duty, nach der die directors ihre satzungsmäßigen Befugnisse nur zu zulässigen Zwecken ausüben dürfen.[1252] Ferner ist es den directors durch den Grundsatz der unfettered discretion untersagt, ihr unternehmerisches Ermessen im Voraus dem Willen eines Dritten zu unterwerfen.[1253] Schließlich werden directors durch das Verbot des conflict of duty and interest dazu angehalten, sich nicht in eine Lage zu begeben, in der ihre Eigeninteressen mit den organschaftlichen Pflichten in Konflikt geraten können. Insbesondere ist es ihnen untersagt, ihre Managementbefugnisse zum eigenen Vorteil auszunutzen.[1254] Im Zusammenhang mit der Abwehr feindlicher Übernahmeversuche werden in der Regel die bona fide duty und die proper purpose duty relevant.[1255]

a. Bona fide duty

Die bona fide duty ist die elementare Treuepflicht der company directors, da sie bei jeder Entscheidung beachtet werden muss und sich die anderen Treuepflichten aus ihr ableiten lassen.[1256]

aa. Maßstab

Ihr Inhalt wurde von *Lord Greene MR* in der Entscheidung *Re Smith & Fawcett Ltd*[1257] wie folgt formuliert: „*They [the directors] must exercise their discretion bona fide in what they consider – not what a court may consider – is in the interest of the company*".[1258]

Die bona fide duty bestimmt sich somit nach einem rein subjektiven Maßstab. Es obliegt alleine den directors und nicht etwa den im Streitfall angerufenen Gerichten, nach ihrer persönlichen Einschätzung festzustellen, wie sich das Gesellschaftsinteresse definiert, und wie dieses Interesse am besten verwirklicht werden soll.[1259] Die Gerichte stellen die Korrektheit unternehmerischer Entscheidungen der directors

---

1252 Vgl. *Hogg v Cramphorn Ltd* [1967] Ch 254; *Howard Smith v Ampol Petroleum Ltd* [1974] AC 821; *Bishopsgate Investment Management Ltd* [1993] BCC 120.

1253 Vgl. *Fulham Football Club Ltd v Cabra Estates plc* [1994] 1 BCLC 363.

1254 Vgl. *Cook v Deeks* [1916] 1 AC 554; *Regal (Hastings) Ltd v Gulliver* [1942] 1 All ER 378.

1255 Vgl. *Davies*, in: Hopt/Wymeersch, European Takeovers, S. 195, 208; *Underhill/Austmann*, in: Payne, Takeovers, S. 87, 91 f.; *Barboutis*, (1999) Comp Law 20, 14, 19; *Mayanja*, (1999) Aus J Corp L 10, 162, 181.

1256 Vgl. *Gower/Davies*, Company Law, S. 387; *Pettet*, Company Law, S. 164; *Sealy*, Company Law, S. 259; *Rickford*, (2005) ECFR 2, 63, 64 f.

1257 [1942] Ch 304.

1258 *Re Smith & Fawcett Ltd* [1942] Ch 304, 306 per Lord Greene MR; vgl. auch *Dorchester Finance v Stebbing* [1989] BCLC 489, 501 per Foster J.

1259 *Palmer's*, Company Law, Rn. 8.508; *Birds*, in: Gore-Brown, On Companies, Rn. 27.4; *Gower/Davies*, Company Law, S. 389; *Davies*, in: Hopt/Wymeersch, European Takeovers, S. 195, 208; *Parkinson*, Corporate Power and Responsibility, S. 94.

grundsätzlich nicht in Frage.[1260] Diese Zurückhaltung bei der Überprüfung unternehmerischer Entscheidungen basiert auf der Überzeugung der britischen Richter, es sei unsachgemäß, von außen in die inneren Angelegenheiten der Gesellschaft einzugreifen, deren Regelung alleine den an der Gesellschaft beteiligten Aktionären und directors vorbehalten bleiben soll.[1261] Nur wenn es offensichtlich ist, dass eine sogenannte „intelligente und vernünftige Person" in der Position eines directors der betreffenden Gesellschaft unter den gegebenen Umständen keinesfalls zu dem Schluss gekommen wäre, dass die getroffene Maßnahme im Interesse der Gesellschaft liegt, nehmen die Gerichte ausnahmsweise einen Verstoß gegen die bona fide duty an.[1262] Das ist z.B. der Fall, wenn die directors die Maßnahme zur Verfolgung eigener Interessen[1263] oder zur Verfolgung der Interessen gesellschaftsfremder Dritter missbrauchen.[1264] Diese Extremfälle sind in der Praxis allerdings äußerst schwer nachweisbar und daher sehr selten geblieben.[1265]

Die Grundsätze der bona fide duty lassen dem Management einer übernahmebedrohten Gesellschaft einen weiten Handlungsspielraum, um Abwehrmaßnahmen gegen feindliche Übernahmeversuche zu ergreifen. Solange die directors nicht im Eigeninteresse handeln, sondern aufrichtig glauben, dass die Übernahmeabwehr im Inte-

---

1260 Siehe dazu die Einschätzung von Lord Wilberforce in *Howard Smith v Ampol Petroleum Ltd* [1974] AC 821, 832: *„It would be wrong for the court to substitute its opinion for that of the management, or indeed to question the correctness of the management's decision, on such a question, if bona fide arrived at."*; vgl. auch *Weinberg/Blank*, Takeovers and Mergers, Rn. 4-7136; *Sheikh/Chaterjee*, in: Sheikh/Rees, Corporate Governance, S. 1, 27; *Parkinson*, Corporate Power and Responsibility, S. 94; *Clarke*, (2004) JCLS 4, 51, 62; *Sealy* (1989) Mon U L Rev 15, 265, 277.

1261 Siehe dazu die klassische Aussage von Lord Eldon LC in *Carlen v Drury* (1812) 35 ER 61, 62: *„This court is not to be required on every occasion to take the management over every playhouse and brewhouse in the Kingdom."*; vgl. auch *Burland v Earle* [1902] AC 83, 93 per Lord Davey; *Hogg v Cramphorn Ltd* [1967] Ch 254, 268 per Buckley J; *Howard Smith Ltd v Ampol Petroleum Ltd* [1974] AC 821, 832 per Lord Wilberforce; siehe auch *Parkinson*, Corporate Power and Responsibility, S. 94; *Böhmer*, Der Schutz der Minderheitsaktionäre bei Übernahmen börsennotierter Gesellschaften in Europa, S. 26; auf die Bedeutung dieser Zurückhaltung im Zusammenhang mit der richterlichen Überprüfung präventiver Übernahmeabwehrmaßnahmen der directors weist *Davies*, in: Hopt/Wymeersch, European Takeovers, S. 195, 205 hin.

1262 Vgl. *Charterbridge Corporation Ltd v Lloyd's Bank Ltd* [1970] 1 Ch 62; *Re A Company, ex parte Burr* [1992] BCLC 724; *Criterion Properties Plc v Stratford UK Properties LLC* [2003] BCC 50; *Palmer's*, Company Law, Rn. 8.508; *Gower/Davies*, Company Law, S. 388; *Sheikh/Chaterjee*, in: Sheikh/Rees, Corporate Governance, S. 1, 27; *Parkinson*, Corporate Power and Responsibility, S. 96.

1263 Vgl. *Fraser v Whalley* (1864) 2 H & M 10; *Parkinson*, Corporate Power and Responsibility, S. 96.

1264 Vgl. *Re W & M Roith Ltd* [1967] 1 WLR 432; *Parkinson*, Corporate Power and Responsibility, S. 96.

1265 Vgl. *Gower/Davies*, Company Law, S. 389; *Davies*, in: Hopt/Wymeersch, Capital Markets and Company Law, S. 261, 272; *Sheikh/Chaterjee*, in: Sheikh/Rees, Corporate Governance, S. 1, 27; *Parkinson*, Corporate Power and Responsibility, S. 96.

resse der Gesellschaft liegt, sind Abwehrmaßnahmen auf der Grundlage der bona fide duty gerichtlich nicht angreifbar.[1266]

bb. Gesellschaftsinteresse (interest of the company)

Da der Anknüpfungspunkt der bona fide duty das Gesellschaftsinteresse ist, stellt sich die Frage, was unter diesem Begriff zu verstehen ist.

(1) Gesamtheit der Aktionäre

Die directors schulden ihre Treuepflichten nicht gegenüber den einzelnen Aktionären, sondern gegenüber der Gesellschaft als von ihren Mitgliedern unabhängige juristische Person.[1267] Daher könnte man annehmen, dass der Begriff des Gesellschaftsinteresses ein autonomes Interesse der Institution „Gesellschaft" beschreibt, das von den Interessen der Aktionäre losgelöst ist.[1268]

Im britischen Kapitalgesellschaftsrecht hat sich dieses institutionelle Verständnis der Gesellschaft (institutionalist theory) jedoch nicht durchsetzen können.[1269] Sowohl die Rechtsprechung[1270] als auch die ganz herrschende Auffassung in der Literatur[1271] verstehen die Gesellschaft vielmehr als vertragliche Konzeption zwischen den Gesellschaftern (contractualist theory), die keinem eigenen Interesse, sondern nur den Interessen der an ihr beteiligten natürlichen Personen dient.[1272] Daher wird das Gesellschaftsinteresse nicht als selbstständiges Interesse der Gesellschaft, sondern als Kollektivinteresse aller Aktionäre (the shareholders as a whole) definiert.[1273] Auch die von

---

1266 Vgl. *Hogg v Cramphorn Ltd* [1967] Ch 254, 266 per Buckley J; *Ferran*, Company Law and Corporate Finance, S. 164; *Herrmann*, Zivilrechtliche Abwehrmaßnahmen, S. 158; *Mayanja*, (1999) Aus J Corp L 10, 162, 166.

1267 Siehe hierzu Teil 2 § 4 C II 1; vgl. auch *Percival v Wright* [1902] 2 Ch 421; *Dawson International plc v Coats Paton plc* [1989] BCLC 233; *Gower/Davies*, Company Law, S. 375; *Sealy*, Company Law, S. 260; *Pennington*, Company Law, S. 741.

1268 In diesem Sinne *Rixon*, (1986) MLR 49, 446, 448 f.; *Sealy*, (1988) Mon U L Rev 15, 265, 270; zu diesem Ansatz auch *Mayson/French/Ryan*, Company Law, Rn. 16.4.3.

1269 So auch *Xuereb*, in: Drury/Xuereb, European Company Laws, S. 175, 183.

1270 *Greenhalgh v Arderne Cinemas Ltd* [1951] Ch 286, 291 per Lord Evershed MR; *Gaiman v National Association for Mental Health* [1971] Ch 317, 330 per Megarry J; *Brady v Brady* [1988] BCLC 20, 40 per Nourse LJ.

1271 *Palmer's*, Company Law, Rn. 8.505; *Gower/Davies*, Company Law, S. 372; *Griffin*, Company Law, S. 240; *Parkinson*, Corporate Power and Responsibility, S. 76 f.; *Rickford*, (2004) ECFR 1, 391, 403; *Gower*, (1955) Harv L Rev 68, 1176, 1188 ff.; *Barboutis*, (1999) Comp Law 20, 14, 19; *Gee*, (1998) ICCLR 9, 15, 17; *Xuereb*, (1988) MLR 151, 156, 165.

1272 Vgl. *Xuereb*, in: Drury/Xuereb, European Company Laws, S. 175, 183; *Davies*, in: Hopt/Wymeersch, Capital Markets and Company Law, S. 261, 266; *Rickford*, (2004) ECFR 1, 391, 404.

1273 Siehe dazu etwa Nourse LJ in *Brady v Brady* [1988] BCLC 20, 40: „*The interest of the company, as an artificial person, cannot be distinguished from the interests of the persons who are interested in it*"; ebenso Lord Evershed MR in *Greenhalgh v Arderne Cinemas Ltd* [1951] Ch

der britischen Regierung im Zuge der Company Law Review vorgelegte Company Law Reform Bill[1274] folgt in ihren general duties of directors diesem Ansatz. Nachdem die Company Law Review Steering Group die Frage, an welche Interessen die directors durch ihre Treuepflichten gebunden sein sollen, intensiv geprüft und beraten hatte, kam man zu dem Schluss, dass die directors den Erfolg der Gesellschaft zum Nutzen der Gesamtheit der Aktionäre fördern müssen.[1275]

(a) Kurzfristige und langfristige Aktionärsinteressen

In einigen Gerichtsentscheidungen wird das Interesse der Gesellschaft mit dem Interesse aller gegenwärtigen *und* zukünftigen Aktionäre gleichgesetzt,[1276] während andere Entscheidungen lediglich auf die Gesamtheit der gegenwärtigen Aktionäre abstellen.[1277] Die Bezugnahme auf die zukünftigen Aktionäre ist jedoch keinesfalls so zu verstehen, dass die directors die Pflicht hätten, die Interessen einzelner Personen, die in Zukunft in die Gesellschaft investieren könnten, in ihre Entscheidung einzubeziehen. Dagegen spricht schon die Tatsache, dass die Identität zukünftiger Aktionäre nicht ausreichend bestimmbar ist und die zukünftigen Aktionäre zudem keine Möglichkeit hätten, die Einhaltung der Pflichten durchzusetzen.[1278] Auch das Interesse eines feindlichen Bieters, der durch eine erfolgreiche Übernahme ein zukünftiger Aktionär der Gesellschaft werden kann, ist bei der Bestimmung des Gesellschaftsinteresses daher unbeachtlich.[1279]

286, 291: „*The phrase the company as a whole does not (at any rate in such case as the present) mean the company as a commercial entity as distinct from its corporators*"; vgl. auch *Palmer's*, Company Law, Rn. 8.505; *Parkinson*, Corporate Power and Responsibility, S. 76; *Gower/Davies*, Company Law, S. 372; *Griffin*, Company Law, S. 240; *Ferran*, Company Law and Corporate Finance, S. 126; *Gower*, (1955) Harv L Rev 68, 1176, 1188 ff.; *Stengel*, (1998) ICCLR 9, 49, 51.

1274 H.L. (2005-2006) [Bill 34].

1275 Die vorgeschlagene Regelung findet sich in cl. 156 (1) der Company Law Reform Bill, H.L. (2005-2006) [Bill 34]; siehe auch die Begründung im White Paper *DTI*, Modernising Company Law I, Part II para. 3.3.

1276 Vgl. *Gaiman v National Association for Mental Health* [1971] Ch 317, 330 per Megarry J; *Brady v Brady* (1987) 3 BCC 535, 552 per Nourse LJ; *Dawson International plc v Coats Paton plc* [1989] BCLC 233, 243 per Lord Cullen.

1277 *Greenhalgh v Arderne Cinemas Ltd* [1951] Ch 286, 291 per Lord Evershed MR; *Multinational Gas and Petrochemical Co v Multinational Gas and Petrochemical Services Ltd* [1983] 1 Ch 258, 288 per Dillon LJ; streng genommen ging es in diesen beiden Fällen um die Befugnis der Aktionäre, die articles of association zu ändern, und nicht um Treuepflichten der directors. Beide Situationen sind jedoch gleich zu behandeln, da auch die Aktionäre bei einer Änderung der articles ausnahmsweise eine bona fide duty gegenüber der Gesellschaft haben. So auch *Lee Panavision Ltd v Lee Lighting Ltd* [1991] BCC 620, 634 per Dillon LJ; ebenfalls *Gower/Davies*, Company Law, S. 372 Fn. 5.

1278 *DTI*, Strategic Framework, Chapter 5.1 para. 5.1.18 mit Fn. 31; *Davies*, in: Hopt/Wymeersch, Capital Markets and Company Law, S. 261, 273; *Parkinson*, Corporate Power and Responsibility, S. 80.

1279 So auch *Weinberg/Blank*, Takeovers and Mergers, Rn. 4-7135 mit Fn. 1.

Vielmehr soll durch den Bezug auf die zukünftigen Aktionäre klargestellt werden, dass die Verpflichtung der directors nicht auf die kurzfristigen Interessen derjenigen Personen beschränkt ist, die zum Zeitpunkt der Entscheidung zufällig gerade Mitglieder der Gesellschaft sind, sondern dass auch langfristige Aktionärsinteressen zu berücksichtigen sind.[1280] Diese langfristigen Interessen sind auf die Erhaltung und Förderung der Rentabilität der Gesellschaft gerichtet.[1281] Die directors müssen sowohl die kurzfristigen als auch die langfristigen Interessen der Aktionäre in ihre Entscheidung einbeziehen und zwischen diesen eine Abwägung treffen.[1282]

Die vorzunehmende Abwägung wurde von *Miller Holland QC* in seinem Bericht zur Übernahme des Savoy Hotels wie folgt zusammengefasst: „*The expression „the company" did not mean the sectional interest of some (it may be a majority) of the present members, but of present and future members of the company...upon the footing that it would be continued as a going concern...the directors should balance a long-term view against short-term interests of present members*".[1283]

Die Verpflichtung auf die kurz- und langfristigen Aktionärsinteressen wird durch die von der britischen Regierung vorgelegte Company Law Reform Bill[1284] bestätigt, nach deren general duties die directors sowohl die kurz- als auch die langfristigen Folgen ihres Handelns in Betracht ziehen müssen.[1285]

(b) Aktionärsinteresse bei Unternehmensübernahmen

Im Rahmen von Unternehmensübernahmen kann das kurzfristige Interesse der Aktionäre an der Veräußerung ihrer Aktien zu günstigen Kursen mit dem langfristigen Aktionärsinteresse am wirtschaftlichen Erfolg der Gesellschaft in Konflikt geraten.[1286] Das ist z.B. der Fall, wenn den Aktionären von einem feindlichen Bieter ein hoher Preis für die Veräußerung ihrer Aktien in Aussicht gestellt wird, gleichzeitig aber Grund zu der Annahme besteht, dass die zukünftige Geschäftstätigkeit der Gesellschaft durch die

---

1280 *DTI*, Strategic Framework, Chapter 5.1 para. 5.1.18 mit Fn. 31; *Parkinson*, Corporate Power and Responsibility, S. 81; *Gower/Davies*, Company Law, S. 389; *Ferran*, Company Law and Corporate Finance, S. 126.

1281 Vgl. *Gower/Davies*, Company Law, S. 389; *Ferran*, Company Law and Corporate Finance, S. 126; *Herrmann*, Zivilrechtliche Abwehrmaßnahmen, S. 157; *Xuereb*, (1988) MLR 151, 156, 165.

1282 Vgl. *Birds*, in: Gore-Brown, On Companies, Rn. 27.4; *Farrar/Hannigan*, Company Law, S. 381; *Sheikh/Chaterjee*, in: Sheikh/Rees, Corporate Governance, S. 1, 26; *Gower/Davies*, Company Law, S. 389; *Clarke*, (2004) JCLS 4, 51, 62; *Xuereb*, Rights of Shareholders, S. 63.

1283 *Milner Holland QC*, Milner Holland Report, para. 13 (10); siehe dazu *Gower*, (1955) Harv L Rev 68, 1176, 1184 f., 1188 ff.

1284 H.L. (2005-2006) [Bill 34].

1285 Company Law Reform Bill, H.L. (2005-2006) [Bill 34], cl. 156 (3) (a); so auch schon die vorgesehene Regelung in *DTI*, Modernising Company Law II, Schedule 2 para. 2 Note (1) (a); vgl. auch *Gower/Davies*, Company Law, S. 389.

1286 *Parkinson*, Corporate Power and Responsibility, S. 77; *Ferran*, Company Law and Corporate Finance, S. 134; *Clarke*, (2004) JCLS 4, 51, 62.

Übernahme beeinträchtigt wird.[1287] In einer solchen Situation stellt sich die Frage, wie die widerstreitenden Interessen in Einklang zu bringen sind.

Zum Teil wird die Auffassung vertreten, das kurzfristige Interesse der Aktionäre an der Veräußerung ihrer Aktien zu günstigen Kursen sei vorrangig.[1288] Diese Auffassung betrachtet die Aktionäre als reine Kapitalanleger, deren Interesse in erster Linie darauf gerichtet ist, durch ihre Aktien einen möglichst hohen Gewinn zu erzielen. Im Falle einer feindlichen Übernahme stünden die Aktionäre vor der Entscheidung, ob die Veräußerung ihrer Aktien zu einem über dem Marktwert liegenden Kurs oder die Teilnahme an der weiteren geschäftlichen Entwicklung der Gesellschaft unter dem vorhandenen Management eine höhere Rendite ihrer Investition verspreche.[1289] Dagegen sei es für die veräußerungswilligen Aktionäre regelmäßig ohne Belang, ob der feindliche Bieter die Gesellschaft weniger effizient führe oder deren Geschäftstätigkeit schädige, nachdem er ihre Aktien einmal erworben habe und sie ihren Gewinn realisiert hätten.[1290] Die directors dürften in Übernahmesituationen daher keine Maßnahme ergreifen, welche den Aktionären die Möglichkeit nehmen könnte, ihre Aktien zu günstigen Kursen zu veräußern. Das gelte unabhängig von etwaigen schädigenden Absichten des feindlichen Bieters in Bezug auf die zukünftige Geschäftstätigkeit der Gesellschaft.

Diese Auffassung wird rechtlich auf die Entscheidung *Heron International Ltd v Lord Grade*[1291] gestützt.[1292] In diesem Fall lagen den directors einer übernahmebedrohten Gesellschaft zwei konkurrierende Übernahmeangebote vor. Durch die articles war den directors die Befugnis übertragen worden, zwischen den verschiedenen Bietern auszuwählen. Das Gericht kam zu dem Schluss, dass sich die directors ausschließlich am Veräußerungsinteresse der gegenwärtigen Aktionäre zu orientieren hatten und demgemäß das höhere der beiden Angebote auswählen mussten.[1293]

Gegen die Herleitung eines vorrangigen Interesses der Aktionäre an der Veräußerung ihrer Aktien zu günstigen Kursen aus der Entscheidung *Heron International Ltd v Lord Grade*[1294] spricht jedoch, dass diese Entscheidung einen nicht verallgemeinerungsfähigen Sonderfall zum Gegenstand hatte.[1295] In dem zu Grunde liegenden Sachverhalt hatten die directors sich bereits dafür entschieden, dass die Gesellschaft übernommen

---

1287 Vgl. *Ferran*, Company Law and Corporate Finance, S. 125.

1288 *Weinberg/Blank*, Takeovers and Mergers, Rn. 4-7135; *Parkinson*, Corporate Power and Responsibility, S. 77 f.

1289 *Parkinson*, Corporate Power and Responsibility, S. 78.

1290 *Parkinson*, Corporate Power and Responsibility, S. 78, 154.

1291 [1983] BCLC 244.

1292 *Weinberg/Blank*, Takeovers and Mergers, Rn. 4-7135; *Parkinson*, Corporate Power and Responsibility, S. 78 mit Fn. 19.

1293 *Heron International Ltd v Lord Grade* [1983] BCLC 244, 265 per Lawton LJ.

1294 [1983] BCLC 244.

1295 Der Ausnahmecharakter der Entscheidung wurde in nachfolgenden Entscheidungen bestätigt, vgl. *Re a Company No. 008699 of 1985* [1986] BCLC 382, 389 per Hoffmann J; *Ferran*, Company Law and Corporate Finance, S. 135; *Underhill/Austmann*, in: Payne, Takeovers, S. 87, 92 mit Fn. 12; *Herrmann*, Zivilrechtliche Abwehrmaßnahmen, S. 157.

werden sollte. Damit hatten die directors dem kurzfristigen Interesse der Aktionäre an der Veräußerung ihrer Aktien bereits den Vorrang vor der langfristigen geschäftlichen Entwicklung der Gesellschaft eingeräumt. Es ging lediglich noch um die Entscheidung, welcher der beiden Bieter den Zuschlag bekommen sollte. Nur für diese Situation hielt das Gericht die directors ausnahmsweise zur Orientierung an den kurzkurzfristigen Interessen der gegenwärtigen Aktionäre und damit zur Auswahl des höheren Angebots verpflichtet.[1296]

Die begrenzte Aussagekraft der Entscheidung *Heron International Ltd v Lord Grade*[1297] wurde durch die nachfolgende Entscheidung *Dawson International Plc v Coats Patons Plc*[1298] bestätigt, in der ein feindliches Übernahmeangebot scheiterte, nachdem die directors der Zielgesellschaft sich der Unterstützung eines white knight versichert hatten. In diesem Urteil stellte *Lord Cullen* klar, dass die directors in Übernahmesituationen nicht auf das Interesse der Aktionäre an der Veräußerung ihrer Aktien zu günstigsten Kursen verpflichtet sind.[1299] Auch im Rahmen von Unternehmensübernahmen gelte der allgemeine Grundsatz, dass die directors nicht als Stellvertreter oder Beauftragte der gegenwärtigen Aktionäre anzusehen seien, die ausschließlich in deren Interesse handeln müssten. Anknüpfungspunkt der Treuepflichten sei nicht das kurzfristige Interesse der gegenwärtigen Aktionäre, sondern das Interesse der Gesellschaft, welches eben auch das langfristige Aktionärsinteresse am zukünftigen wirtschaftlichen Erfolg der Gesellschaft umfasse. Das Interesse der gegenwärtigen Aktionäre an der Veräußerung ihrer Aktien müsse nicht notwendigerweise mit dem maßgeblichen Interesse der Gesellschaft übereinstimmen.[1300] Vielmehr seien Fälle denkbar, in denen ein bestimmtes Übernahmeangebot entgegen den kurzfristigen Interessen der Aktionäre eben nicht im Gesellschaftsinteresse liege.[1301] Da für die directors nur das Gesellschaftsinteresse maßgeblich sei, dürften sie in diesen Fällen das Übernahmeangebot ablehnen, auch wenn das Veräußerungsinteresse der gegenwärtigen Aktionäre dem entgegenstehe.

1296 *Heron International Ltd v Lord Grade* [1983] BCLC 244, 265 per Lawton LJ; vgl. auch *Re a Company No. 008699 of 1985* [1986] BCLC 382, 389 per Hoffmann J; *Herrmann*, Zivilrechtliche Abwehrmaßnahmen, S. 157.

1297 [1983] BCLC 244.

1298 [1988] 4 BCC 305.

1299 *„In contrast I see no good reason why it should be supposed that directors are, in general, under a fiduciary duty to shareholders, and in particular to present shareholders with respect to the disposal of their shares in the most advantageous way.“*, *Dawson International plc v Coats Paton plc* [1988] 4 BCC 305, 313 per Lord Cullen.

1300 *„What is in the interest of the current shareholders as sellers of their shares may not necessarily coincide with what is in the interests of the company“*, *Dawson International Plc v Coats Paton Plc* [1988] 4 BCC 305, 314 per Lord Cullen.

1301 *„At the outset I do not accept as a general proposition that a company can have no interest in the change of identity of its shareholders upon a take-over. It appears to me that there will be cases in which its agents, the directors, will see the take-over of its shares by a particular bidder as beneficial to the company. For example, it may provide opportunity for integrating operations or obtaining additional resources. In other cases the directors will see a particular bid as not in the best interest of the company.“*, *Dawson International Plc v Coats Patons Plc* [1988] BCC 305, 313 per Lord Cullen.

Die Entscheidung *Dawson International Plc v Coats Patons Plc*[1302] zeigt, dass die Aktionäre von den britischen Gerichten auch im Rahmen von Unternehmensübernahmen nicht als reine Kapitalanleger, sondern als Eigentümer der Gesellschaft betrachtet werden, die sowohl kurzfristige als auch langfristige Interessen an der Gesellschaft verfolgen. Bei der vorzunehmenden Abwägung der Aktionärsinteressen kann das langfristige Interesse am zukünftigen Erfolg der Gesellschaft das kurzfristige Interesse an der Veräußerung der Aktien durchaus überwiegen und demgemäß die Abwehr feindlicher Übernahmeversuche rechtfertigen.[1303]

(2) Interessen der stakeholder

Neben den Aktionären verfolgen auch die Gläubiger und die Arbeitnehmer als stakeholder Interessen an der Gesellschaft. Daher stellt sich die Frage, inwiefern deren Interessen bei Bestimmung des Gesellschaftsinteresses maßgeblich sind, und ob auch sie Abwehrmaßnahmen gegen feindliche Übernahmeversuche im Rahmen der bona fide duty rechtfertigen können.[1304]

(a) Gesellschaftsgläubiger

Die traditionelle Definition des Gesellschaftsinteresses knüpft ausschließlich an das Interesse der Aktionäre als Eigentümer der Gesellschaft an und lässt die Gläubigerschaft (the body of creditors) unberücksichtigt.[1305]

Der Grund für die Vernachlässigung der Gläubigerinteressen liegt darin, dass die Gesellschaftsgläubiger im Gegensatz zu den Aktionären vertragliche Ansprüche gegenüber der Gesellschaft haben, aufgrund derer sie gegenüber den Anteilseignern in einer besseren Position sind.[1306] So werden die Gewinne der Gesellschaft erst und nur dann an die kapitalgebenden Aktionäre ausgezahlt, wenn und soweit sie ausreichend

---

1302 [1988] 4 BCC 305.

1303 Vgl. *Cayne v Global Natural Resources PLC* Entscheidung der Chancery Division vom 12. August 1982, per Megarry VC, nicht veröffentlicht; *Dawson International Plc v Coats Paton Plc* [1988] BCC 305, 314 per Lord Cullen; *Underhill/Austmann*, in: Payne, Takeovers, S. 87, 91; *Mayanja*, (1999) Aus J Corp L 10, 163, 166; in diesem Sinne auch *Xuereb*, Rights of Shareholders, S. 63; ähnlich *Davies*, in: Hopt/Wymeersch, Capital Markets and Company Law, S. 261, 273.

1304 Ausführlich zur Stakeholderdebatte in Großbritannien *Pettet*, Company Law, S. 58 ff.; *Parkinson*, Corporate Power and Responsibility, S. 304 ff.; *Dean*, (2001) Comp Law 22, 66 ff.; *Goldenberg*, (1998) Comp Law 19, 34 ff.; *Miles*, (2003) Comp Law 24, 56 ff.; *Sealy*, (1987) Mon U L Rev 13, 164 ff.; *Rickford*, (2005) ECFR 2, 63, 68 ff.

1305 Vgl. *Multinational Gas and Petrochemical Co v Multinational Gas and Petrochemical Services Ltd* [1983] 1 Ch 258, 288 per Dillon LJ; *Griffin*, Company Law, S. 241; *Sealy*, Company Law, S. 267; *Farrar/Hannigan*, Company Law, S. 382; *Parkinson*, Corporate Power and Responsibility, S. 88.

1306 *Ferran*, Company Law and Corporate Finance, S. 133; *Gower/Davies*, Company Law, S. 372; ähnlich *Kasolowsky*, Fiduciary Duties in Company Law, S. 246.

sind, um die Ansprüche der Gläubiger zu befriedigen.[1307] Auch in der Insolvenz der Gesellschaft erhalten die Aktionäre nur dann eine quotale Rückzahlung ihrer Einlage, wenn vorher die vertraglichen Forderungen der Gläubiger in vollem Umfang beglichen worden sind.[1308] Aus dieser Stellung der Aktionäre als gegenüber den Gesellschaftsgläubigern nachrangige Forderungsinhaber (shareholders as residual claimants) folgt, dass grundsätzlich nur ihre Interessen für die Pflichtenbindung der directors von Bedeutung sind.[1309]

Die traditionelle Definition des Gesellschaftsinteresses hat sich jedoch in den letzten Jahren geändert.[1310] Nach einer jüngeren, stetig wachsenden Spruchpraxis der britischen Gerichte beinhaltet die Pflicht der directors zur Wahrung des Gesellschaftsinteresses in Fällen herannahender Insolvenz die besondere Pflicht, bei der Geschäftsleitung die Interessen der Gläubiger zu berücksichtigen.[1311] Die Gerichte begründen die Einbeziehung der Gläubigerinteressen in diesem Stadium der Gesellschaft damit, dass die Gläubiger nach wirtschaftlichen Kriterien zu den wahren Eigentümern der Gesellschaft werden, wenn die Gesellschaft in erhebliche finanzielle Schwierigkeiten gerät.[1312]

In einer solchen Situation sind die Einlagen der Aktionäre in der Regel verbraucht, so dass die weitere Geschäftstätigkeit der Gesellschaft hauptsächlich durch das finanzielle Engagement der Gläubiger ermöglicht wird. Da die Gläubiger somit das größte wirtschaftliche Risiko für die Geschäftstätigkeit der insolventen Gesellschaft tragen, findet auch bei der Definition des Gesellschaftsinteresses ein grundlegender Wechsel der Perspektive von den Gesellschaftern auf die Gläubiger statt. In einer insolventen Gesellschaft bestimmt sich das Gesellschaftsinteresse daher nach den Interessen der Gläubiger.[1313] Dagegen sind die Gläubigerinteressen bei einer zahlungs-

---

1307 Sec. 263 (1) und (3) CA 1985.

1308 Sec. 107 und 143 IA 1986.

1309 *Ferrarini*, in: Hopt/Wymeersch, Capital Markets and Company Law, S. 223, 228; *Gower/Davies*, Company Law, S. 372.

1310 Ausführlich zur Entwicklung der Rechtsprechung *Kasolowsky*, Fiduciary Duties in Company Law, S. 245 ff.

1311 *West Mercia Safetywear v Dodd* [1988] BCLC 250, 252 per Dillon J; *Yukong Line Ltd of Korea v Rendsburg Investment Corporation of Liberia (No. 2)* [1998] BCC 870, 885 per Toulson J; *Facia Footwear Ltd v Hinchcliffe* [1998] 1 BCLC 218, 227 per Scott VC; *Official Receiver v Stern* [2002] 1 BCLC 119, 129 per Buxton LJ; dazu *Palmer's*, Company Law, Rn. 8.506; *Gower/Davies*, Company Law, S. 372 ff.

1312 *Brady v Brady* (1987) 3 BCC 535, 552 per Nourse LJ; *West Mercia Safetywear v Dodd* [1988] BCLC 250, 252 per Dillon J; *Facia Footwear Ltd v Hinchcliffe* [1998] 1 BCLC 218, 227 per Scott VC; *Goode*, Corporate Insolvency, S. 455; *Ferran*, Company Law and Corporate Finance, S. 137 f.

1313 *West Mercia Safetywear v Dodd* [1988] BCLC 250, 252 per Dillon J; *Gower/Davies*, Company Law, S. 372; *Sealy*, Company Law, S. 267; *Goode*, Corporate Insolvency, S. 455; *Ferran*, Company Law and Corporate Finance, S. 137 ff. In den maßgeblichen cl. 154 – 161 der Company Law Reform Bill, H.L. (2005-2006) [Bill 34], sind Pflichten der directors gegenüber den Gesellschaftsgläubigern nicht normiert. Die britische Regierung hat sich nach längeren Beratungen gegen eine solche gesetzliche Normierung ausgesprochen. Sie ist der Ansicht, eine Kodifikation von Pflichten gegenüber den Gläubigern trage zum einen die Gefahr in sich, dass

fähigen Gesellschaft, für die keine Insolvenzgefährdung zu erkennen ist, bei der Bestimmung der Treuepflichten der directors weiterhin unbeachtlich.[1314]

Im Rahmen von Unternehmensübernahmen sind die Interessen der Gläubiger regelmäßig ohne Belang, da es hier um den Erwerb von Aktien an werbenden Gesellschaften geht, die sich nicht in einer Krisensituation befinden. Gläubigerinteressen können daher im Rahmen der bona fide duty keine Abwehrmaßnahmen gegen Übernahmeversuche rechtfertigen.

(b) Arbeitnehmer

Auch die Interessen der Arbeitnehmer finden in der klassischen Definition des Gesellschaftsinteresses keine Beachtung. Vielmehr ist den directors die Berücksichtigung von Arbeitnehmerinteressen bei der Ausübung ihrer Befugnisse nach den traditionellen Regeln des common law untersagt.[1315]

Mit dem Inkrafttreten des Companies Act 1980 hat sich diese Rechtslage jedoch geändert. Seit der Einführung von sec. 309 durch den Companies Act 1980[1316] haben die directors nunmehr die gesetzlich verankerte Pflicht, bei der Ausübung ihrer Geschäftsführungsbefugnisse neben den Interessen der Aktionäre auch die Interessen der Arbeitnehmer in Erwägung zu ziehen.[1317]

Die Norm gibt allerdings keine Auskunft darüber, ob die Interessen der Arbeitnehmer einen eigenständigen Faktor darstellen, der bei der Bestimmung des Gesellschaftsinteresses neben die Aktionärsinteressen tritt, oder ob die Arbeitnehmerinteressen nur insoweit von den directors berücksichtigt werden müssen, als sie die Aktionärsinteressen fördern.[1318] Ebenso bleibt unklar, wie die Interessen der Aktionäre und die Interessen der Arbeitnehmer zu gewichten sind, wenn sie in Konflikt geraten.[1319]

---

die directors die Gesellschaft liquidierten, sobald diese in kleinere wirtschaftliche Schwierigkeiten gerate. Zum anderen könne eine solche Regelung mit bestehenden insolvenzrechtlichen Vorschriften in Konflikt geraten. Gleichwohl sollen die von den Gerichten aufgestellten Grundsätze durch die vorgesehene Kodifikation der Treuepflichten nicht beseitigt werden, sondern fortgelten. Siehe dazu *DTI*, Modernising Company Law I, Part II para. 3.8 ff.; *Gower/Davies*, Company Law, S. 374.

1314 *Multinational Gas and Petrochemical Co v Multinational Gas and Petrochemical Services Ltd* [1983] 1 Ch 258, 288 per Dillon LJ; *Parkinson*, Corporate Power and Responsibility, S. 88.

1315 Vgl. *Hutton v West Cork Railway Co* (1883) 23 ChD 654, 673 per Bowen LJ; *Parke v Daily News Ltd* [1962] Ch 927.

1316 Die Regelung ist unverändert in sec. 309 CA 1985 übernommen worden.

1317 Der Wortlaut von sec. 309 (1) CA 1985 lautet: „*The matters to which the directors of a company are to have regard in the performance of their functions include the interests of the company's employees in general, as well as the interests of its members*".

1318 *Gower/Davies*, Company Law, S. 377; *Parkinson*, Corporate Power and Responsibility, S. 82 ff.; *Barboutis*, (1999) Comp Law 20, 14, 19.

1319 *Palmer's*, Company Law, Rn. 8.507; *Pennington*, Company Law, S. 711; *Ferran*, Company Law and Corporate Finance, S. 136.

(aa) Pluralistischer Ansatz

Nach einem pluralistischen Ansatz (pluralistic approach)[1320] hat sec. 309 (1) CA 1985 das traditionelle Verständnis des Gesellschaftsinteresses geändert.

Dieser Ansicht zufolge sollen für die Bestimmung des Gesellschaftsinteresses nunmehr nicht nur die Aktionärsinteressen, sondern auch die Arbeitnehmerinteressen als gesetzlich anerkannte Stakeholderinteressen maßgeblich sein.[1321] Da sec. 309 (1) CA 1985 keine Rangfolge der zu berücksichtigenden Interessen erkennen lasse, sei davon auszugehen, dass Aktionärs- und Arbeitnehmerbelange gleichrangig nebeneinander stünden. Die Frage, wie die beiden Interessen in einem Konfliktfall zu gewichten seien, müsse von den directors durch eine Abwägung im Rahmen ihres unternehmerischen Ermessens beantwortet werden, ohne dass dabei ein Vorrang zu Gunsten der Aktionäre bestehe.[1322] Daher dürften die directors Geschäftsführungsmaßnahmen ergreifen, die auf der einen Seite die Interessen der Aktionäre beeinträchtigten, auf der anderen Seite aber mit den Interessen der Arbeitnehmer gerechtfertigt werden könnten.[1323]

Auch Abwehrmaßnahmen gegen feindliche Übernahmeangebote können nach dieser Auffassung auf den Schutz von Arbeitnehmerbelangen gestützt werden, wenn die directors der aufrichtigen Überzeugung sind, dass die Übernahme zu einem Verlust von Arbeitsplätzen oder einer Verschlechterung der Beschäftigungsbedingungen führen würde.[1324]

1320 Eine ausführliche Auseinandersetzung mit dem pluralistischen Ansatz findet sich in *DTI*, Strategic Framework, Chapter 5 para. 5.1.13 ff. und 5.1.24 ff.; siehe auch *Pettet*, Company Law, S. 64 ff.; *Davies*, in: Hopt/Wymeersch, Capital Markets and Company Law, S. 261, 268 ff.; *Dean*, (2001) Comp Law 22, 66 ff.

1321 Vgl. *Palmer's*, Company Law, Rn. 8.507; ähnlich *Sealy*, Company Law, S. 269; *Herrmann*, Zivilrechtliche Awehrmaßnahmen, S. 158 f.

1322 So *Palmer's*, Company Law, Rn. 8.507 unter Berufung auf *Re A Company, ex parte Burr* [1992] BCLC 724, 734 per Vinelott J. In diesem Urteil ging es um eine Klage unter sec. 459 CA 1985. Das Gericht entschied, dass die directors bei der Entscheidung über den Erwerb neuer Geschäftsräume in der gegenwärtigen Nachbarschaft der Gesellschaft den Aspekt der Arbeitsplatzsicherung für ihre Arbeitnehmer berücksichtigen durften. Es lagen jedoch keine Anzeichen vor, dass dadurch die Interessen der Aktionäre beeinträchtigt wurden. Insofern gibt das Urteil entgegen der Auffassung von *Palmer's* keinen Aufschluss über das Verhältnis von Aktionärs- und Arbeitnehmerinteressen. Mit dieser Einschätzung auch *Parkinson*, Corporate Power and Responsibility, S. 85.

1323 *Sealy*, Company Law, S. 269.

1324 Vgl. *Parkinson*, Corporate Power and Responsibility, S. 86; *Herrmann*, Zivilrechtliche Abwehrmaßnahmen, S. 159.

(bb) Aufgeklärter shareholder value Ansatz

Nach dem sogenannten aufgeklärten shareholder value Ansatz (enlightened shareholder approach)[1325] ist die traditionelle Definition des Gesellschaftsinteresses dagegen durch die Schaffung von sec. 309 (1) CA 1985 unberührt geblieben.[1326]

Auch nach dessen Einführung soll sich das Interesse der Gesellschaft weiterhin ausschließlich nach den Interessen der Aktionäre bestimmen.[1327] Sec. 309 (1) CA 1985 verlange lediglich, dass die Interessen der Arbeitnehmer von den directors bei der Ausübung ihrer Befugnisse in Erwägung gezogen würden.[1328] Eine Neuausrichtung des Gesellschaftsinteresses an einem neben dem Aktionärsinteresse gleichrangig zu berücksichtigenden Arbeitnehmerinteresse lasse sich dieser Formulierung jedoch ebenso wenig entnehmen wie eine generelle Pflicht zur Förderung der Arbeitnehmerbelange.[1329] Die directors seien vielmehr nur insoweit zur Beachtung der Arbeitnehmerbelange berechtigt und verpflichtet, als dies dem übergeordneten Interesse der Aktionäre am Erfolg der Gesellschaft entspreche.[1330] Keinesfalls dürften die directors unter Berufung auf sec. 309 (1) CA 1985 die Arbeitnehmerinteressen den Aktionärsinteressen vorziehen.

(cc) Stellungnahme

Gegen die These des pluralistic approach spricht, dass die Vorrangigkeit der Aktionärsinteressen (shareholder supremacy) zur Bestimmung des Gesellschaftsinteresses ein fester Bestandteil des common law ist. Wenn der Gesetzgeber diese grundlegende Regel hätte abschaffen wollen, wäre eine eindeutigere Regelung zu erwarten gewesen, die sich ausdrücklich mit dem seit Jahrzehnten entwickelten case law auseinandersetzt und die Änderung ausreichend begründet.[1331] Auf den bloßen Hinweis, dass die Interessen der Arbeitnehmer bei der Ausübung der Geschäftsführungsbefugnisse in Erwägung gezogen werden müssen, lässt sich eine derart weitreichende Änderung der Grundsätze des common law jedoch nicht stützen.[1332]

1325 Siehe dazu *DTI*, Strategic Framework, Chapter 5 para. 5.1.12; *Pettet*, Company Law, S. 64 ff.; *Gower/Davies*, Company Law, S. 376 ff.

1326 *Birds*, in: Gore-Browne, On Companies, Rn. 27.4.1; *Pennington*, Company Law, S. 711; *Gower/Davies*, Company Law, S. 377 ff.; *Mayson/French/Ryan*, Company Law, Rn. 16.4.5; *Ferran*, Company Law and Corporate Finance, S. 136, 158; auch die Company Law Review Steering Group hat sich dieser Auffassung angeschlossen, vgl. *DTI*, Strategic Framework, Chapter 5 para. 5.1.20 ff.

1327 *Birds*, in: Gore-Browne, On Companies, Rn. 27.4.1.

1328 Der Wortlaut von sec. 309 (1) CA 1985 benutzt insofern die Formulierung „*...to have regard to...*".

1329 *Pennington*, Company Law, S. 711; *Birds*, in: Gore-Browne, On Companies, Rn. 27. 4.1; ähnlich *Xuereb*, (1988) MLR 51, 156, 158 f.; *Rickford*, (2004) ECFR 1, 391, 406.

1330 *Pennington*, Company Law, S. 711; *Rickford*, (2004) ECFR 1, 391, 406.

1331 *DTI*, Strategic Framework, Chapter 5 para. 5.1.21.

1332 In diesem Sinne auch *Ferran*, Company Law and Corporate Finance, S. 136; *Pennington*, Company Law, S. 711.

Vielmehr belegen die Gesetzgebungsmaterialien zu sec. 309 CA 1980, dass diese Regelung nach dem Willen des Gesetzgebers lediglich deklaratorischen Charakter haben sollte.[1333] Eine Änderung der traditionellen Definition des Gesellschaftsinteresses sollte durch sie nicht herbeigeführt werden. Sec. 309 CA 1985 verpflichtet die directors somit lediglich dazu, die Gesellschaft unter der Nebenbedingung der bestmöglichen Wahrung der Arbeitnehmerinteressen im Interesse der Anteilseigner zu führen. Es bleibt daher bei der klassischen Aussage von *Bowen LJ* in der Entscheidung *Hutton v West Cork Railway*[1334] zur Maßgeblichkeit von anderen Interessen als dem Aktionärsinteresse: „*The law does not say there are no cakes and ale, but there are to be no cakes and ale except such as are required for the benefit of the company.*"[1335] Durch diese bildhafte Umschreibung brachte das Gericht seine Auffassung zum Ausdruck, dass die oberste Handlungsmaxime der directors das Interesse der Aktionäre am Erfolg der Gesellschaft ist, dem sich alle anderen Interessen unterzuordnen haben.

Dieser Ansicht hat sich auch die Company Law Review Steering Group angeschlossen.[1336] Im Zuge der aktuellen Company Law Reform hat sie eine Abschaffung von sec. 309 CA 1985 vorgeschlagen, um dem Missverständnis vorzubeugen, die Vorschrift ermögliche es den directors, die Interessen der Arbeitnehmer den Aktionärsinteressen vorzuziehen.[1337] Dieser Empfehlung folgend hat die britische Regierung sec. 309 CA 1985 in der dem House of Lords vorgelegten Company Law Reform Bill ersatzlos gestrichen und den enlightened shareholder value approach festgeschrieben.[1338]

Daher sind die Interessen der Arbeitnehmer und sonstiger stakeholder nur insofern zu berücksichtigen, als sie dem übergeordneten Aktionärsinteresse dienen.

cc. Fazit

Die bona fide duty verpflichtet die directors dazu, bei der Ausübung ihrer Befugnisse im guten Glauben an das Gesellschaftsinteresse zu handeln. Das Gesellschaftsinteresse einer werbenden Gesellschaft bestimmt sich ausschließlich nach dem Interesse der

---

1333 Vgl. die Einschätzung des Handelsministers *Cecil Parkinson* in der parlamentarischen Debatte vor der Verabschiedung des Companies Act 1980, in: Hansard 1979 Paramentary Debate, House of Commons Official Report, Standing Committee A, Companies Bill [Lords], Spalte 360, zitiert nach *DTI*, Strategic Framework, Chapter 5 para. 5.1.21.

1334 (1883) 23 ChD 654, 673 per Bowen LJ.

1335 Zu diesem klassischen Zitat *Gower/Davies*, Company Law, S. 378.

1336 Siehe *DTI*, Modernising Company Law II, Schedule 2 para. 2 mit den dazugehörigen Notes; dazu *Gower/Davies*, Company Law, S. 377 f.; *Miles*, (2003) Comp Law 24, 56 ff.; *Davies*, in: Hopt/Wymeersch, Capital Marktes and Company Law, S. 261, 266 f.; *Rickford*, (2004) ECFR 1, 391, 406; eine ausführliche Auseinandersetzung mit dem abgelehnten pluralistischen Ansatz findet sich in *DTI*, Developing the Framework, Chapter 2 para. 3.20 – 3.31 und bei *Rickford*, (2005) ECFR 2, 63, 68 ff.

1337 *DTI*, Strategic Framework, Chapter 5 para. 5.1.20 ff.; *Mayson/French/Ryan*, Company Law, Rn. 16.4.5; *Rickford*, (2005) ECFR 2, 63, 68 Fn.15.

1338 Die maßgebliche Regelung findet sich in cl. 156 (3) der Company Law Reform Bill, H.L. (2005-2006) [Bill 34].

Aktionäre am Erfolg der Gesellschaft. Die Interessen anderer stakeholder sind dagegen nur insoweit zu berücksichtigen, als sie dem Kollektivinteresse der Aktionäre dienen.

Die Aktionärsinteressen umfassen dabei sowohl kurzfristige als auch langfristige Interessen. Im Rahmen von Unternehmensübernahmen können die kurz- und langfristigen Aktionärsinteressen in Konflikt geraten. Während das kurzfristige Interesse der Aktionäre darauf gerichtet ist, die Aktien im Rahmen der Übernahme zu günstigen Kursen zu veräußern, sind die langfristigen Aktionärsinteressen auf den zukünftigen wirtschaftlichen Erfolg der Gesellschaft gerichtet. Bei der Entscheidung, ob eine Übernahme im Interesse der Gesellschaft liegt, haben die directors die beiden Interessen im Rahmen ihres unternehmerischen Ermessens gegeneinander abzuwägen und zu einem angemessenen Ausgleich zu bringen.

Die directors sind nach der bona fide duty zum Ergreifen von Abwehrmaßnahmen berechtigt, wenn sie der aufrichtigen Überzeugung sind, dass die jeweilige Übernahme die langfristige Rentabilität der Gesellschaft und damit die langfristigen Aktionärsinteressen bedroht.[1339] Kommen die directors dagegen zu dem Schluss, dass die Übernahme keine Gefahr für die zukünftige Geschäftstätigkeit der Gesellschaft darstellt, so sind langfristigen Aktionärsinteressen nicht betroffen und die directors dürfen keine Abwehrmaßnahmen ergreifen.[1340]

Diese Einschätzung obliegt alleine dem subjektiven Urteil der directors, so dass sie einen weiten Entscheidungsspielraum haben. In jedem Falle unzulässig sind Abwehrmaßnahmen aber, wenn es den directors in Wirklichkeit nicht um das Interesse der Gesellschaft, sondern die Sicherung ihrer eigenen Position geht.

b. Proper purpose duty

Die subjektive Richtschnur der bona fide duty wird durch die objektive proper purpose duty ergänzt. Hiernach dürfen die directors ihre Geschäftsführungsbefugnisse nur zu zulässigen Zwecken (proper purposes), das heißt zu den Zwecken, zu denen ihnen die Befugnisse von der Gesellschaft übertragen wurden, ausüben.[1341] Im Zusammenspiel von bona fide duty und proper purpose duty unterliegen die directors bei der Ausübung ihrer Geschäftsführungsbefugnisse und deren gerichtlicher Überprüfung somit einem zweistufigen Test, bei dem sowohl subjektive als auch objektive Kriterien in Betracht gezogen werden. Während die Gerichte auf der ersten Stufe prüfen, ob die Maßnahme nach der subjektiven Einschätzung der directors dem Interesse der Gesellschaft dient, wird auf der zweiten Stufe geprüft, ob die Befugnisse, welche die directors zur Umsetzung der Maßnahme ausüben, objektiv zu diesem Zweck verwendet werden dürfen.[1342]

1339 Vgl. *Underhill/Austmann*, in: Payne, Takeovers, S. 87, 91; *Herrmann*, Zivilrechtliche Abwehrmaßnahmen, S. 158; *Mayanja*, (1999) Aus J Corp L 10, 162, 166.

1340 Vgl. *Underhill/Austmann*, in: Payne, Takeovers, S. 87, 91 f.

1341 *Howard Smith Ltd v Ampol Petroleum Ltd* [1974] AC 821, 834 per Lord Wilberforce; *Bishopsgate Investment Management Ltd* [1993] BCC 120, 140 per Hofmann LJ.

1342 Vgl. *Palmer's*, Company Law, Rn. 8.511; *Farrar/Hannigan*, Company Law, S. 387; *Davies*, in: Hopt/Wymeersch, European Takeovers, S. 195, 208.

Daher verstoßen die directors auch dann gegen ihre Treuepflichten, wenn sie zwar guten Glaubens sind, mit der Maßnahme im Interesse der Gesellschaft zu handeln, der mit der Maßnahme verfolgte Zweck jedoch im Hinblick auf die ausgeübte Befugnis unzulässig ist (improper purpose).[1343] Durch die proper purpose duty werden die Aktionäre somit vor einem objektiven Missbrauch der Managementbefugnisse geschützt.[1344]

aa. Bestimmung der zulässigen Zwecke

Zu welchen Zwecken die directors die ihnen von der Gesellschaft übertragenen Befugnisse zulässigerweise ausüben dürfen, bestimmt sich primär durch Auslegung der Rechtsgrundlage, welche den directors die jeweilige Befugnis einräumt.[1345]

Für die Mehrzahl der Geschäftsführungsbefugnisse findet sich die entsprechende Grundlage in den articles der Gesellschaft. Da den directors ihre Geschäftsführungsbefugnisse jedoch in der Regel durch Aufnahme von Art. 70 Table A CA 1985 generell und ohne weitere Beschränkungen übertragen werden, ist der bloße Wortlaut der maßgeblichen Satzungsregelung für die Bestimmung der zulässigen Zwecke typischerweise wenig hilfreich.

Allerdings unterliegen auch allgemein formulierte Befugnisgrundlagen, die den directors scheinbar uneingeschränkte Managementkompetenzen übertragen, ungeschriebenen Ausübungsschranken.[1346] Diese Schranken werden durch die Rechtsprechung im Wege einer ergänzenden Auslegung der articles ermittelt, bei der nicht nur die jeweilige Satzungsregelung, sondern der Inhalt der gesamten articles und die in der Gesellschaft vorgesehene Gewaltenteilung zwischen general meeting und board of directors berücksichtigt werden.[1347]

Als instruktiv für die Bestimmung der Grenzen einer zulässigen Ausübung der den directors allgemein eingeräumten Geschäftsführungsbefugnisse werden gemeinhin die Ausführungen von *Lord Wilberforce* in der Entscheidung *Howard Smith Ltd v Am-*

1343 *Hogg v Cramphorn Ltd* [1967] Ch 254, 267 per Buckley J; *Howard Smith Ltd v Ampol Petroleum Ltd* [1974] AC 821, 834 per Lord Wilberforce; *Gower/Davies*, Company Law, S. 385; *Griffin*, Company Law, S. 243; *Nolan*, in: Rider, Realm of Company Law, S. 1, 11; der proper purpose test wurde als eigenständiger, von der bona fide duty unabhängiger Test in British Columbia (Canada) abgelehnt, vgl. *Teck Corp Ltd v Millar* (1973) 33 DLR (3d) 288.

1344 Die Bindung an die proper purpose duty wird auch in der Company Law Reform Bill, H.L. (2005-2006) [Bill 34], bestätigt, in deren cl. 155 es heisst, dass die directors ihre Geschäftsführungsbefugnisse in Übereinstimmung mit der Satzung der Gesellschaft und zu zulässigen Zwecken ausüben müssen. So auch schon das White Paper der Regierung *DTI*, Modernising Company Law II, Schedule 2 para.1.

1345 *Re Smith & Fawcett Ltd* [1942] 1 Ch 304, 306 per Lord Greene MR; *Palmer's*, Company Law, Rn. 8.513; *Gower/Davies*, Company Law, S. 386; *Sheikh/Chaterjee*, in: Sheikh/Rees, Corporate Governance, S. 1, 30; *Nolan*, in: Rider, Realm of Company Law, S. 1, 4; a.A. *Parkinson*, Corporate Power and Responsibility, S. 139 mit Fn. 11.

1346 Vgl. *Nolan*, in: Rider, Realm of Company Law, S. 1, 9.

1347 *Howard Smith Ltd v Ampol Petroleum Ltd* [1974] AC 821, 837 per Lord Wilberforce; *Palmer's*, Company Law, Rn. 8.512.1; *Gower/Davies*, Company Law, S. 386; *Sealy*, Company Law, S. 305; ähnlich *Ferran*, Company Law and Corporate Finance, S. 163.

pol Petroleum Ltd[1348] angesehen, in denen seine Lordschaft einen mehrstufigen Test aufgestellt hat, um die Ausübungsschranken einer allgemein erteilten Ermächtigung im Einzelfall zu erörtern: Hiernach hat das Gericht zunächst die zu Grunde liegende Ermächtigung zu bestimmen und durch deren (ergänzende) Auslegung eventuelle Ausübungsschranken festzustellen. Sodann hat das Gericht die auf diese Weise ermittelten Schranken mit dem Zweck zu vergleichen, zu dem die Befugnis in dem konkret in Rede stehenden Fall ausgeübt wurde, und festzustellen, ob sich die Ausübung in dem zuvor bestimmten Rahmen hält. Hierbei soll der Richter abschätzen, wie dringlich bzw. unwichtig die vorgenommene Maßnahme in der betreffenden Situation war. Da dies im Einzelfall schwierig festzustellen ist, sind die Erwägungen der directors zu berücksichtigen, sofern sie im guten Glauben an das Gesellschaftsinteresse erfolgt sind. Liegt die Maßnahme außerhalb des ermittelten Rahmens, so ist die Maßnahme unzulässig, weil sie einen nicht zulässigen Zweck verfolgt.[1349]

bb. Übernahmeabwehr als zulässiger Hauptzweck?

Es stellt sich die Frage, ob und wann die (präventive) Abwehr einer feindlichen Übernahme eine zulässige Ausübung der generell erteilten Geschäftsführungsbefugnisse darstellt. Diese Frage ist von den britischen Gerichten insbesondere im Zusammenhang mit der Aktienausgabe an befreundete Investoren erörtert worden.[1350] Da die proper purpose duty für alle Maßnahmen der directors gleichermaßen gilt, hat diese Rechtsprechung allgemeine Bedeutung.[1351]

(1) Die ersten Entscheidungen: Strenge Neutralitätspflicht

In den ersten Entscheidungen verfolgten die britischen Gerichte zur Frage der Zulässigkeit von Abwehrmaßnahmen der Verwaltung einen strengen Ansatz.

1348 [1974] AC 821.

1349 „*...it is necessary to start with a consideration of the power whose exercise is in question, in the case a power to issue shares. Having ascertained, on a fair view, the nature of this power, and having definded as can best be done in the light of modern conditions the, or some, limits within which it may be exercised, it is then necessary for the court, if a particular exercise of it is challenged, to examine the substantial purpose for which it was exercised, and to reach a conclusion whether that purpose was proper or not. In doing so it [the court] will necessarily give credit to the bona fide opinion of the directors...*", *Howard Smith Ltd v Ampol Petrolem Ltd* [1974] AC 821, 835 per Lord Wilberforce.

1350 Siehe hierzu Teil 2 § 5 C I.

1351 Vgl. *Ferran*, Company Law and Corporate Finance, S. 164; *Gower/Davies*, Company Law, S. 385 Fn. 77; *Davies*, in: Hopt/Wymeersch, European Takeovers, S. 195, 206; *Barboutis*, (1999) Comp Law 20, 14, 19.

(a) *Hogg v Cramphorn Ltd*

In *Hogg v Cramphorn Ltd*[1352] waren die directors der Cramphorn Ltd in den articles dazu ermächtigt, Aktien zu einem Zeitpunkt und zu Bedingungen auszugeben, die sie für angemessen hielten. Nachdem ein feindlicher Bieter den Aktionären ein Übernahmeangebot gemacht hatte, nutzten die directors diese Befugnis zur Aktienausgabe an einen zugunsten der Arbeitnehmer neu errichteten trust. Hierdurch sollte die Übernahme, die nach der Auffassung der directors nicht dem Wohl der Gesellschaft entsprach, verhindert werden.

Das Gericht akzeptierte, dass die directors nicht zu eigennützigen Zwecken, sondern im guten Glauben an das Interesse der Gesellschaft gehandelt hatten, da sie aufrichtig davon überzeugt waren, dass die Übernahme durch den betreffenden Bieter die langfristigen Interessen der Aktionäre beeinträchtigen würde.[1353] Dennoch entschied es, die directors hätten gegen die ihnen obliegenden Treuepflichten verstoßen, da sie die Befugnis zur Aktienausgabe zu einem unzulässigen Zweck genutzt hätten.[1354] Der primäre Zweck der Aktienausgabe sei es gewesen, die Mehrheitsverhältnisse der Gesellschaft so zu ändern, dass der feindliche Bieter keine Kontrolle über die Gesellschaft erlangen konnte. Das Gericht sah diesen Zweck als unzulässig an. Zum einen entschied es, die Befugnis zur Aktienausgabe diene, auch wenn sie generell erteilt worden sei, in erster Linie dem Zweck, der Gesellschaft Eigenkapital zu beschaffen.[1355] Jede andere Ausübung stelle daher eine unzulässige Ausübung der Befugnis dar.[1356] Zum anderen sah es die Aktienausgabe zur Veränderung der bestehenden Mehrheitsverhältnisse als unzulässigen Eingriff in die satzungsmäßigen Rechte (constitutional rights) der Aktionäre an. Jede Aktionärsmehrheit, also auch ein erfolgreicher Übernehmer, habe das Recht, im general meeting die von ihr gewollte Unternehmenspolitik zu verfolgen, solange dadurch nicht eine Minderheit unterdrückt werde. Dieses Recht sei ein durch die articles geschütztes constitutional right der Aktionärsmehrheit, in das die directors durch die Änderung der Mehrheitsverhältnisse unzulässig eingegriffen hätten.[1357]

(b) *Howard Smith Ltd v Ampol Petroleum Ltd*

Die Rechtsprechung wurde in der Entscheidung *Howard Smith Ltd v Ampol Petroleum Ltd*[1358] weiterentwickelt.[1359]

1352 [1967] Ch 254.

1353 *Hogg v Cramphorn Ltd* [1967] Ch 254, 265 f. per Buckley J.

1354 *Hogg v Cramphorn Ltd* [1967] Ch 254, 268 per Buckley J.

1355 *Hogg v Cramphorn Ltd* [1967] Ch 254, 267 per Buckley J.

1356 Vgl. dazu *Sealy*, Company Law, S. 305; *Charlesworth/Morse*, Company Law, S. 268.

1357 *Hogg v Cramphorn Ltd* [1967] Ch 254, 268 per Buckley J.

1358 *Howard Smith Ltd v Ampol Petroleum Ltd* [1974] AC 821.

1359 Dieses Urteil wurde vom Privy Council als letzter Gerichtsinstanz für Appelationen aus Commonwealth-Staaten gefällt. Die Entscheidungen des Privy Council sind streng genommen nur für die Jurisdiktionen des Commonwealth, nicht aber für die britischen Gerichte bindend.

In diesem Fall hatten die directors Aktien an einen außenstehenden Dritten ausgegeben, um dessen geplante „freundliche" Übernahme der Gesellschaft gegen den Widerstand zweier Großaktionäre, die gemeinsam 55 Prozent der Aktien hielten, zu ermöglichen. Die directors gingen davon aus, dass die Übernahme dem Wohle der Gesellschaft diente. Wiederum waren sie in den articles dazu ermächtigt, Aktien an solche Personen und zu solchen Bedingungen auszugeben, die sie für richtig hielten.

Das Gericht verwarf in diesem Urteil die Auffassung, die Ermächtigung zur Aktienausgabe habe ausschließlich den Zweck der Eigenkapitalbeschaffung und könne nur zu diesem Zweck ausgeübt werden, als zu eng. Es erkannte an, dass es neben der Eigenkapitalbeschaffung weitere Zwecke gibt, zu denen die satzungsmäßige Befugnis zur Aktienausgabe rechtmäßig ausgenutzt werden kann.[1360] Für einzelne Geschäftsführungsbefugnisse lasse sich jedoch, so das Gericht, keine abschließende Liste zulässiger Zwecke aufstellen. Vielmehr müsse gefragt werden, ob die Ausübung einer Befugnis im Einzelfall unzulässig sei.

Für den zu entscheidenden Fall bestätigte das Gericht, dass die directors die Entscheidung zur Aktienausgabe im guten Glauben an das Gesellschaftsinteresse getroffen hatten. Gleichwohl kam es zu der Überzeugung, die directors hätten ihre proper purpose duty verletzt, da sie die Aktienausgabe einzig und allein zu dem unzulässigen Zweck genutzt hätten, die Mehrheitsverhältnisse der Gesellschaft zu ändern.[1361] *Lord Wilberforce* argumentierte in der Urteilsverkündung wiederum mit den satzungsmäßigen Rechten der Aktionäre: Den Aktionären werde durch die Verfassung der Gesellschaft das Recht eingeräumt, bestimmte Entscheidungen im general meeting durch Mehrheitsbeschluss zu treffen. Diese Entscheidungen seien der Kompetenz der directors generell entzogen. Daher sei es den directors untersagt, ihre Geschäftsführungsbefugnisse allein dafür zu gebrauchen, eine bestehende Aktionärsmehrheit zu zerstören oder eine neue Aktionärsmehrheit zu schaffen und so auf den Teil der Verfassung der Gesellschaft Einfluss zu nehmen, der ihren Befugnissen entzogen sei.[1362]

Der Privy Concil besteht jedoch mehrheitlich aus Richtern des House of Lords. Wegen der nahezu identischen Besetzung des höchsten britischen Gerichts weicht die britische Rechtsprechung in der Praxis nicht von den Entscheidungen des Privy Council ab, sondern übernimmt diese regelmäßig. Auch die in *Howard Smith v Ampol Petroleum* aufgestellten Grundsätze sind von den britischen Instanzgerichten akzeptiert worden, vgl. *Mayson/French/Ryan*, Company Law, Rn. 16.4.2 mit Nachweisen zur nachfolgenden britischen Rechtsprechung.

1360 *Howard Smith Ltd v Ampol Petroleum Ltd* [1974] AC 821, 835 per Lord Wilberforce.

1361 *Howard Smith Ltd v Ampol Petroleum Ltd* [1974] AC 821, 837 per Lord Wilberforce.

1362 *„The constitution of a limited company normally provides for directors, with powers of management, and shareholders, with defined voting powers, having power to appoint the directors, and to take, in general meeting, by majority vote, decisions on matters not reserved for management... it must be unconstitutional for directors to use their fiduciary powers over the shares in the company purely for the purpose of destroying an existing majority, or creating a new majority which did not previously exist. To do so is to interfere with that element of the company's constitution which is separate from them and set against their powers."*, *Howard Smith Ltd v Ampol Petroleum Ltd* [1974] AC 821, 837 per Lord Wilberforce.

(c) Zwischenergebnis

Den beiden Entscheidungen *Hogg v Cramphorn Ltd*[1363] und *Howard Smith Ltd v Ampol Petroleum Ltd*[1364] liegt der Gedanke zu Grunde, dass die Bestimmung der Mehrheitsverhältnisse in einer Gesellschaft ausschließlich in die Kompetenz der Aktionäre und nicht in die Kompetenz der directors fällt.[1365] Jede gezielte Beeinflussung der Mehrheitsverhältnisse durch die directors stellt daher eine kompetenzwidrige und damit unzulässige Ausübung der Geschäftsführungsbefugnisse dar, die gegen die proper purpose duty verstößt.[1366] Das gilt selbst dann, wenn die directors der aufrichtigen Überzeugung sind, dass die Übernahme nicht im Interesse der Gesellschaft liegt, etwa weil sie die langfristige Unternehmensperspektive und damit die langfristigen Aktionärsinteressen beeinträchtigt.[1367]

Eine derartig strenge Auslegung der proper purpose doctrine legt die Entscheidung über die Annahme oder Ablehnung eines Übernahmeangebots in die Hände der Aktionäre. Sie stellt auch für die Vorangebotsphase, in der die Pflichtenbindung der directors alleine durch die Treuepflichten aus dem common law bestimmt wird, eine strikte und ausnahmslose Neutralitätspflicht auf, die dem Maßstab der ausschließlich in der Angebotsphase geltenden prohibition of frustrating action des City Code im Wesentlichen entspricht.[1368]

(2) Die jüngere Rechtsprechung: Eingeschränkte Neutralitätspflicht

In nachfolgenden Entscheidungen ist die proper purpose duty von den Gerichten jedoch nicht mehr derartig streng angewendet worden.

(a) *Cayne v Global Natural Resources PLC*

In *Cayne v Global Natural Resources PLC*[1369] beantragten einige Aktionäre vor Gericht die Gewährung einer einstweiligen Verfügung, um die directors von einer Aktienausgabe abzuhalten, welche nach ihrer Meinung den Zweck hatte, den amtierenden

---

1363 [1967] Ch 254

1364 [1974] AC 821.

1365 Vgl. dazu auch *Morgan v Tate and Lyle* [1955] AC 21, 55 per Lord Reid; *Parkinson*, Corporate Power and Responsibility, S. 138; *Ferran*, Company Law and Corporate Finance, S. 164; *Sealy*, Company Law, S. 305; *Underhill/Austmann*, in: Payne, Takeovers, S. 87, 92; *Mayanja*, (1999) Aus J Corp L 10, 162, 167.

1366 *Parkinson*, Corporate Power and Responsibility, S. 141; *McCabe*, (1994) Aus J Corp L 4, 36, 39.

1367 *Parkinson*, Corporate Power and Responsibility, S. 138 f., 140 f.; *Ferran*, Company Law and Corporate Finance, S. 164.

1368 *Parkinson*, Corporate Power and Responsibility, S. 143; *McCabe*, (1994) Aus J Corp L 4, 36, 39; *Mayanja*, (1999) Aus J Corp L 10, 162, 168; *Barboutis*, (1999) Comp Law 20, 14, 19.

1369 Entscheidung der Chancery Division vom 12. August 1982, nicht veröffentlicht, vgl. dazu *Parkinson*, Corporate Power and Responsibility, S. 153; *Farrar*, in: Farrar, Takeovers, S. 359, 370; *Mayanja*, (1999) Aus J Corp L 10, 162, 182.

directors die Kontrolle im general meeting zu verschaffen, und ihnen dadurch ihre Position zu sichern. Das Gericht lehnte den Erlass der beantragten einstweiligen Verfügung ab, da nach seiner Überzeugung keine ausreichenden Beweise für eine solche Zwecksetzung der Aktienausgabe vorlagen. Gleichzeitig wies es darauf hin, dass die directors ihre Geschäftsführungsbefugnisse in bestimmten Situationen sehr wohl zur Abwehr eines feindlichen Übernahmeangebots gebrauchen können, ohne gegen die proper purpose duty zu verstoßen.[1370]

Megarry VC folgte in diesem Urteil im Ausgangspunkt den vorangegangenen Entscheidungen *Hogg v Cramphorn Ltd*[1371] und *Howard Smith Ltd v Ampol Petroleum Ltd*,[1372] indem er klarstellte, dass eine Geschäftsführungsmaßnahme, die ausschließlich und alleine dem Zweck dient, die Mehrheitsverhältnisse in der Gesellschaft zu beeinflussen, nicht mit der proper purpose duty zu vereinbaren ist. Jedoch war er der Auffassung, das in den Vorentscheidungen niedergelegte Prinzip, die directors könnten trotz Handelns im guten Glauben an das Gesellschaftsinteresse gegen die proper purpose duty verstoßen, dürfe nicht uneingeschränkt gelten. Vielmehr sei zwischen Maßnahmen zu differenzieren, die ausschließlich dem Zweck dienten, die Kontrolle der directors aufrecht zu erhalten, und Maßnahmen, deren Zweck es sei, die Interessen der Gesellschaft durch die Veränderung der Mehrheitsverhältnisse gegen ein schädigendes Übernahmeangebot zu schützen. Während erstere in Übereinstimmung mit *Howard Smith Ltd v Ampol Petroleum Ltd*[1373] gegen die proper purpose duty verstießen, stellten letztere eine zulässige Ausübung der Geschäftsführungsbefugnisse dar, da ihr primärer Zweck nicht auf die Sicherung der Kontrolle der directors, sondern auf den Schutz der Gesellschaft gerichtet sei. Eine solche Konstellation sei beispielsweise anzunehmen, wenn die Maßnahme der Abwehr eines Übernahmeversuchs durch einen Wettbewerber diene, der durch die Übernahme einen Konkurrenten ausschalten wolle, oder wenn die Gesellschaft durch die Übernahme zu „Impotenz und Bettelei" (impotence and beggary) gezwungen werde.[1374]

Das Urteil entwickelt die proper purpose doctrine weiter. Zwar bestätigt es, dass eine gezielte Beeinflussung der Mehrheitsverhältnisse durch die directors grundsätzlich unzulässig ist. Gleichzeitig erkennt es jedoch Ausnahmefälle an, in denen die Ab-

---

1370 Die Entscheidung wurde in der Berufungsinstanz aufrecht erhalten, ohne dass zu dieser Frage Stellung genommen wurde, vgl. *Cayne v Global Natural Resources PLC* [1984] 1 All ER 225.

1371 [1967] Ch 254.

1372 [1973] AC 821.

1373 [1973] AC 821.

1374 *„At the same time this principle must not be carried too far...If...the directors issue further shares in company B in order to maintain their control of Company B for the purpose of defeating company A's plan and continuing Company B in competition with Company A, I cannot see why that should not be a perfectly proper exercise of the fiduciary powers of company B. The object is not to retain control as such, but to prevent company B from being reduced to impotence and beggary, and the only means available to the directors for achieving this purpose is to retain control. This is quite different from directors seeking to retain control because they think they are better directors than their rivals would be."*, *Cayne v Global Natural Resources PLC*, Entscheidung der Chancery Division vom 12. August 1982, per Megarry VC, nicht veröffentlicht.

wehr eines Übernahmeversuchs eine zulässige Ausübung der Geschäftsführungsbefugnisse darstellt. Es interpretiert die proper purpose duty somit im Sinne einer eingeschränkten Neutralitätspflicht. Die drastische Formulierung von *Megarry VC* lässt allerdings darauf schließen, dass es sich bei den Fällen, in denen gezielte Abwehrmaßnahmen der directors zulässig sind, nur um enge Ausnahmesituationen handeln kann.[1375] Die Anforderungen dürften über das bloße Vorliegen eines Gesellschaftsinteresses an der Abwehr des Übernahmeversuchs, wie es die bona fide duty für Abwehrmaßnahmen der directors ausreichen lässt, hinausgehen.[1376] Unter Berücksichtigung der maßgeblichen Urteilsausführungen ist davon auszugehen, dass der Gesellschaft ein schwerwiegender wirtschaftlicher Schaden drohen muss oder ihre wirtschaftliche Existenz bedroht sein muss.

(b) *Dawson International Plc v Coats Patons Plc*

Die Auffassung, dass die directors durch die Vornahme von Abwehrmaßnahmen gegen feindliche Übernahmeversuche generell gegen ihre Treuepflichten verstoßen, ist ferner durch die bereits angesprochene[1377] Entscheidung *Dawson International Plc v Coats Patons Plc*[1378] in Frage gestellt worden. In dieser Entscheidung wehrten sich die directors der Zielgesellschaft erfolgreich gegen einen befürchteten feindlichen Übernahmeversuch, indem sie sich mit einem white knight über die einvernehmliche Übernahme der Gesellschaft einigten.

Zwar fehlt es in den maßgeblichen Ausführungen von *Lord Cullen* an einer ausdrücklichen Bezugnahme auf die proper purpose duty.[1379] Dennoch brachte das Gericht unmissverständlich seine Auffassung zum Ausdruck, dass die gezielte Abwehr eines feindlichen Übernahmeversuchs in bestimmten Fällen im Interesse der Gesellschaft geboten und daher rechtmäßig sein kann.[1380]

1375 *Parkinson*, Corporate Power and Responsibility, S. 153.

1376 Vgl. *Parkinson* Corporate Power and Responsibility, S. 154, der insofern zu Recht darauf hinweist, dass die Gerichte klare Anhaltspunkte für die Notwendigkeit von Abwehrmaßnahmen fordern werden, bevor sie von der für das britische Übernahmerecht grundlegenden proper purpose duty abrücken werden.

1377 Siehe hierzu Teil 2 § 4 II 2 a bb (1) (b).

1378 [1989] BCLC 233.

1379 Darauf weisen *Parkinson*, Corporate Power and Responsibility, S. 154 Fn. 71 und *Farrar*, in: Farrar, Takeovers, S. 359, 372 zu Recht hin.

1380 *„At the outset I do not accept as a general proposition that a company can have no interest in the change of identity of its shareholders upon a take-over. It appears to me that there will be cases in which its agents, the directors, will see the take-over of its shares by a particular bidder as beneficial to the company. For example, it may provide opportunity for integrating operations or obtaining additional resources. In other cases the directors will see a particular bid as not in the best interest of the company.“*, Dawson International Plc v Coats Patons Plc [1988] BCC 305, 313 per Lord Cullen; vgl. auch *Parkinson*, Corporate Power and Responsibility, S. 153 Fn. 69.

(c) *Criterion Properties Plc v Stratford UK Properties LLC*

Auch die aktuelle Entscheidung *Criterion Properties Plc v Stratford UK Properties LLC*[1381] lässt den Schluss zu, dass die directors in bestimmten Situationen ausnahmsweise Abwehrmaßnahmen gegen ein feindliches Übernahmeangebot vornehmen können, ohne gegen ihre proper purpose duty zu verstoßen.[1382] Gegenstand dieser Entscheidung war die Implementierung einer change of control Klausel in einem Vertragsverhältnis der Gesellschaft, die den Zweck hatte, ein befürchtetes Übernahmeangebot abzuwehren.[1383]

Zwar konnte das Gericht die Frage, unter welchen Voraussetzungen Abwehrmaßnahmen der directors gegen feindliche Übernahmen im Rahmen der proper purpose duty liegen, in dieser Entscheidung im Ergebnis offen lassen, da die directors in dem zu entscheidenden Fall bösgläubig waren und daher bereits gegen ihre bona fide duty verstoßen hatten.[1384] Jedoch schloss sich *Carnwath LJ* in seinen Ausführungen unter Bezugnahme auf einige Entscheidungen aus Commonwealth-Jurisdiktionen der übereinstimmenden Auffassung der Parteien an, dass eine Aktienausgabe zur Abwehr eines Übernahmeversuchs, der der Gesellschaft einen schwerwiegenden wirtschaftlichen Schaden zufügt, rechtmäßig sein kann.[1385]

(3) Fazit

Seit der Entscheidung *Hogg v Cramphorn Ltd*[1386] ist die proper purpose duty von den britischen Gerichten weiterentwickelt worden.[1387] Während die proper purpose duty in den anfänglichen Urteilen noch im Sinne einer strikten Neutralitätspflicht verstanden wurde, die den directors die gezielte Einwirkung auf die Mehrheitsverhältnisse der Gesellschaft zur Abwehr feindlicher Übernahmen generell untersagt, hat die britische

1381 [2003] BCC 50; siehe auch die erstinstanzliche Entscheidung in [2002] 2 BCLC, 151. Ausführlich hierzu Teil 2 § 5 B II 1.

1382 *Clarke*, (2004) JCLS 4, 51, 67; *Mayson/French/Ryan*, Company Law, Rn. 16.4.12.

1383 Ausführlich zu dem zu Grunde liegenden Sachverhalt Teil 2 § 5 B II 1.

1384 *Criterion Properties Plc v Stratford UK Properties LLC* [2003] BCC 50, para. 26 per Carnwath LJ; das Gericht war der Auffassung, die in Frage stehende Klausel habe auf die Gesellschaft derartig negative Auswirkungen, dass sie von einem vernünftigen director nicht als im Interesse der Gesellschaft liegend betrachtet werden könne.

1385 *Criterion Properties Plc v Stratford UK Properties LLC* [2003] BCC 50, para. 24 ff. per Carnwath LJ; die Parteien bezogen sich auf die Commonwealth Entscheidungen *Stena Finance BV v Sea Containers Ltd* (1989) 39 WIR 83 (Bermuda) und *Re 347883 Alberta and Producers Pipeline Inc* (1991) 80 DLR (4th) 359 (Saskatchewan); siehe zur ersten dieser Entscheidungen die Besprechung bei *Walcott*, (1996) Comp Law 17, 155 ff.

1386 [1967] Ch 254.

1387 Die erste Weiterentwicklung wurde bereits in *Howard Smith Ltd v Ampol Petroleum Ltd* [1974] AC 821 vorgenommen, indem das Gericht neben der Kapitalbeschaffung weitere zulässige Zwecke der Aktienausgabe anerkannte, vgl. *Walcott*, (1996) Comp Law 17, 155, 159.

Rechtsprechung nunmehr anerkannt, dass die directors in Ausnahmefällen zur Abwehr eines Übernahmeangebots berechtigt sein können.[1388]

Folgerichtig kann der Inhalt der proper purpose duty heute als eingeschränkte Neutralitätspflicht bezeichnet werden. Allerdings lassen sich den maßgeblichen Entscheidungen nur wenige Anhaltspunkte für die Art der Übernahmeversuche entnehmen, deren Abwehr ausnahmsweise im Rahmen der proper purpose duty zulässig ist. Die drastische Formulierung von *Megarry VC* – „Impotenz und Bettelei" – in *Cayne v Global Natural Resources PLC*[1389] lässt jedoch zumindest darauf schließen, dass die Abwehr von Übernahmeversuchen nur in solchen engen Ausnahmesituationen mit der proper purpose duty vereinbar ist, in denen der Gesellschaft ein schwerwiegender wirtschaftlicher Schaden droht oder ihre wirtschaftliche Existenz in Frage steht.[1390] In der Literatur werden als Beispielsfälle etwa die Übernahme durch einen asset stripper oder einen Konkurrenten, der die Gesellschaft vom Markt drängen will, genannt.[1391] Die bloße Berufung auf das Interesse der Gesellschaft ist dagegen nicht ausreichend, um Abwehrmaßnahmen der Verwaltung im Sinne der proper purpose duty zu legitimieren.

cc. Übernahmeabwehr als zulässiger Nebenzweck

Neben Geschäftsführungsmaßnahmen, die primär oder ausschließlich darauf gerichtet sind, die Mehrheitsverhältnisse der Gesellschaft zur Abwehr eines feindlichen Übernahmeversuchs zu verändern, haben auch solche Geschäftsführungsmaßnahmen eine abschreckende Wirkung auf feindliche Bieter, die zwar in erster Linie nicht der Übernahmeabwehr dienen, gleichwohl aber die Mehrheitsverhältnisse der Gesellschaft verändern.

Bei derartigen ambivalenten Geschäftsführungsmaßnahmen bestimmt sich die Rechtmäßigkeit des Verwaltungshandelns alleine nach dem Hauptzweck der jeweiligen Maßnahme (substantial purpose).[1392] Anderweitige und unter Umständen sachfremde Nebenzwecke, die gleichzeitig mit der Maßnahme verfolgt werden, beeinträchtigen die Rechtmäßigkeit des Handelns nicht. Daher verstößt eine Geschäftsführungsmaßnahme, die in erster Linie vorgenommen wird, um der Gesellschaft wirtschaftliche Vorteile zu sichern, auch dann nicht gegen die proper purpose duty, wenn sie gleichzeitig den (beabsichtigten) Nebeneffekt hat, die Gesellschaft gegen feindliche Über-

---

1388 *Mayson/French/Ryan*, Company Law, Rn. 16.4.12; *Parkinson*, Corporate Power and Responsibility, S. 153; *Farrer*, (1999) Aus J Corp L 8, 1, 17; *Mayanja*, (1999) Aus J Corp L 10, 162, 182; *Clarke*, (2004) JCLS 4, 51, 64; *Walcott*, (1996) Comp Law 17, 155, 159.

1389 Entscheidung der Chancery Division vom 12. August 1982, nicht veröffentlicht.

1390 Vgl. *Parkinson*, Corporate Power and Responsibility, S. 153.

1391 *Mayson/French/Ryan*, Company Law, Rn. 16.4.12; *Xuereb*, Rights of Shareholders, S. 62; *Clarke*, (2004) JCLS 4, 51, 65; *Farrer*, (1999) Aus J Corp L 8, 1, 17.

1392 *Howard Smith Ltd v Ampol Petroleum Ltd* [1974] AC 821, 835 per Lord Wilberforce; der „substantial purpose test" stammt aus der australischen Entscheidung *Mills v Mills* (1938) 60 CLR 150, 186 per Dixon J.

nahmen zu schützen.[1393] Die directors haben somit die Möglichkeit, Maßnahmen, die der Übernahmeabwehr dienen, durch anderweitige wirtschaftliche Hauptzwecke zu rechtfertigen.[1394]

Zwar steht es den Richtern nach der von *Lord Wilberforce* in *Howard Smith Ltd v Ampol Petroleum Ltd*[1395] entwickelten Prüfung offen, im Einzelfall eine eingehende Untersuchung des von den directors behaupteten Hauptzwecks der Maßnahme vorzunehmen, und diesen zu hinterfragen, wenn sie den Eindruck haben, dass bestimmte Umstände, die nach der Begründung der directors die Maßnahme notwendig gemacht haben, nur vorgeschoben sind, weil sie etwa im jeweiligen Zeitpunkt nicht entscheidend waren, oder weil kein dringendes Interesse der Gesellschaft an ihrer Durchführung bestand.[1396] Da britische Gerichte bei der Nachprüfung unternehmerischer Entscheidungen jedoch traditionell eine große Zurückhaltung zeigen,[1397] wird sich die gerichtliche Prüfung in der Praxis abgesehen von Extremfällen auf die bloße Feststellung der Haupt- und Nebenzwecke der jeweiligen Maßnahme beschränken.[1398] Eine umfassende Überprüfung der Überzeugungskraft der vorgetragenen Argumentation ist dagegen nicht zu erwarten.[1399] Demgemäß haben britische und australische Gerichte Abwehrmaßnahmen gegen feindliche Übernahmen, die unter der Behauptung legitimer wirtschaftlicher Hauptzwecke vorgenommen wurden, in verschiedenen Fällen aufrecht erhalten.[1400]

1393 *Howard Smith Ltd v Ampol Petroleum Ltd* [1974] AC 821, 837 per Lord Wilberforce; *Ferran*, Company Law and Corporate Finance, S. 166; *Gower/Davies*, Company Law, S. 385 f., 718 f.; *Parkinson*, Corporate Power and Responsibility, S. 143 f.; *Clarke*, (2004), JCLS 4, 51, 66 f.

1394 *Parkinson*, Corporate Power and Responsibility, S. 144; *Gower/Davies*, Company Law, S. 718 f.; *Davies*, (1991) Brook L Rev 57, 129, 135; *Farrer*, (1997) Aus J Corp L 8, 1, 17; *Walcott*, (1996) Comp Law 17, 155, 159.

1395 [1974] AC 821.

1396 *„The court... is entitled to look at the situation objectively in order to estimate how critical or pressing, or substabtial or, per contra, insubstantial an alleged requirement may have been. If it finds that a particular requirement, though real, was not urgent, or critical, at the relevant time, it may have reason to doubt, or discount, the assertions of individuals that they acted solely in order to deal with it particularly when the action they took was unusual or even extreme.“*, *Howard Smith Ltd v Ampol Petroleum Ltd* [1974] AC 821, 832 per Lord Wilberforce.

1397 Die Zurückhaltung der Gerichte wurde auch von Lord Wilberforce in *Howard Smith Ltd v Ampol Petroleum Ltd* [1974] AC 821, 832 zum Ausdruck gebracht: *„There is no appeal on merits from management decisions to courts of law; nor will the courts of law asume to act as a kind of supervisory board over decisions within the powers of management honestly arrived at“*.

1398 So auch *Ferran*, Company Law and Corporate Finance, S. 167; ähnlich *Gower/Davies*, Company Law, S. 718 f.; *Davies*, in: Hopt/Wymeersch, European Takeovers, S. 195, 210.

1399 Vgl. etwa die Entscheidung *Taupo Totara Timber Co Ltd v Rowe* [1978] AC 537, 546 per Lord Wilberforce, in der eine überhöhte Abfindungszahlung an einen ausscheidenden director für wirtschaftlich gerechtfertigt gehalten wurde, obwohl diese das Fünffache des Jahresgehalts umfasste und in unmittelbarem zeitlichen Zusammenhang mit der Abgabe eines feindlichen Übernahmeangebots für die betreffende Gesellschaft gewährt wurde.

1400 Vgl. *Taupo Totara Timber Co Ltd v Rowe* [1978] AC 537; *Pine Vale Investments Ltd v McDonnell and East Ltd* (1983) 8 ACLR 199; *Harlowe's Nominees Pty Ltd v Woodside Oil*

dd. Zustimmung des general meeting

Sofern sich eine Abwehrmaßnahme gegen ein feindliches Übernahmeangebot weder auf eine Ausnahme von der proper purpose duty stützen lässt noch durch einen wirtschaftlichen Hauptzweck gerechtfertigt werden kann, besteht die Möglichkeit, den Bruch der Treuepflicht durch einen einfachen Mehrheitsbeschluss des general meeting (ordinary resolution)[1401] zu ratifizieren.[1402] Die Zustimmung des general meeting kann dabei sowohl rückwirkend als auch im Voraus als Ermächtigung erteilt werden.[1403] Ein vorsichtiges Management, das sich gegen den Vorwurf des Treuepflichtverstoßes absichern will, wird sich die Befreiung von der proper purpose duty daher erteilen lassen, bevor es eine Abwehrmaßnahme gegen einen Übernahmeversuch ergreift.[1404]

ee. Bedeutung der proper purpose duty für präventive Abwehrmaßnahmen

Bei der Vornahme von Abwehrmaßnahmen in der Vorangebotsphase – also vor dem Zeitpunkt in dem Grund zu der Annahme besteht, dass die Abgabe eines ernsthaften Übernahmeangebots bevorsteht[1405] – stellt sich für die directors das praktische Problem, dass Identität und Absichten eines feindlichen Bieters regelmäßig nicht bekannt sind. Daher dürfte der Nachweis, dass eine präventive Abwehrmaßnahme ausnahmsweise im Rahmen der proper purpose duty zulässig ist, seitens der directors nur selten zu erbringen sein. Es muss sich um Sachverhalte handeln, in denen ausnahmsweise gewisse Anhaltspunkte für ein mögliches Übernahmeangebot eines bestimmten Bieters vorliegen, welches der Gesellschaft einen schwerwiegenden wirtschaftlichen Schaden zufügen könnte, gleichzeitig darf aber noch kein Grund zu der Annahme bestehen,

---

Co (1969) 42 ALJR 123; *Farrer*, (1997) Aus J Corp L 8, 1, 17; siehe auch die Zusammenstellung der Fälle bei *McCabe*, (1994) Aus J Corp L 4, 36, 39 ff.

1401 Zum Begriff der ordinary resolution *Gower/Davies*, Company Law, S. 343 f.

1402 *Hogg v Cramphorn Ltd* [1967] Ch 254, 269 per Buckley J; *Bamford v Bamford* [1970] Ch 212, 227 per Plowman J.

1403 *Hogg v Cramphorn Ltd* [1967] Ch 254, 269 per Buckley J; *Mayson/French/Ryan*, Company Law, Rn. 16.8.2; *Gower/Davies*, Company Law, S. 437; *Farrar/Hannigan*, Company Law, S. 390 f.

1404 Diese Billigung dürfte in der Vorangebotsphase einfacher zu erreichen sein, da sich die Aktionäre zu einer Zeit, in der keine Übernahmegerüchte kursieren, regelmäßig nicht darüber bewusst sind, dass sie sich durch eine solche Ermächtigung der Chance eines unter Umständen profitablen Übernahmeangebots begeben und insbesondere Kleinaktionäre ihre Stimmrechte üblicherweise nach den Empfehlungen des board of directors ausüben. Etwas anderes dürfte jedoch für börsennotierte public companies gelten, an denen institutionelle Anleger einen maßgeblichen Anteil halten. Institutionelle Anleger stehen derartigen Abwehrbeschlüssen nämlich äußerst ablehnend gegenüber, vgl. *Weinberg/Blank*, Takeovers and Mergers, Rn. 4-7045; *Clarke*, (2004) JCLS 4, 51, 58; siehe zum Abwehrmittel der Ermächtigung durch das general meeting Teil 2 § 5 C.

1405 Vgl. City Code, General Principle 7.

dass dieses Angebot bevorsteht, da ansonsten die strenge prohibition of frustrating action des City Code greift.[1406]

In diesem Zusammenhang können die Publizitätspflichten des Companies Act 1985 hinsichtlich des Beteiligungsbesitzes[1407] und die SARs eine besondere Bedeutung haben. Sec. 198 und 199 CA 1985 verpflichten den Aktionär einer public company dazu, die Gesellschaft innerhalb von zwei Tagen von einem Aktienerwerb zu informieren, wenn er durch diesen mehr als drei Prozent des stimmberechtigten Kapitals der Gesellschaft erlangt. Darüber hinaus ist jede weitere Erhöhung oder Verminderung der offen gelegten Beteiligung um einen vollen Prozentpunkt nach sec. 198 und 199 CA 1985 offenlegungspflichtig.[1408]

Nach Rule 1 der SARs darf ein Aktionär einer börsennotierten public company außerdem innerhalb von sieben Tagen nicht mehr als 10 Prozent des Aktienkapitals der Gesellschaft erwerben, wenn seine Beteiligung danach zwischen 15 und 30 Prozent des Grundkapitals beträgt.[1409] Diese Vorschriften machen die directors einer übernahmebedrohten Gesellschaft frühzeitig auf einen potentiellen feindlichen Bieter aufmerksam, bevor dieser durch einen sukzessiven Aktienerwerb – das sogenannte „warehousing" – einen maßgeblichen Anteil an der Gesellschaft erwerben und auf dessen Grundlage ein Übernahmeangebot abgeben kann.[1410] Die angesprochenen Regelungen ermöglichen dadurch die Implementierung von Präventivmaßnahmen zur Abwehr befürchteter Übernahmeversuche von bestimmten Aktionären.

In der Regel werden präventive Abwehrmaßnahmen jedoch nicht mit einer konkreten Zielrichtung auf ein bestimmtes Übernahmeangebot, sondern allgemein zur Übernahmeabwehr ergriffen.[1411] Sie verhindern daher nicht nur Übernahmeversuche, welche die Gesellschaft in erheblichem Maße wirtschaftlich schädigen oder ihre Exis-

---

1406 *Weinberg/Blank*, Takeovers and Mergers, Rn. 4-7037 beschreiben diese Phase wie folgt: *„There are certain measures which the directors of the company may take in anticipation of the possibility of a bid being made but before they are aware of any firm intention to make an offer by a serious potential offeror."* Ein solcher Ausnahmefall lag der Entscheidung *Criterion Properties Plc v Stratford UK Properties LLC* [2003] BCC 50 zu Grunde. Hier hatte das board of directors der Criterion Properties Plc die – letztendlich zutreffende – Befürchtung, dass eine bestimmte Gesellschaft, die ihre Beteiligung an der Criterion Properties Plc sukzessive aufgebaut hatte, ein feindliches Übernahmeangebot abgeben könnte. Daher installierten die directors Abwehrmaßnahmen, bevor das Übernahmeangebot unmittelbar bevorstand.

1407 Sec. 198 – 220 CA 1985.

1408 Zu den Einzelheiten siehe *Gower/Davies*, Company Law, S. 592 ff.; *Pettet*, Company Law, S. 273 ff.

1409 Zu den Einzelheiten siehe *Weinberg/Blank*, Takeovers and Mergers, Rn. 4-10001 ff.; *Gower/Davies*, Company Law, S. 712 ff.

1410 *Weinberg/Blank*, Takeovers and Mergers, Rn. 5-3002; *Pettet*, Company Law, S. 274; *Gower/Davies*, Company Law, S. 594; in dem Übernahmefall, welcher der Entscheidung *Criterion Properties Plc v Stratford UK Properties LLC* [2003] BCC 50 zu Grunde liegt, dürften die directors durch die Publizitätspflichten auf den potentiellen feindlichen Bieter, der über einen längeren Zeitraum seine Beteiligung an der Zielgesellschaft aufgebaut hatte, aufmerksam geworden sein.

1411 Vgl. *Bradley*, (1990) MLR 53, 170, 173.

tenz bedrohen, sondern auch vorteilhafte Übernahmeangebote.[1412] Eine Berufung auf die Ausnahmen von der proper purpose duty ist in diesen Fällen immer ausgeschlossen.

Dies bedeutet jedoch nicht, dass die directors in der Vorangebotsphase keine Möglichkeit hätten, um ihre Gesellschaft gegen feindliche Übernahmeversuche zu schützen.[1413]

Vielmehr lassen sich die meisten Präventivmaßnahmen, welche einen Mehrheitserwerb durch einen feindlichen Bieter erschweren oder die Gesellschaft anderweitig für Übernahmen unattraktiv machen, regelmäßig durch wirtschaftliche Erwägungen rechtfertigen.[1414] Zu nennen sind hier etwa der Aufbau einer gegenseitigen Beteiligung zur Verfestigung einer strategischen Allianz[1415] oder die Ausgabe von Belegschaftsaktien an einen dafür gegründeten Arbeitnehmertrust.[1416] Sofern diese Maßnahmen wirtschaftlich sinnvoll sind, ist die abschreckende Wirkung auf feindliche Bieter lediglich ein Nebeneffekt der ansonsten zulässigen Maßnahme.

Während vorgeschobene wirtschaftliche Gründe bei repressiven Abwehrmaßnahmen, die aus Anlass eines Übernahmeangebots vorgenommen werden, regelmäßig einfach als solche zu identifizieren sind, ist der Nachweis, dass die Erreichung der vom Management behaupteten wirtschaftlichen Effekte bei präventiven Abwehrmaßnahmen nicht der Hauptzweck des Verwaltungshandelns war, nur in Ausnahmefällen möglich.[1417] In der Vorangebotsphase haben die directors nämlich einen wesentlich größeren Spielraum, um die jeweilige Maßnahme durch eine entsprechende Vorbereitung wirtschaftlich zu rechtfertigen.[1418] Sofern die Maßnahme prima facie mit einen plausiblen wirtschaftlichen Zweck begründet werden kann, stellen die Gerichte die

---

1412 *Lüttmann*, Kontrollwechsel in Kapitalgesellschaften, S. 65.

1413 *Gower/Davies*, Company Law, S. 718.

1414 *Parkinson*, Corporate Power and Responsibility, S. 144; *Davies*, in: Hopt/Wymeersch, European Takeovers, S. 195, 209; *ders.* (1991) Brook L Rev 57, 129, 135; ähnlich *Farrer*, (1997) Aus J Corp L 8, 1, 17; *Walcott*, (1996) Comp Law 17, 155, 159.

1415 Vgl. *Pine Vale Investments Ltd v McDonnell and East Ltd* (1983) 8 ACLR 199; *Dawson International Plc v Coats Patons Plc* [1989] BCLC 233; *Weinberg/Blank*, Takeovers and Mergers, Rn. 4-7045; *Davies*, in: Hopt/Wymeersch, European Takeovers, S. 195, 209; *Parkinson*, Corporate Power and Responsibility, S. 144; *Ryan*, Company Directors, Rn. 1216; *Underhill/Austmann*, in: Payne, Takeovers, S. 87, 103; *Gower/Davies*, Company Law, 385 f.; *DeMott*, (1983), N Y U L Rev 58, 945, 1021.

1416 Vgl. *Clemens v Clemens Bros Ltd* [1976] 2 All ER 268; *Parkinson*, Corporate Power and Responsibility, S. 144; *Ferran*, Company Law and Corporate Finance, S. 163; allerdings konnte diese wirtschaftliche Rechtfertigung das Gericht in *Hogg v Cramphorn Ltd* [1967] Ch 254 nicht überzeugen.

1417 *Weinberg/Blank*, Takeovers and Mergers, Rn. 7-050; *Parkinson*, Corporate Power and Responsibility, S. 144; *Davies*, in: Hopt/Wymeersch, European Takeovers, S. 195, 209; *Prentice*, in: Kreuzer, Öffentliche Übernahmeangebote, S. 133, 157; ähnlich *Pickering*, (1965) LQR 81, 248, 261; die meisten Entscheidungen, in denen eine Verletzung der proper purpose duty angenommen wurde, betreffen Fallgestaltungen, in denen ein feindliches Übernahmeangebot bereits abgegeben worden war oder unmittelbar bevorstand, vgl. *Hogg v Cramphorn Ltd* [1967] Ch 254; *Howard Smith Ltd v Ampol Petroleum Ltd* [1974] AC 821.

1418 *Yoran*, (1973) Am J Comp L 21, 531, 535.

unternehmerische Entscheidung der directors nicht in Frage.[1419] Selbst wenn die wirtschaftlichen Vorteile einer solchen Maßnahme fragwürdig sein sollten, können die directors sich durch einen zustimmenden Mehrheitsbeschluss des general meeting gegen den Vorwurf der Treuepflichtverletzung absichern.[1420]

III. Fazit

Die in General Principle 7 und Rule 21.1 des City Code verankerte prohibition of frustrating action beinhaltet eine strenge Neutralitätspflicht, die es den directors in der Angebotsphase verbietet, ohne Zustimmung des general meeting Maßnahmen durchzuführen, die objektiv geeignet sind, den Erfolg eines Übernahmeangebots zu vereiteln. Die Angebotsphase beginnt bereits, wenn Grund zu der Annahme besteht, dass ein ernsthaftes Übernahmeangebot bevorsteht.

In der Vorangebotsphase gilt die prohibition of frustrating action nicht. Die Zulässigkeit des Handelns der directors richtet sich in der Vorangebotsphase ausschließlich nach den Treuepflichten der directors aus dem common law. Hier sind insbesondere die bona fide duty und die proper purpose duty von Bedeutung.

Aufgrund der bona fide duty dürfen die directors Abwehrmaßnahmen gegen eine drohende Übernahme ergreifen, wenn sie der aufrichtigen Überzeugung sind, dass die Übernahmeabwehr im Interesse der Gesellschaft liegt. Das Interesse der Gesellschaft bestimmt sich dabei aus den kurz- und langfristigen Aktionärsinteressen, die die directors im Rahmen ihres unternehmerischen Ermessens gegeneinander abzuwägen haben.

Nach der proper purpose duty ist den directors die Beeinflussung der Mehrheitsverhältnisse der Gesellschaft zur Abwehr feindlicher Übernahmeversuche jedoch grundsätzlich untersagt. Diese grundsätzliche Neutralitätspflicht findet allerdings in Extremsituationen eine Einschränkung, in denen die wirtschaftliche Existenz der Gesellschaft bedroht ist oder der Gesellschaft ein schwerwiegender wirtschaftlicher Schaden droht. In derartigen Fällen sind gezielte Abwehrmaßnahmen der directors ausnahmsweise im Rahmen der proper purpose duty zulässig. Demgemäß besteht in der Vorangebotsphase im Gegensatz zur Angebotsphase lediglich eine eingeschränkte Neutralitätspflicht.

Da Sachverhalte, die Abwehrmaßnahmen der Verwaltung nach der proper purpose duty ausnahmsweise zulassen, in der Vorangebotsphase jedoch schwer nachzuweisen sind, bleibt den directors in der Praxis regelmäßig nur die Möglichkeit, präventive Abwehrmaßnahmen durch wirtschaftliche Erwägungen zu rechtfertigen. Insofern sind präventive Maßnahmen im Rahmen der proper purpose duty als zulässig anzusehen, wenn sie unabhängig von ihrer abschreckenden Wirkung auf feindliche Bieter für die Gesellschaft wirtschaftlich sinnvoll sind. In diesen Fällen stellen sich die wirt-

1419 So auch *Ferran*, Company Law and Corporate Finance, S. 167; *Davies*, in: Hopt/Wymeersch, European Takeovers, S. 195, 209; *Underhill/Austmann*, in: Payne, Takeovers, S. 87, 103; *McCabe*, (1994) Aus J Corp L 4, 36, 41.

1420 *Weinberg/Blank*, Takeovers and Mergers, Rn. 4-7045; *Davies*, in: Hopt/Wymeersch, European Takeovers, S. 195, 210.

schaftliche Zielsetzung der Maßnahme als Hauptzweck und die abschreckende Wirkung auf potentielle feindlicher Bieter lediglich als Nebenzweck der Maßnahme dar, der für die Rechtmäßigkeit des Verwaltungshandelns keine Rolle spielt.

§ 5 Abwehrmaßnahmen

Im Folgenden soll untersucht werden, inwieweit Maßnahmen der Aktionäre, Maßnahmen der Verwaltung und Ermächtigungen des general meeting in Großbritannien zur Prävention gegen feindliche Übernahmeversuche rechtlich zulässig sind. Weiterhin soll die Frage beantwortet werden, ob derartige Maßnahmen am Kapitalmarkt akzeptiert werden, und ob sie im Hinblick auf etwaige wirtschaftliche Nebenwirkungen und Nachteile für die jeweilige Gesellschaft praktikabel sind, um einen Schutz gegen feindliche Übernahmen zu vermitteln.

A. Maßnahmen der Aktionäre

Zu den Präventivmaßnahmen, welche die Aktionäre zur Abwehr feindlicher Übernahmeversuche ergreifen können, gehören im Wesentlichen satzungsmäßige Übernahmehindernisse wie Mehrstimmrechtsaktien (multiple voting shares), Höchststimmrechte (maximum voting rights), stimmrechtslose Aktien (non-voting shares) und Maßnahmen zur Erschwerung des Austauschs des amtierenden board of directors.

Neben diesen satzungsmäßigen Übernahmehindernissen können die Aktionäre zudem Stimmbindungsverträge (voting agreements) eingehen, um die Übernahme durch einen feindlichen Bieter zu erschweren.

I. Mehrstimmrechtsaktien

Mehrstimmrechtsaktien bieten ein hilfreiches Mittel zur Prävention feindlicher Übernahmeversuche, da sie es einer übernahmegefährdeten Gesellschaft ermöglichen, verwaltungstreuen Aktionären auch ohne einen entsprechenden Kapitaleinsatz einen maßgeblichen Einfluss auf das general meeting zu gewähren. Dadurch wird die Übernahme durch einen feindlichen Bieter erschwert, da dieser eine größere Anzahl an Aktien erwerben muss, um die Kontrolle über die Gesellschaft zu erlangen.

Für eine Gesellschaft, die sich präventiv gegen feindliche Übernahmen schützen will, bietet es sich insbesondere an, bestimmte Aktien, die sich bereits in verwaltungstreuen Händen befinden, nachträglich in der Satzung mit mehrfachen Stimmrechten auszustatten. Die erhöhten Stimmrechte können dabei allgemein, für alle Beschlüsse des general meeting oder nur für bestimmte Beschlüsse, wie z.B. für die Bestellung und Abberufung der directors,[1421] vorgesehen werden. Beide Abwehrinstrumente sind in der Vergangenheit verschiedentlich von britischen Gesellschaften zur Prävention feindlicher Übernahmeversuche genutzt worden.[1422]

1421 Vgl. *Bushell v Faith* [1970] AC 1099, 1110 per Lord Donovan.

1422 Vgl. *Bushell v Faith* [1970] AC 1099; *Rights & Issues Investment Trust Ltd v Stylo Shoes Ltd* [1965] Ch 250; *Re Savoy Ltd* [1981] 3 WLR 441; vgl. dazu *Weinberg/Blank*, Takeovers and Mergers, Rn. 4-7077 Fn. 3; *Woolridge*, (1974) JBL, 202, 207; *Haase*, DZWIR 2005, 102, 103.

1. Satzungsänderung

Die Stimmkraft der Aktien einer britischen public company ist entweder in den articles oder im memorandum der Gesellschaft geregelt. Zwar geht sec. 370 (6) CA 1985 entsprechend dem Grundsatz one share one vote davon aus, dass jede Aktie grundsätzlich nur eine Stimme gewährt. Dieser Grundsatz gilt jedoch gemäß sec. 370 (1) CA 1985 nur vorbehaltlich einer anderen Regelung in der Satzung der Gesellschaft und steht somit zur Disposition der Aktionäre. Sollen die Stimmrechte bestimmter Aktien nachträglich erhöht werden, so muss die betreffende Bestimmung der articles oder des memorandums geändert werden.

a. Anforderungen des Companies Act 1985

Hierzu bedarf es in beiden Fällen eines mit einer Dreiviertelmehrheit zu fassenden Sonderbeschlusses des general meeting (special resolution).[1423] Ein solcher Beschluss ist nach sec. 9 (1) CA 1985 für die Änderung der articles[1424] und nach sec. 17 (1) CA 1985 für die Änderung derjenigen Klauseln des memorandums erforderlich, die – wie die Bestimmung der Stimmkraft – nicht zu dessen zwingendem Inhalt gehören.[1425]

b. Anforderungen des common law

Fraglich ist, welche materiellen Anforderungen an einen solchen satzungsändernden Beschluss zu stellen sind.

aa. Ausgangspunkt: Stimmrecht als Eigentumsrecht des Aktionärs

Nach britischem Recht ist das mit der Aktie verbundene Stimmrecht des einzelnen Aktionärs Bestandteil seines Eigentums, welches dieser grundsätzlich nach seinem Belieben zur ausschließlichen Verfolgung von Eigeninteressen ausüben kann, auch wenn seine Interessen mit den Interessen der Gesellschaft nicht übereinstimmen oder den Interessen der Gesellschaft zuwiderlaufen.[1426] Der Aktionär unterliegt bei der Stimmrechsausübung im Grundsatz weder einer Treuepflicht gegenüber seinen Mitge-

---

1423 Sec. 378 (2) CA 1985; siehe zu den weiteren Einzelheiten einer special resolution *Gower/Davies*, Company Law, S. 343 ff.

1424 Sec. 9 (1) CA 1985.

1425 Sec. 17 (1) CA 1985.

1426 *Pender v Lushington* (1877) 6 ChD 70, 75 per Lord Jessel MR; *North-West Transportation Co Ltd v Beatty* (1887) 12 AC 589, 595 per Sir Baggally; *Carruth v Imperial Chemical Industries Ltd* [1937] AC 707, 765 per Lord Maugham; *Northern Counties Securities Ltd v Jackson and Steeple Ltd* [1974] 1 WLR 1133, 1144 per Walton J; *Gower/Davies*, Company Law, S. 486 f.; *Tuffnell*, (1993) Comp Law 14, 90; *Xuereb*, (1987) Comp Law 8, 16 f.

sellschaftern noch gegenüber der Gesellschaft.[1427] Demgemäß bestehen auch für die Beschlüsse des general meeting grundsätzlich keine materiellen Anforderungen.

Das Prinzip der Stimmrechtsfreiheit gilt jedoch nicht schrankenlos. Eine Ausnahme besteht für die Änderung der articles und des memorandum.[1428]

bb. Materielle Stimmrechtsschranke für satzungsändernde Beschlüsse

Nach der grundlegenden Entscheidung *Allen v Gold Reefs of West Africa*[1429] müssen die Aktionäre ihr Stimmrecht bei der Beschlussfassung über die Änderung der articles im guten Glauben (bona fide) an das Wohl der Gesellschaft (for the benefit of the company as a whole) ausüben.[1430] Diese materielle Einschränkung der grundsätzlich bestehenden Stimmrechtsfreiheit ist von den britischen Gerichten aus Gründen des Minderheitenschutzes aufgestellt worden. Einer qualifizierten Aktionärsmehrheit wird nämlich durch einen satzungsändernden Beschluss die Möglichkeit eingeräumt, die grundlegenden Rechtsverhältnisse zwischen den Gesellschaftern zu verändern und die Minderheit ohne deren Mitwirkung an die geänderten Rechtsverhältnisse zu binden.[1431] Um einen Missbrauch dieser Befugnis zu verhindern, wurde die Zulässigkeit einer solchen Beschlussfassung an die Wahrung des Wohls der Gesellschaft bzw. an das Gesellschaftsinteresse gebunden.

Unter dem Begriff „company as a whole" ist dabei wiederum nicht etwa die Gesellschaft als eine von den Aktionären verschiedene wirtschaftliche Einheit, sondern die Gesamtheit aller Aktionäre zu verstehen.[1432] Die Gerichte haben diesen scheinbar unkomplizierten materiellen Maßstab für Satzungsänderungen uneinheitlich angewendet und verschiedentlich interpretiert.[1433]

1427 *North-West Transportation Co Ltd v Beatty* (1887) 12 AC 589, 595 per Sir Baggally; *Phillips v Manufacturers' Securities Ltd* [1917] 116 LT 290, 296 per Lord Cozens-Hardy MR; *Pennington*, Company Law, S. 785; *Triebel/Hodgson/Kellenter/Müller*, Englisches Handels- und Wirtschaftsrecht, Rn. 682.

1428 Das Fallmaterial bezüglich der bei Satzungsänderungen geltenden Stimmrechtsschranken bezieht sich mit wenigen Ausnahmen auf Änderungen der articles of association. Die in diesem Zusammenhang entwickelten Grundsätze sind aber ohne Weiteres auf die Änderung des memorandum übertragbar, vgl. *Pennington*, Company Law, S. 87 unter Berufung auf *Re Cyclists' Touring Club* [1907] 1 Ch 269, 273 und *Clemens v Clemens Brothers Ltd* [1976] 2 All ER 268.

1429 [1900] 1 Ch 656.

1430 *„It [the power to alter the articles] must be exercised, not only in the manner required by law, but also bona fide for the benefit of the company as a whole, and it must not be exceeded."*, *Allen v Gold Reefs of West Africa* [1900] 1 Ch 656, 671 per Lord Lindley MR.

1431 Vgl. *Greenhalgh v Arderne Cinemas Ltd* [1951] Ch 286, 291 per Lord Evershed MR; *Gower/Davies*, Company Law, S. 487; *Pettet*, Company Law, S. 98.

1432 *Greenhalgh v Arderne Cinemas Ltd* [1951] Ch 286, 291 per Lord Evershed MR; *Pettet*, Company Law, S. 98 f.; *Gower/Davies*, Company Law, S. 491.

1433 Vgl. *Gower/Davies*, Company Law, S. 487; *Pettet*, Company Law, S. 99; *Griffin*, Company Law, S. 94; *Joffe*, Minority Shareholders, S. 59; vgl. auch die offenen Fragen bei *Sealy*, Company Law, S. 142.

(1) Subjektiver Test

In einigen Entscheidungen wurde das bona fide Kriterium von den Gerichten als subjektives Kriterium verstanden, welches lediglich verlangt, dass die Mehrheitsgesellschafter bei der Beschlussfassung der aufrichtigen Überzeugung sind, dass sie zum Wohle der Gesamtheit der Aktionäre handeln.[1434]

Diesem Ansatz zufolge ist es unbeachtlich, ob die Satzungsänderung tatsächlich dem Wohle der Gesamtheit der Aktionäre dient. Die Gerichte haben lediglich festzustellen, dass die Mehrheit, die für die Änderung gestimmt hat, in gutem Glauben gehandelt hat, und dass sie sich nicht von gesellschaftsfremden Motiven hat leiten lassen.[1435] Zwar wird diese subjektive Prüfung nicht konsequent durchgehalten, da die Gutgläubigkeit der beschlussfassenden Mehrheit unter anderem danach beurteilt werden soll, ob ein vernünftiger Mensch der Meinung sein könne, die Änderung sei zum Wohle der Gesellschaft erfolgt.[1436] Dieses objektive Element begründet jedoch lediglich einen Mindeststandard, der als äußerste Grenze für die Stimmrechtsausübung ein Verbot willkürlicher Beschlüsse aufstellt.[1437]

(2) Kombiniert subjektiv-objektiver Test

In neueren Entscheidungen sind die Gerichte von diesem subjektiven Ansatz abgewichen und haben ihn um einen sogenannten „Diskriminierungstest“ und damit um einen objektiven Maßstab ergänzt.[1438]

Nach dieser kombiniert subjektiv-objektiven Prüfung ist in subjektiver Hinsicht zu fragen, ob die Änderung der articles nach der aufrichtigen Einschätzung der für sie stimmenden Gesellschafter dem Interesse der Gesamtheit der Aktionäre entspricht. Zu diesem Zweck ist auf die Interessen eines hypothetischen Idealgesellschafters (hypothetical member) abzustellen, der keine außerhalb der Gesellschaft liegenden Interessen verfolgt.[1439]

1434 *Shuttleworth v Cox Brothers & Co (Maidenhead) Ltd* [1927] 2 KB 9, 23 per Scrutton LJ; vgl. dazu *Pennington*, Company Law, S. 87 f.; *Pettet*, Company Law, S. 99; *Tuffnell*, (1993) Comp Law 14, 90, 91.

1435 *Pennington*, Company Law, S. 88; *Pettet*, Company Law, S. 99.

1436 Vgl. Scrutton LJ in *Shuttleworth v Cox Brothers & Co (Maidenhead) Ltd* [1927] 2 KB 9, 23: *„Now when persons, honestly endeavouring to decide what will be for the benefit of the company to act accordingly, decide upon a particular course, then, provided there are grounds on which reasonable men could come to the decision, it does not matter whether the court would or would not come to the same or a different decision... The absence of any reasonable ground for deciding that a certain course of action is conducive to the benefit of the company may be a ground for finding lack of good faith or for finding that the shareholders, with the best motives, have not considered the matters which they ought to have considered.*".

1437 Vgl. *Pennington*, Company Law, S. 86.

1438 Vgl. *Pettet*, Company Law, S. 99; *Mayson/French/Ryan*, Company Law, Rn. 3.5.3.5; *Pennington*, Company Law, S. 88 f.; *Xuereb*, Rights of Shareholders, S. 96.

1439 *Greenhalgh v Arderne Cinemas Ltd* [1951] Ch 286, 291 per Lord Evershed MR; *Pennington*, Company Law, S. 89; *Xuereb*, Rights of Shareholders, S. 96; kritisch zur Figur des hypothetischen Gesellschafters *Gower/Davies*, Company Law, S. 491 f.

In objektiver Hinsicht haben die Gerichte zu prüfen, ob die beschließende Mehrheit sich durch den beabsichtigten Beschluss auf Kosten einer Minderheit Vorteile verschafft und es somit zu einer Benachteiligung der Minderheit kommt.[1440] *Lord Evershed MR* formulierte den Diskriminierungstest in der Entscheidung *Greenhalgh v Arderne Cinemas Ltd*[1441] wie folgt: „*A special resolution of this kind would be liable to be impeached if the effect of it were to discriminate between the majority shareholders and the minority shareholders, so as to give the former an advantage of which the latter were deprived.*"[1442]

Wendet man den Diskriminierungstest strikt an, so kann die nachträgliche Einführung von Mehrstimmrechten durchaus gegen die bona fide duty verstoßen, da die Aktionäre, deren Stimmkraft erhöht wird, auf Kosten der anderen Aktionäre einen Vorteil erlangen.[1443] In der Praxis haben die Gerichte das Diskriminierungskriterium im Zusammenhang mit der Veränderung der Stimmrechtsmacht in einer Gesellschaft jedoch nur sehr zurückhaltend angewandt.[1444] Grund für diese Zurückhaltung ist die bereits angesprochene[1445] Befürchtung der britischen Gerichte, durch einen Urteilsspruch unsachgemäß in die unternehmerischen Entscheidungen und inneren Angelegenheiten einer Gesellschaft einzugreifen.[1446] Ein Beispiel hierfür bietet die Entscheidung *Rights & Issues Investment Trust Ltd v Stylo Shoes Ltd*[1447].

In diesem Fall existierten in einer Gesellschaft zwei verschiedene Aktiengattungen, Stammaktien (ordinary shares) und Managementaktien (management shares). Während die ordinary shares nur über ein einfaches Stimmrecht verfügten, waren die von den directors gehaltenen management shares mit acht Stimmrechten ausgestattet und gewährten den directors die Stimmenmehrheit im general meeting. Um den Erwerb eines anderen Unternehmens zu finanzieren, sollte das Stammkapital der Gesellschaft erhöht werden. Gleichzeitig sollten die Stimmrechte der management shares auf 16 Stimmrechte pro Aktie verdoppelt werden, um den directors weiterhin die Kontrolle über das general meeting zu verschaffen. Der erforderliche Sonderbeschluss für die Änderung der articles[1448] wurde auf einem außerordentlichen general meeting mit einer großen Mehrheit gefasst, wobei die directors weder mit ihren management shares noch mit ihren ordinary shares abstimmten.[1449] Das Gericht entschied, dass der Be-

---

1440 *Greenhalgh v Arderne Cinemas Ltd* [1951] Ch 286, 291 per Lord Evershed MR; *Rights and Issues Investment Trust Ltd v Stylo Shoes Ltd* [1965] Ch 254, 255 per Pennycuick J; *Dafen Tinplate Co Ltd v Llanelly Steel Co (1907) Ltd* [1920] 2 Ch 124, 143 per Peterson J.

1441 [1951] Ch 286.

1442 *Greenhalgh v Arderne Cinemas Ltd* [1951] Ch 286, 291 per Lord Evershed MR.

1443 In diesem Sinne auch *Tuffnell*, (1993) Comp Law 14, 90, 91; ähnlich *Barboutis*, (1999) Comp Law 20, 40, 44.

1444 *Gower/Davies*, Company Law, S. 490; *Pennington*, Company Law, S. 91; *Joffe*, Minority Shareholders, S. 60, 66.

1445 Siehe hierzu Teil 2 § 4 C II 2 a aa.

1446 Vgl. *Rights & Issues Investment Trust Ltd v Stylo Shoes Ltd* [1965] Ch 250, 255 f. per Pennycuick J; so auch *Pettet*, Company Law, S. 99; *Joffe*, Minority Shareholders, S. 60, 66.

1447 [1965] Ch 250; dazu ausführlich *Pennington*, Company Law, S. 90 f.

1448 Vgl. sec. 9 (1) CA 1985.

1449 Nur etwa 10 Prozent der Aktionäre widersprachen der Änderung der articles.

schluss im guten Glauben an das Wohl der Gesellschaft gefasst worden war, und dass keine Diskriminierung einer Minderheit vorgelegen hatte.[1450] Nach Auffassung der Richter waren die Aktionäre zu der aufrichtigen Überzeugung gekommen, es diene dem Wohle der Gesellschaft, wenn die Kontrolle der directors auch nach der geplanten Kapitalerhöhung beibehalten werde, obwohl die management shares dann einen wesentlich kleineren Anteil am Aktienkapital der Gesellschaft ausmachten.[1451] Diese Entscheidung sei eine Frage der Unternehmenspolitik, in die das Gericht nicht eingreifen dürfe.

Die Diskriminierung einer Minderheit lehnte das Gericht mit der Begründung ab, die Aktionäre hätten bei der Abstimmung keine persönlichen Interessen verfolgt und die Verwässerung der Stimmrechte treffe alle Inhaber der ordinary shares in gleichem Maße.[1452]

Unberücksichtigt blieb im Ergebnis die Tatsache, dass die Inhaber der ordinary shares gegenüber den Inhabern der management shares durch die Stimmrechtsverwässerung erheblich benachteiligt wurden.

(3) Fazit

Die Entscheidung *Rights & Issues Investment Trust Ltd v Stylo Shoes Ltd*[1453] zeigt, dass die Gerichte den Diskriminierungstest im Zusammenhang mit einer satzungsmäßigen Veränderung der Stimmverhältnisse – wenn überhaupt – nur sehr restriktiv anwenden. Einige Autoren haben die Spruchpraxis der Gerichte zutreffend als Lippenbekenntnis bezeichnet,[1454] da in den Urteilen regelmäßig die von *Lord Evershed MR*[1455] aufgestellte Diskriminierungsformel zitiert wird, im Ergebnis aber eine Benachteiligung bestimmter Aktionäre zugelassen wird, die durch diese Formel eigentlich untersagt wird.[1456] Dieser Widerspruch folgt daraus, dass der Diskriminierungstest nach seinem Wortlaut ausdrücklich auf die benachteiligenden Auswirkungen der Beschlussfassung abstellt,[1457] die Gerichte jedoch eine formale Ungleichbehandlung innerhalb einer Aktionärsgruppe fordern.[1458] Aber auch wenn eine solche formale Ungleichbehandlung vorliegt, wird von den Gerichten ein Verstoß gegen die bona fide duty regelmäßig nicht angenommen, solange die beschließende Mehrheit zumindest subjektiv

---

1450 *Rights & Issues Investment Trust Ltd v Stylo Shoes Ltd* [1965] Ch 250, 255 per Pennycuick J.

1451 *Rights & Issues Investment Trust Ltd v Stylo Shoes Ltd* [1965] Ch 250, 256 per Pennycuick J.

1452 *Rights & Issues Investment Trust Ltd v Stylo Shoes Ltd* [1965] Ch 250, 256 per Pennycuick J; dazu *Pennington*, Company Law, S. 90; *Woolridge*, (1974) JBL, 202, 207 f.

1453 [1965] Ch 250.

1454 So *Tuffnell*, (1993) Comp Law 14, 90, 91.

1455 *Greenhalgh v Arderne Cinemas Ltd* [1951] Ch 286, 291 per Lord Evershed MR.

1456 *Tuffnell*, (1993) Comp Law 14, 90, 91; in diesem Sinne auch *Pennington*, Company Law, S. 91; *Barboutis*, (1999) Comp Law 20, 40, 44; *Joffe*, Minority Shareholders, S. 66.

1457 Vgl. die eindeutige Formulierung von Lord Evershed MR in *Greenhalgh v Arderne Cinemas Ltd* [1951] Ch 286, 291: „...*if the effect of it...*".

1458 Vgl. die Kritik an der Anwendung des Diskriminierungstests bei *Pennington*, Company Law, S. 90 f.; *Tuffnell*, (1993) Comp Law 14, 90, 91.

im Interesse der Gesamtheit der Aktionäre handelt.[1459] Im Ergebnis geht daher auch der kombinierte subjektiv-objektive Prüfungsmaßstab nicht über das Verbot bloßer Willkürentscheidungen hinaus.[1460]

Die britischen Gerichte beanstanden daher die nachträgliche Einführung von Mehrstimmrechten zur Erschwerung von Übernahmeangeboten nicht, solange die Aktionäre ihre Stimmrechte bei dem satzungsändernden Beschluss in der aufrichtigen Überzeugung ausüben, im Interesse der Gesamtheit der Aktionäre zu handeln.[1461] Eine aus einer solchen Satzungsänderung folgende Benachteiligung einzelner Aktionäre nehmen die Gerichte regelmäßig zum Wohle der Gesellschaft in Kauf.[1462]

2. Änderung von Gattungsrechten (class rights)

Bestehen in der Gesellschaft bereits verschiedene Aktiengattungen, so sind bei der satzungsmäßigen Einführung von Mehrstimmrechten zusätzlich die Vorschriften der sec. 125 ff. CA 1985 über die Änderung von Gattungsrechten (variation of class rights) zu beachten.

Die Ausstattung einer Aktiengattung mit Mehrstimmrechten könnte als Beeinträchtigung der Rechte einer anderen in der Gesellschaft existierenden Aktiengattung angesehen werden, deren Stimmkraft durch diese Maßnahme verwässert wird.[1463] Wenn dies so wäre, müsste vor der Schaffung der Mehrstimmrechte ein mit einer Dreiviertelmehrheit zu fassender, zustimmender Sonderbeschluss der anderen Aktiengattung[1464] oder sogar die Zustimmung aller Aktionäre der Gesellschaft eingeholt werden.[1465]

Die entscheidende Frage ist somit, ob die Erhöhung der Stimmkraft einer Aktiengattung die satzungsmäßigen Rechte einer anderen Aktiengattung im Sinne von sec. 125 CA 1985 verändert oder beeinträchtigt.

Mit dieser Frage hat sich die Rechtsprechung in der Entscheidung *White v Bristol Aeroplane Co Ltd*[1466] auseinandergesetzt.[1467] In diesem Fall wurde vom general

---

1459 Vgl. *Ferran*, in: Hopt/Wymeersch, Capital Markets and Company Law, S. 115, 137; *Pennington*, Company Law, S. 91, 93 f., 94; *Barboutis*, (1999) Comp Law 20, 40, 44; *Woolridge*, (1974) JBL, 202, 208.

1460 So auch *Wiedemann*, GK-AktG, § 179 Rn. 22.

1461 Vgl. *Herrmann*, Zivilrechtliche Abwehrmaßnahmen, S. 183; *Knoll*, Die Übernahme von Kapitalgesellschaften, S. 228; *Woolridge*, (1974) JBL, 202, 208; ähnlich *Pennington*, Company Law, S. 91; *Joffe*, Minority Shareholders, S. 66.

1462 Vgl. *Sidebottom v Kershaw, Leese & Co* [1920] 1 Ch 154, 161 per Lord Sterndale MR; *Pennington*, Company Law, S. 93; *Pettet*, Company Law, S. 99; *Xuereb*, in: Drury/Xuereb, European Company Laws, S. 175, 181, 183; *Knoll*, Die Übernahme von Kapitalgesellschaften, S. 228; *Xuereb*, Rights of Shareholders, S. 96; *Barboutis*, (1999) Comp Law 20, 40, 44.

1463 So *Reynolds*, (1996) JBL, 554, 556 f.

1464 Sec. 125 (2) CA 1985.

1465 Sec. 125 (5) CA 1985; diese Regelung ist allerdings nur in den seltenen Fällen einschlägig, in denen die Gattungsrechte im memorandum verankert sind, ohne dass dort auch eine Änderungsmöglichkeit der Rechte vorgesehen ist.

1466 [1953] Ch 65.

meeting einer Gesellschaft, die bereits über mehrere Aktiengattungen verfügte, die Schaffung einer neuen Gattung von Stammaktien mit mehrfachen Stimmrechten beschlossen, die als Gratisaktien ausschließlich an die bisherigen Stammaktionäre ausgegeben werden sollten, während die Vorzugsaktionäre leer ausgingen. Infolge der selektiven Aktienausgabe wurde das Stimmgewicht der bisherigen Stammaktionäre erhöht und die Stimmkraft der alten Vorzugsaktionäre drastisch verwässert. Gleichwohl entschied das Gericht, die Gattungsrechte der alten Vorzugsaktionäre seien durch die satzungsmäßige Schaffung der neuen Aktiengattung nicht beeinträchtigt worden. Zur Beantwortung der Frage, ob eine Veränderung der Gattungsrechte stattgefunden hatte, unterschied das Gericht zwischen dem *Bestand* und der *Ausübung* der Gattungsrechte.[1468] Zwar akzeptierte das Gericht, dass die Vorzugsaktionäre in der Ausübung ihrer Gattungsrechte beeinträchtigt wurden, da das Stimmgewicht ihrer Aktiengattung im general meeting verwässert wurde. Jedoch waren die Richter der Auffassung, der Bestand der satzungsmäßigen Gattungsrechte der Vorzugsaktionäre sei durch die Schaffung der neuen Mehrstimmrechtsaktien nicht berührt worden, da ihre Aktien auch nach der Aktienausgabe unverändert – wie in den articles vorgesehen – ein Stimmrecht je Aktie gewährten.[1469]

Eine Änderung der Gattungsrechte wird demnach von der Rechtsprechung nur angenommen, wenn die in den articles der Gesellschaft festgelegten Stimmrechte der jeweiligen Gattung *unmittelbar* geändert werden. Eine *indirekte* Beeinträchtigung der Stimmkraft einer Aktiengattung, die daraus folgt, dass das Stimmgewicht einer anderen Gattung erhöht wird, stellt dagegen keine Änderung der Gattungsrechte dar und kann somit ohne die Anforderungen von sec. 125 CA 1985 durchgeführt werden. Dies gilt unabhängig davon, auf welche Art und Weise die Stimmkraft der anderen Aktiengattung im Einzelfall erhöht wird.[1470]

Diese formalistische Betrachtungsweise der Rechtsprechung ist in der Literatur zu Recht auf Kritik gestoßen.[1471] Sie verkennt, dass sich der Wert eines Stimmrechts

---

1467 Siehe auch die nachfolgende Entscheidung *Re John Smith's Tadcaster Brewery Co Ltd* [1953] Ch 308.

1468 *White v Bristol Aeroplane Co Ltd* [1953] Ch 65, 74 per Lord Evershed MR; *Re John Smith's Tadcaster Brewery Co Ltd* [1953] Ch 308, 316 per Lord Evershed MR; *Xuereb*, Rights of Shareholders, S. 155.

1469 *White v Bristol Aeroplane Co Ltd* [1953] Ch 65, 81 per Romer LJ; siehe dazu auch *Greenhalgh v Arderne Cinemas Ltd* [1946] 1 All ER 512, 518 per Lord Greene; *Rights & Issues Investment Trust Ltd v Stylo Shoes* [1965] Ch 250, 257 per Pennycuick J.

1470 Vgl. *Gower/Davies*, Company Law, S. 500; in *Greenhalgh v Arderne Cinemas Ltd* [1946] 1 All ER 512 wurde die Stimmkraft einer Aktiengattung dadurch erhöht, dass die vorhandenen Aktien dieser Gattung in eine Vielzahl von Aktien mit einem kleineren Nennwert aber gleicher Stimmkraft wie die ursprünglichen Aktien aufgeteilt wurden. Das Ziel und Ergebnis dieses Aktiensplits war es, die Sperrminorität eines Aktionärs zu verwässern, der ausschließlich Aktien einer anderen Gattung besaß, die an dem Split nicht teilnahm, vgl. dazu *Pettet*, Company Law, S. 103 f.

1471 Vgl. *Pettet*, Company Law, S. 104; *Gower/Davies*, Company Law, S. 501; *Sealy*, Company Law, S. 450; *Ferran*, Company Law and Corporate Finance, S. 342; *Boros*, in: Rider, Realm of Company Law, S. 107, 117; *Xuereb*, Rights of Shareholders, S. 157; *Reynolds*, (1996) JBL,

immer nur relativ, nämlich in Bezug auf die Anzahl der übrigen Stimmrechte, bestimmen lässt. Daher macht es für einen Aktionär keinen Unterschied, ob die Stimmrechte seiner Aktiengattung halbiert werden, oder ob eine andere Aktiengattung doppelte Stimmrechte erhält. In beiden Fällen sind seine Rechte gleichsam betroffen, da das Stimmengewicht in der Gesellschaft zu Lasten seiner Aktiengattung verändert wird. Trotz der geäußerten Kritik sind die zu dieser Frage ergangenen Entscheidungen[1472] geltendes Recht und müssen befolgt werden.[1473]

Daher können Mehrstimmrechte auch bei der Existenz mehrerer Aktiengattungen durch eine bloße Änderung der articles oder des memorandum eingeführt werden. Die Zustimmung der Aktionäre der benachteiligten Aktiengattung nach sec. 125 CA 1985 ist nicht erforderlich.

3. Unfair prejudice sec. 459 CA 1985

Die restriktive Anwendung der Regeln über die Änderung von Gattungsrechten und die nachsichtige Interpretation des Diskriminierungstests bei satzungsändernden Beschlüssen lassen den Aktionären einer übernahmebedrohten Gesellschaft einen breiten Spielraum, um die Stimmverhältnisse durch die Einführung von Mehrstimmrechten so zum Nachteil eines bereits am Aktienkapital beteiligten feindlichen Bieters zu ändern, dass dieser keine Kontrolle über das general meeting erlangen kann.[1474]

Allerdings stammt die vorstehend besprochene Rechtsprechung aus einer Zeit, bevor die nunmehr in sec. 459 CA 1985 geregelte Rechtsschutzmöglichkeit gegen diskriminierende Verhaltensweisen der Gesellschaft (unfairly prejudicial conduct) durch den Companies Act 1980 eingeführt wurde.[1475] Hiernach kann jeder Gesellschafter im Namen der Gesellschaft Klage erheben, wenn seine Interessen durch ein Verhalten der Gesellschaft, der directors oder der beherrschenden Gesellschafter einen unbilligen

---

554, 556 ff.; siehe aber auch *Pennington*, Company Law, S. 264 ff., der die ergangenen Entscheidungen für richtig halt.

1472 Vgl. *Greenhalgh v Arderne Cinemas Ltd* [1946] 1 All ER 512; *White v Bristol Aeroplane Co Ltd* [1953] Ch 65; *Re John Smith's Tadcaster Brewery Co Ltd* [1953] Ch 308.

1473 So auch *Pettet*, Company Law, S. 105 mit Fn. 91; ähnlich *Pennington*, Company Law, S. 265, der die ergangenen Entscheidungen für richtig hält.

1474 Siehe dazu etwa die verschiedenen Techniken, die von den Aktionären der Arderne Cinemas Ltd in dem zehnjährigen Kampf um die Kontrolle in der Gesellschaft angewendet wurden, um den Einfluss des ehemaligen Mehrheitsgesellschafters Greenhalgh zu verwässern, vgl. *Greenhalgh v Arderne Cinemas Ltd* [1946] 1 All ER 512; dazu *Gower/Davies*, Company Law, S. 402; *Pettet*, Company Law, S. 103 f.; mit einer ähnlichen Einschätzung auch *Davies*, in: Hopt/Wymeersch, European Takeovers, S. 195, 210.

1475 Diese für alle Gesellschaften geltende Rechtsschutzmöglichkeit wurde eingeführt, um das Prozesshindernis der Regel in *Foss v Harbottle* zu überspringen, vgl. dazu die Aussage von Hoffmann LJ in *Re Saul D Harrison & Sons Plc* [1995] 1 BCLC 14, 31: „*Enabling the court in an appropriate case to outflank the rule in Foss v Harbottle was one of the purposes of the section.*"; siehe auch *Jenkins Report*, para. 207, auf dessen Empfehlung der ursprünglich in sec. 75 CA 1980 geregelte Rechtsbehelf eingeführt wurde.

Nachteil (unfair prejudice) erfahren haben.[1476] Die Gerichte sind in einem solchen Fall mit umfassenden Befugnissen ausgestattet. Sie können gemäß sec. 461 (1) CA 1985 jede Anordnung treffen, die sie für notwendig halten, um den Nachteil auszugleichen, und insbesondere einen vom general meeting gefassten Beschluss aufheben.

Nach seinem eindeutigen Wortlaut schützt sec. 459 CA 1985 nicht nur die durch Gesetz und Satzung gewährten Rechte, sondern auch etwaige weitergehende Interessen der Gesellschafter vor einer objektiv unbilligen Benachteiligung.[1477] Daher können die Aktionäre nach sec. 459 CA 1985 nicht nur gegen ein gesetzwidriges, sondern auch gegen ein – abgesehen von dieser Vorschrift – gesetzmäßiges Handeln vorgehen.[1478] Auch ein satzungsändernder Beschluss des general meeting – etwa zur Einführung eines Mehrstimmrechts –, der sich in den von der Rechtsprechung aufgestellten materiellen Grenzen hält, kann daher durch sec. 459 CA 1985 angegriffen werden, wenn er die Interessen eines Gesellschafters unbillig benachteiligt. Folgerichtig hat die Einführung von sec. 459 CA 1985 rasch eine Reihe von Entscheidungen hervorgebracht, in denen die Gerichte satzungsändernde Beschlüsse des general meeting, durch welche die Stimmkraft einzelner Gesellschafter verwässert werden sollte, als unbillige Benachteiligung aufgehoben haben.[1479]

Allerdings führt nicht jedes Verhalten der Aktionärsmehrheit, das die Interessen einzelner Aktionäre beeinträchtigt, zu einer Benachteiligung, die per se als unbillig anzusehen ist.[1480] Eine unbillige Benachteiligung liegt nur vor, wenn die gerügte Maßnahme eine grobe Abweichung von den Anforderungen an ein faires Geschäftsgebaren darstellt, auf die jeder Gesellschafter, der sein Geld in die Gesellschaft investiert, ver-

---

1476 Sec. 495 (1) CA 1985 in der durch den Companies Act 1989 geänderten Fassung lautet: „*A member of a company may apply to the court by petition for an order under this part on the ground that the company's affairs are being or have been conducted in a manner which is unfairly prejudicial to the interests of its members genereally or of some part of its members (including at least himself) or that any actual or proposed act or ommission of the company (including an act or ommission on its behalf) is or would be so prejudicial.*".

1477 Der objektive Maßstab von sec. 459 CA 1985 wurde in *Re RA Noble and Sons (Clothing) Ltd* [1983] BCLC 273, 290, 291 von Slade J und Hoffmann J bestätigt. Sie stellten zur Beurteilung der unbilligen Benachteiligung auf die Sicht eines objektiven Dritten ab: „*The test of unfairness must, I think, be an objective, not a subjective, one. In other words it is not necessary for the petitioner to show that the persons who have had de facto control of the company have acted as they did in the conscious knowledge that this was unfair to the petitioner or that they were acting in bad faith; the test, I think, is wether a reasonable bystander observing the consequences of their conduct, woul regard it as having unfairly prejudiced the petitioner's interests.*".

1478 *Re Ringtower Holdings plc* [1989] 5 BCC 82, 90; *Gower/Davies*, Company Law, S. 512 bezeichnen diese Fallgruppe als „independent illegality"; ähnlich *Joffe*, Minority Sharholders, S. 158; *Hirt*, (2003) Comp Law 24, 100, 101; obwohl sec. 459 CA 1985 eine prozessrechtliche Regelung ist, hat sie somit auch materiellrechtliche Bedeutung, da sie festlegt, wann eine aufgrund dieser Rechtsschutzmöglichkeit eingelegt Klage Aussicht auf Erfolg hat.

1479 *Re Cumana Ltd* [1986] BCLC 430; *Re Kenyon Swansea Ltd* (1987) 3 BCC 259; *Re DR Chemicals Ltd* (1989) 5 BCC 39; vgl. dazu *Pettet*, Company Law, S. 104.

1480 *Re Saul D Harrison & Sons Plc* [1995] 1 BCLC 14, 31 per Hoffmann LJ; *Re Legal Costs Negotiators Ltd* [1999] BCC 547; *Gower/Davies*, Company Law, S. 522; *Hirt*, (2003) Comp Law 24, 100, 102.

trauen darf.[1481] Das ist der Fall, wenn die Ausübung einer gesellschaftlichen Machtposition dazu benutzt wird, um den status quo einer Gesellschaft entgegen den berechtigten Erwartungen (legitimate expectation) einer Minderheit zu verändern.[1482] Der antragstellende Aktionär muss eine solche berechtigte Erwartung nachweisen, mit der die angegriffene Maßnahme nicht zu vereinbaren ist. Eine berechtigte Erwartung, die über die Wahrung der satzungsmäßigen Rechte der Gesellschafter hinausgeht, kann entweder auf einer Vereinbarung unter allen Gesellschaftern[1483] oder auf einer persönlichen Beziehung zwischen den Gesellschaftern beruhen.[1484]

Bei börsennotierten public companies mit breit gestreutem Aktionärskreis sind diese Grundlagen für eine außerhalb der Satzung begründete berechtigte Erwartung jedoch in aller Regel nicht vorhanden.[1485] Zum einen fehlt es bei börsennotierten Publikumsgesellschaften an einer Vertrauensbeziehung zwischen den einander nicht bekannten Aktionären; zum anderen existieren dort – abgesehen von der Satzung – keine Absprachen, die alle Gesellschafter binden.[1486]

Selbst wenn ausnahmsweise interne Vereinbarungen zwischen den Aktionären vorliegen sollten, ist für die Bestimmung der berechtigten Erwartungen der Aktionäre bei börsennotierten public companies im Rahmen von sec. 459 CA 1985 nur die geschriebene Satzung maßgeblich.[1487] Denn bei einer börsennotierten public company, die gegenüber der Öffentlichkeit am Kapitalmarkt auftritt, müssen außenstehende Investoren darauf vertrauen können, dass die inneren Angelegenheiten der Gesellschaft so beschaffen sind, wie sie sich in den öffentlich zugänglichen articles of association

---

1481 Lord Reed formulierte die Anforderungen an eine unbillige Benachteiligung in *Anderson v Hogg* [2000] SLT 634, 640 wie folgt: „*A visible departure from the standard of fair dealing and a violation of the conditions of fair play on which the petitioner as shareholder is entitled to rely*". Damit schloss er sich der Formulierung des *Jenkins Committee* an, die Grundlage für die Schaffung des nunmehr in sec. 459 CA 1985 geregelten Rechtsbehelfs war, siehe *Jenkins Report*, para. 204. Diese Formulierung wurde bereits in einer früheren Entscheidung zum Vorgänger von sec. 459 CA 1985 gebraucht, siehe *Elder v Elder & Watson Ltd* (1952) SC 49, 55 per Lord Cooper; vgl. dazu *Palmer's*, Company Law, Rn. 8.906.

1482 *Re Saul D Harrison & Sons Plc* [1995] 1 BCLC 14, 19 per Hoffmann LJ; *O'Neill v Phillips* [1999] 1 WLR 1092, 1102 per Lord Hoffmann; *Ebrahimi v Westbourne Galleries Ltd* [1973] AC 360, 379 per Lord Wilberforce; *Palmer's*, Company Law, Rn. 8.906.

1483 *Re Saul D Harrison & Sons Plc* [1995] 1 BCLC 14, 19 per Hoffmann LJ; *Hirt*, (2003) Comp Law 24, 100, 101 f.

1484 *Re Astec (BSR) Plc* [1998] 2 BCLC 556, 588 per Parker J; *O'Neill v Phillips* [1999] 1 WLR 1092, 1101 per Lord Hoffmann; *Ebrahimi v Westbourne Galleries Ltd* [1973] AC 360, 379 per Lord Wilberforce.

1485 *Re Blue Arrow Plc* [1987] BCLC 585, 590 per Vinelott J; *Re Astec (BSR) Plc* [1998] 2 BCLC 556, 589 per Parker J; *CAS (Nominees) Ltd v Nottingham Forrest Plc* [2002] 1 BCLC 613, 627 per Hart J; *Palmer's*, Company Law, Rn. 8.906.1; *Sealy*, Company Law, S. 524; *Böhmer*, Der Schutz der Minderheitsaktionäre bei Übernahmen börsennotierter Gesellschaften in Europa, S. 28; kritisch *Copp/Goddard*, (1998) Comp Law 19, 277, 278 f.; *Hirt*, (2005) JBL, 159, 202 Fn. 28.

1486 *Cheffins*, Company Law, S. 464; *Walters*, (1999) Comp Law 20, 143, 144; *Hirt*, (2003) Comp Law 24, 100, 102.

1487 *Re Blue Arrow Plc* [1987] BCLC 585, 590 per Vinelott J; *Gower/Davies*, Company Law, S. 519; *Joffe*, Minority Shareholders, S. 159; *Hirt*, (2003) Comp Law 24, 100, 102.

darstellen. Andernfalls würde die Gesellschaft die Grundlage für die Aufnahme außenstehender Investoren am Kapitalmarkt verlieren, die ihre Investitionsentscheidung ausschließlich von den veröffentlichten Unterlagen der Gesellschaft abhängig machen können und von eventuellen Absprachen zwischen den Aktionären keine Kenntnis haben.[1488] Eine unbillige Benachteiligung, die nicht auf einer Verletzung der satzungsmäßigen Rechte der Aktionäre beruht, sondern durch eine Verletzung von außerhalb des Gesellschaftsvertrages begründeten Erwartungen hervorgerufen wird, kommt daher bei börsennotierten public companies nicht in Betracht.[1489]

Bei börsennotierten Gesellschaften vermittelt sec. 459 CA 1985 folglich keinen Schutz, der über die von Satzung, Gesetz und Rechtsprechung aufgestellten Anforderungen an satzungsändernde Beschlüsse hinausgeht. Sie gewährt lediglich eine zusätzliche Klagemöglichkeit, die nicht den strengen Anforderungen der Regel in *Foss v Harbottle*[1490] unterliegt, wenn diese Anforderungen nicht erfüllt sind. Nur bei kleinen Gesellschaften mit personalistischem Zuschnitt hat ein Vorgehen nach sec. 459 CA 1985 gegen die Einführung von Mehrstimmrechten, die ansonsten rechtmäßig ist, weil sie den Anforderungen an satzungsändernde Beschlüsse genügt, daher Aussicht auf Erfolg.[1491]

4. Anforderungen der Listing Rules

Obwohl die Stock Exchange Mehrstimmrechtsaktien traditionell ablehnt, können diese ohne besondere Beschränkung zum Handel an der Börse zugelassen werden.[1492] Die Listing Rules verlangen lediglich, dass im Zulassungsprospekt genaue Angaben über die Ausstattung der Aktien und die von ihnen gewährten Stimmrechte gemacht werden,[1493] und dass die Stock Exchange benachrichtigt wird, wenn die Stimmrechte einer Aktiengattung nachträglich geändert werden.[1494]

1488 Vgl. die Argumentation von Parker J in *Re Astec (BSR) Plc* [1998] 2 BCLC 556, 589: „*The concept of legitimate expectations...can have no place in the context of public listed companies. Moreover, its introduction in that context would...in all probability prove to be a recipe for chaos. If the market in a company's shares is to have any credibility, members of he public dealing in that market must it seems to me to be entitled to proceed on the footing that the constitution of the company is as it appears in the company's public documents, unaffected by any extraneous equitavle considerations and constraints.*"; mit ähnlicher Begründung *Re Blue Arrow Plc* [1987] BCLC 585, 590 per Vinelott J.

1489 Kritisch dazu *Goulding/Miles/Schall*, (2005) ECFR 2, 20, 37 ff., die der Auffassung sind, auch eine Verletzung von Vorschriften der rechtlich unverbindlichen Kodizes – wie etwa des City Code – müsse bei börsennotierten public companies ein Vorgehen nach sec. 459 CA 1985 ermöglichen. Dem sind die britischen Gerichte jedoch bisher vehement entgegengetreten. Vgl. etwa zur Ablehnung eines Klagerechts nach sec. 459 CA 1985 wegen einer Verletzung von Bestimmungen des City Code *Re Astec (BSR) Plc* [1998] 2 BCLC 556.

1490 (1843) 2 Hare 461, vgl. hierzu Teil 2 § 4 C II 1.

1491 Vgl. dazu *Xuereb*, Rights of Shareholders, S. 159; *Pettet*, Company Law, S. 247; *Sealy*, Company Law, S. 142.

1492 *Davies*, in: Hopt/Wymeersch, European Takeovers, 195, 210 f.

1493 Listing Rules, Chapter 6 para. 6.B.7.

1494 Listing Rules, Chapter 9 para. 9.10 (c).

Trotz der generell möglichen Zulassung von Mehrstimmrechtsaktien zur Stock Exchange sollten sich public companies, die an der London Stock Exchange notieren oder eine solche Notierung anstreben, allerdings darüber bewusst sein, dass die FSA als UK Listing Authority Kapitalstrukturen, die dazu dienen, feindliche Übernahmen abzuwehren, ablehnend gegenübersteht.[1495] Zwar verfolgt die FSA keine generelle Politik, Gesellschaften, welche Aktien mit verschiedenen Stimmrechten ausgegeben haben, die Zulassung zur Stock Exchange zu untersagen. Jedoch berücksichtigt sie diese Strukturen bei ihrer Entscheidung über die Zulassung der Aktien und entscheidet im Einzelfall, wie damit umzugehen ist.[1496] Es ist daher durchaus möglich, dass eine public company, die Mehrstimmrechtsaktien nutzt, um sich präventiv gegen feindliche Übernahmen zu schützen, nicht ohne Weiteres zur Stock Exchange zugelassen wird.[1497]

5. Einfluss institutioneller Anleger

Auch bei den institutionellen Anlegern sind Mehrstimmrechtsaktien seit je her unbeliebt. Ihre Ablehnung beruht auf der verzerrenden Wirkung, die Mehrstimmrechtsaktien auf den Markt für Unternehmenskontrolle und auf wesentliche Corporate Governance Mechanismen haben, da sie das Management einer Gesellschaft von einer effektiven Kontrolle des general meeting abkoppeln können.[1498] Veranlasst durch die geringen gesetzlichen und richterrechtlichen Schranken für Mehrstimmrechtsaktien haben institutionelle Anleger daher in den letzten Jahren verstärkt informellen Druck auf börsennotierte public companies ausgeübt, Mehrstimmrechtsaktien nicht einzuführen oder abzuschaffen.[1499]

1495 Vgl. *Prentice*, in: Kreuzer, Öffentliche Übernahmeangebote, S. 133, 152; *Boyle*, (1991) Comp Law 12, 163, 164; *Peltzer*, AG-Sonderheft 1997, 90, 95.

1496 Diese Vorgehensweise wurde gegenüber dem Verfasser vom FSA UK Listing Authority Equity and Capital Markets Group Helpdesk auf telefonische Anfrage am 1. Mai 2003 bestätigt.

1497 Vgl. *Prentice*, in: Kreuzer, Öffentliche Übernahmeangebote, S. 133, 152; *Boyle*, (1991) Comp Law 12, 163, 164; ähnlich *Haase*, DZWIR 2005, 102, 105 mit Rn. 23, der allerdings zu Unrecht davon ausgeht, Mehrstimmrechtsaktien seien durch die Listing Rules verboten. Die Entscheidung über die Zulassung zur London Stock Exchange steht nach sec. 74 (2) FSMA 2000 im freien Ermessen der FSA. Selbst wenn die Anforderungen der Listing Rules erfüllt sind, kann sie die Zulassung nach sec. 75 (4) (b) FSMA 2000 von weiteren Voraussetzungen – z.B. der Abschaffung von Aktienstrukturen mit disproportionalem Stimmgewicht – abhängig machen.

1498 *Ferran*, Company Law and Corporate Finance, S. 49; *Grundmann/Möslein*, ZVglRWiss 102 (2003), 289, 320; *Peltzer*, AG-Sonerheft 1997, 90, 95.

1499 Vgl. *Weinberg/Blank*, Takeovers and Mergers, Rn. 4-7077 mit Fn. 3; *Ferran*, Company Law and Corporate Finance, S. 49 mit Fn. 24; *Davies*, in: Hopt/Wymeersch, European Takeovers, S. 195, 211; *Gee*, (1998) ICCLR 9, 15, 17. Die Einflussnahme der institutionellen Anleger findet in Großbritannien auf zwei verschiedenen Ebenen statt. Zum einen beeinflussen die institutionellen Anleger durch die Interessenverbände National Association of Pension Funds (NAPF), Association of British Insurers (ABI) und Institutional Shareholders' Committee (ISC) das Verhalten der Unternehmen, an denen sie Beteiligungen halten, auf einer generellen Ebene, indem sie allgemeine Richtlinien aufstellen, an die sich die Gesellschaften in ihrem

Der Einfluss institutioneller Anleger hat in Großbritannien eine ungleich größere Wirkung als in Deutschland, da diese mehr als 60 Prozent der an der London Stock Exchange gehandelten Aktien halten,[1500] während sich der institutionelle Aktienbesitz in Deutschland lediglich auf 20 bis 30 Prozent beläuft.[1501] Zudem verfügen britische Gesellschaften im Gegensatz zu deutschen Gesellschaften in der Regel nicht über Großaktionäre, die sich dem Druck der institutionellen Kapitalgeber widersetzen könnten.[1502] Bei börsennotierten public companies, die auf die Unterstützung institutioneller Anleger angewiesen sind, sind Mehrstimmrechtsaktien deshalb unüblich.[1503] Gleichwohl gibt es noch vereinzelt Gesellschaften an der London Stock Exchange, die ihre kontroverse Aktienstruktur gegen den gestiegenen Druck institutioneller Investoren beibehalten haben. Bei diesen Gesellschaften handelt es sich größtenteils um alte Familienunternehmen, bei denen die Mehrstimmrechtsaktien den Familieneinfluss sichern.[1504]

Portfolio halten müssen. Zum anderen nehmen sie auf einer individuellen Ebene auf die Unternehmenspolitik einzelner Gesellschaften Einfluss. Dies geschieht unter anderem durch die Ausübung der Stimmrechte im general meeting. In erster Linie wird der individuelle Einfluss aber nicht öffentlich, sondern hinter den Kulissen, durch eine direkte Ansprache des Managements ausgeübt. Daher können seine Auswirkungen nur schwer abgeschätzt werden. Ausführlich zu den verschiedenen Arten der Einflussnahme *Stapledon*, Institutional Shareholders and Corporate Governance, S. 79 ff.; *Parkinson*, Corporate Power and Responsibility, S. 168 ff.; *Ferran*, Company Law and Corporate Finance, S. 241 ff.; *Gower/Davies*, Company Law, S. 338 f.; *Davies*, in: Hopt/Wymeersch, Comparative Corporate Governance, S. 47, 54 ff.; *ders.*, Hopt/Wymeersch, Capital Markets and Company Law, S. 261, 277.

1500 Der *Hampel Report*, para. 5.1 stellte 1998 fest, dass 60 Prozent des an der London Stock Exchange gehandelten Aktienkapitals von institutionellen Anlegern aus Großbritannien gehalten werden, ungefähr 20 Prozent von ausländischen, hauptsächlich institutionellen Investoren, und die verbleibenden 20 Prozent von Privatanlegern. Vgl. dazu *Ferran*, Company Law and Corporate Finance, S. 241; *Gower/Davies*, Company Law, S. 338; *Cheffins*, Company Law, S. 64; *Rickford*, (2004) ECFR 1, 391, 411.

1501 Gegenüberstellungen des Beteiligungsbesitzes der institutionellen Anleger in Deutschland und Großbritannien finden sich bei *Vincke*, in: Hopt/Wymeersch, Comparative Corporate Governance, S. 119, 125; *Yavasi*, (2000) Comp Law 22, 47, 52; *Grundmann/Möslein*, ZVglRWiss 102 (2003), 289, 320 Fn. 153

1502 Vgl. *Hopt*, in: Hopt/Wymeersch, Capital Markets and Company Law, S. 289, 300; *Wymeersch*, AG 1998, 380, 390; *Grundmann/Möslein*, ZVglRWiss 102 (2003), 289, 320; in diesem Sinne auch *Lüttmann*, Kontrollwechsel in Kapitalgesellschaften, S. 51. In Großbritannien werden nur 12 Prozent der börsennotierten Gesellschaften von einem Mehrheitgesellschafter kontrolliert. In Deutschland liegt der Anteil dagegen bei 48 Prozent, vgl. *van der Elst*, in: Hopt/Wymeersch, Capital Markets and Company Law, S. 3, 40; vgl. auch *Becht/Böhmer*, in: Barca/Becht, The Control of Corporate Europe, S. 128, 142; *Wackerbarth*, ZGR 2005, 686, 691.

1503 *Paul*, in: Prentice/Holland, Corporate Governance, S. 135, 140; *Parkinson*, Corporate Power and Responsibility, S. 148 f.; *Gee*, (1998) ICCLR 9, 15, 17; *Rickford*, (2004) ECFR 1, 391, 414; *Grundmann/Möslein*, ZVglRWiss 102 (2003), 289, 320; *Haase*, DZWIR 2005, 102, 104.

1504 Vgl. *Rickford*, (2004) ECFR 1, 391, 414; *Haase*, DZWIR 2005, 102, 104; ein Beispiel ist das mehrheitlich im Familienbesitz der Harmsworth Familie stehende Verlagsunternehmen Daily Mail & General Trust Plc, das seine Mehrstimmrechtsaktien trotz heftiger Kritik der City bis heute beibehalten hat, vgl. *The Guardian* vom 30. September 2002; *Sunday Telegraph* vom 19. Januar 2003.

6. Fazit

Augrund der unbefriedigenden Rechtsprechung in Bezug auf die materiellen Anforderungen an satzungsändernde Beschlüsse und die Änderung von Gattungsrechten unterliegt die satzungsmäßige Schaffung von Mehrstimmrechtsaktien nur geringen gesetzlichen und richterrechtlichen Schranken. Die Aktionäre einer britischen Gesellschaft können Mehrstimmrechtsaktien generell einführen, sofern die für die Satzungsänderung erforderliche drei viertel Stimmenmehrheit der Aktionäre im general meeting besteht und die beschließende Mehrheit gutgläubig im Interesse der Gesamtheit der Aktionäre handelt.

Börsennotierte public companies sehen sich bei der Einführung von Mehrstimmrechtsaktien jedoch dem informellen Druck der institutionellen Anleger ausgesetzt, die für die Finanzierung von börsennotierten Publikumsgesellschaften in Großbritannien eine überragend wichtige Rolle spielen. Die institutionellen Anleger verfolgen schon seit längerem das Ziel, Mehrstimmrechtsaktien trotz ihrer gesetzlichen Zulässigkeit bei börsennotierten public companies abzuschaffen. Diese Politik hat dazu geführt, dass die satzungsmäßige Einführung von Mehrstimmrechtsaktien trotz der geringen rechtlichen Einschränkungen praktisch für börsennotierte public companies als Mittel zur Prävention gegen feindliche Übernahmeversuche nicht in Betracht kommt.

II. Höchststimmrechte

Als weitere Maßnahme zur Prävention gegen feindliche Übernahmeversuche können die Aktionäre einer übernahmebedrohten Gesellschaft die satzungsmäßige Einführung eines Höchststimmrechts (maximum voting right) beschließen.

Durch ein Höchststimmrecht können die Stimmrechte, die ein einzelner Aktionär unabhängig von seiner Beteiligung an der Gesellschaft ausüben kann, auf einen absoluten oder prozentualen Umfang beschränkt werden, der nicht ausreicht, um im general meeting die Kontrolle über die Gesellschaft zu erlangen. Dadurch kann die Übernahme durch einen feindlichen Bieter wirksam verhindert werden.

1. Satzungsänderung

Ein Höchststimmrecht kann ebenso wie ein mehrfaches Stimmrecht in Abweichung vom Grundsatz der sec. 370 (6) CA 1985 in den articles oder im memorandum der Gesellschaft vorgesehen werden.[1505] Zur nachträglichen Einführung ist in beiden Fällen wiederum ein mit einer Dreiviertelmehrheit zu fassender Sonderbeschluss des general meeting notwendig.[1506]

[1505] Vgl. sec. 370 (1) CA 1985. Ohne eine entsprechende Satzungsbestimmung gewährt jede Aktie nach dem in sec. 370 (6) CA 1985 geregelten Grundsatz ein Stimmrecht.

[1506] Sec. 9 (1) und 17 (1) CA 1985.

In materieller Hinsicht muss der satzungsändernde Beschluss den bereits angesprochenen[1507] Anforderungen der Entscheidung *Greenhalgh v Arderne Cinemas Ltd*[1508] genügen. Bei der Beschlussfassung müssen die Aktionäre ihre Stimmrechte im guten Glauben an das Wohl der Gesamtheit der Aktionäre ausüben, wobei auf die Interessen eines hypothetischen, durchschnittlichen Aktionärs abzustellen ist. Zudem darf die Satzungsänderung nicht dazu führen, dass sich die beschließende Mehrheit auf Kosten einer durch den Beschluss gebundenen Minderheit Vorteile verschafft.[1509]

Solange die Aktionäre bei der Beschlussfassung gutgläubig handeln, dürfte die nachträgliche Einführung eines Höchststimmrechts den materiellen Anforderungen an eine Satzungsänderung in der Regel genügen. Wie bereits festgestellt,[1510] stellen die Gerichte beim Diskriminierungstest nämlich auf eine *formale* Gleich- bzw. Ungleichbehandlung der Aktionäre ab. Die satzungsmäßige Stimmrechtsbeschränkung gilt jedoch für alle Aktionäre in gleicher Weise und Höhe, so dass es an einer formalen Ungleichbehandlung fehlt.[1511]

Zwar werden die Aktionäre, deren Beteiligung oberhalb des Höchststimmrechts liegt, durch die Beschränkung der Stimmkraft gegenüber anderen Aktionären mit kleineren Beteiligungen *faktisch* benachteiligt, da sie ihre Stimmrechte nicht proportional zu ihrem Aktienbesitz ausüben können. Jedoch ist infolge der inkonsequenten Anwendung des Diskriminierungstests durch die Rechtsprechung nicht davon auszugehen, dass ein satzungsändernder Beschluss aufgrund dieser lediglich faktischen Benachteiligung aufgehoben wird. Vielmehr werden die Gerichte entsprechend der Entscheidung *Rights & Issues Investment Trust Ltd v Stylo Shoes Ltd*[1512] die nachträgliche Einführung eines Höchststimmrechts als unternehmerische Entscheidung der Aktionäre anerkennen, in die sie nicht eingreifen, solange die beschließende Mehrheit aufrichtig davon überzeugt ist, für das Wohl der Gesamtheit der Aktionäre zu handeln.[1513]

2. Unfair prejudice sec. 459 CA 1985

Ein satzungsändernder Beschluss zur Einführung eines Höchststimmrechts könnte im Einzelfall die Interessen der Aktionäre, die ihr Stimmrecht infolge der Beschränkung nicht mehr proportional zu ihrem Aktienbesitz ausüben können, unbillig benachteiligen und daher nach sec. 459 CA 1985 erfolgreich angegriffen werden.

1507 Siehe hierzu Teil 2 § 5 A I 1 b bb (2).

1508 [1951] Ch 286, 291.

1509 *Greenhalgh v Arderne Cinemas Ltd* [1951] Ch 286, 291 per Lord Evershed MR.

1510 Siehe hierzu Teil 2 § 5 A I 1 b bb (3).

1511 So auch *Herrmann*, Zivilrechtliche Abwehrmaßnahmen, S. 186; da die Stimmrechtsbeschränkung für alle Aktiengattungen in gleicher Weise gilt, führt die Einführung eines Höchststimmrechts auch nicht zur Begründung bzw. Änderung von Gattungsrechten, die ein zusätzliches Verfahren nach sec. 125 ff. CA 1985 erforderlich machen würde, vgl. *Haase*, DZWIR 2005, 102, 103.

1512 [1965] Ch 250.

1513 Vgl. *Rights & Issues Investment Trust Ltd v Stylo Shoes Ltd* [1965] Ch 250, 255 per Pennycuick J.

Sofern die Einführung eines Höchststimmrechts jedoch den rechtlichen Anforderungen an satzungsändernde Beschlüsse genügt und daher die durch Gesetz und Satzung gewährten Rechte der Aktionäre nicht beeinträchtigt, verspricht ein Vorgehen nach sec. 495 CA 1985 nur Aussicht auf Erfolg, wenn durch die Einführung des Höchststimmrechts eine außerhalb der Satzung begründete berechtigte Erwartung des antragstellenden Aktionärs auf eine Beibehaltung des status quo der Gesellschaft beeinträchtigt worden ist.[1514]

Wie bereits dargestellt,[1515] scheidet eine berechtigte Erwartung auf ein über die Anforderungen der articles of association hinausgehendes Verhalten bei börsennotierten public companies jedoch regelmäßig aus, weil dort zwischen den einander unbekannten Aktionären keine Vertrauensbeziehung besteht und selbst bei Bestehen interner Vereinbarungen im Interesse außenstehender Investoren für die Bestimmung berechtigter Erwartungen der Aktionäre nur die geschriebene Satzung maßgeblich ist.[1516] Daher hat ein Vorgehen nach sec. 459 CA 1985 gegen ein Höchststimmrecht bei einer börsennotierten public company keine Erfolgsaussichten, solange das Höchststimmrecht durch einen Beschluss des general meeting eingeführt wurde, der sowohl den formellen Anforderungen des Companies Act 1985 als auch den materiellen Anforderungen des common law an satzungsändernde Beschlüsse genügt und daher einen zulässigen Satzungsbestandteil darstellt. Sec. 495 CA 1985 gewährt insofern keinen über die Anforderungen von Satzung und Gesetz hinausgehenden Schutz.

3. Bedeutung in der Praxis

In der Praxis sind Stimmrechtsbeschränkungen in Großbritannien trotz ihrer generellen Zulässigkeit zumindest bei börsennotierten public companies nur von sehr geringer Bedeutung.[1517] Sie finden sich fast ausschließlich bei ehemals im Staatseigentum stehenden Unternehmen, die im Zuge ihrer Privatisierung eine sogenannte goldene Aktie (golden share) an die Regierung ausgegeben haben, welche der Regierung zur Abwehr feindlicher Übernahmeversuche Sonderrechte einräumt.[1518]

1514 Vgl. *Re Saul D Harrison & Sons Plc* [1995] 1 BCLC 14, 19 per Hoffmann LJ; *O'Neill v Phillips* [1999] 2 BCLC 1, 10 per Lord Hoffmann.

1515 Siehe hierzu Teil 2 § 5 A I 3.

1516 Vgl. *Re Blue Arrow Plc* [1987] BCLC 585, 590 per Vinelott J; *Re Astec (BSR) Plc* [1998] 2 BCLC 556, 589 per Parker J; *CAS (Nominees) Ltd v Nottingham Forrest Plc* [2002] 1 BCLC 613, 627 per Hart J; *Re Leeds United Holdings plc* [1996] 2 BCLC 545, 559 per Rattee J; *Boros*, Minority Shareholders' Remedies, S. 137; *Copp/Goddard*, (1998) Comp Law 19, 277, 278 f.

1517 Vgl. *Prentice*, in: Kreuzer, Öffentliche Übernahmeangebote, S. 133, 152; *Boyle*, (1991) Comp Law 12, 163, 164; *Herrmann*, Zivilrechtliche Abwehrmaßnahmen, S. 186; *Grundmann/Möslein*, ZVglRWiss 102 (2003), 289, 320; *Haase*, DZWIR 2005, 102, 103.

1518 *Davies*, in: Hopt/Wymeersch, European Takeovers, S. 195, 212; *Underhill/Austmann*, in: Payne, Takeovers, S. 87, 101; *Peltzer*, AG-Sonderheft 1997, 90, 95; weitere Ausnahmen stellen die London Stock Exchange plc und die Lehman Brothers plc dar, vgl. dazu *Schneider/Burgard*, DB 2001, 963, 966; *Lehne*, in: Hirte, WpÜG, S. 33, 41.

Der Grund hierfür liegt zum Teil darin, dass die Einführung eines Höchststimmrechts für die Aktionäre keinerlei Vorteil bringt und es daher für das Management einer übernahmebedrohten Gesellschaft äußerst schwierig ist, im general meeting die notwendige Unterstützung für die Einführung einer entsprechenden Satzungsbestimmung zu erreichen.[1519] Daneben ist die geringe praktische Bedeutung von Höchststimmrechten bei börsennotierten public companies insbesondere auf den Einfluss der institutionellen Investoren zurückzuführen.[1520] Nur Unternehmen, an denen die öffentliche Hand beteiligt ist, sind regelmäßig in der Lage, sich der Ablehnung institutioneller Anleger gegenüber Höchststimmrechten zu widersetzen, da sie im Gegensatz zu den anderen börsennotierten public companies die Möglichkeit haben, ihre Aktien bei einer ausreichenden Zahl privater und ausländischer Investoren zu platzieren, ohne auf die Unterstützung der Londoner City angewiesen zu sein.[1521] Für alle anderen Unternehmen scheidet die satzungsmäßige Schaffung eines Höchststimmrechts in der Praxis dagegen bedingt durch die negative Haltung institutioneller Anleger gegenüber einer solchen Maßnahme als Mittel der Übernahmeabwehr aus.

4. Fazit

Die Einführung eines Höchststimmrechts zur präventiven Übernahmeabwehr unterliegt im britischen Gesellschaftsrecht keinen besonderen gesetzlichen Schranken und ist ohne Weiteres möglich, sofern die formellen und materiellen Anforderungen an einen satzungsändernden Beschluss des general meeting eingehalten sind. Da die Gerichte bei der materiellen Überprüfung von satzungsändernden Beschlüssen entgegen der strengen Formulierung des Diskriminierungstests zurückhaltend sind, ist davon auszugehen, dass ein Höchststimmrecht grundsätzlich nachträglich eingeführt werden kann, solange die Aktionäre einen solchen Beschluss im guten Glauben an das Interesse der Gesamtheit der Aktionäre fassen.

In der Praxis hat dieses Instrument der Übernahmeabwehr allerdings kaum Bedeutung erlangt, da zum einen für die Aktionäre regelmäßig kein Anreiz besteht, die Einführung eines Höchststimmrechts zu unterstützen, und zum anderen die institutionellen Investoren Stimmrechtsbeschränkungen ablehnend gegenüberstehen. Im ganz überwiegenden Umfang haben lediglich privatisierte britische Unternehmen, die durch einen golden share der Regierung gegen feindliche Übernahmen geschützt sind, von der Möglichkeit einer derartigen Stimmrechtsbeschränkung Gebrauch gemacht.

1519 *Underhill/Austmann*, in: Payne, Takeovers, S. 87, 101; ähnlich *Paul*, in: Prentice/Holland, Corporate Governance, S. 135, 140.

1520 *Grundmann/Möslein*, ZVglRWiss 102 (2003), 289, 320; *Haase*, DZWIR 2005, 102, 103.

1521 *Davies*, in: Hopt/Wymeersch, European Takeovers, S. 195, 212; ähnlich *Underhill/Austmann*, in: Payne, Takeovers, S. 87, 101.

III. Stimmrechtslose Aktien

Eine weitere Maßnahme, die in der Vergangenheit vermehrt von britischen Gesellschaften genutzt wurde, um sich präventiv gegen feindliche Übernahmen zu schützen, ist die Ausgabe von Aktien ohne Stimmrecht.[1522]

Durch die Ausgabe von stimmrechtslosen Aktien kann eine Gesellschaft neues Eigenkapital aufnehmen, ohne die bestehenden Beteiligungsverhältnisse zu verändern, auch wenn die Gesellschafter selbst die erforderlichen Mittel zum Aktienbezug nicht aufbringen wollen oder können und die Aktien daher außenstehenden Investoren angeboten werden.[1523] Die Ausgabe stimmrechtsloser Aktien kann jedoch nicht verhindern, dass ein potentieller Übernehmer eine kontrollierende Beteiligung erlangt, indem er stimmberechtigte Aktien von einem oder mehreren Altaktionären erwirbt. Diese Maßnahme eignet sich daher nur dann zum Schutz gegen feindliche Übernahmen, wenn sich die stimmberechtigten Aktien der Gesellschaft bereits mehrheitlich in den Händen unternehmenstreuer Investoren befinden und deren Kontrolle somit trotz der Aufnahme von neuem Eigenkapital aufrecht erhalten wird.[1524]

Aktien ohne Stimmrecht können nach britischem Recht entweder als Stammaktien oder als Vorzugsaktien geschaffen werden. Stimmrechtlose Stammaktien (non-voting ordinary shares) sind bis auf das Stimmrecht mit den gleichen Rechten wie die übrigen Stammaktien ausgestattet.[1525] Sie werden üblicherweise als „A-Shares" bezeichnet, um sie von den normalen Stammaktien zu unterscheiden.[1526] Stimmrechtslose Vorzugsaktien gewähren gegenüber den Stammaktien bestimmte, in den articles oder im memorandum vorgesehene Vorzugsrechte, wie z.B. eine feste Dividende oder eine vorrangige Befriedigung bei der Verteilung des Liquidationserlöses.[1527] Sie sind nur ausnahmsweise stimmberechtigt, wenn diese Vorzugsrechte verändert werden oder die Vorzugsdividende rückständig ist.[1528]

Da britische Gesellschaften bei der Ausstattung ihrer Aktien die typischen Merkmale von Stamm- und Vorzugsaktien frei kombinieren können, ist die Unterscheidung zwischen den beiden Gattungen in der Praxis fließend und oft nur eine Frage der Bezeichnung in der Satzung der jeweiligen Gesellschaft.[1529] Im Folgenden wer-

---

1522 *Weinberg/Blank*, Takeovers and Mergers, Rn. 4-7069; *Gower/Davies*, Company Law, S. 624; *Triebel/Hodgson/Kellenter/Müller*, Englisches Handels- und Wirtschaftsrecht, Rn. 244; *Barboutis*, (1999) Comp Law 20, 40, 45

1523 *Pennington*, Company Law, S. 239; *Cheffins*, Company Law, S. 492; *Charlesworth/Morse*, Company Law, S. 184.

1524 Vgl. *Haase*, DZWIR 2005, 102, 105.

1525 *Charlesworth/Morse*, Company Law, S. 184; *Mayson/French/Ryan*, Company Law, Rn. 6.1.7.

1526 *Weinberg/Blank*, Takeovers and Mergers, Rn. 4-7069; *Pettet*, Company Law, S. 269; *Barboutis*, (1999) Comp Law 20, 40, 45.

1527 *Pettet*, Company Law, S. 268 f.; *Charlesworth/Morse*, Company Law, S. 178.

1528 *Pettet*, Company Law, S. 268; *Griffin*, Company Law. S. 131; *Farrar/Hannigan*, Company Law, S. 230.

1529 Vgl. insbesondere zu der Mischform der „preferred ordinary shares" *Gower/Davies*, Company Law, S. 624; *Pettet*, Company Law, S. 269; vgl. auch *Haase*, DZWIR 2005, 102, 105.

den stimmrechtslose Stamm- und Vorzugsaktien daher gemeinsam als Aktien ohne Stimmrecht behandelt.

1. Gesellschaftsrechtliche Anforderungen

Die Schaffung von Aktien ohne Stimmrecht unterliegt in Großbritannien keinen besonderen gesetzlichen oder richterrechtlichen Schranken.[1530] Zwar gewährt jede Aktie, auch eine Vorzugsaktie, nach sec. 370 (6) CA 1985 grundsätzlich eine Stimme. Das Stimmrecht kann jedoch nach sec. 370 (1) CA 1985 durch eine Regelung in den articles oder im memorandum ausgeschlossen werden. In beiden Fällen bedarf es zur Einführung der entsprechenden Satzungsbestimmung in formeller Hinsicht eines mit einer Dreiviertelmehrheit zu fassenden Sonderbeschlusses des general meeting.[1531]

In materieller Hinsicht müssen wiederum die in *Greenhalgh v Arderne Cinemas Ltd.*[1532] aufgestellten Anforderungen an satzungsändernde Beschlüsse erfüllt sein.[1533] Die Aktionäre müssen im guten Glauben an das Wohl der Gesamtheit der Aktionäre handeln, und die Satzungsänderung darf nicht dazu führen, dass die beschließende Aktionärsmehrheit sich auf Kosten einer widersprechenden Minderheit Vorteile verschafft.[1534]

Stimmrechtslose Aktien stellen der Gesellschaft zusätzliches Eigenkapital zur Verfügung und sind somit wirtschaftlich sinnvoll. Darüber hinaus lassen sie die bestehenden Stimmenverhältnisse in der Gesellschaft unberührt, so dass durch ihre Schaffung keine Aktionärsgruppe benachteiligt wird. Demzufolge erfüllt der Beschluss des general meeting über die Zulassung stimmrechtsloser Aktien in aller Regel die materiellen Anforderungen an satzungsändernde Beschlüsse. Auch ein Vorgehen nach sec. 459 CA 1985 gegen den Beschluss, stimmrechtslose Aktien einzuführen, verspricht insofern keine Aussicht auf Erfolg.

2. Einschätzung des *Jenkins Committee*

Die geringen gesetzlichen und richterrechtlichen Schranken für die Einführung stimmrechtsloser Aktien wurden erstmals vom *Jenkins Committee*, einer Expertenkommission, die in den frühen sechziger Jahren des letzten Jahrhunderts zur Reform und Überarbeitung des damals geltenden Companies Act 1948 eingesetzt worden war, wissenschaftlich untersucht.[1535] Im Rahmen der Reformüberlegungen wurde die Frage diskutiert, ob stimmrechtslose Aktien abgeschafft werden sollten. Diese Frage war unter den

---

1530 *Parkinson*, Corporate Power and Responsibility, S. 148 f.; *Davies*, in: Hopt/Wymeersch, European Takeovers, S. 195, 210; *Knoll*, Die Übernahme von Kapitalgesellschaften, S. 228.

1531 Sec. 9 (1) und 17 (1) CA 1985.

1532 [1951] Ch 286.

1533 Siehe hierzu Teil 2 § 5 A I 1 b bb (2).

1534 *Greenhalgh v Arderne Cinemas Ltd* [1951] Ch 286, 291 per Lord Evershed MR.

1535 *Weinberg/Blank*, Takeovers and Mergers, Rn. 4-7070; *Davies*, in: Hopt/Wymeersch, European Takeovers, S. 195, 210 f.; *Yoran*, (1973) Am J Comp L 21, 531, 539; *Barboutis*, (1999) Comp Law 20, 40, 45.

Mitgliedern der Expertenkommission äußerst umstritten.[1536] Entgegen einem beherzten Minderheitsvotum von *Professor Laurence Gower* sprach sich die Kommission nach ausführlicher Diskussion für die Beibehaltung von stimmrechtslosen Aktien aus.

Die Minderheit um *Professor Gower* war der Ansicht, stimmrechtslose Aktien seien das einfachste und wirkungsvollste Mittel, mit dem eine kontrollierende Aktionärsgruppe ihre Stellung und die Position der amtierenden directors in einer übernahmebedrohten Gesellschaft gegen einen Kontrollwechsel absichern könne.[1537] Daher war es für sie unverständlich, wie die Mehrheit der Kommissionsmitglieder die Existenz von feindlichen Übernahmeangeboten begrüßen und sich gleichzeitig für die Beibehaltung stimmrechtsloser Aktien aussprechen konnte, die gerade dazu dienten, feindliche Übernahmen abzuwehren.[1538]

Die Mehrheit des *Jenkins Committee* berief sich in ihrer Stellungnahme maßgeblich auf das Prinzip der Vertragsfreiheit.[1539] Sie war der Ansicht, es müsse der Gestaltungsfreiheit der Aktionäre obliegen, bei der Ausgestaltung der Satzung festzulegen, ob die Gesellschaft Aktien ohne Stimmrechte ausgeben dürfe oder nicht. Der Wunsch der Aktionäre, Aktien zu einem geringeren Preis zu beziehen und dafür auf Stimmrechte zu verzichten, dürfe durch das Gesetz nicht eingeschränkt werden. Stimmrechtslose Aktien hätten nämlich, so wurde argumentiert, in verschiedenen Fällen eine wichtige wirtschaftliche Bedeutung.[1540] Als Beispiel wurde etwa der Börsengang eines Familienunternehmens genannt, bei dem stimmrechtslose Aktien den Familienmitgliedern die Aufnahme von neuem Kapital unter Beibehaltung der Kontrolle über die Gesellschaft erlaubten.[1541] Zudem könne der durch stimmrechtslose Aktien erreichte Effekt auch durch eine Vielzahl anderer zulässiger Satzungsgestaltungen, wie etwa die Ausgabe von Schuldverschreibungen, die mit ähnlichen Rechte wie stimmrechtslose Aktien ausgestattet werden könnten, erreicht werden. Wollte man den nach einer Abschaffung von stimmrechtslosen Aktien zu erwartenden Gebrauch dieser alternativen Gestaltungsformen ebenfalls verhindern, so müssten auch diese verboten werden, was die Vertragsfreiheit der Aktionäre aber zweifellos über Gebühr einschränken würde.[1542] Daher entschied man sich dazu, stimmrechtslose Aktien beizubehalten und an deren Zulässigkeit keine weiteren Anforderungen zu stellen.

1536 *Jenkins Report*, para. 123 ff.; zu der rechtspolitischen Debatte über die Abschaffung stimmrechtsloser Aktien vgl. *Weinberg/Blank*, Takeovers and Mergers, Rn. 4-7070 ff.; *Davies*, in: Hopt/Wymeersch, European Takeovers, S. 195, 210 f.; *Yoran*, (1973) Am J Comp L 21, 531, 539 ff.

1537 *Jenkins Report*, Note of Dissent para. 6.; *Davies*, in: Hopt/Wymeersch, European Takeovers, S. 195, 211; *Yoran*, (1973) Am J Comp L 21, 531, 540.

1538 *Jenkins Report*, Note of Dissent para. 9.

1539 *Jenkins Report*, para. 128; *Weinberg/Blank*, Takeovers, Rn. 4-7071; *Davies*, in: Hopt/Wymeersch, European Takeovers, S. 195, 211.

1540 *Jenkins Report*, para. 129; *Yoran*, (1973) Am J Comp L 21, 531, 539.

1541 *Jenkins Report*, para. 129 f.; *Weinberg/Blank*, Takeovers, Rn. 4-7070; *Yoran*, (1973) Am J Comp L 21, 531, 539.

1542 *Jenkins Report*, para. 136; *Weinberg/Blank*, Takeovers, Rn. 4-7070; *Yoran*, (1973) Am J Comp L 21, 531, 539.

Seit der Untersuchung des *Jenkins Committee* wurden keine gesetzlichen Maßnahmen in Bezug auf stimmrechtslose Aktien ergriffen. Den Aktionären britischer Gesellschaften ist es daher weiterhin möglich, derartige Aktien durch eine Satzungsänderung ohne besondere rechtliche Einschränkungen einzuführen.[1543]

3. Anforderungen der Listing Rules

Obwohl die Stock Exchange börsennotierte Gesellschaften traditionell dazu anhält, keine stimmrechtslosen Aktien auszugeben, werden derartige Aktien auch von den Listing Rules nicht verboten.[1544] Daher können stimmrechtslose Aktien grundsätzlich zum Handel an der Börse zugelassen werden. Sie müssen im Zulassungsprospekt lediglich als solche gekennzeichnet werden.[1545]

Gleichwohl steht die FSA als UK Listing Authority komplexen Aktienstrukturen, die dazu dienen, eine Gesellschaft gegen feindliche Übernahmen zu schützen, kritisch gegenüber. Sie übt ihren Einfluss unmissverständlich dahin aus, dass Abweichungen vom Prinzip des proportionalen Stimmgewichts der Aktien möglichst unterbleiben sollen, und entscheidet im Einzelfall, wie mit derartigen Kapitalstrukturen zu verfahren ist. Aufgrund ihres weiten Ermessensspielraums bei der Entscheidung über die Zulassung zur Stock Exchange[1546] kann die FSA stimmrechtslosen Aktien auch ohne ein entsprechendes Verbot in den Listing Rules die Zulassung zum Börsenhandel versagen, etwa wenn von diesen zum Zwecke der Übernahmeabwehr Gebrauch gemacht wird.[1547]

4. Einfluss institutioneller Anleger

Der Mangel an rechtlichen Schranken für die Einführung und Börsennotierung von stimmrechtslosen Aktien hat die institutionellen Anleger dazu veranlasst, ihrerseits informelle Maßnahmen zu ergreifen, um den Gebrauch derartiger Aktien zu unterbinden.

Das Institutional Shareholders' Committee (ISC) hat als eine der einflussreichsten Organisationen der institutionellen Anleger in Großbritannien allgemeine Regeln für seine Investitionstätigkeit aufgestellt, in denen es die Schaffung von stimmrechtslosen Aktien generell ablehnt und seine Mitglieder dazu anhält, Beschlüssen des general meeting zur Einführung von stimmrechtslosen Aktien in den Gesellschaften, an

---

1543 Vgl. *Gower/Davies*, Company Law, S. 625; *Stapledon*, Institutional Shareholders and Corporate Governance, S. 58; *Davies*, in: Hopt/Wymeersch, European Takeovers, S. 195, 211.

1544 *Sealy*, Company Law, S. 444; *Cheffins*, Company Law, S. 475; *Stapledon*, Institutional Shareholders and Corporate Governance, S. 58.

1545 Listing Rules, Chapter 6 para. 6.B.5 (a) und para. 6.B.7.

1546 Siehe 74 (2) FSMA 2000.

1547 Sec. 75 (4) (b) FSMA 2000 legt insofern ausdrücklich fest, dass die FSA weitergehende Anforderungen aufstellen darf, als sie von den Listing Rules vorgesehen werden. Vgl. zur ablehnenden Haltung der FSA bzw. Stock Exchange *Stedman*, Takeovers, S. 14; *Prentice*, in: Kreuzer, Öffentliche Übernahmeangebote, S. 133, 152; *Boyle*, (1991) Comp Law 12, 163, 164.

denen sie Anteile halten, nicht zuzustimmen.[1548] Infolge dieser Politik haben verschiedene Gesellschaften die geplante Ausgabe stimmrechtsloser Aktien aufgegeben oder aber existierende stimmrechtslose Aktien abgeschafft.[1549] So hat in den letzten 10 Jahren keine britische Gesellschaft mehr den Versuch unternommen, stimmrechtslose Aktien an die Börse zu bringen.[1550]

In Großbritannien ist der Anteil börsennotierter Gesellschaften mit stimmrechtslosen Aktien daher weit niedriger als in den meisten anderen europäischen Ländern.[1551] Gleichwohl existieren noch vereinzelt public companies, die an der Stock Exchange notiert sind und ihre stimmrechtslosen Aktien entgegen dem Druck institutioneller Investoren beibehalten haben; diese stellen jedoch eine aussterbende Art dar.[1552]

5. Fazit

Eine übernahmebedrohte Gesellschaft kann den Beschluss fassen, stimmrechtslose Aktien zur Prävention gegen feindliche Übernahmen auszugeben, ohne dabei besondere Beschränkungen durch Gesetz, Richterrecht oder Listing Rules beachten zu müssen. Solange die notwendige Unterstützung der Aktionäre zur Änderung der Satzung besteht, können in einer übernahmebedrohten Gesellschaft durch die Schaffung stimmrechtsloser Aktien die bestehenden Kontrollverhältnisse gesichert und gleichzeitig liquide Mittel aufgenommen werden.

Allerdings hat der gestiegene informelle Druck institutioneller Investoren die satzungsmäßige Zulassung der Ausgabe stimmrechtsloser Aktien für börsennotierte public companies, die auf die Unterstützung der Fondsgesellschaften und Versicherungen angewiesen sind, praktisch nahezu unmöglich gemacht. In der Praxis sind stimmrechtslose Aktien für die Prävention feindlicher Übernahmen in Großbritannien daher nahezu ohne Bedeutung.

1548 Siehe das Regelwerk „The Responsibilities of Institutional Shareholders in the UK", abrufbar im Internet unter: www.ivis.co.uk/pages/framegu/html; vgl. dazu *Davies*, in: Hopt/Wymeersch, Comparative Corporate Governance, S. 47, 55 f.

1549 *Gower/Davies*, Company Law, S. 625; *Stapledon*, Institutional Shareholders and Corporate Governance, S. 58 mit zahlreichen Beispielen aus der Praxis; *Yoran*, (1973) Am J Comp L 21, 531, 541; *Haase*, DZWIR 2005, 102, 106.

1550 *Weinberg/Blank*, Takeovers and Mergers, Rn. 4-7077; *Davies*, in: Hopt/Wymeersch, European Takeovers, S. 195, 211; *ders.*, in: Prentice/Holland, Corporate Governance, S. 69, 86; *Stapledon*, Institutional Shareholders and Corporate Governance, S. 58.

1551 *Stapledon*, Institutional Shareholders and Corporate Governance, S. 58; *Parkinson*, Corporate Power and Responsibility, S. 149; *Dauner-Lieb/Lamandini*, Gutachten zum Komissionsenwurf einer EU-Übernahmerichtlinie, S. 15.

1552 Ein Beispiel ist die Young Brauerei, die ihre stimmrechtslosen Aktien seit Mitte der neunziger Jahre des letzten Jahrhunderts gegen die Angriffe institutioneller Anleger verteidigt, vgl. *The Times* vom 22. Juli 1998 und vom 15. November 2002.

IV. Stimmbindungsverträge

Mehrere Aktionäre, die an der Aufrechterhaltung der bestehenden Beteiligungsverhältnisse der Gesellschaft interessiert sind, können ihre Stimmkraft durch den Abschluss von Stimmbindungsverträgen bündeln.

In einem Stimmbindungsvertrag vereinbaren die Parteien üblicherweise, dass sowohl die Ausübung ihrer Stimmrechte als auch der Verkauf ihrer Aktien nur in der durch den Vertrag festgelegten Weise stattfinden soll.[1553] Dadurch wird die Übernahme der Gesellschaft für einen feindlichen Bieter erschwert, da er sich nicht mehr mit einer Vielzahl von unter Umständen veräußerungswilligen Kleinaktionären, sondern mit einem koordinierten Aktionärsblock konfrontiert sieht, der seine Stimmrechte im Sinne der Verwaltung ausübt und seine Aktien nicht an den Bieter veräußert.

Damit die Mitglieder des Stimmenpools ihren Einfluss auch auf das Tagesgeschäft der Gesellschaft ausüben können, bietet es sich an, den Stimmbindungsvertrag in Zusammenarbeit mit dem board of directors abzuschließen.[1554] Das kann entweder auf Initiative der Aktionäre geschehen, indem sie im general meeting auf die Bestellung von Personen ihres Vertrauens als directors hinwirken, oder durch die Initiative der directors, indem sie verwaltungstreue Aktionäre dazu ermutigen, durch einen Stimmbindungsvertrag einen unternehmenstreuen Aktionärsblock zu bilden. In der Praxis dürfte es für die directors jedoch schwierig sein, eine ausreichende Zahl von Aktionären zu finden, die bereit sind, vertraglich für einen längeren Zeitraum auf die Veräußerung ihrer Aktien zu verzichten.

1. Zulässigkeit von Stimmbindungsverträgen

Die grundsätzliche Zulässigkeit von Stimmbindungsverträgen ist in Großbritannien seit der grundlegenden Entscheidung *Greenwell v Porter*[1555] aus dem Jahre 1902 anerkannt.[1556] Sie folgt nicht zuletzt aus dem bereits angesprochenen[1557] Prinzip des britischen Gesellschaftsrechts, wonach das Stimmrecht ein Eigentumsrecht des Aktionärs ist, welches dieser in unbeschränkter Freiheit auch zur ausschließlichen Verfolgung von Eigeninteressen und ohne Rücksicht auf das Interesse der Gesellschaft oder die Interessen anderer Aktionäre ausüben kann.[1558] Selbst wenn ein Aktionär als Mitglied

---

1553 *Weinberg/Blank*, Takeovers and Mergers, Rn. 4-7042; *Stedman*, Takeovers, S. 415; *Ferrarini*, Corporate Ownership and Control, S. 10.

1554 *Weinberg/Blank*, Takeovers and Mergers, Rn. 4-7042.

1555 [1902] 1 Ch 530.

1556 Siehe auch die nachfolgenden Urteile *Puddelpath v Leith* [1916] 1 Ch 200; *Siemens Bros & Co Ltd v Bruns* [1918] 2 Ch 324; *Russel v Northern Bank Development Corp Ltd* [1992] 1 WLR 588.

1557 Siehe hierzu Teil 2 § 5 A I 1 b aa.

1558 *Pender v Lushington* (1877) 6 ChD 70, 75 per Lord Jessel MR; *North-West Transportation Co Ltd v Beatty* (1887) 12 AC 589, 595 per Sir Baggally; *Carruth v Imperial Chemical Industries Ltd* [1937] AC 707, 765 per Lord Maugham; *Northern Counties Securities Ltd v Jackson and Steeple Ltd* [1974] 1 WLR 1133, 1144 per Walton J; eine Ausnahme von diesem Grundsatz besteht für satzungsändernde Beschlüsse, bei denen die Aktionäre die Pflicht haben, ihr

einer Gruppe abstimmt, die durch die Koordination ihrer Stimmrechte über eine Mehrheit im general meeting verfügt, ist er nicht durch Treuepflichten gegenüber Minderheitsaktionären oder gegenüber der Gesellschaft gebunden.[1559] Folgerichtig steht es einem Aktionär frei, sich in einem Stimmbindungsvertrag gegenüber anderen Aktionären oder Dritten zu verpflichten, sein Stimmrecht in einer bestimmten Weise auszuüben.[1560] Inhalt dieses Vertrags kann es auch sein, das Stimmrecht gemäß den Weisungen oder Interessen bestimmter Personen – etwa der directors[1561] – oder entsprechend einem Mehrheitsbeschluss auszuüben.[1562] Zudem besteht die Möglichkeit, den Aktionären als Gegenleistung für die vereinbarungsgemäße Ausübung ihres Stimmrechts eine Geldzahlung zu gewähren, und somit den Anreiz zum Abschluss eines Stimmbindungsvertrags zu erhöhen.[1563]

Das Grundprinzip der freien Stimmrechtsausübung gilt auch für die directors, wenn sie in ihrer Eigenschaft als Aktionäre die Stimmrechte aus den von ihnen gehaltenen Aktien im general meeting wahrnehmen.[1564] Auch sie können im general meeting nach ihrem freien Willen ohne Rücksicht auf das Interesse der Gesellschaft oder anderer Aktionäre abstimmen und die Ausübung ihrer Stimmrechte durch einen Stimmbindungsvertrag festlegen.[1565] Eine Ausnahme besteht nur, sofern der Stimmbindungsvertrag Auswirkungen auf die Geschäftsführungsbefugnisse der directors hat. Eine vertragliche Abrede, durch die sich die directors verpflichten, ihre Geschäftsführungsbefugnisse in einer bestimmten Weise auszuüben, ist unwirksam, da es den directors durch ihre Treuepflichten verboten ist, ihr unternehmerisches Ermessen im Voraus zu binden.[1566] Mit Ausnahme dieser Einschränkung eröffnet die Freiheit der Stimm-

---

Stimmrecht im guten Glauben an das Gesellschaftsinteresse auszuüben, vgl. dazu Teil 2 § 5 A I 1 b bb.

1559 Vgl. *North-West Transportation Co Ltd v Beatty* (1887) 12 AC 589, 595 per Sir Baggally; *Phillips v Manufacturers' Securities Ltd* [1917] 116 LT 290, 296 per Lord Cozens-Hardy MR; *Pennington*, Company Law, S. 785. Dieses Prinzip scheint durch die neueren Entscheidungen *Clemens v Clemens Bros Ltd* [1976] 2 All ER 268 und *Re Halt Garage (1964) Ltd* [1982] 3 All ER 1016 in Frage gestellt worden zu sein. Da die Entscheidungen jedoch in mehrfacher Hinsicht unklar bleiben, werden sie als Präzedenzfälle für die Beschränkung der Stimmrechtsfreiheit der (Mehrheits-) Gesellschafter überwiegend abgelehnt, vgl. *Sealy*, Company Law, S. 194; *Gower/Davies*, Company Law, S. 486; *Joffe*, Minority Shareholders, S. 65; *Xuereb*, Rights of Shareholders, S. 93 ff.; *ders.*, (1987) Comp Law 8, 16, 18 f.

1560 Vgl. *Greenwell v Porter* [1902] 1 Ch 530, 535 per Eady J; *Greenhalgh v Mallard* [1943] 2 All ER 234, 239 per Lord Greene MR; *Russel v Northern Bank Development Corp Ltd* [1992] 1 WLR 588, 593 per Lord Launcey; *Joffe*, Minority Shareholders, S. 59.

1561 *Puddelpath v Leith* [1916] 1 Ch 200.

1562 *Pennington*, Company Law, S. 785.

1563 Vgl. *Greenwell v Porter* [1902] 1 Ch 530; *Lyle & Scott Ltd v Scott's Trustees* [1959] AC 763; *Xuereb*, (1987) Comp Law 8, 16, 17.

1564 *North-West Transportation Co Ltd v Beatty* (1887) 12 AC 589, 593 per Sir Baggally; *Burland v Earle* [1902] AC 83, 93 per Lord Davey; *Gower/Davies*, Company Law, S. 486.

1565 *Greenwell v Porter* [1902] 1 Ch 530, 535 per Eady J; *Greenhalgh v Mallard* [1943] 2 All ER 234, 239 per Lord Greene MR; *Joffe*, Minority Shareholders, S. 59; *Xuereb*, (1987) Comp Law 8, 16, 17.

1566 *Motherwell v Schoof* [1949] 4 DLR 1; *Gower/Davies*, Company Law, S. 390; *Xuereb*, Rights of Shareholders, S. 101.

rechtsausübung den directors weitgehende Möglichkeiten, um durch einen Stimmbindungsvertrag im general meeting für bestimmte Abstimmungsergebnisse zu sorgen und die Gesellschaft gegen feindliche Übernahmen zu schützen.

2. Schranken für Stimmbindungsverträge

Allerdings ist das Prinzip der freien Stimmrechtsausübung im britischen Recht nicht schrankenlos. Aus den Regeln, die das Prinzip der freien Stimmrechtsausübung einschränken, lassen sich Rückschlüsse auf die Zulässigkeitsschranken von Stimmbindungsverträgen ziehen.

a. Fraud on the minority

Dem Recht der freien Stimmrechtsausübung wird durch das Verbot des Betrugs einer Minderheit (fraud on the minority) Grenzen gesetzt.

Der fraud on the minority stellt eine der Ausnahmen zu der bereits angesprochenen[1567] Regel in *Foss v Harbottle*[1568] dar, die besagt, dass bei einer Verletzung einer Rechtsposition der Gesellschaft (wrong done to the company) grundsätzlich nur die Gesellschaft selbst, nicht jedoch der einzelne Aktionär klagebefugt ist.[1569] Von dieser Regel wird für solche Fälle der missbräuchlichen Ausnutzung einer gesellschaftlichen Machtposition eine Ausnahme gemacht, die ansonsten ungeahndet blieben, weil der Urheber der in Frage kommenden Rechtsverletzung die Mehrheit im general meeting kontrolliert und damit letztlich darüber entscheiden kann, ob die Klage von der Gesellschaft erhoben wird oder nicht.[1570] In diesen Fällen gewährt die Figur des fraud on the minority dem einzelnen Gesellschafter ausnahmsweise ein persönliches Klagerecht, durch das er die fragliche Maßnahme gerichtlich überprüfen und aufheben lassen kann.[1571] Auch eine Stimmbindungsvereinbarung, die auf einen fraud on the minority gerichtet ist, kann von den Gerichten auf den Antrag eines Aktionärs als ungültig verworfen werden.[1572]

1567 Siehe hierzu Teil 2 § 4 C II 1.

1568 (1843) 2 Hare 461.

1569 Vgl. auch die nachfolgende Rechtsprechung in *Mozley v Alston* (1847) 1 Ph 790; *Burland v Earle* [1902] AC 83; *Prudential Assurance Co Ltd v Newman Industries (No. 2)* [1982] Ch 204.

1570 Vgl. *Prudential Assurance Co Ltd v Newman Industries (No. 2)* [1982] Ch 204; *Pennington*, Company Law, S. 804; *Parkinson*, Corporate Power and Responsibility, S. 246; *Hirt*, (2005) JBL, 159, 185 f.; *Böhmer*, Der Schutz der Minderheitsaktionäre bei Übernahmen börsennotierter Gesellschaften in Europa, S. 26 f.

1571 Das abgeleitete Klagerecht spielt bei börsennotierten Gesellschaften allerdings nur eine untergeordnete Rolle, da bei börsennotierten Gesellschaften nicht der Konflikt zwischen Mehrheit und Minderheit, sondern vielmehr der Konflikt zwischen Aktionären und Unternehmensführung im Vordergrund steht, vgl. *Boros*, Minority Shareholders' Remedies, S. 5.

1572 *Xuereb*, Rights of Shareholders, S. 101; *Lübbert*, Abstimmungsvereinbarungen, S. 277; ähnlich *Cadman*, Shareholders' Agreements, S. 29.

Eine abschließende Definition des Begriffs „fraud on the minority" ist nach allgemeiner Auffassung nicht möglich und von der Rechtsprechung bislang auch nicht beabsichtigt worden.[1573] Vielmehr sollte diese Rechtsfigur hinsichtlich ihrer konkreten Voraussetzungen offen bleiben, um den Gerichten in den unterschiedlichsten Fallgestaltungen ein flexibles Mittel zur Kontrolle missbräuchlicher Stimmrechtsausübung einer Aktionärsmehrheit (controlling shareholders) an die Hand zu geben. Fraud bedeutet allerdings nicht Betrug im engen juristischen Sinne,[1574] sondern bezeichnet einen untreueähnlichen Machtmissbrauch.[1575] Das Verhalten muss jedoch erheblich gravierender sein als das bloße Versäumnis der beschlussfassenden Mehrheit, nicht im guten Glauben an das Wohl der Gesellschaft abgestimmt zu haben, welches etwa ausreicht, um satzungsändernde Beschlüsse gerichtlich aufheben zu lassen.[1576] Ebenso wenig genügt ein bloß fahrlässiges Handeln zum Nachteil einzelner Gesellschafter.[1577] Die Grenzen zulässiger Stimmrechtsausübung sind vielmehr erst dann überschritten, wenn der oder die herrschenden Gesellschafter ihre Mehrheitsmacht bewusst in unbilliger Weise ausnutzen, um sich auf Kosten der Gesellschaft oder der Minderheit direkt oder indirekt einen persönlichen Vorteil zu verschaffen, der ihnen nicht zusteht.[1578] Mit anderen Worten geht es um Verhaltensweisen, die offensichtlich so missbräuchlich sind, dass die beschlussfassende Aktionärsmehrheit mit diesen nicht davonkommen darf, weil sie den Zweck, zu dem die Gesellschaft gegründet wurde, ad absurdum führen und gleichsam pervertieren.[1579] Zu nennen sind hier etwa Fälle, in denen eine unter Wert

---

1573 Vgl. die Einschätzung von Megarry VC in *Estmanco (Kilner House) Ltd v Greater London Council* [1982] 1 All ER 437, 447: *„It does not seem to have yet become very clear exactly what the word "fraud" means in this context; but I think it is plainly wider than fraud at common law, in the sense of Derry v Peek.*"; *Palmer's*, Company Law, Rn. 8.814; *Pettet*, Company Law, S. 217; *Sealy*, Company Law, S. 498.

1574 Wie z.B. definiert in *Derry v Peek* (1889) 14 AC 337; vgl. *Estmanco (Kilner House) Ltd v Greater London Council* [1982] 1 All ER 437, 447 per Megarry VC; *Pennington*, Company Law, S. 804.

1575 Vgl. Megarry VC in *Estmanco (Kilner House) Ltd v Greater London Council* [1982] 1 All ER 437, 447: *„...fraud in the wider equitable sense of that term, as in the equitable concept of a fraud on a power.*"; *Pennington*, Company Law, S. 804; *Triebel/Hodgson/Kellenter/Müller*, Englisches Handels- und Wirtschaftsrecht, Rn. 683.

1576 *Pennington*, Company Law, S. 804; *Knoll*, Die Übernahme von Kapitalgesellschaften, S. 342.

1577 *Pavlides v Jensen* [1965] Ch 656; *Heyting v Dupont* [1963] 3 All ER 97; *Pettet*, Company Law, S. 218 mit Fn. 39; nur falls die Aktionärsmehrheit durch den Beschluss tatsächlich einen geldwerten Vorteil erlangt hat, kann ausnahmsweise auch fahrlässiges Handeln ausreichen, vgl. *Daniels v Daniels* [1978] Ch 406; dazu *Joffe*, Minority Shareholders, S. 13.

1578 Vgl. die klassische Aussage von James LJ in *Menier v Hooper's Telegraph Works* (1874) LR 9 ChApp 350, 353: *„...that the majority has divided the assets of the company, more or less, between themselves, to the exclusion of the minority. I think its would be a shocking thing if that could be done... then the majority have put something in their pockets at the expense of the minority.*"; ähnlich *Burland v Earle* [1902] 83, 93 per Lord Davey; *Cook v Deeks* [1916] 1 AC 554, 564 per Lord Buckmaster LC; *Palmer's*, Company Law, Rn. 8.814; *Pennington*, Company Law, S. 804; *Hannigan*, (2000) JBL, 493, 502.

1579 Vgl. die Ausführungen von *Pettet*, Company Law, S. 217: *„In a broad and somewhat crude sense, fraud on the minority is conduct which the judges think is so bad that the majority should not be allowed to get away with it. More acceptable and juristic language can perhaps*

erfolgte Veräußerung von Gesellschaftsvermögen an herrschende Gesellschafter oder directors durch die Stimmen der begünstigten Gesellschafter im general meeting genehmigt wird,[1580] oder in denen Minderheitsaktionäre durch einen Beschluss der herrschenden Aktionäre zum Verkauf ihrer Anteile gezwungen werden.[1581]

Da der fraud on the minority die im britischen Recht existierende Freiheit der Stimmrechtsausübung somit nur in Fällen exzessiven Missbrauchs der Mehrheitsmacht einschränkt, werden die britischen Gerichte auch Stimmbindungsverträgen nur in extremen Ausnahmefällen wegen eines Verstoßes gegen dieses Verbot die Gültigkeit versagen, etwa wenn die Aktionäre den Stimmbindungsvertrag alleine dazu gebrauchen, um sich durch die so erlangte Mehrheitsmacht auf Kosten der Gesellschaft Sondervorteile zu verschaffen. Die bloße Koordination von Stimmrechte zum Zwecke der präventiven Übernahmeabwehr dürfte diese hohen Anforderungen in der Regel nicht erfüllen.

b. Unfair prejudice sec. 459 CA 1985

Auch der in sec. 459 CA 1985 verankerte Rechtsbehelf des unfair prejudice, durch den einzelne Aktionäre gegen eine unbillige Benachteiligung ihrer Interessen gerichtlich vorgehen können, kann der Freiheit der Stimmrechtsausübung Grenzen setzen.[1582]

Durch die Einführung dieses Rechtsbehelfs hat die Figur des fraud on the minority erheblich an Bedeutung verloren, da die von ihr erfassten Fälle zumeist auch unter die Regelung der sec. 459 CA 1985 fallen, die den Aktionären regelmäßig einen effektiveren Schutz gewährt.[1583] Für ein Vorgehen nach sec. 459 CA 1985 genügt es, wenn die Konsequenzen der gerügten Handlung aus der Sicht eines objektiven Dritten zu einer unbilligen Benachteiligung einer Minderheit führen, ohne dass es – wie beim fraud on the minority – auf eine entsprechende Absicht der Handelnden ankommt.[1584] Überdies ist für eine gerichtliche Anordnung nach sec. 459 CA 1985 ein rein fahrlässiges Verhalten ausreichend.[1585]

---

be found in Megarry VC's expression that it was conduct "stultifying the purpose for which the company was formed".".

1580 *Menier v Hooper's Telegraph Works* (1874) LR 9 ChApp 350; *Cook v Deeks* [1916] 1 AC 554.

1581 *Brown v British Abrasive Wheel Co* [1919] 1 Ch 290; *Dafen Tinplate Co Ltd v Llanelly Steel Co (1907) Ltd* [1920] 2 Ch 124.

1582 *Gower/Davies*, Company Law, S. 511; *Sealy*, Company Law, S. 194; *Tuffnell*, (1993) Comp Law 14, 90, 93.

1583 *Pennington*, Company Law, S. 827; *Pettet*, Company Law, S. 100, 104; *Gower/Davies*, Company Law, S. 494 vertreten sogar die Auffassung, die Figur des fraud on the minority sei infolge der Einführung von sec. 459 CA 1985 für Auseinandersetzungen unter den Aktionären obsolet geworden.

1584 *Re RA Noble and Sons (Clothing) Ltd* [1983] BCLC 273, 290,291 per Slade J and Hoffmann J; *Palmer's*, Company Law, Rn. 8.904.3.

1585 *Re Elgindata Ltd* [1991] BCLC 959; *Re Macro Ltd* [1994] BCC 781; *Pettet*, Company Law, S. 244.

Allerdings stellt nicht jede Maßnahme, die die Interessen einer Minderheit beeinträchtigt, per se eine unbillige Benachteiligung im Sinne der sec. 459 CA 1985 dar.[1586] Erforderlich ist vielmehr, dass durch die betreffende Maßnahme eine berechtigte Erwartung einer Aktionärsminderheit auf einen bestimmten Zustand oder ein bestimmtes Verhalten der Gesellschaft enttäuscht worden ist.[1587] Wie bereits festgestellt,[1588] kann eine solche berechtigte Erwartung bei börsennotierten public companies nur durch die articles of association oder gesetzliche Bestimmungen begründet werden, da bei einer public company, die ihre Anteile über den Kapitalmarkt der Öffentlichkeit anbietet, im Interesse der außenstehenden Investoren nur die geschriebene und öffentlich zugängliche Satzung der Gesellschaft bzw. die gesetzlichen Regelungen zur Bestimmung der gesellschaftlichen Verhältnisse maßgeblich sind.[1589] Außerhalb der Satzung existieren bei börsennotierten public companies dagegen keine berechtigten Erwartungen, deren Verletzung eine unbillige Benachteiligung im Sinne von sec. 459 CA 1985 nahe legen könnte.

Der Abschluss eines Stimmbindungsvertrags und die entsprechende Stimmrechtsausübung kann bei einer börsennotierten public company daher nur dann durch einen Antrag nach sec. 459 CA 1985 erfolgreich angegriffen werden, wenn der Stimmbindungsvertrag an sich schon auf eine satzungs- bzw. rechtswidrige Stimmabgabe gerichtet ist. Eine darüber hinausgehende Einschränkung des Grundsatzes der freien Stimmrechtsausübung ergibt sich aus sec. 459 CA 1985 bei börsennotierten Publikumsgesellschaften – anders als bei personalistisch strukturierten Gesellschaften – dagegen nicht. Auch nach sec. 459 CA 1985 ist ein ausschließlich an persönlichen Eigeninteressen orientiertes Handeln ohne jegliche Rücksicht auf das Wohl der Gesellschaft daher nur in Fällen extremen Missbrauchs der Mehrheitsmacht angreifbar, die den aufgezeigten Fällen des fraud on the minority vergleichbar sind.

Diese Grenze wird bei einer bloßen Stimmrechtskoordination zum Zwecke der Abwehr zukünftiger Übernahmeversuche durch den Abschluss eines Stimmbindungsvertrags regelmäßig nicht überschritten.

c. Rule 9.1 des City Code

Eine weitere Grenze für Stimmbindungsverträge als präventives Abwehrmittel gegen feindliche Übernahmeversuche stellt in der Praxis die Pflicht zur Abgabe eines Übernahmeangebots an alle Aktionäre der Gesellschaft nach Rule 9.1 des City Code dar.

1586 *Re Saul D Harrison & Sons Plc* [1995] 1 BCLC 14, 30 per Neill LJ; *Palmer's*, Company Law, Rn. 8.904.4; *Gower/Davies*, Company Law, S. 522.

1587 *Re Saul D Harrison & Sons Plc* [1995] 1 BCLC 14, 19 per Hoffmann LJ; *O'Neill v Phillips* [1999] 1 WLR, 1092, 1102 per Lord Hoffmann; *Palmer's*, Company Law, Rn. 8.906.

1588 Siehe hierzu Teil 2 § 5 A I 3.

1589 Vgl. *Re Blue Arrow Plc* [1987] BCLC 585, 590 per Vinelott J; *Re Astec (BSR) Plc* [1998] 2 BCLC 556, 589 per Parker J; *CAS (Nominees) Ltd v Nottingham Forrest Plc* [2002] 1 BCLC 613, 627 per Hart J; *Re Leeds United Holdings plc* [1996] 2 BCLC 545, 559 per Rattee J; *Boros*, Minority Shareholders' Remedies, S. 137; *Copp/Goddard*, (1998) Comp Law 19, 277, 278 f.

Ein Stimmbindungsvertrag kann diese Angebotspflicht auslösen, wenn durch ihn mindestens 30 Prozent der Stimmrechte der Gesellschaft gebunden werden. Bei der Berechung der 30-Prozent-Schwelle werden die Beteiligungen aller Personen berücksichtigt, die den Tatbestand des abgestimmten Verhaltens (acting in concert) erfüllen. Unter dem Begriff des acting in concert wird eine aktive Zusammenarbeit aufgrund eines Vertrags oder einer sonstigen Absprache verstanden, die darauf gerichtet ist, durch einen Anteilserwerb eine Beteiligung von mindestens 30 Prozent der Stimmrechte an der Gesellschaft zu erlangen oder zu festigen.[1590] Der Takeover Panel hat dieser Definition einen sehr weiten Anwendungsbereich gegeben. Nach seiner Stellungnahme im *Guinness*-Fall werden nicht nur formelle, sondern auch informelle Übereinkünfte, bei denen die Parteien lediglich auf der Grundlage eines „Nickens oder Augenzwinkerns" (a nod or a wink) tätig werden, vom Tatbestand des acting in concert erfasst.[1591] Zwar wird in den Anmerkungen zu Rule 9.1 des City Code klargestellt, dass Abstimmungsvereinbarungen, durch die sich die Parteien lediglich über die Stimmrechtsausübung bezüglich einzelner Beschlussgegenstände verständigen, nicht als abgestimmtes Verhalten angesehen werden.[1592] Jedoch erfüllen Stimmbindungsvereinbarungen, die auf eine dauerhafte Beeinflussung der Unternehmenspolitik der Gesellschaft gerichtet sind, regelmäßig den Tatbestand des acting in concert.[1593]

Die Pflicht zur Angebotsabgabe wird allerdings nicht schon dadurch ausgelöst, dass durch den Stimmbindungsvertrag 30 Prozent der Stimmrechte der Gesellschaft gebündelt werden, da die bloße vertragliche Absprache nicht das Erfordernis des Aktienerwerbs erfüllt.[1594] Jedoch löst jeder nachfolgende Aktienerwerb, durch den die gebundenen Stimmrechte die 30-Prozent-Schwelle erreichen, die Angebotspflicht aus. Neben dem hinzuerwerbenden Aktionär selbst kann die Angebotspflicht auch alle anderen am Stimmbindungsvertrag beteiligten Parteien treffen, und das auch unabhängig davon, ob sie selber Aktien erworben haben oder Kenntnis von dem Erwerb hatten.

In der Praxis statuiert Rule 9.1 des City Code daher eine Obergrenze für Stimmbindungsvereinbarungen.

1590 Siehe City Code, Definitions „acting in concert" und „control".

1591 Siehe Panel Statement vom 29. Juli 1987 zum Übernahmeangebot von Guinness an Distillers.

1592 City Code, Rule 9.1 Note 2.

1593 *Weinberg/Blank*, Takeovers and Mergers, Rn. 4-7043; *Wymeersch*, in: Hopt/Wymeersch, European Takeovers, S. 351, 359 Fn. 47; *Clarke*, (2003) JCLS 4, 51, 61.

1594 *Weinberg/Blank*, Takeovers and Mergers, Rn. 4-7043; *Gower/Davies*, Company Law, S. 730. Insofern ist der Tatbestand des acting in concert nach Rule 9.1 des City Code enger gefasst als das abgestimmte Verhalten nach § 30 Abs. 2 WpÜG, da er ein abgestimmtes Verhalten im Zusammenhang mit einem Aktienerwerb erfordert, während nach § 30 Abs. 2 WpÜG jegliches abgestimmte Verhalten ausreichend ist, vgl. *Diekmann*, in: Baums/Thoma, WpÜG, § 30 Rn. 67; *Casper*, ZIP 2003, 1469, 1470.

3. Wirkung von Stimmbindungsverträgen

Ein Stimmbindungsvertrag entfaltet nur unter den Parteien Wirkung.[1595] Daher ist eine abredewidrige Stimmabgabe im general meeting gegenüber der Gesellschaft wirksam und kann vom Versammlungsleiter nicht zurückgewiesen werden.[1596] Ebenso wenig können die Parteien der Stimmbindungsvereinbarung einen abredewidrig zustande gekommenen Beschluss des general meeting angreifen. Der Ausgleich für einen Vertragsbruch findet ausschließlich im Verhältnis der Vertragspartner untereinander statt.[1597]

Demgemäß kann ein durch den Stimmbindungsvertrag gebundener Aktionär sein Stimmrecht unter Verstoß gegen die vertragliche Verpflichtung wirksam im Sinne eines feindlichen Bieters ausüben. Die Verletzung des Stimmbindungsvertrags macht ihn allerdings gegenüber den anderen Vertragspartnern schadensersatzpflichtig.[1598] Für eine Berechnung derartiger Schadensersatzansprüche liegen jedoch keine Beispiele aus der britischen Rechtsprechung vor. Um Probleme der Schadensberechnung zu vermeiden und die Sanktionen für eine abredewidrige Stimmabgabe zu verschärfen, bietet es sich an, für den Verstoß gegen den Stimmbindungsvertrag eine Vertragsstrafe zu vereinbaren.[1599] Allerdings kann ein feindlicher Bieter auch die Wirkung einer solchen Vertragsstrafe aushebeln, indem er die Aktionäre, die seine Übernahme im general meeting entgegen der Verpflichtung aus dem Stimmbindungsvertrag unterstützen, von der Zahlungspflicht freistellt.

4. Gerichtliche Durchsetzung von Stimmbindungsverträgen

Die Möglichkeit der gerichtlichen Durchsetzung von Stimmbindungsverträgen ist in Großbritannien seit langem anerkannt.

Stimmbindungsverträge gewähren einen Erfüllungsanspruch, der mit Hilfe richterlicher Anordnungen (injunctions) durchgesetzt werden kann.[1600] Das Gericht ordnet je nach Sachlage an, dass der Aktionär in der vertraglich bestimmten Weise abzustimmen hat (mandatory injunction),[1601] oder dass er eine vertragswidrige Abstimmung zu unterlassen hat (prohibitory injunction).[1602] Eine solche Anordnung kann auch im Eilverfahren als einstweilige Verfügung (interim injunction) erlassen wer-

---

1595 Auch bei einer abredewidrigen Übertragung der Aktien auf einen kollusiv mitwirkenden Erwerber geht die vertragliche Bindung nicht auf diesen über, vgl. *Greenhalgh v Mallard* [1943] 2 All ER 234.

1596 *Palmer's*, Company Law, Rn. 7.609.

1597 *Palmer's*, Company Law, Rn. 7.609.

1598 *Palmer's*, Company Law, Rn. 7.609; *Lübbert*, Abstimmungsvereinbarungen, S. 285.

1599 Vgl. *Boros*, Minority Shareholders' Remedies, S. 91.

1600 *Pennignton*, Company Law, S. 784 f.

1601 Vgl. *Puddelpath v Leith* [1916] 1 Ch 200.

1602 Vgl. *Greenwell v Porter* [1902] 1 Ch 530; *Russel v Northern Bank Development Corp Ltd* [1992] 1 WLR 588; vgl. dazu *Ingman*, English Legal Process, Rn. 10.4.2.1.

den.[1603] Die Missachtung einer gerichtlichen Verfügung wird regelmäßig als Missachtung des Gerichts (contempt of court) mit Geld- oder Haftstrafe bedroht.[1604]

In der Praxis begegnet die gerichtliche Durchsetzung einer Stimmbindungsvereinbarung jedoch erheblichen Schwierigkeiten. Sie kommt nur in Ausnahmefällen in Betracht, wenn schon vor einer Abstimmung hinreichende Anzeichen dafür bestehen, dass eine Vertragspartei nicht in der vereinbarten Weise abstimmen wird. Daran wird es aber in der Regel aber fehlen.

5. Fazit

Der Abschluss eines Stimmbindungsvertrags stellt in Großbritannien die am einfachsten zu ergreifende Maßnahme der Aktionäre dar, um eine Gesellschaft gegen feindliche Übernahmen zu sichern.[1605] Aufgrund des im britischen Gesellschaftsrecht vorherrschenden Prinzips der Stimmrechtsfreiheit können Aktionäre Stimmbindungsverträge grundsätzlich im Rahmen des allgemeinen Vertragsrechts ohne gesellschaftsrechtliche Einschränkung abschließen.[1606] Die directors können die Bildung von vertraglich gebundenen Aktionärsblöcken unterstützen, indem sie sich an dem Stimmbindungsvertrag beteiligen, den Aktionären eine geldwerte Gegenleistung für die vertragsgemäße Stimmabgabe gewähren oder sich durch den Vertrag ein Weisungsrecht einräumen lassen. Nur in Fällen eines exzessiven Machtmissbrauchs findet diese Freiheit im Verbot des fraud on the minority und im Rechtsbehelf der sec. 459 CA 1985 ihre Grenzen.

In der Praxis wird die Effektivität von Stimmbindungsverträgen als Mittel der Übernahmeabwehr allerdings durch die von Rule 9.1 des City Code gesetzte Obergrenze beeinträchtigt. Für Aktionäre, die an einem Stimmbindungsvertrag beteiligt sind, in dem Stimmrechte bis knapp unter die 30-Prozent-Schwelle gepoolt sind, ist wegen der drohenden Angebotspflicht jeder weitere Anteilserwerb an der Zielgesellschaft ausgeschlossen.

Zudem bieten Stimmbindungsverträge deshalb nur einen eingeschränkten Schutz gegen feindliche Übernahmen, weil sie wegen ihrer lediglich schuldrechtlichen Bindungswirkung und der praktischen Probleme, die sich bei ihrer Durchsetzung ergeben, nicht wirksam verhindern können, dass ein durch die Vereinbarung gebundener Aktionär entgegen der getroffenen Absprache im Sinne eines feindlichen Bieters abstimmt oder seine Aktien an diesen veräußert.

Trotz der gesellschaftsrechtlich nahezu unbeschränkten Freiheit, Stimmbindungsverträge einzugehen, haben Stimmbindungsverträge in Großbritannien bei börsennotierten public companies als Mittel der präventiven Übernahmeabwehr keine

---

1603 *Greenwell v Porter* [1902] 1 Ch 530; *Puddelpath v Leith* [1916] 1 Ch 200.

1604 *Ingman*, English Legal Process, Rn. 5.3 und 5.4.

1605 So auch *Weinberg/Blank*, Takeovers and Mergers, Rn. 4-7042; *Ferrarini*, Corporate Ownership and Control, S. 10.

1606 *Pickering*, (1964) LQR 81, 248, 255 f.

maßgebliche Bedeutung.[1607] Dies dürfte nicht zuletzt daran liegen, dass die Aktionäre einer börsennotierten Gesellschaft regelmäßig daran interessiert sind, ihre Aktien jederzeit ohne vertragliche Bindungen veräußern zu können, um Kursgewinne zu realisieren, so dass es schwierig sein dürfte einen stabilen Aktionärsblock in ausreichendem Umfang zu bilden, um einen feindlichen Bieter abzuschrecken.

V. Erschwerung der Auswechslung der directors

Der Erfolg einer feindlichen Übernahme hängt maßgeblich davon ab, ob es dem Bieter gelingt, das Management der Zielgesellschaft ohne großen Zeitverlust mit Personen seines Vertrauens zu besetzen, um seine Unternehmenspolitik so schnell wie möglich umsetzen zu können. Von den Aktionären eingeführte satzungsmäßige Vorkehrungen, welche die Auswechslung des Managements erschweren oder verzögern, laufen dem Interesse eines potentiellen Bieters an einer schnellen Neubesetzung des Managements zuwider und können daher zur präventiven Abwehr gegen feindliche Übernahmeversuche eingesetzt werden.

1. Die Einstufige Verwaltungsstruktur im britischen Gesellschaftsrecht

Eine zwingend vorgeschriebene Aufteilung der Verwaltung in Leitungs- und Kontrollorgan, wie sie vom Aktiengesetz vorgesehen ist, existiert im britischen Gesellschaftsrecht nicht.

Zwar kann eine solche Zweiteilung der Verwaltung durch die articles oder das memorandum ohne Weiteres eingeführt werden; üblicherweise verfügen britische Kapitalgesellschaften jedoch nur über das board of directors als einziges Verwaltungsorgan.[1608] Dieses ist bei börsennotierten public companies mit geschäftsführenden directors (executive directors) und nichtgeschäftsführenden directors (non-executive directors) besetzt und stellt somit eine Kombination aus Geschäftsführung und Aufsichtsorgan dar.[1609] Naturgemäß ist die Auswechslung eines Verwaltungsorgans schneller herbeizuführen als die Auswechslung einer zweigliedrigen Verwaltungsstruktur.

1607 *Ferrarini*, Corporate Ownership and Control, S. 10 Fn. 40; *Jenkinson/Mayer*, Hostile Takeovers, S. 21 ff.; *Ferran*, Company Law and Corporate Finance, S. 182; *Cadman*, Shareholders' Agreements, S. 1; *Dauner-Lieb/Lamandini*, Gutachten zum Komissionsenwurf einer EU-Übernahmerichtlinie, S. 15.

1608 *Gower/Davies*, Company Law, S. 317; *Pettet*, Company Law, S. 112 f.; *Triebel/Hodgson/Kellenter/Müller*, Englisches Handels- und Wirtschaftsrecht, Rn. 720.

1609 Vgl. Combined Code, para. A.3; *Gower/Davies*, Company Law, S. 317; *Pennington*, Company Law, S. 706. Die non-executive directors wirken bei der Festlegung der allgemeinen Geschäftspolitik und bei wichtigen Geschäften mit. Zudem üben sie eine gewisse Kontrolle über die executive directors aus. Ausführlich zur Rolle der non-executive directors im britischen Corporate Governance Konzept *Cheffins*, Company Law, S. 603 ff.

2. Vorkehrungen durch die articles of association

Bezüglich der Bestellung, Abberufung und Organisation des board of directors finden sich im Companies Act 1985 nur vereinzelt Vorschriften.[1610] Die Ausgestaltung ist weitgehend der Satzungsautonomie der Aktionäre überlassen. Diese Freiheit kann dazu genutzt werden, um in den articles of association Regelungen vorzusehen, die den Austausch des Managements erschweren. Zur Einführung derartiger Regelungen bedarf es nach sec. 9 (1) CA 1985 eines mit einer Dreiviertelmehrheit zu fassenden Beschlusses des general meeting.

a. Entsendungsrechte

Üblicherweise bestimmen die articles einer public company, dass die directors, wie in Art. 78 Table A CA 1985 vorgesehen, durch einen einfachen Mehrheitsbeschluss des general meeting gewählt werden.[1611] Gleichwohl steht es den Aktionären einer übernahmebedrohten Gesellschaft frei, zur Prävention feindlicher Übernahmen eine abweichende Regelung zu treffen. So können die articles einzelnen Aktionären,[1612] gesellschaftsfremden Dritten[1613] oder sogar den directors selbst[1614] Entsendungsrechte einräumen.[1615] Sofern die Entsendungsrechte bestimmten Aktionären oder den Inhabern bestimmter Aktien eingeräumt werden, stellen sie Gattungsrechte im Sinne von sec. 125 (1) CA 985 dar,[1616] die den Entsendungsberechtigten nur mit deren Zustimmung entzogen werden können.[1617]

Ein von einem Entsendungsberechtigten benannter director muss von der Gesellschaft als solcher akzeptiert werden. Wenn die Gesellschaft dieser Verpflichtung nicht nachkommt, kann die Ernennung im Wege einer gerichtlichen Verfügung durchgesetzt werden.[1618] Das gilt selbst dann, wenn das Entsendungsrecht einer gesellschaftsfremden Person zusteht. Lediglich für den Fall, dass ein gesellschaftsfremder Dritter das Recht hat, die *Mehrheit* der directors zu entsenden, sehen die Gerichte von einer Durchsetzung der Verpflichtung ab, da ansonsten den Aktionären die Kontrolle

---

1610 So bestimmt sec. 282 (1) CA 1985, dass eine public company mindestens zwei directors haben muss.

1611 *Pennington*, Company Law, S. 648; *Gower/Davies*, Company Law, S. 307.

1612 Vgl. *Cumbrian Newspapers Ltd v Cumberland & Westmorland Printing Ltd* [1987] Ch 1.

1613 Vgl. *British Murac Syndicate Ltd v Alperton Rubber Co Ltd* [1915] 2 Ch 186.

1614 Vgl. *Punt v Symons & Co Ltd* [1903] 2 Ch 506.

1615 *Pennington*, Company Law, S. 648; *Gower/Davies*, Company Law, S. 307 Fn. 83; *Pickering*, (1965) LQR 81, 248, 254.

1616 *Cumbrian Newspapers Ltd v Cumberland & Westmorland Printing Ltd* [1987] Ch 1, 22 per Scott J.

1617 Dafür ist ein mit einer Dreiviertelmehrheit zu fassender Sonderbeschluss der betroffenen Aktionäre notwendig, vgl. sec. 125 (2) CA 1985.

1618 *British Murac Syndicate Ltd v Alperton Rubber Co Ltd* [1915] 2 Ch 186, 196 per Sargant J; *Pennington*, Company Law, S. 651; *Pickering*, (1965) LQR 81, 248, 254.

über die Geschäftsführung der Gesellschaft entzogen würde.[1619] Da für die Einräumung von Entsendungsrechten keine Obergrenze besteht, wäre es sogar möglich, die Gesamtheit aller directors einer übernahmebedrohten Gesellschaft durch verwaltungstreue Personen bestellen zu lassen.[1620]

Die Effektivität von Entsendungsrechten als Mittel der präventiven Übernahmeabwehr wird jedoch durch sec. 303 (1) CA 1985 erheblich eingeschränkt.[1621] Nach dieser Vorschrift kann das general meeting einen director jederzeit und aus beliebigen Gründen durch einen einfachen Mehrheitsbeschluss vorzeitig abberufen. Dieses Recht kann weder durch eine Regelung in den articles noch durch eine Vereinbarung zwischen der Gesellschaft und dem jeweiligen director eingeschränkt werden.[1622] Entgegenstehende Regelungen sind unwirksam.

Das Abberufungsrecht erstreckt sich auch auf entsandte directors, so dass ein feindlicher Bieter, nachdem er durch eine erfolgreiche Übernahme die Mehrheit der Stimmen im general meeting erlangt hat, das gesamte board austauschen kann, auch wenn einzelne oder alle directors durch Entsendungsrechte bestellt worden sind.

b. Staffelung der Amtszeiten

Um zu verhindern, dass sämtliche Ämter der directors auf einen Schlag zur Wiederwahl stehen und ein feindlicher Bieter diesen Zeitpunkt für ein Übernahmeangebot ausnutzen kann, können die Amtszeiten der directors gestaffelt werden.[1623] Eine solche Staffelung über einen Zeitraum von drei Jahren ist in Art. 73 Table A CA 1985 ausdrücklich vorgesehen und somit Bestandteil der articles einer public company, sofern die Regelung nicht ausdrücklich abbedungen wird.[1624]

Auch die Effektivität gestaffelter Amtszeiten als Mittel zur Abwehr feindlicher Übernahmen wird jedoch durch die gesetzliche Abberufungsbefugnis des general meeting erheblich eingeschränkt. Sobald ein feindlicher Bieter durch ein erfolgreiches Übernahmeangebot die Mehrheit der Stimmen im general meeting erlangt hat, kann er nach sec. 303 (1) CA 1985 die amtierenden directors vorzeitig abberufen, so dass die Staffelung der Amtszeiten keine abschreckende Wirkung für ihn hat.[1625]

1619 *British Murac Syndicate Ltd v Alperton Rubber Co Ltd* [1915] 2 Ch 186, 196 per Sargant J; kritisch zu diesem Teil der Entscheidung *Pennington*, Company Law, S. 652; *Pickering*, (1965) LQR 81, 248, 254 Fn. 30.

1620 *Pickering*, (1965) LQR 81, 248, 255.

1621 So *Underhill/Austmann*, in: Payne, Takeovers, S. 87, 100; ähnlich *Gower/Davies*, Company Law, S. 310.

1622 Dies ordnet sec. 303 (1) CA 1985 ausdrücklich an.

1623 Sogenanntes „staggered board", vgl. *Underhill/Austmann*, in: Payne, Takeovers, S. 87, 99; *Gower/Davies*, Company Law, S. 310.

1624 Art. 73 Table A CA 1985 sieht vor, dass jährlich ein Drittel der directors zur Wiederwahl steht.

1625 *Underhill/Austmann*, in: Payne, Takeovers, S. 87, 99; *Gower/Davies*, Company Law, S. 310; *Lüttmann*, Kontrollwechsel in Kapitalgesellschaften, S. 50.

c. Erschwerung der Abberufung nach sec. 303 (1) CA 1985

Da die Abberufungsbefugnis des general meeting nach sec. 303 (1) CA 1985 die Abwehrwirkung von Satzungsregelungen, welche die Auswechslung des Managements erschweren sollen, erheblich einschränkt, sind die vorstehend beschriebenen Maßnahmen zur Prävention feindlicher Übernahmeversuche nur sinnvoll, wenn das Abberufungsrecht des general meeting im Ergebnis ausgehebelt werden kann. Zwar bestimmt sec. 303 (1) CA 1985, dass jegliche Regelung, die das Recht des general meeting, die directors durch einen einfachen Mehrheitsbeschluss abzuberufen, einschränkt, unwirksam ist. Die Einführung eines Mehrfachstimmrechts für den Abberufungsbeschluss wird jedoch als zulässig erachtet.

Nach der Entscheidung *Bushell v Faith*[1626] liegt kein Verstoß gegen sec. 303 (1) CA 1985 vor,[1627] wenn die articles einzelnen Aktionären ausschließlich für den Beschluss des general meeting über die Abberufung eines directors ein erhöhtes Stimmrecht einräumen, durch das ein Antrag auf Abberufung jederzeit überstimmt werden kann. Das gilt selbst dann, wenn das erhöhte Stimmrecht den directors selbst zusteht und diese somit durch ihre eigenen Stimmen gegen eine vorzeitige Abberufung nach sec. 303 (1) CA 1985 geschützt werden.

Obwohl die Richter in der vorgenannten Entscheidung übereinstimmend zu der Überzeugung gelangten, dass die streitgegenständliche Regelung in den articles dazu bestimmt war, sec. 303 (1) CA 1985 zu umgehen, sprach sich die Mehrheit der Richter für die Zulässigkeit des Mehrstimmrechts aus.[1628] *Lord Donovan* stützte sich in seinen Ausführungen auf den Wortlaut von sec. 303 (1) CA 1985 und sah es als ausreichend an, dass eine Abberufung der directors durch einen Mehrheitsbeschluss des general meeting möglich war.[1629] Ein weitergehendes Erfordernis in dem Sinne, dass jeder Aktionär bei der Beschlussfassung über die Abberufung der directors nur ein Stimmrecht haben dürfe, sei, so *Lord Donovan*, sec. 303 (1) CA 1985 nicht zu entnehmen. Ein entsprechender über den Wortlaut hinausgehender gesetzgeberischer Wille könne auch nicht ohne Weiteres unterstellt werden, da es womöglich gute Gründe dafür gebe, Kapitalgesellschaften mit personalistischer Struktur den Schutz durch ein solches Mehrstimmrecht zu eröffnen.[1630] Daher sei die Einräumung des Mehrstimmrechts zulässig.

Die Entscheidung ist wegen ihrer formalistischen Argumentation zu Recht auf Kritik gestoßen.[1631] Sie ermöglicht eine Umgehung des Schutzzwecks von sec. 303 (1) CA 1985, der darauf gerichtet ist, den Aktionären durch die jederzeit mögliche Abberufung der directors ein Mindestmaß an Kontrolle über die Geschäftsfüh-

---

1626 [1970] AC 1099.

1627 In der Entscheidung ging es um sec. 184 (1) CA 1948, den Vorgänger von sec. 303 (1) CA 1985 mit identischem Wortlaut.

1628 *Bushell v Faith* [1970] AC 1099, 1105 per Lord Reid.

1629 *Bushell v Faith* [1970] AC 1099, 1110 per Lord Donovan.

1630 *Bushell v Faith* [1970] AC 1099, 1110 f. per Lord Donovan.

1631 *Gower/Davies*, Company Law, S. 310 f.; *Rutabanzibwa*, (1996) Comp Law 17, 40, 42; *McGlynn*, (1994) Comp Law 15, 301, 305; *Schmitthoff*, (1970) JBL, 1 ff.; *Prentice*, (1969) MLR 32, 693, 696.

rung zu gewähren.[1632] Aufgrund der Ausführungen von *Lord Donovan* zu kleinen Kapitalgesellschaften mit personalistischem Einschlag wird in der Literatur die Auffassung vertreten, die Entscheidung finde auf public companies keine Anwendung, so dass eine Einführung derartiger Mehrstimmrechte bei diesen ausgeschlossen sei.[1633]

Dagegen spricht jedoch, dass *Lord Donovan* in seinen Ausführungen ausdrücklich offen gelassen hat, ob es sich in dem zu entscheidenden Fall um eine solche Kapitalgesellschaft mit personalistischem Einschlag handelte.[1634] Folglich kann diese Kategorisierung für die Zulässigkeit eines auf den Abberufungsbeschluss beschränkten Mehrstimmrechts nicht maßgeblich sein. Vielmehr ist davon auszugehen, dass grundsätzlich auch public companies durch eine sogenannte *Bushell v Faith*-Klausel einzelnen Aktionären oder den directors selbst für den Beschluss nach sec. 303 (1) CA 1985 erhöhte Stimmrechte einräumen können, um eine Abberufung der directors zu verhindern.[1635]

Für börsennotierte public companies scheidet die Einführung eines solchen Mehrstimmrechts aber jedenfalls faktisch aus, da weder die Stock Exchange noch die FSA einer Gesellschaft, die eine *Bushell v Faith*-Klausel in ihren articles hat, die Zulassung zur Börse erteilen.[1636] Demgemäß kommen derartige Klauseln in der Praxis bei börsennotierten public companies nicht vor.[1637]

3. Fazit

Obwohl britische Gesellschaften in Bezug auf die Ausgestaltung des board of directors eine große Dispositionsfreiheit haben, kann diese Freiheit von den Aktionären nur sehr begrenzt zur Erschwerung der Managementauswechslung und Abwehr feindlicher Übernahmen genutzt werden.

Zwar können sowohl Entsendungsrechte als auch gestaffelte Amtszeiten nach britischem Recht ohne Weiteres in die articles einer übernahmebedrohten Gesellschaft aufgenommen werden. Jedoch wird die Abwehrwirkung dieser Maßnahmen durch das gesetzlich verankerte Recht des general meeting, die directors durch einfachen Mehrheitsbeschluss jederzeit aus beliebigen Gründen abzuberufen, erheblich eingeschränkt.

Auch die Einführung von Mehrfachstimmrechten bietet zumindest bei börsennotierten public companies keine Möglichkeit, dieses Recht zu umgehen, da die Stock

---

1632 Vgl. *Bushell v Faith* [1970] AC 1099, 1106 per Lord Borth-y-Gest in seinem Minderheitsvotum; *Palmer's*, Company Law, Rn. 8.032.1; *Pettet*, Company Law, S. 113 f.

1633 *Palmer's*, Company Law, Rn. 8.033.1; *Gower/Davies*, Company Law, S. 310 f.; *Davies*, in: Baums/Wymeersch, Shareholder Voting Rights, S. 331, 336 Fn. 21; *Woolridge*, (1974) JBL, 202, 207.

1634 *Bushell v Faith* [1970] AC 1099, 1110 f. per Lord Donovan.

1635 So ausdrücklich *McGlynn*, (1994) Comp Law 15, 301, 305; für eine uneingeschränkte Geltung der Entscheidung auch *Pennington*, Company Law, S. 669 f.

1636 *Pettet*, Company Law, S. 183; ähnlich *Sealy*, Company Law, S. 250; *Underhill/Austmann*, in: Payne, Takeovers, S. 87, 99.

1637 Vgl. *Gower/Davies*, Company Law, S. 311 Fn. 8; *Ferran*, Company Law and Corporate Finance, S. 182.

Exchange und die FSA den Aktien der Gesellschaften, die über ein solches Mehrfachstimmrecht zur Verhinderung der Abberufung der directors verfügen, die Zulassung zur London Stock Exchange versagen.

Sobald ein feindlicher Bieter die Mehrheit der Stimmrechte im general meeting einer börsennotierten public company erlangt hat, kann er daher diejenigen Mitglieder des board, die seine Unternehmenspolitik nicht umsetzen, ungeachtet eventueller Beschränkungen in den articles ohne Weiteres abberufen.

B. Maßnahmen der Verwaltung

Zu den Präventivmaßnahmen, die das board of directors im Rahmen der ihm nach Art. 70 Table A CA 1985 übertragenen Geschäftsführungskompetenz vornehmen kann, gehören die Eingehung gegenseitiger und ringförmiger Beteiligungen, die Implementierung von change of control Klauseln in den Verträgen der Gesellschaft und die vertragliche Zusage von hohen Abfindungszahlungen an die directors.

I. Gegenseitige und ringförmige Beteiligungen

Gegenseitige oder ringförmige Beteiligungen mit einem oder mehreren Unternehmen verringern die Zahl der im Streubesitz befindlichen Aktien einer übernahmebedrohten Gesellschaft und erschweren so für einen potentiellen feindlichen Bieter die Übernahme. Darüber hinaus fördern sie die Zusammenarbeit zwischen den kooperierenden Unternehmen und stärken deren Loyalität in einem eventuell nachfolgenden Übernahmekampf.

1. Beschränkungen des Companies Act 1985

Nach dem Regime des Companies Act 1985 sind public companies grundsätzlich frei, Anteile anderer Gesellschaften zu erwerben und zu halten sowie mit anderen Gesellschaften gegenseitige Beteiligungen einzugehen.

Gesetzliche Beschränkungen greifen erst ein, wenn zwischen den Gesellschaften ein Mutter-Tochter-Verhältnis (holding and subsidiary company relationship) besteht. Ein solches liegt nach sec. 736 CA 1985 vor, wenn eine Gesellschaft eine Stimmenmehrheit an einer anderen Gesellschaft hält,[1638] oder wenn sie Gesellschafterin einer anderen Gesellschaft ist und dort – alleine oder durch eine Vereinbarung mit anderen Gesellschaftern – eine Stimmenmehrheit kontrolliert.[1639] Die mehrheitlich beteiligte Gesellschaft wird dann als Muttergesellschaft und die in Mehrheitsbesitz stehende Gesellschaft als Tochtergesellschaft bezeichnet.

Gemäß sec. 23 (1) CA 1985 ist es einer Tochtergesellschaft verboten, Aktien an ihrer Muttergesellschaft zu erwerben. Eine Aktienübertragung, die gegen dieses Verbot verstößt, ist unwirksam. Falls eine Gesellschaft allerdings bereits an einer anderen

---

1638 Sec. 736 (1) CA 1985.

1639 Sec. 736 (3) CA 1985.

Gesellschaft beteiligt war, bevor sie deren Tochtergesellschaft wurde, darf sie ihre Anteile behalten; sie darf aber gemäß sec. 23 (5) CA 1985 aus diesen Anteilen keine Stimmrechte ausüben.

Durch diese Bestimmungen soll zum einen verhindert werden, dass sich die directors der Muttergesellschaft mit Hilfe der Stimmen ihrer Tochter selbst im Amt halten.[1640] Zum anderen soll einer Verwässerung der Kapitalausstattung der Muttergesellschaft entgegengewirkt werden, die dadurch entsteht, dass die Muttergesellschaft über die von ihr beherrschte Tochter mittelbar eine Beteiligung an sich selbst aufbaut.[1641]

a. Gegenseitige Beteiligungen

Aufgrund der von sec. 23 CA 1985 vorgesehenen Beschränkungen kann eine übernahmebedrohte Gesellschaft mit einem anderen Unternehmen gegenseitige Beteiligungen nur eingehen, solange sie nicht mehr als 50 Prozent des stimmberechtigten Kapitals des anderen Unternehmens hält bzw. kontrolliert.

Selbst wenn das Unternehmen, an dem die Zielgesellschaft mehrheitlich beteiligt ist, aufgrund der Ausnahmeregelung von sec. 23 (5) CA 1985 im Einzelfall berechtigt sein sollte, seine gegenseitige Beteiligung aufrecht zu erhalten, vermittelt eine solche Beteiligung keinen präventiven Schutz vor feindlichen Übernahmeversuchen. Die Nichtberücksichtigung der von dem kooperierenden Unternehmen an der herrschenden Zielgesellschaft gehaltenen Stimmrechte bewirkt vielmehr, dass die Stimmkraft eines bereits am Grundkapital der Zielgesellschaft beteiligten feindlichen Bieters erhöht und eine feindliche Übernahme durch ihn erleichtert wird.

Unterhalb der Schwelle einer Mehrheitsbeteiligung können übernahmebedrohte Gesellschaften jedoch ohne etwaige Einschränkungen durch den Companies Act 1985 gegenseitige Beteiligungen mit anderen Unternehmen aufbauen und die verwaltungstreuen Stimmrechte aus den gegenseitig gehaltenen Anteilen ausüben.[1642] Bis zu einer Beteiligung im Umfang von 50 Prozent des stimmberechtigten Kapitals stellen gegenseitige Beteiligungen daher ein wirksames Mittel der Übernahmeprävention dar.

So können durch gegenseitige Beteiligungen zwischen drei verschiedenen Gesellschaften, bei denen jede Gesellschaft mindestens 25 Prozent der Stimmrechte der beiden anderen Gesellschaften hält, feindliche Übernahmen praktisch verhindert werden, da ein feindlicher Bieter in keiner der drei Gesellschaften die Verwaltung ohne die Zustimmung der kooperierenden Gesellschaften abberufen kann. Bei einem solchen Beteiligungsgeflecht kann ein feindlicher Bieter nämlich in keiner Gesellschaft

---

1640 Die directors der Muttergesellschaft üben für die Anteile, welche die Tochtergesellschaft an anderen Unternehmen hält, das Stimmrecht aus. Daher können sich die directors der Muttergesellschaft durch die von der Tochtergesellschaft gehaltenen Anteile an der Mutter selbst im Amt halten, indem sie bei einem Beschluss nach sec. 303 CA 1985 gegen ihre eigene Abberufung stimmen.

1641 Vgl. *Jenkins Report*, para. 151; *Gower/Davies*, Company Law, S. 246; *Yoran*, (1973), Am J Comp L 21, 531, 547; *Pickering*, (1965) LQR 81, 248, 265.

1642 Vgl. *Weinberg/Blank*, Takeovers and Mergers, Rn. 4-7044; *Davies*, in: Hopt/Wymeersch, European Takeovers, S. 195, 209.

die nach sec. 303 (1) CA 1985 zur Abberufung des board of directors notwendige Stimmenmehrheit im general meeting erlangen, sofern die directors der kooperierenden Unternehmen ihre Zustimmung zur Abberufung der directors der jeweils anderen Gesellschaften versagen.[1643]

b. Ringförmige Beteiligungen

Ringförmige Beteiligungen, bei denen dritte Unternehmen in das Beteiligungsgeflecht zwischen zwei Gesellschaften zwischengeschaltet sind, werden von den Beschränkungen der sec. 23 CA 1985 nicht ohne Weiteres erfasst, da das Mutter-Tochter-Verhältnis nach sec. 736 CA 1985 grundsätzlich eine direkte Beteiligung zwischen den Gesellschaften voraussetzt.

Etwas anderes gilt jedoch, wenn mehrere Gesellschaften im Beteiligungsring zueinander im Mehrheitsbesitz stehen.[1644] In einem solchen Fall reicht gemäß sec. 736 A (8) CA 1985 eine mittelbare Mehrheitsbeteiligung aus, um ein Mutter-Tochter-Verhältnis an einer dritten Gesellschaft zu begründen, so dass das Erwerbs- bzw. Stimmrechtsverbot von sec. 23 (1) und (5) CA 1985 greift. Daher empfiehlt es sich, auch beim Aufbau von Ringbeteiligungen, den Anteil an dem jeweils anderen Unternehmen unterhalb der Schwelle der Stimmenmehrheit zu halten.[1645]

Ein solcher Beteiligungsring, an dem jede Gesellschaft mit bis zu 50 Prozent ihrer Stimmrechte beteiligt ist, kann als wirksames Mittel zur Prävention feindlicher Übernahmeversuche eingesetzt werden.[1646] Denn in den meisten börsennotierten Gesellschaften reicht aufgrund der weiten Aktienstreuung und der niedrigen Präsenz im general meeting ein verhältnismäßig kleiner Stimmrechtsanteil aus, um die Mehrheit des bei der Beschlussfassung vertretenen Aktienkapitals zu sichern oder zumindest eine Sperrminorität zu bilden, durch die Umstrukturierungsmaßnahmen eines feindlichen Bieters verhindert werden können.[1647]

2. Aufbau gegenseitiger und ringförmiger Beteiligungen

Gegenseitige und ringförmige Beteiligungen können zum einen durch eine Aktienausgabe zwischen den kooperierenden Gesellschaften aufgebaut werden.

1643 Diese Möglichkeit der Übernahmeabwehr wurde schon 1962 im Abschlussbericht des *Jenkins Committee* erkannt, vgl. *Jenkins Report*, para. 152; ähnlich *Prentice*, in: Wymeersch, Groups of Companies, S. 279, 284; *Woolridge*, (1974) JBL, 202, 203.

1644 Bei einer Dreiecksbeteiligung ist das der Fall, wenn Gesellschaft A 51 Prozent der Stimmrechte an Gesellschaft B hält und Gesellschaft B 51 Prozent der Stimmrechte von Gesellschaft C besitzt. In einem solchen Fall darf Gesellschaft C gemäß sec. 23 (1) CA 1985 keine Aktien an Gesellschaft A erwerben.

1645 Vgl. *Weinberg/Blank*, Takeovers and Mergers, Rn. 4-7044; ähnlich *Pickering*, (1965) LQR 81, 248, 266; *Herrmann*, Zivilrechtliche Abwehrmaßnahmen, S. 178.

1646 *Weinberg/Blank*, Takeovers and Mergers, Rn. 4-7044; *Prentice*, in: Wymeersch, Groups of Companies, S. 279, 284; *Pickering*, (1965) LQR 81, 248, 266 f.

1647 *Yoran*, (1973) Am J Comp L 21, 531, 537; *Pickering*, (1965) LQR 81, 248, 270 mit Fn. 91.

Hierfür bietet sich eine Ermächtigung der directors zur Aktienausgabe gegen Sacheinlagen an, bei der das Bezugsrecht der Aktionäre per Gesetz ausgeschlossen ist.[1648] Sind die directors vom general meeting nach sec. 80 (1) CA 1985 in allgemeiner Form zur Aktienausgabe gegen Sacheinlagen ermächtigt worden, so können sie diese Ermächtigung innerhalb des Ermächtigungszeitraums flexibel ausnutzen, um an eine kooperierende Gesellschaft Aktien gegen Gewährung einer Beteiligung als Sacheinlage auszugeben.[1649] Allerdings ist für dieses Vorgehen zwingend die Mitwirkung des general meeting erforderlich.

Um die Mitwirkung des general meeting zu vermeiden, kann eine übernahmebedrohte Gesellschaft gegenseitige oder ringförmige Beteiligungen zur präventiven Übernahmeabwehr auch durch mehrere aufeinanderfolgende Aktienkäufe über den Kapitalmarkt aufbauen.[1650] Derartige Aktienkäufe fallen als Geschäftsführungsmaßnahme in die Managementbefugnisse der directors.[1651]

Es stellt sich jedoch die Frage, welchen Beschränkungen die directors bei einem solchen Beteiligungserwerb über den Kapitalmarkt unterliegen.

a. Bindung an den Unternehmensgegenstand

Die directors sind bei der Ausübung ihrer Befugnisse gemäß sec. 35 (3) CA 1985 an den nach sec. 2 (1) (c) CA 1985 im memorandum festgelegten Unternehmensgegenstand (objects clause) gebunden. Überschreiten die directors durch eine Geschäftsführungsmaßnahme den Gegenstand des Unternehmens, so machen sie sich gegenüber der Gesellschaft schadensersatzpflichtig.[1652] Ebenso können die Aktionäre eine bevorstehende Transaktion der directors, die über den Unternehmensgegenstand hinausgeht, durch eine Unterlassungsklage oder eine einstweilige Verfügung verhindern.[1653] Die directors dürfen daher nur Beteiligungen an solchen Unternehmen erwerben, deren Geschäftstätigkeit sich in der objects clause der eigenen Gesellschaft wiederfindet. In der Praxis hat diese Einschränkung allerdings kaum Auswirkungen, da britische Gesellschaften traditionell über eine sehr umfangreiche und ausführliche objects clause verfügen, die den Unternehmensgegenstand sehr weitgehend beschreibt.[1654]

1648 Sec. 89 (4) CA 1985.

1649 Zum Abwehrmittel der Ermächtigung zur Aktienausgabe mit Bezugsrechtsausschluss ausführlich Teil 2 § 5 C I.

1650 Vgl. *Underhill/Austmann*, in: Payne, Takeovers, S. 87, 102.

1651 Vgl. Art. 70 Table A CA 1985.

1652 Sec. 35 (3) und sec. 35 A (5) CA 1985; *Gower/Davies*, Company Law, S. 152; *Parkinson*, Corporate Power and Responsibility, S. 74.

1653 Sec. 35 (2) und sec. 35 A (4) CA 1985; zu den Problemen eines solchen Vorgehens *Pettet*, Company Law, S. 129; *Gower/Davies*, Company Law, S. 139.

1654 *Parkinson*, Corporate Power and Responsibility, S. 74 f.; *Pettet*, Company Law, S. 115; *Pennington*, in: Jura Europae, Gesellschaftsrecht Bd. IV, 90.10.7 A; *Triebel/Hodgson/Kellenter/Müller*, Englisches Handels- und Wirtschaftsrecht, Rn. 618.

Der Grund für die weit gefasste Beschreibung der Unternehmensgegenstände britischer Gesellschaften liegt in der bis 1991 geltenden ultra-vires-Lehre des common law.[1655]

Nach dieser Lehre wird eine Kapitalgesellschaft nur für bestimmte Zwecke geschaffen. Deshalb soll auch ihre Rechts- und Handlungsfähigkeit auf solche Maßnahmen beschränkt sein, die zur Erfüllung der satzungsmäßig bestimmten Zwecke notwendig sind. Für andere Maßnahmen, die nicht vom Unternehmensgegenstand gedeckt sind, kommt der Gesellschaft nach der ultra-vires-Doktrin dagegen keine Rechtfähigkeit zu.[1656] Dies führt zwingend zur Beschränkung der Vertretungsmacht der directors. Nach der ultra-vires-Lehre können die directors die Gesellschaft gegenüber Dritten nur wirksam zur Vornahme solcher Geschäfte verpflichten, die in der objects clause enthalten sind. Fehlt eine entsprechende Zwecksetzung in der objects clause, so sind die von den directors geschlossenen Geschäfte mangels Vertretungsmacht unwirksam.

Die ultra-vires-Lehre wurde ursprünglich von den britischen Gerichten entwickelt, um die Aktionäre vor einer satzungsfremden Verwendung des von ihnen in die Gesellschaft investierten Kapitals durch die directors zu schützen.[1657] Da dieser Schutzzweck jedoch in der Praxis durch die ausführlichen objects clauses weitestgehend ausgehebelt wurde und zudem auf Kosten der Vertragspartner der Gesellschaft erkauft war, die regelmäßig das Risiko der Unwirksamkeit des Vertragsverhältnisses zu tragen hatten, wurde die ultra-vires-Lehre durch den Companies Act 1989 weitgehend abgeschafft.[1658] Die zu diesem Zweck durch den Companies Act 1989 neu eingeführte und nunmehr in sec. 35 CA 1985 enthaltene Regelung sieht vor, dass die Rechtswirksamkeit eines Geschäfts der Gesellschaft wegen mangelnder Rechtsfähigkeit weder von der Gesellschaft noch von Dritten angefochten werden kann.

Trotz der weitgehenden Abschaffung der ultra-vires-Lehre haben britische Gesellschaften an der Praxis umfassender objects clauses festgehalten.[1659] Diese umschreiben regelmäßig das geschäftliche Unternehmen, zu dessen Zweck die Gesellschaft ursprünglich errichtet wurde, sowie damit mehr oder weniger verwandte Geschäftszweige, in denen die Gesellschaft in Zukunft tätig werden könnte. Darüber hinaus enthält die objects clause üblicherweise einen Katalog von zweckdienlichen Befugnissen, die für jedes Unternehmen, unabhängig von seinen jeweils betriebenen Ak-

---

1655 Ausführlich zu Ursprung und Entwicklung der ultra-vires-Lehre *Gower/Davies*, Company Law, S. 132 ff.; im deutschen Aktienrecht hat die ultra-vires-Lehre keine Bedeutung, vgl. *Heider*, MüKo-AktG, § 1 Rn. 24; *Hüffer*, AktG, § 1 Rn. 4; *Kraft*, KK-AktG, § 1 Rn. 8.

1656 Grundlegend *Ashbury Railway Carriage and Iron Company Ltd v Riche* (1875) LR 7 HL 653; *Hutton v West Cork Railway Co* (1883) 23 ChD 65; *Sealy*, Company Law, S. 144.

1657 *Pettet*, Company Law, S. 114 f.; *Sealy*, Company Law, S. 146.

1658 *Sealy*, Company Law, S. 147 bezeichnet das umfangreiche case law zur ultra-vires-Lehre insofern zutreffend als „yesterday's law". Die Rechtsprechung zur Auslegung der objects clause ist allerdings weiterhin zur Bestimmung der Pflichtenbindung der directors im Innenverhältnis relevant, vgl. *Parkinson*, Corporate Power and Responsibility, S. 74 f.

1659 *Gower/Davies*, Company Law, S. 138.

tivitäten, nützlich sein können.[1660] Zu diesen Befugnissen zählt regelmäßig auch der Erwerb und die Veräußerung von Unternehmensbeteiligungen.[1661]

b. Anforderungen der Listing Rules

Directors von börsennotierten public companies müssen beim Erwerb von größeren Aktienpaketen – wie er etwa zum Aufbau von gegenseitigen Unternehmensbeteiligungen erfolgt – die continuing obligations des Chapter 10 der Listing Rules über wesentliche Vermögenstransaktionen (substantial transactions) beachten. Diese Bestimmungen beschränken die Kompetenz des board of directors.

Sofern der Wert der zu erwerbenden Beteiligung in einer der Kategorien Vermögen, Gewinn, Umsatz oder Marktkapitalisierung 25 Prozent des entsprechenden Wertes der Gesellschaft in der jeweiligen Kategorie ausmacht, wird die Transaktion als „Klasse 1 Transaktion" (class 1 transaction) eingestuft.[1662] In diesem Fall müssen die directors vor dem Aktienerwerb die Zustimmung des general meeting einholen.[1663] Zudem sind sie verpflichtet, die Aktionäre in einem schriftlichen Bericht über die Einzelheiten der Transaktion aufzuklären.[1664] Der Bericht muss der FSA zur Prüfung und Genehmigung ausgehändigt werden. Erst wenn dieser Bericht die förmliche Genehmigung der FSA erlangt hat, darf er an die Aktionäre der Gesellschaft übermittelt werden.[1665]

Um zu verhindern, dass das Zustimmungserfordernis für eine class 1 transaction durch die Aufteilung einer größeren Transaktion in mehrere kleinere Übertragungsgeschäfte umgangen wird, kann die FSA einzelne Transaktionen, die in einem Zeitraum von 12 Monaten vorgenommen werden, als einheitlichen Vorgang behandeln.[1666] Folglich benötigen directors für den Aufbau einer größeren Beteiligung an einer anderen Gesellschaft zur präventiven Übernahmeabwehr auch dann die Zustimmung des general meeting, wenn dieser in einem überschaubaren Zeitraum über mehrere Akquisitionen am Kapitalmarkt stattfinden soll.

[1660] *Gower/Davies*, Company Law, S. 138; *Pennington*, in: Jura Europae, Gesellschaftsrecht Bd. IV, 90.10.7 A; *Triebel/Hodgson/Kellenter/Müller*, Englisches Handels- und Wirtschaftsrecht, Rn. 618; ein Beispiel für eine derartige objects clause findet sich bei *Sealy*, Company Law, S. 631 f.

[1661] *Pennington*, in: Jura Europae, Gesellschaftsrecht Bd. IV, 90.10.8; siehe auch die objects clause bei *Sealy*, Company Law, S. 632 unter Punkt 3 (R).

[1662] Listing Rules, Chapter 10 para. 10.4 (c); siehe zu den Einzelheiten für die Berechnung des Schwellenwerts Listing Rules, Chapter 10, para. 10.5 ff.

[1663] Listing Rules, Chapter 10 para. 10.37.

[1664] Zum Inhalt dieses Berichts siehe Listing Rules, Chapter 10 para. 10.38.

[1665] Listing Rules, Chapter 10 para. 10.38; unterhalb der 25-Prozent-Schwelle bestehen lediglich Mitteilungspflichten gegenüber der Stock Exchange, vgl. dazu etwa *Kasolowky*, in: Hirte/Bücker, Grenzüberschreitende Gesellschaften, S. 153, 160.

[1666] Listing Rules, Chapter 10 para. 10.25.

c. Treuepflichten der directors

Entscheiden sich die directors einer übernahmebedrohten Gesellschaft in der Vorangebotsphase dazu, durch einen wechselseitigen Aktienerwerb mit anderen Unternehmen gegenseitige oder ringförmige Beteiligungen zur präventiven Übernahmeabwehr einzugehen, so müssen sie ihre Treuepflichten gegenüber der Gesellschaft beachten.[1667] Hier greift die bona fide duty, welche die directors verpflichtet, im guten Glauben an das Interesse der Gesellschaft zu handeln.[1668] In objektiver Hinsicht verlangt die proper purpose duty zudem, dass die directors nur für zulässige Zwecke tätig werden.[1669]

Aufgrund dieser Pflichtenbindung ist es den directors verboten, gegenseitige oder ringförmige Beteiligungen zu eigennützigen Zwecken aufzubauen, etwa um ihre persönliche Stellung in der Gesellschaft vor feindlichen Übernahmen zu sichern. Aber auch wenn die directors nach ihrer aufrichtigen Einschätzung zur Wahrnehmung des kollektiven Aktionärsinteresses tätig werden, ist ihnen der Aufbau einer solchen Beteiligungsstruktur mit dem alleinigen Ziel, feindliche Übernahmeversuche abzuwehren, durch die im Sinne einer eingeschränkten Neutralitätspflicht wirkende proper purpose duty grundsätzlich untersagt.[1670] Eine Ausnahme gilt nur für Extremfälle, in denen die wirtschaftliche Existenz der Gesellschaft in Frage steht oder der Gesellschaft ein schwerwiegender wirtschaftlicher Schaden droht.[1671]

Im Rahmen der präventiven Übernahmeabwehr dürfte der Nachweis derartiger Ausnahmefälle aber kaum zu erbringen sein, da Identität und Absichten eines feindlichen Bieters üblicherweise erst mit der Veröffentlichung des Angebots bekannt werden.[1672] Daher können sich die directors in der Vorangebotsphase in der Regel nicht darauf berufen, dass der Aufbau gegenseitiger oder ringförmiger Beteiligungen als reine Abwehrmaßnahme im Rahmen der proper purpose duty ausnahmsweise zulässig ist.

Allerdings kann der Aufbau gegenseitiger und ringförmiger Beteiligungen neben der Übernahmeabwehr wirtschaftlichen Hauptzwecken dienen, deren Verfolgung im Rahmen der proper purpose duty ohne Weiteres zulässig ist.[1673] Eine solche wirtschaftliche Rechtfertigung kommt vor allem in Betracht, wenn die Beteiligung zwi-

---

1667 Die in General Principle 7 und Rule 21 des City Code verankerte prohibition of frustrating action greift in der Vorangebotsphase dagegen nicht. Siehe hierzu Teil 2 § 4 C II 1.

1668 Ausführlich zur bona fide duty und ihrer Bedeutung für Abwehrmaßnahmen gegen feindliche Übernahmeversuche Teil 2 § 4 C II 2 a.

1669 Ausführlich zur proper purpose duty und ihrer Bedeutung für Abwehrmaßnahmen gegen feindliche Übernahmeversuche Teil 2 § 4 C II 2 b.

1670 Vgl. *Hogg v Cramphorn Ltd* [1967] Ch 254; *Howard Smith Ltd v Ampol Petroleum Ltd* [1974] AC 821; *Parkinson*, Corporate Power and Responsibility, S. 140 f.; *Ferran*, Company Law and Corporate Finance, S. 164; *Dean*, (2003) ICCLR 14, 370 f.

1671 Vgl. *Cayne v Global Natural Resources PLC* Entscheidung der Chancery Division vom 12. August 1982, nicht veröffentlicht; *Mayson/French/Ryan*, Company Law, Rn. 16.4.12; *Clarke*, (2004) JCLS 4, 51, 64; *Mayanja*, (1999) Aus J Corp L 10, 162, 182.

1672 Siehe hierzu Teil 2 § 4 C II 2 b ee.

1673 Siehe hierzu Teil 2 § 4 C II 2 b cc; vgl. auch *Parkinson*, Corporate Power and Responsibility, S. 144; *Boyle*, (1991) Comp Law 12, 163, 165 f.

schen den Unternehmen die Grundlage für die Bildung oder Verfestigung einer strategischen Allianz bildet.[1674] Das ist z.B. der Fall, wenn die Unternehmen auf den gleichen oder ähnlichen Märkten tätig sind und eine engere Zusammenarbeit daher zu Synergievorteilen führt.[1675] Das Gleiche gilt, wenn die Gesellschaft durch die Kooperation Zugang zu zusätzlichen Ressourcen oder Märkten erhält.[1676] Auch die Stärkung der finanziellen Stabilität der Gesellschaft kann die Eingehung einer wechselseitigen oder ringförmigen Unternehmensbeteiligung rechtfertigen.[1677]

Solange der Aufbau gegenseitiger und ringförmiger Beteiligungen wirtschaftlich vorteilhaft ist, kann er von den directors in der Vorangebotsphase im Rahmen ihrer Treuepflichten vorgenommen werden, auch wenn dadurch potentielle feindliche Bieter abgeschreckt werden.[1678] Um den geplanten Aktienerwerb an einem befreundeten Unternehmen gänzlich gegen den Vorwurf der Verfolgung eines unzulässigen Zwecks abzusichern, können die directors den Erwerb der Beteiligung zudem vom general meeting billigen lassen.[1679]

d. Rule 9.1 des City Code

Die Möglichkeit, gegenseitige oder ringförmige Beteiligungen in wesentlichem Umfang aufzubauen und dadurch potentielle feindliche Bieter abzuschrecken, wird zusätzlich durch das in Rule 9.1 des City Code verankerte Pflichtangebot beschränkt.

Hiernach ist diejenige Gesellschaft, welche zuerst 30 Prozent der Stimmrechte an einer anderen Gesellschaft erwirbt, zur Abgabe eines Erwerbsangebots an die restlichen Aktionäre der Zielgesellschaft verpflichtet. Bei der Berechnung der 30-Prozent-Schwelle werden nicht nur die von der Gesellschaft selbst gehaltenen Stimmrechte, sondern auch die Stimmrechte anderer Personen, mit denen die Gesellschaft ihr Verhalten abstimmt, berücksichtigt.[1680] Gerade im Fall von wechselseitigen oder ringförmigen Beteiligungen, bei denen die directors der kooperierenden Gesellschaften aktiv zusammenarbeiten, um im general meeting der einzelnen Gesellschaften einen kontrollierenden Einfluss auszuüben, dürfte ein solches abgestimmtes Verhalten regelmäßig gegeben sein. Zudem besteht die Möglichkeit einer Kettenzurechnung (chain prin-

---

1674 *Ryan*, Company Directors, Rn. 1216.

1675 Vgl. *Pine Vale Investments Ltd v McDonnell and East Ltd* (1983) 8 ACLR 199, 209 per McPherson J; *Weinberg/Blank*, Takeovers and Mergers, Rn. 4-7045; *Herrmann*, Zivilrechtliche Abwehrmaßnahmen, S. 179.

1676 Vgl. *Dawson International Plc v Coats Patons Plc* [1989] BCLC 233, 242 per Lord Cullen; *Underhill/Austmann*, in: Payne, Takeovers, S. 87, 103.

1677 Vgl. *Howard Smith Ltd v Ampol Petroleum Ltd* [1974] AC 821, 835 f. per Lord Wilberforce; *Harlowe's Nominees Pty Ltd v Woodside Oil Co* (1969) 42 ALJR 123, 126 per Barwick CJ; *Gower/Davies*, Company Law, 385 f.; *DeMott*, (1983), N Y U L Rev 58, 945, 1021.

1678 Siehe hierzu Teil 2 § 4 C II 2 b ee.

1679 Siehe hierzu Teil 2 § 4 C II 2 b dd; vgl. *Bamford v Bamford* [1970] Ch 212, 227 per Plowman J; *Weinberg/Blank*, Takeovers and Mergers, Rn. 4-7045; *Parkinson*, Corporate Power and Responsibility, S. 140; *Herrmann*, Zivilrechtliche Abwehrmaßnahmen, S. 179; *Yoran*, (1973) Am J Comp L 21, 531, 538.

1680 Siehe hierzu Teil 2 § 5 A IV 2 c.

ciple),[1681] wenn Gesellschaften im Beteiligungsgeflecht an anderen Gesellschaften einzeln oder gemeinsam mehrheitlich beteiligt sind, die ihrerseits wiederum Stimmrechte an der Zielgesellschaft halten.

Daher können sich Gesellschaften in der Praxis nur bis zu einer Beteiligung von 30 Prozent ihres stimmberechtigten Aktienkapitals an einem Beteiligungsgeflecht mit anderen Unternehmen beteiligen, um nicht eine Übernahmepflicht der kooperierenden Gesellschaften auszulösen. Durch Rule 9.1 des City Code wird der gesetzlich zugelassene Umfang für gegenseitige und ringförmige Beteiligungen und damit der präventive Abwehreffekt dieser Maßnahmen gegenüber feindlichen Übernahmeversuchen erheblich reduziert.

3. Bedeutung von wechselseitigen und ringförmigen Beteiligungen in der Praxis

Obwohl die directors nach den vorstehend untersuchten Bestimmungen gegenseitige und ringförmige Beteiligungen ohne Zustimmung des general meeting aufbauen können, solange die zum Beteiligungserwerb durchgeführten Aktienkäufe keine class 1 transaction sind, der Aufbau wirtschaftlich vorteilhaft ist und die Beteiligung kein Pflichtangebot nach Rule 9.1 des City Code auslöst, sind derartige Unternehmensverflechtungen in Großbritannien bei börsennotierten public companies eher eine Ausnahmeerscheinung.[1682] Auch im Rahmen der Übernahmeabwehr kommt dieser Strategie daher nur eine geringe praktische Bedeutung zu.

Bei weniger als einem Fünftel der an der London Stock Exchange notierten Gesellschaften hält ein einzelner Gesellschafter mehr als 25 Prozent der Aktien.[1683] Die überwiegende Mehrheit der börsennotierten Aktien befindet sich dagegen im Streubesitz oder in den Händen institutioneller Investoren, die aus Gründen der Risikostreuung gewöhnlich zwischen drei und fünf Prozent der Anteile halten.[1684] Letztere lehnen gegenseitige und ringförmige Beteiligungen wegen der nachteiligen Auswirkungen auf die Kapitalausstattung und Flexibilität der beteiligten Gesellschaften generell ab.[1685] In

---

1681 City Code, Rul 9.1 Note 8.

1682 Vgl. *Stapledon*, Institutional Shareholders and Corporate Governance, S. 3; *Parkinson*, Corporate Power and Responsibility, S. 149; *Davies*, in: Hopt/Wymeersch, Comparative Corporate Governance, S. 47, 48; *ders.*, ZGR 2001, 268, 290; *Cheffins*, (1999) Duke J Comp & Int'l L 10, 5, 7; *Gee*, (1998) ICCLR 9, 15, 16.

1683 *Davies*, in: Hopt/Wymeersch, Comparative Corporate Governance, S. 47, 48; *Cheffins*, (1999) Duke J Comp & Int'l L 10, 5, 11; siehe auch die Übersicht bei *Berglöf*, in: Hopt/Wymeersch, Comparative Corporate Governance, S. 151, 156; eine ausführliche empirische Untersuchung der Beteiligungsverhältnisse börsennotierter britischer public companies wurde im Rahmen der Company Law Review von *Stapledon* durchgeführt. Die Untersuchung „Analysis and Data of Share Ownership and Control" ist im Internet abrufbar unter: www.dti.gov.uk.

1684 *Ferran*, Company Law and Corporate Finance, S. 242; *Parkinson*, Corporate Power and Responsibility, S. 167; *Davies*, in: Hopt/Wymeersch, Comparative Corporate Governance, S. 47, 61, 63; *ders.*, in: Baums/Buxbaum/Hopt, Institutional Investors and Corporate Governance, S. 257, 271 f.; *Lembeck*, NZG 2003, 957, 959.

1685 Siehe zu den Nachteiligen Auswirkungen solcher Verflechtungen Teil 1 § 2 B I 1.

der Vergangenheit haben institutionelle Investoren daher des öfteren ihren Einfluss genutzt, um derartige Unternehmensverflechtungen abzubauen.[1686]

Den wohl bekanntesten Fall stellt das südafrikanische Bergbauunternehmen Anglo American Plc dar, das im Zuge seiner Zulassung zur London Stock Exchange seine komplizierte wechselseitige Beteiligungsverflechtung mit dem Diamantenförderer De Beers aufgelöst hat. Durch diese Maßnahme sollte zum einen den erhöhten Liquiditätserfordernissen entsprochen werden, die eine Gesellschaft erfüllen muss, um in den FTSE 100 Index der London Stock Exchange aufgenommen zu werden.[1687] Zum anderen war der Abbau eine Reaktion auf die Ankündigung zahlreicher Fondsgesellschaften der Londoner City, nicht in Aktien der Anglo American Plc zu investieren, solange die gegenseitige Beteiligung zu De Beers nicht aufgelöst werde.[1688]

4. Fazit

Gegenseitige und ringförmige Beteiligungen unterliegen in Großbritannien keinen gesellschaftsrechtlichen Beschränkungen, solange sie unterhalb von Mehrheitsbeteiligungen bleiben.

In der Praxis ist ihr Umfang allerdings durch die Pflichtangebotsregelung der Rule 9.1 des City Code auf eine Beteiligung von weniger als 30 Prozent der Stimmrechte an den einzelnen Gesellschaften beschränkt. Zudem müssen die directors beim Aufbau derartiger Beteiligungsverhältnisse ihre Treuepflichten beachten. Zur Prävention feindlicher Übernahmeversuche können die directors gegenseitige und ringförmige Beteiligungen in der Vorangebotsphase regelmäßig nur eingehen, wenn diese gleichzeitig wirtschaftlich sinnvoll ist. Sobald ein Beteiligungserwerb als class 1 transaction eingestuft wird, ist zudem die Zustimmung des general meeting erforderlich.

Obwohl gegenseitige und ringförmige Beteiligungen somit in einem gewissen Rahmen zulässig sind, der zumindest zum Aufbau von übernahmebehindernden Sperrminoritäten genutzt werden könnte, sind sie bei börsennotierten public companies äußerst selten. Das ist nicht zuletzt eine Folge des großen Einflusses der institutionellen Investoren, die derartigen Unternehmensverflechtungen gegenüber grundsätzlich negativ eingestellt sind. Für eine börsennotiertes public company, die auf die Unterstützung institutioneller Anleger angewiesen ist, dürfte es daher trotz der grundsätzli-

---

1686 Bei den größten Unternehmen der London Stock Exchange halten die fünf größten institutionellen Investoren zumeist eine Sperrminorität von 25 Prozent und können so konzertiert erheblichen Einfluss auf das Management ausüben, vgl. *Ferran*, Company Law and Corporate Finance, S. 242.

1687 Nach den Zulassungsvoraussetzungen der Listing Rules, Chapter 3 para. 3.18 müssen sich mindestens 25 Prozent der Aktien einer Aktiengattung, die zur London Stock Exchange zugelassen werden soll, in den Händen der Allgemeinheit befinden. Als Allgemeinheit gelten nach Chapter 3 para 3.20 der Listing Rules alle Aktionäre, die keine Verbindungen zu den directors der Gesellschaft oder einer ihrer Tochtergesellschaften haben und weniger als fünf Prozent der jeweiligen Aktiengattung halten, vgl. dazu *Prentice*, in: Kreuzer, Öffentliche Übernahmeangebote, S. 133, 152; *Boyle*, (1991) Comp Law 12, 163, 165.

1688 Vgl. dazu *Financial Times London* vom 17. April 1999, Weekend Money Section S. 1; *Sunday Business* vom 18. Februar 2001, S. 8.

chen Zulässigkeit gegenseitiger und ringförmiger Beteiligungen äußerst schwierig sein, derartige Verflechtungen zum Zwecke der präventiven Übernahmeabwehr aufzubauen.

II. Change of control Klauseln

Eine übernahmebedrohte Gesellschaft kann zur Erschwerung oder Verhinderung feindlicher Übernahmeversuche in ihren Verträgen mit Dritten change of control Klauseln aufnehmen, aufgrund derer den Vertragspartnern bestimmte Rechte zustehen, sobald die Kontrolle über die Gesellschaft in andere Hände übergeht. Derartige Klauseln kommen in Großbritannien vor allem in Finanzierungsvereinbarungen und in Joint Venture Verträgen vor.[1689]

Üblicherweise gewähren change of control Klauseln dem Vertragspartner das Recht, das Vertragsverhältnis vorzeitig zu kündigen. In Joint Venture Vereinbarungen ist ein solches Kündigungsrecht zumeist mit der Option kombiniert, die Beteiligung der Zielgesellschaft an dem Joint Venture zu erwerben. Werden die change of control Klauseln von den Vertragspartnern im Übernahmefall ausgeübt, so können sie die Übernahme für einen feindlichen Bieter erheblich erschweren, da sie die wirtschaftlichen Verhältnisse der Zielgesellschaft verändern. Das gilt insbesondere, wenn sie in Vertragsverhältnissen inkorporiert sind, die für die Unternehmens- oder Übernahmestrategie des Bieters eine bedeutende Rolle spielen.

1. Treuepflichten der directors

Bei der Implementierung von change of control Klauseln in den Vertragsverhältnissen der Gesellschaft müssen die directors ihre aufgezeigten Treuepflichten beachten.[1690] Sie dürfen derartige Klauseln nur vereinbaren, wenn sie im guten Glauben an das Gesellschaftsinteresse und zu zulässigen Zwecken handeln.[1691]

Mit der Frage, ob diese Anforderungen erfüllt sind, wenn eine change of control Klausel zur Abwehr eines künftigen Übernahmeversuchs in einem Vertragsverhältnis einer übernahmegefährdeten Gesellschaft implementiert wird, hatten sich die Gerichte jüngst in der aktuellen Entscheidung *Criterion Properties Plc v Stratford UK Properties LLC*[1692] auseinander zu setzen.[1693]

1689 Vgl. *Weinberg/Blank*, Takeovers and Mergers, Rn. 4-7085 Fn. 1; *Stedman*, Takeovers, S. 420; *Prentice*, in: Kreuzer, Öffentliche Übernahmeangebote, S. 133, 156 f.; *Cadman*, Sharholders' Agreements, S. 122; *Bradley*, (1990) MLR 53, 170, 174; change of control Klauseln in Finanzierungsvereinbarungen werden als „poison debt" bezeichnet, vgl. *Davies*, in: Hopt/Wymeersch, European Takeovers, S. 195, 210; *Clemens*, (1987) Bus Law 42, 747 ff.

1690 Ausführlich zu der insofern maßgeblichen bona fide und proper purpose duty Teil 2 § 4 C II 2.

1691 *Criterion Properties Plc v Stratford UK Properties LLC* [2003] BCC 50; *Parkinson*, Corporate Power and Responsibility, S. 142; *Gower/Davies*, Company Law, S. 385 mit Fn. 77.

1692 [2003] BCC 50.

1693 Eine ausführliche Darstellung der erst- und zweitinstanzlichen Entscheidung findet sich bei *Clarke*, (2004) JCLS 4, 51, 64 ff.

In diesem Fall hatten zwei Gesellschaften ein Joint Venture gegründet, um gemeinsam Immobiliengeschäfte zu betreiben. Nach einiger Zeit entstand bei den directors der einen Gesellschaft der Verdacht, dass ein potentieller Bieter seine Beteiligung an der Gesellschaft zur Vorbereitung einer feindlichen Übernahme in großem Umfang aufstockte. Nach der Überzeugung der directors lag die befürchtete Übernahme durch den betreffenden Bieter nicht im Interesse der Gesellschaft, da der Bieter einen zweifelhaften Ruf hatte und konkrete Anhaltspunkte dafür bestanden, dass er die Gesellschaft liquidieren wollte. Daher einigten sich die directors der beiden kooperierenden Unternehmen darauf, in den Joint Venture Vertrag eine Klausel aufzunehmen, die einer Partei das Recht gewährte, sich im Falle einer Übernahme der anderen Gesellschaft von dieser zu einem überhöhten Preis aus dem Joint Venture auskaufen zu lassen. Die Auskaufsverpflichtung zu überhöhten Kursen im Übernahmefall sollte den unerwünschten Bieter von seinen Übernahmeplänen abbringen.[1694]

Das Gericht kam zu dem Schluss, dass die directors bei der Vereinbarung der Klausel nicht im guten Glauben an das Gesellschaftsinteresse gehandelt und daher gegen ihre bona fide duty verstoßen hatten.[1695] Entscheidend war, dass die streitgegenständliche Klausel nach ihrem Wortlaut nicht nur im Falle der befürchteten schädigenden Übernahme, sondern auch in anderen Fällen – z.B. durch ein für die Gesellschaft vorteilhaftes Übernahmeangebot oder durch eine einvernehmliche Übernahme – ausgelöst werden konnte. Nach der Auffassung des Gerichts waren zumindest für diese Fälle keine vernünftigen Erwägungen feststellbar, aufgrund derer die directors zu der Einschätzung kommen konnten, die Vereinbarung einer Auskaufsverpflichtung zu einem überhöhten Preis liege im Interesse der Gesellschaft.[1696]

Da das Gericht einen Verstoß gegen die bona fide duty festgestellt hatte, konnte es die weitergehende und interessantere Frage offen lassen, inwieweit change of control Klauseln, die zur Abwehr feindlicher Übernahmen vereinbart werden, im Rahmen der proper purpose duty zulässig sind, die für Abwehrmaßnahmen gegen feindliche Übernahmeversuche strengere Anforderungen aufstellt als die bona fide duty.[1697]

Obwohl das Gericht diese Frage ausdrücklich nicht entscheiden wollte, deuten einige Passagen des Urteils darauf hin, dass derartige Klauseln in Ausnahmefällen von der Rechtsprechung als rechtmäßig akzeptiert werden. So schloss sich *Carnwath LJ* in seinen Ausführungen der übereinstimmenden Auffassung der Parteien an, eine Aktienausgabe zur Übernahmeabwehr könne in Ausnahmefällen zulässig sein, wenn es um die Abwehr eines Übernahmeangebots gehe, welches der Gesellschaft einen schwer-

---

1694 Diese Abwehrstrategie war offenbar erfolgreich, da der potentielle Bieter seine Übernahmeabsichten fallen lies. Der Rechtsstreit entstand erst nachdem die Übernahmegefahr beseitigt war im Zusammenhang mit der Beendigung der Joint Venture Vereinbarung.

1695 *Criterion Properties Plc v Stratford UK Properties LLC* [2003] BCC 50, para. 26 per Carnwath LJ.

1696 *Criterion Properties Plc v Stratford UK Properties LLC* [2003] BCC 50, para. 26 per Carnwath LJ.

1697 *Criterion Properties Plc v Stratford UK Properties LLC* [2003] BCC 50, para. 26 per Carnwath LJ.

wiegenden wirtschaftlichen Schaden zufügen würde.[1698] Diese Ausführungen stehen im Einklang mit den im Anschluss an die Entscheidung *Cayne v Global Natural Resources PLC*[1699] ergangenen Urteilen, die die proper purpose duty nunmehr im Sinne einer eingeschränkten Neutralitätspflicht verstehen, welche Abwehrmaßnahmen der directors zwar grundsätzlich untersagt, in bestimmten Extremfällen aber Ausnahmen von diesem Verbot zulässt.[1700]

Wendet man diese Rechtsprechung auf change of control Klauseln an, so kommt man zu dem Schluss, dass die directors auch hier ausnahmsweise im Rahmen ihrer proper purpose duty handeln, wenn die jeweilige Klausel so formuliert ist, dass sie *ausschließlich* durch einen Übernahmeversuch ausgelöst wird, der die wirtschaftliche Existenz der Gesellschaft bedroht oder ihr einen schweren wirtschaftlichen Schaden zufügt. Allerdings dürfte eine change of control Klausel auch bei der Abwehr eines solchen Übernahmeversuchs nur dann zulässig sein, wenn sie gegenüber der befürchteten Schädigung der Gesellschaft ein minderes Übel darstellt.[1701] Die directors müssen daher den Schaden, den die befürchtete Übernahme der Gesellschaft zufügen würde, gegen alle anderen maßgeblichen Faktoren abwägen. Insbesondere müssen sie die nachteiligen Auswirkungen berücksichtigen, welche die Ausübung der Klausel nach sich zieht.

Ist die Klausel dagegen *allgemein formuliert* und erfasst sie daher auch Übernahmeversuche, die für die Gesellschaft vorteilhaft sind, so verstoßen die directors durch die Vereinbarung gegen die proper purpose duty, wenn sie mit der Klausel primär den Zweck der Übernahmeabwehr verfolgen.[1702]

1698 *Criterion Properties Plc v Stratford UK Properties LLC* [2003] BCC 50, para. 24 ff. per Carnwath LJ; die Parteien verwiesen insofern auf die Commonwealth Entscheidungen *Stena Finance BV v Sea Containers Ltd* (1989) 39 WIR 83 (Bermuda) und *Re 347883 Alberta and Producers Pipeline Inc* (1991) 80 DLR (4th) 359 (Saskatchewan); siehe zur ersten dieser Entscheidungen die Besprechung bei *Walcott*, (1996) Comp Law 17, 155 ff.

1699 Entscheidung der Chancery Division vom 12. August 1982, nicht veröffentlicht.

1700 Ausführlich hierzu Teil 2 § 4 C II 2 b bb.

1701 *Mayson/French/Ryan*, Company Law, Rn. 16.4.12; so hielt Hart J die streitgegenständliche change of control Klausel in der erstinstanzlichen Entscheidung für unzulässig, da die mit ihr verbundene Hingabe von Gesellschaftsvermögen ohne angemessene wirtschaftliche Gegenleistung nach seiner Meinung über die negativen Folgen, die die befürchtete Übernahme für die Gesellschaft haben konnte, hinausging. Er war der Ansicht, insofern sei zwischen der streitgegenständlichen change of control Klausel und einer Aktienausgabe, wie sie Gegenstand der Entscheidung *Cayne v Global Natural Resources PLC* war, zu unterscheiden, da eine Aktienausgabe, durch welche die Gesellschaft frisches Kapital erhalte, im Gegensatz zu der streitgegenständlichen change of control Klausel für die Gesellschaft prima facie vorteilhaft sei, vgl. *Criterion Properties Plc v Stratford UK Properties LLC* [2002] 2 BCLC 151, para. 18, 23 und 38 per Hart J; vgl. auch *Clarke*, (2004) JCLS 4, 51, 65 f.

1702 *Criterion Properties Plc v Stratford UK Properties LLC* [2003] BCC 50, para. 25 f. per Carnwath LJ.

In der Vorangebotsphase dürfte den directors der Nachweis eines schädigenden Angebots wiederum kaum möglich sein, da Identität und Absichten eines potentiellen Bieters üblicherweise erst mit der Abgabe des Angebots deutlich werden.[1703]

Eine change of control Klausel kann jedoch auch zu anderen Zwecken als der Übernahmeabwehr abgeschlossen werden, die im Rahmen der proper purpose duty unbedenklich sind, so dass sich die abschreckende Wirkung dieser Maßnahme als bloßer Nebeneffekt eines zulässigen Verwaltungshandelns darstellt.[1704] Als Rechtfertigung kommt insbesondere der Schutz der berechtigten Interessen des jeweiligen Vertragspartners in Betracht. So hat ein Gläubiger, der mit der Gesellschaft eine Finanzierungsvereinbarung abgeschlossen hat, ein anerkennenswertes Interesse daran, das Vertragsverhältnis zu beenden, wenn ihm durch die Übernahme der Gesellschaft wirtschaftlich ein anderer Schuldner aufgezwungen wird. Ebenso muss den Partnern eines Joint Ventures die Möglichkeit gegeben werden, das Gemeinschaftsunternehmen aufzulösen, wenn der Vertragspartner durch einen Konkurrenten übernommen wird.

Dient die change of control Klausel diesen Zwecken, so kann sie von den directors im Rahmen ihrer Treuepflichten ohne Weiteres vereinbart werden, obwohl sie daneben einen abschreckenden Effekt auf potentielle feindliche Bieter hat.[1705] Zusätzlich haben die directors die Möglichkeit, sich durch einen zustimmenden Beschluss des general meeting gegen den Vorwurf der Treuepflichtverletzung abzusichern.[1706]

2. Anforderungen der Listing Rules

Räumt die change of control Klausel dem Vertragspartner wie in der Entscheidung *Criterion Properties Plc v Stratford UK Properties LLC* das Recht ein, eine Unternehmensbeteiligung der Zielgesellschaft zu kaufen oder der Zielgesellschaft eine Unternehmensbeteiligung zu veräußern, was in Joint Venture Vereinbarungen regelmäßig der Fall ist, so müssen die directors von börsennotierten public companies bei der Vereinbarung der Klausel die Regelungen des Chapter 10 der Listing Rules über wesentliche Vermögenstransaktionen beachten.[1707]

Diese gelten nicht nur für direkte Vermögensübertragungen, sondern auch für die Einräumung von Optionen über den Erwerb oder die Veräußerung von Vermögensgegenstände einer börsennotierten Gesellschaft.[1708] Sofern die Beteiligung, auf die sich die Option bezieht, in einer der Kategorien Vermögen, Gewinn, Umsatz oder Marktkapitalisierung 25 Prozent des entsprechenden Wertes der Gesellschaft in der jeweiligen Kategorie ausmacht, stellt die Einräumung der Option eine class 1 transac-

---

1703 Siehe hierzu Teil 2 § 4 C II 2 b ee; insofern dürfte der Sachverhalt der Entscheidung *Criterion Properties Plc v Stratford UK Properties LLC* [2003] BCC 50 einen Ausnahmefall darstellen.

1704 Siehe hierzu Teil 2 § 4 C II 2 b cc.

1705 *Stedman*, Takeovers, S. 420; *Davies*, in: Hopt/Wymeersch, European Takeovers, S. 195, 210.

1706 Vgl. *Hogg v Cramphorn Ltd* [1967] Ch 254, 269 per Buckley J; *Bamford v Bamford* [1970] Ch 212, 227 per Plowman J.

1707 Listing Rules, Chapter 10.

1708 Listing Rules, Chapter 10 para. 10.1 (b).

tion dar, so dass eine Zustimmung des general meeting erforderlich ist.[1709] Darüber hinaus müssen die Aktionäre vor der Vereinbarung der Klausel durch einen schriftlichen Bericht über deren Einzelheiten informiert werden.[1710] Der Bericht ist der FSA zur Genehmigung vorzulegen und darf erst an die Aktionäre weitergeleitet werden, wenn er die förmliche Zustimmung der FSA erhalten hat.[1711]

3. Anforderungen des City Code

Eine weitere Einschränkung für change of control Klauseln wurde im August 2002 in den City Code eingeführt. Nach Rule 21.2 des City Code darf eine Gesellschaft ohne die Zustimmung des Takeover Panel mit einem potentiellen Bieter keine Vereinbarung eingehen, durch die diesem für den Fall, dass die Gesellschaft durch eine dritte Person übernommen wird, eine Geldzahlung eingeräumt wird, die ein konkurrierendes Angebot verhindern könnte.[1712] Diese Regel gilt unabhängig davon, ob ein solches konkurrierendes Angebot bereits vorliegt oder nicht.

Rule 21 wurde ursprünglich in den City Code eingeführt, um den Umfang sogenannter „inducement fees“, durch welche einvernehmliche Übernahmen gegen konkurrierende Angebote abgesichert werden, auf ein Minimum zu beschränken.[1713] Der Anwendungsbereich dieser Regelung geht jedoch über derartige Vereinbarungen hinaus. Rule 21.2 City Code erfasst nicht nur Geldzahlungen, sondern auch jegliche andere Leistung, durch die einem potentiellen Bieter ein Vermögensbestandteil einer Zielgesellschaft zu Vorzugskonditionen zugewendet wird.[1714] Dabei sieht der Takeover Panel Gesellschaften, die in einem Joint Venture kooperieren, grundsätzlich als potentielle Bieter- und Zielgesellschaft im Sinne der Vorschrift an, auch wenn zwischen diesen keine Übernahmeabsicht besteht.[1715]

Daher ist es den Parteien eines Joint Ventures durch Rule 21.2 City Code untersagt, in dem Joint Venture Vertrag change of control Klauseln zu anderen Konditionen als zu Marktbedingungen zu vereinbaren.

4. Fazit

Die Befugnis der directors, change of control Klauseln als Abwehrmittel gegen feindliche Übernahmeversuche in den Verträgen ihrer Gesellschaft zu vereinbaren, wird durch ihre Treuepflichten beschränkt. Eine Klausel, die dazu dient, feindliche Über-

---

1709 Listing Rules, Chapter 10 para. 10.37.

1710 Listing Rules, Chapter 10 para. 10.38.

1711 Listing Rules, Chapter 10 para. 10.38.

1712 Vgl. City Code, Rule 21.2 Note 1.

1713 Vgl. *Kasolowsky*, Fiduciary Duties in Company Law, S. 191; der Takeover Panel akzeptiert inducement fees bis zu einer Höhe von einem Prozent des Angebotspreises für die Zielgesellschaft, vgl. City Code, Rule 21.2.

1714 City Code, Rule 21.2 Note 1; *Morse*, (2004) JBL, S. 143 f.

1715 Vgl. das Konsultationspapier PCP 11 des Panel vom 26. April 2002, para. 9.6 abrufbar im Internet unter: www.thetakeoverpanel.org.uk.

nahmeversuche generell abzuwehren, verstößt gegen die proper purpose duty. Jedoch ist mit der neueren Rechtsprechung, die die proper purpose duty als eingeschränkte Neutralitätspflicht versteht, davon auszugehen, dass sich die Vereinbarung einer change of control Klausel ausnahmsweise im Rahmen der Treuepflichten hält, wenn sie nur einen konkreten Übernahmeversuch erfasst, welcher der Gesellschaft einen schwerwiegenden wirtschaftlichen Schaden zufügen würde.

In der Vorangebotsphase dürften sich die directors allerdings kaum auf diese Ausnahme berufen können. Vielmehr haben sie hier die Möglichkeit, die Vereinbarung einer allgemein formulierten change of control Klausel durch das Schutzbedürfnis des jeweiligen Vertragspartners vor einem Wechsel der Unternehmensführung zu rechtfertigen.

Gewährt die Klausel dem Vertragpartner das Recht, eine Unternehmensbeteiligung der Gesellschaft an einem Joint Venture zu kaufen oder zu verkaufen, so setzen die Vorschriften der Listing Rules über wesentliche Vermögenstransaktionen der Kompetenz der directors eine betragsmäßige Obergrenze. Zudem verlangt der City Code das derartige Klauseln zu Marktbedingungen abgeschlossen werden.

Alles in allem dürften change of control Klauseln, die Bestandteil einer legitimen Vertragsbeziehung sind, zugleich die Interessen des Vertragspartner schützen und zu Marktkonditionen abgeschlossen wurden, den rechtlichen Anforderungen genügen.

III. Hohe Abfindungszahlungen für directors

Eine weitere Präventivmaßnahme zur Abwehr feindlicher Übernahmeversuche besteht darin, die directors einer übernahmebedrohten Gesellschaft mit Anstellungsverträgen auszustatten, die ihnen für den Fall ihrer vorzeitigen Entlassung hohe Abfindungszahlungen, golden parachutes, gewähren.[1716] Derartige Abfindungszahlungen werden typischerweise im Falle einer feindlichen Übernahme ausgelöst und können als Abwehrmittel dienen, wenn sie die Kosten der Übernahme für den feindlichen Bieter wesentlich erhöhen.[1717] Bei großen Transaktionen ist die Abwehrwirkung von golden parachutes jedoch zweifelhaft, da Abfindungszahlungen an das ausscheidende Management in Anbetracht der Höhe der sonstigen Transaktionskosten regelmäßig nur eine untergeordnete Rolle spielen.[1718]

1. Anforderungen des Companies Act 1985

Der Abschluss von Anstellungsverträgen und die Vereinbarung von Abfindungen oder sonstigen Zuwendungen für ausscheidende directors fällt bei den meisten public companies nach der von Art. 84 und 87 Table A CA 1985 vorgesehenen Kompetenzvertei-

---

1716 *Stedman*, Takeovers, S. 420; *Underhill/Austmann*, in: Payne, Takeovers, S. 87, 111; *Clarke*, (2004) JCLS 4, 51, 52; *Rickford*, (2005) ECFR 2, 63, 93.

1717 *Weinberg/Blank*, Takeovers, Rn. 4-7087; *Underhill/Austmann*, in: Payne, Takeovers, S. 87, 111; *McGee/Williams*, Business of Company Law, S. 261; *Savela*, Hostile Takeovers and Directors, S. 273.

1718 *Lüttmann*, Kontrollwechsel in Kapitalgesellschaften, S. 62 f.

lung in die Zuständigkeit des board of directors, wobei der jeweils durch die Vereinbarung betroffene director nach Art. 94 Table A CA 1985 bei der Entscheidung des board nicht mitwirken darf.[1719] Aus der Tatsache, dass die einzelnen directors die Bezahlung ihrer Vorstandskollegen bestimmen, ergibt sich ein offensichtlicher Interessenkonflikt. So wird ein director bei der Vereinbarung der Bezüge eines anderen directors in aller Regel großzügig sein, damit ihm selbst eine ebenso großzügige Behandlung zu Teil wird, wenn sein Vertrag ausgehandelt wird.[1720]

a. Begrenzung der Laufzeit von Anstellungsverträgen sec. 319 CA 1985

Um diesem Interessenkonflikt Rechnung zu tragen, schränkt sec. 319 CA 1985 die Kompetenz des board of directors insoweit ein, als Anstellungsverträge mit einer Laufzeit von mehr als fünf Jahren der Zustimmung des general meeting bedürfen.[1721] Dadurch soll der Gefahr entgegengewirkt werden, dass die directors sich Anstellungsverträge mit langen Laufzeiten gewähren, die von der Gesellschaft nur gegen Zahlung hoher Ersatzleistungen vorzeitig aufgelöst werden können.[1722]

b. Einschränkung von Abfindungszahlungen sec. 312 bis 316 CA 1985

Darüber hinaus bestimmt sec. 312 CA 1985, dass Abfindungszahlungen an einen director im Zusammenhang mit seiner vorzeitigen Entlassung oder seiner Amtsniederlegung erst und nur dann vorgenommen werden dürfen, wenn die Einzelheiten der beabsichtigten Zahlung den Aktionären offengelegt worden sind und das general meeting der Zahlung zugestimmt hat.

Für Zahlungen, die an einen director im Zusammenhang mit seinem Amtsverlust im Rahmen eines Übernahmeangebots vorgenommen werden, wird diese Vor-

---

1719 Zwar sind die directors bei der Vereinbarung von Verträgen mit der Gesellschaft wegen des bestehenden Interessenkonflikts nach den Regeln des common law grundsätzlich dazu verpflichtet, die Zustimmung des general meeting einzuholen. Diese Regel gilt jedoch nicht, wenn die articles dem board of directors entsprechend Art. 84 Table A CA 1985 die Kompetenz zum Abschluss derartiger Verträge eingeräumt haben, was in der Praxis üblich ist, vgl. *Palmer's*, Company Law, Rn. 8.214.1; *Parkinson*, Corporate Power and Responsibility, S. 218; *Gower/Davies*, Company Law, S. 395, 402.

1720 Die Tatsache, dass der jeweils betroffene director, der seinen Anstellungsvertrag mit dem board of directors vereinbart, bei der Entscheidung des board of directors nach Art. 94 Table A CA 1985 nicht mitwirken darf, hat wegen des kollektiven Interesses der directors an günstigen Anstellungsverträgen keine einschränkende Wirkung, vgl. *Parkinson*, Corporate Power and Responsibility, S. 218 mit Fn. 61; *Gower/Davies*, Company Law, S. 402 beschreiben diese Situation des „wie du mir, so ich dir" zutreffend als „mutual back scratching" (gegenseitiges Rückenkratzen).

1721 Die Company Law Review Steering Group hat im Rahmen der aktuellen Company Law Reform vorgeschlagen, diesen Zeitraum auf drei Jahre zu begrenzen, vgl. *DTI*, Final Report, para. 6.10 – 6.14. In cl. 171 (1) der Company Law Reform Bill, H.L. (2005-2006) [Bull 34], ist jedoch wieder ein Zeitraum von fünf Jahren vorgesehen.

1722 *Ferran*, Company Law and Corporate Finance, S. 179; *Parkinson*, Corporate Power and Responsibility, S. 219; *Kasolowsky*, Fiduciary Duties in Company Law, S. 125.

schrift zusätzlich durch sec. 314 und 315 CA 1985 verschärft. Nach sec. 314 (2) CA 1985 haben die directors die Pflicht, alle zumutbaren Schritte einzuleiten, um die Aktionäre der Gesellschaft in der Angebotsunterlage bzw. zusammen mit der Unterrichtung über das Übernahmeangebot über alle Einzelheiten der beabsichtigten Abfindungszahlung zu informieren. Ein Verstoß gegen diese Pflicht wird mit einer Geldstrafe geahndet.[1723] Zudem bestimmt sec. 315 CA 1985, dass die directors alle Zahlungen, die sie unter Verstoß gegen die Informationspflicht oder ohne Zustimmung des general meeting erhalten haben, als Treuhänder für die Aktionäre empfangen, die ihre Aktien im Rahmen des Übernahmeangebots veräußern. Für unrechtmäßig erhaltene Zahlungen sind die directors den Aktionären daher in vollem Umfang ersatzpflichtig. In diesem Zusammenhang stellt zudem sec. 316 (1) CA 1985 die widerlegliche Vermutung auf, dass jegliche Zahlung, die ein director innerhalb eines Jahres vor oder bis zu zwei Jahren nach der Übernahme von „seinem" Unternehmen erhalten hat, im Zusammenhang mit der Übernahme steht, so dass die Regeln der sec. 314 und 315 CA 1985 auf diese Zahlung Anwendung finden, sofern nicht der betroffene director beweisen kann, dass er die jeweilige Zahlung unabhängig von dem Übernahmeangebot empfangen hat.

Obwohl diese Vorschriften dem Schutz der Aktionäre vor überhöhten Abfindungszahlungen dienen sollen, haben sie für die Gewährung von golden parachutes nur eine sehr eingeschränkte Bedeutung.[1724]

Dies liegt zum einen daran, dass sec. 312 bis 315 CA 1985 gemäß sec. 316 (3) CA 1985 auf Abfindungszahlungen, die an einen director als Schadensersatz für eine vorzeitige Entlassung geleistet werden, keine Anwendung finden. Sofern die Gesellschaft nicht infolge eines schwerwiegenden Fehlverhaltens der directors zur Beendigung eines Anstellungsvertrages berechtigt ist, stellt aber jede vorzeitige Vertragsauflösung infolge eines Übernahmeangebots eine Vertragsverletzung dar, die einen solchen Schadensersatzanspruch der directors auslöst.

Der Umfang der zu zahlenden Ersatzleistung bemisst sich primär nach dem Gehaltsanspruch für die Restlaufzeit des Vertrags.[1725] Da die directors ihre Anstellungsverträge gemäß sec. 319 CA 1985 bis zu einer Laufzeit von fünf Jahren selber abschließen dürfen, können sie sich mit revolvierenden Fünfjahresverträgen (five-year-rollers) ausstatten, deren Laufzeit sich nach dem Ablauf einer gewissen Frist wieder automatisch auf fünf Jahre verlängert und deren Kündigungsfrist ebenfalls nahezu fünf Jahre beträgt.[1726] Auf diesem Wege können sich die directors hohe Abfindungszahlun-

1723 Sec. 314 (3) CA 1985.

1724 *Gower/Davies*, Company Law, S. 748; *Ferran*, Company Law and Corporate Finance, S. 185; *Parkinson*, Corporate Power and Responsibility, S. 219 f.; *Kasolowsky*, Fiduciary Duties in Company Law, S. 126 ff.

1725 *Clark v BET plc* [1997] IRLR 348; *Ferran*, Company Law and Corporate Finance, S. 179; *Kasolowsky*, Fiduciary Duties in Company Law, S. 126; *Rickford*, (2005) ECFR 2, 63, 97.

1726 Zu diesem Vorgehen *Gower/Davies*, Company Law, S. 749, 313 Fn. 25; *Ferran*, Company Law and Corporate Finance, S. 179.

gen sichern, ohne dass für die Vereinbarung oder die Auszahlung der Abfindung eine Zustimmung des general meeting erforderlich ist.[1727]

Überdies wenden die Gerichte die Vorschriften über Abfindungszahlungen nicht auf solche Zahlungen an, die zwischen der Gesellschaft und den directors *vertraglich vereinbart* wurden, oder die als Ersatz für den Verlust der Eigenschaft als *Angestellter* der Gesellschaft und nicht als Gegenleistung für den *Amtsverlust* gezahlt werden.[1728]

Demgemäß können in den Anstellungsverträgen der directors hohe Abfindungsregelungen auch ausdrücklich vereinbart werden oder Zahlungen unter dem Vorwand der Entschädigung für den Verlust des Arbeitsplatzes vorgenommen werden, ohne dass eine Zustimmung des general meeting erforderlich ist. In der grundlegenden Entscheidung *Taupo Totara Timber Co Ltd v Rowe*[1729] hielt das Gericht sogar eine Vereinbarung, durch die einem director eine Abfindung in Höhe des Fünffachen seines Jahresgehalts gewährt wurde, für zulässig, obwohl die Vereinbarung am Tag der Abgabe eines Übernahmeangebots abgeschlossen und das Geld innerhalb eines Jahres nach dem Erfolg der Übernahme ausgezahlt wurde.

Da golden parachutes typischerweise auf einer solchen im Vorfeld einer Übernahme geschlossenen vertraglichen Grundlage beruhen, werden sie von den Einschränkungen des Companies Act 1985 für Abfindungszahlungen nicht erfasst.

c. Directors' Remuneration Report Regulations

Neben den Regelungen der sec. 312 bis 316 CA 1985 enthält der Companies Act 1985 spezielle Offenlegungspflichten zu den Anstellungsverträgen der directors, die im Zusammenhang mit golden parachutes relevant werden.

So sind die directors nach sec. 317 CA 1985 verpflichtet, alle direkten oder indirekten Eigeninteressen gegenüber den anderen directors offen zu legen, wenn sie mit der Gesellschaft Verträge abschließen. Obwohl das Eigeninteresse der directors bei der Vereinbarung ihrer Anstellungsverträge auf der Hand liegt, besteht diese Offenlegungspflicht auch hier.[1730] Darüber hinaus müssen die Anstellungsverträge der directors nach sec. 318 (1) CA 1985 jederzeit am Geschäftssitz der Gesellschaft für die Aktionäre einsehbar sein.[1731]

1727 *Gower/Davies*, Company Law, S. 749, 313; *Ferran*, Company Law and Corporate Finance, S. 179; *Kasolowsky*, Fiduciary Duties in Company Law, S. 126; in *Runicam v Walter Runicam Plc* [1992] BCLC 1084 waren die directors mit Anstellungsverträgen ausgestattet, die eine fünfjährige Kündigungsfrist vorsahen. Die Kündigungsfrist war infolge einer befürchteten feindlichen Übernahme von einer ursprünglichen Frist von drei Jahren erhöht worden.

1728 *Taupo Totara Timber Co Ltd v Rowe* [1978] AC 537, 545 f. per Lord Wilberforce; *Lander v Premier Pict Petroleum Ltd* [1998] BCC 249; *Mercer v Heart of Midlothian Plc* [2001] SLT 945; *Ferran*, Company Law and Corporate Finance, 185.

1729 [1978] AC 537.

1730 Vgl. *Neptune (Vehicle Washing Equipment) Ltd v Fitzgerald* [1995] 1 BCLC 352; *Runicam v Walter Runicam plc* [1992] BCLC 1084.

1731 Ausgenommen sind lediglich Verträge mit einer Laufzeit von weniger als einem Jahr.

Die directors einer börsennotierten public company sind seit dem Inkrafttreten der Directors' Remuneration Report Regulations 2002[1732] im August 2002 zudem dazu verpflichtet, einen detaillierten Einkommensbericht (remuneration report) zu erstellen,[1733] der zusammen mit dem Jahresabschluss veröffentlicht[1734] und an die Aktionäre und das Registergericht der Gesellschaft (registrator) versendet werden muss.[1735] In einem sogenannten „policy statement" muss dieser Bericht unter anderem offen legen, welche Politik das Unternehmen bei den Anstellungsverträgen der directors im Hinblick auf Laufzeit, Kündigungsfristen und Abfindungsvereinbarungen verfolgt.[1736] Um eine individuelle Kontrolle dieser allgemeinen Angaben zu ermöglichen, hat der Bericht zudem Auskunft darüber zu geben, welche Restlaufzeit die einzelnen Verträge der directors haben, mit welchen Kündigungsfristen sie jeweils ausgestattet sind, und welche Abfindungszahlungen im Falle einer vorzeitigen Entlassung konkret zu zahlen sind.[1737] Ebenso sind die im letzten Geschäftsjahr erfolgten Abfindungszahlungen offen zu legen und zu erklären.[1738] Der Bericht muss dem general meeting zusammen mit dem Jahresabschluss zur Zustimmung vorgelegt werden.[1739]

Allerdings ist der Beschluss des general meeting lediglich beratender Natur. Er soll dem Management lediglich einen Aufschluss über die Zufriedenheit der Aktionäre mit der Gehaltspolitik der Gesellschaft vermitteln.[1740] Auf die Wirksamkeit der Gehalts- und Abfindungsvereinbarungen hat ein ablehnender Beschluss des general meeting jedoch keine Auswirkungen.[1741]

Golden parachutes, die auf einer vor einer Übernahmesituation geschlossenen vertraglichen Vereinbarung beruhen und demgemäß nicht den Anforderungen der sec. 312 bis 316 CA 1985 unterfallen, können vom board of directors daher weiterhin rechtmäßig und wirksam vereinbart und ausgezahlt werden, ohne dass es hierzu einer Zustimmung des general meeting bedarf.

In der Praxis dürfte eine Ablehnung des Einkommensberichts durch das general meeting jedoch dazu führen, dass derartige Vereinbarungen aufgrund des zu erwartenden öffentlichen Drucks früher oder später aufgelöst bzw. aufgehoben werden.[1742] So

---

[1732] SI 2002/1986.

[1733] Sec. 234B CA 1985.

[1734] Sec. 232 CA 1985.

[1735] Sec. 238 (1), (1A) und sec. 242 (1) CA 1985; zum Inhalt des Einkommensberichts *Rickford*, (2005) ECFR 2, 63, 93 ff.; aus dem deutschen Schrifttum *Kirschbaum*, AG 2005, R6 ff.

[1736] Para. 3 (4) Schedule 7A CA 1985.

[1737] Para. 5 (1) Schedule 7A CA 1985.

[1738] Para. 5 (2) und 14 Schedule 7A CA 1985.

[1739] Sec. 241A CA 1985.

[1740] Vgl. *Copp*, (2003) ICCLR 14, 115, 127.

[1741] Sec. 241 A (8) CA 1985; *Rickford*, (2005) ECFR 2, 63, 95 bezeichnet die Zustimmungspflicht des general meeting insofern zutreffend als „typisch englische Regelung", da sie zwar zwingend, ihr Ergebnis aber ohne rechtliche Auswirkung ist.

[1742] In diesem Sinne auch *Gower/Davies*, Company Law, S. 315; *Ferran*, Company Law and Corporate Finance, S. 179 f.; *Rickford*, (2005) ECFR 2, 63, 96. Obwohl eine Reihe von Anstellungsverträgen für directors von börsennotierten public companies weiterhin hohe Abfindungen vorsehen, ist der Einkommensbericht am Ende des ersten Geschäftjahres nach dem Inverzichtete der chief executive officer der Barclays Bank plc im Jahre 2004 auf einen golden parachute, der ihm im Falle einer feindlichen Übernahme ein zweifaches Jahresgehalt beschert hätte, nachdem der Einkommensbericht auf dem general meeting von 30 Prozent der Aktionäre abgelehnt worden war.[1743]

2. Treuepflichten der directors

Bei der Vereinbarung von golden parachute Klauseln in den Anstellungsverträgen müssen die directors wiederum ihre allgemeinen Treuepflichten beachten. Insbesondere dürfen sie kein Eigeninteresse verfolgen, sondern müssen im guten Glauben an das Interesse der Gesellschaft und zu zulässigen Zwecken handeln.[1744]

Schließen die directors einen Anstellungsvertrag mit einer hohen Abfindungszahlung ab, um ihre eigene Position vor feindlichen Übernahmen zu sichern, so handeln sie zweifellos zu einem unzulässigen Zweck.[1745] Ebenso unzulässig ist die Vereinbarung einer hohen Abfindung, wenn sie generell der Abwehr von Übernahmeversuchen und somit auch zur Vereitelung von Angeboten, dic für die Gesellschaft vorteilhaft sein können, dient. Die Übernahmeabwehr stellt nur dann ausnahmsweise einen zulässigen Zweck im Rahmen der als eingeschränkte Neutralitätspflicht zu verstehenden proper purpose duty dar, wenn es um die Vereitelung eines konkreten Übernahmeangebots geht, das die Gesellschaft in ihrer wirtschaftlichen Existenz bedroht.[1746]

In der Vorangebotsphase dürfte der Nachweis eines solchen schädigenden Angebots wiederum nur sehr schwer zu erbringen sein.[1747]

Hohe Abfindungszahlungen sind jedoch rechtmäßig, wenn sie in erster Linie wirtschaftlichen Überlegungen dienen und die Abwehrwirkung auf feindliche Bieter nur ein Nebeneffekt der Maßnahme ist.[1748] Wegen der vielfältigen Überlegungen, die bei der Gestaltung der Anstellungsverträge der directors ausschlaggebend sind, dürfte es in der Praxis schwierig sein, zulässige Vereinbarungen von bloßen Abwehrmaß-

---

krafttreten der Directors' Remuneration Report Regulations 2002 nur bei GlaxoSmithKline vom general meeting mehrheitlich abgelehnt worden. Hier enthielt der Anstellungsvertrag eines executive directors ursprünglich einen golden parachute in Höhe von 22 Millionen Pfund. Infolge der Ablehnung durch die Aktionäre wurde dieser Betrag reduziert, vgl. *Rickford*, (2005) ECFR 2, 63, 99; *The Guardian* vom 1. Mai 2004, City Pages, S. 28; *The Times* vom 27. März 2004, Business, S. 64; *Kirschbaum*, AG 2005, R6, R7.

1743 Vgl. *The Times* vom 25. März 2004, Companies UK, S. 22, *The Guardian* vom 25. März 2004, City Pages, S. 19; für weitere Beispiele siehe *Rickford*, (2005) ECFR 2, 63, 99 mit Fn. 133.

1744 Siehe hierzu Teil 3 § 4 C II 2; vgl. auch *Weinberg/Blank*, Takeovers and Mergers, Rn. 4-7088; *Stedman*, Takeovers, S. 421; *Woolridge*, (1974) JBL, 202, 208.

1745 *Weinberg/Blank*, Takeovers and Mergers, Rn. 4-7987; *Underhill/Austmann*, in: Payne, Takeovers, S. 87, 111; *Woolridge*, (1974) JBL, 202, 208.

1746 Siehe hierzu Teil 2 § 4 C II 2 b bb.

1747 Siehe hierzu Teil 2 § 4 C II 2 b ee.

1748 Siehe hierzu Teil 2 § 4 C II 2 b cc; vgl. auch *Weinberg/Blank*, Takeovers and Mergers, Rn. 4-7088; *Underhill/Austmann*, in: Payne, Takeovers, S. 87, 111.

nahmen zu unterscheiden.[1749] Die Vereinbarung von golden parachutes hält sich im Rahmen der Treuepflichten, wenn sie notwendig ist, um qualifizierte Personen als directors für die Gesellschaft zu gewinnen, die ohne die Vereinbarung einer hohen Abfindung keine Position im Management übernehmen würden.[1750] So hielt *Lord Wilberforce* in der bereits angesprochenen Entscheidung *Taupo Totara Timber Co Ltd v Rowe*[1751] eine Abfindungsvereinbarung, durch die einem director im Falle des Ausscheidens infolge eines Übernahmeangebots das Fünffache seines Jahresgehalts gewährt wurde, für zulässig, da ein vernünftiger und aufrichtiger director eine solche Vereinbarung nach seiner Auffassung für notwendig halten durfte, um im Interesse der Gesellschaft wertvolle Mitarbeiter an die Gesellschaft zu binden.[1752]

Eine exzessive Abfindungszahlung, die der Gesellschaft keinen Nutzen bringt, sondern ausschließlich den Charakter einer Versicherung der directors gegen den Verlust ihrer Position hat, kann durch derartige Überlegungen jedoch nicht gerechtfertigt werden.[1753] Wann die Gerichte einen solchen Sachverhalt annehmen, kann nicht abschließend beurteilt werden. Im Hinblick auf die Höhe der geleisteten Abfindung in *Taupo Totara Timber Co Ltd v Rowe*[1754] kann jedoch davon ausgegangen werden, dass die Gerichte die Managemententscheidung zur Vereinbarung einer Abfindung nur zurückhaltend überprüfen.[1755] Selbst wenn derartige Vereinbarungen eine treuepflichtwidrige Ausübung der Managementbefugnisse nahe legen, können sie durch die Zustimmung des general meeting gegen den Vorwurf der Treuepflichtverletzung abgesichert werden.[1756]

3. Anforderungen des Combined Code

Die Überwachung der Gehälter und Anfindungsansprüche der directors ist seit je her ein Hauptanliegen der institutionellen Anleger.[1757]

1749 *Weinberg/Blank*, Takeovers and Mergers, Rn. 4-7088; *Stedman*, Takeovers, S. 421.

1750 *Underhill/Austmann*, in: Payne, Takeovers, S. 87, 111; *Stedman*, Takeovers, S. 421.

1751 [1978] AC 537.

1752 *„The view that inclusion of a provision giving protection in the event of a take-over was in the interest of the company, was clearly one that reasonable and honest directors might take. In its absence, the staff might be likely to go elsewhere."*, *Taupo Totara Timber Co Ltd v Rowe* [1978] AC 537, 546 per Lord Wilberforce.

1753 *Stedman*, Takeovers, S. 421; *Parkinson*, Corporate Power and Responsibility, S. 220 Fn. 73; *McGee/Williams*, Business of Company Law, S. 262.

1754 [1978] AC 537.

1755 Zur allgemeinen Zurückhaltung der britischen Gerichte bei der Überprüfung von Managemententscheidungen siehe Teil 2 § C 4 II 2 a aa.

1756 Siehe hierzu Teil 2 § 4 C II 2 b dd; vgl. auch *Hogg v Cramphorn Ltd* [1967] Ch 254, 269 per Buckley J; *Bamford v Bamford* [1970] Ch 212, 227 per Plowman J; *Weinberg/Blank*, Takeovers and Mergers, Rn. 4-7088.

1757 *Stapledon*, Institutional Shareholders and Corporate Governance, S. 74; *Davies*, in: Hopt/Wymeersch, Comparative Corporate Governance, S. 47, 57; *ders.*, in: Baums/Buxbaum/Hopt, Institutional Investors and Corporate Governance, S. 257, 276 f.; *Cheffins*, Company Law, S. 655.

Seit Beginn der neunziger Jahre des letzten Jahrhunderts haben diese ihren starken Einfluss genutzt, um das Corporate Governance System in Großbritannien zu verbessern und die angesprochenen Schwächen der gesetzlichen Schranken für Abfindungszahlungen an ausscheidende directors auszugleichen. Das Ergebnis dieser Politik waren die von den institutionellen Anlegern gemeinsam formulierten Einkommensrichtlinien für geschäftsführende directors (Guidelines on Executive Remuneration),[1758] die Aufnahme von Offenlegungspflichten über die Gehälter der directors in den Listing Rules,[1759] die Entstehung des Combined Code[1760] und schließlich die Verabschiedung der bereits erwähnten Directors' Remuneration Report Regulations 2002.[1761]

Der Combined Code wurde von der London Stock Exchange erstmals am 25. Juni 1998 veröffentlicht. Er ist ein auf freiwilliger Selbstregulierung beruhendes Regelwerk und stellt einen Anhang zu den Listing Rules der FSA dar. Als „Principles of Good Governance and Code of Best Practice" beschreibt er die in Großbritannien geltenden Verhaltensmaßstäbe guter Unternehmensleitung und fasst die Ergebnisse von drei verschiedenen Expertenkommissionen zur Verbesserung der Corporate Governance zusammen.[1762] Er wurde im Jahre 2002 als Reaktion auf den Enron Skandal durch den *Higgs Report*[1763] und den *Tyson Report*[1764] auf notwendige Reformen zur Rolle von nicht geschäftsführenden directors, durch den *Smith Report*[1765] im Hinblick auf eine Verbesserung der Funktionsweise von Prüfungsausschüssen (audit commit-

---

1758 Die Guidelines on Executive Remuneration der ABI sind abrufbar im Internet unter: www.ivis.co.uk/pages/gdsc2_1.html.

1759 Listing Rules, Chapter 12 para. 12.43A (c); die Offenlegungspflichten der Listing Rules sind durch die Directors' Remuneration Report Regulations 2002 in den Companies Act 1985 aufgenommen worden. Daher sollen die entsprechenden Regelungen in den Listing Rules in nächster Zeit gestrichen werden, vgl. hierzu *Gower/Davies*, Company Law, S. 404.

1760 Zur Bedeutung der institutionellen Anleger für die Entstehung des Combined Code *Rickford*, in: Hopt/Wymeersch, Capital Markets and Company Law, S. 461, 465 ff.; *ders.*, (2004) ECFR 1, 391, 413 f.

1761 Vgl. *Davies*, in: Hopt/Wymeersch, Comparative Corporate Governance, S. 47, 58 f.; *Stapledon*, Institutional Shareholders and Corporate Governance, S. 73 f.; *Ferran*, Company Law and Corporate Finance, S. 183.

1762 Die Vorgänger des Combined Code waren der vom *Cadbury Committee* im Jahre 1992 herausgegebene *Cadbury Report* und der vom *Greenbury Committee* im Jahre 1995 herausgegeben *Greenbury Report*. Diese wurden im Jahre 1998 durch das *Hampel Committee* zusammengefasst und überarbeitet und schließlich mit einigen Änderungen von der London Stock Exchange als Combined Code im gleichen Jahr veröffentlicht. Zur Geschichte des Combined Code siehe *Pettet*, Company Law, S. 194 ff.; *Gower/Davies*, Company Law, S. 321 ff.; *Rickford*, in: Hopt/Wymeersch, Capital Markets and Company Law, S. 461, 465 ff.; aus dem deutschen Schrifttum *Davies*, ZGR 2001, 268 ff.; *Kasolowsky*, in: Hirte/Bücker, Grenzüberschreitende Gesellschaften, S. 153, 161 f.

1763 Abrufbar im Internet unter: www.dti.gov.uk/cld/non_exec_review/pdfs/higgsreport.pdf.

1764 Abrufbar im Internet unter: www.london.edu/tysonreport/Tyson_Report_June_2003.pdf; während der *Higgs Report* die Funktion und Effektivität von nicht geschäftsführenden directors untersuchte, beschäftigte sich der *Tyson Report* mit der Rekrutierung und Weiterbildung von nicht geschäftsführenden directors.

1765 Abrufbar im Internet unter: www.ecgi.org/codes/country_documents/uk/ac_report.pdf.

tees) und durch den *Turnbull Report* auf eine Optimierung interner Kontrollmaßnahmen überarbeitet.[1766] Die überarbeitete Version des Combined Code findet seit dem 1. November 2003 auf alle an der London Stock Exchange notierten public companies Anwendung.[1767]

Der Combined Code verlangt, dass die Kündigungsfristen und Laufzeiten der Anstellungsverträge für directors auf die Dauer von einem Jahr beschränkt sind.[1768] Darüber hinaus schreibt er die Bildung von Gehaltsausschüssen (remuneration committees) vor, die mehrheitlich mit nicht geschäftsführenden directors besetzt sein sollen und sowohl das Einkommen als auch die im Falle einer Entlassung zu zahlende Abfindung der directors festlegen.[1769] Dabei werden die remuneration committees vom Combined Code ausdrücklich dazu angehalten, die Höhe der Abfindungszahlungen an ausscheidende directors zu reduzieren und darauf zu achten, dass es nicht zu einer Belohnung schlechter Geschäftsführung – dem sogenannten „reward for failure" – kommt.[1770]

Gesellschaften, die von den Anforderungen des Combined Code abweichen, sind nach den Listing Rules verpflichtet, diese Abweichung nach dem sogenannten „comply or explain" Prinzip im Jahresbericht offen zu legen und zu begründen.[1771] Eine Abweichungserklärung wird von den institutionellen Investoren und den Medien sehr kritisch aufgenommen, sofern sie nicht überzeugend begründet werden kann.[1772] Die Enttäuschung der Anleger spiegelt sich dabei nicht selten in sinkenden Aktienkursen wider.[1773] Unter dem Einfluss der institutionellen Anleger sind remuneration committees bei börsennotierten public companies seit den neunziger Jahren des letzten Jahrhunderts eine Standardeinrichtung geworden.[1774] Auch die Laufzeiten der Anstellungsverträge der directors entsprechen in den meisten Fällen der Jahrefrist des Combined Code.[1775]

1766 Vgl. Combined Code, Preamble; *Gower/Davies*, Company Law, S. 324; ausführlich zu den Neuerungen des Combined Code *Solomon*, (2004) ICCLR 15, 99 ff.; *Burke*, (2003) Comp Law 24, 162; *Goulding/Miles/Schall*, (2005) ECFR 2, 20, 24 ff.; aus dem deutschen Schrifttum *Kasolowsky*, in: Hirte/Bücker, Grenzüberschreitende Gesellschaften, S. 153, 161 f.; *Just*, RIW 2004, 199, 201 ff.

1767 Combined Code, Preamble.

1768 Combined Code, para. B.1.6.

1769 Combined Code, para. B.2.1.

1770 Combined Code, para. B.1.6.

1771 Listing Rules, Chapter 12 para. 12.43A (a) und (b).

1772 Darauf weist das Institutional Shareholder Committee in seinem Statement of Principles ausdrücklich hin, abrufbar im Internet unter: www.ivis.co.uk/pages/gdsc6_5.html; vgl. auch *Ferran*, Company Law and Corporate Finance, S. 184; ähnlich *Dean*, (2003) ICCLR 14, 370.

1773 *Ferran*, in: Hopt/Wymeersch, Capital Markets and Company Law, S. 115, 119; Kasolowsky, in: Hirte/Bücker, Grenzüberschreitende Gesellschaften, S. 153, 161.

1774 Bereits Ende des Jahres 1995 hatten 92 Prozent der 300 größten britischen public companies ein remuneration committee, vgl. *Ferran*, Company Law and Corporate Finance, S. 184 Fn. 216; ähnlich *Parkinson*, Corporate Power and Responsibility, S. 218; *Cheffins*, Company Law, S. 661.

1775 Nach der im Jahre 1999 von PricewaterhouseCoopers für das DTI durchgeführten Studie „Monitoring of Corporate Governance Aspects of Directors' Remuneration" haben 60 Prozent

Dennoch ist es auch in letzter Zeit bei einigen börsennotierten Gesellschaften trotz mäßiger Geschäftszahlen zur Vereinbarung hoher Abfindungszahlungen gekommen, die die Effektivität der comply or explain Regelung in Zweifel gezogen haben.[1776] Aufgrund der wachsenden Kritik in den Medien befasste sich auch das DTI im Jahre 2003 mit der Frage, ob die Vereinbarung von Abfindungszahlungen einer strengeren gesetzlichen Regelung bedarf, die über die Offenlegungspflichten im Einkommensbericht hinausgeht.[1777] Im Februar 2004 wurde dieses Vorhaben jedoch eingestellt, da man zunächst abwarten will, inwieweit die Einführung der Directors' Remuneration Report Regulations 2002 zu einer Veränderung der Abfindungspolitik führt.[1778]

4. Fazit

Da der Companies Act 1985 die Kompetenz des board of directors zur Vereinbarung von Abfindungszahlungen und zur Gewährung von langfristigen Anstellungsverträgen nicht maßgeblich einschränkt, können die directors ohne die Zustimmung des general meeting mit golden parachutes ausgestattet werden.

Zwar unterliegen derartige Vereinbarungen seit dem Inkrafttreten der Directors' Remuneration Report Regulations 2002 strengen Offenlegungspflichten und einer beratenden Beschlussfassung durch das general meeting. Jedoch schränken auch diese Vorschriften die Kompetenz der directors nicht ein.

Eine materielle Schranke finden Abfindungszahlungen in den Treuepflichten der directors. Diese verbieten Abfindungsvereinbarungen, durch welche die directors ihre eigene Position sichern oder Übernahmeversuche allgemein abgewehrt werden sollen. Nur wenn es um die Abwehr eines bestimmten Übernahmeversuchs geht, der die wirtschaftliche Existenz der Gesellschaft bedroht, kann eine solche Abfindungsvereinbarung nach der als eingeschränkte Neutralitätspflicht zu verstehenden proper purpose duty zu Abwehrzwecken eingegangen werden. Darüber hinaus handeln die directors im Rahmen ihrer Treuepflichten, solange eine Abfindungsvereinbarung durch wirtschaftliche Gesichtspunkte gerechtfertigt werden kann.

---

der Anstellungsverträge der directors der an der London Stock Exchange notierten public companies eine Laufzeit von einem Jahr oder weniger. 39 Prozent der Anstellungsverträge haben eine Laufzeit zwischen einem und zwei Jahren und nur ein Prozent der Verträge wurde für eine Laufzeit von mehr als zwei Jahren abgeschlossen. Die Studie ist abrufbar im Internet unter: www.dti.gov.uk/cld/pwcrep.pdf. Siehe auch *Weinberg/Blank*, Takeovers and Mergers, Rn. 4-7087.

1776 Vgl. *Rickford*, (2005) ECFR 2, 63, 91 ff., der Abfindungszahlungen an ausscheidende directors als klassisches Beispiel für das Scheitern des comply or explain Ansatzes nennt; zu weiteren Problemen bei der Durchsetzung des Combined Code *Goulding/Miles/Schall*, (2005) ECFR 2, 20, 26 f.

1777 Siehe dazu das Konsultationspapier des DTI „Rewards for Failure" Directors' Remuneration – Contracts, Performance and Severance vom 3. Juni 2003, abrufbar im Internet unter: www.dti.gov.uk/cld/4864rewards.pdf.

1778 Vgl. *The Observer* vom 22. Februar 2004, Business Pages, S. 2; *The Guardian* vom 23 Februar 2004, City Pages, S. 21.

In der Praxis dürfte es für börsennotierte Gesellschaften äußerst schwierig sein, Abfindungszahlungen in einer zur präventiven Abwehr feindlicher Übernahmen ausreichenden Höhe in den Anstellungsverträgen der directors zu vereinbaren. Überhöhte Abfindungszahlungen laufen den Anforderungen des Combined Code zuwider und rufen daher den Widerstand der institutionellen Anleger hervor. Gleichwohl hat es auch in letzter Zeit vereinzelt börsennotierte Unternehmen gegeben, die sich dem öffentlichen Druck widersetzt haben und überhöhte Abfindungen vereinbart haben. Nach dem Inkrafttreten der strengen Transparenzerfordernisse scheinen diese Fälle allerdings seltener zu werden.

C. Ermächtigungen des general meeting

Die letzte Kategorie präventiver Abwehrmaßnahmen stellen Ermächtigungen des general meeting dar. Zur Prävention feindlicher Übernahmeversuche kann das general meeting die directors etwa zur Aktienausgabe unter Bezugsrechtsausschluss,[1779] zum Rückkauf eigener Aktien[1780] oder zur Verweigerung der Zustimmung zur Aktienübertragung ermächtigen.[1781]

I. Ermächtigung zur Aktienausgabe unter Ausschluss des Bezugsrechts

Zur Abwehr feindlicher Übernahmeversuche kann den directors einer übernahmebedrohten Gesellschaft die Ermächtigung erteilt werden, junge Aktien unter Ausschluss des Bezugsrechts auszugeben. Sobald erste Anzeichen für eine feindliche Übernahme vorliegen, können die directors eine solche Ermächtigung ausnutzen, um zeitnah Aktien bei einem oder mehreren befreundeten Investoren zu platzieren, die ihrerseits ein Interesse an der Aufrechterhaltung der bestehenden Beteiligungsverhältnisse der Gesellschaft haben. Derartige Investoren werden, wie bereits erwähnt,[1782] white squires genannt. Die Aktienausgabe an einen white squire erschwert eine feindliche Übernahme, da sie zum einen die Stimmrechtsmacht eines bereits am Grundkapital beteiligten feindlichen Bieters verwässert und zum anderen den Anteil der im Streubesitz befindlichen Aktien verringert, auf die ein feindlicher Bieter über den Kapitalmarkt zugreifen kann.

1. Anforderungen des Companies Act 1985

Die Voraussetzungen, unter denen vom general meeting eine Ermächtigung zur Aktienausgabe unter Bezugsrechtsausschluss an die directors erteilt werden kann, bestimmen sich in erster Linie nach den Regelungen des Companies Act 1985.

1779 Sec. 80, 95 CA 1985.

1780 Sec. 162 ff. CA 1985.

1781 Vgl. sec. 182 (1) (b) CA 1985.

1782 Siehe hierzu Teil 1 § 3 C I.

a. Ermächtigung zur Aktienausgabe

Die directors können gemäß sec. 80 (1) CA 1985 durch einen einfachen Mehrheitsbeschluss des general meeting oder durch eine Regelung in den articles of association zur Ausgabe junger Aktien ermächtigt werden.[1783]

Die Ermächtigung muss den Höchstbetrag der auszugebenden Aktien bestimmen und auf einen Zeitraum von fünf Jahren beschränkt sein.[1784] Nach dem Ablauf dieser Frist kann die Ermächtigung durch einfachen Mehrheitsbeschluss des general meeting für den gleichen Zeitraum erneuert werden.[1785] Die Ermächtigung kann den directors entweder generell oder beschränkt auf eine bestimmte Aktienausgabe erteilt werden.[1786] Zudem besteht die Möglichkeit, die Ermächtigung an weitere Bedingungen zu knüpfen, die über die gesetzlichen Anforderungen hinausgehen. So ist es denkbar, die Ermächtigung an einen bestimmten Zweck – etwa die Abwehr feindlicher Übernahmen – zu binden, oder einen kürzeren als den gesetzlich vorgesehenen Zeitraum zu bestimmen.

In der Praxis enthält die Ermächtigung zur Aktienausgabe jedoch typischerweise nur die gesetzlichen Mindestanforderungen.[1787] Durch die Erteilung einer solchen generellen und unbedingten Ermächtigung zur Aktienausgabe wird den directors ein weiter Handlungsspielraum eingeräumt, damit sie diese flexibel einsetzen können.

b. Bezugsrechtsausschluss

Bei der Aktienausgabe müssen die directors grundsätzlich das in sec. 89 (1) CA 1985 verankerte Bezugsrecht der Aktionäre beachten.[1788] Das Bezugsrecht kann allerdings

---

1783 Ohne eine solche Ermächtigung können von den directors nach sec. 80 (2) (a) CA 1985 nur Aktien ausgegeben werden, die bei der Gründung der Gesellschaft von den Gründern (subscribers) aufgenommen werden und Aktien, die im Rahmen eines Arbeitnehmeraktienplans (employees' share scheme) im Sinne von sec. 743 CA 1985 zugeteilt werden. Ein employees' share scheme ist ein Aktienprogramm, durch das die Arbeitnehmer der Gesellschaft ermuntert werden, Aktien oder Schuldverschreibungen der Gesellschaft zu beziehen. Begünstigte können neben den aktuellen Arbeitnehmern der Gesellschaft auch Arbeitnehmer einer Tochtergesellschaft oder frühere Arbeitnehmer sowie deren Angehörige sein. Zu den Einzelheiten siehe *Pett/Moss*, Employees' Share Schemes, S. 164 f.

1784 Sec. 80 (4) CA 1985.

1785 Sec. 80 (5) CA 1985; außerdem kann die Ermächtigung vom general meeting nach sec. 80 (4) CA 1985 jederzeit durch einfachen Mehrheitsbeschluss abgeändert oder widerrufen werden.

1786 Sec. 80 (3) CA 1985.

1787 *Palmer's*, Company Law, Rn. 5.805; *Kasolowsky*, Fiduciary Duties in Company Law, S. 201; *ders.*, ZBB 2000, 189, 191, 194.

1788 Eine Ausnahme vom gesetzlichen Bezugsrecht stellen die Kapitalerhöhung gegen Sacheinlagen und die Aktienausgabe an ein employees' share scheme dar. Bei diesen ist das Bezugsrecht der Aktionäre gemäß sec. 89 (4) CA 1985 per Gesetz ausgeschlossen.

entweder durch das general meeting selbst[1789] oder durch die directors aufgrund einer entsprechenden Ermächtigung ausgeschlossen werden.[1790]

Ein Bezugsrechtsausschluss durch das general meeting ist nach sec. 95 (2) CA 1985 unabhängig davon möglich, ob den directors die Ermächtigung zur Aktienausgabe allgemein oder nur auf einen bestimmten Fall beschränkt erteilt wird. Das general meeting kann inhaltlich entweder beschließen, dass das Bezugsrecht bei einer bestimmten Aktienausgabe nicht bestehen soll,[1791] oder dass es nur unter den Bedingungen, die der Beschluss vorschreibt, gewährt werden soll.[1792] In beiden Fällen entscheidet das general meeting selbst und endgültig über den Ausschluss des Bezugsrechts. Für den Bezugsrechtsausschluss bedarf es nach sec. 95 (2) CA 1985 eines mit einer Dreiviertelmehrheit zu fassenden Sonderbeschlusses. Die directors müssen den Bezugsrechtsausschluss in einem schriftlichen Bericht, der den Aktionären zusammen mit der Einladung zum general meeting zu übermitteln ist, als Beschlussgegenstand vorschlagen.[1793] Neben den Gründen, die für den Bezugsrechtsausschluss sprechen, muss der Bericht den Ausgabebetrag der jungen Aktien enthalten und diesen wirtschaftlich rechtfertigen.[1794]

Ein Bezugsrechtsausschluss durch die directors kommt dagegen nur in Betracht, wenn ihnen die Ermächtigung zur Aktienausgabe generell erteilt worden ist.[1795] Neben der allgemeinen Ermächtigung zur Aktienausgabe bedarf es hierfür einer zusätzlichen Ermächtigung zum Bezugsrechtsausschluss, die den directors nach sec. 95 (1) CA 1985 durch die articles oder durch einen mit einer Dreiviertelmehrheit zu fassenden Sonderbeschlusses des general meeting erteilt werden kann. Inhaltlich kann die Ermächtigung vorsehen, dass das gesetzliche Bezugsrecht generell auf die Zuteilung der Aktien nicht anwendbar sein soll,[1796] oder dass es in der Weise zur Anwendung kommt, wie es die directors bestimmen.[1797] In beiden Fällen liegt die Entscheidung darüber, ob ein Ausschluss des Bezugsrechts bei der Aktienausgabe tatsächlich vorgenommen wird, in den Händen der directors. Anders als beim Bezugsrechtsausschluss durch das general meeting bedarf es hierbei nach dem Regime des Companies Act 1985 weder für die Erteilung der Ermächtigung noch für ihre Ausnutzung eines schriftlichen Berichts an die Aktionäre.[1798]

Sowohl der Ausschluss des Bezugsrechts durch das general meeting als auch die Ermächtigung zum Bezugsrechtsausschluss an die directors sind untrennbar an die

---

1789 Sec. 95 (2) CA 1985.

1790 Sec. 95 (1) CA 1985.

1791 Sec. 95 (2) (a) CA 1985.

1792 Sec. 95 (2) (b) CA 1985.

1793 Sec. 95 (5) CA 1985; vgl. auch *Re Moorgate Mercantile Holdings Ltd* [1980] 1 All ER 40.

1794 Sec. 95 (5) (a) bis (c) CA 1985; directors, die in ihrem Bericht bewusst falsche Angaben machen, machen sich nach sec. 96 (6) CA 1985 strafbar.

1795 Sec. 95 (1) CA 1985.

1796 Sec. 95 (1) (a) CA 1985.

1797 Sec. 95 (1) (b) CA 1985.

1798 Für börsennotierte public companies ergibt sich eine solche Berichtspflicht allerdings aus den Vorschriften der Listing Rules, siehe dazu sogleich Teil 2 § 5 C I 2.

Ermächtigung zur Aktienausgabe gebunden. Sie haben die gleiche Laufzeit wie die Ermächtigung zur Aktienausgabe und können ebenfalls erneuert werden, wenn die anfängliche Frist abgelaufen ist.[1799] Bei börsennotierten public companies wird der Bezugsrechtsausschluss bzw. die Ermächtigung hierzu routinemäßig zusammen mit der Ermächtigung zur Aktienausgabe vorgenommen, da eine Aktienausgabe unter Wahrung des Bezugsrechts von den meisten Gesellschaften als umständlich und teuer angesehen wird.[1800] Die formellen Anforderungen des Companies Act 1985 stellen dabei nach allgemeiner Auffassung keine maßgebliche Hürde dar.[1801]

2. Anforderungen der Listing Rules

Börsennotierte public companies müssen bei der Erteilung der Ermächtigung zur Aktienausgabe unter Bezugsrechtsausschluss neben den Vorschriften des Companies Act 1985 die zusätzlichen Anforderungen der Listing Rules beachten.

a. Ermächtigung zur Aktienausgabe

Die Listing Rules verpflichten die directors dazu, vor der Beschlussfassung des general meeting über die Ermächtigung zur Aktienausgabe nach sec. 80 CA 1985 einen schriftlichen Bericht (circular) zu erstellen.[1802] In diesem Bericht müssen die directors unter anderem angeben, welchen Umfang die vorgesehene Ermächtigung haben soll, in welchem prozentualen Verhältnis die Zahl der Aktien, die kraft der Ermächtigung ausgegeben werden kann, zu den bereits ausgegebenen Aktien steht und für welchen Zeitraum die Ermächtigung gelten soll.[1803] Darüber hinaus haben die directors darüber Auskunft zu geben, ob sie bereits die Absicht haben, die Ermächtigung auszuüben. Sofern eine solche Absicht bereits besteht, müssen sie die Gründe für die Aktienausgabe darlegen.[1804] Der Bericht muss der FSA zur Prüfung und Genehmigung ausgehändigt werden. Erst wenn er die förmliche Genehmigung der FSA erlangt hat, darf er an die Aktionäre der Gesellschaft übermittelt werden.[1805]

Das primäre Anliegen der Berichtspflicht ist es, die Aktionäre über den Beschlussgegenstand des general meeting aufzuklären, um ihnen eine Entscheidung auf einer informierten Grundlage zu ermöglichen.[1806] Da es sich in der Praxis bei den Er-

---

1799 Sec. 95 (3) CA 1985.

1800 Vgl. *Lewin*, Corporate Finance, S. 82; *Davies*, in: Hopt/Wymeersch, Capital Markets and Company Law, S. 261, 278; *Omar*, (2000) ICCLR 11, 279, 283; *Kasolowsky*, Fiduciary Duties in Company Law, S. 204, 207; *ders.*, in: Hirte/Bücker, Grenzüberschreitende Gesellschaften, S. 153, 166; *ders.*, ZBB 2000, 189, 192, 193.

1801 Vgl. *Gower/Davies*, Company Law, S. 635; *Ferran*, Company Law and Corporate Finance, S. 252; *Omar*, (2000) ICCLR 11, 279, 283.

1802 Siehe Listing Rules, Chapter 14 para. 14.7.

1803 Listing Rules, Chapter 14 para. 14.7 (a) und (c).

1804 Listing Rules, Chapter 14 para. 14.7 (b).

1805 Listing Rules, Chapter 14 para. 14.2.

1806 Vgl. Listing Rules, Chapter 14 para. 14.1.

mächtigungen nach sec. 80 CA 1985 jedoch zumeist um allgemeine Ermächtigungen handelt, durch die dem board of directors die generelle und unbedingte Befugnis eingeräumt wird, Aktien innerhalb des Ermächtigungszeitraums nach seinem Ermessen auszugeben, ist die Informationswirkung des Vorstandsberichts, der ebenfalls nur die gesetzlichen Mindestanforderungen wiedergibt, in der Regel begrenzt.

b. Bezugsrechtsausschluss

Sollen die Bezugsrechte der Aktionäre durch das general meeting ausgeschlossen werden oder die directors zu einem Bezugsrechtsausschluss ermächtigt werden, so stellen die Listing Rules für den zu erstellenden Bericht der directors zusätzliche inhaltliche Anforderungen auf. Der Bericht muss die Aktionäre über den Umfang der von dem Bezugsrechtsausschluss betroffenen Aktien und über das prozentuale Verhältnis dieser Aktien zu den bisher ausgegebenen Aktien der Gesellschaft informieren.[1807] Auch dieser Teil des Berichts bedarf einer förmlichen Genehmigung durch die FSA.[1808]

Bis zum September 1996 enthielten die Listing Rules zudem eine Regelung, durch welche die Dauer des Bezugsrechtsausschlusses bzw. der Ermächtigung hierzu auf den Zeitraum bis zur nächsten Jahreshauptversammlung, längstens jedoch auf 15 Monate beschränkt war.[1809] Diese Regelung wurde jedoch abgeschafft, um die Listing Rules mit den Regelungen des Companies Act 1985 in Einklang zu bringen. Nach der Abschaffung der zeitlichen Begrenzung hat die Ermächtigung zur Aktienausgabe unter Bezugsrechtsausschluss erheblich an Flexibilität gewonnen.[1810] Obgleich die Listing Rules im Vergleich zum Companies Act 1985 erhöhte Informationspflichten gegenüber den Aktionären aufstellen, können die Bezugsrechte nunmehr auch bei börsennotierten public companies relativ einfach ausgeschlossen werden, sofern ein entsprechender Bericht von den directors erstellt wird und die erforderliche Dreiviertelmehrheit den Beschluss im general meeting unterstützt.[1811]

3. Treuepflichten der directors

Weder der Companies Act 1985 noch die Listing Rules sehen materielle Anforderungen für den Beschluss des general meeting über die Ermächtigung der directors zur Aktienausgabe unter Ausschluss des Bezugsrechts vor. Auch nach den Grundsätzen des common law bedarf ein solcher Beschluss aufgrund des im britischen Gesell-

---

1807 Listing Rules, Chapter 14 para. 14.8.

1808 Listing Rules, Chapter 14 para. 14.2.

1809 Die zeitliche Begrenzung des Bezugsrechtsausschlusses war in Chapter 9 para. 9.20 der Listing Rules enthalten, vgl. dazu *Davies*, in: Hopt/Wymeersch, European Takeovers, S. 195, 212; *MacNeil*, (2002) JBL, 78, 96 mit Fn. 76; *Omar*, (2000) ICCLR 11, 279, 283.

1810 Bei der Aufhebung der zeitlichen Begrenzung wies die London Stock Exchange jedoch ausdrücklich darauf hin, dass die Emittenten weiterhin die Beschränkungen beachten müssen, die sich aus den Richtlinien der institutionellen Anleger ergeben, siehe dazu unten Teil 2 § 5 C I 5.

1811 Vgl. *Gower/Davies*, Company Law, S. 637.

schaftsrecht vorherrschenden Prinzips der Stimmrechtsfreiheit der Aktionäre keiner sachlichen Rechtfertigung.[1812] Daher steht einer Ermächtigung der directors zur Aktienausgabe mit Bezugsrechtsausschluss nach sec. 80 und 95 CA 1985 grundsätzlich nichts entgegen, sofern die soeben beschriebenen formellen Voraussetzungen des Companies Act 1985 und der Listing Rules erfüllt sind.[1813]

Materielle Einschränkungen für ein Vorgehen nach sec. 80 und 95 CA 1985 ergeben sich jedoch auf der zweiten Stufe der Aktienausgabe mit Bezugsrechtsausschluss. Bei der Ausnutzung der Ermächtigung müssen die directors die materiellen Anforderungen ihrer Treuepflichten beachten.

a. Bona fide duty

Im Rahmen der bona fide duty dürfen die directors die Ermächtigung zur Aktienausgabe unter Bezugsrechtsausschluss nur dann zur Abwehr einer feindlichen Übernahme ausnutzen, wenn sie der aufrichtigen Überzeugung sind, dass die Übernahme nicht im Interesse der Gesellschaft liegt, etwa weil sie das langfristige Interesse der Aktionäre an der Rentabilität der Gesellschaft beeinträchtigt.[1814] Kommen die directors dagegen zu dem Schluss, dass die Übernahme keine Gefahr für die Geschäftstätigkeit der Gesellschaft darstellt, so sind die zur Bestimmung des Gesellschaftsinteresses maßgeblichen Aktionärsinteressen nicht betroffen[1815] und die directors dürfen die Ermächtigung nicht zur Abwehr des Übernahmeversuchs ausnutzen.[1816] Diese Einschätzung obliegt alleine dem subjektiven Urteil der directors, die insofern einen weiten Entscheidungsspielraum haben.[1817]

b. Proper purpose duty

Nach der proper purpose duty dürfen die directors die Ermächtigung zur Aktienausgabe in objektiver Hinsicht nur zu zulässigen Zwecken, dass heißt zu den Zwecken, zu denen ihn die Ermächtigung erteilt wurde, ausüben.[1818]

1812 Ein solches Erfordernis besteht lediglich für satzungsändernde Beschlüsse. Bei diesen müssen die Aktionäre im guten Glauben an das Wohl der Gesellschaft abstimmen. Siehe zum Prinzip der Stimmrechtsfreiheit und zur Ausnahme für satzungsändernde Beschlüsse Teil 2 § 5 A I 1.

1813 Vgl. *Gower/Davies*, Company Law, S. 637; *Ferran*, Company Law and Corporate Finance, S. 252; *Omar*, (2000) ICCLR 11, 279, 283; in diesem Sinne auch *Wymeersch*, AG 1998, 382, 383; ähnlich *Hopt*, ZGR 1993, 534, 563 Rn. 109.

1814 Siehe hierzu Teil 2 § 4 C II 2 a bb (b); vgl. auch *Underhill/Austmann*, in: Payne, Takeovers, S. 87, 91; *Ferran*, Company Law and Corporate Finance, S. 164.

1815 Zum Inhalt des Gesellschaftsinteresses siehe Teil 2 § 4 C II 2 a bb.

1816 Vgl. *Underhill/Austmann*, in: Payne, Takeovers, S. 87, 91 f.

1817 Siehe hierzu Teil 2 § 4 C II 2 a aa.

1818 Siehe hierzu Teil 2 § 4 C II 2 b.

aa. Abwehrermächtigung

Haben die Aktionäre den directors die Ermächtigung ausdrücklich zur Abwehr feindlicher Übernahmen erteilt, so können die directors die Ermächtigung zu diesem Zweck ausnutzen und die Aktien im Rahmen ihrer proper purpose duty zur Abwehr eines Übernahmeversuchs bei befreundeten Dritten platzieren.[1819] Auch in diesem Fall sind die directors jedoch an ihre bona fide duty gebunden, so dass die Aktienausgabe nur zulässig ist, wenn die Abwehr des betreffenden Übernahmeversuchs nach ihrer aufrichtigen Überzeugung im Interesse der Gesellschaft liegt. Ein Einsatz der Ermächtigung zu eigennützigen Zwecken ist daher auch bei einer ausdrücklichen Abwehrermächtigung treuwidrig.

bb. Allgemeine Ermächtigung

Abwehrermächtigungen sind in Großbritannien zumindest bei börsennotierten public companies unüblich.[1820] Sie finden keine Unterstützung der institutionellen Anleger und stoßen in der Regel auch bei den Kleinaktionären auf Widerstand, da sie ihnen die Möglichkeit nehmen, ihre Aktien im Rahmen eines lukrativen Übernahmeangebots zu veräußern.[1821]

In der Praxis wird den directors die Ermächtigung zur Aktienausgabe mit Bezugsrechtsausschluss generell und ohne die Bestimmung eines besonderen Zwecks erteilt.[1822] Eine solche allgemeine Ermächtigung des general meeting darf von der directors aufgrund der im Sinne einer eingeschränkten Neutralitätspflicht wirkenden proper purpose duty jedoch grundsätzlich nicht zum Zwecke der Übernahmeabwehr eingesetzt werden.[1823] Eine Ausnahme von diesem Grundsatz ist lediglich für Extremfälle anzunehmen, in denen der betreffende Übernahmeversuch der Gesellschaft einen schweren wirtschaftlichen Schaden zufügen würde oder die Gesellschaft in ihrer wirtschaftlichen Existenz bedroht ist.[1824]

1819 *Ferran*, Company Law and Corporate Finance, S. 164 mit Fn. 67; *Herrmann*, Zivilrechtliche Abwehrmaßnahmen, S. 162.

1820 Vgl. *Ferran*, Company Law and Corporate Finance, S. 164 mit Fn. 67; *Herrmann*, Zivilrechtliche Abwehrmaßnahmen, S. 162; ähnlich *Davies*, in: Hopt/Wymeersch, European Takeovers, S. 195, 209.

1821 Zur Ablehnung der institutionellen Anleger gegenüber präventiven Abwehrmaßnahmen *Gower/Davies*, Company Law, S. 718; *Davies*, in: Prentice/Holland, Corporate Governance, S. 69, 87; *Stapledon*, Institutional Shareholders and Corporate Governance, S. 62; *Herrmann*, Zivilrechtliche Abwehrmaßnahmen, S. 162; *Clarke*, (2004) JCLS 4, 51, 58.

1822 *Palmer's*, Company Law, Rn. 5.805; *Kasolowsky*, Fiduciary Duties in Company Law, S. 201; *ders.*, ZBB 2000, 189, 191, 194.

1823 Vgl. *Hogg v Cramphorn Ltd* [1967] Ch 254; *Howard Smith Ltd v Ampol Petroleum Ltd* [1974] AC 821; *Parkinson*, Corporate Power and Responsibility, S. 140 f.; *Ferran*, Company Law and Corporate Finance, S. 164; *Dean*, (2003) ICCLR 14, 370 f.

1824 Siehe hierzu Teil 2 § 4 C II 2 b bb; vgl. auch *Cayne v Global Natural Resources PLC* Entscheidung der Chancery Division vom 12. August 1982, nicht veröffentlicht; *Mayson/French/Ryan*, Company Law, Rn. 16.4.12; *Clarke*, (2004) JCLS 4, 51, 64; *Mayanja*, (1999) Aus J Corp L 10, 162, 182.

Sofern ein derartiger Sachverhalt nicht nachweisbar ist, was bei einer Ausnutzung der Ermächtigung in der Vorangebotsphase regelmäßig der Fall sein dürfte,[1825] haben die directors jedoch die Möglichkeit, die Aktienausgabe an einen befreundeten Dritten durch wirtschaftliche Gesichtspunkte zu rechtfertigen.[1826]

Obwohl die Aktienausgabe an einen befreundeten Investor als Nebenfolge eine abschreckende Wirkung auf feindliche Bieter hat, kann sie eine zulässige Ausnutzung einer allgemeinen Ermächtigung durch die directors darstellen, wenn sie primär der Sicherung der finanziellen Stabilität der Gesellschaft dient.[1827] Auch die Beteiligung von Arbeitnehmern kommt als wirtschaftliche Rechtfertigung in Betracht.[1828] Ebenso kann die Aktienausgabe an ein kooperierendes Unternehmen damit gerechtfertigt werden, dass dadurch eine wirtschaftlich vorteilhafte Zusammenarbeit begründet oder verfestigt wird, die der übernahmebedrohten Gesellschaft den Zugriff auf zusätzliche Ressourcen erlaubt.[1829] Wird die Aktienausgabe an ein befreundetes Unternehmen gegen Sacheinlagen vorgenommen, so dürfte die Rechtfertigung in der Regel einfacher möglich sein als bei einer Aktienausgabe gegen Bareinlagen, da der Bezugsrechtsausschluss – und damit die Veränderung der Herrschaftsstruktur der Gesellschaft – hier von sec. 89 (4) CA 1985 ausdrücklich vorgesehen ist.

Falls sich die Aktienausgabe an einen befreundeten Investor nicht mit derartigen wirtschaftlichen Erwägungen rechtfertigen lässt, können die directors sich durch einen einfachen Mehrheitsbeschluss des general meeting gegen den Vorwurf einer etwaigen Treuepflichtverletzung absichern.[1830]

4. Anforderungen des City Code

Auch die auf freiwilliger Selbstregulierung beruhenden Vorschriften des City Code beschränken den möglichen Einsatz einer Ermächtigung zur Aktienausgabe mit Bezugsrechtsausschluss zur Übernahmeabwehr.

1825 Siehe hierzu Teil 2 § 4 C II 2 b ee.

1826 Siehe hierzu Teil 2 § 4 C II 2 b cc.

1827 *Howard Smith Ltd v Ampol Petroleum Ltd* [1974] AC 821, 835 f. per Lord Wilberforce; *Harlowe's Nominees Pty Ltd v Woodside Oil Co* (1969) 42 ALJR 123, 126 per Barwick CJ; *Gower/Davies*, Company Law, 385 f.; *DeMott*, (1983), N Y U L Rev 58, 945, 1021.

1828 Vgl. *Clemens v Clemens Bros Ltd* [1976] 2 All ER 268; *Ferran*, Company Law and Corporate Finance, S. 163; *Parkinson*, Corporate Power and Responsibility, S. 144; allerdings konnte diese wirtschaftliche Rechtfertigung das Gericht in *Hogg v Cramphorn Ltd* [1967] Ch 254 nicht überzeugen.

1829 Vgl. *Pine Vale Investments Ltd v McDonnell and East Ltd* (1983) 8 ACLR 199, 209 per McPherson J; *Dawson International Plc v Coats Patons Plc* [1989] BCLC 233, 242 per Lord Cullen; *Underhill/Austmann*, in: Payne, Takeovers, S. 87, 103; *Parkinson*, Corporate Power and Responsibility, S. 144; *DeMott*, (1983), N Y U L Rev 58, 945, 1021.

1830 Siehe hierzu Teil 2 § 4 C II 2 b dd; vgl. auch *Hogg v Cramphorn Ltd* [1967] Ch 254, 269 per Buckley J; *Bamford v Bamford* [1970] Ch 212, 227 per Plowman J.

a. Rule 9.1 des City Code

Die Aktienausgabe an einen befreundeten Dritten löst die Angebotspflicht nach Rule 9.1 City Code aus, wenn sie dazu führt, dass der Erwerber allein oder zusammen mit anderen mit ihm abgestimmt handelnden Personen[1831] mindestens 30 Prozent der Stimmrechte an der Gesellschaft erwirbt.

Im Lichte der weiten Auslegung des Tatbestands des abgestimmten Verhaltens durch den Takeover Panel dürfte die Zusammenarbeit zwischen verschiedenen Investoren, die das Management einer übernahmebedrohten Gesellschaft durch den Erwerb von Aktien bei der Abwehr einer feindlichen Übernahme unterstützen, regelmäßig als acting in concert angesehen werden, selbst wenn die beteiligten Personen bei dem Aktienerwerb zur Sicherung der Kontrolle über die Gesellschaft lediglich auf Grundlage einer stillschweigenden Vereinbarung – oder mit den Worten des Takeover Panel – aufgrund eines „Nickens oder Augenzwinkerns" tätig werden.[1832] Zudem spricht einiges dafür, dass auch die Aktienbestände der directors bei der Berechnung der 30-Prozent-Schwelle zu berücksichtigen sind, wenn sie die Aktienausgabe als Abwehrmaßnahme gegen eine bevorstehende feindliche Übernahme eingefädelt haben.[1833]

Zwar kann der Takeover Panel einzelne Personen, die aufgrund einer Aktienausgabe die 30-Prozent-Schwelle erreichen, unter der sogenannten „whitewash procedure" von der Angebotspflicht befreien.[1834] Diese Befreiung wird jedoch nur erteilt, wenn die Aktienausgabe durch einen zusätzlichen Beschluss des general meeting ratifiziert wird, bei dem der Erwerber der Aktien und jede andere Person, die ihr Verhalten mit ihm abstimmt, kein Stimmrecht haben.[1835]

In der Praxis stellt die in Rule 9.1 City Code verankerte 30-Prozent-Schwelle die Obergrenze für die Zuteilung neuer Aktien an befreundete Investoren dar, da sie für jeden einzelnen der kooperierenden Investoren eine Angebotspflicht auslösen kann, sobald sie durch einen Anteilserwerb erreicht wird. Das gilt unter Umständen sogar unabhängig davon, ob der betreffende Investor an dem Erwerb teilgenommen hat oder nicht, und unabhängig davon, ob er von dem Aktienerwerb durch die anderen Personen Kenntnis hatte.

b. Prohibition of frustrating action des City Code

Die in General Principle 7 und Rule 21.1 des City Code verankerte prohibition of frustrating action begründet zudem eine zeitliche Grenze für die Ausübung der Ermächtigung zur Aktienausgabe mit Bezugsrechtsausschluss.

1831 Siehe hierzu Teil 2 § 5 A IV 1 c.

1832 Vgl. die klassischen Ausführungen des Takeover Panel im Panel Statement vom 29 Juli 1987 zum Übernahmeangebot von Guinness an Distillers; mit dieser Einschätzung auch *Stedman*, Takeovers, S. 17.

1833 *Stedman*, Takeovers, S. 17; *Barboutis*, (1999) Comp Law 20, 40, 41; siehe dazu auch City Code, Rule 9.1 Note 3.

1834 Im Einzelnen dazu *Weinberg/Blank*, Takeovers and Mergers, Rn. 4-8047 ff.

1835 City Code, Note 1 zur Befreiung von Rule 9 und Appendix 1.

Sobald die directors Grund zu der Annahme haben, dass ein ernsthaftes Übernahmeangebot bevorsteht, ist ihnen nach Rule 21.1 (a) des City Code die Ausgabe junger Aktien ohne Zustimmung des general meeting verboten.[1836] Die strenge Neutralitätspflicht der Rule 21 des City Code gilt im Gegensatz zu der in der Vorangebotsphase maßgeblichen proper purpose duty unabhängig davon, ob die directors mit der Aktienausgabe den Zweck der Übernahmeabwehr oder einen anderen wirtschaftlichen Zweck verfolgen.[1837] Maßgeblich ist alleine die Tatsache, dass die Aktienausgabe den Erfolg des Übernahmeangebots in objektiver Hinsicht vereiteln könnte. Eine Ausnutzung der Ermächtigung zur Aktienausgabe unter Bezugsrechtsausschluss kommt daher nur solange in Betracht, wie die directors der Gesellschaft zwar erste Anzeichen für ein mögliches feindliches Übernahmeangebot haben, gleichzeitig aber noch kein Grund zu der Annahme besteht, dass die Abgabe eines ernsthaften Übernahmeangebots bevorsteht.[1838]

In der Angebotsphase ist den directors die Ausnutzung einer solchen Ermächtigung dagegen generell und ausnahmslos untersagt.

5. Investitionsrichtlinien der Investment Protection Committtees

Neben den gesetzlichen Anforderungen, den Regeln des common law und den Vorschriften des City Code müssen börsennotierte public companies die Investitionsrichtlinien der institutionellen Anleger beachten, wenn sie die directors zur Ausgabe von Aktien unter Ausschluss des Bezugsrechts an befreundete Dritte ermächtigen.

Die einflussreichsten Organisationen der institutionellen Anleger in Großbritannien sind die National Association of Pension Funds und die Association of British Insurers.[1839] Diese haben gemeinschaftlich durch ihre Investment Protection Committees informelle Richtlinien erlassen, um ihre Interessen in den Unternehmen, an denen sie Beteiligungen halten, auf einer kollektiven Ebene durchzusetzen.[1840] Zwar haben diese Richtlinien keine Gesetzeskraft, jedoch spielen sie wegen des großen Einflusses der institutionellen Anleger in der Praxis eine wichtige Rolle.

Der Schutz der Bezugsrechte steht bei den Bemühungen der institutionellen Anleger um den Schutz ihrer Beteiligungen vor Verwässerung traditionell im Mittelpunkt der Aktivitäten.[1841] Nach den Bestimmungen der Bezugsrechts-Richtlinien (Pre-

---

1836 Vgl. dazu *Gower/Davies*, Company Law, S. 717; *Kasolowsky*, Fiduciary Duties in Company Law, S. 210; *ders.*, ZBB 2000, 189, 194; *Barboutis*, (1999) Comp Law 20, 40, 42.

1837 Vgl. dazu *Davies*, in: Hopt/Wymeersch, European Takeovers, S. 195, 200, 206 f.

1838 Vgl. dazu *Weinberg/Blank*, Takeovers and Mergers, Rn. 4-7037.

1839 Vgl. *Davies*, in: Hopt/Wymeersch, Comparative Corporate Governance, S. 47, 55; *Stapledon*, Institutional Shareholders and Corporate Governance, S. 56; *Mayson/French/Ryan*, Company Law, Rn. 15.2.7.

1840 Abrufbar im Internet unter: www.ivis.co.uk/pages/framegu/html; vgl. dazu *Stapledon*, Institutional Shareholders and Corporate Governance, S. 56 ff.; *Parkinson*, Corporate Power and Responsibility, S. 168 f.; *Gower/Davies*, Company Law, S. 637 f.

1841 *Davies*, in: Hopt/Wymeersch, Comparative Corporate Governance, S. 47, 56; *ders.*, in: Prentice/Holland, Corporate Governance, S. 69, 86; *Stapledon*, Institutional Shareholders and Corporate Governance, S. 58 f.

emption Guidelines),[1842] die in Zusammenarbeit mit der London Stock Exchange von einer speziellen Expertengruppe (Pre-emption Group) aufgesetzt wurden, stimmen die institutionellen Anleger im general meeting nur dann für einen Ausschluss des Bezugsrechts, wenn der Umfang der ohne Bezugsrechte auszugebenden Aktien in dem betreffenden Geschäftjahr auf fünf Prozent und in einem Zeitraum von drei Jahren auf insgesamt siebeneinhalb Prozent des Aktienkapitals der Gesellschaft beschränkt ist.[1843] Darüber hinaus verlangen die Richtlinien, dass die Gesellschaften den Preisnachlass auf die auszugebenden Aktien auf fünf Prozent des Marktpreises begrenzen.[1844]

Börsennotierte public companies, die beabsichtigen, die directors ohne Einhaltung der Pre-emption Guidelines zur Ausgabe von Aktien unter Bezugsrechtsausschluss zu ermächtigen, sollten sich vor einer solchen Beschlussfassung des general meeting mit den institutionellen Anlegern verständigen. Zwar haben diese in der Vergangenheit einzelnen Beschlüssen zugestimmt, die nicht den Richtlinien entsprachen. Voraussetzung für eine solche Zustimmung war allerdings, dass die Gesellschaften ihre Bestrebungen plausibel rechtfertigen konnten.[1845] Sofern die Investment Protection Committees von der Begründung der Gesellschaften nicht überzeugt sind, raten sie den ihnen angehörigen Institutionen, im general meeting gegen den betreffenden Vorschlag der directors zu stimmen.[1846] Bei Gesellschaften, die wiederholt gegen die Richtlinien verstoßen, können sie zudem eine Empfehlung abgeben, die Wertpapiere dieser Gesellschaft nicht mehr zu kaufen, was regelmäßig zu Kurseinbußen der Aktien führt. Die Einhaltung der Richtlinien können die Investment Protection Committees ohne Weiteres überprüfen, da die einzelnen Gesellschaften verpflichtet sind, der Stock Exchange die relevanten Informationen mitzuteilen.[1847]

Da die Investitionsrichtlinien keine formelle Gesetzeskraft haben, führen sie unter rein juristischer Betrachtung zu keiner Beschränkung der Einsatzfähigkeit einer Ermächtigung zur Aktienausgabe unter Bezugsrechtsausschluss. In der Praxis haben sie jedoch einen entscheidenden Einfluss auf die Möglichkeit, Aktien aufgrund einer solchen Ermächtigung zur Abwehr gegen feindliche Übernahmen an befreundete Investoren auszugeben.[1848]

Sie stellen ein entscheidend strengeres Regime als der Companies Act 1985 und die Listing Rules auf und reduzieren die Ermächtigung zur Aktienausgabe mit Bezugsrechtsausschluss auf einen Umfang, der regelmäßig nicht ausreicht, um die Kontrollverhältnisse einer Gesellschaft maßgeblich zu beeinflussen.[1849] Für börsennotierte pub-

---

1842 Abrufbar im Internet unter: www.ivis.co.uk/pages/framegu/html.

1843 Pre-emption Guidelines, para. 1.2 und 2.1.

1844 Pre-emption Guidelines, para. 3.1.

1845 Vgl. *Ferran*, Company Law and Corporate Finance, S. 252.

1846 Vgl. *Stapeldon*, Institutional Shareholders and Corporate Governance, S. 57; *Gower/Davies*, Company Law, S. 637; *Davies*, in: Hopt/Wymeersch, European Takeovers, S. 195, 212 f.; *Omar*, (2000) ICCLR 11, 279, 283.

1847 Pre-emption Guidelines, para. 4.1.

1848 *Davies*, in: Hopt/Wymeersch, Comparative Corporate Governance, S. 47, 57.

1849 Vgl. *Gower/Davies*, Company Law, S. 637; *Davies*, in: Hopt/Wymeersch, European Takeovers, S. 195, 212; *ders.*, in: Baums/Buxbaum/Hopt, Institutional Investors and Corporate

lic companies, die auf die Finanzierung der institutionellen Anleger angewiesen sind, ist es daher äußerst schwierig, eine Ermächtigung zu Aktienausgabe unter Bezugsrechtsausschluss zur Prävention feindlicher Übernahmeversuche zu nutzen.

6. Fazit

Die Ermächtigung zur Aktienausgabe unter Bezugsrechtsausschluss stellt in Großbritannien für börsennotierte public companies in der Regel kein wirksames Mittel zur Prävention gegen feindliche Übernahmeversuche dar.

Zwar lassen die einschlägigen Regelungen des Companies Act 1985, die Bestimmungen der Listing Rules und die Grundsätze des common law einen Beschluss des general meeting über die Ermächtigung der directors zur Aktienausgabe unter Bezugsrechtsausschluss ohne das Erfordernis einer sachlichen Rechtfertigung zu. Eine materielle Kontrolle dieser Maßnahme findet jedoch auf der zweiten Stufe bei der Ausnutzung der Ermächtigung anhand der Treuepflichten der directors statt.

Abgesehen von dem in der Praxis unbedeutenden Fall, dass den directors die Ermächtigung ausdrücklich zur Übernahmeabwehr erteilt wird, verbietet die im Sinne einer eingeschränkten Neutralitätspflicht wirkende proper purpose duty grundsätzlich eine Aktienausgabe zur Abwehr feindlicher Übernahmen. Etwas anderes gilt nur, wenn es um die Abwehr eines Übernahmeversuchs geht, der der Gesellschaft einen schwerwiegenden wirtschaftlichen Schaden zufügen würde, oder wenn die Ausgabe an den befreundeten Dritten unabhängig von der Abwehrwirkung gegen feindliche Bieter für die Gesellschaft wirtschaftlich vorteilhaft ist.

Auch eine Aktienausgabe unter Bezugsrechtsausschluss, die nach diesen Grundsätzen zulässig ist, wird in der Praxis durch die Angebotspflicht des City Code auf eine Höhe von weniger als 30 Prozent des stimmberechtigten Aktienkapitals beschränkt. Sobald die directors Grund zu der Annahme haben, dass ein ernsthaftes Übernahmeangebot bevorsteht, ist ihnen die Ausnutzung der Ermächtigung zur Aktienausgabe durch die strenge Neutralitätspflicht der prohibition of frustrating action sogar generell untersagt.

Die effektivste Beschränkung der Ermächtigung zur Aktienausgabe unter Bezugsrechtsausschluss als Mittel der präventiven Übernahmeabwehr stellen in der Praxis jedoch die Pre-emption Guidelines der institutionellen Anleger dar. Sie begrenzen eine Aktienausgabe unter Bezugsrechtsausschluss auf einen Umfang, der für sich genommen nicht groß genug ist, um einen potentiellen feindlichen Bieter abzuschrecken. Für börsennotierte public companies, die auf die Unterstützung der institutionellen Investoren angewiesen sind, ist diese Abwehrstrategie daher so gut wie ausgeschlossen.

Governance, S. 257, 274; *Barboutis*, (1999) Comp Law 20, 40, 41; *MacNeil*, (2002) JBL, 78, 97.

II. Ermächtigung zum Rückerwerb Eigener Aktien zur Einziehung oder zur Weiterveräußerung

Als weitere Ermächtigung des general meeting, die zur Prävention feindlicher Übernahmeversuche eingesetzt werden kann, kommt die Ermächtigung zum Rückerwerb eigener Aktien nach sec. 162 ff. CA 1985 in Betracht.

Durch einen Aktienrückerwerb werden die Aktienkurse der Gesellschaft in die Höhe getrieben, so dass sich die Übernahme für einen feindlichen Bieter verteuert. Darüber hinaus reduziert die Gesellschaft durch ein Aktienrückkaufsprogramm überschüssige Liquidität, was sie zumindest für Bieter, die diese Liquidität zur Finanzierung der Übernahme einsetzen wollen, unattraktiv werden lässt. Schließlich wird durch den Aktienrückkauf der für einen feindlichen Bieter leicht erreichbare Streubesitzanteil der Aktien verringert, was die Übernahme erheblich erschweren kann.[1850]

Nach dem Regime des Companies Act 1985 sind zwei verschiedene Arten des Rückerwerbs eigener Aktien zu unterscheiden: Zum einen der Rückerwerb eigener Aktien zur Einziehung und zum anderen der Rückerwerb eigener Aktien zur späteren Weiterveräußerung.

Bis zum Dezember 2003 konnte eine britische Gesellschaft eigene Aktien nur erwerben, um diese gleichzeitig einzuziehen.[1851] Durch einen Aktienrückerwerb zur Einziehung wird die Summe des ausgegebenen Aktienkapitals verringert und die relative Stimmrechtsmacht eines bereits am Grundkapital beteiligten Bieters entsprechend erhöht. Daher kann diese Maßnahme nur dann zur präventiven Übernahmeabwehr eingesetzt werden, wenn ein feindlicher Bieter noch keine Beteiligung an der Gesellschaft hält, oder wenn sich die nach dem Rückerwerb verbleibenden Aktien mehrheitlich in treuen Händen befinden.

Mit dem Inkrafttreten der Companies (Acquisition of Own Shares) (Treasury Shares) Regulation 2003[1852] ist nunmehr in Großbritannien die Möglichkeit geschaffen worden, zurückerworbene Aktien als eigene Aktien zu halten und später an Dritte weiterzuveräußern.[1853] Dadurch kann die Abwehrwirkung des Rückerwerbs verstärkt werden, wenn die Aktien anschließend gezielt an befreundete Investoren ausgeben werden.

1. Erwerb und Einziehung eigener Aktien

Nach sec. 143 (1) CA 1985 ist der Rückerwerb eigener Aktien grundsätzlich verboten. Allerdings wird dieses Verbot durch die Ausnahmetatbestände der

---

1850 Zu den verschiedenen Abwehreffekten vgl. *Dugan*, in: Farrar, Takeovers, S. 255 f.; *Stedman*, Takeovers, S. 417; *Lüttmann*, Kontrollwechsel in Kapitalgesellschaften, S. 61.

1851 Vgl. Sec. 160 (4) CA 1985.

1852 SI 2003 No. 1116.

1853 Ausführlich zum geschichtlichen Hintergrund des Reformprozesses und zu den gesetzlichen Neuerungen *Morse*, (2004) JBL, 303 ff.

sec. 162 ff. CA 1985 in wichtigen Fällen gelockert, so dass ein Rückerwerb unter den dort geregelten Anforderungen an Verfahren und Finanzierung zulässig ist.[1854]

a. Anforderungen des Companies Act 1985

Gemäß sec. 162 (1) CA 1985 setzt der Erwerb eigener Anteile zunächst voraus, dass ein solcher Rückerwerb von den articles der Gesellschaft ausdrücklich zugelassen wird. Das ist bei public companies typischerweise der Fall, da Art. 35 Table A CA 1985 eine entsprechende Regelung enthält.[1855] Darüber hinaus ist für den Rückerwerb eine Ermächtigung des general meeting erforderlich.[1856] Durch das Zustimmungserfordernis des general meeting sollen die Rechte der Aktionäre gewahrt werden.[1857]

Die Anforderungen, die an den Ermächtigungsbeschluss des general meeting gestellt werden, hängen davon ab, ob der Rückerwerb als sogenannter „market purchase" über eine anerkannte Börse oder als sogenannter „off-market purchase" außerbörslich stattfindet.[1858]

aa. Market purchase

Eine public company, die an der London Stock Exchange notiert ist, kann ihre Aktien über die Börse zurückerwerben, indem sie einzelne Rückkauforders über einen zwischengeschalteten Börsenmakler am Markt platziert.[1859] Da bei einer solchen Abwicklung über die Börse alle Aktionäre gleichermaßen die Möglichkeit haben, an dem Erwerbsvorgang teilzunehmen, stellt der Companies Act 1985 an diese Form des Rückerwerbs nur geringe Anforderungen auf.[1860]

1854 Vgl. *Morse*, (2004) JBL, 303, 304. Vor dem Inkrafttreten des Companies Act 1981 war in Grobritannien der entgeltliche Erwerb eigener Aktien nach den Regeln des common law generell verboten. Dieses Rechtsprinzip basierte auf der Grundsatzentscheidung im Rechtsstreit *Trevor v Withworth* (1887) 12 AppCas 409. Als Begründung für das Verbot wurde im Wesentlichen angeführt, dass andernfalls das den Gläubigern der Gesellschaft zur Verfügung stehende Haftkapital vernichtet werden könne und darüber hinaus eine Umgehung der strengen Vorschriften für eine Kapitalherabsetzung möglich sei. Mit dem Companies Act 1981 wurde das grundsätzliche Verbot des Aktienrückerwerbs allerdings gelockert. Durch die weitreichenden gesetzlichen Ausnahmen von dem Verbot ist das Regel-Ausnahme-Verhältnis de facto umgekehrt worden, so dass inzwischen von einer generellen Zulässigkeit des Aktienrückerwerbs ausgegangen werden kann.

1855 Vgl. *Mayson/French/Ryan*, Company Law, Rn. 10.6.1.

1856 Sec. 164 (4) und 166 (3) CA 1985.

1857 Vgl. *Gower/Davies*, Company Law, S. 257.

1858 Auf die dritte gesetzlich vorgesehene Möglichkeit des Aktienrückerwerbs im Wege eine Rückkaufsoption (contingent repurchase) nach sec. 165 CA 1985 soll hier nicht näher eingegangen werden. Vgl. dazu *Palmer's*, Company Law, Rn. 6.413.

1859 Vgl. sec. 163 (3) CA 1985; vgl. *Mayson/French/Ryan*, Company Law, Rn. 10.6.2; *Pennington*, Company Law, S. 225.

1860 Vgl. *Gower/Davies*, Company Law, S. 257.

Für den Aktienrückkauf ist ein mit einfacher Mehrheit zu fassender Beschluss des general meeting erforderlich, durch den die directors zum Rückerwerb ermächtigt werden. Der ermächtigende Beschluss muss insbesondere die Höchstzahl der zu erwerbenden Aktien, den zu zahlenden Höchst- und Mindestpreis sowie die Gültigkeitsdauer, die höchstens 18 Monate ab dem Zeitpunkt der Beschlussfassung betragen darf, festlegen.[1861] Die Ermächtigung zum Aktienrückkauf kann den directors generell erteilt oder an einen bestimmten Zweck gebunden werden.[1862] Daher könnte das general meeting den directors die Ermächtigung zum Rückerwerb grundsätzlich auch zum Zwecke der Abwehr feindlicher Übernahmen erteilen.

In der Praxis wird die Ermächtigung jedoch üblicherweise allgemein und ohne besondere Zwecksetzung erteilt, um eine flexible Nutzung des Rückkaufs zu gewährleisten.[1863]

bb. Off-market purchase

Daneben besteht die Möglichkeit, Aktien im Wege des off-market purchase außerhalb der Börse auf der Grundlage von individuell mit einzelnen Aktionären ausgehandelten Kaufverträgen zurückzuerwerben.[1864] Derartige individuelle Vereinbarungen können genutzt werden, um gezielt Anteile von Aktionären zurückzukaufen, die kein Interesse an der Aufrechterhaltung ihrer Beteiligung haben und bei denen die naheliegende Möglichkeit besteht, dass sie ihre Aktien im Falle eines feindlichen Übernahmeangebots an den Bieter verkaufen. Allerdings werden an einen off-market purchase erhöhte Anforderungen gestellt, da die Gefahr einer Ungleichbehandlung der Aktionäre bei einem solchen Rückerwerb, der naturgemäß nur bestimmten Aktionären angeboten wird, ungleich größer ist als bei einem Erwerb über die Börse.[1865]

Ein off-market purchase kann nur vorgenommen werden, wenn die directors zum Abschluss des beabsichtigten Kaufvertrags durch einen mit einer Dreiviertelmehrheit zu fassenden Sonderbeschluss des general meeting ermächtigt worden sind.[1866] Im Gegensatz zum market purchase ist hier keine allgemeine Ermächtigung zum Rückerwerb möglich; vielmehr muss das general meeting den Einzelheiten des konkreten Kaufvertrags mit dem konkreten Aktionär zustimmen.[1867] Diejenigen Aktionäre, die beabsichtigen, ihre Anteile an die Gesellschaft zu verkaufen, dürfen bei der Fassung des Ermächtigungsbeschlusses nicht mitstimmen.[1868] Der Beschluss muss

---

1861 Sec. 166 (3) und (4) CA 1985.

1862 Sec. 166 (2) CA 1985.

1863 Vgl. *Paxton-Doggett*, (2004) LSG 101 (3), 37.

1864 Diese Form des Rückerwerbs wird auch als „negotiated repurchase“ bezeichnet.

1865 *Gower/Davies*, Company Law, S. 257.

1866 Sec. 165 (2) CA 1985.

1867 Sec. 164 (2) CA 1985; dazu *Pennington*, Company Law, S. 226; *Pettet*, Company Law, S. 288; *Gower/Davies*, Company Law, S. 258.

1868 Eine gegen den Stimmrechtsausschluss verstoßende Stimmabgabe führt zur Unwirksamkeit des Beschlusses, wenn sie für das Abstimmungsergebnis ausschlaggebend ist, sec. 164 (5) CA 1985.

wiederum die Gültigkeitsdauer der Ermächtigung enthalten, die einen Zeitraum von 18 Monaten ab der Beschlussfassung nicht überschreiten darf.[1869] Zudem muss eine Kopie des Kaufvertrags oder eine Zusammenfassung der bereits ausgehandelten Vertragsbedingungen mindestens 15 Tage vor der Beschlussfassung am eingetragenen Sitz der Gesellschaft zur Einsichtnahme für die Aktionäre ausliegen.[1870]

Die erhöhten Anforderungen an die Ermächtigung zum off-market purchase beschränken dessen Einsatzfähigkeit zur Übernahmeabwehr erheblich. In der Praxis dürfte es für die directors nahezu unmöglich sein, eine Dreiviertelmehrheit der Aktionäre davon zu überzeugen, dass der konkrete Rückkauf, der zur Beschlussfassung ansteht, in ihrem Interesse liegt, obwohl er nur bestimmten Aktionären offen steht und ihnen nicht angeboten wird.[1871] Das gilt insbesondere, wenn der Rückerwerb zu Vorzugspreisen stattfinden soll.

cc. Weitere Anforderungen

Unabhängig davon, nach welchem Verfahren der Aktienrückkauf durchgeführt wird, ist er nur für Aktien zulässig, die voll einbezahlt worden sind.[1872] Er kann entweder aus den ausschüttungsfähigen Gewinnen der Gesellschaft oder in bestimmten Grenzen mit Hilfe des Erlöses aus der Neuausgabe von Aktien finanziert werden.[1873]

Werden die Aktien nach dem Rückerwerb eingezogen, so wird das Grundkapital der Gesellschaft gemäß sec. 160 (4) CA 1985 vermindert. Sofern der Rückkauf aus ausschüttungsfähigen Gewinnen finanziert wurde, muss die Gesellschaft in Höhe des Betrages, um den das Grundkapital vermindert wurde, eine Kapitalrücklage bilden (capital redemption reserve), die nur im Wege einer förmlichen Kapitalherabsetzung nach sec. 135 CA 1985 oder über die in sec. 170 (4) CA 1985 vorgesehene Ausgabe von Gratisaktien aufgelöst werden kann.[1874] Wird der Rückerwerb durch die Ausgabe neuer Anteile finanziert, so ist eine Kapitalrücklage nur zu bilden, soweit der Erlös der Aktienausgabe unter dem Nennwert der erworbenen Anteile liegt.[1875] Durch die Pflicht

---

[1869] Sec. 164 (4) CA 1985.

[1870] Ein Verstoß gegen die Pflicht zur Auslegung des Vertrages bzw. der bereits ausgehandelten Vertragsbedingungen führt ebenfalls zur Unwirksamkeit des Beschlusses, sec. 164 (6) CA 1985.

[1871] So auch *Davies*, in: Hopt/Wymeersch, European Takeovers, S. 195, 206; ähnlich *Slaughter*, (2002) Comp Law 23, 72, 79.

[1872] Sec. 159 (3) CA 1985.

[1873] Sec. 162 (2) CA 1985; vgl. hierzu *Pennington*, Company Law, S. 224. Sofern die Aktien allerdings nach dem Rückerwerb nicht eingezogen werden, sondern als eigene Aktien im Bestand der Gesellschaft gehalten und später Weiterveräußert werden, darf der Rückerwerb gemäß sec. 162 (2 B) CA 1985 nur aus den ausschüttungsfähigen Gewinnen der Gesellschaft finanziert werden, vgl. hierzu *Morse*, (2004) JBL, 303, 310

[1874] Sec. 170 (1) CA 1985.

[1875] Sec. 170 (2) CA 1985.

zur Bildung der Kapitalrücklage wird die durch die Verminderung des Grundkapitals hervorgerufene Reduzierung der Kapitalausstattung aufgefangen.[1876]

b. Anforderungen der Listing Rules

Börsennotierte public companies müssen bei einem Aktienrückerwerb zudem die Anforderungen der Listing Rules beachten.[1877]

Diese gelten sowohl für den market purchase als auch für den off-market purchase. Die primäre Zielsetzung der Listing Rules ist es, durch detaillierte Publizitätsvorschriften eine ausreichende Information des Marktes und der Aktionäre zu gewährleisten.[1878]

aa. Publizität

So muss die London Stock Exchange sowohl von der Entscheidung der directors zur Einholung einer Ermächtigung zum Aktienrückkauf als auch vom Ermächtigungsbeschluss des general meeting informiert werden.[1879] Sobald die Ermächtigung zum Aktienrückkauf tatsächlich ausgenutzt wird, sind die Einzelheiten des Rückkaufs der Stock Exchange am auf den Vertragsschluss folgenden Tag mitzuteilen.[1880] Darüber hinaus müssen die directors den Aktionären vor der Beschlussfassung des general meeting einen schriftlichen Bericht zusenden, der die Einzelheiten des Rückerwerbs beinhaltet.[1881] Unter anderem sind darin Angaben über die Anzahl der zu erwerbenden Aktien, den zu zahlenden Mindest- und Höchstpreis sowie die Rückkaufsart zu machen.[1882] Sofern den directors eine generelle Rückerwerbsermächtigung erteilt werden soll, muss zudem darüber Auskunft gegeben werden, zu welchem Zweck die directors von der Ermächtigung Gebrauch machen wollen.[1883]

1876 *Gower/Davies*, Company Law, S. 249 f.; *Mayson/French/Ryan*, Company Law, Rn. 10.6.5. Werden die Aktien nach dem Rückerwerb als eigene Aktien gehalten und später weiterveräußert, so bleibt das Grundkapital der Gesellschaft unverändert. Demgemäß besteht in diesem Fall auch keine Pflicht zur Bildung einer Kapitalrücklage.

1877 Vgl. Listing Rules, Chapter 15.

1878 *Ferran*, Company Law and Corporate Finance, S. 448.

1879 Listing Rules, Chapter 15 para. 15.3

1880 Die Mitteilung hat spätestens um 7.30 Uhr zu erfolgen, vgl. Listing Rules, Chapter 15 para. 15.9.

1881 Listing Rules, Chapter 15 para. 15.4.

1882 Vgl. Listing Rules, para. 15.4; dazu *Pennington*, Company Law, S. 228; *Ferran*, Company Law and Corporate Finance, S. 448.

1883 Listing Rules, Chapter 15 para. 15.4 (a).

bb. Preisgestaltung und Verfahren des Rückerwerbs

Neben den Publizitätsvorschriften enthalten die Listing Rules Bestimmungen, welche die Preisgestaltung und das Verfahren des Rückerwerbs regeln.

Im Rahmen des market purchase können börsennotierte public companies innerhalb eines Zeitraums von zwölf Monaten höchstens 15 Prozent ihrer Aktien zurückerwerben.[1884] Dabei darf der Kaufpreis der Aktien nicht mehr als fünf Prozent über dem durchschnittlichen Kurs der Aktien an den letzten fünf Börsentagen vor dem Erwerb liegen.[1885] Den directors bleibt daher im Rahmen eines market purchase nur ein sehr begrenzter Spielraum, um Aktionäre, bei denen eine Veräußerung ihrer Anteile an einen potentiellen feindlichen Bieter zu befürchten sein könnte, durch die Gewährung von Vorzugspreisen zum Verkauf an die Gesellschaft zu motivieren.

Ein Rückerwerb von 15 Prozent der Aktien oder eines höheren Prozentsatzes ist nicht durch die Platzierung einzelner Rückkaufsorders am Markt, sondern nur im Wege eines über die Börse abzugebenden öffentlichen Kaufangebots an alle Aktionäre (tender offer) zulässig.[1886] Ein solches öffentliches Rückkaufangebot muss zu einem Höchstpreis oder einem Festpreis abgegeben werden.[1887] Erforderlich ist überdies die Veröffentlichung der Angebotsbedingungen in zwei überregionalen Tageszeitungen mindestens sieben Tage vor dem Ende der Annahmefrist oder wahlweise die Übersendung einer Angebotsunterlage an sämtliche Aktionäre.[1888] Die notwendigen Angaben in der Angebotsunterlage sind dabei umfangreicher als bei einem gewöhnlichen market purchase. Insbesondere müssen die Unterlagen Einzelheiten hinsichtlich der angebotenen Gegenleistung enthalten.[1889]

Obwohl die zusätzlichen Verfahrensvorschriften für ein öffentliches Rückkaufsangebot primär der Gleichbehandlung der Aktionäre dienen, beeinträchtigen sie zweifellos die Einsatzfähigkeit des Aktienrückkaufs zur Übernahmeabwehr, da sie den Rückerwerb für die Gesellschaft aufwendiger und somit kostspieliger machen.[1890] Zudem begrenzen sie den flexibel einsetzbaren Aktienrückerwerb mittel einzelner Rückkauforders auf einen betragsmäßigen Umfang von 15 Prozent, der keine abschreckende Wirkung für einen feindlichen Übernehmer hat.

1884 Listing Rules, Chapter 15 para. 15.6; vgl. dazu *Pennington*, Company Law, S. 228; *Stapledon*, Institutional Shareholders and Corporate Governance, S. 60; *Ferran*, Company Law and Corporate Finance, S. 448; *Davies*, in: Hopt/Wymeersch, European Takeovers, S. 195, 213.

1885 Listing Rules, Chapter 15 para. 15.6.

1886 Listing Rules, Chapter 15 para. 15.7.

1887 Listing Rules, Chapter 15 para. 15.8.

1888 Listing Rules, Chapter 15 para. 15.8.

1889 Listing Rules, Chapter 15 para. 15.4 (d); zu den weiteren Anforderungen an ein öffentliches Rückkaufangebot siehe *Pennington*, Company Law, S. 228.

1890 Vgl. *Davies*, in: Hopt/Wymeersch, European Takeovers, S. 195, 213.

c. Treuepflichten der directors

Bei der Ausnutzung der Ermächtigung zum Aktienrückerwerb haben die directors ihre Treuepflichten zu beachten. Soll der Rückerwerb zur Abwehr eines Übernahmeangebots eingesetzt werden, so greifen wiederum die bona fide duty und die proper purpose duty.[1891]

Sofern die Rückkaufsermächtigung als Abwehrermächtigung erteilt wurde, ist die Ausnutzung der Ermächtigung zur Abwehr eines drohenden Übernahmeversuchs zulässig, vorausgesetzt, die directors handeln im guten Glauben an das Interesse der Gesellschaft und nicht zu eigennützigen Zwecken.

In der Praxis wird die Rückkaufsermächtigung jedoch üblicherweise ohne eine solche Zwecksetzung erteilt.[1892] Eine allgemeine Rückkaufsermächtigung darf nach der im Sinne einer eingeschränkten Neutralitätspflicht wirkenden proper purpose duty grundsätzlich nicht zur Abwehr eines drohenden Übernahmeversuchs ausgenutzt werden.[1893] Etwas anderes gilt lediglich, wenn der Rückerwerb dazu dient, ein bestimmtes Übernahmeangebot abzuwehren, das zu einer schwerwiegenden Schädigung der Gesellschaft führen würde.[1894] Verfolgen die directors dagegen durch den Rückerwerb den Zweck, die Gesellschaft allgemein gegen feindliche Übernahmen und damit auch gegen vorteilhafte Übernahmeangebote abzusichern, so üben sie die Ermächtigung zu einem unzulässigen Zweck aus. Das Gleiche gilt, wenn die directors zur Erhaltung ihrer eigenen Position auf die Beteiligungsverhältnisse einwirken.[1895]

Der Auskauf eines Aktionärs, der die Gesellschaft zu übernehmen droht, das sogenannte „greenmailing“,[1896] dürfte nach diesen Grundsätzen regelmäßig einen Verstoß gegen die Treuepflichten begründen.[1897] Denn dabei wird der Rückerwerb regelmäßig zu überhöhten Preisen durchgeführt und vermindert somit das Gesellschaftsvermögen. Eine solche Verschwendung des Gesellschaftsvermögens stellt aber immer eine treuwidrige Ausübung der Managementbefugnisse dar.[1898]

Insbesondere in der Vorangebotsphase kann die Ermächtigung zum Aktienrückerwerb jedoch auch zu wirtschaftlichen Zwecken ausgenutzt werden. Sofern die

---

1891 Siehe hierzu Teil 2 § 4 C II 2; vgl. auch *Dugan*, in: Farrar, Takeovers, S. 255, 262, 264; *Stapledon*, Institutional Shareholders and Corporate Governance, S. 61; *Slaughter*, (2002) Comp Law 23, 72, 79.

1892 Vgl. *Paxton-Doggett*, (2004) LSG 101 (3), 37.

1893 Vgl. *Hogg v Cramphorn Ltd* [1967] Ch 254; *Howard Smith Ltd v Ampol Petroleum Ltd* [1974] AC 821; *Parkinson*, Corporate Power and Responsibility, S. 140 f.; *Ferran*, Company Law and Corporate Finance, S. 164; *Dean*, (2003) ICCLR 14, 370 f.

1894 Siehe hierzu Teil 2 § 4 C II 2 b bb; vgl. auch *Cayne v Global Natural Resources PLC* Entscheidung der Chancery Division vom 12. August 1982, nicht veröffentlicht; *Mayson/French/Ryan*, Company Law, Rn. 16.4.12; *Clarke*, (2004) JCLS 4, 51, 64; *Mayanja*, (1999) Aus J Corp L 10, 162, 182.

1895 *Sabine*, Corporate Finance, S. 246.

1896 Siehe zu diesem Begriff Teil 1 § 3 C II 1 e.

1897 Vgl. *Sabine*, Corporate Finance, S. 246; *Underhill/Austmann*, in: Payne, Takeovers, S. 87, 111; *Slaughter*, (2002) Comp Law 23, 72, 79.

1898 Vgl. *Underhill/Austmann*, in: Payne, Takeovers, S. 87, 111.

directors den Rückerwerb auf solche Zwecke stützen können, ist er im Rahmen der proper purpose duty zulässig, auch wenn er gleichzeitig zur Abwehr einer drohenden Übernahme führt.[1899]

Als positiver wirtschaftlicher Effekt eines Aktienrückerwerbs kommt z.B. der Abbau überschüssiger und unwirtschaftlicher Liquiditätspositionen in Betracht.[1900] Falls die Gesellschaft an den Kapitalmärkten unterbewertet ist, könnte der Aktienrückkauf zudem durch das Motiv der Kursstabilisierung gerechtfertigt werden. Darüber hinaus kann ein Aktienerwerb dazu dienen, die Beteiligung der verbleibenden Aktionäre am Unternehmensgewinn zu vergrößern. Es liegt wiederum am Management darzulegen, dass derartige wirtschaftliche Überlegungen den Hauptzweck des Rückerwerbs darstellen und eine etwaige Abschreckung feindlicher Bieter lediglich ein Nebeneffekt ist.

Ist die Überzeugungskraft dieser Argumente zweifelhaft, etwa weil einerseits Übernahmegerüchte kursieren und andererseits die Notwendigkeit des Aktienerwerbs aus wirtschaftlichen Gesichtspunkten nicht dringend erscheint, so können die directors den Rückerwerb gegen den Vorwurf des Treuepflichtverstoßes absichern, indem sie den Rückerwerb durch einen ordentlichen Beschluss des general meeting ratifizieren lassen.[1901]

d. Rule 37.3 des City Code

Eine zeitliche Grenze für die Ausübung der Ermächtigung zum Aktienrückkauf ergibt sich aus Rule 37.3 (a) City Code. Hiernach dürfen die directors eine Rückkaufsermächtigung ohne Zustimmung des general meeting nicht ausnutzen, sobald sie Grund zu der Annahme haben, dass ein ernsthaftes Übernahmeangebot bevorsteht. Das gilt unabhängig davon, ob es um die Abwehr eines schädigenden Übernahmeversuchs geht, oder ob der Rückerwerb wirtschaftlich gerechtfertigt werden kann. Die prohibition of frustrating action des City Code knüpft nämlich im Gegensatz zu der in der Vorangebotsphase maßgeblichen proper purpose duty alleine an die objektive Möglichkeit an, dass der Erfolg eines Übernahmeangebots durch den Aktienrückerwerb verhindert wird, und fragt nicht nach der Zwecksetzung der Maßnahme.[1902] Eine Ausnahme von dem Verbot der Ausnutzung der Rückkaufsermächtigung gilt nur für den Fall, dass der Rückkauf infolge eines Vertrags vorgenommen wird, der bereits vor der Angebotsphase abgeschlossen wurde. Ansonsten ist den directors die Ausnutzung einer Ermächtigung zum Aktienrückkauf in der Angebotsphase generell verboten.

1899 Siehe hierzu Teil 2 § 4 C II 2 b cc.

1900 Vgl. zu den positiven Effekten des Aktienrückkaufs *Pettet*, Company Law, S. 290; *Stapledon*, Institutional Shareholders and Corporate Governance, S. 61 mit Fn. 34.

1901 Siehe hierzu Teil 2 § 4 C II 2 b dd.

1902 Vgl. hierzu *Davies*, in: Hopt/Wymeersch, European Takeovers, S. 195, 200, 206 f.

e. Einfluss der institutionellen Anleger

Neben den rechtlichen Anforderungen beschränkt der Einfluss der institutionellen Anleger die Einsatzmöglichkeiten der Ermächtigung zum Rückerwerb eigener Aktien zur präventiven Übernahmeabwehr.[1903]

So verkürzen die informellen Richtlinien des Investment Protection Committee der Association of British Insurers die Dauer der Ermächtigung zum Rückerwerb auf einen Zeitraum von zwölf Monaten.[1904] Zudem verlangen sie, dass die Ermächtigung zum Rückerwerb auch im Falle eines market purchase durch einen mit einer Dreiviertelmehrheit zu fassenden Sonderbeschluss des general meeting erteilt wird, obgleich sec. 166 (4) CA 1985 dafür einen einfachen Mehrheitsbeschluss ausreichen lässt.[1905] Betragsmäßig muss der Rückerwerb nach diesen Richtlinien auf 10 Prozent der ausgegebenen Aktien der Gesellschaft beschränkt sein.[1906] Darüber hinaus stimmen die institutionellen Anleger einer Ermächtigung zum Aktienrückkauf nach ihren Richtlinien nur zu, wenn der Rückkauf zu einer Steigerung der Gewinnbeteiligung der einzelnen Aktien führt und generell im Interesse der Aktionäre liegt.[1907]

Diese Vorgaben schränken die Flexibilität des Rückerwerbs eigener Aktien für börsennotierte public companies, die auf die Unterstützung der institutionellen Anleger angewiesen sind, erheblich ein. Die betragsmäßige Begrenzung auf 10 Prozent des Aktienkapitals führt dazu, dass der Aktienrückerwerb seine abschreckende Wirkung für feindliche Bieter verliert. Er könnte allenfalls als flankierende Maßnahme im Rahmen eines Gesamtkonzepts in Betracht kommen. Allerdings dürfte auch ein solcher Einsatz in der Praxis regelmäßig ausgeschlossen sein, wenn institutionelle Anleger eine Sperrminorität an der Gesellschaft halten, da sie Abwehrmechanismen gegen feindliche Übernahmen generell kritisch gegenüberstehen und in diesem Fall aufgrund ihrer Aktienbeteiligung die Möglichkeit haben, die Ermächtigungserteilung zu sperren.[1908]

2. Veräußerung eigener Aktien

Die Abwehrwirkung des Aktienrückkaufs gegenüber einem potentiellen feindlichen Bieter kann dadurch verstärkt werden, dass die Aktien nach ihrem Erwerb als eigene

---

1903 *Davies*, in: Hopt/Wymeersch, European Takeovers, S. 195, 213; *Stapledon*, Institutional Shareholders and Corporate Governance, S. 61.

1904 Own Share Purchase Guidelines, para. 1 (b). Abrufbar im Internet unter: www.ivis.co.uk/pages/framegu/html.

1905 Own Share Purchase Guidelines, para. 1(a).

1906 Own Share Purchase Guidelines, para. 2.

1907 Own Share Purchase Guidelines, para. 1(c).

1908 Vgl. zur ablehnenden Haltung der institutionellen Anleger gegenüber präventiven Abwehrmaßnahmen gegen feindliche Übernahmeversuche *Stapledon*, Institutional Shareholders and Corporate Governance, S. 62; *Davies*, in: Prentice/Holland, Corporate Governance, S. 69, 87; *ders.*, in: Hopt/Wymeersch European Takeovers, S. 195, 207; *Lüttmann*, Kontrollwechsel in Kapitalgesellschaften, S. 51.

Aktien (treasury shares) im Bestand der Gesellschaft gehalten und anschließend gezielt an einen befreundeten Investor ausgegeben werden.[1909]

In Großbritannien wurde die Möglichkeit, treasury shares zu halten und nachfolgend weiterzuveräußern, mit dem Inkrafttreten der Companies (Acquisition of Own Shares) (Treasury Shares) Regulations 2003[1910] am 1. Dezember 2003 in den Companies Act 1985 eingeführt.

Gemäß sec. 162 A (1) CA 1985 können public companies, deren Aktien an einer anerkannten Börse – wie etwa der London Stock Exchange – gehandelt werden,[1911] zurückerworbene Aktien halten und anschließend weiterveräußern, sofern der Rückerwerb aus dem ausschüttungsfähigen Gewinn der Gesellschaft finanziert wurde.[1912] Die Weiterveräußerung der zurückerworbenen Aktien darf nur gegen Bareinlagen erfolgen.[1913] Bei der Aktienausgabe steht den Aktionären ihr gesetzliches Bezugsrecht zu,[1914] das unter den gleichen Voraussetzungen wie bei einer Ermächtigung zur Aktienausgabe ausgeschlossen werden kann, um die Aktien en bloc bei befreundeten Investoren zu platzieren.[1915]

Allerdings darf der Gesamtbestand der von der Gesellschaft gehaltenen Aktien, die nicht nach sec. 160 (4) CA 1985 eingezogen werden, sondern als eigene Aktien bestehen bleiben, nach sec. 162 B CA 1985 einen Umfang von 10 Prozent des Aktienkapitals nicht überschreiten.[1916] Bestände an eigenen Aktien, die über diese Beschränkung hinausgehen (excess shares), müssen binnen 12 Monaten nach dem Verstoß gegen sec. 162 B CA 1985 verkauft oder eingezogen werden. Da eine Aktienausgabe in einem Umfang von 10 Prozent alleine kaum geeignet ist, die Beteiligung eines bereits am Grundkapital beteiligten feindlichen Bieters maßgeblich zu verwässern, ist der Abwehreffekt der Ausgabe zurückerworbener Aktien erheblich eingeschränkt.

1909 Das alleinige Halten der zurückerworbenen Aktien als treasury shares hat gegenüber dem Rückerwerb zum Einzug keine erhöhte Abwehrwirkung, da die Gesellschaft aus den eigenen Aktien keine Rechte ausüben darf, solange sie sich in ihrem Bestand finden, vgl. Sec. 162 C (2) CA 1985.

1910 SI 2003 No. 1116; diese wurden am 18. Dezember 2003 mit dem Inkrafttreten der Companies (Acquisition of Own Shares) (Treasury Shares) No. 2 Regulations 2003 (SI 2003 No. 3031) geringfügig ergänzt.

1911 Sec. 162 (4) CA 1985.

1912 Sec. 162 (2 B) CA 1985; die alternative Finanzierungsmöglichkeit des Rückerwerbs durch eine Ausgabe junger Aktien besteht dagegen nicht, wenn die zurückerworbenen Aktien als treasury shares gehalten und später weiterveräußert werden. Bei einer solchen Finanzierung muss die Gesellschaft die zurückerworbenen Aktien nach sec. 160 (4) CA 1985 einziehen, vgl. *Morse*, (2004) JBL, 303, 310.

1913 Sec. 162 D (1) (a) CA 1985.

1914 Vgl. sec. 94 (3 A) CA 1985.

1915 Siehe dazu Teil 2 § 5 C I 1 b und 2 b; es ist davon auszugehen, dass die Bezugsrechte der Aktionäre auch bei der Ausgabe zurückerworbener Aktien in Zukunft routinemäßig ausgeschlossen werden, vgl. *Paxton-Doggett*, (2004) LSG 101 (3), 37.

1916 Besteht das Aktienkapital der Gesellschaft aus mehrere Aktiengattungen, so dürfen die zurückerworbenen Aktien 10 Prozent der jeweiligen Gattung nicht überschreiten, sec. 162 B (2) CA 1985.

Zudem gelten für die Weiterveräußerung eigener Aktien zusätzliche Vorschriften der Listing Rules,[1917] die die Gesellschaft unter anderem zu einer Benachrichtigung der London Stock Exchange am Tage nach der Weiterveräußerung verpflichten[1918] und eine Ausgabe der Aktien zu Preisnachlässen von mehr als 10 Prozent nur in Ausnahmefällen erlauben.[1919]

Schließlich haben die directors auch bei der Aktienausgabe die materiellen Anforderungen der Treuepflichten zur beachten. In gleicher Weise wie die reguläre Aktienausgabe, so ist auch die Ausgabe zurückerworbener Aktien an einen befreundeten Investor zum Zwecke der Übernahmeabwehr aufgrund der durch die proper purpose duty aufgestellten eingeschränkten Neutralitätspflicht nur zulässig, wenn es um die Abwehr eines Übernahmeversuchs geht, welcher die wirtschaftliche Existenz der Gesellschaft bedroht.[1920] Unzulässig ist die Ausgabe der Aktien dagegen, wenn sie den directors zur Sicherung ihrer eigenen Position oder zur Abwehr von Übernahmen dient, die für die Gesellschaft von Vorteil sind. Wiederum steht den directors die Möglichkeit offen, die Ausgabe unter dem Vorwand der Verfolgung eines bestimmten wirtschaftlichen Zwecks vorzunehmen, wodurch sich die präventive Abwehrwirkung als Nebeneffekt darstellt.[1921] Sobald die directors jedoch Grund zu der Annahme haben, dass ein ernsthaftes Übernahmeangebot bevorsteht, ist ihnen die Weiterveräußerung eigener Aktien durch die prohibition of frustrating action des City Code[1922] generell und ausnahmslos untersagt.[1923]

3. Fazit

Die Ermächtigung zum Erwerb eigener Aktien stellt für eine börsennotierte public company eine Maßnahme dar, die allenfalls eingeschränkt zur Prävention gegen feindliche Übernahmen eingesetzt werden kann.

Zur Abwehr zukünftiger Übernahmeversuche kommt regelmäßig nur die Ermächtigung der directors zum Aktienrückerwerb im Wege eines market purchase in Betracht, die nach dem Regime des Companies Act 1985 durch einfachen Mehrheitsbeschluss des general meeting erteilt werden kann. Eine Ermächtigung zu einem off-market purchase, der einen gezielten Auskauf einzelner Aktionäre ermöglichen würde, dürfte von den directors wegen des notwendigen Sonderbeschlusses des general meeting und der erforderlichen Zustimmung zu der konkreten Transaktion nur ausnahms-

[1917] Ausführlich hierzu *Morse*, (2004) JBL, 303, 316 ff.

[1918] Listing Rules, Chapter 15 para. 15.22.

[1919] Siehe Listing Rules, Chapter 15 para. 15.23 und 15.24.

[1920] Sieher hierzu Teil 2 § 4 C II 2 b bb.

[1921] Siehe hierzu Teil 2 § 4 C II 2 b cc.

[1922] City Code, General Principle 7 und Rule 21.1.

[1923] Dies wurde vom Takeover Panel durch eine Änderung des Wortlauts von Rule 21.1 des City Code klargestellt, der nunmehr neben der Aktienausgabe auch die Weitergabe von treasury shares ausdrücklich verbietet. Zu dieser Änderung und den weiteren Änderungen des City Code infolge der Einführung von treasury shares in das britische Recht, *Morse*, (2004) JBL, 303, 318 f.

weise umzusetzen sein. Auch ein market purchase unterliegt jedoch weiteren Einschränkungen, die seine Effektivität in Bezug auf die Übernahmeabwehr maßgeblich beeinträchtigen.

Sofern dieser nicht im Wege eines verfahrensintensiven öffentlichen Angebots durchgeführt wird, ist er durch die Listing Rules auf einen Betrag von 15 Prozent des Stammkapitals der Gesellschaft beschränkt. Für Gesellschaften, die auf die Unterstützung institutioneller Anleger angewiesen sind, ist der Rahmen durch die Investitionsrichtlinien mit einer Begrenzung des Umfangs auf 10 Prozent sogar noch enger gesteckt. Aufgrund dieser betragsmäßigen Beschränkungen des Erwerbsvolumens kommt der Rückerwerb allenfalls als flankierende Abwehrmaßnahme im Rahmen eines Gesamtkonzepts in Betracht.

Abgesehen von dem in der Praxis unbedeutenden Fall, dass die Rückkaufsermächtigung den directors zum Zwecke der Übernahmeabwehr erteilt wird, ist ihnen die Ausnutzung der Ermächtigung durch ihre Treuepflichten grundsätzlich untersagt. Eine Ausnahme gilt nach der im Sinne einer eingeschränkten Neutralitätspflicht wirkenden proper purpose duty nur dann, wenn ein gesellschaftsschädigendes Angebot abgewehrt werden soll, oder wenn die Übernahmeabwehr lediglich ein Nebeneffekt des Rückerwerbs ist, der hauptsächlich wirtschaftlichen Erwägungen dient. Sobald Grund zu der Annahme besteht, dass ein ernsthaftes Übernahmeangebot bevorsteht, ist den directors die Ausübung der Rückkaufsermächtigung ohne Zustimmung des general meeting durch die prohibition of frustrating action des City Code generell untersagt.

Eine Weiterveräußerung der erworbenen Aktien an einen befreundeten Investor ist nur möglich, wenn die Bezugsrechte der Aktionäre ausgeschlossen worden sind. Zudem müssen die directors bei der Aktienausgabe wiederum die ihnen obliegenden Treuepflichten beachten. Sobald objektive Anzeichen dafür vorliegen, dass die Abgabe eines ernsthaften Übernahmeangebots bevorsteht, ist den directors die Ausgabe der erworbenen Aktien durch die prohibition of frustrating action des City Code wiederum ausnahmslos untersagt.

III. Ermächtigung zur Ablehnung der Eintragung einer Aktienübertragung in das Aktionärsbuch

Eine weitere Maßnahme, durch die dem board of directors in gleicher Weise wie durch die vorstehend besprochenen Ermächtigungen vom general meeting die Möglichkeit gegeben werden kann, im Falle eines feindlichen Übernahmeversuchs zu dessen Abwehr tätig zu werden, ist die satzungsmäßige Einräumung der Befugnis, die Eintragung einer Aktienübertragung in das Aktionärsbuch abzulehnen.[1924]

Ebenso wie bei einer Ermächtigung des general meeting entwickelt dabei nicht schon der Beschluss der Aktionäre über die Einräumung einer solchen Befugnis in der Satzung die abschreckende Wirkung gegenüber einem feindlichen Bieter. Vielmehr wird die Abwehrwirkung erst durch die nachfolgende Entscheidung der directors be-

1924 Vgl. *Underhill/Austmann*, in: Payne, Takeovers, S. 87, 103.

gründet, die Zustimmung zu einer konkreten Aktienübertragung an einen potentiellen feindlichen Übernehmer zu versagen. Ist den directors eine solche Befugnis vom general meeting eingeräumt worden, so können sie durch die Verweigerung ihrer Zustimmung zur Aktienübertragung wirksam verhindern, dass ein potentieller feindlicher Bieter Aktien an der Gesellschaft erwirbt.

1. Anforderungen des Companies Act 1985

Bei den in Großbritannien gängigen Aktien handelt es sich zum größten Teil um Namensaktien. Inhaberaktien führen bei britischen Gesellschaften dagegen ein Schattendasein und haben in der Praxis keine Bedeutung.[1925]

Da die Rechte aus Namensaktien gemäß sec. 22 (2) CA 1985 nur von derjenigen Person ausgeübt werden können, deren Name im Aktionärsbuch eingetragen ist, erlangt ein Erwerber das Eigentum an den Aktien erst dann, wenn er als Inhaber im Aktionärsbuch der Gesellschaft vermerkt ist.[1926] Grundsätzlich hat jeder Aktionär nach sec. 182 (1) (b) CA 1985 das Recht, seine Aktien ohne Einschränkungen an Dritte zu veräußern. Daher hat er auch einen Anspruch darauf, dass das Aktionärsbuch umgeschrieben wird, wenn er die Aktien an eine andere Person veräußert.[1927] Das Recht der freien Übertragbarkeit der Aktien kann jedoch durch die articles der Gesellschaft eingeschränkt werden. Dies geschieht üblicherweise, indem den directors die Befugnis eingeräumt wird, die Eintragung eines neuen Aktionärs in das Aktionärsbuch abzulehnen.[1928]

Zur Einführung einer solchen Beschränkung in die articles bedarf es gemäß sec. 9 (1) CA 1985 eines mit einer Dreiviertelmehrheit zu fassenden Sonderbeschlusses des general meeting. Die so eingeräumte Befugnis muss vom board of directors gemäß sec. 183 (5) CA 1985 innerhalb von zwei Monaten nach dem jeweiligen Antrag des Aktionärs auf Eintragung ausgeübt werden.[1929] Nach Ablauf dieser Frist kann der

---

1925 *Gower/Davies*, Company Law, S. 640; *Triebel/Hodgson/Kellenter/Müller*, Englisches Handels- und Wirtschaftsrecht, Rn. 656.

1926 *Gower/Davies*, Company Law, S. 687; *Sealy*, Company Law, S. 457; *Pettet*, Company Law, S. 271.

1927 Vgl. *Mayson/French/Ryan*, Company Law, Rn. 8.3.4; etwas anderes gilt nach Art. 24 Table A CA 1985 nur für Aktien, die nicht voll eingezahlt sind.

1928 *Gower/Davies*, Company Law, S. 689; *Mayson/French/Ryan*, Company Law, Rn. 8.3.4; *Triebel/Hodgson/Kellenter/Müller*, Englisches Handels- und Wirtschaftsrecht, Rn. 671; neben dieser Klausel sind bei britischen Gesellschaften Satzungsregelungen üblich, die den anderen Gesellschaftern ein Vorkaufsrecht an den zu veräußernden Aktien einräumen. Ein derartiges Vorkaufsrecht verhindert, dass potentielle feindliche Bieter eine maßgebliche Beteiligung an der Gesellschaft erlangen, solange die anderen Mitglieder Willens und in der Lage sind, weitere Aktien zu erwerben, vgl. etwa *Lyle & Scott v Scott's Trustees* [1959] AC 763, 777 per Lord Reid; *Palmer's*, Company Law, Rn. 6.609; *Pettet*, Company Law, S. 272 f.

1929 Dafür ist ein Mehrheitsbeschluss des board of directors notwendig, vgl. *Moodie v W & J Shepherd (Bookbinders) Ltd* [1949] 2 All ER 1044.

Erwerber die Gesellschaft durch eine gerichtliche Verfügung zur Eintragung verpflichten.[1930]

2. Treuepflichten der directors

Der Ermessensspielraum der directors bei der Entscheidung über die Verweigerung der Eintragung einer Aktienübertragung in das Aktionärsbuch richtet sich in materieller Hinsicht maßgeblich nach der jeweiligen Fassung der articles.[1931]

Die Befugnis kann entweder generell erteilt werden oder auf bestimmte Verweigerungsgründe beschränkt sein. Ist die Befugnis auf bestimmte Verweigerungsgründe beschränkt, so darf sie nur aus diesen Gründen ausgeübt werden.[1932] Üblicherweise legen die articles jedoch keine besonderen Verweigerungsgründe fest, sondern bestimmen, dass die directors die Eintragung im Aktionärsbuch nach ihrem uneingeschränkten und absoluten Ermessen verweigern können.[1933]

Auch bei einer derartig weiten Fassung der articles sind directors durch ihre Treuepflichten gebunden.[1934] Allerdings läuft die proper purpose duty in diesem Fall leer. Sofern die articles die Versagung der Zustimmung zur Aktienübertragung in das freie und uneingeschränkte Ermessen der directors stellen, müssen die directors nach der grundlegenden Entscheidung *Re Smith & Fawcett Ltd*[1935] lediglich subjektiv im guten Glauben an das Gesellschaftsinteresse handeln.[1936] Eine weitergehende Verpflichtung, nicht für einen objektiv unzulässigen Zweck zu handeln, besteht dagegen nicht.

Demgemäß wurde in *Re Smith & Fawcett Ltd* die Versagung der Zustimmung zu einer Aktienübertragung für zulässig gehalten, die verhindern sollte, dass ein bestimmter Aktionär einen zu großen Einfluss im general meeting bzw. eine Stimmenmehrheit an der Gesellschaft erlangt.[1937] Voraussetzung für die Rechtmäßigkeit der Entscheidung der directors ist lediglich, dass die Fernhaltung des betreffenden Erwerbers bzw. die Abwehr des befürchteten Übernahmeversuchs nach der subjektiven Überzeugung der directors im Interesse der Gesellschaft liegt.[1938] Unzulässig ist die

---

1930 *Re Swaledale Cleaners Ltd* [1968] 3 All ER 619.

1931 Vgl. *Re Smith & Fawcett Ltd* [1942] Ch 304, 306 per Lord Greene MR; *Gower/Davies*, Company Law, S. 690.

1932 *Re Bede Steam Shipping Co* [1917] 1 Ch 123; *Gower/Davies*, Company Law, S. 691.

1933 *Mayson/French/Ryan*, Company Law, Rn. 8.3.4; *Charlesworth/Morse*, Company Law, S. 198; *Pettet*, Company Law, S. 272 mit einer gängigen Formulierung für eine solche Regelung in den articles.

1934 *Gower/Davies*, Company Law, S. 690.

1935 [1942] Ch 304.

1936 *Re Smith & Fawcett Ltd* [1942] Ch 304, 308 per Lord Greene MR; *Charles Forte Investments Ltd v Amanda* [1964] Ch 240; *Popely v Planarrive Ltd* [1997] 1 BCLC 8; *Sealy*, Company Law, S. 460; *Gower/Davies*, Company Law, S. 691.

1937 *Re Smith & Fawcett Ltd* [1942] Ch 304, 307 per Lord Greene MR.

1938 *Re Smith & Fawcett Ltd* [1942] Ch 304, 307 per Lord Greene MR; *Gower/Davies*, Company Law, S. 691.

Verweigerung der Eintragung in das Aktionärsbuch dagegen, wenn die directors eigennützig handeln, etwa um die Aktien selber zu kaufen, um ihre eigene Position zu sichern, oder um einen für sie persönlich unbequemen, kritischen Aktionär fernzuhalten.[1939]

In der Praxis ist es jedoch äußerst schwierig, die Entscheidung der directors, eine Aktienübertragung in das Aktionärsbuch nicht zuzulassen, mit der Begründung anzugreifen, sie hätten bösgläubig gehandelt. Denn die directors sind nicht verpflichtet, Gründe für ihre Entscheidung anzugeben.[1940] Zudem gehen die Gerichte in der Regel davon aus, dass die Entscheidung der directors zur Verweigerung ihrer Zustimmung prima facie rechtmäßig ist.[1941]

Die Einführung einer generellen Ermächtigung der directors, die Eintragung eines neuen Aktionärs in das Aktionärsbuch zu verweigern, stellt daher grundsätzlich eine taugliche Abwehrmaßnahme gegen feindliche Übernahmeversuche dar.

3. Anforderungen der Listing Rules

Für börsennotierte public companies kommt dieses präventive Abwehrmittel allerdings im Ergebnis nicht in Betracht.

Da die Bestimmungen des Companies Act 1985 die freie Übertragbarkeit der Aktien nicht effektiv schützen, sondern Übertragungsbeschränkungen in den articles der Gesellschaft ohne Weiteres zulassen, hat die London Stock Exchange in ihren Listing Rules schon seit längerem zusätzliche Regelungen aufgestellt, welche die freie Übertragbarkeit börsennotierter Aktien garantieren.

Nach Rule 3.15 der Listing Rules dürfen voll einbezahlte Aktien in ihrer Übertragbarkeit nicht beschränkt werden.[1942] Demzufolge kann den directors einer börsennotierten public company durch die articles nicht die Ermächtigung eingeräumt werden, die Eintragung einer Aktienübertragung abzulehnen.[1943] Nur in Ausnahmefällen kann die FSA von diesem Verbot befreien, vorausgesetzt, dass die Funktionsfähigkeit des Markts durch die Beschränkung nicht gestört wird.[1944] In der Praxis macht die FSA von der Befreiungsmöglichkeit jedoch keinen Gebrauch, so dass Übertragungsbe-

---

1939 Vgl. *Tett v Phoenix Property and Investment Co Ltd* [1984] BCLC 599.

1940 *Re Coalport China Co* [1895] 2 Ch 404; *Duke of Sutherland v British Dominion Land Settlement Corp Ltd* [1926] Ch 746; *Popely v Planarrive Ltd* [1997] 1 BCLC 8; *Gower/Davies*, Company Law, S. 691; *Pettet*, Company Law, S. 273; *Triebel/Hodgson/Kellenter/Müller*, Englisches Handels- und Wirtschaftsrecht, Rn. 671.

1941 Vgl. *Re Gresham Life Assurance Society, ex parte Penney* (1872) LR 8 ChApp 446; *Re Coalport China Co* [1895] 2 Ch 404; *Mayson/French/Ryan*, Company Law, Rn. 8.3.4; *Gower/Davies*, Company Law, S. 691.

1942 Ausgenommen sind lediglich Übertragungsbeschränkungen, die ein Gericht gegenüber einem Aktionär wegen Verstoßes gegen die Auskunftspflichten nach sec. 212 CA 1985 angeordnet hat.

1943 *Palmer's*, Company Law, Rn. 6.702; *Underhill/Austmann*, in: Payne, Takeovers, S. 87, 104; *Pettet*, Company Law, S. 272; *Gower/Davies*, Company Law, S. 681; *Charlesworth/Morse*, Company Law, S. 195.

1944 Vgl. Listing Rules, Chapter 3 para. 3.15.

schränkungen in Großbritannien nur bei nicht börsennotierten Gesellschaften vorkommen.

Eine Ausnahmeerscheinung stellen insofern lediglich privatisierte frühere Staatsunternehmen dar, die durch einen golden share der Regierung gegen feindliche Übernahmen gesichert sind.[1945] So finden sich in den articles ehemaliger staatseigener Unternehmen zum Teil golden share Klauseln, wonach einzelne Gesellschafter nicht mehr als 15 Prozent der Aktien halten dürfen. Überschießende Beteiligungen können von den directors für Rechnung des jeweiligen Aktionärs verkauft werden, sofern er einer entsprechenden Aufforderung der directors zum Verkauf seiner Aktien nicht innerhalb einer bestimmten Frist nachgekommen ist.[1946] Obwohl diese Regelungen zweifellos die freie Übertragbarkeit der Aktien einschränken, sind die privatisierten Gesellschaften aus Gründen des öffentlichen Interesses unter Ausnutzung der angesprochenen Befreiungsmöglichkeit zum Handel an der London Stock Exchange zugelassen worden.[1947] Für andere börsennotierte public companies wurde eine solche Ausnahme bisher jedoch nicht gemacht.

4. Fazit

In kleinen, nicht börsennotierten Gesellschaften wird dem board of directors üblicherweise durch die articles die Befugnis erteilt, die Zustimmung zur Eintragung einer Aktienübertragung im Aktionärsbuch nach seinem freien Ermessen zu verweigern, um zu verhindern, dass potentielle feindliche Bieter Anteile an der Gesellschaft erwerben.

Börsennotierte public companies können derartige Klauseln wegen der strengen Regeln der Listing Rules dagegen nicht in ihre articles aufnehmen. Ihre Anteile müssen ohne jegliche Einschränkung frei übertragbar sein. Bei börsennotierten public companies scheidet die Ermächtigung der directors, die Eintragung einer Aktienübertragung abzulehnen, daher als Präventivmaßnahme zur Abwehr feindlicher Übernahmeversuche aus. Eine Ausnahmeerscheinung stellen lediglich privatisierte Staatsunternehmen dar, an denen die Regierung einen golden share hält.

1945 Vgl. *Davies*, in: Hopt/Wymeersch, European Takeovers, S. 195, 211; *Rutabanzibwa*, (1996) Comp Law 17, 40, 43.

1946 Eine derartige Regelung findet sich unter anderem in den articles der ehemals staatseigenen Telefongesellschaft Cable & Wireless plc, vgl. *Rutabanzibwa*, (1996) Comp Law 17, 40, 43 mit Fn. 30; *Graham*, (1988) Comp Law 9, 23, 24.

1947 *Ferrarini*, Corporate Ownership and Control, S. 7; *Stedman*, Takeovers, S. 13, 416; *Rutabanzibwa*, (1996) Comp Law 17, 40, 43.

Teil 3: Rechtsvergleich

§ 6 Maßnahmen der Aktionäre

Die Zulässigkeit von Präventivmaßnahmen, die von den Aktionären in der Vorangebotsphase zur Abwehr befürchteter Übernahmeversuche ergriffen werden können, beurteilt sich sowohl in Deutschland als auch in Großbritannien nicht nach besonderen übernahmerechtlichen Bestimmungen, sondern nach den allgemeinen Vorschriften des deutschen und britischen Gesellschaftsrechts, die den zulässigen Inhalt der Satzung und die Anforderungen an die Beschlussfassung der Aktionäre vorgeben.

A. Mehrfachstimmrechte und Höchststimmrechte

In Deutschland sind die Möglichkeiten der Aktionäre, feindliche Übernahmeversuche durch Satzungsregelungen zu verhindern, mit dem Inkrafttreten des KonTraG am 1. Mai 1998 erheblich eingeschränkt worden. Hierdurch wurden entsprechend dem Grundsatz one share one vote Mehrfachstimmrechte für alle Aktiengesellschaften[1948] und Höchststimmrechte für börsennotierte Aktiengesellschaften abgeschafft.[1949] Eine deutsche Aktiengesellschaft, deren Anteile zum Handel an einem geregelten Markt zugelassen sind, kann sich daher nicht präventiv gegen feindliche Übernahmen schützen, indem sie in ihrer Satzung erhöhte Stimmrechte oder Stimmrechtsbeschränkungen einführt. Eine Ausnahmeerscheinung stellt lediglich die ehemals im Staatseigentum stehende Volkswagen AG dar, die allerdings nicht durch ihre Satzung, sondern durch ein öffentlich-rechtliches Sondergesetz mit einem Höchststimmrecht ausgestattet ist.[1950] Sie ist nach dem Inkrafttreten des KonTraG nunmehr die einzige börsennotierte deutsche Aktiengesellschaft, die durch ein Höchststimmrecht gegen Übernahmeangebote gesichert ist.[1951]

In Großbritannien ist die Einführung von Mehrstimmrechten und Höchststimmrechten dagegen nach den Regelungen des Companies Act 1985 zulässig. Zwar geht auch der Companies Act 1985 grundsätzlich davon aus, dass sich Kapitalrisiko und Stimmkraft einer Aktie entsprechen sollen, so dass jede Aktie grundsätzlich ein Stimmrecht gewährt.[1952] Dieser Grundsatz steht jedoch unter dem Vorbehalt einer anderweitigen Regelung in der Unternehmensverfassung und damit zur Disposition der Aktionäre.[1953]

Sowohl Mehrstimmrechte als auch Höchststimmrechte können daher als präventive Abwehrinstrumente gegen feindliche Übernahmeversuche durch einen Beschluss des general meeting mit einer drei viertel Stimmenmehrheit im memorandum

---

1948 § 12 Abs. 2 AktG; siehe hierzu Teil 1 § 3 A I.

1949 § 134 Abs. 1 S. 2 AktG; siehe hierzu Teil 1 § 3 A II.

1950 Siehe hierzu Teil 1 § 3 A II.

1951 *Kainer*, ZHR 168 (2004), 542, 550; *Endell*, NZG 2000, 1160.

1952 Sec. 370 (6) CA 1985.

1953 Sec. 370 (1) CA 1985; vgl. auch *Peltzer*, AG-Sonderheft 1997, 90, 95.

oder in den articles einer übernahmebedrohten Gesellschaft verankert werden.[1954] Eine solche Satzungsänderung, welche die Stimmverhältnisse nachträglich zu Lasten eines bereits am Grundkapital beteiligten feindlichen Bieters verändert, bedarf keiner positiven Rechtfertigung. Nach den Grundsätzen des common law muss die Satzungsänderung lediglich nach der aufrichtigen Überzeugung der beschlussfassenden Aktionärsmehrheit im Interesse der Gesamtheit der Aktionäre liegen,[1955] wobei hierfür auf die Interessen eines hypothetischen Idealgesellschafters abzustellen ist.[1956]

Zwar hat die britische Rechtsprechung zusätzlich ein objektives Diskriminierungskriterium für satzungsändernde Beschlüsse aufgestellt, welches Satzungsänderungen untersagt, die einzelnen Aktionäre rechtliche Nachteile auferlegen.[1957] Dieses Kriterium wird jedoch in der Praxis bei einer Änderung der Stimmverhältnisse von den Gerichten nicht konsequent angewendet.[1958] Obwohl die nachträgliche Einführung von Mehrstimmrechten und Höchststimmrechten zu einer Benachteiligung einzelner Aktionäre führen kann, wird sie gerichtlich nicht beanstandet, solange die Aktionärsmehrheit im guten Glauben an das Interesse eines durchschnittlichen hypothetischen Aktionärs abgestimmt hat. Vielmehr erkennen die Gerichte die nachträgliche Veränderung der Stimmverhältnisse unter dieser Voraussetzung als unternehmerische Entscheidung der Aktionäre an, in die sie nicht eingreifen.[1959]

Auch der Rechtsbehelf des unfair prejudice in sec. 495 CA 1985, der Minderheitsgesellschaftern in Gesellschaften mit personalistischer Struktur Schutz vor einer Verwässerung ihrer Stimmrechtsmacht gewähren kann, schränkt die Zulässigkeit der Einführung von Mehrstimmrechten und Höchststimmrechten bei börsennotierten public companies nicht ein, da er hier keinen Schutz gewährt, der über die rechtlichen Anforderungen des Companies Act 1985 und des common law an satzungsändernde Beschlüsse hinausgeht.[1960]

Obwohl Mehrstimmrechte und Höchststimmrechte in Großbritannien rechtlich zulässig sind, scheiden sie jedoch faktisch für börsennotierte public companies aufgrund der Ablehnung institutioneller Anleger als präventive Abwehrinstrumente gegen feindliche Übernahmeversuche aus. Die institutionellen Anleger haben auf dem britischen Kapitalmarkt eine ungleich größere Bedeutung als in Deutschland, da sie über 60 Prozent der börsennotierten Aktien halten.[1961] In Deutschland beläuft sich der insti-

---

1954 Vgl. sec. 9 (1) und 17 (1) CA 1985.

1955 Vgl. *Allen v Gold Reefs of West Africa* [1900] 1 Ch 656.

1956 Vgl. *Greenhalgh v Arderne Cinemas Ltd* [1951] Ch 286.

1957 Vgl. *Greenhalgh v Arderne Cinemas Ltd* [1951] Ch 286.

1958 Siehe hierzu Teil 2 § 5 A I 1 b bb.

1959 Vgl. *Rights and Issues Investment Trust Ltd v Stylo Shoes Ltd* [1965] Ch 254.

1960 Siehe hierzu Teil 2 § 5 A I 3 und Teil 2 § 5 A II 2.

1961 Vgl. *Ferran*, Company Law and Corporate Finance, S. 241; *Gower/Davies*, Company Law, S. 338; *Vincke*, in: Hopt/Wymeersch, Comparative Corporate Governance, S. 119, 125; *Davies*, in: Hopt/Wymeersch, European Takeovers, S. 195, 207; *Yavasi*, (2000) Comp Law 22, 47, 52; *Wymeersch*, AG 1998, 382, 390; *Grundmann/Möslein*, ZVglRWiss 102 (2003), 289, 320.

tutionelle Aktienbesitz dagegen lediglich auf 20 bis 30 Prozent.[1962] Ihren immensen wirtschaftlichen Einfluss üben die institutionellen Anleger in Großbritannien unmissverständlich dahin aus, dass Abweichungen vom Prinzip des proportionalen Stimmgewichts möglichst zu unterbleiben haben.

Infolge der negativen Haltung institutioneller Anleger sind sowohl Mehrfachstimmrechte als auch Höchststimmrechte bei den an der London Stock Exchange notierten public companies eine Ausnahmeerscheinung.[1963] Sie kommen nur bei Unternehmen vor, die sich entweder zu einem Großteil noch in Familienbesitz befinden oder als ehemalige Staatsunternehmen durch einen golden share der öffentlichen Hand gesichert sind. Für alle anderen börsennotierten public companies gilt in der Praxis auch ohne ein entsprechendes gesetzliches Verbot wie im Aktiengesetz das Gleiche wie für börsennotierte deutsche Aktiengesellschaften: Mehrstimmrechte und Höchststimmrechte kommen als präventive Abwehrinstrumente gegen feindliche Übernahmeversuche nicht in Betracht.

B. Aktien ohne Stimmrecht

Ein weiteres Instrument, das von den Aktionären zur Prävention feindlicher Übernahmeversuche in der Satzung einer übernahmebedrohten Gesellschaft verankert werden kann, stellen stimmrechtslose Aktien dar.

Nach dem Aktiengesetz sind Aktien ohne Stimmrecht nur in Form von Vorzugsaktien zulässig, die als Gegenleistung für den Verzicht auf das Stimmrecht mit einer Vorzugsdividende ausgestattet sind[1964] und nur bis zur Hälfte des Grundkapitals der Gesellschaft ausgegeben werden können.[1965] In Großbritannien können stimmrechtslose Aktien dagegen sowohl als Vorzugsaktien als auch als Stammaktion ausgegeben werden. Im Gegensatz zum Aktiengesetz statuiert der Companies Act 1985 zudem keine Obergrenze für stimmrechtslose Aktien. Britische public companies haben daher bei der Ausgabe stimmrechtsloser Aktien einen größeren Freiraum als deutsche Aktiengesellschaften.

Zur präventiven Abwehr feindlicher Übernahmeversuche hat die Ausgabe stimmrechtsloser Aktien allerdings nur eine begrenzte Effektivität. Zwar kann sie bei Kapitalbedarf einer übernahmebedrohten Gesellschaft dazu dienen, einen Kontrollwechsel unmittelbar durch die Emission der Aktien oder deren spätere Weiterveräußerung zu verhindern. Der Erwerb einer kontrollierenden Beteiligung durch einen oder mehrere Altaktionäre wird durch sie hingegen nicht ausgeschlossen. Die Ausgabe stimmrechtsloser Aktien eignet sich als Instrument zum Schutz vor Übernahmeversuchen daher allenfalls bei einer Anteilsemission in einer Gesellschaft, die von einer stabilen Gruppe beherrscht wird.

1962 *Vincke*, in: Hopt/Wymeersch, Comparative Corporate Governance, S. 119, 125; *Yavasi*, (2000) Comp Law 22, 47, 52; *Grundmann/Möslein*, ZVglRWiss 102 (2003), 289, 320 Fn. 153; *Teichmann*, ZGR 2001, 645, 654.

1963 Siehe hierzu Teil 2 § 5 A I 5 und Teil 2 § 5 A II 3.

1964 §§ 12 Abs. 1, 139 Abs. 1 AktG.

1965 § 139 Abs. 2 AktG.

Darüber hinaus sind stimmrechtslose Aktien sowohl in Deutschland als auch in Großbritannien an den Kapitalmärkten unbeliebt.[1966] Vom Handel am inzwischen geschlossenen Neuen Markt waren sie sogar gänzlich ausgeschlossen. Während die Ablehnung der institutionellen Anleger gegenüber stimmrechtslosen Aktien in Großbritannien allerdings eine lange Tradition hat, die dazu geführt hat, dass in den letzten 10 Jahren keine public company stimmrechtslose Aktien an die Börse gebracht hat,[1967] ist der Einfluss der institutionellen Investoren auf dem deutschen Kapitalmarkt weniger ausgeprägt.[1968] Zwar haben in jüngerer Zeit auch einige börsennotierte deutsche Gesellschaften ihre stimmrechtslosen Vorzugsaktien im Hinblick auf die Umstellung der Aktienindizes der Frankfurter Börse von der Marktkapitalisierung auf den Streubesitz in Stammaktien umgewandelt, da nunmehr bei verschiedenen Aktiengattungen nur noch die größere Gattung für die Bestimmung der Indizes berücksichtigt wird.[1969] Ob diese Umstellung in ähnlicher Weise wie in Großbritannien faktisch das Ende stimmrechtsloser Aktien für börsennotierte Aktiengesellschaften einläutet, bleibt jedoch abzuwarten.

C. Stimmbindungsverträge

Die Aktionäre britischer public companies haben gegenüber den Aktionären deutscher Aktiengesellschaften einen größeren rechtlichem Freiraum, um Stimmbindungsverträge zur präventiven Abwehr feindlicher Übernahmen abzuschließen.

Während nach deutschem Recht Abstimmungsverträge unwirksam sind, die eine Abstimmung nach der Weisung von Vorstand oder Aufsichtsrat vorsehen,[1970] oder die den Aktionären für eine bestimmte Ausübung ihrer Stimmrechte eine Gegenleistung gewähren,[1971] sind Stimmbindungsverträge mit einem derartigen Inhalt nach britischem Recht nicht zu beanstanden.[1972] Daher können die directors einer britischen public company die Ausübung der vertraglich gebundenen Stimmrechte durch gezielte Weisungen zum Zwecke der Übernahmeabwehr koordinieren und den Anreiz der weisungsgemäßen Abstimmung durch die Vereinbarung einer Geldzahlung erhöhen.

Darüber hinaus sind britische Aktionäre beim Abschluss von Stimmbindungsverträgen anders als deutsche Aktionäre nicht an Treuepflichten gebunden und können daher grundsätzlich auch Vereinbarungen eingehen, die gegen das Gesellschaftsinte-

---

1966 Vgl. für Deutschland *Schlitt*, MüKo-AktG, § 33 WpÜG, Rn. 260; *Brandi*, in: Thaeter/Brandi, Öffentliche Übernahmen, Teil 3 Rn. 453; vgl. für Großbritannien *Weinberg/Blank*, Takeovers and Mergers, Rn. 4-7077; *Stapledon*, Institutional Shareholders and Corporate Governance, S. 58.

1967 Siehe hierzu Teil 2 § 5 A III 4.

1968 Vgl. *Wymeersch*, AG 1998, 382, 390; *Davies*, in: European Takeovers, S. 195, 207; *Grundmann/Möslein*, ZVglRWiss 102 (2003), 289, 320; in diesem Sinne auch *Merkt*, ZHR 165 (2001), 224, 251.

1969 Siehe hierzu Teil 1 § 3 A III 4.

1970 § 136 Abs. 2 AktG.

1971 § 405 Abs. 3 AktG.

1972 Siehe hierzu Teil 2 § 5 A IV 1.

resse verstoßen.[1973] Der Grund für diese Gestaltungsfreiheit der Aktionäre liegt in dem für das britische Kapitalgesellschaftsrecht prägenden Grundsatz, wonach das Stimmrecht ein Eigentumsrecht des Aktionärs ist, welches dieser in unbeschränkter Freiheit auch zur ausschließlichen Verfolgung von Eigeninteressen und ohne Rücksicht auf das Interesse der Gesellschaft oder die Interessen anderer Aktionäre ausüben kann.[1974] Lediglich in Fällen exzessiven Machtmissbrauchs findet die Freiheit der Stimmrechtsausübung in der Rechtsfigur des fraud on the minority und im Rechtsbehelf der prohibition of frustrating action der sec. 459 CA 1985 ihre Grenze.[1975]

In der Praxis kommen Stimmbindungsverträge als Mittel der präventiven Übernahmeabwehr jedoch sowohl für börsennotierte deutsche als auch für börsennotierte britische Gesellschaften wegen der in beiden Rechtsordnungen bestehenden übernahmerechtlichen Angebotspflicht nur bis zu einer Höchstgrenze von 30 Prozent der Stimmrechte in Betracht.[1976] Zwar besteht zwischen den beiden Rechtsordnungen insofern ein Unterschied, als der für den Kontrollerwerb durch einen Stimmbindungsvertrag maßgebliche Tatbestand des abgestimmten Verhaltens in seinen Einzelheiten verschieden definiert wird. So wird von Rule 9.1 City Code nur ein abgestimmter Aktien*erwerb* erfasst, der darauf gerichtet ist, mindestens 30 Prozent der Stimmrechte an der Zielgesellschaft zu erlangen, während von § 30 Abs. 2 WpÜG auch ein abgestimmtes *Stimmmverhalten* erfasst wird, durch welches die 30-Prozent-Schwelle erreicht wird.[1977] Jedoch dürfte sich dieser Unterschied für die Einsatzfähigkeit von Stimmbindungsverträgen zur präventiven Übernahmeabwehr in der Praxis kaum auswirken. Denn obwohl nach britischem Recht der bloße Beitritt zu einem Stimmenpool nicht als abgestimmtes Verhalten gilt, besteht die Gefahr, dass jeder weitere Aktienerwerb durch ein Poolmitglied nach einem solchen Beitritt, der zu einer Koordinierung von mindestens 30 Prozent der Stimmrechte an der potentiellen Zielgesellschaft führt, die ungewollte Angebotspflicht auslöst.[1978]

Zudem wird die Abwehrwirkung von Stimmbindungsverträgen sowohl in Großbritannien als auch in Deutschland durch die lediglich schuldrechtliche Bin-

---

1973 Siehe hierzu Teil 2 § 5 A IV 1.

1974 Vgl. nur *Pender v Lushington* (1877) 6 ChD 70; *North-West Transportation Co Ltd v Beatty* (1887) 12 AC 589; *Northern Counties Securities Ltd v Jackson and Steeple Ltd* [1974] 1 WLR 1133.

1975 Siehe hierzu Teil 2 § 5 A IV 2 a und b.

1976 Vgl. § 35 Abs. 2 i.V.m. §§ 29 Abs. 2, 30 Abs. 2 WpÜG bzw. City Code, Rule 9.1.

1977 Zu diesem Unterschied *Diekmann*, in: Baums/Thoma, WpÜG, § 30 Rn. 67; *Casper*, ZIP 2003, 1469, 1470, der allerdings zu Unrecht davon ausgeht, zwischen den beiden Regelungen bestehe auch insofern ein Unterschied, als § 30 Abs. 2 WpÜG nur Vereinbarungen erfasse, die sich nicht auf eine Abstimmung in einem Einzelfall beziehen, während Rule 9.1 City Code auch für solche Stimmvereinbarungen im Einzelfall gelte. Note 2 zu Rule 9. 1 City Code stellt insofern klar, dass derartige Einzelvereinbarungen auch von Rule 9.1 City Code nicht erfasst werden, vgl. *Weinberg/Blank*, Takeovers and Mergers, Rn. 4-7043.

1978 *Weinberg/Blank*, Takeovers and Mergers, Rn. 4-7043; *Gower/Davies*, Company Law, S. 718; aufgrund der unterschiedlichen Definition des abgestimmten Verhaltens kann in Großbritannien auch ein bloßer konzertierter Aktienerwerb die Angebotspflicht von Rule 9.1 City Code auslösen, was in Deutschland nicht der Fall ist, da § 30 Abs. 2 WpÜG ein über den Aktienerwerb hinausgehendes gesellschaftsbezogenes Verhalten erfordert.

dungswirkung und die Schwierigkeiten, die bei ihrer Durchsetzung und der Sanktionierung von Verstößen entstehen, erheblich eingeschränkt.[1979]

Alles in allem können Stimmbindungsverträge somit in beiden Rechtsordnungen nur einen eingeschränkten präventiven Schutz vor feindlichen Übernahmen gewähren.

D. Erschwerung der Auswechslung des Managements

Die im deutschen Aktienrecht zwingend vorgeschriebene Zweiteilung der Verwaltung in Vorstand und Aufsichtsrat ist im Vergleich zur einstufigen board Verfassung britischer public companies eine wesentliche Erschwerung der Auswechslung des Managements, die gegenüber ausländischen Bietern an sich schon ein wirksames präventives Abwehrmittel darstellt.[1980]

Während ein feindlicher Bieter das komplette board of directors einer britischen public company nach den Regelungen des Companies Act 1985 vor Ablauf der Amtszeit jederzeit auch ohne einen wichtigen Grund abberufen und mit Personen seines Vertrauens besetzen kann, sobald er die Mehrheit der Stimmrechte im general meeting erlangt hat,[1981] fällt die vorzeitige Abberufung des Vorstands einer deutschen Aktiengesellschaft nach den Regelungen des Aktienrechts in die alleinige Kompetenz des Aufsichtsrats.[1982] Ein feindlicher Bieter kann daher auch nach einem Mehrheitserwerb keinen direkten Einfluss auf die Geschäftsleitung einer Aktiengesellschaft nehmen, sondern muss zuerst die amtierenden Aufsichtsratsmitglieder abberufen und eigene Aufsichtsratsmitglieder bestellen, bevor er über den Aufsichtsrat die Entlassung des Vorstands betreiben kann.

Für die vorzeitige Abberufung der Aufsichtsratsmitglieder bedarf es eines Hauptversammlungsbeschlusses mit einer Dreiviertelmehrheit, soweit die Satzung nichts anderes vorschreibt.[1983] Die Auswechslung des Aufsichtsrats wird zudem dadurch maßgeblich erschwert, dass dieser nach den Vorschriften des kollektiven Arbeitsrechts mit Arbeitnehmervertretern besetzt ist, die nicht dem Abberufungsrecht der Hauptversammlung unterliegen und feindlichen Übernahmen in der Regel skeptisch

---

1979 Siehe hierzu für Deutschland Teil 1 § 3 A IV 2 und für Großbritannien Teil 2 § 5 A IV 3 und 4.

1980 *Maier-Reimer*, in: Hopt/Wymeersch, European Takeovers, S. 242; *Davies*, in: Hopt/Wymeersch, European Takeovers, S. 195, 206 Fn. 37; *Michalski*, AG 1997, 152, 156; *Peltzer*, ZIP 1989, 69, 74; *Hauschka/Roth*, AG 1988, 181, 188; *Schanz*, NZG 2000, 337, 342; *Gee*, (1998), ICCLR 9, 15, 17.

1981 Vgl. sec. 303 (1) CA 1985.

1982 § 84 Abs. 3 AktG.

1983 § 103 Abs. 1 AktG; bei vielen Publikumsgesellschaften ist das qualifizierte Mehrheitserfordernis allerdings durch eine Satzungsregelung abbedungen, wonach Beschlüsse der Hauptversammlung mit einfacher Stimmenmehrheit gefasst werden, sofern das Gesetz nicht zwingend etwas anderes vorschreibt. Umgekehrt stellt aber die Wiederherstellung des gesetzlich vorgesehenen Mehrheitserfordernisses eine Möglichkeit zur Abschreckung feindlicher Bieter dar, vgl. *Krause*, AG 2002, 133, 141.

gegenüberstehen.[1984] Für die Abberufung des Vorstands ist darüber hinaus ein wichtiger Grund, wie insbesondere ein Vertrauensentzug durch die Hauptversammlung, erforderlich.[1985] Der bloße Wechsel in der Zusammensetzung des Aktionärskreises bildet für sich genommen keinen solchen wichtigen Grund zur Vorstandsabberufung.[1986]

Die übernahmebehindernde Wirkung der Regelungen des Aktienrechts und des kollektiven Arbeitsrechts lässt sich durch verschiedene satzungsmäßige Vorkehrungen weiter verstärken. So kann die Satzung eine Staffelung der Amtszeiten für die Aufsichtsratsmitglieder vorsehen, einzelnen Aktionären für bis zu einem Drittel der Aktionärsvertreter im Aufsichtsrat Entsendungsrechte einräumen, besondere Wahlbestimmungen für den Aufsichtsrat vorsehen oder an die Aufsichtsratsmitglieder besondere persönliche Anforderungen stellen.[1987] Aufgrund der strengen gesetzlichen Kautelen ist eine satzungsmäßige Verankerung zusätzlicher Hürden zur Erschwerung der Managementauswechslung in der Regel jedoch nicht erforderlich, sondern trägt die Gefahr in sich, dass die Gesellschaft in ihrer Flexibilität beeinträchtigt wird.

Für die Aktionäre einer übernahmebedrohten britischen public company kann dagegen durchaus Veranlassung bestehen, die Auswechslung des Managements, welche durch einen einfachen Mehrheitsbeschluss des general meeting jederzeit möglich ist, durch satzungsmäßige Vorkehrungen zu erschweren, um feindliche Bieter abzuschrecken. Dafür bietet sich auch in Großbritannien die satzungsmäßige Einräumung von Entsendungsrechten oder die satzungsmäßige Staffelung der Amtszeiten der directors an.[1988] Anders als in Deutschland kann die Satzung einer britischen Gesellschaft sogar vorsehen, dass alle directors durch entsendungsberechtigte Aktionäre bestellt werden.[1989] Da allerdings auch entsandte directors dem gesetzlich verankerten Abberufungsrecht des general meeting unterliegen und auch eine Staffelung der Amtszeiten eine vorzeitige Abberufung nicht verhindert, sind diese Vorkehrungen im Ergebnis zur Übernahmeabwehr wirkungslos.[1990] Sie hindern einen feindlichen Bieter nicht daran, das amtierende board of directors nach dem Erwerb einer Stimmenmehrheit umgehend auszuwechseln.

Zwar besteht für nicht börsennotierte britische Gesellschaften die Möglichkeit, den amtierenden directors für die von ihnen gehaltenen Aktien bei dem Beschluss des general meeting über ihre Abberufung ein mehrfaches Stimmrecht einzuräumen, so dass sie sich durch ihre eigenen Stimmen im Amt halten können.[1991] Bei börsennotierten public companies scheidet die satzungsmäßige Einführung einer solchen *Bushell v Faith*-Klausel allerdings aus, da die FSA solchen Gesellschaften, deren articles derar-

---

1984 Siehe hierzu Teil 1 § 3 A V 2.

1985 § 84 Abs. 3 AktG.

1986 *Wiesner*, in: Hoffmann-Becking, Handbuch des Gesellschaftsrechts Bd. IV, § 20 Rn. 45; *Mertens*, KK-AktG, § 84 Rn. 109; *Lüttmann*, Kontrollwechsel in Kapitalgesellschaften, S. 151.

1987 Siehe hierzu Teil 1 § 3 A V 3.

1988 Siehe hierzu Teil 2 § 5 A V 2 a und b.

1989 Vgl. *Pickering*, (1965) LQR 81, 248, 255.

1990 *Underhill/Austmann*, in: Payne, Takeovers, S. 87, 99 f.; *Gower/Davies*, Company Law, S. 310.

1991 Vgl. *Bushell v Faith* [1970] AC 1099.

tige Bestimmungen enthalten, die Notierung an der London Stock Exchange verwehrt.[1992]

Es bleibt somit festzuhalten, dass eine Auswechslung des Managements bei deutschen Aktiengesellschaften durch die Zweiteilung der Verwaltung und die arbeitsrechtliche Mitbestimmung wesentlich schwieriger zu realisieren ist als bei britischen public companies. Dieses Übernahmehindernis lässt sich zudem durch satzungsmäßige Vorkehrungen zusätzlich erhöhen. Börsennotierten britischen public companies stehen dagegen keine Instrumente zur Verfügung, um die gesetzlich vorgesehene Möglichkeit der Abberufung der directors durch einfachen Mehrheitsbeschluss des general meeting zur präventiven Abwehr feindlicher Übernahmeversuche in der Satzung wirksam zu beschränken.

1992 *Pettet*, Company Law, S. 272; *Sealy*, Company Law, S. 250; *Underhill/Austmann*, in: Payne, Takeovers, S. 87, 99.

§ 7 Maßnahmen der Verwaltung

A. Treuepflichten der Verwaltungsorgane

Die Zulässigkeit von Präventivmaßnahmen der Verwaltung richtet sich im deutschen wie im britischen Gesellschaftsrecht in erster Linie nach den gesellschaftsrechtlichen Treuepflichten der Verwaltungsorgane.[1993] Die übernahmerechtliche Pflichtenbindung der Verwaltungsorgane, insbesondere die in beiden Rechtsordnungen verschieden ausgestaltete übernahmerechtliche Neutralitätspflicht,[1994] ist für Verwaltungsmaßnahmen, die ausschließlich in der Vorangebotsphase vorgenommen und abgeschlossen werden, dagegen ohne Bedeutung, da sie erst in der Angebotsphase gilt. Die Angebotsphase beginnt nach deutschem Übernahmerecht, wenn ein Bieter die Entscheidung zur Abgabe eines Übernahmeangebots veröffentlicht.[1995] Nach den Regelungen des City Code beginnt die Angebotsphase dagegen schon, wenn objektive Anzeichen dafür vorliegen, dass ein ernsthaftes Übernahmeangebot bevorsteht.[1996]

I. Bindung an das Gesellschaftsinteresse

Die gesellschaftsrechtlichen Treuepflichten der directors einer britischen public company decken sich insofern mit denen der Vorstandsmitglieder einer deutschen Aktiengesellschaft, als sie die einzelnen Geschäftsleiter dazu verpflichten, bei der Ausübung ihrer Geschäftsführungsbefugnisse im Interesse der Gesellschaft zu handeln, und ihnen die Verfolgung von persönlichen Interessen untersagen. Demgemäß ist es sowohl den directors einer britischen public company als auch den Vorstandsmitgliedern einer deutschen Aktiengesellschaft durch ihre Treuepflichten untersagt, präventive Abwehrmaßnahmen gegen feindliche Übernahmeversuche zum Schutze ihrer eigenen Position vorzunehmen.[1997]

Unterschiede bestehen jedoch im Hinblick auf die Definition des Gesellschaftsinteresses.[1998]

1993 Siehe hierzu für Deutschland Teil 1 § 2 B und für Großbritannien Teil 2 § 4 C II.

1994 Siehe hierzu für Deutschland Teil 1 § 2 C und für Großbritannien Teil 2 § 4 C I.

1995 Vgl. § 33 Abs. 1 S. 1 i.V.m. 10 Abs. 1 S. 1, Abs. 3 WpÜG

1996 Vgl. City Code, General Principle 7; *Davies*, in: Hopt/Wymeersch, European Takeovers, S. 195, 199, 205.

1997 Für das deutsche Recht vgl. *Hefermehl/Spindler*, MüKo-AktG, § 93 Rn. 26; *Richter*, in: Semler/Volhard, Arbeitshandbuch für Unternehmensübernahmen, § 52 Rn. 53; *Hopt*, ZGR 1993, 534, 547; für das britische Recht vgl. *Fraser v Whalley* (1864) 2 H & M 10; *Ryan*, Company Directors, Rn. 1216; *Parkinson*, Corporate Power and Responsibility, S. 96; *Kasolowsky*, ZBB 2000, 189, 195.

1998 Siehe hierzu für Deutschland Teil 1 § 2 B I und für Großbritannien Teil 2 § 4 C II 2 a bb; eine Gegenüberstellung des britischen und des deutschen Konzepts des Gesellschaftsinteresses findet sich bei *Ferrarini*, in: Hopt/Wymeersch, Capital Marktes and Company Law, S. 223, 228 ff.; vgl. zu den Unterschieden auch *Gee*, (1998) ICCLR 9, 15, 17; *Miles/Zagelmeyer*, (2004)

Nach deutschem Aktienrecht bestimmt sich das Gesellschafts- bzw. Unternehmensinteresse aus den in der Gesellschaft zusammentreffenden Gruppeninteressen von Aktionären, Arbeitnehmer und Allgemeinheit.[1999] Die verschiedenen Interessen sind vom Vorstand im Rahmen seines unternehmerischen Ermessens im Einzelfall gegeneinander abzuwägen und im Wege einer praktischen Konkordanz zu einem angemessenen Ausgleich zu bringen. Dabei besteht unter den abzuwägenden Gruppeninteressen eine Rangfolge. Die unternehmensinternen Interessen der Aktionäre und Arbeitnehmer haben den Vorrang vor den unternehmensexternen Allgemeininteressen, weshalb diese im Konfliktfall hinter den gesellschaftsinternen Interessen zurücktreten.[2000]. Kommt es zwischen den unternehmensinternen Interessen der Aktionäre und der Arbeitnehmer zu einem Konflikt, so ist den Interessen der Aktionäre regelmäßig ein höheres Gewicht einzuräumen. Dennoch ist ein Interessenausgleich zu Lasten der Aktionärsinteressen nach deutschem Aktienrecht durchaus möglich, sofern die Arbeitnehmerinteressen im Einzelfall ein besonderes Gewicht haben.[2001] Der Vorstand einer deutschen Aktiengesellschaft kann daher Abwehrmaßnahmen nicht nur zum Schutz der Aktionäre, sondern auch zum Schutz der Arbeitnehmer vornehmen, sofern er nach der Interessenabwägung zu dem Schluss kommt, dass Arbeitnehmerbelange im Einzelfall vorrangig sind.[2002]

Nach britischem Gesellschaftsrecht ist für die Bestimmung des Gesellschaftsinteresses dagegen ausschließlich das Kollektivinteresse der Aktionäre maßgeblich, wobei kurzfristige und langfristige Aktionärsinteressen von den directors im Rahmen ihres unternehmerischen Ermessens gegeneinander und untereinander abgewogen werden müssen.[2003] Die Interessen der stakeholder, wie Arbeitnehmer und Gläubiger, finden bei der Ausübung der Geschäftsführungsbefugnisse nur insoweit Berücksichtigung, als sie dem übergeordneten Aktionärsinteresse dienen. Den directors ist es jedoch untersagt, durch eine Geschäftsführungsmaßnahme, also auch durch die Vornahme einer präventiven Abwehrmaßnahme gegen einen Übernahmeversuch, die Aktionärsinteressen zu Gunsten der Stakeholderinteressen zu beeinträchtigen.[2004]

Allerdings beinhaltet die Verpflichtung auf das Gesellschaftsinteresse im britischen Gesellschaftsrecht anders als im deutschen Aktienrecht lediglich ein subjektives

---

ICCLR 15, 221; *Stengel*, (1998) ICCLR 9, 49, 51; *Schilling*, BB 1997, 1909; vgl. zu den Gründen für den deutschen Sonderweg *Kuhner*, ZGR 2004, 244, 247.

1999 Siehe hierzu Teil 1 § 2 B I 2; vgl. auch *Mertens*, KK-AktG, § 76 Rn. 16; *Hüffer*, AktG, § 76 Rn. 12; *Wiesner*, in: Hoffmann-Becking, Handbuch des Gesellschaftsrechts Bd. IV, § 19 Rn. 18; *Raiser/Veil*, Recht der Kapitalgesellschaften, § 13 Rn. 4, § 14 Rn. 13.

2000 Siehe hierzu Teil 1 § 2 B I 3 b.

2001 Vgl. *von Werder*, ZGR 1998, 69, 79; ähnlich *Semler*, FS Raisch, S. 291, 297.

2002 Ausführlich zu den bei der Vornahme von Abwehrmaßnahmen gegen Übernahmeversuche für die Interessen der Aktionäre und der Arbeitnehmer abwägungserheblichen Gesichtspunkten Teil 1 § 2 D III 2.

2003 Siehe hierzu Teil 2 § 4 C II 2 a bb; vgl. auch *Milner Holland QC*, Milner Holland Report, para. 13 (10); *Sheikh/Rees*, Corporate Governance, S. 26 f.; *Gower/Davies*, Company Law, S. 389; *Clarke*, (2004) JCLS 4, 51, 61 f.

2004 *Rickford*, (2005) ECFR 2, 63, 69.

Kriterium.[2005] Die directors genügen den subjektiven Anforderungen der bona fide duty, wenn sie der aufrichtigen Überzeugung sind, im Interesse der Gesellschaft und damit im Interesse der Gesamtheit der Aktionäre zu handeln. Sie können daher präventive Abwehrmaßnahmen gegen feindliche Übernahmeangebote in Übereinstimmung mit ihrer Verpflichtung auf das Gesellschaftsinteresse vornehmen, wenn sie der aufrichtigen Überzeugung sind, dass die Übernahme die langfristigen Aktionärsinteressen am wirtschaftlichen Erfolg der Gesellschaft beeinträchtigt.[2006] Die Vornahme von Abwehrmaßnahmen aufgrund von Arbeitnehmerbelangen ist ihnen dagegen untersagt.

Auf den ersten Blick lässt die unterschiedliche Ausgestaltung der Verpflichtung auf das Gesellschaftsinteresse dem Vorstand einer deutschen Aktiengesellschaft einen größeren Handlungsspielraum zur Vornahme von präventiven Abwehrmaßnahmen, da er im Gegensatz zu den directors einer britischen public company neben den Aktionärsinteressen auch die Arbeitnehmerinteressen bei der Übernahmeabwehr berücksichtigen kann. Allerdings wird die strenge Bindung der Handlungsbefugnisse der directors an das Aktionärsinteresse durch den subjektiven Maßstab der Verpflichtung erheblich aufgeweicht.[2007] Dies gilt insbesondere deshalb, weil britische Gerichte bei der Annahme bösgläubiger Geschäftsführungsmaßnahmen äußerst zurückhaltend sind und sie die subjektive Einschätzung der directors, dass eine Maßnahme im Interesse der Gesellschaft liegt, in der Regel nicht in Frage stellen.[2008]

II. Aktienrechtliche Neutralitätspflicht / proper purpose duty

Im Zusammenhang mit der Vornahme (präventiver) Abwehrmaßnahmen gegen feindliche Übernahmeversuche wird sowohl im deutschen Aktienrecht als auch im britischen Gesellschaftsrecht eine zusätzliche Pflichtenbindung der Geschäftsleitung diskutiert, welche eine Kontrolle des Verwaltungshandelns gewährleisten soll, die über die allgemeine Verpflichtung auf das Gesellschaftsinteresse hinausgeht.

Im deutschen Schrifttum wird überwiegend die Auffassung vertreten, der Vorstand einer Aktiengesellschaft unterliege einer aktienrechtlichen Neutralitätspflicht, die es ihm untersage Abwehrmaßnahmen gegen Übernahmeversuche zu ergreifen, sofern nicht die Hauptversammlung zugestimmt hat.[2009] Ausnahmen von dieser Neutralitätspflicht sollen nur in speziell gelagerten Fällen gelten, etwa wenn persönliche Eigenschaften des Bieters zu einer Schädigung der Gesellschaft führen können,[2010] wenn

---

2005 Siehe hierzu Teil 2 § 4 C II 2; hierauf weist auch *Knoll*, Die Übernahme von Kapitalgesellschaften, S. 268 hin.

2006 Vgl. *Underhill/Austmann*, in: Payne, Takeovers, S. 87, 91; *Herrmann*, Zivilrechtliche Abwehrmaßnahmen, S. 158; *Mayanja*, (1999) Aus J Corp L 10, 162, 166.

2007 In diesem Sinne auch *Parkinson*, Corporate Power and Responsibility, S. 96.

2008 Siehe hierzu Teil 2 § 4 C II 2 a aa; darauf weisen auch *Parkinson*, Corporate Power and Responsibility, S. 96 und *Davies*, in: Hopt/Wymeersch, European Takeovers, S. 195, 205 hin.

2009 Siehe hierzu Teil 1 § 2 B II.

2010 *Mertens*, KK-AktG, § 76 Rn. 26; *Hefermehl/Spindler*, MüKo-AktG, § 76 Rn. 28; *Hopt*, GK-AktG, § 93 Rn. 125; *ders.*, ZGR 1993, 534, 555; *Kort*, FS Lutter, S. 1421, 1436 f.; *Maier-Reimer*, ZHR 165 (2001), 258, 271; *Mülbert*, IStR 1999, 83, 89.

der Bieter erkennbar die Absicht hat, dass Vermögen der Gesellschaft entgegen der gesetzlichen Kapitalerhaltungsvorschriften zu verwenden,[2011] oder wenn die Gefahr schwerer, irreversibler Schädigungen der Zielgesellschaft besteht.[2012]

Obwohl die Gründe, welche in der Literatur für die Annahme einer Neutralitätspflicht vorgebracht werden, wie die Gefahr, dass der Vorstand Abwehrmaßnahmen zur Erhaltung der eigenen Position ergreift, verständlich sind, besteht eine solche Neutralitätspflicht nach geltendem Aktienrecht nicht.[2013] Sie lässt sich nicht aus einem etwaigen Verbot der Einflussnahme der Verwaltung auf die Aktionärsstruktur der Gesellschaft ableiten, da ein solches Verbot im deutschen Aktienrecht nicht besteht. Ebenso wenig bildet der aktienrechtliche Gleichbehandlungsgrundsatz des § 53 a AktG eine tragfähige Grundlage für die Neutralitätspflicht. Einer Herleitung der Neutralitätspflicht aus dem Gebot der Fremdinteressenwahrung steht entgegen, dass die aktienrechtliche Verpflichtung der Verwaltung sich nicht auf das Aktionärsinteresse, sondern auf das pluralistische Gesellschaftsinteresse bezieht. Schließlich führen auch die Grundsätze des *Holzmüller*-Urteils[2014] nicht dazu, dass Abwehrmaßnahmen in die ausschließliche Kompetenz der Hauptversammlung fallen. Nach deutschem Aktienrecht ist der Vorstand daher entgegen der vorherrschenden Ansicht in der Literatur auch bei der Abwehr feindlicher Übernahmeversuche ausschließlich an das Gesellschafts- bzw. Unternehmensinteresse gebunden.

Die britische Rechtsprechung hat im Zusammenhang mit der Abwehr feindlicher Übernahmen die proper purpose duty entwickelt, die es den directors untersagt, ihre Geschäftsführungsbefugnisse zu objektiv unzulässigen Zwecken auszuüben.[2015] Die Abwehr feindlicher Übernahmen stellt nach den Rechtsprechungsgrundsätzen prinzipiell eine unzulässige Zwecksetzung dar. Daher ist den directors durch die proper purpose duty grundsätzlich jede Maßnahme untersagt, die primär der Abwehr feindlicher Übernahmen dient, auch wenn sie im guten Glauben an das Gesellschaftsinteresse vorgenommen wird. Inhaltlich entspricht dieses grundsätzliche Verbot von Abwehrmaßnahmen der Verwaltung der im deutschen Schrifttum überwiegend vertretenen eingeschränkten aktienrechtlichen Neutralitätspflicht.[2016]

Auch die proper purpose duty lässt nämlich nach dem aktuellen Stand der britischen Rechtsprechung Abwehrmaßnahmen gegen Übernahmeversuche nur in extre-

---

2011 *Mertens*, KK-AktG, § 76 Rn. 26; *Hopt*, GK-AktG, § 93 Rn. 125.; *ders.*, FS Lutter, S. 1361, 1393; *Schlitt*, MüKo-AktG, § 33 WpÜG Rn. 49; *Brandi*, in: Thaeter/Brandi, Öffentliche Übernahmen, Teil 3 Rn. 274.

2012 *Hopt*, GK-AktG, § 93 Rn. 124 ff.; *Schwennicke*, in: Geibel/Süßmann, WpÜG, § 33 Rn. 16; *Schlitt*, MüKo-AktG, § 33 WpÜG Rn. 49.

2013 Siehe hierzu Teil 1 § 2 B II 2.

2014 BGHZ, 83, 122.

2015 Siehe hierzu Teil 2 § 4 C II 2 b.

2016 In diesem Sinne auch *Hopt*, FS Lutter, S. 1361, 1369; die britischen Gerichte haben in einigen Entscheidungen den Gedanken zum Ausdruck gebracht, die Bestimmung der Mehrheitsverhältnisse in einer Gesellschaft falle ausschließlich in die Kompetenz der Aktionäre und nicht in die Kompetenz der Geschäftsleitung, der auch zur Begründung der aktienrechtlichen Neutralitätspflicht herangezogen wird, vgl. zu diesem Ansatz *Xuereb*, Rights of Shareholders, S. 61 ff.; ausführlich zu den Begründungsansätzen im deutschen Schrifttum Teil 1 § 2 B II 1.

men Ausnahmefällen zu.[2017] Zwar enthalten die hierzu ergangenen Entscheidungen nur wenige Anhaltspunkte dafür, wann derartige Ausnahmefälle vorliegen sollen. Die maßgeblichen Ausführungen lassen jedoch zumindest darauf schließen, dass es sich um ähnliche Extremsituationen handelt, die auch im Rahmen der aktienrechtlichen Neutralitätspflicht als Ausnahmetatbestände anerkannt sind.[2018] In Betracht kommen Fallgestaltungen, in denen der Gesellschaft durch die Übernahme ein schwerer wirtschaftlicher Schaden droht, oder in denen das Wohlergehen der Gesellschaft am Markt in Gefahr ist.[2019]

III. Fazit und praktische Erwägungen

Die directors einer britischen public company unterliegen bei der Vornahme von präventiven Abwehrmaßnahmen gegen feindliche Übernahmeversuche infolge der ihnen obliegenden Treuepflichten einer strengeren Pflichtenbindung als die Vorstandsmitglieder einer deutschen Aktiengesellschaft, da sie neben der Verpflichtung auf das Gesellschaftsinteresse an die proper purpose duty gebunden sind, die im Sinne einer eingeschränkten Neutralitätspflicht wirkt

Auch wenn sie im guten Glauben an das Interesse der Gesellschaft handeln, dürfen sie grundsätzlich keine Abwehrmaßnahmen gegen feindliche Übernahmeversuche ergreifen. Eine Ausnahme besteht nur in Extremsituationen, in denen auch die Vertreter der aktienrechtlichen Neutralitätspflicht Abwehrmaßnahmen des Vorstands zulassen. Da sich eine solche Neutralitätspflicht entgegen der überwiegenden Ansicht im deutschen Schrifttum aus den aktienrechtlichen Bestimmungen jedoch nicht herleiten lässt, haben die Vorstandsmitglieder einer Aktiengesellschaft einen größeren Handlungsspielraum. Sie dürfen bereits zur Übernahmeabwehr tätig werden, wenn ein Übernahmeversuch negative Auswirkungen auf das Unternehmensinteresse hat.

In der Vorangebotsphase stellt sich sowohl für die directors einer britischen public company als auch für die Vorstandsmitglieder einer deutschen Aktiengesellschaft die praktische Schwierigkeit, dass sie regelmäßig nicht nachweisen können, ob ein befürchteter Übernahmeversuch ausnahmsweise gezielte Abwehrmaßnahmen der Verwaltung zulässt, weil er einen Ausnahmefall zur proper purpose duty erfüllt, bzw. weil er negative Auswirkungen auf das Unternehmensinteresse hat.[2020] Die Absichten eines Bieters, die eine Beantwortung dieser Frage ermöglichen, werden nämlich üblicherweise erst mit der Veröffentlichung der Angebotsunterlagen bekannt. Präventive Abwehrmaßnahmen der Verwaltungsorgane lassen sich daher sowohl in Deutschland als auch in Großbritannien nur selten unter Berufung auf ihren Abwehrzweck rechtfertigen.

In beiden Rechtsordnungen werden jedoch Verwaltungsmaßnahmen als zulässig anerkannt, die unabhängig von ihrer abschreckenden Wirkung gegenüber feindli-

---

2017 Siehe zur Entwicklung der britischen Rechtsprechung in dieser Frage Teil 2 § 4 C II 2 b bb.

2018 Vgl. *Parkinson*, Corporate Power and Responsibility, S. 153.

2019 Vgl. *Mayson/French/Ryan*, Company Law, Rn. 16.4.12; *Xuereb*, Rights of Shareholders, S. 62; *Clarke*, (2004) JCLS 4, 51, 65; *Farrer*, (1999) Aus J Corp L 8, 1, 17.

2020 Siehe hierzu für Deutschland Teil 1 § 2 D III 4 und für Großbritannien Teil 2 § 4 C II b ee.

chen Bietern für die Gesellschaft wirtschaftlich sinnvoll sind.[2021] Derartige Maßnahmen dienen primär einem Zweck, dessen Verfolgung im Interesse der Gesellschaft liegt, so dass die Abwehrwirkung gegenüber Übernahmeversuchen als bloßer Nebeneffekt eines ansonsten zulässigen Verwaltungshandelns hingenommen wird. Präventive Abwehrmaßnahmen können somit in beiden Rechtsordnungen von den Verwaltungsorganen vorgenommen werden, wenn und soweit sie der Gesellschaft wirtschaftliche Vorteile sichern und daher auch ohne ihren Abschreckungseffekt bei pflichtgemäßer Unternehmensleitung sinnvoll sind.

B. Gegenseitige und ringförmige Beteiligungen

Der Aufbau gegenseitiger und ringförmiger Beteiligungsverhältnisse ist in Deutschland seit je her ein klassisches Mittel zur Prophylaxe gegen feindliche Übernahmeversuche. Derartige Beteiligungsverhältnisse sind unter dem Schlagwort „Deutschland AG" bekannt geworden.

Bis zu einer Beteiligungsquote von 25 Prozent sind gegenseitige Beteiligungen nach deutschem Aktienrecht uneingeschränkt zulässig. Aber auch in einem Bereich von 25 bis 50 Prozent sind gegenseitige Beteiligungen nicht verboten, sondern führen lediglich dazu, dass die Gesellschaften ihre Rechte aus den gegenseitigen Beteiligungen grundsätzlich nur für höchstens 25 Prozent der gehaltenen Aktien geltend machen können.[2022] Erst wenn zwischen den Gesellschaften eine Mehrheitsbeteiligung oder ein Abhängigkeitsverhältnis besteht, stehen der abhängigen Gesellschaft aus ihren Aktien an dem herrschenden Unternehmen weder Stimm- noch sonstige Rechte zu.[2023]

In Großbritannien geht die gesellschaftsrechtliche Zulässigkeit von gegenseitigen Beteiligungen sogar noch weiter. Zwar darf eine abhängige Gesellschaft an einer Gesellschaft, in deren Mehrheitsbesitz sie steht, keine Aktien erwerben bzw. aus den bereits erworbenen Aktien keine Stimmrechte ausüben.[2024] Eine Beschränkung für gegenseitige Beteiligungen unterhalb der Schwelle des Mehrheitsbesitzes, wie sie im deutschen Aktienrecht ab einer Beteiligungsquote von 25 Prozent besteht, findet sich im Companies Act 1985 jedoch nicht.

Auf Ringverflechtungen finden die gesellschaftsrechtlichen Beschränkungen in beiden Rechtsordnungen grundsätzlich keine Anwendung. Etwas anderes gilt nur, wenn Gesellschaften im Beteiligungsring voneinander abhängig sind, so dass die Anteile der abhängigen Gesellschaft an einer dritten Gesellschaft dem herrschenden Unternehmen zugerechnet werden.[2025]

In der Praxis liegt die Obergrenze für den Aufbau gegenseitiger und ringförmiger Beteiligungen sowohl für börsennotierte deutsche Aktiengesellschaften als auch

2021 Siehe hierzu für Deutschland Teil 1 § 2 D III 4 und für Großbritannien Teil 2 § 4 C II b cc; so auch *Hopt*, ZGR 1993, 534, 559 f. unter Verweis auf *Davies*, in: Hopt/Wymeersch, European Takeovers, S. 195, 206 f.

2022 § 328 Abs. 1 AktG.

2023 § 71 d S. 4 i.V.m. 71 b AktG.

2024 Sec. 23 (1), (5) i.V.m. 736 (1) (a) CA 1985.

2025 Vgl. §§ 19 Abs. 2, 16 Abs. 4 AktG bzw. sec. 736 A (8) CA 1985.

für börsennotierte britische public companies wegen der in beiden Rechtsordnungen bestehenden übernahmerechtlichen Angebotspflicht bei 30 Prozent.[2026] Die Kooperation in einem Beteiligungsgeflecht aus gegenseitigen oder ringförmigen Beteiligungen erfüllt regelmäßig den Tatbestand des abgestimmten Verhaltens, so dass sämtliche Anteile, die in einer solchen Beteiligungskonstruktion an einer übernahmebedrohten Gesellschaft gehalten werden, bei der Berechnung der 30-Prozent-Schwelle berücksichtigt werden. Sobald die kooperierenden Gesellschaften insgesamt mindestens 30 Prozent der Stimmrechte an der potentiellen Zielgesellschaft erworben haben, sind sie daher nach deutschem wie nach britischem Übernahmerecht verpflichtet, ein Übernahmeangebot für alle Aktien der Gesellschaft abzugeben, was naturgemäß weder in ihrem Interesse noch im Interesse der Zielgesellschaft liegt, die durch diese Konstruktion gerade vor Übernahmen geschützt werden soll.[2027]

Beim Aufbau von gegenseitigen und ringförmigen Beteiligungen müssen Vorstand und board of directors die satzungsmäßigen Grenzen des Unternehmensgegenstandes einhalten. In der Praxis stellt der Unternehmensgegenstand jedoch in beiden Rechtsordnungen keine maßgebliche Beschränkung der Verwaltungsmacht dar, da sowohl britische als auch deutsche Gesellschaften in ihren Satzungen regelmäßig mit Konzernierungs- und Förderungsklauseln ausgestattet sind.[2028]

Darüber hinaus müssen die Verwaltungsorgane beim Beteiligungserwerb im Rahmen ihrer Treuepflichten handeln. Im Rahmen der präventiven Übernahmeabwehr ist der Aufbau von gegenseitigen und ringförmigen Beteiligungen sowohl nach aktienrechtlichen Grundsätzen als auch nach den Treuepflichten des common law regelmäßig nur zulässig, wenn er neben der Prävention feindlicher Übernahmen zugleich wirtschaftlichen Zwecken dient und daher unabhängig von seiner Abschreckungswirkung für feindliche Bieter unternehmerisch sinnvoll ist.[2029] Der Aufbau strategischer Allianzen ist daher in beiden Rechtsordnungen zulässig, auch wenn dadurch feindliche Übernahmeangebote faktisch vereitelt werden können. Dagegen stellt die im deutschen Schrifttum vorgeschlagene Beteiligung an einer Sicherungs-GmbH regelmäßig eine unzulässige Ausübung der Geschäftsführungsbefugnisse dar, da sie ausschließlich als Abwehrmaßnahme denkbar ist und der Gesellschaft keine unternehmerischen Vorteile bringt, sondern in wesentlichem Umfang Kapital bindet und vernichtet.[2030]

Im Vergleich zum deutschen Recht beschränken die continuing obligations des Chapter 10 der Listing Rules die Kompetenz der directors einer börsennotierten britischen public company zum Aufbau gegenseitiger und ringförmiger Beteiligungen wesentlich.[2031] Sie verlangen eine vorherige Zustimmung des general meeting, sobald der Beteiligungserwerb eine class 1 transaction darstellt, weil die Beteiligung in einer der

---

2026 Vgl. § 35 Abs. 2 i.V.m. §§ 29 Abs. 2, 30 Abs. 2 WpÜG bzw. City Code, Rule 9.1.

2027 Die in Einzelheiten unterschiedliche Definition des abgestimmten Verhaltens im deutschen und im britischen Recht dürfte insofern wiederum ohne Auswirkungen sein, siehe hierzu Teil 3 § 6 C.

2028 Siehe für Deutschland Teil 1 § 3 B I 2 a und für Großbritannien Teil 2 § 5 B I 2 a.

2029 Siehe für Deutschland Teil 1 § 3 B I 2 d und für Großbritannien Teil 2 § 5 B I 2 c.

2030 Sieher hierzu ausführlich Teil 1 § 3 B II.

2031 So auch *Fleischer*, NJW 2004, 2335, 2339; ähnlich *ders.*, FS Heldrich, S. 597, 611.

Kategorien Vermögen, Gewinn, Umsatz oder Marktkapitalisierung mehr als 25 Prozent des jeweiligen Wertes der Gesellschaft in der entsprechenden Kategorie ausmacht.[2032]

Nach aktienrechtlichen Grundsätzen bedarf ein Beteiligungserwerb dagegen nach der hier vertretenen Auffassung nicht der Zustimmung der Hauptversammlung.[2033] Eine Anwendung der Grundsätze *Holzmüller*-Urteils[2034] scheidet aus, da es bei einem Beteiligungserwerb nicht zu einem tiefen Eingriff in die Mitgliedschafts- und Vermögensrechte der Aktionäre kommt. Selbst wenn man von der grundsätzlichen Anwendbarkeit der *Holzmüller*-Grundsätze auf den Beteiligungserwerb ausgehen sollte, kommt eine Zustimmungspflichtigkeit nur unter wesentlich höheren Voraussetzungen als nach den Listing Rules in Betracht. Infolge der Klarstellung durch die *Gelatine*-Entscheidungen[2035] kann es sich nur um extreme Ausnahmefälle handeln, bei denen der Beteiligungserwerb circa 80 Prozent des Aktivvermögens der Gesellschaft ausmacht, er sich auf den Kernbereich der Unternehmenstätigkeit auswirkt und die Unternehmensstruktur der Gesellschaft ändert.

Der Vorstand einer börsennotierten deutschen Aktiengesellschaft hat somit einen wesentlich größeren Spielraum, um in eigener Kompetenz ohne Mitwirkung der Aktionäre gegenseitige oder ringförmige Beteiligungen im Wege eines Beteiligungserwerbs aufzubauen als die directors einer börsennotierten britischen public company.[2036]

Sowohl in Großbritannien als auch in Deutschland sind gegenseitige und ringförmige Beteiligungen wegen der mit ihnen verbundenen Nebenwirkungen an den Kapitalmärkten unbeliebt. In Großbritannien sind derartige Beteiligungskonstruktionen bei börsennotierten Gesellschaften nicht zuletzt wegen des großen Einflusses institutioneller Investoren eher eine Ausnahmeerscheinung.[2037] Sie haben als Abwehrmittel gegen feindliche Übernahmen keine maßgebliche Bedeutung.

Auch in Deutschland hat der Druck institutioneller Investoren zu einer teilweisen Entflechtung der „Deutschland AG" geführt.[2038] Gleichwohl existieren gegenseitige und ringförmige Beteiligungen in Deutschland im Gegensatz zu Großbritannien immer noch in größerem Umfang als dies allgemein angenommen wird.[2039] In Anbetracht der Internationalisierung der Kapitalmärkte kann jedoch davon ausgegangen werden, dass derartige Beteiligungskonstruktionen in Zukunft auch in Deutschland nur

---

2032 Listing Rules, Chapter 10 para. 10.4 (c) und 10.37.

2033 Siehe hierzu Teil 1 § 3 B I 2 c.

2034 BGHZ 83, 122.

2035 BGH, WM 2004, 1085; BGH, WM 2004, 1090.

2036 Vgl. *Fleischer*, NJW 2004, 2335, 2339.

2037 Siehe hierzu Teil 2 § 5 B I 3.

2038 Vgl. *Gerke/Bank/Steiger*, in: Hopt/Wymeersch, Capital Markets and Company Law, S. 357, 383; *Wastl*, NZG 2000, 505, 510.

2039 Siehe hierzu Teil 1 § 3 B I 1.

dann gegen den Widerstand des Kapitalmarkts aufrecht erhalten werden können, wenn und solange sie unternehmerisch gerechtfertigt werden können.[2040]

C. Change of control Klauseln

Die Vereinbarung von change of control Klauseln in strategisch wichtigen Verträgen kommt sowohl für deutsche Aktiengesellschaften als auch für britische public companies als geeignete Verwaltungsmaßnahme zur präventiven Abwehr gegen feindliche Übernahmeversuche in Frage.

In beiden Rechtsordnungen wird die Vereinbarung derartiger Klauseln als zulässige Ausübung der Geschäftsführungsbefugnisse anerkannt, soweit die Klauseln nachweisbar dem Schutz der berechtigten Interessen des jeweiligen Vertragspartners dienen und zu marktüblichen Konditionen abgeschlossen werden.[2041] Daher können z.B. in Finanzierungsvereinbarungen einer übernahmebedrohten Gesellschaft außerordentliche Kündigungsrechte für den Fall eines Kontrollwechsels vorgesehen werden, um die Gläubiger davor zu schützen, durch eine Übernahme wirtschaftlich einen anderen Schuldner zu erhalten. Solche Vertragsbedingungen eignen sich zur Übernahmeprävention, da sie dazu führen können, dass die Zielgesellschaft für den Bieter unattraktiv wird, etwa weil nach einer Übernahme ein erheblicher Refinanzierungsbedarf ausgelöst wird, oder weil der Gesellschaft Liquidität entzogen wird, die der Übernehmer zur Finanzierung eines leveraged buy out benötigt.

Sofern eine change of control Klausel dem Vertragspartner das Recht gewähren soll, eine Unternehmensbeteiligung der Zielgesellschaft zu erwerben, was in Joint Venture Verträgen regelmäßig vereinbart wird, werden die Befugnisse der directors einer börsennotierten britischen public company wiederum durch die continuing obligations der Listing Rules erheblich eingeschränkt. Sobald die zu erwerbende Beteiligung die 25-Prozent-Schwelle einer class 1 transaction erreicht, müssen die directors zur Vereinbarung der Kaufoption die Zustimmung des general meeting einholen.[2042] Zudem verlangt der City Code, dass derartige Optionsrechte in Joint Venture Verträgen zu Marktkonditionen abgeschlossen werden.[2043]

Die Befugnisse des Vorstands einer deutschen Aktiengesellschaft gehen demgegenüber wesentlich weiter. Er kann derartige Optionsrechte regelmäßig ohne die Zustimmung der Hauptversammlung einräumen.[2044] Nur in extremen Ausnahmesituationen bedarf er nach den Grundsätzen der *Holzmüller*-Entscheidung[2045] der Zustim-

---

2040 In diesem Sinne auch *Mühle*, Das Wertpapiererwerbs- und Übernahmegesetz, S. 129; ähnlich *Gerke/Bank/Steiger*, in: Hopt/Wymeersch, Capital Markets and Company Law, S. 357, 383 f.; zur fortschreitenden Internationalisierung des Aktionärskreises börsennotierter Aktiengesellschaften in Deutschland und zur gestiegenen Bedeutung institutioneller Investoren *Ulmer*, AcP (202), 2002, 143, 144 ff.; *Miles/Zagelmeyer*, (2004) ICCLR 15, 221, 225 f.

2041 Siehe hierzu für Deutschland Teil 1 § 3 B III 1 und für Großbritannien Teil 2 § 5 B II 1.

2042 Listing Rules, Chapter 10 para. 10.4 (c) und 10.37.

2043 City Code, Rule 21.2.

2044 Siehe hierzu Teil 1 § 3 B III 2.

2045 BGHZ 83, 122.

mung der Hauptversammlung, wenn von dem Beteiligungsverkauf etwa 80 Prozent des Aktivvermögens der Gesellschaft betroffen sind, der Kernbereich der Unternehmenstätigkeit berührt ist und eine Ausübung der Kaufoption zu einer Veränderung der Unternehmensstruktur der Gesellschaft führt.

Change of control Klauseln stellen folglich sowohl in Deutschland als auch in Großbritannien für börsennotierte Unternehmen ein effektives Abwehrmittel gegen zukünftige feindliche Übernahmen dar, da sie im Gegensatz zu den meisten anderen präventiven Abwehrmaßnahmen in verschiedenen Bereichen Marktstandard sind und daher auf den Kapitalmärkten regelmäßig nicht auf Ablehnung stoßen. Die Befugnisse des Vorstands einer börsennotierten deutschen Aktiengesellschaft gehen jedoch erheblich weiter als die Kompetenzen der directors einer börsennotierten britischen public company, da der Vorstand im Gegensatz zu den directors durch die Vereinbarung von change of control Klauseln auch Optionsrechte über Unternehmensbeteiligungen in maßgeblichem Umfang einräumen kann, ohne die Zustimmung der Aktionäre einholen zu müssen.

D. Vereinbarung von Abfindungsklauseln für die Geschäftsleitung

Nach deutschem Aktienrecht muss der Aufsichtsrat bei der Vereinbarung der Vergütung eines Vorstandsmitglieds dafür sorgen, dass die Gesamtbezüge in einem angemessenen Verhältnis zu dessen Aufgaben und zur Lage der Gesellschaft stehen.[2046] Die Gewährung von überhöhten Abfindungszahlungen an den Vorstand scheidet daher für deutsche Aktiengesellschaften als Prophylaxemaßnahme gegen feindliche Übernahmen aus.[2047]

Die Regelungen des Companies Act 1985 schränken die Gewährung von hohen Abfindungszahlungen an ausscheidende directors dagegen nur unmaßgeblich ein.

Zwar begründet der Companies Act 1985 ein grundsätzliches Zustimmungserfordernis des general meeting für die Zahlung von Abfindungen an ausscheidende directors.[2048] Dieses Zustimmungserfordernis gilt jedoch nicht für solche Zahlungen, die aufgrund einer vorher getroffenen vertraglichen Vereinbarung geleistet werden.[2049] Daher können die directors in ihren Anstellungsverträgen mit der Gesellschaft hohe Abfindungszahlungen ohne die Zustimmung des general meeting vereinbaren, die ihnen im Falle einer feindlichen Übernahme ohne weitere Zustimmung der Aktionäre ausgezahlt werden können.[2050] Allerdings unterliegen derartige Abfindungsvereinbarungen seit dem Inkrafttreten der Directors' Remuneration Report Regulations 2002

2046 Vgl. § 87 Abs. 1 AktG.

2047 Siehe hierzu Teil 1 § 3 B IV.

2048 Vgl. sec. 312 – 316 CA 1985.

2049 *Taupo Totara Timber Co Ltd v Rowe* [1978] AC 537; *Lander v Premier Pict Petroleum Ltd* [1998] BCC 249; *Mercer v Heart of Midlothian Plc* [2001] SLT 945.

2050 Siehe hierzu Teil 2 § 5 B III 1 b.

strengen Offenlegungspflichten und einer beratenden Beschlussfassung durch das general meeting.[2051]

Eine materielle Schranke finden Abfindungszahlungen in den Treuepflichten der directors.[2052] Diese verbieten Abfindungsvereinbarungen, durch welche die directors ihre eigene Position sichern wollen oder Übernahmeversuche allgemein abgewehrt werden sollen. Die directors handeln jedoch im Rahmen ihrer Treuepflichten, wenn die Abfindungsvereinbarungen durch wirtschaftliche Gesichtspunkte gerechtfertigt werden können. Die britischen Gerichte haben die (behauptete) wirtschaftliche Rechtfertigung von Abfindungsvereinbarungen bisher nur sehr zurückhaltend in Frage gestellt und auch eine Abfindungszahlung in einer exzessiven Höhe unter dem Gesichtspunkt zugelassen, dass derartige Vereinbarungen notwendig seien, um wertvolle Mitarbeiter an die Gesellschaft zu binden.[2053]

Obwohl die directors einer britischen public company somit im Vergleich zu den Vorstandsmitgliedern einer deutschen Aktiengesellschaft einen erheblich größeren rechtlichen Gestaltungsspielraum zur Vereinbarung von hohen Abfindungszahlungen haben, dürfte es auch für sie in der Praxis äußerst schwierig sein, Abfindungszahlungen in einer zur präventiven Abwehr feindlicher Übernahmen ausreichenden Höhe zu vereinbaren. Hohe Abfindungszahlungen laufen den Bestimmungen des Combined Code zuwider und stoßen bei den wirtschaftlich mächtigen institutionellen Anlegern auf Ablehnung.[2054] Insbesondere nachdem die Einzelheiten der Abfindungsvereinbarungen für directors durch die neuen Offenlegungspflichten der Directors' Remuneration Report Regulations 2002 öffentlich bekannt geworden sind, haben die directors verschiedener börsennotierter public companies Vereinbarungen, die hohe Zahlungen vorsahen, unter dem steigenden öffentlichen Druck aufgehoben. Auch wenn Gesellschaften nicht verpflichtet sind, sich an die Bestimmungen des Combined Code zu halten, sondern durch eine Abweichungserklärung von dessen Standard abweichen können, dürften golden parachutes zumindest für solche Unternehmen, die auf die institutionellen Anleger angewiesen sind, als Abwehrinstrument faktisch ausscheiden.

[2051] Vgl. sec. 241A CA 1985 und Schedule 7A. In Deutschland existierte bisher lediglich eine unverbindliche Empfehlung in Ziffer 4.2.4 des Deutschen Corporate Governance Kodex, die für börsennotierte Gesellschaften eine individualisierte Offenlegung der Vorstandsvergütung vorschlug. Da jedoch nur eine geringe Anzahl börsennotierter Gesellschaften dieser Empfehlung in dem vom Gesetzgeber gewünschten Maße nachgekommen ist, hat sich auch der deutsche Gesetzgeber zur Schaffung einer zwingenden gesetzlichen Regelung der Offenlegungsverpflichtung durch das Vorstandsvergütungs-Offenlegungsgesetz (VorstOG), BGBl. I 2005, S. 2267, entschlossen. Das Gesetz ist kurz vor der beschlossenen Auflösung des Bundestags am 11. August 2005 in Kraft getreten. Es ändert im Wesentlichen die §§ 285 S. 1 Nr. 9 lit a und 314 Abs. 1 Nr. 6 lit. a HGB und verlangt ab dem 1. Januar 2006 in den Jahres- und Konzernabschlüssen börsennotierter Aktiengesellschaften eine detaillierte und individualisierte Offenlegung der Vorstandsvergütung inklusive gezahlter Abfindungen. Siehe dazu die Begründung und Empfehlung des Rechtsausschusses vom 29.6.2005, BT-Drucks. 15/5860; *Fleischer*, DB 2005, 1611 ff.; *Baums*, ZHR 169 (2005), 299 ff.

[2052] Siehe hierzu Teil 2 § 5 B III 2.

[2053] Vgl. hierzu etwa die Entscheidung *Taupo Totara Timber Co Ltd v Rowe*[1978] AC 537.

[2054] Siehe hierzu Teil 2 § 5 B III 3.

§ 8 Hauptversammlungsermächtigungen

Die Zulässigkeit von Hauptversammlungsermächtigungen als Präventivmaßnahme gegen feindliche Übernahmeversuche richtet sich sowohl in Deutschland als auch in Großbritannien zunächst nach den gesellschaftsrechtlichen Anforderungen, die bei der Erteilung der jeweiligen Ermächtigung durch die Aktionäre beachtet werden müssen. Darüber hinaus richtet sich die Einsatzfähigkeit von Hauptversammlungsermächtigungen zur präventiven Übernahmeabwehr danach, unter welchen rechtlichen Voraussetzungen diese von der Verwaltung zur Abwehr eines Übernahmeangebots ausgenutzt werden dürfen.

Hinsichtlich der Ausnutzung einer solchen Ermächtigung durch die Verwaltung ist sowohl nach deutschem als auch nach britischem Recht zwischen einer Ausnutzung in der Vorangebotsphase und einer Ausnutzung in der Angebotsphase zu differenzieren. Bei einer Ausnutzung der Ermächtigung in der Vorangebotsphase haben die Verwaltungsorgane in beiden Rechtsordnungen lediglich die ihnen obliegenden gesellschaftsrechtlichen Treuepflichten zu beachten. Sofern die Ermächtigung in der Angebotsphase ausgenutzt werden soll, müssen zudem die übernahmerechtlichen Anforderungen der beiden Rechtsordnungen berücksichtigt werden. Hierbei sind insbesondere die in Deutschland und Großbritannien unterschiedliche Definition des Beginns der Angebotsphase und das unterschiedlich ausgestaltete übernahmerechtliche Verhinderungsverbot von Bedeutung.

A. Ermächtigung zur Aktienausgabe unter Ausschluss des Bezugsrechts

Sowohl die Hauptversammlung einer deutschen Aktiengesellschaft als auch das general meeting einer britischen public company können die Verwaltung dazu ermächtigen, Aktien unter Ausschluss des Bezugsrechts an befreundete Investoren auszugeben, um dadurch feindliche Bieter abzuschrecken. Der Bezugsrechtsausschluss kann dabei in beiden Rechtsordnungen entweder direkt durch die beschlussfassenden Aktionäre[2055] oder durch das Verwaltungsorgan aufgrund einer entsprechenden Ermächtigung vorgenommen werden.[2056] Während dazu nach deutschem Recht ein Hauptversammlungsbeschluss mit einer qualifizierten Kapitalmehrheit erforderlich ist,[2057] ist nach britischem Recht lediglich eine qualifizierte Stimmenmehrheit notwendig.[2058]

Entsprechend den Ausführungen zum deutschen Recht soll hier zwischen einem Bezugsrechtsausschluss, der ausdrücklich zur Übernahmeabwehr vorgenommen wird, und einem Bezugsrechtsausschluss zu anderen Zwecken, der ebenfalls abschreckende Wirkung auf feindliche Bieter haben kann, unterschieden werden.

2055 Vgl. §§ 203 Abs. 1, 186 Abs. 3 AktG bzw. sec. 95 (2) CA 1985.

2056 Vgl. § 203 Abs. 2 AktG bzw. sec. 95 (1) CA 1985.

2057 §§ 203 Abs. 1, 203 Abs. 2 i.V.m. § 186 Abs. 3 AktG.

2058 Sec. 95 (1), (2) CA 1985.

I. Bezugsrechtsausschluss zur Übernahmeabwehr

Im deutschen Aktienrecht sind bei einer entsprechenden Beschlussfassung der Hauptversammlung neben den formellen Voraussetzungen des Aktiengesetzes insbesondere die materiellen Anforderungen für den Bezugsrechtsausschluss zu beachten, die von der Rechtsprechung aufgrund der einschneidenden Folgen des Bezugsrechtsausschlusses für die Rechtsstellung der Aktionäre aufgestellt worden sind.

Nach den Grundsätzen der *Siemens/Nold*-Entscheidung[2059] kann die Hauptversammlung den Bezugsrechtsausschluss beim genehmigten Kapital selbst vornehmen oder den Vorstand zum Ausschluss des Bezugsrechts ermächtigen, wenn die zukünftige Aktienausgabe mit Bezugsrechtsausschluss einem abstrakt-generellen Zweck dient, der im wohlverstandenen Interesse der Gesellschaft liegt. Eine Verhältnismäßigkeitsprüfung findet bei der Beschlussfassung der Hauptversammlung nicht (mehr) statt. Da das Gesellschaftsinteresse durchaus darauf gerichtet sein kann, dass eine bestimmte Person nicht Aktionär der Gesellschaft wird bzw. keine Kontrollmehrheit an der Gesellschaft erlangt, etwa weil sich ein solcher Erwerb negativ auf die zukünftige Geschäftstätigkeit der Gesellschaft auswirken würde, kann die Abwehr eines feindlichen Übernahmeangebots einen sachlichen Grund für den Bezugsrechtsausschluss darstellen.[2060] Die Hauptversammlung kann den Vorstand daher nach deutschem Aktienrecht in abstrakt-genereller Form dazu ermächtigen, Aktien unter Ausschluss des Bezugsrechts zum Zwecke der Übernahmeabwehr an einen befreundeten Investor auszugeben.[2061]

Aus dem Companies Act 1985 ergeben sich im Gegensatz zum deutschen Aktienrecht keine materiellen Anforderungen für den Bezugsrechtsausschluss. Der Schutz vor einer Beeinträchtigung der Mitgliedschaftsrechte der Aktionäre erfolgt im britischen Recht nicht über eine materielle Beschlusskontrolle des general meeting, sondern primär durch die gesellschaftsrechtlichen Treuepflichten der directors.[2062] Das general meeting kann die Bezugsrechte daher mit einer qualifizierten Stimmenmehrheit selbst ausschließen oder die directors hierzu ermächtigen, ohne dass der Bezugsrechtsausschluss einer positiven sachlichen Rechtfertigung im Interesse der Gesellschaft bedarf. Insbesondere ist nach britischem Recht für den Bezugsrechtsausschluss auch keine besondere Zwecksetzung erforderlich. Die Ermächtigung zur Aktienausgabe unter Bezugsrechtsausschluss wird daher in der Praxis allgemein und ohne die Beschränkung auf bestimmte Zwecke, wie etwa die Abwehr feindlicher Übernahmen, erteilt, um den directors einen breiten Handlungsspielraum zu geben.[2063] Auch die zusätzlichen formellen Anforderungen der Listing Rules stehen einer zweckfreien Er-

---

[2059] BGHZ 136, 133.

[2060] Vgl. *Schlitt*, MüKo-AktG, § 33 WpÜG Rn. 144; *Krause*, BB 2002, 1053, 1056.

[2061] Siehe hierzu Teil 1 § 3 C I 2 c.

[2062] Siehe hierzu Teil 2 § 5 C I 3.

[2063] *Palmer's*, Company Law, Rn. 5.805; *Kasolowsky*, Fiduciary Duties in Company Law, S. 201; *ders.*, ZBB 2000, 189, 191, 194.

mächtigung zur Aktienausgabe unter Bezugsrechtsausschluss nicht entgegen und schränken den Handlungsspielraum der directors somit nicht weiter ein.[2064]

Bei der konkreten Durchführung der Aktienausgabe unter Bezugsrechtsausschluss müssen sowohl Vorstand als auch directors ihre gesellschaftsrechtlichen Treuepflichten gegenüber der Gesellschaft beachten.

Der Vorstand einer deutschen Aktiengesellschaft hat im Rahmen seines unternehmerischen Ermessens im Einzelfall genau zu prüfen, ob die konkrete Ausgabe der Aktien zur Übernahmeabwehr tatsächlich im wohlverstandenen Interesse der Gesellschaft liegt, oder ob die Übernahme etwa wegen zu erwartender Synergieeffekte und Entwicklungspotentiale zu befürworten ist.[2065] Eine weitergehende Verhältnismäßigkeitsprüfung findet infolge der *Siemens/Nold*-Entscheidung auch hier nicht (mehr) statt.

Die Treuepflichten der directors einer britischen public company sind demgegenüber wesentlich enger gezogen. Zwar müssen die directors aufgrund der bona fide duty nur subjektiv – also nach ihrer aufrichtigen Überzeugung – im Interesse der Gesellschaft handeln. In objektiver Hinsicht ist ihnen durch die proper purpose duty jedoch die Ausnutzung einer Ermächtigung zur Aktienausgabe unter Bezugsrechtsausschluss zum Zwecke der Übernahmeabwehr grundsätzlich untersagt, sofern die Ermächtigung nicht ausnahmsweise zu diesem Zweck erteilt wurde, was in der Praxis absolut unüblich ist.[2066] Nur in extremen Ausnahmefällen dürfen die directors eine zweckfreie Ermächtigung zur Übernahmeabwehr ausnutzen, wenn etwa die wirtschaftliche Existenz der Gesellschaft durch die Übernahme bedroht ist oder der Gesellschaft ein schwerer wirtschaftlicher Schaden droht.

Sobald die directors Grund zu der Annahme haben, dass die Abgabe eines ernsthaften Übernahmeangebots bevorsteht, ist ihnen die Ausnutzung der Ermächtigung durch das strikte Vereitelungsverbot der prohibition of frustrating action des City Code[2067] sogar generell verboten, auch wenn es um die Abwehr eines Übernahmeversuchs geht, der ausnahmsweise nach den Grundsätzen der proper purpose duty zulässig wäre.

Der Vorstand einer deutschen Aktiengesellschaft kann die Ermächtigung zur Aktienausgabe dagegen noch bis zur Veröffentlichung der Entscheidung eines Bieters zur Abgabe eines Übernahmeangebots ausnutzen[2068] da das Vereitelungsverbot des § 33 Abs. 1 S. 1 WpÜG erst ab diesem Zeitpunkt gilt. Unter den Voraussetzungen des § 33 Abs. 2 WpÜG kann die Hauptversammlung den Vorstand sogar dazu ermächtigen, die Aktienausgabe auch nach der Abgabe eines Übernahmeangebots zu dessen Abwehr durchzuführen. Der City Code sieht eine entsprechende Ausnahme von der strikten prohibition of frustrating action dagegen nicht vor.

2064 Vgl. *Gower/Davies*, Company Law, S. 637; *Kasolowsky*, Fiduciary Duties in Company Law, S. 105; *ders.*, ZBB 2000, 189, 192.

2065 Siehe hierzu Teil 1 § 3 C I 2 c cc (b).

2066 Siehe hierzu Teil 2 § 5 C I 3 b.

2067 Vgl. City Code, General Principle 7 und Rule 21.1 (a).

2068 Vgl. § 33 Abs. 1 S. 1 i.V.m. 10 Abs. 1 S. 1, Abs. 3 WpÜG.

Für eine deutsche Aktiengesellschaft bestehen somit in rechtlicher Hinsicht wesentlich weitergehende Möglichkeiten, die Ermächtigung zur Aktienausgabe unter Bezugsrechtsausschluss zur Übernahmeabwehr einzusetzen. Allerdings ist der angekündigte Widerstand mehrerer Investmentfonds gegen derartige Abwehrbeschlüsse ein Indiz dafür, dass eine Abwehrermächtigung bei börsennotierten Gesellschaften, die auf die Finanzierung durch institutionelle Anleger angewiesen sind, nur selten von der Hauptversammlung erteilt werden dürfte.[2069]

Der Umfang der Aktienausgabe ist wiederum in beiden Rechtsordnungen durch die übernahmerechtliche Angebotspflicht auf 30 Prozent der stimmberechtigten Aktien beschränkt, wobei alle Aktienbestände gemeinsam handelnder Erwerber berücksichtigt werden.[2070]

In Großbritannien wird die Aktienausgabe unter Bezugsrechtsausschluss zudem durch die Investitionsrichtlinien der institutionellen Anleger wesentlich eingeschränkt.[2071] Obwohl diese Richtlinien keine formelle Gesetzeskraft haben, begrenzen sie faktisch die Ermächtigung zur Aktienausgabe unter Bezugsrechtsausschluss nicht nur zeitlich, sondern auch der Höhe nach auf einen Umfang, der für sich genommen nicht groß genug ist, um einen feindlichen Bieter von der Verwirklichung seiner Übernahmeabsicht abzuhalten. Für börsennotierte public companies, die von den auf dem britischen Kapitalmarkt dominierenden institutionellen Investoren abhängig sind, ist die Ermächtigung zur Aktienausgabe unter Bezugsrechtsausschluss als präventives Abwehrmittel gegen feindliche Übernahmen daher faktisch so gut wie ausgeschlossen.

Eine deutsche Aktiengesellschaft kann die Ermächtigung zur Aktienausgabe unter Bezugsrechtsausschluss somit wesentlich effektiver zur präventiven Abwehr feindlicher Übernahmeversuche einsetzen als eine britische public company. Dies gilt vor allem deshalb, weil der Vorstand einer Aktiengesellschaft bei der Ausnutzung der Ermächtigung sowohl in materieller Hinsicht als auch in zeitlicher Hinsicht einen wesentlich größeren Handlungsspielraum hat, um die Aktienausgabe unter Bezugsrechtsausschluss nicht nur zur Abwehr eines zukünftigen, sondern auch zur Abwehr eines unmittelbar bevorstehenden oder sogar eines bereits abgegebenen Übernahmeangebots zu nutzen.

II. Bezugsrechtsausschluss zu anderen Zwecken

Für eine deutsche Aktiengesellschaft eignet sich auch die Erteilung einer „unverdächtigen“ Ermächtigung zur Aktienausgabe unter Bezugsrechtsausschluss als präventives Abwehrmittel gegen feindliche Übernahmeangebote.[2072] Der Zweck einer solchen Ermächtigung kann dabei insbesondere im Erwerb von Unternehmensbeteiligungen gegen Sacheinlagen und in der Ausgabe von Arbeitnehmeraktien bestehen; beide Maßnahmen gehören zum Standardrepertoire börsennotierter Aktiengesellschaften.

2069 Siehe hierzu Teil 1 § 3 C I 2 c dd.

2070 Vgl. § 35 Abs. 2 i.V.m. §§ 29 Abs. 2, 30 Abs. 2 WpÜG bzw. City Code, Rule 9.1.

2071 Siehe hierzu Teil 2 § 5 C I 5.

2072 Siehe hierzu Teil 1 § C I 2 d.

Für britische public companies ist eine solche „unverdächtige" Zwecksetzung dagegen nicht erforderlich, da die Ermächtigung zur Aktienausgabe mit Bezugsrechtsausschluss nach britischem Recht ohnehin zweckfrei erteilt und dann von den directors zu den vorgenannten „unverdächtigen" Zwecken ausgenutzt werden kann.

In Deutschland stellen die Ausgabe von Arbeitnehmeraktien und der Erwerb von Unternehmensbeteiligungen gegen Sacheinlagen privilegierte Fälle des Bezugsrechtsausschlusses dar.[2073] Daher ist ein Ermächtigungsbeschluss der Hauptversammlung sachlich gerechtfertigt, wenn er zu diesen Zwecken gefasst wird. Auch bei der Ausnutzung der Ermächtigung ist davon auszugehen, dass der Vorstand regelmäßig im Interesse der Gesellschaft handelt, wenn er die Aktien zur Beteiligung der Arbeitnehmer oder zum Erwerb einer wirtschaftlich sinnvollen Unternehmensbeteiligung ausgibt. Das gilt auch dann, wenn eine solche Aktienausgabe als Nebeneffekt auf feindliche Bieter abschreckend wirkt.

Für eine britische public company stellt sich die Rechtslage ähnlich dar. Auch hier kann der Vorstand eine allgemein erteilte Ermächtigung unter Wahrung der proper purpose duty zu wirtschaftlich sinnvollen Zwecken ausnutzen, selbst wenn die Aktienausgabe faktisch den geplanten Übernahmeversuch eines feindlichen Bieters vereitelt.[2074] Als wirtschaftliche Rechtfertigung für die Veränderung der Beteiligungsverhältnisse der Gesellschaft ist auch durch die britischen Gerichte ein unternehmerisch sinnvoller Beteiligungserwerb[2075] und die Beteiligung von Arbeitnehmern[2076] anerkannt worden. Allerdings kann auch eine solche Aktienausgabe von den directors nur bis zu dem Zeitpunkt vorgenommen werden, in dem Grund zu der Annahme besteht, dass die Abgabe eines ernsthaften Übernahmeangebots bevorsteht. Danach ist ihnen jegliche Aktienausgabe durch die prohibition of frustrating action des City Code[2077] untersagt, und zwar unabhängig davon, ob sie wirtschaftlich gerechtfertigt werden kann.

Der Vorstand einer deutschen Aktiengesellschaft kann eine zu den „unverdächtigen" Zwecken der Arbeitnehmerbeteiligung oder des Erwerbs einer Unternehmensbeteiligung erteilte Ermächtigung zur Aktienausgabe unter Bezugsrechtsausschluss dagegen auch noch nach der Abgabe eines Übernahmeangebots ausnutzen, obwohl das feindliche Übernahmeangebot dadurch vereitelt werden kann, soweit die Ausnahmetatbestände des § 33 Abs. 1 S. 2 WpÜG erfüllt sind.[2078] Das ist zum einen der Fall, wenn die Aktienausgabe eine Maßnahme darstellt, die nicht infolge des Übernahme-

---

2073 Siehe hierzu Teil 1 § 3 C I 2 d aa und bb; vgl. auch *Hirte*, GK-AktG, § 203 Rn. 182 und 91.

2074 Siehe hierzu Teil 2 § 4 C II 2 b cc; vgl. auch *Ferran*, Company Law and Corporate Finance, S. 166; *Gower/Davies*, Company Law, S. 385 f.

2075 Vgl. *Pine Vale Investments Ltd v McDonnell and East Ltd* (1983) 8 ACLR 199; *Dawson International Plc v Coats Patons Plc* [1989] BCLC 233; *Underhill/Austmann*, in: Payne, Takeovers, S. 87, 103; *Gower/Davies*, Company Law, 385 f.; *DeMott*, (1983), N Y U L Rev 58, 945, 1021.

2076 Vgl. *Clemens v Clemens Bros Ltd* [1976] 2 All ER 268; *Ferran*, Company Law and Corporate Finance, S. 163; allerdings konnte diese wirtschaftliche Rechtfertigung das Gericht in *Hogg v Cramphorn Ltd* [1967] Ch 254 nicht überzeugen.

2077 Vgl. City Code, General Principle 7 und Rule 21.1 (a).

2078 Sieher hierzu Teil 1 § 3 C I 2 d dd.

angebots vorgenommen wird, sondern die Umsetzung einer bereits geplanten Unternehmensstrategie darstellt und sich im Rahmen ordnungsgemäßer Geschäftsführung hält.[2079] Aber auch wenn die Aktienausgabe gerade der Erschwerung des Übernahmeangebots dienen soll, kann sie in der Angebotsphase vorgenommen, sofern die Zustimmung des Aufsichtrats eingeholt wurde.[2080]

Auch im Rahmen einer „unverdächtigen" Ermächtigung zur Aktienausgabe unter Bezugsrechtsausschluss gehen die Möglichkeiten des Vorstands einer deutschen Aktiengesellschaft, die Aktienausgabe zur präventiven Übernahmeabwehr einzusetzen, somit erheblich weiter als die Handlungsmöglichkeiten der directors einer britischen public company. Dies gilt insbesondere, da der Vorstand einer deutschen Aktiengesellschaft die Ausnahmetatbestände des § 33 Abs. 1 S. 2 WpÜG vom übernahmerechtlichen Vereitelungsverbot, die im City Code nicht existieren, nutzen kann, um die Ermächtigung in der Angebotsphase auszuüben.

Im Hinblick auf die Akzeptanz institutioneller Anleger weist eine solche „unverdächtig" geschaffene Ermächtigung zur Aktienausgabe unter Bezugsrechtsausschluss zudem erhebliche Vorteile gegenüber einer ausdrücklichen „Abwehrermächtigung" auf, da sie als Standardbeschlussgegenstand der Jahreshauptversammlung mit deren Unterstützung erteilt werden kann.

B. Ermächtigung zum Rückerwerb und zur Weiterveräußerung eigener Aktien

Die Ermächtigung zum Rückerwerb und zur bezugsrechtsfreien Weiterveräußerung eigener Aktien kommt sowohl für deutsche Aktiengesellschaften als auch für britische public companies aufgrund der strengen gesetzlichen Anforderungen an diese Maßnahmen in beiden Rechtsordnungen nur eingeschränkt als Präventivmaßnahme gegen feindliche Übernahmeversuche in Betracht.

I. Rückerwerb eigener Aktien

Nach den Regelungen des Aktiengesetzes ist das Volumen eines Aktienrückkaufs, der aufgrund einer Rückkaufsermächtigung der Hauptversammlung durchgeführt wird, auf 10 Prozent des Grundkapitals der Gesellschaft beschränkt.[2081] Darüber hinaus darf der Gesamtbestand, den eine deutsche Aktiengesellschaft an eigenen Aktien hält, 10 Prozent des Grundkapitals nicht übersteigen.[2082]

Der Companies Act 1985 enthält eine entsprechende Begrenzung des Bestands an eigenen Anteilen zwar nur für den Fall, dass die Gesellschaft die zurückerworbenen Aktien tatsächlich als treasury shares in ihrem Bestand hält und diese nicht ein-

2079 § 33 Abs. 1 S. 2 Var. 1 WpÜG.

2080 § 33 Abs. 1 S. 2 Var. 3 WpÜG.

2081 § 71 Abs. 1 Nr. 8 S. 1 AktG.

2082 § 71 Abs. 2 S. 1 AktG; vorher bereits erworbene Aktien werden bei dieser Schranke hinzugerechnet.

zieht.[2083] Jedoch wird der Umfang des Aktienrückkaufs auch bei einem Aktienrückerwerb zur Einziehung durch die Listing Rules auf ein Volumen von 15 Prozent des Aktienkapitals beschränkt, sofern der Rückerwerb nicht im Wege eines aufwendigen öffentlichen Rückkaufsangebots an alle Aktionäre durchgeführt wird.[2084] Für börsennotierte public companies, die regelmäßig auf die Unterstützung der wirtschaftlich mächtigen institutionellen Anleger angewiesen sind, ist das mögliche Rückerwerbsvolumen durch die zum Aktienrückerwerb aufgestellten Richtlinien der institutionellen Anleger auch bei einem Aktienrückerwerb zur Einziehung auf 10 Prozent beschränkt.[2085]

Aufgrund dieser betragsmäßigen Beschränkungen kommt ein Aktienrückerwerb sowohl für deutsche Aktiengesellschaften als auch für britische public companies nur als flankierende Maßnahme im Rahmen eines Gesamtkonzepts zur präventiven Übernahmeabwehr in Betracht.

Ein Aktienrückkauf im Wege individuell ausgehandelter Rückkaufsvereinbarungen, der dazu genutzt werden könnte, gezielt die Anteile von Aktionären zurückzukaufen, bei denen die Gefahr besteht, dass sie ihre Aktien an einen potentiellen feindlichen Bieter veräußern, scheidet für eine deutsche Aktiengesellschaft in der Regel aus, da ein solches Vorgehen gegen den aktienrechtlichen Gleichbehandlungsgrundsatz des § 53 a AktG verstößt, sofern nicht ein sachlicher Grund vorliegt.[2086] Auch für eine britische Gesellschaft ist ein derartiges Vorgehen nicht praktikabel, da das general meeting bei einem solchen off-market purchase mit einer qualifizierten Mehrheit dem konkreten Inhalt des ausgehandelten Rückkaufvertrages zustimmen muss.[2087]

In der Praxis bietet sich zur präventiven Übernahmeabwehr jedoch der Rückkauf eigener Aktien über die Börse an, bei dem einzelne Rückkaufsorders durch einen zwischengeschalteten Börsenmakler am Markt platziert werden. Zu einem solchen Rückkauf können die Verwaltungsorgane sowohl nach deutschem Aktienrecht als auch nach britischem Gesellschaftsrecht durch einen einfachen Mehrheitsbeschluss der Aktionäre für eine Laufzeit von 18 Monaten ermächtigt werden.[2088]

Bei der Ausnutzung einer solchen Rückkaufsermächtigung müssen die Verwaltungsorgane wiederum die ihnen gegenüber der Gesellschaft obliegenden Treuepflichten beachten. Während der Vorstand einer deutschen Aktiengesellschaft eine Rückkaufsermächtigung zur Abwehr feindlicher Übernahmeversuche ausnutzen kann, sofern die Übernahmeabwehr im Interesse der Gesellschaft liegt, ist der Handlungsspielraum der directors einer britischen public company wiederum durch die proper purpose duty wesentlich enger gezogen. Sie dürfen eine Rückkaufsermächtigung nur ausnahmsweise zur Übernahmeabwehr ausnutzen, wenn der Gesellschaft durch die Über-

---

[2083] Vgl. sec. 162 B (1) CA 1985.

[2084] Listing Rules, Chapter 15 para. 15.7; *Davies*, in: Hopt/Wymeersch, European Takeovers, S. 195, 213.

[2085] Siehe hierzu Teil 2 § 5 C II 1 e.

[2086] Siehe hierzu Teil 1 § 3 C II 1 e.

[2087] Vgl. sec. 164 (2) und 165 (2) CA 1985.

[2088] Vgl. § 71 Abs. 1 S. 1 Nr. 8 AktG bzw. sec. 166 (3), (4) CA 1985; sofern eine britische Gesellschaft auf die Unterstützung institutioneller Anleger angewiesen ist, ist allerdings nach den für den Aktienrückerwerb geltenden Richtlinien auch für die Ermächtigung zu einem solchen market purchase eine qualifizierte Mehrheit des general meeting erforderlich.

nahme ein schwerwiegender wirtschaftlicher Schaden droht, oder wenn die wirtschaftliche Existenz der Gesellschaft gefährdet ist.

Wie der Vorstand einer deutschen Aktiengesellschaft haben die directors einer britischen public company jedoch die Möglichkeit, den Rückerwerb durch wirtschaftliche Vorteile für die Gesellschaft zu rechtfertigen, so dass sich die übernahmebehindernde Wirkung des Rückerwerbs lediglich als Nebeneffekt eines im Übrigen zulässigen Verwaltungshandelns darstellt. Sobald die directors allerdings Grund zu der Annahme haben, dass ein ernsthaftes Übernahmeangebot bevorsteht, ist ihnen der Rückkauf eigener Aktien durch Rule 37.3 (a) des City Code generell untersagt.

Dagegen kann der Vorstand einer deutschen Aktiengesellschaft die Rückkaufsermächtigung bis zur Veröffentlichung der Entscheidung eines Bieters zu Abgabe eines Übernahmeangebots ausnutzen. Wenn die Rückkaufsermächtigung als Vorratsermächtigung im Sinne des § 33 Abs. 2 WpÜG erteilt wurde,[2089] oder die Ausnahmetatbestände des § 33 Abs. 1 S. 2 WpÜG vom übernahmerechtlichen Vereitelungsverbot erfüllt sind, kann der Vorstand den Aktienrückkauf sogar nach der Abgabe eines Übernahmeangebots durchführen. Die Ausnahmetatbestände des § 33 Abs. 1 S. 2 WpÜG sind wiederum erfüllt, wenn sich der Rückerwerb unabhängig von dem Übernahmeangebot als Maßnahme ordnungsgemäßer Geschäftsführung darstellt und er auf einer bereits existierenden Unternehmensstrategie beruht,[2090] oder wenn der Aufsichtsrat seine Zustimmung zum Rückerwerb erteilt hat.[2091]

II. Weiterveräußerung eigener Aktien

Die Weiterveräußerung der zurückerworbenen Aktien an befreundete Investoren richtet sich in beiden Rechtsordnungen nach den Anforderungen einer Aktienausgabe unter Bezugsrechtsausschluss.[2092] Auch hier gilt für die directors einer britischen Gesellschaft aufgrund der proper purpose duty und der prohibition of frustrating action des City Code wiederum ein wesentlich strengerer Maßstab als für den Vorstand einer deutschen Aktiengesellschaft.

So dürfen die directors die zurückerworbenen Aktien nur in den bereits beschriebenen engen Ausnahmen, die die Grundsätze der proper purpose duty zulassen, zur Übernahmeabwehr ausgeben, und das auch nur bis zu dem Zeitpunkt, in dem Grund zu der Annahme besteht, dass die Abgabe eines ernsthaften Übernahmeangebots bevorsteht.[2093]

Der Vorstand einer deutschen Aktiengesellschaft kann den Rückerwerb dagegen bis zur Veröffentlichung der Entscheidung zur Abgabe eines Übernahmeangebots vornehmen,[2094] sofern die Übernahmeabwehr im Unternehmensinteresse liegt. Auch

---

2089 Einer solchen Vorratsermächtigung stehen die institutionellen Anleger wiederum kritisch gegenüber, so dass sie in der Regel nicht ohne Weiteres vom Vorstand zu erlangen sein dürfte.

2090 § 33 Abs. 1 S. 2 Var. 1 WpÜG.

2091 § 33 Abs. 1 S. 2 Var. 3 WpÜG.

2092 Siehe für Deutschland Teil 1 § 3 C II 2 und für Großbritannien Teil 2 § 5 C II 2.

2093 City Code, General Principle 7 und Rule 21.1.

2094 Vgl. § 33 Abs. 1 S. 1 i.V.m. 10 Abs. 1 S. 1, Abs. 3 WpÜG.

nach der Abgabe eines Übernahmeangebots ist er nicht zur Neutralität verpflichtet, sondern kann die rückerworbenen Aktien bei befreundeten Investoren platzieren, wenn er von der Hauptversammlung unter den Voraussetzungen des § 33 Abs. 2 WpÜG hierzu ermächtigt wurde, oder wenn die Ausnahmetatbestände des § 33 Abs. 1 S. 2 WpÜG vom übernahmerechtlichen Vereitelungsverbot erfüllt sind.

Obgleich die Ermächtigung zum Rückerwerb und zur Weiterveräußerung eigener Aktien sowohl in Deutschland als auch in Großbritannien wegen der betragsmäßigen Beschränkungen nur eingeschränkt als präventive Abwehrmaßnahme in Betracht kommen, können deutsche Aktiengesellschaften dieses Instrument zumindest als flankierende Maßnahme zur Übernahmeprävention einzusetzen. Denn sowohl die Ausübung der Rückkaufsermächtigung als auch die Weiterveräußerung der eigenen Aktien können vom Vorstand einer deutschen Aktiengesellschaft im Rahmen der Ausnahmetatbestände vom übernahmerechtlichen Vereitelungsverbot auch nach der Abgabe eines Übernahmeangebots ausgenutzt werden, während den directors jegliche vereitelungsgeeignete Handlung durch die prohibition of frustrating action des City Code untersagt ist, sobald Grund zu der Annahme besteht, dass ein ernsthaftes Übernahmeangebot bevorsteht.

C. Vinkulierung von Namensaktien

Sowohl das deutsche Aktienrecht als auch das britische Gesellschaftsrecht gehen im Grundsatz von der freien Übertragbarkeit der Aktien aus. Von diesem Grundsatz lassen beide Rechtsordnungen jedoch Ausnahmen zu. Während die freie Übertragbarkeit der Aktien in Großbritannien unter dem generellen Vorbehalt einer anderweitigen Regelung in der Satzung der Gesellschaft steht,[2095] lässt das deutsche Aktienrecht Übertragungsbeschränkungen nur in der Form von vinkulierten Namensaktien zu.[2096]

Aus gesellschaftsrechtlicher Sicht haben britische public companies daher einen größeren Gestaltungsspielraum, um die Übertragbarkeit ihrer Aktien in der Satzung zu beschränken. Bei personalistisch strukturierten Gesellschaften sind satzungsmäßige Übertragungsbeschränkungen in Großbritannien Standard.[2097] Zumeist werden die directors hier durch die Satzung dazu ermächtigt, ihre Zustimmung zur Eintragung einer Aktienübertragung im Aktienbuch der Gesellschaft zu verweigern. Börsennotierte Gesellschaften können diesen Freiraum allerdings nicht nutzen, da die Listing Rules Gesellschaften, deren Aktien nicht frei übertragbar sind, den Zugang zur London Stock Exchange verbieten.[2098] Für börsennotierte public companies scheidet eine satzungsmäßige Ermächtigung der directors, ihre Zustimmung zur Aktienübertragung zu verweigern, daher generell aus. Eine Ausnahmeerscheinung stellen lediglich einige priva-

---

2095 Sec. 182 (1) (b) CA 1985.

2096 Vgl. § 68 Abs. 2 AktG.

2097 Vgl. *Palmer's*, Company Law, Rn. 6.610; *Sealy*, Company Law, S. 458; bis zum Inkrafttreten des Companies Act 1980 war die Beschränkung der Übertragbarkeit für private companies sogar gesetzlich vorgeschrieben, vgl. sec. 28 (1) (a) CA 1948.

2098 Listing Rules, Chapter 3 para. 3.15.

tisierte Unternehmen dar, die durch einen golden share der öffentlichen Hand gegen feindliche Übernahmen gesichert sind.[2099]

In Deutschland können vinkulierte Namensaktien dagegen zum Börsenhandel zugelassen werden.[2100] Eine nachträgliche Vinkulierung bestehender Aktien ist nach den Regelungen des Aktiengesetzes für Gesellschaften mit breit gestreutem Aktionärskreis allerdings praktisch nicht durchzuführen, da sie die Zustimmung aller Aktionäre erfordert.[2101] Gleiches gilt, wenn junge vinkulierte Namensaktien unter Beachtung des Bezugsrechts ausgegeben werden sollen.[2102] Eine Neueinführung vinkulierter Namensaktien kommt nur im Rahmen einer Kapitalerhöhung unter Ausschluss des Bezugsrechts in Betracht. In diesem Fall reicht für die Neuausgabe vinkulierter Namensaktien ein mit einer qualifizierten Kapitalmehrheit zu fassender Beschluss aus, durch den zugleich über die satzungsmäßige Einführung der Vinkulierung und die Kapitalerhöhung unter Ausschluss des Bezugsrechts beschlossen wird.[2103]

Bei der Entscheidung über die Versagung seiner Zustimmung zur Aktienübertragung muss der Vorstand einer deutschen Aktiengesellschaft das Unternehmensinteresse wahren. Er darf die Zustimmung daher nur dann zur Abwehr eines Übernahmeversuchs verweigern, wenn die Übernahme den abwägungsrelevanten Gruppeninteressen in der Gesellschaft wiederspricht. Erfolgt die Versagung in der Angebotsphase, so ist nach § 33 Abs. 1 S. 2 Var. 3 WpÜG zusätzlich die Zustimmung des Aufsichtsrats erforderlich.

In der Praxis wird die Effektivität der Vinkulierung dadurch eingeschränkt, dass der mit ihr verfolgte Zweck, die Zusammensetzung des Aktionärskreises zu kontrollieren, durch zahlreiche Umgehungsabreden, wie etwa Stimmbindungsverträge oder Stimmrechtsvollmachten, unterlaufen werden kann.[2104] Vinkulierte Namensaktien sind daher in Deutschland allenfalls eingeschränkt geeignet, eine drohende feindliche Übernahme abzuwehren. Dennoch haben börsennotierte deutsche Aktiengesellschaften im Gegensatz zu börsennotierten britischen public companies zumindest die Möglichkeit, vinkulierte Namensaktien als Abwehrmittel gegen feindliche Übernahmeversuche einzuführen.

2099 Siehe hierzu Teil 2 § 5 C III 3.

2100 Es ist jedoch gemäß § 5 Abs. 2 Nr. 2 BörsZulVO Zulassungsvoraussetzung für vinkulierte Namensaktien, dass die Vinkulierung nicht zu einer „Störung des Börsenhandels" führt, vgl. *Schwark*, BörsG, § 38 Rn. 4; *Heidelbach*, in: Schwark, Kapitalmarktrecht, § 5 BörsZulVO Rn. 3.

2101 § 180 Abs. 2 AktG.

2102 *Hüffer*, AktG, § 180 Rn. 7; *Hefermehl/Bungeroth*, in: Geßler/Hefermehl, AktG, § 180 Rn. 25; *Stein*, MüKo-AktG, § 180 Rn. 24; *Lutter/Schneider*, ZGR 1975, 182, 185; *Krause*, AG 2002, 133, 138.

2103 Siehe hierzu Teil 1 § 3 C III 1.

2104 Siehe hierzu Teil 1 § 3 C III 4.

§ 9 Gesamtbetrachtung

A. Präventivmaßnahmen der Aktionäre

Das britische Gesellschaftsrecht gewährt den Aktionären einer public company einen weitaus größeren Gestaltungsspielraum, um präventive Abwehrmaßnahmen gegen feindliche Übernahmeversuche zu ergreifen als das deutsche Aktienrecht.

Die rechtliche Gestaltungsfreiheit der Aktionäre folgt zum einen daraus, dass der Companies Act 1985 wesentlich weniger zwingende Vorschriften über den möglichen Inhalt der Satzung und die innere Struktur der Gesellschaft enthält als das deutsche Aktienrecht, das von dem in § 23 Abs. 5 AktG verankerten Grundsatz der Satzungsstrenge geprägt ist. Während die inneren Angelegenheiten der Gesellschaft in Großbritannien weitgehend der Dispositionsfreiheit der Aktionäre unterliegen, sind in Deutschland Abweichungen von dem gesetzlich vorgegebenen Rahmen nur dann zulässig, wenn sie vom Gesetz ausdrücklich vorgesehen sind.[2105]

Zum anderen folgt der Gestaltungsspielraum der Aktionäre aus der Tatsache, dass das britische Gesellschaftsrecht das Stimmrecht der Aktionäre als Eigentumsrecht anerkennt, welches diese – anders als die Aktionäre deutscher Aktiengesellschaften – ohne Rücksicht auf etwaige Interessen der Gesellschaft oder anderer Gesellschafter zur ausschließlichen Verfolgung ihrer Eigeninteressen und damit auch zur Veränderung der Mehrheitsverhältnisse ausnutzen können.[2106] Daher ist die Einführung von typischen satzungsmäßigen Übernahmehindernissen wie Mehrstimmrechtsaktien oder Höchststimmrechten, die in Deutschland seit der Einführung des KonTraG verboten sind, in Großbritannien rechtlich zulässig. Auch durch Stimmrechtsvereinbarungen können britische Aktionäre wegen des Grundsatzes der Stimmrechtsfreiheit potentielle Übernahmeversuche effektiver verhindern als deutsche Aktionäre.

Allerdings beantwortet sich die Frage, welche Abwehrmaßnahmen die Aktionäre zur Prävention gegen feindliche Übernahmeangebote vornehmen können, nicht alleine nach der rechtlichen Zulässigkeit der einzelnen Maßnahmen, sondern auch und vor allem danach, welche Maßnahmen der Kapitalmarkt akzeptiert.[2107] Durch die Konzentration von über 60 Prozent der in Großbritannien an der Börse gehandelten Aktien in den Händen der wirtschaftlich dominierenden institutionellen Anleger wird der Spielraum für prophylaktische Abwehrmaßnahmen der Aktionäre merklich verringert.[2108] Zwar halten die einzelnen Institutionen wegen der Risikostreuung ihrer Port-

---

2105 Vgl. *Kraft*, KK-AktG, § 23 Rn. 83; *Hüffer*, AktG, § 23 Rn. 34; *Pentz*, MüKo-AktG, § 23 Rn. 152 ff.; *Grundmann/Möslein*, ZGR 2001, 317, 361 f.

2106 Vgl. nur *Pender v Lushington* (1877) 6 ChD 70; *North-West Transportation Co Ltd v Beatty* (1887) 12 AC 589; *Carruth v Imperial Chemical Industries Ltd* [1937] AC 707; *Northern Counties Securities Ltd v Jackson and Steeple Ltd* [1974] 1 WLR 1133.

2107 Darauf weist *Becker*, ZHR 165 (2001) 280, 282 zu Recht hin; ähnlich *Krause*, AG 2002, 133, 136.

2108 *Gower/Davies*, Company Law, S. 718; *Davies*, in: Hopt/Wymeersch, European Takeovers, S. 195, 207, 216; *Stapledon*, Institutional Shareholders and Corporate Governance, S. 62; *Ferrarini*, in: Hopt/Wymeersch, Capital Markets and Company Law, S. 223, 252; *Merkt*, ZHR (165), 224, 251; *Grundmann/Möslein*, ZVglRWiss 102 (2003), 289, 320.

folios regelmäßig nur einen kleinen Aktienanteil an einzelnen Gesellschaften, der üblicherweise nicht groß genug ist, um die Einführung von strukturellen Abwehrmaßnahmen zu verhindern.[2109] Zusammen machen ihre Beteiligungen bei den größten börsennotierten public companies jedoch bis zu 50 Prozent des Aktienkapitals aus.[2110] Diese Machtposition nutzen die institutionellen Anleger, um gemeinsam durch die informellen Richtlinien der von ihnen gegründeten Investment Protection Committees auf die Portfoliogesellschaften Einfluss zu nehmen.[2111] Da institutionelle Anleger strukturellen Vorkehrungen zur Prävention gegen feindliche Übernahmeangebote traditionell ablehnend gegenüberstehen, kommen diese bei börsennotierten public companies in Großbritannien in der Regel nicht vor, obwohl sie rein rechtlich zulässig sind. So hat der Einfluss der institutionellen Anleger dazu geführt, dass Mehrstimmrechte, Höchststimmrechte sowie stimmrechtslose Aktien in Großbritannien eine Ausnahmeerscheinung sind.[2112] Sie scheiden bei börsennotierten public companies, die sowohl zur Fremd- als auch zur Eigenkapitalbeschaffung auf die Unterstützung der finanzstarken Institutionen der City angewiesen sind, faktisch als präventive Abwehrmaßnahmen aus.

Während britische Aktionäre somit bei isoliert gesellschaftsrechtlicher Betrachtung gegenüber den Aktionären einer deutschen Aktiengesellschaft effektivere Möglichkeiten zur Prävention gegen feindliche Übernahmeversuche haben, fällt dieser Handlungsspielraum weg, wenn man die tatsächlichen Gegebenheiten des britischen Kapitalmarkts berücksichtigt. Im Ergebnis stellt sich die Lage für die Aktionäre deutscher und britischer Zielgesellschaften daher ähnlich dar: Sie können nur in sehr geringem Umfang Präventivmaßnahmen gegen feindliche Übernahmeversuche ergreifen; die einen aus Rechtsgründen und die anderen aus Gründen faktischer Machtverhältnisse.

2109 Vgl. *Parkinson*, Corporate Power and Responsibility, S. 167; *Gower/Davies*, Company Law, S. 338; *Davies*, in: Hopt/Wymeersch, Comparative Corporate Governance, S. 47, 61, 63; *ders.*, in: Baums/Buxbaum/Hopt, Institutional Investors and Corporate Governance, S. 257, 271 f.; *Ferran*, Company Law and Corporate Finance, S. 242; *Lembeck*, NZG 2003, 957, 959; aufgrund der Risikostreuung ist es eher unüblich, dass einzelne Institutionen durch die aktive Ausübung ihrer Stimmrechte direkt auf die Unternehmenspolitik der einzelnen Gesellschaften Einfluss nehmen. Denn diese sogenannte „voice-option" ist für sie regelmäßig kostenintensiver, als die sogenannte „exit-option", die darin besteht die jeweilige Beteilgung über die Börse zu verkaufen, um das Kapital in einer anderen Gesellschaft zu investieren. Demgegenüber stellt die marktweite Einflussnahme über die Investment Protection Committees ein preisgünstiges und allgegenwärtiges Mittel zur Durchsetzung der Interessen der institutionellen Anleger dar, vgl. *Davies*, in: Prentice/Holland, Corporate Governance, S. 69, 82 ff.; *Wymeersch*, ZGR 2001, 294, 317; zum Verhältnis von „exit" und „voice" auch *Wackerbarth*, ZGR 2005, 686, 688.

2110 *Ferran*, Company Law and Corporate Finance, S. 242; *Davies*, in: Prentice/Holland, Corporate Governance, S. 69, 82; *ders.*, in: Baums/Wymeersch, Shareholder Voting Rights, S. 331, 335; *Rickford*, (2004) ECFR 1, 391, 411; *ders.*, (2005) ECFR 2, 63, 101.

2111 *Ferran*, Company Law and Corporate Finance, S. 242; *Gower/Davies*, Company Law, S. 338; *Davies*, in: Hopt/Wymeersch, Comparative Corporate Governance, S. 47, 54 ff.

2112 Vgl. *Weinberg/Blank*, Takeovers and Mergers, Rn. 4-7077; *Paul*, in: Prentice/Holland, Corporate Governance, S. 135, 140; *Prentice*, in: Kreuzer, Übernahmeangebote, S. 133, 152; *Grundmann/Möslein*, ZVglRWiss 102 (2003), 289, 320.

B. Präventivmaßnahmen der Verwaltung

Zur Zulässigkeit präventiver Abwehrmaßnahmen der Verwaltungsorgane stellt das britische Gesellschaftsrecht strengere Anforderungen auf als das deutsche Aktienrecht. Im Gegensatz zu den Vorstandsmitgliedern einer deutschen Aktiengesellschaft sind die directors einer britischen public company bei der Ausübung ihrer Befugnisse nämlich nicht nur an das Gesellschaftsinteresse gebunden, sondern müssen darüber hinaus aufgrund der proper purpose duty zu zulässigen Zwecken handeln. Da die Abwehr feindlicher Übernahmeversuche im Grundsatz einen unzulässigen Zweck darstellt, unterliegen die directors einer britischen Gesellschaft im Ergebnis einer aus gesellschaftsrechtlichen Grundsätzen abgeleiteten eingeschränkten Neutralitätspflicht. Sie dürfen Abwehrmaßnahmen gegen feindliche Übernahmeversuche daher nur in extremen Ausnahmefällen vornehmen.

In der Vorangebotsphase spielt die strengere Pflichtenbindung der directors allerdings rein faktisch nur eine untergeordnete Rolle. Denn vor der Abgabe eines konkreten Übernahmeangebots dürfte sowohl der Nachweis, dass die Abwehr eines befürchteten Übernahmeversuchs ausnahmsweise im Rahmen der proper purpose duty zulässig ist, als auch der Nachweis, dass dessen Abwehr im Unternehmensinteresse geboten ist, nur selten zu erbringen sein, da Identität und Absichten eines Bieters, die eine Einschätzung des Übernahmevorhabens zulassen, der Verwaltung üblicherweise erst mit der Veröffentlichung der Angebotsunterlage bekannt werden.

Darüber hinaus werden die meisten präventiven Abwehrmaßnahmen der Verwaltung nicht mit Bezug auf ein bestimmtes Übernahmevorhaben, sondern vielmehr allgemein zur Verhinderung von Übernahmeangeboten ergriffen. Allgemeine Übernahmehindernisse verhindern aber nicht nur für das Unternehmen nachteilige Übernahmeversuche, sondern auch solche, die für die Gesellschaft wirtschaftlich vorteilhaft sind. Sie können daher als reine Abwehrmaßnahmen weder im Interesse der Gesellschaft liegen noch im Rahmen der proper purpose duty zulässig sein.

Sowohl nach britischem Gesellschaftsrecht als auch nach deutschem Aktienrecht sind jedoch solche Verwaltungsmaßnahmen zulässig, die der Gesellschaft primär wirtschaftliche Vorteile bringen. Das gilt auch dann, wenn sie gleichzeitig den Nebeneffekt auslösen, dass potentielle Bieter von der Abgabe eines Übernahmeangebots absehen. Daher können sowohl die directors einer britischen public company als auch der Vorstand einer deutschen Aktiengesellschaft präventive Abwehrmaßnahmen gegen feindliche Übernahmeversuche vornehmen, soweit diese für die Gesellschaft wirtschaftlich vorteilhaft und somit unabhängig von der mit ihnen verbundenen Abwehrwirkung unternehmerisch sinnvoll sind. Als typische ambivalente Maßnahmen, die einer wirtschaftlichen Rechtfertigung zugänglich sind, gelten sowohl in Großbritannien als auch in Deutschland change of control Klauseln, die dem Schutz der Gläubiger dienen, und gegenseitige Beteiligungen, durch die strategische Allianzen der Gesellschaft aufgebaut oder gefestigt werden.

Allerdings ist der Handlungsspielraum der directors einer britischen public company bei der Vornahme von präventiven Abwehrmaßnahmen insofern enger gesteckt, als nach britischem Recht für Geschäftsführungsmaßnahmen in einem bestimmten Umfang zwingend die Zustimmung des general meeting erforderlich ist.

Diese Zustimmungspflichtigkeit folgt zwar nicht aus den Regelungen des Companies Act 1985, welcher die Mitbestimmungsrechte der Aktionäre abgesehen von wenigen Ausnahmen unter den Vorbehalt einer anderweitigen Regelung in der Unternehmensverfassung stellt. Jedoch sehen die Listing Rules zum besseren Schutz der Mitgliedschafts- und Vermögensrechte der Aktionäre von börsennotierten public companies eine Zustimmungspflicht des general meeting bei wesentlichen Vermögenstransaktionen ab Erreichung der 25-Prozent-Schwelle einer class 1 transaction vor.[2113]

Für den Vorstand einer deutschen Aktiengesellschaft besteht ein solches Zustimmungserfordernis dagegen nach den *Holzmüller*-Grundsätzen nur ganz ausnahmsweise, wenn ein qualitativ und quantitativ schwerer Eingriff in die Mitglieds- und Vermögensrechte der Aktionäre vorliegt. Da die Kompetenzverschiebung auf das general meeting in Großbritannien bei wesentlichen Vermögenstransaktionen somit erheblich früher greift als in Deutschland, hat der Vorstand einer deutschen Aktiengesellschaft in der Vorangebotsphase weitergehende Möglichkeiten, zur Prävention gegen feindliche Übernahmeversuche die Vermögens- und Beteiligungsverhältnisse der Gesellschaft ohne die Zustimmung der Aktionäre umzugestalten als die directors einer britischen public company.

C. Hauptversammlungsermächtigungen

Schließlich kann eine deutsche Aktiengesellschaft auch durch die Erteilung von Hauptversammlungsermächtigungen an den Vorstand effektiver gegen feindliche Übernahmeversuche geschützt werden als eine britische public company.

Der Grund hierfür liegt vor allem darin, dass die directors einer britischen public company eine Ermächtigung des general meeting nur in der Vorangebotsphase ausnutzen dürfen, die gemäß General Principle 7 des City Code endet, sobald die directors Grund zu der Annahme haben, dass die Abgabe eines ernsthaften Übernahmeangebots bevorsteht. Nach diesem Zeitpunkt ist es den directors durch das strikte Verbot der prohibition of frustrating action generell untersagt, Maßnahmen zu ergreifen, die den Erfolg eines Übernahmeangebots objektiv vereiteln können, auch wenn sie auf einer im Voraus erteilten Ermächtigung des general meeting beruhen.[2114] Zudem unterliegen die directors auch bei einer Ausnutzung der Ermächtigung in der Vorangebotsphase einer – wenn auch eingeschränkten – Neutralitätspflicht in Form der proper purpose duty. Sofern ihnen die Ermächtigung nicht ausnahmsweise ausdrücklich zum Zwecke der Übernahmeabwehr erteilt wurde, was in der Praxis absolut unüblich ist, dürfen sie die Ermächtigung daher auch in der Vorangebotsphase nur in extremen Ausnahmesituationen zur Abwehr eines Übernahmeversuchs ausnutzen.

Der Vorstand einer deutschen Aktiengesellschaft ist dagegen bei der Ausnutzung einer Hauptversammlungsermächtigung lediglich an die Vorgaben der Ermächtigung und das Unternehmensinteresse gebunden. Einer aktienrechtlichen Neutralitätspflicht unterliegt er dagegen nicht. Auch das übernahmerechtliche Vereitelungsverbot

2113 Listing Rules, Chpater 10 para. 10.4 (c), 10.37.

2114 So ausdrücklich *Barboutis*, (1999) Comp Law 20, 40, 42; *Grundmann/Möslein*, ZvglRWiss 102 (2003), 289, 331.

des § 33 Abs. 1 S. 1 WpÜG greift in Deutschland später als die prohibition of frustrating action, nämlich erst ab der Bekanntgabe der Entscheidung des Bieters zur Abgabe eines Übernahmeangebots.

Den wesentlichen Unterschied zur Rechtslage in Großbritannien macht jedoch die Tatsache aus, dass das Vereitelungsverbot des § 33 Abs. 1 S. 1 WpÜG durch die Ausnahmetatbestände des § 33 Abs. 1 S. 2 Var. 1 und Var. 3 WpÜG sowie die Möglichkeit von Vorratsbeschlüssen nach § 33 Abs. 2 WPÜG weitgehend eingeschränkt ist. Diese Einschränkungen des Vereitelungsverbots erlauben dem Vorstand die Ausnutzung von Hauptversammlungsermächtigungen in der Angebotsphase, die in Großbritannien durch die prohibition of frustrating action strikt untersagt ist.

Deutsche Aktiengesellschaften können daher Hauptversammlungsermächtigungen wesentlich besser zur Übernahmeabwehr einsetzen als britische public companies, da die Ermächtigungen auch in der entscheidenden Phase der Übernahmeauseinandersetzung ausgenutzt werden können.

Selbst wenn man annimmt, dass Vorratsermächtigungen nach § 33 Abs. 2 WpÜG wegen der ablehnenden Einstellung institutioneller Anleger in Deutschland eher die Ausnahme bleiben sollten, bleiben deutschen Aktiengesellschaften daneben die allgemeinen Hauptversammlungsermächtigungen als effektives Abwehrinstrument gegenüber feindlichen Übernahmeversuchen. Denn auch eine zu „unauffälligen" Zwecken erteilte Hauptversammlungsermächtigung kann der Vorstand innerhalb der Angebotsfrist ausnutzen, wenn die Maßnahme der Umsetzung einer bereits geplanten Unternehmensstrategie dient und sich im Rahmen ordnungsgemäßer Geschäftsführung hält,[2115] oder wenn der Aufsichtsrat zugestimmt hat.[2116]

D. Fazit

Die Untersuchung hat gezeigt, dass eine börsennotierte deutsche Aktiengesellschaft gegenüber einer börsennotierten britischen public company besser in der Lage ist, sich präventiv gegen feindliche Übernahmen zu schützen.[2117]

Während sowohl in Deutschland als auch in Großbritannien Abwehrmaßnahmen der Aktionäre nur sehr eingeschränkt möglich sind und präventive Abwehrmaßnahmen der Verwaltung in beiden Rechtsordnungen regelmäßig nur zulässig sind, wenn sie sich wirtschaftlich rechtfertigen lassen, gehen die Abwehrmöglichkeiten durch Hauptversammlungsermächtigungen in Deutschland bei Weitem über das in Großbritannien zulässige Maß hinaus.

2115 § 33 Abs. 1 S. 1 Var. 1 WpÜG.

2116 § 33 Abs. 1 S. 1 Var. 3 WpÜG.

2117 In diesem Sinne auch *Underhill/Austmann*, in: Payne, Takeovers, S. 87, 121; a.A. *Lehne*, in: Hirte, WpÜG, S. 33, 41; *Knoll*, Die Übernahme von Kapitalgesellschaften, S. 286; *Schneider/Burgard*, DB 2001, 961, 963 alle unter Hinweis auf die nach britischem Recht grundsätzlich zulässigen übernahmebehindernden Satzungsregelungen; ähnlich *Bayer*, ZGR 2002, 588, 621, der unzutreffend annimmt, der Verwaltung einer britischen public company sei es in der Vorangebotsphase in weitreichendem Umfang gestattet, präventive Abwehrmaßnahmen zu ergreifen.

Die bessere Einsatzmöglichkeit von Vorratsbeschlüssen beruht auf den gesetzlichen Einschränkungen des Vereitelungsverbots des § 33 Abs. 1 S. 1 WpÜG in § 33 Abs. 1 S. 2 Var. 1 und 3. WpÜG und in § 33 Abs. 2 WpÜG. Diese Einschränkungen des Vereitelungsverbots wurden vom deutschen Gesetzgeber unter anderem auf der Grundlage des Befundes eingeführt, in Europa bestehe im Hinblick auf satzungsmäßige Übernahmehindernisse zwischen den einzelnen Mitgliedsstaaten kein level playing field, so dass deutsche Unternehmen im Vergleich zu ihren europäischen Konkurrenten gegenüber feindlichen Übernahmen aus dem europäischen Ausland schutzlos seien.[2118]

Beschränkt man sich auf eine vergleichende Betrachtung der rechtlichen Bedingungen, so trifft dieser Befund auch auf Großbritannien zu, da das britische Gesellschaftsrecht die Ausgestaltung der Satzung in die Dispositionsfreiheit der Aktionäre stellt, und daher satzungsmäßige Übernahmehindernisse, wie die in Deutschland abgeschafften Höchst- und Mehrstimmrechte, ohne besondere Einschränkung zulässig sind.[2119]

Für börsennotierte Gesellschaften, die bei der Beschaffung von Eigen- und Fremdkapital dem freien Wettbewerb auf dem Kapitalmarkt ausgesetzt sind, beantwortet sich die Frage, ob satzungsmäßige Übernahmehürden eingeführt werden können, jedoch nicht nach der rein rechtlichen Zulässigkeit der einzelnen Abwehrmaßnahmen, sondern vor allem danach, ob sie praktisch auf dem jeweiligen Kapitalmarkt akzeptiert sind.[2120] Die starke Stellung der institutionellen Anleger auf dem britischen Kapitalmarkt hat sich insofern als wirksame Einschränkung der rechtlichen Freiheit von börsennotierten Gesellschaften zur Einführung von satzungsmäßigen Übernahmehindernisse erwiesen.[2121] Abgesehen von wenigen Ausnahmefällen[2122] kommen diese bei börsennotierten Gesellschaften in Großbritannien nicht vor.[2123]

Folglich ist der Befund, dass börsennotierte Gesellschaften aus dem europäischen Ausland im Gegensatz zu deutschen Aktiengesellschaften durch satzungsmäßige Übernahmehindernisse besser gegen feindliche Übernahmen geschützt seien, zumindest für Großbritannien unzutreffend. Die Einschränkungen der Neutralitätspflicht des § 33 Abs. 1 S. 1 WpÜG lassen sich somit nicht durch einen Verweis auf die Lage britischer public companies und einen behaupteten Wettbewerbsnachteil deutscher Aktiengesellschaften rechtfertigen.

2118 Vgl. Beschlussempfehlung und Bericht des Finanzausschusses, BT-Drucks. 14/7477, S. 50; *Wiesner*, ZIP 2004, 343, 344 f.

2119 Vgl. *Pennington*, Company Law, S. 781; *Lehne*, in: Hirte, WpÜG, S. 33, 41; *Grundmann/Möslein*, ZVglRWiss 102 (2003), 289, 319 f.; *dies.*, ZGR 2003, 317, 352.

2120 *Underhill/Austmann*, in: Payne, Takeovers, S. 87, 121; *Becker*, ZHR 165 (2001), 280, 282; *Krause*, AG 2002, 133, 135.

2121 Vgl. *Gower/Davies*, Company Law, S. 718; *Davies*, in: Hopt/Wymeersch, European Takeovers, S. 195, 207, 216; *Stapledon*, Institutional Shareholders and Corporate Governance, S. 62; *Merkt*, ZHR (165), 224, 251.

2122 Auf diese verweist *Lehne*, in: Hirte, WpÜG, S. 33, 41.

2123 Vgl. *Weinberg/Blank*, Takeovers and Mergers, Rn. 4-7077; *Paul*, in: Prentice/Holland, Corporate Governance, S. 135, 140; *Gee*, (1998) ICCLR 9, 15, 17; *Grundmann/Möslein*, ZVglRWiss 102 (2003), 289, 320.

Teil 4: Europäische Übernahmerichtlinie

Abschließend soll auf die Europäische Übernahmerichtlinie eingegangen werden. Die Untersuchung beschränkt sich auf diejenigen Regelungen der Richtlinie, die für die dargestellten Präventivmaßnahmen gegen feindliche Übernahmeversuche maßgeblich sind.

Bevor auf Einzelregelungen eingegangen wird, soll in einem Überblick die Entstehungsgeschichte der Richtlinie dargestellt werden, da diese gerade für die Frage der Behandlung präventiver Abwehrmechanismen eine besondere Bedeutung hat.

§ 10 Entstehungsgeschichte

Die im Jahre 2004 in Kraft getretene europäische Übernahmerichtlinie[2124] kann auf eine langwierige und wechselvolle Entstehungsgeschichte zurückblicken.

A. „Pennington-Entwurf" von 1974

Ausgangspunkt der Bemühungen um eine einheitliche Regelung für Unternehmensübernahmen in Europa war der sogenannte „Pennington-Entwurf"[2125], ein Vorentwurf für eine Übernahmerichtlinie, der im Jahre 1974 vom englischen *Professor Robert Pennington* im Auftrag der Europäischen Kommission erstellt worden war und sich seinerseits stark am britischen City Code orientierte. Zum damaligen Zeitpunkt wurde jedoch die Notwendigkeit einer gemeinschaftsrechtlichen Regelung von öffentlichen Übernahmeangeboten wegen der geringen praktischen Bedeutung derartiger Transaktionen zumindest im kontinentaleuropäischen Bereich weitgehend bezweifelt, so dass eine Umsetzung dieses ersten Vorschlags letzthin am fehlenden Interesse der Mitgliedsstaaten scheiterte.[2126]

B. Kommissionsvorschlag von 1989

Erst im Jahre 1985 griff die Europäische Kommission mit dem „Weissbuch zur Vollendung des Binnenmarktes bis 1992"[2127] die Themenstellung wieder auf. Diese

---

2124 Richtlinie 2004/25/EG des Europäischen Parlaments und des Rates vom 21.4.2004 betreffend Übernahmeangebote, ABl. EG Nr. L 142 vom 30.4.2004, S. 12 ff.

2125 „Übernahmeangebote und andere Angebote" EG-Kommissions-Dokument XI/56/74; vgl. hierzu *Pennington*, FS Duden, S. 379 ff.; *Behrens*, ZGR 1975, 433 ff.; *Bess*, AG 1976, 169 ff.; *ders.*, AG 1976, 206 ff.

2126 Vgl. *Baums/Fischer*, in: Baums/Thoma, WpÜG, Einleitung Rn. 1.17; *Hirte*, KK-WpÜG, Einleitung Rn. 61; *Zehetmeier-Müller*, in: Geibel/Süßmann, WpÜG, Einleitung Rn. 16; *Basaldua*, in: Assmann/Basaldua, Übernahmeangebote, S. 157, 158; *Krause*, ZGR 2002, 500, 501; *Wiesner*, ZIP 2004, 343.

2127 EG-Kommissions-Dokument (85) 310 endg. vom 14.6.1985.

Bemühungen mündeten schließlich im Jahre 1987 in einen Vorentwurf einer Richtlinie für Übernahmeangebote.[2128]

Auf der Grundlage des Vorentwurfs legte die Europäische Kommission im Jahre 1989 unter dem Eindruck einiger spektakulärer Übernahmeversuche auf europäischer Ebene[2129] einen ersten Vorschlag für eine 13. Richtlinie auf dem Gebiet des Gesellschaftsrechts betreffend Übernahmeangebote[2130] vor,[2131] der im Jahre 1990 durch das Europäische Parlament abgeändert[2132] und sodann in nachgebesserter Form dem Ministerrat übermittelt wurde.[2133]

Der nachgebesserte Vorschlag sah eine vollständige Harmonisierung des Übernahmerechts für die Mitgliedstaaten vor und orientierte sich ebenfalls inhaltlich an den Regelungen des City Code. Er beinhaltete die Gleichbehandlung der Aktionäre, verlangte von den Mitgliedstaaten die Schaffung einer staatlichen Aufsichtsbehörde und stellte eine Reihe von Pflichten für den Bieter und die Verwaltung der Zielgesellschaft auf, die die Transparenz von Übernahmeangeboten garantieren und eine Abwehr des Angebots ohne Zustimmung der Aktionäre verhindern sollten. Zudem enthielt er die im City Code zentrale Regelung des Pflichtangebots.

Der Vorschlag stieß jedoch im Europäischen Parlament und im Ministerrat auf Ablehnung, da er mit den Partikularinteressen verschiedener Mitgliedstaaten nicht zu vereinbaren war. So befürchtete das Vereinigte Königreich wegen der vorgeschriebenen Schaffung einer staatlichen Aufsichtsbehörde das Ende seines auf freiwilliger Selbstkontrolle beruhenden Regelungsansatzes und eine damit einhergehende Klageflut gegen die Entscheidungen des Takeover Panel.[2134] Aus deutscher Sicht stand zu

---

2128 EG-Kommissions-Dokument XV/63/87-DE rev.1; vgl. hierzu *Assmann/Bozenhardt*, in: Assmann/Basaldua, Übernahmeangebote, S. 1, 33 ff.

2129 Den berühmtesten Fall stellte der gescheiterte Übernahmeversuch an der Société Générale de Belgique durch den italienischen Unternehmer Carlo de Benedetti im Januar 1988 dar, der unter der Bezeichnung „Kampf um Belgien" in Tagespresse und wissenschaftlicher Literatur Beachtung gefunden hat. Als direkte Folge dieser Übernahmeauseinandersetzung wurde etwa die gesetzliche Regulierung von Übernahmeangeboten in Belgien beschlossen. Siehe hierzu *Hopt*, in: Hopt/Wymeersch, European Takeovers, S. 165 f.; *Assmann/Bozenhardt* in: Assmann/Basaldua, Übernahmeangebote, S. 1, 3; *Hirte*, ZIP 1989, 1233 ff.; *Frankfurter Allgemeine Zeitung* vom 2. April 1988, S. 16; *Der Spiegel* vom 18. April 1988, S. 106 ff.

2130 Vorschlag für eine 13. Richtlinie des Europäischen Parlaments und des Rates auf dem Gebiet des Gesellschaftsrechts betreffend Übernahmeangebote, ABl. EG Nr. C 64 vom 14.3.1989, S. 8 ff.; vgl. hierzu *Baums*, ZIP 1989, 1376 ff.; *Hommelhoff/Kleindiek*, AG 1990, 106 ff.; *Grunewald*, WM 1989, 1233 ff.

2131 *Hirte*, KK-WpÜG, Einleitung Rn. 62; *Monti*, in: von Rosen/Seifert, Übernahme börsennotierter Unternehmen, S. 15, 16; *Krause*, ZGR 2002, 500, 501.

2132 Vorschlag für eine 13. Richtlinie des Europäischen Parlaments und des Rates auf dem Gebiet des Gesellschaftsrechts betreffend Übernahmeangebote, ABl. EG Nr. C 38 vom 19.2.1990, S. 41 ff.

2133 Geänderter Vorschlag für eine 13. Richtlinie des Europäischen Parlaments und des Rates auf dem Gebiet des Gesellschaftsrechts betreffend Übernahmeangebote vom 10.9.1990, ABl. EG Nr. C 240 vom 26.9.1990, S. 7 ff.

2134 Vgl. die Einschätzung des DTI zum Richtlinienentwurf: „*There is abundant evidence in the USA and Australia of parties to contested takeovers taking matters to the courts because they feel they should leave no avenue unexplored to stop or delay the bid regardless of its merits.*

diesem Zeitpunkt insbesondere die Pflichtangebotsregelung in der Kritik, die mit dem deutschen Konzernrecht als nicht vereinbar angesehen wurde.[2135]

C. Kommissionsvorschlag von 1996

Nachdem die Verhandlungen im Jahre 1991 ausgesetzt worden waren und sich herausgestellt hatte, dass eine Vollharmonisierung des Übernahmerechts unter den Mitgliedstaaten politisch nicht durchzusetzen war, entschloss sich die Kommission dazu, nur noch Grundprinzipien für ein europäisches Übernahmerecht vorzugeben.[2136] Sie legte im Februar 1996 eine Rahmenrichtlinie[2137] vor, die eine abgespeckte Version des früheren Vorschlags darstellte und den Mitgliedstaaten einen weiten Spielraum bei der Umsetzung einräumte. Aufgrund von Änderungswünschen des Parlaments wurde der Text dieses Vorschlags 1997 nochmals modifiziert,[2138] bevor 1999 im Ministerrat eine politische Einigung der Mitgliedsstaaten erzielt werden konnte.[2139]

Auf der Grundlage dieser Einigung wurde nach der Beilegung der Auseinandersetzungen zwischen Spanien und dem Vereinigten Königreich um die Aufsichtsbehörde für Gesellschaften mit Sitz in Gibraltar am 19. Juni 2000 ein Gemeinsamer Standpunkt[2140] des Ministerrates[2141] verabschiedet. Dieser sollte die Grundlage für die später zu verabschiedende Übernahmerichtlinie bilden. Kernelemente des Gemeinsamen Standpunktes waren weiterhin die Herstellung größtmöglicher Transparenz, die

---

The scope for such action clearly increases if the rules to which the supervisory authority is operating become more legally binding and if the regulatory procedures confer legal rights on the offeror and offeree companies or any other party.", *DTI*, EC Proposal for a Takeover Directive, S. 9 f.; *Farrar/Hannigan*, Company Law, S. 602; *Edwards*, (2004) ECFR 1, 416, 420; *Johnston*, (2004) Comp Law 25, 270, 271; *Neye*, DB 1996, 1121; *Wiesner*, ZIP 2004, 343, 344.

2135 *Hirte*, KK-WpÜG, Einleitung Rn. 62; *Hommelhoff*, FS Semler, S. 455 ff.; *Assmann/Bozenhardt* in: Assmann/Basaldua, Übernahmeangebote, S. 1, 48 ff.; *Grunewald*, WM 1989, 1233, 1236 ff.; *Hommelhoff/Kleindiek*, AG 1990, 106, 111; *Mertens*, AG 1990, 252, 256 f.; *Neye*, DB 1996, 1121; *Edwards*, (2004) ECFR 1, 416, 420.

2136 *Hirte*, KK-WpÜG, Einleitung Rn. 63; *Edwards*, (2004) ECFR 1, 416, 421; *Johnston*, (2004) Comp Law 25, 270, 271.

2137 Vorschlag für eine 13. Richtlinie des Europäischen Parlaments und des Rates auf dem Gebiet des Gesellschaftsrechts betreffend Übernahmeangebote, ABl. EG Nr. C 162 vom 6.6.1996, S. 5 ff.; vgl. hierzu *Krause*, AG 1996, 209 ff.; *Neye*, DB 1996, 1121.

2138 Geänderter Vorschlag für eine 13. Richtlinie des Europäischen Parlaments und des Rates auf dem Gebiet des Gesellschaftsrechts betreffend Übernahmeangebote, ABl. EG Nr. C 378 vom 13.12.1997, S. 10 ff.; vgl. hierzu *Habersack/Mayer*, ZIP 1997, 2141 ff.

2139 Geänderter Vorschlag für eine 13. Richtlinie des Europäischen Parlaments und des Rates auf dem Gebiet des Gesellschaftsrechtes betreffend Übernahmeangebote in der Fassung der politischen Einigung vom Juni 1999, Protokoll der 2193. Tagung des Rates – Binnenmarkt – in Luxemburg vom 21.6.1999; vgl. hierzu *Neye*, AG 2000, 289 ff.

2140 Vgl. Art. 251 Abs. 2 Spiegelstrich 2 EGV.

2141 Gemeinsamer Standpunkt im Hinblick auf den Erlass einer Richtlinie des Europäischen Parlaments und des Rates auf dem Gebiet des Gesellschaftsrechts betreffend Übernahmeangebote vom 19.6.2000, ABl. EG Nr. C 23 vom 24.1.2001, S. 1 ff.; vgl. hierzu *Neye*, AG 2000, 289 ff.

Gleichbehandlung der Aktionäre, das Pflichtangebot und das Vereitelungsverbot für die Verwaltungsorgane.[2142]

D. Gemeinsamer Entwurf von 2001

Das Parlament beschloss im Dezember 2000 jedoch zahlreiche Änderungen zum Gemeinsamen Standpunkt,[2143] die vom Rat nicht übernommen wurden, so dass im Frühjahr 2001 das Vermittlungsverfahren zwischen Rat, Parlament und Kommission eröffnet werden musste, in dem sich die Beteiligten nach zahlreichen Trilogen am 6. Juni 2001 auf einen Gemeinsamen Entwurf[2144] einigen konnten. Streitpunkte waren dabei bis zuletzt das Vereitelungsverbot für die Verwaltung der Zielgesellschaft und das Problem fehlender einheitlicher Rahmenbedingungen für Unternehmensübernahmen in Europa, das sogenannte „level playing field".[2145]

Vor allem von deutscher Seite wurde gegen den Kompromiss eingewandt, deutsche Unternehmen seien durch das vorgesehene strenge Vereitelungsverbot gegenüber feindlichen Übernahmeversuchen aus dem europäischen und amerikanischen Ausland schutzlos, da das deutsche Aktienrecht keine vergleichbaren präventiven Schutzmechanismen gegen Übernahmeversuche gewähre, wie sie das Recht anderer europäischer Mitgliedstaaten und der USA vorsehe.[2146] Da der Kompromissvorschlag diese Streitpunkte nicht zufriedenstellend zu lösen vermochte, scheiterte er schließlich am 4. Juli 2001 mit einem denkbar knappen Abstimmungsergebnis von 273 zu 273 Stimmen im Parlament.[2147] Ausschlaggebend war dabei vor allem der durch den Berichter-

---

2142 *Brandi*, in: Thaeter/Brandi, Öffentliche Übernahmen, Teil 1 Rn. 15; *Krause*, ZGR 2002, 500, 502; *Pötzsch*, Übernahmerecht, S. 60; *Neye*, ZIP 2001, 1120, 1121; *Edwards*, (2004) ECFR 1, 416, 425; *Johnston*, (2004) Comp Law 25, 270, 271.

2143 Legislative Entschließung des Europäischen Parlaments zu dem Gemeinsamen Standpunkt des Rates im Hinblick auf den Erlass der Richtlinie des Europäischen Parlaments und des Rates auf dem Gebiet des Gesellschaftsrechts betreffend Übernahmeangebote vom 13.12.2000, ABl. EG 2001 Nr. C 232, S. 168; vgl. dazu *Hirte*, KK-WpÜG, Einleitung Rn. 65; *Neye*, ZIP 2001, 1120, 1121; *Glade/Haak/Hellich*, DK 2004, 455, 456.

2144 Gemeinsamer Entwurf einer Richtlinie des Europäischen Parlaments und des Rates auf dem Gebiet des Gesellschaftsrechts betreffend Übernahmeangebote in der vom Vermittlungsausschuss am 6.6.2001 gebilligten Fassung, PE-CONS 3629/01, abgedruckt in *Pötzsch*, Übernahmerecht, S. 342 ff.; vgl. hierzu *Neye*, ZIP 2001, 1120.

2145 *Brandi*, in: Thaeter/Brandi, Öffentliche Übernahmen, Teil 1 Rn. 16; *Krause*, ZGR 2002, 500, 507; *Wiesner*, ZIP 2004, 343, 344 f.; *ders.*, ZIP 2002, 1967; *Johnston*, (2004) Comp Law 25, 270, 272.

2146 *Hirte*, KK-WpÜG, Einleitung Rn. 66; *Zehetmeier-Müller*, in: Geibel/Süßmann, WpÜG, Einleitung Rn. 24; *Schüppen*, in: Haarmann/Riehmer/Schüppen, WpÜG, Einleitung Rn. 16; *Ekkenga/Scholz*, in: Ehricke/Ekkenga/Oechsler, WpÜG, Einführung Rn. 15; *Lehne*, in: Hirte, WpÜG, S. 33, 40 ff.; kritisch *Wackerbarth*, WM 2001, 1741.

2147 *Lehne*, in: Hirte, WpÜG, S. 33, 35; *Krause*, AG 2002, 500, 507; *Pluskat*, WM 2001, 1937, 1938; *Wiesner*, ZIP 2004, 343, 345; *Edwards*, (2004) ECFR 1, 416, 427; *Johnston*, (2004) Comp Law 25, 270, 272.

statter des Parlaments *Klaus-Heiner Lehne* organisierte Widerstand der deutschen, belgischen, niederländischen und italienischen Abgeordneten.[2148]

E. Einsetzung der Expertengruppe im Jahre 2001

Nach dem Scheitern des Richtlinienentwurfs beauftragte die Europäische Kommission im September 2001 eine hochrangige Expertengruppe (High Level Group of Company Law Experts) unter der Leitung von *Jaap Winter*[2149] mit der Ausarbeitung von Empfehlungen für einen neuen Richtlinienvorschlag. Die sogenannte „*Winter-Kommission*" sollte insbesondere auf die Probleme eingehen, die im Europäischen Parlament zur Ablehnung des Kompromissvorschlags geführt hatten. Im Januar 2002 legte die *Winter-Kommission* ihren Bericht[2150] vor, in dem sie als Eckpunkte für einen neuen Richtlinienentwurf zwei Grundsätze vorschlug, die der Verwirklichung von Chancengleichheit im europäischen Übernahmerecht dienen sollten:

Zum einen sollte die Entscheidung über die Annahme oder Ablehnung eines Übernahmeangebots alleine den Aktionären der Zielgesellschaft vorbehalten sein und zum anderen sollte jeder Aktionär der Zielgesellschaft bei der Entscheidung über das Übernahmeangebot ein proportionales Mitspracherecht in Höhe des von ihm gehaltenen risikotragenden Kapitals haben.[2151] Um diese Grundsätze zu verwirklichen, sprach sich die Expertengruppe für die Beibehaltung des Vereitelungsverbots aus.[2152] Im Hinblick auf die vom Parlament angesprochene Problematik des fehlenden level playing field entwickelte sie die sogenannte „Durchbruchsregel", mit der die in den einzelnen Mitgliedstaaten bestehenden präventiven Übernahmehindernisse zwar nicht abgeschafft, aber im Übernahmefall unter bestimmten Voraussetzungen außer Kraft gesetzt werden sollten.[2153]

2148 Vgl. *Hirte*, KK-WpÜG, Einleitung Rn. 66; *Maul/Muffat-Jeandet*, AG 2004, 221, 224.

2149 Mitglieder waren daneben: *Jan Schans Christensen, José Maria Garrido Garcia, Klaus J. Hopt, Jonathan Rickford, Guido Rossi* und *Joëlle Simon*.

2150 Bericht der hochrangigen Gruppe von Experten auf dem Gebiet des Gesellschaftsrechts über die Abwicklung von Übernahmeangeboten vom 10.1.2002, abrufbar im Internet unter: www.europa.eu.int/comm/internal_market/en/company/company/news/hlg01-2002_de.pdf; ausführlich hierzu *Hopt*, ZHR 166 (2002), 383, 387.

2151 Sogenanntes „Proportionalitätsprinzip", das im Aktienrecht auch als Grundsatz des one share one vote bezeichnet wird, vgl. *Winter-Bericht*, S. 22 ff.; *Ekkenga/Scholz*, in: Ehricke/Ekkenga/Oechsler, WpÜG, Einführung Rn. 20; *Rühland*, NZG 2003, 1150, 1151; *Knapp*, (2004) Comp Law 23, 134.

2152 *Winter-Bericht*, Empfehlung I.2 und S. 30 ff. sowie Empfehlung I.3 und S. 32 f.

2153 *Winter-Bericht*, Empfehlung I.4 und S. 33 ff.; die Durchbruchsregel ist in Art. 11 der endgültigen Übernahmerichtlinie übernommen worden, ausführlich hierzu Teil 4 § 11 D.

F. Kommissionsvorschlag von 2002

Die Ergebnisse des Experten Berichts nahm die Europäische Kommission zum Anlass, um im Oktober 2002 einen neuen Entwurf für eine Übernahmerichtlinie[2154] vorzulegen, der zum einen auf dem Text des gescheiterten Kompromissvorschlags von Rat, Parlament und Kommission basierte, zum anderen aber auch die Anregungen der Expertengruppe berücksichtigte.

Allerdings blieb der Entwurf in vielen Bereichen hinter den Empfehlungen der Expertengruppe zurück. Insbesondere setzte er die grundlegende Durchbruchsregel nur teilweise um und nahm Mehrfachstimmrechte und Doppelstimmrechte, die in fünf EU-Ländern gängige Übernahmehindernisse darstellen, von der Durchbruchsregel aus.[2155] Die eingeschränkte Reichweite der vorgesehenen „Mini-Durchbruchsregel" stieß bei den Mitgliedstaaten auf ein geteiltes Echo. Während die skandinavischen Mitgliedstaaten die eingeschränkte Durchbruchsregel begrüßten, da sie die bei ihnen üblichen Sonderrechte unberührt ließ,[2156] war sie für Deutschland wegen der mit ihr verbundenen Verletzung der Chancengleichheit zwischen den Mitgliedstaaten nicht hinnehmbar.[2157] Auch die vom Europäischen Parlament als Gutachter eingesetzten Professoren *Barbara Dauner-Lieb* und *Marco Lamandini* legten in ihrer Untersuchung des Richtlinienvorschlags überzeugend dar, dass die Durchbruchsregel alle Übernahmehindernisse erfassen müsse, um gleiche Bedingungen in den Mitgliedstaaten zu gewährleisten.[2158]

G. Zustandekommen der endgültigen Richtlinie

In der Folgezeit versuchten die Mitgliedstaaten durch verschiedene Allianzen die erforderliche Mehrheit für den einen oder anderen Ansatz zu erreichen, ohne dass es bei dem politischen Tauziehen zu einem Ergebnis kam.[2159] Spätestens im Frühjahr des Jahres 2003 wurden sich die Akteure jedoch darüber bewusst, dass weder die Mini-Durchbruchsregel noch die große Durchbruchsregel die notwendige politische Unter-

---

2154 Vorschlag für eine Richtlinie des Europäischen Parlaments und des Rates betreffend Übernahmeangebote vom 2.10.2002, ABl. EG Nr. C 45 E vom 25.2.2003, S. 1 ff.; vgl. hierzu *Dauner-Lieb/Lamandini*, BB 2003, 265 ff.; *Dauner-Lieb*, DStR 2003, 555 f.; *Seibt/Heiser*, ZIP 2002, 2193 ff.; *Krause*, BB 2002, 2341 ff.; *Wiesner* ZIP 2002, 1967.

2155 *Dauner-Lieb*, DStR 2003, 555, 556; *Wiesner*, ZIP 2004, 343, 345; *Maul/Muffat-Jeandet*, AG 2004, 221, 224; *Johnston*, (2004) Comp Law 25, 270, 273.

2156 *Wiesner*, ZIP 2004, 343, 345; *Maul/Muffat-Jeandet*, AG 2004, 221, 223.

2157 *Baums/Fischer*, in: Baums/Thoma, WpÜG, Einleitung Rn. 1.31; *Dauner-Lieb*, DStR 2003, 555, 556; *Krause*, BB 2002, 2341; *Wiesner*, ZIP 2002, 1967; *ders.*, ZIP 2004, 343, 345; *ders.* ZRP 2003, 78 f.; *Kindler/Horstmann*, DStR 2004, 866, 869; *Edwards*, (2004) ECFR 1, 416, 429; *Johnston*, (2004) Comp Law 25, 270, 273 f.

2158 *Dauner-Lieb/Lamandini*, Gutachten zum Kommissionsentwurf einer EU-Übernahmerichtlinie, S. 43 ff.; vgl. hierzu *Dauner-Lieb/Lamandini*, BB 2003, 265 ff.; *Wiesner*, ZRP 2003, 78 ff.; *Edwards*, (2004) ECFR 1, 416, 425 Fn. 35, 429 f.

2159 Vgl. dazu *Dauner-Lieb*, DStR 2003, 555; *Wiesner*, ZRP 2003, 78, 82; *Maul/Muffat-Jeandet*, AG 2004, 221, 225; *Edwards*, (2004) ECFR 1, 416, 425, 430; *Johnston*, (2004) Comp Law 25, 270, 273 f.

stützung finden würde, da das jeweilige Modell dem einen Lager zu weit und dem anderen Lager nicht weit genug ging.[2160] Überdies reifte unter den Beteiligten die Einsicht, dass sich die Chance einer Einigung auf diesem für die Vollendung eines einheitlichen europäischen Finanzmarktes grundlegenden Gebiet aufgrund der anstehenden Unionserweiterung, der auslaufenden Legislaturperiode und der bevorstehenden Neubesetzung der Kommission in absehbarer Zeit kaum wiederholen würde.[2161]

Vor diesem Hintergrund brachte die portugiesische Delegation im Ministerrat einen Kompromissvorschlag ein, der schließlich die Lösung für die unüberwindbar erscheinenden Meinungsverschiedenheiten bot.[2162] Der portugiesische Vorschlag sah ein Optionsmodell vor, welches den einzelnen Mitgliedstaaten und den Unternehmen die Entscheidung überlässt, ob sie das Vereitelungsverbot und/oder die große Durchbruchsregel einführen wollen oder nicht.[2163]

Trotz fortbestehender Meinungsverschiedenheiten und der heftigen Ablehnung des Optionsmodells durch den zuständigen Binnenmarktkommissar *Frits Bolkestein* stimmte der Ministerrat dieser Lösung am 27. November 2003 im Rahmen einer politischen Orientierung einstimmig zu.[2164] Damit wurde der Weg frei, um die Richtlinie auch ohne die Zustimmung der Kommission zu verabschieden.[2165] Nachdem auch das Europäische Parlament am 16. Dezember 2003 mit großer Mehrheit dem Vorschlag seines Berichterstatters *Klaus-Heiner Lehne* gefolgt war, den Kompromisstext anzunehmen,[2166] wurde die Richtlinie am 30. März 2004 formell vom Ministerrat verabschiedet.[2167] Die am 21. April 2004 von Rat und Parlament unterzeichnete Richtlinie wurde am 30. April 2004 im Amtsblatt der EU veröffentlicht und ist 20 Tage nach ihrer Veröffentlichung in Kraft getreten. Die Umsetzungsfrist endet nach zwei Jahren am 20. Mai 2006.

2160 *Wiesner*, ZIP 2004, 343, 346; *Maul/Muffat-Jeandet*, AG 2004, 221, 225.

2161 *Wiesner*, ZIP 2004, 343, 346; *Kindler/Horstmann*, DStR 2004, 866, 868; *Johnston*, (2004) Comp Law 25, 270, 274.

2162 *Baums/Fischer*, in: Baums/Thoma, WpÜG, Einleitung Rn. 1.33; *Wiesner*, ZIP 2004, 343, 346; *Kindler/Horstmann*, DStR 2004, 866; *Maul/Muffat-Jeandet*, AG 2004, 221, 225.

2163 Ausführlich hierzu Teil 4 § 11 E.

2164 Rat der Europäischen Union, Vorschlag für eine Richtlinie des Europäischen Parlaments und des Rates betreffend öffentliche Übernahmeangebote – Allgemeine Ausrichtung vom 28.11.2003, Interinstitutionelles Dossier 2002/0240 (COD); siehe dazu *Fischer*, AG 2004, R 8 f.; *Krause*, BB 2004, 113.

2165 Vgl. Art. 251 Abs. 3 S. 1 HS 2 EGV.

2166 Europäisches Parlament, Sitzungsprotokoll vom 16.12.2003, S. 11; zu den Einzelheiten der Abstimmung im Parlament *Wiesner*, ZIP 2004, 343, 346.

2167 Zu den politischen Hintergründen für das Abstimmungsverhalten der Abgeordneten aus den einzelnen Mitgliedstaaten vgl. *Edwards*, (2004) ECFR 1, 416, 430 f.

Damit ist das über 30 Jahre andauernde Ringen um ein konsensfähiges Konzept für eine gemeinschaftsrechtliche Regelung von Unternehmensübernahmen zu einem Ende gekommen.[2168]

2168 Siehe zur Umsetzung ins deutsche Recht den Referentenentwurf eines Übernahmerichtlinie-Umsetzungsgesetz vom 19. Dezember 2005 mit Begründung, abrufbar im Internet unter: www.jura.uni-duesseldorf.de/dozenten/noack/rechtspolitik/deutschland/shtml.; siehe auch *Pötzsch*, in: Assmann/Pötzsch/Schneider, WpÜG, Einleitung Rn. 109 ff.

§ 11 Bedeutung für Präventive Abwehrmaßnahmen

Die maßgeblichen Regelungen der Richtlinie zu Abwehrmaßnahmen gegen feindliche Übernahmeversuche finden sich in Art. 9 bis 12 ÜRL. Hier sind das Vereitelungsverbot für die Verwaltung der Zielgesellschaft (Art. 9 ÜRL), die Offenlegungspflichten für bestimmte Kapital- und Kontrollstrukturen (Art. 10 ÜRL), die Durchbruchsregel (Art. 11 ÜRL) und das Optionsmodell (Art. 12 ÜRL) geregelt.

A. Anwendungsbereich der Richtlinie

Die Übernahmerichtlinie findet nach Art. 1 Abs. 1 ÜRL auf alle Übernahmeangebote Anwendung, die den Erwerb von übertragbaren, stimmrechtstragenden Wertpapieren[2169] einer dem Recht eines Mitgliedstaates unterliegenden Gesellschaft zum Gegenstand haben, soweit die Wertpapiere insgesamt oder zum Teil zum Handel auf einem geregelten Markt[2170] in einem oder mehreren Mitgliedstaaten zugelassen sind. Maßgebend ist demnach, dass die Wertpapiere, die Gegenstand des Übernahmeangebots sind, börsennotiert und mit einem Stimmrecht versehen sind, was derzeit nur auf stimmberechtigte Aktien zutrifft. Aktien, die kein Stimmrecht gewähren, wie etwa stimmrechtslose Vorzugsaktien nach § 139 Abs. 1 AktG, fallen dagegen nicht in den Anwendungsbereich der Richtlinie.[2171]

Übernahmeangebote im Sinne der Richtlinie sind nach Art. 2 Abs. 1 lit. a ÜRL sowohl Pflichtangebote, die sich an den Erwerb der Kontrolle der Zielgesellschaft anschließen, als auch freiwillige Angebote, die den Kontrollerwerb zum Ziel haben.[2172]

2169 Art. 2 Abs. 1 lit. e ÜRL.

2170 Vgl. Art. 1 Nr. 13 der Richtlinie 93/22/EWG des Rates vom 10.5.1993 über Wertpapierdienstleistungen, ABl. EG Nr. L 141 vom 11.6.1993, S. 27 ff., zuletzt geändert durch die Richtlinie 2002/87/EG des Europäischen Parlaments und des Rates, ABl. EG Nr. L 35 vom 11.2.2003, S. 1 ff. Diese Definition entspricht dem Begriff des organisierten Marktes im WpÜG. Zu den Einzelheiten *Angerer*, in: Geibel/Süßmann, WpÜG, § 1 Rn. 45; *Versteegen*, KK-WpÜG, § 2 Rn. 218.

2171 Insofern ist der Anwendungsbereich der Übernahmerichtlinie enger als derjenige des WpÜG, das auch Angebote für stimmrechtslose Vorzugsaktien erfasst. Den Mitgliedstaaten steht es nach Erwägungsgrund 11 der Richtlinie jedoch ausdrücklich frei, über den Mindeststandard der Richtlinie hinauszugehen und bei der Umsetzung in nationales Recht auch stimmrechtslose Aktien einzubeziehen. Dies ist in Deutschland geplant, vgl. Begründung RefE-ÜRL-UmsG, S. 9, wonach die bisherige Definition des WpÜG für Wertpapiere unverändert bleiben soll.

2172 Anders als das WpÜG sieht die Übernahmerichtlinie keine Regelungen für Angebote vor, die sich auf den Erwerb einer unter der Kontrollschwelle liegenden Beteiligung richten. Insofern entspricht die Übernahmerichtlinie dem gegenüber dem WpÜG engeren Anwendungsbereich des City Code. Dies führt jedoch nicht zu einem zwingenden Anpassungserfordernis der deutschen Regelung, da der Geltungsbereich nationaler Regelungen ohne Weiteres über den Mindeststandard der Richtlinie hinausgehen darf. Dementsprechend werden auch zukünftig einfache Erwerbsangebote unter das WpÜG fallen, vgl. Begründung RefE-ÜRL-UmsG, S. 13; *Pötzsch*, in: Assmann/Pötzsch/Schneider, WpÜG, § 1 Rn. 10; *Maul/Muffat-Jeandet*, AG 2004, 221, 225 f.; *Seibt/Heiser*, ZGR 2005, 200, 203.

Zu den freiwilligen Angeboten gehören dabei nicht nur Angebote, die sich auf sämtliche Wertpapiere der Zielgesellschaft erstrecken, sondern auch solche, die nur den Erwerb eines Teils der Wertpapiere zum Gegenstand haben, sofern sie auf die Erlangung der Kontrolle gerichtet sind.[2173] Die Bestimmung der Kontrollschwelle richtet sich gemäß Art. 2 Abs. 1 lit. a ÜRL nach dem jeweiligen nationalen Recht des Mitgliedstaates, so dass sowohl in Deutschland[2174] als auch in Großbritannien[2175] die Erreichung von 30 Prozent des stimmberechtigten Kapitals maßgeblich ist.

Vom Anwendungsbereich ausgenommen sind nach Art. 1 Abs. 2 ÜRL Übernahmeangebote für Wertpapiere von Gesellschaften, deren Zweck es ist, die vom Publikum bei ihnen eingelegten Gelder nach dem Grundsatz der Risikostreuung gemeinsam anzulegen, und deren Anteilsscheine auf Verlangen der Anteilsinhaber unmittelbar oder mittelbar zu Lasten des Vermögens dieser Gesellschaften zurückgenommen oder ausgezahlt werden.[2176] Darüber hinaus werden nach Art. 1 Abs. 3 ÜRL Übernahmeangebote für Wertpapiere, welche die nationalen Zentralbanken der einzelnen Mitgliedstaaten ausgegeben haben, nicht vom Anwendungsbereich der Übernahmerichtlinie erfasst.[2177]

B. Art. 9 ÜRL Vereitelungsverbot

Art. 9 Abs. 2 ÜRL stellt für die Verwaltung der Zielgesellschaft ein strenges Vereitelungsverbot auf, das im Wesentlichen mit der prohibition of frustrating action des City Code[2178] und der Regelung des § 33 Abs. 1 S. 1 WpÜG übereinstimmt.[2179]

2173 Anders als nach § 32 WpÜG statuiert die Übernahmerichtlinie kein Verbot von Teilangeboten, welches den Bieter dazu verpflichtet, sein Übernahmeangebot auf sämtliche Aktien zu erstrecken. Vielmehr sind Teilangebote nach der Übernahmerichtlinie – ahnlich wie nach Rule 36 des City Code – generell zulässig. Das Verbot von Teilangeboten des WpÜG kann und wird bei der Umsetzung der Richtlinie in das deutsche Recht jedoch beibehalten werden, da es strenger ist als der von der Richtlinie vorgegebene Mindeststandard. Zu den Vor- und Nachteilen von Teilangeboten vgl. *Ekkenga*, in: Ehricke/Ekkenga/Oechsler, WpÜG, § 32 Rn. 1 ff.

2174 Vgl. § 29 Abs. 2 WpÜG.

2175 Vgl. City Code, Rule 9.1.

2176 Das sind in erster Linie Aktien von Fondsgesellschaften.

2177 Aus historischen Gründen sind in einigen Mitgliedstaaten – z.B. Belgien und Griechenland – Wertpapiere der Zentralbanken an einem geregelten Markt zugelassen. Da die Zentralbanken dem öffentlichen Interesse dienen, ist es nach Erwägungsgrund 4 der Richtlinie ausgeschlossen, dass sie Ziel eines Übernahmeangebots werden, so dass sie vom Anwendungsbereich ausgenommen sind.

2178 City Code, General Principle 7 und Rule 21.

2179 Vgl. zur Übereinstimmung mit der prohibition of frustrating action des City Code *DTI*, Company Law Implementation of the European Directive on Takeover Bids, S. 26 f.; *Takeover Panel*, 2004 Report, S. 13; *Rickford*, (2004) ECFR 1, 391, 401; *Kindler/Horstmann*, DStR 2004, 866, 868; zur Übereinstimmung mit § 33 Abs. 1 S. 1 WpÜG *Krause*, BB 2004, 113, 114; *Glade/Haak/Hellich*, DK 2004, S. 515, 517.

I. Inhalt

Gemäß Art. 9 Abs. 2 Uabs. 1 ÜRL darf das Leitungs- bzw. Verwaltungsorgan einer Zielgesellschaft Maßnahmen, durch die ein Angebot vereitelt werden könnte, nur dann durchführen, wenn innerhalb der Angebotsphase eine entsprechende Ermächtigung[2180] der Hauptversammlung erteilt wurde. Dies gilt insbesondere für die Ausgabe von Wertpapieren, durch die der Bieter auf Dauer an der Ausübung der Kontrolle über die Zielgesellschaft gehindert werden könnte.[2181]

Ebenso wie die prohibition of frustrating action des City Code[2182] und das Vereitelungsverbot des § 33 Abs. 1 S. 1 WpÜG stellt der Wortlaut von Art. 9 Abs. 2 ÜRL ausschließlich auf die objektive Eignung zur Verhinderung des Angebotserfolges ab.[2183] Ob es auch die Absicht der Verwaltung ist, durch eine Maßnahme das Angebot zu verhindern, ist für das Verbot ebenso unbeachtlich, wie die Tatsache, ob die Maßnahme das Angebot im konkreten Fall wirklich verhindert. Durch das strenge Vereitelungsverbot wird die Befugnis zum Beschluss konkreter Abwehrmaßnahmen entsprechend den Empfehlungen der *Winter-Kommission* in die Hände der Aktionäre gelegt, die vorher durch die Angebotsunterlage[2184] und die Stellungnahme des Leitungs- bzw. Verwaltungsorgans[2185] ausführlich über dessen Inhalt informiert worden sind.[2186]

In personeller Hinsicht gilt das Vereitelungsverbot bei dualistisch strukturierten Gesellschaften wie der deutschen Aktiengesellschaft gemäß Art. 9 Abs. 6 ÜRL nicht nur für den Vorstand, sondern auch für den Aufsichtsrat. Beide Organe bedürfen somit zur Vornahme von Abwehrmaßnahmen, die aktienrechtlich in ihre Kompetenz fallen, der Zustimmung der Hauptversammlung.

In zeitlicher Hinsicht gilt das Verbot gemäß Art. 9 Abs. 2 Uabs. 2 S. 1 ÜRL ab dem Zeitpunkt, in dem das Leitungs- bzw. Verwaltungsorgan der Zielgesellschaft die Information über die Bekanntmachung eines Angebots nach Art. 6 Abs. 1 S. 1 ÜRL erhalten hat. Es endet, wenn das Ergebnis des Angebots bekannt gemacht worden oder das Angebot hinfällig geworden ist. Damit hat das Vereitelungsverbot des Art. 9 Abs. 2 ÜRL den gleichen zeitlichen Anwendungsbereich wie § 33 Abs. 1 S. 1 WpÜG.[2187]

2180 Die Ermächtigung im Sinne von Art. 9 Abs. 2 Uabs. 1 ÜRL darf nicht mit der Vorratsermächtigung nach § 33 Abs. 2 WpÜG verwechselt werden, die im Gegensatz zu der Ermächtigung nach Art. 9 Abs 2 Uabs. 1 ÜRL vor der Angebotsphase erteilt wird und nach dem Regelungskonzept des Art. 9 ÜRL unzulässig ist.

2181 Vgl. Art. 9 Abs. 2 Uabs. 1 ÜRL.

2182 City Code, General Principle 7 und Rule 21.

2183 Ähnlich wie § 33 Abs. 1 S. 1 WpÜG erfasst diese Regelung nach ihrem Wortlaut Maßnahmen, *„durch die das Angebot vereitelt werden könnte"*; vgl. auch *Glade/Haak/Hellich*, DK 2004, 515, 517.

2184 Art. 6 Abs. 2 ÜRL.

2185 Art. 9 Abs. 5 ÜRL.

2186 *Winter-Bericht*, Empfehlung I.2 und S. 30 ff.; *Zinser*, ZRP 2003, 78, 81; *Maul/Muffat-Jeandet*, AG 2004, 306, 310.

2187 Nach § 33 Abs. 1 S. 1 i.V.m. § 10 WpÜG gilt das Vereitelungsverbot ab der Veröffentlichung der Entscheidung des Bieters zur Abgabe eines Angebots. Es endet nach § 33 Abs. 1 S. 1

Allerdings eröffnet Art. 9 Abs. 2 Uabs. 2 S. 2 ÜRL den Mitgliedstaaten die Möglichkeit, einen früheren Beginn des Vereitelungsverbots zu bestimmen, z.B. denjenigen Zeitpunkt, in dem das Leitungs- bzw. Verwaltungsorgan der Zielgesellschaft feststellt, dass die Abgabe eines ernsthaften Übernahmeangebots bevorsteht. Infolge dieser Regelung kann auch der im City Code vorgesehene frühe Beginn der prohibition of frustrating action ohne Weiteres beibehalten werden.

II. Ausnahmetatbestände

Das Vereitelungsverbot des Art. 9 Abs. 2 ÜRL wird von zwei Ausnahmen durchbrochen.

Die erste Ausnahme betrifft die nach Art. 9 Abs. 2 Uabs. 1 ÜRL zulässige Suche nach konkurrierenden Angeboten, den white knights, die auch nach den Regelungen des City Code[2188] und des WpÜG[2189] erlaubt ist.[2190]

Die zweite Ausnahme ergibt sich aus Art. 9 Abs. 3 ÜRL. Hiernach bedürfen Entscheidungen, die das Leitungs- bzw. Verwaltungsorgan der Zielgesellschaft vor dem Beginn des Vereitelungsverbots getroffen hat, die aber weder teilweise noch vollständig umgesetzt worden sind, einer Zustimmung oder Bestätigung der Hauptversammlung, wenn sie nicht den normalen Geschäftsbetrieb der Gesellschaft betreffen und ihre Umsetzung dazu führen könnte, dass das Angebot vereitelt wird. Im Umkehrschluss sind daher Maßnahmen, die eine vor dem Beginn des Vereitelungsverbots getroffene Entscheidung umsetzen und innerhalb des normalen Geschäftsverlaufs der Gesellschaft liegen, zulässig, selbst wenn sie übernahmebehindernd wirken.[2191]

Durch diese Ausnahme soll gewährleistet werden, dass die Zielgesellschaft durch das Vereitelungsverbot nicht in ihrer normalen Geschäftstätigkeit unangemessen eingeschränkt wird.[2192] Um diesem Zweck der Vorschrift gerecht zu werden, wird man nicht nur die Umsetzung von Entscheidungen des normalen Geschäftsverlaufs, die *vor* der Angebotsphase getroffen worden sind, als zulässig im Sinne von Art. 9 Abs. 3 ÜRL ansehen müssen, sondern auch solche Maßnahmen, die der Fortführung des Tagesgeschäfts dienen und auf Verwaltungsentscheidungen *innerhalb* der Angebotsphase zurückgehen.[2193] Sofern diese Maßnahmen objektiv keine übernahme-

---

i.V.m. § 23 Abs. 1 S. 1 Nr. 2 WpÜG mit der Veröffentlichung des Angebotsergebnisses; vgl. dazu *Glade/Haak/Hellich*, DK 2004, 515, 518.

2188 City Code, Rule 25.1.

2189 § 33 Abs. 1 S. 2 Var. 2 WpÜG.

2190 *Schlitt*, MüKo-AktG, § 33 WpÜG Rn. 34; *Woolridge*, (2003) Comp Law 24, 121, 122.

2191 *Krause/Pötzsch*, in: Assmann/Pötzsch/Schneider, WpÜG, § 33 Rn. 28; *Krause*, BB 2002, 2341, 2342; *ders.*, BB 2004, 113, 114; *Kindler/Horstmann*, DStR 2004, 866, 869; ähnlich *Seibt/Heiser*, ZIP 2002, 2193, 2196; *Wiesner*, ZIP 2004, 343, 347; in Deutschland sind derartige Maßnahmen bereits nach der geltenden Rechtslage durch § 33 Abs. 1 S. 2 Var. 1 WpÜG vom Vereitelungsverbot ausgenommen, vgl. *Kindler/Horstmann*, DStR 2004, 866, 872; a.A. wohl *Krause*, BB 2004, 113, 114.

2192 Vgl. Erwägungsgrund 16 der Richtlinie; *Wiesner*, ZIP 2004, 343, 347 Fn. 33.

2193 Vgl. *Seibt/Heiser*, ZIP 2002, 2193, 2196; *Wiesner*, ZIP 2004, 343, 347; diese Maßnahmen sind nach der derzeitigen Rechtslage sowohl in Deutschland als auch in Großbritannien zulässig. In

behindernde Wirkung haben, fallen sie ohnehin nicht unter das Vereitelungsverbot des Art. 9 Abs. 2 ÜRL. Aber auch wenn sie den Erfolg eines Übernahmeangebots vereiteln können, müssen sie zulässig sein, um der Gesellschaft die Fortführung ihrer normalen Geschäftstätigkeit zu ermöglichen.

Maßnahmen mit außergewöhnlichem Charakter, die über das Tagesgeschäft hinausgehen, bedürfen dagegen nach dem Vereitelungsverbot des Art. 9 Abs. 2 ÜRL immer der Zustimmung der Hauptversammlung.[2194] In dieser Hinsicht sind die Anforderungen der Übernahmerichtlinie strenger als die geltenden Regelungen des City Code und des WpÜG. So sind nach Rule 21.1 des City Code außergewöhnliche Maßnahmen der Verwaltung zulässig, sofern durch diese ein in der Vorangebotsphase abgeschlossener Vertrag umgesetzt wird. Nach § 33 Abs. 1 S. 2 WpÜG kann die Verwaltung außergewöhnliche Maßnahmen in der Angebotsphase vornehmen, wenn sie der Weiterverfolgung einer bereits geplanten Unternehmensstrategie dienen[2195] oder die Zustimmung des Aufsichtsrats erlangt haben.[2196]

III. Bedeutung für präventive Abwehrmaßnahmen

Da das Vereitelungsverbot des Art. 9 Abs. 2 und 3 ÜRL weitgehend der prohibition of frustrating action des City Code entspricht,[2197] hat sich der britische Gesetzgeber für dessen uneingeschränkte Umsetzung in das nationale Recht und gegen ein opt-out nach Art. 12 Abs. 1 ÜRL[2198] entschieden.[2199] Für britische public companies ergeben sich nach der Umsetzung von Art. 9 ÜRL im Hinblick auf präventive Abwehrmaßnahmen der Verwaltung keine wesentlichen Änderungen. Insbesondere wird der britische Gesetzgeber auch nach der Umsetzung der Übernahmerichtlinie den frühen zeitlichen Anwendungsbereich der prohibition of frustrating action, der ein wesentliches Merkmal des City Code darstellt, beibehalten.[2200]

Deutschland fallen sie in den Ausnahmetatbestand des § 33 Abs. 1 S. 2 Var. 1 WpÜG, der darüber hinaus allerdings auch Maßnahmen außergewöhnlichen Charakters zulässt. In Großbritannien findet sich die Ausnahme für Maßnahmen des Tagesgeschäfts in Rule 21.1 (e) des City Code.

2194 So auch *Seibt/Heiser*, ZIP 2002, 2193, 2196; *dies.*, ZGR 2005, 200, 223; *Glade/Haak/Hellich*, DK 2004, 515, 519 f.; vgl. auch Erwägungsgrund 16 der Richtlinie. Unzutreffend ist insofern die Ansicht von *Krause*, BB 2002, 2341, 2342 und BB 2004, 113, 114, der davon ausgeht, dass auch der bereits geplante Verkauf eines wesentlichen Unternehmensteils eine Maßnahme des normalen Geschäftsbetriebs im Sinne von Art. 9 Abs. 3 ÜRL darstellen kann.

2195 Solche Maßnahmen sind nach der aktuellen Rechtslage des WpÜG gemäß § 33 Abs. 1 S. 2 Var. 1 WpÜG zulässig.

2196 Vgl. § 33 Abs. 1 S. 2 Var. 3 WpÜG.

2197 *Takeover Panel*, 2004 Report, S. 13; *DTI*, Company Law Implementation of the European Directive on Takeover Bids, S. 26 f.; *Kindler/Horstmann*, DStR 2004, 866, 868.

2198 Ausführlich zum Optionsmodell des Art. 12 ÜRL in Teil 4 § 11 E.

2199 *DTI*, Company Law Implementation of the European Directive on Takeover Bids, S. 26 f.

2200 Der Takeover Panel hat sich entgegen einiger Stimmen aus der Finanzwirtschaft vehement für eine Umsetzung von Art. 9 ÜRL ausgesprochen, siehe *Takeover Panel*, 2004 Report, S. 13.

Die Zulässigkeit präventiver Abwehrmaßnahmen der Verwaltung, die ausschließlich umgesetzt werden, bevor die directors Grund zu der Annahme haben, dass die Abgabe eines ernsthaften Übernahmeangebots bevorsteht, richtet sich daher auch nach der Umsetzung von Art. 9 ÜRL in Großbritannien alleine nach den gesellschaftsrechtlichen Treuepflichten der directors. Das Gleiche gilt für die Ausnutzung von präventiven Ermächtigungen des general meeting, sofern nicht nur die Erteilung, sondern auch die Ausnutzung der Ermächtigung ausschließlich in der Vorangebotsphase stattfindet.

Die Ausnutzung derartiger Ermächtigungen in der Angebotsphase, also nach dem Zeitpunkt, in dem die directors Grund zu der Annahme haben, dass ein ernsthaftes Übernahmeangebot bevorsteht, wird dagegen auch nach der Umsetzung von Art. 9 ÜRL weiterhin generell verboten sein. Zwar eröffnet Art. 9 Abs. 3 ÜRL einen gewissen Spielraum zur Ausnutzung von präventiven Ermächtigungen des general meeting in der Angebotsphase, indem er die Umsetzung von Maßnahmen zulässt, die bereits vor der Angebotsphase entschieden worden sind und sich im Rahmen des üblichen Geschäftsverlaufs der Gesellschaft halten.[2201] In diese Kategorie dürften aber weder die Ermächtigung zur Aktienausgabe unter Bezugsrechtsausschluss, noch die Ermächtigung zum Rückerwerb eigener Aktien oder die Ermächtigung zur Ablehnung der Eintragung einer Aktienübertragung ins Aktienbuch fallen, da diese außergewöhnliche Handlungen darstellen, die regelmäßig über den Rahmen der normalen Geschäftstätigkeit hinausgehen.[2202]

Für deutsche Aktiengesellschaften würde eine Umsetzung von Art. 9 ÜRL das Spektrum der untersuchten präventiven Abwehrmaßnahmen erheblich einschränken: Zwar ließe Art. 9 ÜRL auch in Deutschland Abwehrmaßnahmen der Verwaltung unberührt, die vollkommen in der Vorangebotsphase umgesetzt und abgeschlossen werden, wobei davon auszugehen ist, dass die Angebotsfrist auch nach einer Umsetzung von Art. 9 ÜRL erst mit der Bekanntgabe der Entscheidung zur Abgabe eines Übernahmeangebots beginnen wird.

Im Hinblick auf die Ausnutzung von präventiven Hauptversammlungsermächtigungen würde Art. 9 ÜRL die vorhandene Handlungsfreiheit des Vorstands aber erheblich einschränken. Vorratsbeschlüsse der Hauptversammlung nach § 33 Abs. 2 WpÜG, die den Vorstand im Voraus dazu ermächtigen, Abwehrhandlungen gegen Übernahmeangebote vorzunehmen, könnten nach einer Umsetzung des Regelungskonzepts von Art. 9 Abs. 2 ÜRL nicht mehr in der Angebotsphase ausgenutzt werden.[2203] Vielmehr bedürften derartige Vorratsermächtigungen nach Art. 9 Abs. 3 ÜRL einer nochmaligen Genehmigung bzw. Bestätigung durch die Hauptversammlung während des laufenden Übernahmeangebots, da sie ausweislich ihres Beschlussgegenstandes gerade zur Abwehr eines Übernahmeangebots vorgenommen werden und somit außerhalb des

2201 Vgl. *Krause*, BB 2002, 2341, 2342; *ders.*, BB 2004, 113, 114, der diese Ausnahme allerdings unangemessen über ihren Wortlaut ausdehnt.

2202 Für die Ausgabe von Aktien stellt dies Art. 9 Abs. 2 Uabs. 1 ÜRL ausdrücklich klar.

2203 *Schlitt*, MüKo-AktG, § 33 WpÜG Rn. 21; *Brandi*, in: Thaeter/Brandi, Öffentliche Übernahmen, Teil 3 Rn. 280; *Wiesner*, ZIP 2004, 343, 347; *Maul/Muffat-Jeandet*, AG 2004, 306, 311; *Glade/Haak/Hellich*, DK 2004, 515, 520 f.; *Seibt/Heiser*, ZGR 2005, 200, 223.

normalen Geschäftsverlaufs der Zielgesellschaft liegen. Auch die Ausnahmetatbestände des § 33 Abs. 1 S. 2 Var. 1 und Var. 3 WpÜG, die nach geltendem Recht eine Ausnutzung von Hauptversammlungsermächtigungen in der Angebotsphase zulassen, sofern sie der Umsetzung einer bereits geplanten Unternehmensstrategie dienen[2204] oder der Aufsichtsrat seine Zustimmung erteilt hat,[2205] fielen nach einer Umsetzung von Art 9 ÜRL weg.[2206]

Wie das board of directors einer britischen public company, könnte daher auch der Vorstand einer deutschen Aktiengesellschaft nach einer Umsetzung von Art. 9 ÜRL präventive Hauptversammlungsermächtigungen nur noch in der Vorangebotsphase ausnutzen. Nach der Abgabe eines Übernahmeangebots wäre ihm dies ausnahmslos untersagt. Insofern wäre also eine Waffengleicheit gegeben.

Das Bundesfinanzministerium hat sich jedoch in seinem Referentenentwurf eines Übernahmerichtlinie-Umsetzungsgesetzes dazu entschieden, die von Art. 12 Abs. 1 ÜRL eingeräumte Möglichkeit der Nichtanwendung[2207] von Art. 9 ÜRL zu nutzen und das europäische Vereitelungsverbot in Deutschland nicht zwingend festzuschreiben.[2208] Zur Begründung wird angeführt, die Übernahmerichtlinie schaffe kein europäisches level playing field im Hinblick auf die Abwehrmöglichkeiten gegen feindliche Übernahmen. Die Aufrechterhaltung des stark verwässerten Vereitelungsverbots des WpÜG sei daher notwendig, um zu verhindern, dass deutsche Unternehmen gegenüber ihren besser geschützten ausländischen Konkurrenten benachteiligt würden.[2209] Es bleibt somit in Deutschland bei den weitreichenden Verteidigungsmöglichkeiten, die insbesondere im Zusammenhang mit Hauptversammlungsermächtigungen durch § 33 Abs. 1 S. 2 WpÜG und § 33 Abs. 2 WpÜG gewährt werden und maßgeblich über die Schutzmöglichkeiten britischer Gesellschaften hinausgehen.[2210] Deutschen Gesellschaften wird es jedoch durch die Schaffung eines § 33 a WpÜG ermöglicht, sich entsprechend Art. 12 Abs. 2 ÜRL freiwillig unter das strengere EU-Vereitelungsverbot zu stellen.[2211]

2204 § 33 Abs. 1 S. 2 Var. 1 WpÜG.

2205 § 33 Abs. 1 S. 2 Var. 3 WpÜG.

2206 *Schlitt*, MüKo-AktG, § 33 WpÜG Rn. 21; *Glade/Haak/Hellich*, DK 2004, 515, 520; *Seibt/Heiser*, ZGR 2005, 200, 223.

2207 Ausführlich zum Optionsmodell von Art. 12 ÜRL in Teil 4 § 11 E.

2208 Vgl. Begründung RefE-ÜRL-UmsG, S. 5; diese Entscheidung entspricht den im Schrifttum geäußerten Prognosen, vgl. *Baums/Fischer*, in: Baums/Thoma, WpÜG, Einleitung Rn. 1.40; *Krause*, BB 2004, 113, 115; *Mülbert*, NZG 2004, 633, 634; *Maul/Muffat-Jeandet*, AG 2004, 306, 310; *Kindler/Horstmann*, DStR 2004, 866, 872.

2209 Vgl. Begründung RefE-ÜRL-UmsG, S. 5; zur Fragwürdigkeit dieser Argumentation im Hinblick auf börsennotierte Gesellschaften aus Großbritannien siehe Teil 3 § 9 D.

2210 Siehe hierzu zusammenfassend Teil 3 § 9 D.

2211 Begründung RefE-ÜRL-UmsG, S. 5 f., 18; ausführlich zum Optionsmodell von Art. 12 ÜRL in Teil 4 § 11 E.

C. Art. 10 ÜRL Transparenzgebot

Durch Art. 10 ÜRL werden börsennotierten Gesellschaften[2212] weitreichende Transparenzpflichten hinsichtlich bestimmter – ambivalenter – Kapital- und Kontrollstrukturen auferlegt, die als präventive Abwehrmechanismen gegen feindliche Übernahmeversuche dienen können.[2213] Die aufgelisteten Strukturen sind gemäß Art. 10 Abs. 2 ÜRL jährlich im Lagebericht der Gesellschaft – und damit unabhängig von der Existenz eines Übernahmeangebots – offen zu legen. Darüber hinaus ist das Leitungs- bzw. Verwaltungsorgan nach Art. 10 Abs. 3 ÜRL verpflichtet, der Jahreshauptversammlung einen erläuternden Bericht über die Kapital- und Kontrollstrukturen der Gesellschaft vorzulegen.[2214]

I. Regelungsziel

Die Transparenzregelung des Art. 10 ÜRL geht auf die Empfehlungen der *Winter-Kommission* zur Schaffung eines level playing field für Übernahmeangebote in Europa zurück.[2215] Sie war bereits im Richtlinienentwurf der Kommission vom 2. Oktober 2002[2216] enthalten und wurde in abgeänderter Form in die neue Richtlinie übernommen.[2217]

Durch die Offenlegung der Kapital- und Kontrollstrukturen soll den Aktionären, potentiellen feindlichen Bietern und dem Markt die Möglichkeit gegeben werden, sich ein umfassendes Bild über etwaige präventive Verteidigungsmechanismen einer börsennotierten Gesellschaft gegen feindliche Übernahmeversuche zu machen. So erhalten die Aktionäre die Gelegenheit, den Wert und die Risiken ihrer Investition besser zu beurteilen.[2218] Potentielle Bieter werden in die Lage versetzt, die Chancen eines Über-

---

2212 Vgl. Art. 1 Abs. 1 ÜRL.

2213 Bei der Umsetzung der Transparenzpflicht in das deutsche Recht existieren zahlreiche offene Einzelfragen; vgl. hierzu *Glade/Haak/Hellich*, DK 2004, 455, 460 ff.; *Lanfermann/Maul*, BB 2004, 1517 ff.; *Maul/Muffat-Jeandet*, AG 2004, 306, 308 ff.

2214 In Deutschland werden die Transparenzpflichten im Wesentlichen durch die neu geschaffenen §§ 289 Abs. 4 und 315 Abs. 4 HGB umgesetzt, vgl. Begründung RefE-ÜRL-UmsG, S. 28 ff.

2215 *Winter-Bericht*, Empfehlung I.1 und S. 28 f.

2216 Vorschlag für eine Richtlinie des Europäischen Parlaments und des Rates betreffend Übernahmeangebote vom 2.10.2002, ABl. EG Nr. C 45 E vom 25.2.2003, S. 1 ff.

2217 Gestrichen wurde der Kommissionsvorschlag nach dem das Leitungs- bzw. Verwaltungsorgan die Kapital- und Kontrollstrukturen zu begründen und alle zwei Jahre in der Hauptversammlung zur Diskussion stellen sollte, sowie die Verpflichtung, die Angaben im Jahresbericht unterjährig zu aktualisieren; vgl. dazu Art. 10 Abs. 2 und Abs. 3 des Richtlinienentwurfs vom 2.10.2002; siehe auch *Kindler/Horstmann*, DStR 2004, 866, 868.

2218 Vgl. *Winter-Bericht*, Empfehlung I.1 und S. 28, auf dessen Empfehlung die Offenlegungspflicht eingeführt wurde; so auch *Maul/Muffat-Jeandet*, AG 2004, 306, 310.

nahmeversuchs abzuschätzen.[2219] Außerdem kann der Markt die offen gelegten Strukturen bei der Bewertung der Aktien berücksichtigen.[2220]

Da die maßgeblichen Kräfte an den internationalen Kapitalmärkten übernahmefeindlichen Strukturen erfahrungsgemäß ablehnend gegenüber stehen, geht man davon aus, dass die Aktien derjenigen Unternehmen, deren Kapitalstruktur Mechanismen zur Behinderung des Kontrollwechsels enthält, und bei denen eine Proportionalität zwischen risikotragendem Kapital und Kontrolle nicht gegeben ist, am Markt niedriger bewertet werden.[2221] Der „Transparenzansatz“[2222] des Art. 10 ÜRL soll sich diesen Umstand zu nutze machen und dazu führen, dass Zielgesellschaften ihre präventiven Übernahmeabwehrmechanismen auch ohne ein entsprechendes gesetzliches Verbot abbauen, um Kursabschläge zu vermeiden.[2223]

Dieser auf den Selbstregulierungskräften des Marktes beruhende Ansatz des Art. 10 ÜRL hat auf dem britischen Kapitalmarkt mit seinen wirtschaftlich mächtigen institutionellen Anleger bereits seit einiger Zeit erfolgreich zur Verringerung übernahmebehindernder Strukturen geführt.[2224] Zu Recht wird allerdings eingewandt, dass eine derartige disziplinierende Wirkung der Marktkräfte einen vollständig integrierten, gut entwickelten und funktionierenden Kapitalmarkt voraussetzt.[2225] Da der Einfluss institutioneller Anleger in Deutschland jedoch (gegenwärtig noch) weniger ausgeprägt ist als in Großbritannien und sich eine Mehrzahl börsennotierter deutscher Gesellschaften durch Großaktionäre und die Verflechtungen der „Deutschland AG“ den Marktkräften widersetzen kann,[2226] muss bezweifelt werden, ob die Transparenzregelung – isoliert betrachtet – geeignet ist, um die in Deutschland bestehenden übernahmefeindlichen Strukturen zu beseitigen.[2227]

Die Transparenzpflicht bezieht sich auf die folgenden Punkte:

2219 Vgl. *Kindler/Horstmann*, DStR 2004, 866, 869; *Krause*, BB 2004, 113, 117; *Lanfermann/Maul*, BB 2004, 1517.

2220 Vgl. *Winter-Bericht*, S. 4; *Johnston*, (2004) Comp Law 25, 270, 274.

2221 Vgl. *Winter-Bericht*, S. 24; *Johnston*, (2004) Comp Law 25, 270.

2222 Diese Bezeichnung findet sich bei *Dauner-Lieb/Lamandini*, Gutachten zum Kommissionsentwurf einer EU-Übernahmerichtlinie, S. 22; vgl. auch *Grundmann*, DStR 2004, 232, 236.

2223 *Winter-Bericht*, S. 4; *Baums/Fischer*, in: Baums/Thoma, WpÜG, Einleitung Rn. 1.37.

2224 Vgl. dazu *Gower/Davies*, Company Law, S. 718; *Davies*, in: Hopt/Wymeersch, European Takeovers, S. 195, 207, 216; *Stapledon*, Institutional Shareholders and Corporate Governance, S. 62; *Merkt*, ZHR (165), 224, 251; *Grundmann/Möslein*, ZVglRWiss 102 (2003), 289, 320.

2225 *Winter-Bericht*, S. 4; *Dauner-Lieb/Lamandini*, Gutachten zum Kommissionsentwurf einer EU-Übernahmerichtlinie, S. 22 f.; ähnlich *Grundmann*, DStR 2004, 232, 236.

2226 Vgl. *Wymeersch*, AG 1998, 380, 390; *Grundmann/Möslein*, ZVglRWiss 102 (2003), 289, 320.

2227 Vgl. *Baums/Fischer*, in: Baums/Thoma, WpÜG, Einleitung Rn. 1.37; die Richtlinie trägt den Zweifeln an der Existenz eines integrierten europäischen Kapitalmarkts dadurch Rechnung, dass sie im Hinblick auf übernahmefeindliche Strukturen neben dem Transparenzgebot des Art. 10 ÜRL die Durchbruchsregel von Art. 11 ÜRL einführt, welche in einer Übernahmesituation zur Unwirksamkeit bestimmter übernahmebehindernder Strukturen führt. Allerdings wird dieser Ansatz durch das Optionsmodell des Art. 12 ÜRL verwässert. Siehe dazu Teil 4 § 11 E.

II. Zusammensetzung des Kapitals

Zunächst ist die Zusammensetzung des gezeichneten Kapitals offen zu legen.[2228] Anzugeben sind die Anzahl der ausgegebenen Aktien, die Höhe des auf eine Aktie entfallenden Anteils am Grundkapital, sowie die mit den einzelnen Aktien verbundenen Rechte und Pflichten. Sofern das Grundkapital einer Gesellschaft in verschiedene Aktiengattungen unterteilt ist, sind diese jeweils unter Angabe ihrer Gattungsmerkmale und ihres prozentualen Anteils am Grundkapital gesondert aufzuführen. Zudem ist offen zu legen, welche Aktien an einem geregelten Markt eines Mitgliedstaates zugelassen sind und welche nicht.[2229]

In Deutschland müssten etwa Stammaktien und stimmrechtslose Vorzugsaktien inklusive der mit ihnen verbundenen Rechte und Pflichten angegeben werden.[2230] In Großbritannien wären jegliche class rights im Sinne von sec. 125 CA 1985, die mit den einzelnen Aktiengattungen verbunden sind, offenlegungspflichtig.

III. Beschränkungen der Übertragbarkeit der Wertpapiere

Darüber hinaus unterliegen Beschränkungen der Übertragbarkeit der Wertpapiere der Transparenz.[2231]

Das sind zum einen satzungsmäßige Beschränkungen, die den Wertpapierbesitz einzelner Personen auf eine bestimmte Höhe beschränken. Zum anderen sind Gestaltungen erfasst, welche die Übertragung des Wertpapiers von der Zustimmung der Gesellschaft oder eines anderen Wertpapierinhabers abhängig machen, wie die Vinkulierung von Namensaktien.

In Großbritannien dürfte diese Vorschrift nur geringe Bedeutung haben, da beide Formen von Übertragungsbeschränkungen für börsennotierte Gesellschaften durch Rule 3.15 der Listing Rules untersagt sind. Sie kommen ausschließlich in den Satzungen von Gesellschaften vor, die durch einen golden share der öffentlichen Hand gegen feindliche Übernahmen gesichert sind.[2232] In Deutschland ist demgegenüber auch bei börsennotierten Gesellschaften eine Vinkulierung von Namensaktien möglich.[2233] Eine betragsmäßige Beschränkung des Aktienbesitzes im Sinne eines satzungsmäßigen Erwerbsverbots ist dagegen nach aktienrechtlichen Grundsätzen unzulässig.[2234]

2228 Art. 10 Abs. 1 lit. a ÜRL.

2229 Zu weiteren Einzelheiten *Lanfermann/Maul*, BB 2003, 1517, 1518; *Maul/Muffat-Jeandet*, AG 2004, 306, 308.

2230 Siehe zur Bedeutung stimmrechtsloser Vorzugsaktien als präventive Abwehrmaßnahme gegen feindliche Übernahmeversuche in Deutschland Teil § 3 A III.

2231 Art. 10 Abs. 1 lit. b ÜRL.

2232 Siehe hierzu Teil 2 § 5 C III.

2233 Siehe hierzu Teil 1 § 3 C III.

2234 Vgl. *Lutter*, KK-AktG, § 68 Rn. 23; *Hüffer*, AktG, § 68 Rn. 10; *Wiesner*, in: Hoffmann-Becking, Handbuch des Gesellschaftsrechts Bd. IV, § 14 Rn. 16; *Krause*, AG 2002, 133, 137.

IV. Bedeutende direkte und indirekte Beteiligungen

Der Transparenzpflicht unterliegen zudem bedeutende direkte und indirekte Beteiligungen, wie etwa wechselseitige Beteiligungen oder Pyramidenstrukturen.[2235] Wann eine Beteiligung als bedeutend anzusehen ist, beurteilt sich nach Art. 85 der Wertpapierzulassungsrichtlinie[2236]. Erfasst sind daher alle Beteiligungen in einer Größenordnung von 10 Prozent der Stimmrechte an Gesellschaften, die an einem organisierten Markt eines Mitgliedstaates zugelassen sind.[2237]

Während diese Offenlegungspflicht in Großbritannien wegen der geringen Anzahl an gegenseitigen und ringförmigen Beteiligungen nur einen eingeschränkten praktischen Anwendungsbereich hat,[2238] dürfte sie in Deutschland das gestiegene Bewusstsein der Anleger für den Verflechtungsgrad der Deutschland AG weiter stärken.[2239]

V. Besondere Kontrollrechte

Weiterhin sind die Inhaber von Wertpapieren mit besonderen Kontrollrechten anzugeben, wobei die Inhaber der Wertpapiere namentlich aufzuführen und die Kontrollrechte inhaltlich zu beschreiben sind.[2240]

In Deutschland ist dabei insbesondere an Entsendungsrechte einzelner Aktionäre für die Besetzung des Aufsichtsrats zu denken.[2241] In Großbritannien fallen neben solchen Entsendungsrechten diejenigen Sonderrechte in die Kategorie der Kontrollrechte, die der öffentlichen Hand in privatisierten Unternehmen durch golden shares eingeräumt werden.

2235 Art. 10 Abs. 1 lit. c ÜRL.

2236 Richtlinie 2001/34/EG des Europäischen Parlaments und des Rates vom 28.5.2001 über die Zulassung von Wertpapieren zur amtlichen Börsennotierung und über die hinsichtlich dieser Wertpapiere zu veröffentlichenden Informationen, ABl. EG Nr. L 184 vom 6.7.2001, S. 1 ff.

2237 Art. 85 ff. der Wertpapierzulassungsrichtlinie stellen Veröffentlichungspflichten bei Veränderungen des Stimmrechtsanteils an Gesellschaften auf, die an einem geregelten Markt eines Mitgliedstaates zugelassen sind. In Deutschland sind diese Regelungen durch §§ 21 ff. WpHG umgesetzt worden. Nach Art. 85 sind von der Veröffentlichungspflicht alle Personen betroffen, die unmittelbar oder über zwischengeschaltete Personen eine Beteiligung halten, welche die Schwellenwerte des Art. 89 Abs. 1 überschreitet. Der niedrigste Schwellenwert beträgt 10 Prozent. Zu weiteren Einzelheiten bezüglich der Umsetzung in das deutsche Recht siehe *Lanfermann/Maul*, BB 2003, 1517, 1519; *Maul/Muffat-Jeandet*, AG 2004, 306, 308.

2238 Siehe hierzu Teil 2 § 5 B I 3.

2239 Siehe hierzu Teil 1 § 3 B I 1.

2240 Art. 10 Abs. 1 lit. d ÜRL.

2241 § 101 Abs. 2 AktG; siehe hierzu Teil 1 § 3 A V 3 a cc.

VI. Stimmrechtskontrolle bei Beteiligung von Arbeitnehmern

Sofern Mitarbeiterbeteiligungsprogramme existieren, bei denen die Kontrollrechte der Arbeitnehmer von diesen nicht unmittelbar, sondern mittelbar über eine Beteiligungsgesellschaft ausgeübt werden, ist die Art der Stimmrechtskontrolle anzugeben.[2242]

Derartige Programme kommen in Großbritannien häufig in Form von Arbeitnehmertrusts vor, die in verschiedenen Fällen auch schon als Präventivmaßnahme gegen feindliche Übernahmeversuche gedient haben.[2243] In Deutschland sind derartige Gestaltungen, durch welche die Arbeitnehmer auf eine unmittelbare Stimmrechtsausübung verzichten, nicht zuletzt wegen des aktienrechtlichen Abspaltungsverbots, das eine isolierte Übertragung des Stimmrechts untersagt, unüblich.[2244]

VII. Beschränkungen des Stimmrechts

Ferner wird die Angabe von Beschränkungen der Stimmrechtsmacht verlangt.[2245]

In Deutschland läuft diese Regelung leer, da mit Ausnahme des Höchststimmrechts in § 2 Abs. 1 des VW-Gesetzes alle Stimmrechtsbeschränkungen bei börsennotierten Aktiengesellschaften durch das KonTraG abgeschafft worden sind.[2246] Auch in Großbritannien dürfte der Anwendungsbereich dieser Vorschrift aufgrund der geringen Anzahl von börsennotierten public companies mit Stimmrechtsbeschränkungen eher unbedeutend sein.[2247]

VIII. Stimmbindungsvereinbarungen

Weiterhin sind alle der Gesellschaft bekannten Vereinbarungen zwischen den Aktionären offen zu legen, welche die Übertragung von Wertpapieren oder Stimmrechten einschränken können.[2248] Dazu gehören insbesondere Stimmbindungsvereinbarungen und Konsortialverträge.[2249]

2242 Art. 10 Abs. 1 lit. e ÜRL.

2243 Vgl. dazu *Weinberg/Blank*, Takeovers and Mergers, Rn. 4-7050; *Stedman*, Takeovers, S. 418 f.; *Davies*, in: Hopt/Wymeersch, European Takeovers, S. 195, 214; *Barboutis*, (1999), Comp Law 20, 40; *Woolridge*, (1974) JBL, 202, 203.

2244 Vgl. dazu *Hüffer*, AktG, § 12 Rn. 3; *Lanfermann/Maul*, BB 2004, 1517, 1519.

2245 Art. 10 Abs. 1 lit. f ÜRL.

2246 Siehe hierzu Teil 1 § 3 A II.

2247 Siehe. hierzu Teil 2 § 5 A II 3.

2248 Art. 10 Abs. 1 lit. g ÜRL; zu Einzelfragen *Glade/Haak/Hellich*, DK 2004, 455, 460 f.

2249 Siehe zur Bedeutung von Stimmbindungsverträgen als präventives Abwehrmittel gegen feindliche Übernahmeversuche in Deutschland Teil 1 § 3 A IV und in Großbritannien Teil 2 § 5 A IV.

IX. Ernennung und Abberufung von Organmitgliedern

Der Transparenzpflicht unterliegen darüber hinaus diejenigen Regeln, nach denen die Mitglieder des Leitungs- bzw. Verwaltungsorgans der Gesellschaft ernannt und ersetzt werden können.[2250] Davon werden sowohl gesetzlich vorgesehene Regelungen als auch satzungsmäßige Bestimmungen erfasst. Zudem müssen die Vorschriften über die Änderung der Satzung angegeben werden.

Unter diese Regelung fallen in Deutschland vor allem die komplizierten aktienrechtlichen Vorschriften für Neubesetzung von Vorstand und Aufsichtsrat sowie die Vorschriften der Arbeitnehmermitbestimmung und Entsendungsrechte.[2251] In Großbritannien dürfte die Vorschrift dagegen nur eine geringe Bedeutung haben, da die Abberufung des board bei börsennotierten public companies auch im Falle von entsandten Mitgliedern jederzeit nach sec. 303 (1) CA 1985 durch einfachen Mehrheitsbeschluss der Anteilseigner erfolgen kann.[2252]

X. Befugnisse der Mitglieder des Leitungs- bzw. Verwaltungsorgans

Offenlegungspflichtig sind ferner die Befugnisse der Organmitglieder des Leitungs- bzw. Verwaltungsorgans.[2253] Dazu gehören die gesetzlich vorgesehenen Befugnisse sowie Ermächtigungen der Hauptversammlung, wie etwa die Ermächtigung zur Aktienausgabe oder zum Rückerwerb eigener Aktien.

Derartige Ermächtigungen stellen in Deutschland nach geltendem Recht ein geeignetes Mittel der präventiven Übernahmeabwehr dar, weil sie nach den Regelungen des § 33 Abs. 1 S. 2 WpÜG und des § 33 Abs. 2 WpÜG auch noch in der Angebotsphase von der Verwaltung zur Abwehr eines Übernahmeversuchs eingesetzt werden können.[2254] Da der deutsche Gesetzgeber nach dem Referentenentwurf eines Übernahmerichtlinie-Umsetzungsgesetzes von der Optionsmöglichkeit des Art. 12 Abs. 1 ÜRL Gebrauch machen wird,[2255] werden diese Maßnahmen in Deutschland auch nach der Umsetzung der Richtlinie eine wichtige Rolle spielen.

XI. Verträge betreffend Kontrollwechsel

Überdies sind alle wesentliche Vereinbarungen der Gesellschaft anzugeben, die im Fall des Kontrollwechsels infolge eines Übernahmeangebots entstehen, geändert werden oder enden,[2256] insbesondere also Verträge mit change of control oder material

2250 Art. 10 Abs. 1 lit. h ÜRL.
2251 Siehe hierzu Teil 1 § 3 A V.
2252 Siehe hierzu Teil 2 § 5 A V.
2253 Art. 10 Abs. 1 lit. i ÜRL.
2254 Siehe zu der Bedeutung verschiedener Hauptversammlungsermächtigungen als Mittel der präventiven Übernahmeabwehr Teil 1 § 3 C.
2255 Begründung RefE-ÜRL-UmsG, S. 5.
2256 Art. 10 Abs. 1 lit. j ÜRL.

adverse change Klauseln. Ausgenommen von der Veröffentlichungspflicht sind nur solche Vereinbarungen, deren Veröffentlichung der Gesellschaft erheblich schaden würde.[2257] Sowohl in Deutschland als auch in Großbritannien dürfte diese Regelung eine große Bedeutung haben, da change of control Klauseln in beiden Rechtsordnungen im Rahmen von Finanzierungsvereinbarungen und Joint Venture Verträgen Marktstandard sind.[2258]

XII. Golden und Tin Parachutes

Schließlich unterliegen Abfindungsvereinbarungen zwischen der Gesellschaft und den Mitgliedern des Leitungs- bzw. Verwaltungsorgans (golden parachutes) oder Arbeitnehmern (tin parachutes) der Transparenzpflicht.[2259] Anzugeben sind nicht nur die begünstigten Organmitglieder oder Arbeitnehmer, sondern auch die jeweilige vereinbarte Höhe der zu leistenden Abfindung.

In Großbritannien existiert eine derartige Transparenzpflicht bereits seit dem Inkrafttreten der Directors' Remuneration Report Regulations 2002.[2260] In Deutschland bestand in dieser Hinsicht bis zum August 2005 lediglich eine unverbindliche Anregung im Deutschen Corporate Governance Kodex,[2261] von welcher der Vorstand ohne eine Erklärung nach § 161 AktG abweichen konnte.[2262] Nachdem dieser Empfehlung jedoch nicht in der vom Gesetzgeber gewünschten Weise nachgekommen worden war, wurde durch das am 11. August 2005 in Kraft getretene VorstOG eine zwingende Regelung eingeführt, wonach bei börsennotierten Aktiengesellschaften die für jedes einzelne Vorstandsmitglied gezahlten Bezüge im Anhang zum Jahresabschluss bzw. Konzernanhang anzugeben sind. Hierunter fallen ausdrücklich auch Leistungen, die dem Vorstandsmitglied für den Fall der Beendigung seiner Tätigkeit zugesagt worden sind.[2263] Die Offenlegungspflicht der Übernahmerichtlinie ergänzt diese neue Regelung für den Lagebericht.

D. Art. 11 ÜRL Durchbruchsregel

In Übereinstimmung mit einem zentralen Vorschlag der *Winter-Kommision* enthält die Richtlinie in Art. 11 ÜRL die sogenannte Durchbruchsregel, nach der bestimmte Ü-

2257 Zu Einzelfragen *Glade/Haak/Hellich*, DK 2004, 455, 461 f.

2258 Vgl. für Deutschland Krause, AG 2002, 133, 143; für Großbritannien *Weinberg/Blank*, Takeovers and Mergers, Rn. 4-7085 Fn. 1; *Stedman*, Takeovers, S. 420; *Cadman*, Sharholders' Agreements, S. 122.

2259 Art. 10 Abs. 1 lit. k ÜRL; zu diesem Abwehrmittel in Deutschland Teil 1 § 3 B IV und in Großbritannien Teil 2 § 5 B III.

2260 Vgl. sec. 234 B CA 1985 i.V.m. para. 5 (1) Schedule 7A CA 1985.

2261 Deutscher Corporate Governance Kodex, Abschnitt 4.2.4; vgl. dazu *Ringleb*, in: Ringleb/Kremer/Lutter/von Werder, Deutscher Corporate Governance Kodex, Rn. 695 ff.

2262 *Hüffer*, AktG, § 161 Rn. 8; *Ringleb*, in: Ringleb/Kremer/Lutter/von Werder, Deutscher Corporate Governance Kodex, Rn. 45.

2263 Vgl. § 285 S. 1 Nr. 9 lit. a S. 6 HGB und § 314 Abs. 1 Nr. 6 lit. a S. 6 HGB.

bernahmehindernisse im konkreten Übernahmefall außer Kraft gesetzt bzw. durchbrochen werden.[2264]

Durch diese Regelung sollen einheitliche Ausgangsbedingungen für präventive Abwehrhürden gegen feindliche Übernahmeversuche geschaffen werden, ohne die historisch gewachsenen Grundstrukturen der verschiedenen Gesellschaftsrechte der Mitgliedstaaten zu verändern. Nach Ansicht der *Winter-Kommission* stellt die Durchbruchsregel ein angemessenes Gleichgewicht zwischen der Notwendigkeit her, vorläufig Unterschiede in den Kapital- und Kontrollstrukturen von Gesellschaften in den Mitgliedstaaten zuzulassen, und dem Erfordernis, die Durchführung erfolgreicher Übernahmeangebote zu erlauben und zu fördern, um einen integrierten Wertpapiermarkt in Europa zu schaffen.[2265]

Von Anfang an war jedoch umstritten, welche der in den einzelnen Mitgliedstaaten bestehenden rechtlichen Beschränkungen für Übernahmeangebote von der Regelung erfasst werden sollten. Während die *Winter-Kommission* sich in ihrem Bericht für eine umfassende Beseitigung übernahmefeindlicher Strukturen im Falle eines Übernahmeangebots ausgesprochen hatte, entschied sich die Europäische Kommission in ihrem Richtlinienvorschlag vom 2. Oktober 2002 für eine eingeschränkte Umsetzung der Empfehlung in Form der sogenannten „Mini-Durchbruchsregel". Der Grund für diese abgespeckte Version bestand in der Weigerung verschiedener Mitgliedstaaten, ihre protektionistischen Strukturen preiszugeben, weswegen sich die Europäische Kommission aus Erwägungen der politischen Durchsetzbarkeit für eine nach ihrer Ansicht mehrheitsfähige Kompromisslösung entschied, die bestimmte Abwehrmechanismen zuließ. In der endgültigen Fassung der Richtlinie hat sich letztlich jedoch eine den Empfehlungen der *Winter-Kommission* entsprechende große Durchbruchsregel durchgesetzt, deren Umsetzung allerdings durch das Optionsmodell des Art. 12 ÜRL in das Ermessen der Mitgliedstaaten bzw. der einzelnen Gesellschaften gestellt ist. Ob die Durchbruchsregel geeignet ist, dass Ziel eines level playing field zu verwirklichen, wird daher zu Recht bezweifelt.[2266]

So hat sich der deutsche Gesetzgeber im Referentenentwurf eines Übernahmerichtlinie-Umsetzungsgesetzes dazu entschieden, die Durchbruchsregel nicht zwingend anzuordnen.[2267] Zur Begründung wurde gerade auf das Fehlen eines level playing field für Unternehmensübernahmen in Europa und auf die daraus folgende Notwendigkeit verwiesen, die im deutschen Recht vorgesehenen Abwehrstrukturen aufrecht zu erhalten, um so einen Wettbewerbsnachteil deutscher Unternehmen gegenüber ausländischen Konkurrenten zu vermeiden.[2268] Der britische Gesetzgeber hat den gleichen Weg

2264 Zu den ökonomischen Implikationen der Durchbruchsregel *Rühland*, NZG 2003, 1150.

2265 *Winter-Bericht*, S. 34.

2266 Zu den Fragen, die sich bei der Umsetzung der Durchbruchsregel in das deutsche Recht ergeben *Glade/Haak/Hellich*, DK 2004, 515, 522 f.

2267 Begründung RefE-ÜRL-UmsG, S. 5.

2268 Begründung RefE-ÜRL-UmsG, S. 5; so bereits früher *Lehne*, in: Hirte, WpÜG, S. 33, 41; *Schneider/Burgard*, DB 2001, 961, 963; kritisch demgegenüber *Wackerbarth*, WM 2001, 1741, 1746; zur Fragwürdigkeit dieser Argumentation im Hinblick auf den Vergleich mit börsennotierten britischen Gesellschaften siehe Teil 3 § 9 D.

eingeschlagen, allerdings mit einer völlig anderen Begründung.[2269] So führte das DTI aus, die Einführung der Durchbruchsregel habe in Großbritannien keine positiven Auswirkungen im Hinblick auf den Abbau von präventiven Übernahmeabwehrmaßnahmen, da diese aufgrund des Einflusses institutioneller Investoren nur eine geringe Bedeutung hätten. Eine zwingende Anordnung der Durchbruchsregel könne aber negative Folgen nach sich ziehen, da sie den flexiblen britischen Ansatz, Übernahmehemmnisse über Marktkräfte abzubauen, beeinträchtige und die Vertragsfreiheit der Aktionäre über Gebühr einschränke.[2270]

Die nach deutschem und britischem Recht existierenden präventiven Übernahmehindernisse werden folglich auch nach der Umsetzung der Richtlinie in nationales Recht ihre Wirksamkeit behalten. Zielgesellschaften aus beiden Rechtsordnungen wird jedoch entsprechend Art. 12 Abs. 2 ÜRL die Möglichkeit eröffnet, sich freiwillig der Durchbruchsregel zu unterwerfen.[2271]

Hinsichtlich der Wirkung der Durchbruchsregel sind drei verschiedene Phasen zu unterscheiden:

I. Durchbrechung während der Annahmefrist Art. 11 Abs. 2 ÜRL

Die erste Phase betrifft die in Art. 7 Abs. 1 ÜRL festgelegte Frist zur Annahme eines Angebots.

In diesem Zeitraum sind satzungsmäßige Beschränkungen der Übertragbarkeit von Wertpapieren nach Art. 11 Abs. 2 Uabs. 1 ÜRL gegenüber dem Bieter unwirksam. Vinkulierte Namensaktien können daher in der Angebotsphase ohne Zustimmung der Zielgesellschaft auf den Bieter übertragen werden. Gleiches gilt nach Art. 11 Abs. 2 Uabs. 2 ÜRL für vertragliche Übertragungsbeschränkungen, die zwischen der Zielgesellschaft und ihren Aktionären oder den Aktionären untereinander vereinbart worden sind, sofern die jeweilige Vereinbarung nach dem Inkrafttreten der Richtlinie getroffen worden ist. Übertragungsbeschränkungen in Altverträgen sind dagegen vor der Durchbrechung geschützt und behalten in der Angebotsphase ihre Wirksamkeit.[2272]

II. Durchbrechung bei der Abstimmung über Verteidigungsmaßnahmen Art. 11 Abs. 3 ÜRL

Die zweite Phase betrifft den Zeitpunkt, in dem die Hauptversammlung gemäß Art. 9 ÜRL über Verteidigungsmaßnahmen gegen ein Übernahmeangebot beschließt.

2269 Siehe *DTI*, Company Law Implementation of the European Directive on Takeover Bids, S. 28.

2270 Siehe *DTI*, Company Law Implementation of the European Directive on Takeover Bids, S. 27.

2271 Dies geschieht in Deutschland durch einen neu geschaffenen § 33 b WpÜG, vgl. Begründung RefE-ÜRL-UmsG, S. 19.

2272 Der Schutz von Altverträgen, das sogenannte „grandfathering“, war im Kommissionsvorschlag vom 2.10.2002 noch nicht vorgesehen und wurde erst kurz vor der Einigung in den Richtlinientext aufgenommen.

Nach Art. 11 Abs. 3 Uabs. 1 ÜRL sind Stimmrechtsbeschränkungen, die in der Satzung vorgesehen sind, bei der Beschlussfassung über Verteidigungsmaßnahmen wirkungslos. Ebenso sind vertragliche Stimmrechtsbeschränkungen, die sich aus Verträgen zwischen der Gesellschaft und den Aktionären oder den Aktionären untereinander ergeben, nach Art. 11 Abs. 3 Uabs. 2 ÜRL wirkungslos, sofern die jeweilige Vereinbarung nach dem Inkrafttreten der Richtlinie geschlossen worden ist. Stimmrechtsbeschränkungen in Altverträgen behalten wiederum ihre Wirksamkeit. Zudem vermitteln Mehrfachstimmrechte bei der Beschlussfassung über Verteidigungsmaßnahmen nach Art. 11 Abs. 3 Uabs. 3 ÜRL lediglich eine Stimme.[2273]

III. Durchbrechung nach erfolgreichem Übernahmeangebot Art. 11 Abs. 4 ÜRL

Die dritte Phase beginnt, wenn der Bieter nach dem Angebot über mindestens 75 Prozent des stimmberechtigten Kapitals der Gesellschaft verfügt.

Dann gelten nach Art. 11 Abs. 4 ÜRL in der ersten Hauptversammlung, die vom Bieter nach Angebotsschluss einberufen wird, um die Satzung zu ändern oder die Mitglieder des Leitungs- bzw. Verwaltungsorgans auszutauschen, die in Art. 11 Abs. 2 und 3 ÜRL genannten Übertragungs- und Stimmrechtsbeschränkungen sowie satzungsmäßige Sonderrechte der Gesellschafter zur Ernennung der Mitglieder des Leitungs- bzw. Verwaltungsorgans nicht. Wertpapiere mit Mehrfachstimmrechten berechtigen in dieser Hauptversammlung wiederum zu lediglich einer Stimme.

IV. Ausnahmen von der Durchbruchsregel

Die Durchbruchsregel verhilft dem von der *Winter-Kommission* propagierten Proportionalitätsgrundsatz zur Geltung, wonach sich der Stimmrechtsanteil einer Aktie und der Anteil am risikotragenden Kapital entsprechen sollen. Darüber hinaus ermöglicht sie es einem Bieter, der infolge eines Angebots 75 Prozent des stimmberechtigten Kapitals erlangt hat, ohne Beschränkung seines Stimmrechtseinflusses die Satzung der Gesellschaft zu ändern, um etwa bestehende Hindernisse seines Kontrolleinflusses wie Übertragungsbeschränkungen, Mehrfachstimmrechte, Höchststimmrechte oder Entsendungsrechte abzuschaffen. Allerdings gilt die Durchbruchsregel nicht uneingeschränkt.

Nach Art. 11 Abs. 5 ÜRL findet die Durchbrechung von Stimmrechtsbeschränkungen nicht statt, wenn die Beschränkung der Stimmrechtsmacht mit besonderen finanziellen Vorteilen verbunden ist. Stimmrechtslose Vorzugsaktien, die sowohl in Deutschland[2274] als auch in Großbritannien[2275] mit einem Vorschuss bei der Vertei-

---

2273 Durch diese Regelung wurde der Kritik des Europäischen Parlaments am Kommissionsvorschlag vom 2.10.2002 Rechnung getragen, der eine Mini-Durchbbruchsregel vorsah, bei der Mehrstimmrechte ausgenommen waren; siehe hierzu *Dauner-Lieb/Lamandini*, Gutachten zum Kommissionsenwurf einer EU-Übernahmerichtlinie, S. 43 ff.

2274 § 139 Abs. 1 AktG.

2275 Vgl. *Webb v Earle* (1875) LR 20 Eq 556; *Mayson/French/Ryan*, Company Law, Rn. 6.1.5; *Penninton*, Company Law, S. 241 f.

lung des Gewinns ausgestattet sind, bleiben daher von der Durchbruchsregel unberührt.[2276]

Darüber hinaus werden Stimmrechtsbeschränkungen vom Geltungsbereich der Durchbruchsregel nicht erfasst, die weder auf einer vertraglichen Grundlage noch auf der Satzung beruhen, sondern sich aus einer gesetzlichen Bestimmung ergeben. Daher unterläge etwa die bei der Volkswagen AG existierende Begrenzung der Stimmrechte auf maximal 20 Prozent des Grundkapitals, die sich unmittelbar aus § 2 Abs. 1 des VW-Gesetzes ergibt, selbst dann nicht der Durchbruchsregel, wenn sich der deutsche Gesetzgeber für eine Geltung von Art. 11 ÜRL entschieden hätte.[2277]

Eine besondere Behandlung erfahren zudem staatliche Sonderrechte an einer Zielgesellschaft, die sogenannten goldenen Aktien oder golden shares.

V. Anwendbarkeit der Durchbruchsregel auf golden shares

Die Anwendbarkeit der Durchbruchsregel auf golden shares richtet sich nach Art. 11 Abs. 7 ÜRL.

Hiernach bleiben staatliche Sonderrechte an Zielgesellschaften von der Durchbruchsregel unberührt, sofern sie mit dem EG-Vertrag vereinbar sind. Das gilt zunächst für diejenigen Sonderrechte, die einem Mitgliedstaat durch die Satzung einer Zielgesellschaft eingeräumt werden, eine Gestaltung, die vor allem in Großbritannien häufig ist.[2278] Aber auch Sonderrechte eines Mitgliedstaates, die sich unmittelbar aus nationalem Recht ergeben, wie etwa das Entsendungsrecht des Landes Niedersachsen für die Volkswagen AG aus § 4 Abs. 1 VW-Gesetz, werden unter der Prämisse ihrer Vereinbarkeit mit dem EG-Vertrag von der Durchbruchsregel nicht erfasst. Für die Frage, ob ein golden share mit dem EG-Vertrag vereinbar und damit von der Durchbruchsregel ausgenommen ist, kommt es darauf an, ob für den jeweiligen golden share eine Entscheidung des Europäischen Gerichtshofs oder der Kommission vorliegt, die dessen Vereinbarkeit mit dem EG-Vertrag bestätigt.[2279] Ist dies der Fall unterfällt er nicht der Durchbruchsregel.

2276 Dies ergibt sich bereits aus Art. 2 Abs. lit e ÜRL, der den Anwendungsbereich der Richtlinie auf stimmrechtstragende Wertpapiere begrenzt, vgl. *Maul/Muffat-Jeandet*, AG 2004, 306, 311; *Glade/Haak/Hellich*, DK 2004, 515, 524; *Wiesner*, ZIP 2004, 343, 348; *Krause*, BB 2004, 113, 115.

2277 *Krause*, BB 2004, 113, 115; *Glade/Haak/Hellich*, DK 2004, 515, 524; ferner sind Genossenschaften, bei denen sich die Stimmkraft aufgrund ihrer Rechtsnatur nach Köpfen und nicht nach dem Anteil am Grundkapital bestimmt, nach Art. 11 Abs. 7 ÜRL von der Durchbruchsregel ausgenommen.

2278 *Rutabanzibwa*, (1996) Comp Law 16, 40; *Graham*, (1988) Comp Law 9, 23; *Grundmann/Möslein*, ZVglRWiss 102 (2003), 289, 303; *Ruge*, EuZW 2002, 421; *Maul/Muffat-Jeandet*, AG 2004, 306, 312.

2279 *Maul/Muffat-Jeandet*, AG 2004, 306, 312; die Kommission hat bekanntlich am 19. März 2003 wegen des VW-Gesetzes ein Vertragsverletzungsverfahren gegen die Bundesrepublik Deutschland eingeleitet und am 21. März 2003 ein Aufforderungsschreiben zur Stellungnahme an die Bundesregierung versandt. Da die Kommission die Stellungnahme der Bundesregierung nicht für überzeugend hielt, entschloss sie sich am 13. Oktober 2004 dazu, Klage vor dem EuGH zu erheben,vgl. Pressemitteilung der Kommission IP/04/1209, vom 13. Oktober 2004.

Es stellt sich die Frage, unter welchen Voraussetzungen der Europäische Gerichtshof golden shares als mit dem EG-Vertrag vereinbar ansieht.

1. Herkunft und Begriff der golden shares

Golden shares haben ihren Ursprung in der Privatisierung ehemaliger Staatsbetriebe. In zahlreichen Mitgliedstaaten der Europäischen Union sind in den achtziger und neunziger Jahren des letzten Jahrhunderts vermehrt Staatsunternehmen in privatrechtliche Rechtsform überführt und deren Anteile anschließend weitestgehend bei privaten Anlegern platziert worden. Ausgangspunkt dieses Phänomens war Großbritannien, wo ab dem Amtsantritt der *Thatcher*-Regierung im Jahre 1979 eine massive Privatisierungspolitik verfolgt wurde, um die Staatsausgaben und die Verschuldung der öffentlichen Hand zu reduzieren.[2280] Da es sich bei den privatisierten Betrieben in der Regel um volkswirtschaftlich oder politisch besonders wichtige Unternehmen handelte, verfolgten die Regierungen zumeist die Absicht, auch nach dem Verlust ihrer Eigentümerposition weiterhin maßgeblichen Einfluss auf wesentliche Entscheidungen und Entwicklungen der privatisierten Unternehmen zu wahren. Zur Sicherung des Einflusses der öffentlichen Hand wurden in den einzelnen Mitgliedstaaten staatliche Sonderrechte mit verschiedenstem Inhalt entwickelt.[2281]

Im Hinblick auf die technische Einräumung der Sonderrechte nutzten die Mitgliedstaaten die beiden Gestaltungsformen, die auch von Art. 11 Abs. 7 ÜRL erwähnt werden: Zum einen wurden die Sonderrechte in einer vom Staat gehaltenen Aktie verbrieft und zum anderen wurden dem Staat Sonderrechte unmittelbar durch Gesetz verliehen.[2282] Obwohl die Bezeichnung „golden share" eigentlich nur für den ersten Fall passt, bei dem es tatsächlich um Aktien geht, werden beide Gestaltungsformen in der Literatur unter diesem Stichwort diskutiert, da sie sich nur in technischer Hinsicht unterscheiden und die hier interessierende Frage der Vereinbarkeit mit dem EG-Vertrag für beide Gestaltungsformen dieselbe ist.[2283]

2. Vereinbarkeit mit der Kapitalverkehrsfreiheit des Art. 56 Abs. 1 EGV

Der Europäische Gerichtshof hatte sich bisher im Rahmen von fünf Vertragsverletzungsverfahren nach Art. 226 EGV mit der europarechtlichen Zulässigkeit von golden

---

2280 *Graham*, (1988) Comp Law 9, 23; *Fleischer*, (2003) CMLR 40, 493 f.; *Grundmann/Möslein*, ZVglRWiss 102 (2003), 289, 299; *dies.* ZGR 2003, 317, 321.

2281 Eine rechtvergleichende Untersuchung der in den verschiedenen Mitgliedstaaten üblichen Gestaltungen von golden shares findet sich bei *Grundmann/Möslein*, ZVglRWiss 102 (2003), 289, 295 ff.; zu den in Großbritannien vorkommenden golden shares *Graham*, (1988) Comp Law 9, 23, 24 f.; *Rutabanzibwa*, (1996) Comp Law 17, 40, 42 ff.

2282 *Grundmann/Möslein*, ZVglRWiss 102 (2003), 289, 295; *Armbrüster*, JuS 2003, 224, 225; *Ruge*, EuZW 2002, 421; *Fleischer*, (2003) CMLR 40, 493, 494.

2283 Vgl. *Grundmann/Möslein*, ZVglRWiss 102 (2003), 289, 295; *Armbrüster*, JuS 2003, 224, 225; *Ruge*, EuZW 2002, 421.

shares zu befassen. Drei Entscheidungen wurden am 04. Juni 2002 getroffen[2284] und zwei weitere am 13. Mai 2003.[2285] Im Mittelpunkt der Rechtsprüfung stand dabei in allen Verfahren die Vereinbarkeit der golden shares mit der Kapitalverkehrsfreiheit des Art. 56 Abs. 1 EGV.[2286]

a. Begriff des Kapitalverkehrs

Art. 56 Abs. 1 EGV verbietet jedwede Beschränkung des Kapitalverkehrs zwischen den Mitgliedstaaten sowie zwischen Mitgliedstaaten und dritten Ländern.

Zwar enthält der EG-Vertrag keine Definition des Begriffs „Kapitalverkehr". Jedoch wird nach der ständigen Rechtsprechung des Europäischen Gerichtshofs zur Konkretisierung des Anwendungsbereichs der Kapitalverkehrsfreiheit auf die Nomenklatur im Anhang der Richtlinie 88/361/EWG des Rates vom 24.6.1988 zur Durchführung von Art. 67 EGV (Kapitalverkehrsrichtlinie)[2287] zurückgegriffen, die für den Begriff des Kapitalverkehrs Hinweischarakter hat.[2288] Zur Begründung der Anwendbarkeit der Kapitalverkehrsfreiheit auf Unternehmensübernahmen stützt sich der Europäische Gerichtshof auf Punkt I 1 des Anhangs I zur Kapitalverkehrsrichtlinie, wonach Direktinvestitionen in Form der Beteiligung an einem Unternehmen durch Aktienerwerb und die vollständige Übernahme bestehender Unternehmen zu den geschützten Formen des

---

2284 EuGH – Rs. C-483/99 *Kommission/Frankreich*, Slg. 2002, I-4781; EuGH – Rs. C-367/98 *Kommission/Portugal*, Slg. 2002, I-4731; EuGH – Rs. C-503/99 *Kommission/Belgien*, Slg. 2002, I-4809.

2285 EuGH – Rs. C-98/01 *Kommission/Vereinigtes Königreich*, EuZW 2003, 536; EuGH – Rs. C-463/00 *Kommission/Spanien*, EuZW 2003, 529.

2286 Obwohl die Niederlassungsfreiheit des Art. 43 Abs. 1 EGV grundsätzlich neben der Kapitalverkehrsfreiheit des Art. 56 Abs. 1 EGV zur Anwendung kommt, verzichtete der EuGH in allen fünf Verfahren wegen des Gleichlaufs der beiden Grundfreiheiten auf eine ausdrückliche Prüfung eines Verstoßes gegen die Niederlassungsfreiheit. Er beschränkte sich auf die Feststellung, eine möglicherweise vorliegende Beschränkung der Niederlassungsfreiheit sei aus den gleichen Gründen wie die festgestellte Beschränkung der Kapitalverkehrsfreiheit gerechtfertigt und damit mit dem EG-Vertrag vereinbar, bzw. eine solche Beschränkung könne aus den gleichen Gesichtspunkten wie die Beschränkung der Kapitalverkehrsfreiheit nicht gerechtfertigt werden und verstoße damit gegen den EG-Vertrag. Vgl. für die erste Variante EuGH – Rs. C-503/99 *Kommission/Belgien*, Slg. 2002, I-4809, Rn. 58 f.; für die zweite Variante EuGH – Rs. C-483/99 *Kommission/Frankreich*, Slg. 2002, I-4781, Rn. 55 f.; für eine Differenzierung hinsichtlich des Schutzbereichs der beiden Grundfreiheiten *Kainer*, ZHR 168 (2004), 542, 555 ff.

2287 ABl. EG 1988 Nr. L 178, S. 5 ff.

2288 EuGH – Rs. C-483/99 *Kommission/Frankreich*, Slg. 2002, I-4781, Rn 36; EuGH – Rs. C-367/98 *Kommission/Portugal*, Slg. 2002, I-4731, Rn. 37; EuGH – Rs. C-503/99 *Kommission/Belgien*, Slg. 2002, I-4809, Rn. 37; EuGH – Rs. C-98/01 *Kommission/Vereinigtes Königreich*, EuZW 2003, 536, Rn. 40; EuGH – Rs. C-463/00 *Kommission/Spanien*, EuZW 2003, 529, Rn. 52; EuGH – verb. Rs. 286/82 und 26/83 *Luisi und Carbone*, Slg. 1984, 377, Rn. 20; EuGH – Rs. C-222/97 *Trummer und Mayer*, Slg. 1999, I-1661, Rn. 21; *Craig/De Burca*, EU Law, S. 681; *Koenig/Haratsch*, Europarecht, Rn. 692; *Fleischer*, (2003) CMLR 40, 493, 495.

Kapitalverkehrs gerechnet werden.[2289] Der grenzüberschreitende Erwerb von Unternehmensbeteiligungen und insbesondere die Abgabe von grenzüberschreitenden Übernahmeangeboten ist daher vom Schutzbereich der Kapitalverkehrsfreiheit umfasst.

b. Beschränkungsverbot

Wie bei den übrigen Grundfreiheiten erfasst das Beschränkungsverbot des Art. 56 Abs. 1 EGV nicht nur unmittelbar diskriminierende Maßnahmen der Mitgliedstaaten, sondern auch solche, die über die Ungleichbehandlung der Finanzmarktteilnehmer aufgrund ihrer Staatsangehörigkeit hinausgehen.[2290] Unter das Beschränkungsverbot fallen daher auch unterschiedslos anwendbare Maßnahmen, die direkt oder indirekt, tatsächlich oder potentiell geeignet sind, den Erwerb von Unternehmensbeteiligungen in anderen Mitgliedstaaten einzuschränken, oder in anderer Weise die Möglichkeit zu beschränken, sich tatsächlich an der Verwaltung einer Gesellschaft oder an deren Kontrolle zu beteiligen.[2291] Infolge des weiten Beschränkungsbegriffes, den der Europäische Gerichtshof bei der Kapitalverkehrsfreiheit in Übereinstimmung mit den übrigen Grundfreiheiten anwendet,[2292] wurden die durch die golden shares gewährten staatlichen Sonderrechte in allen bisher entschiedenen Fällen als Verstoß gegen Art. 56 Abs. 1 EGV gewertet.

So sah der Europäische Gerichtshof staatliche Sonderrechte, die einen Aktienerwerb ab einem bestimmten Schwellenwert von der vorherigen Zustimmung der Regierung abhängig machen, als Beschränkung des Art. 56 Abs. 1 EGV an.[2293] Ebenso wertete er ein vorheriges Genehmigungserfordernis[2294] sowie ein nachträgliches Widerspruchsrecht[2295] der Regierung für strategische Unternehmensentscheidungen der Gesellschaft oder für die Veräußerung von bestimmten Produktionsmitteln als Beschränkung des Art. 56 Abs. 1 EGV. Auch eine betragsmäßige Begrenzung der Beteiligung an privatisierten Staatsunternehmen wurde als Verstoß gegen die Kapitalver-

---

2289 EuGH – Rs. C-483/99 *Kommission/Frankreich*, Slg. 2002, I-4781, Rn 37; *Bayer*, BB 2002, 2289; *Armbrüster*, JuS 2003, 224, 225; *Kainer*, ZHR 168 (2004), 542, 553.

2290 EuGH – Rs. C-483/99 *Kommission/Frankreich*, Slg. 2002, I-4781, Rn 40; EuGH – Rs. C-367/98 *Kommission/Portugal*, Slg. 2002, I-4731, Rn. 44; EuGH – Rs. C-98/01 *Kommission/Vereinigtes Königreich*, EuZW 2003, 536, Rn. 43; EuGH – Rs. C-463/00 *Kommission/Spanien*, EuZW 2003, 529, Rn. 56.

2291 EuGH – Rs. C-483/99 *Kommission/Frankreich*, Slg. 2002, I-4781, Rn 44 f.; EuGH – Rs. C-98/01 *Kommission/Vereinigtes Königreich*, EuZW 2003, 536, Rn. 44; *Kiemel*, in: von der Groeben/Schwarze, EGV, Art. 56 Rn. 11; *Fleischer*, (2003) CMLR 40, 493, 495.

2292 *Kiemel*, in: von der Groeben/Schwarze, EGV, Art. 56 Rn. 11; siehe etwa zur Warenverkehrsfreiheit: EuGH – Rs. 8/74 *Dassonville*, Slg. 1974, 837; zur Dienstleitungsfreiheit: EuGH – Rs. C-384/93 *Alpine Investments*, Slg. 1995, I-1141; zur Niederlassungsfreiheit: EuGH – Rs. C-55/94 *Gebhard*, Slg. 1995, I-4165; zur Arbeitnehmerfreizügigkeit: EuGH – Rs. C-415/93 *Bosman*, Slg. 1995, I-4921.

2293 EuGH – Rs. C-483/99 *Kommission/Frankreich*, Slg. 2002, I-4781, Rn. 38 ff.

2294 EuGH – Rs. C-463/00 *Kommission/Spanien*, EuZW 2003, 529, Rn. 54 ff.; EuGH – Rs. C-98/01 *Kommission/Vereinigtes Königreich*, EuZW 2003, 536, Rn. 41 ff.

2295 EuGH – Rs. C-503/99 *Kommission/Belgien*, Slg. 2002, I-4809, Rn. 39 ff.

kehrfreiheit angesehen, und zwar unabhängig davon, ob die Begrenzung nur für ausländische Erwerber[2296] oder unterschiedslos galt.[2297]

c. Satzungsmäßige Regelungen als staatliche Maßnahme

In der Entscheidung *Kommission/Vereinigtes Königreich*[2298] stellte der Europäische Gerichtshof zudem klar, dass die Mitgliedstaaten dem Beschränkungsverbot des Art. 56 Abs. 1 EGV nicht über den Umweg einer satzungsmäßigen Verankerung der Sonderrechte entgehen können.

In diesem Fall ging es um staatliche Sonderrechte an der privatisierten britischen Flughafenbetriebsgesellschaft British Airport Authority plc (BAA). Diese waren lediglich in der Satzung der Gesellschaft verankert und beruhten nicht auf einem im Zuge der Privatisierung erlassenen Sondergesetz. Allerdings wurde dem Secretary of State durch den Airports Act 1986 die Befugnis eingeräumt, die Satzung der privatisierten Gesellschaft mit oder ohne Änderungen zu genehmigen. Die Regierung des Vereinigten Königreichs vertrat die Auffassung, die satzungsmäßigen Sonderrechte seien kein Akt öffentlicher Gewalt und insbesondere keine nationale Rechtsvorschrift, sondern stellten lediglich eine normale Nutzung von Mechanismen des privaten Gesellschaftsrechts dar, die als solche nicht am Maßstab des EG-Vertrages gemessen werden könnten.

Der Europäische Gerichtshof widersprach dieser Auffassung. Er wertete die Satzung der BAA aufgrund der mit dem Genehmigungserfordernis verbundenen Einflussmöglichkeit des Secretary of State als hoheitliche Maßnahme.[2299] Infolge seines Einflusses auf den Inhalt der Satzung habe das Vereinigte Königreich als Staat gehandelt und lediglich zur Umsetzung einer staatlichen Maßnahme das Instrument nationalen Gesellschaftsrechts genutzt.

Damit bestätigte der Europäische Gerichtshof im Rahmen der Kapitalverkehrsfreiheit seine zur Warenverkehrsfreiheit ergangene Rechtsprechung, wonach es für die Beurteilung, ob eine hoheitliche Maßnahme vorliegt, nicht auf die rechtstechnische Einordnung der Maßnahme als privatrechtlich oder öffentlich-rechtlich, sondern vielmehr auf die tatsächliche Möglichkeit der Einflussnahme des Mitgliedstaates ankommt.[2300] Ein Mitgliedstaat kann sich somit nicht durch die Wahl privatrechtlicher Handlungsformen seiner Verpflichtung aus Art. 56 EGV entledigen.[2301]

2296 EuGH – Rs. C-367/98 *Kommission/Portugal*, Slg. 2002, I-4731, Rn. 39 ff.

2297 EuGH – Rs. C-98/01 *Kommission/Vereinigtes Königreich*, EuZW 2003, 536, Rn. 41 ff.

2298 EuGH – Rs. C-98/01 *Kommission/Vereinigtes Königreich*, EuZW 2003, 536.

2299 EuGH – Rs. C-98/01 *Kommission/Vereinigtes Königreich*, EuZW 2003, 536, Rn. 48.

2300 Vgl. hierzu EuGH – Rs. 249/81 *Kommission/Irland*, Slg. 1982, 4005, Rn. 29; EuGH – Rs. 222/82 *Apple and Pear Development Council*, Slg. 1983, 4083, Rn. 17 ff.; EuGH – Rs. C 325/00 *Kommission/Deutschland*, NJW 2002, 3609, Rn. 14 ff.; *Craig/De Burca*, EU Law, S. 625; *Koenig/Haratsch*, Europarecht, Rn. 567.

2301 So auch *Ruge*, EuZW 2003, 536, 541; ähnlich *Kainer*, ZHR 2004, 542, 557.

d. Einschränkung des Beschränkungsverbots nach den *Keck*-Grundsätzen

Um dem weitreichenden Beschränkungsverbot zu entgehen, beriefen sich die Mitgliedstaaten in den Entscheidungen *Kommission/Vereinigtes Königreich*[2302] und *Kommission/Spanien*[2303] zudem darauf, dass die im *Keck*-Urteil[2304] entwickelte Einschränkung der *Dassonville*-Formel[2305] für Verkaufsmodalitäten im Bereich der Warenverkehrsfreiheit des Art. 28 EGV auch im Rahmen der Kapitalverkehrsfreiheit nach Art. 56 Abs. 1 EGV Anwendung finden müsse.

Nach den Grundsätzen des *Keck*-Urteils fallen Bestimmungen, die (1) lediglich Verkaufs- und Absatzmodalitäten von Waren regeln, (2) für alle betroffenen Wirtschaftsteilnehmer unterschiedslos gelten und (3) den Absatz ausländischer und einheimischer Erzeugnisse rechtlich und tatsächlich in gleicher Weise regulieren, nicht in den Schutzbereich des Art. 28 EGV.[2306] Derartige Verkaufsmodalitäten sieht der Europäische Gerichtshof nicht als Beschränkung von Art. 28 EGV an, weil sie nach Einschätzung des Gerichts nicht geeignet sind, den Marktzugang für ausländische Produkte zu versperren oder zu behindern.[2307]

Nach Auffassung der durch die beiden vorgenannten Verfahren betroffenen Mitgliedstaaten, konnten die in diesen Verfahren zur Überprüfung anstehenden staatlichen Sonderrechte, die eine betragsmäßige Begrenzung des Anteilsbesitzes bzw. ein Widerspruchsrecht der Regierung für bestimmte Unternehmensentscheidungen vorsahen, nicht vom Geltungsbereich des Beschränkungsverbots des Art. 56 Abs. 1 EGV erfasst werden, weil sie nach ihrer Ansicht mit den Bestimmungen vergleichbar waren, die nach den Grundsätzen der *Keck*-Entscheidung keine europarechtlich unzulässige Einschränkung des freien Warenverkehrs beinhalten.

Der Europäische Gerichtshof lehnte die entsprechende Heranziehung der *Keck*-Grundsätze für die Beurteilung der streitentscheidenden Frage, ob die zu beurteilenden Sonderrechte mit dem Beschränkungsverbot des Art. 56 Abs. 1 EGV vereinbar waren, ab. Nach seiner Ansicht berührten die zu überprüfenden Sonderrechte die Situation des Erwerbers einer Beteiligung als solche und waren daher durchaus geeignet, Anleger aus anderen Mitgliedstaaten von solchen Investitionen abzuhalten und den Marktzugang zu beeinflussen.[2308]

Ob sich dieser Aussage eine generelle Absage an eine Übertragung der in der *Keck*-Entscheidung entwickelten Grundsätze zur Beurteilung von unterschiedslos anwendbaren Verkaufsmodalitäten auf die Kapitalverkehrsfreiheit ableiten lässt, wird

---

2302 EuGH – Rs. C-98/01 *Kommission/Vereinigtes Königreich*, EuZW 2003, 536.

2303 EuGH – Rs. C-463/00 *Kommission/Spanien*, EuZW 2003, 529.

2304 EuGH – verb. Rs. C-267/91 und C-268/91 *Keck*, Slg. 1993, I-6097; siehe zu der weitreichenden Bedeutung dieses Urteils *Craig/De Burca*, EU Law, S. 647 ff.; *Weatherill/Beaumont*, EU Law, S. 608 ff., *Koenig/Haratsch*, Europarecht, Rn. 557.

2305 EuGH – Rs. 8/74 *Dassonville*, Slg 1974, 837, Rn. 5; siehe dazu *Müller-Graff*, in: von der Groeben/Schwarze, EGV, Art 28 Rn. 39 ff.; *Koenig/Haratsch*, Europarecht, Rn. 554 f.

2306 EuGH – verb. Rs. C-267/91 und C-268/91 *Keck*, Slg. 1993, I-6097, Rn. 16.

2307 EuGH – verb. Rs. C-267/91 und C-268/91 *Keck*, Slg. 1993, I-6097, Rn. 17.

2308 EuGH – Rs. C-98/01 *Kommission/Vereinigtes Königreich*, EuZW 2003, 536, Rn. 47; EuGH – Rs. C-463/00 *Kommission/Spanien*, EuZW 2003, 529, Rn. 61.

zum Teil bezweifelt, da das Gericht in beiden Entscheidungen auf die Wirkung des konkreten staatlichen Sonderrechts abstellte.[2309] Allerdings sprechen die fortschreitende Konvergenz der Grundfreiheiten und die Tatsache, dass der EuGH eine Übertragung der *Keck*-Grundsätze auch bei der Prüfung der unzulässigen Beschränkung anderer Grundfreiheiten abgelehnt hat, für eine solche generelle Absage.[2310] Richtigerweise lassen die Entscheidungen *Kommission/Vereinigtes Königreich* und *Kommission/Spanien* den Schluss zu, dass der EuGH in Parallelität zu seiner Rechtsprechung zur Arbeitnehmerfreizügigkeit[2311] und zur Dienstleistungsfreiheit[2312] auch im Rahmen der Kapitalverkehrsfreiheit einen strengen Marktzugangstest anwendet, der eine niedrige Verletzungsschwelle aufstellt und eine Ausnahme im Sinne der *Keck*-Rechtsprechung nicht zulässt.[2313]

e. Rechtfertigungsgründe

Aufgrund des strengen Marktzugangstests kann davon ausgegangen werden, dass die durch golden shares gewährten staatlichen Sonderrechte vom EuGH regelmäßig als Beschränkung des Art. 56 Abs. 1 EGV gewertet werden, da sie zu einem Ungleichgewicht zwischen risikotragendem Kapital und Kontrollrechten führen und daher geeignet sind, ausländische Kapitalgeber von einem Beteiligungserwerb abzuhalten. Das gilt auch für das in § 2 Abs. 1 des VW-Gesetzes geregelte Höchststimmrecht der Volkswagen AG.[2314] Der Schwerpunkt der rechtlichen Prüfung verlagert sich daher auf die Frage, ob die Beschränkung der Kapitalverkehrsfreiheit ausnahmsweise gerechtfertigt werden kann.

2309 *Wellige*, EuZW 2003, 427, 431 f.; vgl. auch Kainer, ZHR 168 (2004), 542, 555 f., der allerdings zu Unrecht davon ausgeht, der Europäische Gerichtshof habe die *Keck*-Grundsätze auch auf die Dienstleistungsfreiheit und die Arbeitnehmerfreizügigkeit übertragen. Das ist aber gerade nicht der Fall. Vielmehr hat der Europäische Gerichtshof in den Entscheidungen EuGH – Rs. C-384/93 *Alpine Investments*, Slg. 1995, I-1141, Rn. 36 ff. (Dienstleistungsfreiheit) und EuGH – Rs. C-415/93 *Bosman*, Slg. 1995, I-4921, Rn. 103 (Arbeitnehmerfreizügigkeit) eine solche Übertragung der *Keck*-Grundsätze abgelehnt.

2310 Zur Ablehnung der *Keck*-Grundsätze im Bereich der Dienstleistungsfreiheit: EuGH – Rs. C-384/93 *Alpine Investments*, Slg. 1995, I-1141, Rn. 36 ff.; im Bereich der Arbeitnehmerfreizügigkeit: EuGH – Rs. C-415/93 *Bosman*, Slg. 1995, I-4921, Rn. 103; in diesem Sinne auch *Ruge*, EuZW 2003, 536, 541; *Kilian*, NJW 2003, 2653, 2654.

2311 EuGH – Rs. C-415/93 *Bosman*, Slg. 1995, I-4921, Rn. 103.

2312 EuGH – Rs. C-384/93 *Alpine Investments*, Slg. 1995, I-1141, Rn. 36 ff.

2313 Grundlegend zum Marktzugangstest Generalanwalt *Jacobs*, Schlussanträge – Rs. C-412/93 *Leclerc-Siplec*, Slg. 1995, I-179, Rn. 38 ff.; *Craig/De Burca*, EU Law, S. 653 ff.; *Barnard*, (2001) ELR 26, 35, 52 f.

2314 Vgl. Pressemitteilung der Europäischen Kommission IP/04/1209, vom 13. Oktober 2004; *Krause*, NJW 2002, 2747, 2748 ff.; *Bayer*, BB 2002, 2289, 2291; *Wellige*, EuZW 2003, 427 ff.; *Kainer*, ZHR 168 (2004), 542, 572.

aa. Art. 295 EGV

Generalanwalt Colomer und einige der Mitgliedstaaten vertraten in ihren Ausführungen zu den vorgenannten golden share Entscheidungen die Auffassung, aus Art. 295 EGV ergebe sich eine mögliche Rechtfertigung für nichtdiskriminierende Beschränkungen der Kapitalverkehrsfreiheit durch staatliche Sonderrechte.[2315]

Nach Art. 295 EGV bleibt die Eigentumsordnung der Mitgliedstaaten von den Regelungen des EG-Vertrages unberührt. Daher beriefen sich die Mitgliedstaaten darauf, die aktienrechtlichen Befugnisse des Staates seien Bestandteil der nationalen Eigentumsordnung und der nationalen Gesellschaftsrechte und könnten deshalb keinen Verstoß gegen Gemeinschaftsrecht darstellen.

Der Europäische Gerichtshof hingegen lehnte eine Rechtfertigung der Einräumung staatlicher Sonderrechte durch Art. 295 EGV ab. Zwar seien die Mitgliedstaaten frei, ihre Eigentumsordnung zu bestimmen; jedoch entbinde diese Freiheit nicht von der Pflicht, die Grundprinzipien des EG-Vertrages einzuhalten.[2316] Daher sei es den Mitgliedstaaten nicht erlaubt, sich auf ihre nationale Eigentumsordnung, die Gegenstand von Art 295 EGV ist, zu berufen, um Beeinträchtigungen der im Vertrag vorgesehenen Freiheiten zu rechtfertigen, die sich aus Vorrechten ergeben, mit denen ihre Aktionärsstellung in einem privatisierten Unternehmen ausgestattet sei.[2317] Im Ergebnis räumte der Europäische Gerichtshof den europarechtlich garantierten Marktfreiheiten somit den Vorrang gegenüber den mitgliedstaatlichen Eigentumsordnungen ein.[2318]

bb. Wirtschaftliche Erwägungen

Darüber hinaus stellte der EuGH in Fortführung seiner ständigen Rechtsprechung klar, dass wirtschaftliche Erwägungen zur Rechtfertigung von Beschränkungen der Grundfreiheiten und damit auch der Kapitalverkehrsfreiheit nicht in Betracht kommen.[2319] Wirtschaftspolitische Ziele der Mitgliedstaaten, wie etwa die Wahl eines strategischen Partners, die Stärkung der Wettbewerbsstruktur des Marktes oder die Steigerung der

---

2315 Mit ausführlicher Begründung Generalanwalt *Colomer*, Schlussanträge – Rs. C-483/99 *Kommission/Frankreich* – Rs. C-367/98 *Kommission/Portugal* – Rs. C-503/99 *Kommission/Belgien*, Slg. 2002, I-4731, Rn. 39 ff.; vgl. dazu *Ruge*, EuZW 2002, 421, 423.

2316 EuGH – Rs. C-367/98 *Kommission/Portugal*, Slg. 2002, I-4731, Rn. 48; EuGH – Rs. C-483/99 *Kommission/Frankreich*, Slg. 2002, I-4781, Rn 44; EuGH – Rs. C-503/99 *Kommission/Belgien*, Slg. 2002, I-4809, Rn. 44; EuGH – Rs. C-463/00 *Kommission/Spanien*, EuZW 2003, 529, Rn. 67; in diesem Sinne auch schon EuGH – Rs. C-302/97 *Konle*, Slg. 1999, I-3099, Rn. 37 f., EuGH – Rs. 182/83 *Fearon*, Slg. 1984, 3677, Rn. 7.

2317 EuGH – Rs. C-483/99 *Kommission/Frankreich*, Slg. 2002, I-4781, Rn 44; EuGH – Rs. C-503/99 *Kommission/Belgien*, Slg. 2002, I-4809, Rn. 44; EuGH – Rs. C-463/00 *Kommission/Spanien*, EuZW 2003, 529, Rn. 67.

2318 *Kiemel*, in: von der Groeben/Schwarze, EGV, Art. 56 Rn. 28; *Kilian*, NJW 2003, 2653, 2653 f.; *Ruge*, EuZW 2003, 536, 542.

2319 EuGH – Rs. C-367/98 *Kommission/Portugal*, Slg. 2002, I-4731, Rn. 52; zur Warenverkehrsfreiheit: EuGH – Rs. C-265/95 *Kommission/Frankreich*, Slg. 1997, I-6959, Rn. 62; zur Dienstleistungsfreiheit: EuGH – Rs. C-398/95 *SETTG*, Slg. 1997, I-3091, Rn. 23; vgl. dazu *Fleischer*, (2003) CMLR 40, 493, 496 f.; *Bayer*, BB 2002, 2289, 2290.

Leistungsfähigkeit der Produktionsmittel, können daher keine Rechtfertigung für die Gewährung staatlicher Sonderrechte durch einen golden share darstellen.[2320]

cc. Art. 58 EGV und zwingende Gründe des Allgemeininteresses

Eine durch einen golden share hervorgerufene Verletzung der Kapitalverkehrsfreiheit kann nach dieser Rechtsprechung des Europäischen Gerichtshofs vielmehr nur durch die geschriebenen Rechtfertigungsgründe des Art. 58 EGV oder, sofern die betreffende Regelung unterschiedslos anwendbar ist, durch zwingende Gründe des Allgemeininteresses gerechtfertigt werden.[2321]

Da es sich bei den ehemaligen Staatsunternehmen zumeist um Betriebe auf dem Gebiet der Daseinsvorsorge handelt, kommt von den Rechtfertigungsgründen des Art. 58 EGV insbesondere die Gewährleistung der öffentlichen Sicherheit in Betracht, zu der unter anderem die Sicherstellung der Energieversorgung im Krisenfall zählt.[2322] Zu den richterrechtlich anerkannten zwingenden Gründen des Allgemeininteresses gehört vor allem die Gewährleistung der Erbringung öffentlicher Dienstleitungen im Krisenfall, die daher eine mögliche Rechtfertigung von golden shares darstellen kann.[2323] Allerdings hat der EuGH in der Entscheidung *Kommission/Spanien*[2324] deutlich gemacht, dass die Sicherstellung der Versorgung im Krisenfall nur für solche Unternehmen ein die Einschränkung der Kapitalverkehrsfreiheit rechtfertigender zwingender Grund des Allgemeininteresses bzw. ein Bestandteil der öffentlichen Sicherheit sein kann, deren Leistungen tatsächlich zur Grundversorgung gehören. Dazu zählen etwa die Erdölversorgung, die Telefonversorgung und die Stromversorgung.[2325] Golden shares in Betrieben aus Wirtschaftsbranchen, die offensichtlich nicht in die Kategorie der Daseinsvorsorge fallen, wie etwa die Tabakindustrie, können sich dagegen nicht auf diese Rechtfertigungsgründe berufen.[2326] Auch die anderen in Art. 58 EGV abschließend aufgezählten Rechtfertigungsgründe und die übrigen von der Rechtsprechung anerkannten zwingenden Gründe des Allgemeininteresses dürften aus diesem

---

2320 EuGH – Rs. C-367/98 *Kommission/Portugal*, Slg. 2002, I-4731, Rn. 52.

2321 EuGH – Rs. C-367/98 *Kommission/Portugal*, Slg. 2002, I-4731, Rn. 49; EuGH – Rs. C-483/99 *Kommission/Frankreich*, Slg. 2002, I-4781, Rn 45; EuGH – Rs. C-503/99 *Kommission/Belgien*, Slg. 2002, I-4809, Rn. 45; EuGH – Rs. C-463/00 *Kommission/Spanien*, EuZW 2003, 529, Rn. 68.

2322 EuGH – Rs. C-503/99 *Kommission/Belgien*, Slg. 2002, I-4809, Rn. 46; EuGH – Rs. 72/83 *Campus Oil*, Slg. 1984, 2727, Rn. 34.

2323 Vgl. EuGH – Rs. C-463/00 *Kommission/Spanien*, EuZW 2003, 529, Rn. 71; EuGH – Rs. C-483/99 *Kommission/Frankreich*, Slg. 2002, I-4781, Rn 47; EuGH – Rs. C-503/99 *Kommission/Belgien*, Slg. 2002, I-4809, Rn. 46; dazu *Ruge*, EuZW 2003, 536, 541; *Wellige*, EuZW 2003, 427, 429.

2324 EuGH – Rs. C-463/00 *Kommission/Spanien*, EuZW 2003, 529.

2325 EuGH – Rs. C-463/00 *Kommission/Spanien*, EuZW 2003, 529, Rn. 71; *Ruge*, EuZW 2003, 536, 541; *Kilian*, NJW 2003, 2653, 2654.

2326 Vgl. EuGH – Rs. C-463/00 *Kommission/Spanien*, EuZW 2003, 529, Rn. 70; *Bayer*, BB 2002, 2289, 2290; *Ruge*, EuZW 2003, 536, 541; *Kainer*, ZHR 168 (2004), 542, 572.

Grund zur Rechfertigung von golden shares in allgemeinen Wirtschaftsunternehmen nicht in Betracht kommen.

Da ein Automobilwerk zweifellos keine Daseinsvorsorge und keine Dienstleistung von allgemeinem wirtschaftlichen Interesse erbringt, sind die staatlichen Sonderrechte bei der Volkswagen AG, wie etwa das Höchststimmrecht, infolge dieser Rechtsprechung europarechtlich nicht zu rechtfertigen.[2327]

dd. Verhältnismäßigkeit und Transparenz

Ein golden share, der die Anforderungen an einen Rechtfertigungsgrund erfüllt, da er der Sicherung der Versorgung dient, muss überdies dem europarechtlichen Verhältnismäßigkeitsgebot entsprechen.[2328] Er muss zur Erreichung des verfolgten Ziels geeignet sein und darf nicht über das hinausgehen, was zur Erreichung des Ziels erforderlich ist.

Für staatliche Sonderrechte, die bestimmte Unternehmensentscheidungen, Verfügungen oder Aktienübertragungen von der Zustimmung des Mitgliedstaates abhängig machen, führte der Europäische Gerichtshof seine bisherige Rechtsprechung zur Kapitalverkehrsfreiheit fort, wonach ein System nachträglicher Anmeldung mit Widerspruchsrecht im Vergleich zu einem System vorheriger Genehmigung das mildere Mittel darstellt, letzteres also unverhältnismäßig ist, wenn eine Regelung durch ein Widerspruchsrecht in Betracht kommt.[2329]

Ein solches Widerspruchsrecht muss darüber hinaus dem gemeinschaftsrechtlichen Transparenzgrundsatz genügen und auf objektiven, nicht diskriminierenden Kriterien beruhen, die hinreichend bestimmt und im Voraus bekannt sind, so dass die betroffenen Anleger feststellen können, unter welchen konkreten Umständen ein Widerspruch erfolgt.[2330] Ferner muss die Entscheidung des Mitgliedstaates mit einer Begründung versehen sein, innerhalb einer bestimmten Frist erfolgen und einer wirksamen gerichtlichen Überprüfung durch die Gerichte des jeweiligen Mitgliedstaates unterliegen.[2331]

2327 Vgl. Pressemitteilung der Europäischen Kommission IP/04/1209, vom 13. Oktober 2004, abgedruckt in EuZW 2004, 261; *Krause*, NJW 2002, 2747, 2748 ff.; *Bayer*, BB 2002, 2289, 2291; *Wellige*, EuZW 2003, 427 ff.; *Kainer*, ZHR 168 (2004), 542, 572.

2328 EuGH – Rs. C-367/98 *Kommission/Portugal*, Slg. 2002, I-4731, Rn. 49; EuGH – Rs. C-483/99 *Kommission/Frankreich*, Slg. 2002, I-4781, Rn 45; EuGH – Rs. C-503/99 *Kommission/Belgien*, Slg. 2002, I-4809, Rn. 45; EuGH – Rs. C-463/00 *Kommission/Spanien*, EuZW 2003, 529, Rn. 68.

2329 EuGH – Rs. C-302/97 *Konle*, Slg. 1999, I-3099, Rn. 44; EuGH – Rs. C-205/99 *Analir*, Slg. 2001, I-1271, Rn. 35; EuGH – Rs. C-367/98 *Kommission/Portugal*, Slg. 2002, I-4731, Rn. 50; EuGH – Rs. C-483/99 *Kommission/Frankreich*, Slg. 2002, I-4781, Rn 46; EuGH – Rs. C-463/00 *Kommission/Spanien*, EuZW 2003, 529, Rn. 78.

2330 EuGH – Rs. C-483/99 *Kommission/Frankreich*, Slg. 2002, I-4781, Rn 46; EuGH – Rs. C-463/00 *Kommission/Spanien*, EuZW 2003, 529, Rn. 74 ff.; *Kiemel*, in: von der Groeben/Schwarze, EGV, Art. 56 Rn. 8; *Bayer*, BB 2002, 2289, 2290.

2331 EuGH – Rs. C-463/00 *Kommission/Spanien*, EuZW 2003, 529, Rn. 74 ff.; EuGH – Rs. C-483/99 *Kommission/Frankreich*, Slg. 2002, I-4781, Rn 46; EuGH – Rs. C-205/99 *Analir*, Slg.

3. Fazit

Insgesamt legt der Europäische Gerichtshof für die Zulässigkeit von staatlichen Sonderrechten an privatisierten Unternehmen einen strengen Maßstab an, der bisher nur durch die golden shares der belgischen Regierung in zwei ehemals staatseigenen Energieversorgungsunternehmen erfüllt wurde.[2332]

Da staatliche Sonderrechte zu einem Ungleichgewicht von risikotragendem Kapital und Kontrollrechten führen, sind sie geeignet, Investitionen ausländischer Kapitalmarktteilnehmer zu behindern. Sie unterfallen daher in aller Regel dem weiten Beschränkungsverbot des Art. 56 Abs. 1 EGV. Nur wenn es bei dem golden share wirklich um die Sicherung der Daseinsvorsorge in Krisenzeiten geht und die hohen Anforderungen an Verhältnismäßigkeit, Bestimmtheit und Justiziabilität der Einflussnahme des Mitgliedstaates erfüllt sind, ist ein staatliches Sonderrecht daher europarechtlich zulässig. Demgegenüber halten golden shares in allgemeinen Wirtschaftsunternehmen, wie etwa das Höchststimmrecht bei der Volkswagen AG, den vom Europäischen Gerichtshof aufgestellten Anforderungen nicht stand. Dies gilt insbesondere, weil derartige staatliche Sonderrechte zumeist wirtschaftspolitischen Erwägungen dienen, die als Rechtfertigung für einen Eingriff in die Kapitalverkehrsfreiheit generell ausscheiden.

Zwar werden golden shares, die mit dem EG-Vertrag vereinbar sind nach Art. 11 Abs. 7 ÜRL von der Durchbruchsregel nicht erfasst. Da die strengen Anforderungen des Europäischen Gerichtshofs an die Rechtmäßigkeit von golden shares nur ausnahmsweise erfüllt werden, findet die Durchbruchsregel auf golden shares regelmäßig Anwendung.[2333]

E. Art. 12 ÜRL Optionsmodell

Art. 12 ÜRL enthält ein zweistufiges Optionsmodell zur Anwendung des Vereitelungsverbots des Art. 9 Abs. 2 und 3 ÜRL und der Durchbruchsregel des Art. 11 ÜRL. Es stellt das Herzstück des von der portugiesischen Delegation im Ministerrat eingebrachten Kompromissvorschlags dar. Art. 12 ÜRL wurde in die endgültig verabschiedete Richtlinie aufgenommen, obwohl die Europäische Kommission die Regelung als ungeeignet ansah, ein level playing field für Unternehmensübernahmen in Europa zu schaffen. Das Optionsmodell basiert auf der grundsätzlichen Anwendbarkeit des Vereitelungsverbots und der Durchbruchsregel. Durch seine doppelte Wahlmöglichkeit überlässt es jedoch im Ergebnis den Mitgliedstaaten und den betroffenen Gesellschaf-

2001, I-1271, Rn. 38; ähnlich EuGH – Rs. C-503/99 *Kommission/Belgien*, Slg. 2002, I-4809, Rn. 52; vgl. zu den Anforderungen an ein System mitgliedstaatlicher Zustimmung *Fleischer*, (2003) CMLR 40493, 497; *Ruge*, EuZW 2003, 536, 541.

2332 EuGH – Rs. C-503/99 *Kommission/Belgien*, Slg. 2002, I-4809.

2333 Missverständlich ist insofern die Äußerung von *Seibt/Heiser*, ZGR 2005, 200, 226, die Durchbruchsregel finde auf golden shares keine Anwendung.

ten die Entscheidung darüber, inwieweit diese beiden strengen Regelungen Anwendung finden sollen.[2334]

I. Art. 12 Abs. 1 ÜRL Wahlrecht der Mitgliedstaaten („opt-out")

Auf der ersten Stufe wird den Mitgliedstaaten nach Art. 12 Abs. 1 ÜRL das Recht vorbehalten, Gesellschaften mit satzungsmäßigem Sitz in ihrem Staatsgebiet die Anwendung des Vereitelungsverbots und/oder der Durchbruchsregel nicht vorzuschreiben. Jeder einzelne Mitgliedstaat kann also von der Anwendung von Art. 9 Abs. 2 und 3 und/oder Art. 11 ÜRL absehen, so dass diese Regelungen von seinen Gesellschaften nicht per Gesetz einzuhalten sind. Die mitgliedstaatliche Entscheidung für eine Nichtanwendung von Art. 9 Abs. 2 und 3 und/oder 11 ÜRL wird als „opt-out" bezeichnet.

Der britische Gesetzgeber hat sich hinsichtlich der in Art. 11 ÜRL verankerten Durchbruchsregel für ein opt-out entschieden, weil er den britischen Ansatz, Übernahmehindernisse über die Marktkräfte abzubauen, einer gesetzlichen angeordneten Durchbrechung in Übernahmefällen vorzieht.[2335] Das in Art. 9 Abs. 2 und 3 ÜRL geregelte strenge europäische Vereitelungsverbots wird er aber umsetzen, weil dieses ohnehin weitgehend der geltenden prohibition of frustrating action des City Code entpricht.[2336] Demgegenüber wird der deutsche Gesetzgeber nach dem Referentenentwurf eines Übernahmerichtlinie-Umsetzungsgesetzes ein umfassendes opt-out hinsichtlich beider Regelungen vornehmen.[2337] Dadurch sollen deutsche Unternehmen vor einem Wettbewerbsnachteil gegenüber ihren ausländischen Konkurrenten im Hinblick auf Übernahmeabwehrmaßnahmen bewahrt werden.[2338]

Auch nach der Implementierung der Übernahmerichtlinie in britisches und deutsches Recht wird es daher in beiden Rechtsordnungen bei der geltenden Rechtslage hinsichtlich der untersuchten Präventivmaßnahmen bleiben.[2339] Das Ergebnis der vorstehenden rechtsvergleichenden Untersuchung behält demgemäß auch nach der Umsetzung der Richtlinie seine Gültigkeit.

II. Art. 12 Abs. 2 ÜRL Wahlrecht der Gesellschaften („opt-in")

Sofern ein Mitgliedstaat von der Möglichkeit des opt-out Gebrauch macht, wird er durch Art. 12 Abs. 2 Uabs. 1 ÜRL auf einer zweiten Stufe verpflichtet, den in seinem Staatsgebiet ansässigen Gesellschaften die widerrufliche Wahlmöglichkeit einzuräumen, die Geltung des Vereitelungsverbots und/oder der Durchbruchsregel kraft eigener

---

2334 Zur Bedeutung des Optionsmodells als Technik der staatlichen Normsetzung, die den Normadressaten Wahlfreiheit gibt, siehe *Fleischer*, ZHR (168) 2004, 673, 695 f.; zur möglichen Umsetzung in Deutschland *Seibt/Heiser*, ZGR 2005, 200, 231 ff.

2335 *DTI*, Company Law Implementation of the European Directive on Takeover Bids, S. 27 f.

2336 *DTI*, Company Law Implementation of the European Directive on Takeover Bids, S. 26 ff.

2337 Begründung RefE-ÜRL-UmsG, S. 5, 18 ff.

2338 Begründung RefE-ÜRL-UmsG, S. 5.

2339 Siehe hierzu insbesondere den Rechtsvergleich in Teil 3.

Entscheidung zu bestimmen. Jede Gesellschaft hat somit die Möglichkeit, die Geltung von Art. 9 Abs. 2 und 3 und/oder Art. 11 ÜRL für sich anzuordnen, wenn der Gesetzgeber sich gegen eine gesetzliche Übernahme dieser Regelungen entscheidet. Die Entscheidung der einzelnen Gesellschaften wird als „opt-in" bezeichnet. In Deutschland wird die opt-in-Möglichkeit nach dem Referentenentwurf eines Übernahmerichtlinie-Umsetzungsgesetzes in zwei neu geschaffenen § 33 a und b WpÜG verankert werden.[2340]

Für ein solches opt-in ist nach Art. 12 Abs. 2 Uabs. 2 ÜRL ein Hauptversammlungsbeschluss erforderlich, der im Einklang mit den nationalen Bestimmungen über satzungsändernde Beschlüsse getroffen werden muss. Nach deutschem Aktienrecht bedarf es dafür einer drei viertel Kapitalmehrheit,[2341] während nach britischem Recht eine Dreiviertelmehrheit der Stimmen ausreicht.[2342] Der opt-in-Beschluss ist der Aufsichtsstelle des Mitgliedstaates, in der die Gesellschaft ihren Sitz hat, sowie den Aufsichtsstellen aller anderen Mitgliedstaaten, in denen die Wertpapiere der Gesellschaft zum Handel auf einem geregelten Markt zugelassen sind, oder in denen ein entsprechender Zulassungsantrag gestellt wurde, mitzuteilen.

III. Reziprozität

Das Optionsmodell hat zur Folge, dass unterschiedliche nationale Regelungen zu präventiven Übernahmehindernissen und Verhaltenspflichten der Verwaltung in Übernahmesituationen aufrechterhalten werden können, so wie dies in Deutschland und Großbritannien der Fall sein wird. Um trotzdem die unterschiedlichen Ausgangsbedingungen für Unternehmensübernahmen in Europa in einem gewissen Umfang anzugleichen und dadurch dem Fernziel eines level playing field näher zu kommen, ist in Art. 12 Abs. 3 ÜRL die sog. „Reziprozitätsregel" aufgenommen worden. Diese regelt das übernahmebedingte Aufeinandertreffen von Gesellschaften, die infolge des Optionsmodells die Bestimmungen von Art. 9 Abs. 2 und 3 und/oder Art. 11 ÜRL in unterschiedlicher Weise anwenden.[2343]

1. Art. 12 Abs. 3 ÜRL Öffnung durch den Mitgliedstaat

Durch Art. 12 Abs. 3 ÜRL wird den Mitgliedstaaten das Recht eingeräumt, Gesellschaften, die Art. 9 Abs. 2 und 3 und/oder Art. 11 ÜRL anwenden, von der Anwendung dieser Artikel zu befreien, wenn die Gesellschaft Ziel eines Übernahmeangebots durch eine Bietergesellschaft wird, welche dieselben Artikel ihrerseits nicht anwendet. Hierdurch wird eine gewisse Waffengleichheit zwischen den sich im Übernahmekampf begegnenden Gesellschaften gewährleistet.

2340 Vgl. Begründung RefE-ÜRL-Umsg, S. 18 ff.

2341 Vgl. § 179 AktG.

2342 Vgl. sec. 9 (1) CA 1985.

2343 Vgl. *Glade/Haak/Hellich*, DK 2004, 515, 516; *Maul/Muffat-Jeandet*, AG 2004, 306, 314.

Nach dem Referentenentwurf eines Übernahmerichtlinie-Umsetzungsgesetzes wird die Reziprozitätsregel in Deutschland durch einen neu geschaffenen § 33 c WpÜG umgesetzt.[2344] Die britische Regierung hat sich demgegenüber gegen eine Implementierung der Reziprozitätsregel entschieden, um nicht den strengen Maßstab der gegenwärtig geltenden prohibition of frustrating action des City Code, die im Wesentlichen dem umzusetzenden europäischen Vereitelungsverbot entspricht, auszuhölen.[2345] Demgemäß werden britische Zielgesellschaften auch in Zukunft bei Übernahmeversuchen durch deutsche Bieter einer strengen Neutralitätspflicht unterliegen.

Um zu verhindern, dass die Reziprozitätsregel auf Bieterseite durch die Einschaltung von Tochtergesellschaften umgangen wird, stellt Art. 12 Abs. 3 ÜRL für die Frage der Gegenseitigkeit nicht nur auf die das Angebot abgebende Gesellschaft, sondern auch auf diejenige Gesellschaft ab, welche die Bietergesellschaft direkt oder indirekt kontrolliert.[2346] Eine Zielgesellschaft ist daher auch dann nicht an Art. 9 Abs. 2 und 3 und/oder Art. 11 ÜRL gebunden, wenn das Übernahmeangebot etwa durch eine eigens zu diesem Zwecke gegründete Tochtergesellschaft abgegeben wird, die ihrerseits die entsprechenden Vorschriften anwendet, während die Muttergesellschaft sich durch eine Nichtanwendung dieser Vorschriften schützt.[2347]

2. Art. 12 Abs. 5 ÜRL Hauptversammlungsermächtigung

Ordnet ein Mitgliedstaat die Geltung der Reziprozität an, so sind seine Gesellschaften in dem Umfang von Art. 9 Abs. 2 und 3 und/oder Art. 11 ÜRL befreit, wie die Bietergesellschaft diese Regelungen ihrerseits nicht anwendet.

Auf der Ebene der Zielgesellschaft bedürfen Abwehrmaßnahmen der Verwaltung, die infolge von Art. 12 Abs. 3 ÜRL vorgenommen werden sollen, nach Art. 12 Abs. 5 ÜRL neben der generellen Öffnung durch den Mitgliedstaat zusätzlich einer Ermächtigung der Hauptversammlung.[2348] Diese kann als Vorratsbeschluss bis zu 18 Monate vor der Bekanntmachung der Entscheidung zur Abgabe des Angebots erteilt werden.

Da die Richtlinie keine Vorgaben in Bezug auf die Bestimmtheit derartiger Beschlüsse macht, bleibt unklar, ob insofern Generalermächtigungen zulässig sind, welche die Verwaltung zur Vornahme jeglicher Verteidigungsmaßnahmen ermächtigen, die sie für erforderlich hält, oder ob an derartige Vorratbeschlüsse zumindest ähnliche

---

2344 Vgl. Begründung RefE-ÜRL-UmsG, S. 21 f.

2345 Vgl. *DTI*, Company Law Implementation of the European Directive on Takeover Bids, S. 28.

2346 Der Begriff der Kontrolle richtet sich nach der Art. 1 der 7. Richtlinie 83/349/EWG des Rates vom 13.6.1983 aufgrund von Art. 54 Abs. 3 lit. g des Vertrages über den konsolidierten Abschluss, ABl. EG Nr. L 193 vom 18.7.1983, S. 1 ff.

2347 Siehe dazu das Beispiel bei *Maul/Muffat-Jeandet*, AG 2004, 306, 312.

2348 Unzutreffend ist insofern die Darstellung bei *Maul/Muffat-Jeandet*, AG 2004, 306, 313, die wohl davon ausgehen, eine Ermächtigung der Hauptversammlung im Sinne von Art. 12 Abs. 5 ÜRL sei nur notwendig, sofern sich ein Zustimmungserfordernis der Hauptversammlung aus bestehenden aktienrechtlichen Grundsätzen ergibt.

inhaltliche Anforderungen zu stellen sind, wie sie § 33 Abs. 2 WpÜG aufstellt, so dass die beabsichtigten Maßnahmen der Art nach zu bestimmen sind.[2349]

Ebenso stellt sich die Frage, ob ein Vorratsbeschluss nach Art. 12 Abs. 5 ÜRL die ausdrückliche Zwecksetzung der Übernahmeabwehr enthalten muss, oder ob im Rahmen der Reziprozität auch die Ausnutzung von allgemeinen Ermächtigungen zulässig ist, die zu einem anderen Zweck als der Übernahmeabwehr erteilt wurden. Insofern lässt ein Vergleich des Wortlauts von Art. 12 Abs. 5 ÜRL mit der Formulierung in Art. 9 Abs. 2 Uabs. 1 ÜRL allerdings darauf schließen, dass auch allgemeine Ermächtigungen den Anforderungen des Art. 12 Abs. 5 ÜRL genügen, sofern sie innerhalb der 18-Monatsfrist gefasst wurden. Während Art. 9 Abs. 2 Uabs. 1 ÜRL nämlich für die Befreiung vom Vereitelungsverbot eine „*zu diesem Zweck*" erteilte Ermächtigung fordert, fehlt ein derartiges Erfordernis in Art. 12 Abs. 5 ÜRL.

3. Anwendungsbereich

Fraglich ist weiterhin, ob Art. 12 Abs. 3 ÜRL nur gilt, wenn ein Mitgliedstaat die Anwendung von Art. 9 Abs. 2 und 3 und/oder Art. 11 ÜRL nach Art. 12 Abs. 1 ÜRL ausgeschlossen hat und die maßgeblichen Vorschriften aufgrund individuellen opt-in-Beschlusses einer Gesellschaft nach Art. 12 Abs. 2 ÜRL Anwendung finden, oder ob ein Mitgliedstaat die Reziprozität auch anordnen kann, wenn eine Zielgesellschaft gesetzlich an das Vereitelungsverbot und/oder die Durchbruchsregel gebunden ist, weil der entsprechende Mitgliedstaat von der opt-out-Möglichkeit des Art. 12 Abs. 1 ÜRL keinen Gebrauch gemacht hat.

Der Wortlaut von Art. 12 Abs. 3 ÜRL spricht von „*Gesellschaften, die Art. 9 Abs. 2 und 3 und/oder 11 anwenden*". Ausgehend von dieser aktivischen Formulierung könnte man annehmen, dass die Reziprozität nur für Fälle gilt, in denen sich eine Gesellschaft nach einem opt-out des Mitgliedstaates durch einen opt-in-Hauptversammlungsbeschluss selbst für die Anwendung der entsprechenden Artikel entscheidet, nicht aber für Fälle, in denen die Vorschriften aufgrund einer gesetzlichen Regelung des Mitgliedstaates Anwendung finden.[2350]

Gegen ein solches Verständnis spricht jedoch, dass eine derartige Auslegung von Art. 12 Abs. 3 ÜRL dem Ziel der Regelung, zumindest in gewissem Maße eine Angleichung der Ausgangbedingungen für Unternehmensübernahmen in den Mitgliedstaaten zu erreichen, zuwiderlaufen würde. Denn in einem solchen Fall wären Gesellschaften aus Mitgliedstaaten, die Art. 9 Abs. 2 und 3 und/oder Art. 11 ÜRL entsprechend den Vorgaben der Richtlinie umsetzen, im Vergleich zu Gesellschaften aus

---

2349 Auch die im Referentenentwurf eines Übernahmerichtlinie-Umsetzungsgesetzes vorgesehene Regelung schafft insofern keine Klarheit, vgl. RefE-ÜRL-UmsG, Art. 1 § 33 c Abs. 3 WpÜG-RefE; *Seibt/Heiser*, ZGR 2005, 200, 235 f. schlagen vor, die Hauptversammlung solle eine generelle Ermächtigung zur Befreiung von der Durchbruchsregel bzw. vom Vereitelungsverbot und *zugleich* eine konkrete Ermächtigung zur Ergreifung bestimmter Abwehrmaßnahmen erteilen. Zu den inhaltlichen Anforderungen des Art. 33 Abs. 2 WpÜG *Schwennicke*, in: Geibel/Süßmann, WpÜG, § 33 Rn. 76; *Hirte*, KK-WpÜG, § 33 Rn. 116 ff.; *Röh*, in: Haarmann/Riehmer/Schüppen, WpÜG, § 33 Rn. 105.

2350 So wohl *Glade/Haak/Hellich*, DK 2004, 515, 516.

opt-out-Staaten, die sich durch ein opt-in für eine Geltung der Vorschriften entschieden haben, schlechter gestellt. Bei einem Übernahmeversuch durch eine Gesellschaft aus einem opt-out-Staat, die ihrerseits kein opt-in vorgenommen hat, hätten sie nämlich nicht die Möglichkeit, sich entsprechend der Reziprozitätsregelung in Art. 12 Abs. 3 ÜRL gegen die Übernahme zu verteidigen. Um eine solche Schlechterstellung zu vermeiden und ihren Gesellschaften den Schutz der Reziprozitätsregelung zu eröffnen, wären die Mitgliedstaaten daher gezwungen, in jedem Fall ein opt-out vorzunehmen, auch wenn sie eigentlich eine Anwendung von Art. 9 Abs. 2 und 3 und/oder Art. 11 ÜRL für vorzugswürdig hielten. Das zu erwartende generelle opt-out der Mitgliedstaaten würde aber der Schaffung eines level playing field entgegen stehen.

Daher werden von der Reziprozitätsregelung sowohl Gesellschaften erfasst, die Art. 9 Abs. 2 und 3 und/oder 11 ÜRL aufgrund eines opt-in als auch aufgrund einer gesetzlichen Anordnung ihres Mitgliedstaates anwenden.[2351]

4. Drittstaaten

Unklar ist schließlich, ob die Reziprozitätsregelung über die Europäische Union hinaus auch auf Bieter aus Drittstaaten anwendbar ist.[2352]

Konkret formuliert stellt sich die Frage, ob eine europäische Zielgesellschaft, die etwa Art. 9 Abs. 2 und 3 ÜRL grundsätzlich anwendet, gegenüber einer amerikanischen Bietergesellschaft, die an kein entsprechendes Vereitelungsverbot gebunden ist, aufgrund der Reziprozitätsregel von der Geltung des Art. 9 Abs. 2 und 3 ÜRL befreit ist und somit unter den Voraussetzungen des Art. 12 Abs. 5 ÜRL Abwehrmaßnahmen in der Angebotsphase vornehmen kann.

Der Wortlaut des Art. 12 Abs. 3 ÜRL spricht von einer Anwendung der Reziprozität auf Bietergesellschaften, welche „*dieselben Artikel*" der Richtlinie nicht anwenden. Er könnte mithin so verstanden werden, dass die Reziprozitätsregelung nur für Gesellschaften aus den Mitgliedstaaten der Europäischen Union und nicht für Bietergesellschaften aus Drittstaaten gilt.[2353]

Gegen diese Auslegung spricht jedoch, dass ein wesentlicher Grund für die Einführung von Art. 12 ÜRL die Schaffung einer Waffengleichheit für europäische Gesellschaften bei Übernahmeangeboten durch Gesellschaften aus dem amerikanischen Ausland war.[2354] Diesem Zweck würde es aber widersprechen, wenn sich die Rezipro-

---

2351 So auch *Maul/Muffat-Jeandet*, AG 2004, 306, 312; in diesem Sinne ist auch der vorgesehene Wortlaut für die zur Umsetzung von Art. 12 Abs. 3 ÜRL neu zu schaffenden § 33 c Abs. 1 und 2 WpÜG zu verstehen, der die Geltung der Reziprozität davon abhängig macht, dass der Bieter einer der Neutralitätspflicht oder Durchbruchsregel „...*entsprechenden Regelung nicht unterliegt.*", siehe RefE-ÜRL-UmsG, S. 7.

2352 *Krause*, BB 2004, 113, 116; *Glade/Haak/Hellich*, DK 2004, 515, 516; *Maul/Muffat-Jeandet*, AG 2004, 306, 313.

2353 Zu dieser Überlegung *Glade/Haak/Hellich*, DK 2004, 515, 516.

2354 *Johnston*, (2004) Comp Law 25, 270, 274 Fn. 58; die Problematik der Waffengleichheit mit Bietergesellschaften aus Drittstaaten – insbesondere aus den USA – wurde bereits von der *Winter-Kommission* angesprochen. Diese zog angesichts zu erwartender „politischer Bedenzität nur auf Übernahmeangebote von europäischen Bietergesellschaften beziehen würde, während europäische Zielgesellschaften gegenüber Übernahmeversuchen von Bietergesellschaften aus Drittstaaten ungeschützt wären. Daher muss die Verteidigungsmöglichkeit des Art. 12 Abs. 3 ÜRL auch gegenüber Bietergesellschaften aus Drittstaaten bestehen.[2355]

Allerdings stellt Erwägungsgrund 21 der Richtlinie insofern klar, dass eine Anwendung von Art. 12 Abs. 3 ÜRL nur vorbehaltlich seiner Vereinbarkeit mit internationalen Übereinkünften in Betracht kommt.[2356] Daher spielt die Reziprozitätsregelung zumindest bei Übernahmeangeboten aus Drittstaaten, die zur Welthandelsorganisation (WTO) gehören, nur eine geringe Rolle.[2357] Die drei großen Säulen der WTO Rechtsordnung – das Allgemeine Übereinkommen über den Handel mit Dienstleistungen (GATS), das Allgemeine Zoll- und Handelsabkommen von 1994 (GATT 1994) und das Übereinkommen über handelsbezogene Aspekte des geistigen Eigentum (TRIPS) – enthalten nämlich jeweils Meistbegünstigungsklauseln, welche es den Mitgliedstaaten der WTO untersagen, einzelne Mitgliedstaaten der WTO weniger günstig zu behandeln als andere.[2358]

---

ken" gegenüber einem Vereitelungsverbot bei Übernahmeangeboten durch Gesellschaften aus Drittstaaten die Möglichkeit in Betracht, das Vereitelungsverbot und die Durchbruchsregel auf Übernahmeangebote von europäischen Bietergesellschaften zu beschränken. Dieser Vorschlag stand allerdings ausdrücklich unter dem Vorbehalt der Vereinbarkeit mit internationalen Abkommen und der praktischen Durchsetzbarkeit, vgl. *Winter-Bericht*, Empfehlung I.12 und S. 45 ff.; die Gutachter des Europäischen Parlaments lehnten eine derartige Regelung mit der Begründung ab, sie laufe dem Anliegen der Richtlinie, die Entscheidung über Abwehrmaßnahmen in die Hände der Aktionäre zu legen, zuwider und stärke in unangemessenem Maße die Rolle der Unternehmensleitung, die bei einer solchen Regelung im Falle von Übernahmeangeboten aus Drittstaaten freie Hand hätte. Für den Fall, dass eine Regelung von Übernahmeangeboten von Bietergesellschaften aus Drittstaaten als politisch notwendig erachtet werde, sprachen sich die Gutachter unter dem Vorbehalt der Vereinbarkeit mit internatonalen Verpflichtungen für die Einführung eines Vetorecht der nationalen Aufsichtsorgane aus. Siehe dazu *Dauner-Lieb/Lamandini*, Gutachten zum Kommissionsentwurf einer EU-Übernahmerichtlinie, S. 65 ff.

2355 So auch *Glade/Haak/Hellich*, DK 2004, 515, 516; *Johnston*, (2004) Comp Law 25, 270, 274; in diesem Sinne ist auch die Formulierung im Referentenentwurf für die Umsetzung der Übernahmerichtlinie zu verstehen, die für die Geltung der Reziprozität darauf abstellt, ob der Bieter einer der Neutralitätspflicht oder der Durchbruchsregel „...*entsprechenden Regelung unterliegt.*", vgl. RefE-ÜRL-UmsG, S. 7; dies wird in der Begründung bestätigt, vgl. Begründung RefE-ÜRL-UmsG, S. 21.

2356 Vgl. auch *Krause*, BB 2004, 113, 116; *Glade/Haak/Hellich*, DK 2004, 515, 516; *Maul/Muffat-Jeandet*, AG 2004, 306, 313.

2357 In diesem Sinne auch *Maul/Muffat-Jeandet*, AG 2004, 306, 313; *Seibt/Heiser*, ZGR 2005, 200, 234 f.

2358 Vgl. Art. II:1 GATT 1994; Art. II GATS; Art. 4 TRIPS; vgl. dazu *Stoll/Schorkopf*, WTO, Rn. 112 ff.; die jeweiligen Regelwerke sehen eine Reihe von Ausnahmen vor, die es den Mitgliedern der WTO erlauben, im Hinblick auf bestimmte Anliegen und Interessen von dem Prinzip der Meistbegünstigung abzuweichen. Die Rechtfertigungsgründe werden eng ausgelegt und sind sowohl an materielle als auch verfahrensmäßige Vorgaben geknüpft. Vgl. dazu *Stoll/Schorkopf*, WTO, Rn. 145 ff.

Eine generelle Anwendung des Art. 12 Abs. 3 ÜRL auf Übernahmeangebote aus Drittstaaten, die gleichzeitig Mitgliedstaaten der WTO sind, würde gegen diesen Grundsatz verstoßen. Art. 12 Abs. 3 ÜRL kommt nämlich bei Angeboten aus Staaten der Europäischen Union nicht generell, sondern eben nur dann und auch nur insoweit zur Anwendung, als die jeweilige Bietergesellschaft ihrerseits Art. 9 Abs. 2 und 3 und/oder Art. 11 ÜRL nicht anwendet. Demgegenüber würde die Reziprozitätsregelung nach ihrem Wortlaut etwa auf amerikanische Gesellschaften generell zur Anwendung kommen, da diese nicht der in Art. 9 Abs. 2 und 3 ÜRL geregelten Neutralitätspflicht unterliegen, und sie auch keine Möglichkeit haben, sich durch eine freiwillige Unterwerfung unter die Neutralitätspflicht den für sie nachteiligen Folgen der Reziprozitätsregelung zu entziehen.[2359] Unberücksichtigt bliebe dabei aber, inwiefern im amerikanischen Übernahmerecht selbst anderweitige Regelungen bestehen, die die Handlungsfreiheit des Managements im Übernahmefall in gleichwertiger Weise einschränken und das Fehlen einer Neutralitätspflicht aufwiegen. Dies würde zu einer Diskriminierung amerikanischer Gesellschaften führen. Im Ergebnis kann Art. 12 Abs. 3 ÜRL daher nur insofern auf Übernahmeangebote durch US-amerikanische Bieter Anwendung finden, als diese keinen gleichwertigen Beschränkungen wie in Art. 9 Abs. 2 und 3 ÜRL unterliegen.[2360] Welche Regelungen als gleichwertig anzusehen sind, bedarf einer genauen rechtsvergleichenden Untersuchung im Einzelfall.

F. Fazit

Betrachtet man die Übernahmerichtlinie ausschließlich im Hinblick auf diejenigen Bestimmungen, die für (präventive) Abwehrmaßnahmen gegen Übernahmeangebote maßgeblich sind, so bleiben die schließlich in Kraft getretenen Regelungen hinter dem Anliegen der Schaffung gleicher Ausgangsbedingungen für Unternehmensübernahmen in Europa zurück.[2361]

Obwohl die Durchbruchsregel in ihrer in Art. 11 ÜRL verabschiedeten Fassung die sogenannte „große Lösung" umsetzt, welche auch die heftig umstrittenen Mehrstimmrechte umfasst, und das Vereitelungsverbot in Art. 9 Abs. 2 und 3 WpÜG ein strenges Verbot für Abwehrmaßnahmen der Verwaltung in der Angebotsphase aufstellt, bleibt es aufgrund des Optionsmodells in Art. 12 ÜRL dabei, dass die Mitgliedstaaten bestehende nationale Übernahmehindernisse beibehalten können.

So hat sich der deutsche Gesetzgeber in seinem Referentenentwurf zur Schaffung eines Übernahmerichtlinie-Umsetzungsgesetzes gegen das strenge Regime der Übernahmerichtlinie und für das existierende, stark verwässerte Verhinderungsverbot des WpÜG und die Aufrechterhaltung der vorhandenen übernahmebehindernden

---

2359 *Seibt/Heiser*, ZGR 2005, 200, 235.

2360 So auch Begründung RefE-ÜRL-UmsG, S. 21; a.A. *Seibt/Heiser*, ZGR 2005, 200, 235, die die Reziprozitätsregel auf Bietergesellschaften aus WTO-Staaten generell für unanwendbar halten.

2361 *Kindler/Horstmann*, DStR 2004, 866, 873; *Krause*, BB 2004, 113, 119.

Strukturen entschieden.[2362] Der britische Gesetzgeber beabsichtigt demgegenüber zumindest die Umsetzung des strengen europäischen Vereitelungsverbots, das ohnehin der bereits geltenden prohibition of frustrating action des City Code entspricht.[2363] An der geltenden Rechtslage hinsichtlich der untersuchten Präventivmaßnahmen ändert dies in den beiden Rechtsordnungen freilich nichts. Auch nach der Implementierung der Übernahmerichtlinie haben börsennotierte deutsche und britische Gesellschaften die behandelten Abwehrmöglichkeiten.

Zu berücksichtigen ist allerdings, dass eine weitergehende Harmonisierung dieses heftig umstrittenen Teilbereichs der Übernahmerichtlinie politisch nicht durchzusetzen war, da die einzelnen Mitgliedstaaten nicht zu größeren Konzessionen hinsichtlich ihrer nationalen Regelungsmodelle bereit waren.[2364] Daher wird die gefundene Lösung des Konflikts über die präventiven Abwehrhürden und das Vereitelungsverbot zu Recht als das Beste bezeichnet, was unter den gegebenen Umständen und angesichts des Zeitdrucks im Hinblick auf das Ende der Legislaturperiode sowie die anstehende Erweiterung der Europäischen Union politisch zu erreichen war.[2365] Zudem ist der in der Übernahmerichtlinie verwirklichte gesetzgeberische Ansatz, der den Mitgliedstaaten ihre grundlegenden gesellschaftsrechtlichen Strukturen belässt, den betroffenen Gesellschaften aber über das Optionsmodell und die Reziprozitätsregelung die Möglichkeit zu einer europäischen Vereinheitlichung gewährt, im Hinblick auf die großen Unterschiede, die immer noch zwischen den verschiedenen nationalen Corporate Governance Systemen der Mitgliedstaaten bestehen, gegenüber der Alternative einer zwingenden europäischen Vereinheitlichung die sachgerechtere Lösung.[2366]

Zwar kann die Befürchtung, dass es auch nach der Umsetzung der Richtlinie bei einem „Flickenteppich nationaler Abwehrhürden" bleiben wird[2367] und es demgemäß für einen potentiellen Bieter schwierig bleiben wird, die Position potentieller Zielgesellschaften zu bewerten,[2368] nicht vollkommen ausgeräumt werden. Allerdings sollte die Wirkung der durch das Optionsmodell eröffneten Möglichkeit, dass sich börsennotierte Gesellschaften durch den Verzicht auf Verteidigungsmaßnahmen dem freien Wettbewerb unterstellen, nicht unterschätzt werden.[2369]

Mit der Möglichkeit zum generellen opt-out der einzelnen Mitgliedstaaten einerseits und des individuellen opt-in der dort ansässigen Gesellschaften andererseits wird nämlich ein Zwei-Klassen-System von börsennotierten Gesellschaften in Europa geschaffen, welches den Gesellschaften die Wahl lässt, sich entweder als progressives

---

2362 Begründung RefE-ÜRL-UmsG, S. 5.

2363 *DTI*, Company Law Implementation of the European Directive on Takeover Bids, S. 26.

2364 *Wiesner*, ZIP 2004, 343, 349; *Glade/Haak/Hellich*, DK 2004, 515, 524.

2365 So *Wiesner*, ZIP 2004, 343, 349; ähnlich *Glade/Haak/Hellich*, DK 2004, 515, 516 f.; *Johnston*, (2004) Comp Law 25, 270, 276.

2366 Vgl. *Johnston*, (2004) Comp Law 25, 270, 276.

2367 So *Krause*, BB 2004, 113, 119 unter Hinweis auf ein Zitat in der *Börsenzeitung* vom 28.11.2003, S. 8.

2368 So *Edwards*, (2004) ECFR 1, 416, 435.

2369 Vgl. *Baums/Fischer*, in: Baums/Thoma, WpÜG, Einleitung Rn. 1.38; *Kindler/Horstmann*, DStR 2004, 866, 873.

Unternehmen („A-Klasse"), das kapitalmarktorientiert ist und auf Abwehrmaßnahmen verzichtet, oder als konservatives Unternehmen („B-Klasse"), das seine Abwehrmöglichkeiten beibehält, zu profilieren.[2370] Sofern der letztere Weg eingeschlagen wird und eine Unterstellung des Unternehmens unter den freien Wettbewerb durch ein opt-in ausbleibt, werden potentielle Anleger und insbesondere institutionelle Investoren dieses als einen Nachteil für eine bestmögliche Unternehmensführung werten und daher nur einen geringeren Preis für die Anteile der entsprechenden Unternehmen zu zahlen bereit sein.[2371] Der zu erwartende Kursabschlag für Aktien der Unternehmen der B-Klasse dürfte dazu führen, dass sich zumindest diejenigen Unternehmen, die zur Aufnahme von Fremd- und Eigenkapital auf die institutionellen Anleger angewiesen sind, entsprechend den Erwartungen des Kapitalmarkts dem strengen Regime der Richtlinie unterwerfen und in die A-Klasse aufrücken.[2372]

Obwohl es also die Unternehmen und Mitgliedstaaten in der Hand haben, durch ein opt-out oder ein opt-in einen konservativen oder kapitalmarktorientierten Weg für Abwehrmaßnahmen gegen feindliche Übernahmeversuche einzuschlagen, obliegt es letztlich dem Markt und den einzelnen potentiellen Anlegern darüber zu entscheiden, ob sich die Staaten und Unternehmen, die sich dem Wettbewerb verweigern, auf den Kapitalmärkten werden halten können.[2373] In diesem Zusammenhang ist auch die Transparenzregel des Art. 10 ÜRL von Bedeutung, die den Märkten Aufschluss über die in den einzelnen Unternehmen existierenden Übernahmehürden gibt.[2374]

Wie groß der disziplinierende Einfluss des Marktes sein wird, dürfte jedoch nicht zuletzt davon abhängen, wie viele Mitgliedstaaten kein opt-out vornehmen bzw. in welchem Maße die opt-in-Möglichkeit bei den Gesellschaften auf Zuspruch stößt.[2375] Nur wenn die opt-in-Entscheidung zum Marktstandard wird, dem sich börsennotierte Gesellschaften nicht entziehen können, ist davon auszugehen, dass die Marktkräfte zu einer spürbaren Angleichung der unterschiedlichen Ausgangsbedingungen für Unternehmensübernahmen in Europa führen werden. Sofern das opt-in von den Unternehmen nicht angenommen wird und A-Gesellschaften eine Ausnahmeerscheinung bleiben, wird deren Aktienkurs zwar von der Offenheit gegenüber dem Ka-

---

2370 *Baums/Fischer*, in: Baums/Thoma, WpÜG, Einleitung Rn. 1.38; *Fischer*, AG 2004, R 8 f.; *Krause*, BB 2004, 113, 119; *Wiesner*, ZIP 2004, 343, 348; *Glade/Haak/Hellich*, DK 2004, 515, 516.

2371 *Kindler/Horstmann*, DStR 2004, 866, 873; *Krause*, BB 2004, 113, 119; *Maul/Muffat-Jeandet*, AG 2004, 306, 314.

2372 *Wiesner*, ZIP 2004, 343, 350, der allerdings zu Recht darauf hinweist, dass es abzuwarten bleibt, ob ein Gruppenwechsel zu einer dauerhafte Beeinflussung des Aktienkurses führen wird; *Weber*, NJW 2004, 3674, 3680 bezeichnet den erhofften Effekt zutreffend als „Einführung eines level playing field durch die Hintertür".

2373 *Baums/Fischer*, in: Baums/Thoma, WpÜG, Einleitung Rn. 1.38; *Wiesner*, ZIP 2004, 343, 348; *Kindler/Horstmann*, DStR 2004, 866, 873; zur Kontrollkraft der verschiedenen auf börsennotierte Unternehmen wirkenden Marktkräfte *Fleischer*, ZHR 168 (2004), 673, 704.

2374 Vgl. *Grundmann*, DStR 2004, 232, 236.

2375 Zu den einzelnen Erwägungen, die eine deutsche Aktiengesellschaft bei der Entscheidung über ein opt-in in Betracht zu ziehen hat *Maul/Muffat-Jeandet*, AG 2004, 306, 313 ff.

pitalmarkt profitieren, eine Breitenwirkung wird sich daraus aber wohl nicht ergeben.[2376]

Für die Frage, in welche Richtung die europäische Entwicklung in der Zukunft gehen wird, spielt wiederum der Einfluss der institutionellen Anleger eine bedeutende Rolle. Die Erfahrungen aus Großbritannien zeigen, dass die institutionellen Anleger den Standard der am Markt akzeptierten Verhaltenweisen auf ein Niveau anheben können, das erheblich über dem liegt, was gesetzlich gefordert ist, wenn sie kollektiv und auf ganzer Marktbreite tätig werden. Nicht zuletzt aufgrund dieser Erfahrungen hält der britische Gesetzgeber eine Umsetzung der Durchbruchsregel in Großbritannien zur Abschaffung von Übernahmehemmnissen zu Recht für nicht erforderlich und plant insoweit ein opt-out, welches – entsprechend dem britischen Ansatz – den Marktkräften die weitere Abschaffung von Übernahmehürden überlässt.[2377] Sofern sich dieser Effekt der Marktkräfte auf europäischer Ebene bestätigt, ist die Übernahmerichtlinie positiv zu werten, und man wird sich ohne Weiteres der pragmatischen Einschätzung der britischen Secretary of Trade and Industry *Patricia Hewitt* anschließen können: „*half a loaf is better then no loaf*".[2378]

2376 In diesem Sinne auch *Seibt/Heiser*, ZGR 2005, 200, 233.

2377 *DTI*, Company Law Implementation of the European Directive on Takeover Bids, S. 27.

2378 Vgl. *The Times*, 28. November 2003.

Gesamtergebnis

Die rechtsvergleichende Untersuchung hat gezeigt, dass die im deutschen Schrifttum vertretene Auffassung, börsennotierte deutsche Aktiengesellschaften seien feindlichen Übernahmeversuchen im Gegensatz zu börsennotierten britischen public companies schutzlos ausgeliefert, nicht zutrifft. Das Gegenteil ist richtig. Börsennotierte deutsche Aktiengesellschaften können sich im Ergebnis durch präventive Abwehrinstrumente effektiver gegen feindliche Übernahmeversuche schützen als börsennotierte britische public companies.

Zwar eröffnet das britische Gesellschaftsrecht den Aktionären einen weitaus größeren Gestaltungsspielraum, um in der Satzung – etwa in Form von Stimmrechtsmodifikationen – präventive Abwehrmechanismen gegen feindliche Übernahmeversuche zu implementieren, als das auf dem Prinzip der Satzungsstrenge beruhende deutsche Aktienrecht, welches durch das KonTraG den Grundsatz one share one vote weitgehend verwirklicht hat. Dieses Höchstmaß an rechtlicher Gestaltungsfreiheit kann jedoch in der Praxis bei börsennotierten public companies nicht zur Übernahmeprävention ausgenutzt werden. Der Grund hierfür liegt in den besonderen Kräfteverhältnissen am britischen Kapitalmarkt. Der britische Kapitalmarkt wird vom Einfluss der wirtschaftlich überaus mächtigen institutionellen Anleger geprägt, die satzungsmäßige Regelungen, die der Übernahmeprävention dienen und vom Grundsatz des proportionalen Stimmgewichts abweichen, nicht akzeptieren. Die Konzentration eines Großteils der Aktien börsennotierter public companies in den Händen der mächtigen Fondsmanager hat dazu geführt, dass satzungsmäßige Übernahmehindernisse bei börsennotierten public companies trotz ihrer gesellschaftsrechtlichen Zulässigkeit so gut wie keine Rolle spielen.

Die im deutschen Schrifttum vertretene Auffassung, welche deutschen Aktiengesellschaften gegenüber britischen public companies unter Hinweis auf die nach britischem Gesellschaftsrecht zulässigen Satzungsgestaltungen einen Wettbewerbsnachteil attestiert,[2379] lässt diese tatsächlichen Gegebenheiten des britischen Kapitalmarkts außer Betracht. Da sich die Frage, welche Instrumente eine börsennotierte Gesellschaft zur Übernahmeprävention einsetzen kann, jedoch nicht ausschließlich nach den rechtlichen Möglichkeiten, sondern vielmehr auch und vor allem danach beantwortet, welche Maßnahmen der jeweilige Kapitalmarkt akzeptiert, ist die vorgenommene rein rechtliche Analyse nicht sachgerecht und daher unzutreffend.

Ebenso unzutreffend ist die Einschätzung, eine britische public company hätte deswegen weitergehende präventive Abwehrmöglichkeiten gegen feindliche Übernahmeversuche als eine deutsche Aktiengesellschaft, weil es dem board of directors nach britischem Recht in größerem Umfang gestattet sei, im Vorfeld eines Übernahmeangebots präventive Abwehrmaßnahmen zu ergreifen, als dem Vorstand nach deutschem Aktienrecht.[2380] Vielmehr ist der rechtliche Handlungsspielraum des Vorstands

---

2379 So *Lehne*, in: Hirte, WpÜG, S. 33, 41; *Knoll*, Die Übernahme von Kapitalgesellschaften, S. 286; *Schneider/Burgard*, DB 2001, 961, 963.

2380 Mit dieser Einschätzung *Bayer*, ZGR 2002, 588, 620 f.

einer deutschen Aktiengesellschaft bei der Vornahme von präventiven Abwehrmaßnahmen größer als der des board of directors einer britischen public company.

Entgegen der herrschenden Auffassung in der Literatur unterliegt der Vorstand einer deutschen Aktiengesellschaft nämlich keiner aus aktienrechtlichen Grundsätzen abgeleiteten Neutralitätspflicht, die ihn dazu verpflichtet, (präventive) Abwehrmaßnahmen gegen feindliche Übernahmeversuche zu unterlassen. Der Vorstand ist bei der Vornahme von Abwehrmaßnahmen in gleicher Weise wie bei der sonstigen Ausübung seiner Leitungsbefugnisse lediglich an das pluralistische Gesellschafts- bzw. Unternehmensinteresse gebunden. Demgegenüber sind die directors einer britischen public company nicht nur verpflichtet, das Gesellschaftsinteresse zu wahren, worunter nach britischem Recht das Kollektivinteresse der Aktionäre zu verstehen ist. Vielmehr ist es den directors durch die proper purpose duty auch grundsätzlich untersagt, Abwehrmaßnahmen gegen einen (bevorstehenden) Übernahmeversuch zu ergreifen. Ausnahmen von dieser eingeschränkten Neutralitätspflicht bestehen nur, wenn der Gesellschaft ein schwerwiegender wirtschaftlicher Schaden droht oder ihre Existenz in Frage steht.

In beiden Rechtsordnungen sind zudem solche Maßnahmen der Verwaltung zulässig, deren Auswirkungen sich nicht in der Abwehr feindlicher Übernahmeversuche erschöpfen, sondern die der Gesellschaft unabhängig von ihrer Abwehrwirkung wirtschaftliche Vorteile sichern. Bei derartigen wirtschaftlich und unternehmerisch sinnvollen Maßnahmen wird die abschreckende Wirkung gegenüber feindlichen Bietern regelmäßig als Nebeneffekt eines ansonsten zulässigen Verwaltungshandelns in Kauf genommen. Maßnahmen mit einem solchen Doppelcharakter stellen sowohl in Deutschland als auch in Großbritannien den Hauptfall zulässiger präventiver Abwehrmaßnahmen der Verwaltung dar. Auch bei diesen geht der rechtliche Handlungsspielraum des Vorstands einer deutschen Aktiengesellschaft jedoch weiter als die Kompetenz des board of directors einer britischen public company. Derartige Abwehrmaßnahmen, wie etwa der Aufbau strategischer Allianzen, beinhalten nämlich zumeist wesentliche Vermögenstransaktionen und Strukturmaßnahmen, die nach britischem Recht ab einem erheblich kleineren Schwellenwert der Zustimmung der Aktionäre bedürfen, als nach den Grundsätzen des deutschen Aktienrechts. Daher hat der Vorstand einer deutschen Aktiengesellschaft weitergehende Möglichkeiten, zur Prävention feindlicher Übernahmeversuche die Vermögens- und Beteiligungsverhältnisse der Gesellschaft ohne die Zustimmung der Aktionäre umzugestalten, als die directors einer britischen public company.

Schließlich kann sich eine deutsche Aktiengesellschaft auch durch die Erteilung von Hauptversammlungsermächtigungen effektiver gegen bevorstehende feindliche Übernahmeversuche schützen als eine britische public company. Dies gilt vor allem deswegen, weil das board of directors einer britischen public company derartige Ermächtigungen nur ausüben darf, bis es Grund zu der Annahme hat, dass ein ernsthaftes Übernahmeangebot unmittelbar bevorsteht. Nach diesem Zeitpunkt sind den directors jegliche Maßnahmen, die den Angebotserfolg objektiv vereiteln könnten, durch die strenge prohibition of frustrating action des City Code untersagt. Der Vorstand einer deutschen Aktiengesellschaft kann Hauptversammlungsermächtigungen dagegen generell bis zur förmlichen Abgabe eines Übernahmeangebots ausnutzen, da das Vereitelungsverbot des § 33 Abs. 1 S. 1 WpÜG erst ab diesem Zeitpunkt greift. Auch nach der Abgabe eines Übernahmeangebots ist dem Vorstand die Ausnutzung einer Ermächtigung nicht generell untersagt. Vielmehr kann er sie auch in der Übernahmephase ausnutzen, wenn die Ermächtigung als Vorratsermächtigung im Sinne des § 33 Abs. 2 WpÜG ausdrücklich zur Übernahmeabwehr erteilt wurde, oder wenn es sich um eine allgemeine Ermächtigung handelt und die Ausnahmetatbestände des § 33 Abs. 1 S. 2 Var. 1 WpÜG oder des § 33 Abs. 1 S. 2 Var. 3 WpÜG vom übernahmerechtlichen Verhinderungsverbot erfüllt sind.

Durch die weitgehende Einschränkung des Verhinderungsverbots des § 33 Abs. 1 S. 1 WpÜG ist deutschen Aktiengesellschaften eine Nutzung von Hauptversammlungsermächtigungen zur präventiven Übernahmeabwehr ermöglicht worden, die weit über das für britische public companies zulässige Maß hinaus geht. Diese Ausweitung der Abwehrmöglichkeiten wurde damit gerechtfertigt, deutschen Unternehmen stünde im Vergleich zu europäischen Unternehmen kein level playing field zur Verfügung. Die rechtsvergleichende Untersuchung hat gezeigt, dass diese Einschätzung im Hinblick auf britische Unternehmen nicht zutrifft. Die alleinige Tatsache, dass in Großbritannien übernahmebehindernde Satzungsbestimmungen rechtlich zulässig sind, die in Deutschland durch das KonTraG abgeschafft wurden, reicht für sich nicht aus, um die nunmehr in Deutschland bestehenden weitreichenden präventiven Abwehrmöglichkeiten durch Hauptversammlungsermächtigungen zu rechtfertigen, weil von den nach britischem Recht zulässigen Satzungsgestaltungen bei börsennotierten public companies tatsächlich kein Gebrauch gemacht.

Inwieweit die nunmehr in Deutschland bestehenden weitreichenden Möglichkeiten des Einsatzes von Hauptversammlungsermächtigungen zur Übernahmeabwehr in der Praxis genutzt werden, bleibt abzuwarten. In Anbetracht der fortschreitenden Internationalisierung des deutschen Kapitalmarkts und des wachsenden Einflusses internationaler institutioneller Anleger, wird allgemein davon ausgegangen, dass diese bei börsennotierten Gesellschaften eher eine Ausnahmeerscheinung bleiben werden. Voraussetzung hierfür ist allerdings, dass institutionelle Anleger auf dem deutschen Kapitalmarkt eine ähnlich bedeutende Rolle erlangen, wie auf dem britischen Kapitalmarkt. Ob die Strukturveränderungen auf dem deutschen Kapitalmarkt allerdings so weit gehen werden, ist derzeit noch offen.

Die europarechtliche Betrachtung hat gezeigt, dass sich an den bestehenden präventiven Abwehrmöglichkeiten in Deutschland und Großbritannien auch nach der Umsetzung der Übernahmerichtlinie in nationales Recht wegen des geplanten vollständigen opt-out des deutschen und des teilweisen opt-out des britischen Gesetzgebers nichts ändern wird. Demgemäß behält das Ergebnis der rechtsvergleichenden Untersuchung nach der Implementierung der Richtlinie weiterhin seine Gültigkeit.

Vor dem Hintergrund, dass auch bei verschiedenen anderen Mitgliedstaaten ein opt-out zu erwarten ist, hängt die Beantwortung der Frage, ob auf europäischer Ebene in nächster Zeit ein level playing field für präventive Abwehrmaßnahmen entstehen wird, insbesondere von der weiteren Entwicklung der Kapitalmärkte in den Mitgliedstaaten ab.

Durch die fakultative Anordnung der Durchbruchsregel des Art. 11 ÜRL und des Verhinderungsverbots des Art. 9 Abs. 2 und 3 ÜRL wird ein Zwei-Klassen-System von börsennotierten Gesellschaften in Europa geschaffen, das den Gesellschaften die Wahl lässt, sich entweder als progressives Unternehmen, das kapitalmarktorientiert ist und auf Abwehrmaßnahmen verzichtet, oder als konservatives Unternehmen, das seine Abwehrmöglichkeiten beibehält, zu profilieren. Der zu erwartende Kursabschlag für Aktien von Unternehmen aus der konservativen Gruppe dürfte dazu führen, dass sich zumindest diejenigen Unternehmen, die zur Aufnahme von Fremd- und Eigenkapital auf die institutionellen Anleger angewiesen sind, entsprechend den Erwartungen des Kapitalmarkts dem strengen Regime der Richtlinie unterwerfen. In diesem Zusammenhang ist auch die Transparenzregel des Art. 10 ÜRL von Bedeutung, die den Märkten Aufschluss über die in den einzelnen Unternehmen existierenden Übernahmehürden gibt.

Für die Frage, ob die disziplinierende Wirkung der Marktkräfte ausreichend sein wird, um auch ohne eine europaweit angeordnete Abschaffung der präventiven Abwehrstrukturen ein level playing field „durch die Hintertür" einzuführen,[2381] spielt wiederum der Einfluss der institutionellen Anleger eine bedeutende Rolle. Die Erfahrungen aus Großbritannien zeigen, dass die institutionellen Anleger den Standard der am Markt akzeptierten Verhaltenweisen auf ein Niveau anheben können, das erheblich über dem liegt, was gesetzlich gefordert ist, wenn sie kollektiv und auf ganzer Marktbreite tätig werden. Sofern sich dieser Effekt auf europäischer Ebene bestätigt, ist von einer fortschreitenden Entwicklung eines europäischen level playing field auszugehen.

******

2381 Vgl. *Weber*, NJW 2004, 3674, 3680.

Literaturverzeichnis

Adams, Michael, Usurpation von Aktionärsbefugnissen mittels Ringverflechtung in der „Deutschland AG", AG 1994, S. 148 – 158 (zit.: *Adams*, AG 1994, 148)

ders., Höchststimmrechte, Mehrfachstimmrechte und sonstige wundersame Hindernisse auf dem Markt für Unternehmenskontrolle, AG 1990, S. 63 – 78 (zit.: *Adams*, AG 1990, 63)

ders., Was spricht gegen eine unbehinderte Übertragbarkeit der in Unternehmen gebundenen Ressourcen durch ihre Eigentümer, AG 1990, S. 243 – 252 (zit.: *Adams*, AG 1990, 243)

Allen F. / Gale D., A welfare comparison of the German and US financial systems, London Stock Exchange Financial Markets Group Discussion Paper no. 191, London 1994 (zit.: *Allen/Gale*, German Financial System)

Altmeppen, Holger, Neutralitätspflicht nach dem neuen Übernahmerecht, ZIP 2001, S. 1073 – 1084 (zit.: *Altmeppen*, ZIP 2001, 1073)

Armbrüster, Christian, „Golden Shares" und die Grundfreiheiten des EG-Vertrags – EuGH, NJW 2002, 2303, 2305 – 2306, JuS 2003, S. 224 – 227 (zit.: *Armbrüster*, JuS 2003, 224)

Assmann, Heinz-Dieter / Bozenhardt, Friedrich, Übernahmeangebote als Regelungsproblem zwischen gesellschaftsrechtlichen Normen und zivilrechtlich begründeten Verhaltensgeboten, in: Assmann/Basaldua/Bozenhardt/Peltzer, Übernahmeangebote, ZGR Sonderheft 9, Berlin/New York 1990, S. 1 – 156 (zit.: *Assmann/Bozenhardt*, in: Assmann/Basaldua, Übernahmeangebote, S. 1)

Assmann, Heinz-Dieter / Pötzsch, Thorsten / Schneider, Uwe, Wertpapiererwerbs- und Übernahmegesetz Kommentar, Köln 2005 (zit.: *Bearbeiter*, in: Assmann/Pötzsch/Schneider, WpÜG)

Ballwieser, Wolfgang, Adolf Moxter und der Shareholder Value Ansatz, in: Bilanzrecht und Kapitalmarkt – Feststschrift für Adolf Moxter zum 65. Geburtstag, Düsseldorf 1994, S. 1378 – 1405 (zit.: *Ballwieser*, FS Moxter, S. 1378)

Barboutis, George, Takeover defence tactics Part I: The general legal framework on takeovers, Comp Law 1999, 20, S. 14 – 22 (zit.: *Barboutis*, (1999) Comp Law 20, 14)

ders., Takeover defence tactics Part II: Specific defensive devices, Comp Law 1999, 20, S. 40 – 49 (zit.: *Barboutis*, (1999) Comp Law 20, 40)

Barnard, Catherine, Fitting the Remaining Pieces into the Goods and Persons Jigsaw, ELR 2001, 26, S. 35 – 59 (zit.: *Barnard*, (2001) ELR 26, 35)

Barz, Hans u.a., Großkommentar zum Aktiengesetz, 3. Auflage, Berlin/New York 1970 ff. (zit: *Bearbeiter*, GK-AktG 3. Aufl.)

Basaldua, Nathalie, Der Vorschlag für eine dreizehnte Richtlinie des Rates auf dem Gebiet des Gesellschaftsrechts über öffentliche Übernahmeangebote, in: Assmann/Basaldua/Bozenhardt/Peltzer, Übernahmeangebote, ZGR Sonderheft 9, Berlin/New York 1990, S. 157 – 178 (zit.: *Basaldua*, in: Assmann/Basaldua, Übernahmeangebote, S. 157)

Baudisch, Matthias / Götz, Alexander, Nochmals: Neutralitätspflicht des Vorstands und Entscheidungsbefugnis der Hauptversammlung im Übernahmerecht, AG 2001, S. 251 – 256 (zit.: *Baudisch/Götz*, AG 2001, 251)

Baum, Harald, Funktionale Elemente und Komplementaritäten des britischen Übernahmerechts, RIW 2003, S. 421 – 433 (zit.: *Baum*, RIW 2003, 421)

Baumbach, Adolf / Hueck, Alfred, Aktiengesetz, 13. Auflage, München 1968 (zit.: *Baumbach/Hueck*, AktG)

Baumol, William, Business Behaviour, Value and Growth, New York 1959 (zit.: *Baumol*, Business Behavior)

Baums, Theodor, Höchststimmrechte, AG 1990, S. 221 – 242 (zit.: *Baums*, AG 1990, 221)

ders., Notwendigkeit und Grundzüge einer gesetzlichen Übernahmeregelung, in: von Rosen/Seifert, Die Übernahme börsennotierter Unternehmen, Heusenstamm 1999, S. 165 – 186, (zit.: *Baums*, in: von Rosen/Seifert, Übernahme börsennotierter Unternehmen, S. 165)

ders., Übernahmeregeln in der Europäischen Gemeinschaft, ZIP 1989, S. 1376 – 1381 (zit.: *Baums*, ZIP 1989, 1376)

ders., Zur Offenlegung von Vorstandsvergütungen, ZHR 169 (2005), S. 299 – 309 (zit.: *Baums*, ZHR 169 (2005), 299)

ders. / Stöcker, Mathias, Rückerwerb eigener Aktien und WpÜG, in: Festschrift für Herbert Wiedemann zum 70. Geburtstag, München 2002, S. 703 – 754 (zit.: *Baums/Stöcker*, FS Wiedemann, S. 703)

ders. / Thoma, Georg, Takeover Laws in Europe, Köln 2002, Loseblattsammlung, 2. Lieferung, Stand Juli 2003, (zit.: *Baums/Thoma*, Takeover Laws in Europe)

ders. / Thoma Georg, WpÜG – Kommentar zum Wertpapiererwerbs- und Übernahmegesetz, Köln 2004, Loseblattsammlung, Stand: Mai 2004 (zit.: *Bearbeiter*, in: Baums/Thoma, WpÜG)

Bayer, Walter, Zulässige und unzulässige Einschränkungen der europäischen Grundfreiheiten im Gesellschaftsrecht, BB 2002, S. 2289 – 2292 (zit.: *Bayer*, BB 2002, 2289)

ders., Vorsorge- und präventive Abwehrmaßnahmen gegen feindliche Übernahmen, ZGR 2002, S. 588 – 622, (zit.: *Bayer*, ZGR 2002, 588)

ders., Kapitalerhöhung mit Bezugsrechtsausschluss und Vermögensschutz der Aktionäre nach § 255 Abs. 2 AktG, ZHR 163 (1999), S. 505 – 553 (zit.: *Bayer* ZHR 163 (1999), 505)

ders., Materielle Schranken und Kontrollinstrumente beim Einsatz des genehmigten Kapitals mit Bezugsrechtsausschluss, ZHR 168 (2004), S. 132 – 173 (zit.: *Bayer*, ZHR 168 (2004), 132)

Bebchuk, Lucian, The Case for Facilitating Competing Tender Offers, Harv L Rev 1982, 95, S. 1028 – 1056 (zit.: *Bebchuk*, (1982) Harv L Rev 95, 1028)

Becht, Marco / Böhmer, Ekkehart, Ownership and Voting Power in Germany, in: Barca/Becht, The Control of Corporate Europe, Oxford 2001, S. 128 – 153 (zit.: *Becht/Böhmer*, in: Barca/Becht, The Control of Corporate Europe, S. 128)

Becker, Dietrich, Verhaltenspflichten des Vorstands der Zielgesellschaft bei feindlichen Übernahmen, ZHR 165 (2001), S. 280 – 287 (zit.: *Becker* ZHR 165 (2001), 280)

Becker, Florian / Fett, Torsten, Börsengang im Konzern – Über ein „Zuteilungsprivileg" zum Schutz des Aktionärsinteresses – , WM 2001, S. 549 – 556 (zit.: *Becker/Fett*, WM 2001, 549)

Behrens, Peter, Rechtspolitische Grundsatzfragen zu einer Europäischen Regelung für Übernahmeangebote, ZGR 1975, S. 433 – 458 (zit.: *Behrens*, ZGR 1975, 433)

Benckendorff, Andreas, Erwerb eigener Aktien im deutschen und US-amerikanischen Recht, Baden-Baden 1998 (zit.: *Benckendorff*, Erwerb eigener Aktien)

Berglöf, Erik, A Note on the typology of Financial Systems, in: Hopt/Wymeersch, Comparative Corporate Governance – Essays and Materials, Berlin/New York 1997, S. 151 – 164 (zit.: *Berglöf*, in: Hopt/Wymeersch, Comparative Corporate Governance, S. 151)

Berle, Adolf / Means, Gardinger, The Modern Corporation and Private Property, 2. Auflage, New York 1968 (zit.: *Berle/Means*, The Modern Corporation and Private Property)

Berrar, Carsten / Schornbus, York, Rückerwerb eigener Aktien und Übernahmerecht, ZGR 2003, S. 59 – 112 (zit.: *Berrar/Schornbus*, ZGR 2003, 59)

Bess, Jürgen, Eine Europäische Regelung für Übernahmeangebote (Teil I) – Kritische Bemerkungen zum Entwurf eines Richtlinienvorschlags über „Übernahmeangebote und andere Angebote", AG 1976, S. 169 – 176 (zit.: *Bess*, AG 1976, 169)

ders., Eine Europäische Regelung für Übernahmeangebote (Teil II und Schluss) – Kritische Bemerkungen zum Entwurf eines Richtlinienvorschlags über „Übernahmeangebote und andere Angebote", AG 1976, S. 206 – 210 (zit.: *Bess*, AG 1976, 206)

Bezzenberger, Tilman, Das Bezugsrecht der Aktionäre und sein Ausschluss, ZIP 2002, S. 1917 – 1930 (zit.: *T. Bezzenberger*, ZIP 2002, 1917)

ders., Vorzugsaktien ohne Stimmrecht, Köln/Berlin/Bonn/München 1991 (zit.: *T. Bezzenberger*, Vorzugsaktien ohne Stimmrecht)

ders., Erwerb eigener Aktien durch die AG, Köln 2002 (zit.: *T. Bezzenberger*, Erwerb eigener Aktien durch die AG)

Blättchen, Wolfgang / Wegen, Gerhard, Einleitung, in: Blättchen /Wegen, Übernahme börsennotierter Unternehmen, Stuttgart 2003, S. 1 – 8 (zit.: *Blättchen/Wegen*, in: Blättchen/Wegen, Übernahme börsennotierter Unternehmen, S. 1)

Böhmer, Till, Der Schutz der Minderheitsaktionäre bei Übernahmen börsennotierter Gesellschaften in Europa, Eine Untersuchung des Pflichtangebots in Deutschland, England, Frankreich, Italien, Österreich und der Schweiz, München 2004 (zit.: *Böhmer*, Der Schutz der Minderheitsaktionäre bei Übernahmen börsennotierter Gesellschaften in Europa)

Boesebeck, Ernst, Abstimmungsvereinbarungen mit Aktionären, unter besonderer Berücksichtigung des Referentenentwurfs eines Aktiengesetzes, NJW 1960, S. 7 – 10 (zit.: *Boesebeck*, NJW 1960, 7)

Bohnet, Uwe, Die Mitwirkungskompetenz der Hauptversammlung von Holding-Gesellschaften bei der Veräußerung von Unternehmensbeteiligungen, DB 1999, S. 2617 – 2622 (zit.: *Bohnet*, DB 1999, 2617)

Boros, Elizabeth, Altering Articles of Association to Acquire Minority Shareholdings, in: Rider, The Realm of Company Law – A Collection of Papers in Honour of Professor Leonard Sealy, London 1998, S. 107 – 130 (zit.: *Boros*, in: Rider, Realm of Company Law, S. 107)

dies., Minority Shareholders' Remedies, Oxford 1995 (zit.: *Boros*, Minority Shareholders' Remedies)

Bosse, Christian, Informationspflichten des Vorstands beim Bezugsrechtsausschluss im Rahmen des Beschlusses und der Ausnutzung eines genehmigten Kapitals, ZIP 2001, S. 104 – 106 (zit.: *Bosse*, ZIP 2001, 104)

ders., Zulässigkeit des individuell ausgehandelten Rückkaufs eigener Aktien („Negotiated repurchase") in Deutschland, NZG 2000, S. 16 – 20 (zit.: *Bosse*, NZG 2000, 16)

Boyle, Anton, Barriers to contested Takeovers in the European Community, Comp Law 1991, 12, S. 163 – 169 (zit.: *Boyle*, (1991) Comp Law 12, 163)

Bradley, Caroline, Harmonising Takeover and Merger Regulation within the EEC, Comp Law 1986, 7, S. 131 – 138 (zit.: *Bradley*, (1986) Comp Law 7, 131)

dies., Corporate Control: Markets and Rules, MLR 1990, 53, S. 170 – 186 (zit.: *Bradley*, (1990) MLR 53, 170)

Brändel, Oliver , Mehrstimmrechtsaktien – ein in Vergessenheit geratenes Instrument der Beherrschung und des Minderheitenschutzes?, in: Festschrift für Karlheinz Quack zum 65. Geburtstag, Berlin/New York 1991, S. 175 – 188 (zit.: *Brändel*, FS Quack, S. 175)

Brühl, Volker, Verteidigung gegen unfreundliche Übernahmeversuche – ein integriertes Konzept, M&A Review 2003, S. 108 – 114 (zit.: *Brühl*, M&A Review 2003, 108)

Budde, Wolfgang / Lawall, Lars, Übernahmerecht – Schützenswerte Interessen der Zielgesellschaft, in: Gesellschaftsrecht Rechnungslegung Steuerrecht – Festschrift für Welf Müller zum 65. Geburtstag, München 2001, S. 27 – 66 (zit.: *Budde/Lawall*, FS MüllerS. 27)

Bundesministerium der Finanzen, Entwurf eines Gesetzes zur Umsetzung der Richtlinie 2004/25/EG des Europäischen Parlaments und des Rates vom 21. April 2004 betreffend Übernahmeangebote (Übernahmerichtlinie Umsetzungsgesetz) mit Begründung vom 19.12.2005, abrufbar im Internet unter: www.jura.uni-duesseldorf.de/dozenten/noack/rechtspolitik/deutschland/shtml (zit.: RefE-ÜRL-UmsG)

Bungert, Hartwin, Die Liberalisierung des Bezugsrechtsausschlusses im Aktienrecht, NJW 1998, S. 488 – 492 (zit.: *Bungert*, NJW 1998, 488)

ders., Vorstandsbericht bei Bezugsrechtsausschluss bei Genehmigtem Kapital – Siemens/Nold in der Praxis, BB 2001, S. 742 – 744 (zit.: *Bungert*, BB 2001, 742)

ders., Festschreibung der ungeschriebenen „Holzmüller-Hauptversammlungszuständigkeit bei der Aktiengesellschaft, BB 2004, S. 1345 – 1352 (zit.: *Bungert*, BB 2004, 1345) *ders.*, Literaturbesprechung zu Steffan Mutter „Unternehmerische Entscheidungen und Haftung des Aufsichtsrats in der Aktiengesellschaft" Köln 1994 und Ralf Weisser „Feindliche Übernahmen und die Verhaltenspflichten der Leitungsorgane" Konstanz 1994, ZHR 159 (1995), S. 261 – 273 (zit.: *Bungert*, ZHR 159 (1995), 261)

Bürgers, Tobias / Holzborn, Timo, Haftungsrisiken der Organe einer Zielgesellschaft im Übernahmefall, insbesondere am Beispiel einer Abwehrkapitalerhöhung, ZIP 2003, S. 2273 – 2280 (zit.: *Bürgers/Holzborn*, ZIP 2003, 2273)

Burke, Paul, The Higgs Review, Comp Law 2003, 24, S. 162 (zit.: *Burke*, (2003) Comp Law 24, 162)

Busch, Torsten / Groß, Wolfgang, Vorerwerbsrechte der Aktionäre beim Verkauf von Tochtergesellschaften über die Börse, AG 2000, S. 503 – 510 (zit.: *Busch/Groß*, AG 2000, 503)

Busse von Colbe, Walther, Was ist und was bedeutet Shareholder Value aus betriebswirtschaftlicher Sicht?, ZGR 1992, S. 271 – 290 (zit.: *Busse von Colbe*, ZGR 1997, 271)

Buxbaum, Richard, Institutional Ownership and the Restructuring of Corporations – With Special Reference to Takeovers, in: Festschrift für Ernst Steindorff zum 70. Geburtstag, Berlin/New York 1990, S. 7 – 30 (zit.: *Buxbaum*, FS Steindorff, S. 7)

Cadman, John, Shareholders' Agreements, 4. Auflage, London 2004 (zit.: *Cadman*, Shareholders' Agreements)

Cahn, Andreas, Pflichten des Vorstands beim genehmigten Kapital mit Bezugsrechtsausschluss, ZHR 163 (1999), S. 554 – 593 (zit.: *Cahn*, ZHR 163 (1999), 554)

Carney, W. J., Large bank stockholders in Germany: saviours or substitutes?, J App Corp Fin 1997, 9, S. 74 – 81 (zit.: *Carney*, (1997) J App Corp Fin 9, 74)

Casper, Matthias, Acting in Concert – Grundlagen eines neuen kapitalmarktrechtlichen Zurechnungstatbestandes, ZIP 2003, S. 1469 – 1477, (zit.: *Casper*, ZIP 2003, 1469)

Charlesworth, J. / Morse, Geoffrey, Company Law, 16. Auflage, London 1999 (zit.: *Charlesworth/Morse*, Company Law)

Cheffins, Brian, Current Trends in Corporate Governance: Going from London to Milan via Toronto, Duke J Comp & Int'l L 1999, 10, S. 5 – 42 (zit.: *Cheffins*, (1999) Duke J Comp & Int'l L 10, 5)

ders., Company Law: Theory, Structure, and Operation, Oxford 1997 (zit.: *Cheffins*, Company Law)

Clarke, Blanaid, Regulating Poison Pill Devices, JCLS 2004, 4, S. 51 – 75 (zit.: *Clarke*, (2004) JCLS 4, 51)

Claussen, Carsten, Aktienrechtsreform 1997, AG 1996, S. 481 – 494 (zit.: *Claussen*, AG 1996, 481)

ders., Das Gesetz über die kleine Aktiengesellschaft – und die ersten praktischen Erfahrungen, WM 1996, S. 609 – 619 (zit.: *Claussen*, WM 1996, 906)

Clemens, Richard, Poison Debt: The New Takeover Defence, Bus Law 1987, 42, S. 747 – 760 (zit.: *Clemens*, (1987) Bus Law 42, 747)

Coffee, John, Regulating the Market for Corporate Control: A Critical Assessment of the Tender Offer's Role in Corporate Governance, Colum L Rev 1984, 84, S. 1145 – 1296 (zit.: *Coffee*, (1984) Colum L Rev 84, 1145)

Copp, Stephen, Corporate Governance: Change, Consistency and Evolution: Part 2, ICCLR 2003, 14, S. 115 – 128 (zit.: *Copp*, (2003) ICCLR 14, 115)

ders. / Goddard, Robert, Corporate Governance Principles on Trial, Comp Law 1998, 19, S. 277 – 279 (zit.: *Copp/Goddard*, (1998) Comp Law 19, 277)

Craig, Paul / De Burca, Grainne, EU Law, 3. Auflage, Oxford 2003 (zit.: *Craig/De Burca*, EU Law)

Cranston, Ross, The Rise and Rise of the Hostile Takeover, in: Hopt/Wymeersch, European Takeovers – Law and Practice, London 1992, S. 77 – 92 (zit.: *Cranston*, in: Hopt/Wymeersch, European Takeovers, S. 77)

Dauner-Lieb, Barbara, Das Tauziehen um die Übernahmerichtlinie – eine Momentaufnahme, DStR 2003, S. 555 – 556 (zit.: *Dauner-Lieb*, DStR 2003, 555)

dies. / Lamandini, Marco, Der neue Kommissionsvorschlag einer EU-Übernahmerichtlinie aus der Sicht der Gutachter des EU-Parlaments, BB 2003, S. 265 – 267 (zit.: *Dauner-Lieb/Lamandini*, BB 2003, 265)

dies. / Lamandini, Marco, Der neue Vorschlag für eine Richtlinie auf dem Gebiet des Gesellschaftsrechts betreffend Übernahmeangebote und die Erreichung von gleichen Ausgangsbedingungen, Luxemburg 2002 (zit.: *Dauner-Lieb/Lamandini*, Gutachten zum Kommissionsentwurf einer EU-Übernahmerichtlinie)

Davies, Paul, Institutional Investors in the United Kingdom, in: Prentice/Holland, Contemporary Issues in Corporate Governance, Oxford 1993, S. 69 – 96 (zit.: *Davies*, in: Prentice/Holland, Corporate Governance, S. 69)

ders., The Regulation of Defensive Tactics in the United Kingdom and the United States, in: Hopt/Wymeersch, European Takeovers – Law and Practice, London 1992, S. 195 – 216 (zit.: *Davies*, in: Hopt/Wymeersch, European Takeovers, S. 195)

ders., Institutional Investors as Corporate Monitors in the UK, in: Hopt/Wymeersch, Comparative Corporate Governance – Essays and Materials, Berlin/New York 1997, S. 47 – 66 (zit.: *Davies*, in: Hopt/Wymeersch, Comparative Corporate Governance, S. 47)

ders., Institutional Investors: A UK View, Brook L Rev 1991, 57, S. 129 – 143 (zit.: *Davies*, (1991) Brook L Rev 57, 129)

ders., The United Kingdom, in: Baums/Wymeersch, Shareholder Voting Rights and Practices in Europe and the United States, London 1999, S. 331 – 352 (zit.: *Davies*, in: Baums/Wymeersch, Shareholder Voting Rights, S. 331)

ders., Institutional Investors in the United Kingdom, in: Baums/Buxbaum/Hopt, Institutional Investors and Corporate Governance, Berlin/New York 1997, S. 257 – 286 (zit.: *Davies*, in: Baums/Buxbaum/Hopt, Institutional Investors and Corporate Governance, S. 257) *ders.*, Struktur der Unternehmensführung in Großbritannien und Deutschland: Konvergenz oder fortbestehende Divergenz, ZGR 2001, S. 268 – 293 (zit.: *Davies*, ZGR 2001, 268)

ders., Shareholder Value, Company Law, and Securities Markets Law: A British View, in: Hopt/Wymeersch, Capital Markets and Company Law, Oxford 2003, S. 261 – 288 (zit.: *Davies*, in: Hopt/Wymeersch, Capital Markets and Company Law, S. 261)

Dean, Janice, Directors' Duties in Response to Hostile Takeover Bids, ICCLR 2003, 14, S. 370 – 377 (zit.: *Dean*, (2003) ICCLR, 370)

dies., Stakeholding and Company Law, Comp Law 2001, 22, S. 66 – 74 (zit.: *Dean*, (2001) Comp Law 22, 66)

Defriez, Alistair, Takeover Regulation in the United Kingdom, in: von Rosen/Seifert, Die Übernahme börsennotierter Unternehmen, Heusenstamm 1999, S. 29 – 39 (zit.: *Defriez*, in: von Rosen/Seifert, Übernahme börsennotierter Unternehmen, S. 29)

DeMott, Deborah, Current Issues in Tender Offer Regulation: Lessons from the British, N Y U L Rev 1983, 58, S. 945 – 1029 (zit.: *DeMott*, (1983) N Y U L Rev 58, 945)

Department of Trade and Industry, Modernising Company Law: Volume I, London 2000, Cmnd. 5553 I (zit.: *DTI*, Modernising Company Law I)

dass., Company Law Reform, London 2005, Cmnd. 6456 (zit.: *DTI*, Company Law Reform)

dass., Modernising Company Law: Volume II, A new Companies Bill: Draft Clauses, London 2002, Cmnd. 5553 II (zit.: *DTI*, Modernising Company Law II)

dass., Modern Company Law for a Competitive Economy: Developing the Framework, London 2000, URN 00/656 (zit.: *DTI*, Developing the Framework)

dass., Modern Company Law for a Competitive Economy: The Strategic Framework, London 1999, URN 99/654 (zit.: *DTI*, Strategic Framework)

dass., Modern Company Law for a Competitive Economy: Final Report, London 2001, URN 01/942 und 01/943 (zit.: *DTI*, Final Report)

dass., EC Proposal for a Thirteenth Company Law Directive Concerning Takeovers, London 1989 (zit.: *DTI*, EC Proposal for a Takeover Directive)

dass., Barriers to Takeovers in the European Community, (Studie von Coopers and Lybrand), Band I bis III, London 1989 (zit.: *DTI*, Barriers to Takeovers in the European Community)

dass., Company Law Implementation of the European Directive on Takeover Bids – A Consultative Document, London 2005 (zit.: *DTI*, Company Law Implementation of the European Directive on Takeover Bids)

Diekmann, Hans / Merkner, Andreas, Die praktische Anwendung des WpÜG auf öffentliche Angebote zum Erwerb eigener Aktien, ZIP 2004, S. 836 – 842 (zit.: *Diekmann/Merkner*, ZIP 2004, 836)

Dimke, Andreas / Heiser, Kristian, Neutralitätspflicht, Übernahmegesetz und Richtlinienvorschlag, NZG 2001, S. 241 – 259 (zit.: *Dimke/Heiser*, NZG 2001, 241)

Dreher, Meinrad, Change of control Klauseln bei Aktiengesellschaften, AG 2002, S. 214 – 223 (zit.: *Dreher*, AG 2002, 214) *ders.*, Unternehmen und Politik, ZHR 155 (1991), S. 349 – 377 (zit.: *Dreher*, ZHR 155 (1991), 349)

Drygala, Tim, Die neue deutsche Übernahmeskepsis und ihre Auswirkungen auf die Vorstandspflichten nach § 33 WpÜG, ZIP 2001, S. 1861 – 1871 (zit.: *Drygala*, ZIP 2001, 1861)

Dugan, Robert, Purchase of Own Shares and Financial Assistance in Takeovers, in: Farrar, Takeovers, Institutional Investors, and the Modernization of Corporate Laws, Auckland 1993, S. 255 – 279 (zit.: *Dugan*, in: Farrar, Takeovers, S. 255)

Easterbrook, Frank / Fischel, Daniel, The Proper Role of a Target's Management in Responding to a Tender Offer, Harv L Rev 1981, 94, S. 1161 – 1204 (zit.: *Easterbrook/Fischel*, (1981) Harv L Rev 94, 1161)

dies., Corporate Control Transactions, Yale L J 1982, 91, S. 698 – 737 (zit.: *Easterbrook/Fischel*, (1982) Yale L J 91, 698)

Ebenroth, Carsten / Daum, Thomas, Die Kompetenzen des Vorstands einer Aktiengesellschaft bei der Durchführung und Abwehr unkoordinierter Übernahmen (Teil I), DB 1991, S. 1105 – 1111 (zit.: *Ebenroth/Daum*, DB 1991, 1105)

dies., Die Kompetenzen des Vorstands einer Aktiengesellschaft bei der Durchführung und Abwehr unkoordinierter Übernahmen (Teil II), DB 1991, S. 1157 – 1161 (zit.: *Ebenroth/Daum*, DB 1991, 1157)

Edwards, Vanessa, The Directive on Takeover Bids – Not Worth the Paper It's Written on?, ECFR 2004, 1, S. 416 – 439 (zit.: *Edwards*, (2004) ECFR 1, 416)

Ehricke, Ulrich / Ekkenga, Jens / Oechsler, Jürgen, Wertpapiererwerbs- und Übernahmegesetz Kommentar, München 2003 (zit.: *Bearbeiter*, in Ehricke/Ekkenga/Oechsler, WpÜG)

Eidenmüller, Horst, Kapitalgesellschaftsrecht im Spiegel der ökonomischen Theorie, JZ 2001, S. 1041 – 1051 (zit.: *Eidenmüller*, JZ 2001, 1041)

Ekkenga, Jens, § 33 WpÜG: Neutralitätsgebot oder Grundsatz der Abwehrbereitschaft?, in: Bankrecht und Kapitalmarktrecht in der Entwicklung – Festschrift für Siegfried Kümpel zum 70. Geburtstag, Köln 2003, S. 95 – 110 (zit.: *Ekkenga*, FS Kümpel, S. 95)

ders., Das Organisationsrecht des genehmigten Kapitals (Teil I), AG 2001, S. 567 – 579 (zit.: *Ekkenga*, AG 2001, 567)

ders., Das Organisationsrecht des genehmigten Kapitals (Teil II), AG 2001, S. 615 – 629 (zit.: *Ekkenga*, AG 2001, 615)

ders. / Hofschroer, Josef, Das Wertpapiererwerbs- und Übernahmegesetz (Teil I), DStR 2002, S. 724 – 734 (zit.: *Ekkenga/Hofschroer*, DStR 2002, 724)

ders. / Hofschroer, Das Wertpapiererwerbs- und Übernahmegesetz (Teil II), DStR 2002, S. 768 – 777 (zit.: *Ekkenga/Hofschroer*, DStR 2002, 768)

Emmerich, Volker, Wechselseitige Beteiligungen bei AG und GmbH, NZG 1998, S. 622 – 626 (zit.: *Emmerich*, NZG 1998, 622)

ders. / Habersack, Mathias, Aktien- und GmbH-Konzernrecht Kommentar, 4. Auflage, München 2005 (zit.: *Bearbeiter*, in: Emmerich/Habersack, Konzernrecht)

Endell, Antje, Volkswagen im Angebot – VW-Gesetz bietet keinen dauerhaften Schutz vor feindlicher Übernahme, NZG 2000, S. 1160 – 1162 (zit.: *Endell*, NZG 2000, 1160)

Farrar, John, Business Judgement and Defensive Tactics in Hostile Takeover Bids, in: Farrar, Takeovers, Institutional Investors, and the Modernization of Corporate Laws, Auckland 1993, S. 359 – 382 (zit.: *Farrar*, in: Farrar, Takeovers, S. 359)

ders. / Hannigan, Brenda, Farrar's Company Law, 4. Auflage, London 1998 (zit.: *Farrar/Hannigan*, Company Law)

Farrer, John, Reforming Australia's Takeover Defence Laws: What Role for Target directors?, Aus J Corp L 1997, 8, S. 1 – 24 (zit.: *Farrer*, Aus J Corp L 8, 1)

Fastrich, Lorenz, Golden Parachutes und sonstige Landehilfen, in: Festschrift für Andreas Heldrich zum 70. Geburtstag, München 2005, S. 143 – 164 (zit.: *Fastrich*, FS Heldrich, S. 143)

Ferran, Ellis, Company Law and Corporate Finance, Oxford 1999 (zit.: *Ferran*, Company Law and Corporate Finance)

dies., Legal Capital Rules and Modern Securities Markets – the Case for Reform, as Illustrated by the U.K. Equity Markets, in: Hopt/Wymeersch, Capital Markets and Company Law, Oxford 2003, S. 115 – 144 (zit.: *Ferran*, in: Hopt/Wymeersch, Capital Markets and Company Law, S. 115)

Ferrarini, Guido, Corporate Ownership and Control – Law Reform an the Contestability of Corporate Control, in: Company Law Reform in OECD Countries – A Comparative Outlook of Current Trends, OECD 2001, abrufbar im Internet unter: www.oecd.org (zit.: *Ferarrini*, Corporate Ownership and Control)

ders., Shareholder Value and the Modernization of European Corporate Law, in: Hopt/Wymeersch, Capital Markets and Company Law, Oxford 2003, S. 223 – 260 (zit.: *Ferrarini*, in: Hopt/Wymeersch, Capital Markets and Company Law, S. 223)

Fischer, Ralf, Neues aus Brüssel – Durchbruch bei der Übernahmerichtlinie, AG 2004, S. R8 – R9 (zit.: *Fischer*, AG 2004, R 8)

Fleischer, Holger, Aktienrechtliche Legalitätspflicht und „nützliche" Pflichtverletzungen von Vorstandsmitgliedern, ZIP 2005, S. 141 – 152 (zit.: *Fleischer*, ZIP 2005, 141)

ders., Das Vorstandsvergütungs-Offenlegungsgesetz, DB 2005, S. 1611 – 1617 (zit.: *Fleischer*, DB 2005, 1611)

ders., Die „Business Judgement Rule" im Spiegel von Rechtsvergleichung und Rechtsökonomie, in: Festschrift für Herbert Wiedemann zum 70. Geburtstag, München 2002, S. 827 – 850 (zit.: *Fleischer*, FS Wiedemann, S. 827)

ders., Zum Begriff des öffentlichen Angebots im Wertpapiererwerbs- und Übernahmegesetz, ZIP 2001, S. 1653 – 1660 (zit.: *Fleischer*, ZIP 2001, 1653)

ders., Zur Kompetenzverteilung zwischen Verwaltung und Hauptversammlung im englischen und deutschen Aktienrecht, in: Festschrift für Andreas Heldrich zum 70. Geburtstag, München 2005, S. 597 – 613 (*Fleischer*, FS Heldrich, S. 597)

ders., Case Comment on Case C-367/98, *Commission of the European Communities v. Portuguese Republic* (Golden Shares); C-483-99, *Commission of the European*

Communities v. French Republic (Golden Shares); and C 503/99, *Commission of the European Communities v. Kingdom of Belgium* (Golden Shares). Judgements of the Full Court of 4 June 2002, CLR 2003, 40, S. 493 – 501 (zit.: *Fleischer*, (2003) CMLR 40, 493)

ders., Ungeschriebene Hauptversammlungszuständigkeiten im Aktienrecht: Von „Holzmüller" zu „Gelatine", NJW 2004, S. 2335 – 2339 (zit.: *Fleischer*, NJW 2004, 2335)

ders., Gesetz und Vertrag als alternative Problemlösungsmodelle im Gesellschaftsrecht, ZHR 168 (2004), S. 673 – 707 (zit.: *Fleischer*, ZHR 168 (2004), 673)

ders. / Kalss, Susanne, Das neue Wertpapiererwerbs- und Übernahmegesetz – Einführende Gesamtdarstellung und Materialien, München 2002 (zit.: *Fleischer/Kalss*, WpÜG)

ders. / Körber, Torsten, Rückerwerb eigener Aktien und das Wertpapiererwerbs- und Übernahmegesetz, BB 2001, S. 2589 – 2595 (zit.: *Fleischer/Körber*, BB 2001, 2589)

Füchsel, Hans, Probleme des Bezugsrechtsausschlusses im deutschen Aktienrecht, BB 1972, S. 1533 – 1540 (zit.: *Füchsel*, BB 1972, 1533)

Furhmann, Lambertus, "Gelatine" und die Holzmüller-Doktrin: Ende einer juristischen Irrfahrt?, AG 2004, S. 339 – 342 (zit.: *Lambertus*, AG 2004, 339)

Gee, Tim, Public v. Private Takeovers, ICCLR 1998, 9, S. 15 – 18 (zit.: *Gee*, (1998) ICCLR 9, 15)

Geibel, Stephan / Süßmann, Rainer, Erwerbsangebote nach dem Wertpapiererwerbs- und Übernahmegesetz, BKR 2002, S. 52 – 67 (zit.: *Geibel/Süßmann*, BKR 2002, 52)

dies., Wertpapiererwerbs- und Übernahmegesetz (WpÜG) Kommentar, München 2002 (zit.: *Bearbeiter*, in: Geibel/Süßmann, WpÜG)

Gerke, Wolfgang / Bank, Matthias / Steiger, Max, The Changing Role of Institutional Investors – A German Perspective, in: Hopt/Wymeersch, Capital Markets and Company Law, Oxford 2003, S. 357 – 386 (zit.: *Gerke/Bank/Steiger*, in: Hopt/Wymeersch, Capital Markets and Company Law, S. 357)

Geßler, Ernst, Einberufung und ungeschriebene Hauptversammlungszuständigkeiten, in: Festschrift für Walter Stimpel zum 68. Geburtstag, Berlin/New York 1985, S. 771 – 790 (zit.: *Geßler*, FS Stimpel, S. 771)

ders. / Hefermehl, Wolfgang / Eckhardt, Ulrich / Kropff, Bruno, Aktiengesetz, München 1973 ff. (zit.: *Bearbeiter*, in Geßler/Hefermehl, AktG)

Glade, Achim / Haak, Andreas / Hellich, Peter, Die Umsetzung der Übernahmerichtlinie in das deutsche Recht (Teil I), DK 2004, S. 455 – 462 (zit.: *Glade/Haak/Hellich*, DK 2004, 455)

dies., Die Umsetzung der Übernahmerichtlinie in das deutsche Recht (Teil II), DK 2004, S. 515 – 525 (zit.: *Glade/Haak/Hellich*, DK 2004, 515)

Goddard, Robert, "Modernising Company Law": The Government's White Paper, MLR 2003, 66, S. 402 – 424 (zit.: *Goddard*, (2003) MLR 66, 402)

Götz, Heinrich, Die Sicherung der Rechte der Aktionäre der Konzernobergesellschaft bei Konzernbildung und Konzernleitung – zugleich eine Besprechung der

„Holzmüller"-Entscheidung des Bundesgerichtshofs, AG 1984, S. 85 – 94 (zit.: *Götz*, AG 1984, 85)

Götze, Cornelius, „Gelatine" statt „Holzmüller" – Zur Reichweite ungeschriebener Mitwirkungsbefugnisse der Hauptversammlung, NZG 2004, S. 585 – 589 (zit.: *Götze*, NZG 2004, 585)

Goldenberg, Philip, IALS Company Law Lecture. Shareholders v Stakeholders: The Bogus Argument, Comp Law 1998, 19, S. 34 – 39 (zit.: *Goldenberg*, (1998) Comp Law 19, 34)

Goode, Roy, Principles of Corporate Insolvency Law, 2. Auflage, London 1997 (zit.: *Goode*, Corporate Insolvency)

Gore-Brown, Sir Francis, Gore-Browne on Companies, Loseblattsammlung, 44. Auflage, Bristol (ab) 1986, Stand: 48. Ergänzungslieferung Juni 2004 (zit.: *Bearbeiter*, in Gore-Brown, On Companies)

Goulding, Simon / Miles, Lilian / Schall, Alexander, Judicial Enforcement of Extralegal Codes in UK and German Company Law – Including Observations on OLG Schleswig Holstein, NZG 2004, 669 (*Mobilcom II*) and LG München I, NZG 2004, 626 (*Hypovereinsbank*), ECFR 2005, 2, S. 20 – 62 (zit.: *Goulding/Miles/Schall*, (2005) ECFR 2, 20)

Gower, Laurence, Corporate Control: The Battle for the Berkeley, Harv L Rev 1955, 68, S. 1176 – 1194 (zit.: *Gower*, (1955) Harv L Rev 68, 1176)

ders. / Davies, Paul, Gower and Davies' Principles of Modern Company Law, 7. Auflage, London 2003 (zit.: *Gower/Davies*, Company Law)

Graf von Bernstorff, Christoph, Einführung in das englische Recht, 3. Auflage, München 2006 (zit.: *Bernstorff*, Einführung in das englische Recht)

Graham, Cosmo, All that glitters – Golden shares and privatised enterprises, Comp Law 1988, 8, S. 23 – 25 (zit.: *Graham*, (1988) Comp Law 8, 23)

Griffin, Stephen , Company Law Fundamental Principles, 3. Auflage, Harlow 2000 (zit.: *Griffin*, Company Law)

Groh, Manfred, Shareholder Value und Aktienrecht, DB 2000, S. 2153 – 2159 (zit.: *Groh*, DB 2000, 2153)

Groß, Wolfgang, Zuständigkeit der Hauptversammlung bei Erwerb und Veräußerung von Unternehmensbeteiligungen, AG 1994, S. 266 – 276 (zit.: *Groß*, AG 1994, 266)

ders., Vorbereitung und Durchführung von Hauptversammlungsbeschlüssen zu Erwerb oder Veräußerung von Unternehmensbeteiligungen, AG 1996, S. 111 – 119 (zit.: *Groß*, AG 1996, 111)

Großmann, Adolf, Unternehmensziele im Aktienrecht, Köln/Berlin/Bonn/München 1980 (zit.: *Großmann*, Unternehmensziele im Aktienrecht)

Grundfest, J. A., Subordination of American capital, J Fin Econ 1990, 27, S. 89 – 114 (zit.: *Grundfest*, (1990) J Fin Econ 27, 89)

Grundmann, Stefan, Ausbau des Informationsmodells im Europäischen Gesellschaftsrecht, DStR 2004, S. 232 – 236 (zit.: *Grundmann*, DStR 2004, 232)

ders. / Möslein, Florian, Die Goldene Aktie und der Markt für Unternehmenskontrolle im Rechtsvergleich – insbesondere Staatskontrollrechte, Höchst- und Mehrfachstimmrechte sowie Übernahmeabwehrmaßnahmen, ZVglRWiss 102 (2003), S. 289 – 345 (zit.: *Grundmann/Möslein*, ZVglRWiss 102 (2003), 289)

dies., Die Goldene Aktie – Staatskontrollrechte in Europarecht und wirtschaftspolitischer Bewertung, ZGR 2003, S. 317 – 366 (zit.: *Grundmann/Möslein*, ZGR 2003, 317)

Grunewald, Barbara, Europäisierung des Übernahmerechts, AG 2001, S. 288 – 291 (zit.: *Grunewald*, AG 2001, 288)

dies., Anmerkung zum Urteil LG München I, Urteil vom 23.12.2004 – 5HK O 15081/04 „IM Internationalmedia AG", EWiR 2005, S. 139 – 140 (zit.: *Grunewald*, EWiR 2005, 139)

dies., Was bringt der Vorschlag einer 13. Richtlinie über Übernahmeangebote für das deutsche Recht, WM 1989, S. 1233 – 1239 (zit.: *Grunewald*, WM 1989, 1233)

Haarmann, Wilhelm / Riehmer, Klaus / Schüppen, Matthias, Öffentliche Übernahmeangebote – Kommentar zum Wertpapiererwerbs- und Übernahmegesetz, Heidelberg 2002 (zit.: *Bearbeiter*, in: Haarmann/Riehmer/Schüppen, WpÜG)

Haase, Florian, Gewichtung des Stimmrechts im englischen Aktienrecht, DZWIR 2005, S. 102 – 106 (zit.: *Haase*, DZWIR 2005, 102)

Habersack, Mathias, Grenzen der Mehrheitsherrschaft in Stimmrechtskonsortien, ZHR 164 (2000), S. 1 – 22 (zit.: *Habersack*, ZHR 164 (2000), 1)

ders. / Mayer, Christian, Der neue Vorschlag 1997 einer Takeover-Richtlinie – Überlegungen zur Umsetzung in das nationale Recht, ZIP 1997, S. 2141 – 2146 (zit.: *Habersack/Mayer*, ZIP 1997, 2141)

Hahn, Dieter, Die feindliche Übernahme von Aktiengesellschaften, München 1992 (zit.: *Hahn*, Die feindliche Übernahme von Aktiengesellschaften)

Hampel Committee, Final Report of the Committee on Corporate Governance, London 1998 (zit.: *Hampel Report*)

Hannigan, Brenda, Limitations on a shareholder's right to vote, JBL 2000, S. 493 – 512 (zit.: *Hannigan*, (2000) JBL, S. 493)

Harbarth, Stephan, Abwehr feindlicher Übernahmen in den USA, ZVglRWiss 100 (2001), S. 275 – 320 (zit.: *Harbarth*, ZVglRWiss 100 (2001), 275)

Hauschka, Christoph / Roth, Thomas, Übernahmeangebote und deren Abwehr im deutschen Recht, AG 1988, S. 181 – 196, (zit.: *Hauschka/Roth*, AG 1988, 181)

Heidel, Thomas , Anwaltkommentar Aktienrecht, Bonn 2003 (zit.: *Bearbeiter*, in: AnwK-AktienR)

Heinrich, Tobias , Bedeutung und Regelungsprogramm des britischen City Code und der Rules Governing Substantial Acquisitions of Shares, in: Hirte, Wertpapiererwerbs- und Übernahmegesetz (WPÜG): Gesetzestexte, Quellen, Materialien, Köln/Berlin/Bonn/München 2002, S. 45 – 52 (zit.: *Heinrich*, in: Hirte, WpÜG, S. 45)

Heinsius, Theodor, Abfindung außenstehender Aktionäre und Übernahmeangebote im deutschen Aktien- und Konzernrecht, in: Schmitthoff /Goré/Heinsius, Übernahmeangebote im Aktienrecht, Frankfurt am Main 1976, S. 35 – 62 (zit.: *Heinsius*, in: Schmitthoff/Goré/Heinsius, Übernahmeangebote im Aktienrecht, S. 35)

Helmis, Sven, Erwerb eigener Aktien als strategisches Instrument zur Übernahmeabwehr, M&A Review 2001, S. 7 – 12 (zit.: *Helmis*, M&A Review 2001, 7)

Henze, Hartwig, Entscheidungen und Kompetenzen der Organe in der AG: Vorgaben der höchstrichterlichen Rechtsprechung, BB 2001, S. 53 – 62 (zit.: *Henze*, BB 2001, 53)

ders., Die Treuepflicht im Aktienrecht – Gedanken zur Rechtsprechung des Bundesgerichtshofes von „Kali und Salz" über „Linotype" und „Kochs Adler" bis zu „Girmes", BB 1996, S. 489 – 499 (zit.: *Henze*, BB 1996, 489)

ders., Prüfungs- und Kontrollaufgaben des Aufsichtsrates der Aktiengesellschaft, NJW 1998, S. 3309 – 3312 (zit.: *Henze*, NJW 1998, 3309)

ders., Schranken für den Bezugsrechtsausschluss – Rechtsprechung des BGH im Wandel?, ZHR 167 (2003), S. 1 – 7 (zit.: *Henze*, ZHR 167 (200), 1)

ders., Aktienrecht – Höchstrichterliche Rechtsprechung, 5. Auflage, Köln 2002 (zit.: *Henze*, Aktienrecht)

ders., Holzmüller vollendet das 21. Lebensjahr, in: Festschrift für Peter Ulmer zum 70. Geburtstag, Berlin 2003, S. 211 – 242 (zit.: *Henze*, FS Ulmer, S. 211)

Herman, Edward, Corporate Control, Corporate Power, Cambridge 1981 (zit.: *Herman*, Corporate Control, Corporate Power)

Herrmann, Marcus, Zivilrechtliche Abehrmaßnahmen gegen unfreundliche Übernahmeversuche in Deutschland und Großbritannien – Eine rechtsvergleichende Untersuchung unter Berücksichtigung des künftigen europäischen Rechts, Heidelberg 1993 (zit.: *Herrmann*, Zivilrechtliche Abwehrmaßnahmen)

Hirt, Hans-Christoph, In what circumstances should breaches of directors' duties give rise to a remedy under ss. 459 – 461 of the Companies Act 1985, Comp Law 2003, 24, S. 100 – 110 (zit.: *Hirt*, (2003) Comp Law 24, 100)

ders., The Company's Decision to Litigate Against its Directors: Legal Strategies to Deal with the Board of Directors' Conflict of Interest, JBL 2005, S. 159 – 208 (zit.: *Hirt*, (2005) JBL, 159)

Hirte, Heribert, Der Kampf um Belgien – Zur Abwehr feindlicher Übernahmen, ZIP 1989, S. 1233 – 1246 (zit.: *Hirte*, ZIP 1989, 1233)

ders., Verteidigung gegen Übernahmeangebote und Rechtsschutz des Aktionärs gegen die Verteidigung, ZGR 2002, S. 623 – 658 (zit.: *Hirte*, ZGR 2002, 623)

ders., Bezugsrechtsausschluss und Konzernbildung, Köln/Berlin/Bonn/München 1986 (zit.: *Hirte*, Bezugsrechtsausschluss und Konzernbildung)

ders. / von Bülow, Christoph, Kölner Kommentar zum WPÜG mit AngebVO und §§ 327a – 327f AktG, Köln/Berlin/Bonn/München 2003 (zit.: *Bearbeiter*, KK-WPÜG)

Hoffmann-Becking, Michael, Münchener Handbuch des Gesellschaftsrechts Band IV Aktiengesellschaft, 2. Auflage, München 1999 (zit.: *Bearbeiter*, in: Hoffmann-Becking, Handbuch des Gesellschaftsrechts Bd. IV)

ders., Der Einfluss schuldrechtlicher Gesellschaftervereinbarungen auf die Rechtsbeziehungen in der Kapitalgesellschaft, ZGR 1994, S. 442 – 464 (zit.: *Hoffmann-Becking*, ZGR 1994, 442)

Holzborn, Timo, Kölner Kommentar zum WpÜG mit AngebVO und §§ 327a – 327 f AktG, BKR 2003, S. 643 – 644 (zit.: *Holzborn*, BKR 2003, 643)

Hommelhoff, Peter, Konzerneingans-Schutz durch Takeover-Recht? Eine Betrachtung zur europäischen Rechtspolitik, in: Festschrift für Johannes Semler zum 70. Geburtstag, Berlin/New York 1993, S. 455 – 471 (zit.: *Hommelhoff*, FS Semler, S. 455)

ders. / Kleindiek, Detlef, Takeover-Richtlinie und europäisches Konzernrecht, AG 1990, S. 106 – 111 (zit.: *Hommelhoff/Kleindiek*, AG 1990, 106)

Hopt, Klaus, Präventivmaßnahmen zur Abwehr von Übernahme- und Beteiligungsversuchen, WM Festgabe für Theodor Heinsius 1991, S. 22 – 30 (zit.: *Hopt*, WM-Festgabe für Heinsius 1991, 22)

ders., Verhaltenspflichten des Vorstands der Zielgesellschaft bei feindlichen Übernahmen, in: Deutsches und europäisches Gesellschafts-, Konzern- und Kapitalmarktrecht, Festschrift für Marcus Lutter zum 70. Geburtstag, Köln 2000, S. 1361 – 1400 (zit.: *Hopt*, FS Lutter, S. 1361)

ders., Aktionärskreis und Vorstandsneutralität, ZGR 1993, S. 534 – 566 (zit.: *Hopt*, ZGR 1993, 534)

ders., Grundsatz- und Praxisprobleme nach dem Wertpapiererwerbs- und Übernahmegesetz, ZHR 166 (2002), S. 383 – 432 (zit.: *Hopt*, ZHR 166 (2002), 383)

ders., Europäisches und deutsches Übernahmerecht, ZHR 161 (1997), S. 368 – 420 (zit.: *Hopt*, ZHR 161 (1997), 368)

ders., Corporate Governance in Germany, in: Hopt/Wymeersch, Capital Markets and Company Law, Oxford 2003, S. 289 – 326 (zit.: *Hopt*, in: Hopt/Wymeersch, Capital Markets and Company Law, S. 289)

ders., European Takeover Regulation: Barriers to and Problems of Harmonizing Takeover Law in the European Community, in: Hopt/Wymeersch, European Takeovers – Law and Practice, London 1992, S. 165 – 191 (zit.: *Hopt*, in: Hopt/Wymeersch, European Takeovers, S. 165)

ders., Gesellschaftsrecht im Wandel, in: Festschrift für Herbert Wiedemann zum 70. Geburtstag, München 2002, S. 1013 – 1032 (zit.: *Hopt*, FS Wiedemann, S. 1013)

ders. / Wiedemann, Herbert, Großkommentar zum Aktiengesetz, 4. Auflage Berlin/New York 1992 ff. (zit.: *Bearbeiter*, GK-AktG)

Horn, Norbert, Internationale Unternehmenszusammenschlüsse, ZIP 2000, S. 473 – 484 (zit.: *Horn*, ZIP 2000, 473)

Huber, Ulrich, Rückkauf eigener Aktien, in: Aktien- und Bilanzrecht, Festschrift für Bruno Kropff, Düsseldorf 1997, S. 101 – 125 (*Huber*, FS Kropff, S. 101)

Hüffer, Uwe, Aktiengesetz, 6. Auflage, München 2004 (zit.: *Hüffer*, AktG)

ders., Gesellschaftsrecht, 6. Auflage, München 2003 (zit.: *Hüffer*, Gesellschaftsrecht)

ders., Zur Holzmüller-Problematik: Reduktion des Vorstandsermessens oder Grundlagenkompetenz der Hauptversammlung?, in: Festschrift für Peter Ulmer zum 70. Geburtstag, Berlin 2003, S. 279 – 303 (zit.: *Hüffer*, FS Ulmer, S. 279)

ders., Aktienbezugsrechte als Bestandteil der Vergütung von Vorstandsmitgliedern und Mitarbeitern – gesellschaftsrechtliche Analyse, ZHR 161 (1997), S. 214 – 245 (zit.: *Hüffer*, ZHR 161 (1997), 2149)

Hurst, T., Self Regulation Versus Legal Regulation, Comp Law 1984, 5, S. 161 – 170 (zit.: *Hurst*, (1984) Comp Law 5, 161)

Immenga, Ulrich, Vertragliche Vinkulierung von Aktien, AG 1992, S. 79 – 83 (zit.: *Immenga*, AG 1992, 78)

ders., Zuständigkeiten des mitbestimmten Aufsichtsrats, ZGR 1977, S. 249 – 289 (zit.: *Immenga*, ZGR 1977, 249)

Ingman, Terrence, The English Legal Process, 9. Auflage, Oxford 2003 (zit.: *Ingman*, English Legal Process)

Jäger, Axel, Aktiengesellschaft unter besonderer Berücksichtigung der KGaA, München 2004 (zit.: *Jäger*, Aktiengesellschaft)

Jenkins Committee, Report of the Company Law Committee, Presented to Parliament by the President of the Board of Trade by Command of her Majesty, London 1962, Cmnd. 1749 (zit.: *Jenkins Report*)

Jenkinson, T. / Mayer, C., Hostile Takeovers: Defence, Attack and Corporate Governance, London 1994 (zit.: *Jenkinson/Mayer*, Hostile Takeovers)

Jensen, M. / Meckling W., The Theory of the Firm: Managerial Behaviour, Agency Costs and Ownership Structure, J Fin Econ 1976; 3, S. 305 – 360 (zit.: *Jensen/Meckling*, (1976) J Fin Econ 3, 305)

Joffe, Victor, Minority Shareholders – Law, Practice and Procedures, London 2000 (zit.: *Joffe*, Minority Shareholders)

Johnston, Andrew, The European Takeover Directive: Ruined by Protectionism or Respecting Diversity, Comp Law 2004, 25, S. 270 – 276 (zit.: *Johnston*, (2004) Comp Law 25, 270)

Johnston, Sir Alexander, The City Take-over Code, Oxford 1980 (zit.: *Johnston*, Take-over Code)

Junge, Werner, Das Unternehmensinteresse, in: Festschrift für Ernst von Caemmerer zum 70. Geburtstag, Tübingen 1978, S. 547 – 557 (zit.: *Junge*, FS Caemmerer, 547)

Kainer, Friedemann, Binnenmarktrechtliche Grenzen des Übernahmerechts, ZHR 168 (2004), S. 542 – 576 (zit.: *Kainer*, ZHR 168 (2004), 542)

Kallmeyer, Harald, Zum neuen Kommissionsvorschlag für eine Übernahmerichtlinie, ZIP 2002, S. 2695 (zit.: *Kallmeyer*, ZIP 2002, 2695)

Kasolowsky, Boris, Die Public Limited Company, England und Wales, in: Hirte/Bücker, Grenzüberschreitende Gesellschaften, Köln/Berlin/Bonn/München 2005, S. 153 – 177 (zit.: *Kasolowsky*, in: Hirte/Bücker, Grenzüberschreitende Gesellschaften, S. 153)

ders., Constraints on the Power to Issue Shares in England and Wales, ZBB 2000, S. 189 – 201 (zit.: *Kasolowsky*, ZBB 2000, 189)

ders., Fiduciary Duties in Company Law – Theory and Practice, Baden-Baden 2002 (zit.: *Kasolowsky*, Fiduciary Duties in Company Law)

Kessler, Manfred, Interessen- und Kompetenzkonflikte in einer Aktiengesellschaft aus juristischer und betriebswirtschaftlicher Sicht, AG 1993, S. 252 – 273 (zit.: *Kessler*, AG 1993, 252)

Kiem, Roger, Der Hauptversammlungsbeschluss zur Legitimation von Abwehrmaßnahmen nach dem neuen Übernahmegesetz, ZIP 2000, S. 1509 – 1517 (zit.: *Kiem*, ZIP 2000, 1509)

Kilian, Wolfgang, Vom sinkenden Wert der „Goldenen Aktien", NJW 2003, S. 2653 – 2655 (zit.: *Kilian*, NJW 2003, 2653)

Kindler, Peter, Bezugsrechtsausschluss und unternehmerisches Ermessen nach deutschem und europäischem Recht, ZGR 1998, S. 35 – 68 (zit.: *Kindler*, ZGR 1998, 35)

ders., Die sachliche Rechtfertigung des aktienrechtlichen Bezugsrechtsausschlusses im Lichte der Zweiten Gesellschaftsrechtlichen Richtlinie der Europäischen Gemeinschaft, ZHR 158 (1994), S. 339 – 370 (zit.: *Kindler*, ZHR 158 (1994), 339)

ders. / Horstmann, Hendrik, Die EU-Übernahmerichtlinie – Ein „europäischer" Kompromiss, DStR 2004, S. 866 – 873 (zit.: *Kindler/Horstmann*, DStR 2004, 866)

Kirchner, Christian, Managementpflichten bei „feindlichen" Übernahmeangeboten, WM 2000, S. 1821 – 1830 (zit.: *Kirchner*, WM 2000, 1821)

ders., Neutralitäts- und Stillhaltepflicht des Vorstands der Zielgesellschaft im Übernahmerecht, AG 1999, S. 481 – 492 (zit.: *Kirchner*, AG 1999, 481)

Kirschbaum, Tom, Der Directors' Remuneration Report im britischen Gesellschaftsrecht, AG 2005, S. R6 – R8 (zit.: *Kirschbaum*, AG 2005, R6)

Klein, Albrecht, Abwehrmöglichkeiten gegen feindliche Übernahmen in Deutschland, NJW 1997, S. 2085 – 2089 (zit.: *Klein*, NJW 1997, 2085)

Klette, Dieter, Der Emissionskurs beim genehmigten Kapital, BB 1968, S. 977 – 980 (zit.: *Klette*, BB 1968, 977)

Knapp, Vanessa, Proposed Takeover Directive: Will the break-through proposal work, Comp Law 23, 2004, S. 134 (zit.: *Knapp*, (2004) Comp Law 134)

Knoll, Heinz-Christian, Die Übernahme von Kapitalgesellschaften, Baden-Baden 1992 (zit.: *Knoll*, Die Übernahme von Kapitalgesellschaften)

Koch, Jens, Der Erwerb eigener Aktien – kein Fall des WpÜG, NZG 2003, S. 61 – 70 (zit.: *Koch*, NZG 2003, 61)

Koch, Ulrich, Die Entwicklung des Gesellschaftsrechts in den Jahren 1987/1988, NJW 1990, S. 158 – 170 (zit.: *Koch*, NJW 1990, 158)

Koch, Wolfgang, Das Unternehmensinteresse als Verhaltensmaßstab der Aufsichtsratsmitglieder im mitbestimmten Aufsichtsrat einer Aktiengesellschaft, Frankfurt am Main/Bern/New York 1983 (zit.: *Koch*, Unternehmensinteresse)

Koenig, Christian / Haratsch, Andreas, Europarecht, 4. Auflage, Tübingen 2003 (zit.: *Koenig/Haratsch*, Europarecht)

Koppensteiner, Hans-Georg, „Holzmüller" auf dem Prüfstand des BGH, DK 2004, S. 381 – 386 (zit.: *Koppensteiner*, DK 2004, 381)

Korch, Rainer, Ringbeteiligungen von Aktiengesellschaften – Gesellschafts- und Kartellrechtliche Aspekte, Köln/Berlin/Bonn/München 2001, (zit.: *Korch*, Ringbeteiligungen von Aktiengesellschaften)

Kort, Michael, Rechte und Pflichten des Vorstands der Zielgesellschaft bei Übernahmeversuchen, in: Deutsches und europäisches Gesellschafts-, Konzern- und Kapitalmarktrecht, Festschrift für Marcus Lutter zum 70. Geburtstag, Köln 2000, S. 1421 – 1447 (zit.: *Kort*, FS Lutter, S. 1421)

Krause, Hartmut, BB-Europareport: Die EU-Übernahmerichtlinie – Anspassungsbedarf im Wertpapiererwerbs- und Übernahmegesetz, BB 2004, S. 113 – 119 (zit.: *Krause*, BB 2004, 113)

ders., Der Kommissionsvorschlag für die Revitalisierung der EU-Übernahmerichtlinie, BB 2002, S. 2341 – 2347 (zit.: *Krause*, BB 2002, 2341)

ders., Das deutsche Übernahmegesetz vor dem Hintergrund der EU-Richtlinie, ZGR 2002, S. 500 – 519 (zit.: *Krause*, ZGR 2002, 500)

ders., Die Abwehr feindlicher Übernahmeangebote auf der Grundlage von Ermächtigungsbeschlüssen der Hauptversammlung, BB 2002, S. 1053 – 1061 (zit.: *Krause*, BB 2002, 1053)

ders., Das neue Übernahmerecht, NJW 2002, S. 705 – 716 (zit.: *Krause*, NJW 2002, 705)

ders., Zur „Pool- und Frontenbildung" im Übernahmekampf und zur Organzuständigkeit für Abwehrmaßnahmen gegen „feindliche" Übernahmeangebote, AG 2000, S. 217 – 222 (zit.: *Krause*, AG 2000, 217)

ders., Prophylaxe gegen feindliche Übernahmeangebote, AG 2002, S. 133 – 144 (zit.: *Krause*, AG 2002, 133)

ders., Der revidierte Vorschlag einer Takeover-Richtlinie (1996), AG 1996, S. 209 – 217 (zit.: *Krause*, AG 1996, 209)

ders., Das obligatorische Übernahmeangebot, Baden-Baden 1996 (zit.: *Krause*, Das obligatorische Übernahmeangebot)

ders., Von „goldenen Aktien", dem VW-Gesetz und der Übernahmerichtlinie, NJW 2002, S. 2747 – 2751 (zit.: *Krause*, NJW 2002, 2747)

ders., Zur Gleichbehandlung der Aktionäre bei Übernahmeangeboten und Beteiligungserwerbs – Teil II, WM 1996, S. 893 – 900 (zit.: *Krause*, WM 1996, 893)

ders., Zwei Jahre Praxis mit dem Wertpapiererwerbs- und Übernahmegesetz, NJW 2004, S. 3681 – 3688 (zit.: *Krause*, NJW 2004, 3681)

Krieger, Gerd, Das neue Übernahmegesetz: Preisfindung beim Übernahmeangebot und Neutralitätspflicht des Vorstands der Zielgesellschaft, in: Henze/Hoffmann-Becking, Gesellschaftsrecht 2001, Köln 2001, S. 289 – 322 (zit.: *Krieger*, in: Henze/Hoffmann-Becking, Gesellschaftsrecht 2001, S. 289)

ders., Vorstandsbericht vor Ausnutzen eines genehmigten Kapitals mit Bezugsrechtsausschluss?, in: Festschrift für Herbert Wiedemann zum 70. Geburtstag, München 2002, S. 1081 – 1096 (zit.: *Krieger*, FS Wiedemann, S. 1081)

Kropff, Bruno, Aktiengesetz, Textausgabe mit Materialien, Düsseldorf 1965 (zit.: *Kropff*, AktG)

ders., Über die „Ausgliederung", in: Festschrift für Ernst Geßler zum 65. Geburtstag, München 1971, S. 111 – 126 (zit.: *Kropff*, FS Geßler, S. 111)

ders. / Semler, Johannes , Münchener Kommentar zum Aktiengesetz (§§ 1 – 53, §§ 53 a – 75, §§ 76 – 117, §§ 118 – 147, §§ 179 – 221; §§ 327 a – 327 f WpÜG SpruchG), 2. Auflage des Geßler/Hefermehl/Eckhardt/Kropff, Aktiengesetz, München 1999 ff. (zit.: *Bearbeiter*, in: MüKo-AktG)

Kübler, Friedrich, Shareholder Value: Eine Herausforderung für das Deutsche Recht?, in: Festschrift für Wolfgang Zöllner zum 70. Geburtstag,

Köln/Berlin/Bonn/München 1998, Band I, S. 321 – 336 (zit.: *Kübler*, FS Zöllner, S. 321)

Kuhn, Georg, Arbitragegeschäfte der Aktienbanken in eigenen Aktien, NJW 1973, S. 833 – 837 (zit.: *Kuhn*, NJW 1973, 833)

Kuhner, Christoph, Unternehmensinteresse vs. Shareholder Value als Leitmaxime kapitalmarktorientierter Aktiengesellschaften, ZGR 2004, S. 244 – 279 (zit.: *Kuhner*, ZGR 2004, 244)

Kunze, Otto, Zum Stand der Entwicklung des Unternehmensrechts, ZHR 144 (1980), S. 100 – 135 (zit.: *Kunze*, ZHR 144 (1990), 100)

Land, Volker / Hasselbach, Kai, Das neue deutsche Übernahmegesetz, DB 2000, S. 1747 – 1755 (zit.: *Land /Hasselbach*, DB 2000, 1747)

Lange, Oliver, Das Unternehmensinteresse der Zielgesellschaft und sein Einfluss auf die Rechtsstellung der die Übernahme fördernden Aufsichtsratsmitglieder, WM 2002, S. 1737 – 1747 (zit.: *Lange*, WM 2002, 1737)

Laske, Stephan, Unternehmensinteresse und Mitbestimmung, ZGR 1979, S. 173 – 200 (zit.: *Laske*, ZGR 1979, 173)

Lee, Peter, Regulation of Takeovers in Selected National Legal Systems, in: Hopt/Wymeersch, European Takeovers – Law and Practice, London 1992, S. 133 – 163 (zit.: *Lee*, in: Hopt/Wymeersch, European Takeovers, S. 133)

ders., Takeovers – The United Kingdom Experience, in: Farrar, Takeovers, Institutional Investors, and the Modernization of Corporate Laws, Auckland 1993, S. 192 – 202 (zit.: *Lee*, in: Farrar, Takeovers, S. 192)

Lehne, Klaus-Heiner, Die 13. Richtlinie auf dem Gebiet des Gesellschaftsrechts betreffend Übernahmeangebote – gescheitert, aber dennoch richtungsweisend für das künftige Übernahmerecht, in: Hirte, Wertpapiererwerbs- und Übernahmegesetz (WPÜG): Gesetzestexte, Quellen, Materialien, Köln/Berlin/Bonn/München 2002, S. 33 – 44 (zit.: *Lehne*, in: Hirte, WpÜG, S. 33)

Lembeck, Eva-Désirée, UK Company Law Reform – ein Überblick, NZG 2003, S. 956 – 965 (zit.: *Lembeck*, NZG 2003, 956)

Lenz, Jürgen / Linke, Ulf, Rückkauf eigener Aktien nach dem Wertpapiererwerbs- und Übernahmegesetz, AG 2002, S. 420 – 424 (zit.: *Lenz/Linke*, AG 2002, 420)

Lewin, N., Corporate Finance: Public Companies and the City, Bristol 1999 (zit.: *Lewin*, Corporate Finance)

Liebert, Ulrike, Der Bezugsrechtsausschluss bei Kapitalerhöhungen von Aktiengesellschaften, Baden-Baden 2003 (zit.: *Liebert*, Bezugsrechtsausschluss)

Liebscher, Thomas, Die Zurechnungstatbestände des WpHG und WpÜG, ZIP 2002, S. 1005 – 1017 (zit.: *Liebscher*, ZIP 2002, 1005)

ders., Ungeschriebene Hauptversammlungszuständigkeiten im Lichte von Holzmüller, Macrotron und Gelatine, ZGR 2005, S. 1 – 33 (zit.: *Liebscher*, ZGR 2005, 1)

Loges, Rainer / Distler, Wolfram, Gestaltungsmöglichkeiten durch Aktiengattungen, ZIP 2002, S. 467 – 475 (zit.: *Loges/Distler*, ZIP 2002, 467)

Lowenstein, Louis, Pruning Deadwood in Hostile Takeovers: A Proposal for Legislation, Colum L Rev 1983, 83, S. 249 – 334 (zit.: *Lowenstein*, (1983) Colum L Rev 83, 249)

Lübbert, Hartmut, Abstimmungsvereinbarungen in den Aktien- und GmbH-Rechten der EWG Staaten, der Schweiz und Großbritanniens, Baden-Baden 1971 (zit.: *Lübbert*, Abstimmungsvereinbarungen)

Lüders, Jürgen / Wulff, Jakob, Rechte der Aktionäre der Muttergesellschaft beim Börsengang des Tochterunternehmens, BB 2001, S. 1209 – 1214 (zit.: *Lüders/Wulff*, BB 2001, 1209)

Lutter, Marcus, Bezugsrechsausschluss und genehmigtes Kapital, BB 1981, S. 861 – 864 (zit.: *Lutter*, BB 1981, 861)

ders., Organzuständigkeiten im Konzern, in: Festschrift für Walter Stimpel zum 68. Geburtstag, Berlin/New York 1985, S. 825 – 854 (zit.: *Lutter*, FS Stimpel, S. 825)

ders., Rechte und Pflichten des Vorstands bei der Übertragung vinkulierter Namensaktien, AG 1992, S. 369 – 375 (zit.: *Lutter*, AG 1992, 369)

ders., Vermögensveräußerungen einer abhängigen Gesellschaft – Haftungsrisiken beim "asset stripping", in: Festschrift für Ernst Steindorff zum 70. Geburtstag, Berlin/New York 1990, S. 125 – 150 (zit.: *Lutter*, FS Steindorff, S. 125)

ders. / Grunewald, Barbara, Zur Umgehung von Vinkulierungsklauseln in Satzungen von Aktiengesellschaften und Gesellschaften mbH, AG 1989, S. 109 – 117 (zit.: *Lutter/Grunewald*, AG 1989, 109)

ders. / Leinekugel, Rolf, Kompetenzen von Hauptversammlung und Gesellschafterversammlung beim Verkauf von Unternehmensteilen, ZIP 1998, S. 225 – 232 (zit.: *Lutter/Leinekugel*, ZIP 1998, 225)

ders. / Leinekugel, Rolf, Der Ermächtigungsbeschluss der Hauptversammlung zu grundlegenden Strukturmaßnahmen – zulässige Kompetenzübertragung oder unzulässige Selbstentmachtung?, ZIP 1998, S. 805 – 817 (zit.: *Lutter/Leinekugel*, ZIP 1998, 805)

ders. / Schneider, Uwe, Die Beteiligung von Ausländern an inländischen Aktiengesellschaften – Möglichkeiten der Beschränkung nach geltendem Recht und Vorschläge de lege ferenda – , ZGR 1975, S. 182 – 211 (zit.: *Lutter/Schneider*, ZGR 1975, 182)

ders. / Wahlers, Henning, Der Buyout: Amerikanische Fälle und Regeln des deutschen Rechts, AG 1989, S. 1 – 17 (zit.: *Lutter/Wahlers*, AG 1989, 1)

Lüttmann, Ruth, Kontrollwechsel in Kapitalgesellschaften – Eine vergleichende Untersuchung des englischen, US-amerikanischen und deutschen Rechts, Baden-Baden 1992 (zit.: *Lüttman*, Kontrollwechsel in Kapitalgesellschaften)

MacNeil, Iain, Shareholders' Pre-emptive Rights, JBL 2002, S. 78 – 100 (zit.: *MacNeil*, (2002) JBL, 78)

Mai, Johannes, Aktionärsschutz und Minderheitenschutz bei der Abwehr unkoordinierter Übernahmen börsennotierter Aktiengesellschaften, Baden Baden 2004 (zit.: *Mai*, Aktionärsschutz und Minderheitenschutz)

Maier-Reimer, Georg, Verhaltenspflichten des Vorstands der Zielgesellschaft bei feindlichen Übernahmen, ZHR 165 (2001), S. 258 – 279 (zit.: *Maier-Reimer*, ZHR 165 (2001), 258)

ders., Protection Against Hostile Takeovers in Germany: Banks and Limitations on Voting Rights, in: Hopt/Wymeersch, European Takeovers – Law and Practice, London 1992, S. 242 – 251 (zit.: *Maier-Reimer*, in: Hopt/Wymeersch, European Takeovers, S. 242)

Mandelbaum, Amnon, Economic Aspects of Takeovers Regulation with Particular Reference to New Zealand, in: Farrar, Takeovers, Institutional Investors, and the Modernization of Corporate Laws, Auckland 1993, S. 203 – 254 (zit.: *Mandelbaum*, in: Farrar, Takeovers, S. 203)

Manne, Henry, Mergers and the Market for Corporate Control, J Pol Econ 1965, 73, S. 110 – 120 (zit.: *Manne*, (1965) J Pol Econ 73, 110)

ders., Cash Tender Offers for Shares – A Reply to Chairman Cohen, Duke L J (1967), S. 231 – 253 (zit.: *Manne*, (1967) Duke L J, 231)

Marris, Robin, The Economic Theory of "Managerial" Capitalism, London 1964 (zit.: *Marris*, Managerial Capitalism)

Martens, Klaus-Peter, Der Ausschluss des Bezugsrechts, ZIP 1992, S. 1677 – 1697 (zit.: *Martens*, ZIP 1992, 1677)

ders., Der Ausschluss des Bezugsrechts: BGHZ 33 S. 175 – Zum Interesse an wirtschaftlicher Selbständigkeit, in: Festschrift für Robert Fischer, Berlin/New York 1979, S. 437 – 460 (zit.: *Martens*, FS Fischer, S. 437)

ders., Erwerb und Veräußerung eigener Aktien im Börsenhandel – Überlegungen de lege ferenda, AG 1996, S. 337 – 349 (zit.: *Martens*, AG 1996, 337)

ders., Der Einfluss von Vorstand und Aufsichtsrat auf Kompetenzen und Struktur der Aktionäre – Unternehmensverantwortung contra Neutralitätspflicht, in: Festschrift für Karl Beusch zum 68. Geburtstag, Berlin/New York 1993, S. 529 – 557 (zit.: *Martens*, FS Beusch, S. 529)

Maul, Silja / Muffat-Jeandet, Danièle, Die EU-Übernahmerichtlinie – Inhalt und Umsetzung in nationales Recht (Teil I), AG 2004, S. 221 – 234 (zit.: *Maul/Muffat-Jeandet*, AG 2004, 221)

dies., Die EU-Übernahmerichtlinie – Inhalt und Umsetzung in nationales Recht (Teil II), AG 2004, S. 306 – 318 (zit.: *Maul/Muffat-Jeandet*, AG 2004, 306)

Mayanja James, Reforming Australia's Takeover Defence Laws: What Role for Target Directors? A Reply and Extension, Aus J Corp L (1999) 10, S. 162 – 191 (zit.: *Mayanja*, (1999) Aus J Corp L 10, 162)

Mayson, Stephen / French, Derek / Ryan, Christopher, Company Law, 21. Auflage, Oxford 2004 – 2005 (zit.: *Mayson/French/Ryan*, Company Law)

McCabe, Bernard, The Roles and Responsibilities of Company Directors in a Takeover, Aus J Corp L 1994, 4, S. 36 – 53 (zit.: *McCabe*, (1994) Aus J Corp L 4, 36)

McGee, Andrew / Williams, Christina, The Business of Company Law – An Introduction for Students, Oxford 1995 (zit.: *McGee/Williams*, Business of Company Law)

McGlynn, Clare, The Constitution of the Company: Mandatory Statutory Provisions v Private Agreement, Comp Law 1994, 15, S. 301 – 307 (zit.: *McGlynn*, (1994) Comp Law 15, 301)

Meier-Schatz, Christian, Managermacht und Marktkontrolle, ZHR 149 (1985), S. 76 – 108 (zit.: *Meier-Schatz*, ZHR 149 (1985), 76)

Meilicke, Wienand / Heidel, Thomas, Die Pflicht des Vorstands der AG zur Unterrichtung des Aktionäre vor dem Bezugsrechtsausschluss beim genehmigten Kapital, DB 2000, S. 2358 – 2361 (zit.: *Meilicke/Heidel*, DB 2000, 2358)

Meitner, Matthias / Sofka, Wolfgang, Barbarians at the Brandenburger Gate – Ergebnisse einer Umfrage zur Bedeutung von Corporate Raidern in Deutschland, M&A Review 2003, S. 360 – 366 (zit.: *Meitner/Sofka*, M&A Review 2003, 360)

Merkt, Hanno, Verhaltenspflichten des Vorstands der Zielgesellschaft bei feindlichen Übernahmen, ZHR 165 (2001), S. 224 – 257 (zit.: *Merkt*, ZHR 165 (2001), 224)

Mertens, Hans-Joachim, Förderung von, Schutz vor, Zwang zu Übernahmeangeboten, AG 1990, S. 252 – 259 (zit.: *Mertens*, AG 1990, 252)

ders., Zuständigkeiten des mitbestimmten Aufsichtsrats, ZGR 1977, S. 270 – 289 (zit.: *Mertens*, ZGR 1977, 270)

Mestmäcker, Ernst-Joachim, Verwaltung, Konzerngewalt und Rechte der Aktionäre, Karlsruhe 1958 (zit.: *Mestmäcker*, Verwaltung, Konzerngewalt und Rechte der Aktionäre)

Michalski, Lutz, Abwehrmechanismen gegen unfreundliche Übernahmeangebote („unfriendly takeovers“) nach deutschem Aktienrecht, AG 1997, S. 152 – 163 (zit.: *Michalski*, AG 1997, 152)

Mielke, Werner / Nguyen-Viet, Thanh-Mai, Änderung der Kontrollverhältnisse bei dem Vertragspartner: Zulässigkeit von Change of Control Klauseln im deutschen Recht, DB 2004, S. 2515 – 2520 (zit.: *Mielke/Nguyen-Viet*, DB 2004, 2515)

Miles, Lilian, Company Stakeholders: Their Position under the New Framework, Comp Law 2003, 24, S. 56 – 59 (zit.: *Miles*, (2003) Comp Law, 56)

dies. / Zagelmeyer, Stefan, German Takeover Legislation: Implications for the future, ICCLR 2004, 15, S. 221 – 230 (zit.: *Miles/Zagelmeyer*, (2004) ICCLR 15, 221)

Milner Holland QC, E., The Savoy Hotel Limited and the Berkeley Hotel Company Limited: Investigation under Section 165 (b) Companies Act 1948: Report of Mr E Miller Holland QC, London 1954, (zit.: *Milner Holland QC*, Milner Holland Report)

Monti, Mario, Vorschlag für eine Richtlinie über Übernahmeangebote, in: von Rosen/Seifert, Die Übernahme börsennotierter Unternehmen, Heusenstamm 1999, S. 15 – 28 (zit.: *Monti*, von Rosen/Seifert, Übernahme börsennotierter Unternehmen, S. 15)

Morse, Geoffrey, Substantial Acquisition Rules – remedying the cause of the breach, JBL 1989, S. 148 – 150 (zit.: *Morse*, (1989) JBL, 148)

ders., Controlling Takeovers – the self regulation option in the United Kingdom, JBL 1998, S. 58 – 74 (zit.: *Morse*, (1998) JBL, 58)

ders., 2003 Annual Report of the Takeover Panel – Frustrating Action and Unquoted Shares, JBL 2004, S. 143 – 154 (zit.: *Morse*, (2004) JBL, 143) *ders.*, The Introduction of Treasury Shares into English Law and Practice, JBL 2004, S. 303 – 331 (zit.: *Morse*, (2004) JBL, 303)

Mühle, Sabine, Das Wertpapiererwerbs- und Übernahmegesetz, Baden-Baden 2002 (zit.: *Mühle*, Das Wertpapiererwerbs- und Übernahmegesetz)

Mülbert, Peter, Die Zielgesellschaft im Vorschlag 1997 einer Takeover-Richtlinie – zwei folgenreiche Eingriffe ins deutsche Recht, IStR 1999, S. 83 – 94 (zit.: *Mülbert*, IStR 1999, 83)

ders., Shareholder Value aus rechtlicher Sicht, ZGR 1997, S. 129 – 172 (zit.: *Mülbert*, ZGR 1997, 129)

ders., Umsetzungsfragen der Übernahmerichtlinie – erheblicher Änderungsbedarf bei den heutigen Vorschriften des WpÜG, NZG 2004, S. 633 – 642 (zit.: *Mülbert*, NZG 2004, 633)

ders. / Birke, Max, Das übernahmerechtliche Behinderungsverbot – Die angemessene Rolle der Verwaltung einer Zielgesellschaft in einer feindlichen Übernahme -, WM 2001, S. 705 – 718 (zit.: *Mülbert/Birke*, WM 2001, 705)

Müller, Welf, Entscheidungsspielräume der Verwaltung einer Aktiengesellschaft im Verhältnis zu ihren Aktionären, in: Festschrift für Johannes Semler zum 70. Geburtstag, Berlin/New York 1993, S. 195 – 216 (zit.: *Müller*, FS Semler, S. 195)

Munscheck, Karsten, Der Vorschlag zur EG-Übernahmerichtlinie – Minderung der Probleme des qualifizierten faktischen Konzerns?, RIW 1995, S. 388 – 395 (zit.: *Munscheck*, RIW 1995, 388)

Neye, Hans-Werner, Der gemeinsame Standpunkt des Rates zur 13. Richtlinie – ein entscheidender Schritt auf dem Weg zu einem europäischen Übernahmerecht, AG 2000, S. 289 – 301 (zit.: *Neye*, AG 2000, 289)

ders., Der neue Vorschlag der Kommission für eine dreizehnte Richtlinie über Übernahmeangebote, DB 1996, S. 1121 – 1125 (zit.: *Neye*, DB 1996, 1121)

ders., Die EU-Übernahmerichtlinie auf der Zielgeraden, ZIP 2001, S. 1120 – 1128 (zit.: *Neye*, ZIP 2001, 1120)

Nirk, Rudolf / Reuter, Hans-Peter / Bächle, Hans-Ulrich, Handbuch der Aktiengesellschaft, Loseblattsammlung, 3. Auflage, Köln 1994, Stand: 42. Ergänzungslieferung November 2005 (zit.: *Bearbeiter*, in: Nirk/Reuter/Bächle, Handbuch der Aktiengesellschaft)

Nolan, Richard, The Proper Purpose Doctrine and Company Directors, in: Rider, The Realm of Company Law – A Collection of Papers in Honour of Professor Leonard Sealy, London 1998, S. 1 – 36 (zit.: *Nolan*, in: Rider, Realm of Company Law, S. 1)

Oechsler, Jürgen, Der RefE zum Wertpapiererwerbs- und Übernahmegesetz – Regelungsbedarf auf der Zielgeraden, NZG 2001, S. 817 – 826 (zit.: *Oechsler*, NZG 2001, 817)

Omar, Paul, Pre-Emption Rights in the Context of Proposed Company Law Reforms, ICCLR 2000, 11, S. 279 – 284 (zit.: *Omar*, (2000) ICCLR 10, 279)

Otto, Hans-Jochen, Übernahmeversuche bei Aktiengesellschaften und Strategien der Abwehr, DB Beilage 12/1988, S. 1 – 12 (zit.: *Otto*, DB Beilage 12/1988, 1)

Overrath, Hans-Peter, Die Stimmrechtsbindung, Bochum 1972 (zit.: *Overrath*, Die Stimmrechtsbindung)

Paefgen, Walter, Unternehmerische Entscheidungen und Rechtsbindung der Organe der AG, Köln 2002 (zit.: *Paefgen*, Unternehmerische Entscheidungen und Rechtsbindung der Organe der AG)

ders., Justiziabilität des Verwaltungshandelns beim genehmigten Kapital, ZIP 2004, S. 145 – 156 (zit.: *Paefgen*, ZIP 2004, 145)

Palmer, Sir Francis / Morse, Geoffrey, Palmer's Company Law, Loseblattsammlung, 25. Auflage, London (ab) 1992, Stand: Ende 2005 (zit.: *Palmer's*, Company Law)

Parkinson, J. E., Corporate Power and Responsibility – Issues in the Theory of Company Law, Oxford 1993 (zit.: *Parkinson*, Corporate Power and Responsibility)

Paul, Alan, Corporate Governance in the Context of Takeovers of UK Public Companies, in: Prentice/Holland, Contemporary Issues in Corporate Governance, Oxford 1993, S. 135 – 149 (zit.: *Paul*, in: Prentice/Holland, Corporate Governance, S. 135)

Paxton-Doggett, Katie, Treasury Shares, LSG 2004, Vol. 101 No. 3, S. 37 (zit.: *Paxton-Doggett*, (2004), LSG 101 (3), 37)

Pellens, Bernhard / Hillebrandt, Franca, Vorzugsaktien vor dem Hintergrund der Corporate Governance-Diskussion, AG 2001, S. 57 – 67 (zit.: *Pellens/Hillebrandt*, AG 2001, 57)

Peltzer, Martin, Hostile Takeovers in der Bundesrepublik Deutschland?, ZIP 1989, S. 69 – 79 (zit.: *Peltzer*, ZIP 1989, 69).

ders., Die Abschaffung von Mehrstimmrechten und Stimmrechtsbeschränkungen, AG Sonderheft August 1997, S. 90 – 108 (zit.: *Peltzer*, AG-Sonderheft 1997, 90)

Pennington, Robert, Company Law, 8. Auflage, London 2001 (zit.: *Pennington*, Company Law)

ders., The City Code on Takeovers and Mergers, in: Festschrift für Konrad Duden zum 70. Geburtstag, München 1977, S. 379 – 398 (zit.: *Pennington*, FS Duden, S. 379)

ders., Vereinigtes Königreich, in: Jura Europae, das Recht der Länder der Europäischen Gemeinschaft, Gesellschaftsrecht, Band IV, Loseblattsammlung, München/Paris 1994 (zit.: *Pennington*, in: Jura Europae Gesellschaftsrecht Bd. IV)

Penrose, Edith, The Theory of the Growth of the Firm, 2. Auflage, Oxford 1980 (zit.: *Penrose*, The Growth of The Firm)

Pentz, Andreas, Acting in Concert – Ausgewählte Einzelprobleme zur Zurechnung und zu den Rechtsfolgen, ZIP 2003, S. 1478 – 1492 (zit.: *Pentz*, ZIP 2003, 1478)

Pett, David / Moss, Leslie, A Practical Guide to Employees' Share Schemes, London 1989 (zit.: *Pett/Moss*, Employees' Share Schemes)

Pettet, Ben, Company Law, 2. Auflage, Harlow 2005 (zit.: *Pettet*, Company Law)

Pickering, Murray, Shareholders' Voting Rights and Company Control, LQR 1965, 81, S. 248 – 275 (zit.: *Pickering*, (1965) LQR 81, 248)

Pluskat, Sorika, Das geplante neue Übernahmerecht nach dem Referentenentwurf des BMF, DStR 2001, S. 897 – 901 (zit.: *Pluskat*, DStR 2001, 897)

dies., Das Scheitern der europäischen Übernahmerichtlinie, WM 2001, S. 1937 – 1942 (zit.: *Pluskat*, WM 2001, 1937)

Posner, Dirk, Der Erwerb eigener Aktien in der US-amerikanschen Unternehmenspraxis, AG 1994, S. 312 – 320 (zit.: *Posner*, AG 1994, 312)

Pötzsch, Thorsten, Regulatory Structures, in: Payne, Takeovers in English and German Law, Oxford 2002, S. 75 – 86 (zit.: *Pötzsch*, in: Payne, Takeovers, S. 75)

ders., Das neue Übernahmerecht: Texte, Materialien, Erläuterungen, Köln 2002 (zit.: *Pötzsch*, Übernahmerecht)

Prentice, Daniel, A Survey of the Law Relating to Corporate Groups in the United Kingdom, in: Wymeersch, Groups of Companies in the EEC, Berlin/New York 1993, S. 279 – 329 (zit.: *Prentice*, in: Wymeersch, Groups of Companies, S. 279)

ders., Removal of Directors from Office, MLR 1969, 32, S. 693 – 696 (zit.: *Prentice*, (1969) MLR 32, 693)

ders., Regulation of Takeover Bids in the United Kingdom, in: Kreuzer, Öffentliche Übernahmeangebote, Baden-Baden 1992, S. 133 – 162 (zit.: *Prentice*, in: Kreuzer, Öffentliche Übernahmeangebote, S. 133)

Rabinowitz, Laurence, Weinberg and Blank on Takeovers and Mergers, Loseblattsammlung, 5. Auflage, London (ab) 1989, Stand: 29. Ergänzungslieferung Januar 2004 (zit.: *Weinberg/Blank*, Takeovers and Mergers)

Raisch, Peter, Zum Begriff und zur Bedeutung des Unternehmensinteresses als Verhaltensmaxime von Vorstands- und Aufsichtsratsmitgliedern, in.: Strukturen und Entwicklungen im Handels-, Gesellschafts-, und Wirtschaftsrecht – Festschrift für Wolfgang Hefermehl zum 70. Geburtstag, München 1976, S. 347 – 354 (zit.: *Raisch*, FS Hefermehl, S. 347)

Raiser, Thomas , Das Unternehmensinteresse, in: Festschrift für Reimer Schmidt, Karlsruhe 1976, S. 101 – 120 (zit.: *Raiser*, FS Schmidt, S. 101)

ders. / Veil, Rüdiger, Recht der Kapitalgesellschaften, 4. Auflage, München 2006 (zit.: *Raiser/Veil*, Recht der Kapitalgesellschaften)

Rathenau, Walter, Vom Aktienwesen, eine geschäftliche Betrachtung, Berlin 1918 (zit.: *Rathenau*, Aktienwesen)

Renner, Wolfgang, Holzmüller-Kompetenz der Hauptversammlung beim Erwerb einer Unternehmensbeteiligung, NZG 2002, S. 1091 – 1094 (zit.: *Renner*, NZG 2002, 1091)

Reul, Jürgen, Die Pflicht zur Gleichbehandlung der Aktionäre bei privaten Kontrolltransaktionen, Eine juristische und ökonomische Analyse, Tübingen 1991 (zit.: *Reul*, Pflicht zur Gleichbehandlung)

Reynolds, Barney, Shareholders' Class Rights: A New Approach, JBL 1996, S. 554 – 575 (zit.: *Reynolds*, (1996) JBL, 554)

Rickford, Jonathan, Fundamentals, Developments and Trends in British Company Law – Some Wider Reflections Part I, ECFR 2004, 1, S. 391 – 415 (zit.: *Rickford*, (2004) ECFR 1, 391)

ders., Fundamentals, Developments and Trends in British Company Law – Some Wider Reflections Part II, ECFR 2005, 2, S. 63 – 106 (zit.: *Rickford*, (2005) ECFR 2, 63)

ders., Do Good Governance Recommendations Change the Rules for the Board of Directors?, in.: Hopt/Wymeersch, Capital Markets and Company Law, Oxford 2003, S. 461 – 491 (zit.: *Rickford*, in: Hopt/Wymeersch, Capital Markets and Company Law, S. 461)

Riechers, Arndt, Das „Unternehmen an sich", Tübingen 1996 (zit.: *Riechers*, Das Unternehmen an sich)

Riehmer, Klaus / Schröder, Oliver, Der Entwurf des Übernahmegesetzes im Lichte von Vodafone/Mannesmann, NZG 2000, S. 820 – 830 (zit.: *Riehmer/Schröder*, NZG 2000, 820)

Ringleb, Henrik-Michael / Kremer, Thomas / Lutter, Marcus / von Werder, Axel, Kommentar zum Deutschen Corporate Governance Kodex, 2. Auflage, München 2005 (zit.: *Bearbeiter*, in: Ringleb/Kremer/Lutter/von Werder, Deutscher Corporate Governance Kodex)

Rittner, Fritz, Zur Verantwortung des Vorstands nach § 76 Abs. 1 AktG 1965, in: Festschrift für Ernst Geßler zum 65. Geburtstag, München 1971, S. 139 – 158 (zit.: *Rittner*, FS Geßler, S. 139)

Rixon, F. G., Competing Interests and Conflicting Principles: An Examination of the Power of Alteration of Articles of Association, MLR 1986, 49, S. 446 – 475 (zit.: *Rixon*, (1986) MLR 49, 446)

Röhrich, Martina, Feindliche Übernahmeangebote: Eine wettbewerbspolitische Beurteilung anhand von Fallstudien aus den USA, Baden-Baden 1992 (zit.: *Röhrich*, Feindliche Übernahmen)

dies., Gleichbehandlungspflicht bei Kontrollakquisitionen: Eine Analyse der dreizehnten EG-Richtlinie aus ökonomischer Sicht, RIW 1993, S. 93 – 98 (zit.: *Röhrich*, RIW 1993, 93)

Röhricht, Volker, Das Gesellschaftsrecht in der jüngsten Rechtsprechung des Bundesgerichtshofs, in: Hommelhoff/Röhricht, Gesellschaftsrecht 1997, Köln 1997, S. 191 – 222 (zit.: *Röhricht*, in: Hommelhoff/Röhricht, Gesellschaftsrecht 1997, S. 191)

Romano, Roberta, A Guide to Takeovers: Theory, Evidence and Regulation, in: Hopt/Wymeersch, European Takeovers – Law and Practice, London 1992, S. 3 – 48 (zit.: *Romano*, in: Hopt/Wymeersch, European Takeovers, S. 3)

Roßkopf, Gabriele, Selbstregulierung von Übernahmeangeboten in Großbritannien, Berlin 2000 (zit.: *Roßkopf*, Selbstregulierung von Übernahmeangeboten)

Roth, Markus, Unternehmerisches Ermessen und Haftung des Vorstands – Handlungsspielräume und Haftungsrisiken insbesondere in der wirtschaftlichen Krise, München 2001 (zit.: *Roth*, Unternehmerisches Ermessen und Haftung des Vorstands)

Ruge, Reinhard, Goldene Aktien und EG-Recht, EuZW 2002, S. 421 – 424 (zit.: *Ruge*, EuZW 2002)

ders., EuGH: Goldene Aktien V: Flugverkehrskontrolle Großbritannien, EuZW 2003, S. 536 – 542 (zit.: *Ruge*, EuZW 2003, 536)

Rühland, Hans-Philipp, Das „Level Playing Field" im europäischen Übernahmerecht – eine ökonomische Analyse der Durchbruchsregel (Art. 11 ÜRL-E), NZG 2003, S. 1150 – 1153 (zit.: *Rühland*, NZG 2003, 1150)

Rümker, Dietrich, Übernahmeangebote – Verhaltenspflichten des Vorstandes der Zielgesellschaft und Abwehrmöglichkeiten, in: Festschrift für Theodor Heinsius zum 65. Geburtstag, Berlin/New York 1991, S. 683 – 704 (zit.: *Rümker*, FS Heinsius, S. 683)

Rutabanzibwa, Audax, What is golden in the golden share? – Company Law Implications of Privatisation, Comp Law 1996, 17, S. 40 – 45 (zit.: *Rutabanzibwa*, (1996) Comp Law 17, 40)

ders., Shareholders' Agreements in Corporate Joint Ventures and the Law, Comp Law 1996, 17, S. 194 – 199 (zit.: *Rutabanzibwa*, (1996) Comp Law 17, 194)

Ryan, Christopher, Company Directors – Liabilities, Rights and Duties, 3. Auflage, Bicester 1990 (zit.: *Ryan*, Company Directors)

Sabine, M., Corporate Finance – Flotations, Equity Issues and Acquisitions, 2. Auflage, London 1993 (zit.: *Sabine*, Corporate Finance)

Salje, Peter, „Feindliche Übernahmen" – Gegenstrategien und Regulierung im zukünftigen europäischen Binnenmarkt, JA 1990, S. 321 – 327 (zit.: *Salje*, JA 1990, 321)

Savela, Ari, Hostile Takeovers and Directors. Regulation of Takeover Defences in Finland, the Unites Kingdom, the United States and the European Union, Turku 1999 (zit.: *Savela*, Hostile Takeovers and Directors)

Schaaff, Petra, Möglichkeiten der Abwehr von Takeover Bids in Großbritannien und den USA, RIW 1985, S. 273 – 280 (zit.: *Schaaff*, RIW 1985, 273)

Schäfer, Hans / Missling, Patrick, Haftung von Vorstand und Aufsichtsrat, NZG 1998, S. 441 – 447 (zit.: *Schäfer/Missling*, NZG 1998, 441)

Schäfer, Hans-Bernd / Ott, Claus, Lehrbuch der ökonomischen Analyse des Zivilrechts, 3. Auflage, Berlin 2000 (zit.: *Schäfer/Ott*, Ökonomische Analyse des Zivilrechts)

Schander, Albert, Der Rückkauf eigener Aktien nach dem KonTraG und Einsatzpotentiale bei Übernahmetransaktionen, ZIP 1998, S. 2087 – 2090 (zit.: *Schander*, ZIP 1998, 2087)

Schanz, Kay-Michael, Feindliche Übernahmen und Strategien der Verteidigung, NZG 2000, S. 337 – 347 (zit.: *Schanz*, NZG 2000, 337)

ders., Börseneinführung – Recht und Praxis des Börsengangs, München 2000 (zit.: *Schanz*, Börseneinführung)

Schilling, Ulrich, Takeover, Treuepflicht & Shareholder Value – Einige Anmerkungen zum Übernahmeversuch Krupp-Hoesch/Thyssen, BB 1997, S. 1909 – 1913 (zit.: *Schilling*, BB 1997, 1909)

Schilling, Wolfgang, Gesellschaftstreue und Konzernrecht, in: Freundesgabe für Hans Hengeler zum 70. Geburtstag, Berlin/Heidelberg/New York 1972, S. 226 – 239 (zit.: *Schilling*, FG Hengeler, S. 226)

ders., Das Aktienunternehmen, ZHR 144 (1980), S. 136 – 144 (zit.: *Schilling*, ZHR 144 (1990), 136) *ders.*, Macht und Verantwortung in der Aktiengesellschaft (oder das Prinzip der Interesseneinheit), in: Festschrift für Ernst Geßler zum 65. Geburtstag, München 1971, S. 159 – 169 (zit.: *Schilling*, FS Geßler, S. 159)

Schmidt, Karsten, Gesellschaftsrecht, 4. Auflage, Köln/Berlin/Bonn/München 2002 (zit.: *Schmidt*, Gesellschaftsrecht)

Schmidt, Reinhardt / Spindler, Gerald, Shareholder-Value zwischen Ökonomie und Recht, in: Wirtschafts- und Medienrecht in der offenen Demokratie: Freundesgabe für Friedrich Kübler zum 65. Geburtstag, Heidelberg 1997, S. 515 – 555 (zit.: *Schmidt/Spindler*, FG Kübler, S. 515)

Schmidt-Leithoff, Christian, Die Verantwortung der Unternehmensleitung, Tübingen 1989 (zit.: *Schmidt-Leithoff*, Verantwortung der Unternehmensleitung)

Schmitthoff, Clife, House of Lords Sanctions Evasion of Companies Act, JBL 1970, S. 1 – 2 (zit.: *Schmitthoff*, (1970) JBL, 1)

ders., Die Regelung von Take-over-bids im englischen Recht, in: Schmitthoff/Goré/Heinsius, Übernahmeangebote im Aktienrecht, Frankfurt am Main 1976, S. 7 – 20 (zit.: *Schmithoff*, in: Schmitthoff/Goré/Heinsius, Übernahmeangebote im Aktienrecht, S. 7)

Schneider, Uwe, Die Zielgesellschaft nach Abgabe eines Übernahme- oder Pflichtangebots, AG 2002, S. 125 – 133 (zit.: *Schneider*, AG 2002, 125)

ders., Gesetzliches Verbot für Stimmrechtsbeschränkungen bei der Aktiengesellschaft?, AG 1990, S. 56 – 63 (zit.: *Schneider*, AG 1990, 56)

Schön, Wolfgang, Der Einfluss öffentlich-rechtlicher Zielsetzungen auf das Statut privatrechtlicher Eigengesellschaften der öffentlichen Hand: – Gesellschaftsrechtliche Analyse –, ZGR 1996, S. 429 – 457 (zit.: *Schön*, ZGR 1996, 429)

Schroeder, Ulrich, Finanzielle Unterstützung des Aktienerwerbs: Der § 71 a AktG und sein Vorbild im englischen Gesellschaftsrecht, Köln 1995 (zit.: *Schroeder*, finanzielle Unterstützung des Aktienerwerbs)

Schwark, Eberhard, Kapitalmarktrechts-Kommentar, München 2004 (zit.: *Bearbeiter*, in: Schwark, Kapitalmarktrecht)

ders., Börsengesetz Kommentar, 2. Auflage, Berlin 1994 (zit.: *Schwark*, BörsG)

Schwartze, Andreas, Europäische Regelung für Unternehmensübernahmen – eine kapitalmarktorientierte Betrachtung, in: Ott/Schäfer, Ökonomische Analyse des Unternehmensrechts, Heidelberg 1993, S. 264 – 286 (zit.: *Schwartze*, in: Ott/Schäfer, Ökonomische Analyse des Unternehmensrechts, S. 264)

Sealy, Leonard, "Bonad fide" and "Proper Purposes" in corporate decisions, Mon U L Rev 1989, 15, S. 265 – 278 (zit.: *Sealy*, (1989) Mon U L Rev 15, 265)

ders., Cases and Materials in Company Law, 7. Auflage, London 2001 (zit.: *Sealy*, Company Law)

ders., Directors' "Wider" Responsibilities – Problems Conceptual, Practical and Procedural, Mon U L Rev 1987, 13, S. 164 – 188 (zit.: *Sealy*, (1987) Mon U L Rev 13, 164)

Seibt, Christoph / Heiser, Kristian, Der neue Vorschlag einer EU-Übernahmerichtlinie und das deutsche Übernahmerecht, ZIP 2002, S. 2193 – 2203 (zit.: *Seibt/Heiser*, ZIP 2002, 2193) *dies.*, Analyse der EU-Übernahmerichtlinie und Hinweise für eine Reform des deutschen Übernahmerechts, ZGR 2005, S. 200 – 251 (zit.: *Seibt/Heiser*, ZGR 2005, 200)

Semler, Johannes, Leitung und Überwachung der Aktiengesellschaft, 2. Auflage, München 1996 (zit.: *Semler*, Leitung und Überwachung der Aktiengesellschaft)

ders., Vom Gesellschaftsrecht zum Unternehmensrecht – Versuch einer Orientierung, in: Unternehmen, Recht und Wirtschaftsordnung – Festschrift für Peter Raisch zum 70. Geburtstag, Köln/Berlin/Bonn/München 1995, S. 291 – 308 (zit.: *Semler*, FS Raisch, S. 291)

ders., Entscheidungen und Ermessen im Aktienrecht, in: Festschrift für Peter Ulmer zum 70. Geburtstag, Berlin 2003, S. 627 -642 (zit.: *Semler*, FS Ulmer, S. 627)

ders. / Volhard, Rüdiger, Arbeitshandbuch für die Hauptversammlung, 2. Auflage, München 2003 (zit.: *Bearbeiter*, in: Semler/Volhard, Arbeitshandbuch Hauptversammlung)

ders. / Volhard, Rüdiger, Arbeitshandbuch für Unternehmensübernahmen, Band 2 – Das neue Übernahmerecht, München 2003 (zit.: *Bearbeiter*, in: Semler/Volhard, Arbeitshandbuch für Unternehmensübernahmen)

Senger, Michael / Vogelmann, Axel, Die Umwandlung von Vorzugsaktien in Stammaktien, AG 2002, S. 193 – 214 (zit.: *Senger/Vogelmann*, AG 2002, 193)

Seydel, Eberhard, Konzernbildungskontrolle bei der Aktiengesellschaft, Baden-Baden 1995 (zit.: *Seydel*, Konzernbildungskontrolle bei der Aktiengesellschaft)

Shea, Tony, Regulation of Takeovers in the United Kingdom, Brook Journal Int'l L 1990, 16, S. 89 – 110 (zit.: *Shea*, (1990) Brook J Int'l L 16, 89)

Sheikh, Saleem / Chaterjee, S.K., Perspectives on Corporate Governance, in: Sheikh/Rees, Corporate Governance & Corporate Control, London 1995, S. 1 – 56 (zit.: *Sheikh/Chaterjee*, in: Sheikh/Rees, Corporate Governance, S. 1)

Sieveking, Johann / Technau, Konstantin, Das Problem sogenannter „disponibler Stimmrechte" zur Umgehung der Vinkulierung von Namensaktien, AG 1989, S. 17 – 24 (zit.: *Sieveking/Technau*, AG 1989, 17)

Sinewe, Patrick, Die Berichtspflicht beim Ausschluss des Bezugsrechts, ZIP 2001, S. 403 – 406 (zit.: *Sinewe*, ZIP 2001, 403)

Slaughter, Carla, Rights Offerings, Takeovers and U.S. Shareholders: Part 2, Comp Law 2002, 23, S. 72 – 83 (zit.: *Slaughter*, (2002) Comp Law 23, 72)

Solomon, Aris, Assessing the potential Impact of the revised Combined Code on Corporate Governance, ICCLR 2004, 15, S. 99 – 104 (zit.: *Solomon*, (2004) ICCLR 15, 99)

Stapledon, Geof, Institutional Shareholders and Corporate Governance, Oxford 1996 (zit.: *Stapledon*, Institutional Shareholders and Corporate Governance)

Steding, Rolf, Das Take-over und Strategien zu seiner Abwehr im Aktienrecht, JURA 1999, S. 181 – 185 (zit.: *Steding*, JURA 1999, 181)

Stedman, Graham, Takeovers, London 1993 (zit.: *Stedman*, Takeovers)

Steinbeck, Claudia, Überwachungspflichten und Einwirkungsmöglichkeiten des Aufsichtsrats in der Aktiengesellschaft, Berlin 1992 (zit.: *Steinbeck*, Überwachungspflichten)

Steinmeyer, Roland / Häger, Michael, WpÜG – Kommentar zum Wertpapiererwerbs- und Übernahmegesetz mit Erläuterungen zum Minderheitenausschluss nach §§ 327 a ff. AktG, Berlin 2002 (zit: *Steinmeyer/Häger*, WpÜG)

Stengel, Arndt, Directors' Powers and Shareholders: A Comparison of Systems, ICCLR 1998, 9, S. 49 – 56 (zit.: *Stengel*, (1998) ICCLR 9, 49)

Stoll, Jutta, Rechtliche Aspekte von „feindlichen" Übernahmen von Aktiengesellschaften, BB 1989, S. 301 – 305 (zit.: *Stoll*, BB 1989, 301)

Stoll, Peter-Tobias / Schorkopf, Frank, WTO – Welthandelsorganisation und Welthandelsrecht, Köln/Berlin/Bonn/München 2002 (zit.: *Stoll/Schorkopf*, WTO)

Strenger, Christian, Das deutsche Übernahmegesetz – Ausgewogenheit zwischen Unternehmens- und Anlegerinteressen als Pflichtprogramm – , WM 2000, S. 952 – 953 (zit.: *Strenger*, WM 2000, 952)

Sünner, Eckart, Zur Abwehr feindlicher Unternehmensübernahmen in Deutschland, in: Festschrift für Karlheinz Quack zum 65. Geburtstag, Berlin/New York 1991, S. 457 – 476 (zit.: *Sünner*, FS Quack, S. 457)

ders., Aktionärsschutz im Aktienrecht – Anmerkungen zu Seehafenbetriebs-Entscheidung des BGH, AG 1983, S. 169 – 173 (zit.: *Sünner*, AG 1983, 169)

Süßmann, Rainer, Anwendung des WpÜG auf öffentliche Angebote zum Erwerb eigener Aktien?, AG 2002, S. 424 – 433 (zit.: *Süßmann*, AG 2002, 424)

Takeover Panel, Report on the Year Ended 31 March 2004, London 2004 (zit.: *Takeover Panel*, 2004 Report)

ders., Report on the Year Ended 31 March 2005, London 2005 (zit.: *Takeover Panel*, 2005 Report)

Teichmann, Christoph, Corporate Governance in Europa, ZGR 2001, S. 645 – 679 (zit.: *Teichmann*, ZGR 2001, 645)

Tettinger, Peter, Materielle Anforderungen an den Bezugsrechtsausschluss, Baden-Baden 2001 (zit.: *Tettinger*, Materielle Anforderungen an den Bezugsrechtsausschluss)

Thaeter, Ralf, Zur Abwehr feindlicher Übernahmeversuche im RegE eines Gesetzes zur Regelung von öffentlichen Angeboten zum Erwerb von Wertpapieren und Unternehmensübernahmen (WÜG RegE), NZG 2001, S. 789 – 791 (zit.: *Thaeter*, NZG 2001, 789)

ders. / Barth, Daniel, RefE eines Wertpapiererwerbs- und Übernahmegesetzes, NZG 2001, S. 545 – 550 (zit.: *Thaeter/Barth*, NZG 2001, 545)

ders. / Brandi, Tim, Öffentliche Übernahmen. Recht und Praxis der Übernahme börsennotierter Unternehmen, München 2003 (zit.: *Bearbeiter*, in: Thaeter/Brandi, Öffentliche Übernahmen)

Thoma, Georg, Das Wertpapiererwerbs- und Übernahmegesetz im Überblick, NZG 2002, S. 105 – 112 (zit.: *Thoma*, NZG 2002, 105)

Thümmel, Roderich, Haftungsrisiken von Vorständen und Aufsichtsräten bei der Abwehr von Übernahmeversuchen, DB 2000, S. 461 – 465 (zit.: *Thümmel*, DB 2000, 461)

Timm, Wolfram, Der Bezugsrechtsausschluss beim genehmigten Kapital, DB 1982, S. 211 – 217 (zit.: *Timm*, DB 1982, 211) *ders.*, Die Aktiengesellschaft als Konzernspitze. Die Zuständigkeitsordnung bei der Konzernbildung und Konzernumbildung, Köln/Berlin/Bonn/München 1980 (zit.: *Timm*, Die Aktiengesellschaft als Konzernspitze)

Trapp, Christoph / Schick, Werner, Die Rechtsstellung des Aktionärs der Obergesellschaft beim Börsengang von Tochtergesellschaften, AG 2001, S. 381 - 391 (zit.: *Trapp/Schick*, AG 2001, 381)

Triebel, Volker / Hodgson, Stephen / Kellenter, Wolfgang / Müller, Georg, Englisches Handels- und Wirtschaftsrecht, 2. Auflage, Heidelberg 1995 (zit.: *Triebel/Hodgson/Kellenter/Müller*, Englisches Handels- und Wirtschaftsrecht)

Tuffnell, K., Restrictions on Shareholders' Voting Rights, Comp Law 1993, 14, S. 90 – 93 (zit.: *Tuffnell*, (1993) Comp Law 14, 90)

Uhlenbruck, Dirk, Der Schutz von Familien-Aktiengesellschaften gegen das Eindringen unerwünschter Aktionäre, DB 1967, S. 1927 – 1932 (zit.: *Uhlenbruck*, DB 1967, 1927)

Ulmer, Peter, Die Aktionärsklage als Instrument zur Kontrolle des Vorstands- und Aufsichtsratshandelns, ZHR 163 (1999), S. 290 - 342 (zit.: *Ulmer*, ZHR 163 (1999), 290)

ders., Aktienrecht im Wandel – Entwicklungslinien und Diskussionsschwerpunkte, AcP 202 (2002), S. 143 – 178 (zit.: *Ulmer*, AcP 202 (2002), 143)

Underhill, William / Austmann, Andreas, Defence Tactics, in: Payne, Takeovers in English and German Law, Oxford 2002, S. 87 – 122 (zit.: *Underhill/Austmann*, in: Payne, Takeovers, S. 87)

van Aubel, Thomas, Vorstandspflichten bei Übernahmeangeboten, Berlin 1995 (zit.: *van Aubel*, Vorstandspflichten bei Übernahmeangeboten)

van der Elst, Christoph, The Equity Markets, Ownership Structures and Control: Towards an International Harmonization?, in: Hopt/Wymeersch, Capital Markets and Company Law, Oxford 2003, S. 3 – 46 (zit.: *van der Elst*, in: Hopt/Wymeersch, Capital Markets and Company Law, S. 3)

Vater, Hendrick, Die Abwehr feindlicher Übernahmen – Ein Blick in das Instrumentarium des Giftschranks, M&A Review 2002, S. 9 – 16 (zit.: *Vater*, M&A Review 2002, 9)

Vincke, Francois, The Corporate Governance Debate in Belgium, in: Hopt/Wymeersch, Comparative Corporate Governance – Essays and Materials, Berlin/New York 1997, S. 119 – 149 (zit.: *Vincke*, in: Hopt/Wymeersch, Comparative Corporate Governance, S. 119)

Volhard, Rüdiger, „Siemens/Nold“: Die Quittung, AG 1998, S. S. 397 – 404 (zit.: *Volhard*, AG 1998, 397)

von der Groeben, Hans / Schwarze, Jürgen, Kommentar zum Vertag über die Europäische Union und zur Gründung der Europäischen Gemeinschaft, Band 1, Art. 1 – 53 EUV und Art. 1 – 80 EGV, 6. Auflage, Baden-Baden 2003 (zit.: *Bearbeiter*, in: von der Groeben/Schwarze, EGV)

von Godin, Reinhard/Wilhelmi, Hans, Aktiengesetz vom 6. September 1965, 4. Auflage, Berlin/New York 1971 (zit.: *von Godin/Wilhelmi*, AktG) *von Nussbaum, Konrad*, Die Aktiengesellschaft als Zielgesellschaft eines Übernahmeangebots, Baden-Baden 2003 (zit.: *von Nussbaum*, Aktiengesellschaft als Zielgesellschaft eines Übernahmeangebots)

von Rosen, Rüdiger / Helm, Leonhard, Der Erwerb eigener Aktien durch die Gesellschaft – Plädoyer für ein neues Instrument der Unternehmensfinanzierung in Deutschland und einen wichtigen Impuls für den deutschen Kapitalmarkt, AG 1996, S. 434 – 442 (zit.: *von Rosen/Helm*, AG 1996, 434)

von Werder, Axel, Shareholder Value-Ansatz als (einzige) Richtschnur des Vorstandshandelns?, ZGR 1998, S. 69 – 91 (zit.: *von Werder*, ZGR 1998, 69)

Wackerbarth, Ulrich, Von golden shares und poison pills: Waffengleichheit bei internationalen Übernahmeangeboten, WM 2001, S. 1741 – 1753 (zit.: *Wackerbarth*, WM 2001, 1741)

ders., Investorvertrauen und Corporate Governance in: ZGR 2005, S. 686 – 725 (zit.: *Wackerbarth*, ZGR 2005, 686)

Wagner, Jens, Beteiligungserwerb ohne „Holzmüller-Hauptversammlung“, DStR 2004, S. 141 – 146 (zit.: *Wagner*, DStR 2004, 141)

Walcott, Leslie, Poison Pills in the Commonwealth Carribean: Stena Finance BV v Sea Containers Ltd, Comp Law 1996, 17, S. 155 – 160 (zit.: *Walcott*, (1996) Comp Law 17, 155)

Walters, Adrian, Companies Act, s. 459: Some Recent Developments, Comp Law 1999, 20, S. 143 – 145 (zit.: *Walters*, (1999) Comp Law 20, 143)

Wastl, Ulrich, Erwerb eigener Aktien nach dem Referentenentwurf zur Änderung des AktG und des HGB, DB 1997, S. 461 – 466 (zit.: *Wastl*, DB 1997, 461)

ders., Der Handel mit größeren Aktienpaketen börsennotierter Unternehmen – Eine Bestandsaufnahme aus primär aktien-, börsen-, und kapitalmarktrechtlicher Sicht, NZG 2000, S. 505 – 514 (zit.: *Wastl*, NZG 2000, 505)

ders. / Wagner, Franz, Wechselseitige Beteiligungen im Aktienrecht, AG 1997, S. 241 – 250 (zit.: *Wastl/Wagner*, AG 1997, 241)

ders. / Wagner, Franz, Das Phänomen der wechselseitigen Beteiligungen aus juristischer Sicht, Frankfurft 1997 (zit.: *Wastl/Wagner*, Wechselseitige Beteiligungen)

Weatherill, Stephen / Beaumont, Paul, EU Law, 3. Auflage, London 1999 (zit: *Weatherill/Beaumont*, EU Law)

Weber, Martin, Die Entwicklung des Kapitalmarktrechts im Jahre 2004, NJW 2004, S. 3674 – 3681 (zit.: *Weber*, NJW 2004, 3674)

Wegen, Gerhard / Matyschok, Edgar, Rechtliche Rahmenbedingungen außerhalb des WpÜG, in: Blättchen/Wegen, Übernahme börsennotierter Unternehmen, Stuttgart 2003, S. 181 – 204 (zit.: *Wegen/Matyschok*, in: Blättchen/Wegen, Übernahme börsennotierter Unternehmen, S. 181)

Weimar, Robert / Breuer Jürgen, International verwendete Strategien der Abwehr feindlicher Übernahmeversuche im Spiegel des deutschen Aktienrechts, BB 1991, S. 2309 – 2321 (zit.: *Weimar/Breuer*, BB 1991, 2309)

Weisner, Arnd, Verteidigungsmaßnahmen gegen unfreundliche Übernahmeversuche in den USA, Deutschland und nach europäischem Recht, Hamburg 2000 (zit.: *Weisner*, Verteidigungsmaßnahmen gegen unfreundliche Übernahmeversuche)

Wellige, Kristian, Weg mit dem VW-Gesetz!, EuZW 2003, S. 427 – 433 (zit.: *Wellige*, EuZW 2003, 427)

Werner, Horst, Probleme „feindlicher" Übernahmeangebote im Aktienrecht, Berlin 1989 (zit.: *Werner*, Probleme feindlicher Übernahmeangebote)

Werner, Winfried, Zuständigkeitsverlagerung in der Aktiengesellschaft durch Richterrecht, ZHR 147 (1983), S. 429 – 453 (zit.: *Werner*, ZHR 147 (1983), 429)

ders., Rechte und Pflichten des mitbestimmten Aufsichtsrats, ZGR 1977, S. 236 – 244 (zit.: *Werner*, ZGR 1977, 236)

ders., Einführung des Höchststimmrechts durch nachträgliche Satzungsänderung, AG 1975, S. 176 – 180 (zit.: *Werner*, AG 1975, 176)

Westermann, Harm, Organzuständigkeit bei Bildung, Erweiterung und Umorganisation des Konzerns, ZGR 1984, S. 352 – 382 (zit.: *Westermann*, ZGR 1984, 352)

Wiedemann, Herbert, Gesellschaftsrecht Band I – Grundlagen, München 1980 (zit.: *Wiedemann*, Gesellschaftsrecht I)

ders., Rechtsethische Maßstäbe im Gesellschafts- und Unternehmensrecht, ZGR 1980, S. 147 – 176 (zit.: *Wiedemann*, ZGR 1980, 147)

ders., Grundfragen der Unternehmensverfassung, ZGR 1975, S. 385 – 432 (zit.: *Wiedemann*, ZGR 1975, 385)

Wiesner, Alexander, Entwicklungen zu einem europäischen Übernahmerecht, ZRP 2003, S. 78 – 82 (zit.: *Wiesner*, ZRP 2003, 78)

Wiesner, Peter, Binnenmarkt und Wettbewerb bleiben auf der Strecke – Zum Kommissionsvorschlag für eine neue Übernahmerichtlinie, ZIP 2002, S. 1967 (zit.: *Wiesner*, ZIP 2002, 1967)

ders., Die neue Übernahmerichtlinie und die Folgen, ZIP 2004, S. 343 – 350 (zit.: *Wiesner*, ZIP 2004, 343)

Winter, Jaap u.a., Bericht der hochrangigen Gruppe von Experten auf dem Gebiet des Gesellschaftsrechts über die Abwicklung von Übernahmeangeboten, Brüssel 2002 (zit.: *Winter-Bericht*)

Wirth, Gerhard, Vinkulierte Namensaktien: Ermessen des Vorstands bei der Zustimmung zur Übertragung, DB 1992, S. 617 – 621 (zit.: *Wirth*, DB 1992, 617)

Witt, Carl-Heinz, Regelmäßige „Wasserstandsmeldungen" – unverzichtbarer Bestandteil eines künftigen Übernahmegesetzes, NZG 2000, S. 809 – 819 (zit.: *Witt*, NZG 2000, 809)

Wolf, Martin, Konzerneingangsschutz bei Übernahmeangeboten, AG 1998, S. 212 – 221 (zit.: *Wolf*, AG 1998, 212)

Wollburg, Ralph / Gehling, Christian, Umgestaltung des Konzerns – Wer entscheidet über die Veräußerung von Beteiligungen einer Aktiengesellschaft?, in: Festschrift für Ottfried Lieberknecht zum 70. Geburtstag, München 1997, S. 133 – 161 (zit.: *Wollburg/Gehling*, FS Lieberknecht, S. 133)

Woolridge, Frank, Some Defences to Takeover Bids, JBL 1974, S. 202 – 211 (zit.: *Woolridge*, (1974) JBL, 202)

ders., France and Germany: Defences to Takeover Bids, Comp Law 2003, 24, S. 121 – 124 (zit.: *Woolridge*, (2003) Comp Law 24, 121)

Wymeersch, Eddy, The Mandatory Bid: A Critical View, in: Hopt/Wymeersch, European Takeovers – Law and Practice, London 1992, S. 351 – 368 (zit.: *Wymeersch*, in: Hopt/Wymeersch, European Takeovers, S. 351)

ders., Das Bezugsrecht der alten Aktionäre in der Europäischen Gemeinschaft: eine rechtsvergleichende Untersuchung, AG 1998, S. 382 – 393 (zit.: *Wymeersch*, AG 1998, 382)

ders., Gesellschaftsrecht im Wandel: Ursachen und Entwicklungslinien, ZGR 2001, S. 294 – 324 (zit.: *Wymeersch*, ZGR 2001, 294)

Xuereb, Peter, The Rights of Shareholders, Oxford 1989 (zit.: *Xuereb*, Rights of Shareholders)

ders., Voting Rights: A Comparative View, Comp Law 1987, 8, S. 16 – 27 (zit.: *Xuereb*, (1987) Comp Law 8, 16)

ders., Juridification of Industrial Relations through Company Law Reform, MLR 1988, 51, S. 156 – 172 (zit.: *Xuereb*, (1988) MLR 51, 156)

ders., An „Enterprise Theory“ of Company Law and Judicial Control, in: Drury/Xuereb, European Company Laws, Aldershot 1991, S. 175 – 208 (zit.: *Xuereb*, in: Drury/Xuereb, European Company Laws, S. 175)

Yavasi, Mahmut, Shareholdings and board structures of German and U.K companies, Comp Law 2000, 22, S. 47 – 52 (zit.: *Yavasi*, (2000) Comp Law 22, 47)

Yoran, Aaron, Advance Tactics Against Takeover Bids, Am J Comp L 1973, 21, S. 531 – 556 (zit.: *Yoran*, (1973) Am J Comp L 21, 531)

Zech, Alexandra, Verhaltenspflichten des Vorstands der Zielgesellschaft in Bezug auf Abwehrmaßnahmen nach dem Wertpapiererwerbs- und Übernahmegesetz (WpÜG), München/Hamburg/London 2003 (zit.: *Zech*, Abwehrmaßnahmen nach dem WpÜG)

Zinser, Aexander, Das neue Gesetz zur Regelung von öffentlichen Angeboten zum Erwerb von Wertpapieren und von Unternehmensübernahmen vom 1. Januar 2002, WM 2002, S. 15 – 22 (zit.: *Zinser*, WM 2002, 15)

ders., Übernahmeangebote (takeover bids) im englischen und deutschen Recht – eine rechtsvergleichende Untersuchung mit Blick auf eine künftige Regelung in Deutschland, Frankfurt am Main 2000 (zit.: *Zinser*, Übernahmeangebote)

ders., Der RefE eines „Gesetzes zur Regelung von öffentlichen Angeboten zum Erwerb von Wertpapieren und von Unternehmensübernahmen“ vom 12.3.2001, NZG 2001, S. 391 – 397 (zit.: *Zinser*, NZG 2001, 391)

Zöllner, Wolfgang, Kölner Kommentar zum Aktiengesetz, (Einleitung, §§ 95 – 147) 1. Auflage Köln/Berlin/Bonn/München 1970 ff., (§§ 1 – 75, §§ 76 – 94, §§ 179 – 240) 2. Auflage Köln/Berlin/Bonn/München 1986 ff., (§§ 15 – 22, 291 – 328) 3. Auflage Köln/Berlin/Bonn/München 2004 (zit.: *Bearbeiter*, KK-AktG)

ders., Die Schranken mitgliedschaftlicher Stimmrechtsmacht bei den privaten Personenverbänden, München/Berlin 1963 (zit.: *Zöllner*, Schranken mitgliedschaftlicher Stimmrechtsmacht) *ders.*, Gerechtigkeit bei der Kapitalerhöhung, AG 2002, S. 585 – 592 (zit.: *Zöllner*, AG 2002, 585)

ders., Zu Schranken und Wirkung von Stimmbindungsverträgen, insbesondere bei der GmbH, ZHR 155 (1991), S. 168 – 189 (zit.: *Zöllner*, ZHR 155 (1991), 168)

Zschocke, Christian, Europapolitische Mission: Das neue Wertpapiererwerbs- und Übernahmegesetz, DB 2002, S. 79 – 85 (zit.: *Zschocke*, DB 2002, 79)

Zutt, Jürg, Einstweiliger Rechtsschutz bei Stimmbindungen, ZHR 155 (1991), S. 190 – 208 (zit.: *Zutt*, ZHR 155 (1991), 190)

Stichwortverzeichnis

STUDIEN ZUM VERGLEICHENDEN UND INTERNATIONALEN RECHT

Herausgeber: Bernd von Hoffmann, Erik Jayme und Heinz-Peter Mansel

Band 1 Ferdinand Henke: Die Datenschutzkonvention des Europarates. 1986.

Band 2 Peter Czermak: Der express trust im internationalen Privatrecht. 1986.

Band 3 Peter Kindler: Der Ausgleichsanspruch des Handelsvertreters im deutsch-italienischen Warenverkehr. Eine rechtsvergleichende und kollisionsrechtliche Untersuchung. 1987.

Band 4 Wilhelm Denzer: Stellung und Bedeutung des Engineers in den FIDIC-Bauvertragsbedingungen. 1988.

Band 5 Marijan-Maximilian Lederer: Die internationale Enteignung von Mitgliedschaftsrechten unter besonderer Berücksichtigung der französischen Enteignungen 1982. 1989.

Band 6 Rainer Esser: Klagen gegen ausländische Staaten. 1990.

Band 7 Chang Jae-Ok: Auf dem Weg zu einer Materialisierung des Immateriellen? Personen-, Persönlichkeitsschutz und Geldersatz des immateriellen Schadens in rechtsvergleichender Hinsicht am Beispiel des koreanischen und japanischen Zivilrechts unter besonderer Berücksichtigung des deutschen Rechts. 1990.

Band 8 Paul-Frank Weise: Lex mercatoria. Materielles Recht vor der internationalen Handelsschiedsgerichtbarkeit.1990.

Band 9 Werner Born: Der Auftrittsvertrag für Musikgruppen im Bereich der Rock- und Popmusik. 1990.

Band 10 Ralf Erich Jürgens: IPR und Verfassung in Italien und in der Bundesrepublik Deutschland. 1990.

Band 11 Rainer Gildeggen: Internationale Schieds- und Schiedsverfahrensvereinbarungen in Allgemeinen Geschäftsbedingungen vor deutschen Gerichten. 1991.

Band 12 Klaus Grabinski: Die kollisionsrechtliche Behandlung des Durchgriffs bei rechtlich verselbständigten Unternehmen in privater oder öffentlicher Hand. 1991.

Band 13 Dieter Stummel: Konkurs und Integration. Konventionsrechtliche Wege zur Bewältigung grenzüberschreitender Insolvenzverfahren. 1991.

Band 14 Joachim Güntzer: Die Rechtsstellung des Geschäftsführers im spanischen Aktienrecht. Die Neuregelung des spanischen Aktienrechts nach dem Beitritt Spaniens zur EG. 1991.

Band 15 Sabine Isenburg-Epple: Die Berücksichtigung ausländischer Rechtshängigkeit nach dem Europäischen Gerichtsstands- und Vollstreckungsübereinkommen vom 27.9.1968. Untersuchungen zum Anwendungsbereich von Art. 21 EuGVÜ unter schwerpunktmäßiger Behandlung der Frage nach der Bestimmung eines europäischen Streitgegenstandsbegriffs. 1992.

Band 16 Ulrich Nickl: Die Qualifikation der culpa in contrahendo im Internationalen Privatrecht. 1992.

Band 17 Theo Rauh: Leistungserschwerungen im Schuldvertrag. Eine rechtsvergleichende Untersuchung des englischen, US-amerikanischen, französischen und deutschen Rechts unter besonderer Berücksichtigung der gerichtlichen Praxis. 1992.

Band 18 Bernadette Chaussade-Klein: Vorvertragliche "obligation de renseignements" im französichen Recht. 1992.

Band 19 Josef Sievers: Verbraucherschutz gegen unlautere Vertragsbedingungen im französischen Recht. Vom Code civil zum "Code de la consommation" – die Entstehung eines Sonderprivatrechts für Verbraucher. 1993.

Band 20 Achim Schäfer: Grenzüberschreitende Kreditsicherung an Grundstücken, unter besonderer Berücksichtigung des deutschen und italienischen Rechts. 1993.

Band 21 Eugenio Hernández-Breton: Internationale Gerichtsstandsklauseln in Allgemeinen Geschäftsbedingungen. Unter besonderer Berücksichtigung des deutsch-südamerikanischen Rechtsverkehrs (dargestellt am Beispiel Argentinien, Brasilien und Venezuela). 1993.

Band 22 Ingo Reng: Unterhaltsansprüche aufgrund nichtehelicher Lebensgemeinschaft – Internationales Privatrecht und ausländisches materielles Recht. 1994.

Band 23 Stefanie Roloff: Die Geltendmachung ausländischer öffentlicher Ansprüche im Inland. 1994.

Band 24 Katharina Ludwig: Der Vertragsschluß nach UN-Kaufrecht im Spannungsverhältnis von Common Law und Civil Law. Dargestellt auf der Grundlage der Rechtsordnungen Englands und Deutschlands. 1994.

Band 25 Malte Diesselhorst: Mehrparteienschiedsverfahren. Internationale Schiedsverfahren unter Beteiligung von mehr als zwei Parteien. 1994.

Band 26 Manfred Kost: Konsensprobleme im internationalen Schuldvertragsrecht. 1995.

Band 27 Wolff-Heinrich Fleischer: Das italienische Wettbewerbsrecht und die Probleme des selektiven Parfümvertriebs unter Berücksichtigung der Rechtslage in Frankreich und Deutschland. 1995.

Band 28 Angelika Fuchs: Lateinamerikanische Devisenkontrollen in der internationalen Schuldenkrise und Art. VIII Abschn. 2 b) IWF-Abkommen. 1995.

Band 29 Jacques Matthias Aull: Der Geltungsanspruch des EuGVÜ: "Binnensachverhalte" und Internationales Zivilverfahrensrecht in der Europäischen Union. Zur Auslegung von Art. 17 Abs. 1 S. 1 EuGVÜ. 1996.

Band 30 Hartmut Ost: EVÜ und fact doctrine. Konflikte zwischen europäischer IPR-Vereinheitlichung und der Stellung ausländischen Rechts im angelsächsischen Zivilprozeß. 1996.

Band 31 Stefan Wagner: Die Testierfähigkeit im Internationalen Privatrecht. 1996.

Band 32 Wolfgang Jakob Hau: Positive Kompetenzkonflikte im Internationalen Zivilprozeßrecht. Überlegungen zur Bewältigung von *multi-fora disputes*. 1996.

Band 33 Markus Schütz: UN-Kaufrecht und *Culpa in contrahendo*. 1996.

Band 34 Volker Geyrhalter: Das Lösungsrecht des gutgläubigen Erwerbers. Ein "vergessener" Kompromiß und die Auswirkungen auf das heutige deutsche Recht unter besonderer Berücksichtigung des internationalen Sachenrechts. 1996.

Band 35 Andreas Kramer: Abwicklungsstörungen bei Kaufverträgen. Die Lieferung vertragswidriger Sachen im deutschen und italienischen Recht. 1996.

Band 36 Petra Krings: Erfüllungsmodalitäten im internationalen Schuldvertragsrecht. 1997.

Band 37 Tonja Gaibler: Der rechtsgeschäftliche Irrtum im französischen Recht. 1997.

Band 38 Dirk Otto: Rechtsspaltung im indischen Erbrecht. Bedeutung und Auswirkungen auf deutsch-indische Nachlaßfälle. 1997.

Band 39 Gregor W. Decku: Zwischen Vertrag und Delikt. Grenzfälle vertraglicher und deliktischer Haftung dargestellt am Beispiel der Berufs- und Expertenhaftung zum Schutze des Vermögens Dritter im deutschen und englischen Recht. 1997.

Band 40 Ulrike Höpping: Auswirkungen der Warenverkehrsfreiheit auf das IPR unter besonderer Berücksichtigung des Internationalen Produkthaftungsrechts und des Internationalen Vertragsrechts. 1997.

Band 41 Andreas Bartosch: Die vermögensrechtlichen Beziehungen der Ehegatten bei bestehender Ehe im englischen Recht – Eigentum, Besitz, Schuldvertrag. 1997.

Band 42 Helene Boriths Müller: Die Umsetzung der europäischen Übereinkommen von Rom und Brüssel in das Recht der Mitgliedstaaten. Dargestellt am Beispiel Deutschlands und Dänemarks. 1997.

Band 43 Bernd von Hoffmann / Myong-Chang Hwang (eds.): The Public Concept of Land Ownership. Reports and Discussions of a German-Korean Symposium held in Seoul on October 7-9, 1996. 1997.

Band 44 Oliver Heeder: Fraus legis. Eine rechtsvergleichende Untersuchung über den Vorbehalt der Gesetzesumgehung in Deutschland, Österreich, der Schweiz, Frankreich und Belgien unter besonderer Berücksichtigung des Internationalen Privatrechts. 1998.

Band 45 Heinrich Schütt: Deliktstyp und Internationales Privatrecht. Dargestellt an grenzüberschreitenden Problemen der Arzthaftung. 1998.

Band 46 Axel Steiner: Die stillschweigende Rechtswahl im Prozeß im System der subjektiven Anknüpfungen im deutschen Internationalen Privatrecht. 1998.

Band 47 Martina Schulz: Der Eigentumsvorbehalt in europäischen Rechtsordnungen. Rechtsvergleichende Untersuchung des deutschen, englischen und französischen Rechts unter besonderer Berücksichtigung von Erweiterungen und Verlängerungen. 1998.

Band 48 Karin Dreher: Die Rechtswahl im internationalen Erbrecht. Unter besonderer Berücksichtigung des italienischen IPR-Reformgesetzes N. 218 vom 31. Mai 1995. 1999.

Band 49 Giuliano Gabrielli: Das Verhältnis zwischen der Anfechtung wegen Eigenschaftsirrtums und den Gewährleistungsansprüchen im deutschen, österreichischen und italienischen Recht. 1999.

Band 50 Bernd von Hoffmann / Myong-Chan Hwang (eds.): Developments in Land Law. Reports and Discussions of a German-Korean Symposium held in Berlin and Trier on July 21-24, 1997. 1999.

Band 51 Volker Heidbüchel: Das UNCITRAL-Übereinkommen über unabhängige Garantien und Standby Letters of Credit. Vergleiche mit den Richtlinien der Internationalen Handelskammer, dem deutschen, englischen und US-amerikanischen Recht. 1999.

Band 52 Jan Christoph Nordmeyer: Pflichtteilsansprüche und Wiedervereinigung. Eine systematische Analyse der Ausgleichsansprüche nach BGB-Pflichtteilsrecht unter besonderer Berücksichtigung der durch den Wiedervereinigungsprozeß eingetretenen Wertveränderungen. 1999.

Band 53 Bettina Linder: Vertragsabschluß beim grenzüberschreitenden Verbraucherleasing. 1999.

Band 54 Almontasser Fetih: Die zivilrechtliche Haftung bei Vertragsverhandlungen. Eine rechtsvergleichende Studie zum deutschen, französischen, ägyptischen und islamischen Recht. 2000.

Band 55 Sona Rajani: Die Geltung und Anwendung des Gemeinschaftsrechts im Vereinigten Königreich von Großbritannien und Nordirland. Der Grundsatz der Parlamentssouveränität im Wandel. 2000.

Band 56 Joachim Kayser: Gegenmaßnahmen im Außenwirtschaftsrecht und das System des europäischen Kollisionsrechts. Eine Analyse der EU-Abwehrverordnung gegen die Auswirkungen extraterritorialer Rechtserstreckung eines Drittlandes. 2001.

Band 57 Albrecht Conrad: Qualifikationsfragen des Trust im Europäischen Zivilprozeßrecht. 2001.

Band 58 Bernd Borgmann: Die Entsendung von Arbeitnehmern in der Europäischen Gemeinschaft. Wechselwirkungen zwischen Kollisionsrecht, Grundfreiheiten und Spezialgesetzen. 2001.

Band 59 Aleksandar Jaksic: Arbitration and Human Rights. 2002.

Band 60 Islamisches und arabisches Recht als Problem der Rechtsanwendung. Symposium zu Ehren von Professor Emeritus Dr. iur. Omaia Elwan. Veranstaltet vom Institut für ausländisches und internationales Privat- und Wirtschaftsrecht der Universität Heidelberg und der Gesellschaft für Arabisches und Islamisches Recht e.V. Herausgegeben von Herbert Kronke, Gert Reinhart und Nika Witteborg. 2001.

Band 61 Patrick Fiedler: Stabilisierungsklauseln und materielle Verweisung im internationalen Vertragsrecht. 2001.

Band 62 Werner Mangold: Die Abtretung im Europäischen Kollisionsrecht. Unter besonderer Berücksichtigung des spanischen Rechts. 2001.

Band 63 Eike Dirk Eschenfelder: Beweiserhebung im Ausland und ihre Verwertung im inländischen Zivilprozess. Zur Bedeutung des US-amerikanischen discovery-Verfahrens für das deutsche Erkenntnisverfahren. 2002.

Band 64 Bernd Ehle: Wege zu einer Kohärenz der Rechtsquellen im Europäischen Kollisionsrecht der Verbraucherverträge. 2002.

Band 65 Heiko Lehmkuhl: Das Nacherfüllungsrecht des Verkäufers im UN-Kaufrecht. 2002.

Band 66 Jochen Nikolaus Schlotter: Erbrechtliche Probleme in der Société Privée Européenne. IPR-Harmonisierung im einheitlichen Europäischen Rechtsraum. 2002.

Band 67 Konrad Ost: Doppelrelevante Tatsachen im Internationalen Zivilverfahrensrecht. Zur Prüfung der internationalen Zuständigkeit bei den Gerichtsständen des Erfüllungsortes und der unerlaubten Handlung. 2002.

Band 68 Tobias Bosch: Die Durchbrechungen des Gesamtstatuts im internationalen Ehegüterrecht. Unter besonderer Berücksichtigung deutsch-französischer Rechtsfälle. 2002.

Band 69 Ursula Philipp: Form im amerikanischen Erbrecht. Zwischen Formalismus und harmless error. 2002.

Band 70 Christian Stefan Wolf: Der Begriff der wesentlich engeren Verbindung im Internationalen Sachenrecht. 2002.

Band 71 André Fomferek: Der Schutz des Vermögens Minderjähriger. Ein Vergleich des deutschen und des englischen Rechts unter Berücksichtigung des schottischen und irischen Rechts. 2002.

Band 72 nicht erschienen

Band 73 Markus Dreißigacker: Sprachenfreiheit im Verbrauchervertragsrecht. Der Verbraucher im Spannungsfeld zwischen kultureller Identität und Privatautonomie. 2002.

Band 74 Vassiliki Myller-Igknay: Auskunftsansprüche im griechischen Zivilrecht. Auswirkungen im deutsch-griechischen Rechtsverkehr sowie im deutschen internationalen Privat- und Verfahrensrecht. 2003

Band 75 Stefan Bruinier: Der Einfluss der Grundfreiheiten auf das Internationale Privatrecht. 2003.

Band 76 Nika Witteborg: Das gemeinsame Sorgerecht nichtverheirateter Eltern. Eine Untersuchung im soziologischen, rechtsgeschichtlichen, verfassungsrechtlichen, rechtsvergleichenden und internationalen Kontext. 2003.

Band 77 Peter Stankewitsch: Entscheidungsnormen im IPR als Wirksamkeitsvoraussetzungen der Rechtswahl. 2003.

Band 78 Jan Wilhelm Ritter: Euro-Einführung und IPR unter besonderer Berücksichtigung nachehelicher Unterhaltsverträge. Eine Untersuchung mit Blick auf das deutsche, französische und schweizerische Recht. 2003.

Band 79 Wolf Richard Herkner: Die Grenzen der Rechtswahl im internationalen Deliktsrecht. 2003.

Band 80 Ira Ditandy: Internationale Zuständigkeit. Neuregelung durch die LOPJ 1985. Vergleich mit dem europäischen Vorbild und Auswirkungen auf das spanische internationale Zivilverfahrensrecht. 2003.

Band 81 Andrea Verena Schefold: Werbung im Internet und das deutsche Internationale Privatrecht. 2004.

Band 82 Klaus Herkenrath: Die Umsetzung der Richtlinie 93/13/EWG über missbräuliche Klauseln in Verbraucherverträgen in Deutschland, dem Vereinigten Königreich, Frankreich und Italien. Auswirkungen nationaler Umsetzungstechniken auf dem Harmonisierungserfolg. 2003.

Band 83 Alexander Thünken: Das kollisionsrechtliche Herkunftslandprinzip. 2003.

Band 84 Barbara v. Daumiller: Die Rechtswahl im italienischen internationalen Erbrecht: und ihre Auswirkungen im deutsch-italienischen Rechtsverkehr. 2003.

Band 85 Robert Mödl: Macht, Verantwortlichkeit und Zurechnung im Konzern. Eine rechtsvergleichende Untersuchung auf der Grundlage des deutschen, spanischen und US-amerikanischen Rechts. 2003.

Band 86 Ursula Kerpen: Das Internationale Privatrecht der Persönlichkeitsrechtsverletzungen. Eine Untersuchung auf rechtsvergleichender Grundlage. 2003.

Band 87 Barbara Ploeckl: Umgangsrechtsstreitigkeiten im deutsch-französischen Rechtsverkehr. Bestehende internationale und nationale Regelungen und der geplante *europäische Besuchstitel*. 2003.

Band 88 Katrin Wannemacher: Die Außenkompetenzen der EG im Bereich des Internationalen Zivilverfahrensrechts. Der räumliche Anwendungsbereich des Art. 65 EGV am Beispiel der EuGVO und der EheVO. 2003.

Band 89 Maren B. Eilinghoff: Das Kollisionsrecht der ungerechtfertigten Bereicherung nach dem IPR-Reformgesetz von 1999. 2004.

Band 90 Patrick Niehr: Die zivilprozessuale Dokumentenvorlegung im deutsch-englischen Rechtshilfeverkehr nach der deutschen und der englischen Prozessrechtsreform. 2004.

Band 91 Anna Christina Gördes: Internationale Zuständigkeit, Anerkennung und Vollstreckung von Entscheidungen über die elterliche Verantwortung. Die VO(EG) Nr. 1347/2000, ihre geplanten Änderungen und das Verhältnis beider zum Minderjährigen- und Kinderschutzabkommen. 2004.

Band 92 Martin Rädler: Rechtsbehelfe des Käufers eines Unternehmens oder einer unternehmerischen Beteiligung gegen den Verkäufer im deutschen und französischen Recht. 2004.

Band 93 Marc-Yngve Dietrich: Rechtsstellung und Beteiligung der Gläubiger im französischen Insolvenzverfahren. 2004.

Band 94 Katia Niemann: Die rechtsgeschäftliche und organschaftliche Stellvertretung und deren kollisionsrechtliche Einordnung. Deutschland und England im Vergleich. 2004.

Band 95 Daniel Ludwig: Neuregelungen des deutschen Internationalen Insolvenzverfahrensrechts. Eine Untersuchung unter vergleichender Heranziehung der Europäischen Insolvenzverordnung. 2004.

Band 96 Cordelia Faulenbach: Der gemeinschaftsrechtliche Vorbehalt im europäischen Wettbewerbsrecht. Die Herkunftslandanknüpfung der E-Commerce-Richtlinie unter dem Einfluss der Grundfreiheiten. 2004.

Band 97 Ulf Dörner: Der Vertragsgerichtsstand nach dem Protokoll von Buenos Aires. 2004.

Band 98 Martin Schmidhuber: Verhaltenskodizes im nationalen und grenzüberschreitenden elektronischen Geschäftsverkehr. Zur Frage der Integration der Selbstregulierung durch Private in die staatliche Rechtsordnung. 2004.

Band 99 Florian Kienle: Die fehlerhafte Banküberweisung im internationalen Rechtsverkehr. Unter besonderer Berücksichtigung des Artikels 4A US Uniform Commercial Code. 2004.

Band 100 Thomas Alexander Brandt: Die Adoption durch eingetragene Lebenspartner im internationalen Privat- und Verfahrensrecht. 2004.

Band 101 Florian Pulkowski: Subunternehmer und Internationales Privatrecht. Der Subunternehmer als Quasi-Verbraucher im Europäischen Kollisionsrecht. 2004.

Band 102 Ulrich Becker: Grundrechtsschutz bei der Anerkennung und Vollstreckbarerklärung im europäischen Zivilverfahrensrecht. Bestimmung der Grenzen für die Einführung eines europäischen Vollstreckungstitels. 2004.

Band 103 Thomas Badelt: Aufrechnung und internationale Zuständigkeit unter besonderer Berücksichtigung des deutsch-spanischen Rechtsverkehrs. 2005.

Band 104 Florian D. Wagner: Vorvertragliche Aufklärungspflichten im internationalen Franchising. Zur Harmonisierung von Delikts- und Vertragsstatut im internationalen Privatrecht unter besonderer Berücksichtigung der Franchise-Gesetzgebung des US-Bundesstaates Kalifornien. 2005.

Band 105 Vera Heine: Die Umsetzung der *EG-Richtlinie über missbräuchliche Klauseln in Verbraucherverträgen* im englischen und deutschen Recht. 2005.

Band 106 Alexander Franz: Überregionale Effektentransaktionen und anwendbares Recht. Eine kollisionsrechtliche Untersuchung unter besonderer Berücksichtigung der Vorschrift des § 17 a DepotG. 2005.

Band 107 Hanna-Maria Uhlenbrock: Gesetzliche Regelungen für nichteheliche Lebensgemeinschaften in Deutschland und Frankreich. Ein Vergleich des Unterhaltsrechts bei der eingetragenen Lebenspartnerschaft und beim Pacte civil de Solidarité. 2005.

Band 108 Katrin Stieß: Anknüpfungen im internationalen Urheberrecht unter Berücksichtigung der neuen Informationstechnologien. 2005.

Band 109 Hendrik Otto: Der gesetzliche Abschlussprüfer im italienischen Recht. Eine rechtsvergleichende Untersuchung unter besonderer Berücksichtigung der zivilrechtlichen Haftung. 2005.

Band 110 Frauke Stuphorn: Bankhaftung für Kreditauskünfte im deutschen und französischen Recht. 2005.

Band 111 Nina Fürer: Die zivilrechtliche Haftung für Raucherschäden. 2005.

Band 112 Giovanni B. Barillà: *Contratto autonomo di garanzia* e *Garantievertrag*. Categorie civilistiche e prassi del commercio. 2005.

Band 113 Timo Torz: Gerichtsstände im Internationalen Insolvenzrecht zur Eröffnung von Partikularinsolvenzverfahren. 2005.

Band 114 Martina Schmid: Die Grenzen der Auslegungskompetenz des EuGH im Vorabentscheidungsverfahren nach Art. 234 EG. Dargestellt am Beispiel der überschießenden Richtlinienumsetzung. 2005.

Band 115 Stephan Lesage-Mathieu: Dispositives Kollisionsrecht im prozessualen Kontext. 2005.

Band 116 Jürgen Görtz: Die subjektiven Grenzen der Rechtskraft US-amerikanischer Urteile. 2005.

Band 117 Vera Hoppe: Die Einbeziehung ausländischer Beteiligter in US-amerikanische class actions. Unter Berücksichtigung des Class Action Fairness Act 2005. 2005.

Band 118 Silke Pütz: Parteiautonomie im internationalen Urhebervertragsrecht – Eine rechtsdogmatische und rechtspolitische Betrachtung der Grenzen freier Rechtswahl im internationalen Urhebervertragsrecht unter besonderer Berücksichtigung des neuen deutschen Urhebervertragsrechts. 2005.

Band 119 Alice Nieroba: Die europäische Rechtshängigkeit nach der EuGVVO (Verordnung (EG) Nr. 44/2001) an der Schnittstelle zum nationalen Zivilprozessrecht. 2006.

Band 120 Jan Kayser: Alternative Formen gerichtlicher und außergerichtlicher Streitbeilegung im deutschen und französischen Zivilprozess. Les modes alternatifs judiciaires et extrajudiciaires de résolution des conflits en procédure civile allemande et française. 2006

Band 121 Mirko Ehrich: Der internationale Anwendungsbereich des deutschen und französischen Rechts gegen irreführende Werbung. Freie Wahl von Form und Mittel, Rom II und Herkunftslandprinzip. 2006.

Band 122 Daniel Thelen: Die Haftung des Sekundärschädigers für Gewalttaten anderer im US-amerikanischen Deliktsrecht. Ausgehend von dem Problem rechtsextremistisch motivierter Gewalttaten. 2006.

Band 123 Anne Winterling: Die Entscheidungszuständigkeit in Arbeitssachen im europäischen Zivilverfahrensrecht. 2006.

Band 124 Sarah Gerling: Die Gleichstellung ausländischer mit inländischen Vollstreckungstiteln durch die Verordnung zur Einführung eines Europäischen Vollstreckungstitels für unbestrittene Forderungen. Im Vergleich zum bisherigen Recht und zur Rechtslage in den USA. 2006.

Band 125 Christian Bank: Präventivmaßnahmen börsennotierter Gesellschaften zur Abwehr feindlicher Übernahmeversuche in Deutschland und Großbritannien. Eine rechtsvergleichende Untersuchung des deutschen und britischen Rechts unter Berücksichtigung der Europäischen Übernahmerichtlinie. 2006.

FSC
www.fsc.org
MIX
Papier | Fördert gute Waldnutzung
FSC® C083411

Kolibri 360 GmbH
Ferdinand-Jühlke-Straße 7
99095 Erfurt, Deutschland
produktsicherheit@kolibri360.de

Druck:
CPI Druckdienstleistungen GmbH
im Auftrag der
Kolibri 360 GmbH
Ferdinand-Jühlke-Str. 7
99095 Erfurt